Veröffentlichungen
der Vereinigung der Deutschen Staatsrechtslehrer
Band 84

VERFASSUNGSRECHT UND POLITIK

Andreas Paulus, Tristan Barczak

Zukunftsfestigkeit des politischen Systems

Florian Meinel, Laura Münkler

Verwaltung und politische Gestaltung

Mattias Wendel, Tilmann Altwicker

Leistungsfähigkeit des Verhältnismäßigkeitspinzips

Anna Gamper, Niels Petersen

Verantwortung der Staatsrechtslehre im Spannungsfeld von Recht und Politik

Referate und Diskussionen
der Tagung der Vereinigung der Deutschen Staatsrechtslehrer
in Luzern vom 9. bis 11. Oktober 2024

De Gruyter

Redaktion: Anna-Bettina Kaiser (Berlin)

ISBN 978-3-11-137602-8
e-ISBN (PDF) 978-3-11-137675-2
e-ISBN (EPUB) 978-3-11-137776-6

Library of Congress Control Number: 2024952364

Bibliografische Information der Deutschen Nationalbibliothek
Die Deutsche Nationalbibliothek verzeichnet diese Publikation in der Deutschen Nationalbibliografie; detaillierte bibliografische Daten sind im Internet über http://dnb.dnb.de abrufbar.

Satz: Satzstudio Borngräber, Dessau-Roßlau
Druck und Bindung: CPI books GmbH, Leck

www.degruyter.com
Fragen zur allgemeinen Produktsicherheit:
productsafety@degruyterbrill.com

Inhalt

Jahrestagung 2024 5

Verfassungsrecht und Politik

Erster Beratungsgegenstand

Zukunftsfestigkeit des politischen Systems

1. Referat von Andreas Paulus 9
   Leitsätze des Referenten 49
2. Referat von Tristan Barczak 55
   Leitsätze des Referenten 107
3. Aussprache und Schlussworte 115

Zweiter Beratungsgegenstand

Verwaltung und politische Gestaltung

1. Referat von Florian Meinel 143
   Leitsätze des Referenten 191
2. Referat von Laura Münkler 197
   Leitsätze der Referentin 247
3. Aussprache und Schlussworte 255

Dritter Beratungsgegenstand

Leistungsfähigkeit des Verhältnismäßigkeitspinzips

1. Referat von Mattias Wendel 277
   Leitsätze des Referenten 327
2. Referat von Tilmann Altwicker 333
   Leitsätze des Referenten 363
3. Aussprache und Schlussworte 369

Vierter Beratungsgegenstand

Verantwortung der Staatsrechtslehre im Spannungsfeld von Recht und Politik

1. Referat von Anna Gamper 399
   Leitsätze der Referentin 439
2. Referat von Niels Petersen 443
   Leitsätze des Referenten 471
3. Aussprache und Schlussworte 473

Verzeichnis der Rednerinnen und Redner 493

Verzeichnis der Mitglieder der Vereinigung der Deutschen Staatsrechtslehrer e.V. 495

Satzung der Vereinigung 577

Jahrestagung 2024

Die Jahrestagung der Vereinigung fand im Jahr 2024 in Luzern statt. Es war die 83. Tagung in der Geschichte der Vereinigung, die zum sechsten Mal in der Schweiz zusammenkam. 1969 war Bern Austragungsort gewesen, 1977 Basel, 1985 Freiburg i. Ü., 1990 Zürich und 2002 St. Gallen. Im Jahr 2024 trafen sich die Mitglieder der Vereinigung dann in Luzern. Die Organisation der Tagung hatte *Klaus Mathis* übernommen. Seine Organisationskraft, seine Planungsfähigkeit und sein Gestaltungswille sorgten dafür, dass die Tagung in Luzern in herausragender Erinnerung bleiben wird. Sein großartiges Engagement ließ zu keinem Moment Zweifel daran aufkommen, dass die Tagung bei ihm in besten Händen lag – angefangen von den ersten Gesprächen bis zur letzten Minute. Dafür schuldet ihm die Staatsrechtslehrervereinigung großen Dank.

Die Universität Luzern hat ihre geschichtlichen Wurzeln in einem im Jahr 1574 gegründeten Jesuitenkollegium. Die Gründung war durch den Umstand veranlasst, dass die Universität Basel als Bildungsstätte für den Katholizismus mit der Reformation verloren gegangen war. Bemühungen, die Lehranstalt in Luzern in eine Universität umzuwandeln, scheiterten allerdings mehrfach, nicht zuletzt durch die Gründung der Universität Freiburg i. Ü. im Jahr 1889. Im Jahr 1978 lehnte eine Mehrheit des Stimmvolkes die Gründung einer konfessionsneutralen Zentralschweizer Universität Luzern noch ab. Erst 2000 billigte das Luzerner Stimmvolk ein neues Universitätsgesetz und machte so den Weg zum Ausbau der theologischen Ausbildungsstätte zur Universität frei. Die Universität Luzern ist damit die jüngste der zwölf Schweizer Universitäten. Die Rechtswissenschaftliche Fakultät der Universität Luzern bietet seit ihrer Gründung ein Rechtsstudium nach dem Bologna-Modell an und hat sich seither zur drittgrößten Rechtsfakultät der Deutschschweiz entwickelt.

Der Ablauf der Tagung in Luzern entsprach dem schon seit vielen Jahren bewährten Muster. Der Vorstand der Vereinigung lud auch in Luzern die neu aufgenommenen Mitglieder und ihre akademischen Betreuer am Vorabend der Tagung zu einem Abendessen ein. Es fanden sich ein: *Hannes Beyerbach, Elena Buoso, Dana Burchardt, Michaela Hailbronner, Andreas Kerkemeyer, Luca Di Lucia, Matthias Lukan, Hendrik Munsonius, Timo Rademacher, Jochen Rauber, Catherine Reiter, Krisztina Rozsnyai, Beatrix Schibli, Sebastian Scholz, Pál Sonnevend, Ruth Weber* und *Daniel Wolff*. Drei neu aufgenommene Mitglieder waren verhindert. Das Treffen fand in den Räumen der Gesellschaft Fidelitas Lucernensis im Rathausturm statt. Es bestand die Möglichkeit, die Turmstube und die Mechanik der Turmuhr zu besichtigen.

Am Morgen des 9. Oktober 2024 wurden Führungen durch die Stadt angeboten, die einen interessanten Einblick in die Geschichte der Stadt, ihre sozio-kulturelle und wirtschaftliche Entwicklung sowie ihre regionale Bedeutung als wichtiges Zentrum in der Zentralschweiz vermittelten. Den Ladies' Lunch bereiteten *Jelena von Achenbach, Indra Spiecker gen. Döhmann* und *Paulina Starski* vor. Frau *Astrid Epiney*, ehemalige Rektorin der Universität Freiburg i. Ü., Lehrstuhl für Europarecht, Völkerrecht und Öffentliches Recht, sprach über ihre Erfahrungen im Wissenschaftssystem der Schweiz.

Am frühen Nachmittag des 9. Oktober 2024 kamen die nunmehr vier Gesprächskreise zusammen.

Im Gesprächskreis „Grundlagen des Öffentlichen Rechts" referierte *Uwe Volkmann* zum Thema „Volk revisited"; anschließende Kommentare gaben *Judith Froese* und *Christoph Bezemek* ab. Vortrag und Kommentare nahmen ihren Ausgang bei der Vorstellung, dass für viele der Begriff des Volkes suspekt und irrelevant geworden ist. Er wird regelmäßig nur noch in entsubstanzialisierter und entessenzialisierter Form verwandt und mit der Gesamtheit der Staatsangehörigen gleichgesetzt. Was aber bedeutet dies staatstheoretisch und dogmatisch?

Das Thema des von *Thomas Mann* geleiteten Gesprächskreises „Verwaltung" war die „Die Gesetzesbindung der Verwaltung". Es referierten *Daniela Thurnherr-Keller, Sina Fontana* und *Sebastian Schmid.* Ausgangspunkt der Diskussion war die Beobachtung, dass die Verfassungen im deutschsprachigen Raum zwar alle den Grundsatz der Gesetzesbindung der Verwaltung aufstellen (Art. 20 Abs. 3 GG, Art. 18 Abs. 1 B-VG, Art. 5 Abs. 1 BV, 92 Abs. 4 LV Liechtenstein), es jedoch durchaus Unterschiede in der Art gibt, wie diese Gesetzesbindung in den jeweiligen Rechtsordnungen verstanden und konkret gelebt wird. Vorträge und Diskussion beschäftigten sich mit der Frage, wie die drei Rechtsordnungen das Konzept theoretisch und dogmatisch konzipieren.

Der von *Heiko Sauer* und *Mattias Wendel* geleitete Gesprächskreis „Europäisches Verfassungsrecht" befasste sich mit einem organisationsrechtlichen Thema: „Kreation, Organisation und Legitimation der unionalen Hoheitsgewalt: Grundlagen und Perspektiven nach der Wahl 2024". Der erste Vortrag zum Thema „Einheit und Vielfalt im Europawahlrecht: Die Wahl des Europäischen Parlaments zwischen europäischem und mitgliedstaatlichem Recht" wurde von *Ulrich Hufeld* gehalten. Danach sprach *Jelena von Achenbach* zum Thema der „parlamentarischen Legitimation der Hoheitsgewalt der Europäischen Union". Anschließend beschrieb *Werner Schroeder* den Stand des EU-Parlamentsrechts („Das herausgeforderte Parlament: Parlamentsrecht in der Europäischen Union in Zeiten wachsenden Populismus").

Der Gesprächskreis „Internationales Öffentliches Recht“, geleitet von *Kirsten Schmalenbach* und *Andreas Paulus*, befasste sich mit dem Thema „Verhältnismäßigkeit im Völkerrecht des bewaffneten Konflikts“. Die Impulsreferate wurden von *Andreas Müller*, *Heike Krieger* und *Alexander Proelß* gehalten. Ausgangspunkt der Überlegungen war die Beobachtung, dass das Verhältnismäßigkeitsprinzip heute zum unbestrittenen Inventar des staatlichen Rechts gehört, hingegen im internationalen öffentlichen Recht bislang einen vielfach ungeklärten Status aufweist.

Nach den Gesprächskreisen fand die Mitgliederversammlung statt. Sie erstreckte sich im Jahr 2024 ausnahmsweise über knapp zweieinhalb Stunden. Es wurden auch Grundfragen des Selbstverständnisses der Vereinigung diskutiert. Die Vereinigung gedachte der seit der letzten Jahrestagung verstorbenen Mitglieder *Reimund Schmidt-De Caluwe* († 14.10.2023), *Thomas Fleiner* († 24.11.2023), *Wilfried Fiedler* († 4.12.2023), *Theo Öhlinger* († 10.12.2023), *Arnulf Schmitt-Kammler* († 27.12.2023), *Alexander von Brünneck* († 28.12.2023), *Hartmut Maurer* († 6.1.2024), *Diemut Majer* († 16.1.2024), *Klaus Meßerschmidt* († 13.5.2024), *Jürgen Schwarze* († 24.5.2024) und *Jochen Rozek* († 29.8.2024). Den Vorstand erreichte erst nach der Tagung die Nachricht, dass *Ludwig Adamovich jr.* am 16. Juni 2024 verstorben war.

Die wissenschaftlichen Verhandlungen der 83. Jahrestagung am 9. und 10. Oktober 2024 wurden von einer kurzen Begrüßung durch den Vorsitzenden und von einem Grußwort des Dekans der Rechtswissenschaftlichen Fakultät Luzern *Andreas Eicker* eingeleitet. Es schlossen sich die hier dokumentierten Vorträge und Aussprachen an. Die Teilnahme von 315 Mitgliedern und 12 Gästen zeigte das große Interesse an den Themen der Tagung und legte Zeugnis vom Reiz des Veranstaltungsorts ab.

Die Luzerner Tagung wird nicht nur wegen des wissenschaftlichen Programms in guter Erinnerung bleiben. Auch das Begleitprogramm stieß auf große Anerkennung. Am Abend des 9. Oktober 2024 fand ein Eröffnungsempfang statt, zu dem der Rektor der Universität Luzern *Martin Hartmann* und die Vorsteherin der Finanzdirektion der Stadt Luzern Stadträtin *Franziska Bitzi* einluden. Der Empfang fand in dem 1882 errichteten Casineum, einem neobarocken Palastbau am Seeufer, statt. Die Mitglieder der Vereinigung wurden vor Ort von Alphornbläsern empfangen. Am 10. Oktober 2024 lud die Vorsteherin des Sicherheits- und Justizdepartements des Kantons Luzern Regierungsrätin *Ylfete Fanaj* die Mitglieder der Vereinigung zu einem Empfang in das Hotel Schweizerhof, ebenfalls direkt am See gelegen, ein. Hier unterhielt der Hackbrettspieler *Nicolas Senn* die Mitglieder. Den Abschlussabend am 11. Oktober 2024 verbrachten die Mitglieder dann auf dem Schiff „Diamant“, das auf dem Vierwaldstättersee kreuzte. Der Organisator *Klaus Mathis* hielt eine zugleich informative und launige Abschlussrede, in der er die Geschichte der Planung der 83. Tagung schilderte.

Neben dem Rahmenprogramm wurde ein vielfältiges Begleitprogramm angeboten. Am Mittwochnachmittag stand ein Ausflug in die Glasi Hergiswil und ein Besuch der Sammlung Rosengart zur Auswahl. Am Donnerstag wurde ein Ausflug auf das Stanserhorn und ein Besuch des Bourbaki Panoramas, des Löwendenkmals und des Gletschergartens in der Stadt Luzern angeboten. Am Freitag konnten entweder das Bundesbriefmuseum in Schwyz oder das Verkehrshaus der Schweiz in Luzern besichtigt werden.

Die Vereinigung dankt schließlich *Anna-Bettina Kaiser* und ihrem Team für die redaktionelle Betreuung dieses Tagungsbands.

Tübingen, den 3. Dezember 2024 Martin Nettesheim

Erster Beratungsgegenstand:

Zukunftsfestigkeit des politischen Systems

1. Referat von *Andreas Paulus*, Göttingen

Inhalt

		Seite
I.	Einleitung: Politisches System und Verfassung	10
II.	Aktuelle Herausforderungen des politischen Systems	12
	1. Illiberale Demokratie	12
	a) Autoritäre Alternativen?	12
	b) Re-migration	14
	c) Machterlangung	16
	d) Einfluss in deutschsprachigen Ländern	17
	e) Zwischenfazit	18
	2. Demokratische Bewältigung des Klimaschutzes	19
III.	Festigkeit des demokratischen Systems	23
	1. Die Ewigkeitsklausel als Schutz vor Autoritarismus	24
	2. Demokratische Legitimation trotz Machtdiffusion	28
	3. Funktionsfähigkeit des parlamentarischen Regierungssystems	29
	a) Funktionsfähigkeit des Parlaments	30
	b) Funktionsfähigkeit von Obersten und Verfassungsgerichten	31
	4. Streitbare und wehrhafte Demokratie	34
IV.	Anpassungen des demokratischen Systems	40
	1. Wahlrecht	40
	2. Direkte Demokratie	41
	3. Bürgerräte	43
	4. Demokratieförderung	44
	5. „Soziale“ Netzwerke	45
	6. Ombudspersonen, Verfahrenspflegschaften, Nachhaltigkeitsräte	46
	7. Rechte der Natur	47
V.	Zukunftsfähigkeit durch demokratische Responsivität	48

I. Einleitung: Politisches System und Verfassung

Im 75. Jahr des Grundgesetzes stehen die politischen Systeme der Bundesrepublik Deutschland, Österreichs und der Schweiz vor großen Herausforderungen von außen wie innen. Da sind zunächst zahlreiche militärische Konflikte in der Nachbarschaft, insbesondere der Angriffskrieg Russlands gegen die Ukraine und das Massaker der Terrorgruppe Hamas gegen Israel vom 7. Oktober 2023 sowie die Folgekriege in Gaza und Libanon, die auch unsere Gesellschaften aufwühlen. Der Deutsche Juristentag hat gerade seine Zweijahrestagung unter anderem zum Thema „Bewältigung künftiger Krisen" abgehalten,[1] die Deutsche Vereinigung für Politikwissenschaft ihren 29. Wissenschaftlichen Kongress im September in Göttingen gar mit „Politik in der Polykrise" überschrieben.[2]

Dazu gehört auch eine Bedrohung unserer liberalen Demokratien von innen. Bei den Landtagswahlen im September haben autoritär-antidemokratische Kräfte im Bundesland Thüringen eine relative Mehrheit gewonnen, so dass die demokratische Mehrheit dort und in zwei weiteren Ländern nur durch Hinzunahme einer antiwestlichen Partei gesichert werden kann. Das Grundgesetz ist zwar in seinen nunmehr 75 Jahren schon oft als die bessere Alternative zur Weimarer Reichsverfassung gepriesen,[3] aber bisher kaum in einer ernsthaften Krise auf die Probe gestellt worden; Kollege *Gärditz* spricht gar von einer „Schönwetterverfassung".[4] Der Vorstand stellt nunmehr die Frage ihrer Zukunftsfestigkeit (neuhochdeutsch: „Resilienz")[5] zur Diskussion.

Langfristige Herausforderungen unseres politischen Systems betreffen zahlreiche Fragen: die Demographie und damit die Stabilität von Renten- und Finanzsystem, die Bewältigung von Arbeitskräftemangel und Migra-

---

[1] Öffentliches Recht: Bewältigung zukünftiger Krisen; Wirtschaftsrecht, Empfehlen sich im Kampf gegen den Klimawandel gesetzgeberische Maßnahmen auf dem Gebiet des Gesellschaftsrechts?, Programmheft 74. DJT, 25.–27.9.2024 <https://djt.de/wp-content/uploads/2024/04/djt_74_Programmheft_2240412.pdf>, 13 f.

[2] Nach *Adam Tooze* ist „Polykrise" „eine Situation, in der das Ganze gefährlicher ist als die Summe seiner Teile." *Ders.* Kawumm!, Die Zeit Nr. 29/2022 <https://www.zeit.de/2022/29/krisenzeiten-krieg-ukraine-oel-polykrise> (Stand 7.10.2024). Der Begriff stammt wohl von *Edgar Morin/Anne Brigitte Kern* Homeland Earth, 1999, 74.

[3] Siehe z.B. BVerfGE 5, 85 (139); der Satz „Bonn ist nicht Weimar" war in der alten Bundesrepublik obligat, hierzu bereits *Fritz René Allemann* Bonn ist nicht Weimar, 1956.

[4] In diesem Sinne jüngst *Klaus Ferdinand Gärditz* Resilienz des Rechtsstaates, NJW 2024, 407 (407).

[5] Aus dem Englischen „resilience" abgeleitet, findet der Begriff vor allem in der Psychologie Anwendung und meint die Fähigkeit, „erfolgreich mit belastenden Lebensereignissen und Krisen umzugehen", *Klaus Fröhlich-Gildhoff/Maike Rönnau-Böse* Resilienz, in: Deutscher Verein (Hrsg.) Fachlexikon der Sozialen Arbeit, 9. Aufl. 2022.

tion, Digitalisierung und Künstlicher Intelligenz. Im Mittelpunkt sollen hier aber zwei zentrale Herausforderungen der Zukunftsfestigkeit unserer Demokratien stehen: das Vordringen populistischer und rechtsextremer Parteien, welche die existierenden demokratischen Systeme grundsätzlich in Frage stellen, und die „große Transformation" durch den Klimawandel, der wegen unterschiedlicher Betroffenheit verschiedener Generationen[6] die Frage nach deren Repräsentation in der von Wahlperioden beherrschten parlamentarischen Demokratie aufwirft.[7]

In der Luzerner Zeitung hat der Schweizer Bundesrichter *Stadelmann* das Urteil des EGMR auf Klage der Schweizer „Klimaseniorinnen" als „absurd" und „ein sehr gutes Beispiel für richterlichen Aktivismus" bezeichnet.[8] Aber ist das politische System, sind die Verfassungen einschließlich der menschenrechtlichen Gewährleistungen wirklich neutral gegenüber einer lebenswerten Zukunft? Oder müssen sie so umgestaltet werden, dass zukünftige Belange besser Berücksichtigung finden?

Vorhersagen sind bekanntlich schwierig, besonders wenn sie die Zukunft betreffen.[9] Dabei ist die Sicht eines Verfassungsjuristen auf die Zukunftsfestigkeit des politischen Systems schon aus methodischen Gründen inhärent begrenzt. Er kann politische Herausforderungen nur als Anstoß zu einer hypothetischen Lösung von damit verbundenen Rechts- und Verfas-

---

[6] Eingängig die Graphik in: *Intergovernmental Panel on Climate Change* (*IPCC*) in: Core Writing Team, H. Lee and J. Romero (Hrsg.) Climate Change 2023: Synthesis Report. Contribution of Working Groups I, II and III to the Sixth Assessment Report of the Intergovernmental Panel on Climate Change, 2023, doi: 10.59327/IPCC/AR6-9789291691647.

[7] Ganz ähnlich die Schwerpunktsetzung bei *Steffen Mau/Thomas Lux/Linus Westheuer* Triggerpunkte. Konsens und Konflikt in der Gegenwartsgesellschaft, 2023, 37 ff. Hier fehlen nur die „Wir-Sie-Ungleichheiten", ebd., 158 ff., weil sie eher die Grundrechte und weniger das politische System im engeren Sinne betreffen.

[8] *Thomas Stadelmann* „Es ist absurd": Erstmals äußert sich ein Bundesrichter zum Klimaurteil – er hat das Vertrauen in die höchste Instanz verloren, Luzerner Zeitung, 24.8.2024 <https://www.luzernerzeitung.ch/schweiz/interview-es-ist-absurd-erstmals-aeussert-sich-ein-bundesrichter-zum-klima-ld.2646184> (Stand 24.9.2024); ähnlich die grüne Alt-Bundesrichterin *Brigitte Pfiffner* EGMR-Klima-Urteil für Grüne Alt-Bundesrichterin „nicht haltbar", watson, 19.5.2024 <https://www.watson.ch/schweiz/klima/558387516-egmr-urteil-fuer-gruene-alt-bundesrichterin-nicht-haltbar> (Stand 24.9.2024).

[9] Dieser Spruch wird (ohne Quellenangabe) unter anderem *Karl Valentin* oder *Niels Bohr* zugeschrieben, siehe nur *Gerald Krieghofer* „Prognosen sind schwierig, besonders wenn sie die Zukunft betreffen" Karl Valentin (angeblich), Zitatforschung, 28.3.2020 <https://falschzitate.blogspot.com/2020/03/prognosen-sind-schwierig-besonders-wenn.html> (Stand 23.9.2024); für einen dänischen Ursprung (*K.K. Steincke*): *Storm Petersen*, Quoteinvestigator <https://quoteinvestigator.com/2013/10/20/no-predict/#return-note-7474-3> (Stand 23.9.2024).

sungsfragen nach geltendem Recht bearbeiten.[10] Die Zukunft spielt nur eine Rolle, insoweit das gegenwärtige Recht ein Handeln verlangt, wie dies zum Beispiel Art. 20a GG tut.

Nach einem „historisch-pragmatischen" im Unterschied zu einem systemtheoretischen Ansatz[11] bezieht sich das politische System auf die politischen Institutionen sowie den Prozess der politischen Willensbildung.[12] Das Wort „System" impliziert eine gewisse Dauerhaftigkeit, schließt aber Anpassungen nicht aus. Dabei beschreibt das politische System die Realität, das Verfassungssystem die Normativität eines ideellen „Normalzustands". Eine Krise ist hingegen dadurch charakterisiert, dass sie mit „normalen" Instrumenten allein nicht bewältigt werden kann.[13] Aber nicht jede Krise verlangt gleich nach dem Ausnahmezustand.[14] Mit der Zukunftsfestigkeit des politischen Systems wird damit danach gefragt, ob seine Regeln den Herausforderungen durch die Krise gewachsen sind und wie sie zu ihrer Bewältigung angepasst werden können.

II. Aktuelle Herausforderungen des politischen Systems

Während der populistische Autoritarismus vor allem die Festigkeit des politischen Systems herausfordert, dient der Klimawandel als Beispiel für dessen Fähigkeit zur Bewältigung langfristiger, die Legislaturperioden übergreifender Problemlagen.

1. *Illiberale Demokratie*

a) *Autoritäre Alternativen?*

Sowohl international als auch national stehen dem „westlichen Demokratiemodell" autoritäre Angebote entgegen. Am klarsten hat wohl der ungarische Ministerpräsident *Viktor Orbán* – ein früherer Liberaler – das

[10] Zur Trennung „reiner" Rechtswissenschaft von anderen Wissenschaften wie der Politikwissenschaft siehe *Hans Kelsen* Reine Rechtslehre, 2. Aufl. 1960, 1.

[11] Zu dieser politikwissenschaftlichen Begrifflichkeit siehe nur *Peter Massing* Politisches System, in: Uwe Andersen/Wichard Woyke (Hrsg.) Handwörterbuch des politischen Systems der Bundesrepublik Deutschland, 8. Aufl. 2019, Rn. 1 f. m.w.N. Demnach ist der Begriff weiter zu verstehen als der des Staates; dieser mache aber dessen „harten Kern" aus, ebd., Rn. 2.

[12] *Massing* in: Andersen/Woyke (Fn. 11), Rn. 3.

[13] Vgl. *Tristan Barczak* Der nervöse Staat, 2020, 609; auf das Bedrohungsmoment abstellend *Angela Schwerdtfeger* Krisengesetzgebung, 2018, 6 ff.

[14] Zu diesem *Barczak* (Fn. 13), 619 ff.; *Schwerdtfeger* (Fn. 13), 9.

Modell einer „illiberalen Demokratie“ entwickelt.[15] Dabei steht das Adjektiv „illiberal“ für den Vorrang der Nation vor dem Individuum[16] und damit auch vor Minderheitenrechten. Hierfür wird einerseits die Repräsentation der „wahren“ Mehrheit des Volkes in Anspruch genommen, was den Bedürfnissen des Volkes gegenüber den Eigeninteressen der im Parlament repräsentierten Eliten gerecht werde; andererseits wird die Rettung durch eine autoritäre Führungsfigur erwartet.[17]

---

[15] Der Begriff der illiberalen Demokratie selbst wird einem – liberalen – Kolumnisten der Washington Post zugeschrieben, *Fareed Zakaria* The Rise of Illiberal Democracy, Foreign Affairs November/Dezember 1997, 22 ff.; *ders.* The Future of Freedom: Illiberal Democracy at Home and Abroad, 2003. In wesentlichen Teilen wird *Orbáns* Konzept nunmehr von der Fraktion „Patrioten für Europa“ im Europäischen Parlament übernommen. Dieser Fraktion gehören neben den Abgeordneten von *Orbáns* Fidesz-Partei die Freiheitliche Partei Österreichs sowie der französische Front National an, während die deutsche AfD in der noch radikaleren Fraktion „Europa der Souveränen Nationen“ ist. In der Parlamentarischen Versammlung des Europarats versammeln sich unter britisch-konservativer Führung in der European Conservatives Group and Democratic Alliance dann wieder AfD, FPÖ, Fidesz, Fratelli d'Italia, Rassemblement national sowie die polnische PiS, während die überwiegend rechtspopulistische Schweizer SVP der an sich liberal-zentristischen „Renew“-Fraktion angehört.

[16] *Viktor Orbán* Rede am 26.7.2024, Tusnádfürdö (Bile Tunad), in englischer Sprache erhältlich auf der Internetseite des Premierministers <https://2015-2019.kormany.hu/en/the-prime-minister/the-prime-minister-s-speeches/prime-minister-viktor-orban-s-speech-at-the-25th-balvanyos-summer-free-university-and-student-camp> (Stand 21.8.2024): „[A] democracy does not necessarily have to be liberal. Just because a state is not liberal, it can still be a democracy […]. The liberal democracy was incapable of openly stating and committing the prevailing government, including through the use of its constitutional powers, to serving the interests of the nation with their work. […] [T]he new state that we are constructing in Hungary is an illiberal state, a non-liberal state. […] The reorganisation of the state is underway based on national interests.“ Ganz in diesem Sinne spricht der thüringische AfD-Partei- und Fraktionsvorsitzende *Björn Höcke* nach *Carl Schmitt* davon, dass „Freund ist, wer den Interessen der Nation dient, Feind ist, wer diesen entgegensteht“, *Björn Höcke* Nie zweimal in denselben Fluss, 3. Aufl. 2019, 247.

[17] So *Höcke* (Fn. 16), 286. Die antiliberale Wende wird im Wesentlichen vom Verfassungsgericht nachvollzogen. Zwar vermeidet das ungarische Verfassungsgericht beispielsweise – anders als seine polnischen Kollegen – eine direkte Konfrontation mit dem Europäischen Gerichtshof, Magyarország Alkotmánybírósága (Verfassungsgericht von Ungarn), 10.12.2021, 32/2021. (XII. 20), Rn. 21, betreibt aber inhaltlich eine tiefgreifende antiliberale Wende, wenn es z.B. die Weigerung, eine Unterkunft für Obdachlose aufzusuchen, nicht der Menschenwürde unterfallen lässt, Magyarország Alkotmánybírósága, 4.6.2019, 19/2019. (VI. 18.), Rn. 103: "In line with the values of the Fundamental Law, no one shall have the right to be destitute or homeless; this state is not part of the right to human dignity", dazu *Viktor Z. Kazai* „No one has the right to be homeless […]“, VerfBlog, 13.6.2019 <https://verfassungsblog.de/no-one-has-the-right-to-be-homeless/> (Stand 25.9.2024); vgl. dagegen die Betonung der Unabhängigkeit der Menschenwürde von richtigem Verhalten in BVerfGE 152, 68 (114 Rn. 120). Allgemein zu Ungarn *Europäische Kommission für Demokratie durch Recht* Opinion on the amendments to the Act on the organisation and

Die autoritären Kräfte verstehen Demokratie als ein rein majoritäres Herrschaftssystem: die Mehrheit des Volkes regiert die Minderheit mit. Gleichzeitig erheben sie den Anspruch, für die stille oder eigentliche Mehrheit zu handeln. Grund- und Menschenrechte der Minderheiten werden zwar nicht allgemein abgelehnt, aber in die Privatsphäre verwiesen.[18] Dabei wird häufig der Eindruck erweckt, als könne man zurück in eine imaginierte Vergangenheit, in welcher der Staat die Bürger vor allen Risiken einschließlich der Konfrontation mit Fremden abschirmte.[19]

b) *Re-migration*

Autoritäre Kräfte stellen dementsprechend die Migration in den Mittelpunkt ihrer Staatskritik. Dabei wird eine von den Regierenden betriebene Verschwörung durch „Umvolkung" der ethnisch-deutschen Volksgemeinschaft mit Fremden, vor allem Muslimen, insinuiert.[20] Für die „Rückführung nicht integrierbarer Migranten" wird ein „großes Re-migrationsprojekt" gefordert. Mittlerweile gerichtsbestätigt von Bundes- und Landesverfassungsschutz stellen Teile der als „gesichert rechtsextrem", jedenfalls aber als Verdachtsfall eingestuften AfD[21] die gleiche Menschenwürde aller Staatsbürger in Frage. Daneben stehen die Ablehnung der

---

administration of the Courts and the Act on the legal status and remuneration of judges adopted by the Hungarian parliament in December 2020, Opinion no. 1050/2021, 2021 <https://www.venice.coe.int/webforms/documents/?pdf=CDL-AD(2021)036-e> (Stand 1.11.2024); *dies.* Opinion on the law on administrative courts and the law on the entry into force of the law on administrative courts and certain transitional rules, Opinion no. 943/2018, 2019 <https://www.venice.coe.int/webforms/documents/?pdf=CDL-AD(2019)004-e> (Stand 1.11.2024); *dies.* Opinion on Media Legislation (ACT CLXXXV on Media Services and on the Mass Media, Act CIV on the Freedom of the Press, and the Legislation on Taxation of Advertisement Revenues of Mass Media) of Hungary, Opinion no. 798/2015, 2015 <https://www.venice.coe.int/webforms/documents/?pdf=CDL-AD(2015)015-e> (Stand 1.11.2024).

[18] Vgl. dazu *Mau/Lux/Westheuser* Triggerpunkte (Fn.7), 173 ff. („Erlaubnistoleranz" und „Respekttoleranz" unterscheidend).

[19] Siehe dazu jetzt *Ilko-Sascha Kowalczuk* Freiheitsschock. Eine andere Geschichte Ostdeutschlands von 1989 bis heute, 2024, 128 ff.

[20] Vgl. *Höcke* (Fn. 16), 185 ff.; zum „Flügel", zu dem auch *Höcke* gehörte, OVG Münster, Urteil v. 13.5.2024 – 5 A 1216/22, Rn. 153 ff., konkret zur Abwertung von deutschen Staatsangehörigen mit Migrationshintergrund ebd. 196–222 ff. Zu AfD und Migration auch *Kowalczuk* Freiheitsschock (Fn. 19), 174–179 m.w.N.; s. zum Kopf der „Identitären", dem Österreicher *Martin Sellner*, jetzt BVerwG, Beschl. v. 14.8.2024 – BVerwG 6 VR 1.24, Rn. 33, 38 ff.

[21] Das OVG Münster bestätigte die Rechtmäßigkeit der Einstufung, siehe OVG NRW, Urt. v. 13.5.2024 – 5 A 1216/22, 5 A 1217/22, 5 A 1218/22. Zum Verdachtsfall in Baden-Württemberg ebenso VGH Mannheim, Beschl. v. 6.11.2024, 1 S 1798/23.

europäischen Integration jedenfalls in ihrer heutigen Form sowie der Bewältigung der NS-Vergangenheit.[22]

Extreme Parteien nehmen für sich in Anspruch, als Reaktion auf Mordtaten wie in Solingen von den Regierungen Grenzschließungen abgetrotzt zu haben.[23] Das schließt Druck auf die Remigration von Staatsbürgern und Ausländern mit Aufenthaltsstatus oder Duldung ein.[24] Diese Botschaft fällt vor allem in den 1990 beigetretenen Ländern auf fruchtbaren Boden, wenn auch die Mehrheit in Deutschland offenbar ganz überwiegend am Asylrecht festhält.[25]

---

[22] Bekannt ist insbesondere die Äußerung des jetzigen AfD-Ehrenvorsitzenden *Alexander Gauland* vom „Vogelschiss der deutschen Geschichte", Rede vom 2. Juni 2018 während des Bundeskongresses der JA, <https://afdbundestag.de/vollstaendige-rede-dr-alexander-gaulands-vom-02-juni-2018/> (Stand 22.10.2024).

[23] Vgl. dazu den Brandenburger Parteivorsitzenden *René Springer* nach der Brandenburgwahl im Deutschlandfunk, *Philipp May* Die AfD nach Brandenburg, Deutschlandfunk, 23.9.2024 <https://www.deutschlandfunk.de/die-afd-nach-brandenburg-interview-rene-springer-vs-afd-in-brandenburg-dlf-88702682-100.html> (Stand 22.10.2024) (in dem Interview spricht *René Springer* von einem Betretungsverbot für Asylbewerber als Lösungsvorschlag).

[24] Von 3,5 Mio. Ausländern in Deutschland sind 1,18 Mio. Kriegsflüchtlinge aus der Ukraine und 329.517 Ausreisepflichtige, von denen aber nur ca. 20 %, 63.196 Personen, sofort ausreisepflichtig waren, Antwort der Bundesregierung auf Kleine Anfrage der Gruppe Die Linke – BT-Drs. 20/12644, BT-Drs. 20/13061 vom 18.9.2024; zu 293.855 Personen ist unklar, ob sie freiwillig oder unfreiwillig ausgereist sind; s. zur Duldung als Status § 60a AufenthG.

[25] Siehe dazu *Hans Vorländer et al.* 2024: 75 Jahre Grundgesetz. Einstellungen zu Verfassung und Demokratie in Deutschland, MIDEM Studie 2024-2, 34–40. Auch die Wahlergebnisse der radikalen Parteien von rechts, aber auch links im Vergleich zu den traditionellen Verfassungsparteien der Mitte divergieren deutlich zwischen West und Ost. Eine neuere Umfrage des Allensbach-Instituts will herausgefunden haben, dass eine Minderheit von 27 % der Westdeutschen, aber eine Mehrheit von 54 % der Ostdeutschen der Meinung sind, wir lebten nur scheinbar in einer Demokratie. 49 % der Westdeutschen und 60 % der Ostdeutschen waren der Auffassung, wir brauchten einen starken Politiker an der Spitze, keine endlosen Debatten und Kompromisse. Schließlich traten nur 25 % der Westdeutschen, aber 53 % der Ostdeutschen dafür ein, dass sich Deutschland darum bemühen sollte, die Kontakte zu dem Aggressorstaat Russland wieder aufzubauen. Vor allem aber waren 55 % der Westdeutschen, aber nur 27 % der Ostdeutschen davon überzeugt, dass „wir mit der Demokratie die [aktuellen] Probleme lösen können", *Thomas Petersen* Widerstandsreflex Ost, FAZ, 22.8.2024, 8. Vgl. dazu *Steffen Mau* Ungleich vereint, 2024, 39 ff.; *Statistisches Bundesamt* Arbeitstabellen für die Europawahl 2024: Endgültige Ergebnisse nach Parteien und Gebieten <https://www.bundeswahlleiterin.de/europawahlen/2024/ergebnisse/weitere-ergebnisse.html> (Stand 20.8.2024), 19–22. Bei der letzten gesamtdeutschen Wahl, der Europawahl 2024, hat die AfD insgesamt 15,9 Prozent der abgegebenen Stimmen bei einer Wahlbeteiligung von 64,7 Prozent erzielt. Die traditionellen Parteien der Mitte einschließlich der Grünen kamen hingegen auf 61 Prozent. Auch in den ostdeutschen Ländern, mit einem z.T. fast doppelten Stimmenanteil der AfD, hat die große Mehrheit der Bevölkerung

Damit verbunden wird auch die soziale Konkurrenz zwischen Etablierten – zum Teil auch Zugewanderten – und Neuankömmlingen geschürt. In einer Wohlstandsgesellschaft, in der die Mehrheit der Bevölkerung ihre eigene wirtschaftliche Lage als gut oder zumindest erträglich einschätzt, können extreme Parteien nicht nur in Ostdeutschland auf Reformmüdigkeit und Abstiegsängste setzen.[26]

c) *Machterlangung*

Ziel rechtspopulistischer Parteien ist die Nutzung des politischen Systems zur Stabilisierung und Verstetigung ihrer Macht. Besonders erfolgreich ist dabei *Viktor Orbán* in Ungarn. Mit Hilfe eines auf seine Partei zugeschnittenen Wahlsystems, das ihm zumeist eine verfassungsändernde Zwei-Drittel-Mehrheit verschafft, reicht seine politische Kontrolle inzwischen über das Verfassungsgericht und die Medien bis hin zur Wissenschaft.[27] Dabei arbeitet er mit ganz überwiegend legalen Mitteln.[28] Für die polnische PiS galt das nach Einschätzung europäischer Gerichte bei der unfreundlichen Übernahme des Verfassungsgerichts freilich nicht.[29] Die

---

diese Partei nicht gewählt (Brandenburg 27,5, Sachsen 31,8; Sachsen-Anhalt 30,5; Mecklenburg-Vorpommern 28,3; Thüringen 30,7; Berlin-Ost 15,1 %). Vgl. auch *Kowalczuk* Freiheitsschock (Fn. 19), 184–89.

[26] Zur wirtschaftlichen Ungleichheit zwischen Ost und West siehe *Joachim Ragnitz* Der Osten wird nie an das Westniveau herankommen, FAZ, 22.8.2024, 16. Nicht übersehen werden darf aber, dass wo Geflüchtete nach ethnischen oder gar rassistischen Kriterien diskriminiert werden, Fachkräfte aus dem In- und Ausland nur schwer zu einem Wechsel zu motivieren sein werden.

[27] Vgl. dazu *Jens Brauneck* Rettet die EU den Rechtsstaat in Polen?, NVwZ 2018, 1423 (1427 ff.); *Jan-Werner Müller* Wo Europa endet. Ungarn, Brüssel und das Schicksal der liberalen Demokratie, 2013, 14–35; *Kinga Leyrer Leifer Nunes* Die rechtliche Entwicklung Ungarns seit 2010 aus europarechtlicher Sicht, 2023; *Gábor Halmai* Illiberalism in East-Central Europe, EUI Working Paper LAW, 2019/05 <https://cadmus.eui.eu/bitstream/handle/1814/64967/LAW_2019_05.pdf?sequence=1&isAllowed=y> (Stand 7.10.2024), 16, 22 f.; *Lázló Sólyom* in: IPE VI, § 107 Rn. 41 ff., 69 ff.

[28] Der Europäische Gerichtshof beanstandete insoweit nur die Altersdiskriminierung bei der Zwangspensionierung der (Verfassungs)Richter, EuGH EU:C:2012/687, Rn. 81 – Kommission/Ungarn; dazu *Attila Vincze* Der EuGH als Hüter der ungarischen Verfassung, EuR 2013, 323. Ebenso beanstandete er die Entscheidung der Kúria, des obersten ungarischen Gerichts, einer Beschwerde des Generalstaatsanwalts gegen eine Vorlageentscheidung eines Provinzgerichts an den EuGH stattzugeben, sowie des amtierenden Gerichtspräsidenten, den entscheidenden Richter disziplinarisch zu belangen; EuGH EU:C:2021:949, Rn. 83 ff. – IS; dazu *Petra Bárd* The Sanctity of Preliminary References, VerfBlog 26.11.2021 <https://verfassungsblog.de/the-sanctity-of-preliminary-references/> (Stand 25.9.2024).

[29] EGMR, 3.2.2022, Advance Pharma/Polen, No. 1469/20, Rn. 350 f.; EGMR, 7.5.2021, Xero Flor/Polen, No. 4907/18, Rn. 277 f.; zusammenfassend EGMR, 23.11.2023, Wałęsa/

Demokratie wird im Munde geführt, aber Wahlen in Frage gestellt – wie durch den früheren und zukünftigen US-Präsidenten *Donald Trump* – und – wie jüngst bei der Eröffnung des Landtags in Thüringen zu besichtigen – der Parlamentarismus vorgeführt.[30] In einer bemerkenswerten Häufung von Fällen haben populistische Kräfte auch Parlamentsgebäude gestürmt.[31]

d) Einfluss in deutschsprachigen Ländern

In allen deutschsprachigen Ländern haben extreme Parteien vor allem auf der rechten Seite des politischen Spektrums Fuß gefasst. Seit den Landtagswahlen 2024 ist Deutschland mit der Möglichkeit der Beteiligung extremistischer Parteien, zumindest aber antiwestlicher Kräfte[32] an exekutiver Macht in drei ostdeutschen Ländern konfrontiert.[33]

In Österreich regierte die FPÖ bereits seit dem Jahr 2000 zeitweise mit, darüber hinaus ist sie in der Nationalratswahl am 29.9.2024 sogar stärkste

---

Polen, No. 50849/21, Rn. 320 m.w.N.; zum polnischen Landesjustizrat vgl. EuGH (GK), 2.3.2021, A.B./Krajow Rada Sadownictwa Rs. C-824/18, Rn. 167; zur Unabhängigkeit des Obersten Gerichts EuGH, 24.6.2019, Kommission/Polen, Rs. C-619/18, Rn. 47; zur Altersgrenze für polnische Richterinnen EuGH, 5.11.2019, Kommission/Polen, Rs. C-192/18, Rn. 136, s. auch Rn. 96, 124 (Diskriminierung durch Ruhestandsalter und Möglichkeit ministerieller Dienstverlängerung); EGMR, 24.10.2023, Pająk et autres/Pologne, No. 25226/18 et al., Rn. 256 ff.; dazu *Peter M. Huber* Europäische Verfassungs- und Rechtsstaatlichkeit in Bedrängnis. Zur Entwicklung der Verfassungsgerichtsbarkeit in Europa, Der Staat 56 (2017), 389 (390 ff.); *László Sólyom* in: IPE VI (Fn. 27), § 107 Rn. 41ff., 69 ff.; *Christoph Grabenwarter* in: IPE VII, § 112 Rn. 102 ff.

30 Landtagsprotokoll Thüringen vom 26./28.9.2024, 5 ff., dazu VerfGH Thüringen, VerfGH 36/24, Beschl. v. 27.9.2024. Der CDU-Abgeordnete *Bühl* spricht vom Versuch der „Machtergreifung", *Andreas Bühl* Landtagsprotokoll Thüringen vom 26./28.9.2024, 14. Der thüringische AfD-Partei- und Fraktionsvorsitzende hat schon 2018 davon gesprochen, das heutige Establishment ablösen zu wollen, *Höcke* (Fn. 16), 221.

31 Neben der Stürmung des Kapitols durch den amtierenden Präsidenten *Donald Trump* am 6.1.2023 sind zu erwähnen Brasilien am 8.1.2023, versuchsweise auch Deutschland am 29.8.2022, zuletzt (von „links") in Kenia am 25.6.2024.

32 Zum „Bündnis Sahra Wagenknecht" (BSW) ablehnend *Kowalczuk* Freiheitsschock (Fn. 19), 166–172, der es programmatisch als „Schwesterpartei der AfD" bezeichnet; *Dietmar von der Pfordten* Nun ist das Trio infernale komplett. Zwischenwahlzeit in Deutschland: Wie sind die jüngsten Erfolge des BSW zu deuten? Zur Popularität einer Querfrontpartei, FAZ, 24.9.2024, Z2. Für diese Abwertung spricht die Politik gegenüber der russischen Aggression gegen die Ukraine, dagegen das Verhalten bei der Konstituierung des thüringischen Landtags, oben (Fn. 30).

33 Vgl. das Eingehen von zwei Ministerpräsidenten und einem Aspiranten auf die Forderungen *Sahra Wagenknechts* zu einem Waffenstillstand im russischen Angriffskrieg gegen die Ukraine, *Michael Kretschmer/Mario Voigt/Dietmar Woidke* Keine Freiheit ohne Sicherheit, FAZ, 4.10.2024, 10.

Partei geworden. Sie unterhält offenbar Kontakte bis hin zur sog. Identitären Bewegung *Martin Sellners* und neonazistischen Kreisen.[34]

In der Schweiz ist die rechtspopulistische Schweizer Volkspartei bereits seit 1999 stärkste Partei[35] und stellt seit 2015 entsprechend der „Zauberformel" zwei Bundesräte.[36] Sie tritt immigrationsfeindlich, aber nicht demokratiefeindlich auf, vielmehr bedient sie sich gern der Instrumente der direkten Demokratie, unter anderem gegen die europäische Integration, für die sog. „Ausschaffung" von Ausländern oder das Verbot von Minaretten.[37]

e) Zwischenfazit

Die relative Mehrheit einer vom Verfassungsschutz als gesichert rechtsextrem eingestuften Partei in einem Bundesland oder die relative Mehrheit in der Opposition beschwört selbst unter Berücksichtigung des antiwestlichen Bündnisses Sahra Wagenknecht[38] aber noch keinen Untergang der liberalen Demokratie herauf. Andererseits zeigt die Kaperung von Verfassungsinstitutionen in Ländern wie Ungarn, früher Polen und jetzt Slowakei die Schwierigkeiten bei der Umkehrung des Trends in Richtung Autoritarismus auf. Die Rückkehr zur liberalen Demokratie ist, wie das polnische

---

[34] Vgl. *Markus Sulzbacher* Identitären-Anführer Sellner als Souffleur der FPÖ, Der Standard, 30.6.2024, m.w.N. in Text und Bild.

[35] Seit 1929 gehörte sie (unter anderem Namen) der Konsensregierung an, zunächst als eher zentristische Bauernpartei. Ihr Ruck nach rechts bis hin zur offenen Ausländerfeindlichkeit, insbesondere bei der Ausschaffungsinitiative, *Bundeskanzlei* Eidgenössische Volksinitiative ‚für die Ausschaffung krimineller Ausländer (Ausschaffungsinitiative)' <https://www.bk.admin.ch/ch/d/pore/vi/vis357t.html> (Stand 22.10.2024), und dem Minarettverbot, *Bundeskanzlei* Eidgenössische Volksinitiative ‚Gegen den Bau von Minaretten' <https://www.bk.admin.ch/ch/d/pore/vi/vis353t.html> (Stand 22.10.2024), folgte im Zuge des Parteivorsitzes des Industriellen *Christoph Blochers* und ihrer erfolgreichen Kampagne gegen einen Beitritt zum EWR 1992.

[36] *Urs Altermatt et al.* in: Heinrich Oberreuter et al. (Hrsg.) Staatslexikon: Recht, Wirtschaft, Gesellschaft, 5. Band, 8. Aufl. 2021; *Bernhard Ehrenzeller* in: ders. et al. (Hrsg.) Die schweizerische Bundesverfassung: Kommentar, 4. Aufl. 2023, Art. 175 Rn. 21 ff.

[37] *Schweizerische Volkspartei* Parteiprogramm der SVP, <https://www.svp.ch/wp-content/uploads/230726_Parteiprogramm.pdf> (Stand 22.10.2024).

[38] Das vier Seiten starke Parteiprogramm kritisiert die Vereinigten Staaten und die NATO für angeblich mehr als 1 Million Tote, der gegenwärtige (!) russische Angriffskrieg gegen die Ukraine wird hingegen nicht erwähnt, *Bündnis Sahra Wagenknecht* Unser Parteiprogramm <https://bsw-vg.de/wp-content/uploads/2024/01/BSW_Parteiprogramm.pdf> (Stand 9.2.2025), 4; das Europawahlprogramm fordert einen Waffenstillstand und ein Ende der Waffenlieferungen an das Opfer im Angriffskrieg Russlands sowie Friedensverhandlungen, ohne den Aggressor zu bezeichnen, *Bündnis Sahra Wagenknecht,* Programm für die Europawahl 2024 <https://www.europawahl-bw.de/fileadmin/europawahl-bw/2024/Wahlprogramme/wahlprogrammentwurf_bsw.jpg> (Stand 26.9.2024), 4, 15.

Beispiel zeigt, auf rechtsstaatlichem Weg nur schwer zu erreichen[39] und erfordert eine sorgfältige Abwägung zwischen verschiedenen Ausprägungen des Rechtsstaatsprinzips.[40] Umso dringlicher stellt sich die Frage nach ihrem Schutz.

2. *Demokratische Bewältigung des Klimaschutzes*

Die Fragen an die Zukunftsfähigkeit der Demokratie kommen nicht nur vom Erstarken einer autoritären Rechten oder der Armutsmigration. Eine weitere Herausforderung liegt in den beiden großen ökologischen Fragen unserer Zeit, dem menschengemachten Klimawandel[41] und dem Artenster-

---

[39] Zu den Vorgängen in Polen zusammenfassend *Paulina Starski* Stellungnahme, Anhörung des Rechtsausschusses des Deutschen Bundestags zu Regelungen zum Bundesverfassungsgericht im Grundgesetz, <https://www.bundestag.de/resource/blob/1029374/2b0462d509024f6c30c4df14691ee843/Stellungnahme-Starski.pdf> (Stand 15.11.2024), 4–13 m.w.N. Vgl. den Gesetzentwurf des polnischen Justizministers *Adam Bodnar* für eine rechtskonforme Lösung, Draft Act on the Constitutional Tribunals, Venice Commission, CDL.-REF(2024)037, 17.9.2024 <https://www.venice.coe.int/webforms/documents/?pdf=CDL-REF(2024)037-e> (Stand 7.10.2024); dazu *Andrzej Schultz/Jakub Sawicki* Polish(ing) Broken Tribunal: The New Polish Coalition Government's Package to Restore the Constitutional Tribunal – a Wobbly Constitutional Reset?, VerfBlog, 22.3.2024 <https://verfassungsblog.de/polishing-broken-tribunal/> (Stand 1.10.2024); vgl. EGMR, 23.11.2023, Wałęsa/Polen, No. 50849/21, Rn. 328–32. Für eine Aufgabe des rechtsstaatlichen Weges *Wojciech Sadurski* Extinguishing the Court: Why There Is No Salvation for the Current Polish Constitutional Tribunal, VerfBlog, 14.8.2022 <https://verfassungsblog.de/extinguishing-the-court/> (Stand 1.10.2024); *ders.* How can the Constitutional Tribunal be repaired? Removing the stand-ins isn't enough, you have to go further (Interview), Rule of Law, 4.8.2022 <https://ruleoflaw.pl/sadurski_constitutional_tribunal_reform/> (Stand 1.10.2024), engl. Übers. von oko.press, polnisches Original vom 28.7.2022. Der Vorschlag von *Luke Dimitrios Spieker* The Lighthouse of EU Law Shines on the Polish Constitutional Tribunal: Neutralising its Obstruction, Substituting its Function, Supporting the Transition, VerfBlog, 26.6.2024 <https://verfassungsblog.de/the-lighthouse-of-eu-law/> (Stand 7.10.2024), ignoriert allerdings die Grenzen der Kompetenzen der EU und damit des EuGH.

[40] Zur Reform des Nationalen Justizrats vgl. *Commission for Democracy Through Law and the Directorate General of Human Rights and Rule of Law of the Council of Europe* Urgent Joint Opinion on the Draft Law Amending the Law on the National Council of the Judiciary, 8.5.2024, CDL-PI(2024)009, Rn. 78 ff. Dort hat die Venedig-Kommission die Vorschläge mit der Ausnahme eines generellen Ausschlusses früherer Mitglieder von einer Neuwahl für vertretbar gehalten und in Rn. 78 ausgeführt, dass „any measure taken with a view to 'restoring' the rule of law has to meet the overall requirements of the rule of law. However, in this context some balancing between different – apparently conflicting – rule of law principles is required."

[41] Seine Existenz und seine anthropogene Ursache sind wissenschaftlich so gut wie unumstritten, siehe dazu BVerfGE 157, 30 (50 ff. Rn. 16 ff.) m.w.N.; der neueste Bericht des Intergovernmental Panel on Climate Change (IPCC, zu deutsch „Weltklimarat"), des-

ben.[42] Auf beide gibt es keine nationale oder europäische, sondern nur eine globale Antwort. Die Koordinationsaufgabe ist gewaltig, ebenso wie die Schwierigkeiten bei der Durchsetzung gefundener Lösungen.

Deren Akzeptanz leidet am Präventionsparadox:[43] Maßnahmen zur Prävention erscheinen erst im Erfolgsfall gerechtfertigt; die Belastungen entstehen sofort. Gleichzeitig entsteht ein Generationenkonflikt, weil die Jüngeren den Älteren vorwerfen, das zur Verfügung stehende Emissionsbudget bereits verbraucht zu haben.[44] Kritik an den Maßnahmen erfordert eine Auseinandersetzung mit der weitgehenden Irreversibilität der Klimagasemissionen, die den Treibhauseffekt auslösen.[45] Der Grad der Sicherheit für diese Aussagen ist angesichts des von den Regierungen akzeptierten Stands der Wissenschaft im Weltklimarat hoch.[46]

Der Versuch einer Feinsteuerung des Klimaschutzes, für die zu Recht oder zu Unrecht das deutsche Gebäudeenergiegesetz steht,[47] erscheint einstweilen gescheitert; mehr versprechen ökonomische Ansätze zur Bepreisung von Klimagasen.[48] Diese erfordern aber internationales Zusammenwirken

---

sen Zusammenfassung von den Mitgliedsregierungen bestätigt wurde, geht von zum Teil noch dramatischeren Zahlen aus, siehe *IPCC* Climate Change 2023: Synthesis Report. Contribution of Working Groups I, II and III to the Sixth Assessment Report of the Intergovernmental Panel on Climate Change, IPCC 2023, https://doi.org/10.59327/IPCC/AR6-9789291691647.001.

[42] Siehe nur Convention on Biological Diversity v. 5.6.1992, UNTS 1760, 79; BGBl. 1993 II 1742.

[43] Erstmals geprägt wurde dieser Begriff von *Geoffrey Rose* Strategy of prevention: lessons from cardiovascular disease, British Medical Journal 1981, 1847 (1850).

[44] Nach dem BVerfG ist „in Art. 20a GG […] der Umweltschutz zur Angelegenheit der Verfassung gemacht, weil ein demokratischer politischer Prozess über Wahlperioden kurzfristiger organisiert ist, damit aber strukturell Gefahr läuft, schwerfälliger auf langfristig zu verfolgende ökologische Belange zu reagieren und weil die besonders betroffenen künftige Generationen heute naturgemäß keine eigene Stimme im politischen Willensbildungsprozess haben. Mit Blick auf diese institutionellen Bedingungen erlegt Art. 20a GG der demokratischen Entscheidung inhaltliche Bindungen auf." BVerfGE 157, 30 (144 Rn. 206) m.w.N.

[45] Maximal 5 % der Jahresemissionen von 1990 gelten als „nettotreibhausneutral", BVerfGE 157, 20 (60 Rn. 32), zum Begriff § 2 Nr. 9 KSG; vgl. BT-Drs 19/14337, 24.

[46] *IPCC* Climate Change 2023: Synthesis Report, 2023 <https://www.ipcc.ch/report/ar6/syr/downloads/report/IPCC_AR6_SYR_FullVolume.pdf> (Stand 1.11.2024).

[47] Gesetz zur Einsparung von Energie und zur Nutzung erneuerbarer Energien zur Wärme- und Kälteerzeugung in Gebäuden vom 8.8.2020 (Gebäudeenergiegesetz – GEG) (BGBl. I 1728), zuletzt geändert durch Art. 1 G v 16.10.2023 BGBl. I Nr. 280.

[48] Vgl. dazu *Expertenrat für Klimafragen* Stellungnahme zum Entwurf des Klimaschutzprogramms 2023 vom 22.8.2023, 13; *Sachverständigenrat für Wirtschaft* Jahresgutachten 2020/21. Klimaschutz als industriepolitische Chance, Rn. 371 ff., 473; Stellungnahme des SVR Wirtschaft zum Entwurf des Klimaschutzprogramms 2023, August 2023,

sowie politisches Beharrungsvermögen. Ohne ausreichenden sozialen Ausgleich werden solche Ansätze politisch kaum erfolgreich sein.

Internationale Koordination und Kooperation bei dieser Menschheitsaufgabe erfolgen durch völkerrechtliche Verträge, die Umsetzung bleibt jedoch national bzw. europäisch, was die Frage von Wirkung und Durchsetzung im nationalen Recht aufwirft. Dabei bleiben zukünftige Generationen auf Vertretung durch heutige angewiesen.

Europäischer Gerichtshof für Menschenrechte und Bundesverfassungsgericht haben mit unterschiedlichen dogmatischen Ansätzen Opfern des Klimawandels die Geltendmachung der in internationalen Vereinbarungen übernommenen Pflichten ermöglicht: das BVerfG wegen bereits *gegenwärtiger* Eingriffe in die allgemeine Handlungsfreiheit durch die Gestattung zu hoher Emissionen von Klimagasen, auch wenn die Lasten erst in der Zukunft anfielen,[49] der EGMR durch eine Pflegschaft von Umweltorganisationen für die Erfüllung der aus der Konvention folgenden Klimaschutzverpflichtungen.[50] Beide Wege erscheinen jedenfalls im Ergebnis vertretbar.[51]

1 ff.; *Andreas Burger et al.* CO_2-Bepreisung im Verkehrs- und Gebäudebereich sozialverträglich gestalten, Bundesumweltamt 2022, 11 ff.

49 BVerfGE 157, 30 (99 Rn. 118, 102 Rn. 122, 130 ff. Rn. 183–187).

50 EGMR (GK), 9.4.2024, Verein Klimaseniorinnen Schweiz v. Switzerland, No. 53600/20, Rn. 502 (Maßstäbe), 524 (Subsumtion). Gegen Österreich ist eine Individualbeschwerde anhängig, deren Beschwerdeführer sich vor dem Österreichischen VerfGH gegen die Begünstigungen der Flugbesteuerung vor der Eisenbahnbesteuerung gerichtet hatten, VfGH 30.9.2020, G144/2020, *Müllner/Österreich*, Beschwerde Nr. 18859/21, Press Release ECHR 172(2024) v. 1.7.2024. Freilich ist das österreichische Verfahren schon mangels Adressatenstellung der Beschwerdeführenden gescheitert, siehe VfGH, 30.9.2020, Z. 3.2.

51 Vgl. dagegen die Reaktionen in der Schweiz: *Bundesrat* Bundesrat klärt seine Haltung zum EGMR-Urteil über den Klimaschutz, Medienmitteilung, 28.8.2024 <https://www.admin.ch/gov/de/start/dokumentation/medienmitteilungen.msg-id-102244.html> (Stand 2.10.2024), darin bekennt sich die Regierung zur Mitgliedschaft in Europarat und EMRK, kritisiert aber deren weite Auslegung durch den EGMR; dennoch habe aber die Schweiz mit dem revidierten CPO2-Gesetz vom 15.3.2024 sowie dem Bundesgesetz über eine sichere Stromversorgung mit erneuerbaren Energien vom 23.9.2023 die klimapolitischen Anforderungen des Urteils bereits erfüllt. Ein Verbandsklagerecht wird abgelehnt – ist aber nach dem Urteil nur vor dem EGMR vorgesehen. Weitergehend die parlamentarische Kritik an einer Überdehnung seiner Kompetenzen durch den Gerichtshof in der gemeinsamen Erklärung von Ständerat und Nationalrat, Urteil des EGMR „Verein Klimaseniorinnen Schweiz u.a. versus Schweiz"', Ständerat vom 5.6.2024, 24.053; Nationalrat vom 12.6.2024, 24.054. Stellvertretend für die Kritik aus Justizkreisen siehe Bundesrichter *Stadelmann* (Fn. 8).

Das BVerfG[52] sah keine Schutzpflichten als verletzt an,[53] sondern erinnerte den Gesetzgeber daran, dass er sich nicht vor der verhältnismäßigen Verteilung der Belastungen in der Zeit drücken kann.[54] Auf den geringen Kausalitätsbeitrag der Bundesrepublik für allfällige Rechtsverletzungen kam es dabei angesichts der internationalen Lastenteilung ebenso wenig an wie auf eine Abwägung der verschiedenen Generationen aufgebürdeten Lasten: Das bleibt eine Aufgabe des Gesetzgebers.[55]

Demgegenüber erscheint es zwar merkwürdig, dass der EGMR die Geltendmachung einer subjektiven Verletzung aus Art. 8 i.V.m. Art. 34 Satz 1 EMRK[56] durch eine Art Pflegschaft von Umweltorganisationen für junge und künftige Generationen ersetzt hat – ironischerweise auf eine Beschwerde von Seniorinnen hin.[57] Ohne deren Klagebefugnis ist freilich

---

[52] Das BVerfG verlangte für die Beschwerdebefugnis keine besondere Verletzung der Beschwerdeführer im Verhältnis zum Rest der Mitbürger. Die gegenteilige Auffassung verkennt, dass Eingriffe in Freiheitsrechte auch dann gerechtfertigt werden müssen, wenn sie alle Menschen gleichermaßen treffen – eine unzulässige *actio popularis* läge nur vor, wenn fremde und nicht eigene Rechte geltend gemacht würden, BVerfGE 157, 30 (94 Rn. 110 m.w.N.). So kann aber der EGMR verstanden werden, Klimaseniorinnen (Fn. 50), Rn. 460, 480 f., 483 f., 514, 533. Aus dieser selbstgestellten Falle kam er nur mit der wenig überzeugenden Volte der Klagebefugnis von Umweltorganisationen ohne Verletzung eigener oder fremder Rechte heraus, ebd. (Fn. 50), Rn. 489 f., 499, 502, 524, 526.

[53] BVerfGE 157, 30 (110 f. Rn. 143, 150 Rn. 214).

[54] BVerfGE 157, 30 (135 f. Rn. 192–194, 163 Rn. 243 ff.). Dem BVerfG fehlt es vor allem an einer „der weiteren Entwicklung hinreichend Orientierung vermittelnden Ausgestaltung“, BVerfGE 157, 30 (170 Rn. 256). Diese selbst überließ es aber dem Gesetzgeber. Ähnlich Klimaseniorinnen (Fn. 50), Rn. 549. Kritisch zum freiheitsrechtlichen Ansatz des BVerfG *Martin Nettesheim* Klimakonstitutionalismus, in: Gregor Kirchhof/Daniel Wolff (Hrsg.) Zukunftssicherndes Verfassungsrecht, 2024, 29 (35, 42 f.); dagegen *Gabriele Britz* „Gleichheit in der Zeit“ – Gleichheit als Grund, nicht aber als Maß der Langzeitverantwortung gegenüber künftig Lebenden, ebd., 200 (217–223): „Das Maß der Verantwortung bleibt aber Freiheit, nicht Gleichheit.“ (223).

[55] Darüber, wie eine solche Verhältnismäßigkeitsabwägung durchzuführen ist, wird das Gericht ggf. noch zu befinden haben, vgl. die Verfassungsbeschwerden von *BUND/SFV* Verfassungsbeschwerde, 12.9.2024 <https://www.bund.net/fileadmin/user_upload_bund/publikationen/klimawandel/klimaklage-klageschrift.pdf> (Stand 7.10.2024); *Deutsche Umwelthilfe* Verfassungsbeschwerde, 16.7.2024 <https://www.duh.de/fileadmin/user_upload/download/Projektinformation/Klimaschutz/Klimaschutzgesetz/2024_07_16_Verfassungsbeschwerde_KSGÄnderung_final_geschwärzt.pdf> (Stand 7.10.2024), *Greenpeace e.V./Germanwatch* Verfassungsbeschwerde, 13.9.2024 : <https://www.germanwatch.org/sites/default/files/16.09.24_verfassungsbeschwerde_ksg_ambition.pdf (Stand 7.10.2024).

[56] Klimaseniorinnen (Fn. 50), Rn. 532 f. (fehlende Intensität, um einen individuellen Schutz zu verlangen).

[57] Klimaseniorinnen (Fn. 50), Rn. 502, 524. Dazu kritisch das Sondervotum des Richters *Tim Eicke*, ebd., Rn. 40 f.: „the worst of both worlds“ (41): „However, not having sought (or having been unable) to establish the necessary ‘highly exceptional circumstances’ to justify the need for an exception to the traditional ‘victim’/standing test and absent an

schwer zu begründen, dass am Ende eine Rechtsverletzung vorliegen soll. Schließlich musste der EGMR Schutzpflichtverletzungen bejahen, weil er anders als das BVerfG mit einem Fehlen von Maßnahmen konfrontiert war – hat sich damit aber viel weiter in legislative Belange eingemischt als das BVerfG.[58]

Im Ergebnis bleibt festzuhalten, dass auf Dauer nicht Gerichte, sondern Legislative und Exekutive die notwendigen Vereinbarungen treffen und die Umsetzungslasten verteilen müssen.[59] Das betonen auch die damit befassten Gerichte, die auf diese Weise zwar nicht den Klimawandel selbst hinwegjudizieren können, aber im Rahmen internationaler Vereinbarungen weite Spielräume für die Wahl der Mittel lassen.[60] Damit bleibt der Klimaschutz eine Herausforderung der parlamentarischen Demokratie.

III. Festigkeit des demokratischen Systems

Im noch viel dunkleren Jahr 1937 hat *Karl Loewenstein* die Notwendigkeit eines Schutzes der Demokratie auf den Punkt gebracht: Die Faschisten seiner Zeit

---

express provision in the Convention akin to Article 20a […] *Grundgesetz* […] the inevitable conclusion is that there is no basis for drawing any enforceable obligation from the current text of the Convention to combat 'future risk' in respect of the applicants before the Court and even less to combat a 'future risk' in respect of 'future generations', i.e. by or on behalf of individuals who are, by definition, not even before the Court.“ (42) „There was no need and no justification for the innovation of granting 'victim' status/standing to the applicant association whether 'as representatives of the individuals whose rights are or will allegedly be affected' […] or at all.“ (44).

[58] Klimaseniorinnen (Fn. 50), Rn. 538.

[59] S. dazu BVerfGE 157, 30 (160 Rn. 236, 161 ff. Rn. 239–241); EGMR, Klimaseniorinnen (Fn. 50), Rn. 538, 541, 548: „measures for the substantial and progressive reduction of their respective GHG emission levels, with a view to reaching net neutrality within, in principle, the next three decades. In this context, in order for the measures to be effective, it is incumbent on the public authorities to act in good time, in an appropriate and consistent manner“; dazu *Charlotte Blattner* Warum das KlimaSeniorinnen-Urteil nicht undemokratisch ist, VerfBlog, 25.6.2024, <https://verfassungsblog.de/egmr-klimaseniorinnen-gewaltenteilung/> (Stand 29.10.2024); anders *Eicke* (Fn. 57), Rn. 69: Gerichts- als Irrweg.

[60] Vgl. BVerfGE 157, 30 (170 Rn. 257). Allerdings ergab sich durch das zeitweilige Scheitern eines Referendums in der Schweiz eine Schutzlücke ähnlich wie in Deutschland durch die parlamentarische Delegation der Reduktionsziele nach 2030 an die Exekutive. Klimaseniorinnen (Fn. 50), Rn. 560 ff. Mit der Annahme des Klimagesetzes durch Referendum am 18.6.2023 wurde sie nur unzureichend geschlossen, ebd., Rn. 564, weil auch hier die Quantifizierung an die Regierung delegiert wurde, zumal die Verfehlung der Klimaziele eingeplant war, ebd., Rn. 569, 572. Zwischen Ziel und Mittel unterscheidet der EGMR, ebd. Rn. 543, um schließlich die Rechtsfolge seiner Feststellungen dem Mitgliedstaat und dem Ministerkomitee zu überlassen, Rn. 657.

„exploit the tolerant confidence of democratic ideology that in the long run truth is stronger than falsehood, that the spirit asserts itself against force“.[61]

Die Feinde der Freiheit nutzen also die Zuversicht der Demokraten aus, dass sich auf lange Sicht Wahrheit und Geist gegen Falschheit und Gewalt behaupten. Die deutsche Republik sei an ihrem Konzept der Verfassungslegalität gescheitert.[62] Diese Technik müsse jetzt mit ihren eigenen Mitteln geschlagen werden, nämlich durch Notstandsbefugnisse des Regierungssystems.[63] Das Grundgesetz enthält als Reaktion darauf – wie an sich schon die Weimarer Republik mit Art. 48 WRV – Mechanismen zur Verteidigung des politischen Systems, die unter der Überschrift „streitbare“ oder „wehrhafte Demokratie“ diskutiert werden.[64]

1. Die Ewigkeitsklausel als Schutz vor Autoritarismus

Zunächst schützt Art. 79 Abs. 3 GG die konstitutionellen Mindestvoraussetzungen des deutschen politischen Systems vor Abänderung durch einfache Mehrheit. Insbesondere die Menschenwürdegarantie hat den Staat vom Kopf auf die Füße gestellt: Die Staatlichkeit findet ihren Zweck nicht in sich selbst, sondern in der Achtung und dem Schutz der Würde der einzelnen Menschen. Über die Präambel des Grundgesetzes und Art. 1 Abs. 2 GG gehören dazu die internationale und europäische Einbindung[65]

---

[61] *Karl Loewenstein* Militant Democracy and Fundamental Rights, American Political Science Review 31 (1937), 417 (424). Zu Loewenstein siehe jetzt auch *Oliver Lepsius/ Robert Chr. van Ooyen/Frank Schale* (Hrsg.) Karl Loewenstein, Des Lebens Überfluß. Erinnerungen eines ausgewanderten Juristen, 2023; zur „militant democracy” *Lepsius/ van Ooyen/Schale* Karl Loewenstein, demokratischer Verfassungspolitologe des 20. Jahrhunderts – eine Einführung, ebd., XI (XXIII f.).

[62] *Loewenstein* Militant Democracy (Fn. 61), 426 f. Niemand anderes als *Joseph Goebbels* hat diese Taktik ganz offen benannt, *ders.* Was wollen wir im Reichstag?, in: Der Angriff vom 30. April 1928: „Wir gehen in den Reichstag hinein, um uns im Waffenarsenal der Demokratie mit deren eigenen Waffen zu versorgen.“

[63] *Loewenstein* Militant Democracy (Fn. 61), 430, 432.

[64] Vgl. nur BVerfGE 5, 85 (139) – streitbare Demokratie. In der Politikwissenschaft wird die streitbare Demokratie mit dem öffentlichen Diskurs, die wehrhafte mit den rechtlichen Abwehrinstrumenten verbunden, vgl. *Utz Schliesky* Die wehrhafte Demokratie des Grundgesetzes, in: Josef Isensee/Paul Kirchhof (Hrsg.) HStR XII, 3. Aufl. 2014, § 277 Rn. 15. Das österreichische Bundesverfassungsgesetz und die Schweizer Bundesverfassung kennen diese Institution als solche bereits nicht, sehr wohl aber die Kontrolle der Nachrichtendienste an sich, vgl. Art. 173, 185 Schweizer BV; Art. 52a österreichisches B-VG sowie das Polizeiliche Staatsschutzgesetz vom 26.2.2016, BGBl. I Nr. 5/2016, § 1.

[65] Vgl. dazu BVerfGE 154, 152 (216 Rn. 89, 218 f. Rn. 94) – Ausland-Ausland-Fernmeldeaufklärung. Zum Grundrechtskatalog der Schweiz vgl. *Regina Kiener* Grundrechte in der Bundesverfassung, in: Oliver Diggelmann/Maya Hertig Randall/Benjamin Schindler

einschließlich des Friedensgebots.[66] Eine dem übergeordnete „Staatsräson" kann es nicht geben,[67] wohl aber politische Konkretisierungen der Menschenwürdegarantie.

Zwar erlaubt Art. 146 GG in seiner nach der Wiedervereinigung belassenen Form eine Ablösung durch eine neue Verfassung, bindet eine solche aber an die freie Entscheidung des deutschen Volkes. Inwieweit darauf die Kriterien von Art. 79 Abs. 3 GG anwendbar sind, ist umstritten.[68] Jedenfalls sollte eine neue Verfassung – schon allein angesichts der Popularität des Grundgesetzes – nicht leichtfertig herbeigeredet werden. Weder der Beitritt der früheren DDR noch das vereinte Europa, das ausdrücklich in Präambel

(Hrsg.) Verfassungsrecht der Schweiz II, 2020, 1193 (1198 Rn. 7–15); hingegen hat das Volk die Aufnahme sozialer Grundrechte mit Ausnahme des Rechts auf Sozialhilfe in Notlagen mehrfach in Abstimmungen abgelehnt, siehe *Kiener* ebd., 1203 Rn. 17. In der österreichischen Verfassung fehlen die meisten Grundrechte, bekanntlich wird stattdessen die EMRK angewandt, Art. II Z 7 B-VG Österr. BGBl 1964/59; VfSlg. 5100/1965; zur Bedeutung der Rspr. des EGMR VfSlg 11.500/1987; dazu *Christoph Grabenwarter/Stefan Leo Frank* B-VG. Bundes-Verfassungsgesetz und Grundrechte, 2020, Art. 1 Rn. 1–3; siehe auch Art. 7, 148a I 1 B-VG. Zu den Grundrechtskonflikten siehe das Koreferat von *Tristan Barczak* Zukunftsfestigkeit des politischen Systems, VVDStRL 84 (2025), in diesem Band.

[66] Zum Friedensgebot des GG vgl. auch Präambel Satz 2, Art. 24, 26 GG.

[67] Zur Staatsräson vgl. *Deutscher Bundestag, Wissenschaftliche Dienste*, Entstehung, Wandel und Entwicklung des Staatsräson-Begriffs in Deutschland, Az. WD 1-3000-024/23 vom 30.11.2023, 18 ff. (in Bezug auf Israel); kritisch *Ralf Michaels* Staatsräson. Zum Gebrauch des Begriffs nach dem 7. Oktober, Geschichte der Gegenwart, 22.11.2023 <https://geschichtedergegenwart.ch/staatsraeson-zum-gebrauch-des-begriffs-nach-dem-7-oktober/> (Stand 7.10.2024) m.w.N. Der Gebrauch wird auf *Niccolò Machiavellis* Theorie der Staatsräson zurückgeführt und wurde später von *Giovanni Botero* Della Ragion di Stato, 1589, vertieft, dazu *Herbert Krüger* Allgemeine Staatslehre, 2. Aufl. 1966, 14. In Bezug auf die Kriegsdienstverweigerung ablehnend *Carlo Schmid* 159. Sitzung des Bundestags am 6.7.1956. Verhandlungen des Deutschen Bundestages. Stenographische Berichte. 2. Wahlperiode. Bonn 1956, 8853 B-C: „Als wir in das Grundgesetz den Art. 4 Abs. 3 einführten, hatten wir nicht die Absicht, eine hübsche Verzierung anzubringen, sondern wir wollten diesem Staat, der Bundesrepublik, ein bestimmtes Gepräge geben. Wir wollten, daß durch diese Bestimmung zum Ausdruck gebracht werde, daß in diesem Staat die Staatsraison nicht als die oberste Autorität für das Handeln von Staat und Bürger anerkannt wird."

[68] Offen gelassen in BVerfGE 123, 267 (331 f.); jedenfalls keine Überspielung von Art. 79 Abs. 3 GG durch Volksentscheid, BVerfGE 89, 155 (180). Versuche, daraus umfangreiche Verfahrensvorschriften einschließlich der Notwendigkeit einer Volksabstimmung abzuleiten, überzeugen hingegen nicht, *Horst Dreier* in: ders. (Hrsg.) GG, 3. Aufl. 2018, Art. 146 Rn. 52; *Hans-Peter Schneider* Verfassunggebende Gewalt, in: Josef Isensee/Paul Kirchhof (Hrsg.) HStR XI, 3. Aufl. 2014, § 255 Rn. 21 f.; a.A. *Peter M. Huber* in: Michael Sachs (Hrsg.) GG, 9. Aufl. 2021, Art. 146 Rn. 12, 16a.

und Art. 23 Abs. 1 GG verankert ist, erfordern einen solchen Schritt, der mehr Legitimität kosten als bringen dürfte.[69]

Die Kontrollfunktion über die Grenzen von Verfassungsänderungen übernimmt in der Schweiz gleichsam das Volk selbst durch obligatorische Volksabstimmungen.[70] Allerdings müssen Volksinitiativen auf Teilrevision gem. Art. 139 Satz 2 B-VG „die Einheit der Form, die Einheit der Materie oder zwingende Bestimmungen des Völkerrechts" beachten.[71] Diese Grenzen werden von der Bundesversammlung zwar theoretisch überprüft, kaum aber in der Praxis.

In Österreich gilt das Erfordernis der Zweidrittelmehrheit für Verfassungsgesetze im Nationalrat und, soweit die Zuständigkeit der Länder eingeschränkt wird, auch einer entsprechenden Mehrheit im Bundesrat. Die seltenen Volksabstimmungen gehen vom Nationalrat aus,[72] sind aber grundlegenden Verfassungsreformen, der sog. Gesamtänderung, vorbehalten.[73] Diese Vorschriften verhindern eine Abschaffung von Grundprinzipien mit einfacher Mehrheit.[74]

---

[69] Gem. *Hans Vorländer/Maik Herold/Felix Hormig/Janine Joachim/Cyrill Otteni* 75 Jahre Grundgesetz. Einstellungen zu Verfassung und Demokratie in Deutschland, MIDEM Studie 2024-2, Mercator Forum Migration und Demokratie, 14 f., lehnen solide Mehrheiten in Ost und West (62/14 % bzw. 75/8 %) eine Totalrevision des Grundgesetzes ab.

[70] Art. 140 Satz 1 a. B-VG zählt Verfassungsänderungen zu den Materien, bei denen ein Referendum obligatorisch ist.

[71] Andernfalls erklärt sie die Bundesversammlung insoweit für ungültig – was aber im Bund in aller Regel nicht geschieht, vgl. *Andreas Glaser* Wandel der Volksrechte, in: Oliver Diggelmann/Maya Hertig Randall/Benjamin Schindler (Hrsg.) Verfassungsrecht der Schweiz, Bd. I, 2020, 461 (468 Rn. 16).

[72] Art. 43, 49b B-VG.

[73] Art. 44 Abs. 3 B-VG.

[74] Art. 37 B-VG. So hat der Verfassungsgerichtshof den Entzug von Teilen des Verfahrensrechts von der Gerichtskontrolle einer Gesamtänderung gleichgestellt, die zumindest einer Volksabstimmung bedürfe. Ob eine solche Regelung überhaupt erfolgen könne, ließ er offen. Vgl. zur Diskussion über verfassungswidriges Verfassungsrecht ohne eine explizite Bestimmung in der Verfassung Kesavananda Bharati v State of Kerala [1973] 4 SCC 225, Mehrheitsvotum, 1001, wohl inspiriert von *Dietrich Conrad* Limitations of Amendment Procedures and the Constituent Power, Indian Yearbook of International Affairs 1970, 375; zur Aufhebung der Justizreform in Israel *Amichai Cohen/Yuval Shany* The HCJ Strikes Back: Israel's Supreme Court Pulls the Plug on "Judicial Reform", 11.1.2024 <https://www.lawfaremedia.org/article/the-hcj-strikes-back-israel-s-supreme-court-pulls-the-plug-on-judicial-reform> (Stand 5.10.2024) m.w.N. In Supreme Court of Kenya, Attorney-General & 2 Others v Ndii & 79 Others [2022] KESC 8 (KLR), Urt. v. 31.3.2022, Z. 3 ff. (Chief Justice Koome) verzichtete das Oberste Gericht Kenias auf die Figur, weil die Verfassung bereits eine Hierarchie zwischen Verfassungsartikeln enthält. S. hierzu Art. 255 der Verfassung von Kenia von 2010 <http://kenyalaw.org/kl/index.php?id=398> (Stand 5.10.2024).

Demokratie erschöpft sich nicht in der Herrschaft der Mehrheit über die Minderheit, wie schon *Konrad Adenauer* wusste,[75] ist keine „Tyrannei der Mehrheit",[76] sondern ist die kollektive Selbstregierung des Staatsvolks, also von Mehrheiten wie Minderheiten gleichermaßen. Sie lebt nicht von der Stabilität einer dauerhaften Mehrheit, sondern von deren Pluralität und Wandel.[77] Darüber hinaus stellt sie über die Grundrechte die Zumutbarkeit und Akzeptanz von Mehrheitsentscheidungen für Minderheiten her und rechtfertigt daher auch höhere Mehrheitserfordernisse für Änderungen ihrer Grundbedingungen.[78] Einerseits sichern Grundrechte gerade die demokratische Meinungsbildung von unten nach oben und damit die Möglichkeit der Ablösung einer Regierungsmehrheit durch eine andere, andererseits schützten sie die Minderheiten vor der Mehrheit.

Damit sind autoritäre Demokratiemodelle unvereinbar. Das gilt für die Forderung nach autoritärer Führung ebenso wie für eine „Ökodiktatur". Die Abhaltung von Wahlen in autoritären Staaten wie Russland belegt zwar die Ubiquität demokratischen Legitimationsbedarfs, erfüllt aber bei weitem nicht demokratische Mindestansprüche. Das gilt auch für bloß „elektorale Demokratien", die Wahlen abhalten, nicht aber durch begleitende Institutionen wie Meinungsfreiheit und Zugang der Opposition zu den Medien absichern.[79]

Siehe auch *Aharon Barak* Unconstitutional Constitutional Amendments, Israel Law Review 44 (2011), 321 m.w.N.

[75] *Konrad Adenauer* Rede in der Aula der Universität zu Köln, 24.3.1946, Schriftenreihe der Christlich Demokratischen Union des Rheinlandes, Heft 8 o.J., zitiert nach <https://www.konrad-adenauer.de/seite/24-maerz-1946/> (Stand 3.10.2024): „Die Demokratie erschöpft sich für uns nicht in der parlamentarischen Regierungsform oder gar in der Herrschaft einer Mehrheit über eine Minderheit. […] Demokratie ist mehr als parlamentarische Regierungsform; sie ist eine Weltanschauung, die ebenfalls wurzelt in der Auffassung von der Würde, dem Werte und den unveräußerlichen Rechten eines jeden einzelnen Menschen […]".

[76] Im Allgemeinen wird der Begriff zwar *Alexis de Tocqueville* De la démocracie en Amérique, 12. Aufl. 2012, 254, zugeschrieben, er stammt aber wohl bereits von *John Adams* A Defence of the Constitutions of Government of the United States of America, Bd. 3, 1788, 290–91, 310; ähnlich die 'tyranny of a multitude is a multiplied tyranny' bei *Edmund Burke* Correspondence of Edmund Burke between the Year 1774, and the Period of his Decease, in 1797, 1844, 147; vgl. *John Stuart Mill* On Liberty, 1859, 7; vgl. auch *Hans Kelsen* Vom Wesen und Wert der Demokratie, 2. Aufl. 1929, 8–10; *Frank Schorkopf* Einheit und Vielfalt, Mehrheit und Minderheit, in: Uwe Kischel/Hanno Kube (Hrsg.) HStR I, 2023, § 14 Rn. 10, 13.

[77] Vgl. *Schorkopf* Einheit und Vielfalt (Fn. 76), § 14 Rn. 10.

[78] *Schorkopf* Einheit und Vielfalt (Fn. 76), § 14 Rn. 15 m.w.N.

[79] Ob es sich um eine eigene Demokratieform handelt, ist wegen der ständigen Bedrohung der Demokratie umstritten, vgl. *Philip Manow/Christoph Möllers* Müssen wir die Wähler fürchten?, Die Zeit Nr. 38/2024, 5.9.2024, 9; allgemein zur elektoralen Demokratie *Philip Manow* Unter Beobachtung. Die Bestimmung der liberalen Demokratie und ihrer Freunde, 2024, 149 et passim.

2. *Demokratische Legitimation trotz Machtdiffusion*

Die Machtdiffusion im föderalen Staat nach unten (Föderalismus, Gemeindeautonomie) wie „oben" (Europäische Union als „Staats-, Gerichts- und Verwaltungsverbund",[80] Vereinte Nationen etc.[81]) macht die Rückkehr zu einer Allzuständigkeit des souveränen Staates unmöglich,[82] erlaubt aber ein Entscheidungsmonopol über die Delegation und ihre evtl. Rücknahme.

Die Tendenz zu einer Verschränkung der staatlichen und überstaatlichen Zuständigkeiten bleibt aber ein Problem demokratischer Entscheidungsgewalt und Kontrolle. Die negative Integrationsverantwortung der deutschen Staatsorgane soll verhindern, dass diese Verantwortungsdiffusion auf Kosten der Demokratie geht; der Verfassungsauftrag auf Mitwirkung bei der europäischen Integration oder auch positive Integrationsverantwortung[83] sichert den demokratischen Einfluss, wenn auch gelegentlich mit einem Knick,[84] der durch das Zusammenwirken mit anderen demokratischen Staaten entsteht. Aber nur so erscheinen grenzüberschreitende Problemlösungen möglich.

---

[80] Zum Staaten-, Verfassungs-, Verwaltungs- und Rechtsprechungsverbund vgl. BVerfGE 159, 17 (90 f. Rn. 111); 156, 182 (198 Rn. 38); 140, 317 (338 Rn. 44); *Andreas Voßkuhle* Der europäische Verfassungsgerichtsverbund, NVwZ 2010, 1.

[81] Art. 24 Abs. 2 GG.

[82] So aber *Alexander Thiele* Verlustdemokratie, 2. Aufl. 2018, 273 ff.; ähnlich *Philip Manow* (Ent-)Demokratisierung der Demokratie, 2020, 162.

[83] Diese Begrifflichkeit aus der Entscheidung des Ersten Senats des Bundesverfassungsgerichts zum Recht auf Vergessen II, BVerfGE 152, 216 (238 f. Rn. 55 ff.), hat der Zweite Senat nicht übernommen, vgl. BVerfGE 156, 182 (197 ff. Rn. 36–40). Letztlich handelt es sich aber um eine andere Bezeichnung der „Mitwirkung" nach Art. 23 I 1 GG. Zur „negativen" Integrationsverantwortung, also der Überprüfung, inwieweit die Tätigkeit der europäischen Organe dem Übertragungsakt entspricht, vgl. BVerfGE 123, 267 (356); 142, 123 (180 Rn. 98); 151, 202 (275 f. Rn. 92–94); 158, 89 (122 ff. Rn. 91 ff., 130 Rn. 110); 164, 193 (280 ff. Rn. 121 ff). Zum Ganzen *Helmut Philipp Aust* Zweierlei Integrationsverantwortung – Zur Begründung und Tragweite eines verfassungsrechtlichen Schlüsselbegriffs in der Rechtsprechung beider Senate des Bundesverfassungsgerichts, EuGRZ 2020, 410; *Andrej Lang* Das „Kooperationsverhältnis" zwischen Bundesverfassungsgericht und Europäischem Gerichtshof nach dem PSPP-Urteil, Der Staat 60 (2021), 99.

[84] Siehe dazu BVerfGE 142, 123 (192 Rn. 131); *Stefan Oeter* Rechtsprechungskonkurrenz zwischen nationalen Verfassungsgerichten, Europäischem Gerichtshof und Europäischem Gerichtshof für Menschenrechte, VVDStRL 66 (2006), 361 (362 ff.); *Frido Wagener* Typen der verselbständigten Erfüllung öffentlicher Aufgaben, in: ders. (Hrsg.) Verselbständigung von Verwaltungsträgern, 1976, Bd. 1, 31 (40); *Thomas Mann* Kapitalgesellschaften, in: ders./Günter Püttner (Hrsg.) Handbuch der kommunalen Wissenschaft und Praxis, Bd. 2, 3. Aufl. 2011, § 46 Rn. 21; *Mattias Wendel* Permeabilität im europäischen Verfassungsrecht, 2011, 354.

Gleichzeitig schafft das „Mehrebenensystem“[85] gegenseitige Kontrolle staatlicher und überstaatlicher Gewalt. Dadurch schützen sich die europäischen Staatsvölker ein Stück weit gegenseitig vor demokratischem „Backsliding“[86]. Die Rechtsprechung europäischer Gerichte oder die Venedig-Kommission des Europarats setzen Standards und können ihre Einhaltung anmahnen.

3. *Funktionsfähigkeit des parlamentarischen Regierungssystems*

Die Funktionsfähigkeit des parlamentarischen Regierungssystems in Deutschland erscheint einstweilen nicht gefährdet. Das gilt auch angesichts schwieriger werdender Mehrheitsbildung nach Wahlerfolgen autoritärer Parteien. Das deutsche Grundgesetz stellt zahlreiche Mechanismen bereit, um eine effektive Regierung und Gesetzgebung auch nach Verlust einer parlamentarischen Mehrheit abzusichern.[87] Dennoch geht die Schwächung der demokratischen Parteien der Mitte mit schwerer Mehrheitsbildung sowie einer Dauerregierungskrise einher, welche die Kanzlerdemokratie[88] häufig zu einer bloßen Vermittlungsrolle zwischen Koalitionsparteien degeneriert.[89] Dagegen hilft die Richtlinienkompetenz des Bundeskanzlers nur wenig.

---

[85] Zu diesem Lieblingsbegriff der Vereinigung vgl. nur *Kerstin Odendahl* Migrationssteuerung im Mehrebenensystem, VVDStRL 76 (2016), 51 f.; kritisch *Stephan Breitenmoser* Migrationssteuerung im Mehrebenensystem, VVDStRL 76 (2016), 9 (11); *Wolfram Cremer* Rechtsanwendungsgleichheit in Mehrebenensystemen, VVDStRL 78 (2018), 117 (124 f.); zur Rechtssetzung *Stefan Kadelbach* Autonomie und Bindung der Rechtsetzung in gestuften Rechtsordnungen, VVDStRL 66 (2006), 9 ff.; *Benjamin Schindler* Rechtsanwendungsgleichheit in Mehrebenensystemen, VVDStRL 78 (2018), 168 (174–77); *Christian Tietje* Autonomie und Bindung der Rechtsetzung in gestuften Rechtsordnungen, VVDStRL 66 (2006), 45 ff.

[86] Darunter ist ein Abgleiten der Demokratie in Richtung Autokratie zu verstehen. Zum Begriff siehe *Steven Levitsky/Daniel Ziblatt* How Democracies Die, 2018, 205; *Susan D. Hyde* Democracy's backsliding in the international environment, Science 369 (2020), 1192; zum ungarischen Beispiel oben *Europäisches Parlament* MEPs: Hungary can no longer be considered a full democracy, 15.9.2022 <https://www.europarl.europa.eu/news/en/press-room/20220909IPR40137/meps-hungary-can-no-longer-be-considered-a-full-democracy> (Stand 1.11.2024).

[87] Darunter fallen das Erfordernis eines konstruktiven Misstrauensvotums zum Sturz der Kanzlerin oder des Kanzlers gem. Art. 67 GG, die Option des Bundespräsidenten, die Auflösung des Bundestags trotz Verlusts einer Vertrauensfrage zu verweigern (Art. 68 GG), oder auch der Gesetzgebungsnotstand, in dem Bundespräsident, Bundesrat und Bundesregierung ein unwilliges Parlament zur Gesetzgebung tragen können (Art. 81 GG).

[88] Zu dieser *Meinhard Schröder* in: Peter M. Huber/Andreas Voßkuhle (Hrsg.) GG II, 8. Aufl. 2024, Art. 63 Rn. 11 f. („politische Kategorie“, die schon zu Adenauerzeiten nicht mehr existiert habe). Zur Richtlinienkompetenz vgl. nur Art. 65 Satz 1 GG.

[89] *Meinhard Schröder* in: Huber/Voßkuhle (Fn. 88), m.w.N., benutzt den Begriff „Koordinationsdemokratie“. Schon der dritte Bundeskanzler *Kurt Georg Kiesinger* wurde wäh-

a) *Funktionsfähigkeit des Parlaments*

Das Parlament wird durch die Diffusion der Entscheidungsmacht zu Exekutive und Bürokratie[90] oder die abnehmende Bedeutung parlamentarischer Debatte für die öffentliche Meinungsbildung geschwächt. Dennoch bleibt es in Erfüllung des Verfassungsauftrags, dass alle Staatsgewalt vom Volk auszugehen hat (Art. 20 Abs. 2 Satz 1 GG), das zentrale Legitimationsinstrument im deutschen Regierungssystem.

Die Repräsentationsfunktion der Parlamente wird durch die Schwächung der politischen Parteien beeinträchtigt.[91] Wenn immer weniger Stimmen an die demokratischen Parteien der Mitte gehen, dann besteht die Gefahr, dass eine Koalition aller demokratischen Kräfte Extremisten von der Regierung fernhalten muss – und damit bei Unzufriedenheit mit den Regierenden in die Wahl einer extremistischen Opposition münden kann.[92]

Verfassungsfeinde können in den – nie ganz zu füllenden – Lücken der Selbstregulierung des Parlaments ein Einfallstor für Protest oder gar die Herbeiführung der Funktionsunfähigkeit des Regierungssystems sehen. Das Parlament selbst muss erkannte Lücken daher schnellstmöglich schließen.[93]

---

rend der ersten Großen Koalition von *Conrad Ahlers* als „wandelnder Vermittlungsausschuss" bezeichnet, zitiert nach *Philipp Gassert* Kurt Georg Kiesinger 1904–1988. Kanzler zwischen den Zeiten, 2006, 712. Am Ende bleibt nur die Alternative zwischen Dauervermittlung und Entlassung der Minister eines Koalitionspartners und damit unter Umständen Ende der Regierung, wie sie Bundeskanzler Scholz (SPD) am 5.11.2024 herbeiführte.

[90] Siehe dazu *Florian Meinel* Vertrauensfrage – Zur Krise des heutigen Parlamentarismus, 2019, 32 f. et passim.

[91] Dazu *Thiele* (Fn. 82), 120 ff. So endete bekanntlich das letzte demokratische Kabinett Hermann Müller II in der Weimarer Republik. Dazu kommt das Phänomen der „Führerinnenpartei", an deren demokratischer innerer Ordnung Zweifel erlaubt sind. Die vom Bundesverband gesteuerte Aufnahmepraxis des Bündnisses Sahra Wagenknecht ist wegen des Aufnahmerechts von Untergliederungen und des Verbots einer Aufnahmesperre gem. §§ 10 I 1, 3 PartG rechtlich zweifelhaft, dazu *Sophie Schönberger*, There's a new kid in town – das Bündnis Sahra Wagenknecht als Herausforderung für das Parteienrecht, PRUF Working Paper No. 5, <https://wp.pruf.hhu.de/article/view/728/739> (Stand 9.2.2025). Vgl. auch *Dietmar von der Pfordten* Die Sahra-Partei, FAZ, 3.9.2024, 3.

[92] So jetzt auch in Thüringen und Brandenburg, wenn man denn das BSW für demokratisch hält. Weitere Beispiele gibt es angefangen mit den Vereinigten Staaten bis zu Polen oder zur Slowakei zuhauf.

[93] Dazu *Maximilian Steinbeis* Das Drama der Demokratie, VerfBlog, 20.9.20924 <https://verfassungsblog.de/das-drama-der-demokratie/> (Stand 29.10.2024); *Ronen Steinke* Sieben Lektionen gegen die AfD, SZ, 17.4.2024 <https://www.sueddeutsche.de/politik/afd-thueringen-rechtsstaat-schuetzen-verfassungsblog-hinweise-1.6560618> (Stand 27.9.2024); *Maximilian Steinbeis* Die verwundbare Demokratie, 2024, 59 ff.

b) *Funktionsfähigkeit von Obersten und Verfassungsgerichten*

Der demokratische Staat braucht zwar nicht unbedingt spezielle Verfassungsgerichte. Eine funktionsfähige Demokratie ohne einen gerichtlichen Schutz periodischer Wahlen, ohne Möglichkeit der Abwahl der Regierenden durch die Regierten und den Schutz politischer Rechte auch zwischen den Wahlen erscheint aber kaum nachhaltig.[94] Oberste Gerichte und Verfassungsgerichte können freilich zu einem Problem für die Demokratie werden, wenn sie der Versuchung erliegen, Politik jenseits der Verfassungsauslegung und -anwendung zu machen. Das begrenzt die Möglichkeiten eines „transformativen Konstitutionalismus" nach lateinamerikanischem Vorbild.[95] Schließlich kann keine rechtsstaatliche Sicherung den demokratischen politischen Prozess einschließlich der öffentlichen Meinungsbildung ersetzen.

Die Anforderungen des *judicial self-restraint* sind aber kontingent; einen allgemein anerkannten Test für die Grenzen der Verfassungsauslegung gibt es nicht – vielmehr hält ein „living constitutionalism" die Verfassung gerade aktuell. Andernfalls würde den Verfassungsgebern der Wille zur anachronistischen Bindung der Zukunft unterstellt. Daran geht die generalisierende Kritik an der Verfassungsgerichtsbarkeit[96] häufig vorbei. Auch in den USA folgt dem Bekenntnis der Mehrheit des US Supreme Court zum

---

[94] Zur besonderen Rolle der Verfassungsgerichte beim Schutz des Rechtsstaats bereits BVerfGE 5, 85 (139 f.) – KPD-Verbot. Vgl. Beispiele aus Europa (Slowakei, Ungarn, Belarus, Russland) und darüber hinaus (Hong Kong, Venezuela). Zur demokratischen Rechtfertigung der Verfassungsgerichtsbarkeit vgl. *Christopher Scheid* Demokratieimmanente Legitimation der Verfassungsgerichtsbarkeit, Der Staat 59 (2020), 227; siehe auch *Andreas Paulus* Reflections on Constitutional Adjudication in a Democracy, Israel Law Review 2023, 471; *Uwe Volkmann* Bausteine zu einer demokratischen Theorie der Verfassungsgerichtsbarkeit, in: Michael Bäuerle/Philipp Dann/Astrid Wallrabenstein (Hrsg.) FS Brun-Otto Bryde, 2013, 119. Klassisch *Hans Kelsen* Wer soll der Hüter der Verfassung sein?, 1931; *ders.* La garantie juridictionnelle de la Constitution (La Justice constitutionnelle), Revue du droit public et de la science politique en France et à l'étranger 45 (1928), 197, 223.

[95] *Armin von Bogdandy* Strukturwandel des öffentlichen Rechts, 2022, 119 ff., 235 ff., 267 ff.; 383 f. (dort auch zur demokratischen Legitimation); a.A. *Frank Schorkopf* Menschenrechte und Mehrheiten, ZaöRV 82 (2022), 19 (20); vermittelnd *Andreas Paulus* Die Zukunft der Verfassungsgerichtsbarkeit in herausfordernden Zeiten, EuGRZ 2022, 357 (357–359).

[96] In Deutschland vor allem *Matthias Jestaedt/Oliver Lepsius/Christoph Möllers/Christoph Schönberger* Das entgrenzte Gericht, 2011; *Florian Meinel* Das Bundesverfassungsgericht in der Ära der Großen Koalition: Zur Rechtsprechung seit dem Lissabon-Urteil, Der Staat 60 (2021), 43–98; aus politikwissenschaftlicher Sicht jetzt *Manow* Beobachtung (Fn. 79), 125 ff. Vgl. die internationale Kritik in *Martin Loughlin* Against Constitutionalism, 2022, 124 ff. et passim. Zur „juristocracy" vgl. auch *Ran Hirschl* Towards Juristocracy: The Origins and Consequences of the New Constitutionalism, 2007; dagegen *Dieter Grimm* Neue Radikalkritik an der Verfassungsgerichtsbarkeit, Der Staat 59 (2020), 321–354 m.w.N.

Originalismus[97] eine wenig textorientierte Praxis.[98] Das Normprogramm von Verfassungen ist zeitgebunden und muss in der Anwendung notwendigerweise in das aktuelle Umfeld „übersetzt“ werden. Wer dies ablehnt, lässt das politische System in der parlamentarischen Demokratie verknöchern.

Dem deutschen Bundesverfassungsgericht wird gern der Vorwurf gemacht, es mit der Einhegung demokratischer Mehrheiten durch Minderheitsrechte zu übertreiben. Der Politikwissenschaftler *Philip Manow* behauptet gar, nicht die sog. „illiberalen Demokraten“ seien am „Backlash“ schuld, sondern die „liberalen Demokraten“ und insbesondere die Verfassungsgerichte selbst.[99] Aber weder *Viktor Orbán* in Ungarn noch *Jarosław Kaczyński* in Polen wurden von den dortigen Verfassungsgerichten in ihrer Macht beschnitten, vielmehr kaperten sie diese, noch bevor sie ihren Machtdrang einschränken konnten. In der Slowakei läuft gerade ein ähnliches Drehbuch ab.[100]

---

[97] Zum Originalismus siehe *Antonin Scalia* A Matter of Interpretation, Federal Courts and the Law, 1997; *Robert W. Bennett/Lawrence B. Solum* Constitutional Originalism: A Debate, 2011. Er strebt – in vielen Spielarten – eine Verfassungsauslegung anhand der historischen Textbedeutung an. Das soll eine progressive, nicht textbasierte Auslegung ohne formelle Verfassungsänderung ausschließen, obwohl eine solche in den USA fast unmöglich ist, *Andrew Coan/Anuj Desai* Difficulty of Amendment and Interpretative Choice, Journal of Institutional Studies 2016, 5. Mit *Ketanij Brown Jackson* ist inzwischen auch eine linksliberale Originalistin Richterin des Supreme Court geworden, vgl. *Mark Joseph Stern* Ketanji Brown Jackson Has Perfected the Art of Originalism Jujitsu, Slate, 28.7.2023 <https://slate.com/news-and-politics/2023/07/supreme-court-ketanji-brown-jackson-originalism-jujitsu.html> (Stand 3.10.2024). Ein Beispiel ist ihr Einzeldissent in Jones v. Hendrix, 599 U.S._(2023) (Jones, J. dissenting, 3 ff., 12: „atextuale“ Auslegung durch die Mehrheit).

[98] Sie wird aus den Vereinigten Staaten befeuert, wo ein einseitig besetzter Oberster Gerichtshof Schritt für Schritt verfassungsrechtliche Garantien auszuhebeln scheint, dabei aber nicht vor einer radikalen Reinterpretation des Verfassungstexts zurückschreckt. So wurden neulich in zwei Entscheidungen zum Putschversuch *Donald Trumps* gegen die Wahl seines Nachfolgers *Joseph Biden* am 6.1.2021 einerseits Absatz 3 des 14. Verfassungszusatzes zum Wahlrechtsverlust Aufständischer unter einen Gesetzesvorbehalt gestellt, der dort nicht vorgesehen ist, Trump v. Anderson, Urteil vom 4.3.2024, No. 23-719, 601 U.S. (2024), slip op., 5; vgl. ebd., 13, sowie die dissentierenden vier Richterinnen, die nur im Ergebnis zustimmen, aber dieses nur für die einzelnen Bundesstaaten anerkennen wollen, ebd., J. Barret, JJ. Sotomayor, Kagan, Jackson, concurring, 4–6. Vor allem aber hat das Gericht in einer auch einige Richterinnen verstörenden Weise eine imperiale Präsidentschaft ohne strafrechtliche Verantwortlichkeit geschaffen, die gar nicht so sehr auf den Aufstandsversuch des 6. Januars 2021 bezogen ist als auf die Pläne zur imperialen Präsidentschaft seit *Richard Nixon*, Trump v. United States, Urteil vom 1.7.2024, 603 U.S., Docket No. 23-939 slip. op., S. 9, 14, 17–19; vgl. hingegen ebd., 25 (keine Immunität für inoffizielle Handlungen); ebd., dissenting opinion J. Sotomayor; United States v. Nixon, 418 U. S. 683, 703, 707 (1974).

[99] *Manow* Beobachtung (Fn. 79), 59–66, 91 et passim.

[100] Richtig ist allerdings, dass die Absicherung von Demokratie, Grundrechten und Rechtsstaat in vielen vor allem mittel- und osteuropäischen Ländern nach deutschem Beispiel einem Verfassungsgericht überantwortet wurde, oft aber der teils noch aus kommunis-

Dennoch trifft zu, dass eine einseitige politische Besetzung eines obersten Gerichts mit verfassungsrechtlicher Zuständigkeit schadet. Daher erscheint nur eine parteiübergreifende Mehrheit bei der Richterbesetzung die politische Neutralität eines Höchstgerichts sicherzustellen. Die Politisierung des US Supreme Court wurde denn auch durch die Abschaffung des überparteilichen Quorums von 60 Stimmen im Senat für die Bestätigung der Richterinnen und Richter befeuert.[101]

Das Grundgesetz hat das Bundesverfassungsgericht in Art. 93 und 94 nur rudimentär geregelt. Die Erfolge rechtspopulistischer und rechtsradikaler Parteien haben den politischen Willen erzeugt, sich auf eine Neuregelung zu verständigen, um das Gericht gegen eine „Kaperung“ durch radikale Mehrheiten abzusichern.[102] Das Erfordernis einer regierungsübergreifenden Mehrheit birgt die Gefahr einer extremistischen Sperrminorität. Diese wiederum lässt sich durch einen Ersatzwahlmechanismus einhegen. Am bei Drucklegung nunmehr verabschiedeten Gesetz ist deswegen vor allem zu kritisieren, dass nur ein Ersatzwahlrecht der jeweils anderen Parlamentskammer vorgesehen ist.[103] Damit wird aber der zweite Schritt vor dem ersten getan, nämlich der verfassungsrechtlichen Sicherung einer überparteilichen Mehrheit bei der Richterwahl.[104] Eine Zustimmungsbedürf-

---

tischer Zeit kommende Verfassungstext für gerichtliche Verfassungsauslegung und -anwendung nicht geeignet war, so dass zahlreiche Lücken gefüllt werden mussten. Keines dieser Strukturprobleme trägt aber eine offensichtlich rechtswidrige politische Kaperung wie die des polnischen Verfassungsgerichts oder das Herausdrängen älterer Richter am ungarischen Verfassungsgericht durch *Viktor Orbán*; zu diesem oben (Fn. 16–18).

101 Roll Call Vote 109, Congressional Record, Bd. 163 (4.4.2017), S2190.

102 So nun in Form des Gesetzesentwurfs der Fraktionen von SPD, Grünen, FDP und CDU/CSU sowie des Abgeordneten *Seidler* vom 24.9.2024, Entwurf eines Gesetzes zur Änderung des Bundesverfassungsgerichtsgesetzes und des Untersuchungsausschussgesetzes, BT-Drs. 20/12978. Dazu insgesamt positive Anhörung (Fn. 39); *Deutscher Bundestag* Anhörung zu Regelungen zum Bundesverfassungsgericht im Grundgesetz <https://www.bundestag.de/ausschuesse/a06_recht/anhoerungen/1024884-1024884> (Stand 15.11.2024) m.w.N. Siehe jetzt mit identischem Wortlaut Gesetz zur Änderung des Grundgesetzes (Artikel 93 und 94), BGBl. 2024 I Nr. 439 vom 27.12.2024; Gesetz zur Änderung des Bundesverfassungsgerichtsgesetzes und des Untersuchungsausschussgesetzes, BGBl. 2024 I Nr. 440 vom 30.12.2024.

103 Mit dem Schönheitsfehler einer konkurrierenden Zuständigkeit beider Kammern nach dem Windhundprinzip, das die eine oder den anderen geeigneten Kandidaten von der Kandidatur abhalten könnte.

104 Vgl. dazu neuerdings *Peter Müller* Wenn schon, denn schon, FAZ, 2.10.2024, 4. Der Äußerung des Plenums des Bundesverfassungsgerichts lässt sich entnehmen, dass die Notwendigkeit einer überparteilichen Mehrheit auch dort diskutiert, aber der politischen Einschätzung überlassen wurde, siehe *Bundesverfassungsgericht* Plenumsbeschluss des Bundesverfassungsgerichts vom 11. September 2024 zu möglichen Änderungen der gesetzlichen Vorschriften über das Bundesverfassungsgericht, Pressemitteilung Nr. 75/2024 v. 12.9.2024, <https://www.bundesverfassungsgericht.de/SharedDocs/Pressemitteilungen/

tigkeit von Änderungen des Bundesverfassungsgerichtsgesetzes, wie vom Bundesrat gefordert,[105] entspräche der paritätischen Zusammensetzung des Bundesverfassungsgerichts aus von Bundestag und Bundesrat gewählten Richtern und erscheint ebenfalls sinnvoll, um die Funktionsfähigkeit des BVerfG auch gegen temporäre Mehrheiten abzusichern.

4. *Streitbare und wehrhafte Demokratie*

Die liberale Demokratie begrenzt ihre Wehrhaftigkeit auf den basalen Schutz des Kerns des Verfassungssystems, ohne die freie Meinungsbildung mehr als notwendig zu beschränken. Nach der neueren Rechtsprechung des Bundesverfassungsgerichts ist diese „freiheitlich-demokratische Grundordnung" wegen des Ausnahmecharakters eines Parteiverbots auf jene zentralen Grundprinzipien beschränkt, die für den freiheitlichen Verfassungsstaat „schlechthin unentbehrlich" sind, insbesondere Menschenwürde, Demokratie- und Rechtsstaatsprinzip sowie die Gewaltenteilung.[106] Die verschiedenen Instrumente zeigen allerdings, dass sich Demokratie und Wehrhaftigkeit nicht immer gut vertragen.

Das Parteiverbot leidet als präventiver Schutz dieser Grundordnung darunter, dass eine Partei für ein Verbot entweder zu schwach ist, wenn ihr die von BVerfG und EGMR geforderte Potentialität für die Gefährdung der Demokratie fehlt,[107] oder schon zu stark.[108] An eine einstweilige Anordnung ist nur im Extremfall zu denken. Ein drohendes oder laufendes Parteiverbotsverfahren kann aber mäßigend wirken.

Für ein Verbot der deutschen AfD mögen die Feststellungen des Verfassungsschutzes des Bundes und einiger Länder sprechen, einige ihrer Teile seien „gesichert rechtsextrem" und die ganze Partei ein rechtsextremer

---

DE/2024/bvg24-075.html> (Stand 17.9.2024). Dafür jedoch überwiegend die Sachverständigen bei der Anhörung des Rechtsausschusses, s. Fn. 102.

[105] Resilienz des Bundesverfassungsgerichts stärken, Beschluss des Bundesrates vom 27.9.2024, BR-Drs. 457/24, Z. 2. Das entspricht der Regelung von Art. 93 Absatz 2 Satz 2 GG n.F. zur paritätischen Richterwahl von Bundestag und Bundesrat.

[106] BVerfGE 144, 20 (205 f. Rn. 535–537) – NPD III.

[107] Vgl. BVerfGE 144, 20 (224 ff. Rn. 585–589) – NPD III: „Potentialität als Teil des ‚Darauf Ausgehens' erfordert, dass konkrete Anhaltspunkte von Gewicht vorliegen, die es zumindest möglich erscheinen lassen, dass das gegen die Schutzgüter des Art. 21 Abs. 2 GG gerichtete Handeln einer Partei erfolgreich sein kann." Dabei beruft sich das BVerfG vor allem auf die Rspr. des EGMR, der es auch mit wesentlich verbotsfreudigeren Mitgliedstaaten zu tun hat, zu dieser m.w.N. ausführlich BVerfGE 144, 20 (234 ff. Rn. 607–626) m.w.N.

[108] Insofern zutreffend *Klaus Ferdinand Gärditz* Für ein Verbot der AfD – zum Schutz der Demokratie, Blätter für deutsche und internationale Politik 11 (2023), der im Ergebnis für ein – rechtlich umstrittenes – Teilverbot plädiert.

Verdachtsfall.[109] Das Ansinnen auf „Remigration“ von Aus- wie möglicherweise Inländern nicht-mitteleuropäischer Herkunft mit „wohltemperierter Grausamkeit“ kann mit dem Herbeiführen eines „Klimas der Angst“ in „regional begrenzten Räumen“ verglichen werden, das nach dem NPD-Verbotsurteil des BVerfG „ein hinreichend gewichtiger Grund zur Annahme der Möglichkeit erfolgreichen Agierens“ gegen die freiheitlich-demokratische Grundordnung darstellt.[110] Obstruktionspolitik in den Parlamenten könnte ein Indiz für eine kämpferische Haltung gegen die parlamentarische Demokratie des Grundgesetzes sein.

Allerdings dürfte der Gruppenantrag im Bundestag auf Verbot der AfD[111] vorschnell sein. Anders als die NPD hat die AfD sich als Ganzes offiziell zum Beispiel von einer Diskriminierung bestimmter Staatsbürger distanziert.[112] Auch wenn man die Ernsthaftigkeit dieser Bekenntnisse kritisch sehen mag,[113] wird es nicht ganz leicht fallen, die Repräsentativität dieser Teilgruppen für die ganze Partei nachzuweisen. Die Verfahren vor den Verwaltungsgerichten bezogen sich nur auf die Beobachtung bestimmter Landesverbände, der Jugendorganisation und den offiziell aufgelösten „Flügel“.[114] Allerdings könnten – gem. Art. 21 Abs. 5 GG zulässige – einfachgesetzliche Klarstellungen zur Möglichkeit eines Teilverbots von

[109] Vgl. dazu OVG Münster, Urteil v. 13.5.2024 – 5 A 1216/22, Rn. 108–140 ff. (zum „Flügel“ der AfD, die aber als Ganzes geklagt hat) unter Berufung auf BVerfGE 39, 334 (358–60) – Extremistenbeschluss; 40, 287 (292 f.); 134, 141 (179 Rn. 110 ff.); zu den durch die Verhältnismäßigkeit gezogenen Grenzen BVerfGE 134, 141 (187 f. Rn. 132 ff.) – Ramelow.

[110] BVerfGE 144, 20 (22 LS 6d, 226 Rn. 588).

[111] Antrag auf Entscheidung des Deutschen Bundestages über die Einleitung eines Verfahrens zur Feststellung der Verfassungswidrigkeit der ‚Alternative für Deutschland‘, BT-Drs. 20/13750 v. 13.11.2024.

[112] *Alternative für Deutschland* AfD-Positionspapier zur Remigration: Anhang zur Pressemitteilung vom 31.1.2024, <https://www.afd.de/remigration/> (Stand 7.10.2024): „Remigration umfasst alle Maßnahmen und Anreize zu einer rechtsstaatlichen und gesetzeskonformen Rückführung ausreisepflichtiger Ausländer in ihre Heimat […] Verfassungswidrige Forderungen wie eine willkürliche kollektive Abschiebung von Ausländern unabhängig von einem bestehenden individuellen Aufenthaltsrecht oder gar die Abschiebung deutscher Staatsbürger mit Migrationshintergrund stoßen auf unsere entschiedene Ablehnung.“

[113] So auch OVG Münster (Fn. 109) zum „Flügel“, Rn. 150 ff. m.w.N. Zu Äußerungen prominenter AfD-Politiker, vgl. insbes. OVG Münster, Urteil v. 13.5.2024 – 5 A 1218/22, Rn. 124: „Die vom Bundesamt dokumentierten Äußerungen verschiedener Funktionäre, Mandatsträger und sonstiger Mitglieder der Klägerin begründen den starken Verdacht, dass die politischen Zielsetzungen der Klägerin auch beinhalten, den Schutz der Menschenwürde außer Geltung zu setzen.“ Dabei kommt es gem. Rn. 127 auf das „Gesamtbild“ an; differenzierend ebd., Rn. 217.

[114] Vgl. OVG Münster (Fn. 109); OVG Münster, Urteil v. 13.5.2024 – 5 A 1217/22 (Jugendorganisation), Rn. 307 ff. (Jugendorganisation und Partei gleichstellend); OVG Münster, Urteil v. 13.5.2024 – 5 A 1218/22 (AfD).

Landesverbänden oder Jugendorganisationen erwogen werden. In jedem Fall würde ein solches Verfahren Jahre dauern; als Maßnahme bei akuten Bedrohungen ist es ebenso wenig effektiv wie bei einer graduellen Machtübernahme. Das schließt aber eine Informationssammlung zur Vorbereitung eines evtl. Verfahrens nicht aus, sondern macht sie ratsam.[115]

Der Ausschluss von staatlicher Finanzierung und steuerlicher Begünstigung[116] deckt die Lücke unterhalb der Potentialität ab und kann die Aufrechterhaltung eines Parteibetriebs empfindlich treffen. Dabei hat das BVerfG keine freie Auswahl zwischen einem Verbotsantrag und einem Finanzierungsausschluss, vielmehr hängt die Anwendung davon ab, ob das für ein Verbot erforderliche „darauf Ausgehen" vorliegt (Art. 21 Abs. 2)[117] oder nur ein „Ausgerichtetsein" auf diese Ziele (Art. 21 Abs. 3).[118] Der Ausschluss von der Finanzierung ist also kein „minderes Verbot", sondern bei einem begründeten Antrag genauso vorgegeben wie das Parteiverbot. Die Finanzierung von Parteistiftungen kann von ähnlichen Bedingungen abhängig gemacht werden.[119]

Das Vereins- oder richtiger Vereinigungsverbot ist potentiell sowohl effektiv als auch effizient und unterhalb des Parteiverbots das wirksamste Mittel gegen eine Gefährdung des demokratischen Rechtsstaats durch Gruppen aller Art.[120] Bei dem Verbot muss es um den Bestand des Ver-

---

[115] So auch das OVG Münster (Fn. 114).

[116] Art. 21 Abs. 3 Satz 1, 2 GG. Die Vorschrift geht zurück auf eine Anregung des Präsidenten des BVerfG *Andreas Voßkuhle* bei Verkündung des NPD-Urteils in BVerfGE 144, 20 (bei Anwesenheit des Verf.). Sie wurde zuerst angewendet in BVerfGE 168, 193.

[117] Dafür verlangt das BVerfG ein planvolles Vorgehen und konkrete Anhaltspunkte von Gewicht, die einen Erfolg des gegen die FDGO oder den Bestand der Bundesrepublik gerichteten Handelns zumindest möglich erscheinen lassen, BVerfGE 144, 20 (22 LS 6 b) und c), 219 ff. Rn. 570–589); vgl. bereits BVerfGE 5, 85 (141 f.) – KPD-Verbot.

[118] Dafür reicht ein qualifiziertes und planvolles Handeln, „ohne dass es auf das Erfordernis der Potentialität ankommt", BVerfG Urt. v. 23.1. 2024 – 2 BvB 1/19 –, 3. und 4. LS, Rn. 286, 288 f., 291 f. Dies entspricht als milderes Mittel zum Parteiverbot auch den Vorgaben der EMRK, so hat der EGMR dieses Mittel ausdrücklich angeregt, EGMR, 12.1.2016, Affaire Parti Pour Une Société Démocratique (DTP) et autres/Turquie, No. 3840/10 et al., Rn. 104, sowie den Empfehlungen der Venedig-Kommission des Europarats, siehe Venedig-Kommission, Guidelines on Prohibition and Dissolution of Political Parties and Analogous Measures, CDL-INF, 2000, 1 (9).

[119] BVerfGE 166, 93 (186 Rn. 246): „Dabei kommt als gleichwertiges Verfassungsgut insbesondere der Schutz der freiheitlichen demokratischen Grundordnung [sic!] in Betracht.".

[120] Das schließt gem. § 17 Nr. VereinsG Wirtschaftsvereinigungen ein, dazu BVerwGE 167, 293 (Rn. 34 ff.) – Indymedia; BVerwG, Beschluss v. 14.8.2024 – 6 VR 1.24 (61 4.24) – Compact GmbH (Rn. 12). Gem. dem Indymedia-Urteil kommt es dabei auf Organisation, Dauerhaftigkeit, organisierte Willensbildung, arbeitsteiliges Zusammenwirken sowie ein „verfestigtes Band der Zusammengehörigkeit" an, ebd., Rn. 40, 43. Das BVerfG

eins selbst gehen und nicht um die Einschränkung seiner Tätigkeit, die an dem jeweiligen speziellen Grundrecht in Verbindung mit Art. 19 Abs. 3 GG zu messen ist.[121] Das Verbot ist aber kein Mittel zur Untersagung von Meinungsäußerungen und Publikationen als solche,[122] vielmehr kann deren Verbot der Wirksamkeit des Vereinigungsverbots dienen. Wenn die Rechtsprechung im Eilrechtsschutz die Grundrechtseinschränkung bei der Bekämpfung demokratiefeindlicher Vereine aber stärker gewichtet als den Schutz von Demokratie und Recht,[123] bleibt auch dieses Instrument gegenüber akuten Bedrohungen weitgehend wirkungslos.

Die Grundrechtsverwirkung wurde nur viermal vor das BVerfG gebracht, dann aber nicht weiterverfolgt.[124] Zudem fehlt eine ausreichende Verankerung des Ausschlusses vom passiven Wahlrecht[125] – der politisch

---

hat die Indymedia-Beschlüsse aus anderen Gründen nicht zur Entscheidung angenommen, s. BVerfG, Nichtannahmebeschluss v. 1.2.2023 – 1 BvR 1336/20; vgl. auch *David Werdermann/John Philipp Thurn* Medienverbote leicht gemacht, VerfBlog, 31.1.2020 <https://verfassungsblog.de/medienverbote-leicht-gemacht/> (Stand 29.10.2024).

121 BVerfGE 149, 160 (191 Rn. 93, 192 Rn. 98).

122 BVerfGE 149, 160 (191 Rn. 93); BVerwG, Beschluss v. 14.8.2024 – 6 VR 1.24 (61 4.24) – Compact GmbH (Rn. 13).

123 So das BVerwG zum Verbot der Compact GmbH, BVerwG, Beschluss v. 14.8.2024 – 6 VR 1.24 (61 4.24) – Compact GmbH (Rn. 47): „Erwiese sich die Verbotsverfügung im Hauptsacheverfahren als rechtswidrig, wäre die Wiederaufnahme des Geschäftsbetriebs außerordentlich erschwert, weil sich die Angestellten, Kunden und die Werbepartner unterdessen anderweitig gebunden haben könnten. Da die sofortige Vollziehung des Vereinsverbots zu der sofortigen Einstellung des gesamten Print- und Onlineangebots führt, das den Schwerpunkt der Tätigkeit der Antragstellerin […] ausmacht, kommt ihr auch im Hinblick auf die Grundrechte der Meinungs- und Pressefreiheit aus Art. 5 Abs. 1 GG ein besonderes Gewicht zu. Dahinter tritt das von der Antragsgegnerin angeführte Interesse der Allgemeinheit an der sofortigen Vollziehung des Verbots der Vereinigung, die einen Verbotsgrund verwirklicht, bei einer Abwägung zurück." Wohlgemerkt: das heißt nicht, dass das Ergebnis dieser Abwägung nach Auffassung des Verf. nicht zutrifft. Dies kann ohne Aktenkenntnis nicht beurteilt werden. Es zeigt nur das strukturelle Problem auf, dass die Gefährdung der Republik hinter der konkreten Beeinträchtigung der Grundrechte zurücktritt.

124 BVerfGE 11, 282 (Zurückweisung gem. § 37 BVerfGG: keine Fortsetzung der staatsfeindlichen politischen Betätigung des 2. Vorsitzenden der verbotenen SRP); 38, 23 (25): keine ernsthafte Gefahr für die freiheitlich-demokratische Grundordnung wegen mangelnder Resonanz auf *Gerhard Freys* Deutsche National-Zeitung; 2 BvA 1/92, 2 BvA 2/92, nur zur Auslagenerstattung BVerfG NJW 1998, 590. Einen Überblick über diese Verfahren geben *Michael Brenner* in: Peter M. Huber/Andreas Voßkuhle (Hrsg.) GG I, 8. Aufl. 2024, Art. 18 Rn. 12 Fn. 41; *Klaus Ferdinand Gärditz* in: Klaus Stern/Helge Sodan/Markus Möstl (Hrsg.) Das Staatsrecht der Bundesrepublik Deutschland im europäischen Staatenverbund, Bd. III, 2. Aufl. 2022, § 92 Rn. 4.

125 Zwar wird vertreten, die Ermessensentscheidung über den Ausschluss des aktiven und vor allem passiven Wahlrechts in § 39 Abs. 2 BVerfGG könne auf Art. 38 Abs. 3 GG gestützt werden. Art. 18 GG dürfte aber eine abschließende *lex specialis* sein, und bei einer solch einschneidenden, das in der Verfassung garantierte Wahlrecht betreffenden Maß-

entscheidenden Rechtsfolge. Eine einstweilige Anordnung zulasten des Antragsgegners sieht das BVerfGG bisher nicht vor;[126] die lange Verfahrensdauer macht die Vorschrift praktisch obsolet.[127]

Die Disziplinierung durch Beobachtung durch den Verfassungsschutz beschränkt sich im Wesentlichen auf Beamte, die bei erwiesener Extremisierung um ihren Job fürchten müssen, kann aber trotz der Einschränkung verdeckter Ermittlung im ersten NPD-Verfahren[128] zur Sammlung von Informationen für ein späteres Verbot dienen. Eine Wiederaufnahme der Regelanfrage beim Verfassungsschutz für Beamte ist aber ohne Anlass abzulehnen, weil sie eine Herrschaft des Verdachts installierte; allerdings sind erkannte Extremisten möglichst schnell zu entfernen.[129] Disziplinarverfahren gegen Richter und Staatsanwälte[130] oder Rechtsbeugungsverfah-

---

nahme wird man wohl eine ausdrückliche Verfassungsnorm erwarten dürfen, die über eine bloße Ausgestaltungsbefugnis hinausgeht. Ähnlich *Walter Krebs* in: Ingo v. Münch/Philip Kunig (Hrsg.) GG, 6. Aufl. 2012, Art. 18 Rn. 17 (insoweit nicht in der 7. Aufl. 2021); a.A. wohl die h.M., siehe *Brenner* in: Huber/Voßkuhle (Fn. 124), Art. 18 Rn. 69.

[126] Sie hält aber *Brenner* in: Huber/Voßkuhle (Fn. 124), Art. 18 Rn. 64, für möglich.

[127] Für eine Streichung der Vorschrift daher *Gärditz* in: Stern/Sodan/Möstl (Fn. 124), § 92 Rn. 8: „reaktionsträge[s] Verfahren nach Art. 18 S. 2 GG, §§ 36 ff. BVerfGG"; a.A. *Brenner* in: Huber/Voßkuhle (Fn. 124), Art. 18 Rn. 18.

[128] BVerfGE 107, 339. Zu den Schwierigkeiten bei einem Antrag aus dem Bundestag siehe *Till Patrik Holterhus* AfD-Verbot und strikte Staatsfreiheit: Zu den verfassungsprozessualen Herausforderungen eines Parteiverbotsantrags durch den Deutschen Bundestag, VerfBlog, 2.10.2024 <https://verfassungsblog.de/strikte-staatsfreiheit/> (Stand 5.10.2024).

[129] Vgl. dazu den – umstrittenen – Extremistenbeschluss zum sog. „Radikalenerlass" in BVerfGE 39, 334; dagegen EGMR (GK), 26.9.1995, Vogt v. Germany, No. 17851/91, Rn. 60 f. mit 10:9 Stimmen (!): Verletzung von Art. 10 und 11 EMRK, da Einzelfall entscheidend, bloße Mitgliedschaft in der DKP unzureichend; vgl. Antwort der Bundesregierung auf die Kleine Anfrage der Fraktion DIE LINKE vom 7.1.2022, BT-Drs. 20/369 v. 20.1.2022, BT-Drs. 20/453, 3. Danach gilt weiterhin „eine grundsätzliche Vermutung der Verfassungstreue zugunsten der Bewerber für den öffentlichen Dienst" und „keine routinemäßige Anfrage bei den Verfassungsschutzbehörden", stattdessen Anfragen nur „bei Vorliegen konkreter Anhaltspunkte". Konkrete Kenntnisse über die gegenwärtige Praxis übermittelt die Bundesregierung nicht.

[130] Zum Fall des Staatsanwalts und früheren MdB *Thomas Seitz* siehe LG Karlsruhe, Urt. v. 13.8.2018 – RDG 1/17, Rn. 102 ff.; Dienstgerichtshof OLG Stuttgart, Urt. v. 18.3.2020, Az. DGH 2/19, Rn. 129 ff., sowie gegen den früheren Richter und MdB *Jens Maier* BGHZ 238, 264 ff. (Versetzung in den Ruhestand nach § 31 Nr. 3 DRiG zur Abwendung einer schweren Beeinträchtigung der Rechtspflege wegen rassistischer Äußerungen [Rn. 5] und gegen die Aufarbeitung der NS-Verbrechen, Rn. 2, Mitgliedschaft im AfD-„Flügel": Entfall der Gewähr, für die freiheitliche demokratische Grundordnung im Sinne des GG einzutreten, Rn. 35, 39); noch nicht entschieden ist das parallele Disziplinarverfahren, zu dessen Einleitung siehe Medienservice, 4.6.2024 <https://www.medienservice.sachsen.de/medien/news/1076250> (Stand 5.10.2024).

ren[131] sind zwar selten, aber in Deutschland nicht mehr durchgehend erfolglos. Daneben kommt die Richteranklage (Art. 98 Abs. 2 Satz 1 GG) praktisch nicht mehr zum Zuge.[132]

Der Bundeszwang (Art. 37 GG) erscheint neben der Bundesaufsicht (Art. 84 Abs. 3 bis 5, Art. 85 Abs. 3 und 4 GG) nur im Extremfall bei der Verletzung von Bundespflichten durch die Länder relevant.

Das Widerstandsrecht (Art. 20 Abs. 4 GG) verleiht dem Widerstand gegen die Beseitigung des Grundgesetzes politische Legitimität und Legalität, hat aber kaum präventive Wirkung.[133]

Insgesamt wird man die Wehrhaftigkeit bzw. Streitbarkeit der Demokratie[134] nicht als den großen Erfolg werten können, als der sie oft dargestellt wird. Sie mag Hilfestellung beim Kampf gegen Extremisten bieten, Extremismus zu verhindern vermag sie nicht. Mit anderen Worten: Das Grundgesetz vertraut wie die Österreichische und Schweizer Verfassungen weiter darauf, dass sich demokratische Positionen bei der Bevölkerung durchsetzen werden. Ihre Abwehrmittel bleiben hinter der Herausforderung zurück.

Das ist teilweise strukturell bedingt: Die Grundrechte wie die materiellen Demokratievoraussetzungen erfordern eine sorgfältige Abwägung, bei der das Eingriffsgewicht, weil konkret bestimmbar, oft stärker sein dürfte als eine absehbare Gefährdung der Verfassung. Allerdings sollte die symbolische Wirkung, aber auch die Vorwirkung eines möglichen Parteiverbots oder Finanzierungsausschlusses nicht unterschätzt werden, insbesondere auf Beamte oder Richterinnen.

---

[131] Siehe zum Fall eines Weimarer Familienrichters, der ein Maskenverbot in der Schule verhängen wollte, LG Erfurt, Urt. v. 23.8.2024 – Az. 2 KLs 542 Js 11498/21; kritisch *Frauke Rostalski* Grenzen des Straftatbestands der Rechtsbeugung bei Verstößen gegen Verfahrensregeln, JZ 2024, 139.

[132] Vgl. *Christoph Möllers* Tatbestandliche Voraussetzungen des grundgesetzlichen Verfahrens der Richteranklage im Freistaat Sachsen – in Anwendung auf den „Fall Maier", Rechtsgutachten im Auftrag der Bündnisgrünen-Fraktion im Sächsischen Landtag, 2022, 35 ff., mit dem Vorschlag (37 Z. 4), den Verfahrensausgang der anderen Verfahren abzuwarten.

[133] Die Berufung auf dieses „subsidiäre Ausnahmerecht" kommt von vornherein nicht in Betracht, wenn gerichtlicher Rechtsschutz zur Verfügung steht, BVerfGE 135, 317 (389 Rn. 132) m.w.N. Die Irrelevanz des Aufrufs zur revolutionären Überwindung des parlamentarischen Systems unter Rückgriff auf das Widerstandsrecht für ein Parteiverbot behauptet BVerfGE 144, 20 (348 f. Rn. 957) (m.E. so zw.); zum Widerstandsrecht vor seiner Positivierung BVerfGE 5, 85 (376 ff.) – KPD-Urteil.

[134] Jedenfalls diesseits der hier ausgeblendeten Antwort auf Angriffskriege (Art. 87a Abs. 1 GG), Binnenaufstände (Art. 87a Abs. 4 GG) und Notstände erheblichen Ausmaßes (vgl. Art. 90, 35 GG), dazu BVerfGE (Plenum) 132, 1 (17 Rn. 43): „Ereignisse von katastrophischen Dimensionen"; kritisch abw. M. *Reinhard Gaier*, ebd. (33 ff. Rn. 82 ff.) – Luftsicherheitsgesetz.

IV. Anpassungen des demokratischen Systems

Es scheint also, dass wir zusätzliche Antworten brauchen, um den demokratischen Rechtsstaat zukunftssicher zu gestalten. Wenn die Regierung „of the people, by the people, for the people"[135] sein soll, muss das Volk sich selbst als regierend und nicht nur als regiert betrachten. Dabei geht es bei solch deliberativen Ergänzungen der parlamentarischen Demokratie[136] nicht darum, diese zu revolutionieren, sondern sie zu befähigen, Bürgeranliegen besser aufnehmen und Zukunftsfragen zu lösen.

1. Wahlrecht

Zunächst scheinen mir die Möglichkeiten des Wahlrechts zur engeren Verbindung von Repräsentanten und Repräsentierten nicht ausgeschöpft. Hierbei meine ich weniger die Schwächung der – in ihrer Wirkung wohl überschätzten – Erststimmen in der neuesten Wahlrechtsreform der deutschen Ampelkoalition[137] als die Möglichkeit der Modifikation der Listen, wie sie das Wahlrecht einiger Bundesländer kennt.[138] Dabei ist hinzunehmen, wenn der Souverän nach seinen eigenen Kriterien auswählt, die nicht notwendig der Binnensicht der Parteien entsprechen.

---

[135] *Abraham Lincoln* Gettysburg Address v. 19.11.1863, Library of Congress, <https://www.loc.gov/item/rbpe.24404500> (Stand 5.10.2024).

[136] Vgl. Bericht der Gemeinsamen Verfassungskommission v. 5.11.1992, BR-Drs. 12/6000, 110; *Markus Möstl* Elemente Direkter Demokratie als Entwicklungsperspektive, VVDStRL 72 (2012), 355; *Margarete Schuler-Harms* Elemente direkter Demokratie als Entwicklungsperspektive, VVDStRL 72 (2012), 417. Für die direkte Demokratie *Gustav Radbruch* Staat und Verfassung, 2002 (Gesamtausgabe Bd. XIV), 36 ff.; skeptisch zur Legitimation der Europäischen Union BVerfGE 123, 267 (368 Rn. 272): „ergänzende Funktion bei der Legitimation europäischer Hoheitsgewalt"; für eine Synthese von deliberativer und kompetitiver Demokratie *Niels Petersen* Das Bild des Bürgers in der Demokratietheorie, in: Andreas Funke/Klaus Ulrich Schmolke (Hrsg.) Menschenbilder im Recht, 2019, 96–98. Aus diskursethischer Sicht *Karl-Otto Apel* Diskurs und Verantwortung. Das Problem des Übergangs zur postkonventionellen Moral, 3. Aufl. 1997, 287; *Jürgen Habermas* Faktizität und Geltung: Beiträge zur Diskurstheorie des Rechts und des demokratischen Rechtsstaats, 5. Aufl. 1997, 141; a.A. *Josef Isensee* Am Ende der Demokratie – oder am Anfang?, 1995, 31 ff.

[137] Siehe zum Ganzen BVerfG, Urteil v. 30.7.2024 – 2 BvF 1/23, Rn. 176 f., 181 f., 186, 191, 211.

[138] Vgl. Art. 37 Abs. 2 BayLWG; § 3 HbgBüWG, § 6 BremWahlG.

2. *Direkte Demokratie*

Eine klassische Antwort ist die Zulassung von Volksinitiativen und -abstimmungen nach Schweizer Vorbild, zur Ergänzung, nicht Ersetzung des Parlaments. Dabei ist zwischen einem Modell zu unterscheiden, bei dem das Volk parlamentarische Entscheidungen bestätigt,[139] und einem Modell, bei dem es ein gleichberechtigter Mitgesetzgeber ist.[140] Das erste Modell kann schwer revidierbare Schritte wie den Beitritt zur oder den Austritt aus der Europäischen Union legitimieren.[141] Dabei geht es zuvörderst um Fragen, die im verfassungsrechtlichen Sinne so revolutionär sind, dass es sinnvoll ist, sie quasi an den „pouvoir constituant" zurückzugeben.[142]

Problematisch können Volksabstimmungen „von oben" allerdings dann sein, wenn sie es dem Parlament ermöglichen, sich vor der Verantwortung für schwierige Entscheidungen zu drücken[143] – denn Parlamentsmehrheiten können bei der nächsten Wahl abgewählt werden, das Volk nicht. Wenn „das Volk" einem Vorschlag zugestimmt hat, ist es in einer Demokratie fast unmöglich, ihn durch das Parlament oder die Justiz wieder rückgängig zu machen.[144] Das gilt auch für widersprüchliche Entscheidungen wie in der Schweiz zur Personenfreizügigkeit und „Ausschaffung" von Ausländern.[145] In diesem Fall sind die Gerichte gefragt.[146] Das Beispiel des britischen Brexit-Referendums hat gezeigt, dass mittlere Lösungen leicht unter die

---

139 Zum Beispiel durch die Zustimmung zu Verfassungsänderungen wie gem. Art. 44 Abs. 3 B-VG oder eine Volksbefragung gem. Art. 49b B-VG (Österreich).

140 Ausführlich *Andreas Paulus* Direkte Demokratie wagen, in: Michael Bäuerle/Philipp Dann/Astrid Wallrabenstein (Hrsg.) FS Brun-Otto Bryde, 2013, 273 (280 ff.).

141 So in Österreich, siehe oben (Fn. 72, 73, 74).

142 Zu diesem vgl. BVerfGE 1, 14 (61); 3, 225 (232 ff.), 5, 58 (131 f.); dazu *Horst Dreier* in: ders. (Hrsg.) GG, 3. Aufl. 2018, Art. 146 Rn. 2, 23; *Peter M. Huber* in: Michael Sachs (Hrsg.) GG, 9. Aufl. 2021, Art. 146 Rn. 10; *Andreas Paulus* Der souveräne Staat in der Staatengemeinschaft, in: HStR I (Fn. 76), § 2 Rn. 37; *Hans-Peter Schneider* Verfassunggebende Gewalt, HStR XII (Fn. 64), § 255; a.A. *Lothar Michael* in: Peter M. Huber/Andreas Voßkuhle (Hrsg.) Bonner Kommentar zum Grundgesetz, Art. 146 Rn. 247. Zur Möglichkeit eines Rückverweises des pouvoir constitué auf den pouvoir constituant vgl. *Ernst-Wolfgang Böckenförde* Die verfassunggebende Gewalt des Volkes – ein Grenzbegriff des Verfassungsrechts, 1986, 17 ff.

143 So aber Art. 41 Abs. 2, 43 Österreichisches B-VG, dazu *Christoph Grabenwarter/Stefan Leo Frank* B-VG. Bundes-Verfassungsgesetz und Grundrechte, 2020, Art. 43 Rn. 1.

144 Siehe z.B. das vom BVerfG prophylaktisch gebilligte absolute Rauchverbot, BVerfGE 121, 317 (357 ff.); a.A. abw.M. *Johannes Masing*, BVerfGE 121, 317 (384 ff.).

145 Bundesbeschluss über die Volksinitiative „Für die Ausschaffung krimineller Ausländer" (Ausschaffungsinitiative), AS 2011 1199, sowie Bundesratsbeschluss über das Ergebnis der Volksabstimmung vom 28. Februar 2016, BBl 2016 3715.

146 Exemplarisch: BGE 139, I 16 ff.; EGMR, 16.4.2012, Udeh v. Switzerland, No. 12020/09.

Räder kommen.[147] Diese erste Option sollte daher grundlegenden Entscheidungen vorbehalten und mit ausgewogener Information der Stimmbürgerinnen und -bürger verbunden sein.

Vorzugswürdig ist demnach die Beschränkung direkter Demokratie auf Volksinitiativen „von unten" mit anschließender Volksabstimmung zwischen Volksinitiative und eventuellem parlamentarischen Gegenentwurf samt Begründungen. Eine bloße Volksinitiative ohne zwingende Volksabstimmung wie in Österreich bleibt auf halbem Weg stecken.[148] Volksmehrheiten nehmen zwar weniger Rücksicht auf Minderheiten als stimmensammelnde Politikerinnen. Außerdem hat die Erfahrung gezeigt, dass bei Volksabstimmungen die oberen sozialen Schichten überrepräsentiert sind.[149] Daher sind Beteiligungsquoren von Bedeutung, um zu verhindern, dass sich aktivistische Minderheiten über passive Mehrheiten hinwegsetzen.[150]

Eine weitere Möglichkeit besteht darin, ein Gericht mit der Prüfung der Verfassungsmäßigkeit eines Referendums zu beauftragen, bevor es zur Abstimmung zugelassen wird. Aber auch hier ist es eine Binsenweisheit, dass Gesetzesfolgenabschätzung schwierig ist,[151] eine nachwirkende Grundrechtskontrolle sich aber nur schwer gegen die direkte Demokratie durchsetzen kann. Es ist insofern konsequent, dass die Schweiz auf Bundesebene keine gerichtliche Verfassungskontrolle der Zulässigkeit von Referenden kennt.

Insgesamt erscheint eine Stärkung direkter Demokratie nicht perfekt. Repräsentation durch Parlamente und Interessenausgleich statt einem blo-

---

[147] Durch die Reduktion auf Austritt oder Verbleiben fielen möglicherweise mehrheitsfähige mittlere Lösungen wie ein Verbleiben nur im Binnenmarkt weg, dazu *Petersen* (Fn. 136), 102 f.

[148] Zu dieser siehe *Grabenwarter/Frank* (Fn. 143), Art. 43 B-VG Rn. 1; dagegen ist das Referendum bei einer „Gesamtänderung" zwingend, was zu einer sehr weiten Auslegung des Begriffs geführt hat; so fällt darunter jede Änderung, die eines der „Baugesetze" (= Grundprinzipien) der Verfassung wesentlich ändert oder beseitigt, insbesondere Demokratie, Republik, Bundesstaat und Rechtsstaat, dazu *Grabenwarter/Frank* (Fn. 143), Art. 44 B-VG Rn. 6 f. m.w.N.

[149] Zum Beispiel des Hamburger Schulreferendums *Paulus* (Fn. 140), 282.

[150] Diese dürfen allerdings auch nicht zu hoch sein, vgl. *Paulus* (Fn. 140), 28 f. m.w.N.; a.A. *Hans Meyer* Volksabstimmungen im Bund: Verfassungslage nach Zeitgeist?, JZ 2012, 538 (545).

[151] Vgl. dazu *Carl Böhret/Götz Konzendorf* Handbuch zur Gesetzesfolgenabschätzung, 2001; *Stephan Hensel/Kilian Bizer/Martin Führ/Joachim Lange* (Hrsg.) Gesetzesfolgenabschätzung in der Anwendung. Perspektiven und Entwicklungstendenzen, 2010; *Kilian Bizer/Sebastian Lechner/Martin Führ* (Hrsg.) The European Impact Assessment and the Environment, 2010.

ßen Ja oder Nein zu Gesetzesinitiativen sind nicht notwendig eine schlechtere Form demokratischer Entscheidungsfindung.[152]

3. *Bürgerräte*

Eine Idee, die Anziehungskraft unserer Demokratien zu erweitern, stammt aus Irland – eigentlich aus dem antiken Athen: der aus der Menge der Wahlberechtigten ausgeloste Bürgerrat.[153] Im irischen Beispiel scheint der Zweck darin gelegen zu haben, Widerstände der katholischen Kirche gegen die Aufhebung des Abtreibungsverbots und die Anerkennung der gleichgeschlechtlichen Ehe zu überwinden.[154]

In Deutschland hat die frühere Ampelkoalition in ihrem Koalitionsvertrag von 2021 die Einrichtung eines sogenannten „Bürgerrats" vereinbart.[155] Der erste (und bisher einzige) wurde am 10. Mai 2023 zum Thema „Ernährung im Wandel" vom Bundestag eingesetzt.[156] Inoffizielle Bürgerräte auf Privatinitiative beschäftigen sich mit weitreichenderen Themen.[157] Dabei sollen die mitwirkungsbereiten Teilnehmerinnen und Teilnehmer nach repräsentativen Gesichtspunkten ausgewählt werden.[158]

---

152 Vgl. dazu *Thiele* (Fn. 82), 61 ff., dem ich allerdings in der radikalen Gleichsetzung von Repräsentant und Repräsentierten nicht folge; vgl. auch BVerfG, Urteil des Zweiten Senats vom 23.1.2024, 2 BvB 1/19, Rn. 211: das Volk muss „einen effektiven Einfluss auf die Ausübung der Staatsgewalt durch" die Verfassungsorgane haben.

153 Das antike Athen wurde von in Versammlungen männlicher Grundbesitzer (und Sklavenhalter) ausgelosten Bürgern regiert, dazu *Jochen Bleicken* Die athenische Demokratie, 4. Aufl. 1995, 225–240 – demnach schon damals übrigens mit dem Problem, die arbeitende Bevölkerung zur Mitarbeit zu bewegen.

154 Die Empfehlungen der Bürgerversammlung wurden schließlich durch ein Referendum und eine entsprechende Gesetzgebung gebilligt; BBC Irish abortion referendum: Ireland overturns abortion ban, 26.5.2018 <https://www.bbc.com/news/world-europe-44256152> (Stand 22.10.2024).

155 *SPD* Mehr Fortschritt Wagen, Bündnis für Freiheit, Gerechtigkeit und Nachhaltigkeit, Koalitionsvertrag 2021-2025 zwischen SPD, Bündnis 90/Die Grünen, FDP, <https://www.spd.de/koalitionsvertrag2021/>, 6.

156 Siehe Antrag der Fraktionen SPD, Bündnis_90/Die Grünen, FDP und Linke, Einsetzung eines Bürgerrates „Ernährung im Wandel: Zwischen Privatangelegenheit und staatlichen Aufgaben", BT-Drs. 20/6709 v. 9.5.2025.

157 Für eine Übersicht siehe Bürgerrat <https://www.buergerrat.de/> (Stand 7.10.2024). Bundeskanzler Scholz schlug vor, die Maßnahmen während der Covid-19-Pandemie durch einen Bürgerrat aufarbeiten zu lassen, *Steffen Wurzel* Olaf Scholz für Bürgerrat zur Corona-Aufarbeitung, Deutschlandfunk, 24.6.2024, <https://www.deutschlandfunk.de/olaf-scholz-im-sommerinterview-dlf-893dd6ab-100.html> (Stand 4.11.2024).

158 Siehe nur Antrag (Fn. 156), 2; *Bürgerrat* Bürgergutachten. Empfehlungen des Bürgerrates „Ernährung im Wandel: Zwischen Privatangelegenheit und staatlichen Aufgaben" an den Deutschen Bundestag, 2024, <https://www.buergerrat.de/aktuelles/buergergutachten-zu-ernaehrung-uebergeben/> (Stand 7.10.2024), 9 f.

Die Empfehlungen des Ernährungsrats[159] zeichneten sich durch eine gesunde Missachtung der Begrenzung der Bundeskompetenzen aus. Allerdings gab es auch Kritik an seiner Einseitigkeit, insbesondere an seiner Zusammensetzung und den zugeordneten Experten.[160] Das Hauptproblem besteht jedoch in der Schwächung der repräsentativen Funktion des Parlaments und der möglichen Missachtung von Minderheitenrechten. Bürgerräte können leichter der Versuchung erliegen, anderen vorzuschreiben, wie sie ein gutes Leben zu führen haben, anstatt das Zusammenleben verschiedener Gruppen zu organisieren.[161]

Dennoch können Bürgerbeiräte parlamentarische Blockaden überwinden, insbesondere wenn diese von Partikularinteressen genährt werden. In Deutschland sind solche Widerstände oft auf den verschiedenen staatlichen Ebenen zu finden, von der EU über den Bund bis hin zu den Ländern und Kommunen. Darüber hinaus können Bürgerräte zu einer breiteren Akzeptanz von Maßnahmen beitragen, die zur Bekämpfung des Klimawandels notwendig sind, und so Verschwörungstheorien entgegenwirken, nach denen eine Elite die Mittelschicht für selbstsüchtige Ziele umerziehen will. Letztendlich muss jedoch das Parlament die endgültigen Entscheidungen treffen, um sie gegenüber den Wählern zu verantworten.

4. *Demokratieförderung*

Der Entwurf eines Demokratieförderungsgesetzes[162] wird ebenfalls kontrovers diskutiert, weil sich Meinungsbildung in einer Demokratie von unten nach oben entwickeln solle. Nicht die Regierung besorgt sich ein Volk, sondern das Volk entscheidet über die Regierung.[163] Anderer-

---

[159] Siehe Bürgergutachten (Fn. 158), 24 ff.

[160] Siehe z.B. Antrag der Fraktion der CDU/CSU, 75 Jahre Grundgesetz – Unsere parlamentarische Demokratie bewahren und sicher für die Zukunft aufstellen, BT-Drs. 20/11377 v. 14.5.2024, 3 („Abkehr vom Repräsentationsprinzip").

[161] So hat der deutsche Bürgerrat nicht nur eine transparente Lebensmittelkennzeichnung gefordert, sondern auch Empfehlungen für die Ernährung in Altenheimen oder eine Altersgrenze für den Konsum von Energydrinks abgegeben, Bürgergutachten (Fn. 158), 35.

[162] Gesetzentwurf der Bundesregierung, Entwurf eines Gesetzes zur Stärkung von Maßnahmen zur Demokratieförderung, Vielfaltgestaltung, Extremismusprävention und politischen Bildung (Demokratiefördergesetz – DfördG) Drs. 20/5823 v. 1.3.2023. Nach dem Scheitern der Koalition am 5.11.2024 dürfte er aber der Diskontinuität unterfallen.

[163] Vgl. *Bertold Brecht* nach dem Volksaufstand vom 17. Juni 1953 in seinem Gedicht „Die Lösung", abgedruckt in *Bertold Brecht* Buckower Elegien: Gedichte im Exil, Band 7, 1964. Zur Debatte siehe Deutscher Bundestag, 20. Wahlperiode, 91. Sitzung, 26.3.2023, 10938 D ff.; für Staatsfreiheit und gegen staatliche „Vielfaltgestaltung" der Abg. *Christoph de Vries* (CDU/CSU), ebd., 10940 B; kritisch auch die Koalitionsabgeordnete *Linda Teuteberg* (FDP), 10950 D-10951A.

seits erscheint die aktive Bürgerbeteiligung an politischen Entscheidungen außerhalb demokratischer Wahlen förderungsfähig, wenn die politischen Parteien ihren Verfassungsauftrag, zur politischen Meinungsbildung beizutragen, wegen sinkender Mitgliederzahlen nicht mehr im gleichen Maße wahrnehmen können. Dies setzt voraus, dass der Gleichheitssatz beachtet wird, also keine erlaubte Meinungsäußerung diskriminiert wird. Eine kurzfristige Verbesserung der Responsivität des politischen Systems gegenüber Anliegen der Bürgerinnen und Bürger ist allerdings weder durch Bürgerräte noch durch die gleichheitsgerechte Förderung demokratischen Engagements zu erwarten.

5. „Soziale“ Netzwerke

Gegenüber der zunehmenden wirtschaftlichen Macht- und Medienkonzentration[164] muss Regulierung „sozialer Netzwerke“ den Zugang zu offener Kommunikation schützen.[165] Dieser darf nicht vornehmlich von wirtschaftlicher Macht abhängen, wenn die Staatsorgane das ganze Volk repräsentieren sollen.[166]

---

[164] Siehe z.B. nur das Eigentum des nach dem Ranking von Forbes (*Rob LaFranco/Grace Chung/Chase Peterson-Withorn* World's Billionaire's List <https://www.forbes.com/billionaires/> (Stand 7.10.2024)) reichsten Mannes der Welt, *Bernard Arnault*, an der französischen Zeitschrift *Les Échos*; des zweitreichsten, *Elon Musk*, am politisch wohl wichtigsten Netzwerk „X“; des drittreichsten *Jeff Bezos* an der Washington Post sowie die Rolle des „Medienmoguls“ und ebenfalls Multimilliardärs (Nr. 100) *Rupert Murdoch*. Durch die Unterstützung des angehenden US-Präsidenten *Donald Trump* hat der Einfluss des zweitreichsten Mannes der Welt *Elon Musk* nicht nur wegen der Exzentrität vieler seiner Ideen ein Besorgnis erregendes Ausmaß erreicht.

[165] Dazu jetzt *Hubertus Gersdorf* Wie lässt sich öffentliche Informationsverantwortung in Zeiten digitaler und multipolarer Kommunikationskultur realisieren? Welche Aufgaben haben der Staat, die öffentlich-rechtlichen Rundfunkanstalten und die Wissenschaft? Gutachten G zum 74. Deutschen Juristentag, 2024, G11-20. Siehe auch *Jürgen Habermas* Ein neuer Strukturwandel der Öffentlichkeit und die deliberative Politik, 2022, 9 ff. Ein europäischer Ansatz zur Medienaufsicht ist die Verordnung (EU) 2024/1083 v. 11.4.2024 zur Schaffung eines gemeinsamen Rahmens für Mediendienste im Binnenmarkt und zur Änderung der Richtlinie 2010/13/EU, ABl. EU L v. 17.4.2024 (Europäisches Medienfreiheitsgesetz, EMFA); kritisch zur europäischen Zuständigkeit *Peter M. Huber* Bundesstaatlichkeit, in: HStR I (Fn. 76), § 4 Rn. 85. Meines Erachtens liegt das grundrechtliche Problem des sog. EMFA aber in der Rolle des Exekutivorgans Kommission bei der Definition von Leitlinien, allerdings in der finalen Fassung ohne Verbindlichkeit, vgl. Art. 16 II, 18 XI EMFA. Vgl. auch *Patrick Nölscher* Fake News in der Online-Kommunikation, 2023.

[166] Die zunehmende Medienkonzentration ist nach dem BVerfG auch die Hauptrechtfertigung der Existenz öffentlich-rechtlicher Rundfunkanstalten wie der Medienregulierung überhaupt, siehe BVerfGE 149, 222 (260 ff. Rn. 78–80); 158, 389 (Rn. 78); EGMR (GK), 7.6.2023, Centro Europa, No. 38433/09, Rn. 129. Eine „Demokratieabgabe“ ist der Rundfunkbeitrag dennoch nicht, BVerfGE 149, 222 (259 Rn. 75).

Der Wegfall der Filterfunktion der klassischen Medien in den „sozialen Netzwerken“ ist Mitursache der Radikalisierung des politischen Diskurses. Das Vertrauen in den demokratischen Diskurs hat gelitten. Dies wird durch Akzentverschiebungen in der Rechtsprechung in Richtung eines stärkeren Schutzes demokratischer Funktionsträger nur teilweise ausgeglichen.[167] Grundrechtsabwägungen sollten zudem weder der Exekutive noch künstlicher Intelligenz überlassen werden, sondern bedürfen unabhängiger menschlicher Kontrolle. Der frisch gebackene Physik-Nobelpreisträger und „Godfather of Artificial Intelligence“ *Geoffrey Hinten* warnt denn auch vor ihren „Halluzinationen“ oder gar einer bevorstehenden KI-Machtübernahme.[168]

6. *Ombudspersonen, Verfahrenspflegschaften, Nachhaltigkeitsräte*

Defiziten der Repräsentation – zum Beispiel von Minderheiten – kann mit Sonderrechten wie speziellen Parlamentsmandaten,[169] aber auch durch Zwischenschaltung von Expertengremien begegnet werden. Insbesondere werden die Verankerung eines Querschnittsprinzips der Nachhaltigkeit und die Einrichtung eines Nachhaltigkeitsrats in einem Art. 20b GG gefordert.[170] Allerdings fragt sich, ob eine zusätzliche Institution zu den zahllosen Beteiligungsvorschriften und Beiräten wie dem Sachverständigenrat für Umweltfragen notwendig ist. Schon gar nicht scheint mir eine verfas-

---

[167] BVerfGE 152, 152 (195 ff. Rn. 97 ff.) – Recht auf Vergessen I; zum Schutzbedürfnis von öffentlich Tätigen ebd., 299 Rn. 108: „Eine Bereitschaft zur Mitwirkung in Staat und Gesellschaft kann nur erwartet werden, wenn insoweit ein hinreichender Schutz gewährleistet ist.“ Dazu auch BVerfG, Beschl. v. 19.5.2020 – 1 BvR 2397/19 – Rn. 32: „Dabei liegt insbesondere unter den Bedingungen der Verbreitung von Informationen durch ‚soziale Netzwerke‘ im Internet ein wirksamer Schutz der Persönlichkeitsrechte von Amtsträgern und Politikern über die Bedeutung für die jeweils Betroffenen hinaus auch im öffentlichen Interesse, was das Gewicht dieser Rechte in der Abwägung verstärken kann.“

[168] *Cade Metz* ‘The Godfather of A.I.’ Leaves Google and Warns of Danger Ahead, The New York Times, 1.5.2023 <https://www.nytimes.com/2023/05/01/technology/ai-google-chatbot-engineer-quits-hinton.html> (Stand 10.2.2025).

[169] So die Befreiung des Süd-Schleswigschen Wählerverbands bei Bundes- und Landtagswahlen von der 5%-Klausel, § 4 Abs. 2 S. 3 BWahlG, § 3 Abs. 1 LWahlG SH.

[170] *Christian Calliess* Generationengerechtigkeit im Grundgesetz, Berliner Online-Beiträge zum Europarecht, 2009, Nr. 54; *ders.* Verfassungsprinzip der Zukunftssicherung, in: Gregor Kirchhof/Daniel Wolff (Hrsg.) Zukunftssicherndes Verfassungsrecht, 2024, 107 (139 ff.). Kritisch zur Nachhaltigkeit im Völkerrecht *Kirsten Schmalenbach* Zukunftsschutz im Völkerrecht, in: Zukunftssicherndes Verfassungsrecht (Fn. 170) 55 (66–68); zur Querschnittsklausel des Art. 37 GrCh *Armin Steinbach* Zukunftssicherung als Ressourcenproblem. Der Lösungsbeitrag des Europarechts, ebd., 75.

sungsrechtliche, schwer modifizierbare Lösung angebracht. Der Gesetzgeber kann eine solche Stelle auch per Gesetz schaffen, wie er das mit dem Normenkontrollrat gemacht hat.[171]

7. *Rechte der Natur*

Zur Umsetzung des Umwelt-, insbesondere Klima- und Tierschutzes wird darüber hinaus ein ökologischer Umbau der Verfassungen gefordert.[172] Demokratisch lässt sich dies mit der Kurzfristigkeit der Legislaturperiode sowie der mangelnden Vertretung jüngerer und künftiger Generationen bei für sie existentiellen Fragen begründen. Einige Publizisten gehen so weit, die Demokratie zugunsten Elementen einer „Ökodiktatur" in Frage zu stellen,[173] statt für den ökologischen Umbau auf demokratischem Weg zu werben.

Nicht überzeugt bin ich auch von der Schaffung von Rechten der Natur als solcher.[174] Die Würde des Menschen sollte nicht naturalistisch relativiert

---

[171] Gesetz zur Einsetzung eines Nationalen Normenkontrollrates, BGBl. 2006 I 1866, zuletzt geändert BGBl. 2022 I 920; siehe insbes. §§ 1 Abs. 3, 4.

[172] *Jens Kersten* Das ökologische Grundgesetz, 2022.

[173] Für eine – inhaltlich dunkel bleibende – demokratische Revolution durch aufklärerische Politik *Hedwig Richter/Bernd Ulrich* Demokratie und Revolution, 2024, 305 ff., wobei die Änderung der Ernährungsgewohnheiten im Mittelpunkt steht.

[174] So aber *Kersten* (Fn. 172), 100 ff.; *Andreas Fischer-Lescano* Natur als Rechtsperson, Zeitschrift für Umweltrecht (ZUR) 2018, 205–216; siehe auch *Tilo Wesche* Die Rechte der Natur. Vom nachhaltigen Eigentum, 2023, 149 Fn. 5 und 149 ff., mit zahlreichen Beispielen, 203 ff., 208, Rechtsprechung und Gesetzgebung werden aktuell gesammelt unter *United Nations* Rights of Nature Law and Policy <http://www.harmonywithnatureun.org/rightsOfNature/> (Stand 16.10.2024). Ausführlich zum ecuadorianischen Beispiel *Andreas Gutmann* Hybride Rechtssubjektivität. Die Rechte der „Natur oder Pacha Mama" in Art. 71 der ecuadorianischen Verfassung von 2008, 2021. *Tine Stein* Viel Hilft nicht Viel. Zur Kritik Ökologischer Verfassungspolitik, Der Staat 63 (2024), 299 f., unter Berufung auf *Hasso Hofmann* Natur und Naturschutz im Spiegel des Verfassungsrechts, JZ 1988, 265 (277), der von der „unentrinnbare[n] Subjektivität der Menschheit" spricht. Aufsehen in Deutschland haben Entscheidungen des LG Erfurt zur Verankerung von Rechten der Natur in der Europäischen Grundrechtecharta in Fällen zum Schadensersatz im sog. Dieselskandal erregt, siehe LG Erfurt, Urt. v. 2.8.2024, Az. 8 O 1373/21, openJur 2024, 7605, Rn. 29–39; LG Erfurt, Urt. v. 17.10.2024, Az. 8 O 836/22, openJur 2024, 9601, Rn. 27; mit Recht kritisch unter anderem zur Nichtvorlage an den EuGH und zur fehlenden Relevanz für den jeweiligen Rechtsstreit *Andreas Funke* Hier spricht der Richter, VerfBlog, 31.10.2024, <https://verfassungsblog.de/rechte-der-natur-erfurt-unabhangigkeit/> (Stand 15.11.2024); wie hier auch in der Sache kritisch *Christian Calliess* Hat die Natur eigene Rechte? FAZ, 13.11.2024, <https://www.faz.net/einspruch/umweltschutz-hat-die-natur-eigene-rechte-110108992.html> (Stand 15.11.2024).

werden. Zur Menschenwürde gehört aber auch die Verantwortung für die natürlichen Lebensgrundlagen der Menschen und Tiere. Das gilt insbesondere, weil es „die" Natur ja gar nicht gibt. Verschiedene Tiere wie Ökosysteme haben sehr unterschiedliche, zum Teil entgegengesetzte Interessen; deren Vertretung scheint im menschlichen Recht durch Beteiligungsrechte von Naturschutzorganisationen sichergestellt.[175]

V. Zukunftsfähigkeit durch demokratische Responsivität

Jede Krisenlage verwandelt auch das System selbst – das politische, weil die Krisen die soziale Wirklichkeit verändern; das rechtliche, weil die Auslegung der Norm sich durch ihre Anwendung auf neue Situationen selbst ein Stück weit verändern muss, um effektiv zu bleiben. „Nur wer sich ändert, bleibt sich treu" – dieser Liedtext *Wolf Biermanns*[176] gilt auch für die Verfassung.[177] Die Verfassung kann aber politische Entwicklungen nur aufhalten, nicht auf Dauer verhindern; am Ende entscheidet in einer Demokratie das Volk – allerdings kann Demokratie auch keine attraktiven Entscheidungsalternativen schaffen, wo sie nicht existieren. Weder ein Virus noch der Klimawandel lassen sich auf dem Abstimmungsweg beseitigen. Krisen bringen immerhin die Chance für das Aufbrechen von Verkrustungen und die Fortentwicklung des politischen Systems mit sich.

Die Zukunftsfestigkeit unserer politischen Systeme hängt allerdings weniger von der Ausgestaltung der nur begrenzt effektiven Instrumente der „wehrhaften Demokratie" ab, sondern von der Funktionsfähigkeit der parlamentarischen Demokratie und ihrer Akzeptanz beim Wahlvolk. In einem Bestseller haben *Steven Levitsky* und *Daniel Ziblatt* beschrieben, „[w]ie Demokratien sterben – und was wir dagegen tun können."[178] Wir haben das Glück, in Demokratien mit Demokraten zu leben. Diese zum Schutz der liberalen Demokratie zu mobilisieren, bleibt Aufgabe des politischen Prozesses. Hier hört der Verfassungsrechtler auf, und der Bürger beginnt.

---

[175] Vgl. dazu Aarhus-Konvention, 2161 UNTS 447 und BGBl. 2006 II 1251, und deren Absicherung durch EuGH und EGMR.

[176] *Wolf Biermann* Nur wer sich ändert (alter Biermann – neue Lieder), CD 1991, Nr. 13.

[177] Zum sog. Verfassungswandel vgl. nur *Lothar Michael* Verfassungswandel, HStR I (Fn. 76), § 8 Rn. 1 m.w.N., der ihn als Inhaltsänderung der Verfassung ohne Textänderung versteht.

[178] *Levitsky/Ziblatt* How Democracies Die (Fn. 86); *dies.* Wie Demokratien sterben – und was wir dagegen tun können, 2019.

Leitsätze des Referenten über:

1. Zukunftsfestigkeit des politischen Systems

I. Einleitung: Politisches System und Verfassung

(1) Der Begriff des „politischen Systems" ist kein Rechtsbegriff, impliziert aber eine gewisse Dauerhaftigkeit der politischen Verhältnisse. Politisches System und Verfassungssystem beschreiben – wechselbezüglich – einerseits Realität, andererseits Normativität eines „Normalzustands".

(2) Die verfassungsrechtliche Sicht der Herausforderungen des politischen Systems ist methodisch inhärent begrenzt und auf die Erfahrungen der Vergangenheit bezogen; Herausforderungen des politischen Systems sind hingegen prinzipiell unbegrenzt und können nie vollständig im Voraus bedacht werden.

(3) Die derzeitige Situation erweckt durch eine Vielzahl von teils zusammenhängenden Krisen von außen (Krieg, Intervention, Klima etc.) und von innen (Aufstieg radikaler Parteien, Demographie, ökonomisches „Geschäftsmodell") den Eindruck einer „Polykrise". Krisen des Rechts sind dadurch gekennzeichnet, dass das Rechtssystem keine brauchbare Lösung enthält. Das politische System muss sich in solchen Krisenlagen bewähren und fortentwickeln.

II. Heutige Herausforderungen des politischen Systems

(4) Von den vielfältigen Herausforderungen des demokratischen Verfassungsstaats sollen hier zwei im Mittelpunkt stehen, eine beispielhaft für die Festigkeit des demokratischen Rechtsstaats, die andere als zentrale Zukunftsfrage unserer Zeit:

a) einmal die Herausforderung durch autoritär-populistische Parteien, deren Bekenntnis zu den Grundprinzipien der liberalen Demokratie zumindest unklar ist,

b) zum anderen der Klimawandel, der einen Zeithorizont öffnet, der über die parlamentarischen Legislaturperioden hinausweist.

1. Illiberale Demokratie

(5) Sowohl extern als auch intern werden dem liberalen Demokratiemodell autoritäre populistische Angebote wie eine „illiberale Demokratie“ zur Verwirklichung des „wahren Volkswillens“ entgegengestellt. Dabei wird einerseits die Repräsentation der „wahren“ Mehrheit in Anspruch genommen, andererseits wird die Rettung von einer autoritären Führungsfigur erwartet.

(6) Autoritäre Parteien und Bewegungen nutzen die Schwierigkeiten der demokratischen Politik bei der Bewältigung der Probleme durch Migration bei der Trennung zwischen Arbeitsmigration und Fluchtmigration zu ihren Zwecken aus.

2. Demokratische Bewältigung des Klimaschutzes

(7) Die Eindämmung des Klimawandels erfordert eine Transformation der Industriegesellschaft unter Mitwirkung aller. In einer alternden Gesellschaft wird er auch zum Demokratieproblem für die jüngeren Generationen; die dadurch hervorgerufenen Belastungen stärken gleichzeitig aber die autoritäre Kritik.

(8) Der Versuch einer Feinsteuerung des Klimaschutzes ist gescheitert; vielversprechender erscheint derzeit die Bepreisung von Klimagasen in Emissionshandelssystemen. Ein solches setzt aber politisches Beharrungsvermögen wie auch Elemente sozialen Ausgleichs voraus.

(9) Ein Generationenkonflikt entsteht, weil die Älteren das zur Verfügung stehende Emissionsbudget weitestgehend ausgeschöpft haben. Die Hauptbetroffenen – jüngere und künftige Generationen – sind in Gefahr, im auf Wahlperioden ausgerichteten Parlament nicht ausreichend Gehör zu finden.

(10) Die Akzeptanz der von der ganz überwiegenden Mehrheit der Wissenschaft für erforderlich gehaltenen Maßnahmen leidet am Präventionsparadox: Maßnahmen zur Prävention erscheinen erst im Erfolgsfall gerechtfertigt; die Belastungen entstehen sofort. Somit sind demokratische Mehrheiten für dringliche Entscheidungen schwer zu bekommen.

(11) Während BVerfG und EGMR unter Berufung auf die Grundrechte Klimaschutz verlangen, besteht die Schweiz auf den Vorrang der Politik. Aber auch die Gerichte haben auf den demokratischen Gesetzgeber verwiesen, der die grundrechtswesentlichen Entscheidungen zu Minderung und Milderung, zu ökonomischem Ansatz, Eingriffstiefe und Lastenverteilung treffen muss.

III. Festigkeit des demokratischen Systems

1. Die Ewigkeitsklausel als Schutz vor Autoritarismus

(12) Das Grundgesetz selbst nennt in Art. 79 Abs. 3 GG die Mindestvoraussetzungen des politischen Systems. Die Menschenwürdegarantie hat den Staat vom Kopf auf die Füße gestellt: die Staatlichkeit findet ihren Zweck nicht in sich selbst, sondern in der Achtung und dem Schutz der Würde der einzelnen Menschen.

(13) Doch auch die Demokratie ist in der Menschenwürde als kollektive Selbstregierung des Staatsvolks verankert. Eine dem übergeordnete „Staatsräson" kann es nicht geben, wohl aber Konkretisierungen der Menschenwürdegarantie.

(14) Das Mehrheitsprinzip leitet sich als demokratische Entscheidungsregel aus dem Postulat gleicher Autonomie aller Grundrechtsträger ab. Grundrechte und Gewaltenteilung sichern auch das Fortbestehen des demokratischen Systems und schützen damit die Möglichkeit künftig anderer Mehrheiten. Darüber hinaus stellen sie die Zumutbarkeit und Akzeptanz von Mehrheitsentscheidungen für Minderheiten her.

2. Demokratische Legitimation trotz Machtdiffusion

(15) Die Machtdiffusion des Bundestaates nach „unten" (Föderalismus, Gemeindeautonomie) wie „oben" (EU, EMRK, UN) beschränkt die nationale Souveränität auf die Kontrolle der Delegation. Die Tendenz zu einer Verschränkung der Zuständigkeiten verschiedener Ebenen ist aber auch ein Problem demokratischer Entscheidungsgewalt und Kontrolle, auf den die (negative und positive) Integrationsverantwortung der nationalen Gewalten Antworten zu geben versucht.

3. Funktionsfähigkeit des Regierungssystems

(16) Die Funktionsfähigkeit des parlamentarischen Regierungssystems erscheint einstweilen nicht gefährdet. Dennoch geht die Schwächung der demokratischen Parteien der Mitte mit komplizierter Mehrheitsbildung sowie einer Dauerregierungskrise einher, welche die Richtlinienkompetenz des deutschen Bundeskanzlers zu einer bloßen Vermittlungsrolle zwischen Koalitionsparteien zu degenerieren in Gefahr läuft. Wenn eine Koalition aller demokratischen Kräfte das letzte Mittel gegen die Machtübernahme extremer Kräfte ist, droht Unzufriedenheit mit den Regierenden zu einer Mehrheit für eine extremistische Opposition zu werden.

(17) Gerichte und Verfassungsgerichte sind unverzichtbar, um die Abhaltung freier Wahlen zu sichern und die Grundrechte von Mehrheiten wie Minderheiten zu schützen. Oberste Gerichte dürfen aber keine Politik jenseits der Verfassungsauslegung und -anwendung betreiben. Die Trennlinie zwischen Politik und Verfassungskontrolle ist in jedem politischen System unterschiedlich. Jedenfalls kann keine rechtsstaatliche Sicherung den demokratischen Prozess einschließlich der öffentlichen Meinungsbildung ersetzen.

(18) Die Absicherung der Rolle des Bundesverfassungsgerichts durch eine stärkere Konstitutionalisierung seiner Grundlagen ist grundsätzlich zu begrüßen. Für die Wahl der Richterinnen und Richter ist eine Regierung und Opposition übergreifende Mehrheit zur Sicherung politischer Neutralität und Akzeptanz des Gesamtgerichts unerlässlich. Allerdings birgt dies die Gefahr einer extremistischen Sperrminorität, die durch einen Ersatzwahlmechanismus über die andere Parlamentskammer eingehegt werden kann.

4. Streitbare und Wehrhafte Demokratie

(19) Demokratien müssen sich absichern, weil sie sonst ihren Feinden die Möglichkeit geben, sie mit ihren eigenen Mitteln zu schlagen: dem Erfolg an der Wahlurne. Die wehrhafte Demokratie erweist sich aber als schwächer als ihr Ruf.

a) Bei der Grundrechtsverwirkung in Art. 18 GG und dem Missbrauchsverbot in Art. 17 EMRK fehlt eine ausreichende Verankerung des Ausschlusses vom Wahlrecht und damit die Effektivität in einer Krise.

b) Das Parteiverbot als präventiver Schutz der Demokratie leidet darunter, dass Parteien entweder zu schwach oder schon zu stark sind, um eine präventive Wirkung entfalten zu können. Ein drohendes oder laufendes Parteiverbotsverfahren kann aber mäßigend wirken.

c) Der Ausschluss staatlicher Finanzierung und Steuerbegünstigung deckt die Lücke „nach unten“ ab, kann aber politischen Erfolg nicht effektiv verhindern.

d) Das Vereinigungsverbot ist potentiell sowohl effektiv als auch effizient. Wenn die Rechtsprechung im Eilrechtsschutz die Grundrechtseinschränkung stärker gewichtet als den Schutz von Demokratie und Recht, bleibt dieses Instrument gegenüber akuten Bedrohungen aber weitgehend wirkungslos oder wirkt sogar bestärkend.

e) Die Disziplinierung durch Beobachtung durch den Verfassungsschutz beschränkt sich im Wesentlichen auf Beamte, kann aber trotz der Einschränkungen im ersten NPD-Verfahren zur Vorbereitung eines Ver-

bots dienen. Eine Regelanfrage an den Verfassungsschutz bei Einstellung von Beamten ist hingegen kritisch zu sehen.

f) Der Bundeszwang (Art. 37 GG) erscheint nur im Extremfall bei der Verletzung von Bundespflichten neben der Bundesaufsicht (Art. 84 Abs. 3 bis 5, Art. 85 Abs. 3 und 4 GG) relevant.

g) Das Widerstandsrecht (Art. 20 Abs. 4 GG) verleiht dem Widerstand gegen die Beseitigung des Grundgesetzes politische Legitimität und Legalität, hat aber wenig präventive Wirkung.

IV. Zukunftssicherung durch demokratische Responsivität

(20) Im Wahlrecht fehlt es weiterhin an einem unmittelbaren Einfluss der Wählerinnen und Wähler auf die persönliche Zusammensetzung des Bundestags, was zum Ausgleich des Wegfalls erfolgloser Erststimmen noch wichtiger wird.

(21) Die direkte Demokratie nach Schweizer Vorbild erscheint seit dem „Brexit" weniger attraktiv. Sie gelingt nur bei überschaubaren und gut vermittelten Sachargumenten beider Seiten. Während Initiativen „von unten" eine sinnvolle Ergänzung des parlamentarischen Systems darstellen, können Referenden „von oben" zu einer Flucht der Regierenden vor ihrer Verantwortung führen.

(22) Bürgerräte können bei überparteilicher Zusammensetzung mehr Bürgerbeteiligung schaffen. Gleichzeitig drohen aber ein Überschreiten verfassungsrechtlicher Zuständigkeitsgrenzen, das Übertreten freiheitsrechtlicher Grenzen sowie eine weitere Verantwortungsdiffusion. Die Bürgerräte dürfen die Entscheidungskompetenz der Parlamente nicht einschränken, können aber institutionalisierte Vetopositionen von Minderheiten aufweichen.

(23) Staatliche Förderung demokratischen Engagements ist grundsätzlich zulässig, läuft aber in Gefahr, die Meinungsbildung von unten nach oben umzukehren, und muss daher Sorge tragen, keine bestimmten Meinungen zu bevorzugen und nur verfassungsfeindliche Bestrebungen auszulassen.

(24) Gegenüber wirtschaftlicher Macht- und Medienkonzentration muss die Regulierung „sozialer Netzwerke" die offene Kommunikation der Freien und Gleichen schützen. Grundrechtsabwägungen können weder der Exekutive noch künstlicher Intelligenz allein überlassen werden, sondern bedürfen unabhängiger menschlicher Kontrolle.

(25) Ombudspersonen, Verfahrenspflegschaften und Nachhaltigkeitsräte können Parlamenten, Verwaltung und Gerichten Expertise zur Verfügung stellen, dürfen aber nicht an deren Stelle treten.

(26) Rechte der Natur erscheinen angesichts der Klagebefugnis von Umweltverbänden und der Möglichkeit der Heranziehung von Art. 20a GG bei der Auslegung von Gesetzes- und Verfassungsrecht nicht erforderlich; die humanistische Natur der Verfassungen sollte bewahrt bleiben, zumal sie die menschliche Verantwortung für die natürlichen Lebensgrundlagen und die Tiere enthält.

V. Schluss

(27) Die Zukunftsfestigkeit des politischen Systems hängt weniger von der Ausgestaltung der nur begrenzt effektiven Instrumente der „wehrhaften Demokratie" ab, sondern von der Fähigkeit der politischen Institutionen zur Problemlösung.

(28) Wir leben in Demokratien mit Demokraten. Diese zu mobilisieren, bleibt Aufgabe des politischen Prozesses. Das Recht kann und muss dabei den Rahmen bieten, erfüllen kann diese Aufgabe aber nur die Politik.

Erster Beratungsgegenstand:

Zukunftsfestigkeit des politischen Systems

2. Referat von *Tristan Barczak*, Passau*

Inhalt

Seite

I. *The end of history* – Welche Zukunft? 56
1. Von Dämmerzuständen zu Kipppunkten................ 57
2. Von Machtverschiebungen zu Zeitenwenden 59
II. *Why political system matters* – Welches System? 61
1. Systemtheoretische Grundierung 61
a) Politisches System als „Staatsgesellschaft" 61
b) Politisches System als „soziales Sub-System" 63
2. Verfassungsrechtliche Konkretisierung................ 64
a) Politisches System als „regelbasierte Ordnung"....... 64
b) Politisches System als „System der Systeme" 65
III. *Taking the future seriously* – Zukunftsfestigkeit als Systemresilienz 67
1. Zukunftsfestigkeit durch Zukunftsoffenheit 67
a) Politisches System als „Allwettersystem"............ 67
b) Politisches System als „lernendes System"........... 71
aa) Vorsprung durch Verfassungstechnik: Verfassungsänderungen und Verfassungsinnovationen 71
bb) Vorsprung durch Zukunftswissen: Lernfähigkeit und szientistischer Imperativ.................. 73
2. Futurisierung durch Konstitutionalisierung? 75
IV. *Resilience by adaption* – Prospektiver Schutz des politischen Systems 78

---

* Für wertvolle Gespräche, hilfreiche Anmerkungen und kritische Rückmeldungen danke ich herzlich *Stefanie Egidy*, *Sina Fontana*, *Patrick Hilbert*, *David Kuch*, *Bodo Pieroth*, *Jochen Rauber*, *Rainer Wernsmann*, *Hinnerk Wißmann* und *Fabian Wittreck*. Das Team meines Lehrstuhls hat mich bei der Vorbereitung des Vortrags großartig unterstützt, besonderer Dank gebührt dabei meinen wissenschaftlichen Mitarbeitern *Johannes Forck* und *Tim Renner*.

1. Sicherung systemimmanenter Entscheidungsfreiräume 78
a) Politik unter Verfassungs- und Moralvorbehalt? 78
b) Mehr Politik wagen – oder mehr Verfassungsgerichtsbarkeit? 81
2. Stabilisierung systemrelevanter Institutionen 84
a) Institutionen als Kontinuitätsmomente des politischen Systems 84
b) „Politische Systemrelevanz" als Kontinuitätsreserve des Verfassungsstaats 85
aa) Materielle Verfassung ohne Verfassungsrang 85
bb) „Systemrelevanz" als Argument der Zwischenschicht 87
(1) Zwischen veränderlichem und unveränderlichem Verfassungsrecht 88
(2) Zwischen Verfassungsrecht und einfachem Recht 95
3. Schaffung systemischen Vertrauens 100
a) Zukunftsfestigkeit durch Systemvertrauen 100
b) Systemvertrauen durch Verfassungskultur 102

I. *The end of history* – Welche Zukunft?

Früher war sogar die Zukunft besser.[1] Heute verengt sie sich oder fließt davon, muss auch für zukünftige Generationen offengehalten oder entgegen der ihr eigenen Kontingenz gefestigt werden.[2] Das Bedürfnis nach Zukunftsoffenheit ebenso wie nach Zukunftsfestigkeit ist Ausdruck davon, dass die Zukunft aus der Perspektive der Gegenwart zunehmend ungewiss, unsicher oder gar unheilvoll erscheinen mag.[3] Wie viel Ungewissheit und Unsicherheit ein politisches System verträgt, bevor aus demokratischen

[1] Dieses ironisch-kritische Bonmot verdanken wir *Karl Valentin* (1882–1948).

[2] *Daniel Wolff* Zukunftssicherung durch Verfassungsrecht, in: Gregor Kirchhof/Daniel Wolff (Hrsg.) Zukunftssicherndes Verfassungsrecht, 2024, 3 ff.; *Christian Calliess* Verfassungsprinzip der Zukunftssicherung, in: Kirchhof/Wolff, ebd., 107 ff.; *Jochen Rauber* Zukunftsorientierung und Prozeduralisierung im öffentlichen Recht, AöR 143 (2018), 67 ff.; *Fiete Kalscheuer* Endlichkeit im Recht, Rechtsphilosophie 8 (2022), 463 ff.; *Jens Kersten/Elisabeth Kaupp* Die Verfassung einer prospektiven Gesellschaft, JuS 2022, 473 ff.; *Tristan Barczak* Demokratische Zukunftsverantwortung zwischen Verfassungsrecht und Verfassungspolitik, DÖV 2023, 925 ff.; *Klaus F. Gärditz* Zukunftsverfassungsrecht, AöR 148 (2023), 79 ff.; *David Schwarz* Demokratische Nachhaltigkeit und intertemporale Legitimation, DÖV 2024, 11 ff. Zur Temporalisierung als jüngster Expansionstendenz in der Grundrechtsdogmatik *Horst Dreier* Grundrechtsexpansion, DÖV 2024, 413 (423 f.).

[3] Instruktiv *Jan Zielonka* The Lost Future, 2023. Zur Zukunftsorientierung des Rechts als Folge von Krisen *Eva M. Hausteiner/Grit Straßenberger/Felix Wassermann* Einleitung:

Dämmerzuständen irreversible Kipppunkte werden und sich Machtverschiebungen zu Zeitenwenden auswachsen, ist derzeit eine der wohl drängendsten Fragen im Verhältnis von Recht und Politik.[4]

1. *Von Dämmerzuständen zu Kipppunkten*

Nach dem Fall des „Eisernen Vorhangs" galt es als ausgemacht, dass sich die liberale Demokratie als globales Ordnungsmodell durchsetzen würde. Der vermeintliche Abschluss der politischen Systementwicklung stand unter dem viel zitierten Diktum vom „Ende der Geschichte".[5] Gerade in ihrer verfassten, konstitutionellen Form erschien die liberale Demokratie als ebenso konkurrenz- wie alternativlos: *the only game in town.*[6] Diese Selbstgewissheit ist einem Systemwettbewerb mit autoritären Technokratien und um sich greifenden Verfallserzählungen gewichen. Das Narrativ des Niedergangs ist für Parlamentarismus und Demokratie zwar nicht neu. Stand dieses in der Vergangenheit jedoch für bestimmte Fehlentwicklungen und eine in regelmäßigen Abständen aufflammende Politikverdrossenheit,[7] geht man in den westlichen Demokratien mittlerweile von einer ernsthaften Bedrohung ihrer Systemstabilität aus.[8]

Politische Stabilität, in: dies. (Hrsg.) Politische Stabilität, 2020, 7 (7); *Jan H. Klement* Zeithorizonte von Verwaltung, VVDStRL 83 (2024), 193 (229 ff.).

[4] Vgl. nur *Grit Straßenberger* Wie viel (Un-)Sicherheit verträgt die Demokratie?, in: Mathias Lindenau/Steve Stiehler (Hrsg.) Umgang mit Ungewissheit und Unsicherheit, 2024, 43 ff. sowie die Beiträge in *Oliver Decker* u.a. (Hrsg.) Autoritäre Dynamiken in unsicheren Zeiten, 2022.

[5] *Francis Fukuyama* The End of History and the Last Man, 1992, 133; *ders.* The End of History?, The National Interest (16) 1989, 3 (4): „What we may be witnessing is not just the end of the Cold War, or the passing of a particular period of postwar history, but the end of history as such: that is, the end point of mankind's ideological evolution and the universalization of Western liberal democracy as the final form of human government".

[6] *Juan J. Linz/Alfred C. Stepan* Toward Consolidated Democracies, Journal of Democracy 16 (2005), 14 (15); vgl. auch *Seymour M. Lipset/Jason M. Lakin* The Democratic Century, 2004, 3 ff.; skeptischer *Jan-Werner Müller* Das demokratische Zeitalter, 2013, 7 ff., der dies für eine „tröstliche Illusion" hält (16).

[7] *Oscar W. Gabriel/Everhard Holtmann* Handbuch Politisches System der Bundesrepublik Deutschland, 3. Aufl. 2005, 498; *Michael Stolleis* Parteienstaatlichkeit – Krisensymptome des demokratischen Verfassungsstaats?, VVDStRL 44 (1986), 7 (16 ff.); *Armin v. Bogdandy* Parlamentarismus in Europa: eine Verfalls- oder Erfolgsgeschichte?, AöR 130 (2005), 445 ff.

[8] Im Überblick *André Brodocz/Marcus Llanque/Gary S. Schaal* Demokratie im Angesicht ihrer Bedrohungen, in: dies. (Hrsg.) Bedrohungen der Demokratie, 2008, 11 (14 ff.); *Horst Dreier* Vom Schwinden der Demokratie, in: Friedrich W. Graf/Heinrich Meier (Hrsg.) Die Zukunft der Demokratie, 2018, 29 (41 ff.); *Marietta Auer* Hält der westliche institutionelle Konsens?, in: Corinne M. Flick (Hrsg.) Halten die Systeme im Ernstfall?, 2024, 51 (59 f.); *Peter Imbusch* Der westliche Staat – ein historisches „Erfolgsmodell" in

Die Lücke, die eine postdemokratische Entleerung im politischen System hinterlässt,[9] wird zusehends durch eine Renaissance des politischen Autoritarismus gefüllt.[10] Die Rede ist von einer autoritären Wende,[11] einem Rückzug des liberalen Modells,[12] einem sinkenden Systemvertrauen in majoritäre Institutionen[13] und einer sich abzeichnenden Dämmerung der Demokratie.[14] Wenn heute von der konstitutionellen Demokratie als politischem System gesprochen wird, geschieht dies weltweit in den Vokabeln des Verfalls[15] und Verlusts[16], wenn man nicht gleich in eine medizinische Anamnese verfällt. Die liberale Demokratie gilt dann als volatil und vulnerabel.[17] Aktuell sei sie krank, liege im Fieber, sieche vor sich hin

---

der Krise, in: Joris Steg (Hrsg.) Der Staat in der Krise, 2024, 211 ff.; *Gunnar F. Schuppert* Krisen, Bedrohte Ordnungen, Zeitenwenden, Resilienz, 2024, 51 ff.

[9] *Colin Crouch* Postdemokratie, 2008, 7 ff.; *ders.* Postdemokratie revisited, 2021, 18 ff.

[10] Zu dessen Strategien *Günter Frankenberg* Autoritarismus, 2020, 134 ff.; *ders./Wilhelm Heitmeyer* Autoritäre Entwicklungen, in: dies. (Hrsg.) Treiber des Autoritären, 2022, 15 ff. Mit historischen Fallstudien *Milan W. Svolik* The Politics of Authoritarian Rule, 2012.

[11] *Tom Ginsburg/Aziz Z. Huq* How to Save a Constitutional Democracy, 2018, 164 ff.; *Wilhelm Heitmeyer* Autoritäre Versuchungen, 2018, 16 ff.; *Kolja Möller* Populismus und Verfassung, ZfP 66 (2019), 430 (436 ff.): „autoritäre Transformation"; *Christoph Möllers/Linda Schneider* Demokratiesicherung in der Europäischen Union, 2018, 1 f.; *Christoph Möllers* Lehren aus der autoritären Wende, Der Staat 58 (2019), 503 ff.

[12] *Edward Luce* The Retreat of Western Liberalism, 2017, 3 ff.; *Jan Zielonka* Counter-Revolution. Liberal Europe in Retreat, 2018.

[13] *Wolfgang Merkel/Werner Krause* Krise der Demokratie?, in: Wolfgang Merkel (Hrsg.) Demokratie und Krise, 2015, 45 (53 ff.). Zum Wandel des Parteiensystems und dem Vertrauensverlust in die systemtragenden Parteien *Hans P. Bull* Die Krise der politischen Parteien, 2020; *Anna-Bettina Kaiser* Die Organisation politischer Willensbildung: Parteien, VVDStRL 81 (2022), 117 (129 ff.); *Wolfgang Merkel* Im Zwielicht, 2023, 196 f.; *Arnd Uhle* Staat und Politik, 2024, 5 ff.

[14] *Veith Selk* Demokratiedämmerung, 2023, 91 ff. *et passim*; vgl. auch *Yascha Mounk* The People vs. Democracy, 2018, 3; *Frankenberg* Autoritarismus (Fn. 10), 10: „von tiefen Schatten verfinstert"; *Christoph Möllers* Wir, die Bürgerlichen, Merkur 71 (2017), 5 (5): „Anbruch der Dämmerung"; *Hilmar Klute* Deutsche Dämmerung, SZ, 20./21.1.2024, 41; *Tristan Barczak* Dämmerung der Demokratie: Grundrechte als Gefahr?, JZ 2024, 417 ff.

[15] *Hanna Ketterer/Karina Becker* (Hrsg.) Was stimmt nicht mit der Demokratie?, 2019; *Adam Przeworski* Krisen der Demokratie, 2020; *Craig Calhoun/Dilip P. Gaonkar/Charles Taylor* Zerfallserscheinungen der Demokratie, 2024, 36 ff. *et passim*; *Jörg Mittelsten Scheid* Die verblassende Demokratie, 2024, 13 ff.; *Martin Laughlin* The Contemporary Crisis of Democracy, Oxford Journal of Legal Studies 39 (2019) 435 ff.

[16] *Alexander Thiele* Verlustdemokratie, 2. Aufl. 2018, 89 ff. *et passim*. Zu Verlust als einem sozialen Phänom der Moderne *Andreas Reckwitz* Verlust, 2024, 37 ff.

[17] *Matthias Fahrner* Vulnerabilität und Resilienz der freiheitlichen Demokratie, 2022; *Zhaotian Luo/Adam Przeworski* Democracy and Its Vulnerabilities, Quarterly Journal of Political Science 18 (2023), 105 ff.; vgl. auch *Frauke Rostalski* Die vulnerable Gesellschaft, 2024, 19 ff. *et passim*; *Maximilian Steinbeis* Die verwundbare Demokratie, 2024;

oder stehe unmittelbar vor dem Ableben.[18] Die Symptome, wann die liberale Demokratie in ein autokratisches Regime abgleite,[19] ließen sich zwar bestimmen und erkennen. Die entscheidenden Kipppunkte[20] würden jedoch oftmals erst in der Retrospektive deutlich, wenn der demokratische Patient bereits reanimierungsbedürftig oder gar verstorben sei.

2. *Von Machtverschiebungen zu Zeitenwenden*

Die vielleicht zentrale Lehre aus der autoritären Wende der jüngeren Vergangenheit besteht darin, dass Machtergreifung, Putsch und offener Staatsstreich heute nicht mehr die Regel im Kanon der Systemtransformationen bilden.[21] Gefahren drohen dem politischen System einer liberalen Demokratie vornehmlich von innen heraus.[22] Angegriffen wird sie in eigenem

---

Vanessa A. Boese Demokratie in Gefahr?, APuZ 26–27/2021, 24 (30 f.). Mit Blick auf den Rechtsstaat ferner *Benno Zabel* Recht, Angst, Vulnerabilität, RW 11 (2020), 233 ff.

[18] *John Keane* Life and Death of Democracy, 2009; *Joshua Kurlantzick* Democracy in Retreat, 2013; *Christophe Buffin de Chosal* The End of Democracy, 2014; *Steven Levitsky/Daniel Ziblatt* How Democracies Die, 2018; *Nadia Urbinati* Democracy Disfigured, 2014; *Anna Lührmann/Bryan Rooney* When Democracy has a Fever, V-Dem Working Paper, Series 2019:85, 2019; *Ivan Krastev/Stephen Holmes* Das Licht, das erlosch, 2019; *Adam Przeworski* Crisis of Democracy, 2019; *Sjifra E. de Leeuw* The authoritarian virus: Between infection and immunity, 2021; *Richard Rose* How Sick Is British Democracy? A Clinical Analysis, 2021. Zum Vorstehenden auch *Uwe Volkmann* Krise der konstitutionellen Demokratie, Der Staat 58 (2019), 643 (644).

[19] Mit einer Phänomenologie der Autokratie *Uwe Backes* Autokratien, 2022, 51 ff.; *ders.* Vier Grundtypen der Autokratie und ihre Legitimierungsstrategien, PVS Sonderheft 47/2012, 157 ff.

[20] Zur Übertragung der Kipppunktmetapher auf das politische System *Hans Vorländer* Demokratie in der Zeitenwende, ZfP 33 (2023), 61 (64 f.); *ders.* Wie belastbar ist die Demokratie?, FAZ, 9.8.2021, 6; *Angelika Nußberger* Regieren: Staatliche Systeme im Umbruch?, VVDStRL 81 (2022), 7 (53 ff.); *Kaiser* Parteien (Fn. 13), 137.

[21] *Levitsky/Ziblatt* Democracies (Fn. 18), 3: „[D]emocracies erode slowly, in barely visible steps"; *Backes* Autokratien (Fn. 19), 151 ff. *et passim*; *Uwe Volkmann* Sozialer Zusammenhalt und allgemeine Rechtsidee, in: Klaus Günther/Daniel Thym/Uwe Volkmann (Hrsg.) Zusammenhalt durch Recht?, 2024, 47 (52); *Vorländer* Zeitenwende (Fn. 20), 65; *Milan W. Svolik* Which Democracies Will Last?, British Journal of Political Science 45 (2015), 715 (730 ff.); *Gunnar F. Schuppert* Wie resilient ist unsere „Politische Kultur"?, Der Staat 60 (2021), 473 (485). Zu Begriff und Theorie der Systemtransformation ferner *Eberhard Sandschneider* Stabilität und Transformation politischer Systeme, 1995, 33 ff.; *Wolfgang Merkel* Systemtransformation, 1999, 69 ff., 77 ff.

[22] *Volkmann* Krise (Fn. 18), 653 ff. Mit einer Typologisierung exogener Erosions- und endogener Zerfallserscheinungen der Demokratie *Johannes Gerschewski* Erosion or Decay? Conceptualizing Causes and Mechanisms of Democratic Regression, Democratization 28 (2021), 43 (46 ff.).

Namen,[23] unter Verweis auf das demokratisch-voluntaristische Element der Mehrheitsentscheidung gegenüber den minderheitenschützenden Formen des Rechtsstaats[24] und mit den Mitteln, die sie selbst bereitstellt.[25] Die liberale Demokratie ist eine latent gefährdete Staatsform.[26] Wenn dieses System mit seinen eigenen Mitteln bekämpft wird, realisiert sich das spezifische Risiko einer freiheitlichen – und darum „riskanten" – Ordnung.[27]

Das kann auf unterschiedliche Weise geschehen, doch treten vergleichbare Muster[28] schleichender Machtverschiebungen zutage: Das Recht wird als Mittel eines legalistischen Systemwechsels instrumentalisiert,[29] um verfasste Institutionen personell und prozedural so auszuhöhlen, dass sie zum Spielball aktueller Mehrheiten und deren Interessen werden.[30] Dies gilt namentlich für die Verfassungsgerichtsbarkeit, die zunehmend als *most endangered branch* erscheint.[31] Die Zeiten-

---

[23] Statt aller *Mounk* People (Fn. 14), 1 ff. („The People vs. Democracy"); *Dirk Jörke/Oliver Nachtwey* (Hrsg.) Das Volk gegen die (liberale) Demokratie, Leviathan Sonderband 32/2017.

[24] *Klaus F. Gärditz* Verfassungsentwicklung und Verfassungsrechtswissenschaft, in: Matthias Herdegen u.a. (Hrsg.) HVerfR, 2021, § 4 Rn. 156; *ders.* Resilienz des Rechtsstaates, NJW 2024, 407 (408); *Jens Kersten* Parlamentarismus und Populismus, JuS 2018, 929 (930); *Andreas Voßkuhle* Rechtsstaat und Demokratie, NJW 2018, 3154 (3154 f.).

[25] Dazu *Philip Manow* (Ent-)Demokratisierung der Demokratie, 2020, 15 f.

[26] Instruktiv *Walter Leisner* Demokratie. Betrachtungen zur Entwicklung einer gefährdeten Staatsform, 1998; s. auch *Stefan Korioth* Gefährdung der Demokratie, Gefährdung des Rechts, in: Corinne M. Flick (Hrsg.) Halten die Systeme im Ernstfall?, 2024, 77 (80): „Staats- und Gesellschaftsform der Unbeständigkeit und der eingebauten Krise".

[27] *Horst Dreier* Der freiheitliche Verfassungsstaat als riskante Ordnung, in: *ders.* Idee und Gestalt des freiheitlichen Verfassungsstaates, 2014, 459 ff.

[28] Zu übereinstimmenden Kennzeichen und ihrer Bewertung *Mark A. Graber/Sanford Levinson/Mark Tushnet* (Hrsg.) Constitutional Democracy in Crisis?, 2018; *Ginsburg/Huq* Democracy (Fn. 11), 72 f.; *Laughlin* Crisis (Fn. 15), 446 ff. Zusammenfassende rechtsvergleichende Darstellung auch bei *Nils Schaks* Demokratische Dekonsolidierung, 2023, 23 ff.; ferner *Maximilian Steinbeis* Wie robust ist das Grundgesetz?, APuZ 16–17/2019, 4 ff.

[29] Instruktiv *Philipp Lassahn* Autorität und Legalismus, in: Hans Hofmann (Hrsg.) FS 75 Jahre Grundgesetz, 2024, 217 ff.

[30] Vgl. *András Jakab* Das ungarische Konzept der Umgestaltung, in: ÖJK/Rudolf Müller (Hrsg.) Krise der liberalen Demokratie?, 2019, 99 ff.; *Christoph Grabenwarter* Das polnische Verfassungsgericht als Objekt der Umgestaltung, in: ÖJK/Müller, ebd., 115 ff. Zum *Court Packing* auch schon *Nußberger* Regieren (Fn. 20), 32, m.w.N.

[31] *Dieter Grimm* „The least dangerous" oder „the most endangered branch"?, in: Till P. Holterhus/Fabian Michl (Hrsg.) Die schwache Gewalt?, 2022, 33 ff.; *Christoph Bezemek/Yaniv Roznai* Introduction: The Most Endangered Branch, ICL Journal 17 (2023), 203 ff.; vgl. auch *Hans Vorländer* Wovon Stärke und Schwäche der Verfassungsgerichtsbarkeit abhängen, in: Holterhus/Michl, ebd., 45 ff.; *Angelika Nußberger* Justiz – die „sensible Gewalt", NJW 2020, 3294 (3295 ff.); *Günter Krings/Julius Rudolph* Resiliente Verfassungsgerichtsbarkeit, ZG 39 (2024), 249 (249 ff.).

wende[32] zu einer „illiberalen Demokratie"[33] vollzieht sich zudem dadurch, dass diejenigen Institutionen, die eine demokratische Öffentlichkeit im politischen Kampf um die Macht darstellen, als „Systemmedien" diskreditiert und delegitimiert werden.[34] Die Freiheit der Meinungsäußerung, der diskriminierungsfreie Umgang mit Minderheiten und die Anerkennung soziokultureller Vielfalt als formative Prinzipien der liberalen Demokratie werden mithilfe eines neuzeitlichen Freund-Feind-Denkens unter einen Vorbehalt des Völkischen und Identitären gestellt.[35] Eine trumpistische Spaltung von Wirklichkeit und Gesellschaft durch *fake news* und *alternative facts* hebelt die Voraussetzungen grundrechtlicher Freiheit und demokratischer Teilhabe schließlich faktisch aus.[36] Sie deformiert nicht nur die Konzepte objektiver Wahrheit und gesellschaftlichen Zusammenhalts, sondern die konstitutionelle Demokratie an sich. Das Grundgesetz als „Verfassung der Mitte"[37] droht so zu einer „Verfassung der Extreme"[38], der Spaltung und Systemverachtung zu werden.

II. *Why political system matters* – Welches System?

1. Systemtheoretische Grundierung

a) Politisches System als „Staatsgesellschaft"

Ist ein Denken vom politischen System her – so mag man angesichts solcher kulturpessimistischer[39] Perspektiven fragen – aus Sicht der Verfassungsrechtswissenschaft überhaupt von Interesse? Und wenn ja: welches

---

[32] Der Begriff verweist wohl in erster Linie auf eine Wende im Kollektivbewusstsein sowie auf eine damit einhergehende Änderung der politischen Prioritätensetzung, vgl. *Jens Kersten* Legal Tribune Online, 7.5.2022 <https://www.lto.de/persistent/a_id/48362> (Stand 31.1.2025): „Wenn ‚Zeitenwende' etwas heißt, dann die Realitäten zu sehen und auf dieser Grundlage demokratisch verantwortlich zu handeln".

[33] Weitsichtig *Fareed Zakaria* The Rise of Illiberal Democracy, Foreign Affairs 76 (1997), 22 ff.

[34] Dazu nur *Thomas Niehr/Jana Reissen-Kosch* Volkes Stimme?, 2018, 12 ff.

[35] „Die Unterscheidung von Freund und Feind" als eigentliches „Kriterium des Politischen" betrachtend *Carl Schmitt* Der Begriff des Politischen, 9. Aufl. 2015, 25 f.; kritisch *Rüdiger Voigt* (Hrsg.) Freund-Feind-Denken, 2. Aufl. 2021.

[36] Vgl. *Lutz Friedrich* Das Wahrheitsgebot des Grundgesetzes, AöR 146 (2021), 642 (683); *Rüdiger Breuer* Die staatliche Wahrheitspflicht als Element des Rechtsstaates und der guten Verwaltung, NVwZ 2024, 1461 ff.

[37] *Andreas Voßkuhle* Die Verfassung der Mitte, 2015, insb. 27 ff.

[38] *Wolfgang Kahl/Patricia Sugg* Parteienrechtliche Herausforderungen an die wehrhafte Demokratie in Zeiten von Radikalisierung und Extremismus, ZJS 2024, 438 (439). Mit Blick auf Thüringen *Martin Debes* Deutschland der Extreme, 2024.

[39] *Fritz Stern* Kulturpessimismus als politische Gefahr, 3. Aufl. 2018.

System? Konstruktive Systembildung und kritisches Systemdenken stehen für eine dogmatisch arbeitende Rechtswissenschaft an erster Stelle.[40] Die Frage nach der Zukunftsfestigkeit des politischen Systems erscheint gleichwohl auf den ersten Blick weder ertragreich noch anschlussfähig, da verfassungsrechtliches Systemdenken bislang keinen Begriff des politischen Systems entwickelt hat, geschweige denn über einen Gradmesser seiner Zukunftsfähigkeit verfügt. Wenn der schillernde Systembegriff[41] gleichwohl auftaucht, fungiert er entweder als bloße Metapher für „Staat" und „Verfassung"[42] oder wird als allgemein bekannt vorausgesetzt.[43]

Wie jeder Systembegriff ist auch der Begriff des „politischen Systems" zunächst eine leere Hülle.[44] In der Politikwissenschaft verdient er freilich gerade deshalb den Vorzug, weil er im Gegensatz zum „Staat" für die Einbeziehung aller Bestimmungsfaktoren und Beteiligten politischer Entscheidungsprozesse offen ist.[45] Dies schließt Parteien, Verbände, Massenmedien, digitale Intermediäre und soziale Bewegungen ebenso ein wie den Einzel-

---

[40] *Klaus-Dieter Drüen* Systembildung und Systembindung im Steuerrecht, in: Rudolf Mellinghoff/Wolfgang Schön/Hermann-Ulrich Viskorf (Hrsg.) FS Wolfgang Spindler, 2011, 29 (31); klassisch *Hans J. Wolff* Typen im Recht und in der Rechtswissenschaft, Studium Generale 5 (1952), 195 (205): „Rechtswissenschaft [...] ist systematisch oder sie ist nicht!".

[41] Grundlegend *Claus-Wilhelm Canaris* Systemdenken und Systembegriff in der Jurisprudenz, 2. Aufl. 1983, 19 ff.; *Karl Engisch* Sinn und Tragweite juristischer Systematik, Studium Generale 10 (1957), 173 ff. Für das Öffentliche Recht speziell *Patrick Hilbert* Systemdenken in Verwaltungsrecht und Verwaltungsrechtswissenschaft, 2015, 3 ff.; *Mathias Honer* Das verfassungstheoretische System als Betrachtungsebene des Verfassungsrechts, Der Staat 61 (2022), 235 ff. Zur Kritik an der Ausrichtung der Wissenschaft vom Öffentlichen Recht am „System" vgl. *Peter v. Oertzen* Die soziale Funktion des staatsrechtlichen Positivismus, 1974, 253: „[...] das System bietet dem Einbau philosophischer, historischer oder politischer Elemente keine legitime Stelle".

[42] Zur wissenschaftlichen Orientierung an „Staat" und „Verfassung" statt vieler *Oliver Lepsius* Rechtswissenschaft in der Demokratie, Der Staat 52 (2013), 157 (159 ff., 162 ff.). Das „politische System" dient der Verfassungsrechtswissenschaft bislang allenfalls als heuristisch-analytische Kategorie, etwa zur Differenzierung zwischen parlamentarischen Regierungs- und Präsidialsystemen, vgl. nur *Giovanni Biaggini* Gewaltenteilung im Verfassungsstaat, in: ders./Thomas Gächter/Regina Kiener (Hrsg.) Staatsrecht, 3. Aufl. 2021, § 17 Rn. 21 ff. Zur Typologie politischer Systeme *Merkel* Systemtransformation (Fn. 21), 23 ff.

[43] Das gilt allerdings nicht nur für die Verfassungsrechtswissenschaft, vgl. *Peter Massing* Politisches System, in: Uwe Andersen u.a. (Hrsg.) Handwörterbuch des politischen Systems der Bundesrepublik Deutschland, 8. Aufl. 2021, 771 (771); *Jochen Walter* Politik als System?, ZIB 12 (2005), 275 (275 f.).

[44] *Hilbert* Systemdenken (Fn. 41), 8 f.; *Uwe Kischel* Systembindung des Gesetzgebers und Gleichheitssatz, AöR 124 (1999), 174 (196).

[45] *Massing* System (Fn. 43), 772; vgl. auch *Friedrich Müller* Juristische Methodik und Politisches System, 1976, 48: „‚Politisches System' meint allgemein das Organisierte des Gemeinwesens".

nen, jedoch nicht als ganze Person, sondern ausschließlich in seiner Rolle als *Zoon politikon*, sprich als Staatsbürger oder Wähler, Gewerkschafts- oder Parteimitglied, Abgeordneter oder Beamter.[46] Ein Denken vom politischen System her verspricht Erkenntnisse, die bei einer Isolierung seiner Teilbereiche verschlossen blieben. Wer Staat und Gesellschaft noch immer als konfligierende und in sich abgeschlossene Subsysteme behandelt, reißt naheliegende Zusammenhänge auseinander und schneidet notwendige Verbindungslinien ab.[47] *Karl Loewenstein* hat diese Verbindungslinien auf den Begriff der „Staatsgesellschaft" gebracht.[48] Das politische System bezieht sich danach auf die Gesamtheit jener Institutionen und Prozesse, die auf die Herstellung und Durchsetzung gesamtgesellschaftlich verbindlicher Entscheidungen zielen.[49]

b) Politisches System als „soziales Sub-System"

Im allgemeinen geschichtlichen Prozess der sozialen Differenzierung hat sich das politische System als ein funktional-spezifisches Teilsystem der Gesellschaft herauskristallisiert.[50] System- und diskurstheoretisch versteht es sich als eine sich selbst organisierende Funktionseinheit, die ihr Weiterfunktionieren selbst produziert und sich in spezifischer Weise von ihrer Umwelt differenziert.[51] Selbstprogrammierung, Selbstreferentiali-

---

[46] *Tom Mannewitz/Wolfgang Rudizio* Das politische System der Bundesrepublik Deutschland, 11. Aufl. 2022, VI.

[47] Der Dualismus von Staat und Gesellschaft ist kein universales oder kategoriales, sondern ein historisch-kontingentes Strukturmodell politischer Herrschaft, vgl. *Otto Depenheuer* Staat und Gesellschaft (Rechtswissenschaftlich), in: Görres-Gesellschaft (Hrsg.) Staatslexikon V, 8. Aufl. 2021, Sp. 521 (521); *Ernst-Wolfgang Böckenförde* Die Bedeutung der Unterscheidung von Staat und Gesellschaft im demokratischen Sozialstaat der Gegenwart, in: *ders.* Recht, Staat, Freiheit, 7. Aufl. 2019, 209 ff. Dass die Unterscheidung von Staat und Gesellschaft systemtheoretisch „nicht als Systemdifferenzierung begriffen werden" kann, betonte bereits *Niklas Luhmann* Politische Verfassungen im Kontext des Gesellschaftssystems, Der Staat 12 (1973), 1 (5).

[48] *Karl Loewenstein* Verfassungslehre, 3. Aufl. 1975, 11.

[49] *Helmut Willke* Die Steuerungsfunktion des Staates aus systemtheoretischer Sicht, in: Dieter Grimm (Hrsg.) Staatsaufgaben, 1994, 685 (686); *Klaus Stüwe* Politisches System, in: Görres-Gesellschaft (Hrsg.) Staatslexikon IV, 8. Aufl. 2020, Sp. 910 (910); *Claudio Baraldi/Giancarlo Corsi/Elena Esposito* Unlocking Luhmann, 2021, 171; *Mannewitz/Rudizio* System (Fn. 46), VI.

[50] *David Easton* A Systems Analysis of Political Life, 1965, 55, 181, 348; vgl. auch *Thomas Drepper* Organisationen der Gesellschaft, 2001, 81. Zur Leistungsfähigkeit der Systemtheorie aus verfassungsrealistischer und -theoretischer Perspektive nur *Franz Ronneberger* Verfassungswirklichkeit als politisches System, Der Staat 7 (1968), 409 ff.; *Friedhelm Hufen* Verfassungstheorie und Systemtheorie, AöR 100 (1975), 193 ff.

[51] Vgl. *Easton* Analysis (Fn. 50), 73; *ders.* A Framework for Political Analysis, 1965, 56, 128; *ders.* The Analysis of Political Systems, in: Roy C. Macridis/Berbard E. Brown

tät und Selbsterhalt (sog. Autopoiesis[52]) sind einem politischen System mithin notwendig eingeschrieben.[53] Systemtheoretisch gesprochen ist ein zukunftsfestes politisches System damit ein ebensolcher Pleonasmus wie der Rechtsstaat aus der Perspektive des Rechtspositivismus.[54]

2. *Verfassungsrechtliche Konkretisierung*

a) *Politisches System als „regelbasierte Ordnung"*

Während die Systemtheorie davon ausgeht, „daß politisches System und Rechtssystem getrennt operieren, daß sie verschiedene Systeme sind",[55] muss eine verfassungsrechtliche Systembildung nach „struktureller Kopplung"[56] suchen. Die Kanalisierung, Rationalisierung und Regulierung politischer Macht ist eine Daueraufgabe des Rechts,[57] die insbesondere dann relevant wird, wenn die Konflikte zunehmen und der Konsens schwindet.[58] Die Verfassung bildet dabei einen gemeinsamen Sprachraum, der die Interoperabilität beider Systeme herstellt.[59] Politisches System und Rechtssystem sind im demokratischen Verfassungsstaat zwei mitei-

---

(Hrsg.) Comparative Politics, 4. Aufl. 1972, 72 (73 f.); *ders.* An Approach to the Analysis of Political System, World Politics 9 (1957), 383 ff.

[52] *Niklas Luhmann* Soziale Systeme, 1984, insb. 60 ff. Angewandt auf das Rechtssystem von *Gunther Teubner* Recht als autopoietisches System, 1989, 36 ff.; *Karl-Heinz Ladeur* Postmoderne Rechtstheorie, 2. Aufl. 1995. Kritik an einer Autopoiesis des Rechts kommt von *Oliver Lepsius* Steuerungsdiskussion, Systemtheorie und Parlamentarismuskritik, 1999, 35 ff.; *Peter Nahamowitz* Autopoietische Rechtstheorie, ZfRS 11 (1990), 137 ff.

[53] *Niklas Luhmann* Die Politik der Gesellschaft, 2002, 69 ff.; *ders.* Politische Soziologie, 2015, 106 ff.; vgl. auch *Tobias Braun* Der politische Konsens, 2024, 98.

[54] *Hans Kelsen* Der soziologische und der juristische Staatsbegriff, 2. Aufl. 1928, 87; *ders.* Allgemeine Staatslehre, 1925, 44: „Und darum muß, vom Standpunkt des Rechtspositivismus aus gesehen, jeder Staat ein Rechtsstaat in dem Sinne sein, daß alle Staatsakte Rechtsakte sind, weil und sofern sie eine als Rechtsordnung zu qualifizierende Ordnung realisieren".

[55] *Luhmann* Politik (Fn. 53), 390; vgl. auch *ders.* Rechtssystem und politisches System, Soziale Systeme 24 (2019), 176 (177 ff.).

[56] *Niklas Luhmann* Die Gesellschaft der Gesellschaft, 1997, 100 ff., 776 ff.; *ders.* Politik (Fn. 53), 372 ff.; *ders.* Organisation und Entscheidung, 2000, 397 ff.; vgl. auch *Gerhard Preyer* Luhmanns Theorie der sozialen Differenzierung, Rechtstheorie 36 (2005), 49 (59): „strukturelle Überschneidung".

[57] *Klaus Stern* Staatsrecht I, 2. Aufl. 1984, 23 ff.; *Georg Zenkert* Die Konstitution der Macht, 2004, 310 ff.; *Grit Straßenberger* Konfliktaustragung und Konfliktbegrenzung, in: Christian Schmidt/Benno Zabel (Hrsg.) Politik im Rechtsstaat, 2021, 43 ff.

[58] *Markus Payk* Verfassung in der Zeit, Merkur 78 (2024), 33 (43).

[59] Dieser Sprachraum ermöglicht „eine *rechtliche* Lösung des Selbstreferenzproblems des *politischen* Systems und zugleich eine *politische* Lösung des Selbstreferenzproblems des *Rechts*systems", vgl. *Niklas Luhmann* Verfassung als evolutionäre Errungenschaft,

nander kommunizierende Röhren.[60] Hier gilt zunächst: *keine Politik ohne Recht.*[61] Umgekehrt ist es aber die Politik, die zum Recht führt.[62] Insofern gilt ebenso: *kein Recht ohne Politik.*[63] Das politische System als „regelbasierte Ordnung“[64] und das Rechtssystem als „geronnene Politik“[65] sind in einem demokratischen Rechtsstaat somit untrennbar miteinander verbunden.[66] Sie müssen aber Distanz wahren und unterscheidbar bleiben, um ihren jeweiligen Systemrationalitäten und spezifischen Argumentationsweisen Rechnung zu tragen.[67]

b) Politisches System als „System der Systeme“

Wer – um mit *Max Weber* zu sprechen – Politik als Beruf betreibt, „erstrebt Macht“.[68] Machtgewinn und Machterhalt bilden gewissermaßen den Code,[69] auf den das politische System und die politischen Parteien als seine Hauptakteure programmiert sind.[70] An diesem Code setzt der doppelte Auftrag eines Rechts der Politik an,

---

Rechtshistorisches Journal 9 (1990), 176 (202) – Hervorhebungen im Original; ferner *Gernot Uhl* Die Stabilisierungsfunktion der Verfassung im politischen Prozess, 2011, 245 f.

60 Die Vermittlung der Kommunikation zwischen den Systemen erfolgt nicht zuletzt über die Verfassungsgerichtsbarkeit, vgl. *Jürgen Habermas* Faktizität und Geltung, 1992, 292 ff.; *Basil Bornemann* Politisierung des Rechts und Verrechtlichung der Politik durch das Bundesverfassungsgericht?, ZfRS 28 (2007), 75 (83 f.).

61 Statt vieler *Dieter Grimm* Die Verfassung und die Politik, 2001, 19; *René Rhinow* Recht im politischen Prozess, 2017, 17.

62 *Grimm* Politik (Fn. 61), 13, 20 f.

63 *Rhinow* Recht (Fn. 61), 17.

64 *Frederick Schauer* Playing by the Rules, 1991, 167 ff.; vgl. auch *Christian Waldhoff* Rechtliche Verfasstheit des Staates, in: Uwe Kischel/Hanno Kube (Hrsg.) HStR I, 2023, § 5 Rn. 76 ff.

65 *Dieter Grimm* Recht und Politik, JuS 1969, 501 (502); ähnlich *Willi Geiger* Recht und Politik im Verständnis des Bundesverfassungsgerichts, 1980, 10: „ein besonderer Aggregatzustand von Politik“; *Christian Hillgruber* Verfassungsrecht zwischen normativem Anspruch und politischer Wirklichkeit, VVDStRL 67 (2008), 7 (8): „‚verarbeitete‘ politische Wirklichkeit“.

66 *Rhinow* Recht (Fn. 61), 17: „nicht als getrennte Sphären denkbar“.

67 *Patrick Hilbert* Republikanismus und Rechtswissenschaft, in: *Armin v. Bogdandy/Angelika Siehr/Patrick Hilbert* Renaissance des Republikanismus, 2024, 161 (174): „Wird aus distanzwahrender Koppelung eine Vermischung, führt dies zu […] einem Verlust der je spezifischen juristischen und politischen Rationalität“; ferner *Christoph Möllers* Legalität, Legitimität und Legitimation des Bundesverfassungsgerichts, in: *Matthias Jestaedt u.a.* Das entgrenzte Gericht, 3. Aufl. 2019, 281 (309 ff.); *Mathias Honer* Recht der Politik: Perspektiven und Potenziale, Der Staat 62 (2023), 677 (684).

68 *Max Weber* Politik als Beruf, 2. Aufl. 1926, 9.

69 *Niklas Luhmann* Der Politische Code, ZfP 21 (1974), 253 ff.

70 *Grimm* Politik (Fn. 61), 159; *Udo Di Fabio* Herrschaft und Gesellschaft, 2019, 127.

indem es der „Eigengesetzlichkeit des Politischen“[71] sowohl Grenzen setzt als auch Entscheidungsfreiräume offenhält.[72] Die Verfassung als genuiner[73] Ort der Verrechtlichung spielt eine zentrale Rolle sowohl für die Begrenzung als auch für die Ermöglichung des politischen Prozesses.[74] Im Bild der Verfassung als Rahmenordnung kommt diese konstitutionelle Doppelfunktion anschaulich zum Ausdruck.[75]

Die Verfassung erhebt aber kein Monopol auf die Verrechtlichung des politischen Systems. Vielmehr zeichnet sich das Recht der Politik dadurch aus, dass es nicht auf einen bestimmten Typus von Rechtsquellen festgelegt ist, sondern ein Mehrebenensystem aus Verfassungsrecht, einfachgesetzlichem Recht sowie Geschäftsordnungsrecht bildet und dabei im Grenzbereich der Verfassung im formellen und im (nur) materiellen Sinne operiert.[76] Für das System des Rechts bildet das politische System folgerichtig ein „System der Systeme“.[77] Unter seinem Dach verbinden sich verschiedene normative Subsysteme wie das Parteien-, Wahl- und Regierungssystem, das System funktionaler Gewaltengliederung,[78] das föderale

---

[71] *Konrad Hesse* Die verfassungsrechtliche Stellung der politischen Parteien im modernen Staat, VVDStRL 17 (1959), 11 (12).

[72] Instruktiv *Martin Morlok* Notwendigkeit und Schwierigkeit eines Rechtes der Politik, DVBl 2017, 995 ff.; *ders.* Das Recht des politischen Prozesses, JuS 2022, 1 ff.; *Honer* Recht (Fn. 67), 677 ff. Zu den Grundfunktionen der Verfassung in Bezug auf die und gegenüber der Politik *Bernhard Kempen* Verfassung und Politik, in: Otto Depenheuer/Christoph Grabenwarter (Hrsg.) Verfassungstheorie, 2010, § 27 Rn. 22 ff.

[73] *Josef Isensee* Verfassungsrecht als „politisches Recht“, in: ders./Paul Kirchhof (Hrsg.) HStR XII, 3. Aufl. 2014, § 268 Rn. 1 ff.; *Stern* Staatsrecht I (Fn. 57), 16; *ders.* Verfassungsgerichtsbarkeit zwischen Recht und Politik, 1980, 18: „Verfassungsrechtsnormen sind […] in starkem Maße politisches Recht, genauer Recht für das politische Handeln“.

[74] Zur Ermöglichungsfunktion des (Verfassungs-)Rechts allgemein *Markus Kotzur* Thematik des Verfassungsgesetzes, in: HStR XII (Fn. 73), § 260 Rn. 9; *Julian Krüper* „Partei“ als Rechtsform: Parteiorganisation zwischen Verfassungsrecht, Organisations- und Demokratietheorie, in: ders./Heike Merten/Thomas Poguntke (Hrsg.) Parteienwissenschaften, 2015, 199 (210 ff., 223 ff.).

[75] Zum Konzept der Verfassung als Rahmenordnung *Ernst-Wolfgang Böckenförde* Die Eigenart des Staatsrechts und der Staatsrechtswissenschaft, in: *ders.* Staat, Verfassung, Demokratie, 1991, 11 (17 f., 22 f.); *ders.* Die Methoden der Verfassungsinterpretation, NJW 1976, 2089 (2091, 2099); *ders.* Verfassungsgerichtsbarkeit, NJW 1999, 9 (13); s. auch *Gerd Roellecke* Politik und Verfassungsgerichtsbarkeit, 1961, 162; *Shu-Perng Hwang* Verfassungsordnung als Rahmenordnung, 2018; *Joachim Perels* Die Grenzmarken der Verfassung, KJ 10 (1977), 375 ff.; *Rainer Wahl* Der Vorrang der Verfassung, Der Staat 20 (1981), 485 (505 ff.).

[76] Ähnlich *Honer* Recht (Fn. 67), 682.

[77] Begriff nach *Wolfgang Fikentscher* Methoden des Rechts in vergleichender Darstellung, Bd. IV, 1977, 97; s. auch bereits *Easton* Analysis (Fn. 50), 55.

[78] *Christoph Möllers* Gewaltengliederung, 2005, 94 ff.; *ders.* Die drei Gewalten, 2008, 121 ff.; *ders.* Dogmatik der grundgesetzlichen Gewaltengliederung, AöR 132 (2007), 493 ff.

System,[79] das Verbändesystem[80] sowie das System der Existenz- und Geltungssicherung des politischen Prozesses.[81] Hinzu kommt mit dem System unionsrechtlicher Wertesicherung samt seiner in Art. 2 EUV verankerten Basis[82] ein wichtiger Fluchtpunkt für die Definition von Politik[83] innerhalb der Europäischen Union und die Feststellung systemischer Defizite in ihren Mitgliedstaaten.[84] Die Suche nach den systemrelevanten Institutionen des Politischen endet also nicht im Grundgesetz, sondern verlangt – wie noch zu zeigen sein wird – eine systematische, ebenenübergreifende und kontextsensible Gesamtschau.

III. *Taking the future seriously* – Zukunftsfestigkeit als Systemresilienz

1. Zukunftsfestigkeit durch Zukunftsoffenheit

a) Politisches System als „Allwettersystem"

Wie aber lässt sich die Zukunft festigen? Wovon hängt es ab, ob politische Systeme nur für Schönwetterzeiten gemacht sind oder ihre Wetterfestigkeit auch in stürmischen Zeiten beweisen können? Eine Antwort hierauf gibt zunächst die vergleichende Politikwissenschaft. Diese identifiziert seit den 1960er Jahren bestimmte Systemstrukturen, die die Krisen- und Zukunftsfestigkeit eines politischen Systems fördern sollen. Dazu zählen

---

79 Zum Bundesstaat als System *Matthias Jestaedt* Bundesstaat als Verfassungsprinzip, in: Josef Isensee/Paul Kirchhof (Hrsg.) HStR II, 3. Aufl. 2004, § 29 Rn. 15.

80 Zu dessen Bedeutung nur *Stefan Kirste* Staat und Gesellschaft, in: Uwe Kischel/Hanno Kube (Hrsg.) HStR II, 2024, § 46 Rn. 71 ff.

81 *Michael Kloepfer/Ben Bakalovic* Das System der Existenz- und Geltungssicherung des Grundgesetzes, DÖV 2022, 517 ff.

82 Vgl. *Claudia Hainthaler* Die Sicherung der Werteunion, 2024, 30 ff.; *Frank Schorkopf* Wertesicherung in der Europäischen Union, EuR 2016, 147 ff.; *Rainer Hoffmann/Alexander Heger* Zur Zukunft der Europäischen Union als Werteunion, EuGRZ 2022, 361 ff.; *Franz C. Mayer* Judikativer Werteschutz in der Europäischen Union: Grundlagen und Chancen, EuR 2024, 219 ff.; *Martin Nettesheim* Die föderale Homogenitätsklausel des Art. 2 EUV, EuR 2024, 269 ff. Mit überschießender Deutung als „republikanische[s] Manifest" *Armin v. Bogdandy* Renaissance des Republikanismus, in: *ders./Angelika Siehr/Patrick Hilbert* Renaissance des Republikanismus, 2024, 1 (29 ff.).

83 Zur unüberschaubaren Vielzahl zweck- (Gerechtigkeit, Frieden, Gemeinwohl), mittel- (Macht, Konflikt, Konsens) und problemorientierter Politikbegriffe (Freund-Feind-Unterscheidung, Handeln unter Unsicherheit, etc.) statt aller *Luhmann* Soziologie (Fn. 53), 35 ff., m.w.N.

84 *Armin v. Bogdandy* Tyrannei der Werte?, ZaöRV 79 (2019), 503 ff.; *ders./Michael Ioannidis* Das systemische Defizit, ZaöRV 74 (2014), 283 ff.; s. auch *Sebastian Hapka* Systemische Mängel in Justizsystemen, 2025.

1. die Anpassungsfähigkeit an sich wandelnde Bedingungen (*Adaption*),
2. die effektive Entscheidungsfindung bei der Verfolgung politischer Ziele (*Goal attainment*) sowie
3. die Bewahrung sozialen Zusammenhalts (*Integration*).[85]

„Zukunftsfestigkeit" kann somit von vornherein nicht heißen, starr am *status quo* festzuhalten, denn an derartiger Starrheit würde das politische System bald zerbrechen.[86] Vielmehr muss es sich flexibel den Anforderungen einer sich wandelnden Umwelt stellen. „Zukunftsfestigkeit" steht in enger konzeptueller Verwandtschaft zum Begriff der „Resilienz". Damit wird die Fähigkeit eines Systems bezeichnet, sich an neue Bedingungen anzupassen und durch Wandel zu reproduzieren, ohne dass die Systemkrise zum Systemabsturz führt oder einen Systemwechsel nach sich zieht.[87] *Systemresilienz* schließt die Resilienz von Teilsystemen (Verfassung, Poli-

[85] Im sog. *AGIL*-Schema (*Talcott Parsons* The Social System, 1951) tritt noch die Fähigkeit des Systems hinzu, seine grundlegenden Strukturen und Werte gegen Widerstände aufrechtzuerhalten (*Latency*); vgl. ferner *Harry Eckstein* Division and Cohesion in Democracy, 1966, 11 ff.; *Ted R. Gurr* Persistence and Change in Political Systems, APSR 68 (1974), 1482 ff.

[86] Allgemein konsentiert, vgl. nur *Adolf Merkl* Die Rechtseinheit des österreichischen Staates, AöR 37 (1918), 56 (86): „Gerade die Unabänderlichkeit der Verfassung macht den Verfassungsbruch, da ja das historisch-politische Staatsleben nicht stillstehen wird, zur unabwendbaren geschichtlichen Notwendigkeit"; *Dieter Grimm* Verfassungsfunktion und Grundgesetzreform, AöR 97 (1972), 489 (505): „Unwandelbarkeit ist nur um den Preis der Inhaltslosigkeit oder Stagnation zu haben"; *Payk* Verfassung (Fn. 58), 46: „Nicht eine in der Zeit erstarrte, gleichsam in Bernstein gefangene Verfassung wird uns in Zukunft helfen, sondern nur ein lebendiges und zukunftsoffenes Grundgesetz"; s. ferner *Ginsburg/Huq* Democracy (Fn. 11), 173: „A constitution that is too rigid invites its own replacement because it cannot cope with exogenous shocks".

[87] *Rüdiger Korff* Resilienz, in: Kai v. Lewinski (Hrsg.) Resilienz des Rechts, 2016, 23 (23); *Ulrich Bröckling* Gute Hirten führen sanft, 2017, 114 f.; *Beno Zabel* Recht und Resilienz, in: Gunnar F. Schuppert/Martin Repohl (Hrsg.) Resilienz, 2023, 27 (27 f., 36 ff.); *Vanessa A. Boese* u.a. How democracies prevail: democratic resilience as a two-stage process, Democratization 28 (2021), 885 (886): „the ability to prevent substantial regression in the quality of democratic institutions and practices"; *Wolfgang Merkel* Wie resilient ist unsere Demokratie?, APuZ 27/2024, 18 (19); *ders.* Zwielicht (Fn. 13), 345, 354 ff.; *Schuppert* Kultur (Fn. 21), 474: „Das Zauberwort heißt […] Anpassung"; *Anne Dienelt* Eine juristische Resilienztheorie?, ZfU 2023, 564 (572); *Sabine Riess* Resilienz des Rechts, ZfU 2023, 577 (581): „im Spannungsfeld von Stabilität und Veränderung". Übereinstimmend für den Begriff der „politischen Stabilität" *Michael Kubiak/Veith Selk* Was ist demokratische Stabilität?, in: Eva M. Hausteiner/Grit Straßenberger/Felix Wassermann (Hrsg.) Politische Stabilität, 2020, 21 (26); *Johannes Gerschewski* Persistenz – Kontinuität – Adaptivität, in: Hausteiner/Straßenberger/Wassermann, ebd., 39 (45); *Christian Gobel* Authoritarian Consolidation, European Political Science 10 (2011), 176 (181 ff.).

tik, Medien, Wirtschaft, Wissenschaft, Zivilgesellschaft) ein, deren Funktionsfähigkeit für das Gesamtsystem unverzichtbar ist.[88]

Der Verfassung kommt an dieser Stelle eine resilienzbezogene Speicher- und Bereitstellungsfunktion zu.[89] Verfassungen sind dazu bestimmt, „altes Recht zu werden".[90] Zwischen Verfassungsrecht und politischem Stabilitätsdenken besteht schon terminologisch eine enge Verbindung,[91] aber in kaum einem anderen Staat dürfte das politische Stabilitätsdenken derart mit der Verfassung verknüpft und auf die Verfassung reduziert sein wie in Deutschland.[92] Eine solche normative Imprägnierung hat Vorzüge und Nachteile: Anders als gelegentlich kolportiert[93] ist das Grundgesetz keine Verfassung für bloße Schönwetterzeiten. Es war vielmehr – obschon ausdrücklich als Provisorium gedacht – von vornherein als eine resiliente Verfassung konzipiert, die die Konstitutionalisierung des Politischen mit der Möglichkeit zur Entpolitisierung ihrer Gegner verbunden hat.[94]

---

88 *Ronneberger* Verfassungswirklichkeit (Fn. 50), 429; *Schuppert* Krisen (Fn. 8), 86, m.w.N. Zu möglichen Resilienzobjekten des Juristischen nur *Dienelt* Resilienztheorie (Fn. 87), 571.

89 Vgl. *Uwe Volkmann* Grundzüge einer Verfassungslehre der Bundesrepublik Deutschland, 2013, 69. Zur Bereitstellungsfunktion von Verfassungsrecht auch *Gunnar F. Schuppert* Rigidität und Flexibilität von Verfassungsrecht, AöR 120 (1995), 32 (63 ff.).

90 *Luhmann* Verfassung (Fn. 59), 183.

91 Vgl. *Hans Kelsen* Wesen und Entwicklung der Staatsgerichtsbarkeit, VVDStRL 5 (1929), 30 (36); ferner *Werner Kägi* Die Verfassung als rechtliche Grundordnung des Staates, 1971, 51; *Christian Winterhoff* Verfassung – Verfassungsgebung – Verfassungsänderung, 2007, 120 f.; *Andreas Voßkuhle* Stabilität, Zukunftsoffenheit und Vielfaltssicherung, JZ 2009, 917 (918 f.); *Uwe Volkmann* Verfassungsänderung und Verfassungswandel, JZ 2018, 265 (265); *Matthias Lukan* Verfassungskontinuität durch Verfassungsänderung – Wie kann eine Verfassung ihre Dauerhaftigkeit sichern?, in: Philipp B. Donath u.a. (Hrsg.) Verfassungen – ihre Rolle im Wandel der Zeit, 2019, 285 (285).

92 *Verena Frick* Das Stabilitätsversprechen der Verfassung, in: Eva M. Hausteiner/Grit Straßenberger/Felix Wassermann (Hrsg.) Politische Stabilität, 2020, 74 (74).

93 *Josef Isensee* Normalfall oder Grenzfall als Ausgangspunkt rechtsphilosophischer Konstruktion?, in: Winfried Brugger/Görg Haverkate (Hrsg.) Grenzen als Thema der Rechts- und Sozialphilosophie, 2002, 51 (66); *ders.* Der Verfassungsstaat als Friedensgarant, in: Rudolf Mellinghoff/Gerd Morgenthaler/Thomas Puhl (Hrsg.) Die Erneuerung des Verfassungsstaates, 2003, 7 (8); skeptisch auch *Gärditz* Resilienz (Fn. 24), 407; unklar *Hans P. Bull* Wie wirkt die Verfassung?, KritV 106 (2023), 319 (346 ff.).

94 Zu Resilienz als Verfassungsfunktion und Staatsziel *Tristan Barczak* Der nervöse Staat, 2. Aufl. 2021, 605 ff.; *Gärditz* Verfassungsentwicklung (Fn. 24), § 4 Rn. 153 ff.; *ders.* Resilienz (Fn. 24), 407 f.; *ders.* Resilientes Landesverfassungsrecht, DVBl 2024, 870 ff.; *Tom Ginsburg* Constitutional endurance, in: Xenophon I. Contiades/Alkmene Fotiadou (Hrsg.) Routledge Handbook of Comparative Constitutional Change, 2021, 61 ff.; *András Jakab* Constitutional Resilience, in: Rainer Grote/Frauke Lachenmann/Rüdiger Wolfrum (Hrsg.) Max Planck Encyclopedia of Comparative Constitutional Law, 2022; *Luise Bublitz* Verfassungstreue und Resilienz, in: Gunnar F. Schuppert/Martin Repohl

Weniger die Instrumente der „wehrhaften Demokratie“ als vielmehr die Verbindung aus politischen Institutionen und pluraler Parteienlandschaft zeichneten in der Folgezeit für die bemerkenswerte Stabilität der Bonner Republik verantwortlich, von ihrer wirtschaftlichen Prosperität ganz zu schweigen.[95] Mit den Regelungen zum Minderheitenkanzler (Art. 63 Abs. 4 S. 2 GG) und zur geschäftsführenden Bundesregierung (Art. 69 Abs. 3 GG), zur Vertrauensfrage (Art. 68 GG) und zum Gesetzgebungsnotstand (Art. 81 GG) hält das Staatsorganisationsrecht zudem Instrumente für Vertrauenskrisen im Verhältnis von Parlament und Regierung in Reserve.[96] Obschon weithin unerprobt ist das Grundgesetz auch die Verfassung einer Schlechtwetterdemokratie,[97] denn in ihrer Gestalt als Rahmenordnung verlangt die Verfassung stets „ein Doppeltes, nämlich Aussagen über das Festgelegte und über das Offene“.[98]

(Hrsg.) Resilienz, 2023, 91 (91 f.); *Xenophon I. Contiades/Alkmene Fotiadou* On Resilience of Constitutions, ICL Journal 9 (2015), 3 ff.; *Christoph Grabenwarter* Constitutional Resilience, VerfBlog, 6.12.2018 <https://verfassungsblog.de/constitutional-resilience/> (Stand 31.1.2025); *Dieter Grimm* How can a democratic constitution survive an autocratic majority?, VerfBlog, 13.12.2018 <https://verfassungsblog.de/how-can-a-democratic-constitution-survive-an-autocratic-majority/> (Stand 31.1.2025); *Anika Klafki* Resilienz des Grundgesetzes im Zeitalter des Populismus, KritV 103 (2020), 113 ff.; *Josef F. Lindner/Johannes Unterreitmeier* Zur Resilienz des Grundgesetzes, Rechtstheorie 51 (2020), 129 ff.; *Jan Ph. Schaefer* Resilienz der Verfassung, AöR 146 (2021), 401 ff.; *Shannon M. Roesler* Constitutional Resilience, Wash. & Lee L. Rev. 80 (2023), 1523 ff.; *Fynn Gräber/Christian Magaard* Künftige Krisenbewältigung mit öffentlich-rechtlichen Maßstäben, NVwZ 2024, 1284 (1290); *Schuppert* Kultur (Fn. 21), 479 ff. Mit Blick auf das Verwaltungsrecht nur *Stephan Rixen* Verwaltungsrecht der vulnerablen Gesellschaft, VVDStRL 80 (2021), 37 (42 ff.); *ders.* Resilienz als Aufgabe des Verwaltungsrechts, DV 55 (2022), 345 ff.; *Stefanie Egidy* Administrative Resilience, in: Susan Rose-Ackerman (Hrsg.) Public Administration and Expertise in Democratic Governments, 2024, 46 ff.; *dies.* Resilient Administrative Technology, Georgia Law Review 58 (2024), 1113 ff.

[95] *Lindner/Unterreitmeier* Resilienz (Fn. 94), 130; *Payk* Verfassung (Fn. 58), 38 ff.; *Julius Rudolph* Resilienter Parlamentarismus, ZG 39 (2024), 21 (21); *Uhl* Stabilisierungsfunktion (Fn. 59), 265 ff., 277 ff. Zu den Erfolgsbedingungen des Grundgesetzes ferner *Peter M. Huber* Ist die deutsche Demokratie in der Krise?, in: Corinne M. Flick (Hrsg.) Halten die Systeme im Ernstfall?, 2024, 121 (127 f.); *ders.* Nach 75 Jahren Grundgesetz – Demokratie in Gefahr?, in: Hans Hofmann (Hrsg.) FS 75 Jahre Grundgesetz, 2024, 161 (162 f.).

[96] Das Grundgesetz erweist sich insofern als „Stabilitätsgesetz“, vgl. *Jens Kersten* Parlamentarisches Regierungssystem, in: Matthias Herdegen u.a. (Hrsg.) HVerfR, 2021, § 11 Rn. 4; näher *Jannis Lennartz* Zukunftsfestigkeit des politischen Systems, DVBl 2024, 1053 (1057 ff.). Mit weiteren Schutzfaktoren für den parlamentarischen „Normalbetrieb“ *Rudolph* Parlamentarismus (Fn. 95), 30.

[97] *Stefan Marschall* Das politische System Deutschlands, 5. Aufl. 2023, 281.

[98] *Wahl* Vorrang (Fn. 75), 507.

b) *Politisches System als „lernendes System"*

aa) *Vorsprung durch Verfassungstechnik: Verfassungsänderungen und Verfassungsinnovationen*

Zukunftsfest ist ein politisches System insofern nur dann, wenn es auf normative Zukunftsoffenheit gegründet ist.[99] Die Verfassungsordnung bewährt sich gerade in der Paradoxie[100] der Gleichzeitigkeit von Rigidität und Flexibilität.[101] Sie verfolgt ein normatives Resilienzkonzept, das erprobte Spielregeln und bewährte Institutionen des politischen Systems gewährleistet, aber auch Instrumente bereitstellt, um diese kontinuierlich weiterzuentwickeln.[102] Während Institutionen Stabilität innerhalb der Verfassungsordnung signalisieren, fungieren Verfassungsänderungen und verfassungsrechtliche Innovationen als Instrumente der Verfassungsflexibilität. Gemeinsam bilden sie systemimmanente Resilienzressourcen.[103] Mit ihnen

---

[99] Vgl. *Paul Kirchhof* Die Identität der Verfassung, in: HStR II (Fn. 79), § 21 Rn. 41: „verfaßte[r] Entwicklungsoffenheit".

[100] *Gunnar F. Schuppert* Verfassungsverwirklichung, Verfassungsvoraussetzungen, Verfassungsverständnisse, in: Joachim J. Hesse/Gunnar F. Schuppert/Katharina Harms (Hrsg.) Verfassungsrecht und Verfassungspolitik in Umbruchsituationen, 1999, 297 (300); *ders.* Verfassungswandel im Kontext, in: Christoph Hönnige/Sascha Kneip/Astrid Lorenz (Hrsg.) Verfassungswandel im Mehrebenensystem, 2011, 346 (354).

[101] Grundlegend *Orrin K. McMurray* Some Tendencies in Constitution Making, California Law Review 2 (1913–1914), 203 ff.; ferner *Brun-Otto Bryde* Verfassungsentwicklung, 1982, insb. 221 ff.; *Katharina Harms* Verfassungsrecht in Umbruchsituationen, 1999, 262; *Carmen Thiele* Stabilität und Dynamik der Verfassungsprinzipien des Grundgesetzes der Bundesrepublik Deutschland, in: Vladimir I. Fadeev/Carola Schulze (Hrsg.) Verfassungsentwicklung in Russland und Deutschland, 2014, 55 ff.; *Schuppert* Rigidität (Fn. 89), 32 ff.; *Johannes Masing* Zwischen Kontinuität und Diskontinuität: Die Verfassungsänderung, Der Staat 44 (2005), 1 (12). Mit rechtsvergleichendem Zugang *Konstantin Chatziathanasiou* Verfassungsstabilität, 2019, 9 ff., 125 ff. Aus politik- und gesellschaftstheoretischer Sicht *Tobias Albrecht* Zur Dialektik von Stabilität und Dynamik politischer Ordnungen, in: Eva M. Hausteiner/Grit Straßenberger/Felix Wassermann (Hrsg.) Politische Stabilität, 2020, 238 (246 ff.).

[102] Vgl. *Peter Häberle* Zeit und Verfassungskultur, in: Anton Peisl/Armin Mohler (Hrsg.) Die Zeit, 1983, 289 (313); *Paul Kirchhof* Gewissheiten einer Demokratie, DÖV 2024, 1 (1).

[103] *Horst Dreier* Gilt das Grundgesetz ewig?, 2009, 47: „[Die Verfassung] wird sozusagen selbstreflexiv und begreift sich als ein lernfähiges System"; *Schuppert* Kultur (Fn. 21), 479 f.; vgl. auch *Zachary Elkins/Tom Ginsburg/James Melton* The Endurance of National Constitutions, 2009, 65 ff. *et passim*; *Lukan* Verfassungskontinuität (Fn. 91), 290 ff.; *Uhl* Stabilisierungsfunktion (Fn. 59), 247 f., 263 f. Zur Verortung rechtlicher Resilienzregime allgemein *Zabel* Resilienz (Fn. 87), 39: „*integraler* Bestandteil der Rechtsordnung" (Hervorhebung im Original); *Jasper Finke* Interpretative Change as Evidence of International Law's Resilience in Times of Crisis, AVR 57 (2019), 266 (273): „a process inherent to law".

ermöglicht die Verfassung die notwendige *resilience by adaptation*[104] und garantiert den Fortbestand des politischen Systems „in die Zeit hinein"[105]. Das Design einer zukunftsfesten Verfassung zeichnet sich vor allem durch eine programmatische und abstrakte Normenstruktur aus. Diese kann im Interpretationsverbund[106] von Politik, Rechtswissenschaft und Verfassungsgerichtsbarkeit dynamisch ausgelegt und interpretatorisch fortgeschrieben werden und damit Verfassungsänderungen weithin verzichtbar machen.[107] Ihre tragenden Prinzipien fungieren als „Schleusenbegriffe"[108], die die Verfassung des Politischen anpassungs- und wandlungsfähig halten.[109]

Die konstitutionelle Demokratie bietet auf diese Weise eine ebenso stabile wie flexible Staatsform. Diese ist in der Lage, einen gewaltfreien Machtwechsel zu organisieren, gesellschaftliche Gruppen jedweder Herkunft zu integrieren und politische Macht – horizontal, bisweilen auch vertikal – zu disaggregieren. Ihr Rechtssystem gewährleistet ein „lernendes Recht"[110], das Mittel und Wege zur Evaluation, Revision und Modifikation des Gesamtsystems bereitstellt.[111] Demokratien sind lernende Systeme, die ihre Prozesse systemimmanent überprüfen, korrigieren und dadurch verbes-

---

[104] *Finke* Change (Fn. 103), 271 ff.; dem folgend *Schuppert* Kultur (Fn. 21), 481; ferner *Lindner/Unterreitmeier* Resilienz (Fn. 94), 141.

[105] *Richard Bäumlin* Staat, Recht und Geschichte, 1961, 15; vgl. auch *Uwe Volkmann* Verfassungsrecht zwischen normativem Anspruch und politischer Wirklichkeit, VVDStRL 67 (2008), 57 (75).

[106] *Klaus Stern* Idee und Elemente eines Systems der Grundrechte, in: Josef Isensee/Paul Kirchhof (Hrsg.) HStR IX, 3. Aufl. 2011, § 185 Rn. 8 ff., 22 ff.; *Brun-Otto Bryde* Wissenschaftliche Verfassungsrechtspolitik?, in: *ders./Martin Nettesheim/Laura Münkler* Wissenschaftliche Verfassungsrechtspolitik?, 2023, 1 (9 ff.); *Rolf Grawert* Das Grundgesetz im Lichte seiner Grundrechte, Der Staat 49 (2010), 507 ff.

[107] *Masing* Kontinuität (Fn. 101), 13; *Volkmann* Verfassungswandel (Fn. 91), 268 ff.

[108] *Böckenförde* Eigenart (Fn. 75), 26.

[109] Zu dem – schwierigen – Begriff des „Verfassungswandels" *Matthias Jestaedt* Verfassungsgerichtspositivismus, in: Depenheuer u.a. (Hrsg.) Nomos und Ethos, 2002, 183 (196); *Andreas Voßkuhle* Gibt es und wozu nutzt eine Lehre vom Verfassungswandel?, in: Rainer Wahl (Hrsg.) Verfassungsänderung, Verfassungswandel, Verfassungsinterpretation, 2010, 201 (205); *ders.* Der Wandel der Verfassung und seine Grenzen, JuS 2019, 417 (418).

[110] Zur Idee eines „lernenden Rechts" *Volkmann* Grundzüge (Fn. 89), 70 ff.; *Ladeur* Rechtstheorie (Fn. 52), 103 ff.; *Gralf-Peter Calliess* Prozedurales Recht, 1999, 121 f.; *Wolfgang Hoffmann-Riem* Grundrechtsanwendung unter Rationalitätsanspruch, Der Staat 43 (2004), 203 (212). Zu Demokratie als „vernunftbasierter Herrschaftsform" *Uwe Volkmann* Demokratie und Vernunft, 2024.

[111] *Volkmann* Zusammenhalt (Fn. 21), 62; im Überblick *Werner Bussmann* Evaluation institutioneller Politik in der Schweiz, Deutschland und Österreich im Vergleich, in: Thomas Widmer/Wolfgang Beywl/Carlo Fabian (Hrsg.) Evaluation, 2009, 392 ff.

sern können.[112] Im Verhältnis zu Autokratien verfügen sie über einen Vorsprung durch Verfassungstechnik.[113]

bb) Vorsprung durch Zukunftswissen: Lernfähigkeit und szientistischer Imperativ

Zukunftsfest kann ein politisches System zudem nur sein, wenn es in der Lage ist, sich Wissen über die Zukunft zu verschaffen und ausgehend hiervon rationale Zukunftspolitik zu betreiben.[114] Zukunftswissen ist indes epistemischen Grenzen unterworfen, wird doch über die Zukunft stets in der Gegenwart und aus der Perspektive der Gegenwart entschieden.[115] Als Voraussetzungen sachangemessener Entscheidungsfindung gehören epistemische Offenheit und institutionalisierte Wissensgenerierung zu den Kernkompetenzen heutiger politischer Systeme.[116] Die

---

[112] *Steffen Augsberg* Gesellschaftlicher Wandel und Demokratie, in: Hans M. Heinig/Jörg Ph. Terhechte (Hrsg.) Postnationale Demokratie, Postdemokratie, Neoetatismus, 2013, 27 (37 ff.); *Tine Stein* Zum Problem der Zukunftsfähigkeit der Demokratie, in: Bernward Gesang (Hrsg.) Kann Demokratie Nachhaltigkeit?, 2014, 47 (50); *Stefanie Graefe* Resilienz: normative Orientierung in der Vielfachkrise?, in: Gunnar F. Schuppert/Martin Repohl (Hrsg.) Resilienz, 2023, 75 (82); *Klaus Dicke* Über die Resilienz der Demokratie, 2023, 29 ff., 45 ff.; vgl. auch *Christian Demuth* Der Bundestag als lernende Institution, 2009, 13 ff.; relativierend *Manfred G. Schmidt* Die Zukunft der Demokratie, ZfP 37 (2006), 812 (820); *ders.* Zur Leistungsfähigkeit von Demokratien, in: André Brodocz/Marcus Llanque/Gary S. Schaal (Hrsg.) Bedrohungen der Demokratie, 2008, 29 (30 f.).

[113] Vgl. *Andreas Wirsching* Die Zukunft der Demokratie, VVDStRL 82 (2023), 13 (27): „ein lernendes und damit höchst resilientes System". Zum Vergleich allgemein *Manfred G. Schmidt* Über die Zukunftsfestigkeit von Demokratien und Autokratien, in: Daniel Buhr u.a. (Hrsg.) FS Josef Schmid, 2021, 25 ff.; vgl. auch *Boese* Demokratie (Fn. 17), 31, mit Betonung der Anpassungsfähigkeit von Demokratien an die Herausforderungen der Gegenwart.

[114] *Otfried Höffe* Ist die Demokratie zukunftsfähig?, 2009, 31; *Willke* Steuerungsfunktion (Fn. 49), 702 ff. Unter „Zukunftspolitik" wird die Erweiterung einer vor allem auf die Gegenwart verpflichteten Politik um die Dimension der Zukunft verstanden, vgl. *Heinz Theisen* Zukunftspolitik, 2000, 21; *Nils Weichert* Zeitpolitik, 2011, 196 ff. *et passim*; *Harald Welzer* Zukunftspolitik, in: ders./Dana Giesecke/Luise Tremel (Hrsg.) FuturZwei Zukunftsalmanach, 2. Aufl. 2015, 13 ff.; *Wolff* Zukunftssicherung (Fn. 2), 4, m.w.N.

[115] *Nick Bostrom* Die Zukunft der Menschheit, in: *ders.* Die Zukunft der Menschheit, 2018, 7 (10); *David Roberts* History of the Present – The Contemporary and its Culture, 2021, 34: „Compared with the reality of what has been […], the future is no more than a common thought". Aus verfassungsrechtlicher Sicht auch *Barczak* Zukunftsverantwortung (Fn. 2), 934; *Gärditz* Zukunftsverfassungsrecht (Fn. 2), 113.

[116] *Klaus F. Gärditz* Wissenschaftsgeschichte und politisches System, WissR 53 (2020), 59 (64 f.); vgl. auch *Hans-Heinrich Trute* Wissen. Einleitende Bemerkungen, in: Hans Chr. Röhl (Hrsg.) Wissen – Zur kognitiven Dimension des Rechts, 2010, 11 (28 ff.); *Ino Augsberg* Informationsverwaltungsrecht, 2014, 41; *Helmut Willke* Demokratie im Umbruch, Der Staat 56 (2017), 357 (367): „Wenn es die Basiskompetenz des frühen Natio-

„Lernfähigkeit“[117] der konstitutionellen Demokratie folgt dabei vor allem aus dem Wettbewerb zwischen den politischen Parteien, denn nicht zuletzt mit dem Hinzutreten neuer Wettbewerber wird das politische Establishment gezwungen, sich mit den Ideen und Konzepten der Konkurrenz auseinanderzusetzen, Gegenangebote zu entwickeln und diese in den politischen Prozess einzubringen.[118] Den Parteienwettbewerb offenzuhalten und dabei das richtige Maß zwischen Politizität und Neutralität zu finden,[119] liegt damit im originären Eigeninteresse eines politischen Systems.[120] Das Gleiche gilt für die grundrechtliche Gewährleistung eines offenen und machtfreien Diskurses, um kritischen Gegenöffentlichkeiten[121] und marginalisierten Gegengemeinschaften[122] einen demokratischen Resonanzraum zu verschaffen und eine deliberative Beteiligung an politischen Prozessen zu ermöglichen.

Ein politisches System ist darüber hinaus dort leistungs- und zukunftsfähig, wo es den Dialog benachbarter Systeme fördert und deren Respon-

---

nalstaates war, den Bürgerkrieg zu unterbinden und Leib und Leben seiner Bürger vor illegitimer Gewalt zu schützen, und wenn es die entsprechende Fähigkeit des Sozialstaates ist, existenzbedrohende Armut zu unterbinden und armutsbedingte Beeinträchtigungen von Leib und Leben seiner Bürger zu verhindern, dann ist es die kennzeichnende Kompetenz der Politik der Wissensgesellschaft, optimale Bedingungen für die Nutzung der Ressource Wissen zu schaffen“.

[117] BVerfGE 111, 382 (405); vgl. auch *Martin Morlok* Das BVerfG als Hüter des Parteienwettbewerbs, NVwZ 2005, 157 (158).

[118] Vgl. BVerfGE 111, 382 (404 f.).

[119] Zur umstrittenen Reichweite amtlicher Äußerungsbefugnisse zuletzt *Michel Göbel* Politische Neutralitätspflichten als Entpolitisierung des Politischen und demokratietheoretischer Irrweg, DÖV 2024, 358 ff.; *Christian Neumeier* Das Verbot politischer Sprechakte der Regierung, AöR 149 (2024), 1 ff. sowie das Sondervotum von *Astrid Wallrabenstein* zu BVerfGE 162, 207 (271 ff. Rn. 1 ff.).

[120] *Sujit Choudhry* Constitutional Resilience to Populism: Four Theses, VerfBlog, 11.12.2018 <https://verfassungsblog.de/constitutional-resilience-to-populism-four-theses/> (Stand 31.1.2025): „the constitutional infrastructure for political competition is at the heart of constitutional resilience“; vgl. auch *Ulrich Sieberer* Die stabilisierende Wirkung politischen Wettbewerbs: Warum parlamentarische Mehrheiten Minderheitenrechte kaum fundamental beschneiden und teils sogar ausbauen, VerfBlog, 13.9.2023 <https://verfassungsblog.de/die-stabilisierende-wirkung-politischen-wettbewerbs/> (Stand 31.1.2025).

[121] Grundlegend *Alexander Kluge/Oskar Negt* Öffentlichkeit und Erfahrung, 9. Aufl. 2022, 17 ff.; vgl. auch *Michael Warner* Publics and Counterpublics, 2005; *Lisa Schwaiger* Gegen die Öffentlichkeit, 2022; *Dieter Rucht* Gegenöffentlichkeit und Gegenexperten, ZfRS 9 (1988), 290 ff.

[122] *Daniel Loick* Die Überlegenheit der Unterlegenen, 2024, 16 ff. *et passim.* Zum notwendigen Minderheitenschutz vor populistisch-autokratischen Diskurshegemonien *Albert Ingold* Das Schweigen von Mehrheiten – das Verstummen von Minderheiten, in: Julian Krüper/Arne Pilniok (Hrsg.) Mehrheit/Minderheit, 2023, 17 (23 ff.).

sivität gewährleistet.[123] Klima- und Corona-Politik haben uns vor Augen geführt, wie sehr Politik schon aktuell von wissenschaftlicher Expertise geprägt ist.[124] Autokratische Wissenschaftsfeindlichkeit und populistischer Anti-Intellektualismus[125] sind für eine liberale Ordnung jedoch ebenso schädlich wie ein apodiktisches *Follow the sciene*.[126] Einen szientistischen Imperativ darf es in einem demokratischen System nicht geben.[127] Im Gegenteil sind gerade die gesellschaftspolitisch, wirtschaftlich oder technisch komplexen Zukunftsfragen demokratisch und nicht expertokratisch zu entscheiden.[128] Um die Zukunft verstehen und gestalten zu können, ist das politische System auf eine beständige, aber stets „lose Kopplung"[129] der benachbarten Systeme Wissenschaft und Politik angewiesen.

2. *Futurisierung durch Konstitutionalisierung?*

Verfassungen, selbst wenn sie sich als „wehrhaft", „nachhaltig" oder „prospektiv" verstehen, können die Sicherung der Stabilität demokratischer Strukturen in ihrem Geltungsbereich nicht im Alleingang bewerkstelli-

---

[123] *Di Fabio* Herrschaft (Fn. 70), 27.

[124] Statt vieler *Ricardo Kaufer* Staatliche Wissensorganisationen in Krisenzeiten, in: Joris Steg (Hrsg.) Der Staat in der Krise, 2024, 189 ff. Zum Verhältnis von politischem System und Wissenschaftssystem *Mitchell G. Ash* Wissenschaft und Politik, Archiv für Sozialgeschichte 50 (2010), 11 (15 ff.); vgl. auch *Laura Münkler* Wissenschaftliche Verfassungsrechtspolitik? Friktionen und Bedingungen der Möglichkeiten, in: *Brun-Otto Bryde/ Martin Nettesheim/Laura Münkler* Wissenschaftliche Verfassungsrechtspolitik?, 2023, 73 (86 ff.); *Klaus F. Gärditz* Hoflieferanten, 2023; *ders.* Wissenschaftsgeschichte (Fn. 116), 61. Dass die Nachfrage nach wissenschaftlicher Expertise und der Einfluss von Experten nicht notwendig korrelieren, betonen *Bernd J. Hartmann/Andreas Maisch* Zum Einfluss von Experten auf demokratische Entscheidungen, ZPB 6 (2013), 149 ff.

[125] Auszugsweise *Richard L. Abel* How Autocrats Attack Expertise, 2024; *Peter Strohschneider* Szientokratische Anti-Politik, in: Michael R. Müller/Jürgen Raab/Hans-Georg Soeffner (Hrsg.) Gewagtes Wissen, 2024, 58 (64); *Janika Spannagel* Die Ambivalenz des Zweifels, Zeitschrift für Menschenrechte 17 (2024), 7 ff.

[126] *Rudolf Augstein Stiftung* (Hrsg.) Follow the science – aber wohin?, 2022.

[127] *Merkel* Demokratie (Fn. 87), 24. Im Einzelnen *Alexander Bogner* Die Epistemisierung des Politischen, 2021; *Peter Strohschneider* Wahrheiten und Mehrheiten. Kritik des autoritären Szientismus, 2024, 76 ff., 112 ff.

[128] *Klaus F. Gärditz* Temporale Legitimationsasymmetrien, in: Hermann Hill/Utz Schliesky (Hrsg.) Management von Unsicherheit und Nichtwissen, 2016, 253 (277); *Christian Bermes* Balanceakt. Wieviel Wissenschaft braucht die Politik – wieviel Politik verträgt die Wissenschaft?, in: Michael R. Müller/Jürgen Raab/Hans-Georg Soeffner (Hrsg.) Gewagtes Wissen, 2024, 69 (80). Mit Ansätzen zur Auflösung des Spannungsverhältnisses *Laura Münkler* Expertokratie, 2020, 186 ff.

[129] *Niklas Luhmann* Ökologische Kommunikation, 4. Aufl. 2004, 41, 267; *Merkel* Demokratie (Fn. 87), 24.

gen.[130] Auch das Grundgesetz ist – entgegen mancher Wunschvorstellung – kein Allheilmittel gegen Störungen und Stressbelastungen des politischen Systems.[131] So sehr die Parteiverbote der 1950er Jahre[132] dazu beigetragen haben mögen, den Staat des Grundgesetzes als „Staat der Mitte"[133] auszuformen, so sehr scheint die „Mitte" inzwischen im sozialen Wandel zu erodieren und von antidemokratischen Strömungen ausgewaschen zu werden.[134] Mit einem nervösen Sofortismus lässt sich dieser Prozess indes nicht aufhalten. Der allzu schnelle Ruf nach Parteiverbot, Grundrechtsverwirkung und Wahlrechtsentziehung – noch dazu, wenn er mit dem Verweis auf eine vermeintliche Pflicht zum Demokratieschutz kraft der allen Staatsorganen obliegenden Verfassungstreue verbunden wird[135] – zeugt vielmehr von einer gefährlichen Selbsttäuschung. Er steht für ein „typisch deutsches"[136] Vertrauen in die Instrumente des Rechts und ihren Einsatz durch politikferne, nicht-majoritäre Institutionen.[137]

---

[130] *Schaks* Dekonsolidierung (Fn. 28), 46; *Gärditz* Resilienz (Fn. 24), 407; *Susan Rose-Ackerman* Beyond Electoral Mandates – Oversight and Public Participation, VerfBlog, 7.12.2018 <https://verfassungsblog.de/beyond-electoral-mandates-oversight-and-public-participation/> (Stand 31.1.2025). Klassisch *Karl Loewenstein* Militant Democracy and Fundamental Rights II, APSR 31 (1937), 638 (657): „To over-estimate the ultimate efficiency of legislative provisions against fascist emotional technique would be a dangerous self-deception. […] The most perfectly drafted and devised statutes are not worth the paper on which they are written unless supported by indomitable will to survive".

[131] *Uhl* Stabilisierungsfunktion (Fn. 59), 290.

[132] BVerfGE 2, 1 – SRP-Verbot; 5, 85 – KPD-Verbot.

[133] *Jörn Ipsen* Der Staat der Mitte, 2009, insb. 159 ff.

[134] Instruktiv *Andreas Zick/Beate Küpper/Nico Mokros* (Hrsg.) Die distanzierte Mitte, 2023. Zum Konzept der „Mitte" und ihrem Zerfall auch *Daniel Mullis* Der Aufstieg der Rechten in Krisenzeiten, 2024, 23 ff.

[135] *Andreas Fischer-Lescano* AfD-Verbotsverfahren als demokratische Pflicht, VerfBlog, 18.1.2024 <https://verfassungsblog.de/afd-verbotsverfahren-als-demokratische-pflicht/> (Stand 31.1.2025); *Mathias Hong* Grundrechtsverwirkung und Parteiverbote gegen radikale AfD-Landesverbände (Teil I), VerfBlog <https://verfassungsblog.de/grundrechtsverwirkung-und-parteiverbote-gegen-radikale-afd-landesverbande-i/> (Stand 31.1.2025); *Katharina Hölzen/Nina Alizadeh Marandi* Die Pflicht zum Demokratieschutz: Zivilgesellschaftliche Räume als Voraussetzung der wehrhaften Demokratie, VerfBlog, 7.4.2024 <https://verfassungsblog.de/die-pflicht-zum-demokratieschutz/> (Stand 31.1.2025); kritisch *Uwe Volkmann* Einerseits und Andererseits: Warum es so schwer ist, die AfD zu verbieten, VerfBlog, 25.3.2024 <https://verfassungsblog.de/einerseits-und-andererseits/> (Stand 31.1.2025): „Im Ergebnis wird damit moralischer Druck aufgebaut, den man nur mit verfassungsrechtlichen Argumenten überhöht".

[136] Vgl. *Christoph Schönberger* Der „German Approach", 2015, 1 ff.; *Sven Jürgensen* Verfassungsnormativität im Recht der Politik, in: Philipp B. Donath u.a. (Hrsg.) Verfassungen – ihre Rolle im Wandel der Zeit, 2019, 75 (93).

[137] Dazu *Möllers* Wir (Fn. 14), 7; *Barczak* Dämmerung (Fn. 14), 425. Zur (Bedeutungs-) Zunahme nicht-majoritärer Institutionen speziell *Roland Lhotta* Institutionelle Grenzen des

Das Grundgesetz mag Verfassungsdurchbrechungen die „Maske der Legalität“[138] herunterreißen können; einer „unbegrenzten Auslegung“,[139] die seinen Sinn entstellte oder ins illiberale Gegenteil verkehrte,[140] stünde es weithin machtlos gegenüber.[141] Werden bestimmte Kipppunkte des Politischen erreicht, greift auch die Verfassung ins Leere, denn beginnt das politische System erst einmal zu schlingern, „schlingern alle Institutionen mit“.[142] Resilienz durch Verfassungsrecht markiert hingegen kontrafaktische Erwartungssicherheit und akzeptiert die begrenzten normativen Möglichkeiten, Gefährdungen des politischen Systems wirksam und nachhaltig zu begegnen.[143] Die Leistungsfähigkeit eines Zukunftsverfassungsrechts,[144] einer Futurisierung durch Konstitutionalisierung,[145] sollte insofern nicht überschätzt, sondern aus kritischer, nicht alarmistischer Distanz beleuchtet werden.

Mehrheitsprinzips, in: Julian Krüper/Arne Pilniok (Hrsg.) Mehrheit/Minderheit, 2023, 49 (53 ff.), m.w.N.

[138] *Thomas Dehler* (FDP), Sechsunddreißigste Sitzung des Hauptausschusses v. 12.1.1949, Der Parlamentarische Rat 1948–1949, Akten und Protokolle, Bd. 14/I, 2009, 1118. Zur „Demaskierung des Verfassungsbruchs“ näher *Kirchhof* Identität (Fn. 99), § 21 Rn. 42 ff.

[139] *Bernd Rüthers* Die unbegrenzte Auslegung, 9. Aufl. 2022.

[140] Am Beispiel Ungarns und Polens eindrücklich *András Jakab* How to Return from a Hybrid Regime into a Constitutional Democracy?, in: Michal Bobek u.a. (Hrsg.) Transition 2.0. Re-establishing Constitutional Democracy in EU Member States, 2023, 145 (148 ff.); *ders.* Informal Institutional Elements as Both Preconditions and Consequences of Effective Formal Legal Rules, AJCL 68 (2020), 760 ff.; *ders.* How to Return from a Hybrid Regime to Constitutionalism in Hungary, VerfBlog, 11.12.2021 <https://verfassungsblog.de/how-to-return-from-a-hybrid-regime-to-constitutionalism-in-hungary/> (Stand 31.1.2025); *ders.* Wie man von einem hybriden Regime zu einem demokratischen Rechtsstaat zurückkehrt, ZöR 78 (2023), 555 (558 ff.).

[141] Daran würde auch eine Regelung nach dem Vorbild des Art. 9 Abs. 3 tschechVerf („Die Interpretation der Rechtsnormen berechtigt zu keiner Beseitigung oder Gefährdung der Fundamente des demokratischen Staates“) nichts ändern. Optimistischer *Monika Polzin* 75 Jahre GG – Die herausgeforderte Demokratie, in: Hans Hofmann (Hrsg.) FS 75 Jahre Grundgesetz, 2024, 277 (283 f.); *Christian Hillgruber* Gibt es Unabstimmbares in der Demokratie?, ZJS 2008, 123 (125 f.).

[142] *Möllers* Wir (Fn. 14), 5.

[143] *Zabel* Resilienz (Fn. 87), 33, 36.

[144] Instruktiv *Gärditz* Zukunftsverfassungsrecht (Fn. 2), 79 ff., 86 ff. In Auseinandersetzung mit *Anton Mengers* Neuer Staatslehre (1903) auch schon *Hugo Preuß* Ein Zukunftsstaatsrecht, AöR 18 (1903), 373 (400 ff.).

[145] Zu Begriff und Modi der Futurisierung *Klement* Zeithorizonte (Fn. 3), 216 ff.

IV. *Resilience by adaption* – Prospektiver Schutz des politischen Systems

Aus der systemtheoretischen Prämisse, *dass* ein bestimmtes System erhalten bleibt, kann man nicht ableiten, *wie* es erhalten bleibt.[146] Dies wendet den Blick auf mögliche Anpassungen des politischen Systems mit dem Ziel demokratischer Konsolidierung[147] und der Herstellung verfassungsstaatlicher Resilienz. Im Folgenden soll zwischen der Sicherung systemimmanenter Entscheidungsfreiräume (1.), der Stabilisierung systemrelevanter Institutionen (2.) und der Schaffung systemischen Vertrauens (3.) differenziert werden.

1. Sicherung systemimmanenter Entscheidungsfreiräume

a) Politik unter Verfassungs- und Moralvorbehalt?

Demokratie, so ein in die Jahre gekommener, aber in der jüngeren Diskussion um Klimaschutz und Nachhaltigkeit reaktivierter Vorwurf, entwickele systemimmanent ein politisches Kurzzeitgedächtnis[148] und neige dazu, vorrangig die „Bedürfnisse des Augenblicks“[149] zu befriedigen. Der politische Code von Machtgewinn und Machterhaltung ziehe einen strukturellen Mangel an Langzeitverantwortung aus politischer Gegenwartsfixierung nach sich.[150] Soziale Progressivität und politische Stabilität sind, wie schon angedeutet, durch Konstitutionalisierung und Vergrundrechtlichung

---

[146] *Niklas Luhmann* Funktionale Methode und juristische Entscheidung, AöR 94 (1969), 1 (9).

[147] Statt aller *Milan W. Svolik* Authoritarian Reversals and Democratic Consolidation, APSR 102 (2008), 152 ff.

[148] Aus jüngerer Zeit nur auszugsweise *Wolfgang Kahl/Andreas Glaser* Die Nachhaltigkeitsfähigkeit der parlamentarischen Demokratie, in: Klaus Lange (Hrsg.) Nachhaltigkeit im Recht, 2003, 9 (10 ff.); *Andreas Glaser* Nachhaltige Entwicklung und Demokratie, 2006, 352 ff.; *Christoph Möllers* Demokratie. Zumutungen und Versprechen, 3. Aufl. 2012, Rz. 77; *Peter Graf Kielmansegg* Können Demokratien zukunftsverantwortlich handeln?, Merkur 57 (2003), 583 ff.; *Schmidt* Zukunft (Fn. 112), 819 f.; *ders.* Sind Demokratien zukunftsfähig?, in: André Kaiser/Thomas Zittel (Hrsg.) FS Peter Graf Kielmannsegg, 2004, 377 ff.; *Kersten/Kaupp* Verfassung (Fn. 2), 473.

[149] Klassisch *Alexis de Tocqueville* Über die Demokratie in Amerika (1835/40), 2021, 154.

[150] Besagte Gegenwartsfixierung ist vielfach diagnostiziert und wird in Begrifflichkeiten wie „Gegenwartspräferenz“, „Gegenwartsbezogenheit“, „Zukunftsvergessenheit“, „presentism“, „presentist bias“, „Primat des Kurzfristigen“, „short-termism“ und „Diktatur des Jetzt“ gekleidet, vgl. mit Sammelfußnoten *Wolff* Zukunftssicherung (Fn. 2), 7.

auf Dauer jedoch nicht zu erreichen.[151] Im Gegenteil verengt die verfassungsrechtliche Hochzonung und Detailplanung gesellschaftlicher Grundfragen in Bereichen wie Umwelt und Klima, Soziales oder Finanzen politische Handlungs- und Gestaltungsspielräume. Werden an eine Verfassung übersteigerte Erwartungen des Prospektiven und Präskriptiven gerichtet,[152] führt dies über kurz oder lang zu einer Überforderung des politischen Systems (*demand-input-overload*[153]) und einem Verlust seiner Unterstützung innerhalb der Gesellschaft (*loss of support*[154]). So wenig einem Verfassunggeber auch aufgegeben ist, welche Themen er in die Verfassung aufnimmt und welche er ausspart,[155] und so gut sich die Verfassung als „Quellcode"[156] für zukunftsweisende Innovationen eignen mag, so sehr sollte bei aller Zukunftsdynamik und progressiven Euphorie auf die Funktionalität des politischen Systems einerseits und die Leistungsfähigkeit eines Verfassungstextes andererseits Bedacht genommen werden.

Wenn das Grundgesetz seinen Charakter als Rahmenordnung einbüßt und im Verfassungsverständnis zunehmend als gesellschaftspo-

---

[151] Mit Kritik an einer „[f]ehlende[n] Zukunftsdynamik des Grundgesetzes" aber *Elisabeth Kaupp/Jens Kersten* Die Klimaentscheidung des Bundesverfassungsgerichts: Initialzündung für ein zukunftsoffenes Grundgesetz, in: Stephan Rixen/Eva M. Welskop-Deffaa (Hrsg.) Klimasozialpolitik, 2023, 50 (55). Zur Übertragbarkeit des Gedankens intertemporaler Freiheitssicherung (vgl. BVerfGE 157, 30 [98 ff. Rn. 116 ff.]) auf andere Rechtsgebiete (z.B. weitere Bereiche des Umweltrechts, soziale Sicherungssysteme, Staatsverschuldung) zusammenfassend und m.w.N. *Gregor Kirchhof* Intertemporale Freiheitssicherung, 2022, 43 ff., 55 ff.; noch weitergehend *Josef F. Lindner* Selbstbestimmung und Fremdbestimmung in der liberalen Demokratie, VVDStRL 82 (2023), 109 (151): Migrationsrecht sowie die demographische Entwicklung im Allgemeinen; ohne bereichsspezifische Grenzen *Kaupp/Kersten* Klimaentscheidung, ebd., 65: „auf alle Lebensbereiche übertragbar"; skeptischer *Lars Dittrich* Prima Klima und sonst?, in: Daniel B. Müller/Lars Dittrich (Hrsg.) Linien der Rechtsprechung des Bundesverfassungsgerichts, Bd. VI, 2022, 203 (222 ff.); strikt ablehnend *Michael Sachs* Grundrechte: Klimawandel, JuS 2021, 708 (711).

[152] Zu Inhalt und Grenzen eines zukunftsleitenden Verfassungsrechts *Gregor Kirchhof* Verantwortung der Staatsrechtslehre im Spannungsfeld von Recht und Politik, DVBl 2024, 1071 (1077 ff.).

[153] *Easton* Analysis (Fn. 50), 58 ff., 108.

[154] *Easton* Analysis (Fn. 50), 171 ff.; vgl. auch *Uhl* Stabilisierungsfunktion (Fn. 59), 264 ff., 283; *Gärditz* Zukunftsverfassungsrecht (Fn. 2), 90: „Overkill an Zukünftigem".

[155] *Christian Waldhoff* Der positive und der negative Verfassungsvorbehalt, 2016, 69: „‚Verfassungswürdigkeit' bzw. ‚Verfassungsunwürdigkeit' verbleiben im Bereich der Verfassungspolitik"; wie dieser bereits *Josef Isensee* Der Selbstand der Verfassung in ihren Verweisungen und Öffnungen, AöR 138 (2013), 325 (330): „Es gibt keinen verbindlichen Themenkatalog".

[156] *Uwe Volkmann* Allgemeine Grundrechtslehren, in: Matthias Herdegen u.a. (Hrsg.) HVerfR, 2021, § 16 Rn. 35; *Voßkuhle* Stabilität (Fn. 91), 917 ff.

litischer „Zukunftsplan“[157] und „Politikprogramm 2.0“[158] erscheint, konterkariert es die Ermöglichungsfunktion eines Rechts der Politik. Schlimmer noch: Es wird selbst zum Quell der Überforderung und Destabilisierung des politischen Systems.[159] Die seit Jahren andauernde Tendenz, politische Kompromisse mit verfassungsrechtlichen Weihen zu versehen und politische Forderungen nach Karlsruhe zu tragen,[160] um den politischen Streit mit verfassungsrechtlichen Mitteln fortzusetzen,[161] beschädigt das demokratische System und seine Innovationsfähigkeit genauso wie die moralische Überhöhung bestimmter politischer Positionen. Für einen freiheitlich-demokratischen Verfassungsstaat sind nicht alle politischen Fragen moralisch verhandelbar.[162] Er verlangt vielmehr auch einen Konsens über das „Unabstimmbare“[163] und

[157] *Klement* Zeithorizonte (Fn. 3), 223.

[158] Vgl. *Waldhoff* Verfasstheit (Fn. 64), § 5 Rn. 76 ff. Mit explizierter Programmatik etwa *Jens Kersten* Das ökologische Grundgesetz, 2022, insb. 59 ff. und *Rike Sinder* Anthropozänes Verfassungsrecht als Antwort auf den anthropogenen Klimawandel, JZ 2021, 1078 ff.; kritisch *Tine Stein* Viel hilft nicht viel. Zur Kritik ökologischer Verfassungspolitik, Der Staat 63 (2024), 289 ff.

[159] *Uhl* Stabilisierungsfunktion (Fn. 59), 283 f., 296; *Korioth* Gefährdung (Fn. 26), 86 f. Zur Enttäuschung normativer Erwartungen als Verfassungsgefährdung *Jürgensen* Verfassungsnormativität (Fn. 136), 81 ff.; ähnlich *Kirchhof* Verantwortung (Fn. 152), 1074.

[160] *Grimm* Politik (Fn. 61), 314; *Uhl* Stabilisierungsfunktion (Fn. 59), 284. Allgemein auch *Andreas Voßkuhle* Verfassungsstil und Verfassungsfunktion, AöR 119 (1994), 35 (36).

[161] Auszugsweise *Alexander Thiele* Verlustdemokratie (Fn. 16), 160 ff.; *ders.* Karlsruhe ist kein Schiedsrichter: Warum der Normenkontrollantrag gegen § 219a StGB ein Fehler ist, VerfBlog, 1.3.2019 <https://verfassungsblog.de/karlsruhe-ist-kein-schiedsrichter-warum-der-normenkontrollantrag-gegen-%C2%A7-219a-stgb-ein-fehler-ist/> (Stand 31.1.2025); *Klaus Stüwe* Bundesverfassungsgericht und Opposition, in: Robert Chr. v. Ooyen/Martin H. W. Möllers (Hrsg.) Handbuch Bundesverfassungsgericht im politischen System, 2. Aufl. 2015, 349 ff.; *ders.* Das Bundesverfassungsgericht als verlängerter Arm der Opposition?, APuZ 37–38/2001, 34 ff.; *Roman Kaiser* Die Beschränkung des politischen Streitraums: Warum das Problem nicht (nur) bei Normenkontrollen der Opposition liegt, VerfBlog, 5.3.2019 <https://verfassungsblog.de/die-beschraenkung-des-politischen-streitraums-warum-das-problem-nicht-nur-bei-normenkontrollen-der-opposition-liegt/> (Stand 31.1.2025).

[162] Zum Narrativ des „Werterelativismus“ der Weimarer Republik und ihrer Verfassung *Utz Schliesky* Die wehrhafte Demokratie des Grundgesetzes, in: HStR XII (Fn. 73), § 277 Rn. 9; *Christoph Gusy* Weimar – die wehrlose Republik?, 1991, 27 ff. *et passim*.

[163] *Adolf Arndt* Verhandlungen des 40. DJT 1953, Bd. II, 1954, C 41 (53): „Denn die durch das Mehrheitsprinzip gekennzeichnete Abstimmbarkeit in der Demokratie kann als friedliches Mittel des Gestaltens erst dadurch Verbindlichkeit und Geltung gewinnen, daß sie im Schutz und auf dem Boden des gemeinsam Unabstimmbaren sich vollzieht […]“; *ders.* Christentum und freiheitlicher Sozialismus, in: *ders.* u.a. Christlicher Glaube und politische Entscheidung, 1957, 133 (157): „Aus dieser Sicht ist Demokratie kein blinder Abstimmungszufall, sondern zuvörderst Einigkeit über das, was nicht abstimmbar sein

„Nicht-Kontroverse“.[164] Wer aber in Parteien, Parlamenten und Medien den Raum des Verhandelbaren durch eine selbstgefällige Ostentation des Moralischen verengt,[165] sorgt dafür, dass sich bestimmte Positionen einen Ort außerhalb dieses Raums suchen.[166] Eine moralisierte, ständig indignierte Politik lässt Widerspruch und Opposition zwangsläufig desavouiert erscheinen. Sie erschwert Kompromisse wie Koalitionen und trägt zur Ermächtigung extremer Gegenpositionen bei.[167]

b) *Mehr Politik wagen – oder mehr Verfassungsgerichtsbarkeit?*

Ähnliches gilt in den Fällen normativer Hochzonung und verfassungsrichterlicher Überkonstitutionalisierung.[168] Wird der Politik die Kompetenz für große oder gar irreversible Entscheidungen abgesprochen, wird einer Trivialisierung der Verfassung Vorschub geleistet und die Zukunftsprojektion der jeweiligen Mehrheit mit der Autorität eines Verfassungstextes versehen.[169] Zukunftsgestaltende Verfassungsnormen, die existentielle

kann“. Aus der Sekundärliteratur nur *Dieter Gosewinkel* Adolf Arndt. Die Wiederbegründung des Rechtsstaats aus dem Geist der Sozialdemokratie (1945–1961), 1991, 521 f.

164 *Ernst Fraenkel* Strukturanalyse der modernen Demokratie (1969), in: *ders.* Gesammelte Schriften, Bd. V, hrsg. v. Alexander v. Brünneck, 2007, 314 (337); *ders.* Deutschland und die westlichen Demokratien, Neuausgabe 1991, 352. Zur Bedeutung der freiheitlichen demokratischen Grundordnung noch unten 3.

165 *Christian Neuhäuser/Christian Seidel* Kritik des Moralismus. Eine Landkarte zur Einleitung, in: dies. (Hrsg.) Kritik des Moralismus, 2020, 9 (10).

166 Vgl. *Hermann Lübbe* Politischer Moralismus, 1987; *Alexander Grau* Hypermoral, 3. Aufl. 2019; *Dreier* Schwinden (Fn. 8), 79 f.; *Eva Buddeberg* Inwiefern ist Moralisierung eine Gefahr für die Demokratie?, in: Julian Nida-Rümelin/Timo Greger/Andreas Oldenbourg (Hrsg.) Normative Konstituenzien der Demokratie, 2024, 119 ff. Zur Abgrenzung von – demokratisch unverzichtbarer – Moral einerseits und – demokratiegefährdender – Moralisierung andererseits *Wolfgang Merkel* Neue Krisen. Wissenschaft, Moralisierung und die Demokratie im 21. Jahrhundert, APuZ 26–27/2021, 4 (9).

167 *Möllers* Wir (Fn. 14), 11; s. auch *Huber* Krise (Fn. 95), 141 f.; *ders.* Gefahr (Fn. 95), 171.

168 *Ewald Wiederin* Welchen Rechtsrahmen braucht die Demokratie?, in: ÖJK/Rudolf Müller (Hrsg.) Krise der liberalen Demokratie?, 2019, 61 (72); vgl. auch *András Jakab* What Can Constitutional Law Do Against the Erosion of Democracy and the Rule of Law?, MPIL Research Paper No. 2019-15, 1 (14): „Over-constitutionalization is both dangerous and counterproductive“.

169 Vgl. *Horst Dreier* Grundlagen und Grundzüge staatlichen Verfassungsrechts: Deutschland, in: Armin v. Bogdandy/Pedro Cruz Villalón/Peter M. Huber (Hrsg.) IPE I, 2007, § 1 Rn. 70; *Grimm* Politik (Fn. 61), 126, 130, 134 ff., 314; *Marten Franke* Verfassungsänderung ausbremsen?: Zur Änderungsbedürftigkeit des Verfassungsänderungsverfahrens, VerfBlog, 15.7.2019 <https://verfassungsblog.de/verfassungsaenderung-ausbremsen/> (Stand 31.1.2025). Eine allgemeine und ungeschriebene Begrenzung der Ermächtigung, durch ebenso sachlich legitime wie demokratisch legitimierte Entscheidungen die Zukunft über die Legislaturperiode hinaus zu gestalten, grundlegend zu determinie-

Fragen für nach dem Mehrheitsprinzip nicht mehr entscheidbar erklären, heben die Funktionsfähigkeit der Demokratie auf.[170] Der fragmentarische Zug der politikbezogenen Verfassung deutet zwar an, dass sich rechtlicher Rahmen und politischer Inhalt nicht stets sauber trennen lassen. Gleichwohl gilt es den Rahmencharakter der Verfassung zu sichern und – soweit möglich – wiederherzustellen.[171]

Korrespondiert der Zukunftsfestigkeit des politischen Systems eine Zukunftsoffenheit seines Rechts, tut das Grundgesetz gut daran, weder positive noch negative Politikvorbehalte aufzustellen. Hierzu gehört ein konsequenter Verzicht auf die normenhierarchische Hochzonung politischer Präferenzen – sei es durch die Verankerung weiterer Staatsziele,[172] sei es durch die Forderung systemstabilisierender Grundpflichten[173] – ebenso

---

ren und – womöglich – irreversibel auf Kosten zukünftiger Generationen zu belasten, kennt das Grundgesetz erst recht nicht, vgl. nur *Ernst-Wolfgang Böckenförde* Demokratie, in: HStR II (Fn. 79), § 24 Rn. 55, 57, m.w.N.; *Heinrich Oberreuter* Mehrheiten und Minderheiten in der parlamentarischen Demokratie, in: ders. (Hrsg.) Wahrheit statt Mehrheit?, 1986, 67 (79 f.); *Ernst Benda* Konsens und Mehrheitsprinzip im Grundgesetz und in der Rechtsprechung des Bundesverfassungsgerichts, in: Hans Hattenhauer/Werner Kaltefleiter (Hrsg.) Mehrheitsprinzip, Konsens und Verfassung, 1986, 61 (76 f.); *Wolfgang Höfling* Staatsschuldenrecht, 1993, 95 f.; *Marcel Dalibor* Risikoentscheidung und Irreversibilität, in: ders. u.a. (Hrsg.) FG 50 Jahre Assistententagung Öffentliches Recht, 2011, 565 (576 ff.); *Klaus F. Gärditz* Atomausstieg ins Grundgesetz?, 2016, 21; *ders* Zukunftsverfassungsrecht (Fn. 2), 95; *Wolfgang Kahl* Nachhaltigkeitsverfassung, 2018, 12 f.; *Jakob Hohnerlein* Recht und demokratische Reversibilität, 2020, 71; *Paul Henseler* Verfassungsrechtliche Aspekte zukunftsbelastender Parlamentsentscheidungen, AöR 108 (1983), 489 (500 f.); *Winfried Steffani* Mehrheitsentscheidungen und Minderheiten in der pluralistischen Verfassungsdemokratie, ZParl 17 (1986), 569 (582 ff.); a.A. *Bernd Guggenberger/Claus Offe* Politik aus der Basis – Herausforderung der parlamentarischen Mehrheitsdemokratie, in: dies. (Hrsg.) An den Grenzen der Mehrheitsdemokratie, 1984, 8 (18).

[170] *Böckenförde* Demokratie (Fn. 169), § 24 Rn. 57; übereinstimmend *Rauber* Zukunftsorientierung (Fn. 2), 89; *Steffani* Mehrheitsentscheidungen (Fn. 169), 585; *Benda* Konsens (Fn. 169), 77: „Eine parlamentarische Demokratie, die der Volksvertretung die Entscheidung dann entzieht, wenn es um die existentiellen Grundfragen des Landes geht, ist schwerlich vorstellbar"; *Oberreuter* Mehrheiten (Fn. 169), 79: „[D]er Topos der Irreversibilität [begründet] in Wirklichkeit ein Politikverbot".

[171] *Waldhoff* Verfasstheit (Fn. 64), § 5 Rn. 83.

[172] Deutlich *Möllers* Demokratie (Fn. 148), Rz. 162: „Staatsziele […] sind undemokratisch"; vgl. auch *Werner Heun/Alexander Thiele* Die Verfassungsordnung der Bundesrepublik Deutschland, 2. Aufl. 2024, 44 f.; *Klaus F. Gärditz* Umweltgesetzbuch und Umweltgesamtplanung, DV 40 (2007), 203 (216); *Wolfgang Kahl* Staatsziel Nachhaltigkeit und Generationengerechtigkeit, DÖV 2009, 2 (13); *Bull* Verfassung (Fn. 93), 343 f.; treffend insoweit schon *Udo Steiner* Generationenfolge und Grundgesetz, NZS 2004, 505 (508): „Wer Verfassungsrecht sät, wird Verfassungsrechtsprechung ernten".

[173] Vgl. nur *Isa Bilgen* Nachhaltigkeit als Grundpflicht, in: Daria Bayer u.a. (Hrsg.) Nachhaltigkeitsrecht, 2023, 33 ff.; über eine Impfpflicht zur Herstellung von „Herdenimmunität" spekulierend *Eva J. Lohse* Bedeutung und Herleitung von Grundpflichten, in:

wie eine stärkere richterliche Zurückhaltung bei der Deduktion materieller Politikziele aus der Verfassung sowie ihrer hiermit verbundenen Priorisierung.[174] Unter dem Grundgesetz lassen sich alle politisch-sozialen Fragen als Verfassungsfragen formulieren. Wenn bestimmte politische Handlungsaufträge allerdings verfassungsgerichtlich „scharf gestellt" und versubjektiviert werden,[175] impliziert dies eine Juridifizierung[176] und Entmächtigung[177] der Politik. Es geht wohlgemerkt nicht darum, den Gerichten die Verfassung aus der Hand zu nehmen,[178] um politische Fragen als rechtlich schlechterdings nicht fassbar deklarieren zu können.[179] Erinnert sei aber an den notwendigen *judicial self-restraint*[180] und die Aufgabe der Verfassungsrechtsprechung, rechtliche Räume offenzuhalten, in denen sich gerade andere als (verfassungs-)rechtliche Rationalitäten entwickeln können.[181]

Klaus Stern/Helge Sodan/Markus Möstl (Hrsg.) Staatsrecht III, 2. Aufl. 2022, § 93 Rn. 70; Sympathien für eine Wahlpflicht bei *Alexander Thiele* Mehrheitsprinzip und sinkende Wahlbeteiligung, in: Julian Krüper/Arne Pilniok (Hrsg.) Mehrheit/Minderheit, 2023, 121 (137 ff.); mit einer Bürgerpflicht zu einem „Verfassungspatriotismus light" *Judith Froese* Verfassungspatriotismus als Bürgerpflicht?, JZ 2024, 426 ff.; zur Reaktivierung der Wehrpflicht über eine „allgemeine Dienstpflicht" *Dirk Freudenberg* Verfassungsmäßigkeit einer allgemeinen Dienstpflicht, ZRP 2022, 152 ff.; eine Integrationspflicht für Migrantinnen und Migranten zurecht ablehnend *Sina Fontana* Integrationsrecht, 2022, 194 ff., m.w.N.

[174] Durch Verfassungsgerichtsbarkeit „ändern sich die Rahmenbedingungen künftiger Politik" (*Dieter Grimm* Verfassungsgerichtsbarkeit im demokratischen System, JZ 1976, 697 [699]). Verfassungsgerichtliche Judikate weisen eine hohe Stabilität auf und sind „nur schwer durch politische Entscheidungsprozesse zu revidieren" (*Armin Glatzmeier* Verfassungsgerichtsbarkeit im politischen System, RuP 56 [2020], 38 [44]).

[175] Zur Zurückhaltung mahnte noch *Geiger* Verständnis (Fn. 65), 15, wonach Zielbestimmungen der Verfassung „vom Gericht nicht ‚ausgenützt' werden" dürften zwecks „einer progressiven Veränderung der Verhältnisse", denn nur auf diese Weise „bleiben sie in die Zukunft hinein offen".

[176] *Alec Stone Sweet* Governing With Judges, 2000; *Richard H. Pildes* The Constitutionalization of Democratic Politics, Harvard Law Review 118 (2004), 29 ff.; *Nußberger* Regieren (Fn. 20), 24 ff.; *Rudolph* Parlamentarismus (Fn. 95), 27. Mit Blick auf die Rechtsprechung zu Art. 2 EUV *Nettesheim* Homogenitätsklausel (Fn. 82), 269 ff.

[177] *Christoph Menke* Kritik der Rechte, 2018, 265; vgl. auch *Florian Meinel* Das System der Rechte hat die Politik entmachtet, FAZ, 22.5.2024, 11.

[178] *Mark Tushnet* Taking the Constitution Away from the Courts, 1999.

[179] Zur Gegenkritik *Peter Techet* „Entpolitisierung" der Verfassungsgerichtsbarkeit als erster Schritt zum Autoritarismus, ZöR 78 (2023), 685 ff.

[180] Vgl. BVerfGE 36, 1 (14 f.): „Der Grundsatz des judicial self-restraint, den sich das Bundesverfassungsgericht auferlegt, bedeutet […] den Verzicht ‚Politik zu treiben', d.h. in den von der Verfassung geschaffenen und begrenzten Raum freier politischer Gestaltung einzugreifen".

[181] *Jan-Werner Müller* Freiheit, Gleichheit, Ungewissheit, 2021, 13: „Eine der wichtigsten Erkenntnisse der Politikwissenschaft in den vergangenen Jahren lautet, dass nichtkodifizierte Regeln mindestens ebenso bedeutsam sein können wie Gesetze. Sie halten das demokratische Spiel am Laufen (und vor allem erlegen sie den Spielern Beschränkungen

Nur so kann in einer sich immer stärker ausdifferenzierenden Gesellschaft die Offenheit und Lernfähigkeit des politischen Systems langfristig gesichert werden.[182] Wo Politik hingegen bis ins Detail normativ präformiert wird, wird sie ihres politischen Charakters entkleidet und auf Verfassungsvollzug reduziert.[183] Hier wird aus dem politischen Diskurs ein bloßer „Rights Talk".[184]

Im Gegenzug müssen die betreffenden Spielräume von Politik mit Politik gefüllt werden: So wenig sich die sozialen Veränderungen, die heute auf das politische System einwirken, rückgängig machen lassen, so sehr muss Politik – eigeninitiativ – Konzepte entwickeln und Lösungen bereithalten, wenn wachsende sozioökonomische Ungleichheit, fehlende Zukunftsperspektiven, ungleiche Bildungs- und Teilhabechancen sowie eine daraus resultierende Spaltung der Gesellschaft infolge einer immer dichteren, sich überlappenden und wechselseitig verstärkenden Abfolge von Krisen drohen.

2. *Stabilisierung systemrelevanter Institutionen*

a) *Institutionen als Kontinuitätsmomente des politischen Systems*

Zu den stabilisierenden Momenten der Verfassung zählt vor allem ihr institutionelles *Setting*. Institutionen sind das „Rückgrat" sozialer und politischer Systeme.[185] Nicht nur *Maurice Hauriou* hat in den Institutionen eine „Kategorie der Dauer, der Beständigkeit und des Wirklichen"[186] gesehen. Ihre stabilisierende Funktion ist nicht zuletzt in Krisenzeiten gefragt.

---

auf, die im Regelwerk gar nicht zu finden sind)"; *Roland Lhotta* Der Bereich der Regierung – Reloaded, in: Julian Krüper/Arne Pilniok (Hrsg.) Die Organisationsverfassung der Regierung, 2021, 1 (8); *Gabriel/Holtmann* System (Fn. 7), 132: „Informales Handeln ist aus keinem politischen System wegzudenken". Eingehend hierzu *Helmuth Schulze-Fielitz* Der informale Verfassungsstaat, 1984, 21 ff., der Proporzregeln, Formen der informalen Zusammenarbeit (Koalitions- und Parteivereinbarungen, Kooperationsformen) sowie informale Herrschafts- und Machtbalancierungen (informale Inkompatibilitäten) als Beispiele anführt. Mit normativer Annährung *Julian Krüper* Regeln politischer Kultur als Legitimitätsreserve, in: ders./Pilniok, ebd., 159 (171 ff.).

[182] *Andreas Voßkuhle*, in: Peter M. Huber/Andreas Voßkuhle (Hrsg.) GG III, 8. Aufl. 2024, Art. 93 Rn. 34; *ders.* Stabilität (Fn. 91), 923; *ders.* Wandel (Fn. 109), 423; *Geiger* Verständnis (Fn. 65), 15.

[183] *Grimm* Politik (Fn. 61), 21; *ders.* Verfassungsgerichtsbarkeit (Fn. 174), 701; *Morlok* Notwendigkeit (Fn. 72), 996.

[184] *Mary A. Glendon* Rights Talk. The Impoverishment of Political Discourse, 1993.

[185] *Talcott Parsons* The Problem of Controlled Institutional Change, Psychiatry 8 (1945), 79 (80); *Gabriel/Holtmann* System (Fn. 7), 6; *Scott Gates* u.a. Institutional Inconsistency and Political Instability, AJPS 50 (2006), 893 ff.

[186] *Maurice Hauriou* Die Theorie der Institution und der Gründung, in: *ders.* Die Theorie der Institution, hrsg. v. Roman Schnur, 1965, 27 (27).

Zugleich verschärft sich in der Krise die Gefahr, dass soziale und politische Institutionen von Systemgegnern gekapert, entmachtet und politisch umfunktioniert werden.[187] So sehr die Verfassungsgerichtsbarkeit gerade in Krisenzeiten als „Hüterin der Verfassung“[188] fungiert und ihre integrierende Kraft entfaltet,[189] so sehr sieht sie sich mittlerweile selbst in der Krise.[190] Mit der Krise der Verfassungsgerichtsbarkeit steigt unterdessen die Krisenanfälligkeit des politischen Systems insgesamt, führt doch schon die Antizipation verfassungsgerichtlicher Kontrolle zu politischer Mäßigung und einem Abbau des Konfliktstoffs zwischen rivalisierenden politischen Kräften.[191]

b) „Politische Systemrelevanz“ als Kontinuitätsreserve des Verfassungsstaats

aa) Materielle Verfassung ohne Verfassungsrang

Während die „Systembedeutung“[192] der Verfassungsgerichtsbarkeit auf der Hand liegt und aus gutem Grund im Mittelpunkt der rechtspolitischen Überlegungen institutioneller Resilienzsicherung steht,[193] sollten

---

[187] *Karl D. Bracher* Politische Institutionen in Krisenzeiten, VfZ 33 (1985), 1 (12); *Auer* Konsens (Fn. 8), 53 f.

[188] *Anne Gläß* Das Bundesverfassungsgericht als „Hüter der Verfassung“ – Zur Rolle und Bedeutung von Verfassungsgerichten in Krisenzeiten, in: Philipp B. Donath u.a. (Hrsg.) Verfassungen – ihre Rolle im Wandel der Zeit, 2019, 263 ff.; *dies.* Das Bundesverfassungsgericht als „Hüter der Verfassung“ in Krisenzeiten, DÖV 2020, 263 ff.; zustimmend *Markus Ludwigs* Zeithorizonte von Verwaltung, VVDStRL 83 (2024), 131 (145 f.).

[189] Allgemein *Brun-Otto Bryde* Integration durch Verfassungsgerichtsbarkeit und ihre Grenzen, in: Hans Vorländer (Hrsg.) Integration durch Verfassung, 2002, 329 ff.; *Peter Häberle* Verfassungsgerichtsbarkeit in der offenen Gesellschaft, in: Robert Chr. v. Ooyen/ Martin H. W. Möllers (Hrsg.) Handbuch Bundesverfassungsgericht im politischen System, 2. Aufl. 2015, 31 ff.; *Ute Sacksofsky* Integration durch Verfassungsrechtsprechung, in: Klaus Günther/Daniel Thym/Uwe Volkmann (Hrsg.) Zusammenhalt durch Recht?, 2024, 145 (154).

[190] *Karl-Heinz Ladeur* Verfassungsgerichtsbarkeit in der Krise?, 2021; *Angelika Nußberger* Zum Status quo des Menschenrechtsschutzes in Europa, JZ 2018, 845 (847 f.); *Dieter Grimm* Neue Radikalkritik an der Verfassungsgerichtsbarkeit, Der Staat 59 (2020), 321 ff.; *Anna Gamper* Dangerous or Endangered Constitutional Courts?, ZöR 76 (2021), 331 (341 ff.); *Andreas Voßkuhle* Die weltweite Krise der Verfassungsgerichtsbarkeit, JZ 2024, 1 ff.; *ders.* In schlechter Verfassung!, Die Zeit, 16.11.2023, 8.

[191] *Grimm* Verfassungsgerichtsbarkeit (Fn. 174), 699 f.

[192] *Rainer Wahl* Die normative Kraft der Verfassung: Die Antrittsvorlesung Konrad Hesses in ihrem historischen Kontext, Der Staat 58 (2019), 195 (201). Den Beitrag der Verfassungsgerichtsbarkeit zur Erhaltung des politischen Systems systemtheoretisch in den Blick nehmend *Armin Glatzmeier* Gerichte als politische Akteure, 2019, 401 ff.

[193] Aus der wissenschaftlichen Diskussion auszugsweise *Gabriele Britz* Schutz des BVerfG, JuS-Kurzinterview 3/2024, 7 ff.; *dies./Michael Eichberger* Mehr Widerstandskraft,

andere politische Institutionen nicht außer Acht gelassen werden.[194] Dies gilt namentlich für solche des Parteien-, Wahl- und Parlamentsrechts. Dieser Dreiklang bildet als Politikverfassungsrecht[195] den wesentlichen Kern des Spielregelwerks für das politische System.[196] Er zeichnet sich indes maßgeblich dadurch aus, dass die betreffenden Spielregeln nur rudimentär im Grundgesetz selbst verankert sind.[197] Der Verfassunggeber hat in diesem Bereich „bewußt […] ein Stück materiellen Verfassungsrechts offen gelassen".[198] Die Qualifizierung als Verfassung im materiellen Sinne besitzt

---

FAZ, 11.1.2024, 7; *Konrad Duden* Richterwahl und parteipolitische Einflussnahme, RabelsZ 84 (2020), 637 ff.; *ders.* Schützt das Bundesverfassungsgericht! Rechtsvergleichende Überlegungen, VerfBlog, 7.2.2024 <https://verfassungsblog.de/schutzt-das-bundesverfassungsgericht/> (Stand 31.1.2025); *Ulrich Karpenstein* Wehrhafter Rechtsstaat? Zur Diskussion um die Resilienz des BVerfG, AnwBl 2024, 109 f.; *Krings/Rudolph* Verfassungsgerichtsbarkeit (Fn. 31), 249 ff.; *Fabian Michl* Schutz des BVerfG – Sichern mit Augenmaß, ZRP 2024, 33; *Angelika Nußberger* Das Grundgesetz und die Herausforderungen der Gegenwart, ZRP 2024, 98 (99); *dies.* Verfassungskonsenskultur in Gefahr, VerfBlog, 30.7.2024 <https://verfassungsblog.de/verfassungskonsenskultur-in-gefahr/> (Stand 31.1.2025); *Johannes Forck* Doppelt hält besser: Der Bundesrat als Beschützer des Bundesverfassungsgerichts, VerfBlog, 10.5.2024 <https://verfassungsblog.de/doppelt-halt-besser/> (Stand 31.1.2025); *Werner Reutter* Wer wacht über die Wächter?: Anmerkungen zu aktuellen Vorschlägen zum Schutz von Verfassungsgerichten, VerfBlog, 30.1.2024 <https://verfassungsblog.de/wer-wacht-uber-die-wachter/> (Stand 31.1.2025); *Lars Dittrich* Schutz ist gut, Vertrauen ist besser: Böckenförde-Diktum und die Reformdebatte um das Bundesverfassungsgericht, VerfBlog, 19.2.2024 <https://verfassungsblog.de/schutz-ist-gut-vertrauen-ist-besser/> (Stand 31.1.2025). Zu den politischen Reformbestrebungen s. das Gemeinsame Erläuterungspapier der Fraktionen (Resilienz des Bundesverfassungsgerichts), 23.7.2024 <www.bmj.de/SharedDocs/Downloads/DE/Gesetzgebung/Dokumente/Erlaeuterungspapier_Resilienz_Bundesverfassungsgericht.html?nn=110490> (Stand 31.1.2025).

[194] Wie hier *Krings/Rudolph* Verfassungsgerichtsbarkeit (Fn. 31), 264.

[195] Von „Demokratieverfassung" spricht *Christian Waldhoff* Parteien-, Wahl- und Parlamentsrecht, in: Matthias Herdegen u.a. (Hrsg.) HVerfR, 2021, § 10 Rn. 1; dem folgend *Ulrich Hufeld* Individuen und Intermediäre: Zivilgesellschaft, VVDStRL 82 (2023), 323 (337).

[196] *Manfred G. Schmidt* Das politische System der Bundesrepublik Deutschland, 5. Aufl. 2022, 10 f., 114 f.; *Adrian Vatter* Das politische System der Schweiz, 4. Aufl. 2020, 405. Mit Blick auf das Wahlrecht *Carles Boix* Setting the Rules of the Game: The Choice of Electoral Systems in Advanced Democracies, APSR 93 (1999), 609 ff.

[197] Dazu nur *Jürgensen* Verfassungsnormativität (Fn. 136), 78 ff.

[198] Für das Wahlrecht BVerfGE 95, 335 (349), unter Bezugnahme auf JöR n.F. 1 (1951), 349 f.; vgl. auch BVerfGE 121, 266 (296); 122, 304 (314); 131, 316 (335); BVerfG NVwZ 2024, 1323 (1326). Für das Recht des Bundesverfassungsgerichts *Krings/Rudolph* Verfassungsgerichtsbarkeit (Fn. 31), 251: „absichtsvoll dem einfachen Gesetzgeber überlassen". Unter der Verfassung im materiellen Sinne sind nach der bis heute gültigen Definition *Georg Jellineks* (Allgemeine Staatslehre, 3. Aufl. 1921, 505) in der Regel diejenigen Rechtssätze zu verstehen, „welche die obersten Organe des Staates bezeichnen, die Art ihrer Schöpfung, ihr gegenseitiges Verhältnis und ihren Wirkungskreis festsetzen".

bislang lediglich heuristischen Wert; normhierarchisch ist sie bedeutungslos.[199] Vor diesem Hintergrund erklären sich Bestrebungen, weitere Teile des politischen Systems „verfassungsfest“[200] zu machen und Regelungen des nur materiellen Verfassungsrechts in den Rang der formellen Verfassung zu heben, um sie vor autoritären Mehrheiten zu sichern.

bb) „Systemrelevanz“ als Argument der Zwischenschicht

Die mangelnde Kongruenz von formeller und materieller Verfassung macht es möglich, dass Regelungen des einfachen Rechts zum Teil wichtiger für die Grundordnung des politischen Systems sind als die Normen des Grundgesetzes.[201] Nun kann man Kongruenz per Konstitutionalisierung herstellen und hierdurch dem Zugriff wechselnder Mehrheiten entziehen. Verfolgte man diesen Ansatz indes konsequent, würde er den Rahmencharakter der Verfassung endgültig sprengen.

Vorzugswürdig erscheint demgegenüber ein anderer Ansatz: Die Resilienz des politischen Systems lässt sich sachgerechter und nachhaltiger durch ein Verständnis für die „Systemrelevanz“ bestimmter politischer Institutionen fördern.[202] Mit dem schillernden, krisenaffinen, oftmals auf bloße Relevanzzuschreibungen[203] hinauslaufenden Begriff der „Systemrelevanz“[204] sollen im vorliegenden Zusammenhang nicht allgemein „Entscheidungen von großer Tragweite“[205] im Bereich des Politischen gemeint sein. Auch geht es nicht um ein freischwebendes Systemgerechtigkeits- oder Folgerichtigkeitsgebot, mit dessen Hilfe die verfassungsgerichtliche Rechtspre-

---

[199] *Isensee* Selbstand (Fn. 155), 330; vgl. auch *Burkhard Schöbener*, in: Karl H. Friauf/Wolfram Höfling (Hrsg.) Berliner Kommentar zum GG, Art. 79 (45. Erg.-Lfg. V/15) Rn. 53: „Sammelbegriff […], der eher auf Ausblendung normhierarchischer und sonstiger rechtsqualitativer Besonderheiten gerichtet ist“.

[200] *Schaks* Dekonsolidierung (Fn. 28), 47, m.w.N.; s. auch *Maria Bertel* Konstitutionalisierung des Wahlrechts als Beitrag zur Stabilisierung der Demokratie?, in: Philipp B. Donath u.a. (Hrsg.) Verfassungen – ihre Rolle im Wandel der Zeit, 2019, 243 ff.

[201] *Isensee* Selbstand (Fn. 155), 330.

[202] Zum Zusammenhang von Demokratie, Resilienz und Systemrelevanz auch *Graefe* Resilienz (Fn. 112), 86 ff.

[203] *Oskar Schumacher* Relevanzzuschreibungen im Recht der Pandemie, GSZ 2021, 155 ff.; vgl. auch *Graefe* Resilienz (Fn. 112), 86: „[D]er Begriff der Systemrelevanz [lässt] kategorisch offen, wer oder was eigentlich ‚das System‘ ist, das es zu schützen gilt“.

[204] Zur Begriffsgenese *Marc C. Hübscher* Postcorona-Politik: Was meint „systemrelevant“?, in: Alexander Brink u.a. (Hrsg.) Lehren aus Corona, 2020, 123 (126 ff.); *Denise A. Bauer* Staatliches Handeln im systemrelevanten Markt am Beispiel des Rettungsübernahmegesetzes, DÖV 2010, 20 (23 ff.); *Sven Eisenmenger* Systemrelevante Berufe in epidemischen Lagen, GSZ 2020, 200 (201 ff.); *David Kaldewey* Was bedeutet Systemrelevanz in Zeiten der Pandemie?, Berlin J Soziol 32 (2022), 7 (9 ff.).

[205] Für das Wahlrecht BVerfGE 95, 335 (349).

chung gesetzliche Systementscheidungen auch dort aufzudecken wusste, wo der Gesetzgeber diese selbst nicht vermutet hätte.[206] Das Kriterium der Systemrelevanz bildet vielmehr einen Suchbegriff, der es der Staatsrechtslehre ermöglicht, diejenigen Institutionen zu identifizieren, die als tragend in Bezug auf das „System der Systeme" angesehen werden können, weil sie die Grundordnung des politischen Gemeinwesens markieren,[207] ohne Unterbrechung in Betrieb gehalten werden müssen[208] und deren Suspendierung regelmäßig mit einem Verlust des Systemvertrauens in der Bevölkerung einhergehen würde.[209] Auf eine Regelung im Grundgesetz selbst oder im einfachen Recht kommt es dabei nicht an. Im Gegenteil: „Systemrelevanz" wird hier als ein Argument der Zwischenschicht verstanden,[210] das der Ausdifferenzierung des vorhandenen Normenbestands im Bereich des politischen Systems dient. Für ein solches Desiderat kommen zwei Ansatzpunkte in Betracht.

(1) Zwischen veränderlichem und unveränderlichem Verfassungsrecht

Soweit es um die für das politische System relevanten Institutionen in der Verfassung selbst geht, markiert die Kategorie der Systemrelevanz eine Zwischenschicht zwischen dem änderbaren Recht der Verfassung und ihrem ewigkeitsfesten Kern.[211] Gerade im Bereich des Art. 79 weist das Grundgesetz eine altbekannte offene Flanke auf: Während Verfassungsänderungen im legistischen Normalverfahren vollzogen werden können und somit zur rechtspolitischen Normalität gehören,[212] trägt die Ewigkeitsklau-

---

[206] *Jochen Rauber* Kompensation durch Verfahren, 2024, 210, m.w.N.

[207] Für das materielle Verfassungsrecht allgemein *Christoph Bezemek* Materielle Perspektiven eines formellen Verfassungsverständnisses, in: Michael Holoubek/Andrea Martin/Stephan Schwarzer (Hrsg.) FS Karl Korinek, 2010, 437 (446).

[208] *Kaldewey* Systemrelevanz (Fn. 204), 20, 25.

[209] *Uwe H. Schneider* Zwischenruf – Was ist eine systemisch relevante Bank?, ZRP 2009, 119 (120); übereinstimmend *Peter O. Mülbert* Systemrelevanz, in: Ulrich Burgard u.a. (Hrsg.) FS Uwe H. Schneider, 2011, 855 (855); *Bauer* Handeln (Fn. 204), 23; *Kaldewey* Systemrelevanz (Fn. 204), 17. Zum „Systemvertrauen" noch unten 3.

[210] Entlehnt bei *Patrick Hilbert* Die Richtlinienkompetenz als Argument der Zwischenschicht, in: Julian Krüper/Arne Pilniok (Hrsg.) Die Organisationsverfassung der Regierung, 2021, 91 ff. Zum Bedürfnis nach Zwischenschichten aus verfassungstheoretischer Perspektive *Honer* System (Fn. 41), 237 ff.

[211] Zur Existenz normenhierarchischer Unterschiede auf der Verfassungsebene näher *Sandra Lukosek* Die Figur verfassungswidrigen Verfassungsrechts, in: dies./Alix Schlüter (Hrsg.) Linien der Rechtsprechung des Bundesverfassungsgerichts, Bd. VII, 2024, 55 ff.

[212] *Peter Badura* Verfassungsänderung, Verfassungswandel, Verfassungsgewohnheitsrecht, in: HStR XII (Fn. 73), § 270 Rn. 4: „eine Erscheinungsweise der Gesetzgebung"; s. auch *Horst Dreier*, in: ders. (Hrsg.) GG II, 3. Aufl. 2015, Art. 79 II Rn. 15; *ders.* Grenzen demokratischer Freiheit im Verfassungsstaat, DVBl 1994, 741 (745); *Gärditz* Verfassungs-

sel seit jeher die Tendenz zu „normativen Zementierungen“[213] in sich. Die Absätze 2 und 3 des Art. 79 GG streben in der Folge deutlich auseinander; zwischen ihnen klafft eine größere Lücke, als der unbefangene Blick auf die Systematik des Normgefüges vermuten lässt: Während Art. 79 Abs. 2 GG die Schranke für Verfassungsänderungen zu niedrig ansetzt, geht das absolute Änderungsverbot des Art. 79 Abs. 3 GG zu weit, weil es einer grundlegenden Novellierung des politischen Systems keinen probaten Weg weist.[214] Hinge dessen Zukunftsfestigkeit von einem niemals auszuschließenden fundamentalen Umgestaltungsbedarf ab,[215] sieht das Grundgesetz hierfür keine evolutionäre Alternative vor.[216] Umgekehrt ist ein Wechsel bestimmter politischer Teilsysteme – etwa des Wahl- oder Regierungssystems – ohne besondere Hürden, Sicherungen oder Korrekturen möglich.

In dieser Lücke setzt der hier formulierte Begriff der politisch-institutionellen Systemrelevanz an. Er bildet eine Auffangordnung namentlich für diejenigen „Systementscheidungen“[217] des Demokratie-, Rechtsstaats- und Bundesstaatsprinzips, deren exegetischer Einschluss in die „Stahl-

---

entwicklung (Fn. 24), § 4 Rn. 15; *Masing* Kontinuität (Fn. 101), 1 sowie *Dieter Grimm* Ist das Verfahren der Verfassungsänderung selbst änderungsbedürftig?, HFR 2007, 214 (217): „Die Differenz zwischen Verfassungsänderungen und alltäglichen politischen Entscheidungen schrumpft […]. Es sind dieselben Akteure, die das politische Tagesgeschäft betreiben, die auch Verfassungsänderungen in der Hand haben, und es ist dasselbe Verfahren, in dem die alltäglichen politischen Entscheidungen getroffen werden, das auch für Verfassungsänderungen gilt“.

[213] *Theodor Maunz/Günter Dürig*, in: dies. (Hrsg.) GG, Art. 79 Abs. 3 (1960) Rn. 31. Von einer „Inflation der Heranziehung der Ewigkeitsklausel“ in der verfassungsgerichtlichen Judikatur ausgehend *Werner Heun* Verfassung und Verfassungsgerichtsbarkeit im Vergleich, 2014, 7; *ders./Thiele* Verfassungsordnung (Fn. 172), 38. Zur Gefahr überschießender Gehalte eingehend *Horst Dreier* Die grundgesetzliche „Ewigkeitsklausel“ zwischen Demokratieermöglichung und Verfassungszementierung, in: Robert Chr. v. Ooyen/Martin H. W. Möllers (Hrsg.) Handbuch Bundesverfassungsgericht im politischen System, 3. Aufl. 2025 (i. Ersch.), 1 (11 ff.).

[214] Die Kritik richtet sich weniger gegen die Norm als solche, als vielmehr gegen ihre extensive Auslegung, vgl. *Dreier* Grenzen (Fn. 212), 750; dezidiert a.A. *Otto Depenheuer* Verfassungsentwicklung, in: Klaus Stern/Helge Sodan/Markus Möstl (Hrsg.) Staatsrecht I, 2. Aufl. 2022, § 10 Rn. 49: „sachgerechte Balance zwischen Bewahrung von Verfassungssubstanz und Flexibilität“.

[215] Bildhaft *Müller* Freiheit (Fn. 181), 17: „Demokratische Politik erschöpft sich niemals in der Befolgung von Regeln, und manchmal kann es gar geboten sein, das Spielbrett umzustürzen“.

[216] Zum Prozess der Systemevolution *Niklas Luhmann* Evolution des Rechts, Rechtstheorie 1 (1970), 3 (6 ff.).

[217] BVerfGE 137, 108 (143 Rn. 80).

kammer juristischer Unantastbarkeit"[218] den Bereich der änderungsfesten Essentialia der Verfassung überschreitet: Dies betrifft etwa die Entscheidung für ein System der Verhältniswahl,[219] die Garantie des parlamentarischen Regierungssystems,[220] den Status und die Kompetenzen des Bundesverfassungsgerichts,[221] die Aufgaben und Funktionen der Verfassungsorgane im Übrigen und ihre Geschäftsordnungsautonomie,[222] das Modell des Bundesrats,[223] die Grenzen und Bedingungen der Staatsverschuldung[224] sowie das Konzept der wehrhaften Demokratie und seine Aus-

---

[218] *Richard Thoma* Die juristische Bedeutung der grundrechtlichen Sätze der deutschen Reichsverfassung im allgemeinen (1929), in: *ders.* Rechtsstaat – Demokratie – Grundrechte, hrsg. v. Horst Dreier, 2008, 173 (214).

[219] Gegen die Verewigung über das Demokratieprinzip *Matthias Herdegen*, in: Günter Dürig/Roman Herzog/Rupert Scholz (Hrsg.) GG, Art. 79 Abs. 3 (2014) Rn. 138; *Dreier*, in: ders. (Fn. 212), Art. 79 III Rn. 38; *Julian Krüper* Verfassungsunmittelbare Sperrklauseln, ZRP 2014, 130 (132), vgl. auch BVerfGE 123, 267 (342 f.).

[220] *Karl-Eberhard Hain*, in: Peter M. Huber/Andreas Voßkuhle (Hrsg.) GG II, 8. Aufl. 2024, Art. 79 Rn. 80; *Dreier*, in: ders. (Fn. 212), Art. 79 III Rn. 39; *Hans-Peter Schneider* Das parlamentarische System, in: Ernst Benda/Werner Maihofer/Hans-Jochen Vogel (Hrsg.) HVerfR, 2. Aufl. 1994, § 13 Rn. 37; *Stern* Staatsrecht I (Fn. 57), 174; *Bryde* Verfassungsentwicklung (Fn. 101), 237; *Thomas Oppermann* Das parlamentarische Regierungssystem des Grundgesetzes, VVDStRL 33 (1975), 8 (18); a.A. – aufgrund der demokratischen Leitfunktion des Parlaments – *Hasso Hofmann* Verfassungsrechtliche Sicherungen der parlamentarischen Demokratie, in: Albrecht Randelzhofer/Werner Süß (Hrsg.) Konsens und Konflikt, 1986, 267 (275 ff.).

[221] Für eine Verortung im änderungsfesten Kern des Rechtsstaatsprinzips etwa *Dieter C. Umbach*, in: ders./Thomas Clemens/Wilhelm Dollinger (Hrsg.) BVerfGG, 2. Aufl. 2005, § 1 Rn. 35; a.A. *Hans-Ulrich Evers*, in: Wolfgang Kahl/Christian Waldhoff/Christian Walter (Hrsg.) BK-GG, Art. 79 Abs. 3 (1982) Rn. 196; *Diana Zacharias* Die sog. Ewigkeitsgarantie des Art. 79 Abs. 3 GG, in: Markus Thiel (Hrsg.) Wehrhafte Demokratie, 2003, 57 (95); mit Blick auf die Verfassungsbeschwerde *Martin Stock* Die Abschaffung der Verfassungsbeschwerde, JuS 1975, 451 ff.; eingehend zur Diskussion *Richard Häußler* Der Konflikt zwischen Bundesverfassungsgericht und politischer Führung, 1994, 144 ff., 169 ff.

[222] Vgl. Art. 40 Abs. 1 S. 2, Art. 52 Abs. 3 S. 2, Art. 53a Abs. 1 S. 4, Art. 65 S. 4, Art. 77 Abs. 2 S. 2 GG. Die Geschäftsordnungsautonomie ist zentraler Ausdruck der Autonomie eines Verfassungsorgans (vgl. BVerfGE 44, 308 [314 f.]; 84, 304 [321 f.]; 130, 318 [348]; 160, 368 [387 f. Rn. 56 f.]) und damit des Rechts und der Pflicht dieses Organs, „selbst das Ideal seines guten Funktionierens zu definieren" (*Martin Morlok* Informalisierung und Entparlamentarisierung politischer Entscheidungen als Gefährdungen der Verfassung?, VVDStRL 62 [2003], 37 [65]; s. zuletzt ThürVerfGH Beschl. v. 27.9.2024 – VerfGH 36/24 –, juris, Rn. 61).

[223] Gegen die Einbeziehung in die änderungsfeste Bundesstaatlichkeit *Dreier*, in: ders. (Fn. 212), Art. 79 III Rn. 24; *Karl-Eberhard Hain* Die Grundsätze des Grundgesetzes, 1999, 414 f.; a.A. und die Senatslösung für ausgeschlossen haltend *Evers*, in: Kahl/Waldhoff/Walter (Fn. 221), Art. 79 Abs. 3 (1982) Rn. 219 ff.; *Zacharias* Ewigkeitsgarantie (Fn. 221), 73 f.; offenlassend *Konrad Hesse* Bundesstaatsreform und Grenzen der Verfassungsänderung, AöR 98 (1973), 1 (39).

[224] *Herdegen*, in: Dürig/Herzog/Scholz (Fn. 219), Art. 79 Abs. 3 (2014) Rn. 143.

prägungen im Einzelnen.[225] Das Gleiche gilt für die Unmittelbarkeit und Geheimheit der Wahl (Art. 38 Abs. 1 S. 1 GG),[226] das freie Mandat (Art. 38 Abs. 1 S. 2 GG),[227] das konstruktive Misstrauensvotum (Art. 67 GG),[228] die Rechtsstellung der politischen Parteien (Art. 21 Abs. 1 GG)[229] und die demokratiekonstituierenden Grundrechte.[230] Letztere führen ihre Relevanz für das politische System zwar bereits im Titel und haben nach herrschen-

---

[225] *Dreier*, in: ders. (Fn. 212), Art. 79 III Rn. 44; *Schöbener*, in: Friauf/Höfling (Fn. 199), Art. 79 (45. Erg.-Lfg. V/15) Rn. 121; a.A. – unter dem Gesichtspunkt „gruppendemokratische[r] Grundpflichten" – *Hasso Hofmann* Grundpflichten und Grundrechte, in: HStR IX (Fn. 106), § 195 Rn. 64.

[226] Demgegenüber werden die Allgemeinheit, Freiheit und Gleichheit der Wahl zu Recht in den Schutz der Ewigkeitsgarantie einbezogen, wie hier *Zacharias* Ewigkeitsgarantie (Fn. 221), 87; *Rainer Wernsmann* Das demokratische Prinzip und der demographische Wandel, Der Staat 44 (2005), 43 (54 ff.). Für eine Erstreckung des Art. 79 Abs. 3 GG auf sämtliche Wahlrechtsgrundsätze, jedenfalls dem Grunde nach, *Johannes Dietlein*, in: Volker Epping/Christian Hillgruber (Hrsg.) BeckOK-GG, 58. Ed. 2024, Art. 79 Rn. 38; *Konrad Hesse* Grundzüge des Verfassungsrechts der Bundesrepublik Deutschland, 20. Aufl. 1999 (Neudruck), Rn. 705; *Bodo Pieroth* Das Demokratieprinzip des Grundgesetzes, JuS 2010, 473 (478); wohl ebenso *Michael Sachs/Thomas Mann*, in: Sachs GG, 10. Aufl. 2024, Art. 79 Rn. 70.

[227] Dezidiert a.A. *Rüdiger Sannwald*, in: Bruno Schmidt-Bleibtreu/Hans Hofmann/Hans-Günter Henneke (Hrsg.) GG, 15. Aufl. 2021, Art. 79 Rn. 61; vgl. auch *Hasso Hofmann/Horst Dreier* Repräsentation, Mehrheitsprinzip und Minderheitenschutz, in: Hans-Peter Schneider/Wolfgang Zeh (Hrsg.) Parlamentsrecht und Parlamentspraxis, 1989, § 5 Rn. 26.

[228] *Dreier*, in: ders. (Fn. 212), Art. 79 III Rn. 42; *Stern* Staatsrecht I (Fn. 57), 174.

[229] Gegen die Einbeziehung des Art. 21 Abs. 1 GG in die demokratischen „Grundsätze" *Evers*, in: Kahl/Waldhoff/Walter (Fn. 221), Art. 79 Abs. 3 (1982) Rn. 191; *Herdegen*, in: Dürig/Herzog/Scholz (Fn. 219), Art. 79 Abs. 3 (2014) Rn. 139; *Zacharias* Ewigkeitsgarantie (Fn. 221), 88; a.A. *Brun-Otto Bryde*, in: Ingo v. Münch/Philip Kunig, GG II, 7. Aufl. 2021, Art. 79 Rn. 54; *Dreier*, in: ders. (Fn. 212), Art. 79 III Rn. 41; *Sannwald*, in: Schmidt-Bleibtreu/Hofmann/Henneke (Fn. 227), Art. 79 Rn. 60; *Hesse* Grundzüge (Fn. 226), Rn. 705; offenlassend *Schöbener*, in: Friauf/Höfling (Fn. 199), Art. 79 (45. Erg.-Lfg. V/15) Rn. 121.

[230] Die Qualifizierung als „politisch" und „demokratiekonstituierend" soll die betreffenden Grundrechte in einen „besondere[n] Rang" (BVerfGE 69, 315 [343]) heben und sie in ihrem Grundbestand auch mit Blick auf Art. 79 Abs. 3 GG als unverzichtbar erscheinen lassen (vgl. die Nachw. in Fn. 231). Dem ist allerdings nicht in jeder Hinsicht zu folgen: Als Merkposten, der im konkreten Einzelfall in die Abwägung einzustellen ist und den Ausschlag zugunsten der politischen Implikationen des Falles geben kann, besitzt die Klassifizierung eigenständige Bedeutung. Darüberhinausgehende Ableitungen sind mit der in Art. 1 Abs. 3 GG angelegten formalen Ranggleichheit aller Grundrechte (*Friedrich Müller* Die Positivität der Grundrechte, 2. Aufl. 1990, 54 ff.) ebenso wenig vereinbar wie mit der begrenzten Reichweite des Art. 79 Abs. 3 GG, vgl. *Tristan Barczak* in: Wolfgang Kahl/Christian Waldhoff/Christian Walter (Hrsg.) BK-GG, Vorbem. z. Art. 1–19 (2024) Rn. 225.

der Dogmatik am Veränderungsschutz des Art. 79 Abs. 3 GG teil.[231] Ihre Herabzonung auf eine Zwischenebene zwischen veränderlichem und unveränderlichem Verfassungsrecht erinnerte indes daran, dass das Grundgesetz seinen änderungsfesten Kern in kluger und weitsichtiger Weise zurückhaltend bestimmt hat, indem es lediglich die „Berührung“[232] der in Art. 1 und Art. 20 GG niedergelegten „Grundsätze“ untersagt.[233]

Was ist nun aber die Quintessenz der Zwischenschicht? Im Gegensatz zu vergleichbaren Verfassungsstaaten[234] und den Länderverfassungen[235] verzichtet das Grundgesetz bei Verfassungsänderungen auf jede Form der Volksbeteiligung.[236] Hierdurch geht „[d]ie Erkenntnis von der Besonder-

---

[231] *Klaus Stern* Staatsrecht III/2, 1994, 1123; *Bryde*, in: v. Münch/Kunig (Fn. 229), Art. 79 Rn. 54; *Sannwald*, in: Schmidt-Bleibtreu/Hofmann/Henneke (Fn. 227), Art. 79 Rn. 60; *Oppermann* Regierungssystem (Fn. 220), 18; *Martin Kment/Stefan Fimpel* Der (beinahe) unabänderliche Kern des Grundgesetzes, Jura 2021, 1288 (1295); noch weitergehend *Hesse* Grundzüge (Fn. 226), Rn. 704, der gleich alle den materiellen Gehalt der verfassungsmäßigen Ordnung bestimmenden Grundrechte vom Veränderungsschutz erfasst sieht.

[232] Dazu nur *Hauke Möller* Die verfassungsgebende Gewalt des Volkes und die Schranken der Verfassungsrevision, 2004, 158 f., 168 ff.

[233] Zur Notwendigkeit der Differenzierung zwischen dem demokratischen Prinzip und seinen Konkretisierungen *Hain*, in: Huber/Voßkuhle (Fn. 220), Art. 79 Rn. 80 ff. Zur gebotenen restriktiven Auslegung des Art. 79 Abs. 3 GG auch BVerfGE 30, 1 (25), wonach „es sich um eine Ausnahmevorschrift handelt, die jedenfalls nicht dazu führen darf, daß der Gesetzgeber gehindert wird, durch verfassungsänderndes Gesetz auch elementare Verfassungsgrundsätze systemimmanent zu modifizieren“.

[234] Das Erfordernis einer obligatorischen Volksabstimmung findet sich in Australien (Art. 128 austrVerf), Dänemark (§ 88 S. 2 dänGG), Estland (§§ 162, 163 Nr. 1 estnVerf), Frankreich (Art. 89 Abs. 2 S. 2 frVerf), Irland (Art. 46 Abs. 2, Art. 47 irVerf), Japan (Art. 96 Abs. 1 japVerf), Lettland (§§ 77, 79 f. lettGG), Marokko (Art. 174 marokVerf), Österreich (Art. 44 Abs. 3 B-VG), der Schweiz (Art. 140 Abs. 1 lit. a BV) und – beschränkt auf die Gesamtrevision – in Spanien (Art. 168 Abs. 3 spanVerf). Eine fakultative Volksabstimmung ist in Italien (Art. 138 Abs. 2 und 3 italVerf) und Slowenien (Art. 170 slowenVerf) sowie für bestimmte Änderungen der polnischen Verfassung vorgesehen (vgl. Art. 235 Nr. 6 polnVerf). Demgegenüber sind Verfassungsänderungen in Portugal ausdrücklich vom Volksentscheid ausgeschlossen (vgl. Art. 115 Abs. 4 lit. a portVerf).

[235] Einer obligatorischen Volksabstimmung zur Verfassungsänderung bedarf es in Bayern (Art. 75 Abs. 2 S. 2 bayVerf), Hessen (Art. 123 Abs. 2 hessVerf) und – beschränkt auf eine Änderung der Vorschriften über Volksbegehren und Volksentscheid – Berlin (Art. 100 S. 2 blnVerf). In den übrigen Bundesländern ist eine Verfassungsänderung im Wege fakultativer Volksabstimmung möglich, vgl. Art. 64 Abs. 3 bwVerf, Art. 79 S. 2 bbgVerf, Art. 125 Abs. 3 bremVerf, Art. 50 Abs. 3 S. 11 hmbVerf, Art. 60 Abs. 4 S. 2 und 3 mvVerf, Art. 46 Abs. 3 S. 2 ndsVerf, Art. 69 Abs. 3 S. 2 nrwVerf, Art. 129 Abs. 1 Alt. 2 rhpfVerf, Art. 101 Abs. 1 S. 3 und 4 saarVerf, Art. 74 Abs. 3 sächsVerf, Art. 81 Abs. 5 lsaVerf, Art. 47 Abs. 2 Alt. 2, Art. 49 Abs. 4 S. 2 und 3 schlhVerf, Art. 83 Abs. 2 S. 2 thürVerf.

[236] *Ulrich Hufeld* Formale Verfassungsänderung – Verfahren und Grenzen, in: HStR I (Fn. 64), § 24 Rn. 22; *Christian Bumke* Verfassungsstaat und Verfassung, 2023, 114. Zur

heit der verfassungsändernden Gewalt“[237] verloren und wird das Volk verfassungsrechtlich auf Distanz gehalten. Zumindest in Bezug auf Änderungen der hier skizzierten Bereiche politischer Systemrelevanz wäre es an der Zeit, „den *horror populi* [...] hinter sich zu lassen“[238] und durch eine entsprechende Ergänzung des Grundgesetzes zu einer Revitalisierung des demokratischen Patienten beizutragen.[239] Angst vor dem eigenen Volk ist

---

Genese des Verzichts vgl. *Schöbener*, in: Friauf/Höfling (Fn. 199), Art. 79 (45. Erg.-Lfg. V/15) Rn. 11 f.

[237] *Stern* Staatsrecht I (Fn. 57), 157; vgl. auch *Dreier* Grenzen (Fn. 212), 745: „Schaut man [...] auf Art. 79 Abs. 2 GG, so ist festzustellen, daß der zugrundeliegende Gedanke einer qualitativen Differenz zwischen verfassungsändernder Gewalt und gesetzgebender Gewalt bis zur Unkenntlichkeit verschwimmt“.

[238] *Masing* Kontinuität (Fn. 101), 12 – Hervorhebungen im Original; noch weitergehend *Gertrude Lübbe-Wolff* Demophobie, 2023; *Möllers* Demokratie (Fn. 148), Rz. 163: „Unsere Abneigung gegen Volksabstimmungen ist überholt“. Die Frage, ob direktdemokratische Elemente zur Systemstabilität beitragen oder eher destabilisierend wirken, wird allerdings seit jeher ambivalent beantwortet, vgl. *Karl Loewenstein* Über Wesen, Technik und Grenzen der Verfassungsänderung, 1961, 34: „Die im Laufe der Zeit angesammelte Erfahrung läßt es allerdings zweifelhaft erscheinen, ob das Verfassungsreferendum, mag es auch theoretisch als echte Bekundung des Volkswillens noch so unanfechtbar erscheinen, eine nützliche oder aber ein [sic!] gefährliche Einrichtung ist“; ferner *Giovanni Sartori* Demokratietheorie, 1992, 128; *Silvano Möckli* Direkte Demokratie, 1994, 339; *Heidrun Abromeit* Schwächen des Repräsentativmodells: Zur Reichweite direktdemokratischer Verfahren, ZSE 9 (2011), 29 ff.; *Bull* Verfassung (Fn. 93), 337 f.; differenzierend *Uwe Wagschal* Direkte Demokratie: rechtliche Grundlagen und politische Praxis, in: Florian Grotz/Ferdinand Müller-Rommel (Hrsg.) Regierungssysteme in Mittel- und Osteuropa, 2011, 237 (259), der „keinen Zusammenhang zwischen der Häufigkeit direktdemokratischer Abstimmungen und der Demokratiequalität“ erkennt; skeptisch auch *Heinrich Oberreuter* Republikanische Demokratie, 2012, 400 ff.; sowie *Frank Decker* Destabilisierung durch direkte Demokratie, in: Eva M. Hausteiner/Grit Straßenberger/Felix Wassermann (Hrsg.) Politische Stabilität, 2020, 164 ff., der allerdings „ein obligatorisches Referendum bei wichtigen Verfassungsänderungen“ als grundsätzlich vereinbar mit dem Stabilitätsinteresse einer repräsentativen Demokratie ansieht (177).

[239] Wie hier *Dreier* Schwinden (Fn. 8), 78; *Huber* Krise (Fn. 95), 136 ff.; *ders.* Gefahr (Fn. 95), 168 f.; *Siegfried Broß* Überlegungen zur Entwicklung stabiler Gesellschaften als Grundlage von Rechtsstaat und Demokratie, VerwArch 115 (2024), 1 (11): „Die Verringerung des Abstands zwischen dem Staat und den ihm anvertrauten Menschen ist nicht eine, sondern die Grundvoraussetzung für die Entwicklung einer stabilen Zivilgesellschaft“. Zu den Argumenten für mehr direktdemokratische Elemente auf Ebene des Grundgesetzes im Einzelnen *Horst Dreier/Fabian Wittreck* Repräsentative und direkte Demokratie im Grundgesetz, in: Lars P. Feld u.a. (Hrsg.) Jahrbuch für direkte Demokratie 2009, 2010, 11 (21 ff., 34 ff.). Aus verwaltungsrechtlicher Sicht *Jan Ziekow* Bürgerbeteiligung als systemstabilisierendes Element der parlamentarischen Demokratie, in: ders./Jong Hyun Seok (Hrsg.) Systemkrisen und Systemvertrauen, 2015, 223 ff. Mit grundsätzlicher Skepsis gegenüber plebiszitären Verfassungsänderungen und direktdemokratischen Instrumenten auf Bundesebene schließlich *Markus Möstl* Elemente direkter Demokratie als Entwicklungsperspektive, VVDStRL 72 (2013), 355 (403 ff.); *Wirsching* Zukunft (Fn. 113), 24 f.

gerade in Zeiten des Populismus kein guter Ratgeber.[240] Im Gegenteil: Öffnete man in der Verfassung ein Fenster für die direktdemokratische Rückbindung von Verfassungsänderungen, verschaffte man dem demokratischen „Willen zur Verfassung“[241] einen verfassungsimmanenten Resonanzboden, auf dem sich die Legalität und Legitimität systemrelevanter Entscheidungen bemessen und einem autoritär-populistischen Berufen auf den „wahren Willen des Volkes“[242] die Grundlage entziehen ließe. Die „schweigende Mehrheit“[243] würde verfassungsrechtlich unmittelbar in die Verantwortung genommen. Regelungstechnisch wäre eine obligatorische Volksabstimmung in einem neuen Art. 79 Abs. 2 S. 2 GG einzubauen.[244] Dieser könnte mit den oben genannten Regelbeispielen des Systemrelevanten versehen werden und sich im Übrigen, d.h. auch hinsichtlich des erforderlichen

---

240 *Kersten* Populismus (Fn. 24), 936. Zu alternativen Demokratisierungsmodellen, z.B. der verstärkten Integration von Bürgerräten in das bestehende Institutionengefüge, im Einzelnen *Thea Schlütermann* Ergänzungsimpulse zur repräsentativen Demokratie, 2024, insb. 218 ff.

241 *Konrad Hesse* Die normative Kraft der Verfassung, Freiburger Antrittsvorlesung, 1959, 8, zitiert nach: Julian Krüper/Mehrdad Payandeh/Heiko Sauer (Hrsg.) Konrad Hesses normative Kraft der Verfassung, 2019.

242 Vgl. nur *Karin Priester* Umrisse des populistischen Narrativs als Identitätspolitik, in: Michael Müller/Jørn Precht (Hrsg.) Narrative des Populismus, 2019, 11 (15 f.); s. auch *Kersten* Regierungssystem (Fn. 96), § 11 Rn. 10; *ders.* Populismus (Fn. 24), 929 f.; *Andreas Voßkuhle* Demokratie und Populismus, Der Staat 57 (2018), 119 (125 ff.); *Oliver Lepsius* Der „Wille“ des Volkes ist nicht in Stein gemeißelt, FAZ, 10.11.2016, 7.

243 Zum legitimatorischen Gehalt dieser Argumentationsfigur *Ingold* Schweigen (Fn. 122), 30 ff.

244 Vgl. auch *Franz Reimer* in: Wolfgang Kahl/Christian Waldhoff/Christian Walter (Hrsg.) BK-GG, Art. 79 Abs. 1 und 2 (2017) Rn. 234; *Fabian Wittreck* Volksgesetzgebung: Königsweg oder Irrweg der direkten Demokratie?, ZSE 8 (2010), 553 (563): „Die Ergänzung von Art. 79 Abs. 2 GG um ein obligatorisches Verfassungsreferendum ist empfehlenswert“. Die Einführung eines Verfassungsreferendums liegt im Einschätzungs- und Gestaltungsspielraum des verfassungsändernden Gesetzgebers. Sie verstößt weder gegen Art. 79 Abs. 3 GG (statt aller *Volker Neumann* Volkswille, 2020, 264, m.w.N.), noch gibt es eine „Verfassungspflicht zur Einführung direkter Demokratie“ (so aber *Dominik Steiger* Der partizipative Staat, 2023, 485 f.). Die Zwischenschicht entspräche – *cum grano salis* – dem österreichischen Verfassungsrecht, das keine Ewigkeitsgarantie kennt, sondern die relevanten Systementscheidungen bzw. Baugesetze (im Überblick *Ewald Wiederin* Grundlagen und Grundzüge staatlichen Verfassungsrechts: Österreich, in: Armin v. Bogdandy/Pedro Cruz Villalón/Peter M. Huber [Hrsg.] IPE I, 2007, § 7 Rn. 35; näher *Teresa Weber* Bundesstaatliche Identitäten und ihre Achtung im Unionsrecht, 2022, 160 ff., m.w.N.; s. auch *Lando Kirchmair* Verfassungswidriges Verfassungsrecht, unabänderliches Verfassungsrecht und Justizrevolution, ZöR 78 [2023], 627 [633 ff.]) unter den kumulativen Vorbehalt einer verfassungsändernden Parlamentsmehrheit und einer obligatorischen Volksabstimmung stellt (vgl. Art. 44 Abs. 1 und 3 B-VG).

Abstimmungs- und Beteiligungsquorums,[245] an Art. 29 Abs. 6 GG (Mehrheit der abgegebenen Stimmen, die mindestens ein Viertel der zum Bundestag Wahlberechtigten umfasst) anlehnen.[246]

Der hier vorgeschlagene Begriff der politischen Systemrelevanz strebt nach einer sachgerechten Balancierung von Stabilität und Dynamik und steht somit ganz im Zeichen verfassungsstaatlicher Resilienz: Er dient zum einen der konstitutionellen Rigidität, soweit er systemrelevante Verfassungsänderungen aus Art. 79 Abs. 2 GG herausnimmt und unter den zusätzlichen Vorbehalt eines Verfassungsreferendums als „Unterbrecher“[247] des legistischen Normalverfahrens stellt. Zum anderen erweist er sich als Instrument der Verfassungsflexibilität, als er zur Entlastung des Art. 79 Abs. 3 GG beiträgt und damit einer weiteren Versteinerung des Grundgesetzes durch eine Ausweitung seiner „Tabuzone“[248] vorbeugt.

(2) Zwischen Verfassungsrecht und einfachem Recht

Systemrelevanz als Argument der Zwischenschicht gewinnt jedoch noch an anderer Stelle Bedeutung, namentlich zwischen Verfassungsrecht und einfachem Recht. Soweit es um die Verfassung im materiellen

---

245 Zur Bedeutung entsprechender Quoren im Kontext plebiszitärer Verfassungsänderungen, wenngleich mit überschießender Betonung eines erhöhten Bestandsschutzes der Verfassungsurkunde, BayVerfGHE 52, 104 (129 ff.); *Josef Isensee* Verfassungsreferendum mit einfacher Mehrheit, 1999, 39 ff.; generell eine Zweidrittelmehrheit der Abstimmenden bei Verfassungsreferenden verlangend *Möstl* Elemente (Fn. 239), 406; richtig hingegen *Horst Dreier* Landesverfassungsänderung durch quorenlosen Volksentscheid aus der Sicht des Grundgesetzes, BayVBl. 1999, 513 (523), der in obligatorischen Beteiligungs- und Zustimmungsquoren keine „demokratietheoretisch zwingende Regel“ sieht. Zur Bandbreite der Gestaltungsmöglichkeiten *Fabian Wittreck* Direkte Demokratie in den Ländern, in: Lars P. Feld u.a. (Hrsg.) Jahrbuch für direkte Demokratie 2012, 2013, 41 (53 f.).

246 Mit Sympathien in diese Richtung auch *Josef Isensee* Schlußbestimmung des Grundgesetzes: Artikel 146, in: HStR XII (Fn. 73), § 258 Rn. 92: „diskutables Muster“. Die Einzelheiten des obligatorischen Verfassungsreferendums könnten in dem – um das Verfahren nach Art. 79 Abs. 2 ergänzten – Gesetz über das Verfahren bei Volksentscheid, Volksbegehren und Volksbefragung nach Artikel 29 Abs. 6 des Grundgesetzes vom 30.7.1979 (BGBl. I 1317) geregelt werden. Die Neufassung des Art. 79 Abs. 2 GG würde danach wie folgt aussehen: „[1]Ein solches Gesetz bedarf der Zustimmung von zwei Dritteln der Mitglieder des Bundestages und zwei Dritteln der Stimmen des Bundesrates. [2]*Eine Änderung dieses Grundgesetzes, durch welche die Grundstrukturen des politischen Systems, insbesondere […], geändert oder ergänzt werden, bedarf der Bestätigung durch Volksentscheidung.* [3]*Artikel 29 Abs. 6 Satz 1 gilt entsprechend.* [4]*Das Nähere wird durch ein Bundesgesetz geregelt*“.

247 Zu Begriff und Konzept *Dieter Grimm* Krisensymptome parlamentarischer Repräsentation, in: Peter M. Huber/Wolfgang Mößle/Martin Stock (Hrsg.) Zur Lage der parlamentarischen Demokratie, 1995, 3 (9 ff., 15); *ders.* Verfassungsänderung (Fn. 212), 218 ff.; *ders.* Auf Bewährung, FAZ, 10.12.2018, 6; zustimmend *Möstl* Elemente (Fn. 239), 379.

248 *Tatjana Hörnle* Grob anstößiges Verhalten, 2005, 117.

Sinne geht, hat das Grundgesetz mit seinen Öffnungsklauseln[249] kraft seines „Selbstands“[250] die Grenzen der politisch-rechtlichen Systemrelevanz unterhalb der Verfassung abgesteckt.[251] Füllt der einfache Gesetzgeber diese Öffnungsklauseln insbesondere mit dem Parteien-, Wahl-, Abgeordneten- und Bundesverfassungsgerichtsgesetz aus, schließt er damit das Stück offengelassener Verfassunggebung.[252] Dies lässt es gerechtfertigt erscheinen, den betreffenden Gesetzen einen besonderen Rang einzuräumen und ihre Qualifizierung als materielles Verfassungsrecht normhierarchisch nachzuzeichnen.[253] Ob die Qualifizierung als materielles Verfassungsrecht für die betreffenden Gesetze insgesamt oder nur einzelne ihrer Teile gilt, bedarf einer gründlichen Bestandsaufnahme.[254] Dass eine Zwischenschicht zwischen Verfassungsrecht und einfachem Recht dem Grundgesetz nicht unbekannt ist, zeigt schon ein Blick auf Art. 25 S. 2 GG.[255] Eine entsprechende Zwischenschicht kann nicht nur zur Entschleunigung der Gesetzesproduktion beitragen, sondern birgt darüber hinaus das Potential, als Kontinuitätsreserve des politischen Systems zu dienen, indem sie

---

[249] Vgl. Art. 21 Abs. 5, Art. 38 Abs. 3, Art. 41 Abs. 3, Art. 48 Abs. 3 S. 3, Art. 54 Abs. 7 und Art. 94 Abs. 2 GG.

[250] *Isensee* Selbstand (Fn. 155), 326 f.

[251] Damit ist zugleich klargestellt, dass „subkonstitutionelle Verfassungen“ im Übrigen wie die Wirtschafts-, Kultur-, Sozial- oder Arbeitsverfassung nicht zur Verfassung im materiellen Sinne zählen, vgl. *Stern* Staatsrecht I (Fn. 57), 73.

[252] Der Vollständigkeit halber ließen sich auch noch das Gesetz über den Wehrbeauftragten des Deutschen Bundestages (Art. 45b S. 2 GG), das Gesetz über die Befugnisse des Petitionsausschusses des Deutschen Bundestages (Art. 45c Abs. 2 GG) sowie das Gesetz über die parlamentarische Kontrolle nachrichtendienstlicher Tätigkeit des Bundes (Art. 45d Abs. 2 GG) nennen. Ihre bisweilen im Normtext anzutreffende, im Übrigen eingeführte Bezeichnung als „Hilfsorgane“ des Bundestages lässt indes bereits ihre mangelnde Systemrelevanz erkennen.

[253] Soweit auch die Geschäftsordnungen der Verfassungsorgane zur Verfassung im materiellen Sinne gerechnet werden (BVerfGE 1, 144 [148]; *Stern* Staatsrecht I [Fn. 57], 108; zur Rechtsnatur eingehend *Katharina Schwengel* Besondere Eigenschaften legislativer Geschäftsordnungen, 2024, 28 ff., m.w.N.), spielen sie für das vorliegende Konzept der Systemrelevanz hingegen eine untergeordnete Rolle, da sie gegenüber Zugriffen von außen immun sind. Etwas anderes gilt für die Geschäftsordnungsautonomie als solche (s. Fn. 222), sichert diese doch gerade die entsprechenden Freiräume des betreffenden Verfassungsorgans ab.

[254] Vgl. *Schaks* Dekonsolidierung (Fn. 28), 49. Für das Parteien- und Wahlrecht sowie das Recht des Bundesverfassungsgerichts wird dies jedenfalls in weiten Teilen bejaht, vgl. *Kotzur* Thematik (Fn. 74), § 260 Rn. 10; *Stern* Staatsrecht I (Fn. 57), 107 f.; *Bryde* Verfassungsentwicklung (Fn. 101), 139 ff.; *Bertel* Konstitutionalisierung (Fn. 200), 244; *Waldhoff* Verfassungsvorbehalt (Fn. 155), 70; *Peter Häberle* Verfassungsprozeßrecht als konkretisiertes Verfassungsrecht, JZ 1976, 377 (378 ff.).

[255] Instruktiv *Laila Schestag* Zwischenrecht, 2024, insb. S. 15 ff.

Langzeitverantwortung und Zukunftsfestigkeit in einer neuen normativen Dimension realisiert und dabei die Verfassung als Regelungsort entlastet.[256]

Eine Bindung von Gesetzen an Gesetze[257] ist ohne Verfassungsänderung nicht zu rechtfertigen. Für eine solche liegen gleich mehrere Blaupausen vor: Man kann rechtsvergleichende Anleihen bei verfassungsausführenden Organgesetzen nach französischem Muster (*lois organiques*[258]) nehmen, verfassungstheoretische Überlegungen zur Figur eines Grundlagengesetzes[259] aufgreifen oder sich am Modell des Haushaltsgrundsätzegesetzes (Art. 109 Abs. 4 GG) orientieren.[260] Als Vorbild für die institutionelle

---

256 *Michael Kloepfer* Zur Bindung von Gesetzen an Gesetze, in: ders. (Hrsg.) GS Thilo Brandner, 2. Aufl. 2018, 93 (101 f.); *Ulrich Smeddinck* Integrierte Gesetzesproduktion, 2006, 326 f.

257 *Kloepfer* Bindung (Fn. 256), 93 ff.

258 Vgl. Art. 46 frVerf; dazu *Bernd Wieser* Vergleichendes Verfassungsrecht, 2005, 78 f.; *Nikolaus Marsch* Rechtsetzung, in: ders./Yoan Vilain/Mattias Wendel (Hrsg.) Französisches und Deutsches Verfassungsrecht, 2015, § 5 Rn. 69 ff. Das Institut der Organgesetze (*lei orgânica, leyes orgánicas*) findet sich u.a. auch in Portugal (Art. 112 Abs. 3, Art. 166 Abs. 2, Art. 167 Abs. 5 portVerf) und Spanien (Art. 81 spanVerf: „Organgesetze sind jene Gesetze, die sich auf die Entwicklung der Grundrechte und der öffentlichen Freiheiten beziehen, jene, die die Autonomiestatute und das allgemeine Wahlgesetz verabschieden sowie die weiteren von der Verfassung vorgesehenen Gesetze. Die Verabschiedung, Änderung oder Aufhebung der Organgesetze bedarf bei der Schlußabstimmung über den gesamten Entwurf der absoluten Mehrheit des Kongresses"). In der Resilienzdebatte um den Schutz des Bundesverfassungsgerichts wurden die Organgesetze als vorbildhaftes Modell angeführt, vgl. *Konrad Duden* Richterwahl (Fn. 193), 658 ff.; *ders.* Überlegungen (Fn. 193).

259 *Friedhelm Hufen* Gesetzesgestaltung und Gesetzesanwendung im Leistungsrecht, VVDStRL 47 (1989), 142 (152 ff.); *ders.* Über Grundlagengesetze, in: Gunnar F. Schuppert (Hrsg.) Das Gesetz als zentrales Steuerungselement des Rechtsstaates, 1998, 11 ff., dort auch zur Kritik, vgl. S. 46: „für die Demokratie schädlich" (*Peter Badura*), 55: „realitätsfremd" (*Wolfgang Heyde*), 66: „nicht überzeugend" und „dem Mehrheitsprinzip nicht angemessen" (*Werner Heun*), 71: „nicht […] wünschenswert, […] weil damit die Reaktionsfähigkeit und auch die Handlungsfähigkeit des politischen Gesetzgebers zur sehr eingeschränkt würde" (*Hans Meyer*); *Ekkehart Reimer* Die künftige Ausgestaltung der bundesstaatlichen Finanzordnung, VVDStRL 73 (2014), 153 (168 f.); *Ulrich Smeddinck* Gesetzgebungsmethodik und Gesetzestypen, in: Winfried Kluth/Günter Krings (Hrsg.) Gesetzgebung, 2014, § 3 Rn. 77 ff.; *ders.* Gesetzesproduktion (Fn. 256), 326 ff.; *ders.* Zur Dogmatik von Grundlagengesetzen, ZG 22 (2004), 62 ff. Mit eigenem und nur bedingt anschlussfähigem Ansatz einer Grundsatzgesetzgebung schon *Friedrich A. v. Hayek* Recht, Gesetzgebung und Freiheit, Bd. 3, 1981, 154 ff.; dazu *Hans H. Klein* Die mehrspurige Demokratie, in: Klaus Letzgus u.a. (Hrsg.) FS Herbert Helmrich, 1994, 255 (262 f.).

260 Zur mangelnden Verallgemeinerungsfähigkeit der Figur des Grundsätzegesetzes *de constitutione lata* und der Kritik an der dezisionistischen Forderung nach einem Maßstäbegesetz (vgl. BVerfGE 101, 158 [217 f.]) auszugsweise *Karim Maciejewski* Verfassungskonkretisierung durch Maßstäbegesetzgebung, in: Hartmut Rensen/Stefan Brink (Hrsg.) Linien der Rechtsprechung des Bundesverfassungsgerichts, Bd. I, 2009, 391 ff.; *Rainer Werns-*

Resilienzsicherung in der Zwischenschicht bietet sich jedoch vor allem der Gesetzgebungsauftrag in Art. 29 Abs. 7 S. 2 GG[261] an: Soweit dieser für Neugliederungen des Bundesgebietes ein Gesetz[262] verlangt, das der Mehrheit der Mitglieder des Bundestages und der Zustimmung des Bundesrates bedarf, macht er deutlich, dass das Grundgesetz die Kategorie eines Verfassungsausführungsgesetzes mit erhöhter Bindungswirkung[263] bereits kennt. Mit dem Erfordernis der absoluten Mehrheit (Art. 121 GG, „Kanzlermehrheit") wird verhindert, dass das Gesetz durch einfaches, d.h. nicht mit Mitgliedermehrheit erlassenes Bundesgesetz nach dem *lex posterior*-Grundsatz durchbrochen werden kann.[264] Das Erfordernis einer „nur" absoluten Mehrheit ist zum einen notwendige Voraussetzung, um den Abstand zur verfassungsändernden Mehrheit zu wahren und eine Verwischung von formeller und materieller Verfassung zu vermeiden. Es ist zum anderen notwendige, aber auch hinreichende Bedingung,[265] um in Zeiten einer fragmentierten und polarisierten Parteienlandschaft[266] den in systemrelevanten Fragen gebotenen parteiübergreifenden Konsens sicherzustellen und auszuschließen, dass eine demokratiefeindliche Sperrminorität dauerhaft eine Blockadeposition erhält.[267] Da sich namentlich das Bundesstaatsprinzip und

mann BVerfGE 101, 158 – Länderfinanzausgleich IV. Verteilung von Geld hinter dem Schleier des Nichtwissens?, in: Jörg Menzel/Ralf Müller-Terpitz (Hrsg.) Verfassungsrechtsprechung, 3. Aufl. 2017, 650 (652 ff.); *Uwe Berlit/Irene Kesper* Ein Eingriff in die demokratische Gestaltungsverantwortung, KJ 33 (2000), 607 ff.; *Bodo Pieroth* Die Missachtung gesetzter Maßstäbe durch das Maßstäbegesetz, NJW 2000, 1086 f. Mit dem Vorschlag eines „Parlamentsfunktionengesetzes" nach dem Muster der Grundsatzgesetzgebung demgegenüber zuletzt *Rudolph* Parlamentarismus (Fn. 95), 32.

261 Zur Entstehungsgeschichte *Hermann v. Mangoldt* Das Bonner Grundgesetz, 1953, Art. 29 Anm. 1 f.

262 Vgl. das Gesetz über das Verfahren bei sonstigen Änderungen des Gebietsbestandes der Länder nach Artikel 29 Abs. 7 des Grundgesetzes (Artikel 29 Abs. 7-Gesetz) v. 30.7.1979 (BGBl. I 1325).

263 Entsprechende Qualifizierung bei *Rupert Scholz*, in: Günter Dürig/Roman Herzog/Rupert Scholz (Hrsg.) GG, Art. 29 (2016) Rn. 110; *Dieter C. Umbach*, in: ders./Thomas Clemens (Hrsg.) GG I, 2. Aufl. 2002, Art. 29 Rn. 122; *Niels Magsaam* Mehrheit entscheidet, 2014, 193.

264 *Scholz*, in: Dürig/Herzog/Scholz (Fn. 263), Art. 29 (2016) Rn. 110; *Magsaam* Mehrheit (Fn. 263), 192.

265 Vgl. aber auch *Britz/Eichberger* Widerstandskraft (Fn. 193), 7 und *Duden* Richterwahl (Fn. 193), 658, die als verfassungsrechtliche Lösung für die gesetzliche Regelung bestimmter, das Bundesverfassungsgericht betreffender Materien ein höheres, der Verfassungsänderung angenähertes Mehrheitsquorum (z.B. 60 Prozent) vorschlagen.

266 Vgl. *Gärditz* Verfassungsentwicklung (Fn. 24), § 4 Rn. 15; *Kersten* Regierungssystem (Fn. 96), § 11 Rn. 13.

267 Zur verhängnisvollen Bedeutung von Sperrminoritäten im Vorfeld von Krisen und Umbrüchen *Gärditz* Resilienz (Fn. 24), 408; *Juliana Talg/Fabian Wittreck* Physiotherapie für die Richterwahl: Wie sich Blockaden lösen lassen, VerfBlog, 9.4.2024

seine bisweilen beklagte Schwerfälligkeit in der Krise als Resilienzfaktor erweisen können,[268] erscheint die Zustimmungspflicht des Bundesrates im hier interessierenden Kontext gleichermaßen sinnvoll.[269] Eine Übertragung der in Art. 29 Abs. 7 S. 3 GG vorgesehenen Anhörungspflicht auf die betroffenen Organe und Institutionen entspricht ebenfalls dem Regelungsanliegen institutioneller Resilienzsicherung;[270] die normative Fixierung eines darüber hinausgehenden Einvernehmens- oder gar Zustimmungserfordernisses[271] verengte die gesetzlichen Regelungsspielräume hingegen übermäßig.[272] Überlegenswert erschiene es zudem, eine zeitliche Distanz zwischen Beschluss und Wirksamwerden systemrelevanter Entscheidungen zu verlangen,[273] um sie von aktuellen politischen Präferenzen zu entkoppeln.[274] Schließlich wäre es geboten, die Bindung eines späteren Bundes- an ein verfassungsausführendes „Systemgesetz"[275] über eine gesteigerte

---

<https://verfassungsblog.de/physiotherapie-fur-die-richterwahl/> (Stand 31.1.2025); *Anna-Mira Brandau/Juliana Talg* Sperrminorität kommt vor dem Fall: Wie der Rechtsstaat in Thüringen, Sachsen und Brandenburg blockiert werden könnte, VerfBlog, 30.8.2024 <https://verfassungsblog.de/sperrminoritat-kommt-vor-dem-fall/> (Stand 31.1.2025).

268 *Gärditz* Resilienz (Fn. 24), 408; *ders.* Landesverfassungsrecht (Fn. 94), 871; s. auch *Eva M. Hausteiner* Gemeinsam stabil?, in: dies./Grit Straßenberger/Felix Wassermann (Hrsg.) Politische Stabilität, 2020, 120 (125).

269 Im Kontext der Resilienzsicherung des Bundesverfassungsgerichts vgl. BR-Drs. 457/24; aus der Literatur *Duden* Richterwahl (Fn. 193), 658; *Krings/Rudolph* Verfassungsgerichtsbarkeit (Fn. 31), 263 f.; *Luke D. Spieker* Kein Mut zur Lücke! Plädoyer für eine Zustimmungspflicht des Bundesrates bei Änderungen des BVerfGG, VerfBlog, 22.10.2024 <https://verfassungsblog.de/kein-mut-zur-lucke/> (Stand 31.1.2025).

270 Vgl. in diesem Zusammenhang auch den Plenumsbeschluss v. 11.9.2024 zu möglichen Änderungen der gesetzlichen Vorschriften über das Bundesverfassungsgericht, Pressemitteilung Nr. 75/2024 v. 12.9.2024.

271 In der Diskussion um die Funktionsfähigkeit des Bundesverfassungsgerichts gefordert von *Britz* Schutz (Fn. 193), 10; *dies./Eichberger* Widerstandskraft (Fn. 193), 7. Für den Verteidigungsfall vorgesehen in Art. 115g S. 1 GG.

272 S. auch BT-Drs. 20/11025, 7: „rechtsdogmatisch und demokratietheoretisch nicht unproblematisch".

273 Für das Maßstäbegesetz BVerfGE 101, 158 (217 f.).

274 *Reimer* Finanzordnung (Fn. 259), 169. Mit Blick auf das Wahlrecht *Heinrich Lang* Gesetzgebung in eigener Sache, 2007, 31 ff.; *ders.* Distanzschutz in der Ersten Gewalt: Selbstbegünstigung als Herausforderung des Verfassungsstaats, VerfBlog, 12.9.2023 <https://verfassungsblog.de/distanzschutz-in-der-ersten-gewalt/> (Stand 31.1.2025): „Wenn die Entscheidung für ein (neues) Wahlsystem ein Stück materiellen Verfassungsrechts darstellt, […] dann bietet es sich an, einem Systemwechsel unter Distanzschutzgesichtspunkten besondere Beachtung zu schenken. Diskutabel wäre ein zeitlicher Distanzschutz, etwa ein Wirksamwerden erst zur übernächsten Wahlperiode. Denkbar wäre auch, für Systemwechsel qualifizierte Mehrheiten zu fordern".

275 Die Kontrollkompetenz des Bundesverfassungsgerichts (vgl. Art. 93 Abs. 1 Nr. 2 GG) folgte daraus, dass ein späteres Bundesgesetz, das gegen ein früheres Verfassungsausführungsgesetz verstößt, zugleich wegen eines Verstoßes gegen die grundgesetzli-

Kontrollintensität bis hin zu einem *judicial activism* abzusichern.[276] Während die Verfassungsgerichtsbarkeit hinsichtlich der materiellen Politikziele stärkere Zurückhaltung wahren sollte, wird im Bereich der Politikverfassung schon heute eine strenge Kontrolle praktiziert, weil es sich hierbei – regelmäßig – um „Entscheidungen in eigener Sache"[277] handelt. Dies lässt sich auf die hier identifizierten systemrelevanten Bereiche des Politischen ebenso übertragen wie auf den Schutz des Bundesverfassungsgerichts als ihren „Hüter".[278]

3. *Schaffung systemischen Vertrauens*

a) *Zukunftsfestigkeit durch Systemvertrauen*

Dass sich die konstitutionelle Demokratie nicht gegen das von ihr verfasste Volk durchsetzen lässt und Änderungen zum Schutz ihrer normativen Grundstatik immer auch eine antidemokratische Schlagseite auf-

---

chen Gesetzgebungsaufträge verfassungswidrig wäre. Im Bereich der Grundsätzegesetzgebung bejaht die h.M. in Fällen, in denen das spätere Bundes- gegen das frühere Grundsätzegesetz verstößt, einen Verstoß gegen Art. 109 Abs. 4 GG und sieht damit die Möglichkeit einer verfassungsgerichtlichen Normenkontrolle als eröffnet an, vgl. *Michael Rodi*, in: Wolfgang Kahl/Christian Waldhoff/Christian Walter (Hrsg.) BK-GG, Art. 109 (2004) Rn. 353; *Rainer Wernsmann* Verhaltenslenkung in einem rationalen Steuersystem, 2005, 447; a.A. *Henning Tappe* Das Haushaltsgesetz als Zeitgesetz, 2008, 78 f.

[276] *Martin Belov* (Hrsg.) Courts and Judicial Activism under Crisis Conditions, 2022. Als Vorbild mag an dieser Stelle Art. 46 Abs. 4 S. 2 frVerf dienen, der in Bezug auf verfassungsausführende Organgesetze eine präventive Normenkontrolle durch den *Conseil constitutionnel* vorsieht.

[277] BVerfGE 165, 206 (253 Rn. 127); vgl. auch BVerfGE 85, 264 (291 f.); aus der Literatur *Joachim Wieland* (Hrsg.) Entscheidungen des Parlaments in eigener Sache, 2011; *Thilo Streit* Entscheidung in eigener Sache, 2006, 20 ff.; *Lang* Gesetzgebung (Fn. 274), 16 ff., 30 ff.; *Morlok* Notwendigkeit (Fn. 72), 1000; *ders.* Recht (Fn. 72), 3; *ders.* Entscheidungen in eigener Sache – eine analytische Skizze, VerfBlog, 6.9.2023 <https://verfassungsblog.de/entscheidungen-in-eigener-sache-eine-analytische-skizze/> (Stand 31.1.2025); *Hans H. v. Arnim* Entscheidungen des Parlaments in eigener Sache: Das Problem ihrer gerichtlichen Kontrolle, DÖV 2015, 537 ff. Mit präzisierendem Ansatz *Arne Pilniok* Gemeinwohlsicherung im Recht der Politik: Kritische Beobachtungen zu den Entscheidungen des Parlaments „in eigener Sache", VerfBlog, 11.9.2023 <https://verfassungsblog.de/gemeinwohlsicherung-im-recht-der-politik/> (Stand 31.1.2025). Aus österreichischer Perspektive *Teresa Radatz* Österreich als Insel der Seligen?: Entscheidungen des Parlaments in eigener Sache als rechtspolitischer Gestaltungsspielraum des Gesetzgebers, VerfBlog, 21.9.2023 <https://verfassungsblog.de/osterreich-als-insel-der-seligen/> (Stand 31.1.2025).

[278] *Morlok* Hüter (Fn. 117), 157 ff.; *Oliver Lepsius* Die politische Funktion des Bundesverfassungsgerichts, APuZ 37/2021, 13 (16); ferner *Uhl* Stabilisierungsfunktion (Fn. 59), 303, wonach dem Bundesverfassungsgericht im politischen Prozess die Aufgabe zukommt, zu entscheiden, welche Forderungen an das politische System verstetigungswürdig sind und welche nicht.

weisen,[279] wissen wir spätestens seit *Hans Kelsen*.[280] Die liberale Demokratie beruht auf einem offenen soziokulturellen Fundament.[281] Gegen Anfeindungen, Untergrabungen und Bestrebungen zu ihrer Delegitimierung kann sie sich niemals verfassungsrechtlich immunisieren, ohne ihre Freiheitlichkeit und Offenheit aufzugeben.[282] Ihre Zukunftsfestigkeit hängt vielmehr davon ab – das ist die eigentliche Lehre aus „Weimar“[283] –, dass sich politische Struktur und politische Kultur entsprechen,[284] sprich die politischen Strukturen Akzeptanz und Unterstützung in breiten Schichten der Bevölkerung finden und damit Vertrauen in das Gesamtsystem stiften.[285] Demokratie gilt als eine in besonderer Weise vertrauensbasierte

---

[279] Vgl. *Möllers/Schneider* Demokratiesicherung (Fn. 11), 2; *Laughlin* Crisis (Fn. 15), 450: „essentially ‚counter-democratic‘ techniques“; *Tristan Barczak* Wahlrechtsverwirkung?, RuP 60 (2024), 163 (164 f.); verfassungstheoretisch *Johannes Natus* Verfassungsmissbrauch durch Zweidrittelmehrheit?, 2017, 211 ff. *et passim*. Zum exzessiven und einzelne Politikbereiche (Familienpolitik, Polizei, Streitkräfte, Recht der Nationalitäten) erfassenden Einsatz der nur mit Zweidrittelmehrheit änderbaren „Schwerpunktgesetze“ unter der reformierten Verfassung Ungarns aus dem Jahr 2011 vgl. Europäisches Parlament (Ausschuss für konstitutionelle Fragen), Stellungnahme Nr. 621/2011 – CDL-AD(2011)016, Rz. 22 ff.; *Gábor Halmai* Hochproblematisch: Ungarns neues Grundgesetz, Osteuropa 61 (2011), 145 (151 f.).

[280] *Hans Kelsen* Verteidigung der Demokratie (1932), in: *ders.* Verteidigung der Demokratie, hrsg. v. Matthias Jestaedt/Oliver Lepsius, 2006, 229 (237).

[281] *Ernst-Wolfgang Böckenförde* Die Entstehung des Staates als Vorgang der Säkularisation, in: *ders.* Recht, Staat, Freiheit, 7. Aufl. 2019, 92 (112); eingehend *ders.* Demokratie (Fn. 169), § 24 Rn. 59 ff.; aus der Nahaufnahme *Till v. Rahden* Was die Demokratie am Leben hält, in: Eckart Conze/Astrid Wallmann (Hrsg.) Gefühlte Demokratie, 2024, 169 ff.

[282] *Udo Di Fabio* Demokratie (Rechtlich), in: Görres-Gesellschaft (Hrsg.) Staatslexikon, Bd. I, 8. Aufl. 2017, Sp. 1204 (1209); systemtheoretisch *ders.* Herrschaft (Fn. 70), 27; *Ino Augsberg* Allgemeine Staatslehre oder Herrschaftstheorie?, Der Staat 59 (2020), 101 (104).

[283] *Dieter Grimm* Die Bedeutung der Weimarer Verfassung in der deutschen Verfassungsgeschichte, 2. Aufl. 1992, 30: „Verfassung ohne breiten Rückhalt“; *Kurt Sontheimer* Antidemokratisches Denken in der Weimarer Republik, VfZ 5 (1957), 42 (42): „eine Demokratie, in der es weithin keine demokratische Gesinnung gab“; *Werner Frotscher* Direkte Demokratie in der Weimarer Verfassung, DVBl 1989, 541 (547): „Demokratie ohne Konsens“; *Volker Ullrich* Republik ohne Republikaner, Neue Gesellschaft. Frankfurter Hefte 56 (2009), 17 ff.

[284] Grundlegend *Gabriel A. Almond/Sidney Verba* The Civic Culture, 1963, 21 ff. *et passim*. Aus der Sekundärliteratur *Susanne Pickel* Politische Kultur, Systemvertrauen und Demokratiezufriedenheit, in: Karl-Rudolf Korte/Martin Florack (Hrsg.) Handbuch Regierungsforschung, 2. Aufl. 2022, 259 (260 ff.); *Gabriel/Holtmann* System (Fn. 7), 462 ff., 484; *Hufen* Verfassungstheorie (Fn. 50), 231 ff.

[285] Zum Begriff des „Systemvertrauens“ *Kai-Uwe Hellmann* Gemeinwohl und Systemvertrauen, in: Herfried Münkler/Karsten Fischer (Hrsg.) Gemeinwohl und Gemeinsinn, 2002, 77 (87): „Allgemein gesprochen ist Systemvertrauen somit das Vertrauen in das Funktionieren des Systems, also daß alles seine Ordnung hat und es keine Systemausfälle,

Herrschaftsordnung,[286] denn Vertrauen steht im Zentrum des Gesellschaftsvertrags eines demokratischen Systems[287] und bildet den wohl wirksamsten Faktor, mit dem die Zukunftsfestigkeit dieses Systems garantiert werden kann.[288]

b) Systemvertrauen durch Verfassungskultur

Konrad Hesses Metapher vom „Willen zur Verfassung“[289] bringt zum Ausdruck, dass die Frage nach Systemvertrauen über die Verfassung hinaus, aber zugleich auf diese zurückweist.[290] Vertrauen ist stets auf personelle wie materielle Ankerpunkte angewiesen.[291] Diese sind in einer libe-

---

keine gravierenden Funktionsmängel, keine systemischen Reibungsverluste in größerem Maße gibt, sondern alles im Rahmen des Erwartbaren bleibt“.

[286] *Hanno Kube* Vertrauen und Vertrauensverluste, in: HStR I (Rn. 64), § 15 Rn. 56 f.; *Gary S. Schaal* Vertrauen, Verfassung und Demokratie, 2004, 169; *Katarina Weilert* Vertrauen ist gut. Ist Recht besser?, in: Markus Weingardt (Hrsg.) Vertrauen in der Krise, 2011, 105 (112); *dies.* Das paradoxe Vertrauen in den Staat und seine Institutionen, HFR 15/2010, 207 (207); *Günter Frankenberg/Wilhelm Heitmeyer* Dilemma Demokratieschutz, VerfBlog, 3.4.2024 <https://verfassungsblog.de/dilemma-demokratieschutz/> (Stand 31.1.2025). Für das parlamentarische Regierungssystem des Grundgesetzes speziell *Lennartz* Zukunftsfestigkeit (Fn. 96), 1055 ff.

[287] *Hellmann* Systemvertrauen (Fn. 285), 84 ff., 93 ff.; *Kyrill-Alexander Schwarz* Vertrauensschutz als Verfassungsprinzip, 2002, 189: „*Conditio sine qua non* des freiheitlichen demokratischen Rechtsstaats“ (Hervorhebungen im Original). Zu den verschiedenen Vertrauensdimensionen im Verfassungsstaat *Kube* Vertrauen (Fn. 286), § 15 Rn. 20 ff., 56 ff., 87 ff. Zu Alternativkonzepten *Winfried Kluth* Das Grundgesetz und der gesellschaftliche Zusammenhalt, in: Hans Hofmann (Hrsg.) FS 75 Jahre Grundgesetz, 2024, 175 (179), m.w.N.

[288] *Merkel* Demokratie (Fn. 87), 22; historisch *Jan Timmer* Vertrauen. Eine Ressource im politischen System der römischen Republik, 2017; ferner *Gärditz* Landesverfassungsrecht (Fn. 94), 876; *Maximilian Wallerath* Die schwächelnde Republik, DÖV 2021, 905 (908); a.A. *Julien Berger* Vertrauen ist gut, verfassungsrechtliche Kodifizierung ist besser: Zur Notwendigkeit der verfassungsrechtlichen Absicherung des Bundesverfassungsgerichts, VerfBlog, 30.11.2023 <https://verfassungsblog.de/vertrauen-ist-gut-verfassungsrechtliche-kodifizierung-ist-besser/> (Stand 31.1.2025).

[289] *Hesse* Kraft (Fn. 241), 8.

[290] Für eine mobilisierende und aktivierende Interpretation des Rechts im politischen System auch *Frances Kahn Zemans* Legal Mobilization: The Neglected Role of the Law in the Political System, APSR 77 (1983), 690 ff.

[291] Vor allem Institutionen fungieren dabei als „Vertrauensspeicher“, vgl. *M. Rainer Lepsius* Vertrauen zu Institutionen, in: Stefan Hradil (Hrsg.) Differenz und Integration, 1996, 283 ff.; *Weilert* Vertrauen (Fn. 286), 110 ff.; *dies.* Institutionen (Fn. 286), 209 ff., 219 ff. Zum krisenbedingten Wandel des Institutionenvertrauens aber *Hans-Joachim Lauth/Christoph Mohamad-Klotzbach* Demokratie- oder Staatskrise?, in: Joris Steg (Hrsg.) Der Staat in der Krise, 2024, 131 (150 ff.).

ralen Verfassungskultur mannigfaltig anzutreffen.[292] Als „Kultur“ ist eine Verfassung nicht nur Rechtstext oder normatives Regelwerk, sondern auch Ausdruck des Entwicklungszustands eines politischen Systems,[293] Mittel der kulturellen Selbstvergewisserung eines Volkes,[294] Gedächtnis der Demokratie[295] und Fundament, auf das sich für die Zukunft bauen lässt.[296] In der Verfassungskultur zeigt sich der Mehrwert eines Denkens vom politischen System her, das anstelle des sterilen Dualismus von Staat und Gesellschaft ein Denken in politisch-sozialen Kontexten und kollektivpsychologischen Kategorien ermöglicht. Der Wille aller Akteure des politischen Systems zur Verfassung gehört ebenso zur Verfassungskultur wie der Respekt vor der Autorität einer Institution, die über die Einhaltung der von der Verfassung vorgezeichneten Verfahren und Werte als deren „Hüter“ wacht.[297] Verfassungstreue und Interorganrespekt bilden Grund-

---

[292] Zu Begriff und Konzept der Verfassungs(rechts)kultur *Peter Häberle* Verfassungslehre als Kulturwissenschaft, 2. Aufl. 1998, 90 ff. *et passim*; *ders.* Der Sinn von Verfassungen in kulturwissenschaftlicher Sicht, AöR 131 (2006), 621 (636 ff.); *Paul Kirchhof* Begriff und Kultur der Verfassung, in: Otto Depenheuer/Christoph Grabenwarter (Hrsg.) Verfassungstheorie, 2010, § 3 Rn. 2 ff.; *Hans Vorländer* Die drei Entwicklungswege des Konstitutionalismus in Europa, in: Institut für Europäische Verfassungswissenschaften (Hrsg.) Die Europäische Union als Verfassungsordnung, 2004, 21 ff.; *Andreas Wirsching* Verfassung und Verfassungskultur im Europa der Zwischenkriegszeit, in: Christoph Gusy (Hrsg.) Demokratie in der Krise, 2008, 371 ff.; *Christian Waldhoff* Das andere Grundgesetz. Gedanken über Verfassungskultur, 2019, 7 ff. (mit den Facetten der „Entstehungskultur“, „Wahrnehmungskultur“, „Änderungskultur“ und „Jubiläumskultur“); *Werner Gephart/Jan C. Suntrup* (Hrsg.) Dynamics of Constitutional Cultures – The Cultural Manifestation and Political Force Field of Constitutionalism, 2021; *Susanne Baer/Nina Alizadeh Marandi* Verfassungskultur statt Leitkultur, APuZ 9–11/2024, 11 ff.; *Nußberger* Regieren (Fn. 20), 28. Zu Elementen einer politischen Theorie der Verfassung *Rainer Schmidt* Verfassungskultur und Verfassungssoziologie, 2012. Zu der gebotenen Differenzierung zwischen Vertrauen *in* Recht und Vertrauen *durch* Recht *Eberhard Schmidt-Aßmann/Georgios Dimitropoulos* Vertrauen in und durch Recht, in: Markus Weingardt (Hrsg.) Vertrauen in der Krise, 2011, 129 ff.

[293] *Bruce Ackerman* Constitutional Politics/Constitutional Law, The Yale Law Journal 99 (1989), 453 (477): „an evolving language of politics“.

[294] *Daniel Witte/Marta Bucholc* Verfassungssoziologie als Rechtskulturvergleich, ZfRS 37 (2017), 266 ff.

[295] Zur „Gedächtnisfunktion“ der Verfassung *Paul Kirchhof* Das Grundgesetz als Gedächtnis der Demokratie, in: Martin Heckel (Hrsg.) Die innere Einheit Deutschlands inmitten der europäischen Einigung, 1996, 35 ff.; *ders.* Gewissheiten (Fn. 102), 1 f.; *ders.* Begriff (Fn. 292), § 3 Rn. 79 ff.; *Matthias Herdegen* Das Grundgesetz im Gefüge des westlichen Konstitutionalismus, in: ders. u.a. (Hrsg.) HVerfR, 2021, § 1 Rn. 59.

[296] Zum Vorstehenden insgesamt *Häberle* Sinn (Fn. 292), 636 f.

[297] *Frieder Günther* Auf dem Weg zu einer liberalen Verfassungskultur?, Jahrbuch zur Liberalismus-Forschung 32 (2020), 109 (110).

pfeiler einer lebendigen und zukunftsfähigen Verfassungskultur.[298] Werden die Spielregeln des demokratischen Prozesses gezielt unterlaufen[299] oder missbräuchlich beschleunigt[300] und gerichtliche Entscheidungen aus politischem Opportunitätsdenken offen missachtet,[301] beschädigt dies nicht nur das Grundvertrauen in den Rechtsstaat, sondern auch in die demokratischen Institutionen.

Die Verfassungskultur des Grundgesetzes ist schließlich durch den „historischen Doppelbezug"[302] von Weimarer Republik und NS-Unrechtsregime maßgeblich geformt. In der freiheitlichen demokratischen Grundordnung findet der historisch-spezifische Antwortcharakter des Grundgesetzes sein verfassungskulturelles Erbe.[303] Die freiheitliche demokratische Grundordnung ist zwar bis heute von einer bedauerlichen Unschärfe und einer Reduktion auf die negatorischen Instrumente der „wehrhaften" Demokratie geprägt. Als *Grund*ordnung beschreibt sie jedoch – positiv[304] – einen Ausschnitt der staatlichen *Gesamt*ordnung und damit den Wesenskern des politischen Systems unter dem Grundge-

---

[298] *Schuppert* Kultur (Fn. 21), 489.

[299] *Tristan Barczak* Politischer Wettstreit, kalkulierter Rechtsungehorsam und demokratische Resilienz, ZG 39 (2024), 103 (106). Zu Begründung, Geltung und Reichweite von Rechtsgehorsam *Patrick Hilbert/Jochen Rauber* (Hrsg.) Warum befolgen wir Recht?, 2019.

[300] Vgl. BVerfGE 166, 304 (330 ff. Rn. 91 ff.) – Gebäudeenergiegesetz.

[301] Zum Ganzen *Philipp Koepsell* Exekutiver Ungehorsam und rechtsstaatliche Resilienz, 2023; *ders.* Kein Kniefall vorm Gericht: Wie die VwGO exekutivem Ungehorsam Vorschub leistet, VerfBlog, 30.4.2024 <https://verfassungsblog.de/kein-kniefall-vorm-gericht/> (Stand 31.1.2025); *Fabian Michl* Der Staat als Ehrenmann?, in: Till P. Holterhus/Fabian Michl (Hrsg.) Die schwache Gewalt?, 2022, 73 ff.; *Lothar Knopp/Monique Hofmann* Wider den Rechtsstaat – Politik kontra Gerichtsbarkeit, NVwZ 2020, 982 ff.; vgl. in diesem Zusammenhang auch die Gesetzesinitiative des Bundesrates zur Effektivierung der Zwangsvollstreckung gegen Hoheitsträger, BR-Drs. 135/22.

[302] *Dreier* Grundlagen (Fn. 169), § 1 Rn. 6 f.; vgl. auch *Tristan Barczak* Geschichtliche Grundlagen deutscher Verfassungsstaatlichkeit, in: Klaus Stern/Helge Sodan/Markus Möstl (Hrsg.) Staatsrecht I, 2. Aufl. 2022, § 4 Rn. 117 ff.

[303] Aus politik-, geschichts- und rechtswissenschaftlicher Perspektive *Sarah Schulz* Die freiheitliche demokratische Grundordnung, 2019. Dieses Erbe schlägt sich im Verfassungstext in zahlreichen Vorschriften nieder, vgl. Art. 10 Abs. 2 S. 2, Art. 11 Abs. 2, Art. 18 S. 1, Art. 21 Abs. 2 und Abs. 3 S. 1, Art. 73 Abs. 1 Nr. 10 lit. b), Art. 87a Abs. 4 S. 1, Art. 91 Abs. 1 GG.

[304] Instruktiv *Otto Kimminich* Der freiheitlich-demokratische Rechtsstaat der Bundesrepublik Deutschland, in: Göttinger Arbeitskreis (Hrsg.) Politische Systeme in Deutschland, 1980, 7 ff.; s. ferner *Rolf Nichelmann* Form und Funktion der „freiheitlichen demokratischen Grundordnung", 2013, 145 ff.; *Pierre Thielbörger* Freiheitliche demokratische Grundordnung, in: Uwe Andersen u.a. (Hrsg.) Handwörterbuch des politischen Systems der Bundesrepublik Deutschland, 8. Aufl. 2021, 322 (322); *Jens Hacke* Stabilität durch „Wehrhaftigkeit"?, in: Eva M. Hausteiner/Grit Straßenberger/Felix Wassermann (Hrsg.) Politische Stabilität, 2020, 259 (274).

setz.[305] In ihrer Konzentration auf wenige, zentrale Grundprinzipien[306] formuliert sie einen ethisch-sozialen Minimalkonsens und verzichtet mit diesem auf jede Form gesellschaftlicher Homogenisierung und Identifizierung. Vom Staatsbürger im Allgemeinen verlangt sie gerade keine Identifikation mit „seinem Staat",[307] keinen „Bürgereid" auf die Verfassung,[308] keinen Nachweis der Verfassungstreue[309] oder Ausweis von Verfassungspatriotismus,[310] kein Bekenntnis „zur besonderen historischen Verantwortung Deutschlands für die nationalsozialistische Unrechtsherrschaft und ihre Folgen".[311] In der Verfassungskultur des Grundgesetzes baut der Staat zwar auf Verfassungsakzeptanz und Werteloyalität, erzwingt diese aber nicht.[312] Hierin liegt das eigentliche Integrationsprogramm einer

---

[305] Man könnte insofern auch von „Systemidentität" sprechen, vgl. *Hufen* Verfassungstheorie (Fn. 50), 234 ff. Für eine solche spricht, dass Art. 108 des Herrenchiemseer Verfassungsentwurfs – als Vorläufer des heutigen Art. 79 Abs. 3 GG – Anträge auf Änderungen des Grundgesetzes, „durch die die freiheitliche und demokratische Grundordnung beseitigt würde", für unzulässig erklärte.

[306] Zu ihrer restriktiven Neuinterpretation BVerfGE 144, 20 (205 ff. Rn. 535 ff.); BVerfG NJW 2024, 645 (657 f.); sowie *Jakob Hohnerlein* Zwei freiheitliche demokratische Grundordnungen?, DVBl 2024, 267 ff.

[307] Vgl. *Erhard Denninger* Verfassungstreue und Schutz der Verfassung, VVDStRL 37 (1979), 7 (25); *Armin v. Bogdandy* Europäische und nationale Identität: Integration durch Verfassungsrecht?, VVDStRL 62 (2003), 156 (180 ff.).

[308] *Dreier* Ordnung (Fn. 27), 481.

[309] Anderslautende Vorschriften in den vorkonstitutionellen Länderverfassungen Bayerns (Art. 117), Bremens (Art. 9 S. 1) und von Rheinland-Pfalz (Art. 20) sowie im Entwurf des Herrenchiemseer Verfassungskonvents (Art. 19: „Jeder hat die Pflicht der Treue gegen die Verfassung und hat Verfassung und Gesetze zu achten und zu befolgen") sind durch das Freiheitsparadigma des Grundgesetzes überholt, vgl. *Barczak* Dämmerung (Fn. 14), 425; a.A. *Josef F. Lindner*, in: ders./Markus Möstl/Heinrich A. Wolff (Hrsg.) Verfassung des Freistaates Bayern, 2. Aufl. 2017, Art. 117 Rn. 2, wobei er den Bedeutungsgehalt der Verfassungstreueklausel auf eine bloße Appellfunktion reduziert.

[310] Anders zuletzt *Judith Froese* „Verfassungsfreundschaft", in: Hans Hofmann (Hrsg.) FS 75 Jahre Grundgesetz, 2024, 337 (351 ff.); *dies.* Verfassungspatriotismus (Fn. 173), 426 ff.

[311] So aber im Einbürgerungsrecht § 10 Abs. 1 S. 1 Nr. 1a StAG (eingef. durch BGBl. 2024 I Nr. 104). Zum Ganzen *Pascal Langer* Von der Treue der Bürger zur Verfassung, 2023, 256: „Wer Deutscher werden will, muss treu sein. Wer aber Deutscher ist, darf untreu sein".

[312] BVerfGE 124, 300 (320); BVerfG NJW 2001, 2069 (2070); NJW 2012, 1273 (1273); BVerwGE 174, 367 (371 Rn. 18); OVG Bautzen NJW 2023, 3592 (3593); OVG Münster NVwZ 2023, 774 (775). Zu „Verfassungsakzeptanz" als *plébiscite de tous les jours* vgl. *Waldhoff* Verfasstheit (Fn. 64), § 5 Rn. 59. Zum Vertrauen in die „Freiheitsfähigkeit" der Bürgerinnen und Bürger *Kube* Vertrauen (Fn. 286), § 15 Rn. 45 ff. Mit der Qualifizierung der Demokratie als „Staatsform des Freiheitsvertrauens" auch *Kirchhof* Gewissheiten (Fn. 102), 9.

pluralistischen Verfassung.[313] Diese setzt keine Einheit des Volkes[314] voraus und betreibt keine Identitätspolitik,[315] sondern macht deutlich, wie entscheidungsfähige politische Einheit gerade unter den Bedingungen gesellschaftlicher Diversität und kultureller Nichtidentität ermöglicht werden kann.[316] Die von *Roman Herzog* in den 1980er Jahren aufgeworfene Frage, „wo im Meer der Meinungs- und Interessengegensätze denn noch das Verbindende, das Einende, die Mitte" liegt,[317] lässt sich folglich dahingehend beantworten, dass die freie Diskussion selbst „das eigentliche Fundament der freiheitlichen und demokratischen Gesellschaft"[318] bildet. Dies ist nicht nur eine Bestätigung des Satzes von *Niklas Luhmann*, wonach in modernen Gesellschaften das Feste auf das Fließende zu stützen ist,[319] sondern zeigt zugleich, dass gerade in der Austragung von Konflikten und Kontroversen ein stabilisierendes und integrierendes, die Zukunft des politischen Systems festigendes Moment liegen kann.[320] Kulturpessimismus verdient Verfassungsoptimismus.[321]

---

[313] Zum Grundgesetz als „verfaßte[m] Pluralismus" *Peter Häberle* Die Verfassung des Pluralismus, 1980, 57 ff.

[314] So noch *Isensee* Verfassungsrecht (Fn. 73), § 268 Rn. 128 ff.

[315] Zu diesem Reizthema *Yascha Mounk* The Identity Trap, 2023; *Karsten Schubert* Lob der Identitätspolitik, 2024.

[316] *Gertrude Lübbe-Wolff* Integration durch Verfassung, djbZ 4/2009, 174 (176); *dies.* Verfassung als Integrationsprogramm, APuZ 16–17/2019, 43 ff.; vgl. auch *Laura Münkler* Zusammenhalt qua Verfassungspatriotismus?, in: Klaus Günther/Daniel Thym/Uwe Volkmann (Hrsg.) Zusammenhalt durch Recht?, 2024, 65 (78 ff.).

[317] *Roman Herzog* Der Integrationsgedanke und die obersten Staatsorgane, 1986, 6.

[318] BVerfGE 90, 1 (20 f.).

[319] *Niklas Luhmann* Positivität des Rechts als Voraussetzung einer modernen Gesellschaft, Jahrbuch für Rechtssoziologie und Rechtstheorie 1 (1970), 175 (197): „In der Ära des positiven Rechts kann das Bewegliche nicht mehr auf das Feste gegründet werden; es muß umgekehrt das Feste auf das Bewegliche gegründet werden".

[320] Zur „Gesellschaft als Konfliktgesellschaft" und dem „Konflikt als Integrationsfaktor" *Günter Frankenberg* Zur Rolle der Verfassung im Prozess der Integration, in: Hans Vorländer (Hrsg.) Integration durch Verfassung, 2002, 43 (53 ff.); *Dreier* Ordnung (Fn. 27), 488, mit weitergehenden Überlegungen zur „Integrationskraft des Dissenses"; s. auch *Möllers* Demokratie (Fn. 148), Rz. 64: „Den Prozess der Integration erkennt man am Konflikt".

[321] Zum „kulturellen Optimismus" des freiheitlichen Verfassungsstaats *Paul Kirchhof* Die kulturellen Voraussetzungen der Freiheit, 1995, 1 f.; *ders.* Identität (Fn. 99), § 21 Rn. 11; *ders.* Verfassung, Theorie und Dogmatik, in: HStR XII (Fn. 73), § 273 Rn. 36; vgl. auch *Ulrich Becker/Jens Kersten* Demokratie als optimistische Staatsform, NVwZ 2016, 580 ff.

Leitsätze des Referenten über:

2. Zukunftsfestigkeit des politischen Systems

I. The end of history – Welche Zukunft?

1. Von Dämmerzuständen zu Kipppunkten

(1) Ihre Selbstverständlichkeit als globales Ordnungsmodell hat die liberale, konstitutionelle Demokratie infolge postdemokratischer Entleerung eingebüßt. Die entstandene Lücke wird zusehends durch eine Renaissance des politischen Autoritarismus gefüllt.

2. Von Machtverschiebungen zu Zeitenwenden

(2) Gefahren drohen dem politischen System einer liberalen Demokratie vornehmlich von innen heraus. Angegriffen wird sie in eigenem Namen, unter Verweis auf das demokratisch-voluntaristische Element der Mehrheitsentscheidung gegenüber den minderheitenschützenden Formen des Rechtsstaats und mit den Mitteln, die sie selbst bereitstellt.

II. Why political system matters – Welches System?

1. Systemtheoretische Grundierung

a) Politisches System als „Staatsgesellschaft"

(3) Ein Denken vom politischen System her verspricht Erkenntnisse, die bei einer Isolierung seiner Teilbereiche verschlossen blieben. Ein strikter Dualismus von Staat und Gesellschaft als in sich abgeschlossene Subsysteme reißt naheliegende Zusammenhänge auseinander und schneidet notwendige Verbindungslinien ab.

b) Politisches System als „soziales Sub-System"

(4) System- und diskurstheoretisch versteht sich das politische System als eine sich selbst organisierende Funktionseinheit, die ihr Weiterfunkti-

onieren selbst produziert und sich in spezifischer Weise von ihrer Umwelt differenziert. Selbstprogrammierung, Selbstreferentialität und Selbsterhalt sind einem politischen System notwendig eingeschrieben.

2. *Verfassungsrechtliche Konkretisierung*

a) *Politisches System als „regelbasierte Ordnung"*

(5) Das politische System und das Rechtssystem sind in einem demokratischen Rechtsstaat untrennbar miteinander verbunden, müssen aber im Interesse ihrer spezifischen Systemrationalitäten und Argumentationsweisen unterscheidbar bleiben. Die Verfassung bildet einen gemeinsamen Sprachraum, der die systemtheoretische Inkommensurabilität der Systeme aufhebt und ihre Interoperabilität herstellt.

b) *Politisches System als „System der Systeme"*

(6) Das Recht der Politik bildet ein Mehrebenensystem aus Verfassungsrecht, einfachgesetzlichem Recht sowie Geschäftsordnungsrecht und operiert dabei im Grenzbereich der Verfassung im formellen und im (nur) materiellen Sinne. Im politischen System verbinden sich verschiedene normative Subsysteme vom Parteien-, Wahl- und Regierungssystem über das System horizontaler und vertikaler Gewaltengliederung bis hin zum System der Existenz-, Geltungs- und Wertesicherung des politischen Prozesses.

III. *Taking the future seriously – Zukunftsfestigkeit als Systemresilienz*

1. *Zukunftsfestigkeit durch Zukunftsoffenheit*

a) *Politisches System als „Allwettersystem"*

(7) Zwischen Verfassungsrecht und politischem Stabilitätsdenken besteht schon terminologisch eine enge Verbindung, aber in kaum einem anderen Staat dürfte das politische Stabilitätsdenken derart mit der Verfassung verknüpft und auf die Verfassung reduziert sein wie in Deutschland. Das Grundgesetz ist nicht nur eine Verfassung für Schönwetterzeiten, sondern auch die Verfassung einer Schlechtwetterdemokratie.

b) Politisches System als „lernendes System"

aa) Vorsprung durch Verfassungstechnik: Verfassungsänderungen und Verfassungsinnovationen

(8) Zukunftsfest ist ein politisches System nur dann, wenn es auf normative Zukunftsoffenheit gegründet ist. Während Institutionen Stabilität innerhalb der Verfassungsordnung signalisieren, fungieren Verfassungsänderungen und verfassungsrechtliche Innovationen als Instrumente der Verfassungsflexibilität. Gemeinsam bilden sie systemimmanente Resilienzressourcen.

bb) Vorsprung durch Zukunftswissen: Lernfähigkeit und szientistischer Imperativ

(9) Die Lernfähigkeit der konstitutionellen Demokratie folgt vor allem aus dem Wettbewerb zwischen den politischen Parteien sowie einem offenen und machtfreien Diskurs, der auch kritischen Gegenöffentlichkeiten und marginalisierten Gegengemeinschaften einen demokratischen Resonanzraum verschafft. Um rationale Zukunftspolitik betreiben zu können, ist das politische System insbesondere auf eine beständige, aber stets „lose Kopplung" von Wissenschaft und Politik angewiesen.

2. Futurisierung durch Konstitutionalisierung?

(10) Resilienz durch Verfassungsrecht markiert kontrafaktische Erwartungssicherheit und akzeptiert die begrenzten normativen Möglichkeiten, Gefährdungen des politischen Systems wirksam und nachhaltig zu begegnen. Auch das Grundgesetz ist – entgegen mancher Wunschvorstellung – kein Allheilmittel gegen Störungen und Stressbelastungen des politischen Systems.

IV. Resilience by adaption – Prospektiver Schutz des politischen Systems

1. Sicherung systemimmanenter Entscheidungsfreiräume

a) Politik unter Verfassungs- und Moralvorbehalt?

(11) Werden an eine Verfassung übersteigerte Erwartungen des Prospektiven und Präskriptiven gerichtet, führt dies zu einer Überforderung des politischen Systems und einem Verlust seiner Unterstützung innerhalb der Gesellschaft. Wenn das Grundgesetz seinen Charakter als Rahmenordnung einbüßt und im Verfassungsverständnis zunehmend als gesellschaftspoliti-

scher „Zukunftsplan" erscheint, wird es selbst zum Quell der Überforderung und Destabilisierung des politischen Systems.

(12) Für einen freiheitlich-demokratischen Verfassungsstaat sind nicht alle politischen Fragen moralisch verhandelbar. Er verlangt vielmehr einen Konsens über das „Unabstimmbare" und „Nicht-Kontroverse". Wer aber in Parteien, Parlamenten und Medien den Raum des Verhandelbaren durch eine Ostentation des Moralischen verengt, sorgt dafür, dass sich bestimmte Positionen einen Ort außerhalb dieses Raums suchen.

b) Mehr Politik wagen – oder mehr Verfassungsgerichtsbarkeit?

(13) Korrespondiert der Zukunftsfestigkeit des politischen Systems eine Zukunftsoffenheit seines Rechts, tut das Grundgesetz gut daran, weder positive noch negative Politikvorbehalte aufzustellen. Ein konsequenter Verzicht auf die normenhierarchische Hochzonung politischer Präferenzen und eine Rückkehr zum judicial self-restraint bei der Deduktion materieller Politikziele aus der Verfassung sind geboten, um den Rahmencharakter der Verfassung zu sichern.

2. Stabilisierung systemrelevanter Institutionen

a) Institutionen als Kontinuitätsmomente des politischen Systems

(14) Institutionen sind das „Rückgrat" sozialer und politischer Systeme, deren stabilisierende Funktion nicht zuletzt in Krisenzeiten gefragt ist. Zugleich verschärft sich in der Krise jedoch die Gefahr, dass soziale und politische Institutionen von Systemgegnern gekapert, entmachtet und politisch umfunktioniert werden. Mit der Krise der Verfassungsgerichtsbarkeit steigt die Krisenanfälligkeit des politischen Systems insgesamt.

b) „Politische Systemrelevanz" als Kontinuitätsreserve des Verfassungsstaats

aa) Materielle Verfassung ohne Verfassungsrang

(15) Die mangelnde Kongruenz von formeller und materieller Verfassung macht es möglich, dass Regelungen des einfachen Rechts zum Teil wichtiger für die Grundordnung des politischen Systems sind als die Normen des Grundgesetzes. Ihre Qualifizierung als Verfassung im materiellen Sinne besitzt bislang lediglich heuristischen Wert; normhierarchisch ist sie bedeutungslos.

bb) „Systemrelevanz“ als Argument der Zwischenschicht

(16) Die Resilienz des politischen Systems lässt sich durch ein Verständnis für die „Systemrelevanz“ bestimmter politischer Institutionen fördern. „Systemrelevanz“ bezeichnet einen Suchbegriff, der es der Staatsrechtslehre ermöglicht, in den Zwischenschichten von veränderlichem und unveränderlichem Verfassungsrecht sowie von Verfassungsrecht und einfachem Recht diejenigen Institutionen zu identifizieren, die als tragend in Bezug auf das „System der Systeme“ angesehen werden können.

(1) Zwischen veränderlichem und unveränderlichem Verfassungsrecht

(17) Systemrelevanz bildet eine Auffangordnung namentlich für diejenigen „Systementscheidungen“ des Grundgesetzes, deren exegetische Ableitung aus den Grundsätzen des Demokratie-, Rechtsstaats- oder Bundesstaatsprinzips den Bereich der änderungsfesten Essentialia der Verfassung überschreitet, deren Änderung oder Ergänzung im legistischen Normalverfahren der Verfassungsänderung jedoch ebenfalls nicht sachgerecht erscheint.

(18) Für Änderungen der politisch systemrelevanten Bereiche im Grundgesetz wäre es an der Zeit, eine obligatorische Volksabstimmung als „Unterbrecher“ des Normalverfahrens zu verankern. Damit verschaffte man dem demokratischen „Willen zur Verfassung“ einen verfassungsimmanenten Resonanzboden, auf dem sich die Legalität und Legitimität systemrelevanter Entscheidungen bemessen und einem antiinstitutionellen Berufen auf den „wahren Willen des Volkes“ die Grundlage entziehen ließe.

(19) Eine obligatorische Volksabstimmung wäre in einem neuen Art. 79 Abs. 2 S. 2 GG einzubauen. Dieser könnte mit Regelbeispielen des Systemrelevanten versehen werden und sich im Übrigen, d.h. auch hinsichtlich des erforderlichen Abstimmungs- und Beteiligungsquorums, an Art. 29 Abs. 6 GG anlehnen (Mehrheit der abgegebenen Stimmen, die mindestens ein Viertel der zum Bundestag Wahlberechtigten umfasst).

(2) Zwischen Verfassungsrecht und einfachem Recht

(20) Soweit es um die Verfassung im materiellen Sinne geht, hat das Grundgesetz mit seinen Öffnungsklauseln die Grenzen der politischen Systemrelevanz unterhalb der Verfassung abgesteckt. Füllt der einfache Gesetzgeber diese Öffnungsklauseln insbesondere mit dem Parteien-, Wahl-, Abgeordneten- und Bundesverfassungsgerichtsgesetz aus, schließt er damit das Stück offengelassener Verfassunggebung. Dies lässt es gerechtfertigt erscheinen, den betreffenden Gesetzen (ganz oder teilweise)

einen besonderen Rang einzuräumen und ihre Qualifizierung als materielles Verfassungsrecht normhierarchisch nachzuzeichnen.

(21) Um eine Bindung von Gesetzen an Gesetze zu erreichen, bedarf es einer Verfassungsänderung. Diese kann sich an dem Gesetzgebungsauftrag in Art. 29 Abs. 7 S. 2 GG orientieren. Die dort statuierten Erfordernisse der (absoluten) Mehrheit der Mitglieder des Bundestages, der Zustimmung des Bundesrates sowie der Anhörung der betroffenen Körperschaften entsprechen dem Regelungsanliegen institutioneller Resilienzsicherung. Hier zeigt sich, dass das Grundgesetz die Kategorie eines Verfassungsausführungsgesetzes mit erhöhter Bindungswirkung bereits kennt.

(22) Während die Verfassungsgerichtsbarkeit hinsichtlich der materiellen Politikziele stärkere Zurückhaltung wahren sollte, erscheint es geboten, sämtliche Facetten institutioneller Systemrelevanz über eine gesteigerte Kontrollintensität bis hin zu einem judicial activism abzusichern.

3. Schaffung systemischen Vertrauens

a) Zukunftsfestigkeit durch Systemvertrauen

(23) Eine konstitutionelle Demokratie lässt sich nicht gegen das von ihr verfasste Volk durchsetzen. Die Zukunftsfestigkeit eines politischen Systems hängt vielmehr maßgeblich davon ab, dass die politischen Strukturen Akzeptanz und Unterstützung in breiten Schichten der Bevölkerung finden und Vertrauen in das Gesamtsystem stiften. Vertrauen ist eine Ressource politischer Kultur und damit der wohl wirksamste Faktor, mit dem die Zukunftsfestigkeit eines politischen Systems „in die Zeit hinein" garantiert werden kann.

b) Systemvertrauen durch Verfassungskultur

(24) Als „Kultur" ist eine Verfassung nicht nur Rechtstext oder normatives Regelwerk, sondern auch Ausdruck des Entwicklungszustands eines politischen Systems, Mittel der kulturellen Selbstvergewisserung eines Volkes, Gedächtnis der Demokratie und Fundament, auf das sich für die Zukunft bauen lässt. In der Verfassungskultur zeigt sich der Mehrwert eines Denkens vom politischen System her, das anstelle des sterilen Dualismus von Staat und Gesellschaft ein Denken in politisch-sozialen Kontexten und kollektivpsychologischen Kategorien ermöglicht. Der Wille aller Akteure des politischen Systems zur Verfassung gehört ebenso zur Verfassungskultur wie der Respekt vor der Autorität einer Institution, die über die Einhaltung der von der Verfassung vorgezeichneten Verfahren und Werte als deren „Hüter" wacht.

(25) In der freiheitlichen demokratischen Grundordnung findet der historisch-spezifische Antwortcharakter des Grundgesetzes sein verfassungskulturelles Erbe. Die Grundordnung formuliert einen ethisch-sozialen Minimalkonsens und verzichtet mit diesem auf jede Form gesellschaftlicher Homogenisierung und Identifizierung. Hierin liegt das eigentliche Integrationsprogramm einer pluralistischen Verfassung: Diese setzt keine Einheit des Volkes voraus und betreibt keine Identitätspolitik, sondern macht deutlich, wie entscheidungsfähige politische Einheit unter den Bedingungen gesellschaftlicher Diversität und kultureller Nichtidentität ermöglicht werden kann.

3. Aussprache und Schlussworte

Anna-Bettina Kaiser: Ich freue mich, jetzt die Aussprache zu beginnen.

[Worterteilungen sind im Folgenden nicht wiedergegeben.]

Dieter Grimm: Wenn wir über Möglichkeiten der Sicherung von Demokratien gegenüber Versuchen der Systemtransformation nachdenken, dann schiene es mir hilfreich, drei Zeitebenen zu unterscheiden, weil sich auf jeder dieser Ebenen unterschiedliche Fragen stellen. Die erste Ebene ist die vor einer Machtübernahme autoritärer Kräfte. Hier stellt sich die Frage, wie die Verfassung Vorsorge treffen kann, dass der Erfolg dieser Kräfte verhindert wird. Dazu haben die beiden Referate viel Nützliches beigetragen. Allenfalls hätte man etwas mehr Gewicht auf das Wahlrecht legen können, weil die Beispiele von Polen und Ungarn gezeigt haben, dass beide populistischen Parteien die Gelegenheit zur Systemtransformation allein dem Wahlrecht verdankten, das dem Wahlsieger einen weit überproportionalen Anteil der Mandate verschaffte. Die zweite Ebene ist die nach der Machtübernahme einer autoritären politischen Kraft. Hier fällt ins Gewicht, ob die populistischen Parteien eine absolute oder eine verfassungsändernde Mehrheit erreicht haben. Hat es nicht zu einer verfassungsändernden Mehrheit gereicht, ist die rechtliche Möglichkeit der Systemtransformation begrenzt. Aber wie jüngst am Beispiel Polens ablesbar, sind solche Mehrheiten selten gewillt, sich an die Verfassung zu halten, sondern greifen mehr oder weniger offen zu Verfassungsverletzungen. Dann verschiebt sich die Frage zu dem, was in Herrn Barczaks Referat am Ende kam: zu den sozialen und kulturellen Voraussetzungen des Verfassungsstaats. Ist die Verfassung hinreichend in der Gesellschaft verwurzelt, hat sie einen solchen Rückhalt in der Bevölkerung, dass es für die Politik zu kostspielig würde, ihr Ziel mit Verfassungsverletzungen zu verfolgen? Erlangt die populistische Partei dagegen eine Zweidrittelmehrheit, ist auf der nationalen Ebene alles verloren. Dann kann eine solche Partei ihre Ziele auf legalem Weg erreichen, wie in Ungarn geschehen. Hier stellt sich nur noch die Frage, ob es Abhilfe auf der internationalen Ebene gibt, insbesondere durch die internationalen Gerichte. Wie das Beispiel Polens gezeigt hat, kann es aber auch noch zu einer dritten Zeitebene kommen, nämlich dann, wenn die autoritären Kräfte die Macht wieder verlieren. Dann steht die neue demokratische Mehrheit vor der Frage, wie sie ohne eigene Verfassungsverstöße von den Verfassungsverstößen der Vorgängerregierung wieder herunterkommt, denn sie hat es mit einem Verfassungsgericht zu tun, das vollständig aus Getreuen der populistischen Regierung besteht. Ist es legitim, zu Verfassungsverstößen zu greifen, wenn das Ziel die Wiederherstellung der Verfassung ist? Darum geht es in Polen im Augenblick.

Anna-Bettina Kaiser: Es folgen drei Fragen, die sich mit den Gesichtspunkten der „Flexibilität“ und „Rigidität“ auseinandersetzen.

Angelika Nußberger: Ja, vielen herzlichen Dank und ganz besonders herzlichen Dank für die beiden großartigen Referate, die aus meiner Sicht eben diese Pole – Flexibilität und Rigidität – thematisiert haben. Zunächst zum Pol Rigidität. Was müssen wir zukunftsfest bewahren? Wir sind uns alle einig: Es ist Artikel 1 des Grundgesetzes. In dem Zusammenhang möchte ich an zwei Urteile erinnern, die in den letzten Tagen ergangen sind. Zum einen das Urteil des EuGH, in dem gesagt wurde, dass Frauen aus Afghanistan aufgrund der allgemeinen Verfolgungslage und der gegenwärtigen politischen Situation nicht zurückgeschickt werden können. Und zum anderen das Urteil des EGMR, in dem er in einem Verfahren gegen Zypern festgestellt hat, dass Menschen, die aus dem Libanon fliehen, von Zypern nicht zurückgewiesen werden dürfen; vielmehr müssen die Asylansprüche in Zypern behandelt werden. Beide Urteile stützen sich im Prinzip auf den Grundsatz der Menschenwürde. Letztendlich wird auf diese Weise im Mehrebenensystem unser Verständnis von Menschenwürde aufgefüllt. Gleichzeitig würde ich sagen, vertrauen wir darauf, dass diese Versprechen, die wir in Artikel 1 des Grundgesetzes verankern, nicht eingelöst werden. Denn wir wissen, wie viele Menschen dieses Versprechen eventuell einlösen könnten. Meine Frage ist daher: Wie können wir auf dieser Ebene den höchsten Anspruch feststellen – wie es die Gerichte richtigermaßen tun – und gleichzeitig darauf vertrauen, dass er nicht eingelöst wird? Die Politik argumentiert dagegen, da es unmöglich sei. Dies bedeutet dann eine Unterminierung dessen, was das Verfassungskorsett vorgibt. Daher meine Frage an Sie: Wie können wir damit umgehen? Wie können wir damit umgehen, dass wir eine Humanität in einer globalisierten Welt fordern, von der wir nicht wissen, wie wir sie einlösen können? Vielen Dank!

Franz Reimer: Bevor ich meine Kritik äußere, möchte ich den beiden Referenten ganz ausdrücklich danken. Sie haben sich der vornehmsten Aufgabe unserer Vereinigung und unserer Wissenschaft angenommen, nämlich auch die Rechtssetzung zu beraten. Ich glaube, unter dem Druck der Verhältnisse sehen wir klarer, dass das zu unserem Kerngeschäft gehört und nicht einfach als Verfassungspolitik ausgegliedert werden kann. Wir beraten die Politik aus unserer verfassungsdogmatischen Expertise heraus. Das, glaube ich, müssten wir nach wie vor klarer sehen und aussprechen. Meine kritische Rückfrage gilt der Grundfrage zwischen Verfassungsstabilität und Verfassungsflexibilität. Ich glaube, diese Grundfrage ist in beiden Referaten nicht wirklich geklärt worden. Besonders aufgefallen ist es mir bei Ihnen, Herr Barczak, etwa im Verhältnis von Verfassungsänderungen und Verfassungsinterpretation. Sie haben beiläufig gesagt, es gebe einen Interpretationsverbund von Wissenschaft, Politik und Verfassungsgerichtsbarkeit, der die Verfassungsänderungen verzichtbar mache. Sollte das affirmativ gemeint sein, würde ich da gerne kritisch rückfragen und Aufklärung erbitten. Denn die Verfassungsänderung ist an bestimmte Verfahren und Zuständigkeiten gebunden und kann ja wohl nicht durch Verfassungsinterpretation entbehrlich gemacht werden. Im Raum steht das veraltete Gespenst der Formel der „Herrschaft der Toten über die Lebenden". Recht ist immer eine Herrschaft der Toten über die Lebenden. Verfassung muss eine Herrschaft der Toten über die Lebenden sein, muss unbequem sein, und wir können nicht beginnen, die Verfassung, den Verfassungstext interpretatorisch abzuändern, wenn er beginnt, unbequem zu werden. Herzlichen Dank.

Daniel Thym: Mir hat das Referat von Tristan Barczak gefallen, weil er die Paradoxie des Nebeneinanders von Rigidität und Flexibilität betont hat. Wir brauchen also nicht nur einen Schutz des politischen Systems vor seinen Feinden, sondern auch eine inhaltliche Lernfähigkeit. Das Bild, was Sie dann aber gezeichnet haben, war doch ein sehr bundesdeutsches. Zum einen, weil die Situation in Österreich und auch der Schweiz anders aussehen mag. Zum anderen, weil die Ableitung sich auf das Verhältnis von Grundgesetz und Gesetzgeber, Verfassungsgericht und Gesetzgeber beschränkte. Wenn ich mir aber die materiellen Zukunftsaufgaben anschaue, also die Bereiche, wo Lernfähigkeit gefragt wird – Migration, Asyl, ökonomische Wohlstandssicherung, Klimawandel und Sozialstaat –, dann ist höchstens der letzte Bereich ein Feld, bei dem der Nationalstaat vorrangig alleine handelt. Das ist auch kein Problem, denn es wäre illusorisch zu denken, man könnte diese Zukunftsaufgaben nationalstaatlich lösen. Das Ziel kann also keine Renationalisierung sein. Allerdings folgt daraus, dass die materiellen Zukunftsaufgaben so stark unionsrechtlich überlagert sind, dass das Pendel spürbar zugunsten der Rigidität ausfällt, weil europäisches Sekundärrecht notorisch schwer zu ändern ist. Es wirkt vielfach ganz ähnlich wie materielles Verfassungsrecht und ist damit dem politischen Prozess entzogen. Hinzu kommt dann noch, dass die Höchstgerichte sich wechselseitig stabilisieren. Wenn etwa der EGMR eine neue, innovative Lösung – vielleicht auch eine neue Restriktion – im Bereich Asyl ausprobieren wollte, wüsste er nicht, ob der EuGH mitgeht. Diese Unsicherheit reduziert die Wahrscheinlichkeit erheblich, dass der EGMR eine Lernfähigkeit an den Tag legen wird. Diese Rigidität hat ihre Vorteile, etwa wenn wir verhindern, dass Ungarn in die illiberale Demokratie endgültig abgleitet. Aber sie hat eben auch Nachteile, weil sie die materielle Lernfähigkeit erschwert.

Anna-Bettina Kaiser: Wir hören nun drei Fragen, die sich mit dem Begriff der Zukunftsfestigkeit beschäftigen.

Jan Klement: Meine erste Anmerkung betrifft das Verhältnis zwischen den beiden Begriffen der Zukunftsfestigkeit und der Resilienz. Ich fand den vom Vorstand gewählten Begriff der Zukunftsfestigkeit eigentlich ganz schön, weil er positiver die Gestaltbarkeit von Zukunft betont, während mir „Resilienz" etwas defensiver zu sein scheint. In Ihrem Referat sind Sie, lieber Herr Barczak, dann aber letztlich doch wieder in die Resilienz abgeglitten. Ich möchte Sie daher fragen, in welchem Verhältnis Sie die beiden Begriffe sehen.

Die zweite Anmerkung: Mir ist sehr sympathisch, was Sie zur Resilienz durch Adaption gesagt haben. Ich möchte das übersetzen mit dem Gedanken eines Verfassungsrechts als Wettbewerbsrecht, also eines Rechts, das den Wettbewerb von Ideen, von Persönlichkeitsentfaltungsentwürfen gestaltet. Was sollten die rechtlichen Leitmaximen dieses Wettbewerbs sein? Worauf ist er auszurichten? Sicherlich geht es hier nicht darum, eins zu eins vom Kartellrecht her zu denken. Aber der Gedanke der Fairness des Wettbewerbs ist durchaus anschlussfähig. Wenn sich das Verfassungsrecht in diesem Sinne stärker auf die Ordnung des Verfahrens beschränken ließe, wäre es auch plausibel, mit Herrn Barczak einer Entmaterialisierung der Verfassung das Wort zu reden oder jedenfalls vor zu viel neuem Verfassungsrecht zur Stärkung der Zukunftsfestigkeit zu warnen. Dahinter steht der alte Konflikt zwischen Planung und Freiheit und damit die auch von Ihnen aufgeworfene Frage, ob die Verfassung heute noch als Rahmenordnung interpretiert werden kann oder wieder so interpretiert werden sollte, ob wir also Böckenförde im Jahr 2024 weiterführen können oder uns durch eine Materialisierung der Verfassung absichern müssen. In dieser Hinsicht bin ich daran interessiert, was in Ihrem Vortragstext wahrscheinlich in den Fußnoten steht. Wie denken Sie beispielsweise über die Konstitutionalisierung der Regelungen rund um das Bundesverfassungsgericht? Wäre auch hier ein regulatorischer *self-restraint* geboten? Und wie sieht es auf der anderen Seite mit einem interpretatorischen *self-restraint* aus? Wir könnten ja vieles zur Disposition stellen, vielleicht bis hin zu den Schutzpflichten aus den Grundrechten oder Leistungsrechten oder was auch immer. Wo genau müssten wir eigentlich ansetzen, wenn wir damit ernst machen wollten, dass die Verfassung eher als ein den Wettbewerb von Selbstentwürfen und politischen Konzepten nach dem Gedanken der Fairness ordnendes Recht verstanden werden sollte und eher auf materielle Vorgaben verzichten sollte? Vielen Dank.

Markus Kotzur: Ja, ganz herzlichen Dank für die beiden glänzenden und auch in ihrer konzeptionellen Unterschiedlichkeit sich wunderbar ergänzenden Referate. Anknüpfend an Herrn Klement würde ich beide Referenten nach ihrem Zukunftsmodell fragen: Welche Zukunft? Wenn wir von der Zukunftsfestigkeit eines politischen Systems sprechen, dann schreiben wir diesem System zu, dass es in der Gegenwart jedenfalls Ausdruck einer guten Ordnung ist, die es aufrechtzuerhalten lohnt. Und natürlich gibt es wiederum schon in der Gegenwart Akteure, die genau das infrage stellen, bestreiten und herausfordern. Also sind Zukunftsfragen ein Stückchen weit zugleich Gegenwartsfragen bzw. kritische Reflexionen über die Gegenwart. Das ist mein zweiter Punkt. Wenn das Recht über Zukunft nachdenkt, dann weiß es, glaube ich, zweierlei. Nämlich einmal, dass es neue Lebenswirklichkeiten weder voraussehen noch verhindern kann. Und dass die Zukunftssteuerung so etwas meint wie den gegenwärtigen vernünftigen Umgang mit diesen nicht voraussehbaren neuen Lebenswirklichkeiten. Ich glaube, Sie haben in ihren beiden Referaten diesbezüglich unterschiedliche Ansätze vorgestellt. Meine zugegebenermaßen völlig unmögliche Frage wäre die nach dem „idealen“ Ratschlag: Wie soll das Recht mit dieser Unsicherheit neuer Lebenswirklichkeiten auf angemessene Art und Weise umgehen? Denn einen Gedanken müssen wir uns dabei, glaube ich, machen. So sehr wir uns über Pluralisierungen, Fragmentierungen, Ausdifferenzierungen freuen, denken wir immer noch in der Kategorie von *der Zukunft* und nicht von *den Zukünften*. Dieser Singular ist für unser Thema vielleicht ganz aufschlussreich. Vielen Dank.

Till Patrik Holterhus: Lieber Tristan, ganz herzlichen Dank für ein beeindruckendes Referat. Ich möchte Markus Kotzurs Punkt aufgreifen und noch ein wenig zuspitzen. Wenn ich Dich richtig verstanden habe, ging es bei Deinem Blick auf die Zukunftsfestigkeit unseres politischen Systems vor allem um die Frage, inwieweit das in unserer Verfassung vorgesehene politische System der Demokratie gegenüber gegenwärtigen und künftigen Angriffen auf das System als solches gerüstet ist. Oder, um Deinen Begriff der „Verfassung in Schlechtwetterzeiten“ aufzugreifen, darum, wie sturmfest sich die verfassungsrechtliche Ausgestaltung unseres politischen Systems tatsächlich gestaltet.

Dabei betonst Du die Bedeutung der formalen und strukturellen Voraussetzungen des offenen demokratischen Diskurses im und durch das Verfassungsrecht. Zugleich plädierst Du dafür, die materiell-inhaltlichen Leitplanken nicht im Sinne eines verfassungsrechtlich fixierten Zukunftsplans zu überdehnen, sondern insoweit auf eine Verfassungsflexibilität zu setzen, die gerade durch ihre materielle Offenheit als Resilienzressource wirken soll. Ich hoffe, ich verkürze das nicht unzulässig.

Mir scheint, und das betrifft letztlich beide Referate, neben der betrachteten Fähigkeit, Angriffe zu überstehen, aber noch ein weiterer Aspekt sehr beachtenswert, wenn wir den Blick auf das Thema einer verfassungsrechtlich zu vermittelnden Zukunftsfestigkeit unseres politischen Systems richten. In der Politikwissenschaft, genauer gesagt in der politischen Theorie und Philosophie, wird ja bereits seit einigen Jahren darüber diskutiert, ob das politische System der Demokratie überhaupt noch geeignet ist, die großen intergenerationellen Herausforderungen unserer Zeit beziehungsweise eben der Zukunft zu bewältigen, genauer gesagt, ob die Demokratie dafür gemacht ist, sinnvolle Entscheidungen herbeizuführen, wenn diese in der Gegenwart ausschließlich Kosten und erst in ferner Zukunft echten Nutzen verursachen – sagen wir etwa im Bereich der Rente, der Atommüllentsorgung oder vor allem im Bereich des Klimawandels. Die demokratische Logik des Machterhalts und die Notwendigkeit zukunftsgerichteter und zukunftssichernder Maßnahmen stehen dabei offensichtlich in einem gewissen Spannungsverhältnis.

Vor dem Hintergrund dieses Diskurses möchte ich die Frage aufwerfen, inwieweit Dein Ansatz, der ja vor allem die neutrale Offenhaltung des formalen demokratischen Diskurses betont, nicht doch auch sinnvoll um gewisse, auf die Zukunft gerichtete materiell-inhaltliche Leitplanken ergänzt werden müsste. Ist es denn wirklich so, dass das Verfassungsrecht zu den großen Zukunftsfragen keinen inhaltlichen Beitrag leisten kann und soll? Vielen Dank.

Anna-Bettina Kaiser: Es folgen zwei Fragen, die auf den Ausgangspunkt der beiden Referate zurückkommen und möglichen Widersprüchen nachgehen möchten.

Hinnerk Wißmann: Ganz herzlichen Dank an beide Referenten für ein breites Panorama und ein Feuerwerk an Gedankenanstößen. Ich möchte das Wort der „Schönwetterverfassung“ noch einmal in den Mittelpunkt rücken. Beide Referenten haben es ja eher heuristisch bzw. klar kritisch eingeordnet, und ich möchte das unterstützen. Dieses Wort ist wirklich bösartig, und es ist vor allem historisch falsch. Die Leistung des Grundgesetzes etwa in seinen Gründungsjahren kann man doch nicht so beschreiben, dass es glückhafte Umstände vorgefunden habe, und sich diese Verfassung nicht hätte bewähren müssen. Nach dem Krieg hatten wir Millionen von Vertriebenen, wir hatten Armut, ein zerstörtes Land, ein zerstörtes Europa durch deutsches Tun. Im Übrigen: Nazis in den Parlamenten und in den Gerichten. Also die Integrationsleistung des Grundgesetzes würde ich mit diesem Begriff der Schönwetterverfassung wirklich als grundfalsch beschrieben sehen. Daran knüpft sich für mich eine ernste Frage: Ist unser gegenwärtiges Problem nicht viel größer, als es die Vorstellung einer momentanen Krise nahelegt? Ist es nicht geradezu umgekehrt so, dass die Erfolgsfaktoren des Grundgesetzes in unsere heutige Lage führen, also die Pfadabhängigkeiten einer gelingenden Verfassung die Überanstrengung des heutigen Systems bedingen? „Krise" kann das Grundgesetz einigermaßen. Aber in der Normallage ist die tatsächliche Erfüllung von staatlichen Aufgaben sowohl für die Rechtsprechung wie in politischen Zusammenhängen kein vorrangiger Belang mehr, weil die Selbstreferenzialität beider Subsysteme eben stärker auf andere Faktoren gerichtet ist.

Im Übrigen wäre zur Resilienz des Bundesverfassungsgerichts durch die angesprochene Übertragung auf den Bundesrat anzumerken, dass hier nicht einfach eine andere Parlamentskammer zuständig wird, sondern es sich um eine Verschiebung vom Parlament in die Exekutive handelt, die sich damit zudem parteipolitisch auf Zeit die bisher gewohnten Zugriffsrechte sichert. Ich meine, es ist Aufgabe der Staatsrechtslehre, das als Problem zu kennzeichnen. Und ich würde beide Referenten fragen wollen: Können wir etwas dazu sagen? Denn dass schlicht abgewartet wird, bis eine überparteiliche Einigung im Bundestag leider gescheitert ist, weil ausgerechnet werden kann, wer danach nach welchen Regeln dann Posten verteilen kann, das scheint mir ein Problem in Bezug auf die Verfassungskultur zu sein – und damit eine zentrale Herausforderung unserer Zunft. Danke.

Carsten Bäcker: Ich beginne mit dem Versuch, in beiden Referaten jeweils einen Widerspruch aufzudecken. Wenn die Ampel es zulässt, würde ich noch einen dritten Punkt anschließen. Der Widerspruch im Referat von Herrn Paulus befindet sich meines Erachtens in Leitsatz 17. Da haben wir die Idee, dass Gerichte keine Politik jenseits der Verfassungsauslegung und -anwendung betreiben sollen. Das betrifft oberste Gerichte und damit wohl auch das Bundesverfassungsgericht. Wenig später hören wir dann aber zum Verbot der Finanzierung von Parteien. Das wurde ja angestoßen durch ein Verfassungsgericht, wie auch die anderen Ideen, die dann im Referat als Richterrecht bezeichnet werden. Ist denn so etwas möglich? Oder ist das nicht genau das, was das Verfassungsgericht nach Leitsatz 17 nicht darf?

Und wenn es das nicht darf, wie kann dies hier wohlwollend zur Kenntnis genommen werden durch einen ehemaligen Verfassungsrichter? Ist das dann nicht ein Widerspruch zwischen einem Bekenntnis zur Politikferne und einem Lob des politischen Gerichts?

Der zweite Widerspruch betrifft das Referat von Herrn Barczak. Dieser Widerspruch ist vielleicht etwas feinsinniger. Herrn Barczak geht es darum, dass die Verfassung einen Rahmencharakter haben soll. Das wurde im Referat mehrmals betont. Und dann wird aber die Idee vorgetragen, und das ist, glaube ich, die Kernidee Ihres Referats, wenn ich es richtig verstanden habe, dass es eine verfassungsrechtliche Zwischenschicht der Systemrelevanz geben soll, die sich aus materiellem und formellem Verfassungsrecht gemeinsam speise. Wir bereichern also die Verfassung hier an der Stelle um einige Aussagen, die dann irgendwo zwischen den Absätzen 3 und 2 des Art. 79 angeordnet werden. Damit würden wir die Menge des Verfassungsrechts tatsächlich erhöhen, wodurch der Rahmencharakter der Verfassung, mir zumindest scheint es so, doch in Frage gestellt wird und eben materiell aufgefüllt wird. Ist das ein Widerspruch? Oder habe ich nur dessen Auflösung nicht richtig verstanden?

Dann noch der dritte Punkt. Die Erwähnung der anderen Parlamentskammer in Leitsatz 18 bei Andreas Paulus hat mich unheimlich gefreut. Einen Bikameralismus kann man aus meiner Sicht zumindest vertreten, wir haben eine Art eingeschränkten Bikameralismus in Deutschland. Anders das Verfassungsgericht bisher, soweit ich weiß. Umso schöner, dass wir jetzt von Andreas Paulus etwas anderes hören. Und jetzt die Frage dazu: Könnte man nicht die Wahl der Richterinnen und Richter auch in so einem bikameralen System vorsehen? Nicht die eine oder die andere Kammer wählt jeweils einen Richter, sondern beide wählen jeden Richter gemeinsam? Wäre das nicht eine schöne Sache, um etwas mehr Resilienz zu erzeugen?

Anna-Bettina Kaiser: Vielen Dank. Die nächsten drei Fragen widmen sich der Systemtheorie und dem Systembegriff.

Christoph Möllers: Das Problem der Krise des politischen Systems, das haben die Referate gezeigt, ohne dass es als Kritik an der Themenstellung durch den Vorstand oder an den vorgestellten Referaten gemeint wäre, ist nur sehr schwer auf den rechtswissenschaftlichen Begriff zu bringen. Was ist eigentlich unser Zugriff? Die Unsicherheit hat sicherlich etwas damit zu tun, dass wir nicht vorgearbeitet, dass wir zu wenig in Theorie investiert haben in den letzten Jahrzehnten. Es hat aber, glaube ich, auch mit etwas Grundsätzlicherem zu tun, nämlich damit, dass der liberale Verfassungsstaat in der Art und Weise, wie er seit 1800 verstanden wird, keine Graduierung und keine Rückschritte kennt. Wir haben keine Theorie für den dreiviertel oder den semiautoritären Verfassungsstaat. Wir haben auch keine Theorie für das Zunehmen oder Abnehmen von Konstitutionalisierung, wie das beides in den Mischverfassungstheorien in Antike und Frühneuzeit noch der Fall war.

Herr Barczak hat trotzdem ein theoretisches Angebot gemacht und mit einer systemtheoretischen Konzeption angesetzt, und da hätte ich ein paar Nachfragen. Meine erste wäre: Braucht man die Theorie für das, was Sie uns vorgestellt haben, auch wenn ich es als solches interessant fand; aber brauchen wir Systemtheorie, um zu sagen, es gehe um Politisierung von Recht und um Verrechtlichung von Politik, oder darum, Dinge auch offen zu halten und nicht nur legalistisch zu schließen? Oder sind das nicht Aussagen, an denen wir näher dran sind als die Systemtheorie, wenn wir Verfassungstheorie betreiben? Dann wäre die zweite Frage, wie kann man Systemtheorie in Verfassungstheorie übersetzen? Und sind Ihre Übersetzungen in sich konsequent? Das betrifft die Figur des *judicial self-restraint.* Ist das nicht nur eine sehr geradlinige Übersetzung von einer politischen Logik in die juristische, die gerade unter systemtheoretischen Bedingungen so nicht funktioniert? *Self-restraint* ist ja ein kriterienloses Kriterium. *Restraint* sagt nicht, wann man „restrainen" soll. Der andere Fall ist die von Ihnen angebotene Unterscheidung zwischen Formalisierung und Materialisierung, die ja sicher interessant ist, aber die, wenn man sie operationalisiert, schwierig wird. Ein Beispiel aus unserer deutschen Verfassungspraxis wäre das Demokratieprinzip. Das kommt formal daher, aber hat doch zu massiven, faktisch materiellen Bindungen der Politik geführt. Da ist etwas als formal eingeschmuggelt worden, was andere Effekte gehabt hat. Kann man solche Phänomene aber mit Ihren theoretischen Mitteln verarbeiten? Vielen Dank.

Lars Viellechner: Ich habe eine Nachfrage zum Begriff des „Systems" bei Tristan Barczak, insbesondere zum Begriff des politischen Systems als „System der Systeme". Da ist mir das Verhältnis des politischen Systems sowohl zum Rechtssystem als auch zu den anderen gesellschaftlichen Teilsystemen unklar geblieben. Zunächst zum Verhältnis von politischem System und Rechtssystem: Anfangs hieß es hier, dass beide Systeme miteinander verbunden seien. Das klang für mich nach struktureller Kopplung von politischem System und Rechtssystem über Verfassung. Später hat das Referat aber allein das politische System als „System der Systeme" bezeichnet. Und insofern ist mir auch das Verhältnis des politischen Systems zu den anderen gesellschaftlichen Teilsystemen nicht ganz verständlich geworden. Bei den Ausführungen dazu ging es nur um die interne Binnendifferenzierung des politischen Systems in verschiedene politische

Subsysteme wie das Wahl-, Parteien- und Regierungssystem, nicht jedoch um das Verhältnis des politischen Systems zu den anderen gesellschaftlichen Teilsystemen. Offenbar meinte der Begriff des „Systems der Systeme" daher auch nicht etwa die Bedeutung oder Wirkung des politischen Systems gegenüber den anderen gesellschaftlichen Teilsystemen, sondern irgendetwas anderes, das mir jedoch nicht deutlich geworden ist.

Diese Unklarheit setzt sich dann auf der Ebene der dogmatischen Umsetzung fort, nämlich bei dem Vorschlag zur Änderung von Art. 79 GG und hier genauer bei dem neu eingeführten Begriff der „Systemrelevanz": Bezieht sich der Begriff auf Strukturen oder Institutionen des politischen Systems oder auf Rechts- oder Verfassungsgrundsätze – und wie verhalten sich diese zueinander? Dabei kommt schließlich noch eine weitere Frage auf: Warum bilden diese systemrelevanten Entscheidungen eigentlich nur eine „Zwischenschicht" unterhalb der änderungsfesten Grundsätze, wenn sie doch tragend für das „System der Systeme" sein sollen?

Joachim Lege: Besten Dank. Bei mir geht es jetzt auch um Systemtheorie, und ich kann vielleicht die beiden Vorredner zu einer ganz präzisen Frage zusammenbringen. Die Frage lautet, gerichtet an Herrn Barczak: Ist das System, von dem Sie gesprochen haben, ist das politische System als „System der Systeme" noch ein *Funktionssystem*? Das heißt: Ist es noch genügend abgegrenzt von anderen Funktionssystemen, oder ist es etwas, das jenseits der Theorie der modernen Gesellschaft, so wie Luhmann sie entworfen hat, steht? Dann sind wir nämlich in anderen Kategorien. Eine erste praktische Folgerung wäre: Wo bleibt der Staat? Der Staat ist im *Funktionssystem* „Politik" das *Zentrum* der Politik. Das ist er in einem System Ihrer Prägung wohl nicht mehr. Was haben wir aber dann stattdessen? Ich scheue mich, es zu sagen: Wir haben dann ein System von Aushandlungsprozessen ohne eine übergeordnete Struktur.

Im Anschluss an die präzise Frage noch eine kleine These. In der *modernen* Gesellschaft ist das „System der Systeme", wenn es das überhaupt gibt, das Rechtssystem. Das Rechtssystem ist das erste Funktionssystem, das in Europa entstanden ist, aus der Rechtsschule und Universität Bologna heraus. Dies hat seither zu einer weiteren Ausdifferenzierung der modernen Gesellschaft in weitere Funktionssysteme geführt: Wirtschaft, Religion, Wissenschaft, Politik, sogar Kunst und so weiter. Daher: Wenn schon „System der Systeme", dann sollten wir darauf bestehen, dass dies das Rechtssystem sein sollte und dass es nicht in der Politik so missachtet wird, wie es derzeit der Fall ist (Herr Ladeur hat mir das gerade noch einmal bestätigt).

Eine kurze Bemerkung noch zu Herrn Paulus. Ich fand sehr schön Ihren Ansatz zur Problemlösungskompetenz, denn ich definiere Vernunft immer als „Probleme dort lösen, wo sie sich stellen". Da hat mir nun Ihr Vorschlag sehr gut gefallen, dass man bei Verfassungsfeinden über eine Begrenzung oder Aufhebung des passiven Wahlrechts nachdenken könnte. Das wäre wirklich eine sinnvolle „Zwischenschicht“: Man muss nicht gleich zum ganz großen Geschütz greifen, man kann das Problem dort lösen, wo es sich punktuell gut lösen lässt. Diesen Gedanken könnte man vielleicht auch ein bisschen mehr in die Öffentlichkeit tragen – als ein Zeichen rechtswissenschaftlicher Problemlösungskompetenz. Vielen Dank.

Anna-Bettina Kaiser: Wir hören nunmehr vier Fragen, die sich der wehrhaften Demokratie zuordnen lassen und sich mit Parteiverbot und Grundrechtsverwirkung beschäftigen.

Christian Hillgruber: Vielen Dank. Beide Referenten waren, und das hat mich überzeugt, skeptisch, was das Instrument des Parteiverbots angeht. Sie, Herr Paulus, haben dafür Gründe genannt. Kleine Parteien sind im Grunde politisch zu bedeutungslos, als dass man dieses aufwendige Verfahren betreiben sollte. Haben sie sich aber zu größeren Gefahren ausgewachsen, dann ist es politisch im Grunde kaum mehr durchsetzbar. Ich möchte aber noch einen weiteren Grund anführen. Das Parteiverbot wirkt weder kurzfristig, darauf haben Sie, Herr Paulus, schon aufmerksam gemacht, es wirkt aber auch nicht langfristig. Wenn eine politische Partei, die verfassungsfeindliche Bestrebungen verfolgt, vom Bundesverfassungsgericht verboten wird, aber hinter ihr mächtige politische Akteure stehen mit einer beachtlichen Anhängerschaft, dann werden sich über kurz oder lang – zunächst einmal kann die Organisation zerschlagen werden – die Truppen unter neuer Fahne sammeln. Das Verbot verschafft also einen Zeitgewinn, es ist, wenn Sie so wollen, ein retardierendes Moment, aber keine wirkliche Lösung des Problems. Gleichwohl ist es das einzige Verfahren, was es ermöglicht, eine politische Partei aus dem demokratischen politischen Prozess und Wettbewerb auszuschließen. Wenn man das also nicht tut mit einem solchen radikalen Mitbewerber, dann, meine Damen und Herren, wird man über kurz oder lang sich mit einer solchen Partei, wenn sie eine beachtliche politische Größe ist, arrangieren müssen. Ich glaube, dieser Erkenntnis kann man sich nicht versagen. Die Stabilität der Bundesrepublik Deutschland in den 50er und 60er Jahren bestand ja auch nicht deshalb, weil wir SRP und KPD verboten haben. Das war gewissermaßen ein symbolträchtiger Akt, der noch einmal den antitotalitären Konsens der frühen Bundesrepublik bestätigt hat, aber entscheidend war doch die Leistungsfähigkeit des politischen Systems, der Aufstieg, das Wohlstandsversprechen, das eingelöst wurde. Und unter diesen Umständen hatte da doch kaum jemand ein Interesse, zu der entsetzlichen NS-Herrschaft zurückzukehren. Aber es hatte auch im Grunde kaum jemand ein Interesse daran, zu kommunistischen Ufern aufzubrechen, wenn man sich ansehen konnte, wie im östlichen Teil Deutschlands dieses Programm umgesetzt wurde. Ja, das sind doch einfach politische Rohrkrepierer gewesen.

Was mir etwas zu kurz kam in den Referaten, ist doch der Punkt, dass der Aufstieg radikaler Parteien Gründe hat. Nichts kommt von ungefähr. Jedes Ding hat eine Ursache. Und die ist doch im Fall der AfD, aber auch im Fall des französischen Rassemblement National oder von Trumps Republikanern mit Händen zu greifen. Wir alle wissen, um welches Thema es geht, und es ist doch bezeichnend und aus meiner Sicht erschreckend, dass die politische Klasse bei dieser Frage sich die Ohren verstopft und die Augen verschlossen hat und das Problem in einer Weise hat anwachsen lassen, dass der Protest dagegen sich einen radikalen Ort gesucht hat. Und deshalb wäre meine These: Versuchen wir es einfach mal mit kluger Politik. So habe ich auch Sie, Herr Paulus, und Ihren Appell am Ende verstanden. In der Migrationskrise hat leider die demokratische Responsivität unseres politischen Systems eklatant versagt. Und damit haben wir uns etwas Schreckliches eingehandelt. Ich bin davon überzeugt, wir können uns dessen nur dadurch wieder entledigen, dass wir das politische Problem anpacken.

Peter Bußjäger: Ich beziehe mich auch auf das Referat von Herrn Paulus. Herr Paulus hat in seinen Thesen letztlich auf die begrenzten Möglichkeiten der Instrumente der wehrhaften Demokratie hingewiesen. Ich möchte das anhand eines Beispiels aus Österreich akzentuieren und einen Gedankengang einbringen, auf den vielleicht noch Bezug genommen werden kann. Die Rechtslage in Österreich ist die, dass sich auch die österreichische Verfassung zu dieser wehrhaften Demokratie bekennt und ein relativ rigides Verbotsgesetz betreffend die Wiederbetätigung in Sachen Nationalsozialismus im Verfassungsrang hat. Dieses Gesetz hat aber immerhin in der Praxis nicht verhindert, dass ein Herr aus Österreich, der gestern in der Mitgliederversammlung im Hintergrund stand, agitieren kann und dass dieser Herr auch weiterhin, wenn meine Internetrecherche nicht falsch war, unbescholten ist. Also wir sehen bereits auch hier die Grenzen der Möglichkeiten. Und nun wird im österreichischen Diskurs, ob jetzt der Anlass ein abgesagtes Popkonzert ist oder ein tragischer Vorfall, eine terroristische Attacke, dieser von, sagen wir, rechtspopulistischer Seite dahingehend gekapert, dass auch ein Verbotsgesetz für radikalen Islamismus verlangt wird. Und hier setzt meine Überlegung an: Je schärfer wir diese wehrhafte Demokratie ausstatten, um so mehr müssen wir uns auf die Suche nach Radikalismen aller möglichen Art machen. Nebenbei bemerkt, ich erachte ein solches Verbotsgesetz rechtspolitisch nicht für sinnvoll, weil wir ohnehin hinreichende Möglichkeiten haben. Aber im Diskurs kommt der Vorschlag sehr gut in der Öffentlichkeit an, und konsequent zu Ende gedacht kann sich dann die wehrhafte Demokratie auf die Suche nach weiteren Radikalismen religiöser Art begeben. Sie kann auch radikalen Verschwörungstheoretikern zu begegnen versuchen, und ich frage mich, ob wir hier nicht besonders vorsichtig sein müssen, sozusagen unsere eigenen Grundlagen nicht aufs Spiel zu setzen.

Gregor Kirchhof: Ich beginne mit einem sehr herzlichen Dankeschön für zwei inspirierende und kurzweilige Referate, die sich gut ergänzen. Zunächst haben wir einen perspektivreichen Blick auf die Realität und das Recht genossen. Das zweite Referat hat hierauf aufgebaut und einen hoch interessanten Systemansatz vorgeschlagen. Darf ich mir eine Anmerkung zum ersten Referat von Andreas Paulus erlauben, zwei Fragen an Tristan Barczak richten und eine Perspektive auf beide Referate ergänzen?

Joachim Lege hat schon darauf hingewiesen, dass wir im ersten Referat einen Spannungsbogen zwischen Thesenpapier und Vortrag zum Instrument der Grundrechtsverwirkung erlebt haben. Dieses Instrument sollten wir nicht wiederbeleben. Unser politisches und rechtsstaatliches System würde geschädigt und nicht zukunftsfester. Doch der Gedanke, die Grundrechtsverwirkung auf das Wahlrecht zu erweitern, ist erwägenswert – allerdings nur auf einer Ebene. Das aktive Wahlrecht wurzelt nach der Rechtsprechung des Bundesverfassungsgerichts in der Menschenwürdegarantie. Eine Verwirkung steht der rechtsstaatlichen Demokratie fern. Das Instrument könnte aber für das passive Wahlrecht genutzt werden. Hier wäre eine große Zurückhaltung geboten. In extremen Fällen wäre die Verwirkung allein vom Bundesverfassungsgericht auszusprechen und mit den bestehenden Instrumenten, dieses Wahlrecht zu verlieren, abzugleichen. Hierzu würden mich weitere Erwägungen interessieren.

Tristan Barczak hat – passend zur Schweiz und damit zum Ort unserer Tagung – gefordert, Elemente der direkten Demokratie in Deutschland erheblich zu stärken und gerade grundlegende Rechtsprobleme direktdemokratisch zu lösen. Die erste Frage wäre, ob wir hierfür nicht eine längere Entwicklung, gleichsam einen schonenden Übergang bräuchten, weil auch die direkte Demokratie gelernt und eingeübt sein will. Zweitens teile ich die Warnung, dass sich Deutschland und die Europäische Union nicht in einer Überkonstitutionalisierung zu Richterstaaten entwickeln dürfen. Auf der Ebene der Union stellt sich dieses Problem der Gewaltenteilung gerade, weil der Europäische Gerichtshof in manchen Entscheidungen einen letztlich unbeschränkten Anspruch formuliert, ein Verfassungsgericht zu sein. Meine Frage wäre, wie sich dieser Befund zu der These verhält, in bestimmten Bereichen auf einen richterlichen Aktivismus zu setzen.

Als Perspektive auf beide Referate sei Folgendes ergänzt: Auch grundlegende Themen lassen sich weiten. Daher ist der folgende Befund nicht als Kritik zu verstehen. Doch könnten wir noch stärker über tatsächliche Entwicklungen nachdenken, die unser politisches System bedrohen. Genannt wurden der Angriffskrieg auf die Ukraine und der Klimawandel. Hinzu treten Fragen der inneren und digitalen Sicherheit, die demographische Entwicklung mit dem Fachkräftemangel und den erheblichen Problemen in den umlagefinanzierten Sozialsystemen, die Migration, die steigende Staatsverschuldung im Euroraum, die Digitalisierung, Fragen der medizinischen Versorgung, weiterer Infrastrukturen und des Mangels an eigenen Rohstoffen sowie in zahlreichen dieser Bereiche erhebliche Abhängigkeiten von anderen Staaten. Herzlichen Dank!

Mathias Hong: Danke für die beiden hervorragenden Referate. Meine Fragen an die Referenten beziehen sich auf die wehrhafte Demokratie.

Herr Paulus hat (in den Thesen zwölf bis 14) begrüßenswerterweise klargestellt, dass Demokratie nicht unbegrenzte Mehrheitsherrschaft sein kann, sondern, selbst in der Menschenwürde verankert, auch das Fortbestehen des Prinzips der Mehrheitsherrschaft auf Zeit verlangt. Die wehrhafte Demokratie ist, wie These 19 grundsätzlich plausibel erläutert, schwächer, als viele denken. Sie ist aber vielleicht teils auch stärker, als der Referent denkt. Das wäre jedenfalls für zwei Einzelaspekte meine Gegenthese. Bei der Grundrechtsverwirkung gehe ich davon aus, dass wir für den Wählbarkeitsausschluss (nach § 39 Abs. 2 Bundesverfassungsgerichtsgesetz) keine Verfassungsänderung brauchen. Insoweit verweise ich auf einen dreiteiligen Beitrag im Verfassungsblog aus dem Februar, in dem ich versucht habe, das näher zu begründen. Auch Anträge auf Parteiverbote von radikalen Landesverbänden sind meiner Meinung nach ohne Gesetzesänderung bereits jetzt möglich. Es scheint mir (im Anschluss etwa auch an Gertrude Lübbe-Wolff und Klaus Ferdinand Gärditz) unplausibel, dass das, was im Bundesverfassungsgerichtsgesetz (in § 46 Abs. 2) ausdrücklich als Möglichkeit für die Entscheidung vorgesehen ist, dann nicht auch im Antrag gleich so begrenzt soll werden können.

Tristan Barczak hat vor Sofortismus gewarnt und gesagt, eine Antragspflicht aus der Verfassungstreuepflicht abzuleiten, sei eine gefährliche und typisch deutsche Überschätzung der Leistungsfähigkeit von Gerichten. Auch da würde ich gerne die Gegenthese noch einmal bekräftigen: Artikel 21 Abs. 2 und Artikel 18 Grundgesetz bringen, denke ich, klare Verfassungswertungen zum Ausdruck. Danach „sind“ Parteien verboten, wenn sie verfassungsfeindlich sind, und „verwirkt“ die Grundrechte, wer sie zum Kampfe gegen die Grundordnung missbraucht. Nur die formale Feststellungskompetenz wird beim Bundesverfassungsgericht monopolisiert, die materielle Wertung spricht die Verfassung selbst aus. Aus der Verfassungstreuepflicht folgt deshalb, denke ich, dass man sich dieser Instrumente der wehrhaften Demokratie dann auch bedienen muss, wenn die Voraussetzungen so klar gegeben sind, wie es hier für die radikalen Landesverbände der AfD der Fall ist, und mögliche Schäden der Anträge jedenfalls nicht eindeutig ihren möglichen Nutzen überwiegen. Der Verfassungsoptimismus, den Tristan Barczak zu Recht gefordert hat, und der Wille zur Verfassung, den diese Vereinigung gestern so begrüßenswert deutlich gemacht hat, sollten auch in dieser Frage gezeigt werden. Vielen Dank.

Anna-Bettina Kaiser: Es folgen jetzt Fragen, die Einzelaspekte betreffen.

Charlotte Kreuter-Kirchhof: Vielen Dank. Meine Frage befasst sich mit der Rolle der Europäischen Union für die Sicherung der Zukunftsfähigkeit des politischen Systems und insbesondere für die Rechtsstaatlichkeit in den Mitgliedstaaten. Ungarn wurde heute mehrfach erwähnt. Hieran knüpfe ich an. Das Verfahren nach Artikel 7 EUV hat aus bekannten Gründen bislang nicht die erhofften Wirkungen gezeigt. Deswegen entwickelte die Europäische Union neue Instrumente, um die Rechtsstaatlichkeit in den Mitgliedstaaten zu sichern. Zu diesen Instrumenten gehören insbesondere die Verordnung über die Konditionalität zum Schutz der Rechtsstaatlichkeit und der Rechtsstaatlichkeitsmechanismus. Beide Instrumente blieben freilich bisher weitgehend wirkungslos. Wirkungen erzeugte die Europäische Union erst, als auf Ungarn finanzieller Druck ausgeübt wurde, indem Mittel aus dem Haushalt der Europäischen Union an Bedingungen der Rechtsstaatlichkeit geknüpft wurden. Ungarn leitete daraufhin erste Reformschritte ein. Wenn auch dieses Ergebnis in der Sache zu begrüßen ist, ist doch festzustellen, dass diese Entscheidung über eine Verletzung der Grundwerte der EU nicht der EuGH als unabhängiges Gericht, sondern die Europäische Kommission als Teil der Exekutive traf. Was bedeutet dies für die Rechtsstaatlichkeit der EU selbst? Ich richte meine Frage an beide Referenten: Wie beurteilen Sie die Rolle der Europäischen Union für die Sicherung der Zukunftsfähigkeit des politischen Systems und insbesondere der Rechtsstaatlichkeit in den Mitgliedstaaten?

Uwe Kischel: Das Volk muss sich als regierend und nicht als regiert betrachten. Diese ganz wunderbar prägnante Formulierung haben wir Andreas Paulus zu verdanken. Nehmen wir als kleines Beispiel die Reaktionen auf den Klimawandel. Sie erfordern eine umfassende und hochkomplexe Abwägung etwa mit wirtschaftlichen Interessen, mit den Notwendigkeiten internationaler Zusammenarbeit, mit der Aufrechterhaltung der Leistungsfähigkeit des deutschen Staates und der deutschen Wirtschaft oder mit Fragen der durchaus nicht immer ganz klaren Effizienz nur regionaler Maßnahmen. Mit anderen Worten: Es handelt sich um eine eminent politische Frage, für die eine große Vielzahl von völlig verschiedenen Lösungen möglich ist. Dieses Spektrum aber hast Du, lieber Andreas, dann in Deiner siebten These ganz stark verengt. Dort heißt es, der Klimawandel „erfordert“ eine Transformation der Industriegesellschaft. Du hast dann in Deinen Ausführungen zu diesem Punkt zwar gesagt, einiges sei dem Gesetzgeber vorbehalten. Gemeint schien mir mit diesem Vorbehalt aber im Wesentlichen die bloße Feinsteuerung zu sein. Du hast auch gesagt, dass die Legislative insofern Maßnahmen treffen müsse, dies aber zugleich beschränkt auf die „notwendigen“ Maßnahmen. Nach diesem Ansatz steht die Lösung für die Fragen des Klimawandels, was also „notwendig“, was „erfordert“ ist, grundsätzlich fest, und nur die Feinheiten bleiben dem politischen Prozess überantwortet. Mit anderen Worten darf der Wähler, darf das politische System entscheiden, aber nur im Rahmen derjenigen Lösung für die Fragen des Klimawandels, die „wir“ für richtig und notwendig halten. Wenn aber das Volk sich als regierend und nicht als regiert betrachten muss, sind solche inhaltlichen Vorgaben bei einer so zentralen politischen Frage, so scheint es mir, demokratisch wenig erträglich. Vielmehr stellen sie eine echte Gefährdung der Demokratie dar.

Nun habe ich mir selbstkritisch überlegt, dass ich möglicherweise zu viel in Deine These sieben und ihre genaue Formulierung hineinlese und dass es vielleicht eine Überinterpretation ist. Aber die Gefahr dieser Gedankengänge erscheint mir sehr real und sie zeigt sich immer wieder in den Diskussionen um dieses Thema. Als kleines Beispiel mag eine internationale Tagung zu den Herausforderungen der Demokratie dienen, an der ich kürzlich teilgenommen habe. Dort trug einer der Redner mit seiner Kernthese vor, dass das eigentliche Problem der Demokratie heute die Wahlen seien, weil bei diesen Wahlen die *objektiv falschen* Lösungen für die realen Probleme Mehrheiten gewännen. Ich glaube, wir müssen überaus vorsichtig sein, dass wir nicht vor lauter Angst um die Demokratie den Kerngehalt der Demokratie über Bord werfen.

Christian Calliess: Vielen Dank für die beiden anregenden Referate. Ich würde gern Herrn Barczak eine Frage stellen: Sie sprechen in Ihrem Vortrag von „Taking the future seriously“ sowie von Zukunftsfestigkeit und Systemresilienz. Insoweit frage ich mich, ob Ihre These neun, die in diesem Zusammenhang die Stichworte Demokratie, Wettbewerb der Parteien, Diskurs aufgreift, nicht ein wenig zu abstrakt und theoretisch bleibt. Funktioniert denn Zukunftsfestigkeit auf dieser Basis in der Praxis? Es geht hier ja um Zukunftsverantwortung, verstanden als Langzeitverantwortung und Generationengerechtigkeit über die Zeit. In der Praxis lässt sich aber doch insoweit ein Defizit feststellen, das im Demokratieprinzip wurzelt, konkret im durch Wahlen bedingten relativ kurzzeitigen Mandat der Abgeordneten liegt. Denn die Zukunftsfestigkeit generierende Langzeitverantwortung korrespondiert nicht dem Vierjahresrhythmus der Wahlen. Hier gibt es eine Lücke im demokratischen System, ein Defizit. Müsste man dann aber nicht mehr über Langzeitverantwortung, die prozedural und institutionell in die Entscheidungsprozesse der Gegenwart integriert ist, nachdenken und diskutieren? Das klang bei Andreas Paulus mit Blick auf den Klimaschutz zumindest an. Bei Ihnen, Herr Barczak, habe ich das an dieser Stelle vermisst. Zumal Sie unter dem Aspekt der Stabilisierung systemrelevanter Institutionen als Ausdruck von Resilienz des politischen Systems interessanterweise auf einen Aspekt eingehen, der mit dem Thema der Organisation von Zukunftsverantwortung eng verwandt ist: Mit Blick auf die von Ihnen insoweit in den Blick genommenen Öffnungsklauseln der Verfassung, die Sie treffend als „Stück offengelassener Verfassungsgebung“ charakterisieren, das der einfache Gesetzgeber konkretisieren könne, sprechen Sie davon, dass die betreffenden Gesetze einen besonderen Rang als Verfassungsausführungsgesetze mit erhöhter Bindungswirkung erhalten sollten. Das findet meine Zustimmung, führt aber zugleich zu meiner Frage an Sie: Würde das nicht eigentlich auch zur erwähnten Zukunftsverantwortung passen? Warum wenden Sie diesen Ansatz nur so begrenzt auf die Systemrelevanz an? Ist Zukunftsverantwortung nicht auch Ausdruck von Systemrelevanz im Sinne einer Resilienz des politischen Systems? Könnte man nicht auch argumentieren, Artikel 20a GG wie auch andere unbestimmte Normen der Verfassung sind ebenfalls Öffnungsklauseln, die nach einer Bindung von Gesetzen an Gesetze rufen? Immerhin hat auch das Bundesverfassungsgericht diesen Ansatz im Rahmen der Finanzverfassung mit dem Maßstäbegesetz in die Debatte eingebracht. Auch wenn sich dieser nicht durchgesetzt hat, so ist der Ansatz meiner Meinung nach nicht falsch. Sie argumentieren jetzt für eine Verfassungsänderung. Könnte man nicht aber ebenso gut argumentieren, dass diese Bindung von Gesetzen an – so möchte ich es nennen – ein verfassungskonkretisierendes Leitgesetz einfach nur eine besondere Verantwortlichkeit des Gesetzgebers begründet, die besondere prozedurale Pflichten auslöst? Dieser Gedanke klingt im Klimabeschluss mit Blick auf das Klimaschutzgesetz an: Dessen Änderung stellt eine Abweichung vom Art. 20a GG konkretisierenden Schutzkonzept dar und löst daher besondere Begründungs- und Transparenzpflichten, vielleicht auch ein besonderes Verfahren mit Sachverständigenanhörung beim Gesetzgeber aus. Würde das nicht schon reichen? Das wäre meine Frage. Danke schön.

Marc André Wiegand: Da ich im Brotberuf das Justiziariat der CDU/CSU-Bundestagsfraktion verantworte, haben mich besonders diejenigen Aspekte der Vorträge interessiert, die sich mit den Gesetzentwürfen zur Resilienz des Bundesverfassungsgerichts befasst haben. Ich durfte die Beratungen zu diesem Thema im vergangenen Dreivierteljahr eng begleiten. Dabei ist die Frage der Zustimmungsbedürftigkeit des Bundesverfassungsgerichtsgesetzes intensiv diskutiert worden. Es gab einen wesentlichen Grund, warum man sich am Ende dagegen entschieden hat, das Bundesverfassungsgerichtsgesetz zum Zustimmungsgesetz auszuformen: Man hatte Angst, dass in diesem Fall das Bundesverfassungsgerichtsgesetz mit sachfremden Materien verknüpft wird. Konkret wurde die Befürchtung geäußert, dass der Bundesrat an Änderungen des Bundesverfassungsgerichtsgesetzes Geldforderungen für andere Politikbereiche knüpft und dann eben der Resilienz des politischen Systems nicht unbedingt gedient ist. Das war am Ende ein wesentliches Argument dafür, auf die Ausformung des Bundesverfassungsgerichtsgesetzes als Zustimmungsgesetz zu verzichten. Dann noch zwei Anmerkungen oder Fragen zum Vortrag von Tristan Barczak. Das betrifft die Thesen 19 und 20. Was die These 20 angeht, diesen von Dir sogenannten Zwischenbereich zwischen Verfassungsrecht und einfachem Gesetz, also Parteienrecht, Abgeordnetenrecht, Wahlrecht usw.: Da nur noch eine Beobachtung auch aus der politischen Praxis. Da ist es ja tatsächlich so, dass das Bemühen da ist – und in den meisten Fällen gelingt es auch tatsächlich –, diese Materien konsensual interfraktionell abzustimmen. Dafür gibt es viele Beispiele in jüngster Zeit: Zu nennen ist hier etwa die Änderung des Parteiengesetzes. Auch das Stiftungsfinanzierungsgesetz ist von Abgeordneten der CDU, CSU, SPD, Grünen, FDP und Linken beraten und abgestimmt worden. Da ist die politische Praxis schon ein Stück weiter, aber es ist natürlich nicht rechtlich abgesichert. Es gibt auch Fälle, wo es gescheitert ist. Jüngstes Beispiel ist das Wahlrecht. Da war man kurz vor einem Konsens. Aber am Ende ist er leider gescheitert. Dann hätte ich noch eine Frage an Tristan Barczak: Du hast in beiden Fällen auf den Artikel 29 Grundgesetz als Vorbild verwiesen. Da frage ich mich, ob diese Regelung tatsächlich die richtige Folie für die hier in Rede stehenden Probleme bildet. Bei Artikel 29 Grundgesetz geht es ja um den Gebietsbestand der Länder. Also ich verstehe die Idee, Möglichkeiten der rechtlichen Absicherung zu schaffen, aber ich habe meine Zweifel, ob man das wirklich so eins zu eins übertragen kann auf die Fragen, die hier Gegenstand sind. Danke.

Heiko Sauer: Zunächst einmal danke ich beiden Referenten. Ich habe Fragen zu Herrn Barczak, und zwar zum besonderen Rang des „Politikrechts“. Nach Thesen 20 und 21 kann ich da ganz gut an Herrn Wiegand anknüpfen, und zwar habe ich eine theoretische, eine praktische und eine verfassungsrechtliche Frage. Die theoretische wäre: Geht es hier wirklich um Rangfragen, also Rang im hierarchischen Sinne, oder nicht doch nur um eine erschwerte Abänderbarkeit von bestimmten Arten von Gesetzen? Ich würde auch den Artikel 25 Satz 2 GG nicht normhierarchisch einordnen. Und Ihnen geht es ja auch nicht darum, dass das „Politikrecht" künftig etwas ist, aus dem sich die anderen Gesetze ableiten würden. Der zweite Punkt ist der praktische: Wie viel würde es eigentlich politisch bringen, wenn man sagen würde, wir führen durch eine Verfassungsänderung für bestimmte Gesetze die Notwendigkeit einer absoluten Mehrheit ein? Denn man wird ja annehmen dürfen, dass eine Koalition, solange sie noch funktioniert, diese absolute Mehrheit auch zustande bekommt, wenn sie das will. Das ist dann eigentlich, glaube ich, eher eine praktische Frage der Sitzungsarchitektur des Deutschen Bundestages. Wenn man also mehr Stabilität will, braucht man dann nicht eher eine Zwischenform der Mehrheiten – und zwar Zwischenformen zwischen absoluter Mehrheit und verfassungsändernder Mehrheit? Und das führt mich dann zu der letzten Frage, ob Sie in der Sache nicht eigentlich zwei Arten von Verfassungsrecht schaffen wollen: nämlich eines mit erschwerter Änderbarkeit und eines mit erleichterter Änderbarkeit. Brauchen wir wirklich eine Zwischenform der Regelungsebene zwischen Verfassung und Gesetz? Oder brauchen wir – ein bisschen niedrigschwelliger – bestimmte Folgerungen aus dem materiellen Verfassungscharakter dieses „Politikrechts"? In der Frage hätte ich überhaupt keinen Widerspruch zu Ihnen, beispielsweise eben durch so etwas wie eine Erweiterung des Zustimmungserfordernisses im Bundesrat, für das ich – ungeachtet der mir sehr plausibel erscheinenden Einwände vorhin von Herrn Wiegand – persönlich immer noch größere Sympathie hätte, als – wie es jetzt für das Bundesverfassungsgerichtsgesetz ja auch diskutiert worden ist – für eine Beteiligung des Gerichts selbst am Gesetzgebungsverfahren. Vielen Dank.

Simon Kempny: Dem üblichen und hoch verdienten Dank an die Referenten möchte ich einmal den Dank an meine Vordiskutanten anschließen, die mir so viele Gedanken mitgegeben haben, dass ich meine ursprüngliche Frage noch etwas ergänzen möchte. Und einsteigen würde ich mit einem Widerspruch gegen Christian Callies, was das Maßstäbegesetz angeht. So etwas verfassungsgerichtsseits zu fordern überzeugte nach der Rechtslage überhaupt nicht, und dieser Regelungsansatz ist auch politisch-praktisch gescheitert. Aber gut, dass wir darüber noch einmal sprechen konnten. Ich möchte Franz Reimer ausdrücklich zustimmen vom Standpunkt des normativistischen Positivismus, den ich hier vertreten möchte. Dynamische Auslegung ist dann zulässig, wenn der Gesetzgeber dazu ermächtigt hat, andernfalls nicht. Sonst nehmen wir die Eigengesetzlichkeit des Rechts, normativ verstanden, nicht ernst. Das heißt, „Versteinerung" ist kein dogmatisches Argument, sondern es ist ein rechtspolitisches Argument. Wenn Recht inhaltlich nicht passt, muss man den Weg der Rechtsänderung beschreiten, den das Recht ja klugerweise vorsieht. Dann berührt das auch Fragen, die Uwe Kischel und Christian Hillgruber angesprochen haben, Stichwort „Responsivität", wenn man bedenkt, dass eine Partei, die in der Bundesrepublik Deutschland rechtsextrem und groß geworden ist, als eine eurokritische Partei angefangen hat. Das leitet über zu einer Bemerkung zu Tristan Barczak. Wenn man eine Frage wie die Währung, die wahrscheinlich in Deinem Sinne „Systemrelevanz" hätte, so verstehe ich den Leitsatz 19, der Volksabstimmung unterzogen hätte, dann hätten wir den Euro vielleicht nicht bekommen, gleichgültig, wie man das jetzt bewerten will. Das zeigt, dass jedenfalls was dran ist an bestimmten Fragen, die sich leicht politisieren lassen und die dann auch schnell vor den falschen Karren gespannt werden können. Das bringt mich zu der Frage mit Blick auch auf die folgenden Leitsätze bis 22: Wenn da eine erhöhte Kontrollintensität gefordert wird, würde ich gern nachhaken: Welcher Kontrollmaßstab soll dann durch welche Kontrollinstanz eigentlich daran angelegt werden? Wenn wir eine Volksabstimmung hatten und das Volk hat gesagt: Wir wollen das. Mit welcher Legitimation soll danach dann wer auch immer sagen: Nein, das ist jetzt aber doch Art. 79 Abs. 3-widrig oder was auch immer. Das scheint mir mit Blick auf die Gestaltung eines friedlichen, akzeptanzfördernden politischen Prozesses anspruchsvoll, ohne dass ich bestreiten wollte, dass es ginge. Und der letzte Punkt: eine Frage an Andreas Paulus, dazu, dass die Bürgerräte, wie in Leitsatz 22 ausgedrückt, vielleicht zu einem Überschreiten verfassungsrechtlicher Zuständigkeitsgrenzen neigen. Dies soll, so habe ich es verstanden, insbesondere die Fragen der vertikalen Zuständigkeitsabgrenzung in gestuften Gemeinwesen betreffen, national wie supranational. Der Beobachtung würde ich beipflichten, man denke ans Lebensmittelrecht. Aber: Ist das wirklich eine Frage von, ich möchte es mal nennen: unkonventionellen Formen von Repräsentation? Trifft das die konventionellen Formen nicht in derselben Weise, zum Beispiel Landtagswahlen, die doch häufig mit außen- oder migrationspolitischen Themen, mit Themen von Sozialgesetzgebung, kurzum: mit Themen, wofür das jeweilige Land praktisch überhaupt keine Zuständigkeit hat, bestritten werden? Wäre dann ein Schritt zu mehr Zukunftsfestigkeit nicht eigentlich eine Übersichtlichmachung, eine Aufräumung, eine Sortierung der vertikalen Kompetenzabgrenzung? Danke.

Viola Schmid: Zeitsparend wie konkludent soll meine Wortmeldung den Respekt vor den Vor- und Beitragenden der Vereinigung zum Ausdruck bringen. Unmittelbar anschließend an meine Wortmeldung 2019 in Marburg (VVDStRL 79, S. 333) interessiert mich selbstverständlich die These 24 von Herrn Paulus. Und operativ – von einer Technischen Universität kommend – interessiert mich, wie er die Notwendigkeit einer grammatischen Änderung des unionalen und deutschen Primärrechts beurteilt, insbesondere angesichts einer drohenden (Macht-)Übernahme des Staats und einer drohenden Machtübernahme künstlicher Intelligenzen.

Ich lege ganz großen Wert auf den Plural, weil hier im Raum „Natürliche Intelligenzen" versammelt sind – und insoweit ist auch der Begriff „Künstliche Intelligenz" verkürzt. Also inwieweit ist eine solche Änderung angesichts der Bedrohung von „Natürlichen Intelligenzen" notwendig? Das ist von der Realität nicht so entfernt, wie Sie vielleicht denken. Herr Bundeskanzler Olaf Scholz ist vor einigen Tagen (nach einer FOCUS-Quelle) von einem Bürger mit dem Vorhalt konfrontiert worden, warum er in einem Bürgerdialog überhaupt noch in persona erscheinen würde – und nicht mit einer „KI" organisiert informiere.

Eine Antwort auf diese für mich „systemrelevanten Fragen" erwarte ich vielleicht nicht von Herrn Barczak. Seinen Beitrag ordne ich, wenn Sie Maurice Hauriou zitieren (ohne Einbeziehung von Cyber- und AI-Law), dem von mir so genannten „Traditional Law" vor 2000 zu. Die „System"relevanz – Ihrer Begriffswahl folgend – von einer Technologie mit allgegenwärtiger und allseitiger technischer Vernetzung sowie Vulnerabilität aller Infrastrukturen der Wirtschaft wie der Einzelnen ist für mich prägend, insbesondere deshalb, Herr Barczak, auch Ihre Terminologie. Sie verwenden den Systembegriff, und die Veröffentlichungen hier der Vereinigung haben für mich mein akademisches Leben lang Leuchtturmwirkung gehabt. Wir werden aber jetzt gleich folgend bei Herrn Meinel in seinen Thesen drei, sechs, acht und zwölf – entgegen Ihrer Terminologie – nur die Verwendung des „Modell"begriffs finden. Deswegen anschließend an die systemischen Fragen eben auch die Frage zum „Modell"begriff in einer rechtsrealistischen Betrachtung. Sie kennen das Vertragsverletzungsverfahren, folgend der PSPP-Entscheidung, und den nicht erfolgten Beitritt der EU zur EMRK (Art. 6 Abs. 2 EUV). Deswegen Mehrebenen„modell"? Ist das nicht eine vielleicht realistischere Analyse? Letztendlich, Herr Barczak, will ich mich an Ihnen orientieren! Wenn Sie transsprachlich „resilience by adaption" wählen, dann meine Frage: Sie verwenden transsprachliche Elemente – ich vermute angelsächsische, ich vermute amerikanische. Also referieren Sie Schrifttum der sich so als „älteste Demokratie der Welt" bezeichnenden Nation – nicht der sich selbst als „größte Demokratie der Welt" derzeit bezeichnenden

Nation (nämlich indisches Schrifttum). Wie ist diese Referenzierung so einfach mit Demokratie vereinbar? Wie ist das vereinbar mit der Realität, dass diese Nation seit 2020 in meiner Perspektive um einen gewaltfreien Machtwechsel ringt? Wo ist die Anschlussfähigkeit an Ihre US-amerikanische Terminologie? Welcher Disziplin? Politikwissenschaften? Ich freue mich auf Ihre Antwort.

Anna-Bettina Kaiser: Vielen Dank. Beide Referenten haben jetzt die Möglichkeit, in einem siebenminütigen Schlusswort – wahrscheinlich nicht zu allen Fragen – Stellung zu nehmen.

Tristan Barczak: Vielen Dank für die zahlreichen, sehr inspirierenden und im besten Sinne kritischen Anmerkungen zu meinen Thesen, die ich im Folgenden themenbezogen ordnen möchte.

Ein zentraler Punkt betraf zunächst die Frage nach der Systemtheorie und ihrer Relevanz für die vorliegende Themenstellung. Zunächst hat der mir angedachte Titel des Referats systemtheoretische Überlegungen naheliegend erscheinen lassen, ich habe sie aber nicht nur deshalb in mein Referat aufgenommen, um hinter diesen Aspekt – sozusagen – einen Haken machen zu können. Vielmehr lehrt uns die Systemtheorie, zwischen bestimmten sozialen Systemen zu differenzieren und sie nicht miteinander zu verwischen oder gar in eins zu setzen. Den wesentlichen – auch rechtspraktischen – Mehrwert der Systemtheorie sehe ich darin, dass sie eine Art Hintergrundfolie zu bilden vermag, vor der sich einige der wesentlichen Abgrenzungs- und Zuordnungsfragen im Verhältnis von Verfassungsrecht und Politik sichtbar machen und beantworten lassen. Dies gilt etwa für die in der Diskussion angeklungenen Fragen, was eigentlich *judicial self-restraint* genau heißt, und was es bedeutet, mit diesem *self-restraint* „ernst zu machen".

Vor dem systemtheoretischen Hintergrund verorte ich das Bundesverfassungsgericht in einer originären Vermittlerrolle zwischen Rechtssystem bzw. Verfassungssystem einerseits und politischem System andererseits. Das Gericht lässt sich mit anderen Worten nicht abschließend einem der beiden Systeme zuordnen, vielmehr kommunizieren Verfassungsrechtssystem und politisches System gerade durch und über das Bundesverfassungsgericht miteinander. Aufgrund ihrer Vermittlerfunktion zwischen politischem System und Rechtssystem muss sich die Verfassungsrechtsprechung allerdings fortlaufend selbstkritisch hinterfragen, ob sie dem Gebot richterlicher Zurückhaltung in diesem Kommunikationsprozess gerecht wird. Dies hat das Bundesverfassungsgericht im 36. Band treffend auf den Punkt gebracht, wenn dort der Grundsatz des *judicial self-restraint* als Zurückhaltung des Gerichts definiert wird, selbst Politik zu betreiben oder auch nur betreiben zu wollen. Die Gratwanderung zwischen Verfassungsrecht und -politik ist bekanntlich schwierig. Um dem selbstgesetzten Anspruch richterlicher Selbstbeschränkung gerecht zu werden, sollte ein Verfassungsgericht die systemtheoretische Trennung zwischen beiden Systemen jedoch als Hintergrundfolie im Kopf behalten. Die Erkenntnis, dass das politische System gerade durch das Offenhalten von nicht durch das Verfassungsrecht präformierten Räumen lebensfähig und wandelbar bleibt, hat Helmuth Schulze-Fielitz schon vor einiger Zeit in das Bild des informalen Verfassungsstaats gekleidet. Das politische System lebt danach gerade auch von informellen Regeln wie Koalitionsvereinbarungen, Proporzregeln und anderem, was nicht originär verfassungsrechtlichen Maßstäben folgt oder auch nur zugänglich wäre. Den atmenden Charakter des politischen Systems am Leben zu erhalten, sehe ich als wesentlichen Kern meines Verständnisses von *judicial self-restraint* an.

Damit einher geht die Antwort auf die Frage: Was bedeutet umgekehrt *judicial activism* mit Blick auf die hier skizzierten systemrelevanten Bereiche des Politischen? Darin steckt die Frage nach dem Kontrolleur und seinem Maßstab. Für mich ist das Bundesverfassungsgericht zur Kontrolle aller relevanten Bereiche des politischen Systems berufen, mithin auch derjenigen, die in der Zwischenschicht zwischen einfachem Recht und Verfassungsrecht anzusiedeln sind. An dieser Stelle mag man sich am Modell des Haushaltsgrundsätzegesetzes orientieren: Nach diesem zieht ein späteres Bundesgesetz, das dem Haushaltsgrundsätzegesetz widerspricht, nicht nur einen einfachgesetzlichen Verstoß nach sich, sondern – jedenfalls nach überwiegender Auffassung – zugleich einen Verstoß gegen Artikel 109 Abs. 4 des Grundgesetzes. Durch den gewissermaßen „automatisch mitlaufenden" Verfassungsverstoß wird die Normenkontrollkompetenz des Bundesverfassungsgerichts ausgelöst. Eine strengere, aktivistische Kontrolle lässt sich dadurch rechtfertigen, dass sich das hier vorgestellte Konzept von Systemrelevanz ausschließlich auf die verfassten politischen Institutionen, nicht jedoch auf politische Themen, Inhalte und Positionen bezieht, für die es der angesprochenen stärkeren richterlichen Zurückhaltung bedarf. Das aktivistische Element der richterlichen Kontrolle könnte sich zudem in prozeduraler Hinsicht an Artikel 46 Abs. 4 der französischen Verfassung orientieren. Dieser sieht für die Organgesetze innerhalb der französischen Verfassungsordnung eine präventive Normenkontrolle durch den Conseil constitutionell vor.

In der Diskussion wurde zudem nach meinem Verständnis von Zukunftsfestigkeit gefragt. Für mich ist die „Zukunftsfestigkeit" des politischen Systems – das sollte im Laufe des Referats deutlich geworden sein – ein Synonym für „Resilienz", genauer gesagt für „Systemresilienz". Zukunftsfestigkeit kann ja nicht heißen, die Zukunft selbst festmachen zu wollen.

Ein solches Unterfangen stieße an epistemische Grenzen und wäre von vornherein zum Scheitern verurteilt. Es geht vielmehr um die prospektive Festigkeit des Systems. Politische Systemfestigkeit lässt sich jedoch nicht dadurch erreichen, dass starr am Status quo festgehalten oder die Gegenwart unter Verweis auf die Zukunft übermäßig eingeengt wird, sondern erfordert vor allem praktische Konkordanz von Rigidität und Flexibilität sowie ein Denken in Alternativen. Insofern verstehe ich Zukunftsfestigkeit in erster Linie als normative, d.h. rechtlich bedingte wie begrenzte Zukunftsoffenheit.

Normative Zukunftsoffenheit ist das Stichwort, das mich zum nächsten Punkt überleitet, namentlich der Frage, inwiefern aus der Verfassung materielle Leitplanken hinsichtlich der demokratischen Gestaltung der Zukunft folgen. Auf diesen Aspekt ist von mehreren Beitragenden hingewiesen worden. Die Euphorie in Bezug auf eine Futurisierung durch Konstitutionalisierung teile ich, wie im Referat ausgeführt, dabei nicht: Mit der im Klimaschutzbeschluss des Bundesverfassungsgerichts entfalteten intertemporalen Wirkung der Grundrechte verfügen wir zwar mittlerweile über eine neue Grundrechtsdimension, die vermeintlich verallgemeinerungsfähige Maßstäbe für die Zukunftsgestaltung einzieht und die Berücksichtigung gravierender oder gar irreversibler Folgewirkungen des politischen Handelns verlangt. Die Möglichkeit, tatsächlich oder potentiell irreversible Entscheidungen zu treffen, gehört jedoch zu einem demokratischen System notwendig dazu. „Harte“ materielle Maßstäbe der Zukunftsfestigung oder Zukunftssicherung, noch dazu, wenn sie ausschließlich im Wege der Interpretation geltenden Verfassungsrechts gewonnen werden, sind damit nicht vereinbar.

Das führt mich zum nächsten Punkt, namentlich der Bindung von Gesetzen an Gesetze. Der in der Diskussion geäußerten Kritik am dezisionistischen Konzept der Maßstäbegesetzgebung kann ich mich nur anschließen. Diese Hypostasierung der Figur des Grundsätzegesetzes in der verfassungsgerichtlichen Rechtsprechung überzeugt mich ebenso wenig. Deshalb habe ich für mein Konzept politischer Systemrelevanz Vorschläge für entsprechende Verfassungsänderungen und -ergänzungen, einschließlich der Implementation direktdemokratischer Elemente, unterbreitet.

Schließen möchte ich mit der Antwort auf die Frage, was wir aus „Böckenförde“ heute noch lernen können. Aus der Gewissheit, dass der freiheitliche demokratische Verfassungsstaat auf Voraussetzungen beruht, die er selbst nicht zu garantieren vermag, folgt meines Erachtens mitnichten, dass er nichts zur Stabilisierung dieser Voraussetzungen beitragen könnte. Über die Stabilisierung des politischen Systems nachzudenken, neue Konzepte zu entwickeln und vor Volksabstimmungen nicht reflexhaft zurückzuschrecken, entspricht diesem Anliegen. Das Grundgesetz ist, wie auch in der Diskussion zurecht betont wurde, nicht nur eine Schönwetterverfassung. Auf Wetterveränderungen vorbereitet zu sein, gehört – im Gegenteil – zur originären Aufgabe von Verfassungsrecht und Politik. Dabei gilt: Juristische Konstruktionen sind immer auch idealistische Konstruktionen. Ganz herzlichen Dank!

Andreas Paulus: Ganz herzlichen Dank! Ich finde mich in einer einerseits vertrauten, andererseits schwierigen Situation. Sie haben uns hier geradezu die Lösung einer Vielzahl deutscher und internationaler Probleme auf einmal abverlangt. Das werde ich nicht liefern können. Sie können bei mir allerdings vorbringen, ich sei das gewöhnt, ich habe das zwölf Jahre lang geübt. Das deutsche Volk erwartet dies – insoweit nicht anders als die Staatsrechtslehrervereinigung – nämlich auch vom Bundesverfassungsgericht. Das Bundesverfassungsgericht muss Sie da leider ebenfalls regelmäßig enttäuschen.

Das Migrationsproblem werde ich leider hier auch nicht lösen können. Wir haben in der Tat ein Problem, wir befinden uns geradezu in einer Tragödie, und zwar langfristig. Die Folgen der rückläufigen Demographie können wir jetzt zum Teil schon an Wirtschaftsdaten ablesen. Wir haben auf der einen Seite viele Teile in der Welt, die überfließen mit Menschen, denen es aus verschiedenen Gründen sehr schlecht geht. Wir können sie aber natürlich nicht alle aufnehmen. Das weiß auch jeder. Auf der anderen Seite müssen wir versuchen, dem Asylrecht gerecht zu werden, welches nach der Mercator-Studie überwiegend von weiterhin über 80 % des Volkes befürwortet wird. Das schließt den gesamten Flüchtlingskontext ein. Demnach wollen die Bürger beides, sie wollen humanitär sein, aber sie wollen natürlich auch die Begrenzung unserer Möglichkeiten berücksichtigt wissen. Um den Altbundespräsidenten Gauck zu zitieren: „Unser Herz ist weit. Doch unsere Möglichkeiten, sie sind endlich.“ Hier finde ich die EuGH-Entscheidung durchaus bedenkenswert, weil sie unsere Aufmerksamkeit konzentriert auf eine Gruppe, die es besonders schwer hat. Wir haben das Problem, dass bei den Wanderungsbewegungen die Männer größere Chancen haben durchzukommen als die Frauen. Die Bedrohungslage ist aber in Afghanistan mit Sicherheit umgekehrt. Insofern ist das ein Grund, darauf zu schauen, wer wirklich vulnerabel ist. Wir werden wahrscheinlich in der Tat stärker Gruppenentscheidungen treffen müssen, weil wir sonst in Gefahr laufen, das Gegenteil von dem zu tun, was der humanitäre Impuls von uns verlangt, nämlich gleichsam „survival of the fittest“ zu betreiben, statt uns auf die wirklich Vulnerablen zu konzentrieren. Für diese Herausforderung habe ich keine befriedigende Lösung anzubieten. Die Politik muss die Bevölkerung davon überzeugen, dass sie die vulnerablen Gruppen herausgesucht hat. Weil es um Rechte geht, muss es dabei auch eine Gerichtskontrolle geben.

Die Verfassungsgerichtsbarkeit ist meines Erachtens durch die Zweidrittelmehrheit für die einzelnen Richterinnen und Richter ausreichend demokratisch legitimiert. Ich bleibe aber dabei, dass es auch hierfür keine allgemeingültige Lösung gibt, die überall gleich wäre. Dabei wäre es prima, wenn immer so klar wäre, wo eine Delegation an die Gerichte oder auch an die Politik erfolgt ist und wo ihr Grenzen gesetzt sind. Aber das ist wie alles eine Frage der Auslegung. Die Gewaltenteilung zwischen Legislative und Justiz spielt bei fast jeder Senatsberatung eine Rolle. Hier liegt die Kernfrage. Es handelt sich sowohl um eine Frage der Verfassungsauslegung als auch der Legitimation. Aber ich würde schon behaupten, dass sie kontingent ist, dass sie in verschiedenen Situationen sich jeweils anders stellt, jeweils aber gestellt werden muss.

Zum Thema Klima: Wir haben den Art. 20a Grundgesetz. Wir hatten auch Wahlentscheidungen, die sehr stark vom Klimathema beeinflusst wurden. Es ist nicht so, dass der Bevölkerung das Klima gleichgültig ist. Sie wird dann aber auch mit Belastungen konfrontiert werden; sowohl die Politik als auch die Gerichtsbarkeit müssen versuchen, da sozusagen eine Rationalitätsschneise zu schlagen. Dazu haben wir ein internationales Problem, das keine nationalen Lösungen zulässt.

Das beantwortet teilweise auch die Frage nach der Rolle von EU und Völkerrecht, die den EGMR in der Sache Duarte Agostino in die erstmal prima facie nicht sehr überzeugend wirkende Lösung getrieben hat, dass ich nur gegen mein eigenes Land klagen kann. Aber dieses eine Land wird nie inakzeptable Belastungen für die einzelne Person erzeugt haben. Weil wir wissen, was Deutschland oder Portugal in die Atmosphäre emittieren, ist für unser Klima – ob für unsere Seniorinnen oder künftige Generationen – ungefähr genauso wichtig wie das, was Indien oder was Südafrika in die Atmosphäre emittieren. Wir haben also diesen internationalen Zusammenhang. Das aber klarzumachen ist schwierig. Es laufen viele um die Welt in guter Absicht, die den Leuten suggerieren, wenn wir nur genügend CO_2-Emissionen einsparen, dann würden die Klimaprobleme bei uns weniger werden. Das ist aber leider nicht richtig. Und das ist ein Teil der großen Problematik. Einerseits muss sich das Volk seine Vertreterinnen und Vertreter wählen, aber auf der anderen Seite haben diese auch die Aufgabe, für das ganze Volk zu denken und Überzeugungsarbeit zu leisten. Deutschland wäre heute nicht in der NATO, wenn Adenauer seine Aufgabe nicht auch darin gesehen hätte, das Volk von seiner von ihm gegen die damaligen Mehrheiten für richtig gehaltenen Lösung zu überzeugen. Diese Dialektik sollte man vielleicht – diese Kritik akzeptiere ich – noch stärker akzentuieren.

Jetzt zum zweiten Punkt, der konkret kritisiert worden ist, die beiden Parlamentskammern. Vielleicht war das in der Tat nur eine unpräzise Redewendung. Auf der anderen Seite würde ich schon sagen, Herr Wiegand, dass man die Auffassung, die man im Bundestag vom Bundesrat hat, auch zurückspielen kann. Im Bundesrat gibt es sicherlich ähnliche Auffassungen über den Bundestag. Aber wir haben sie beide. Sie sind Mitgesetzgeber. Wenn Sie die ursprüngliche Idee vom Bundesverfassungsgericht, jedenfalls vom Zweiten Senat nehmen, war dieser gedacht als Bund-Länder-Gericht und als Kompetenzgericht. Dort müssen beide Legislativorgane gleichermaßen vertreten sein, deswegen haben wir auch eine gerade Zahl von Verfassungsrichtern, weil das Gericht Bund-Länder-Streitigkeiten entscheidet. Wir wissen, welche Probleme es uns eingehandelt hat, dass beim EuGH das über die Kompetenzen entscheidende Gremium nicht von beiden Seiten besetzt ist. Wenn das Gericht ein Gericht von Bund und Ländern sein soll, dann ist es sinnvoll, Änderungen des BVerfGG zustimmungsbedürftig zu machen. Es ist eine konservative Lösung, im Übrigen, denn es bleibt ja, wenn man sich nicht einigen kann, bei dem jetzigen System. Der derzeitigen Verfassungsdebatte entnehme ich, dass das System insgesamt gewollt ist. Nicht mal die extremeren Parteien wollen das Bundesverfassungsgericht abschaffen. Das ist dann doch ein Beleg für die konservative Prämie der Notwendigkeit der Zustimmung beider Kammern zu Änderungen des Bundesverfassungsgerichtsgesetzes.

Werben würde ich auch in Sachen wehrhafte Demokratie. Einerseits ist es richtig, das Verbot von SRP und KPD war auch nicht dauerhaft, die DKP gibt es in Göttingen immer noch. Die SRP hat 15 Jahre später in Form der NPD bei Bundestagswahlen 4,3 % gewonnen. Das war zu meiner Schulzeit immer das Schreckgespenst, dass die auch mal über 5 % kommen könnten. Jetzt sind wir bei ganz anderen Zahlen angelangt. Die sind alle wieder erschienen, in kaum mehr als einer Dekade. In Österreich sehe ich das, ehrlich gesagt, früher, da ist nach dem Zweiten Weltkrieg Folgerecht gegen eine Fortführung der Nazipartei anwendbar. Das ist schon eine Forderung der Siegermächte gewesen, steht auch in Art. 9 des Staatsvertrags von 1955. Dort gibt es aber keine allgemeine Regelung zum Parteienverbot, wie sie das Grundgesetz in Artikel 21 kennt.

Der letzte Punkt ist die Grundrechtsverwirkung. Ich meine in der Tat, dass die Regelung der Grundrechtsverwirkung in Art. 18 GG nicht sinnvoll ist. Dieselben Grundrechte gibt es auch europäisch zweimal, in der EMRK und in der Grundrechtecharta der Europäischen Union. Bei den Ländern kann man noch argumentieren, die Ländergrundrechte seien mitgedacht, aber bei den europäischen Grundrechten und bei der EMRK scheitert diese Möglichkeit. In letzterer gibt es allerdings Art. 17 EMRK, der Art. 18 GG stützt. Wollen wir die Verwirkung aber überhaupt? Wollen wir das Signal geben, dass wir bestimmte Leute entrechten? Das halte ich nicht für richtig. Aber ich würde eine Ausnahme machen beim passiven Wahlrecht. Dort geht es um die Frage, wer repräsentieren und mitentscheiden darf. Das wäre also die richtige Rechtsfolge. Ich bin der Meinung, dass Art. 18 GG hierfür lex specialis ist. Ich bin nicht überzeugt von Artikel 38 Abs. 3 GG als alternative Begründung für einen Wahlrechtsausschluss. Ich meine, wir sollten das im Grundgesetz regeln und nicht nur im Bundesverfassungsgerichtsgesetz. Aber das ist selbstverständlich keine Prognose, wie das Bundesverfassungsgericht entscheiden würde, sondern nur meine persönliche Verfassungsauslegung.

Ich habe begonnen mit den hohen Anforderungen, die Sie alle an uns stellen, und ich muss Sie enttäuschen. Das Ergebnis ist, dass wir den demokratischen Prozess nicht an die Verfassungsgerichte delegieren können. Ich bedanke mich für die Aufmerksamkeit.

Zweiter Beratungsgegenstand:

Verwaltung und politische Gestaltung

1. Referat von *Florian Meinel*, Göttingen*

Inhalt

		Seite
I.	Einleitung und Problemstellung	144
II.	Ermessen und Regierung: Administrativer Konstitutionalismus als juristische Form	153
	1. Dualistische Verfassung und fragmentierte Regierungsgewalt	153
	2. Rechtliche Konstruktion des unitarischen Verwaltungsstaates	156
	3. Gesetzliche Steuerung als Kompensation	160
III.	*Limited Government:* Verwaltung und Politik im Regierungsmodell der Bundesrepublik	162
	1. Bundesministerien als *independent agencies*	162
	2. Behördennetzwerke und der Ursprung der administrativen Demokratietheorie	165
	a) Bundesaufsicht	166
	b) Bundeseigene Verwaltung	167
	3. Internalisierung des administrativen Konstitutionalismus im System der Verwaltungs-Rechte	170
	a) Politische Gestaltung unter Verhältnismäßigkeitsvorbehalt	170
	b) Schutznormtheorie (Pluralisierung der Interessendurchsetzung)	171

* Für Gespräche, Hinweise und kritische Lektüre danke ich *Sigrid Boysen*, *Hans Michael Heinig*, *Eike Hosemann*, *Victor Loxen*, *Anna Katharina Mangold*, *Philip Manow*, *Sabine Müller-Mall*, *Christian Neumeier*, *Johannes Reich*, *Matthias Roßbach*, *Eberhard Schmidt-Aßmann*, *Sylvia Veit* und *Tristan Wißgott*; für Unterstützung bei der Recherche außerdem *Anneke Alberts*, *Helene von Kopp-Colomb*, *Senol Becirovski*, *Constanze Hudalla* und *Julica Schütz*. Auch bin ich etlichen Mandats- und Amtsträgerinnen und -trägern in Bund und Ländern dankbar, die meine Fragen zu Problemen der Staats- und Verwaltungspraxis beantwortet und hilfreiche Auskünfte erteilt haben.

IV. *Administrative state:* Berufsbeamtentum 174
1. Verwaltung im Vorraum der Politik: Geringe Bedeutung expliziter Politisierung 174
2. Politik im Vorraum der Verwaltung: Implizite Formen der politischen Kontrolle 176
a) Die föderale Einheit des öffentlichen Dienstes und die Bedeutung der Landesebene 178
b) Parlamente als Stätten der bürokratischen Führerauslese 179
V. Leistungsfähigkeit und Leistungsgrenzen des administrativen Konstitutionalismus 181
1. Hintergrunderfüllung und Hintergrundzustimmung 182
2. Politische Kosten des Rechtsstaats 186
Anhang 194

die Verhältnisse waren kaputt, aber sie funktionierten
Rainald Goetz: Johann Holtrop. Abriss der Gesellschaft (2013)

I. Einleitung und Problemstellung

Die Unterscheidung von Verwaltung und politischer Gestaltung ist eine, vielleicht ist sie *die* Erfindung des deutschen politischen Denkens.[1] Anfang des 19. Jahrhunderts sollte sie einer von der Staatspolitik unabhängigen, allein Normen verpflichteten liberalen Bürokratie auf die

[1] *Hegel* führt sie in seiner Berliner Rechtsphilosophie ein als Unterscheidung von „fürstlicher Gewalt" als souveräner Form von Politik und „Regierung" als liberalem Inbegriff von administrativer Herrschaft. Zu ersterer rechnet er in institutioneller Hinsicht „oberste beratende Stellen und Individuen, die den Inhalt der vorkommenden Staatsangelegenheiten [...] zur Entscheidung vor den Monarchen bringen" – mit anderen Worten: das Kabinett –, deren „Erwählung [...] zu diesem Geschäfte wie deren Entfernung" deswegen in seine „unbeschränkte Willkür" fällt, anders gesagt: in sein Kabinettsbildungsrecht (§ 283), dessen Kehrseite die von der Unverletzlichkeit des Monarchen unterschiedene Ministerverantwortlichkeit ist (§ 284). Davon trennt *Hegel* die von ihm als „Regierungsgewalt" bezeichnete leitende Staatsverwaltung, nämlich die „Ausführung und Anwendung der fürstlichen Entscheidungen, überhaupt das Fortführen und im Stande Erhalten des bereits Entschiedenen, der vorhandenen Gesetze, Einrichtungen, Anstalten für gemeinschaftliche Zwecke u. dergl." (§ 287), sowie die den „Korporationen" übertragene Selbstverwaltung (§ 288 Anfang). Zur Verwaltung zählt er ausdrücklich auch „die richterlichen und polizeilichen Gewalten", „welche unmittelbarer auf das Besondere der bürgerlichen Gesellschaft Beziehung haben, und das allgemeine Interesse in diesen Zwecken geltend machen" (§ 287).

Sprünge helfen.[2] Später hat sie global Karriere gemacht. Mit Preußen vertraute Reformer wie *Woodrow Wilson*[3] wussten sie in den USA um 1900 für das Modernisierungsprogramm des *administrative state* umzudeuten.[4]

Der Sinn der Verwaltung liege nämlich in der „Festhaltung des Gesetzlichen" gegenüber der bürgerlichen Gesellschaft als „Kampfplatz des individuellen Privatinteresses aller gegen alle" (§ 289 Zus.), anders ausgedrückt: in der Stabilisierung von Externalitäten der liberalen Marktgesellschaft, deren inneres Prinzip, die freie Individualität, allerdings auch der Monarch repräsentieren soll (§ 279). Auf dieser Identität beruht die Unterscheidung zwischen freier Politik (fürstlicher Gewalt) und Verwaltung (Korporationen, Regierungsgewalt), die nach Hegel ihre Form hat, d.h. wirklich wird zum einen in der fachlichen Spezialisierung der Behörden gegenüber der Einheit der fürstlichen Gewalt (§ 290) und zum anderen im Dienstrecht, das hoheitlich statt vertraglich sein (§ 294) soll und für das Verwaltungspersonal einen offenen Ämterzugang mit meritokratischer Legitimation durch Bildung vorsehen muss (§§ 288 a.E., 297), außerdem das fürstliche Ernennungsrecht (§ 292) und das Alimentationsprinzip (§ 294; alle Zitate folgen der Meiner-Ausgabe von *Brandt*). Ganz zutreffend bemerkt dazu *Karl Marx* Zur Kritik der Hegelschen Rechtsphilosophie (1843/1844), in: MEW, Bd. 1, 1960, 203 (246): „Da Hegel die ‚polizeiliche' und die ‚richterliche' Gewalt schon der Sphäre der *bürgerlichen Gesellschaft* vindiziert hat, so ist die *Regierungsgewalt* nichts anderes als die Administration, die er als Bürokratie entwickelt." Den konkreten sozialen Sinn der Unterscheidung erklärt *Marx* sich (ebd., 246 f.) mit der Anbindung des Mittelstandes – modern gesprochen: des mittleren Managements in allen Arten von Bürokratien – an den (monarchischen) Staat durch die staatlichen Examina. Dagegen hatte die Französische Verfassung von 1791 formuliert (Ch. IV Art. 1): „Le roi est le chef suprême de l'administration générale du royaume" und weiter (Ch. IV sec. II Art. 5): „Le roi a le droit d'annuler les actes des administrateurs de département, contraires aux lois ou aux ordres qu'il leur aura adressés. Il peut, dans le cas d'une désobéissance persévérante, ou s'ils compromettent par leurs actes la sûreté ou la tranquillité publique, les suspendre de leurs fonctions." Das gleiche Recht hatten nach dem folgenden Art. 6 die *administrateurs de département*.

[2] *Reinhart Koselleck* Preußen zwischen Reform und Revolution, 1967, 23 f., 163 ff., 254 ff. u. passim; *Christian Neumeier* Kompetenzen, 2022, bes. 307 f. Diese beiden für das Verhältnis von Verwaltung und politischer Gestaltung im 19. Jahrhundert grundlegenden Studien zeigen, dass im deutschen öffentlichen Recht beides von Anfang an miteinander zusammenhängt: das prekäre Verhältnis von Politik und Verwaltung einerseits und die Fixierung der Verwaltungssteuerung auf Gesetzesbindung und Verwaltungsgerichtsbarkeit andererseits.

[3] *Woodrow Wilson* The Study of Administration, Political Science Quarterly 56 (1887), 197 (197 ff.); ferner *Frank Johnson Goodnow* Politics and Administration, 1900; später noch *Dwight Waldo* The Administrative State, 1948; dazu *Oliver Lepsius* Verwaltungsrecht unter dem Common Law, 1997, 265 ff.

[4] *Matthias Roßbach* Das Personal der Republik, 2021, 538 ff.; zur jahrzehntelang prägenden Bedeutung der Unterscheidung von Politik und Verwaltung für die internationale politische Soziologie etwa *Fritz Sager/Christian Rosser* The politics of the politics-administration dichotomy, in: Andreas Ladner/Fritz Sager (Hrsg.) Handbook on the Politics of Public Administration, 2022, 24 (24); *Patrick Overeem* The Politics-Administration Dichotomy, 2. Aufl. 2012, 51 ff.

Nicht minder einflussreich war *Max Webers*[5] tragische Hierarchie von leidenschaftlicher politischer Führung und rationaler Bürokratiemaschine,[6] obgleich ja gerade die dezentrale, korporatistische deutsche Verwaltung dem Weberianischen Idealtypus nie entsprochen hat.

Seit dem *progressive age* und der Entstehung einer modernen politischen Soziologie ist es schwierig geworden, zwischen Verwaltung und politischer Gestaltung zu unterscheiden. Weil die westlichen Demokratien progressive Sozialpolitik vorwiegend bürokratisch organisierten, wurde die Verwaltung zwangsläufig „politisch" und das Politische „bürokratisch".[7] Die demokratischen Institutionen veränderten sich mit der Expansion des Verwaltungsstaates und als Folge seiner Verrechtlichung. Folgerichtig spricht die Soziologie seit langem eher vom „politischen System", in dem Politik, Verwaltung und Publikum nur noch als interne Funktionsdifferenzierungen vorkommen,[8] aber weder als Hierarchie noch als Differenz von politischen *Zielen* und administrativen *Mitteln*.[9]

Das deutsche Verfassungs- und Verwaltungsrecht passt auf den ersten Blick in dieses Bild. Es benutzt „Politik" – wenn überhaupt[10] – als negati-

---

[5] *Max Weber* Parlament und Regierung im neugeordneten Deutschland (1918), in: Wolfgang J. Mommsen/Gangolf Hübinger (Hrsg.) Zur Politik im Weltkrieg: Schriften und Reden 1914–1918, MWG I/17, 1983, 432 (450 ff.); *ders.* Wirtschaft und Gesellschaft (Die Wirtschaft und die gesellschaftlichen Ordnungen und Mächte), MWG Bd. I/22–4: Herrschaft, 2005, 157 ff., bes. 221–224.

[6] Statt vieler *Stefan Breuer* Legitime Herrschaft, in: Max Webers tragische Soziologie, 2006, 63–79.

[7] *Wolfgang Seibel* Verwaltung verstehen, 2016, 110–131.

[8] Eine besonders leicht zugängliche Begründung dieser grundlegenden Einsicht *Niklas Luhmanns* findet sich in den jüngst von *André Kieserling* und *Johannes F. K. Schmidt* edierten frühen Vorlesungen, die in vielerlei Hinsicht noch einmal eine ganz neue Perspektive auf die Werkentwicklung von Mitte der 1960er bis in die 1970er Jahre bieten; siehe *Niklas Luhmann* Soziologie unter Anwesenden, 2024, bes. 340–344. In dem zentralen Text Soziologie des politischen Systems (1968), in: Soziologische Aufklärung 1, 1991, 154, spricht *Luhmann* schon von einem „theoretische[n] Vakuum", in das der Begriff des politischen Systems vordringt. Er bestand stets darauf (zuerst ebd., 163 f.), dass dieser funktional vom parteipolitischen System getrennte Begriff von bürokratischer Verwaltung auch Parlamente und Gerichte einschließt, sofern sie ohne Legitimationsprobleme mit der Herstellung verbindlicher Entscheidungen befasst sind.

[9] Für die deutschsprachige politische Soziologie grundlegend *Niklas Luhmann* zunächst in Auseinandersetzung mit *Max Weber* in: Zweck – Herrschaft – System. Grundbegriffe und Prämissen Max Webers, Der Staat 3 (1964), 129 (133 ff.); dann immer wieder: *ders.* Politische Planung, 4. Aufl. 1994, 66 ff.; *ders.* Die Grenzen der Verwaltung, 2021, 146 ff.; *ders.* Politische Theorie im Wohlfahrtsstaat, 1981, 42 ff.; ferner insbesondere *Renate Mayntz* Soziologie der öffentlichen Verwaltung, 4. Aufl. 1997, 60 ff.

[10] Weder „Politik" noch „Regierung" finden sich in den Stichwortregistern von *Dirk Ehlers/Hermann Pünder* (Hrsg.) Allgemeines Verwaltungsrecht, 16. Aufl. 2022;

ven Verweisbegriff:[11] Politik ist der Raum, aus dem die Normen kommen, die Rechtsetzung. Politische Gestaltung ist das, für das es keine rechtlichen Maßstäbe gibt und findet statt, wo der Rechtsweg endet. Gerade das Verwaltungsrecht, das wir unseren Studierenden als selbstverständlich vermitteln, präsentiert das Verhältnis von politischer Gestaltung und Verwaltung also immer schon als reibungslos und nennt die Schnittstellen: Gesetzesbindung und gerichtliche Kontrolldichte.[12]

Und wirklich: In der „verwalteten Welt"[13], die soziale Ordnung mehr oder weniger in Kategorien von Organisation und Administration denkt, wird der Gegensatz große Politik – Verwaltung schnell zu einer Pathosformel oder Phrase, die eben vor allem ideologisch funktioniert. Wie „politisch" die Verwaltung ist, ist keine sinnvolle Frage. Das Politische ist kein Sachgebiet, sondern Form und Intensitätsgrad von Konflikten.[14] Normative Fragen wie etwa nach dem richtigen Verhältnis von Politik und Verwaltung in der Demokratie sind unergiebig, weil die Bedeutung dessen, was man in diesem Zusammenhang die *Verwaltung* nennt, in sich zu komplex[15] und immer schon das Produkt von Regeln ist, die es zunächst zu explizieren gilt.[16] So sind die Arrangements von politischen und administrativen

---

Hinnerk Wißmann Verwaltungsrecht, 2023; *Eberhard Schmidt-Aßmann* Das Allgemeine Verwaltungsrecht als Ordnungsidee, 2. Aufl. 2004; *Hartmut Maurer/Christian Waldhoff* Allgemeines Verwaltungsrecht, 21. Aufl. 2024; *Philipp Reimer* Allgemeines Verwaltungsrecht, 2024; ergiebiger hingegen *Martin Eifert/Andreas Voßkuhle/Christoph Möllers* (Hrsg.) Grundlagen des Verwaltungsrechts, 2 Bde., 3. Aufl. 2022.

[11] *Christoph Möllers* Verwaltungsrecht und Politik, in: Armin von Bogdandy/Sabino Cassese/Peter M. Huber (Hrsg.) IPE V, 2014, § 93 Rn. 5; *Luhmann* Politische Planung (Fn. 9), 56.

[12] Zur Funktion der Figur der Kontrolldichte insbesondere *Klaus Ferdinand Gärditz* Funktionswandel der Verwaltungsgerichtsbarkeit unter dem Einfluss des Unionsrechts – Umfang des Verwaltungsrechtsschutzes auf dem Prüfstand, Verh. d. 71. DJT (2016), D 54 ff.

[13] *Theodor W. Adorno* Dissonanzen. Musik in der verwalteten Welt (1956), in: Gesammelte Schriften, Bd. 14, 1973.

[14] *Hans J. Morgenthau* Die internationale Rechtspflege, ihr Wesen und ihre Grenzen, 1929, 67; *ders.* La Notion du Politique, 1933, 84 f.; *Carl Schmitt* Der Begriff des Politischen (1932), 1963, 28; zur Abhängigkeit *Schmitts* von *Morgenthau* besonders *William E. Scheuerman* Carl Schmitt and Hans Morgenthau, in: Michael C. Williams (Hrsg.) Realism Reconsidered, 2007, 62 ff.; *Christoph Frei* Hans J. Morgenthau, 2001, 123–132.

[15] Schon *Ernst Forsthoff* leitete aus dieser Ubiquität des Administrativen seine vielzitierte Beobachtung ab, wonach es im Wesen der Verwaltung liegt, dass sie sich zwar beschreiben, aber nicht definieren lässt: Lehrbuch des Verwaltungsrechts, Bd. I, 10. Aufl. 1973, 1.

[16] *Pascale Cancik* Verwaltung und Selbstverwaltung, in: Matthias Herdegen/Johannes Masing/Ralf Poscher/Klaus Ferdinand Gärditz (Hrsg.) Handbuch des Verfassungsrechts, 2021, § 14 Rn. 14 ff.; *Thomas Groß* Die öffentliche Verwaltung als normative Konstruktion, in: Hans-Heinrich Trute/Thomas Groß/Hans Christian Röhl/Christoph Möllers (Hrsg.) Allgemeines Verwaltungsrecht – Zur Tragfähigkeit eines Konzepts, 2008, 349–367.

Entscheidungsmodi in einzelnen Politikfeldern und Verwaltungszweigen,[17] also etwa im Polizei-, Migrations-, Sozial-, Kartell-, Wissenschafts- oder Umweltrecht, einfach höchst verschieden. Der bei näherer Betrachtung zirkuläre § 1 VwVfG illustriert das anschaulich. Nach Absatz 1 gilt das Gesetz für die Verwaltungstätigkeit der Behörden; Absatz 4 bestimmt den Behördenbegriff durch die Wahrnehmung von Verwaltungsaufgaben, was wiederum von deren gesetzlicher Begründung abhängig ist.[18] Auf dieser allgemeinen begrifflichen Ebene kommt man heute also einfach nicht weiter.

Interessanter scheint es mir deswegen, nach der juristischen Konstruktion der Unterscheidung von Verwaltung und politischer Gestaltung zu fragen, nach der Kritik der *rechtlichen* Form ihrer Zuordnung. Das öffentliche Recht ist nämlich nie eine neutrale *Beschreibungsform*, sondern selbst wesentlicher Teil dieser Zuordnung. Das gilt für jedes politische System. Die amerikanische Diskussion über den *administrative state* ist wesentlich von Prämissen des Common Law abhängig,[19] die über die „Politisierung" der Europäischen Kommission von jenen des Unionsrechts[20] und so weiter.

Und die Bundesrepublik? – Im deutschen öffentlichen Recht hat sich das Verhältnis von Verwaltung und politischer Gestaltung auf eine im internationalen Vergleich sehr spezielle Art ausgeprägt. Sie ist hoch voraussetzungsvoll und abhängig von Systementscheidungen der 1950er und 1960er Jahre, für die wir heute politisch als Republik und intellektuell als Fach einen hohen Preis bezahlen.[21] Das öffentliche Recht der Bundesrepublik, *unser* öffentliches Recht ist das Zentralstück eines politischen

---

[17] Siehe schon die vergleichende Darstellung von *Marian Döhler* Die politische Steuerung der Verwaltung, 2007, bes. 248 ff.; sehr instruktiv auch der Vergleich politischer Kontrolle durch das Parlament für unterschiedliche Verwaltungszweige und -typen bei *Sven T. Siefken* Parlamentarische Kontrolle im Wandel, 2018, 236 ff.

[18] Die Norm enthält insofern nur eine Negation: Es kommt für den Begriff der Verwaltung *nicht* auf die Form ihrer Organisation an (sog. funktionaler Behördenbegriff); siehe im Einzelnen *Friedrich Schoch* in: Friedrich Schoch/Jens-Peter Schneider (Hrsg.) Verwaltungsrecht, § 1 VwVfG Rn. 133 ff. (07/2020).

[19] *Lepsius* Common Law (Fn. 3), 37 ff.; *Roßbach* Das Personal (Fn. 4), 507 ff.

[20] *Paul Craig* EU Administrative Law, 3. Aufl. 2018, Kap. 2.

[21] Zum politischen Preis siehe unten, V. 2. – Der intellektuelle Preis lässt sich ermessen an der zumal in der deutschen Rechtswissenschaft vorherrschenden, nämlich *bürokratischen* Form des juridischen Wissens, das (a) durch die Organisation seiner *Gebiete*, namentlich die hierarchischen Unterscheidungen Grundlagenfächer, Verfassungsrechtliche Grundlagen, Allgemeiner Teil, Besondere Teile, formelles/materielles Recht usw. das Gliederungsprinzip von Behörden und ihre Technik der Vermeidung von Konflikten durch gleichzeitige fachliche Sachgebietsspezialisierung und Überordnung von (dadurch operationell folgenlosen) Grundsatzaufgaben nachahmt, und die (b) sich als Arbeitsform vorwiegend der *Darstellung* dieser Gebiete in Form von tendenziell reproduktiven Handbüchern, Lehrbüchern, Kommentaren usw. bedient, die Darstellungs- also auf diese Weise der Organisationsform des Wissens angleicht.

und eines Verwaltungssystems, das die systematische *Nichtunterscheidung* von Verwaltung und politischer Gestaltung zum Prinzip erhoben hat. Es beruht, in juristischen Kategorien ausgedrückt, auf der *Identität von* administrativer und politischer Gestaltungsfreiheit, von *Ermessen* und *Regierung*.[22]

Ermessen bezeichnet üblicherweise das gesetzlich nicht determinierte Verwaltungshandeln, die Macht zur Bestimmung des normativ Unbestimmten, traditionell ausgedrückt: die „Eigenständigkeit der Verwaltung".[23] Mit Regierung bezeichnet die Begriffstradition die Funktion der politischen Gestaltung[24] einer unbestimmten Zukunft, also die Festlegung politischer Zielvorgaben.

Die Begriffe *Ermessen* und *Regierung* sind nun nicht nur *verwandt*. Sicher: In jeder Ermessensbetätigung liegt ein Stück Gestaltungs-, d.h. Regierungsmacht im weiteren Sinne. Regierungsentscheidungen steuern umgekehrt Ermessensentscheidungen,[25] etwa durch

---

[22] Gemeint ist, entsprechend der konventionellen Begrifflichkeit, die Regierung im funktionellen Sinne, vgl. *Rainer Grote* Regierung, in: Werner Heun (Hrsg.) Evangelisches Staatslexikon, 2006, Sp. 1974 (Sp. 1976 f.), oder, entsprechend einer noch älteren Begrifflichkeit, die „Staatsleitung", die nach *Ernst Friesenhahn* Parlament und Regierung im modernen Staat, VVDStRL 16 (1958), 9 (37 f.) unter dem Grundgesetz bekanntlich Parlament und Regierung „zur gesamten Hand" anvertraut sein sollte.

[23] *Schmidt-Aßmann* Ordnungsidee (Fn. 10), Kap. 4, bes. Rn. 36 ff.; *Wolfgang Hoffmann-Riem/Arne Pilniok* Eigenständigkeit der Verwaltung, in: Andreas Voßkuhle/Martin Eifert/ Christoph Möllers (Hrsg.) Grundlagen des Verwaltungsrechts, Bd. I, 3. Aufl. 2022, § 12 Rn. 147 ff.; *Hartmut Maurer/Friedrich E. Schnapp* Der Verwaltungsvorbehalt, VVDStRL 43 (1985), 135 ff., 172 ff.

[24] In der etwas hölzernen Gewaltenteilungsdoktrin des BVerfG (E 139, 321 [362 Rn. 126] – *Zweitverleihung des Körperschaftsstatus/Zeugen Jehovas* [2015]): „Der Exekutive obliegen […] vor allem Regierung und Verwaltung. *Während die Regierung für die politische Gestaltung zuständig und parlamentarisch verantwortlich ist*, ist die Verwaltung idealtypisch mit der Aufgabe des Gesetzesvollzugs im Einzelfall betraut." (Hervorhebung nicht im Original).

[25] *Ernst Forsthoff* Lehrbuch des Verwaltungsrechts, Bd. I, 1. Aufl. 1950, 13: „Unter der Regierung ist also die wesentlich vom Politischen her bestimmte Leitung der Verwaltung zu verstehen, welche diese zu einem einheitlichen, gegenüber der normativen Sphäre weithin selbständigen, funktionsfähigen Körper zusammenfaßt: Die Wirksamkeit der Regierung ist nicht auf den Teil der Verwaltung beschränkt, der aus ihrer eigenen Initiative hervorgegangen ist. Auch die Vollziehung der Rechtssätze ist ohne eine solche Leitung als ein geregelter und damit einheitlicher Vorgang nicht denkbar. Es macht eine Eigentümlichkeit der Verwaltungsrechtsnorm im Unterschied zum Justizrecht aus, daß sie Begriffe verwendet, die vielfacher Ausdeutung fähig sind und die erst durch die Bindung an bestimmte politische Wertvorstellungen einen konkreten Gehalt gewinnen. […] [Die Regierung] erstreckt sich in alle Verzweigungen der Verwaltung hinein und bringt den ‚Geist' hervor, der das Ganze durchwaltet."

Normsetzung,[26] Ressourcenallokation, Organisations- oder Personalentscheidungen. Die Begriffe sind im deutschen öffentlichen Recht vielmehr *identisch.*[27] Es kennt anders als etwa die Schweizerische[28] oder viele andere Rechtsordnungen weder eine prozessuale[29] noch eine materiellrechtliche

---

[26] Zu Verwaltungsvorschriften in dieser Hinsicht *Horst Dreier* Hierarchische Verwaltung im demokratischen Staat, 1991, 191 ff.; zu Rechtsverordnungen etwa *Hermann Pünder* Exekutive Normsetzung in den Vereinigten Staaten von Amerika und der Bundesrepublik Deutschland, 1995, 194 ff.; *Michael Fehling* Verwaltung zwischen Unparteilichkeit und Gestaltungsaufgabe, 2001, 143 ff.

[27] In der begrifflichen Konsequenz erstmals argumentiert von *Georg Jellinek* Allgemeine Staatslehre, 3. Aufl. 1914, 616 ff., bes. 617 f., der den Bereich der Regierung definiert als Raum der „größten Freiheit" von der Bindung durch Rechtsregeln innerhalb der Verwaltung und daraus folgert (ebd., 618 f.): „Die Verwaltung im materiellen Sinne enthält demnach zwei in ihr zur Einheit verbundene Elemente, das der Regierung und das der Vollziehung, jenes die Initiative und Anordnung, dieses die Ausführung des Angeordneten enthaltend. Die Verwaltungsakte zerfallen daher in Akte der Regierung und der Vollziehung, können aber auch beide Elemente in sich schließen."; im Anschluss daran und gegen die Wiederbelebung eines „politischen" Regierungsbegriffs bei *Rudolf Smend* namentlich *Hans Kelsen* Allgemeine Staatslehre (Studienausgabe der Originalausgabe 1925), 2019, 576 ff.; *Adolf Merkl* Allgemeines Verwaltungsrecht, 1927, 46 f.; für die bundesrepublikanische Variante dieser Begrifflichkeit (besser bekannt als „Kontrolldichtedogmatik") siehe statt vieler *Meinhard Schröder* Die Bereiche der Regierung und der Verwaltung, in: Josef Isensee/Paul Kirchhof (Hrsg.) HStR II, 1. Aufl. 1988, § 67 Rn. 13 f.

[28] Die Schweizerische Bundesverfassung stellt Regierungsakte explizit von der Jurisdiktion des Bundesgerichts frei (Art. 189 Abs. 4 S. 1 BV). Diese Vorschrift wird auch nicht qualitativ, sondern institutionell verstanden mit der Folge, dass Konstellationen, in denen die EMRK Rechtsschutzgarantien gebietet, nur durch eine Delegation der Zuständigkeit auf eine nachgeordnete Verwaltungsbehörde gelöst werden können; Einzelheiten bei *Johannes Reich* in: Bernhard Ehrenzeller/Patricia Egli/Peter Hettich/Peter Hongler/Benjamin Schindler/Stefan G. Schmid/Rainer J. Schweizer (Hrsg.) St. Galler Kommentar zur schweizerischen Bundesverfassung, 4. Aufl. 2023, Art. 189 Rn. 47.

[29] Bekanntlich hat sich das Bundesverfassungsgericht früh und wie von Art. 93 Abs. 1 Nr. 1 GG auch nahegelegt gegen eine *political questions doctrine* entschieden und damit auf die volle Justiziabilität von materiellen Regierungsakten festgelegt; sehr frühe theoretische Begründung dieses Paradigmenwechsels auf dem Höhepunkt der Auseinandersetzungen um den „Wehrbeitrag" *Ulrich Scheuner* Der Bereich der Regierung (1952), in: Staatstheorie und Staatsrecht, 1978, 455 (492 ff.); aus der neueren Literatur zu dieser Frage etwa *Klaus Ferdinand Gärditz* Der Begriff der Regierung, in: Julian Krüper/Arne Pilniok (Hrsg.) Die Organisationsverfassung der Regierung, 2021, 25 (32 f.); *Eberhard Schmidt-Aßmann* in: Dürig/Herzog/Scholz Grundgesetz, 2024, Art. 19 Abs. 4 Rn. 81 ff. (2020); grundsätzlich schon *Fritz W. Scharpf* Judicial Review and the Political Question, The Yale Law Journal 75 (1966), 517 ff.; *Gunnar Folke Schuppert* Die verfassungsgerichtliche Kontrolle der auswärtigen Gewalt, 1973. Es gibt aber auch im Verwaltungsrecht keine Kategorie der „Regierungsakte", die deren Justiziabilität ausschlösse, vgl. *Möllers* Politik (Fn. 11), § 93 Rn. 13; siehe schon *Forsthoff* Verwaltungsrecht (Fn. 25), 390 ff. Die früher vom Rechtsschutz her gedachte Unterscheidung zwischen Regierungs- und Verwaltungsakten (*Otto Mayer* Deutsches Verwaltungsrecht, Bd. I, 3. Aufl. 1924, 93 f.) behandelt schon

Sonderstellung von Regierungs-, d.h. politischen Gestaltungsentscheidungen.[30] Es denkt, in einem Satz gesagt, Ermessen ordoliberal als Regierung und Regierung als Ermessen und variiert nur die „Kontrolldichte" von Fall

---

Schmitt Begriff (Fn. 14), 21 f. als eine französische Besonderheit. Sie hat sich mit § 40 Abs. 1 VwGO ohnehin erledigt.

Das zeigen etwa zwei jüngere Fälle von materiellen Regierungsakten, die die Rechtsprechung beschäftigt haben: Im Fall der Anordnung der Treuhandverwaltung von Rosneft durch das BMWK nach § 17 EnSiG zur Umsetzung von Sanktionen nach dem Beginn des russischen Angriffs auf die Ukraine im September 2022 hat das BVerwG, NVwZ 2023, 1326, ohne den „politischen" Charakter der Entscheidung auch nur zu erwähnen, eine Prüfung der Entbehrlichkeit der Anhörung nach § 28 VwVfG (Rn. 22) sowie der ordnungsgemäßen Ermessensbetätigung entsprechend dem Zweck der gesetzlichen Ermächtigung (Rn. 70 ff.) durchgeführt und nur festgehalten, dass die „politischen Äußerungen des Bundesministers" nicht den Schluss auf „zweckwidrige, vorgeschobene Erwägungen" im Rahmen der Ermessenbetätigung zulassen (Rn. 86). Auch im Beschluss über den Eilantrag gegen das Verbot des Trägervereins des Magazins „Compact" (Beschluss vom 14.8.2024, BVerwG 6 VR 1.24) spielte die Tatsache keine Rolle, dass § 3 Abs. 2 S. 1 Nr. 2 VereinsG die Entscheidung als Regierungsentscheidung ausgestaltet. Die rechtliche Besonderheit von „Regierungsakten" besteht deswegen nur (a) in der häufigen Konzentration des Rechtsweges beim BVerwG (§ 50 Abs. 1 Nr. 2, 3, 6 und 7 VwGO) und (b) in dem häufigen Fehlen eines „unmittelbaren" Grundrechtseingriffs, der zu einer faktisch stärkeren Freistellung von Regierungsakten von der gerichtlichen Kontrolle führt. Letzteres ist freilich ein Kriterium, dessen Handhabung vollständig bei den Verwaltungsgerichten liegt: *Schmidt-Aßmann* in: Dürig/Herzog/Scholz Grundgesetz, Art. 19 Abs. 4 Rn. 82 (2020). Unter anderem deswegen konnte die Frage nach der Verrechtlichung von Sprechakten („Äußerungen") der Regierung virulent werden. Bemerkenswerterweise hat das BVerwG dagegen in der Entscheidung NJW 2024, 849 in einem IFG-Fall die Kategorie von Regierungsakten für Handlungen des Bundespräsidenten (Glückwunschtelegramm des Bundespräsidenten an ein ausländisches Staatsoberhaupt) in Anspruch genommen. Dieses sei ein „präsidentieller Akt, den er in seiner Funktion als Staatsoberhaupt in Ausübung seiner allgemeinen Repräsentations- und Integrationsaufgaben wahrnimmt, die ihm über die von der Verfassung ausdrücklich zugewiesenen Befugnisse hinaus zukommen […]. Der Bundespräsident repräsentiert hierbei Staat und Volk der Bundesrepublik nach außen. Er verkörpert die Einheit des Staates." Mit anderen Worten: Die legale Prämie der Kategorie der Regierungsakte kommt nur dem Amt zugute, das nach der Ämterordnung des Grundgesetzes gerade keinen Anteil an der Regierung hat.

[30] Schon *Hans J. Wolff* Verwaltungsrecht I, 1956, § 31 II a) bemerkt lediglich: „Um eine möglichst gerechte und zweckmäßige Anpassung der konkreten Rechtsgestaltung an die besonderen Gegebenheiten von Einzelfällen und an die politischen Entscheidungen der Regierungs- und Verwaltungsorgane zu ermöglichen, verzichtet der Gesetzgeber in nicht seltenen Fällen auf eine strenge oder auch auf eine unbestimmte Bindung der Verwaltung und beschränkt sich darauf, sie zu gewissen Verhaltensweisen […] zu ermächtigen, ohne sie ihr zu verbindlicher Pflicht zu machen. Das Gesetz setzt dann zwar einen Tatbestand fest, überläßt aber die normative Rechtsfolge dem Ermessen des Verwaltungsorgans (administration discrétionnaire)."

zu Fall.[31] Die Prämissen und Konsequenzen dieser Eigenart des deutschen öffentlichen Rechts möchte ich im Folgenden näher beleuchten. Denn die Identität von politischer Gestaltung und Verwaltung steckt tief in den hermetischen Kategorien unseres Fachs und macht sowohl seine Leistungsfähigkeit als auch seine Pathologie aus. Was wir uns üblicherweise als Konstitutionalisierung der Verwaltung vorstellen, ist zugleich das Gegenteil: Politisches Regieren verwandelt sich in Verwaltung. *Verfassungsrecht ist abstrahiertes Verwaltungsrecht*; dies hat man anderwärts schon längst beobachtet.[32]

Zunächst werde ich rekapitulieren, wie dieses Paradigma im Verwaltungsrecht der Bundesrepublik entstanden ist und warum es sich durchgesetzt hat (II.). In einem zweiten Schritt werde ich zeigen, wie es sich im institutionellen Aufbau von Politik und Verwaltung und im System der

---

[31] Die administrative Verengung der politischen Gestaltung liegt, was die *Regierung* angeht, nach der bestechenden Analyse von *Christian Neumeier* in der Vorstellung, dass Regieren durch die Form staatlicher Kompetenzen selbst immer schon gebunden ist an bestimmte Zwecke (*Neumeier* Kompetenzen [Fn. 2]). Was die Verwaltung angeht, kehrt diese Reduktion wieder in der Annahme, dass es in der Be-Stimmung des Zweckmäßigen („Ermessen") immer die eine zweckmäßigste Lösung gibt. Das unterscheidet Begriff und Institut des Ermessens der Verwaltung grundsätzlich von *administrative discretion*. Die *positive Freiheit* der politischen Gestaltung hat nur in diesem, nicht aber in jenem einen normativen Standort. Sie ist im deutschen öffentlichen Recht nur durch die epistemischen Grenzen der Kontrolle markiert, d.h. durch die „funktionell-rechtliche" Variation der sogenannten „Kontrolldichtedogmatik" (*Johannes Buchheim/Christoph Möllers* Gerichtliche Verwaltungskontrollen als Steuerungsinstrument, in: Andreas Voßkuhle/Martin Eifert/Christoph Möllers [Hrsg.] Grundlagen des Verwaltungsrechts, Bd. II, 3. Aufl. 2022, § 46 Rn. 141 ff.; *Schmidt-Aßmann* in: Dürig/Herzog/Scholz Grundgesetz, Art. 19 Abs. 4 Rn. 180 ff. [2020]; *Gunnar Folke Schuppert/Christian Bumke* Die Konstitutionalisierung der Rechtsordnung, 2000, 58 ff.). Die freie, d.h. auf „Fallgruppen" gestützte richterliche Variabilität der „Kontrolldichte" ist im Grunde das Zentrum des ganzen dogmatischen Systems.

[32] Den Vorgang der Konstitutionalisierung des Verhältnismäßigkeitsgrundsatzes beschreiben als „Abstraktion des Verwaltungsrechts" zuerst *Michael Kloepfer/Claudio Franzius* Die Entfaltung des Verhältnismäßigkeitsprinzips, in: Eberhard Schmidt-Aßmann u.a. (Hrsg.) FS 50 Jahre Bundesverwaltungsgericht, 2003, 329 (330 f.); für Teile des Infrastrukturrechts und den Verhältnismäßigkeitsgrundsatz aufgegriffen in der differenzierten Diagnose von *Christoph Möllers* Methoden, in: Andreas Voßkuhle/Martin Eifert/Christoph Möllers (Hrsg.) Grundlagen des Verwaltungsrechts, Bd. II, 3. Aufl. 2022, § 2 Rn. 13 (ebenso in der 1. Aufl. 2006 ebd.); wohl unabhängig davon als *allgemeine* Konsequenz der Konstitutionalisierung formuliert bei *Pierre Moor* Réflexions autor du concept de constitution, ZSR 127 (2008), 207 (226); speziell für die Konstitutionalisierung des Verhältnismäßigkeits- und des Rechtsstaatsprinzips als Fall der „Nachführung" der Bundesverfassung durch den verfassungsändernden Gesetzgeber *Benjamin Schindler* in: Bernhard Ehrenzeller/Patricia Egli/Peter Hettich/Peter Hongler/Benjamin Schindler/Stefan G. Schmid/Rainer J. Schweizer (Hrsg.) St. Galler Kommentar zur schweizerischen Bundesverfassung, 4. Aufl. 2023, Art. 5 Rn. 5; zum Konzept der Nachführung *Johannes Reich* ebd., Art. 188 Rn. 18.

öffentlichen Rechte ausprägt (III.). Sodann möchte ich zeigen, dass jenes Paradigma einen konkreten Träger hat: das als eine Art *administative state* fungierende Berufsbeamtentum (IV.). Abschließend werde ich nach den politischen Voraussetzungen und politischen Kosten dieses Modells fragen (V.).

II. Ermessen und Regierung: Administrativer Konstitutionalismus als juristische Form

Um zu verstehen, wie für das öffentliche Recht der Bundesrepublik die Identität von Ermessen und Regierung paradigmatisch werden konnte, muss man auf seine Entstehungszeit zurückgehen. Die Identität von Ermessen und Regierung ist, so meine These, die Folge eines verdrängten inneren Widerspruchs des Grundgesetzes in der Zuordnung von Politik und Verwaltung.

1. Dualistische Verfassung und fragmentierte Regierungsgewalt

Das politische Prinzip dieser Verfassung war nicht die hierarchische Zuordnung von Regierung und Verwaltung, nicht die Überordnung „der" Politik über „die" Verwaltung,[33] sondern die föderative Aufteilung der Regierungsmacht, die Abschirmung der Regierungen der Länder vom gestaltenden Zugriff des Bundes. Die beiden im Begriff der parlamentarischen Regierung angelegten politischen Gestaltungsfunktionen – Gestaltung durch Gesetzesinitiativen und Gestaltung durch die Leitung der Verwaltung – trennt das Grundgesetz in doppelter Weise. Erstere teilt sich die Bundesregierung nach Art. 76 Abs. 1 GG mit dem Bundesrat,[34] letztere liegt nach Art. 83 GG in der Regel bei den Landesregierungen. Der politi-

[33] Wenn BVerfGE 148, 11 (27 Rn. 51) – *Wanka* (2018) die Bundesregierung als „das oberste Organ der vollziehenden Gewalt" bezeichnet, so steht diese in der Entscheidung nicht näher begründete Rechtsaufassung in unmittelbarem Widerspruch zu Art. 83 GG.

[34] Die Bedeutung von Bundesratsinitiativen war von Anfang an gegenüber Vorlagen der Bundesregierung gering; in der 1. bzw. 19. Wahlperiode standen 32 bzw. 66 Bundesratsinitiativen 773 bzw. 804 Initiativen der Bundesregierung und aus der Mitte des Bundestages gegenüber, siehe Datenhandbuch zur Geschichte des Deutschen Bundestages (Online-Ausgabe), Kap. 11, <https://www.bundestag.de/dokumente/parlamentsarchiv/datenhandbuch/11/kapitel-11-475952> (Stand 30.10.2024) und Datenhandbuch zur Geschichte des Deutschen Bundestages (Online-Ausgabe), Kap. 10, <https://www.bundestag.de/dokumente/parlamentsarchiv/datenhandbuch/10/kapitel-10-475948> (Stand 30.10.2024).

sche Sinn dieses dualistischen[35] Verfassungsaufbaus[36] liegt heute etwas im Dunkeln. Man versteht ihn aber sofort, wenn man bedenkt, was diese politische Regierungsmacht durch die Hoheit über die Verwaltung ursprünglich bedeutete:

Ermessen ist im Verwaltungsrecht zur Zeit des Grundgesetzes nicht, was wir heute darunter verstehen, sondern ein anderes Wort für die Eigenständigkeit der Verwaltung:[37] Gestaltungsfreiheit bei der Konkretisierung gesetzlicher Spielräume, Gestaltungsfreiheit der sogenannten „gesetzesfreien Verwaltung", d.h. die politische Bestimmung normativ unbestimmter Handlungsmöglichkeiten,[38] eben: Ermessen im *alten* Sinne des Wortes. Jene Gestaltungsfreiheit, die die Schweizerische Bundesverfassung den Kantonen in Art. 46 Abs. 3 BV bis heute ausdrücklich garantiert.[39] Seit die Möglichkeit rechtsextremer Regierungen in den Ländern real ist, dämmert uns auch in der Bundesrepublik langsam wieder, was das in letzter Konsequenz in einem Bundesstaat bedeuten kann.[40]

---

[35] *Armel Le Divellec* Le Gouvernement Parlementaire en Allemagne, 2004, 485 ff. bezeichnet den Föderalismus zutreffend als „limite structurelle" des Parlamentarismus; näher zum parlamentarisch-föderativen Dualismus *Florian Meinel* Vertrauensfrage, 2019, 23 ff.

[36] Der 1949 aus dem politischen Führungsanspruch der Länderregierungen und dem alliierten Insistieren auf Föderalisierung hervorging und der deswegen zwar nicht in der rechtlichen, wohl aber in der politischen Form etwas völlig anderes ist als der Bismarcksche Vollzugsföderalismus nach der Reichsverfassung von 1871, deren Bindeglied – die preußische Hegemonie – wegfiel: zur Mediatisierung der Verwaltung durch die Staaten im Kaiserreicht etwa *Stefan Oeter* Integration und Subsidiarität im deutschen Bundesstaatsrecht, 1998, 30 ff.; zur Rolle der Länder in der Verfassungsgeschichte der Nachkriegszeit *Stefan Fisch* Verwaltungsaufbau nach 1945 in Deutschland, in: Klaus König (Hrsg.) Deutsche Verwaltung an der Wende zum 21. Jahrhundert, 2002, 11 (24 ff.). In den Beratungen des Parlamentarischen Rates kommt dies vor allem in der Debatte über die Frage zum Ausdruck, ob den Ländern über den Bundesrat explizit auch die Teilhabe an der *Regierung* des Bundes garantiert werden sollte (vgl. Art. 50 GG). Der Herrenchiemseer Verfassungsentwurf hatte in Art. 65 noch formuliert: „Durch den Bundesrat (Senat) wirken die Länder bei der Gesetzgebung, *der Regierung* und der Verwaltung des Bundes mit" (Hervorhebung hinzugefügt). Zur Bonner Diskussion siehe Der Parlamentarische Rat, Akten und Protokolle, Bd. XIII: Organisation des Bundes, Dok. Nr. 13, TOP 2a, 211 ff. u. bes. 351 ff.

[37] Stand der damaligen Dogmatik bei *Fritz Fleiner* Institutionen des deutschen Verwaltungsrecht, 8. Aufl. 1928, 257 ff.; *Forsthoff* Verwaltungsrecht (Fn. 25), 65 ff.; *Walter Jellinek* Verwaltungsrecht, 3. Aufl. 1931, 30 ff.; tendenziell schon auf dem Standpunkt der späteren Lehrmeinung dagegen *Hans Peters* Lehrbuch der Verwaltung, 1949, 10 f.

[38] Präzise Beschreibung bei *Dreier* Hierarchische Verwaltung (Fn. 26), 185 ff.

[39] *Giovanni Biaggini* Kommentar zur Bundesverfassung der Schweizerischen Eidgenossenschaft, 2. Aufl. 2017, Art. 46 Rn. 11 m.w.N.

[40] *Max Steinbeis* Die verwundbare Demokratie, 2024, Kap. 3 („An der Regierung").

Dieser in der Macht über die Verwaltungen liegende Gestaltungsspielraum war im Grundgesetz gegenüber der politischen Steuerung durch die Bundesregierung außerordentlich stark geschützt:[41] durch den Zustimmungsvorbehalt des Bundesrates bei verbindlichen Bundesregelungen über Verwaltungsverfahren und Behörden (Art. 84 Abs. 1 S. 6 GG)[42] und beim Erlass von Verwaltungsvorschriften (Art. 84 Abs. 2 GG) sogar in der Bundesauftragsverwaltung (Art. 85 Abs. 2 S. 1 GG), durch den Rechtsschutz gegen rechtsaufsichtliche Weisungen (Art. 84 Abs. 4 S. 2 GG) sowie durch das Verbot von Weisungen an die Landesmittel- und Unterbehörden (Art. 85 Abs. 3 S. 1 GG; Art. 84 Abs. 5 S. 2 GG). Im Regelfall des Eigenvollzugs ist die politische Konkretisierung des Gestaltungsermessens insofern ohne Zustimmung des Bundesrates vollständig zugriffsfest und auch mit seiner Zustimmung auf *generelle* Ermessensdirektiven beschränkt. Selbst im Fall der Bundesauftragsverwaltung darf der Bund nur sehr bedingt „politisch" entscheiden. Zum einen beschränkte das Grundgesetz diesen von der Bundesregierung steuerbaren Verwaltungstypus auf den klassischen Bereich der Infrastruktur:[43] Finanzverwaltung, Eisenbahnen, Post, Bundeswasserstraßen und Schifffahrt (Art. 87–90 GG i.d.F.v. 1949). Zum anderen erstreckt sich die Aufsicht nach Art. 85 Abs. 4 S. 1 GG neben der Rechtmäßigkeit nur auf die *Zweckmäßigkeit*, mit anderen Worten auf die sachliche Kompetenz zur Ermessensausübung, nicht auf die damit verbundenen politischen Zielsetzungen.[44]

Ein innerer Widerspruch liegt in dieser Architektur, weil das Grundgesetz in diesen Vollzugsföderalismus drei ihm eigentlich fremde Element

---

[41] Grundlegend *Arnold Köttgen* Das Bundesverfassungsgericht und die Organisation der öffentlichen Verwaltung, AöR 90 (1965), 205 (232 f.); *Willi Blümel* Verwaltungszuständigkeit, in: Josef Isensee/Paul Kirchhof (Hrsg.) HStR IV, 1990, § 101 Rn. 23 ff.

[42] Durch die Föderalismusreform wurde die ursprüngliche Teilung zwischen materiellem Bundesrecht auf der einen Seite und den landesgesetzlichen Grundlagen des Vollzugs insofern lediglich wiederhergestellt, vgl. *Hans-Heinrich Trute* in: Peter M. Huber/Andreas Voßkuhle (Hrsg.) GG III, 8. Aufl. 2024, Art. 84 Rn. 45 ff.

[43] Zur verfassungspolitischen Bedeutung der Bundeskompetenzen für die Infrastrukturaufgaben schon *Thomas Nipperdey* Deutsche Geschichte 1866–1918, Bd. II, 1992, 110 f.; *ders.* Der Föderalismus in der deutschen Geschichte, in: Nachdenken über die deutsche Geschichte, 2. Aufl. 1986, 60 (88); *Dieter Grimm* Deutsche Verfassungsgeschichte 1776–1866, 1988, 201 f.; zur infrastrukturbezogenen Tradition der Bundesverwaltung (Gründung der ersten Reichsämter ab 1873 für Eisenbahnen, Post, Versicherungen und Kanalverwaltung) auch *Jonas Plebuch/Simon Pielhoff* Verwaltungsstaat als Demokratieideal – Administrative State als Demokratiegefahr?, Der Staat 61 (2022), 167 (172).

[44] Gegenüber der WRV wurden die Interventionsrechte des Bundes in der politischen Steuerung der Verwaltung also drastisch beschnitten, und zwar auch abgesehen von der ominösen Frage des Notverordnungsrechts. Die Einbruchstelle der Unitarisierung, als die *Heinrich Triepel* in seiner berühmten Studie von 1917 die Reichsaufsicht beschrieben hatte, wurde für das Grundgesetz damit geschlossen.

eingefügt hat: unmittelbar geltende Bundesgrundrechte (Art. 1 Abs. 3 GG), die Revision im Verwaltungsprozessrecht (Art. 95 Abs. 1 GG)[45] und das Bundesverfassungsgericht. Schon vor Sozialstaatsexpansion und „Einheitlichkeit der Lebensverhältnisse" (Art. 72 Abs. 2 Nr. 3 GG a.F.) war jene Unitarisierung, d.h. die Ausschaltung der auf die Verwaltungen gestützten Regierungsfunktion der Länder, eigentlich vorweggenommen.

2. *Rechtliche Konstruktion des unitarischen Verwaltungsstaates*

Und tatsächlich haben Gesetzgebung, Staatsrechtslehre und Rechtsprechung der Nachkriegszeit dieses Modell in einer Reihe von verfassenden Urteilen[46] recht schnell kassiert und damit das öffentliche Recht der Bundesrepublik geschaffen, das wir kennen.[47]

Die eine Seite des Vorgangs ist die in der Nachkriegszeit erfundene Unterscheidung von Ermessen und unbestimmtem Rechtsbegriff.[48] Sie war das effektivste Mittel des Widerstands der Verwaltungsrechtswissenschaft gegen das föderative Regierungsmodell und die Selb-

---

[45] Gesetz über das Bundesverwaltungsgericht v. 23.9.1952 (BGBl. I, 625).

[46] Gerade die frühen Urteile des BVerwG zur Justiziabilität von Ermessensakten lassen sich mit *Sabine Müller-Mall* Verfassende Urteile, 2023, beschreiben als Erweiterungen und Verdichtungen höchstens ansatzweise schon verfasster Strukturen (ebd., 16). Man denke nur einmal mit den Kategorien von *Müller-Mall* darüber nach, wie unbestimmt der Möglichkeitsraum der „Fälle" war (ebd., 117 ff.), der aus den aus Besatzung, Entnazifizierung und Wiederaufbau kommenden Landesverwaltungen das BVerwG Anfang der 1950er Jahre erreichte. – „Worüber geurteilt wird, das bezeichnet den Fall" (ebd., 123).

[47] *Christoph Schönberger* „Verwaltungsrecht als konkretisiertes Verfassungsrecht", in: Michael Stolleis (Hrsg.) Das Bonner Grundgesetz, 2006, 53–84; In der wahrscheinlich am meisten zitierten verwaltungsrechtlichen Monographie der Bundesrepublik – *Dietrich Jesch* Gesetz und Verwaltung, 1961, 92 ff. – kommt die bundesstaatliche Seite des Ermessensproblems bemerkenswerterweise mit keinem Wort vor. In dem für die Analyse zentralen Kapitel über die „Verfassungsstruktur der Bundesrepublik" wird sogar behauptet, das föderale Prinzip spiele „für unsere Fragestellung keine Rolle" (ebd., 101); siehe auch *Dietrich Jesch* Unbestimmter Rechtsbegriff und Ermessen in rechtstheoretischer und verfassungsrechtlicher Sicht, AöR 82 (1957), 163–249; *Hans-Heinrich Rupp* Grundfragen der heutigen Verwaltungsrechtslehre, 1991, 200 ff.

[48] Zuerst systematisch beschrieben bei *Oeter* Bundesstaatsrecht (Fn. 36), 429 ff.; siehe außerdem *Schmidt-Aßmann* Ordnungsidee (Fn. 10), Kap. 4 Rn. 46; *Sigrid Boysen* Gleichheit im Bundesstaat, 2005, 131 ff.; *Shu-Perng Hwang* Allgemeines Verwaltungsermessen, in: Wolfgang Kahl/Markus Ludwigs (Hrsg.) Handbuch des Verwaltungsrechts, Bd. V, 2023, § 128 Rn. 6; *Mattias Wendel* Verwaltungsermessen als Mehrebenenproblem, 2019, 37 ff.; *Eckhard Pache* Tatbestandliche Abwägung und Beurteilungsspielraum, 2001, 235 u. passim; *Christoph Grabenwarter* Verfahrensgarantien in der Verwaltungsgerichtsbarkeit, 1997, 242 ff., bes. 292 f.; *ders.* Ermessenslehren, in: Armin von Bogdandy/Sabino Cassese/Peter M. Huber (Hrsg.) IPE V, 2014, § 90 Rn. 35 ff.; *Benjamin Schindler* Verwaltungsermessen, 2010, 43 ff.; *Rainer Wahl* Herausforderungen und Antworten, 2006, 23 f.

ständigkeit der Landesverwaltungen.[49] Das BVerwG[50] verhalf dieser Theorie rasch zur Anerkennung, weil die volle Revisibilität der „unbestimmten Rechtsbegriffe“[51] eine massive Ausweitung seiner Zuständigkeit bedeutete,[52] und flankierte sie durch eine Reihe von dogmatischen Innovationen:[53] insbesondere durch die Subjektivierung des Ermessens in Gestalt des Anspruchs auf polizeiliches Einschreiten[54] und das sogenannte intendierte Ermessen.[55] Das *Elfes*-Urteil des Bundesverfassungs-

---

[49] Grundlegend sind zwei Aufsätze des Jahres 1955, nämlich *Otto Bachof* Beurteilungsspielraum, Ermessen und unbestimmter Rechtsbegriff im Verwaltungsrecht, JZ 1955, 97, und *Carl Hermann Ule* Die Anwendung unbestimmter Rechtsbegriffe im Verwaltungsrecht, in: Gedächtnisschrift Walter Jellinek, 1955, 309 (309 ff.). Für eine Darstellung der Problematik vor der Durchsetzung der bundesrepublikanischen Ermessenstheorie, in der aber die Unterscheidung Tatbestandsauslegung und Rechtsfolgenauswahl schon durchdrungen ist, siehe *Forsthoff* Verwaltungsrecht (Fn. 25), 65 ff.; zum Ganzen auch *Hwang* Verwaltungsermessen (Fn. 48), § 128 Rn. 13 ff. m.w.N.

[50] Zur Rolle der Rechtsprechung etwa *Wahl* Herausforderungen (Fn. 48), 26 ff., 39 f.

[51] Grundlegend BVerwGE 2, 295 (301); *Matthias Jestaedt* Maßstäbe des Verwaltungshandelns, in: Dirk Ehlers/Hermann Pünder (Hrsg.) Allgemeines Verwaltungsrecht, 16. Aufl. 2022, § 11 Rn. 12 ff.; *Boysen* Gleichheit (Fn. 48), 134. In neuerer Zeit hat die Figur des gerichtlich uneingeschränkt überprüfbaren unbestimmten Rechtsbegriffes zur Kontrolle landesbehördlicher Entscheidungen etwa geführt in: BVerwGE 177, 134 – *Sachkostenerstattung für Kindertagespflegepersonen* (2022); BVerwGE 173, 187 – *Verlängerung der Dublin-Überstellungsfrist* (2021); BVerwGE 169, 48 – *Beihilfefähigkeit von Empfängnisverhütungsmitteln* (2020); BVerwGE 166, 45 – *Waffenbesitzkarten von Verfassungsfeinden* (2019).

[52] *Schönberger* Konkretisiertes Verfassungsrecht (Fn. 47), 61 ff.

[53] Eine weitere in diesen Zusammenhang gehörende dogmatische Erfindung des frühen Bundesverwaltungsgerichts (BVerwGE 2, 163 [167 f.] – *Ausbildungshilfe* [1955]) ist die mit Art. 3 Abs. 1 GG begründete Selbstbindung von Verwaltungen an eine gesetzesfreie Ermessenspraxis; dazu *Sigrid Boysen* in: von Münch/Kunig GG, 7. Aufl. 2021, Art. 3 Rn. 76 ff. Durch sie wird eine Quasi-Rechtsbindung der Verwaltung geschaffen, die eine gerichtliche Kontrolle auch dort ermöglicht, wo sie nicht an gesetzliche Bindungen anknüpfen kann. Frühe Analyse der Bedeutung dieses Vorgangs bei *Ernst-Wolfgang Böckenförde* Nachwort: Gesetzesbegriff und Gesetzesvorbehalt, in: Gesetz und gesetzgebende Gewalt (1958), 1981, 375 (390 f.).

[54] BVerwGE 11, 95 – *Anspruch auf baupolizeiliches Einschreiten* (1960); vgl. dazu *Christoph Enders* BVerwGE 11, 95, in: Armin Steinbach (Hrsg.) Verwaltungsrechtsprechung, 2017, 430 ff. und weiter nur *Wahl* Herausforderungen (Fn. 48), 24 mit bezeichnender religiöser Semantik: „Eindringen in das Allerheiligste des bisherigen Verwaltungsrechts“.

[55] Zu der vom BVerwG wohl erstmals in der beamtenrechtlichen Entscheidung v. 29.10.1964 – II C 13.62 anerkannten Figur *Michael Sachs* in: Paul Stelkens/Joachim Bonk/Michael Sachs (Hrsg.) VwVfG, 10. Aufl. 2023, § 40 Rn. 28 ff. (dort umfassende Nachweise zur verwaltungsgerichtlichen Kasuistik). Die vollständige Anerkennung der Rechtsfigur, mit der die Verwaltungsgerichtsbarkeit durch eine Beschränkung der Rechtsfolgenbegründungslast auf eine oder bestimmte Entscheidungsalternativen Gestaltungsspielräume für den Regelfall indirekt verengt, geschah mit BVerwGE 72, 1 – *Wohnberechtigungsbe-*

gerichts[56] erzwang die Adressatentheorie und dadurch zumindest indirekt[57] die Durchsetzung der 1960 dann auch eingeführten verwaltungsgerichtlichen Generalklausel.[58]

Die Folge dieser bekannten Dogmatik war eine dreifache Ausschaltung der Regierungsfunktion der Länder:[59] Erstens wurde die Rechtsanwendung voll überprüfbar und dadurch materiell unitarisiert; die Eigenständigkeit

---

scheinigung (1985); zum Ganzen auch *Tanja Schmidt* Die Subjektivierung des Verwaltungsrechts, 2006, 255 ff.

[56] BVerfGE 6, 32 – *Elfes* (1957); historische Rekonstruktion bei *Dieter Grimm* Das Elfes-Urteil, in: Florian Meinel (Hrsg.) Verfassungsgerichtsbarkeit in der Bonner Republik, 2019, 155–185.

[57] Als Konsequenz der Bundesgrundrechte ist der Dreischritt aus (1) Subjektivierung der Gesetzmäßigkeit, (2) Schutznormtheorie und (3) verwaltungsgerichtlicher Generalklausel schon ausgewiesen bei *Otto Bachof* Der Rechtsschutz im öffentlichen Recht, DÖV 1953, 417 (421 f.); nach der Elfes-Entscheidung hat deren verwaltungsprozessuale Konsequenzen wohl zuerst gesehen: *Günter Dürig* Anmerkung zu BVerfG, Urteil v. 16.1.1957 – 1 BvR 253/56 (Elfes), JZ 1957, 169 (173): Aus der Entscheidung ergebe sich ein subjektives Recht auf Gesetzmäßigkeit jedes Eingriffs und deswegen „auch verwaltungsgerichtlich ein subjektives Recht auf Freiheit vor irgendwelchen Verbindlichkeiten, die dem Rechtsträger nicht obliegen". Dies habe die „württembergische Verwaltungsgerichtstradition" stets so gesehen. Und weiter: „Für die Zukunft ist jedenfalls die Einsicht nötig, daß jede Anfechtungsklage, in der (‚schlüssig') dargetan wird, daß eine ungesetzliche Beeinträchtigung *irgendeiner (sonst unbenannten) Erscheinungsform der Freiheit durch Verwaltungsakt* in Betracht kommt, wegen Art. 2 I zunächst einmal zulässig ist. Somit ist der als generelles Freiheitsgrundrecht aufgefaßte Art. 2 I die entscheidende Hilfe zur Beseitigung der allgemein beklagten Erscheinung, daß sich viele verwaltungsgerichtliche Entscheidungen in Zulässigkeitsfragen nicht zuletzt deswegen erschöpfen, weil die Verfahrensvoraussetzung des subjektiven Rechts fraglich ist. ‚Schlüssigkeit' vorausgesetzt, ist sie im negativen Status des Klägers wegen Art. 2 I letztlich nie fraglich." Die föderative Seite des Programms wird schon bei *Dürig* mit keinem Wort erwähnt. Zur zeitgenössischen Diskussion um das Elfes-Urteil *Hannah Birkenkötter* Art. 2 Abs. 1 GG als allgemeines Freiheitsrecht und Auffanggrundrecht, in: Dieter Grimm (Hrsg.) Vorbereiter – Nachbereiter, 2019, 9 (29 ff.).

[58] Zu den sachlichen Grenzen des verwaltungsgerichtlichen Rechtsschutzes in der frühen Bundesrepublik unter anderem *Peters* Lehrbuch (Fn. 37), 195 f.; *Forsthoff* Verwaltungsrecht (Fn. 25), 405 ff.

[59] Wie *Köttgen* Organisation (Fn. 41), 227 ff. früh gesehen hat, hat das BVerfG (E 11, 6 [17 f.] – *Dampfkessel* [1960]) diese Verfassungsentwicklung im Wesentlichen ratifiziert: Zwar könnten dem Bund nicht ohne weiteres ungeschriebene Verwaltungskompetenzen zugestanden werden; hinter dem System der Art 30, 70, 83 GG stehe aber, um das Leerlaufen der Gesetzgebungskompetenzen des Bundes zu vermeiden, die Idee eines einheitlichen Vollzugs: „Die Übertragung der verwaltungsmäßigen Ausführung von Bundesgesetzen […] auf die Länder führt nur dann zu sinnvollen Ergebnissen, wenn trotz getrennten Ländervollzugs eine im wesentlichen einheitliche Verwaltungspraxis gewährleistet ist. Denn das Grundgesetz gibt dem Bund die Befugnis zur – ausschließlichen und konkurrierenden – Gesetzgebung auf den Gebieten, auf denen eine einheitliche Regelung von besonderer Bedeutung ist. Die einheitliche Geltung von Rechtsvorschriften im Bundesgebiet darf nicht

in der *Anwendung* des Bundesrechts entfiel.[60] Die Unbestimmtheit wurde zuerst auf der Rechtsfolgenseite konzentriert, dann aber durch die Bindung der Ermessensausübung an Bundesgrundrechte auch insoweit unitarisiert.[61] Zweitens wurde die Rechtsanwendung durch die Verknüpfung des Ermessensbegriffs mit dem *gesetzlichen* Zweck der Einräumung des Ermessens[62] (später in § 40 VwVfG kodifiziert) mit den politischen Zwecksetzungen des Bundesgesetzgebers kurzgeschlossen.[63] Die eigene politische Motivation der Verwaltung wurde geradezu zum Schulfall eines Ermessensfehlers durch sachfremde Erwägungen.[64] Dieses dogmatische Modell war insgesamt ausgesprochen stabil. Alle noch so scharfsinnigen Versuche der Rehabilitierung von administrativer Selbständigkeit[65] sind mehr oder weniger erfolglos geblieben.

---

dadurch illusorisch gemacht werden, daß ihre Ausführung von Land zu Land erhebliche Verschiedenheiten aufweist."

[60] Grundlegend *Boysen* Gleichheit (Fn. 48).

[61] *Boysen* Gleichheit (Fn. 48), 86 ff.

[62] *Neumeier* Kompetenzen (Fn. 2), 355 f.

[63] Einzelheiten bei *Sachs* in: Stelkens/Bonk/Sachs VwVfG (Fn. 55), § 40 Rn. 62 ff.; *Hwang* Verwaltungsermessen (Fn. 48), § 128 Rn. 27; *Maurer/Waldhoff* Verwaltungsrecht (Fn. 10), § 7 Rn. 13; dass hierin die politische Pointe der Unterscheidung von Ermessenszwecken und Rechtsanwendung liegt, übersieht die ansonsten instruktive Darstellung von *Thomas Wischmeyer* Zwecke im Recht des Verfassungsstaates, 2015.

[64] *Maurer/Waldhoff* Verwaltungsrecht (Fn. 10), § 7 Rn. 22; *Guy Beaucamp* Ermessens- und Beurteilungsfehler im Vergleich, JA 44 (2012), 193 (195). Beispielsfälle: BVerwGE 26, 135 (140): eine versammlungsrechtliche Auflösungsverfügung ist ermessensfehlerhaft, wenn sie aus sachwidrigen Erwägungen vorgenommen wird: nämlich nur, um eine bestimmte politische oder weltanschauliche Meinung zu behindern; OVG Saarlouis, ZBR 1995, 47 (48), wonach die Umsetzung eines Beamten aus politischen Gründen ermessensfehlerhaft ist. Kasuistik nachgewiesen bei *Sachs* in: Stelkens/Bonk/Sachs VwVfG (Fn. 55), § 40 Rn. 42 ff.; siehe auch *Manfred Aschke* in: Beck-OK VwVfG, § 40 VwVfG Rn. 90 f. Das BVerfG (ausgerechnet!) ist inzwischen der Auffassung, man dürfte auch politische Spitzenämter in der Justiz nicht parteipolitisch besetzen, weil eine „politische Vorfestlegung" einen Verstoß gegen Art. 33 Abs. 2 GG bedeute: BVerfG, Beschluss der 1. Kammer des Zweiten Senats vom 7. August 2024, 2 BvR 418/24.

[65] Siehe insbesondere die von *Schmidt-Aßmann* in: Dürig/Herzog/Scholz Grundgesetz, Art. 19 Abs. 4 Rn. 188 ff. (2020) vorgeschlagene Kategorie von „administrativen Letztentscheidungsermächtigungen", dort auch umf. N. zur Literatur und Rspr.; dazu *Wendel* Verwaltungsermessen (Fn. 48), 29 ff.; aus der Literatur zur Kritik der Unterscheidung noch *Jestaedt* Maßstäbe (Fn. 51), § 11 Rn. 12 ff.; aus der älteren Literatur vor allem *Rainer Wahl* Der Vorrang der Verfassung und die Selbständigkeit des Gesetzesrechts, NVwZ (1984), 401 (401 ff.); *Eberhard Schmidt-Aßmann* Art. 19 Abs. 4 GG als Teil des Rechtsstaatsprinzips, NVwZ (1983), 1 (1 ff.); neuerdings etwa *Florian Gonsior* Die Verfassungsmäßigkeit administrativer Letztentscheidungsbefugnisse, 2018; *Hwang* Verwaltungsermessen (Fn. 48), § 128 Rn. 17; zu alternativen Konzeptionen des Ermessens auch *Ralf Brinktrine* Verwaltungsermessen in Deutschland und England, 1998, 58 ff.

3. *Gesetzliche Steuerung als Kompensation*

Nun folgte der einen juristischen Erfindung eine zweite auf dem Fuße. Die politische Selbständigkeit der Länder in der Steuerung des Vollzugs war eliminiert, der Bundesregierung im Gegenzug aber keine direkten Gestaltungsrechte eingeräumt.[66] Die politische Steuerung der Verwaltung verlagerte sich deswegen dorthin, wo sie noch möglich war, nämlich auf das „Recht“,[67] d.h. auf eine möglichst detaillierte Bundesgesetzgebung.[68] Vollends, nachdem die Finanzreform 1969 die gesetzesfreie Steuerung des Vollzugs durch Geldmittel („Fonds-Verwaltung“) beendet hat.[69] Das Bundesverfassungsgericht hat diesen inneren Zwang zu immer detaillierterer (Bundes-)Gesetzgebung kurz darauf

[66] Wie sie Art. 15 WRV in der Interpretation der Weimarer Staatspraxis zuließ; dazu *Gerhard Anschütz* Die Verfassung des Deutschen Reichs vom 11. August 1919, 14. Aufl. 1933, 112 ff., bes. 116; *Ernst Forsthoff* Die unmittelbare Reichsaufsicht, AöR 58 (1930), 61–82, hat zu Art. 15 WRV die seinerzeit nicht herrschende Meinung vertreten, ausnahmslos jede Überordnung der Reichsbehörden über die Landesbehörden beim Vollzug des Reichsrechts habe verfassungsändernden (Art. 76 WRV) Charakter.

[67] *Neumeier* Kompetenzen (Fn. 2), 307 weist mit Recht auf die darin liegende Kontinuität hin: Schon der deutsche Konstitutionalismus hatte gegen die beiden institutionellen Varianten des westlichen Verfassungsdenkens – Steuerung durch eine parlamentarische Regierung oder Steuerung durch republikanische Personalauswahl – für eine dritte Möglichkeit optiert, nämlich die Steuerung durch Normen.

[68] Statt vieler *Cancik* Selbstverwaltung (Fn. 16), § 14 Rn. 41 ff.

[69] Zur Verlagerung der Verwaltungssteuerung auf Fondswirtschaft siehe zeitgenössisch *Arnold Köttgen* Der Einfluß des Bundes auf die deutsche Verwaltung und die bundeseigene Verwaltung, JöR n. F. 11 (1962), 173; *ders.* Der Einfluß des Bundes auf die deutsche Verwaltung und die bundeseigene Verwaltung, JöR n. F. 3 (1954), 67; *ders.* Fondsverwaltung in der Bundesrepublik, 1965, 34 ff.; siehe auch *Fritz Ossenbühl* Verwaltungsvorschriften und Grundgesetz, 1968, 376 ff.; *Döhler* Politische Steuerung (Fn. 17), 56 ff. Auch bei der politischen Steuerung der Verwaltung durch Finanzmittel haben es die Länder damals und seither verstanden, dem Bund *formal* enge Grenzen zu ziehen (Art. 104a Abs. 4 a.F.). Neben den beschränkten Ingerenzrechten des Bundes beim Vollzug von Geldleistungsgesetzen gilt das auch für Finanzhilfen, deren Konditionalitäten in der einen oder anderen Form (Zustimmungsgesetz oder Abschluss einer Verwaltungsvereinbarung) einem Veto der Länder unterliegen: Art. 104b Abs. 2; 104c, 104d GG. Allerdings ist der *faktische* Einfluss des Bundes auf die Gestaltung der Finanzierungsbedingungen nach dem Popitz'schen Gesetz der Anziehungskraft des größten Budgets hoch, vgl. *Matthias Roßbach* Finanzhilfen für bedeutsame Investitionen nach Art. 104b bis d GG, in: Hans-Günter Henneke/Christian Waldhoff (Hrsg.) Handbuch Recht der Kommunalfinanzen, 2. Aufl. 2023, § 26 Rn. 7 ff.; *Hans-Günter Henneke* Aufgaben und Finanzbeziehungen von Bund, Ländern und Kommunen ab 2020, 2. Aufl. 2020, 210 ff. Gleichwohl: Ein einfaches Regieren mit dem Budget ist in diesem Modell ausgeschlossen; politische Gestaltungsprogramme des Bundes werden durch die zitierten Vorschriften auf die Form der Ver- und Aushandlung festgelegt.

als demokratischen Vorbehalt des Gesetzes („Wesentlichkeitstheorie“)[70] konstitutionalisiert.[71] Diese Reinterpretation des Vorbehalts des Gesetzes und die dadurch qualitativ neuartige Rolle der Bundesgesetzgebung[72] pflegen wir mit Rechtsstaatsprinzip und Grundrechten zu begründen;[73] ihre strukturelle Legitimation liegt aber im Regierungs- und Verwaltungsmodell der Verfassung. Es ist ein Reflex der Ermessensdogmatik, der weitere anderenfalls bei den Landesregierungen anfallende politische Handlungsspielräume ausschaltet. Das zeigt schon der Verfassungsvergleich: Während der U.S. *Supreme Court* mit der *major questions doctrine* neuerdings die Macht von Behörden scharf begrenzt,[74] hat der Wesentlichkeitsgrundsatz in der Bundesrepublik eher einen Kreislauf aus Verrechtlichung und Bürokratisierung in Gang gesetzt.[75]

Das widersprüchliche grundgesetzliche Modell der Zuordnung von Verwaltung und politischer Gestaltung war also binnen zweier Jahrzehnte zugunsten der materiellrechtlichen Unitarisierung durch Parlamentsvorbehalt, Gesetzesbindung, Ermessensdogmatik, Grundrechtsbindung und Revisibilität (§ 137 Abs. 1 VwGO) entschieden.[76]

---

[70] BVerfGE 33, 1 – *Strafgefangene* (1972); die zweite grundlegende Entscheidung des Jahres 1972 betraf freilich einen Fall, in dem das BVerfG (E 33, 125 – *Facharzt* [1972]) die Gesetzgebungskompetenz des Bundes verneinte. Gleichwohl wirkt der erweiterte Vorbehalt des Gesetzes wegen des Übergewichts der Gesetzgebungskompetenzen des Bundes (Art. 73 und 74 GG) weit überwiegend zugunsten des Bundesgesetzgebers; siehe aus der späteren Rechtsprechung noch BVerfGE 49, 89 (126) – *Kalkar 1* (1978); BVerfGE 98, 218 – *Rechtschreibreform* (1998); BVerfGE 101, 1 – *Hennenhaltungsverordnung* (1999).

[71] Für eine besonders präzise Analyse der Konsequenzen dieser Rechtsprechung für das Verhältnis der legislativen Handlungsformen siehe *Eberhard Schmidt-Aßmann* Die Rechtsverordnung in ihrem Verhältnis zu Gesetz und Verwaltungsvorschrift (2000), in: Aufgaben und Perspektiven verwaltungsrechtlicher Forschung, 2006, 141–157.

[72] *Döhler* Politische Steuerung (Fn. 17), 63 f.

[73] Eingehend *Böckenförde* Nachwort (Fn. 53), 382 ff.

[74] *Plebuch/Pielhoff* Verwaltungsstaat als Demokratieideal (Fn. 43), 167–203; *K. Sabeel Rahman* After Chevron: Political Economy and the Future of the Administrative State, LPE Blog v. 23.07.2024, https://lpeproject.org/blog/after-chevron-political-economy-and-the-future-of-the-administrative-state/ (Stand 30.10.2024).

[75] Erstmals grundsätzlich beschrieben bei *Fritz W. Scharpf* Die politischen Kosten des Rechtsstaats, 1970, 53 ff.

[76] *Plebuch/Pielhoff* Verwaltungsstaat als Demokratieideal (Fn. 43), 174 ff.; wissenschaftsbiographische Einzelstudien bei *Carsten Kremer* (Hrsg.) Die Verwaltungsrechtswissenschaft in der frühen Bundesrepublik (1949–1977), 2017.

III. *Limited Government:* Verwaltung und Politik im Regierungsmodell der Bundesrepublik

Aus dieser grundlegenden Verwandlung der Verfassung hätte die Politik nun sehr unterschiedliche Konsequenzen ziehen können. Sie hätte beispielsweise das Instrumentarium der Bundesaufsicht erweitern und die Länder auch formell zu Trabanten der Bundesregierung machen, die Regierungsgewalt also beim Bund zentralisieren können. Sie hätte den Bereich der bundeseigenen Verwaltung massiv ausbauen können, auch über die klassischen Infrastrukturaufgaben hinaus. Auch ohne Verfassungsänderung hätte sie – wie von der Verfassungsreformkommission 1976 vorgeschlagen –[77] mit Art. 87 Abs. 3 GG eine organisatorische Trennung zwischen kleinen Bundesministerien und großen Generalbehörden für den Geschäftsbereich schaffen können.[78] Kurz: Statt der föderalen Teilung der politischen Gestaltungsfunktionen hätte sie die Unterscheidung von Regierung und Verwaltung auf Bundesebene deutlicher artikulieren können, um die politischen Gestaltungsfunktionen institutionell bei der Bundesregierung zu konzentrieren.

Gerade das geschah aber nie. Im Regierungssystem des Bundes blieb die Unterscheidung zwischen Politik und Verwaltung schwach ausgeprägt. Es entwickelte sich ein Modell, in dem Regierungsfunktionen überhaupt hochgradig verstreut und von Verwaltungsaufgaben systematisch nicht unterschieden sind.

1. *Bundesministerien als independent agencies*

Das beginnt mit dem Ressortprinzip des Art. 65 S. 2 GG. Anders als das Ministeramt in anderen parlamentarischen Demokratien oder als das Amt des EU-Kommissars ist das der Bundesministerinnen zwingend als Einheit von politischen und administrativen Funktionen ausgestaltet;[79] die

---

[77] Schlussbericht der Enquete-Kommission Verfassungsreform (1976), BT-Drucks. 7/5924, 145 f.

[78] Zu entsprechenden Plänen, die u.a. hinter der Vorschrift des Art. 87 Abs. 3 S. 1 GG stehen, die sich aber nie durchgesetzt haben, siehe *Udo Wengst* Staatsaufbau und Regierungspraxis 1948–1953, 1984, 97 ff.

[79] *Matthias Jestaedt* Demokratieprinzip und Kondominialverwaltung, 1993, 82 ff.; *Ernst-Wolfgang Böckenförde* Die Organisationsgewalt im Bereich der Regierung (1964), 2. Aufl. 1998; *Rainer Wahl* Stellvertretung im Verfassungsrecht, 1971, 198 ff.; zur sehr viel loseren organisatorischen Verbindung von *government departments* und *cabinet minister* im britischen Regierungssystem unter anderem *Anthony W. Bradley/Keith D. Ewing* Constitutional and administrative law, 14. Aufl. 2007, 279 f.; *Terence Daintith/Alan Page* The executive in the constitution, 1999, 28 ff., 71 ff.

Mitgliedschaft in der kollegialen Kabinettsregierung (Art. 62 GG) traditionell[80] verknüpft mit der Leitung einer obersten Bundesbehörde und ihres „Geschäftsbereichs".[81] Ihnen gegenüber darf politisch nur verbindlich gemacht werden, was Art. 65 S. 1 GG als „Richtlinien der Politik" bezeichnet. Auch für den Kern der politischen Führung – nichts anderes ist damit gemeint[82] – verwendet das Grundgesetz eine seltsame Überblendung von administrativer und politischer Sprache.[83] Richtlinien gibt es ja nur, wenn die Richtung schon vorgegeben ist.[84] Da die parlamentarischen Sanktionen gegen Minister zudem eingeschränkt sind,[85] ist politische Führung im Regelfall verfassungsrechtlich auf den Modus der Ressortkoordinierung

---

[80] Zur – bislang in der Staatspraxis nicht praktisch gewordenen – Frage der Zulässigkeit von Bundesministern ohne Geschäftsbereich *Georg Hermes* in: Horst Dreier (Hrsg.) Grundgesetz, Bd. II, 3. Aufl. 2015, Art. 62 Rn. 20 m.w.N.; zur durch § 21 GOBReg geformten Sonderstellung des Chefs des Bundeskanzleramtes insoweit näher *Florian Meinel* Selbstorganisation des parlamentarischen Regierungssystems, 2019, 371 f., 387 f.

[81] Noch ohne verfassungsrechtliche Begründung aus der „Einheit der Verwaltung" begründet bei *Forsthoff* Verwaltungsrecht (Fn. 25), 12; *Arnold Gehlen* Das Berufsbeamtentum in der modernen Gesellschaft (1961), in: Ges.-Ausg., Bd. 7, 1978, 110 (153): „die Grenze zwischen Regierung und Verwaltung [läuft nach dem Grundgesetz] durch den Minister selbst und damit durch das Ministerium hindurch"; juristische Begründung dann namentlich bei *Böckenförde* Organisationsgewalt (Fn. 79), 144 ff. Die Art der Verknüpfung hat historische Gründe: Bekanntlich war *Bismarck* daran gelegen, die parlamentarische Verantwortlichkeit der Regierungsspitzen gegenüber dem Reichstag unbedingt zu vermeiden, weshalb er die institutionelle Form der Regierung für die politische Spitze des Reiches vermied und stattdessen eine „Reichsleitung" aus beamteten de facto Politikern einrichtete, vgl. *Oliver F. R. Haardt* Bismarcks ewiger Bund, 2020, 149 ff., 248 ff.; aus der älteren Literatur noch *Christoph Schönberger* Das Parlament im Anstaltsstaat, 1997, 277 ff.; *Gerhard Lehmbruch* Parteienwettbewerb im Bundesstaat, 2. Aufl. 1998, 59 ff.

[82] *Wilhelm Hennis* Richtlinienkompetenz und Regierungstechnik (1964), in: Regieren im modernen Staat, 1999, 106 (111).

[83] Vgl. nur Art. 65 GG mit Art. 20 der Französischen Verfassung (1958): „(1) Le Gouvernement détermine et conduit la politique de la nation. (2) Il dispose de l'administration et de la force armée. (3) Il est responsable devant le Parlement dans les conditions et suivant les procédures prévues aux articles 49 et 50."

[84] Regierung ist damit immer zugleich Regierung in jenem Sinne, in dem Hegel (Rechtsphilosophie, Fn. 1, § 287) die Regierungsgewalt als „Geschäft der Subsumtion überhaupt" bestimmt, also in ihrer Beziehung auf die Gesetzmäßigkeit des Sozialen (vgl. Fn. 1).

[85] *Peter Badura* Die parlamentarische Verantwortlichkeit der Minister, ZParl. 11 (1980), 573 (576); differenziert *Döhler* Politische Steuerung (Fn. 17), 97 ff.; *Arne Pilniok* Parlamentarisches Regieren, 2024, 294 f.; *Meinel* Selbstorganisation (Fn. 80), 350 ff. Die Fälle von *Andreas Scheuer*, *Jens Spahn* und *Bettina Stark-Watzinger* demonstrieren die politischen Grenzen der Geltendmachung der parlamentarischen Ministerverantwortlichkeit anschaulich.

festgelegt,[86] in der Sprache der Geschäftsordnung: auf die Herstellung des Einvernehmens bei Meinungsverschiedenheiten zwischen Bundesministerien (§ 19 GGO).[87]

Es ist deswegen ganz folgerichtig, dass ministerialfreie Räume eher ein theoretisches als ein praktisches Problem geblieben sind[88] und die Bundesrepublik entgegen dem internationalen Trend[89] auf eine breite Verselbständigung von Verwaltungseinheiten verzichtet hat.[90] Denn nach der Verselbständigung von Verwaltungsfunktionen besteht institutionell im deutschen

---

[86] *Pilniok* Regieren (Fn. 85), 304 ff., 329 ff.; *Klaus von Beyme* Der Gesetzgeber, 1997, 143 ff. Es ist zudem gängige Regierungspraxis, thematisch benachbarte Ressorts wie Inneres und Justiz oder Wirtschaft und Arbeit politisch gegensätzlich zu besetzen, um auf diese Weise eine noch stärkere horizontale Kontrolle der Ressorts zu bewerkstelligen: siehe *Philip Manow* Informalisierung und Parteipolitisierung – Zum Wandel exekutiver Entscheidungsprozesse in der Bundesrepublik, ZParl 27 (1996), 96 (97). Programmatisch-politische Cluster innerhalb der Regierung – wie sie die EU-Kommission als Reformversuch aufgebaut hat – werden dadurch schon im Ansatz vermieden; dazu *Meinel* Selbstorganisation (Fn. 80), 412 ff. Legenden wie „Plisch und Plum" sind die Ausnahme, die die Regel bestätigt. Zum Prinzip der Ressortkoordinierung als bürokratischer Politikform vergleichend außerdem *Edward C. Page* Policy without Politicians, 2012, 70 ff., 81 ff.; zu den Folgen für die Gestaltung von Regierungspolitik auch *Meinel* Vertrauensfrage (Fn. 35), 79 ff., 129 ff.

[87] *Sebastian Seedorf* Das Bundeskanzleramt in der Regierungsorganisation, in: Julian Krüper/Arne Pilniok (Hrsg.) Die Organisationsverfassung der Regierung, 2021, 161 (174 f.); s.a. *Meinel* Selbstorganisation (Fn. 80), 387 f.

[88] *Horst Dreier/David Kuch* Demokratische Legitimation der Verwaltung, in: Wolfgang Kahl/Markus Ludwigs (Hrsg.) Handbuch des Verwaltungsrechts, Bd. III, 2022, § 60 Rn. 44; *Hoffmann-Riem/Pilniok* Eigenständigkeit (Fn. 23), § 12 Rn. 97; *Stephan Bredt* Die demokratische Legitimation unabhängiger Institutionen, 2006, 9 ff.

[89] Zeitgenössisch *Gunnar Folke Schuppert* Die Erfüllung öffentlicher Aufgaben durch verselbständigte Verwaltungseinheiten, 1981; zur Konjunktur der Verselbständigung von Verwaltungen *Johannes Reich* „Herrschaft kraft Wissens" – Grundlagen unabhängiger Regulierungsbehörden in rechtsvergleichender Perspektive, Züricher Habilitationsschrift (2017), Ts., 1 ff., 45 ff.; *Florian Meinel* Verselbständigte Verwaltungseinheiten, unabhängige Agenturen, ministerialfreie Räume, in: Wolfgang Kahl/Markus Ludwigs (Hrsg.) Handbuch des Verwaltungsrechts, Bd. III, 2022, § 61 Rn. 12 ff.; *Johannes Masing/Gérard Marcou* (Hrsg.) Unabhängige Regulierungsbehörden, 2010; *Jannis Lennartz* Kanzlerdemokratie, 2023, 252; für eine Bestandsaufnahme siehe auch *Hans-Heinrich Trute* Die demokratische Legitimation der Verwaltung, in: Andreas Voßkuhle/Martin Eifert/Christoph Möllers (Hrsg.) Grundlagen des Verwaltungsrechts, Bd. I, 3. Aufl. 2022, § 9 Rn. 66 ff.

[90] *Marian Döhler* Das Modell der unabhängigen Regulierungsbehörde im Kontext des deutschen Regierungs- und Verwaltungssystems, Die Verwaltung 34 (2001), 59–91; *Gérard Marcou* Die Verwaltung und das demokratische Prinzip, in: Armin von Bogdandy/Sabino Cassese/Peter M. Huber (Hrsg.) IPE V, 2014, § 92 Rn. 38 u. passim; *Möllers* Politik (Fn. 11), § 93 Rn. 58.

Regierungssystem kein besonderer Bedarf.[91] Einerseits kann der Sinn der Unabhängigkeit – die Freistellung von materiellrechtlichen Bindungen – angesichts des Vorbehalts des Gesetzes und der Rechtsschutzgarantie gar nicht erreicht werden.[92] Andererseits begünstigt das Prinzip der Ressortselbständigkeit einen „unabhängigen" Entscheidungsmodus auf ministerieller Ebene ohnehin stark.[93] Die Bundesministerien sind, wenn man so will, schon für sich genommen große *independent agencies* –[94] freilich in der Regel ohne den für Agenturen typischen *policy*-Sachverstand, dafür mit sehr vielen Juristen.[95] Sie geben der Politik die Versicherung für Kontinuität, die anderenfalls durch unabhängige Regulierungsbehörden hergestellt werden müsste.[96]

2. *Behördennetzwerke und der Ursprung der administrativen Demokratietheorie*

Auch blieb das restriktive Regime der bundesministeriellen Aufsicht über den Verwaltungsvollzug nach Art. 84 und 85 GG in Kraft, obgleich es mit der neuen verwaltungsrechtlichen Dogmatik seinen politischen Sinn verloren hatte.

---

[91] Die Begrifflichkeit des „ministerialfreien" und nicht etwa des „regierungsfreien" Raumes ist insofern korrekt, weil sie zu erkennen gibt, dass es um die Zuordnung zu Ministerien, nicht zu einer Regierung geht, die es – in dieser Qualität – gar nicht gibt.

[92] *Christoph Möllers* Materiellrechtliche Bindungen unabhängiger Regulierungsbehörden, in: Johannes Masing/Gérard Marcou (Hrsg.) Unabhängige Regulierungsbehörden, 2010, 231–259; *Matthias Ruffert* Verselbständigte Verwaltungseinheiten, in: Hans-Heinrich Trute/Thomas Groß/Hans Christian Röhl/Christoph Möllers (Hrsg.) Allgemeines Verwaltungsrecht – zur Tragfähigkeit eines Konzepts, 2008, 431 (456).

[93] Hinzu kommt, dass manche, keineswegs aber alle Ministerien diese Politikform selbst ins Schaufenster stellen, indem sie – wie das BMF und das BMWK – eigene „Wissenschaftliche Beiräte" unterhalten, vgl. dazu *Laura Münkler* Expertokratie, 2020, 553 ff.

[94] Zum organisatorischen Pluralismus der Regierung anschaulich *Seedorf* Das Bundeskanzleramt (Fn. 86), 173 f.; von der „Polarisierung der Regierungsstruktur in Kanzlerprärogative auf der einen und Ressortselbständigkeit auf der anderen Seite" hat schon *Böckenförde* Die Organisationsgewalt (Fn. 79), 175 gesprochen; und weiter (ebd.): „Unter diesen Bedingungen fördert die Verbindung von Ministerstellung und Kabinettszugehörigkeit einerseits die zentrifugalen Tendenzen der Ressortselbständigkeit, indem jeder Minister innerhalb des Kabinetts vorwiegend sein Ressort vertritt und verteidigt, und verstärkt andererseits das naheliegende Bestreben des Kanzlers, alles Politische selbst – nur nach evtl. Benehmen mit dem einzelnen Ressortminister – zu entscheiden."

[95] Anders als es für die Besetzung von Stellen in Verwaltungsagenturen üblich ist, spielt eine bestimmte *policy*-Expertise bei der Besetzung von Laufbahnstellen nach Art. 33 Abs. 2 GG in der Regel keine Rolle. Die Ministerialbürokratie entwickelt deswegen zwar *policy*-Präferenzen „on the job", verdankt ihre Stellung aber keiner bestimmten *policy*-Expertise oder gar *policy*-Präferenz.

[96] *Reich* Regulierungsbehörden (Fn. 89), bes. 115 ff., außerdem 75 ff., 346 ff.

a) Bundesaufsicht

Von der im Prinzip bestehenden Möglichkeit einer direkten Steuerung des Landesvollzugs durch Einzelweisungen („selbständige Bundesaufsicht")[97] nach Art. 84 Abs. 5 S. 1 GG hat sich der Bundesrat nur in sehr eng begrenzten Fällen überzeugen lassen, nämlich im Staatsangehörigkeits- und Aufenthaltsrecht (§ 74 Abs. 2 AufenthG; § 23 PassG), in der militärischen Krisenvorsorge (§ 6 Abs. 1 S. 1 BundesleistungsG, § 28 Abs. 2 LandbeschaffungsG,[98] § 15 Abs. 4 S. 4 WehrpflG) und in Kernbereichen der Sicherung der Daseinsvorsorge (§ 5 ESVG, § 7 EnSiG, § 111 Abs. 5 StrahlenschutzG). Im Übrigen dominiert das Regelmodell, das praktisch bedeutet: Vereinheitlichung des Vollzugs in Koordinierungsgremien[99] bis hin zur Erarbeitung konsensualer Richtlinien, die Verwaltungsvorschriften in der Bundesauftragsverwaltung ersetzen.[100] Selbst wo die Bundesregierung sich der Form der einseitigen Verwaltungsvorschriften bedient, hat sich in der Staatspraxis das quasi-konsensuale Instrument der Maßgabezustimmung herausgebildet: Verwaltungsvorschriften werden zwischen Bundesregierung und Bundesrat praktisch ausgehandelt.[101]

---

[97] Zum Hintergrund der Vorschrift nur *Peter Lerche* in: Maunz/Dürig Grundgesetz, Art. 84 Rn. 116 (1985).

[98] Siehe *Köttgen* Der Einfluß des Bundes (Fn. 69) (1962), 221.

[99] *Trute* in: Huber/Voßkuhle GG (Fn. 42), Art. 85 Rn. 18; siehe auch die treffende Kennzeichnung bei *Paul Feuchte* Die rechtliche Ordnung der Verwaltung im Bundesstaat und ihre Entwicklung, in: Kurt G. A. Jeserich/Hans Pohl/Georg-Christoph von Unruh (Hrsg.) Deutsche Verwaltungsgeschichte, Bd. V: Die Bundesrepublik, 1987, 124 (138): Die Verwaltungszusammenarbeit findet weitgehend außerhalb der verfassungsrechtlich vorgezeichneten Formen rechtlicher Verbindlichkeit statt.

[100] *Lehmbruch* Parteienwettbewerb (Fn. 81), 93 f.; zur zeitgenössischen verfassungsrechtlichen Kritik an dieser Praxis *Willi Blümel* Bundesstaatsrechtliche Aspekte der Verwaltungsvorschriften, AöR 93 (1968), 200 (213 ff.).

[101] Anders als Art. 84 Abs. 2 und Art. 85 Abs. 2 GG nahelegen, verbindet der Bundesrat bei ihm zur Zustimmung vorgelegten Verwaltungsvorschriften deren Erteilung regelmäßig mit Änderungsmaßgaben (jüngstes Beispiel: Allgemeine Verwaltungsvorschrift zur Änderung der Passverwaltungsvorschrift und der Personalausweisverwaltungsvorschrift, BR-Drucks. 148/24). In diesen Fällen ist es – was vertragsrechtlichen Grundsätzen (§ 150 Abs. 2 BGB), nicht aber den üblichen Formen von Rechtsetzungsverfahren entspricht – üblich, dass die Bundesregierung, sofern sie sich den Maßgaben anschließt, die Verwaltungsvorschrift ohne nochmalige Befassung des Bundesrates veröffentlicht. Schließt sie sich nicht an, ist der Erlass der Verwaltungsvorschrift gescheitert. Zu diesem Phänomen aus der Kommentarliteratur etwa *Barbara Remmert* in: Dürig/Herzog/Scholz Grundgesetz, 2024, Art. 80 Rn. 180 (2024).

b) *Bundeseigene Verwaltung*

Ähnlich ist es im Bereich der bundeseigenen Verwaltung, über deren Aufbau das Grundgesetz keine konsistente Entscheidung getroffen hatte. Die Ministerialpolitik des Bundes zeigte kein Interesse an der Entlastung von nichtministeriellen Aufgaben, sondern präferierte stets das organisatorische Schema der großen Ministerien mit kleinen Spezialbehörden.[102] Der im Prinzip grenzenlose Art. 87 Abs. 3 S. 1 GG über die Bundeseigenverwaltung[103] wurde nicht als Weg zu einem hierarchischen Verwaltungsmodell genutzt, sondern zur „Strukturbildung durch diffuse Richtungswahl",[104] bald durch mehr hierarchische, bald durch ein Netzwerk von quasi-autonomen Behörden,[105] deren Form (Behörden, Körperschaften, Anstalten, Stiftungen, Sonstiges) offengelassen wurde,[106] die praktisch keiner parlamentarischen Kontrolle unterliegen[107] und über deren Art der Interaktion mit den obersten Bundesbehörden auch wenig bekannt ist.[108]

---

[102] *Döhler* Politische Steuerung (Fn. 17), 88 f.

[103] *David Roth-Isigkeit* Verfassungsordnung und Verwaltungsorganisation, 2023, 168 f.; *Gabriele Britz* Bundeseigenverwaltung durch selbständige Bundesoberbehörden nach Art. 87 III 1 GG, DVBl 1998, 1167 ff.; *Döhler* Politische Steuerung (Fn. 17), 67 f. Der verfassungsändernde Gesetzgeber ist dem Vorschlag der Enquête-Kommission Verfassungsreform 1976, den Zustimmungsvorbehalt zugunsten des Bundesrates in Art. 87 Abs. 3 S. 2 GG auch auf den Fall von S. 1 auszudehnen (Schlussbericht der Enquete-Kommission Verfassungsreform (1976), BT-Drucks. 7/5924, 145 f.), nicht gefolgt; zu den inneren Grenzen des Art. 87 Abs. 3 S. 1 allerdings *Peter Lerche* in: Maunz/Dürig Grundgesetz, Art. 87 Rn. 170 (1992).

[104] *Döhler* Politische Steuerung (Fn. 17), 76; eingehend *Tobias Bach/Werner Jann* Animals in the administrative zoo: organizational change and agency autonomy in Germany, International Review of Administrative Sciences 76 (2010), 443.

[105] Die beste Darstellung ist *Döhler* Politische Steuerung (Fn. 17), 77, 143 ff.

[106] Trotz zahlreicher Veränderungen im Detail immer noch im Grundsatz zutreffend *Blümel* Verwaltungszuständigkeit (Fn. 41), § 101 Rn. 86 ff.

[107] *Döhler* Politische Steuerung (Fn. 17), 119 f.; die Gleichsetzung der parlamentarischen Regierungs- mit der parlamentarischen Verwaltungskontrolle bei *Cancik* Selbstverwaltung (Fn. 16), § 14 Rn. 48, erscheint daher zu weitgehend; das zeigt insbesondere der Vergleich mit den von *Reich* Regulierungsbehörden (Fn. 89), Ts., 104 ff. am amerikanischen Beispiel rekonstruierten Formen des *legislative oversight* über Agenturen. Umgekehrt werden die Weisungsrechte des BMVBS gegenüber dem nachgeordneten Eisenbahnbundesamt mit entsprechenden Folgen für die parlamentarische Kontrolle bereits dann als eingeschränkt behandelt, wenn das EBA im Verfahren der Planfeststellung handelt: Wissenschaftliche Dienste des Deutschen Bundestages, Weisungsbefugnisse des Bundesministers für Verkehr, Bau und Stadtentwicklung gegenüber dem Eisenbahn-Bundesamt, WD 3 - 3000 - 313/08, WD 3 - 3000 - 313/08.

[108] *Döhler* Unabhängige Regulierungsbehörde (Fn. 90), 73. Dass der Bundestag kein stärkeres Interesse an der nachgeordneten Bundesverwaltung zeigt, dürfte weniger in der Ideologie der „Legitimationsketten" liegen, die jene Verwaltung nur über die obersten Bundesorgane mit dem Bundestag verbinden, als vielmehr in der Art der Aushandlung von

Zugleich sind gerade die politisch wichtigsten Verwaltungen durch die Verfassung der politischen Gestaltung durch die Regierung entzogen. Zum einen ist das korporatistische Modell der Sozialversicherungen in Art. 87 Abs. 2 GG normativ festgeschrieben.[109] Die den Bundeshaushalt quantitativ weit übertreffenden Nebenhaushalte[110] liegen weitgehend (Art. 120 Abs. 1 S. 4 GG) außerhalb der Budgetsteuerung der Regierung. Sie sind vielmehr in mehrfacher Hinsicht explizit gegen politische Interventionen geschützt.[111] Dieses Modell mittelbarer Bundesverwaltung verhindert die direkte politische Steuerung des Sozialstaates.[112] Zum anderen wird der öffentlich-rechtliche Rundfunk, dessen direkte politische Gestaltung durch die Regierung 1961 bekanntlich am Bundesverfassungsgericht scheiterte,[113] ebenfalls durch ein Netzwerk von koordinierten Bürokratien betrieben (§ 31 Abs. 1 MStV).

Es ist insofern nicht ohne Ironie, dass die Verwaltungsrechtswissenschaft sich zwar eine Zeitlang stark für Verwaltungsnetzwerke interessierte –

Politik zwischen Bundesregierung und parlamentarischer Mehrheit, zu deren impliziter Geschäftsordnung es gehört, die Regierung in ihrem Monopol bei der politischen Steuerung der Verwaltung nicht zu stark zu beeinträchtigen. Auch die vom Bundesministerium des Innern veröffentlichte Arbeitshilfe für die Ausübung der Fachaufsicht über nachgeordnete Bereiche in der unmittelbaren Bundesverwaltung: Fachaufsicht in der Bundesverwaltung (<https://www.verwaltung-innovativ.de/SharedDocs/Publikationen/Organisation/Arbeitshilfe_Fachaufsicht_in_der_Bundesverwaltung.pdf?__blob=publicationFile&v=3> [Stand 31.10.2024]), 15 ff. beschränkt sich auf ganz allgemeine Leitlinien, die über konkrete Aufsichtsstrukturen wenig verraten.

[109] BVerfGE 39, 302 (313) – AOK (1975); von einem „Ministerialverwaltungsverbot" spricht *Roth-Isigkeit* Verfassungsordnung (Fn. 103), 227.

[110] Zu den Sozialversicherungen als Parafisci *Gunnar Folke Schuppert* Verselbständigte Verwaltungseinheiten und Parafiski - Elemente zu einer Theorie der Parafiskalität, in: Klaus Tiepelmann/Gregor van der Beek (Hrsg.) Theorie der Parafiski, 1992, 137 (147 ff., 156 ff.).

[111] Zum einen durch funktionale Selbstverwaltung durch die „korporative Superorganisation" des Gemeinsamen Bundesausschusses (*Peter Axer* Normsetzung der Exekutive in der Sozialversicherung, 2000; *Thorsten Kingreen* Legitimation und Partizipation im Gesundheitswesen, NZS 2007, 113; zur Frage der verfassungsrechtlichen Garantie der Selbstverwaltung unter anderem *Peter Lerche* in: Maunz/Dürig Grundgesetz, Art. 87 Rn. 151, 158 f. (1992); *Gisela Fischer* Der Gemeinsame Bundesausschuss als „zentrale korporative Superorganisation", Medizinrecht 24 (2006), 509–511, zum anderen und durch die Anerkennung der Leistungsansprüche als Eigentum durch die Rechtsprechung; vgl. grundlegend BVerfGE 53, 257 (289 ff.) – *Versorgungsausgleich I* (1980).

[112] *Philip Manow* Social protection, capitalist production, 2020, 26 ff.; die grundlegende Arbeit zum Verhältnis von Regierungsmodell und Wohlfahrtsstaatsorganisation in der (frühen) Bundesrepublik ist *Hans Günter Hockerts* Sozialpolitische Entscheidungen im Nachkriegsdeutschland, 1980; vergleichend dazu *Ellen M. Immergut* Political Institutions, in: Daniel Béland/Stephan Leibfried/Kimberly J. Morgan/Herbert Obinger/Christopher Pierson (Hrsg.) The Oxford Handbook of the Welfare State, 2021, 313 (313 ff.).

[113] BVerfGE 12, 205 – *Deutschland-Fernsehen* (1961).

Stichwort Governance[114] –, den offensichtlichsten Fall, nämlich die Organisation der Bundesverwaltung, aber nie als solch ein Netzwerk behandelt hat.[115] Auf der anderen Seite ist es freilich gar nicht verwunderlich. Die einflussreiche Theorie der demokratischen „Legitimationsketten" – dogmatisiert nach 1980, als der Aufbau der Bundesverwaltung im Wesentlichen abgeschlossen war[116] – ist im Grunde ja das perfekte begriffliche Gerüst dieser Osmose von Politik und Verwaltung. Die Fixierung auf Legitimationsfragen[117] überdeckt die organisatorische Heterotopie des deutschen Verwaltungsstaates, weil sie organisatorisch völlig indifferent ist, solange Legitimation durch einen „hinreichend wirksamen Zurechnungszusammenhang" qua „Saldierung" von „Legitimationsmodi"[118] hergestellt wird. Das ideelle Zentrum der Legitimationsketten ist nämlich gerade nicht die Politik, sondern der Verwaltungsstaat, dessen Entscheidungen *irgendwie*, d.h. durch eine „hinreichende" Anbindung an höhere Instanzen beglaubigt werden müssen, deren Form aber nie in Frage gestellt ist.[119]

Verfassungsrecht ist abstrahiertes Verwaltungsrecht.

---

[114] *Kenneth J. Meier/Gregory C. Hill* Bureaucracy in the Twenty-First Century, in: Ewan Ferlie/Laurence E. Lynn/Christopher Pollitt (Hrsg.) The Oxford Handbook of Public Management, 2007, 51 (61 f.); *Christoph Möllers* Netzwerk als Kategorie des Organisationsrechts, in: Janbernd Oebbecke (Hrsg.) Nicht-Normative Steuerung in dezentralen Systemen, 2005, 285 (285 ff.); *Gunnar Folke Schuppert* Verwaltungswissenschaft, 2000, 388 ff.; *ders.* Governance im Spiegel der Wissenschaftsdisziplinen, in: ders. (Hrsg.) Governance-Forschung, 2. Aufl. 2006, 371 (378 ff., 424 ff.)

[115] Die maßgeblichen Arbeiten stammen aus der Politik- und Verwaltungswissenschaft, namentlich *Döhler* Politische Steuerung (Fn. 17).

[116] *Ernst-Wolfgang Böckenförde* Demokratie als Verfassungsprinzip, in: Josef Isensee/ Paul Kirchhof (Hrsg.) HStR I, 1. Aufl. 1987, § 22 Rn. 11–25; *ders.* Mittelbare/repräsentative Demokratie als eigentliche Form der Demokratie, in: Georg Müller (Hrsg.) FS Kurt Eichenberger, 1982, 301–328; *Josef Isensee* Grundrechte und Demokratie, Der Staat 20 (1980), 161 (bes. 163); *Jestaedt* Kondominialverwaltung (Fn. 79), 265 ff. mit umf. N., dort 268 Fn. 15.

[117] Zu recht kritisch hierzu vor allem *Andreas Kley* Kontexte der Demokratie: Herrschaftsausübung in Arbeitsteilung, VVDStRL 77 (2018), 125 (139 ff.).

[118] Zuletzt mit umf. N. zur neuen Literatur *Roth-Isigkeit* Verfassungsordnung (Fn. 103), 421 ff.; außerdem noch mit zahlreichen Nachweisen *Trute* Legitimation (Fn. 89), § 9 Rn. 42, 57 u. passim; für eine politische und gegenüber der Macht-Seite der Verwaltungsorganisation offene Betrachtungsweise dagegen *Eberhard Schmidt-Aßmann* Verwaltungsrechtliche Dogmatik, 2013, 140 ff.

[119] Diese verwaltungsorganisationsrechtliche Indifferenz war interessanterweise gerade *Ernst-Wolfgang Böckenfördes* Antwort auf die frühen Kritiken seiner Legitimationskettentheorie: *Ernst-Wolfgang Böckenförde* Demokratie als Verfassungsprinzip, in: Josef Isensee/ Paul Kirchhof (Hrsg.), HStR III, 3. Aufl. 2005, § 24 Rn. 23 Fn. 37 unter Berücksichtigung von *Dreier* Hierarchische Verwaltung (Fn. 26), 121 ff., und *Thomas Groß* Das Kollegialprinzip in der Verwaltungsorganisation, 1999, 163 ff. – Vgl. daneben sehr ausführlich *Eberhard Schmidt-Aßmann* Verwaltungslegitimation als Rechtsbegriff, AöR 116 (1991), 329 ff.

3. *Internalisierung des administrativen Konstitutionalismus im System der Verwaltungs-Rechte*

Diese politische Form findet sich wieder in der Struktur der subjektiven öffentlichen Rechte. Das öffentliche Recht der Bundesrepublik hat nämlich nicht nur die Ermessensdogmatik und die Regierungsform von Grund auf verändert. Es hat die Frage, wie Verwaltung und politische Gestaltung zusammenhängen, auch in Form von individuellen Berechtigungen revolutioniert. Zwei unendlich folgenreiche Entwicklungen sind nämlich der Überblendung von Ermessen und Regierung und der Etablierung des administrativen Politikmodells auf dem Fuße gefolgt und waren in vieler Hinsicht die logische Konsequenz.

a) *Politische Gestaltung unter Verhältnismäßigkeitsvorbehalt*

Das gilt zum einen für den Grundsatz der Verhältnismäßigkeit,[120] der seit dem Apothekenurteil[121] nicht nur für das Verwaltungshandeln, sondern auch für die Gesetzgebung[122] und seit langem als allgemeiner Rechtsgrundsatz überhaupt für alles politische Handeln gilt, auch im organisatorischen Verfassungsrecht[123] und bis hin zum Handeln von Zentralban-

---

und *Winfried Kluth* Verfassungsrechtliche Vorgaben für die Verwaltungsorganisation, in: Wolff/Bachof/Stober/Kluth Verwaltungsrecht II, 8. Aufl. 2023, § 80 Rn. 142 ff.; beispielhaft weiter *Trute* Legitimation (Fn. 89), § 9 Rn. 57; umsichtig kritisch aus jüngerer Zeit etwa *Thomas Groß* Demokratische Legitimation und Verwaltungsorganisation, Jura 2016, 1026 ff.

[120] Dass der Grundsatz eine Schöpfung des bundesrepublikanischen Verfassungsrechts ist, ist bekannt, vgl. *Dieter Grimm* Proportionality in Canadian and German Constitutional Jurisprudence, The University of Toronto Law Journal 57 (2007), 383 (385 f.); *Johannes Saurer* Die Globalisierung des Verhältnismäßigkeitsgrundsatzes, Der Staat 51 (2012), 3–33; *Niels Petersen* Verhältnismäßigkeit, in: Wolfgang Kahl/Markus Ludwigs (Hrsg.) Handbuch des Verwaltungsrechts, Bd. III, 2023, § 73; *Alexander Tischbirek* Die Verhältnismäßigkeitsprüfung, 2017, 14 ff.; eine Verallgemeinerung des Gedankens stellt in vielerlei Hinsicht die sog. „Prinzipientheorie" dar: *Robert Alexy* Theorie der Grundrechte, 1994 [1985], 100 ff.; vgl. dazu weiter *Laura Clérico* Verhältnismäßigkeitsgebot und Untermaßverbot, in: Jan-R. Sieckmann (Hrsg.) Die Prinzipientheorie der Grundrechte, 2007, 151–178.

[121] BVerfGE 7, 377 – *Apotheken* (1958).

[122] Statt vieler *Friederike Valerie Lange* Grundrechtsbindung des Gesetzgebers, 2010, bes. 312 f.

[123] Beispiele sind die Rechtsprechung zum – wie *Pascale Cancik* Der „Kernbereich exekutiver Eigenverantwortung", ZParl. 45 (2014), 885 (892 ff.) zeigt, letztlich anhand einer Abwägung bestimmten – „Kernbereich exekutiver Eigenverantwortung" oder zu Art. 72 Abs. 2 GG (dazu *Tobias Herbst* Gesetzgebungskompetenzen im Bundesstaat, 2014, 308 ff.). Eingehend für die „Geltung" des Grundsatzes auch im organisatorischen Verfassungsrecht kaum zufällig der durch VG Düsseldorf, 1 K 1369/15 (Urteil vom 28. August 2015) in Erscheinung getretene Mitinitiator der Rechtsprechung zur „Neutralität" von Amtsträgern, *Andreas Heusch* Der Grundsatz der Verhältnismäßigkeit im Staatsorganisati-

ken,[124] und der nur noch unspezifisch auf Rechte bezogen ist.[125] Diese Übertragung ist die fundamentalste juristische Zuordnung von Verwaltung und politischer Gestaltung überhaupt – und im Grunde etwas sehr Merkwürdiges. Schließlich unterscheidet es eine gewählte demokratische Regierung von der Verwaltung, dass sie über eine politische Legitimation verfügt, politische Gestaltungsziele gerade auch *gegen* bestehende Interessen durchzusetzen; mit anderen Worten zu unterscheiden zwischen Interessen, die sie berücksichtigen will und anderen. Warum sollte politische Gestaltung „schonend" verfahren müssen mit Interessen, gegen die sich durchzusetzen sie gewählt wurde? Genau das aber verlangt das Verhältnismäßigkeitsprinzip. Es macht politische Gestaltung verfassungsrechtlich nur noch als *rationale Problemlösung* darstellbar, als Erreichung bestimmter Ziele durch bestimmte Mittel, bei denen gegenläufige Interessen über die Figuren der „Erforderlichkeit" und der „Angemessenheit" immer schon mitberücksichtigt werden müssen. Politik wird auch so auf die Form des administrativen Ausgleichs festgelegt.[126] Wiederum: *Verfassungsrecht ist abstrahiertes Verwaltungsrecht.*

b) Schutznormtheorie (Pluralisierung der Interessendurchsetzung)

Ein Kind der Bundesrepublik ist auch die Schutznormtheorie,[127] das Dogma des gesetzlich bezweckten Interessenschutzes, eine von Bundesverwaltungsgericht[128] und der Verwaltungsrechtswissenschaft[129] seit 1958

---

onsrecht, 2003; zurückhaltender dagegen *Helmut Philipp Aust* Grundrechtsdogmatik im Staatsorganisationsrecht?, AöR 141 (2016), 415–448.

[124] BVerfGE 154, 17 – *PSPP* (2020).

[125] *Niels Petersen* Verhältnismäßigkeit als Rationalitätskontrolle, 2015, 90 ff.; *Steffen Augsberg* Maßstäbe des Verwaltungsrechts, in: Andreas Voßkuhle/Martin Eifert/Christoph Möllers (Hrsg.) Grundlagen des Verwaltungsrechts, Bd. I, 3. Aufl. 2022, § 8 Rn. 26 f.; *Peter Staubach* Das Verhältnismäßigkeitsprinzip, in: Dieter Grimm (Hrsg.) Vorbereiter – Nachbereiter, 2019, 131 (140 ff.).

[126] Speziell für den Funktionswandel des Gesetzes *Böckenförde* Nachwort (Fn. 53), 402.

[127] Siehe zum Stand der Dogmatik die Beiträge in Bd. IV des von *Markus Ludwigs* und *Wolfgang Kahl* herausgegebenen Handbuchs des Verwaltungsrechts; kritische Rekonstruktion bei *Anna Katharina Mangold* The Persistence of National Peculiarities, Indiana J. of Global Legal Stud. 21 (2014), 223 (227 ff.); *Johannes Buchheim* Actio, Anspruch, subjektives Recht, 2017, 71 ff.; *Gärditz* Funktionswandel (Fn. 12), D 15 ff.; *Jost Pietzcker* Die Schutznormlehre, in: Otto Depenheuer u.a. (Hrsg.) FS Josef Isensee, 2007, 577 (580 ff.).

[128] Erstmals explizit BVerwGE 7, 354 (356) – *Krankenhauspflegesätze* (1958); ferner BVerwGE 28, 268 (270) – *Außenbereichsvorhaben* (1967); 41, 58 (63) – *Nachbarschutz im Wasserrecht* (1972); 52, 122 (128) – *Rücksichtnahmegebot* (1977); 65, 167 (171 ff.) – *Ladenschluss* (1982); 65, 313 (320) – *Nachbarschutz im Immissionsschutzrecht* (1982); 66, 307 (308) – *Gewässerschutz* (1982); als Schutznormtheorie wurde die Begründungsfigur jedoch erst später bezeichnet, vgl. BVerwGE 98, 118 (120) – *Jagdrecht* (1995); BVerwG,

anerkannte deutsche Besonderheit.[130] Sie erkennt bekanntlich subjektive öffentliche Rechte aus Rechtsnormen an, die nicht nur dem öffentlichen Interesse, sondern zumindest auch dem Schutz der Interessen Einzelner zu dienen bestimmt sind.[131] Diese Theorie leistet, wie immer man zu ihr steht,[132] etwas ganz Außerordentliches: Sie erlaubt es Verwaltungen und Gerichten „jedes beliebige Interesse *in die Form der Rechte* zu bringen – oder auch nicht."[133] Verwaltungen werden dadurch qua gerichtlicher Kontrolle zum einen unmittelbar, d.h. ohne Zwischenschaltung von Regierungsfunktionen an die legislative Steuerung angeschlossen. Und zwar in einer Form, die auf das Nadelöhr bürokratischer Hierarchien nicht angewiesen ist.[134] Sogenannten rechtsstaatlichen Bedenken begegnete das erst,[135] als die Politik über diesen Zugang mitentscheiden wollte, nämlich durch Verbandsklagerechte.[136]

NVwZ-RR 1996, 537 – *Pflegesatzgenehmigung* (1995); NVwZ 2000, 1044 – *Vorkaufsrecht* (2000).

[129] Grundlegend *Otto Bachof* Reflexwirkungen und subjektive Rechte im öffentlichen Recht, in: Otto Bachof/Martin Drath/Otto Gönnenwein/Ernst Walz (Hrsg.) Gedächtnisschrift Walter Jellinek, 1955, 287 (299 ff.).

[130] *Schmidt* Subjektivierung (Fn. 55), 91 ff.; s.a. *Johannes Saurer* Subjektives öffentliches Recht in rechtsvergleichender Perspektive, in: Wolfgang Kahl/Markus Ludwigs (Hrsg.) Handbuch des Verwaltungsrechts, Bd. IV, 2022, § 97 Rn. 8 ff.

[131] Statt aller *Maurer/Waldhoff* Verwaltungsrecht (Fn. 10), § 8 Rn. 8.

[132] Frühe Kritik bei *Eberhard Schmidt-Aßmann* Verwaltungsverantwortung und Verwaltungsgerichtsbarkeit, VVDStRL 34 (1976), 222 (245 ff.); weitere Nachweise zum Diskussionsstand bei *Rainer Wahl/Peter Schütz* in: Friedrich Schoch/Jens-Peter Schneider (Hrsg.) Verwaltungsrecht, § 42 Abs. 2 VwGO Rn. 96 (06/2017); *Johannes Masing* Die Mobilisierung des Bürgers für die Durchsetzung des Rechts, 1996, 111 ff.; *Peter M. Huber* Konkurrenzschutz im Verwaltungsrecht, 1991, 153 ff.

[133] *Neumeier* Kompetenzen (Fn. 2), 394.

[134] Das ist kein Nebeneffekt, sondern eine zentrale Leistung dieses Rechtsstaatsmodells, weil es durch die Vermeidung bürokratischer Hierarchien die spezifische Form (a) der Kommunalisierung lokaler Konflikte (Art. 28 Abs. 2 GG) und (b) die korporatistische („funktionale") Form der Selbstverwaltung und Interessenaushandlung ermöglicht, die anderenfalls „politisch" geleistet werden müsste. – Zu diesem Problem etwa *Mayntz* Soziologie (Fn. 9), 77 ff.

[135] Zusammenfassend zu dieser Kritik *Annette Guckelberger* Deutsches Verwaltungsprozessrecht unter unionsrechtlichem Anpassungsdruck, 2017, 76; aus der Literatur etwa *Felix Weyreuther* Verwaltungskontrolle durch Verbände?, 1975; *Franz Knöpfle* Organisierte Einwirkungen auf die Verwaltung, DVBl 1975, 707 (715); *Jörn Ipsen* Gefahren für den Rechtsstaat?, NdsVBl 1999, 225 (227).

[136] *Anna Katharina Mangold/Rainer Wahl* Das europäisierte deutsche Rechtsschutzkonzept, Die Verwaltung 48 (2015), 1 (19); *dies.* The Persistence of National Peculiarities, Indiana J. of Global Legal Stud. 21 (2014), 223 (233 ff.); *Andreas Fischer-Lescano* Transnationales Verwaltungsrecht, JZ 2008, 373 (377 ff.); für den Ausnahmecharakter von Verbandsklagerechten *Gärditz* Funktionswandel (Fn. 12), D 41 ff.; s.a. *Pietzcker* Die Schutznormlehre (Fn. 127), 590.

Zum anderen werden Verwaltungen durch die Schutznormtheorie auf eine höchst eigenwillige Weise vergesellschaftet, also für politische Anliegen und Interessen sozialer Akteure und ihren Ausgleich adressierbar gemacht.[137] Ja, wir können uns die Vergesellschaftung der Verwaltung eigentlich überhaupt nicht anders vorstellen als durch die Ausbringung subjektiver-öffentlicher Rechte.[138]

Die Gestaltungsfunktion der Regierung als Selektions- und Koordinationsinstanz von Interessen wird dadurch wenn nicht obsolet, so doch auf das Stärkste entlastet. *Luhmann* hatte recht: Die politische Funktion der Verwaltungsgerichtsbarkeit liegt vor allem im Schutz der Verwaltung vor der Politik.[139] Das zeigt sich immer da, wo dieses Paradigma von Rechten seine Beharrungskraft gegenüber politischen Gestaltungsanliegen im engeren Sinne offenbart; siehe die regelmäßig wiederkehrenden Diskussionen über Entbürokratisierung und Verfahrensbeschleunigung.

---

137 Sowohl der Verhältnismäßigkeitsgrundsatz als auch die Schutznormthese erzeugen insofern eine im Ausgangspunkt *inegalitäre* Form der Rechtsbindung von Verwaltungen, die faktisch ungleich vorhandene Schutz-, Abwehr- oder Gegeninteressen gerade in ihrer Ungleichheit normativiert und durch den Begriff des „Eingriffs" gegen politisches Handeln in Stellung bringt. Das Problem ist mit anderen Worten gerade nicht die *Gesetzesbindung* (Art. 20 Abs. 3 GG), sondern die paradoxe *Bindung der Gesetzesbindung* an einen Naturalismus vorhandener und zu Rechtspositionen umgestalteter sozialer Interessen von der Art, die *Hans Kelsen* Reine Rechtslehre (Studienausgabe der Ausgabe 1934), 2008, 55 f. für das Verhältnis von subjektivem und objektivem Recht beschrieben hat.

138 Siehe die Bemerkungen von *Gärditz* Funktionswandel (Fn. 12), D 31, D 46 ff. *Niklas Luhmann* rechnet die Verwaltungsgerichtsbarkeit darum mit guten Gründen zum politischen und nicht in erster Linie zum Verwaltungssystem: Politische Soziologie, 2010, 376 ff.: Ihre Funktion besteht vor allem darin, politische Kontingenzen zu reduzieren, indem bestimmte Handlungsoptionen entweder als „rechtmäßig" oder als „rechtswidrig" markiert werden. Dass die zentrale Funktion des Verwaltungsrechtsschutzes in der Pluralisierung des Zugangs von organisierten Interessen zum politischen System liegt, ist in anderen Rechtsordnungen eine durchaus geläufige Einsicht, vgl. *Peter Cane* An Introduction to Administrative Law, 3. Aufl. 2001, 366 ff.; dagegen wird vom deutschen System des Verwaltungsrechtsschutzes regelmäßig gesagt, es rein individualbezogen und die „Mobilisierung" des Bürgers für die Rechtsdurchsetzung komme allein aus dem (französisch geprägten) Unionsrecht, siehe etwa *Masing* Mobilisierung (Fn. 132); aus der neueren Literatur *Dominik Steiger* Der partizipative Staat, 2023, 384 ff.; krit. hierzu bereits *Mangold/Wahl* Rechtsschutzkonzept (Fn. 136), 1 (12 f.); zum europäisierten Verwaltungsprozessrecht als „Provokation" bereits *Anna Katharina Mangold* Gemeinschaftsrecht und deutsches Recht, 2010, 236 f.

139 *Luhmann* Politische Soziologie (Fn. 138), 389 f.

IV. *Administrative state:* Berufsbeamtentum

Zusammengehalten wird diese Osmose von Politik und Verwaltung durch das Personalverfassungsrecht,[140] durch das Berufsbeamtentum. Dieses Berufsbeamtentum, das in Art. 33 Abs. 4 und 5 GG doppelt gesichert ist, ist das funktionale Äquivalent zum *administrative state*, eine Machtform, die gleichsam zwischen allen Institutionen der Verfassung steht, der Verfassungsfaktor, der das politisch-administrative Arrangement trägt.[141]

1. *Verwaltung im Vorraum der Politik: Geringe Bedeutung expliziter Politisierung*

Das deutsche Beamtenrecht weist der Bürokratie nur sehr punktuell eine explizit politische Rolle zu.[142] Die Zahl der sogenannten „politischen Beamten", die in fortdauernder Übereinstimmung mit den politischen Ansichten und Zielen der Regierung stehen müssen und deswegen jederzeit in den einstweiligen Ruhestand versetzt werden können (§ 54 Abs. 1 BBG; § 30 Abs. 1 BeamtStG), ist vergleichsweise klein.[143] Es sind im Bundes-

---

[140] Begriff bei *Matthias Roßbach* Das Personal (Fn. 4), 5 ff.

[141] Grundlegend zum Beamtentum als Verfassungsfaktor im deutschen Konstitutionalismus *Fritz Fleiner* Beamtenstaat und Volksstaat (1916), in: Ausgewählte Schriften und Reden, 1941, 138 (140 ff.). Die deutsche Debatte über dieses Thema hat aus historischen Gründen seit 1919 eine ausgeprägt konservative Schlagseite, siehe zunächst die autoritäre Deutung bei *Carl Schmitt* Der Hüter der Verfassung, 1931, 149 ff.; in dieser Tradition in der Bundesrepublik vor allem *Ernst Forsthoff* Das Bundesverfassungsgericht und das Berufsbeamtentum, DÖV 1954, 69 ff.; *Herbert Krüger* Allgemeine Staatslehre, 1964, 253 ff., 938 f.; zur Zäsur des Beamtenurteils des Bundesverfassungsgerichts *Matthias Roßbach* Weichenstellung und Vergangenheitsbewältigung im Öffentlichen Dienst, in: Florian Meinel (Hrsg.) Verfassungsgerichtsbarkeit in der Bonner Republik, 2019, 229–250; liberale Gegenposition u.a. bei *Schuppert* Verwaltungswissenschaft (Fn. 114), 628 ff.; *Ulrich Battis* Reform des Beamtenrechts – eine Zwischenbilanz, ZBR (2010), 21–25; *Cancik* Selbstverwaltung (Fn. 16), § 14 Rn. 44 ff.

[142] *Falk Ebinger* Germany, in: Andreas Ladner/Fritz Sager (Hrsg.) Handbook on the Politics of Public Administration, 2022, 303 (304); *Hans-Ulrich Derlien* Öffentlicher Dienst im Wandel, in: Klaus König (Hrsg.) Deutsche Verwaltung an der Wende zum 21. Jahrhundert, 2002, 229 (243 f.); *Page* Policy (Fn. 86), 6 f.

[143] Zu alliierten Reformbestrebungen und deutschen Beharrungskräften nach 1945 *Bernd Wunder* Geschichte der Bürokratie in Deutschland, 1988, 153 ff.; *Curt Garner* Der öffentliche Dienst in den 50er Jahren, in: Axel Schildt/Arnold Sywottek (Hrsg.) Modernisierung im Wiederaufbau. Die westdeutsche Gesellschaft der 50er Jahre, 1993, 759–790; *Wolfgang Benz* Versuche zur Reform des öffentlichen Dienstes 1945–1952, Vierteljahreshefte für Zeitgeschichte 25 (1981), 216–245; *Fisch* Verwaltungsaufbau (Fn. 36), 30 f. In einem „politisch codierten Patt" – so *Niklas Luhmann* Der politische Code, ZfP n.F. 21 (1974), 253 (264 ff.) und daran anknüpfend *Ulrich Battis* in: Michael Sachs (Hrsg.) Grundgesetz, 9. Aufl. 2021, Art. 33 Rn. 60 – endete auch der Versuch einer umfassenden Dienst-

recht vor allem beamtete Staatssekretäre, Abteilungsleiter und die Leitungen der wichtigsten Bundesoberbehörden (§ 54 BBG). Die damit fast ausnahmslose zumindest nominelle Geltung des Prinzips der „Bestenauslese" (Art. 33 Abs. 2 GG) führt dazu, dass auch die leitende Bürokratie immer vor allem formal über eine meritokratische,[144] d.h. administrativ-fachliche Legitimation[145] verfügt.[146] Die leitende Bürokratie rekrutiert sich praktisch ausschließlich aus der Bürokratie.[147]

Es gibt in der Bundesrepublik weder ein ministerielles Kabinett wie in Frankreich[148] oder in der EU-Kommission[149] (*cabinet ministériel*) noch die Personalkategorie der *special advisors* wie üblicherweise in den Westmins-

---

rechtsreform durch die sozialliberale Koalition in den frühen 1970er Jahren; dazu *Wolfgang H. Lorig* Modernisierung des Öffentlichen Dienstes, 2001, 73 ff.; *Heinrich Siedentopf* Dienstrechtsreform – eine Bilanz nach 10 Jahren, ZBR 1986, 153 ff.

[144] *Steffen Mau/Thomas Lux/Linus Westheuser* Triggerpunkte, 2023, 85 ff., zeigen, dass die Vorstellung von Meritokratie eine zentrale normative Orientierung der deutschen Gesellschaft bildet. Es wäre interessant, zu untersuchen, inwiefern die konkrete Art dieser Vorstellung funktional auf das Karrieresystem des öffentlichen Dienstes zugeschnitten ist; sie unterscheidet sich nämlich in vieler Hinsicht grundsätzlich von den gleichfalls starken Meritokratievorstellungen beispielweise der amerikanischen Demokratie, vgl. *Jeff Fuhrer* The Myth That Made Us, 2023; *Daniel Markovits* The Meritocracy Trap, 2019; aus der allgemein wachsenden kritischen Literatur zum „Leistungsprinzip" noch *Robert H. Frank* Success and Luck, 2023; *Michael Sandel* The Tyranny of Merit, 2020.

[145] Die Zwiespältigkeit betont zurecht *Cancik* Selbstverwaltung (Fn. 16), § 14 Rn. 45; zur politisch-sozialen Funktion der „Bestenauslese" im deutschen Beamtenrecht schon *Fleiner* Beamtenstaat (Fn. 141), 138 (150).

[146] Darin liegt ein zentrales Hindernis von mehr Diversität in der Verwaltung. Bemühungen um eine „repräsentativere Bürokratie" und die Gleichstellung der Geschlechter sind vor allem ein Phänomen der unteren Ämterebene und der Landesverwaltungen: *Sylvia Veit* Politisch-administrative Eliten in Deutschland, 2024, 81 ff.; *Jörg Bogumil/Werner Jann* Verwaltung und Verwaltungswissenschaft in Deutschland, 3. Aufl. 2020, 137; *Derlien* Öffentlicher Dienst (Fn. 142), 238 f.; s.a. *Cancik* Selbstverwaltung (Fn. 16), § 14 Rn. 75.

[147] *Tobias Bach/Sylvia Veit* The Determinants of Promotion to High Public Office in Germany, Journal of Public Administration Research and Theory 28 (2017), 254 (267); bei Abteilungsleitern im Bund machen reine Laufbahnbeamte immer noch einen Anteil von 50 % aus, vgl. *Bogumil/Jann* Verwaltungswissenschaft (Fn. 146), 142. Das wird verstärkt durch die geringe *cross sector mobility* des deutschen Verwaltungssystems als Arbeitsmarkt. Neuestens *Veit* Eliten (Fn. 146), 170 ff.; *Bogumil/Jann* Verwaltungswissenschaft (Fn. 146), 246. Leitende Beamte mit Hintergrund in Unternehmen, Verbänden oder Gewerkschaften sind nicht zuletzt aufgrund des immer noch hohen Juristenanteils (*Sylvia Veit/Simon Scholz* Linking administrative career patterns and politicisation, International Review of Administrative Sciences 82 [2016], 516 [524 f.]) die Ausnahme (Daten bei *Veit* Eliten [Fn. 146], 177). Ausnahmen der letzten Zeit sind etwa *Katrin Suder*, *Sven Giegold* oder *Jennifer Morgan*.

[148] *Page* Policy (Fn. 86), 27 f.

[149] *Anchrit C. Wille* The Normalization of the European Commission, 2013, Kap. 3.1.

ter-Systemen oder auch in Dänemark.[150] Stattdessen ist auch der Vorraum der Politik bürokratisch organisiert – und versteht sich auch so.[151] Politische Vorraumfunktionen werden von Laufbahnbeamten wahrgenommen; die Beratungsfunktion resultiert lediglich aus dem direkten Zugang zum Minister.

2. *Politik im Vorraum der Verwaltung: Implizite Formen der politischen Kontrolle*

Die Pointe des deutschen Personalverfassungsrechts liegt aber darin, dass es einer expliziteren Politisierung gar nicht bedarf. Es funktioniert, weil es politisches Handeln routiniert übersetzt in eine angeblich unpolitische Logik der Verwaltung. Warum aber lassen sich die regierenden Parteien eigentlich auf ein Modell ein, das ihnen gegenüber dem Berufsbeamtentum so wenig genuin politische Gestaltung durch Parteipatronage erlaubt?[152] Warum gibt es trotzdem kaum offene Beschwerden über

---

[150] *Thurid Hustedt* Ministerial advisory systems and politics, in: Andreas Ladner/Fritz Sager (Hrsg.) Handbook on the Politics of Public Administration, 2022, 93 (93); s.a. *Page* Policy (Fn. 86), 3.

[151] Zwar können nach § 10 Abs. 1 GGO Bund für bestimmte Aufgaben, insbesondere mit Bezug zur Leitung des Bundesministeriums, Organisationseinheiten mit Stabsfunktion eingerichtet werden. In der Praxis sind die Leitungsebenen aber wie und als Abteilungen organisiert, obwohl sie nicht immer, wohl aber bisweilen mit der Wahrnehmung von Ressortaufgaben i.e.S. betraut sind. In einigen Fällen (beispielsweise im BMF, BMJ oder BMI) heißt der Leitungsstab auch einfach Abteilung L oder Abteilung PK. In anderen Fällen (etwa beim BMAS oder im Fall des AA, wo die Bezeichnung „Planungsstab" tradiert ist) wird dieselbe Einheit zwar als Leitungsstab bezeichnet, ist aber wie eine Abteilung in Referat gegliedert. Der Unterschied liegt vor allem darin, dass Leitungsstäbe nach § 10 Abs. 3 GGO Bund von den §§ 8, 9 Abs. 1 GGO und den darin festgelegten Mindestorganisationsgrößen und der sich aus ihnen ergebenden Hierarchisierung ausgenommen sind. § 10 Abs. 1 GGO berechtigt also dazu, Einheiten zu bilden, die nicht mit selbständigen Fachaufgaben betreut sind, sondern lediglich eine Führungsfunktion (Prozessteuerung, Terminkoordinierung, Kommunikation, Planung) unterstützen. Das eröffnet der ministeriellen Leitung erhebliche Gestaltungsmöglichkeiten, schafft aber auch die Risiken, die in der Entformalisierung der politischen Beratung liegen. Auch erlaubt die Einrichtung von Stäben die Ausbringung relativ hoch dotierter Dienstposten (im Ministerium oft B6), obgleich die Voraussetzungen des § 8 GGO (mindestens fünf Referate) dafür eigentlich nicht erfüllt sind. In der letzten Zeit sind die Leitungsebenen quantitativ erheblich gewachsen und zwar nicht nur im Falle des auf diesem Wege geschaffenen „Vizekanzleramtes"; das System des bürokratischen Vorraums der Politik bewegt sich auf seine Grenze zu. – Solche Fragen demonstrieren eines der größten Desiderate der Kommentarliteratur, nämlich einen wissenschaftlich verlässlichen, die Staatspraxis historisch-kritisch dokumentierenden Kommentar zu den Geschäftsordnungen der Bundesregierung, des Bundestages und des Bundesrates.

[152] Gegenüber der unbefangenen Erwartung, dass Ministerinnen vor allem auf Parteien als Screeninginstitutionen für Loyalität zurückgreifen, ist die Parteipolitisierung des Regie-

die Eigenmächtigkeit der Verwaltung oder gar politische Sabotage auf der ministeriellen Ebene nach Regierungswechseln?[153] So wenig Misstrauen zwischen politischer und Verwaltungsebene?

Das Regierungssystem verfügt über andere, indirekte Formen, das Verwaltungspersonal auf politische Gestaltungsziele zu verpflichten. Politikwissenschaftliche Forschungen haben der deutschen Spitzenbürokratie eine vergleichsweise hohe Bereitschaft zum politischen Mitgestalten und ein ausgeprägt gestaltendes Aufgabenverständnis attestiert.[154] Das ist aber gerade kein Widerspruch zur geringen formalen Politisierung. Es gibt Regeln, die unterhalb der direkten politischen Steuerung und jenseits der formalen Überordnung der politischen über die bürokratische Ebene eine funktionale Politisierung der Bürokratie gewährleisten; die dafür sorgen, dass die Bürokratie Politikpräferenzen sozusagen antizipiert.[155] Damit ist nicht nur die Möglichkeit der Parteimitgliedschaft von Beamtinnen gemeint,[156] und auch nicht die Koalitionsverträge, die bis auf die Referat-

---

rungssystems des Bundes recht niedrig: Daten bei *Ebinger* Germany (Fn. 142), 306; siehe auch *Philip Manow* Die politische Kontrolle der Ministerialbürokratie des Bundes, in: Philip Manow/Steffen Ganghof (Hrsg.) Mechanismen der Politik, 2005, 245 (250 ff.); *Lennartz* Kanzlerdemokratie (Fn. 89), 141; für eine Typologie der Patronageformen siehe *Schuppert* Verwaltungswissenschaft (Fn. 114), 655 ff.

[153] *Ebinger* Germany (Fn. 142), 310; *Bogumil/Jann* Verwaltungswissenschaft (Fn. 146), 245; *von Beyme* Der Gesetzgeber (Fn. 86), 147. Die in diesem Zusammenhang gerne zitierte Anekdote von *Henry Jacoby* Die Bürokratisierung der Welt, 2. Aufl. 1984, 250 über die bürokratische Sabotage des sozialdemokratischen Reichsfinanzministers *Rudolf Hilferding* im Jahr 1924 erscheint schon deswegen unglaubwürdig, weil *Hilferding* zwar 1923 und 1928–30, nicht aber 1924 Minister war; umsichtig zu diesem problematischen Verhältnis von Beamtentum und Reichsfinanzminister in den ersten Jahren der Weimarer Republik *Peter Christian Witt* Reichsfinanzminister und Reichsfinanzverwaltung, VfZ 25 (1975), 1 ff.

[154] *Page* Policy (Fn. 86), 66 ff.; gute Begründung bei *Schuppert* Verwaltungswissenschaft (Fn. 114), 662 ff.

[155] Erstmals grundsätzlich beschrieben in der vielzitierten Arbeit von *Joel Aberbach/Robert D. Putnam/Bert A. Rockman* Bureaucrats and Politicians in Western Democracies, 1981, 84 ff.; als Übersicht etwa *Jasmin Theres Beneke/Marian Döhler/Falk Ebinger/Sylvia Veit* 50 Jahre Forschungsprojekt „Politisch-Administrative Elite“, dms 16 (2023), 1–11; für eine sehr präzise, aber vorwiegend auf das administrative Spitzenpersonal der Bonner Republik bezogene Darstellung siehe *Renate Mayntz/Hans-Ulrich Derlien* Party Patronage and Politicization of the West German Administrative Elite 1970–1987, Governance 2 (2005), 384 (401 f.); *von Beyme* Der Gesetzgeber (Fn. 86), 148; aus verwaltungswissenschaftlicher Sicht *Schuppert* Verwaltungswissenschaft (Fn. 114), 661 ff.; für die Bundesrepublik außerdem *Page* Policy (Fn. 86), 67 f.; für den amerikanischen *administrative state* *Frank R. Baumgartner/Bryan D. Jones* Agendas and Instability in American Politics, 2009, 195.

[156] In diesem Sinne mit Zweifeln wegen Art. 137 GG, aber für eine Verfassungsänderung namentlich *Andreas Voßkuhle/Anna-Bettina Kaiser* Personal, in: Andreas Voßkuhle/

sebene hinunter in den Ministerien gelesen werden, um herauszufinden, was zu tun ist. Zentral sind vielmehr zwei sehr wirksame Mechanismen der politischen Schulung der leitenden Verwaltung, die das Dienstrecht bereitstellt. In ihnen kehrt der föderativ-parlamentarische Dualismus des Verfassungsaufbaus im Kleinen wieder.

a) *Die föderale Einheit des öffentlichen Dienstes und die Bedeutung der Landesebene*

Der eine dieser Mechanismen ist die durch das BRRG von 1957[157] geschaffene föderative Einheit des Laufbahnsystems (§ 122 Abs. 2 BRRG, jetzt § 15 Abs. 1 BeamtStG).[158] Wechsel auf Beförderungsämter im Bund aus dem höheren Dienst der Länder sind rechtlich unproblematisch und praktisch häufig. Bürokratische und politische Karrieren sind deswegen – wie die Daten in den Tabellen 1 und 2 zeigen – von einer starken Elitenzirkulation zwischen Bundes- und Landesverwaltung geprägt.[159] Dieses bundeseinheitliche Karrieresystem des öffentlichen Dienstes – inklusive Volljuristenprivileg (§ 21 Abs. 2 BLV)[160] – ist nicht nur neben dem Partei-

---

Martin Eifert/Christoph Möllers (Hrsg.) Grundlagen des Verwaltungsrechts, Bd. II, 3. Aufl. 2022, § 41 Rn. 68.

[157] *Günter Püttner* Der öffentliche Dienst, in: Kurt G. A. Jeserich/Hans Pohl/Georg-Christoph von Unruh (Hrsg.) Deutsche Verwaltungsgeschichte, Bd. V: Die Bundesrepublik, 1987, 1124 (1137).

[158] Ob und warum § 122 Abs. 2 BRRG weiterhin maßgeblich ist, ist nicht ganz eindeutig zu entscheiden. Nach § 63 Abs. 3 S. 2 BeamtStG sollte die Regelung fortgelten, es liegt aber auf der Hand, dass dem Bundesetzgesetzgeber seit der Föderalismusreform wegen des ausdrücklichen Ausschlusses des Laufbahnrechts in Art. 74 Abs. 1 Nr. 27 GG die Kompetenz fehlt, diese Regelung auch mit Wirkung für die Länder zu treffen. Die entsprechende Statusregelung trifft § 15 Abs. 1 BeamtStG, verweist aber die Frage der Laufbahnbefähigung implizit an die Länder. Eine Fortgeltung von § 122 Abs. 2 BRRG nach Art 125b Abs. 1 S. 1 GG kommt wegen Art. 74 Abs. 1 Nr. 27 nicht in Betracht. § 122 Abs. 2 S. 1 BRRG i.V.m. § 63 Abs. 3 S. 2 BeamtStG ist daher wohl im Wegen einer verfassungskonformen Reduktion als ausschließliche Verpflichtung *des Bundes* zur Anerkennung der *in den Ländern* erworbenen Laufbahnbefähigung zu interpretieren, wofür sich die Kompetenz aus Art 73 Abs. 1 Nr. 8 GG ergibt. Zu dieser selten diskutierten Frage vgl. *Bernt Lemhöfer* in: Plog/Wiedow, Beamtenrecht, Losebl., § 17 BBG Rn. 36 ff. (11/2018).

[159] Daten bei *Veit* Eliten (Fn. 146), 177 ff.; schon im Reich wurden die Beamten überwiegend aus der preußischen Verwaltung rekrutiert, vgl. ebd., 165 f. Auf etwas unklarer Datengrundlage dazu auch *Anwar Syed Ali* Karrierewege und Rekrutierungsmuster bei Regierungsmitgliedern auf Bundesebene von 1949–2002, Diss. Halle, 2003, 185 ff.

[160] Die Rechtsprechung hat sowohl die Ausschreibung von Stellen allein für Volljuristen als auch die in der Norm liegende Differenzierung zwischen Volljuristen und Diplomjuristen in der Regel unbeanstandet gelassen, vgl. OVG Münster, Beschluss vom 18.01.2013, 1 B 1245/12, BeckRS 2013, 52018; VG Ansbach (16. Kammer), Urteil vom 4.3.2020 – AN 16 K 19.1692 (juris).

ensystem eine der großen Gegenkräfte gegen den administrativen Dezentralismus.[161] Es führt auch dazu, dass die Ministerialverwaltung des Bundes durch ihre föderativen Herkunftsmilieus in erheblichem Umfang impliziten, nämlich nicht über den Bundesrat vermittelten politischen Kontrollen der Landesebene unterliegt.[162]

b) *Parlamente als Stätten der bürokratischen Führerauslese*

Der zweite Mechanismus betrifft die personelle Dimension des Verhältnisses von Parlament und Regierung. Die Verfassung hat die Interaktion der Verwaltung mit der parlamentarischen Mehrheitsbildung in Art. 43 Abs. 2 S. 1 GG stark als Vertretung von Regierung und Verwaltung im Parlament angelegt.[163] Die Fraktionen haben diese Schubrichtung teilweise umgekehrt.[164] Dank ihrer großzügigen Finanzierung haben sie erhebliche Stellenpools, und das Sonderurlaubsrecht des Bundes erlaubt es ihnen, diese auf Zeit mit Angehörigen des höheren Dienstes zu besetzen, was deren Karrieren stark begünstigt (§ 33 Abs. 2a BLV)[165]. Neben der politi-

---

[161] *Bogumil/Jann* Verwaltungswissenschaft (Fn. 146), 78 f. Umgekehrt bezeichnete schon *Fleiner* Beamtenstaat (Fn. 141), 143 f. die Dezentralität der Verwaltung als Gegengewicht gegen den inneren Zentralismus des einheitlichen Beamtentums.

[162] Erstmals grundsätzlich beschrieben von *Manow* Politische Kontrolle (Fn. 152), 245 ff. Da ein substanzieller Teil der Fälle von Laufbahnwechseln – sofern es sich beispielsweise nicht um Wechsel aus den R-Ämtern oder aus den Finanzverwaltungen der Länder in eine Verwendung im BMJ oder BMF handelt – bereits auf Landesebene leitende Positionen innegehabt haben dürfte (genauere, nämlich ressort-, landes- und besoldungsgruppenspezifische Daten hierzu liegen mir nicht vor), kommen diese Personen bereits mit ausgeprägten politischen Netzwerken und impliziten Rücksichten in Ämter auf Bundesebene.

[163] Das Zutrittsrecht verschafft der Ministerialverwaltung bis auf die Referentenebene allerdings nach wie vor eine ganz erhebliche Präsenz im Parlament, die den parlamentarischen Beratungsablauf vor allem auf Ausschussebene entscheidend prägt. *Christoph Schönberger* Auf der Bank, 2022, 95 ff.; *Meinel* Selbstorganisation (Fn. 80), 286.

[164] Neben der personellen Dimension gehört hierher auch die gewohnheitsrechtlich anerkannte Verpflichtung der Ministerialbürokratie, zugunsten der Koalitionsfraktionen Formulierungshilfen zu leisten, was § 52 Abs. 2 GGO nur indirekt ausdrückt (Ressortbeteiligung bei Formulierungshilfen, die von Beschlusslage der Regierung abweichen). Vgl. dazu *Friedrich Schäfer* Der Bundestag, 4. Aufl. 1982, 123 f.; von *Beyme* Der Gesetzgeber (Fn. 86), 192; *Stefan Ulrich Pieper* Gesetzgebungsverfahren, in: Martin Morlok/Utz Schliesky/Dieter Wiefelspütz (Hrsg.) Parlamentsrecht, 2016, § 40 Rn. 92; im Kontext der Pandemiegesetzgebung *Johannes Gallon* Eilgesetzgebung als empirisches Phänomen und ihre verfassungsrechtliche Bedeutung, Der Staat 63 (2024), 327 (346 f.).

[165] Die Vorschrift wurde durch Art. 3 Nr. 1 des Haushaltsbegleitgesetzes v. 11.8.2014 (BGBl. I, 1346) auf Betreiben der Fraktionen in die BLV aufgenommen (vgl. die Beschlussempfehlung, BT-Drucks. 18/1762, mit dem Entwurf der Bundesregierung, BT-Drucks. 18/1050), nachdem das BVerwG in einem Fall, in dem es allerdings um die Beur-

schen Schulung der leitenden Verwaltung in den Leitungsebenen und im Kanzleramt[166] gibt es also auch eine funktionale Politisierung durch die Fraktionen,[167] nicht aber zum Beispiel in Unternehmen und Verbänden.[168] Leitende Beamtinnen lernen dort in Koalitionsarbeitsgruppen,[169] Berichterstattergesprächen und Fraktionssitzungen parlamentarische Gesetzgebungsarbeit und das, was in einem System ohne starke Regierungsfunktion ihre vordringliche Aufgabe ist: Verhandlungen mit den Ländern und korpora-

laubung zur Wahrnehmung eines Abgeordnetenmandats ging (NVwZ-RR 2011, 371) entschieden hatte, dass beurlaubte Beamte keinen Anspruch auf eine fiktive Fortschreibung ihrer Regelbeurteilung haben. Der Anreizeffekt der Beurlaubung für eine Tätigkeit in der Fraktion liegt darin, dass die Beurteilungen – anders als in der Ministerialverwaltung – nicht quotiert sind und die Fraktionen ohne Folgeverantwortung für die weitere Laufbahn großzügige Beurteilungen vergeben können. In weiteren Bewerbungsverfahren bei den obersten Bundesbehörden müssen sie aufgrund der typischerweise besseren Beurteilung oft Bewerberinnen mit rein ministeriellen Beurteilungen vorgezogen werden. Für den typischen Konflikt im Rahmen des Konkurrentenrechtsstreits siehe OVG Berlin-Brandenburg, NVwZ-RR 2011, 534; VG Köln, Beschl. v. 9.4.2019, 15 L 1308/18 (juris); äußerst kritisch zu § 33 Abs. 2a BLV *Hellmuth Günther* Fiktion dienstlicher Beurteilung beurlaubter Bundesbeamter als Fraktionsmitarbeiter, ZBR 2015, 121 ff.

166 Rechtlich sind die drei Wege der politischen Erprobung grundsätzlich verschieden. Bei der Erprobung in der Leitungsebene als Pressesprecherin, persönlicher Referent etc. handelt es sich i.d.R. um eine bloße Umsetzung, bei der Erprobung im Kanzleramt um eine Abordnung (§ 27 BBG), bei der Erprobung in der Fraktion hingegen um eine Beurlaubung ohne Bezüge. Im Hinblick auf den Erwerb von Versorgungsansprüchen besteht zwischen diesen Formen für die Betroffenen wegen § 6 Abs. 1 S. 2 Nr. 5 b) BeamtVG kein Unterschied.

167 *Ebinger* Germany (Fn. 142), 305 f.; *Sylvia Veit/Simon Scholz* Linking administrative career patterns and politicisation (Fn. 147); zu den drei Ebenen der Ausbildung im "political craft" (Leitungsebene, Kanzleramt, Fraktionen) insbesondere *Klaus H. Goetz* Acquiring Political Craft, Public Administration 75 (1997), 753 (767 ff.); zur rechtlichen Seite auch – kritisch – *Hellmuth Günther* Beförderungserprobung von Beamten als Fraktionsassistenten, DöD 47 (1994), 178 ff.; *Bernd Grzeszick* Beschäftigung beurlaubter Beamter als Mitarbeiter von Bundestagsfraktionen, DÖV 2018, 96 ff.

168 Rechtsgrundlage der Beurlaubung ist § 22 Abs. 1 SUrlVO. Danach kann Sonderurlaub unter Wegfall der Besoldung nur in besonders begründeten Fällen und nur durch die oberste Dienstbehörde oder die von ihr bestimmte unmittelbar nachgeordnete Behörde genehmigt werden. Die Verwaltungspraxis der obersten Bundesbehörden geht – ohne dass das aus der Vorschrift eindeutig hervorginge – dahin, eine ausreichende Begründung insbesondere für die Fraktionstätigkeit, aber auch beispielsweise für Tätigkeit in (politischen) Stiftungen und bundeseigenen Gesellschaften wie beispielsweise der Autobahn GmbH des Bundes, der Deutsche Flugsicherung GmbH, der BWI GmbH oder der juris GmbH anzunehmen, nicht aber für eine Tätigkeit in Unternehmen oder Verbänden. Zwischen Unternehmen und staatlicher Verwaltung pendelnde *revolving-doors*-Karrieren wie in der amerikanischen Bundesexekutive und das aus ihnen resultierende Problem des *regulatory capture* sind auf diese Weise wenn nicht ausgeschlossen, so doch wesentlich unattraktiver gemacht.

169 *Manow* Informalisierung und Parteipolitisierung (Fn. 86), 102 ff.; *Lehmbruch* Parteienwettbewerb (Fn. 81), 55 ff.

tistischen Akteuren,[170] d.h. die Bereitstellung fachpolitischer *policy-networks* für die politische Ebene. Die Parlamente sind also – um eine berühmte Einsicht *Max Webers* zu variieren[171] – nicht nur Stätten der *politischen* als vielmehr zugleich Stätten der *bürokratischen* „Führerauslese" geworden.[172]

V. Leistungsfähigkeit und Leistungsgrenzen des administrativen Konstitutionalismus

Soweit zur rechtlichen Architektur eines politischen und eines Verwaltungssystems, das explizite Formen von politischer Gestaltung tendenziell unsichtbar macht, indem es sie zum einen auf ein Maximum an miteinander organisatorisch eher schwach verbundenen Akteuren verteilt, deren Koordinierung (nur) durch eine starke Form von Rechtsbindung der öffentlichen Gewalt und justizieller Kontrolle bewirkt wird, das aber gleichzeitig ein hohes Maß an Partizipationschancen, wechselseitigen Abhängigkeiten und impliziten Veto-Positionen („Politikverflechtung") ausbildet und dies alles durch ein eigenartiges Modell subjektiver Rechte und durch das unitarische Berufsbeamtentum absichert. –

---

170 *Renate Mayntz/Fritz W. Scharpf* Policy-making in the German Federal Bureaucracy, 1975, 155 ff.; *Page* Policy (Fn. 86), 68.

171 *Weber* Parlament und Regierung (Fn. 5), 486 ff.

172 Zugleich wird auf diese Weise eine gewisse Fluktuation des parteipolitisch zugeordneten Personals zwischen Regierung und Opposition ermöglicht. Vielversprechende Beamtinnen mit einer Nähe zu einer Oppositionspartei können auf diese Weise eine Zeit, in der sie in den andersfarbig geführten Ministerien strukturell schlechtere Aufstiegschancen haben, in der Fraktion „überwintern". Dass die jeweiligen Regierungsparteien dies nicht im Interesse der Bindung fachlich fähiger Beamtinnen an ihr Haus blockieren, liegt an dem Eigeninteresse, das sie an dem Instrument der Beurlaubung haben: Leerstellen sind nämlich nicht nur durch temporäre Besetzung vertretbar, sondern neu besetzbar, wie sich aus dem jeweiligen Haushaltsgesetz ergibt (siehe zuletzt § 17 Abs. 1 Nr. 5 Buchst. a HG 2024). Danach gilt eine Leerstelle der entsprechenden Besoldungsgruppe von Beginn der Beurlaubung oder Verwendung an als ausgebracht für planmäßige Beamtinnen und Beamte, die im dienstlichen Interesse des Bundes unter Wegfall der Dienstbezüge mindestens sechs Monate für eine Verwendung bei einer Fraktion oder Gruppe des Deutschen Bundestages oder eines Landtages beurlaubt werden. Der Bundesrechnungshof führt derzeit bei den obersten Bundesbehörden eine Prüfung der Praxis der Fraktionsbeurlaubungen unter dem Gesichtspunkt der Wirtschaftlichkeit und Sparsamkeit durch. Geprüft werden soll insbesondere die nach den hier angestellten Überlegungen im Grundsatz zu bejahende Frage, ob hinreichende öffentliche Interessen an der Überlassung besonders qualifizierten Personals an die Fraktionen bestehen. Der Abschluss der Prüfung ist noch nicht absehbar; Zwischenergebnisse teilt der Bundesrechnungshof nicht mit (Auskunft vom 18.9.2024). Kritisch zu mehrmonatigen und erst recht mehrjährigen wie überhaupt zu in der konkreten Dauer nicht festgelegten Sonderbeurlaubungen von Ministerialbeamten zwecks Fraktionsarbeit schon der *Rechnungshof Rheinland-Pfalz* Jahresbericht 2022, 122 ff.

Warum erscheint uns dieses Modell plausibel? Warum verzichtet eine parlamentarische Demokratie auf stärkere Mechanismen der Durchsetzung der politischen Agenda gewählter Mehrheiten? Wieso arrangiert sie sich mit so wenig expliziter zentraler politischer Gestaltungsmacht? Oder konkreter ausgedrückt: Wie konnte es unwidersprochen bleiben, dass das Allgemeine Verwaltungsrecht, das einmal als Ermächtigung einer transformativen politischen Agenda entstanden war,[173] zu einem System der Abschirmung des Status quo wurde?

1. Hintergrunderfüllung und Hintergrundzustimmung

Unter den möglichen Erklärungen[174] möchte ich eine hervorheben. Politik und Verwaltung operieren in der Bundesrepublik in einem Umfeld, das

[173] Grundlegend *Michael Stolleis* Die Entstehung des Interventionsstaates und das öffentliche Recht (1989), in: Konstitution und Intervention, 2001, 253–282; *Pierangelo Schiera* Il laboratorio borghese, 1987, 117 ff.; *Neumeier* Kompetenzen (Fn. 2), 320 f.; *Lorenz Jellinghaus* Zwischen Daseinsvorsorge und Infrastruktur, 2006; *Stefan Koslowski* Die Geburt des Sozialstaats aus dem Geist des Deutschen Idealismus, 1989.

[174] Mentalitäts- oder sozialgeschichtliche Erklärungen verweisen gerne darauf, dass es in Deutschland einen Verwaltungsstaat vor Verfassung und Demokratie gab. Der Entwicklungspfad hat kulturelle Deutungsmuster und Präferenzen festgelegt: Kontinuität und gute Verwaltung gelten im Zweifel für wichtiger als politische Freiheit. In diesem Sinne meinte nicht zuletzt *Ernst Forsthoff*, die Verwaltung sei die „Staatstätigkeit, in der sich die Mentalität des Deutschen in besonderer Weise bewährt hat" (Der Staat der Industriegesellschaft, 1971, 107). Eine andere, damit freilich eng zusammenhängende Erklärung liegt in den Mechanismen politischer Mehrheitsbildung: Politik und Verwaltung operieren in der Bundesrepublik in einem Umfeld, das Mehrheitsentscheidungen strukturell vermeidet und den Gegensatz Regierung/Opposition nur in schwacher Form kennt (zur historischen Kontiuität des Verdachts der deutschen politischen Kultur gegen Mehrheitsentscheidungen *Christoph Schönberger* Anmerkungen zu Karlsruhe, in: Das entgrenzte Gericht, 2011, 9–76; zum Ort der politischen Opposition im Verfassungsrecht neben *Albert Ingold* Das Recht der Oppositionen, 2015; immer noch *Hans-Peter Schneider* Die parlamentarische Opposition im Verfassungsrecht der Bundesrepublik Deutschland, Bd. 1, 1974). Verfassungsrechtlich kommt dies vor allem in der Verknüpfung von bundes- und landespolitischen Aufgaben (Art. 50 f., 76 Abs. 1 und 83 GG) zum Ausdruck. Sie hat zur Folge, dass sämtliche Parteien, die in einem Land an der Regierung beteiligt sind, auch im Bund von Fall zu Fall mitregieren. Politische Gestaltung auf Bundesebene ist nicht nur *latent* auf Mehrheiten im Bundesrat angewiesen, sondern bei der Sicherung des Gesetzesvollzugs auch auf die parteipolitisch heterogenen Landesregierungen. Politik, die die programmatische Gestaltungsfunktion der Regierung tendenziell unsichtbar macht, hat deswegen offenkundig eine höhere Durchsetzungschance. Drittens schließlich liegt die Erklärung nahe, dass dieses Modell von den europapolitischen Interessen der Bundesrepublik lange zumindest mitgetragen wurde, weil das institutionelle System der Union große Parallelen mit dem deutschen aufweist (*Philipp Dann* Parlamente im Exekutivföderalismus, 2004, Teil 1 C; *Christoph Möllers* Gewaltengliederung, 2005, 233 ff.; *Meinel* Selbstorganisation [Fn. 80], 395 ff.): die Diffusion von Regierungsmacht zwischen Rat, Kommission, EZB und Agenturen einerseits und mitglied-

den Raum politischer Gestaltung von vornherein stark verengt. Das liegt zum einen am Gewicht der funktionalen[175] Selbstverwaltung.[176] Sie stellt eine implizite Grenze von Regierungsmacht dar, die man früher als entpolitisierende „Disziplinierung von Sozialbereichen"[177] bezeichnete, heute spricht man von „Staatsentlastung" durch „regulierte Selbstregulierung".[178] Etwas ähnliches gilt für die Zuweisung vieler lokaler Konflikte an die verfassungsrechtlich verselbständigte kommunale Selbstverwaltung[179] mit eigenem Dienstrecht.[180]

Zum anderen liegt die Verengung des politischen Gestaltungsspielraums an der politischen Ökonomie des administrativen Sozialmodells:[181] Sowohl die Organisation der Daseinsvorsorge als auch der dominierenden Unternehmen und ihrer Verbände ist in der Bundesrepublik seit jeher ihrerseits stark bürokratisiert.[182] Unternehmen und Verbände

---

staatlichem Vollzug andererseits – mit vergleichbaren Mechanismen und Folgeproblemen der Integration durch das Rechtsschutzsystem (*Ulrich Haltern* Europarecht, Bd. II, 3. Aufl. 2017, § 3 Rn. 1 ff.).

[175] *Reinhard Hendler* Selbstverwaltung als Ordnungsprinzip, 1984, bes. 339 ff., 356 f.; im Anschluss daran *Gunnar Folke Schuppert* Selbstverwaltung, Selbststeuerung, Selbstorganisation, AöR 114 (1989), 127–148; frühe und immer noch bedeutende Kritik bei *Ulrich K. Preuß* Zum staatsrechtlichen Begriff des Öffentlichen, 1969, 197 ff.; vgl. auch *Winfried Kluth* Funktionale Selbstverwaltung, 1997.

[176] Und mittelbare Staatsverwaltung durch sonstige Körperschaften des öffentlichen Rechts.

[177] *Forsthoff* Verwaltungsrecht (Fn. 15), 476 f.

[178] Regulierte Selbstregulierung als Steuerungskonzept des Gewährleistungsstaates (Die Verwaltung, Beiheft 4), 2001; *Gunnar Folke Schuppert* Assoziative Demokratie, in: Ansgar; Schmalz-Bruns Klein, Rainer (Hrsg.) Politische Beteiligung und Bürgerengagement in Deutschland, 1997, 144 ff.

[179] Grundlegend hierzu *Eberhard Schmidt-Aßmann* Grundfragen des Städtebaurechts, 1972, 36 ff. u. passim; *ders.* Zum staatsrechtlichen Prinzip der Selbstverwaltung, in: Peter Selmer/Ingo von Münch (Hrsg.) Gedächtnisschrift Wolfgang Martens, 1987, 249 (255 ff.).

[180] Zur Sonderstellung der Kommunalbeamten BVerfGE 7, 155 (162 ff.) – *kommunale Wahlbeamte I* (1957); BVerfGE 8, 332 ff. – *kommunale Wahlbeamte II* (1958); BVerfGE 149, 1 (19 f. Rn. 38 f.) – *brandenburgischer Hochschulkanzler* (2018). – Reibungen mit den hergebrachten Grundsätzen des Berufsbeamtentums und dem daraus deduzierten Dienstrecht ergeben sich an allerlei Stellen: siehe nur OVG Lüneburg, Beschl. v. 14.09.2023 – 5 ME 55/23 –, NdsVBl. 2024, 18 ff.; *Thorsten Masuch* Verfassungstreue von kommunalen Wahlbeamtinnen und -beamten – ein kritischer Überblick, NVwZ 2023, 1694 ff.; *Sina Fontana/Lennart Marquard* Grenzen der Neutralitätspflicht kommunaler Gleichstellungsbeauftragter, DÖV 2021, 436 ff.; *Alexander Suslin* Äußerungsbefugnisse kommunaler Wahlbeamter, KommJur 2020, 5 ff.

[181] Siehe dazu demnächst ausführlicher *Florian Meinel/Christian Neumeier* Die politische Ökonomie des öffentlichen Rechts, Der Staat 64 (2025), H. 1.

[182] Schon Weber sprach vom „kapitalistisch zentralisierte[n] Großbetrieb": *Weber* Wirtschaft und Gesellschaft (Fn. 5), 200; zur dominierenden Rolle der Verwaltung im deutschen Sozialmodell außerdem schon *Fritz Fleiner* Die politischen Grundlagen des modernen Ver-

haben durch kollektives Arbeits- (BetrVG)[183] und Tarifrecht[184] ein hohes Maß an Binnendemokratisierung oder -koordinierung entwickelt, das andere gesellschaftliche Großorganisationen wie Hochschulen (LHGe)[185] oder eben die Verwaltungen im Personalvertretungsrecht übernommen haben.[186] Der Bedarf nach politischer Steuerung wird auch durch diese Vorabkoordinierung von Interessen ungeheuer entlastet,[187] die in ihr liegende „Hintergrunderfüllung“[188] von Bedürfnissen nur noch schwach reflektiert.[189]

Die Folge dieses Sozialmodells war über lange Zeit ein hoher politischer Hintergrundkonsens zwischen Politik und Verwaltungseliten.[190] Es gibt

---

waltungsrechts (1936), in: Ausgewählte Schriften und Reden, 1941, 445 (450 f.); für den amerikanischen Fall klassisch *Alfred D. Chandler* The Visible Hand, 1977; zur Koordinierung zwischen Unternehmen im „Modell Deutschland“ nur *Manow* Social protection (Fn. 112).

[183] Zum deutschen Modell der Unternehmensmitbestimmung vergleichend u.a. *Sigurt Vitols* Varieties of Corporate Governance, in: Peter A. Hall/David W. Soskice (Hrsg.) Varieties of capitalism: The institutional foundations of comparative advantage, 2001, 337 (343 ff.); zum Tarifrecht *Gregor Bachmann* Private Ordnung, 2006, 123 ff.; zum Wandel des Mitbestimmungsmodells *Richard Giesen/Jens Kersten* Arbeit 4.0, 2018, 42 ff., 135 ff.; zur Reduktion „politischer“ Konflikte durch das Mitbestimmungsmodell namentlich *Niklas Luhmann* Worker Participation in Decision-Making, in: Schriften zur Organisation 1, 2018, 255 (bes. 268).

[184] Zudem war bis zur Einführung des Mindestlohns der im Kapitalismus zentrale politische Konflikt überhaupt, der Konflikt um den gerechten Preis der Arbeit, der Regierungsmacht entzogen (Art. 9 Abs. 3 GG); zu den institutionellen Konsequenzen für das politische Modell der Bundesrepublik siehe *Torben Iversen* Wage bargaining, central bank independence, and the real effects of money, International Organization 52 (1998), 469–504; *Peter A. Hall/Robert J. Franzese* Mixed Signals, International Organization 52 (1998), 505–535; siehe auch *Meinel/Neumeier* Politische Ökonomie (Fn. 181).

[185] Zu der in vieler Hinsicht paradigmatischen Debatte um die Frage der (drittel-)paritätischen Hochschulmitbestimmung, an der sich in den 1960er Jahren ein bemerkenswert grundsätzlicher Konflikt entzündete, der schließlich 1973 zu BVerfGE 35, 79 führte *Florian Meinel* Das erste Hochschulurteil des Bundesverfassungsgerichts vom Mai 1973, WissR 50 (2017), 3–27.

[186] Legitimationstheoretische Rekonstruktion des Personalvertretungsrechts in kritischer Auseinandersetzung mit der Entscheidung BVerfGE 93, 37 *Ulrich Battis/Jens Kersten* Demokratieprinzip und Mitbestimmung im öffentlichen Dienst, DÖV 1996, 584 (589 ff.).

[187] Die grundlegende Studie zum Zusammenhang von Kapitalismus, Korporatismus und politischem System in der Bundesrepublik ist *Manow* Social protection (Fn. 112).

[188] So der bekannte Begriff von *Arnold Gehlen* Urmensch und Spätkultur (1956), in: Gesamtausgabe, Bd. 5, 2022, 1 (55).

[189] Für die Bundesrepublik kritisch gewendet bei *Jürgen Habermas* Zum Begriff der politischen Beteiligung (1958), in: Kultur und Kritik, 1973, 7 (32 f.).

[190] Hier dürfte ein langfristig wirksamer Effekt der bekannten Reintegration der NS-Verwaltungseliten in der frühen Bundesrepublik liegen (zu ihrem Ausmaß *Veit* Eliten [Fn. 146], 151 ff.). Der Hintergrundkonsens ist der innerhalb des Regierungssystems wirk-

in der Bundesrepublik bisher keine Partei und keinen politischen Akteur, der dieses langfristige strategische Arrangement zwischen Regierung und Verwaltung[191] grundsätzlich in Frage stellt. Sichtbar wird das etwa in der beliebten Forderung nach „Bürokratieabbau“, mit der man allgemeine Zustimmung abrufen und gleichzeitig sicher sein kann, dass ihn im Ernst niemand wirklich will.[192] Elektorale Kampagnen gegen „die Verwaltung“ funktionieren leidlich nur, wenn sie sich gegen die „EU-Bürokratie“ richten,[193] wo sie wegen des geringen Einflusses des Parlaments auf die Unionsverwaltung relativ folgenlos sind. Selbst die Angriffe des Rechtsextremismus richten sich derzeit noch vornehmlich gegen Rundfunkanstalten, Verfassungsschutz und Robert-Koch-Institut, nicht aber gegen den Verwaltungsstaat als solchen.

Ob dieser Hintergrundkonsens stabil ist, lässt sich nicht prognostizieren. Das amerikanische Beispiel zeigt aber eines: Stark fragmentierten politischen Systemen ist es nicht gelungen, der Verwaltung auf Dauer eine

---

same Teil dessen, was *Hermann Lübbe* Der Nationalsozialismus im deutschen Nachkriegsbewusstsein, Historische Zeitschrift 236 (1983), 579 (594) als „kommunikatives Beschweigen“ der Vergangenheit bezeichnet hat. Die Disziplinierung der NS-Beamten durch das parlamentarische Regierungssystem war möglich, nicht obwohl, sondern weil ihr Schweigen von der Politik beschwiegen wurde, jederzeit aber hätte thematisiert werden können; dazu *Stefan Kühl* Das diskrete Beschweigen der NS-Vergangenheit in der Nachkriegszeit – Funktionale Tabuisierung oder problematische Verdrängung?, Working Paper 4/2024 (<https://www.uni-bielefeld.de/fakultaeten/soziologie/fakultaet/personen/kuehl/workingpapers/Kuhl-Stefan;-Working-Paper-4-2424-Das-diskrete-Beschweigen-der-NS-Vergangenheit-in-der-Nachkriegszeit.pdf> [Stand 31.10.2024]); siehe auch das demnächst erscheinende Buch von *Stefan Kühl* über *Reinhard Höhn* als Organisator des westdeutschen Modells der Unternehmensführung.

[191] *Meier/Hill* Bureaucracy (Fn. 114), 54; zu den Bedingungen dieser Koexistenz schon *Luhmann* Politische Soziologie (Fn. 138), 127: „Die interne Differenzierung des politischen Systems in Politik und Verwaltung braucht nicht allein in einem Schatz gemeinsamer Überzeugungen oder Einstellungen ihr koordinierendes Gegengewicht zu suchen, ohne welches sie auseinanderfiele. Es genügt ein Arrangement, in dem sichergestellt ist, daß für beide Teilsysteme, für Politik wie für Verwaltung, die Kontinuität des Gesamtsystems, das sie beide umgreift, Entscheidungsbedingung bleibt. Innerhalb einer solchen Ordnung können dann widerspruchsvolle Handlungsorientierungen institutionalisiert werden, ohne daß dies den Bestand des politischen Systems gefährdet.“

[192] Und der allenfalls nichtintendierte Effekte hat, wenn tatsächlich einmal an Verwaltungen gespart wird und Empörung entsteht, wenn die Konsequenzen – wie etwa im Bereich des Verfalls öffentlicher Infrastrukturen – offensichtlich werden, vgl. *Pascale Cancik* „Bürokratie“ als negative Markierung, Leviathan 48 (2020), 612–636; *Cancik* Selbstverwaltung (Fn. 16), § 14 Rn. 3. Rechtlich sind mit dem Bürokratieabbau ohnehin meist eher Dinge wie Überwachung statt Genehmigungspflicht, die Verkürzung von Aufbewahrungsfristen oder die Abschaffung des Widerspruchsverfahrens gemeint.

[193] Zur Imagination der Verdrängung von Politik durch Bürokratie in Europa *Cancik* „Bürokratie“ (Fn. 192), 614 ff.

plausible Rolle innerhalb des politischen Systems zuzuweisen.[194] Das ist der Nährboden erfolgreicher politischer Kampagnen gegen die Verwaltung als solche.[195] Aber der Hintergrundkonsens bröckelt seit den 1980er Jahren eben nicht nur in den USA.

2. *Politische Kosten des Rechtsstaats*

Was bedeutet das für die Verwaltungsrechtswissenschaft? Sie hat auf das Ende des *progressive age* teils mit einer Verschärfung der Konstitutionalisierung,[196] teils mit dem Programm der Verselbständigung der Verwaltung gegenüber politischer Steuerung reagiert. Was aber kann Konstitutionalisierung in einem Verfassungsmodell eigentlich leisten, das in vieler Hinsicht eine Abbreviatur für Verrechtlichungsbedarfe einer Verwaltung ohne politische Regierung ist? Die Konstitutionalisierung des Verwaltungsrechts ist umgeschlagen in die Bürokratisierung der Verfassung.[197]

Das „New Public Management" hingegen, gleichsam eine internationale Gegenbewegung gegen die Politisierung der Bürokratie und die Bürokratisierung des Politischen, wollte Verwaltungen entpolitisieren, unabhängiger, unternehmerischer und expertokratischer machen.[198] Wir wissen aber

---

[194] Zur gegenwärtigen Verfassungsdiskussion knapp *Roßbach* Das Personal (Fn. 4), 579 ff.; knapp auch *Eberhard Schmidt-Aßmann* Grundstrukturen des Verwaltungsrechts und des Verwaltungsrechtsschutzes in den USA, Verwaltungs-Archiv 111 (2020), 1 (9 f., 34 f.); aus der deutschen Literatur noch *Fehling* Unparteilichkeit und Gestaltungsaufgabe (Fn. 26), 132 ff. Die amerikanische Literatur über die Legitimität des administrative state ist uferlos.

[195] Für die rechtswissenschaftliche Seite dieser Kampagne siehe *Gary S. Lawson* The Rise and Rise of the Administrative State, Harv. L. Rev. 107 (1994), 1231–1254; *Randy Barnett* Restoring the Lost Constitution, 2003; *Richard Allen Epstein* The classical liberal constitution, 2014; *Richard Epstein* Design for Liberty, 2011; *Philip Hamburger* Is Administrative Law Unlawful?, 2015.

[196] Rekonstruktion bei *Christian Bumke* Die Entwicklung der Grundrechtsdogmatik in der deutschen Staatsrechtslehre unter dem Grundgesetz, AöR 144 (2019), 1 (53 ff.).

[197] *Christian Neumeier* Kompetenzen (Fn. 2), 12.

[198] Zu den rechtspolitischen Anliegen der sog. „Neuen Verwaltungsrechtswissenschaft" siehe *Andreas Voßkuhle* Neue Verwaltungsrechtswissenschaft, in: ders./Martin Eifert/ Christoph Möllers (Hrsg.) Grundlagen des Verwaltungsrechts, Bd. I, 3. Aufl. 2022, § 1 bes. Rn. 49 ff.; *Martin Eifert* Transformation der Verwaltungsrechtswissenschaft – Neue Verwaltungsrechtswissenschaft, JöR 65 (2017), 457 (458 f.); *Jens Kersten* Konzeption und Methoden der „Neuen Verwaltungsrechtswissenschaft", in: Wolfgang Kahl/Markus Ludwigs (Hrsg.) Handbuch des Verwaltungsrechts, Bd. I, 2021, § 25 Rn. 7; krit. *Klaus Ferdinand Gärditz* Die ‚Neue Verwaltungsrechtswissenschaft', in: Martin Burgi (Hrsg.) Die Verwaltung Beiheft 12, 2017, 105 (125 ff.). – Allerdings ist der Reformdiskurs der Neuen Verwaltungsrechtswissenschaft hinsichtlich ihrer Haltung zum administrativen Politik- und Sozialmodell kaum konsistent. Hinter dem Konsens über die Neubegründung der „Eigenständigkeit" der Verwaltung gegenüber gesetzlicher Konditionalsteuerung und verwal-

inzwischen, dass nicht immer unpolitischere Verwaltungsentscheidungen, wohl aber politische Fehlentscheidungen im Verwaltungssystem die Folge waren, vor allem im Bereich der Verschleuderung der Infrastruktur und der Netzwirtschaften.

Heute geht eine mächtige Tendenz dahin, den bröckelnden Hintergrundkonsens zu kompensieren durch die verfassungsrechtliche Neutralisierung der Verwaltung. Dazu gehört die äußerst restriktive Rechtsprechung zur Zulässigkeit politischer Beamter,[199] die Entparlamentarisierung des Alimentationsprinzips,[200] die neue Diskussion über ein Verbot der Parteimitgliedschaft[201] oder der Wählbarkeit[202] von Beamten und die Rechtspre-

---

tungsgerichtlicher Kontrolle stand die kaum einheitlich beantwortete Frage, ob es im Kern um die Neubegründung der Gestaltungsfreiheit der Verwaltung (*regulatory agencies*, Expertise, Governance) unter Verminderung des Einflusses elektoraler Politik oder aber um den Rückbau von materiellen Verwaltungsfunktionen gehen sollte (Privatisierung, „Märkte", Gewährleistungsstaat, „regulierte Selbstregulierung"). Eine vergleichende Studie zur Ideenpolitik der Verwaltungsreformen nach 1990 steht noch aus.

[199] BVerfG, Beschluss des Zweiten Senats vom 9. April 2024, 2 BvL 2/22. Es spricht viel dafür, dass der Senat der Personalkategorie abgesehen von den Staatssekretären überhaupt die Grundlage entziehen will: *Tristan Wißgott* Amtsgedanke und neutralisierter Demokratiebegriff: Eine fragwürdige Entscheidung des Bundesverfassungsgerichts zum Status politischer Beamter, VerfBlog, 22.5.2024 (https://verfassungsblog.de/amtsgedanke-und-neutralisierter-demokratiebegriff/> [Stand 31.10.2024]). Der vom BVerfG angewandte Maßstab des „engsten Kreises unmittelbarer Berater" erfasst neben den Staatssekretären wohl auch den Regierungssprecher, soweit dieser zugleich Leiter einer Behörde wie im Bund des Presse- und Informationsamtes der Bundesregierung ist. Eine Rolle gespielt haben könnten hier die anhaltenden Diskussionen im amerikanischen Verfassungsrecht über sogenannte *Schedule F appointments* auf der Basis der durch den Civil Service Reform Act von 1978 geschaffenen Bestimmung in 5 U.S.C. § 7511(b)(2), wonach die civil service protection solchen Positionen vorenthalten werden kann, die einen „confidential, policy-determining, policy-making or policy-advocating character" haben.

[200] BVerfGE 130, 263 – *W-Besoldung Hessen* (2012); BVerfGE 139, 64 – *R-Besoldung* (2015); BVerfGE 140, 240 – *A-Besoldung* (2015); zum Problem der verfassungsunmittelbaren Besoldungsansprüche *Florian Meinel* Das Bundesverfassungsgericht in der Ära der Großen Koalition, Der Staat 60 (2021), 43 (85 ff.).

[201] In diesem Sinne *Voßkuhle/Kaiser* Personal (Fn. 156), § 41 Rn. 68 unter – aus Gründen, die mit der völlig anderen Beziehungen zwischen Politik und Verwaltung in Großbritannien zusammenhängen – wenig überzeugendem Hinweis auf die Restriktionen der parteipolitischen Betätigung von Mitgliedern des britischen civil service; ähnlich auch schon *Axel von Campenhausen* in: Hermann von Mangoldt/Friedrich Klein/Christian Starck (Hrsg.) Grundgesetz, 5. Aufl. 2005, Art. 137 Rn. 15.

[202] Nach der vom Bundesverfassungsgericht entwickelten Auslegung von Art. 137 Abs. 1 GG ermächtigt die Vorschrift den Gesetzgeber nur, die Wählbarkeit von Beamten in Form der Inkompatibilität von Amt und Mandat zu beschränken (BVerfGE 12, 73 [77]), nicht jedoch zur Schaffung von materiellen Unvereinbarkeitsregelungen (Inkompatibilitäten): BVerfGE 58, 177 (192); dagegen insbesondere *Rolf Stober/Hendrik Lackner* in: Wolf-

chung zur „Neutralitätspflicht“ von Äußerungen von Amtsträgern.[203] Sie erzwingt die Gleichzeitigkeit von Politik und Verwaltung auch auf der Darstellungsebene von politischer Gestaltung.

Ich halte die Vorstellung, durch ein solches Neutralitätsprinzip werde die Verwaltung oder das Recht neutraler gegenüber unterschiedlichen politischen Zielen, für unplausibel.[204] Sie ist nur die letzte Übersteigerung der Identifikation von Ermessen und Regierung, die dogmatische Gestalt einer, vielleicht *der* politischen Imagination der alten Bundesrepublik und ihrer Hoffnung, als „radikal ökonomischer Staat“ (*Michel Foucault*)[205] keine politischen Ziele mehr definieren zu müssen. *Die Regierung des radikal ökonomischen Staates ist das verhältnismäßige Ermessen.* Die ordoliberalen Prämissen des Regierungsbegriffs als bürokratischer Stabilisierung von gesellschaftlichen Freiheitssphären nach Regeln enden in einem unvollständigen, nämlich ordoliberalen Begriff von Herrschaft, der ideologisch wird, wenn die Gleichsetzung von Gestaltung, Regierung und Ermessen die freie politische Willensbildung über die Ziele politischer Gestaltung beschränkt. Aber diese Bundesrepublik und ihren politischen Raum der „Mitte“, den jene Formeln nur noch rhetorisch evozieren, gibt es nicht mehr. Die politischen Transformationsaufgaben, vor denen sie heute steht, lassen sich mit diesem Modell des öffentlichen Rechts nicht mehr adäquat lösen. Das politisch-ökonomische „Modell Deutschland“, das jene Osmose von Politik und Verwaltung trug, löst sich auf, auch wenn sie so viele Profiteure

---

gang Kahl/Christian Waldhoff/Christian Walter (Hrsg.) Bonner Kommentar zum Grundgesetz, 2024, Art. 137 Abs. 1 Rn. 252 ff. (2004).

[203] BVerfGE 148, 11 (25 Rn. 43–46) – *Wanka* (2018); 154, 320 (335 f. Rn. 46–49) – *Seehofer* (2020); BVerfGE 162, 207 (229 ff. Rn. 71 ff.) – *Merkel* (2022). Rekonstruktion der Rechtsprechung bei *David Kuhn* Außerungsbefugnisse von Amtsträgern im Lichte des Rechts auf Chancengleichheit der Parteien, in: Sandra Lukosek/Alix Schlüter (Hrsg.) Linien der Rechtsprechung des Bundesverfassungsgerichts, Bd. 7, 2024, 187–230. Kritisch dazu vor allem *Christian Neumeier* Das Verbot politischer Sprechakte der Regierung, AöR 149 (2024), 1 (58 ff.); außerdem *Mehrdad Payandeh* Die Neutralitätspflicht staatlicher Amtsträger im öffentlichen Meinungskampf, Der Staat 55 (2016), 519–550; *Meinel* Das Bundesverfassungsgericht (Fn. 200), 72 ff.; *Emil Krude/Arne Pilniok* Die Äußerungsbefugnisse von Regierungsmitgliedern, KritV 2021, 290–324; Verteidigung der Rechtsprechung bei *Sophie Schönberger* Die zwei Körper der Gewählten, Der Staat 61 (2022), 579–620; *David Kuch* Politische Neutralität in der Parteiendemokratie, AöR 142 (2017), 491–527.

[204] Historisch fragwürdig ist das Projekt der vermeintlichen Verfassungssicherung durch die Neutralisierung der Verwaltung schon deswegen, weil es in der und für die Inkubationsphase des deutschen Faschismus formuliert wurde: *Schmitt* Hüter (Fn. 141); zur Kritik des Neutralitätstopos näher *Florian Meinel* Neutrale Politik?, Merkur Nr. 887 (2023), 5–17; *Neumeier* Politische Sprechakte (Fn. 203), 65 f. u. passim.

[205] *Michel Foucault* Geschichte der Gouvernementalität, Bd. II: Die Geburt der Biopolitik, 2004, 126.

geschaffen hat, dass es vorläufig unmöglich erscheint, Grundlegendes zu verändern.

Was tun? – Der Anfang wäre: Aufklärung über die normativen Kosten dieses Modells, über die *politischen Kosten des Rechtsstaats*, wie das *Fritz Scharpf* vor mehr als einem halben Jahrhundert genannt hat.[206] Damit meine ich nicht nur das Eingeständnis, wie sehr unser eigenes Fach und seine Grundbegriffe Teil einer normativen Festlegung des Status quo, seiner Ungleichheiten und seiner Versorgungsinteressen sind; direkter gesagt: Teil der Schwierigkeiten der Bundesrepublik, in einer verwandelten politischen Welt politische Ziele zu definieren, sind. Ich meine vor allem die politischen Kosten des administrativen Sozialmodells, das sich gelingende Vergesellschaftung immer vor allem vermittelt durch Verwaltungen vorstellt und deswegen seine aufbrechenden xenophoben Reflexe zum Beispiel in die Unschuldsformel kleiden kann, „die Kommunen" seien „überlastet". Folgen im politischen Handeln hat dieses Sozialmodell auch, weil es in seinem eingebauten Funktionalismus, den es mit Pluralismus verwechselt, alle Ziele für gleichermaßen wünschenswert hält und den bürokratischen, d.h. verhältnismäßigen Ausgleich zwischen ihnen für das eigentliche Problem.

Um die Beschränktheit dieser Perspektive zu erkennen, würde es schon reichen, noch einmal zu jener Kritik zurückzugehen, die der Verwandlung von Politik in Verwaltung von Anfang an nicht recht getraut hat. Zur Einsicht der Kritischen Theorie, dass ein Denken, das über der Vervollkommnung der administrativen Instrumente die Kritik der Ziele vergisst, in Unfreiheit umschlägt.[207] Zu *Hannah Arendts* Rehabilitierung bürgerschaftlicher Politik.[208] Oder, ja, zur frühen Politikwissenschaft der Bundesrepublik.[209] Das Schisma von Staatsrechtslehre und politischer Theorie nach dem Zweiten Weltkrieg gehört ja auch zu den direkten Kosten der juristischen Nichtunterscheidung von Politik und Verwaltung.[210]

Dann aber leben wir eben in einer Zeit, die den Raum zwischen politischer Gestaltung und Verwaltung völlig neu ordnet: Hier die Utopie, progressive Sozialpolitik noch einmal neu, ohne die Vermachtung der

---

206 *Scharpf* Politischen Kosten (Fn. 75).

207 *Max Horkheimer* Kritik der instrumentellen Vernunft (1947), in: Gesammelte Schriften, 1991, 19 (30); *Jürgen Habermas* Technik und Wissenschaft als „Ideologie", 1968.

208 *Hannah Arendt* Elemente und Ursprünge totaler Herrschaft, 1955, bes. 401–406.

209 Siehe zum Beispiel *Wilhelm Hennis* 1963 erschienene Studie „Politik und praktische Philosophie" sowie die anderen Beiträge in: Politikwissenschaft und politisches Denken, 2000.

210 *Stephan Schlak* Wilhelm Hennis, 2008, 75 ff.; *Verena Frick* Das Stabilitätsversprechen der Verfassung, Leviathan Sonderband 36 (2020), 74–95; für die Rechtstheorie vor allem *Ingeborg Maus* Zur Aufklärung der Demokratietheorie, 1992.

Bürokratien zu organisieren,[211] dort libertäre Phantasien von einer autoritär-kapitalistischen Welt ohne Politik.[212] Doch der Trumpismus, der diese Fantasien für sich gewonnen hat, setzt einstweilen auf eine Doppelstrategie der Zerstörung des Verwaltungsstaates und seiner faschistischen *weaponization* gegen politische Feinde. Unterdessen wird die Verwaltungskultur des Industriezeitalters historisiert[213] und ästhetisiert.[214] Wir brauchen daher ein Fach, das sich wieder für die Grenzen und das Ungesagte des administrativen Konstitutionalismus, für die politischen Prämissen und sozialen Implikationen seiner Rechtsformen interessiert, für die Funktionsweise von politischen und administrativen Institutionen, für die ökonomischen und sozialen Interessenkonflikte, die in ihnen ausgetragen oder zum Schweigen gebracht werden. Vor allem ein Fach, das die Frage nach dem Ort der gleichen politischen Freiheit, also der gleichen politischen Gestaltungsfreiheit und der Verwaltung nicht allein als eine politische, sondern auch und gerade als eine genuin juristische Frage betrachtet.

Einen neuen Namen für ein solches Fach hätte ich auch schon.[215] Man könnte es zum Beispiel Verfassungsrecht nennen.

[211] Siehe etwa das vieldiskutierte Buch von *David Graeber* The Utopia of Rules, 2015; Ausgangspunkt für das feministische Argument gegen die bürokratische Organisation von Gleichheit *Kathy E. Ferguson* The Feminist Case Against Bureaucracy, 1984; aus der neueren Literatur *Danielle Allen* Politische Gleichheit, 2020; für eine Gleichzeitigkeit von administrativen Paradigmen der politischen Gleichheit und gegenseitiger Anerkennung *Anna Katharina Mangold* Demokratische Inklusion durch Recht, 2021, 376 ff., 415 ff.; *dies.* Die politische Dimension subjektiver Rechte, in: Susanne Baer/Ute Sacksofsky (Hrsg.) Autonomie im Recht – Geschlechtertheoretisch vermessen, 2018, 173 (182 f.).

[212] Zum libertären Paradigma der amerikanischen Verwaltungsrechtsprechung *Cass R. Sunstein/Adrian Vermeule* Libertarian Administrative Law, U. Chi. L. Rev. 82 (2015), 393–473; zu den libertären Projekten der corporate cities zuletzt *Rachel Corbett* The For-Profit City That Might Come Crashing Down, The New York Times Magazine v. 28.8.2024; *Quinn Slobodian* Crack-Up Capitalism, 2023.

[213] *Cornelia Vismann* Akten, 2000; *Petra Gehring/Michael Matthiesen* (Hrsg.) betrifft: Beamte, Zeitschrift für Ideengeschichte, Heft XI/1 2017; *Wunder* Geschichte der Bürokratie (Fn. 143), 1988.

[214] Exemplarisch ist der 2011 postum publizierte Roman The Pale King von *David Forster Wallace*.

[215] Sein Gegenstand wären sowohl Verfassung als auch Politik *diesseits ihrer Ratifizierung* – im Sinne von *Jürgen Paul Schwindt* Was weiß die Anekdote – und wie? Grundlinien einer Theorie der Lücke (nach Sueton), in: Matthias Grandl/Melanie Möller (Hrsg.) Wissen en miniature, 2020, 31 (36 f.).

Leitsätze des Referenten über:

1. Verwaltung und politische Gestaltung

I. Einleitung und Problemstellung

(1) Wie politisch die Verwaltung ist, ist keine sinnvolle Frage. Das Politische ist kein Sachgebiet, sondern ein Intensitätsgrad von Konflikten. Die Verwaltung ist keine Institution, sondern eine soziale Form, deren Ausdehnung von Regeln abhängig ist. Die rechtliche Form der Zuordnung von Verwaltung und Politik kann darum keine neutrale Beschreibung ihres Verhältnisses sein. Das Recht ist zwangsläufig selbst Teil dieser Unterscheidung.

(2) Das öffentliche Recht der Bundesrepublik unterscheidet zwischen administrativen und politischen Gestaltungsaufgaben nicht. Sein Prinzip ist die Identität von Ermessen und Regierung.

II. Ermessen und Regierung: administrativer Konstitutionalismus als juristische Form

(3) Das organisatorische Verfassungsmodell des Grundgesetzes ordnet die politische der administrativen Ebene nicht über. Es fragmentiert Regierungsmacht föderativ. Dieses Modell war von Anfang an in sich widersprüchlich. Mit unmittelbar geltenden Bundesgrundrechten und der Bundesverwaltungs- und Bundesverfassungsgerichtsbarkeit war die Unitarisierung der auf die Verwaltungen gestützten Regierungsfunktion der Länder praktisch vorweggenommen.

(4) Die Entwicklung des Verwaltungsrechts ist über dieses föderative Verfassungsmodell rasch hinweggegangen. Grundlagen einer neuartigen Zuordnung von Verwaltung und politischer Gestaltung waren die Unterscheidung von Ermessen und unbestimmtem Rechtsbegriff, die Subjektivierung des Ermessens, die Figur des intendierten Ermessens sowie die Adressatentheorie.

(5) Die politische Steuerung der Verwaltung verlagerte sich daher zwangsläufig auf eine möglichst detaillierte (Bundes-)Gesetzgebung. Die-

sen in der eigenwilligen Zuordnung von Verwaltung und Politik angelegten Zwang zur Verrechtlichung hat das Bundesverfassungsgericht später als „Wesentlichkeitstheorie" konstitutionalisiert. Reformbestrebungen zu einer stärkeren organisatorischen Unterscheidung von politischen Gestaltungs- und Verwaltungsaufgaben auf Bundesebene haben sich dagegen nicht durchgesetzt.

III. Limited Government: Verwaltung und Politik im Regierungsmodell der Bundesrepublik

(6) Im deutschen Regierungsmodell sind politische Gestaltungsfunktionen deswegen institutionell stark verstreut und von Verwaltungsaufgaben kaum unterschieden. Die Identität von Verwaltung und politischer Gestaltung prägt die Regierungsorganisation, die Koordinierung von Bund und Ländern im Vollzug des Bundesrechts und die heterogene Form der bundeseigenen Verwaltung.

(7) Der juristische Kitt dieses Arrangements von Politik und Verwaltung ist die Theorie der hinreichenden demokratischen Legitimation („Legitimationsketten"). Mit ihrer Hilfe können Verwaltungsentscheidungen zwar normativ rückgebunden werden. Sie ist jedoch institutionell inzwischen weitgehend indifferent.

(8) Die Struktur subjektiver Berechtigungen sichert dieses Modell in doppelter Hinsicht ab: Der auf politisches Handeln übertragene Grundsatz der Verhältnismäßigkeit legt es auf die administrative Form des Ausgleichs fest, während die Schutznormtheorie Verwaltungen über den Rechtsschutz direkt für die politische Interessendurchsetzung adressierbar macht.

(9) Verfassungsrecht ist abstrahiertes Verwaltungsrecht.

IV. Administrative state: Berufsbeamtentum

(10) Träger des administrativen Konstitutionalismus ist vor allem das Berufsbeamtentum. Das Personalverfassungsrecht beschränkt zwar die formale Politisierung der Bürokratie („politische Beamte") auf wenige Ausnahmen und organisiert damit auch den Vorraum verantwortlicher Politik bürokratisch. Gleichwohl zeichnet sich die leitende Verwaltung durch einen hohen Grad an politischem Gestaltungswillen aus, ohne dass übermäßige Reibungen zwischen politischer und administrativer Ebene entstehen.

(11) Das Dienstrecht ermöglicht dieses Arrangement durch eine funktionale Politisierung der Bürokratie unterhalb der direkten politischen Steuerung (Tabellen im Anhang). Die föderative Einheit des Laufbahnrechts

gewährleistet eine hohe Elitenzirkulation zwischen Bund und Ländern und dadurch implizite politische Kontrollen der Bundesregierung durch die Länder. Auch haben sich die Fraktionen durch die Beschäftigung beurlaubter Beamtinnen zu Stätten der politischen Schulung der leitenden Verwaltung entwickelt.

V. Prämissen und Grenzen des administrativen Konstitutionalismus

(12) Das Verfassungsmodell des administrativen Konstitutionalismus beruht auf einem langfristig wirksamen Hintergrundkonsens über implizite Grenzen der Regierungsmacht. Zu dessen Faktoren gehört die Sozialdisziplinierung durch korporatistische Arrangements („regulierte Selbstregulierung"), die Organisation von Sozialstaat und Daseinsvorsorge sowie die „Binnendemokratisierung" der Großorganisationen durch Mitbestimmung (Betriebsverfassung, Personalvertretung, Rundfunkräte, Hochschulgremien usw.).

(13) Der Politik sind heute Gestaltungsaufgaben gestellt, die sich mit dem Verfassungsmodell des administrativen Konstitutionalismus nicht mehr bewältigen lassen. Gleichzeitig machen die strukturelle Verengung des explizit politischen Raumes und die Status-quo-Interessen, die sie geschaffen hat, eine grundlegende Veränderung der Zuordnung von Verwaltung und Politik im öffentlichen Recht unwahrscheinlich.

(14) Das betrifft auch das wissenschaftliche Selbstverständnis des Öffentlichen Rechts: Die „Konstitutionalisierung" des Verwaltungsrechts ist rekursiv, soweit das Verfassungsrecht eine Verallgemeinerung von Verrechtlichungsbedarfen der Verwaltung ist. Das verfassungsrechtliche Prinzip der Neutralisierung der Verwaltung ist nur die letzte Steigerung der Identifikation von Ermessen und Regierung, die dogmatische Form der Sehnsucht, keine politischen Ziele definieren zu müssen.

(15) Der Raum der gleichen politischen Freiheit und ihr Verhältnis zur administrativen Vergesellschaftung sind keine bloß politischen, sondern im Kern juristische Fragen. Gefordert ist daher eine Kritik der institutionellen Prämissen und politisch-sozialen Implikationen des administrativen Konstitutionalismus, eine Kritik der „politischen Kosten des Rechtsstaats".

Anhang

WP	2		3		4		5		6		7		8		9		10		11		12		13	
ges.	154		172		182		224		195		213		206		217		210		224		242		219	
L / F	63	k.A.	71	k.A.	69	1	87	1	80	5	90	6	89	6	97	12	91	15	101	22	111	27	88	23
%	40,4	–	41,0	–	37,5	0,5	38,7	0,4	40,4	2,6	41,9	2,8	43,2	2,9	44,7	5,5	43,3	7,1	45,1	9,8	45,9	11,2	40,2	10,5

WP	14		15		16		17		18	
ges.	214		188		216		218		214	
L / F	97	17	94	13	103	26	86	26	80	27
%	45,3	7,9	49,2	6,9	46,8	12	39,1	11,9	37,2	12,6

Tabelle 1: Spitzenbeamt:innen (beamtete StS, AL) bei obersten Bundesbehörden, die zu einem früheren Zeitpunkt ihrer Karriere in der Landesverwaltung (L = links) bzw. bei einer Fraktion des Deutschen Bundestages (F = rechts) tätig gewesen sind. WP = Wahlperioden des Deutschen Bundestages (2 = 1953–1957 usw.). Die Daten zeigen (a) eine relativ kontinuierlich hohe vertikale Elitenzirkulation im administrativen Spitzenpersonal und (b) die langsame Etablierung des „parlamentarischen" Karrieremusters. Daten: PAE-proso; Helmut-Schmidt-Universität/Universität der Bundeswehr und Universität Kassel. Beschreibung des Datensatzes: Sylvia Veit Politisch-administrative Eliten in Deutschland. Sozialprofile und Karriereverläufe seit dem Kaiserreich unter besonderer Berücksichtigung der NS-Zeit, 2024, 39 ff. Ich danke Frau Kollegin Sylvia Veit (HSU) für die Datenauswertung.

Fraktion	Bes.-Gr.	BRat	BT	BK	AA	BMI	BMF	BMJ	BMWK	BMAS	BMVg	BMEL	BMG	BMDV	BMU	BMBF	BMZ	BMFSFJ	BMWS	Summe
CDU/ CSU	A13/A14		1 (8)	1	1 (1)	2 (2)	2 (2)		1 (1)				1	1		2		1		
	ab A15	1	11 (6)	2	1 (2)	11 (8)	10 (7)	1 (1)	5 (8)	3 (2)	2 (2)	2	2 (1)	5 (3)	3 (2)	2 (3)		2		
	Summe	1	12 (14)	3	2 (3)	13 (10)	12 (9)	1 (1)	6 (9)	3 (2)	2 (2)	2	3 (1)	6 (3)	3 (2)	4 (3)	0	3	0	76 (59)
SPD	A13/A14		1 (1)				2 (2)	1							1			1		
	ab A15		6 (6)		– (1)	1	3 (4)		5	1 (3)	1	– (1)	3	2 (2)	3			3 (1)		
	Summe	0	7 (7)	0	– (1)	1	5 (6)	1	5 (2)	1 (3)	1	– (1)	3	2 (2)	4	0	0	4 (1)	0	34 (23)
AfD	A13/A14																			
	ab A15		2																1	
	Summe	0	2	0	0	0	0	0	0	0	0	0	0	0	0	0	0	0	1	3
FDP	A13/A14		2 (1)				1		1 (4)											
	ab A15		3 (2)		(1)		2 (1)	(1)	3 (5)		1			(1)				1		
	Summe	0	5 (3)	0	0 (1)	0	3 (1)	0 (1)	4 (9)	0	1	0	0	0 (1)	0	0	0	1	0	14 (16)
DIE LINKE	A13/A14																			
	ab A15																			
	Summe	0	0	0	0	0	0	0	0	0	0	0	0	0	0	0	0	0	0	0
Bündnis 90/ Grüne	A13/A14				(1)	1	(1)					(1)			(1)		(1)			
	ab A15		5	1	1		1										1 (1)			
	Summe	0	5	1	1 (1)	1	1 (1)	0	0	0	0	0 (1)	0	0	0 (1)	0	1 (2)	0	0	10 (6)
Summe		1	31 (24)	4	3 (6)	15 (10)	21 (17)	2 (2)	15 (20)	4 (5)	4 (2)	2 (2)	6 (1)	8 (6)	7 (3)	4 (3)	1 (2)	8 (1)	1	137 (104)

Tabelle 2: Beurlaubungen von Beamten des höheren Dienstes bei obersten Bundesbehörden (ohne nachgeordneten Bereich) für eine Tätigkeit bei Fraktionen des Deutschen Bundestages im Jahr 2024. In Klammern angegeben sind die Daten für das Jahr 2012 aus der Zeit der Regierungskoalition von CDU/CSU und FDP (Daten: Bundeshaushalt, <www.bundeshaushalt.de> [Stand: 31.10.2024]; jeweilige Leerstellenübersichten der Einzelpläne; eigene Darstellung).

Zweiter Beratungsgegenstand:

Verwaltung und politische Gestaltung

2. Referat von *Laura Münkler*, Bonn*

Inhalt

Seite

I. Verwaltung als Gelingensbedingung politischer Gestaltung ... 198
II. Gestaltung als Aufgabe von Verwaltung? ... 207
1. Herausforderungen politischer Gestaltung ... 210
2. Ermöglichung legislativer Gestaltung qua Verwaltung ... 214
3. Hintergründe der eigenständigen Gestaltungsfunktion der Verwaltung ... 216
III. Erosion der Dichotomie von Politik und Verwaltung? ... 219
1. Fachliche Diskurs- statt gegenständlicher Entwicklungsgeschichte ... 222
2. Variationen in der Grundkonzeption von Verwaltung ... 225
3. Funktionale Ergänzung statt Dichotomie: Eine Reformulierung des Verhältnisses von Politik und Verwaltung ... 229
IV. Politik ohne Gestaltung – Gestaltung ohne Politik? ... 233
1. Gestaltungsperspektive und Politikverständnis ... 234
2. Politizität und Sachlichkeit von Gestaltung ... 235
3. Diffusion der Gestalter als Folge demokratischer Gestaltung oder Demokratieproblem? ... 236
V. Typologie rechtlicher Verarbeitungsmechanismen von Gestaltung durch Verwaltung ... 237
1. Einbindungsmodi und Gestaltung der Verwaltung ... 238
2. Verrechtlichung und Versachlichung administrativer Gestaltung ... 239
3. Dezentralisierung, Politisierung und Demokratisierung politisch gestaltender Verwaltung ... 242
VI. Keine Gestaltung ohne Verwaltung: Ertüchtigungspotentiale des demokratischen Rechtsstaats ... 244

---

* Für Unterstützung, Anregung und Kritik danke ich herzlich *Jens Kersten*, *Albert Ingold*, *Roland Broemel*, *Aurore Gaillet*, *Markus Ludwigs* und *Stefanie Egidy*.

I. Verwaltung als Gelingensbedingung politischer Gestaltung

Politische Gestaltung ist auf Verwaltung angewiesen. Sobald auf die Wirtschafts- und Sozialordnung sowie die Umwelt hoheitlich[1] aktiv und zielgerichtet einzuwirken gesucht wird,[2] bedarf es der Mitwirkung der Verwaltung.[3] Ohne sie ließen sich gestalterische Vorstellungen weder umsetzen, noch könnten politische Ideen in rechtlich und sachlich stimmige Gestaltungskonzepte transformiert werden.[4] Dies gilt für den demokratischen Rechtsstaat[5] ebenso wie für andere Staatsformen.[6]

---

[1] Im Folgenden wird aufgrund der Bezugnahme auf Verwaltung „politische Gestaltung" de facto mit hoheitlicher Gestaltung gleichgesetzt, anstatt hierunter vornehmlich gesellschaftliche Selbstgestaltung zu verstehen. Der Begriff des Politischen und seine Bezugnahme auf Gestaltung bringt diese Eingrenzung indes nicht zwangsläufig mit sich. Vielmehr wird Politik teils sogar als in einem Widerspruch zu staatlicher Gestaltung gesehen, so etwa bei *Hannah Arendt* Vita activa, 14. Aufl. 2014, 40 ff.

[2] Die Wirtschaft- und Sozialordnung sowie Umwelt aktiv und zielgerichtet formen zu wollen, ist Kennzeichen von Gestaltung.

[3] Vgl. *Peter Badura* Auftrag und Grenzen der Verwaltung im sozialen Rechtsstaat, DÖV 1968, 446 (450 ff.); *ders.* Die Daseinsvorsorge als Verwaltungszweck der Leistungsverwaltung und der soziale Rechtsstaat, DÖV 1966, 624 (625); *Claus Offe* Rationalitätskriterien und Funktionsprobleme politisch-administrativen Handelns, Leviathan 2 (1974), 333 (335); *Carl Böhret* Verwaltungspolitik als Reaktion auf gesellschaftliche Bindungen und politische Freiräume der Verwaltung, in: ders./Heinrich Siedentopf (Hrsg.) Verwaltung und Verwaltungspolitik, 1983, 27 (29 ff.); *Joachim Hesse/Arthur Benz* Die Modernisierung der Staatsorganisation. Institutionspolitik im internationalen Vergleich: USA, Großbritannien, Frankreich, Bundesrepublik Deutschland, 1990, 32 ff.; *B. Guy Peters* The Politics of Bureaucracy. An Introduction to Comparative Public Administration, 7. Aufl. 2018, 14; *Jerry L. Mashaw* Creating the Administrative Constitution, 2012, 312.

[4] *Jörg Bogumil/Werner Jann* Verwaltung und Verwaltungswissenschaft in Deutschland. Eine Einführung, 3. Aufl. 2020, 14; *Böhret* Verwaltungspolitik (Fn. 3), 34 f.

[5] Dies betonend *K. Sabeel Rahman* Reconstructing the Administrative State in an Era of Economic and Democratic Crisis, Harvard Law Review 131 (2018), 1671 (1675 f., 1685); *Gillian E. Metzger* 1930s Redux: The Administrative State under Siege, Harvard Law Review 131 (2017), 1 (85 ff.); *Susan Rose-Ackerman* Democracy and Executive Power. Policymaking Accountability in the US, the UK, Germany, and France, 2021, 12; *Gerald E. Caiden* The Concept of Neutrality, in: Haile K. Asmerom/Elisa P. Reis (Hrsg.) Democratization and Bureaucratic Neutrality, 1996, 20 (43); *John D. Huber/Charles Shipan* Politics, Delegation, and Bureaucracy, in: Robert Goodin (Hrsg.) Oxford Handbook of Political Science, 2011, 849 (849); *Anthony Downs* Inside Bureaucracy, 1967, 32 ff.; *Kurt Eichenberger* Leistungsstaat und Demokratie, 1969, 23; *Winfried Brohm* Die Dogmatik des Verwaltungsrechts vor den Gegenwartsaufgaben der Verwaltung, VVDStRL 30 (1972), 245 (259 f., 268).

[6] Für die Demokratie gilt dies, weil sie letztlich auf der Idee ruht, die gesellschaftlichen Verhältnisse aktiv beeinflussen zu können, vgl. *Max Weber* Sozialismus, in: *ders.* Gesammelte Aufsätze zur Soziologie und Sozialpolitik, 2. Aufl. 1988, 492 (497 f.); *Böhret* Verwaltungspolitik (Fn. 3), 30; *Carl J. Friedrich* Constitutional Government and Democracy.

Weil staatliche Aufgabenwahrnehmung Verwaltung bedingt,[7] hat deren Ausweitung dazu geführt, dass Relevanz und Größe der Verwaltung stetig zugenommen haben.[8] Hieran wird auch die Digitalisierung nichts fundamental ändern.[9] Ferner dürfte die angesichts des Klimawandels voraussichtlich notwendig werdende Transformation allenfalls mit Hilfe der Verwaltung gelingen.[10] Welche Bedeutung der Verwaltung in Demokratien zukommt, hängt mithin weitgehend davon ab, wie umfangreich und auf welche Weise hoheitlich gestalterisch tätig geworden wird.[11]

Theory and Practice in Europe and America, 4. Aufl. 1950, 57; *Pascale Cancik* »Bürokratie« als negative Markierung, Leviathan 48 (2020), 612 (632). Angesichts dessen kommt es zu einer strukturellen Angewiesenheit auf Verwaltung, vgl. *Caiden* Neutrality (Fn. 5), 20 f.

[7] Vgl. *Joel D. Aberbach/Robert D. Putnam/Bert A. Rockman* Bureaucrats and Politicians in Western Democracies, 1981, 2 f.; *Rahman* Reconstructing (Fn. 5), 1683; *Hesse/Benz* Staatsorganisation (Fn. 3), 27.

[8] *Arno Scherzberg* Die Öffentlichkeit der Verwaltung, 2000, 92 ff.; *Peters* Politics of Bureaucracy (Fn. 3), 15; *Adrian Vermeule* The Administrative State: Law, Democracy, and Knowledge, in: Mark Tushnet/Mark A. Graber/Sanford Levinson (Hrsg.) The Oxford Handbook of the U.S. Constitution, 2016, 259 (259).

Umkehren lassen dürfte sich dies wohl auch künftig kaum. Zumindest haben Versuche des Bürokratieabbaus hieran bisher nicht relevant etwas zu ändern vermocht, vgl. *Cancik* »Bürokratie« (Fn. 6), 630; *Peters* Politics of Bureaucracy (Fn. 3), 2.; *Hesse/Benz* Staatsorganisation (Fn. 3), 225 ff., die darauf hinweisen, dass die Verantwortung für übernommene Aufgaben nicht ohne weiteres wieder abgestoßen werden könne, sondern sich selbst im Falle einer Privatisierung vielfach lediglich wandele. Daher käme es nur selten zu einem Verwaltungsabbau, meist indes nur einem Umbau bzw. einer Verlagerung. Bemerkend, dass Verwaltungseinheiten Auf- und Abschwünge erlebten, indes nie „sterben" würden, *Anthony Downs* A Theory of Bureaucracy, The American Economic Review 55 (1965), 439 (445). Betonend, dass auch „Populisten", sofern sie regierten, auf die Verwaltung angewiesen seien, *B. Guy Peters/Jon Pierre* Populism and Public Administration: Confronting the Administrative State, Administration & Society 51 (2019), 1521 (1540).

[9] Vgl. *Hanno Kube* E-Government: Ein Paradigmenwechsel in Verwaltung und Verwaltungsrecht?, VVDStRL 78 (2019), 289 (320, 322, 326); *Bogumil/Jann* Verwaltung (Fn. 4), 49 f. Zur Veränderung der Formen und Möglichkeiten von Verhaltenssteuerung *Wolfgang Hoffmann-Riem* Verhaltenssteuerung durch Algorithmen – Eine Herausforderung für das Recht, AöR 142 (2017), 1.

[10] Vgl. *Felix Heidenreich* Nachhaltigkeit und Demokratie. Eine politische Theorie, 1. Aufl. 2023, 104 ff., 144 ff., 222 ff.; *Konrad Lachmayer/Christoph Müller* Sozio-ökologisches Transformationsrecht, Juridikum 2023, 316 (321 ff.), wenngleich die Bedeutsamkeit der Verwaltung hierbei lediglich impliziert wird. Welche Rolle der Verwaltung hierbei zuzukommen hat, ist hiermit indes nicht gesagt, zumal die Verwaltung das „Aktiv-Potential" sowohl zu steigern als auch zu senken vermag, so schon *Günther Schmid/Hubert Treiber* Bürokratie und Politik, 1975, 47.

[11] Vgl. *Rainer Wahl* Zur Lage der Verwaltung Ende des 20. Jahrhunderts, in: Kurt G.A. Jeserich/Hans Pohl/Georg-Christoph von Unruh (Hrsg.) Deutsche Verwaltungsgeschichte, Bd. 5, 1987, 1197 (1197); *Böhret* Verwaltungspolitik (Fn. 3), 29 ff.; *Alexander v. Brünneck* Das Demokratieprinzip und die demokratische Legitimation der Verwaltung, in: Dieter Grimm (Hrsg.) Wachsende Staatsaufgaben – sinkende Steuerungsfähigkeit des Rechts,

Gleichwohl wird die Beteiligung der Verwaltung an politischer Gestaltung in demokratischer, rechtsstaatlicher wie auch freiheitsrechtlicher Hinsicht häufig negativ beurteilt.[12] Hintergrund dessen ist, dass gestaltende

---

1990, 253 (255). So ebenfalls, wenngleich mit eher kritischer Stoßrichtung, *Eric A. Posner/Adrian Vermeule* Executive Unbound, 2010, 11; *Klaus Günther* Der Wandel der Staatsaufgaben und die Krise des regulativen Rechts, in: Wachsende Staatsaufgaben (Fn. 11), 51 (66); *Ernst-Hasso Ritter* Der kooperative Staat, AöR 104 (1979), 389 (392 f., 406, 410 ff.).

Dies zeigt sich etwa daran, dass der Themenkomplex früher vielfach unter dem Stichwort „staatliche Intervention" in Freiheitsrechte verhandelt wurde, *Ulrich Scheuner* Die staatliche Intervention im Bereich der Wirtschaft, VVDStRL 11 (1954), 1 (7 ff.); *Michael Stolleis* Konstitution und Intervention, 2001, 253 ff.

Obgleich staats- und gesellschaftstheoretisch wiederholt erwogen, lässt sich dem auch nicht ein Gebot zur Limitation staatlicher Aufgabenwahrnehmung entgegensetzen. So indes *Philip Hamburger* Is Administrative Law Unlawful?, 2014, 2 ff., 498 ff., der insofern die Auffassung vertritt, die Verwaltung müsse minimalistisch bleiben, da sie in der Verfassung nicht vorgesehen sei. Näher hierzu insbesondere *Jürgen Habermas* Die Legitimationsprobleme im Spätkapitalismus, 14. Aufl. 2019, 73 ff. Bemerkend, dass der Begriff der öffentlichen Aufgabe hierdurch erfolglos zu präzisieren gesucht wurde, *Andreas Voßkuhle* Öffentliche Gemeinwohlverantwortung im Wandel, VVDStRL 61 (2003), 266 (273 ff.). Eine solche Beschränkung erweise sich überdies als demokratietheoretisch problematisch. Dies andeutend *Christoph Möllers* Demokratie – Zumutungen und Versprechen, 2. Aufl. 2009, Nr. 3 f., 9. A.A. demgegenüber *Udo Di Fabio* Die Staatsrechtslehre und der Staat, 2003, 55 f., 73; *Günther* Wandel (Fn. 11), 64. Ferner würde Gestaltung insoweit zwar der Gesellschaft überlassen, dass dies zwangsläufiger demokratischer in einem demokratietheoretischen Sinne ist, ist jedoch nicht gesagt. Bemerkend, dass die Macht gesellschaftlicher Gruppen ein Problem für das demokratische Selbstbestimmungsrecht wie auch Freiheitsansprüche des Einzelnen darstelle, *Udo Di Fabio* Gewaltenteilung, in: Josef Isensee/Paul Kirchhof (Hrsg.) HStR II, 3. Aufl. 2004, § 27 Rn. 15; Betonend, dass sich ohne die Verwaltung unreguliert die ökonomischen und sozialen Interessen der mächtigsten Gruppen durchsetzen würden, *Rahman* Reconstructing (Fn. 5), 1674 f. Vgl. zur Problematik des Rückbaus staatlicher Gestaltung ferner *Wolfgang Streeck* Von der gesteuerten Demokratie zum selbststeuernden Kapitalismus, WestEnd. Neue Zeitschrift für Sozialforschung 6 (2009), 13 (21 f.); *Ulrich Beck* Die Erfindung des Politischen. Zu einer Theorie reflexiver Moderne, 1993, 157 ff., 214.; *Böhret* Verwaltungspolitik (Fn. 3), 29 f., 37; *Horst Dreier* Vom Schwinden der Demokratie, in: Friedrich Wilhelm Graf/Heinrich Meier (Hrsg.) Die Zukunft der Demokratie – Kritik und Plädoyer, 2018, 29 (41 f., 50 f.). Darauf hinweisend, dass es auch bei gesellschaftlicher Aufgabenwahrnehmung zum Aufbau von Bürokratie käme, *Cancik* »Bürokratie« (Fn. 6), 624.

Dieser Gesichtspunkt wird vielfach auch mit Blick auf das generelle Verhältnis von Markt, Gesellschaft und Staat verhandelt, vgl. *Reinhard Bendix* Bureaucracy and the Problem of Power, Public Administration Review 5 (1945), 194 (199 f.). Die Verwobenheit im modernen Staat herausarbeitend *Jens Kersten* Herstellung von Wettbewerb als Verwaltungsaufgabe, VVDStRL 69 (2010), 288 (289 f., 298 ff., 316 ff.).

[12] Vgl. etwa *Jürgen Habermas* Technik und Wissenschaft als „Ideologie", 8. Aufl. 1969, 122 ff.; *ders.* Theorie des kommunikativen Handelns, Bd. 2, 1. Aufl. 1995, 483, 506 ff., 539 ff. sowie *William A. Niskanen Jr.* Bureaucracy and Public Economics, 1994, 5 ff. Betonend, dass die Exekutive inzwischen unabhängig davon, wie sie konzipiert wird, als größte

Verwaltung insbesondere aus historischen Gründen,[13] teils jedoch auch prinzipiell, als Bedrohung von Demokratie und Freiheit betrachtet wird.[14] Eine geringe Rechtsbindung der Verwaltung sowie ihr überantwortete weitreichende Normsetzungskompetenzen werden eher mit autoritären Regimen in Verbindung gebracht, wohingegen die Gestaltungsbefugnisse der Verwaltung in Demokratien zumeist als rechtlich zu domestizieren erachtet werden.[15] Dementsprechend wird Gestaltung durch rechtlich ungebundene,

---

Bedrohung des demokratischen Rechtsstaats wahrgenommen werde, *Christoph Möllers* Separation of Powers, in: Roger Mastermann/Robert Schütze (Hrsg.) Comparative Constitutional Law, 2019, 230 (232).

[13] Diese bestehen gleich in zweierlei Hinsicht. Zum einen mit Blick auf das Kaiserreich, zum anderen in der weitgehenden Betonung von „Gestaltungsmöglichkeiten" der Verwaltung im NS-Staat, vgl. *Arnold Köttgen* Aufgaben und Methoden der verwaltungsrechtlichen Forschung, Jahrbuch für Kommunalwissenschaften 6 (1938), 210 (220). S. ferner etwa *Frieder Günther* Denken vom Staat her. Die bundesdeutsche Staatsrechtslehre zwischen Dezision und Integration 1949–1970, 2004, 257. Die Relevanz dieser Historie für das deutsche Verständnis der Verwaltung und des Verwaltungsrechts betonend, *Benjamin Schindler* Verwaltungsermessen. Gestaltungskompetenzen der öffentlichen Verwaltung in der Schweiz, 2010, 364; *Klaus Ferdinand Gärditz* Die „Neue Verwaltungsrechtswissenschaft" – Alter Wein in neuen Schläuchen?, in: Martin Burgi (Hrsg.) Zur Lage der Verwaltungsrechtswissenschaft, Die Verwaltung Beiheft 12 (2017), 105 (120).

[14] Vgl. *Scheuner* Intervention (Fn. 11), 6 ff.; *Matthias Herdegen* Leistungsgrenzen des Verfassungsrechts, VVDStRL 61 (2003), 9 (9 f.); *Caiden* Neutrality (Fn. 5), 28; *Posner/Vermeule* Unbound (Fn. 11), 3 ff. Besonders drastisch hierzu *Hamburger* Unlawful (Fn. 11), 1 ff., 411 ff. Auf die divergenten Hintergründe der jeweiligen Kritik und ihrer Widersprüche hinweisend, *Möllers* Separation (Fn. 12), 234 f.

[15] Dies kommt insbesondere bei *Dietrich Jesch* Gesetz und Verwaltung. Eine Problemstudie zum Wandel des Gesetzmäßigkeitsprinzips, 1961, 111 ff., 149 ff., 209 ff. sowie *Hans Heinrich Rupp* Ermessensspielraum und Rechtsstaatlichkeit, NJW 1969, 1273 (1278) zum Ausdruck. Dies mit Blick auf das Kolonialverwaltungsrecht herausarbeitend, *Andreas Gutmann/Felix Hanschmann* Staatsorganisationsrecht: Die deutschen Kolonialgebiete im Verfassungsrecht des Deutschen Reiches, in: Philipp Dann/Isabell Feichtner/Jochen v. Bernstorff (Hrsg.) (Post)Koloniale Rechtswissenschaft. Geschichte und Gegenwart des Kolonialismus in der deutschen Rechtswissenschaft, 2022, 45 (54 ff.). Eine gewisse Parallele ergibt sich insoweit, als von Verwaltung ohne Verwaltungsrecht sowohl mit Blick auf die Kolonien als auch im Kontext der DDR und des NS-Rechts die Rede ist. Vgl. zur Kolonialverwaltung *Pascale Cancik* Strukturen des Kolonialverwaltungsrechts im Deutschen Kaiserreich, in: (Post)Koloniale Rechtswissenschaft (Fn. 15), 123 (124 ff., 154 f.), die allerdings darauf hinweist, dass die Regelungsbedürftigkeit die Entstehung von Verwaltungsrecht, wenngleich ohne Rechtsbindung und Gewaltenteilung für die kolonialisierte Bevölkerung, auch hier bedingt hat. Zur Abschaffung rechtlicher Strukturen der Verwaltung im NS-Recht und in der DDR *Michael Stolleis* Die »Wiederbelebung der Verwaltungslehre« im Nationalsozialismus, in: *ders.* Recht im Unrecht. Studien zur Rechtsgeschichte des Nationalsozialismus, 1994, 171 (176 ff.); *ders.* Verwaltungsrechtswissenschaft und Verwaltungslehre im Nationalsozialismus, in: Kurt G.A. Jeserich/Hans Pohl/Georg-Christoph Unruh (Hrsg.) Deutsche Verwaltungsgeschichte, Bd. 4, 1985, 707 (708, 712); *ders.* Ein Staat ohne Staatsrecht, eine Verwaltung ohne Verwaltungsrecht? – Zum öffentlichen Recht

nicht hierarchisch strukturierte und kontrollierte Verwaltung als potentiell autoritäres, undemokratisches Moment gekennzeichnet.[16]

Als weiterer neuralgischer Punkt wird ausgemacht, dass die Beteiligung der Verwaltung an politischer Gestaltung eine Verschiebung des Fokus vom politischen Konflikt auf die Problemlösung und vermeintliche Sachgesetzlichkeiten bewirke.[17] Politische Gestaltungsentscheidungen „im eigent-

in der Rechtswissenschaft der DDR, in: Berlin-Brandenburgische Akademie der Wissenschaften, Berichte und Abhandlungen 15 (2009), 39 (43 ff.). Auf die hohe Bedeutsamkeit der Verwaltung in autoritären Regimen ebenfalls hinweisend, *Hans Peters* Verfassung und Verwaltung, in: Adolf Süsterhenn (Hrsg.) FS Wilhelm Laforet, 1952, 19 (28 f.). Mit Blick auf „normale" regelgebundene Verwaltung s. ferner *Udo Reifner* Juristen im Nationalsozialismus, ZRP 16 (1983), 13 (19). Die Annahme, dass in autoritären Regimen Verwaltungen grundsätzlich ein stärker gestalterisches Moment aufweisen, erweist sich somit als zu stark vergröbert.

16 In diese Richtung, indes mit unterschiedlichen Stoßrichtungen und in divergenter Deutlichkeit, *Ernst Forsthoff* Begriff und Wesen des sozialen Rechtsstaates, VVDStRL 12 (1954), 8 (33); *Rupp* Ermessensspielraum (Fn. 15), 1277 f.; *Hans Huber* Niedergang des Rechts und Krise des Rechtsstaats, in: Demokratie und Rechtsstaat, FG Giacometti, 1953, 59 (66 f.); *Frank Fischer* Technocracy and the politics of expertise, 1990, 183; *Di Fabio* Staatsrechtslehre (Fn. 11), 58 f.; *Günter Frankenberg* Autoritarismus. Verfassungstheoretische Perspektiven, 2020, 131 ff.; *Russell A. Miller* Executive Extremes – German Lessons for our Authoritarian Era, JöR 69 (2021), 311 (312); *Hamburger* Unlawful (Fn. 11), 5 ff., der insoweit von einer rechtlich undomestizierten, indes konsolidierten Macht spricht. Herausarbeitend, dass gerade im Nationalsozialismus Verwaltung als „aktiv", „dynamisch" „schöpferisch" und „politisch" verstanden wurde, *Stolleis* »Wiederbelebung der Verwaltungslehre« (Fn. 15), 176; *ders.* Verwaltungsrechtswissenschaft (Fn. 15), 708, 712. Bemerkend, dass gestaltende Verwaltung erst seit den 1950er Jahren als problematisch wahrgenommen wird, während zuvor wohlfahrtsstaatliche gestalterische Elemente eher als selbstverständlich und nicht freiheitsgefährdend angesehen wurden, *Otto Bachof* Die Dogmatik des Verwaltungsrechts vor den Gegenwartsaufgaben der Verwaltung, VVDStRL 30 (1972), 193 (214 f.). Darauf hinweisend, dass weniger Gestaltung als vielmehr die parteiliche Politisierung der Verwaltung mit autoritären und totalitären Regimen einhergehe, *Patrick Overeem* The Value of the Dichotomy: Politics, Administration, and the political Neutrality of Administrators, Administrative Theory & Praxis 27 (2005), 311 (323).

17 *Ernst Forsthoff* Verfassungsrechtliche Prolegomena zu Art. 33 Abs. 5 GG, DÖV 1951, 460 (461); *Schmid/Treiber* Bürokratie (Fn. 10), 186; *Siegfried Landshut* Wandlungen der parlamentarischen Demokratie, in: ders. Politik. Grundbegriffe und Analysen, Bd. I, 2004, 438 (447 ff.); *Karl Mannheim* Ideologie und Utopie, 9. Aufl. 2015, 102 ff.; *Richard Rose* The Variability of Party Government – A Theoretical and Empirical Critique, Political Studies 17 (1969), 413 (440 ff.); *ders.* The Problem of Party Government, 1974, 417 ff., 423 f.; *Thomas Ellwein* Einführung in die Regierungs- und Verwaltungslehre, 1966, 206 f., 213 ff; *Aberbach/Putnam/Rockman* Bureaucrats (Fn. 7), 6, 13 f.; *Di Fabio* Staatsrechtslehre (Fn. 11), 11. S. hierzu auch *Martin Drath* Bemerkungen zur Theorie des Gesetzgebungsstaats, in: *ders.* Rechts- und Staatslehre als Sozialwissenschaft. Gesammelte Schriften über eine sozio - kulturelle Theorie des Staats und des Rechts, 1977, 71 (71), sowie *Arnold Köttgen* Struktur und politische Funktion öffentlicher Verwaltung, in: Karl Dietrich Bracher/

lichen Sinne“ würden kaum mehr getroffen.[18] Stattdessen mutiere Politik zu Verwaltung,[19] wodurch das Parlament drohe, zum Werkzeug der Exekutive degradiert zu werden.[20] Weil das Politische infolgedessen nicht mehr erkannt werde, würde Rechtsetzung zunehmend an die Exekutive delegiert und ihr weitläufige Gestaltungsspielräume eingeräumt, was diese unangemessen politisiere.[21] Vor diesem Hintergrund wird der Verwaltungsstaat dem demokratischen Verfassungsstaat kontrastierend gegenübergestellt und als technokratische bzw. autoritäre Staatsform gekennzeichnet.[22]

Wenngleich hiermit relevante Friktionen des komplexen Verhältnisses von Verwaltung, Demokratie und politischer Gestaltung benannt sind,[23] werden seitens dieser Kritik doch drei maßgebliche Aspekte vernachlässigt:

Christoph Dawson/Willi Geiger/Rudolf Smend (Hrsg.) FS Gerhard Leibholz, Bd. 2, 1966, 771 (787 f.).

[18] Vgl. *Ernst Forsthoff* Strukturwandlungen der Demokratie, 1964, 17 ff.; *Niklas Luhmann* Theorie der Verwaltungswissenschaft, 1966, 74 f.; *Peter Lerche* Gewaltenteilung – deutsche Sicht, in: Josef Isensee (Hrsg.) Gewaltenteilung heute. Symposium aus Anlass des 65. Lebensjahres von Fritz Ossenbühl, 2000, 75 (88 ff.); *Rolf-Richard Grauhan* Politische Verwaltung. Auswahl und Stellung der Oberbürgermeister als Verwaltungschefs deutscher Großstädte, 1970, 27 f.; *Theodor W. Adorno* Eingriffe, in: *ders.* Gesammelte Schriften, Bd. 10.2, 1997, 505 f.; *David Graeber* Bürokratie, 2016, 7 ff., 48 ff.; *Lothar Probst* Was ist Politik? Blätter für deutsche und internationale Politik 61 (2016), 105 (114); *Philip Manow* (Ent-)Demokratisierung der Demokratie, 2020, 54 f.

[19] Kritisch hierzu etwa *Hannah Arendt* Macht und Gewalt, 26. Aufl. 2017, 39 f.; *Luhmann* Verwaltungswissenschaft (Fn. 18), 75; *Günter Ropohl* Zur Technokratiediskussion in der Bundesrepublik Deutschland, in: Hans Lenk (Hrsg.) Technokratie als Ideologie, 1973, 62 (63); *Danny Michelsen/Franz Walter* Unpolitische Demokratie. Zur Krise der Repräsentation, 2013, 74 ff.

[20] *Landshut* Wandlungen (Fn. 17), 453 f.; *Luhmann* Verwaltungswissenschaft (Fn. 18), 74; *Roman Herzog* Gesetzgeber und Verwaltung, VVDStRL 24 (1966), 183 (198 ff.); *Caiden* Neutrality (Fn. 5), 30.

[21] Vgl. *Habermas* Technik und Wissenschaft (Fn. 12), 88 ff.; *Hans Lenk* Philosophie im technologischen Zeitalter, 1971, 115; *Jacques Ellul* The Technological Society, 1964, 141 ff., 300 ff.; *Florian Meinel* Das Bundesverfassungsgericht in der Ära der großen Koalition: Zur Rechtsprechung seit dem Lissabon-Urteil, Der Staat 60 (2021), 43 (49); *Christian Neumeier* Kompetenzen, 2022, 388.

[22] *Forsthoff* Begriff und Wesen (Fn. 16), 33; *Fischer* Technocracy (Fn. 16), 183; *Thomas Saretzki* Technokratie, Technokratiekritik und das Verschwinden der Gesellschaft. Zur Diskussion um das andere politische Projekt der Moderne, in: Michael Th. Greven/Peter Kühler/Manfred Schmitz (Hrsg.) FS Kurt Lenk, 1994, 353 (357, 360, 362); *Klaus Ferdinand Gärditz* „Regulierungsermessen“ und verwaltungsgerichtliche Kontrolle, NVwZ 2009, 1005 (1010 f.); *Gary Lawson* The Rise and Rise of the Administrative State, Harvard Law Review 107 (1994), 1231 (1231). Den Verwaltungsstaat demgegenüber explizit positiv akzentuierend etwa *Hans Peters* Die Verwaltung als eigenständige Staatsgewalt, 1965, 16; *Metzger* 1930s Redux (Fn. 5), 85 ff.

[23] Hierauf, wenngleich in anderem Kontext, bereits hinweisend *Arnold Köttgen* Die gegenwärtige Lage der deutschen Verwaltung, DVBl 1957, 441 (444 f.).

Erstens wird ausgeblendet, dass Verwaltung zugleich eine Gelingensbedingung politischer Gestaltung darstellt.[24] Zweitens überzeugt das der Kritik zugrunde gelegte Politik- und hiermit verbundene Demokratieverständnis nicht. Drittens sind der Konstruktion Widersprüche inhärent, die nicht aufgelöst zu werden vermögen: Die geforderte „Repolitisierung" von Parlament und Regierung auf der einen sowie die Entpolitisierung der Verwaltung qua rechtlicher Bindung auf der anderen Seite,[25] sorgen nämlich weder dafür, dass eher politisch gestaltet zu werden vermag, noch wird hierdurch die Bedeutsamkeit der Verwaltung zwangsläufig verringert.[26]

Dem konträr entgegengesetzte Positionen, die die Relevanz der Verwaltung für politische Gestaltung betonen, ohne die hiermit einhergehenden Friktionen zu bewältigen, erweisen sich allerdings als nicht minder prob-

---

[24] Vgl. *Bendix* Bureaucracy (Fn. 11), 194 f.; *Friedrich* Constitutional Government (Fn. 6), 57; *Hesse/Benz* Staatsorganisation (Fn. 3), 233; *Horst Dreier* Hierarchische Verwaltung im demokratischen Staat. Genese, aktuelle Bedeutung und funktionelle Grenzen eines Bauprinzips der Exekutive, 1991, 163; *Posner/Vermeule* Unbound (Fn. 11), 14 f.; *Gillian E. Metzger* Administrative Constitutionalism, Texas Law Review 91 (2013), 1897 (1920 ff.; 1929); *dies.* 1930s Redux (Fn. 5), 85; *Jens Kersten/Claudia Neu/Berthold Vogel* Bürokratie für die Demokratie, VerwArch 2016, 418 (420); *Bettina Schöndorf-Haubold* Historische Konstanten und neue Impulse in der Entwicklung des verfassungsrechtlichen Verständnisses von „guter Verwaltung", VVDStRL 83 (2023), 49 (81); *Jan Henrik Klement* Zeithorizonte von Verwaltung – Krisenmanagement, langfristige Planung und Systemkohärenz, VVDStRL 83 (2024), 193 (215); *Eichenberger* Leistungsstaat (Fn. 5), 6, 11 ff.; *Fritz Morstein Marx* Einführung in die Bürokratie, 1959, 222 ff.; *Ernst-Wolfgang Böckenförde* Entstehung und Wandel des Rechtsstaatsbegriffs, in: Horst Ehmke/Carlo Schmid/Hans Scharoun (Hrsg.) FS Adolf Arndt, 1969, 53 (59).

Hiermit hängt ferner zusammen, dass die Herstellung materieller Freiheit häufig auf Leistungen ruht, die seitens der Verwaltung erbracht werden, vgl. *Rahman* Reconstructing (Fn. 5), 1675 f., 1685, 1697; *Downs* Inside Bureaucracy (Fn. 5), 259; *Lorenz Jellinghaus* Zwischen Daseinsvorsorge und Infrastruktur. Zum Funktionswandel von Verwaltungswissenschaft und Verwaltungsrecht in der zweiten Hälfte des 19. Jahrhunderts, 2006, 173; *Christoph Möllers* Freiheitsgrade. Elemente einer liberalen politischen Mechanik, 2020, Rn. 203 f., Rn. 239 ff.; *Kersten/Neu/Vogel* Bürokratie (Fn. 24), 137 ff.; *Aberbach/Putnam/Rockman* Bureaucrats (Fn. 7), 3; *Peter Badura* Verwaltungsrecht im liberalen und im sozialen Rechtsstaat, 1966, 6; *ders.* Auftrag (Fn. 3), 450; *Fritz W. Scharpf* Die politischen Kosten des Rechtsstaats. Eine vergleichende Studie der deutschen und amerikanischen Verwaltungskontrollen, 1970, 27 f., 59 ff. So überdies auch schon *Georg Wilhelm Friedrich Hegel* Grundlinien der Philosophie des Rechts [1820], 2020, §§ 183, 236, 289.

[25] Zur Notwendigkeit der Politisierung vgl. bspw. *Chantal Mouffe* Über das Politische. Wider die kosmopolitische Illusion, 1. Aufl. 2007, 15 ff. Letzteres etwa fordernd *Herdegen* Leistungsgrenzen (Fn. 14), 22.

[26] Vgl. *Scharpf* Kosten (Fn. 24), 49, der insoweit bemerkt, dass ein hoher Grad rechtlicher Determination zumeist mit einer Steigerung des Einflusses der Verwaltung im Vorfeld des Gesetzeserlasses erkauft werde.

lematisch.[27] Sowohl der hergebrachte als auch der aktuell erneut entbrannte Disput um den „Verwaltungsstaat“ beruht indes weitläufig auf derartigen Vereinfachungen, wie die entweder übersteigerte Exekutivaversion respektive -affinität zeigt.[28]

Grund hierfür ist, dass der Zielkonflikt, der politischer Gestaltung im demokratischen Rechtsstaat innewohnt, nicht hinreichend deutlich geworden zu sein scheint,[29] weswegen die Ambivalenz der Rolle der Verwaltung vielfach verkannt wird.[30] Dies hat zu einer zu weitgehenden Simplifizierung des Gewaltenteilungs- und Demokratieverständnisses geführt.[31]

---

27 Dies betonend, *Aaron L. Nielson* Confessions of an “Anti-Administrativist”, Harvard Law Review Forum 131 (2017), 1 (3 ff.); *Meinel* Ära (Fn. 21), 45; *Neumeier* Kompetenzen (Fn. 21), 391.

28 Dies für frühere Diskurse bereits ausmachend *Arnold Köttgen* Innenpolitik und allgemeine Verwaltung, DÖV 1964, 145 (145); *Norbert Achterberg* Probleme der Funktionenlehre, 1970, 52 ff.; *Di Fabio* Staatsrechtslehre (Fn. 15), 26, 33, 36, 54 ff.; *Werner Jann* Politik und Verwaltung im funktionalen Staat, in: ders./Klaus König/Christina Landfried/Peter Wordelmann (Hrsg.) Politik und Verwaltung auf dem Weg in die transindustrielle Gesellschaft. Carl Böhret zum 65. Geburtstag, 1998, 253 (254). Von einem in Wellen aufund abschwemmenden Streit sprechend *Bachof* Dogmatik (Fn. 16), 276. Näher zur Geschichte der Bürokratiekritik *Pascale Cancik* Zuviel Staat? – Die Institutionalisierung der „Bürokratie“-Kritik im 20. Jahrhundert, Der Staat 56 (2017), 1 (3 ff.). Insoweit lässt sich nicht ausschließen, dass sowohl in der Kritik an gestaltender Verwaltung als auch in ihrer unhinterfragten Befürwortung eine politische Grundhaltung zum Ausdruck kommt. Vgl. hierzu bzgl. der Ablehnung gestaltender Verwaltung *Metzger* 1930s Redux (Fn. 5), 6 ff.; *Böhret* Verwaltungspolitik (Fn. 3), 37; *Cancik* »Bürokratie« (Fn. 6), 622; *Eberhard Schmidt-Aßmann* Das Verwaltungsrecht der Vereinigten Staaten von Amerika, 2021, 357 f. Dies gilt indes auch in umgekehrter Richtung, sofern bestimmte positive Vorstellungen von Verwaltung verabsolutiert werden, vgl. *Schmid/Treiber* Bürokratie (Fn. 10), 47.

29 Dies hervorhebend *Eva Etzioni-Halevy* Bureaucracy and Democracy. A Political Dilemma, 2. Aufl. 1985, 87 ff.

30 Bemerkend, dass widersprüchliche Anforderungen bestünden und das Dilemma zu einseitig akzentuiert worden sei, *Offe* Rationalitätskriterien (Fn. 3), 338. Zugespitzt von verschiedenen Antinomien sprechend *Eichenberger* Leistungsstaat (Fn. 5), 22. Ähnlich auch *Vermeule* Administrative State (Fn. 8), 277, der dies allerdings nicht speziell mit Blick auf politische Gestaltung, sondern hinsichtlich der Exekutive per se aufarbeitet. Vgl. ferner *Peter Badura* Parlamentarismus und parteienstaatliche Demokratie, in: Hans-Martin Pawlowski/Franz Wieacker (Hrsg.) FS Karl Michaelis, 1972, 9 (10); *Downs* Theory of Bureaucracy (Fn. 8), 439; *Ezra Suleiman* Dismantling Democratic States, 2003, 33 ff.; *Cass R. Sunstein/Adrian Vermeule* Law & Leviathan. Redeeming the Administrative State, 2020, 2 ff. Siehe zur hierdurch bedingten Ambivalenz der Verwaltung *Kersten/Neu/Vogel* Bürokratie (Fn. 24), 432, die dies bereits in Webers Verständnis von Demokratie und Bürokratie angelegt sehen. Spezifisch mit Blick auf die Aufgabenerfindung *Jens Kersten* Die Rolle der Verwaltung bei der Aufgabenerfindung, in: Wolfgang Kahl/Ute Mager (Hrsg.) Verwaltungsaufgaben und Legitimation der Verwaltung, 2022, 79 (81 ff.).

31 Kritisch hierzu *James O. Freedman* Crisis and Legitimacy in the Administrative Process, Stanford Law Review 27 (1975), 1041 (1051); *Eoin Carolan* The New Separation of

Zugleich ist es daher weder gelungen, das Verhältnis von Politik und Verwaltung überzeugend zu bestimmen,[32] noch die Bedeutung, die der Verwaltung für die Demokratie zukommt, adäquat zu erfassen.[33] Zudem sind deshalb Missverständnisse mit Blick auf die Funktion der unterschiedlichen Mechanismen entstanden, mit denen das Spannungsverhältnis rechtlich auszutarieren gesucht wird.[34]

Um den Diskurs über politische Gestaltung durch Verwaltung sowie die hierauf bezogenen dogmatischen Strukturen nachvollziehen und hinterfragen zu können,[35] ist es daher notwendig, die Gründe dafür zu identifizieren, inwiefern und weshalb der Verwaltung im Rahmen politischer Gestaltung eine relevante Funktion zukommt.[36]

Powers, 2009, 42 ff.; *Aileen Kavanagh* The Constitutional Separation of Powers, in: David Dyzenhaus/Malcolm Thorburn (Hrsg.) Philosophical Foundations of Constitutional Law, 2016, 221 (222). Andeutend auch *Ernst-Wolfgang Böckenförd*e Sozialer Bundesstaat und parlamentarische Demokratie, in: Jürgen Jekewitz/Michael Melzer/Wolfgang Zeh (Hrsg.) FS Friedrich Schäfer, 1980, 182 (188).

32 Vgl. *Hans Kelsen* Die Lehre von den drei Gewalten oder Funktionen des Staates, ARSP 17 (1923/24), 374 (386 ff.); *Köttgen* Innenpolitik (Fn. 28), 145 f.; *Christoph Möllers* Die drei Gewalten, 2008, 111; *Andreas Schmid* Verwaltungsreform und politisches System, 2012, 54, 64.

33 Von einer „Konfusion über den Stellenwert der öffentlichen Verwaltung" sprechend *Jann* Politik (Fn. 28), 254; *Peters* Verfassung und Verwaltung (Fn. 15), 21. Ähnlich auch *Ulrich Scheuner* Das Gesetz als Auftrag der Verwaltung, DÖV 1969, 585 (593).

34 Dies betonend *Metzger* A. Constitutionalism, (Fn. 24), 1901 ff.; *Mashaw* A. Constitution (Fn. 3), 286 ff.; *Möllers* Gewalten (Fn. 32), 107, 225; *Bogumil/Jann* Verwaltung (Fn. 4), 253; *Wolfgang Seibel*‚The Administrative State', in: Gunnar Folke Schuppert (Hrsg.) Von Staat zu Staatlichkeit, 2019, 233, 238. Demgegenüber annehmend, dass es zu einer Verunklarung vor allem aufgrund der weiten Begrifflichkeiten käme *Cancik* »Bürokratie« (Fn. 6), 631 ff.

35 Kritisch zu deren Möglichkeit demgegenüber *Herbert A. Simon* The Proverbs of Administration, Public Administration Review 6 (1946), 53. Sich dem entgegensetzend *H. George Frederickson/Kevin B. Smith/Christopher Larimer/Michael J. Licari* The Public Administration Theory Primer, 3. Aufl. 2016, 249 ff.

36 *Frederickson/Smith/Larimer/Licari* Administration (Fn. 35), 41; *Wolfgang Hoffmann-Riem/Arne Pilniok* Eigenständigkeit der Verwaltung, in: Andreas Voßkuhle/Christoph Möllers/Martin Eifert (Hrsg.) Grundlagen des Verwaltungsrechts, Bd. I, 3. Aufl. 2022, § 12 Rn. 169. So auch schon *Achterberg* Funktionenlehre (Fn. 28), 230 f.

II. Gestaltung als Aufgabe von Verwaltung?

Die Verwaltung stellt – wie aus rechts- und sprachtheoretischer sowie empirischer Sicht seit langem betont wird – nicht lediglich ein Objekt bzw. „Instrument“[37] der Legislative dar.[38] Vielmehr erweist sie sich ebenso als „Subjekt“ politischer Gestaltung. Schließlich trifft sie auf die Zukunft gerichtete Entscheidungen und agiert in weiten Feldern selbstprogrammierend[39] und eigenständig,[40] teils sogar unabhängig.[41] Ferner obliegt ihr nicht nur die Mittelauswahl, sondern sie konkretisiert stufenweise[42] die gesetzgeberisch gesetzten Ziele und setzt diese wertend zueinander ins Verhältnis.[43] Dies ist insbesondere im Rahmen administrativer Planung,[44]

---

[37] *Dreier* Hierarchische Verwaltung (Fn. 24), 145; *Scherzberg* Öffentlichkeit (Fn. 8), 90.

[38] Vgl. *Hans Kelsen* Allgemeine Staatslehre, 1925, 242 ff.; *Dreier* Hierarchische Verwaltung (Fn. 24), 163 f., 189 f.

[39] *Brohm* Dogmatik (Fn. 5), 267; *Offe* Rationalitätskriterien (Fn. 3), 340; *Georg Hermes* Folgenberücksichtigung in der Verwaltungspraxis und in einer wirkungsorientierten Verwaltungsrechtswissenschaft, in: Eberhard Schmidt-Aßmann/Wolfgang Hoffmann-Riem (Hrsg.) Methoden der Verwaltungswissenschaft, 2004, 359 (368 f.).

[40] Vgl. hierzu *Hoffmann-Riem/Pilniok* Eigenständigkeit (Fn. 36), Rn. 27 ff., 103 ff.

[41] *Brohm* Dogmatik (Fn. 5), 259 f, 304 ff.; *Michael Fehling* Verwaltung zwischen Unparteilichkeit und Gestaltungsaufgabe, 2001, 127; *Udo Di Fabio* Risikoentscheidungen im Rechtsstaat. Zum Wandel der Dogmatik im öffentlichen Recht, insbesondere am Beispiel der Arzneimittelüberwachung, 1994, 447; *Christoph Möllers* Methoden, in: Wolfgang Hoffmann-Riem/Eberhard Schmidt-Aßmann/Andreas Voßkuhle (Hrsg.) Grundlagen des Verwaltungsrechts, Bd. I, 1. Aufl. 2006, § 3 Rn. 4.

[42] *Dreier* Hierarchische Verwaltung (Fn. 24), 163 f.; *Christoph Möllers* Gewaltengliederung. Legitimation und Dogmatik im nationalen und internationalen Rechtsvergleich, 2005, 112 ff., 439 ff.

[43] Vgl. *Arthur Benz* Zur Legitimation administrativer Entscheidungen, in: Michael W. Bauer/Edgar Grande (Hrsg.), Perspektiven der Verwaltungswissenschaft, 2018, 73 (76 f.); *Marian Döhler* Regulative Politik und die Transformation der klassischen Verwaltung, in: Jörg Bogumil/Werner Jann/Frank Nullmeier (Hrsg.) Politik und Verwaltung, PVS Sonderheft 8, 2006, 208 (214 f.); *Kersten* Wettbewerb (Fn. 11), 322, 327 f.; *Scherzberg* Öffentlichkeit (Fn. 8), 83. Dies als genuin politisch ansehend *Herbert A. Simon* Administrative Behavior, A Study of Decision-Making Processes in Administrative Organizations, 4. Aufl. 1997, 60 ff. Ähnlich auch *Brohm* Dogmatik (Fn. 5), 259 f., 266 ff.; *Rainer Wahl* Die Aufgabenabhängigkeit von Verwaltung und Verwaltungsrecht, in: Wolfgang Hoffmann-Riem/Eberhard Schmidt-Aßmann/Gunnar Folke Schuppert (Hrsg.) Reform des allgemeinen Verwaltungsrechts. Grundfragen, 1993, 177 (186, 198 ff.); *Fehling* Unparteilichkeit (Fn. 41), 127 f.

[44] *Niklas Luhmann* Politische Planung. Aufsätze zur Soziologie von Politik und Verwaltung, 5. Aufl. 2007, 81; *Hans D. Jarass* Politik und Bürokratie als Elemente der Gewaltenteilung, 1975, 35 f., 150 f.; *Fritz Ossenbühl* Vom unbestimmten Gesetzesbegriff zur letztverbindlichen Verwaltungsentscheidung, DVBl 1974, 309 (309, 313); *Klaus Obermayer* Der Plan als verwaltungsrechtliches Institut, VVDStRL 18 (1960), 144 ff. (146 f.); *Walter Schmidt* Organisierte Einwirkungen auf die Verwaltung – Zur Lage der zweiten Gewalt –,

Regulierung[45] sowie im Falle von Risikoentscheidungen[46] der Fall, trifft jedoch – wenngleich in reduzierter Hinsicht – ebenso auf die Wirtschafts-[47] und Informationstätigkeit der Verwaltung wie auch die übrige Eingriffs- und Leistungsverwaltung[48] zu.[49]

Wie weit die Gestaltungspotentiale der Verwaltung reichen, inwieweit sie wahrgenommen und auf welche Weise sie rechtlich verarbeitet werden, unterscheidet sich – obzwar übergreifend thematisiert –[50] zwischen den verschiedenen Rechtssystemen.[51] Wenngleich die rechtsstaatliche Tradition

---

VVDStRL 33 (1975), 183 (215); *Richard Bartlsperger* Organisierte Einwirkungen auf die Verwaltung – Zur Lage der zweiten Gewalt, VVDStRL 33 (1975), 221 (237 f.); *Wahl* Aufgabenabhängigkeit (Fn. 43), 196 ff.; *Wolfgang Kahl* Grundzüge des Verwaltungsrechts in gemeineuropäischer Perspektive: Deutschland, in: Armin v. Bogdandy/Sabino Cassese/Peter M. Huber (Hrsg.) IPE V, 2014, § 74 Rn. 83 ff. Dass *Eberhardt Schmidt-Aßmann* Das allgemeine Verwaltungsrecht als Ordnungsidee. Grundlagen und Aufgaben der verwaltungsrechtlichen Systembildung, 2. Aufl. 2006, 26 Rn. 46 getrennt von Planung und Gestaltungsaufgaben sowie Normsetzung spricht, bedeutet nicht, dass Planung und Normsetzung keine Gestaltungsanteile enthielten, sondern macht die Vielfältigkeit von Gestaltungsaufgaben der Verwaltung deutlich, wie auch die Ausführungen auf 112 Rn. 2 und 139 ff. verdeutlichen.

45 *Kersten* Wettbewerb (Fn. 11), 319, 322; *Johannes Masing* Grundstrukturen eines Regulierungsverwaltungsrechts. Regulierung netzbezogener Märkte am Beispiel Bahn, Post, Telekommunikation und Strom, Die Verwaltung 36 (2003), 1 (5 ff., 24, 27, 30 ff., 62); *Rainer Wahl* Herausforderungen und Antworten: Das öffentliche Recht der letzten fünf Jahrzehnte, 2006, 44; *Döhler* Regulative Politik (Fn. 43), 211 ff.

46 Ausführlich hierzu *Arno Scherzberg* Risikosteuerung durch Verwaltungsrecht: Ermöglichung oder Begrenzung von Innovationen?, VVDStRL 63 (2004), 214 (245 ff.); *Di Fabio* Risikoentscheidungen (Fn. 41), 447, 452 f., 455 f.; *Dietrich Murswiek* Die Bewältigung der wissenschaftlichen und technischen Entwicklung durch das Verwaltungsrecht, VVDStRL 48 (1989), 207 (219 ff.); *Schmidt-Aßmann* Ordnungsidee (Fn. 44), 163 Rn. 97.

47 Hierauf hinweisend *Fehling* Unparteilichkeit (Fn. 41), 73; *Schmidt-Aßmann* Ordnungsidee (Fn. 44), 202.

48 Vgl. *Bartlsperger* Einwirkungen (Fn. 44), 247 f.; *Scheuner* Auftrag (Fn. 33), 588; *Hoffmann-Riem/Pilniok* Eigenständigkeit (Fn. 36), Rn. 52. Auf die Unterschiede zwischen bloß leistender und leistend lenkender Verwaltung hinweisend, *Badura* Daseinsvorsorge (Fn. 3), 630. Näher hierzu *Michael Müller* Konditionalität. Zu einer Form nicht-imperativer Verhaltenssteuerung durch öffentliche Finanzen im deutschen und europäischen Recht, i.V. 2025, 5 ff., 403 ff.

49 Vgl. *Horst Dreier* Zur „Eigenständigkeit" der Verwaltung, Die Verwaltung 25 (1992), 137 (148 f.).

50 Hierauf hinweisend *James H. Svara* Introduction: Politicians and Administrators in the Political Process – A Review of Themes and Issues in the Literature, Intl. Journal of Public Administration 29 (2006), 953 (953).

51 *Christoph Möllers* Verwaltungsrecht und Politik, in: Armin von Bogdandy/Peter M. Huber (Hrsg.) IPE V, 2014, § 93 Rn. 1; *Peter M. Huber* Grundzüge des Verwaltungsrechts in Europa – Problemaufriss und Synthese, in: ebd., § 73 Rn. 45; *Claus Dieter Classen* Unabhängigkeit und Eigenständigkeit der Verwaltung – zu einer Anforderung des Europarechts an das nationale Recht, in: Peter-Christian Müller-Graff/Stefanie Schmahl/Vassilios

für gewisse Ähnlichkeiten und Angleichungen über die Zeit gesorgt hat,[52] verbleiben relevante Unterschiede:[53] Während das Gestaltungspotential der Verwaltung in Deutschland so weitgehend wie möglich rechtlich einzuschränken gesucht wird, wird dies etwa in den USA, in Frankreich sowie auf europäischer Ebene positiver gesehen und eher ermöglicht.[54] Hintergrund hiervon sind einerseits Unterschiede in der Staatsorganisation, der Gewaltenteilungskonzeptionen sowie dem Demokratieverständnis.[55] Andererseits ist dies auf die divergenten Entstehungsbedingungen,[56] unterschied-

---

Skouris (Hrsg.) FS Dieter H. Scheuing, 2011, 293 (294 ff., 303 f.). Mit Blick u.a. hierauf wird verwaltungswissenschaftlich zwischen verschiedenen Verwaltungskulturen differenziert, vgl. *Sabine Kuhlmann/Hellmut Wollmann* Verwaltung und Verwaltungsreformen in Europa. Einführung in die vergleichende Verwaltungswissenschaft, 2013, 25 ff., 115 f.; *Gerhard Lehmbruch* Administrative Interessenvermittlung, in: Adrienne Windhoff-Héritier (Hrsg.) FS Thomas Ellwein, 1987, 11 (16).

[52] *Jonas Plebuch/Simon Pielhoff* Verwaltungsstaat als Demokratieideal – Administrative State als Demokratiegefahr?, Der Staat 61 (2022), 167 (196 ff.); *Thorsten Siegel* Das Gleichgewicht der Gewalten in der Bundesrepublik Deutschland und in der Europäischen Gemeinschaft, DÖV 2010, 1 (2 f.).

[53] *Rose-Ackerman* Executive Power (Fn. 5), 33, 245.

[54] Vgl. *Schmidt-Aßmann* Amerika (Fn. 28), 345 ff.; *ders.* Grundstrukturen des Verwaltungsrechts und des Verwaltungsrechtsschutzes in den USA, VerwArch 2020, 1 (29), der betont, dass das „Leitbild des »administrative state« das einer aktiv gestaltenden Verwaltung" ist. Den Entwicklungsprozess des amerikanischen Verwaltungsrechts insoweit aufarbeitend *Oliver Lepsius* Verwaltungsrecht unter dem Common Law. Amerikanische Entwicklungen bis zum New Deal, 1997, 164 ff., 305 ff. Rechtsvergleichend mit Blick auf originäre Rechtsetzungsbefugnisse der Exekutive s. auch *Johannes Saurer* Die Funktionen der Rechtsverordnung, 2005, 50 ff.; *Herrmann Pünder* Exekutive Normsetzung in den Vereinigten Staaten von Amerika und der Bundesrepublik Deutschland, 1996, 88 ff.; *Nikolaus Marsch* § 5 Rechtsetzung, in: ders./Yoan Vilain/Mattias Wendel (Hrsg.) Französisches und Deutsches Verfassungsrecht. Ein Rechtsvergleich, 215 (228 ff.) unter Bezugnahme auf die autonome Verordnungsbefugnis sowie die Ordonnance.

[55] *Svara* Introduction (Fn. 50), 953; *Ralf Poscher* Funktionenordnung des Grundgesetzes, in: Wolfgang Hoffmann-Riem/Eberhard Schmidt-Aßmann/Andreas Voßkuhle (Hrsg.) Grundlagen des Verwaltungsrechts, Bd. I, 2. Aufl. 2012, § 8 Rn. 14; *Möllers* Separation (Fn. 12), 237; *Fritz Ossenbühl* Aktuelle Probleme der Gewaltenteilung, DÖV 1980, 545 (546); *Matthias Jestaedt* Democratic Legitimization of the Administrative Power – Exclusive versus Inclusive Democracy, in: Herrmann Pünder/Christian Waldhoff (Hrsg.) Debates in German Public Law, 2014, 181 (184).

[56] Vgl. *Pascale Cancik* Verwaltung und Selbstverwaltung, in: Matthias Herdegen/Johannes Masing/Ralf Poscher/Klaus Ferdinand Gärditz (Hrsg.) Handbuch des Verfassungsrechts, 1. Aufl. 2021, § 14 Rn. 5 ff. Die Divergenzen zwischen den historischen Entstehungsbedingungen insbesondere im Vergleich von Deutschland und Frankreich auf der einen und den Vereinigten Staaten von Amerika auf der anderen Seite betonend *Georg Nolte* Ermächtigung der Exekutive zur Rechtsetzung. Lehren aus der deutschen und amerikanischen Erfahrung, AöR 118 (1993), 378 (379, 394 ff., 411); *Matthias Roßbach* Das Personal der Republik. Entstehung und Entwicklung eines demokratischen Personalverfassungsrechts der Exekutive am Beispiel der Vereinigten Staaten von Amerika, 2020, 51 ff.,

liche historische Erfahrungen[57] sowie Rechtstraditionen zurückzuführen, die mit disparaten rechts- und wissenschaftstheoretischen Grundverständnissen einhergehen.[58] Ein Zusammenhang besteht ferner mit der Auswahl der Referenzgebiete verwaltungsrechtlicher Systembildung.[59] Die hierauf gründenden Divergenzen in der Verwaltungskultur[60] sowie der Organisationsstruktur des Verwaltungspersonals[61] perpetuieren dies.

Eine allgemeingültige Aussage darüber, inwieweit der Verwaltung Gestaltungsaufgaben zukommen, ist angesichts dessen nur begrenzt möglich.[62] Relevante Parallelen entstehen jedoch aufgrund der prinzipiell bestehenden Herausforderung, Gesellschaft, Wirtschaft und Umwelt qua demokratisch gesetzten Rechts zu gestalten.

1. Herausforderungen politischer Gestaltung

Dies erweist sich gleich in mehrfacher Hinsicht als komplex.[63] Nicht nur wirken ökonomische, ökologische wie auch gesellschaftliche Faktoren

---

385 ff.; *Schmidt-Aßmann* Grundstrukturen (Fn. 54), 9. Auf die aus konträren historischen Gründen Stärkung der Bedeutung der Exekutive zur Gewährleistung von Handlungsfähigkeit in Krisensituationen hinweisend *Aurore Gaillet* Sicherung der Handlungsfähigkeit des deutschen demokratischen Verfassungsstaates in Krisenzeiten – Perspektiven aus Frankreich, in: Bitburger Gespräche Jahrbuch 2022, 2023, 83 (85).

[57] Betonend, dass etwa die Weite der Delegationsmöglichkeit nicht mit der demokratischen Historie, sondern den spezifischen Erfahrungen hiermit korreliert, *Peter L. Lindseth* The Paradox of Parliamentary Supremacy: Delegation, Democracy, and Dictatorship in Germany and France, 1920s–1950s, The Yale Law Journal 113 (2004), 1341 (1380, 1387 ff.).

[58] Hierauf hinweisend *Lepsius* Verwaltungsrecht (Fn. 54), 1 ff. Dies nimmt wiederum Einfluss auf die Methoden, welche die Perspektive auf die Verwaltung prägen.

[59] *Bachof* Dogmatik (Fn. 16), 215; *Möllers* Methoden (Fn. 41), Rn. 4; *Schmidt-Aßmann* Grundstrukturen (Fn. 54), 3; *Badura* Auftrag (Fn. 3), 454; *Classen* Unabhängigkeit und Eigenständigkeit (Fn. 51), 306; *Bogumil/Jann* Verwaltung (Fn. 4), 37 f.

[60] Vgl. zu deren Relevanz *Maximilian Wallerath* Die Änderung der Verwaltungskultur als Reformziel, Die Verwaltung 33 (2000), 351 (354 ff.).

[61] *Andreas Voßkuhle/Anna-Bettina Kaiser* Personal, in: ders./Martin Eifert/Christoph Möllers (Hrsg.) Grundlagen des Verwaltungsrechts, Bd. II, 3. Aufl. 2022, § 41 Rn. 5 ff.; *Roßbach* Das Personal (Fn. 56), 155 ff.

[62] Vgl. *Thomas Wischmeyer* Gewaltenteilung und institutionelles Gleichgewicht, in: Wolfgang Kahl/Markus Ludwigs (Hrsg.) Handbuch des Verwaltungsrechts, Bd. III, 2022, § 78 Rn. 23.

[63] Den Diskurs hierüber aus rechtswissenschaftlichem Blickwinkel zusammenfassend etwa *Gunnar Folke Schuppert* Zur Neubelebung der Staatsdiskussion: Entzauberung des Staates oder „Bringing the state back in", Der Staat 28 (1989), 91 (95 ff.); *Jan Philipp Schaefer* Die Umgestaltung des Verwaltungsrechts. Kontroversen reformorientierter Verwaltungsrechtswissenschaft, 2016, 107 ff.; *Scherzberg* Öffentlichkeit (Fn. 8), 58 ff. Ausführlich zur Unmöglichkeit staatlicher Steuerung *Helmut Willke* Ironie des Staates. Grund-

in erheblicher Weise auf die politischen Gestaltungsmöglichkeiten ein.[64] Vielmehr haben empirische Studien wie auch verschiedene Theorien – insbesondere die Systemtheorie – generelle Zweifel an der Möglichkeit politischer und rechtlicher Steuerung geweckt.[65] Obgleich es auch hiernach als möglich erachtet wird, die gesellschaftlichen Zustände wie auch die Umwelt qua Recht zu beeinflussen,[66] ist deutlich geworden, dass es hierfür mehr bedarf, als einen politischen Willen auszubilden, diesen in rechtliche Strukturen zu überführen und mit Ge- und Verboten zu belegen.

Steuerung muss vielmehr kontextsensibel und reflexiv erfolgen, weshalb es zu einem Übergang vom materiellen[67] über das prozedurale hin zum „reflexiven" Recht gekommen ist.[68] Hiermit geht indes ein höheres Maß an Mitgestaltung durch die Verwaltung einher.[69] Weiter verschärft werden die

---

linien einer Staatstheorie polyzentrischer Gesellschaft, 2. Aufl. 2016, 20 ff.; *Niklas Luhmann* Steuerung durch Recht?, ZfRSoz (1990), 142 (143), der insoweit bemerkt, dass das Bewirken von Folgen möglich sei, indes nicht unmittelbar geschehe, wie der Begriff Steuerung insinuiere.

[64] *Bogumil/Jann* Verwaltung (Fn. 4), 48 f.; *Veith Selk* Demokratiedämmerung. Eine Kritik der Demokratietheorie, 2. Aufl. 2024, 9 ff.; *ders.* Das Ende der Demokratie, wie sie sie kannten. Frühe Diagnosen eines Formwandels der Demokratie in der Bundesrepublik, in: Winfried Thaa/Christian Volk (Hrsg.) Formenwandel der Demokratie, 1. Aufl. 2018, 39 (52 ff.); *Döhler* Regulative Politik (Fn. 43), 220.

[65] *Seibel* Administrative State (Fn. 34), 243 betont insoweit, dass die Einsicht in die Begrenztheit der rechtlichen Einwirkungsmöglichkeit auf die Verwaltung aufgrund institutioneller Veränderungsresistenz einen Auslöser darstellte.

[66] Vgl. *Karl-Heinz Ladeur* Die rechtswissenschaftliche Methodendiskussion und die Bewältigung des gesellschaftlichen Wandels: Zugleich ein Beitrag zur Bedeutung der ökonomischen Analyse des Rechts, RabelsZ 64 (2000), 60 (92); *Christian Hillgruber* Verfassungsrecht zwischen normativem Anspruch und politischer Wirklichkeit, VVDStRL 67 (2008), 5 (17); *Ivo Appel* Das Verwaltungsrecht zwischen klassischem dogmatischen Verständnis und steuerungswissenschaftlichem Anspruch, VVDStRL 67 (2008), 226 (248).

[67] Betonend, dass Recht erst durch seine „Materialisierung" zum wichtigsten Steuerungsmedium des Wohlfahrtsstaates wird, *Gunther Teubner* Reflexives Recht: Entwicklungsmodelle des Rechts in vergleichender Perspektive, ARSP 68 (1982), 13 (25).

[68] Teils wird insoweit auch zwischen autonomen und „responsiven" Recht differenziert, *Philip Selznick/Philippe Nonet* Law and Society in Transition: Toward Responsive Law, 1978, 4 ff., 73 ff., die indes betonen, dass diese Beschreibung vor allem abhängig vom rechtlichen Kontext ist. Weitergehend *Günther* Wandel (Fn. 11), 51 f., 64 ff.; *Gunther Teubner* Recht als autopoietisches System, 1989, 81 ff.; *ders.* Reflexives Recht (Fn. 67), 17 ff., 41 ff.; *ders./Helmut Willke* Kontext und Autonomie: Gesellschaftliche Selbststeuerung durch reflexives Recht, ZfRSoz 5 (1984), 4 (13 ff., 19 ff.); *Niklas Luhmann* Selbstreflexion des Rechtssystems: Rechtstheorie in gesellschaftstheoretischer Perspektive, in: *ders.* Ausdifferenzierung des Rechtssystems. Beiträge zur Rechtssoziologie und Rechtstheorie, 2. Aufl. 2015, 419 (422 ff.).

[69] Vgl. *Luhmann* Steuerung (Fn. 63), 145; *Hans-Heinrich Trute* Die Verwaltung und das Verwaltungsrecht zwischen gesellschaftlicher Selbstregulierung und staatlicher Steuerung,

bestehenden Zweifel an einer vorrangig parlamentszentrierten Ausrichtung politischer Gestaltung durch die Globalisierung.[70] Denn diese hat zwar teils überhaupt erst ermöglicht, auf bestimmte Phänomene gestalterisch einwirken zu können. Der Ausbau europäischen, inter- und transnationalen Rechts hat den Einfluss der Exekutive jedoch noch weiter gesteigert.[71] Entgrenzung und Vernetzung verändern demnach nicht nur, inwieweit politisch gestaltet zu werden vermag, sondern beeinflussen auch die Rolle, die der Verwaltung hierbei zukommt.[72]

Weiterhin scheinen die Gestaltungspotentiale der Legislative durch Kompetenzverschränkungen verfassungsrechtlich signifikant limitiert zu werden.[73] Insbesondere wird kritisiert,[74] die hierdurch erzwungene Kompromissbildung führe dazu, dass hoheitliche Gestaltung lediglich in kleinen Schritten sowie reaktiv betrieben werden könne, Neuausrichtungen hingegen kaum möglich seien.[75] Vielfach würden überdies nur formelhafte

---

DVBl 1996, 950; *Scherzberg* Öffentlichkeit (Fn. 8), 90 ff.; *Ignace Snellen* Grundlagen der Verwaltungswissenschaft. Ein Essay über ihre Paradigmen, 2006, 100 ff.

[70] *Anne-Marie Slaughter* A New World Order, 2004, 36 ff.; *Hans-Heinrich Trute* Funktionen der Organisation und ihre Abbildung im Recht, in: Eberhard Schmidt-Aßmann/Wolfgang Hoffmann-Riem (Hrsg.) Verwaltungsorganisationsrecht als Steuerungsressource, 1997, 249 (251).

[71] Die hierdurch vorrangig gesteigerte Bedeutung der Gubernative erhöht aufgrund ihrer Verzahnung mit der Verwaltung zugleich deren Bedeutung. Vgl. zur steigenden Relevanz der Exekutive durch Trans- und Internationalisierung sowie Europäisierung etwa *Di Fabio* Gewaltenteilung (Fn. 11), Rn. 65; *Herdegen* Leistungsgrenzen (Fn. 14), 9 f.; *Helmut Willke* Demokratie in Zeiten der Konfusion, 1. Aufl. 2014, 9, 13 ff. Näher hierzu sowie den verschiedenen Facetten und Wirkungsmechanismen von Global Governance *Philipp Dann* Regieren, VVDStRL 81 (2022), 63 (65 ff.) S. ferner *Hubertus Buchstein* Typen moderner Demokratietheorien. Überblick und Sortierungsvorschlag, 2016, 19. Dies geht so weit, dass teils sogar metaphorisch vom Tod des nationalen Gesetzgebers die Rede ist, *Marc Amstutz/Vaios Karavas* Rechtsmutationen, Zu Genese und Evolution des Rechts im transnationalen Raum, Rechtsgeschichte 8 (2006), 14 (26 f.); *Moritz Renner* Zwingendes transnationales Recht. Zur Struktur der Wirtschaftsverfassung jenseits des Staates, 2011, 285 ff.

[72] *Markus Ludwigs* Entparlamentarisierung als verfassungsrechtliche Herausforderung, DVBl 2021, 353 (353 ff.); *Hoffmann-Riem/Pilniok* Eigenständigkeit (Fn. 36), Rn. 7.

[73] *Möllers* Gewalten (Fn. 32), 43 ff.; *Kavanagh* Separation (Fn. 31), 222, 235; *Matthias Cornils* Gewaltenteilung, in: Otto Depenheuer/Christoph Grabenwarter (Hrsg.) Verfassungstheorie, 2010, 657 (657, 663 f., 672 f., 683, 687 f.).

[74] Vgl. hierzu *Gerhard Lehmbruch* Verhandlungsdemokratie, Entscheidungsblockaden und Arenenverflechtung, in: Wolfgang Merkel/Andreas Busch (Hrsg.) Demokratie in Ost und West, 1999, 402 (410); *Di Fabio* Gewaltenteilung (Fn. 11), Rn. 39 ff.; *Meinel* Ära (Fn. 21), 51.

[75] *Renate Mayntz/Fritz W. Scharpf* Policy-making in the German Federal Bureaucracy, 1975, 171 ff.; *Seibel* Administrative State (Fn. 34), 242 f.; *Böckenförde* Sozialer Bundesstaat (Fn. 31), 186. Im Falle zu parteipolitischer Polarisierung könnten hieraus zudem auf-

Kompromisse gefunden, was zur Folge habe, dass staatlicherseits entweder nicht gestaltet werde oder sich Gestaltung weitgehend auf die Verwaltung verlagere.[76]

Dem ist entgegenzuhalten, dass sich Verschränkungen – zumindest partiell – paradoxerweise zugleich als Bedingung politischer Gestaltung erweisen.[77] Teils stellen sie daher erst eine Reaktion auf die mangelnde Effektivität politischer Gestaltung dar.[78] Zudem deuten Studien darauf hin, dass Implementationsdefizite zunehmen, sofern keine vertikale Koordination erfolgt.[79] Hiermit soll nicht insinuiert werden, jederlei Form der Gewaltenverflechtung sei notwendig.[80] Die Kritik hieran macht es sich jedoch häufig

---

grund von Blockaden Dysfunktionalitäten erwachsen, vgl. *Lehmbruch* Verhandlungsdemokratie (Fn. 74), 402; *Plebuch/Pielhoff* Verwaltungsstaat (Fn. 52), 195, 200.

[76] Kritisch hierzu *Florian Meinel* Vertrauensfrage, 2019, 24 ff. Vgl. auch *Rahman* Reconstructing (Fn. 5), 1698 ff., 1708; *Lindseth* Paradox (Fn. 57), 1413; *Schmid/Treiber* Bürokratie (Fn. 10), 45.

[77] Ohne eine solche Kooperation vermag nicht unbedingt effektiver demokratisch gestaltet zu werden, näher hierzu *Arend Lijphart* Patterns of Democracy. Government Forms and Performance in Thirty Six Countries, 2. Aufl. 2012, 255 ff., 272 ff.; *Benz* Legitimation (Fn. 43), 75. Insoweit auf einen Zusammenhang zwischen tatsächlicher und politischer Entscheidungskomplexität hinweisend *Fritz W. Scharpf* Planung als politischer Prozess, Die Verwaltung 1971, 1 (6). Kritisch dazu aus tatsächlichen Komplexitätsbegründungen Schlüsse für das Recht zu ziehen demgegenüber *Udo Di Fabio* Demokratie im System des Grundgesetzes, in: Peter M. Huber/Michael Brenner/Markus Möstl (Hrsg.) FS Peter Badura, 2004, 77 (84); *Oliver Lepsius* Steuerungsdiskussion, Systemtheorie und Parlamentarismuskritik, 1999, 30 ff.

[78] Vgl. *Mashaw* Constitution (Fn. 3), 285; *Rolf-Richard Grauhan* Modelle politischer Verwaltungsführung, PVS 10 (1969), 269 (269). Im Rahmen der Ausgestaltung demokratischer Verfassungsordnungen ist die Problematik politischer Gestaltung vielmehr durchaus reflektiert worden, vgl. *Alexander Hamilton/James Madison/John Jay* Die Federalist Papers. Übersetzt, eingeleitet und mit Anmerkungen versehen von Barbara Zahnpfennig, 2007, Nr. 37, 47, 51 und Nr. 70. Dies in Bezug auf Verfassungen betonend *Patrick Overeem* In Defense of the Dichotomy, Administrative Theory & Praxis 28 (2006), 140 (143 f.). Dies mit Blick auf die Entscheidung über die Struktur der Verwaltung hervorhebend, *Udo Bermbach* Das Scheitern des Rätesystems und der Demokratisierung der Bürokratie 1918/19, PVS 8 (1965), 445 (446 f., 449 ff.).

[79] Vgl. *Christian Adam/Steffen Hurka/Christoph Knill/ B. Guy Peters/Yves Steinebach* Introducing Vertical Policy Coordination to Comparative Policy Analysis: The Missing Link between Policy Production and Implementation, Journal of Comparative Policy Analysis: Research and Practice 21 (2019), 499 (500 ff.).

[80] Disparate Zuständigkeiten zwischen Gesetzgebung, Verwaltung und Finanzen scheinen jedenfalls mit Implementationsdefiziten einherzugehen, vgl. *Dionys Zink/Christoph Knill/Yves Steinebach* Bureaucratic overload and organizational policy triage: A comparative study of implementation agencies in five European countries, Regulation & Governance 2024, 1 (12).

zu einfach. Denn die Fähigkeit zu politischer Gestaltung wird durch eine Reduktion von Verschränkungen nicht per se erhöht.[81]

2. *Ermöglichung legislativer Gestaltung qua Verwaltung*

Überdies streiten noch weitere Gründe dafür, die Verwaltung an politischer Gestaltung zu beteiligen:[82] Die Legislative ist, um selbst aktiv gestalten zu können,[83] hierauf angewiesen.[84] Schließlich leistet die Verwaltung erstens einen maßgeblichen Beitrag dazu, Probleme zu identifizieren,[85] Ziele herauszuarbeiten, nicht organisierte Interessen einzubeziehen sowie Handlungsalternativen auszubuchstabieren und deren Wirkung abzuschätzen.[86] Die Mitwirkung der Verwaltung dient demzufolge sowohl der Inte-

[81] Vgl. hierzu *Fritz W. Scharpf/Bernd Reissert/Fritz Schnabel* Politikverflechtung: Theorie und Empirie des kooperativen Föderalismus in der Bundesrepublik, 1976, 15 ff. 28 ff.; *Joachim Jens Hesse* Einführung, in: ders. (Hrsg.) Politikverflechtung im föderativen Staat, 1978, 9 (10 ff.). Den Begriff auch auf die gesellschaftlichen Einflussnahmen beziehend *Ritter* Der kooperative Staat (Fn. 11), 390; *Lijphart* Patterns of Democracy (Fn. 77), 255 ff., der allerdings eine qualitative Bewertung hinsichtlich der Frage der Effektivität vornimmt. A.A. demgegenüber *Christoph Möllers* Der parlamentarische Bundesstaat, in: Josef Aulehner (Hrsg.) Föderalismus – Auflösung oder Zukunft der Staatlichkeit?, 1998, 81 (101).

[82] Deutlich *Fritz W. Scharpf* Verwaltungswissenschaft als Teil der Politikwissenschaft, Schweizerisches Jahrbuch für politische Wissenschaft 11 (1971), 7 (13). In diese Richtung auch *Stephan Rixen* Verwaltungsrecht der vulnerablen Gesellschaft, VVDStRL 80 (2021), 37 (50, 56 ff.). Darauf hinweisend, dass der Gesichtspunkt der Ermöglichung aus rechtswissenschaftlicher Sicht zunehmend an Relevanz gewinnt, *Jens Kersten* Konzeption und Methoden der „Neuen Verwaltungsrechtswissenschaft“, in: Wolfgang Kahl/Markus Ludwigs (Hrsg.) Handbuch des Verwaltungsrechts, Bd. I, 2021, § 25 Rn. 19 ff.; *Michael Fehling* Die „neue Verwaltungsrechtswissenschaft“ – Problem oder Lösung?, in: Martin Burgi (Hrsg.) Zur Lage der Verwaltungsrechtswissenschaft, Die Verwaltung Beiheft 12 (2017), 65 (70, 92 f.). Ähnlich auch *Klement* Zeithorizonte (Fn. 24), 232 ff. Den Gesichtspunkt der Handlungsfähigkeit in den Diskurs einbringend *Udo Di Fabio* Handlungsfähigkeit – ein Begriff des Verfassungsrechts?, in: Bittburger Gespräche Jahrbuch 2022, 2023, 15. Dies ebenfalls aufgreifend *Tristan Barczak* Die Handlungsfähigkeit des demokratischen Verfassungsstaates in Krisenzeiten, in: ebd., 1 (6). Dies als Gesichtspunkt der „Effektuierung“ des Verwaltungshandelns erfassend *Plebuch/Pielhoff* Verwaltungsstaat (Fn. 52), 181. So bereits *Schmidt-Aßmann* Ordnungsidee (Fn. 44), 17, Rn. 32.

[83] Ohne dies drohte ein Konservatismus im Sinne des Festhaltens an bestehenden Zuständen und deren bloßer Absicherung, *Scharpf* Planung (Fn. 77), 6.

[84] *Simon* Administrative Behavior (Fn. 43), 8 f., 188 ff. Zurückhaltend mit Blick auf die Funktion der Verwaltung spezialisiertes Wissen zur Verfügung zu stellen, im Falle dessen indes organisatorische Konsequenzen hieraus ziehend, *Johannes Reich* Information als Voraussetzung des Verwaltungshandelns, VVDStRL 83 (2024), 317 (329).

[85] Dies als genuin politische Tätigkeit, die u.a. von der Verwaltung vorgenommen wird, klassifizierend, *Scharpf* Planung (Fn. 77), 4, 7 f., 15.

[86] *Fritz W. Scharpf* Planung als Politischer Prozess, 1973, 18; *ders.* Verwaltungswissenschaft (Fn. 82), 13; *Schmid/Treiber* Bürokratie (Fn. 10), 45 f.; *Aberbach/Putnam/Rockman*

ressenvermittlung[87] als auch der Informations- und Wissensgenerierung, welche sich nicht primär im Wege externer Beratung realisieren lässt.[88] Vielmehr sorgt gerade die Verwaltung dafür, dass insofern keine Abhängigkeiten entstehen.[89]

Zweitens muss das Parlament, um angesichts des Aufgabenwachstums funktionsfähig zu bleiben, nicht nur selbst Verwaltungsstrukturen ausbilden,[90] sondern auch Entscheidungen an die Exekutive verlagern.[91] Überantwortete man allein der Legislative die Aufgabe, politisch zu gestalten, würde sie nicht nur quantitativ und qualitativ, sondern auch strukturell überfordert.[92] Indem die Reichweite und Komplexität der jeweils zu treffenden Entscheidungen qua Aufspaltung reduziert werden, wird die Entscheidungsfindung erleichtert und hierdurch die Gestaltungsfähigkeit erhöht.[93] Zugleich wird die Legislative davon entlastet, jegliche Details selbst zu regeln.[94] Dass der Gesetzgeber generell nur in der Lage wäre, weit gefasste Zielvorgaben zu statuieren und im Übrigen dazu gezwungen ist, die eigentliche politische Gestaltung der Verwaltung zu überlassen, folgt

---

Bureaucrats (Fn. 7), 5 f.; *Hesse/Benz* Staatsorganisation (Fn. 3), 33; *Scherzberg* Öffentlichkeit (Fn. 8), 88; *Benz* Legitimation (Fn. 43), 93; *Ulrich Smeddinck* Integrierte Gesetzesproduktion, 2010, 170 ff.

87 *Lehmbruch* Interessenvermittlung (Fn. 51), 22 f., 32 ff.; *Jann* Politik (Fn. 28), 258, 274.

88 Als Problem markierend, dass zunehmend lediglich Rat einer hierfür gesondert eingerichteten Expertengruppe eingeholt wird anstatt der Bürokratie, *B. Guy Peters/Jon Pierre* Introduction: The Role of Public Administration in Governing, in: dies. (Hrsg.) The SAGE Handbook of Public Administration, 2012, 1 (2).

89 *Laura Münkler* Expertokratie. Zwischen Herrschaft kraft Wissens und politischem Dezisionismus, 2020, 635 ff.

90 Zur Bürokratisierung des Parlaments *Florian Meinel* Selbstorganisation des parlamentarischen Regierungssystems. Vergleichende Studien zu einem Verfassungsproblem der Bundesrepublik Deutschland, 2019, 224 ff.

91 *Badura* Parlamentarismus (Fn. 30), 22 f.; *Peters* Verfassung und Verwaltung (Fn. 15), 23; *Köttgen* Struktur (Fn. 17), 772; *Thomas Ellwein* Das Dilemma der Verwaltung, 1994, 121; *Philipp Dann* Europäisches Parlament und Exekutivföderalismus, Der Staat 42 (2003), 355 (362); *Wolfgang Hoffmann-Riem* Gesetz und Gesetzesvorbehalt im Umbruch. Zur Qualitäts-Gewährleistung durch Normen, AöR 130 (2005), 5 (69); *Peters* Politics of Bureaucracy (Fn. 3), 19.

92 Vgl. *Offe* Rationalitätskriterien (Fn. 3), 343; *Scharpf* Planung (Fn. 86), 18 ff.; *Woodrow Wilson* The Study of Administration, Political Science Quarterly 2 (1887), 197 (214); *Di Fabio* Gewaltenteilung (Fn. 11), Rn. 55.

93 *Luhmann* Verwaltungswissenschaft (Fn. 18), 82 ff.

94 Dies hervorhebend *Peters* Verfassung und Verwaltung (Fn. 15), 23; *Scharpf* Kosten (Fn. 24), 66. Vor diesem Hintergrund die Wesentlichkeitstheorie kritisierend, *Franz Reimer* Das Parlamentsgesetz als Steuerungsmittel und Kontrollmaßstab, in: Wolfgang Hoffmann-Riem/Eberhard Schmidt-Aßmann/Andreas Voßkuhle (Hrsg.) Grundlagen des Verwaltungsrechts, Bd. I, 2. Aufl. 2012, § 9 Rn. 57 ff.; *Klement* Zeithorizonte (Fn. 24), 232 ff.

hieraus allerdings nicht.[95] Vielmehr wird politisch darüber entschieden, in welchen Feldern hoheitlicher Gestaltung wie verfahren wird.

Im Wege der Einbeziehung der Verwaltung in die politische Gestaltung werden somit sowohl das Handlungsvermögen der Legislative als auch die Umsetzbarkeit und tatsächliche Implementation gesetzlicher Regelungen optimiert.[96] Die Interaktion und Kooperation von Legislative und Exekutive stellen demnach eine relevante Facette politischer Gestaltung dar.[97]

3. *Hintergründe der eigenständigen Gestaltungsfunktion der Verwaltung*

Die Verwaltung beteiligt sich jedoch nicht lediglich mittelbar an politischer Gestaltung, sondern gestaltet ebenso unmittelbar selbst: Sowohl qua exekutiver Rechtssetzung[98] als auch im Rahmen des Gesetzesvollzugs.[99]

Zur Gestaltung durch die Verwaltung kommt es auf der einen Seite, weil ihr trotz rechtlicher Vorgaben sowie hierarchischer Organisation im Rahmen des Gesetzesvollzugs eigenständig auszufüllende Entscheidungsspielräume verbleiben.[100] Ferner hat die Rechtspluralisierung zur

---

[95] *Schmidt-Aßmann* Grundstrukturen (Fn. 54), 30; *ders.* Amerika (Fn. 28), 355 f.

[96] *Appel* Verwaltungsrecht (Fn. 66), 257 f.; *Scharpf/Reissert/Schnabel* Politikverflechtung (Fn. 81), 237 ff.; *Zink/Knill/Steinebach* Bureaucratic overload (Fn. 80), 11, 16 f.; *Xavier Fernández-i-Marín/Christoph Knill/Christina Steinbacher/Yves Steinebach* Bureaucratic Quality and the Gap between Implementation Burden and Administrative Capacities, American Political Science Review 2023, 1.

[97] *Offe* Rationalitätskriterien (Fn. 3), 341 f.; *Kavanagh* Separation (Fn. 31), 237.

[98] Vgl. hierzu sowie der länderübergreifend divergenten Zuständigkeitszuweisung *Fehling* Unparteilichkeit (Fn. 41), 27.

[99] *Peters* Verwaltung (Fn. 22), 8; *Marx* Bürokratie (Fn. 24), 217, 222 ff.; *ders.* The Social Function of Public Administration, in: ders. (Hrsg.) Elements of Public Administration, 3. Aufl. 1948, 98 (101 f.); *Ernst Forsthoff* Lehrbuch des Verwaltungsrechts, Bd. I, 1973, 47; *Bernd Becker* Öffentliche Verwaltung. Lehrbuch für Wissenschaft und Praxis, 1989, 74 ff.; *Badura* Auftrag (Fn. 3), 450; *Scheuner* Auftrag (Fn. 33), 586; *Klaus Vogel* Gesetzgeber und Verwaltung, VVDStRL 24 (1966), 125 (176); *Dreier* Hierarchische Verwaltung (Fn. 24), 163 f., 189 f.; *Schindler* Verwaltungsermessen (Fn. 13), 363; *Hesse/Benz* Staatsorganisation (Fn. 3), 236; *Döhler* Regulative Politik (Fn. 43), 215; *Hermes* Folgenberücksichtigung (Fn. 39), 363 ff.

Insoweit eine graduelle Differenzierung vornehmend, *Wahl* Aufgabenabhängigkeit (Fn. 43), 191 sowie *Fehling* Unparteilichkeit (Fn. 41), 94, 124 ff. *Dreier* „Eigenständigkeit" (Fn. 49), 152; *Schmidt-Aßmann* Grundstrukturen (Fn. 54), 35. Ähnlich ebenfalls *Max Imboden* Der Plan als verwaltungsrechtliches Institut, VVDStRL 18 (1960), 113 (113 f.); *Brohm* Dogmatik (Fn. 5), 305; *Scheuner* Auftrag (Fn. 33), 589. Weitergehend *Grauhan* Politische Verwaltung (Fn. 18), 17 ff. und *Niklas Luhmann* Das Recht der Gesellschaft, 6. Aufl. 2013, 430 f.

[100] Vgl. *Niklas Luhmann* Zweck – Herrschaft – System. Grundbegriffe und Prämissen Max Webers, Der Staat 3 (1964), 129 (135 f., 140 ff.); *Bartlsperger* Einwirkungen (Fn. 44), 235, 249; *Dreier* Hierarchische Verwaltung (Fn. 24), 189 f.; *Schmidt-Aßmann* Ordnungs-

Folge, dass unterschiedliche Gestaltungsansätze miteinander harmonisiert werden müssen, wessen sich insbesondere die Verwaltung annimmt.[101] Des Weiteren hat die stetige Zunahme rechtlicher Regelungen und Verwaltungsaufgaben dazu geführt,[102] dass die Verwaltung nicht nur in Ausnahmekonstellationen,[103] sondern im Rahmen des generellen Vollzugs wiederkehrend priorisieren muss.[104]

Auf der anderen Seite werden der Verwaltung vom Gesetzgeber Gestaltungsaufgaben positiv überantwortet.[105] Letzteres erfolgt insbesondere unter Rekurs auf die Komplexität bestimmter Fragen sowie qua Verweis auf das Wissen und Handlungsvermögen sowie die größere Sachnähe der Verwaltung.[106] Einen weiteren Grund dafür, dass der Verwaltung Entscheidungsspielräume eröffnet werden, stellen die Verlagerung des Entscheidungszeitpunkts sowie die Möglichkeit situativer Anpassung dar.[107]

---

idee (Fn. 44), 205 f.; *Fehling* Unparteilichkeit (Fn. 41), 124 ff.; *Pascale Cancik* Wenn der Gesetzgeber schweigt… – »Interpretation« durch die Verwaltung(en). Das Beispiel der Lärmaktionsplanung, in: Dieter Grimm/Christoph König (Hrsg.) Lektüre und Geltung. Zur Verstehenspraxis in der Rechtswissenschaft und der Literaturwissenschaft, 2020, 172 (177 ff., 186 ff.); *Mark Tushnet* Taking Back the Constitution. Activist Judges and the Next Age of American Law, 2020, 153 ff.

101 *Hesse/Benz* Staatsorganisation (Fn. 3), 234; *Bogumil/Jann* Verwaltung (Fn. 4), 15; *Hoffmann-Riem/Pilniok* Eigenständigkeit (Fn. 36), Rn. 104, 118.

102 Vgl. *Zink/Knill/Steinebach* Bureaucratic overload (Fn. 80), 1 ff.; *Christian Adam/Steffen Hurka/Christoph Knill/Yves Steinebach* Policy Accumulation and the Democratic Responsiveness Trap, 2020, 2 ff.

103 *Rixen* Verwaltungsrecht (Fn. 82), 58.

104 *Zink/Knill/Steinebach* Bureaucratic overload (Fn. 80), 4.

105 Darauf hinweisend, dass Gestaltungsspielräume der Verwaltung in negativer und positiver Hinsicht bestehen, *Poscher* Funktionenordnung (Fn. 55), Rn. 60. Ähnlich auch *Möllers* Gewalten (Fn. 32), 111.

106 Vgl. etwa *Vogel* Gesetzgeber (Fn. 99), 170; *Brohm* Dogmatik (Fn. 5), 292; *Schmidt-Aßmann* Grundstrukturen (Fn. 54), 30; *Martin Eifert* Das Verwaltungsrecht zwischen klassischem dogmatischen Verständnis und steuerungswissenschaftlichem Anspruch, VVDStRL 67 (2008), 286, 317; *Sebastian Unger* Konstanten und Impulse im verfassungsrechtlichen Verständnis von „guter Verwaltung", VVDStRL 83 (2024), 9 (31 f.); *James M. Landis* The Administrative Process, 1947, 23 ff.; *Metzger* A. Constitutionalism (Fn. 24), 1923.

107 Vgl. zur Relevanz der zeitlichen Entzerrung *Markus Ludwigs* Zeithorizonte von Verwaltung – Krisenmanagement, langfristige Planung und Systemkohärenz, VVDStRL 83 (2004), 131 (181 f.). Die Berücksichtigungsfähigkeit von Fragen des Einzelfalls im Rahmen von Verwaltungsentscheidungen ermöglicht, Ungerechtigkeiten, die bei stringenter Anwendung von abstrakt-generellen Regelungen auftreten können, zu verhindern, *Kelsen* Gewalten (Fn. 32), 393 f.; *Benz* Legitimation (Fn. 43), 76.

Dementsprechend werden die der Verwaltung eröffneten Gestaltungsmöglichkeiten – sowohl im Rahmen exekutiver Normsetzung[108] als auch bei Gestaltungsspielräumen im Einzelfall[109] – hauptsächlich unter Rekurs auf funktionale Gesichtspunkte – die Organisation, Zusammensetzung und Verfahrensweise der Verwaltung – gerechtfertigt und ihre demokratische Legitimation hierzu hieran aufgehängt.[110] Daneben tritt – als dessen Kehrseite – das Argument der begrenzten Leistungsfähigkeit der Legislative sowie angebliche Defizite parlamentarischer Entscheidungsfindung,[111] was dazu führt, dass die Verwaltung teils als Gegenspielerin von Parlament und Parteipolitik wahrgenommen wird.[112]

Obzwar dies maßgebliche Faktoren erkennbar werden lässt, auf denen die Gestaltungsfunktion der Verwaltung beruht, erweist sich diese Perspektive eher als hinderlich denn hilfreich. Hiermit werden nämlich zum einen Anklänge an antidemokratische Vorstellungen aufgegriffen.[113] Zum anderen gelingt es hierdurch weder, die Hintergründe der Gestaltungsfunktion der Verwaltung komplett einzufangen, noch die Frage überzeugend anzugehen, wie das insofern bestehende erweiterte demokratische Legitimationsbedürfnis der Verwaltung mit der Idee repräsentativer Demokratie in Einklang gebracht zu werden vermag.[114] Ebenso wenig wird hinreichend verarbeitet,

---

108 Ausführlich hierzu *Pünder* Exekutive Normsetzung (Fn. 54), 88 ff.

109 Dies aufarbeitend *Münkler* Expertokratie (Fn. 89), 261 ff.

110 Vgl. *Appel* Verwaltungsrecht (Fn. 66), 260; *Josef Isensee* Verwaltung zwischen Sachgesetzlichkeit und Parteipolitik, in: Rudolf Hrbek (Hrsg.) Personen und Institutionen in der Entwicklung der Bundesrepublik, 1985, 67 (67 f.). Niederschlag findet dies insbesondere in den Erwägungen zur funktionsgerechten Organordnung, vgl. *Ossenbühl* Gewaltenteilung (Fn. 55), 548 f.; *Lerche* Gewaltenteilung (Fn. 18), 76 ff.; *Poscher* Funktionenordnung (Fn. 55), Rn. 28; *Wischmeyer* Gewaltenteilung (Fn. 62), Rn. 41. Insoweit betonend, dass die funktionsgerechte Organordnung eine Kategorie sei, um Kompetenzen der Exekutive zu begründen, *Cornils* Gewaltenteilung (Fn. 73), 685 f.

111 So indes *Landis* Administrative Process (Fn. 106), 46.

112 Vgl. hierzu *Kathrin Groh* „Von acht bis vier Uhr amtseifriger Republikaner" – Die Weimarer Staatsrechtslehre auf der Suche nach Sinn- und Handlungsorientierungen für die „neutrale" Bürokratie, in: Peter Collin/Klaus-Gert Lutterbeck (Hrsg.) Eine intelligente Maschine?, Handlungsorientierungen moderner Verwaltung (19./20. Jh.), 2009, 197 (198); *Forsthoff* Prolegomena (Fn. 17), 460; *Michael Droege* Neutralität als Verfassungsgebot?, VVDStRL 81 (2022), 297 (320); *Hoffmann-Riem/Pilniok* Eigenständigkeit (Fn. 36), Rn. 96. Kritisch hierzu demgegenüber *Badura* Auftrag (Fn. 3), 451.

113 *Jann* Politik (Fn. 28), 265 f.

114 Betonend, dass die Verwaltung zwar verteidigt, jedoch keine demokratische Lösung gefunden worden sei, *Daniel E. Walters* The Administrative Agon: A Democratic Theory for a Conflictual Regulatory State, The Yale Law Journal 132 (2022), 1 (13). Ob es durch die Überantwortung von Gestaltungsaufgaben an die Verwaltung zu einer Loslösung von kurzfristigen, regional begrenzten und gruppenbezogenen politischen Interessen kommt, so *Pierre Rosanvallon* Demokratische Legitimität, Unparteilichkeit – Reflexivität – Nähe, 2010, 93 ff.; *Döhler* Regulative Politik (Fn. 43), 218; *Dreier* Hierarchische Verwaltung

dass die Grade politischer Gestaltbarkeit zwischen den genannten Konstellationen wie auch innerhalb ihrer erheblich variieren.[115]

III. Erosion der Dichotomie von Politik und Verwaltung?

Politische Gestaltung durch Verwaltung fordert zudem die hergebrachte Distinktion von Politik und Verwaltung sowie – hiermit korrespondierend – zwischen Politik und Recht heraus.[116] Da diese aus philosophischer, rechtstheoretischer, rechtsvergleichender und dogmatischer Sicht als eine Errungenschaft moderner Verfassungsstaatlichkeit sowie Bedingung von Demokratie und Freiheit angesehen wird,[117] fragt sich, wie hiermit umzugehen ist.

Mit Blick hierauf ist zunächst zu bemerken, dass eine wirkliche Dichotomie zwischen Politik und Verwaltung nicht nur empirisch nie bestanden hat,[118] sondern auch weder theoretisch noch rechtlich je vertreten wurde.[119]

(Fn. 24), 270 ff., oder hierdurch eher eine Rückbindung an diese begünstigt wird, hängt zudem weitgehend von der Verwaltungsstruktur ab.

[115] Vgl. *Brohm* Dogmatik (Fn. 5), 305; *Möllers* Methoden (Fn. 41), Rn. 14; *Claudio Franzius* Modalitäten und Wirkungsfaktoren der Steuerung durch Recht, in: Andreas Voßkuhle/Christoph Möllers/Martin Eifert (Hrsg.) Grundlagen des Verwaltungsrechts, Bd. I, 3. Aufl. 2022, § 4 Rn. 12; *Thomas Würtenberger* Rechtliche Optimierungsgebote oder Rahmensetzungen für das Verwaltungshandeln?, VVDStRL 58 (1999), 139 (152, 159); *Thomas Groß* Das Kollegialprinzip in der Verwaltungsorganisation, 1999, 204. Den Topos der funktionsgerechten Organordnung näher ausarbeitend *Thomas von Danwitz* Der Grundsatz funktionsgerechter Organstruktur. Verfassungsvorgaben für staatliche Entscheidungsstrukturen und ihre gerichtliche Kontrolle, Der Staat 35 (1996), 329.

[116] Vgl. *Offe* Rationalitätskriterien (Fn. 3), 339; *Döhler* Regulative Politik (Fn. 43), 212 f.; *Kahl* Grundzüge des Verwaltungsrechts (Fn. 44), Rn. 157; *Droege* Neutralität (Fn. 112), 335. Darauf hinweisend, dass auch ein Zusammenhang zur Differenzierung zwischen Fakten und Wertungen sowie Wissen und Entscheiden besteht, *Christopher F. Edley Jr.* Administrative Law. Rethinking Judicial Control of Bureaucracy, 1990, 29 ff.

[117] Vgl. etwa *Hegel* Philosophie (Fn. 24), § 283, § 289 ff.; *Max Weber* Politik als Beruf, 2014, 12, 27 ff., 36 ff.; *ders.* Wirtschaft und Gesellschaft, Studienausgabe, 5. Rev. Aufl. 1980, 124 ff.; *Wilson* Administration (Fn. 92), 209 ff.; *Frank J. Goodnow* Politics and Administration. A Study in Government [1900], 2009, 18 (26 f).; *Kelsen* Staatslehre (Fn. 38), 247 f.; *Bendix* Bureaucracy (Fn. 11), 204; *Luhmann* Das Recht (Fn. 99), 407; *ders.* Verwaltungswissenschaft (Fn. 18), 74 f.; *Wolfgang Seibel* Verwaltung verstehen. Eine theoriegeschichtliche Einführung, 3. Aufl. 2017, 110. Auch die Differenz zwischen Politik und Polizei bei *Rancière* führt letztlich hierauf zurück, vgl. *Jacques Rancière* Das Unvernehmen. Politik und Philosophie, 5. Aufl. 2014, 43 f.

[118] Vgl. *Ellwein* Dilemma (Fn. 91), 113; *Caiden* Neutrality (Fn. 5), 23.

[119] Im deutschsprachigen Diskurs hat dies insbesondere *Hans Kelsen* trotz seiner Differenzierung zwischen Politik und Verwaltung betont, vgl. *Kelsen* Staatslehre (Fn. 38), 242 ff. Die Differenzierung ebenfalls als „fließend" ansehend *Hugo Preuß* Gemeinde,

Die Bedeutung wie auch die Überzeugungskraft der Unterscheidung hängen vielmehr seit jeher vom zugrunde gelegten Politikbegriff[120] und Verwaltungsverständnis ab.[121] Hinsichtlich beidem hat über die Zeit eine Bedeutungsverschiebung stattgefunden,[122] der im Rahmen der Rezeption des Topos jedoch zu wenig Beachtung geschenkt wurde.[123] Darum ist es zu einer Überzeichnung der insoweit zur Dichotomie hochstilisierten Distinktion gekommen, weshalb diese wiederkehrend in Zweifel gezogen bzw. ihre Erosion proklamiert wird.[124]

Staat, Reich als Gebietskörperschaften, 1889, 468. Dies ausführlich hinsichtlich unterschiedlicher weiterer, insbesondere englischsprachiger, Autoren aufarbeitend *Patrick Overeem* The Politics-Administration Dichotomy. Toward a Constitutional Perspective, 2. Aufl. 2012, 7 ff. S. ferner *Ellwein* Dilemma (Fn. 91), 113 ff.; *Köttgen* Struktur (Fn. 17), 778; *Caiden* Neutrality (Fn. 5), 36 f.; *Seibel* Administrative State (Fn. 34), 241; *Gunnar Folke Schuppert* Verwaltungswissenschaft. Verwaltung, Verwaltungsrecht, Verwaltungslehre, 2000, 661 ff. Herausarbeitend, dass die Funktionentrennung zwischen Legislative und Exekutive schon im Rahmen der verfassungsrechtlichen Aufgabenverteilung weniger stringent erfolgt als seitens der zur Dichotomie hochstilisierten Differenzierung suggeriert wird, *Walter Leisner* Die quantitative Gewaltenteilung, DÖV 1969, 405 (406); *Cornils* Gewaltenteilung (Fn. 73), 678 f.

120 Zu verschiedenen Verständnisweisen des Politikbegriffs s. *Scharpf* Planung (Fn. 77), 1. Mit Blick auf die Verwaltung *Caiden* Neutrality (Fn. 5), 35; *Overeem* Dichotomy (Fn. 16), 311 f., 317, 320; *Svara* Introduction (Fn. 50), 957; *Schindler* Verwaltungsermessen (Fn. 13), 364 ff.

121 Hierauf hinweisend *David Rosenbloom* The Politics-Administration Dichotomy in U.S. Historical Context, Public Administration Review 2008, 57 (57, 59); *Benz* Legitimation (Fn. 43), 73 f.; *Mashaw* A. Constitution (Fn. 3), 4; *Eberhard Bohne* Verwaltungswissenschaft, Bd. 1, 2. Aufl. 2023, 77; *Möllers* Verwaltungsrecht (Fn. 51), Rn. 4. Insoweit zwischen verschiedenen Arten von Gestaltung zu unterscheiden suchend *Fehling* Unparteilichkeit (Fn. 41), 126 f.

122 Diese korrespondiert einerseits mit einem veränderten Aufgabenverständnis, welche Auswirkungen auf die idealtypische Beschreibung von Verwaltung hat, *Dreier* Hierarchische Verwaltung (Fn. 24), 160 ff.; *Döhler* Regulative Politik (Fn. 43), 211 f. Als mindestens ebenso maßgeblich dürfte sich indes erweisen, dass sich die Sicht auf Wissen bzw. Expertise verändert hat.

123 Vgl. *Dwight Waldo* The Administrative State: A Study of Political Theory of American Public Administration, 2. Aufl. 1984, xvii f., 105 ff. Näher hierzu *Rosenbloom* The Politics-Administration Dichotomy (Fn. 121), 57 ff. Hiervor mit Blick auf die Unterscheidung von Politik und Bürokratie sowie Politik und Verwaltung warnend *Jarass* Politik und Bürokratie (Fn. 44), 112 f.

124 Vgl. *Waldo* Administrative State (Fn. 123), 117 ff.; *ders.* The Study of Public Administration, 1968, 60 ff.; *ders.* The Enterprise of Public Administration: A Summary View, 1980, 68 ff. Dies zeigt insbesondere die Kritik von *Appleby* deutlich, welche letzten Endes auf die unterschiedlichen Verständnisweisen von Politik sowie die Unterscheidung zwischen unterschiedlichen Graden des Politischen zurückführt, vgl. *Paul H. Appleby* Policy and Administration, 1949, 10 ff., 26, 53, 58, 153 f., 170; *Alasdair Roberts* Demonstrating Neutrality: The Rockefeller Philanthropies and the Evolution of Public Administration, 1927–1936, Public Administration Review 54 (1994), 221 (221); *Rosenbloom* The Politics-

Sofern die Verwaltung als unpolitisch gekennzeichnet wird, gründet dies jedoch auf einem spezifischen Gebrauch des Begriffs „Politik“: Politik wird in diesem Kontext nämlich im Sinne von parteipolitisch,[125] nicht hingegen von partiell ungebunden, einen Entscheidungsmoment enthaltend gebraucht.[126] Da die Kennzeichnung von Entscheidungen als „politisch“ im rechtlichen Diskurs indes mit dem Erfordernis demokratischer Legitimation verkoppelt und hierüber mit der Frage des Entscheidungscharakters verknüpft ist,[127] ist der Anwendungsbereich des Topos mit der Zeit erheblich ausgeweitet worden.[128]

Dies überzeugt insofern, als dass der politische Gehalt exekutiver Entscheidungen verdeckt zu werden droht, sofern von Politik generell lediglich mit Blick auf die Entscheidungen des Parlaments und der Regierung gesprochen würde. Die disparate Begriffsverwendung hat jedoch dazu beigetragen, dass Diskurse miteinander kurzgeschlossen wurden,[129] die für

---

Administration Dichotomy (Fn. 121), 59; *Thomas Bedorf* Das Politische und die Politik, in: ders./Kurt Röttgers (Hrsg.) Das Politische und die Politik. Konturen einer Differenz, 2010, 13 (16).

[125] Diese Verständnisweise liegt etwa der Differenzierung bei *Johannes Caspar Bluntschli* Lehre vom modernen Staat, Bd. 3, 1876, 465 ff. zugrunde. Vgl. ebenfalls *Weber* Politik (Fn. 117), 12, 27 ff., 36 ff.; *ders.* Wirtschaft und Gesellschaft (Fn. 117), 124 ff.; *Wilson* Administration (Fn. 92), 210 f.; *Goodnow* Politics and Administration (Fn. 117), 18 ff.; *Caiden* Neutrality (Fn. 5), 23; *Offe* Rationalitätskriterien (Fn. 3), 333 f. *Jann* Politik (Fn. 28), 254 ff.; *Jarass* Politik und Bürokratie (Fn. 44), 32 f.

[126] Ausführlich hierzu *Fehling* Unparteilichkeit (Fn. 41), 8 ff.; *Rosenbloom* The Politics-Administration Dichotomy (Fn. 121), 60; *Bohne* Verwaltungswissenschaft (Fn. 121), 78. Hierauf am Rande ebenfalls hinweisend auch *Goodnow* Politics and Administration (Fn. 117), 18; *Christoph Möllers* Braucht das öffentliche Recht einen neuen Methoden- und Richtungsstreit?, VerwArch 90 (1999), 187 (187 f.). Ähnlich auch *Seibel* Administrative State (Fn. 34), 234 und *Benz* Legitimation (Fn. 43), 73 f.

[127] Vgl. *Eberhard Schmidt-Aßmann* Verwaltungslegitimation als Rechtsbegriff, AöR 116 (1991), 329 (341 f.).

[128] Dies hängt in vielerlei Hinsicht mit der Entwicklung des Verwaltungsrechts zusammen, vgl. *James H. Svara* Complementarity of Politics and Administration as a legitimate Alternative to the Dichotomy Model, Administration & Society 30 (1999), 676 (677 ff.); *ders.* The Myth of the Dichotomoy: Complementarity of Politics and Administration in the Past and Future of Public Administration, Public Administration Review 61 (2001), 176 (177 ff.); *Mashaw* A. Constitution (Fn. 3), 4 ff.; *Denis Baranger* Executive Power in France, in: Paul Craig/Adam Tomkins (Hrsg.) The Executive and Public Law: Power and Accountability in Comparative Perspective, 2005, 217 (222 ff.).

[129] Dies hat etwa mit sich gebracht, dass mit Blick auf die Verwaltung entwickelte Rechtsfiguren teils unbesehen in das Verfassungsrecht übertragen wurden, kritisch hierzu *Jens Kersten* Was kann das Verfassungsrecht vom Verwaltungsrecht lernen?, DVBl 2011, 585 (588); *Meinel* Ära (Fn. 21), 48, 61. Ausführlich *Neumeier* Kompetenzen (Fn. 21), 301 ff., 366. Inwieweit dies für sämtliche “Begriffsmigrationen” gilt, bedürfte allerdings einer genaueren Untersuchung.

sich gesehen eigentlich mit einem differenzierteren Politikverständnis operieren.[130] Jedenfalls insofern erweist sich die Unterscheidung von Politik und Verwaltung als reformulierungsbedürftig.[131]

Eine Nivellierung in der Sache geht hiermit allerdings nicht unbedingt einher.[132] Einbezogen werden muss jedoch, dass zwischen Politik und Verwaltung ein funktionales Ergänzungsverhältnis besteht.[133] Insofern gilt es zwischen zwei Varianten der Distinktion von Politik und Verwaltung zu unterscheiden. Dies wird deutlich, sofern man diese mit der Entwicklung des Verwaltungsrechts sowie den divergenten Grundkonzeptionen von Verwaltung in Beziehung setzt.

1. Fachliche Diskurs- statt gegenständlicher Entwicklungsgeschichte

Die Transformation, die mit dem gestaltenden Policeystaat beginnt,[134] über den liberalen Rechtsstaat mit rechtlich gebändigter Verwaltung hin zum interventionistischen, sozialen Wohlfahrtsstaat sowie regulierenden und kooperierenden Staat mit politischer Verwaltung führt,[135] erweist sich

[130] Bezweifelnd, dass die Distinktion angesichts ihrer Vagheit weiterführt, etwa *Simon* Administrative Behavior (Fn. 43), 61 ff.; *Frederickson/Smith/Larimer/Licari* Administration (Fn. 35), 251 ff. Zur Diffusität des Politikbegriffs in der Rechtswissenschaft s. *Bernhard Kempen* Verfassung und Politik, in: Otto Depenheuer/Christoph Grabenwarter (Hrsg.) Verfassungstheorie, 2010, § 27 Rn. 9; *Andreas Voßkuhle* Die politische Dimension der Staatsrechtslehre, in: Helmut Schulze-Fielitz (Hrsg.) Staatsrechtslehre als Wissenschaft, 2007, 135 (137).

[131] *Overeem* Dichotomy (Fn. 16), 322 f.; *ders.* The Politics-Administration Dichotomy. Toward a Constitutional Perspective, 2. Aufl. 2012, 129 ff.; *Schindler* Verwaltungsermessen (Fn. 13), 209 ff.; *Bohne* Verwaltungswissenschaft (Fn. 121), 76; So ebenfalls, wenngleich terminologisch die Dichotomie überwindend und zu einer Komplementarität fortentwickelnd, *Svara* Introduction (Fn. 50), 967.

[132] *Benz* Legitimation (Fn. 43), 78. Ähnliches für das Gewaltenteilungsprinzip betonend *Kavanagh* Separation (Fn. 31), 229. Kritisch insoweit auch *Overeem* Dichotomy (Fn. 16), 316 ff., 323 und *Schmidt-Aßmann* Grundstrukturen (Fn. 54), 35. Den Abbau dieser Distinktion zwischen Regierung und Verwaltung kritisierend, *Meinel* Ära (Fn. 21), 78. Ähnlich zuvor bereits *Kersten* Verfassungsrecht (Fn. 129), 588.

[133] *Svara* Complementarity (Fn. 128), 677 ff.; *Robert Callahan/Tim A. Mau* Reconceptualizing the Politics-Administration Dichotomy to Better Understand Public Leadership in the Twenty-First Century: A Multilateral Actors Model, The American Review of Public Administration 54 (2024), 229 (235 ff.).

[134] Vgl. *Thomas Simon* »Gute Policey«. Ordnungsleitbilder und Zielvorstellungen politischen Handelns in der Frühen Neuzeit, 2004, 392, 492 ff., 533 ff., der insoweit darauf hinweist, dass um die Trennung von Policey und Politik nach dem 17. Jahrhundert im Kontext der Erhöhung des Steuerungsbedarfs gerungen wird.

[135] *Michael Stolleis* Entwicklungsstufen der Verwaltungsrechtswissenschaft, in: Wolfgang Hoffmann-Riem/Eberhard Schmidt-Aßmann/Andreas Voßkuhle (Hrsg.) Grundlagen des Verwaltungsrechts, Bd. I, 1. Aufl. 2006, § 2 Rn. 9 ff., 106 ff; *Badura* Verwaltungsrecht

insofern nicht etwa als eine Verfallsgeschichte.[136] Statt um eine empirisch fundierte Entwicklungshistorie der Verwaltung,[137] handelt es sich nämlich um eine fachliche Diskursgeschichte – die Geschichte der Selbstformation des Faches Verwaltungsrecht.[138]

Schon zur Zeit ihrer Entstehung hat es sich bei der als unpolitisch gekennzeichneten, rechtlich gebundenen und hierarchisch strukturierten Verwaltung lediglich um eine idealtypische Beschreibung eines Teils der Verwaltung gehandelt.[139] Weil die zur Erfassung der stärker politisch agierenden Verwaltung genutzten Figuren – wie die der „öffentlichen Unternehmung" sowie „öffentlichen Anstalt" – sich nicht durchsetzten, geriet dies in Vergessenheit.[140] Infolge dessen wurde die als unpolitisch deklarierte hierarchische Verwaltung zum Grundmodell. Weiter verfestigt hat sich diese Vorstellung dadurch, dass die Differenzierung zwischen politischer und juristischer Selbstverwaltung fallen gelassen wurde,[141] weil sich die kom-

---

(Fn. 24), 5 ff.; *Böhret* Verwaltungspolitik (Fn. 3), 27 ff. Kritisch zur Darstellung verwaltungsrechtlicher Entwicklungen „Von-Zu-Schema" *Christoph Möllers* Theorie, Praxis und Interdisziplinarität in der Verwaltungswissenschaft, VerwArch 2002, 22 (27). Verkürzt wird dies teils auch als Entwicklung vom reaktiven zum planenden Staat beschrieben, so *Schmid/Treiber* Bürokratie (Fn. 10), 61 ff.

[136] Zu deren immanenten Problemen *Christoph Schönberger* „Verwaltungsrecht als konkretisiertes Verfassungsrecht". Die Entstehung eines grundgesetzabhängigen Verwaltungsrechts in der frühen Bundesrepublik, in: Michael Stolleis (Hrsg.) Das Bonner Grundgesetz. Altes Recht und neue Verfassung in den ersten Jahrzehnten der Bundesrepublik Deutschland (1949–1969), 2006, 53 (55 ff.).

[137] Vgl. *Bachof* Dogmatik (Fn. 16), 196, 200 ff., 207 ff.; *Möllers* Methoden (Fn. 41), Rn. 4; *ders.* Verwaltungswissenschaft (Fn. 135), 29; *Scherzberg* Öffentlichkeit (Fn. 8), 80 ff., 85 ff. Dies auch mit Blick auf die Verwaltungswissenschaft bemerkend *Bogumil/Jann* Verwaltung (Fn. 4), 38 f.

[138] Hiermit werden die paradigmenbildenden Entwicklungsschritte des Verwaltungsrechts markiert, *Snellen* Grundlagen (Fn. 69), 30 ff., 100 ff.; *Bohne* Verwaltungswissenschaft (Fn. 121), 41 ff.

[139] Sie war weder allumfassend angelegt noch mit der tatsächlichen Funktionsweise von Verwaltung kongruent. Bereits *Otto Mayer* problematisierte, inwieweit die Wahrnehmung von Verwaltung im Rahmen seiner Konzeption vollständig sei bzw. politische Gestaltung und Zwecke zu weitgehend zurückgedrängt würden, vgl. *Otto Mayer* Deutsches Verwaltungsrecht, Bd. 2, 1969, 135 ff., 333 ff. Hierauf hinweisend *Stolleis* Entwicklungsstufen (Fn. 135), Rn. 62.

[140] Vgl. *Bogumil/Jann* Verwaltung (Fn. 4), 239; *Wallerath* Verwaltungskultur (Fn. 60), 364; *Kahl* Grundzüge des Verwaltungsrechts (Fn. 44), Rn. 156 f.; *Hoffmann-Riem/Pilniok* Eigenständigkeit (Fn. 36), Rn. 28.

[141] S. hierzu *Georg Jellinek* Allgemeine Staatslehre, 3. Aufl. 1914, 631 f.; 637 ff., *ders.* System der subjektiven öffentlichen Rechte, 1892, 262 ff., 277 f.; *Preuß* Gebietskörperschaften (Fn. 119), 218 ff. Auf die Unterscheidung sowie ihre Bezüge zu verschiedenen Verfassungsprinzipien hinweisend *Winfried Kluth* Funktionale Selbstverwaltung. Verfassungsrechtlicher Status – verfassungsrechtlicher Schutz, 1997, 19.

munale Selbstverwaltung zunehmend von politischer in eher administrative Tätigkeit wandelte.[142] Dass die verschiedenen Modelle politischer, demokratischer Verwaltung, die über die Zeit diskutiert wurden – insbesondere das Rätesystem wie auch verschiedene Formen der funktionalen Selbstverwaltung – entweder als nicht hinreichend funktionsfähig oder als demokratietheoretisch problematisch erachtet wurden,[143] stellt einen weiteren Faktor dar, der dazu geführt hat, dass die hierarchische Verwaltung zum demokratischen Ideal avancierte.

Zwar sorgte die Entwicklung zum Wohlfahrts- und Interventionsstaat, der hiermit einhergehende Ausbau der Verwaltung sowie die zunehmende Sichtbarkeit ihrer Gestaltungsmacht dafür,[144] dass ab den 1950er Jahren die Frage aufgeworfen wurde, wie die sozialstaatlichen Ziele mit dem rechtsstaatlich geprägten Demokratieverständnis in Einklang zu bringen seien.[145] Zunehmend als „rechtssetzungsorientiert" und gestaltend wird die Verwaltung in Deutschland jedoch erst seit den 1990er Jahren wieder begriffen. Letzteres beruht auf zwei Faktoren: Zum einen der Einsicht, dass diese Facette von Verwaltung dogmatisch „unterbelichtet" geblieben ist,[146] zum anderen der zunehmenden Europäisierung und hierdurch bedingten Modifikation der Verwaltung.[147]

---

[142] Grund hierfür ist die vermehrte Hochzonung von Aufgaben, *Hesse/Benz* Staatsorganisation (Fn. 3), 31. *Kersten* Rolle (Fn. 30), 79, weist mit Blick hierauf auf das noch weitgehende Aufgabenfindungsrecht der Selbstverwaltung im sogenannten „Munizipalsozialismus" der zweiten Hälfte des 19. Jahrhunderts hin.

[143] Vgl. *Kelsen* Staatslehre (Fn. 38), 359 ff.; *Forsthoff* Strukturwandlungen (Fn. 18), 20; *Bermbach* Rätesystem (Fn. 78), 446 f., 449 ff.

[144] *Cancik* Verwaltung (Rn. 56), Rn. 12; *Badura* Auftrag (Fn. 3), 450 ff.; *ders.* Daseinsvorsorge (Fn. 3), 625; *Forsthoff* Begriff und Wesen (Fn. 16), 33.

[145] *Forsthoff* Strukturwandlungen (Fn. 18), 19; *ders.* Begriff und Wesen (Fn. 16), 33 ff.; *Badura* Verwaltungsrecht (Fn. 24), 5 ff., 22 ff.

[146] Vgl. *Fritz Ossenbühl* Daseinsvorsorge und Verwaltungsprivatrecht, DÖV 1971, 513 (515); *Bachof* Dogmatik (Fn. 16), 212 ff.; *Stolleis* Entwicklungsstufen (Fn. 135), Rn. 49; *Scheuner* Auftrag (Fn. 33), 587; *Eifert* Verwaltungsrecht (Fn. 106), 295, 303 f., Fn. 41; *Kersten* Konzeption (Fn. 82), Rn. 5; *Wahl* Herausforderungen (Fn. 45), 24; *Unger* Konstanten (Fn. 106), 12.

[147] Vgl. *Michael Brenner* Der Gestaltungsauftrag der Verwaltung in der Europäischen Union, 1996, 191, 373 ff., 424 ff.; *Klaus Ferdinand Gärditz* Europäisches Planungsrecht, 2009, 40 ff., 59; *Kahl* Grundzüge des Verwaltungsrechts (Fn. 44), Rn. 160 ff. Dies wird vielfach auf die zunehmende Final- statt Konditionalprogrammierung zurückgeführt, *Fehling* Unparteilichkeit (Fn. 41), 73; *Schmidt-Aßmann* Ordnungsidee (Fn. 44), 119 Rn. 15; *Appel* Verwaltungsrecht (Fn. 66), 275; *Würtenberger* Optimierungsgebote (Fn. 115), 161. Insoweit eine Funktionsverschiebung sehend *Brenner* Gestaltungsauftrag (Fn. 147), 424 ff.; *Peter M. Huber* Rechtsstaat, in: Matthias Herdegen/Johannes Masing/Ralf Poscher/Klaus Ferdinand Gärditz (Hrsg.) Handbuch des Verfassungsrechts, 1. Aufl. 2021, § 6 Rn. 72.

Das unionale Verwaltungsverständnis erweist sich generell als gestaltungsaffiner,[148] weil die Politizität von Verwaltung aufgrund des anders gelagerten Politik- und Demokratieverständnisses nicht unterdrückt, sondern stattdessen zu legitimieren gesucht wird.[149] Angesichts dessen werden die Entscheidungsspielräume der Verwaltung im Unionsrecht prinzipiell weiter gezogen.[150] Obgleich dies zur Wiederentdeckung vormaliger Einsichten – etwa der Bedeutung von Organisation und Verfahren –[151] beigetragen hat, sind hieraus erhebliche Schwierigkeiten erwachsen. Insbesondere ruft die Zunahme unabhängiger Behörden demokratieprinzipielle Probleme hervor,[152] zumal deren Unabhängigkeit im Falle von Regulierungsbehörden inzwischen nicht nur auf die Regierung, sondern auch den nationalen Gesetzgeber erstreckt wird.[153]

2. *Variationen in der Grundkonzeption von Verwaltung*

Ungeachtet dessen wird bereits seit Mitte des 19. Jahrhunderts um zwei strukturell verschieden gelagerte Varianten von Verwaltung gerungen,[154] die aus je unterschiedlichen Gründen in liberaler sowie demokratischer Hinsicht befürwortet werden.[155] Als Grundmodelle konkurrieren: Die rechtlich

---

[148] Vgl. *Sebastian Unger* Verwaltungslegitimation in der Europäischen Union, in: Ferdinand Wollenschläger/Lucas de Lucia (Hrsg.) Staat und Demokratie, 2016, 39 ff. (49 ff.).

[149] *Josef Franz Lindner* Verwaltungsrecht und Politik, in: Wolfgang Kahl/Ute Mager (Hrsg.) Verwaltungsrechtswissenschaft und Verwaltungsrechtspraxis, 2019, 285 (290 f.).

[150] *Mattias Wendel* Verwaltungsermessen als Mehrebenenproblem, 2019, 48.

[151] Dies bereits hervorhebend, *Brohm* Dogmatik (Fn. 5), 261.

[152] *Döhler* Regulative Politik (Fn. 43), 211 ff.; *Klaus Ferdinand Gärditz* Europäisches Regulierungsverwaltungsrecht auf Abwegen, AöR 135 (2010), 251 (266 ff.); *Johannes Masing* Soll das Recht der Regulierungsverwaltung übergreifend geregelt werden, in: Verhandlungen des 66. Deutschen Juristentags, Bd. I, 2006, D 73 ff.; *Markus Ludwigs* Die Bundesnetzagentur. Auf dem Weg zur Independent Agency? Europarechtliche Anstöße und verfassungsrechtliche Grenzen, Die Verwaltung 44 (2011), 41 (46 ff.). Deren Wurzeln herausarbeitend, *Thomas Groß* Ist die Wirtschaftskrise ein Katalysator für das Entstehen unabhängiger Behörden? Reformen der Bankenaufsicht im Vergleich, Die Verwaltung 47 (2014), 197 (198).

[153] So EuGH, 2.9.2021, - C-718/18, Kommission/Deutschland, ECLI:EU:C:2021:662, Rn. 112 ff. Zuvor auch bereits EuGH, 3.12.2009, - C-424/07, Kommission/Deutschland, ECLI:EU:C:2009:749, Rn. 55 ff. Kritisch zur hierdurch bedingten Novelle des EnWG *Charlotte Kreuter-Kirchhof* Die Stellung der Bundesnetzagentur nach der Novelle des EnWG, NVwZ 2024, 9; *Udo Di Fabio* Unabhängige Regulierungsbehörden und gerichtliche Kontrolldichte, EnWZ 2022, 291 (294 ff.).

[154] Mit Blick auf das amerikanische Verwaltungssystem sogar zwischen vier Modellen differenzierend, welche sodann indes ebenfalls auf zwei Grundansätze zurückgeführt werden, *Svara* Introduction (Fn. 50), 954 f.

[155] Vgl. *Cancik* »Bürokratie« (Fn. 6), 618. Darauf hinweisend, dass mit „demokratischer Verwaltung“ disparate Vorstellungen einhergehen, *Fritz Morstein Marx* The Administrative

gebundene, hierarchisch strukturierte und professionalisierte Verwaltung auf der einen Seite mit sich eigenständiger Gestaltung öffnender Formen der Selbstverwaltung auf der anderen Seite,[156] mittels derer Verwaltung dezentralisiert und demokratisch zu organisieren gesucht wird.[157]

Nichtsdestotrotz hat sich die Vorstellung durchgesetzt, Demokratie fordere prinzipiell eine autokratische, hierarchisch organisierte und damit „unpolitische" Verwaltung,[158] welche zwar über gewisse Entscheidungsspielräume verfügt, grundsätzlich jedoch gebunden agiert.[159] Dass dies als eine Funktionsbedingung von Demokratie angesehen wird, begründet sich zum einen aus historischen Praktikabilitätsgesichtspunkten.[160] Zum anderen damit, dass hierdurch sowohl eine effiziente demokratische Gestaltung

---

State. An Introduction to Bureaucracy, 1957, 181; *Edwin Czerwick* Demokratisierung der öffentlichen Verwaltung in Deutschland. Von Weimar zur Bundesrepublik, Geschichte und Gesellschaft 28 (2002), 183 (184 f.).

[156] Vgl. *Rudolf Gneist* Selfgovernment – Communalverfassung und Verwaltungsgerichte in England, 3. Aufl. 1871, 881 f.; *Lorenz von Stein* Handbuch der Verwaltungslehre und des Verwaltungsrechts, Bd. I, 1870, 25 ff.; *Jellinek* System (Fn. 141), 264 ff.; *Kelsen* Staatslehre (Fn. 38), 181, 365; *Köttgen* Innenpolitik (Fn. 28), 150; *Jellinghaus* Daseinsvorsorge (Fn. 24), 174 ff.

Betonend, dass Demokratie und dezentrale Freiheit miteinander harmonisiert werden müssten, indem insbesondere der Selbstgestaltung durch kommunale Verwaltung mehr Raum belassen werde, *Würtenberger* Optimierungsgebote (Fn. 115), 160. Kritisch demgegenüber *Matthias Jestaedt* Selbstverwaltung als „Verbundbegriff". Vom Wesen und Wert eines allgemeinen Selbstverwaltungsbegriffs, Die Verwaltung 2002, 293 (304 ff.), der meint, dass der Verfassung trotz vereinzelter Aussagen hierzu kein Prinzip der Selbstverwaltung zu entnehmen sei.

[157] Vgl. *Adolf Merkl* Allgemeines Verwaltungsrecht, 1969, 334 ff.; *ders.* Demokratie und Verwaltung, 1923, 33 ff.; *Kelsen* Staatslehre (Fn. 38), 361 ff.; *ders.* Demokratisierung der Verwaltung, Zeitschrift für Verwaltung 54 (1921), 5 (6 f.); *Ingeborg Maus* Zur Aufklärung der Demokratietheorie, 2. Aufl. 2015, 178 ff., 189, 196, 201 f.; *Würtenberger* Optimierungsgebote (Fn. 115), 151, 159; *Eichenberger* Leistungsstaat (Fn. 5), 18, 20 f.; *Horst Dreier/David Kuch* Demokratische Legitimation der Verwaltung, in: Wolfgang Kahl/Markus Ludwigs (Hrsg.) Handbuch des Verwaltungsrechts, Bd. III, 2002, § 60 Rn. 48, 50, 52.

Vgl. zu den Unterschieden der Verwaltungsstrukturen in Preußen schon *Hugo Preuß* Deutschland und die preussische Verwaltungsreform (1925), in: *ders.* Staat, Recht und Freiheit, 1964, 129 (134). Ausführlich mit Blick auf die Selbstverwaltung ferner *Dreier* Hierarchische Verwaltung (Fn. 24), 230 ff.; *Ernst T. Emde* Die demokratische Legitimation der funktionalen Selbstverwaltung, 1991, 5 ff., 260 ff.; *Kluth* Selbstverwaltung (Fn. 141), 342 ff.; *Andreas Engels* Die Verfassungsgarantie kommunaler Selbstverwaltung, 2014, 161 ff.

[158] *Merkl* Verwaltungsrecht (Fn. 157), 334 ff.; *Isensee* Verwaltung (Fn. 110), 67 f.; *Lindner* Verwaltungsrecht und Politik (Fn. 149), 290, 298 ff.

[159] Kritisch dazu, dass anderen Formen der Verwaltung zu wenig Beachtung geschenkt worden sei, *Thomas Blanke* Antidemokratische Effekte der verfassungsgerichtlichen Demokratietheorie, KJ 1998, 452 (459); *Möllers* Verwaltungswissenschaft (Fn. 135), 28 f.

[160] Näher hierzu *Czerwick* Demokratisierung (Fn. 155), 186 ff.

als auch Politikwechsel ermöglicht werden.[161] Obgleich die hierarchische, „unpolitische" Verwaltung somit weder eine bloß im monarchischen Konstitutionalismus benötigte Denkfigur darstellt,[162] noch sich aufgrund ihres Ursprungs als für die Demokratie generell ungeeignet erweist,[163] hat sie nie die einzig mögliche Form demokratisch legitimer Verwaltung dargestellt.[164]

Vielmehr sind die verschiedenen Arten der Verwaltungsorganisation auf die jeweilige Verwaltungstätigkeit abzustimmen.[165] Die Kennzeichnung der Verwaltung als neutral und unpolitisch sagt schließlich nur aus, dass eine unparteiische und sachliche Aufgabenwahrnehmung angestrebt und eine Politisierung allein im Rahmen der rechtlich hierfür vorgesehenen Bahnen, nämlich über die Regierung,[166] erfolgen soll.[167] Als vollkommen unpolitisch erweist sich die Verwaltung jedoch auch in diesem Rahmen nicht.

Zudem lassen sich die hierdurch hervorgerufenen konstruktiven Schwierigkeiten im Rahmen der Konzeption der Regierung nur partiell bewältigen: Zwar kann der Regierung, wenn ihr Aufsichts- und Weisungsrechte

---

[161] *Kelsen* Demokratisierung (Fn. 157), 9 f.; *Seibel* Administrative State (Fn. 34), 241; *Isensee* Verwaltung (Fn. 110), 68, 80 f.

[162] So indes *Meinel* Ära (Fn. 21), 49.

[163] *Wilson* Administration (Fn. 92), 218; *Möllers* Verwaltungswissenschaft (Fn. 135), 51.

[164] *Blanke* Demokratietheorie (Fn. 159), 470; *Masing* Regulierungsverwaltung (Fn. 152), D 5, D 75. So auch bereits *Merkl* Demokratie (Fn. 157), 29 ff., wenngleich seine Stoßrichtung vornehmlich dahingeht, die hierarchisch, autokratisch strukturierte Verwaltung für demokratisch tragbar zu erklären.

[165] Vgl. bereits *Kelsen* Demokratisierung (Fn. 157), 9 f., 13 ff. Hierauf am Rande hinweisend *Fehling* Unparteilichkeit (Fn. 41), 145.

[166] Dies liegt auch der Konzeption des BVerfG zugrunde, BVerfGE 83, 60 (72).

Vgl. hierzu ferner *Rudolf Steinberg* Politik und Verwaltungsorganisation, 1979, 19 ff.; *Kelsen* Staatslehre (Fn. 38), 244 ff.; *Rudolf Smend* Die politische Gewalt im Verfassungsstaat und das Problem der Staatsform, in: *ders.* Staatsrechtliche Abhandlungen, 4. Aufl., Nachdruck 2010, 68 ff., 72, 79 ff.; *Ulrich Scheuner* Der Bereich der Regierung, in: Rechtsprobleme in Staat und Kirche, FS Rudolf Smend 1952, 253 (261 ff.); *Badura* Parlamentarismus (Fn. 30), 25; *Herzog* Gesetzgeber (Fn. 20), 204; *Armin von Bogdandy* Gubernative Rechtsetzung, 2000, 114 ff.; *Di Fabio* Gewaltenteilung (Fn. 11), Rn. 22; *Schmidt-Aßmann* Ordnungsidee (Fn. 44), 99 Rn. 98; *Möllers* Gewaltengliederung (Fn. 42), 439; *Droege* Neutralität (Fn. 112), 332.

Kritisch vor diesem Hintergrund dazu, dass Regierungstätigkeit immer stärker versachlicht werde, *Meinel* Ära (Fn. 21), 51 f., 83 f. Demgegenüber auf die Grenzfunktion und daher „Janusgesichtigkeit" hinweisend, *Hoffmann-Riem/Pilniok* Eigenständigkeit (Fn. 36), Rn. 90 f.

[167] Dies schlägt sich sowohl in der Historie als auch Dogmatik (insbesondere in Art. 33 GG sowie dem Amtsprinzip) nieder. Vgl. *Droege* Neutralität (Fn. 112), 313 ff., 319 ff.; *Seibel* Verwaltung (Fn. 117), 110 ff; *Overeem* Dichotomy (Fn. 16), 313 ff. Auf die historischen Hintergründe und eine sich hierbei wandelnde „Neutralitätsvorstellung" hinweisend, *Groh* Neutrale Bürokratie (Fn. 112), 198 ff. Kritisch hierzu, indes mit Blick auf den amerikanischen Diskurs, *Rahman* Reconstructing (Fn. 5), 1711.

zukommen, rechtlich die demokratische Verantwortung für Verwaltungsentscheidungen zugeschrieben werden. Ebenso lässt sich ihr die Aufgabe überantworten, politische und sachliche Gestaltungserwägungen zusammenzuführen, sodass Regierung und Europäische Kommission als Schnittstelle fungieren.[168] Verhindern lassen sich gewisse Brüche innerhalb der Konstruktion jedoch nicht, wie sowohl die Beteiligung der Verwaltung an der Gesetzes- und damit Politikformulierung als auch die Figur des politischen Beamten ersichtlich macht.[169] Das Bild der mit Ausnahme der politischen Steuerung durch die Regierung entpolitisierten Verwaltung ruft indes nicht nur angesichts dessen Kritik hervor.[170] Vielmehr bringt die unterstellte gesetzliche und personelle Steuerung der Verwaltung, soweit sie sich als bloße Fiktion erweist, relevante demokratische Friktionen mit sich.[171]

Obgleich die Feststellung, dass die Verwaltung nicht nur gebunden, sondern auch gestaltend agiert, heute kaum mehr Neuigkeitswert hat,[172] ist die rechtliche Konzeption von Verwaltung nur in geringem Ausmaß modifiziert worden. Nach wie vor wird Gestaltung durch Verwaltung vorrangig rechtlich zu restringieren gesucht,[173] weil die auf die Verwaltung eingenommene Perspektive vor dem Hintergrund der rechtlichen Konstruktion von Demokratie und Rechtsstaatlichkeit negativ geprägt ist.[174] Trotz der mit den zunehmenden Gestaltungspotentialen der Verwaltung korrelierenden, fein-

---

[168] Daher ist der Grad ihrer zulässigen Politizität auch unterschiedlich ausgeprägt, weil dieser vom konkreten Tätigkeitsfeld abhängt Auf das Ineinandergreifen von Regierung und Verwaltung hinweisend *Fehling* Unparteilichkeit (Fn. 41), 26. Dies mit Blick auf die Kommission näher ausarbeitend *Edgar Grande/Martina McCowan* The Two Logics of Multilevel Administration in the EU, in: Michael W. Bauer/Jarle Trondal (Hrsg.) The Palgrave Handbook of the European Administrative System, 2015, 48, 51 ff.

[169] Vgl. *Möllers* Gewalten (Fn. 32), 107 f.; *Schuppert* Verwaltungswissenschaft (Fn. 119), 662, 666 ff., 675 ff.; *Dieter Kugele* Der politische Beamte. Entwicklung, Bewährung und Reform einer politisch administrativen Institution, 2. Aufl. 1978, 24 ff., 75 ff., 222 ff.; *Seibel* Verwaltung (Fn. 117), 112 f.; *Peters* Politics of Bureaucracy (Fn. 3), 22.

[170] *Köttgen* Innenpolitik (Fn. 28), 147; *ders.* Struktur (Fn. 17), 783.

[171] Deutlich hierzu *Blanke* Demokratietheorie (Fn. 159), 464 f.

[172] Dies besonders hervorhebend *Grauhan* Politische Verwaltung (Fn. 18), 27 ff.; *Mayntz/Scharpf* Policy-making (Fn. 75), 67, 71 ff., 92 ff.; *Scharpf* Verwaltungswissenschaft (Fn. 82), 10 ff.; *ders.* Planung (Fn. 86), 15 ff.; *Schmid/Treiber* Bürokratie (Fn. 10), 180 ff.; *Thomas Ellwein/Joachim Jens Hesse* Der überforderte Staat, 1997, 80 ff.; *Jann* Politik (Fn. 28), 258 f.; *Renate Mayntz* Einleitung, in: dies. (Hrsg.) Implementation politischer Programme II, 1983, 7 (16 ff.); *Stefan Machura* Politik und Verwaltung, 1. Aufl. 2005, 20.

[173] Vgl. *Möllers* Methoden (Fn. 41), Rn. 14.

[174] Gestaltung durch Verwaltung wird nach wie vor vielfach als „Relikt absolutistischen" Kompetenzdenkens betrachtet, vgl. hierzu schon *Jesch* Gesetz und Verwaltung (Fn. 15), 111 ff., 149 ff., 209 ff.; *Günther* Staat (Fn. 13), 257 ff.; *Mashaw* Constitution (Fn. 3), 8.

ziselierten Fortschreibung der Verwaltungsrechtsdogmatik[175] ist es somit nicht recht gelungen, Konsequenzen daraus zu ziehen, dass ein Bedingungsverhältnis zwischen politischer Gestaltung und Verwaltung besteht.[176] Hauptgrund hierfür dürfte sein, dass unklar geblieben ist, wie sich die divergenten Logiken, die sich in den beiden Grundkonzeptionen von Verwaltung niederschlagen, miteinander verbinden lassen.[177] Aufgrund dessen hat sich eine zu kurz greifende rechtliche Konstruktion von Verwaltung manifestiert, weshalb sich im Rahmen weiter Teile des besonderen Verwaltungsrechts – sei es im Wirtschafts-, Sozial- und Gesundheits- oder Medienrecht – Sonderdogmatiken entwickelt haben.

3. *Funktionale Ergänzung statt Dichotomie: Eine Reformulierung des Verhältnisses von Politik und Verwaltung*

Dem lässt sich nur abhelfen, indem mit der Distinktion zwischen Verwaltung und Politik differenzierter operiert und zwischen zwei Varianten unterschieden wird, die mit unterschiedlichen Bezugspunkten und Begriffsverständnissen operieren. Während die erste Variante der Distinktion verschiedene Arten der Politizität kennzeichnet und den Rahmen möglicher Aufgabenverschiebungen zwischen Legislative und Exekutive vorgibt, zeichnet die zweite Variante vor, aus welchen Gründen sich diese rechtfertigen lassen und welche Mechanismen es hierfür heranzuziehen gilt. Hiernach ist erstens zwischen Politik und Verwaltung zwar weiterhin mit dem Ziel zu differenzieren, legislative und exekutive Aufgaben voneinander zu scheiden und die Verwaltung von parteipolitischen Einflussnahmen abzuschirmen. Gleichzeitig ist zweitens jedoch deutlich zu machen, dass es sich bei Politik und Verwaltung um zwei divergente Funktionsmechanismen des

---

[175] Diese schlägt sich etwa in der Differenzierung zwischen Beurteilungsspielräumen, verschiedenen Arten des Ermessens sowie der planerischen Abwägung nieder, mit welcher die unterschiedlichen Grade an Gestaltungspotentialen der Verwaltung gekennzeichnet werden, vgl. *Klement* Zeithorizonte (Fn. 24), 197, der dies mit der generellen Durchsetzung der Gestaltungsperspektive auf das Recht in Beziehung setzt, ebd., 208 f.

[176] Hierauf hinweisend und insoweit das Legitimationskettenmodell kritisierend, *Blanke* Demokratietheorie (Fn. 159), 463 f. Kritisch dazu, dass die Fixierung auf die gesetzliche Determination der Verwaltung aufgrund der historischen Ursprünge in Deutschland übertrieben worden sei, *Scheuner* Auftrag (Fn. 33), 587, 593. Ähnlich auch *Scharpf* Kosten (Fn. 24), 53 ff., der insoweit bemerkt, dass aufgrund des föderalen Gesetzesvollzugs der gesetzlichen Determination in Deutschland eine hohe Bedeutung zukäme, dies jedoch problematische Folgen mit Blick auf das Verhältnis von Exekutive zur Judikative zeitige.

[177] Meist wird dies als Fehlen einer demokratisch tragbaren Konzeption gestaltender Verwaltung formuliert, so etwa *Möllers* Verwaltungswissenschaft (Fn. 135), 29; *Schindler* Verwaltungsermessen (Fn. 13), 244 f.; *Lindseth* Paradox (Fn. 57), 1414.

politischen Systems handelt,[178] denen im Rahmen politischer Gestaltung eine komplementäre Funktion zukommt.[179]

Darauf, dass eine solche Verständnisweise überzeugt, deutet nicht nur der Disput um die verschiedenen Grundkonzeptionen von Verwaltung hin. Vielmehr weist auch die bekannte Ausdifferenzierung des Politikbegriffs in die drei Dimensionen „Politics, Polity und Policy" in diese Richtung. Denn während für Politics, da auf Konflikt, politischen Kompromiss und somit Macht bezogen, allein der Gesetzgeber zuständig sein soll, wird betont, dass die ebenfalls Gestaltungsmomente enthaltende sowie Zielkonflikte verarbeitende Policy nicht nur ihm, sondern ebenso der Verwaltung obliege.[180] Eine weitere Stütze findet dieses Verständnis im verfassungsrechtlichen Diskurs über die Wechselbezüglichkeit von Demokratie-, Rechts-, Sozial- und Bundesstaatsprinzip.[181] Ferner scheint dieser Gedanke auch in den Überlegungen zum Ergänzungsverhältnis von repräsentativen und partizipatorischen Elementen des Demokratieverständnisses auf.[182]

---

178 Letzteres betont insbesondere *Luhmann* Planung (Fn. 44), 66; *ders.* Verwaltungswissenschaft (Fn. 18), 75.

179 Vgl. *Svara* Introduction (Fn. 50), 966 ff.; *Wischmeyer* Gewaltenteilung (Fn. 62), Rn. 39. Dies auch in zeitlicher Hinsicht betonend *Klement* Zeithorizonte (Fn. 24), 215, 235 f. Vgl. auch *M. J C. Vile* Constitutionalism and the Separation of Powers, 2. Aufl. 1998, 346 ff.

180 *Carl Böhret/Werner Jann/Eva Kronenwett* Innenpolitik und Politische Theorie, 3. Aufl. 1979, 7; *Bogumil/Jann* Verwaltung (Fn. 4), 9 ff.; *Veith Selk* Die Politik der Entpolitisierung als Problem der Politikwissenschaft und der Demokratie, ZPTh 2 (2011), 185 (195). Dies mit Blick auf Planung statuierend BVerfGE 95, 1 (17).

181 Eine Wechselbezüglichkeit annehmend *Badura* Daseinsvorsorge (Fn. 3), 632 f.; *Hans F. Zacher* Soziales Staatsziel, in: Josef Isensee/Paul Kirchhof (Hrsg.) HStR I, 1. Aufl. 1987, § 25 Rn. 105; *Böckenförde* Rechtsstaatsbegriff (Fn. 24), 66 ff.; *Kersten/Neu/Vogel* Bürokratie (Fn. 24), 421; *Klement* Zeithorizonte (Fn. 24), 237. Demgegenüber eher von einem Widerspruch zwischen Sozial- und Rechtsstaat wie auch liberalem Freiheitsdenken ausgehend, *Forsthoff* Begriff und Wesen (Fn. 16), 14 ff., 19, 29; *ders.* Strukturwandlungen (Fn. 18), 19. Einen Konflikt zwischen Bundesstaatlichkeit und Demokratie macht *Möllers* Parlamentarischer Bundesstaat (Fn. 81), 84, 92 ff., 101 ff. aus, wenngleich er im Ergebnis weder eine Antinomie noch Harmonie konstatiert. Ähnlich insoweit auch *Böckenförde* Sozialer Bundesstaat (Fn. 31), 183, 192, der im Ergebnis indes dazu kommt, dies für demokratieprinzipiell tragbar zu erachten, weil Demokratie nicht zwangsläufig parlamentarische Demokratie bedeute. Hierin eher einen Aspekt der Funktionsfähigkeit von Demokratie erblickend *Dann* Exekutivföderalismus (Fn. 91), 355.

182 Vgl. BVerfGE 33, 125 (159 f.); 83, 37 (55). *Helmuth Schulze-Fielitz* Rationalität als rechtsstaatliches Prinzip für den Organisationsgesetzgeber. Über Leistungsfähigkeit und Leistungsgrenzen „weicher" Leitbegriffe in der Rechtsdogmatik, in: Paul Kirchhof/Moris Lehner/Arndt Raupach/Michael Rodi (Hrsg.) FS Klaus Vogel, 2000, 311 (324). Kritisch hierzu *Jestaedt* Selbstverwaltung (Fn. 156), 309 f.

Wie das funktionale Ergänzungsverhältnis von Politik und Verwaltung genau auszugestalten und demokratieprinzipiell zu rechtfertigen ist, bleibt hierbei zwar offen.[183] Entnehmen lässt sich diesen Erwägungen jedoch erstens, dass sich Verwaltung nicht überzeugend konzeptualisieren lässt, indem stringent einem Leitprinzip gefolgt wird.[184] Vielmehr muss, um politische Gestaltung zu ermöglichen, die Gestalt der Verwaltung variabel gehalten werden,[185] weil sie weitgehend von den politischen Zielsetzungen abhängt,[186] die zumal innerhalb des heterogenen Aufgabenspektrums der Verwaltung changieren.[187] Die Verwaltung ist rechtlich folglich flexibler und vielgestaltiger zu konzipieren als die anderen Staatsgewalten,[188] weshalb jegliche Hypostasen der Verwaltung fehlgehen.[189]

Zweitens hat sich gezeigt, dass, obzwar sich das instrumentelle Verständnis der Verwaltung sowie ihre mechanische Beschreibung partiell als unangemessene Reduktion erweist,[190] es die der Verwaltung spezifisch

---

183 Auf einen insoweit verdeckten „Richtungsstreit" hinweisend *Möllers* Richtungsstreit? (Fn. 126), 187, dessen Beispiele nicht grundlos großteils der Verwaltung gelten.

184 So auch *Cornils* Gewaltenteilung (Fn. 73), 660. Aus diesem Grund bedarf es verschiedener „mixed models", vgl. *Rose-Ackerman* Executive Power (Fn. 5), 29.

185 Vgl. *Suleiman* Dismantling (Fn. 30), 305. Ähnlich auch *Lerche* Gewaltenteilung (Fn. 18), 87. Dies ebenfalls andeutend *Möllers* Gewaltengliederung (Fn. 42), 431, 440 f. Aus diesem Grund kann die Rolle der Verwaltung auch rechtlich nicht präzise vorgezeichnet werden, vgl. *Möllers* Methoden (Fn. 41), Rn. 4 f.; *Poscher* Funktionenordnung (Fn. 55), Rn. 56; *Thomas Groß* Die asymmetrische Funktionenordnung der demokratischen Verfassung – Zur Dekonstruktion des Gewaltenteilungsgrundsatzes, Der Staat 55 (2016), 489 (503 f., 506); *Paul Craig/Adam Tomkins* Introduction, in: dies. (Hrsg.) The Executive and Public Law, 2006, 1 (4 ff.); *Bogumil/Jann* Verwaltung (Fn. 4), 238. In Bezug auf das ihr zukommende Aufgabenspektrum *Schulze-Fielitz* Rationalität (Fn. 182), 313.

Darauf hinweisend, dass aus diesem Grund in Verfassungen auch zumeist weitergehende Maßgaben zur Verwaltung fehlen, *Cancik* Verwaltung (Rn. 56), Rn. 1. Historisch das Einwandern von Verwaltung in Verfassungen aufarbeitend, *Smend* Die politische Gewalt (Fn. 166), 68. Dies erklärt zudem, weshalb die vorgefundenen Strukturen der Verwaltung dogmatisch häufig lediglich geringfügig modifiziert und fortlaufend fortgeschrieben werden. Vgl. zu dieser Beobachtung der dogmatischen Entwicklung des Verwaltungsrechts *Kersten* Verfassungsrecht (Fn. 129), 590 f.; *Plebuch/Pielhoff* Verwaltungsstaat (Fn. 52), 174 ff., 202.

186 *Georg Jellinek* Die Entstehung der modernen Staatsidee, in: *ders.* Ausgewählte Schriften, Bd. 2, 1911, 45, 61 f., *Badura* Auftrag (Fn. 3), 454; *Kavanagh* Separation (Fn. 31), 228.

187 Dies schlägt sich in der Unmöglichkeit nieder, die Funktionen der Verwaltung „positiv-inhaltlich erschöpfend zu beschreiben", *Cornils* Gewaltenteilung (Fn. 73), 667.

188 Vgl. *Hesse/Benz* Staatsorganisation (Fn. 3), 21.

189 Sie überzeugen insoweit weder in theoretischer Hinsicht, noch erweisen sie sich als hinreichend an die Verwaltungsrealität rückgebunden.

190 Vgl. *Bogumil/Jann* Verwaltung (Fn. 4), 31; *Jann* Politik (Fn. 28), 263; *Peter Collin/Klaus-Gert Lutterbeck* Handlungsorientierungen moderner Verwaltung – eine Problemdar-

zugeschriebene Funktion ebenso unterliefe, würde hauptsächlich qua Organisationsvorgaben und Prozeduralisierung danach gesucht, die Verwaltung zu demokratisieren.[191] Gleichfalls führt es zu Problemen, sofern die Verwaltung vornehmlich mittels Ressourcenzuweisungen respektive Ressourcenentzug zu steuern versucht wird.[192] Denn sollte keine angemessene Relation zu den überantworteten Aufgaben bestehen, erweist sich ein solcher Steuerungsversuch als kontraproduktiv, weil seitens der Verwaltung unter diesen Umständen im Rahmen der Implementation priorisiert wird.[193] Demzufolge ist stärker zu berücksichtigen, inwieweit Politik und Verwaltung einander funktional ergänzen, damit die verschiedenen rechtlichen Mechanismen hierauf besser abgestimmt werden können.

Hieraus folgt drittens, dass es zwar einer gewissen Modifikation des Verwaltungs- und Demokratieverständnisses bedarf, um der Komplementarität der beiden Funktionslogiken Rechnung zu tragen.[194] Vor allem ist eine plurale rechtliche Demokratiekonzeption von Nöten.[195] Eine Abkehr vom ausdifferenzierten rechtlichen Legitimationsmodell, das gerade für die Verwaltung erhebliche Bedeutung erlangt hat,[196] geht hiermit jedoch schon deshalb nicht einher, weil die Funktionsunterschiede zwischen Politik und Verwaltung aufrechterhalten werden müssen. Deswegen verlieren auch diejenigen rechtlichen Figuren und Argumentationsmuster, die auf der Distinktion von Politik und Verwaltung fußen, nicht ihre Funktion. Sie müssen jedoch um funktional anders gelagerte Mechanismen ergänzt werden.[197]

---

stellung, in: dies. (Hrsg.) Eine intelligente Maschine?, Handlungsorientierungen moderner Verwaltung (19./20. Jh.), 2009, 1 (4 f.); *Scherzberg* Öffentlichkeit (Fn. 8), 91 f.

191 Dies bereits herausarbeitend *Kelsen* Demokratisierung (Fn. 157), 9 ff. Vor diesem Hintergrund eine „Demokratisierung" der Verwaltung problematisierend, etwa *Benz* Legitimation (Fn. 43), 75, 84. Kritisch zur Prozeduralisierung von Verfahrensmaßstäben, weil hiermit eine Politisierung der Verwaltung einhergehe, auch *Lepsius* Verwaltungsrecht (Fn. 54), 305 ff.

192 *Hoffmann-Riem/Pilniok* Eigenständigkeit (Fn. 36), Rn. 43.

193 *Zink/Knill/Steinebach* Bureaucratic overload (Fn. 80), 1 ff.; *Xavier Fernández-i-Marín/Markus Hinterleitner/Christoph Knill/Yves Steinebach* Bureaucratic overburdening in advanced democracies, Public Administration Review 2023, 1.

194 Vgl. *Edwin Czerwick/Wolfgang H. Lorig/Erhard Treutner* Demokratische Verwaltung im demokratischen Rechtsstaat, in: dies. (Hrsg.) Die öffentliche Verwaltung in der Demokratie der Bundesrepublik Deutschland, 2009, 249.

195 So auch schon *Hans-Heinrich Trute* Die demokratische Legitimation der Verwaltung, in: Wolfgang Hoffmann-Riem/Eberhard Schmidt-Aßmann/Andreas Voßkuhle (Hrsg.) Grundlagen des Verwaltungsrechts, Bd. I, 2. Aufl. 2012, § 6 Rn. 30 ff.; *Schindler* Verwaltungsermessen (Fn. 13), 248 f.

196 Ausführlich hierzu *Schmidt-Aßmann* Verwaltungslegitimation (Fn. 127), 337 ff.

197 So auch *Dreier/Kuch* Demokratische Legitimation (Fn. 157), Rn. 68.

Wennzwar sich die Rede von der Kompensation materieller Vorgaben durch Organisations- und Verfahrensmaßgaben insofern nicht in jederlei Hinsicht als treffend erweist, führt sie zumindest deren notwendige Komplementarität vor Augen.[198]

IV. Politik ohne Gestaltung – Gestaltung ohne Politik?

Müssen, um politische Gestaltung zu ermöglichen, demnach die rechtlichen Bindungen und Beschränkungen zurückgenommen werden?[199] Ist die Limitation politischer Gestaltbarkeit durch die Juridifizierung der Politik, den Föderalismus sowie die Gewaltenteilung zu weit getrieben worden?[200] Und wird der politischen Gestaltung durch die Verwaltung auf Kosten der Legislative zu viel Raum belassen?[201]

Die Beantwortung dieser Fragen hängt – neben dem bereits Ausgeführten – in relevanter Weise davon ab, wie sich Politik und Gestaltung zueinander verhalten.[202]

---

[198] *Jochen Rauber* Kompensation durch Verfahren. Zu Formen, Notwendigkeit und Grenzen der Prozeduralisierung im Verwaltungs- und Verfassungsrecht, 2024, 345 ff.

[199] Kritisch zum Abbau der Gewaltenteilung und -verschränkung als Ermöglichung „wirksamer" demokratischer Politik *Jon D. Michaels* Constitutional Coup: Privatization's Threat to the American Public, 2017, 147 ff.

[200] Dies insbesondere fordernd *Meinel* Ära (Fn. 21), 48 ff. Diese Frage ebenfalls bereits aufwerfend, *Felix Frankfurter* The Public and Its Government, 1930, 3 f., 132 ff. In diese Richtung auch *Angelika Nußberger* Regieren: Staatliche Systeme im Umbruch, VVDStRL 81 (2022), 7 (38 f.); *Claudio Franzius* Recht und Politik in der transnationalen Konstellation, 2014, 57 ff.; *Möllers* Methoden (Fn. 41), Rn. 6; *Daniel Loik* Juridismus. Konturen einer kritischen Theorie des Rechts, 2. Aufl. 2020, 234 ff., 289 ff., 296.

[201] In diese Richtung *Posner/Vermeule* Unbound (Fn. 11), 4 f.; *Tushnet* Constitution (Fn. 100), 44 ff., 147 ff. Mit entgegengesetzter Stoßrichtung demgegenüber *Luhmann* Verwaltungswissenschaft (Fn. 18), 75; *ders.* Zweck – Herrschaft – System (Fn. 100), 142 ff.; *Blanke* Demokratietheorie (Fn. 159), 469.; *Jerry L. Mashaw* Prodelegation: Why Administrators Should Make Political Decisions, Journal of Law, Economics & Organization 1 (1985), 81 (91 ff.); *Metzger* 1930s Redux (Fn. 5), 87 ff.; *Hoffmann-Riem/Pilniok* Eigenständigkeit (Fn. 36), Rn. 8; *Peters* Verwaltung (Fn. 22), 8, 28 ff. In diese Richtung ebenfalls *Rixen* Verwaltungsrecht (Fn. 82), 57. Kritisch zur Beschränkung autonomer Gestaltungsspielräume der Verwaltung *Scharpf* Kosten (Fn. 24), 53 ff., 75 ff. Mit ähnlicher Stoßrichtung *Schönberger* „Verwaltungsrecht als konkretisiertes Verfassungsrecht" (Fn. 136), 80; *Möllers* Methoden (Fn. 41), Rn. 4, 6, 33; *Würtenberger* Optimierungsgebote (Fn. 115), 145, 152 ff.; *Vogel* Gesetzgeber (Fn. 99), 166 ff.

[202] Hierauf ebenfalls abstellend und insofern zwischen politischer und sachverständiger Gestaltung differenzierend, *Fehling* Unparteilichkeit (Fn. 41), 125 ff., 150 ff.

1. Gestaltungsperspektive und Politikverständnis

Den rechtlichen, politikwissenschaftlichen und philosophischen Diskurs prägen auch insofern unterschiedliche Verwendungsweisen des Begriffs „Politik".[203] Obgleich es mit Blick auf die Konzeptionalisierung des gesellschaftlichen Diskurses wie auch hinsichtlich des Verständnisses von Opposition und Parlamentarismus weiter führt, Konflikte zu betonen,[204] ist zu beachten, dass der hoheitliche Entscheidungsfindungsprozess hierin nicht aufgeht.[205] Politik umfasst ebenso die Vorbereitung und den Prozess der Herstellung von Entscheidungen wie auch das hierfür benötigte Wissen.[206]

Insofern überzeugt es nicht, Politik im verfassungsrechtlichen Kontext vornehmlich als auf den Konflikt ideologischer Gegensätze ausgerichtet und vorrangig auf die Ausübung von Macht bezogen zu verstehen.[207] Vielmehr müssen die Bedingungen politischer Gestaltung in das Politikverständnis einbezogen wie auch Konsequenzen daraus gezogen werden, dass Verschränkung und Kompromisse verfassungsrechtlich vorgesehen sind.[208]

Richtete man das Verständnis rein auf Konflikt und Dissens aus, käme es zu Fehlschlüssen: Zum einen, da hiermit ein prinzipieller Vorrang des Politischen gegenüber rechtsstaatlichen und grundrechtlichen Positionen insi-

---

[203] Bemerkend, dass es an einer Begriffsbestimmung des „Politischen" im Recht mangele, *Christoph Möllers* Staat als Argument, 2000, 177 ff. Zum politikwissenschaftlichen Verständnis von Politik und dessen Hintergründen s. etwa *Bedorf* Das Politische (Fn. 124), 15 ff.; *Michael Th. Greven* Verschwindet das Politische in der politischen Gesellschaft?, in: Thomas Bedorf/Kurt Röttgers (Hrsg.) Das Politische und die Politik. Konturen einer Differenz, 2010, 68 (70 ff.). Vgl. mit Blick auf das staatsrechtliche Politikverständnis die Diskussion um einen Vortrag von *Ernst-Wolfgang Böckenförde* zum Begriff des Politischen bei *Carl Schmitt*, insbesondere die Einlassungen von *Josef Isensee* und *Michael Stolleis* in: Helmut Quaritsch (Hrsg.) Complexio Oppositorum. Über Carl Schmitt, 1988, 301 (301, 303). Hierauf in Bezug auf die Politik- und Sozialwissenschaft hinweisend, *Beck* Die Erfindung des Politischen (Fn. 11), 212. Spezifisch mit Blick auf die Dichotomie von Politik und Verwaltung *Overeem* Dichotomy (Fn. 16), 311. Einen Zusammenhang hierzwischen herstellend, *Simon* »Gute Policey« (Fn. 134), 492 ff. Dies ebenfalls andeutend *Hoffmann-Riem/Pilniok* Eigenständigkeit (Fn. 36), Rn. 87. Explizit den Politikbegriff als Gegensatz zur Bürokratie entwickelnd, *Luhmann* Verwaltungswissenschaft (Fn. 18), 74.

[204] So *Albert Ingold* Das Recht der Oppositionen, 2015, 540 ff.

[205] Dies liegt indes der Kritik von *Meinel* Ära (Fn. 21), 47 f. weitläufig zugrunde.

[206] *Ernst Vollrath* Politisch, das Politische, in: Joachim Ritter/Karlfried Gründer (Hrsg.) Historisches Wörterbuch der Philosophie, Bd. 7, 1989, Sp. 1072.

[207] Dies herausarbeitend *Steinberg* Verwaltungsorganisation (Fn. 166), 20. Insoweit eine notwendige Modifikation des Politikbegriffs diskutierend, *Armin Nassehi/Markus Schroer* Einleitung, in: dies. (Hrsg.) Der Begriff des Politischen, 2003, 9 (12); *Probst* Politik? (Fn. 18), 112 weist darauf hin, dass dies deshalb teils generell in den Politikbegriff einbezogen wird.

[208] Vgl. *Dann* Exekutivföderalismus (Fn. 91), 359.

nuiert wird.[209] Zum anderen, weil Kompromisse sowie kooperatives Entscheiden im Falle eines derartigen Verständnisses von Politik zwangsläufig defizitär wirken.[210] Darüber hinaus sorgte ein solches Verständnis von Politik für deren Simplifizierung, welche erst recht einen Relevanzverlust parlamentarischer Entscheidungen bewirkte.[211] Folgt man aus diesen Gründen keinem agonalen Politikverständnis, erweist sich indes die Kritik, Politik werde zunehmend qua Bürokratisierung entpolitisiert, Verwaltung hingegen zu politisch,[212] in vielerlei Hinsicht nicht als stichhaltig.

2. *Politizität und Sachlichkeit von Gestaltung*

Dies hat drei Gesichtspunkte deutlich gemacht: Erstens, dass Verwaltung an politischer Gestaltung beteiligt wird, weil Gestaltung nicht nur politisch im Sinne von auf bestimmte Interessen ausgerichtet, sondern auch sachlich abgewogen und wissensbasiert erfolgen muss.[213] Zweitens, dass Gestaltung, unabhängig davon, ob sie von der Legislative oder Exekutive ausgeht, grundsätzlich politisch ist.[214] Drittens, dass die Art der Politizität von Gestaltung zwischen den beiden Gewalten zu differieren hat, weshalb politische Gestaltung – abhängig davon, ob sie durch die Legislative oder die Exekutive erfolgt – mit divergenten Mechanismen einhergeht.

Diese Gesichtspunkte als Bedingungen politischer Gestaltung und damit von Demokratie auszublenden und vorrangig als Problem wahrzunehmen, ist von begrenztem Nutzen.[215] Stattdessen sind die notwendigen Konsequenzen daraus zu ziehen, dass legislative und administrative Gestaltung

---

209 *Ernst-Wolfgang Böckenförde* Der Begriff des Politischen als Schlüssel zum staatsrechtlichen Werk Carl Schmitts, in: Helmut Quaritsch (Hrsg.) Complexio Oppositorum. Über Carl Schmitt, 1988, 283, (290).

210 Deutlich bei *Jacques Rancière* Zehn Thesen zur Politik, 2008, 45; *Carl Schmitt* Der Begriff des Politischen, 8. Aufl. 2009, 25 ff.; *ders.* Die geistesgeschichtliche Lage des heutigen Parlamentarismus, 9. Aufl. 2010, 10 f., 36 ff. Kritisch dazu, dass die Ablehnung von Kompromissen auf der „autoritären Fiktion eines reinen politischen Willens" beruhe, *Möllers* Demokratie (Fn. 11), Nr. 39.

211 Kritisch hierzu *Lindseth* Paradox (Fn. 57), 1358 f.

212 Vgl. zu dieser Kritik etwa *Vogel* Gesetzgeber (Fn. 99), 142; *Herzog* Gesetzgeber (Fn. 20), 200; *Aberbach/Putnam/Rockman* Bureaucrats (Fn. 7), 239.

213 Ausführlich hierzu *Münkler* Expertokratie (Fn. 89), 12 ff., 205 ff.

214 Vgl. *Münkler* Expertokratie (Fn. 89), 51 ff., 261 ff., 636; *Fehling* Unparteilichkeit (Fn. 41), 131, 144; *Schmidt-Aßmann* Grundstrukturen (Fn. 54), 7. Aus diesem Grund wird Gestaltung auch teils generell mit politischem Handeln gleichgesetzt, so etwa *Voßkuhle* Staatsrechtslehre (Fn. 130), 138; *Lindner* Verwaltungsrecht und Politik (Fn. 149), 288.

215 *Badura* Parlamentarismus (Fn. 30), 24.

unterschiedlichen Rationalitäten zu folgen haben.[216] Anders als legislative Gestaltung hat Gestaltung durch Verwaltung stärker informations- und wissensbasiert denn willensgetragen zu sein.[217] Gestaltung durch Verwaltung muss sich – so sie nicht anderweitig demokratisch legitim erfolgt – als sachverständige Problemlösung erweisen.[218]

3. *Diffusion der Gestalter als Folge demokratischer Gestaltung oder Demokratieproblem?*

In Anbetracht dieser divergenten Funktion von Politik und Verwaltung für politische Gestaltung bereitet es erhebliche Schwierigkeiten, Gestaltung auf einen Ausgangspunkt zurückführen zu wollen.[219] Diese Diffusion der Zurechnungsendpunkte ist insbesondere seitens der Governance- und Netzwerktheorie aufgegriffen worden.[220] Allerdings ohne hierbei die aus rechtlichem Blickwinkel im Zentrum stehende Demokratieproblematik zu lösen. Durch die Diffusion der Gestalter werden – obgleich Folge demokratischer Gestaltung – nämlich demokratische Verantwortungszuweisungen erschwert, ohne dass exzessive Machtausübung hierdurch komplett ausge-

---

[216] Vgl. *Möllers* Verwaltungsrecht (Fn. 51), Rn. 3; *Marx* Administrative State (Fn. 155), 24 f., 31 f., 41 f.; *Benz* Legitimation (Fn. 43), 78. Hierauf am Rande bzgl. unterschiedlicher Arten von Ermessensspielräumen hinweisend *Fehling* Unparteilichkeit (Fn. 41), 127. Ebenfalls betonend, dass Gestaltungsspielräume der Verwaltung nicht zwangsläufig politisch seien, *Möllers* Methoden (Fn. 41), Rn. 14 sowie *Franzius* Modalitäten (Fn. 115), Rn. 18.

[217] Klassisch *Weber* Wirtschaft und Gesellschaft (Fn. 117), 465. Hieran anknüpfend *Reich* Information (Fn. 84), 319, der insoweit allerdings mit Blick auf verschiedene Verwaltungsebenen differenziert, ebd., 327.

[218] *Fehling* Unparteilichkeit (Fn. 41), 96, 127, 131. Aus diesem Grund hat die Verwaltung mit Expertise anders umzugehen als die Legislative. Während die Verwaltung Expertise aufzuarbeiten und qualitativ zu bewerten hat, kann die Legislative diese zu den disparaten Interessen in Beziehung und damit in einen größeren Rahmen setzen.

[219] Vgl. *Renate Mayntz* Einleitung, in: dies. (Hrsg.) Implementation politischer Programme. Empirische Forschungsberichte, 1980, 1 (9 ff., 14); *Hesse/Benz* Staatsorganisation (Fn. 3), 227; *Goodnow* Politics and Administration (Fn. 117), 24; *Ernst Fraenkel* Das amerikanische Regierungssystem, 1960, 345; *Vermeule* Administrative State (Fn. 8), 268; *Callahan/Mau* Reconceptualizing (Fn. 133), 236 f.

Insofern überzeugt die verfassungsgerichtliche Ablehnung eines Gewaltenmonismus sowie die funktionelle Verteilung von Gestaltungsaufgaben, vgl. BVerfGE 68, 1 (86); 95, 1 (15).

[220] Vgl. *Schuppert* Verwaltungswissenschaft (Fn. 119), 384 ff.; *Kersten* Wettbewerb (Fn. 11), 305; *Scherzberg* Öffentlichkeit (Fn. 8), 84; *Schaefer* Umgestaltung (Fn. 63), 110 ff. Zur organisationsrechtlichen Verarbeitung dessen, *Trute* Funktionen der Organisation (Fn. 70), 252 ff., der insofern von einer „Pluralisierung" spricht.

schlossen wäre.[221] Eine „Niemandsherrschaft" der Bürokratie gilt es jedoch zu verhindern.[222]

Dennoch ist die Diffusion politischer Gestalter, wie die Kennzeichnung des „leeren Orts der Macht" als Charakteristikum von Demokratie vor Augen führt, nicht per se demokratieinkompatibel.[223] Vielmehr werden komplex organisierte Regierungssysteme vielfach als besonders demokratieverträglich angesehen,[224] zumal eine hohe institutionelle Eigenkomplexität notwendig ist, um aktiv gestalterisch tätig sein zu können.[225] Des Weiteren kann die Pluralisierung der politischen Gestalter zur Erhöhung der Responsivität gegenüber den Belangen der Bürger beitragen.[226] Einsichten der Organisationstheorie zeigen insofern, dass politische Innovationsfähigkeit vom Vorhandensein divergenter organisatorischer Strukturen und deren Verzahnung abhängt: Während mittels kleiner Organisationseinheiten vor allem spezifische Probleme wahrgenommen zu werden vermögen, werden übergreifende Herausforderungen in diesem Rahmen hingegen seltener erkannt und gestalterisch angegangen.[227] Dies gilt es sowohl bezüglich der Strukturierung der Verwaltung zu berücksichtigen als auch hinsichtlich der Frage einzubeziehen, ob der Verwaltung eigenständige Gestaltungsoptionen eröffnet werden sollen oder es sich als sinnvoller erweist, sie eher mittelbar an der politischen Gestaltung durch den Gesetzgeber zu beteiligen.

V. Typologie rechtlicher Verarbeitungsmechanismen von Gestaltung durch Verwaltung

Dementsprechend bedarf es eines Sets rechtlicher Mechanismen, mit dessen Hilfe die identifizierten Vorteile der Beteiligung der Verwaltung an politischer Gestaltung gestärkt zu werden vermögen, mit dem jedoch gleichzeitig dafür Sorge getragen werden kann, dass ihr Gestaltungspoten-

[221] *Cornils* Gewaltenteilung (Fn. 73), 692, 694.

[222] *Arendt* Macht und Gewalt (Fn. 19), 39 f.

[223] *Claude Lefort* Die Frage der Demokratie, in: Ulrich Rödel (Hrsg.) Autonome Gesellschaft und libertäre Demokratie, 1990, 281 (293).

[224] *Fraenkel* Regierungssystem (Fn. 219), 346; *Winfried Steffani* Gewaltenteilung im demokratisch-pluralistischen Rechtsstaat, in: Heinz Rausch (Hrsg.) Zur heutigen Problematik der Gewaltentrennung, 1969, 313 (316).

[225] *Hesse/Benz* Staatsorganisation (Fn. 3), 237.

[226] Vgl. *Mayntz/Scharpf* Policy-making (Fn. 75), 67, 71 ff., 84 ff., 92, 132 ff.; *Mashaw* Prodelegation (Fn. 201), 95 ff.; *Wilson* Administration (Fn. 92), 217; *Böhret* Verwaltungspolitik (Fn. 3), 32 f.; *Metzger* A. Constitutionalism (Fn. 24), 1928.

[227] *Scharpf* Planung (Fn. 77), 22 f.; *ders.* Verwaltungswissenschaft (Fn. 82), 19 ff. Auf hieraus zu ziehende organisatorische Konsequenzen hinweisend *Schmid/Treiber* Bürokratie (Fn. 10), 43 f.

tial beschränkt bleibt, Herrschaft nicht unsichtbar wird, sondern kritisierbar bleibt sowie demokratische Legitimationszusammenhänge und Verantwortungszuweisungen nicht leerlaufen. Hierfür ist eine Typologie der rechtlich einsetzbaren Instrumente von Nutzen, die deren unterschiedliche Ausrichtung erkennbar werden lässt, sodass sie überzeugend miteinander kombiniert werden können.[228]

1. Einbindungsmodi und Gestaltung der Verwaltung

Welche rechtlichen Verarbeitungsmechanismen sich als geeignet erweisen, hängt von der Art der Einbindung der Verwaltung, der politisch präferierten Gestaltungsform sowie der Struktur der Umwelt, die gestaltet werden soll, ab.[229] Hieran hat der Gesetzgeber die Gestaltung der Verwaltung auszurichten.[230]

Des Weiteren muss er hierbei, wenngleich ihm ein weitgehender Gestaltungsspielraum sowohl in institutioneller als auch instrumenteller und regulatorischer Hinsicht zukommt,[231] verschiedene weitere Aspekte

---

[228] Die folgende Typologie verfolgt vergleichbare Zwecke, korrespondiert indes nur in Teilen mit den entwickelten Steuerungsregimen, -instrumenten, -medien und -kontrollen, die gerade seitens der Neuen Verwaltungsrechtswissenschaft vorgeschlagen werden, s. hierzu insbesondere *Wolfgang Hoffmann-Riem* Organisationsrecht als Steuerungsressource – Perspektiven der verwaltungsrechtlichen Systembildung, in: Eberhard Schmidt-Aßmann/ders. (Hrsg.) Verwaltungsorganisationsrecht als Steuerungsressource, 1997, 355 (367 ff.); *Martin Eifert* Regulierungsstrategien, in: Andreas Voßkuhle/Martin Eifert/Christoph Möllers (Hrsg.) Grundlagen des Verwaltungsrechts, Bd. I, 3. Aufl. 2022, § 19 Rn. 32 ff.; *Franzius* Modalitäten (Fn. 115), Rn. 33 ff.; *Jens-Peter Schneider* Strukturen und Typen von Verwaltungsverfahren, in: Andreas Voßkuhle/Martin Eifert/Christoph Möllers (Hrsg.) Grundlagen des Verwaltungsrechts, Bd. II, 3. Aufl. 2022, § 28 Rn. 158 ff. bezogen auf Verwaltungsverfahren.

[229] *Lehmbruch* Interessenvermittlung (Fn. 51), 31 f. Zur Relevanz des Kontexts im Rahmen des Verwaltungsrechts, *Scherzberg* Öffentlichkeit (Fn. 8), 90; *Möllers* Verwaltungswissenschaft (Fn. 135), 48; *Poscher* Funktionenordnung (Fn. 55), Rn. 56.

[230] Die Gestaltungsnotwendigkeit betonend, *Hesse/Benz* Staatsorganisation (Fn. 3), 224 ff. Vgl. auch *Schulze-Fielitz* Rationalität (Fn. 182), 323 ff., der dies als Rationalitätsvorgabe an den Organisationsgesetzgeber bezeichnet. Bemerkend, dass aufgrund der historischen Ausgangssituation die Gestaltungsperspektive auf die Verwaltung in den USA sehr viel ausgeprägter ist als in Deutschland, *Schmidt-Aßmann* Grundstrukturen (Fn. 54), 9.

[231] Dies betonend *Kersten* Konzeption (Fn. 82), Rn. 33. Kritisch vor diesem Hintergrund zum Legitimationskettenmodell und der Vorgabe einer „zwingenden Struktur der Verwaltungsorganisation“ *Blanke* Demokratietheorie (Fn. 159), 456. Dies vorrangig als Selbstorganisation parlamentarischer Verantwortlichkeit über die Regierung konzipierend *Meinel* Selbstorganisation (Fn. 90), 333 ff.

einbeziehen,[232] da ihn eine Legitimationsverantwortung trifft.[233] Weil politische Gestaltung sowohl demokratisch legitimiert als auch sachadäquat zu erfolgen hat, ist letztlich zwei funktionell divergenten Logiken Rechnung zu tragen: Auf der einen Seite gilt es, die Verwaltung rechtlich zu binden und, sofern ihr Gestaltungspotentiale verbleiben, sicherzustellen, dass diese vornehmlich sachgeleitet und nicht politisch ausgeübt werden. Auf der anderen Seite muss gewährleistet werden, dass die verbleibenden Gestaltungspotentiale demokratisch tragbar sind.[234]

2. *Verrechtlichung und Versachlichung administrativer Gestaltung*

Sofern der Grad eigenständiger politischer Gestaltung der Verwaltung geringgehalten werden soll, ist eine weitreichende Verrechtlichung und Versachlichung der administrativen Entscheidung zielführend. Eine rechtsstaatliche Organisation, hierarchische Strukturen, Personalauswahl nach dem Leistungsprinzip, das Amtsprinzip, Begründungspflichten und Kontrollmöglichkeiten erweisen sich insofern weiterhin als angemessene Mechanismen.

Zudem werden die der Verwaltung zukommenden Gestaltungspotentiale grundsätzlich mit Hilfe der Differenzierung zwischen verschiedenen Handlungsformen sowie den hierauf abgestimmten Voraussetzungen und hiermit korrespondierenden Fehlerfolgenregimen vorstrukturiert.[235] Weil die Reichweite des Gestaltungspotentials hiermit indes nur partiell korreliert,[236] gelingt dies nicht vollständig. Ähnliches ist auch mit Blick auf die erfolgte Ausweitung der Gleichheits-, Leistungs- und Teilhabedogmatik sowie die Anerkennung weitergehender subjektiver Rechtspositionen, etwa in Bezug auf Verfahrensrechte, festzustellen. Sie haben zwar die Kontrollmöglichkeiten erweitert.[237] Administrative Gestaltungsspielräume bestehen jedoch fort, wie die Anerkennung von Beurteilungsspielräumen, Ermessen, Regulierungsermessen und planerischer Abwägung zeigt.[238] Mit Blick hierauf

---

[232] In ähnlicher Weise eine Wahl rechtlicher Regelungsformen statuierend *Schuppert* Verwaltungswissenschaft (Fn. 119), 960 ff.

[233] *Trute* Die Verwaltung (Fn. 69), 955 leitet aus dieser Erwägung eine Legitimationsverantwortung her.

[234] Hieraus leiten sich Begründungslasten mit Blick auf die Tragfähigkeit verschiedener Konstruktionen ab, vgl. BVerfGE 95, 1 (17); *Cornils* Gewaltenteilung (Fn. 73), 697.

[235] Vgl. *Poscher* Funktionenordnung (Fn. 55), Rn. 27; *Cornils* Gewaltenteilung (Fn. 73), 682.

[236] Hierauf hinweisend *Poscher* Funktionenordnung (Fn. 55), Rn. 49.

[237] *Schönberger* „Verwaltungsrecht als konkretisiertes Verfassungsrecht“ (Fn. 136), 74 f.

[238] Vgl. *Appel* Verwaltungsrecht (Fn. 66), 263. Kritisch dazu, eine Parallelisierung von Regulierungs- und Planungsermessen vorzunehmen, *Kersten* Wettbewerb (Fn. 11), 324 ff.; *Gärditz* „Regulierungsermessen“ (Fn. 22), 1008; *Roland Broemel* Regulierungsermessen,

stellt vor allem die administrative Selbstbindung einen relevanten Mechanismus dar,[239] der überdies mittels Konzeptpflichten verstärkt werden kann,[240] welche wiederum einer Evaluation unterziehbar sind.

Des Weiteren lassen sich die Gestaltungsmöglichkeiten der Verwaltung mit Hilfe nicht unmittelbar rechtlicher, sondern vielmehr sachlicher Maßgaben einhegen.[241] Generell hat die Verwaltung die Akzeptabilität, Rationalität, Effizienz und Wirtschaftlichkeit der verschiedenen Entscheidungsoptionen einzubeziehen.[242] Zusätzlich kann sie indes auf den anerkannten Wissensstand des einschlägigen Feldes verpflichtet werden, was sich insbesondere als sinnvoll erweist, sofern die demokratische Legitimation der Verwaltung limitiert ist, ihr aber dennoch relevante Gestaltungsmöglichkeiten zukommen.[243] Aus diesem Grund werden etwa die Bundesnetzagentur und der Gemeinsame Bundesausschuss dem Stand der Wissenschaft verpflichtet.[244]

---

in: Wolfgang Kahl/Markus Ludwigs (Hrsg.) Handbuch des Verwaltungsrechts, Bd. V, 2023, § 131 Rn. 34 ff.

239 Bemerkend, dass dem nicht hinreichend Beachtung geschenkt werde, *Metzger* 1930s Redux (Fn. 5), 84; *Gillian E. Metzger/Kevin M. Stack* Internal Administrative Law, Michigan Law Review 115 (2017), 1239 (1263 ff.). Die Schwachstelle der limitierten gerichtlichen Kontrollfähigkeit von Verwaltungsvorschriften lässt sich gesetzgeberischerseits ohne Weiteres beheben.

240 *Ludwigs* Zeithorizonte (Fn. 107), 175 ff.; *Eifert* Verwaltungsrecht (Fn. 106), 317 ff.; *Franzius* Modalitäten (Fn. 115), Rn. 17.

241 *Möllers* Methoden (Fn. 41), Rn. 6; *Wolfgang Hoffmann-Riem/Matthias Bäcker* Rechtsformen, Handlungsformen, Folgeformen, in: Andreas Voßkuhle/Martin Eifert/Christoph Möllers (Hrsg.) Grundlagen des Verwaltungsrechts, Bd. II, 3. Aufl. 2022, § 32 Rn 74 ff.; *Steffen Augsberg* Maßstäbe des Verwaltungshandelns, in: ebd., Bd. I, 3. Aufl. 2022, § 8 Rn. 4 f., 12, 46 ff. Mit eher kritischem Unterton zu deren partieller Verrechtlichung *Möllers* Verwaltungswissenschaft (Fn. 135), 40.

242 *Appel* Verwaltungsrecht (Fn. 66), 264; *Andreas Voßkuhle* Neue Verwaltungsrechtswissenschaft, in: ders./Martin Eifert/Christoph Möllers (Hrsg.) Grundlagen des Verwaltungsrechts, Bd. I, 3. Aufl. 2022, § 1 Rn. 24.

243 Gerade in diesem Bereich ist es notwendig, ein „Muddling Through" der Verwaltung zu verhindern. Vgl. zu einem derartigen Entscheidungsverhalten der Verwaltung *Charles Lindblom* The Science of "Muddling Through", Public Administration Review 19 (1959), 79.

244 § 73 Abs. 1 b EnWG. §§ 2 Abs. 1, 91 Abs. 4 SGB V. Vgl. hierzu *Di Fabio* Unabhängige Regulierungsbehörden (Fn. 153), 295, der allerdings eine Parallelisierung mit der funktionalen Selbstverwaltung vornimmt, anstatt dies als anderweitige Form von Bindung zu betrachten. Durch eine Verpflichtung auf den Stand wissenschaftlicher Erkenntnis werden indes nicht zwangsläufig bestimmte Modelle oder Methoden vorgegeben, vgl. *Roland Broemel* Marktprozesse als regulierungsrechtlicher Maßstab in der digitalen Transformation, KritV 2023, 300 (313 f.).

Parallel hierzu lässt sich die Verwaltungsaufsicht weiter ausdifferenzieren:[245] Etwa können gesonderte expertokratische Kontrollgremien eingerichtet werden, wie dies beispielsweise im Finanzmarktrecht[246] der Fall ist und im Klimaschutzrecht mit dem Klimarat zeitweise angestrebt wurde. Auf diese Weise kann spezifisch der Umgang mit bzw. die Bindung an bestimmte Formen der Expertise kontrolliert werden.[247] Die mit einer derartigen Form der Kontrolle potentiell einhergehende Zentralisierung[248] erweist sich lediglich als Problem, sofern nicht qua pluraler Besetzung der Gremien ausgeschlossen wird, dass hierüber eine politische Einwirkung erfolgt.[249]

Hierüber hinausgehend lässt sich ebenso qua Vorgaben zur Vernetzung verschiedener Verwaltungsbehörden sowie mittels Informations-, Konsultations- und Abstimmungspflichten dafür sorgen, dass die Gestaltung durch die Verwaltung nicht vorrangig politisch erfolgt.[250] Ähnliches kann überdies mit Hilfe verwaltungsinterner Kontrollen[251] bzw. der Einführung verwaltungsinterner Formen der Gewaltenteilung erreicht werden, wie sie bei unabhängigen Behörden teils bestehen.[252] Eine vergleichbare Wirkung entfaltet ferner die zunehmende Verrechtlichung der Willensbildung qua Verfahrensvorgaben,[253] mit deren Hilfe einerseits die informatorischen Grundlagen der Verwaltungsentscheidungen und andererseits die zu berücksichtigenden widerstreitenden Interessen determiniert werden können.[254]

---

245 Ausführlich hierzu *Ann-Katrin Kaufhold* Systemaufsicht, 2016, 151 ff. Siehe ferner *Schuppert* Verwaltungswissenschaft (Fn. 119), 887 ff.

246 *Sonja Heitzer* Messing with the Regulator, 2023, 145 ff.

247 *Stefanie Egidy* Finanzkrise und Verfassung. Demokratisches Krisenmanagement in Deutschland und den USA, 2019, 400 f. Allgemein hierzu *Münkler* Expertokratie (Fn. 89), 639.

248 *Vermeule* Administrative State (Fn. 8), 276.

249 Ausführlich zu den bei Expertengremien zu berücksichtigenden Aspekten *Münkler* Expertokratie (Fn. 89), 614 ff.

250 Vgl. *Broemel* Markprozesse (Fn. 244), 310 f. Dies gilt, obgleich ein Spannungsverhältnis zur übrigen Form der Rechtsbindung besteht. Auf letzteres hinweisend *Karl-Heinz Ladeur/Christoph Möllers* Der europäische Regulierungsverbund der Telekommunikation im deutschen Verwaltungsrecht, DVBl 2005, 525 (525).

251 Zu deren Effektivität *Sonja Heitzer/Ann-Katrin Kaufhold* Schnell, fachkundig und diskret: Sind verwaltungsinterne Kontrollen der bessere Rechtsschutz?, ZBB 2023, 197 (204).

252 *Michaels* Constitutional Coup (Fn. 199), 59 ff., 146 f.; *Metzger* A. Constitutionalism (Fn. 24), 1928; *Cornils* Gewaltenteilung (Fn. 73), 674 f.

253 *Schmidt* Einwirkungen (Fn. 44), 201.

254 *Augsberg* Maßstäbe (Fn. 241), Rn. 42 ff.

Letzterer Mechanismus unterscheidet sich von den zuvor genannten Formen der Verrechtlichung und Versachlichung insofern, als dass er zugleich zu einer Politisierung der Verwaltungsentscheidungen beitragen kann.[255] Eine ähnliche Tendenz weisen ebenso die Einrichtung von beim Parlament angesiedelten Kontroll- und Aufsichtsgremien sowie die Statuierung von Rechenschaftspflichten auf.[256] Diese Mechanismen markieren insoweit den Übergang zu Formen rechtlicher Einhegung, die einer anderen Logik folgen.

3. *Dezentralisierung, Politisierung und Demokratisierung politisch gestaltender Verwaltung*

Sowohl die legislativ gewünschten Formen politisch gestaltender Verwaltung als auch die zwangsläufig verbleibende Politizität der Verwaltung lassen sich qua Dezentralisierung, Demokratisierung und Politisierung verarbeiten. Mit der Dezentralisierung wird dabei einerseits einer Machtkonzentration vorgebeugt. Andererseits erfolgt hierüber im Rahmen von Selbstverwaltung zugleich eine gewisse Form der Demokratisierung. Wie insbesondere die partizipative, assoziative und deliberative Demokratietheorie verdeutlichen, denen deshalb insbesondere im Unionsrecht rechtliche Relevanz zugewiesen wird,[257] kommt vor allem Verfahrens- und Organisationsarrangements hierbei eine relevante demokratiesichernde Bedeutung zu.[258] Zur Überwindung von „Verwaltungsstaatlichkeit" sind daher vor allem eine kollegiale[259] Organisation der Verwaltung und eine Verfahrensgestaltung maßgeblich,[260] die Partizipations- und Deliberationsmöglichkei-

---

[255] *Bartlsperger* Einwirkungen (Fn. 44), 224. In diese Richtung auch *Teubner* Reflexives Recht (Fn. 67), 48 ff., wenngleich es ihm in der Sache weniger um Partizipation als den Aufbau von Organisationsstrukturen zur gesellschaftlichen Konfliktlösung geht. Darauf hinweisend, dass Organisationsrecht und materielle Steuerung aufeinander einwirkten, *Trute* Funktionen der Organisation (Fn. 70), 258 f.

[256] BVerfGE 151, 202 (291, 293, 331 ff. Rn. 130, 134, 216 ff.); *Brohm* Dogmatik (Fn. 5), 295; *Münkler* Expertokratie (Fn. 89), 639. Kritisch hierzu *Florian Meinel* Zur Unterscheidung von formellem und materiellem Organisationsverfassungsrecht, in: Julian Krüper/Arne Pilniok (Hrsg.) Organisationsverfassungsrecht. Wissenschaft – Theorie – Praxis, 2019, 103 (115 ff.), allerdings mit Blick auf die konkrete Ausgestaltung der „unmittelbaren parlamentarischen Kontrolle" durch die Besetzung der Kontrollgremien mit Abgeordneten.

[257] Vgl. Art. 10 Abs. 2, Abs. 3 und Art. 11 Abs. 2 EUV.

[258] *Eifert* Verwaltungsrecht (Fn. 106), 306; *Appel* Verwaltungsrecht (Fn. 66), 273.

[259] *Groß* Kollegialprinzip (Fn. 115), 202, 204 ff. Sich dem anschließend *Schulze-Fielitz* Rationalität (Fn. 182), 327. So bereits *Kelsen* Staatslehre (Fn. 38), 362 f.

[260] Ihre Relevanz hierfür bereits hervorhebend *Bartlsperger* Einwirkungen (Fn. 44), 222 f.

ten eröffnet.[261] Unabhängig von ihrem Design im Detail, muss in diesem Rahmen gewährleistet werden, dass widerstreitende Interessen und Blickwinkel erkennbar werden.[262]

Sofern die zunehmende Öffentlichkeitsbeteiligung bewirkt, dass auch im Rahmen der Verwaltung Konflikte ausgetragen werden und Konsensbildung stattfindet,[263] ist es zudem notwendig, die demokratische Verantwortung der Verwaltung hierfür deutlich zu machen.[264] Mit Blick hierauf, aber auch im Übrigen, stellt vor allem die Transparenz potentieller Einflussnahmen sowie der Entscheidungsgründe einen relevanten Faktor dar.[265] Verbleibende Dissense sind seitens der Verwaltung somit nicht hinter Pseudokonsensen zu verstecken oder Entscheidungen als sachlich zwingend zu inszenieren. Stattdessen müssen die Entscheidungsparameter präzise herausgearbeitet und die getroffene Entscheidung mit Blick auf Gegenalternativen erläutert werden.[266]

Hierüber hinausgehend mag zwar auch im Wege des Vorbehalts parlamentarischer Zustimmung eine weitere Demokratisierung erreicht werden.[267] Weil sich dies jedoch im Hinblick auf die Zuweisung klarer Verantwortungsstrukturen als nachteilig erweist,[268] stellt dies keinen Mechanismus dar, zu dem generell zu greifen ist.[269] Maßgeblicher ist vielmehr zu gewährleisten, dass sämtliche getroffenen Entscheidungen repoli-

[261] Eine Typologisierung verschiedener Verfahren vornehmend *Schneider* Strukturen und Typen (Fn. 228), Rn. 158 ff.

[262] Dies betonend *Walters* The Administrative Agon (Fn. 114), 9 f.

[263] *Robert A. Dahl* Who governs?, 1961, 305 ff.; *Schmidt* Einwirkungen (Fn. 44), 185 f.; *Schmidt-Aßmann* Ordnungsidee (Fn. 44), 106 Rn. 110; *Scharpf* Kosten (Fn. 24), 63 f.; *ders.* Planung (Fn. 77), 3.

[264] *Scharpf* Kosten (Fn. 24), 76.

[265] *Fehling* Unparteilichkeit (Fn. 41), 31; *Kersten* Rolle (Fn. 30), 96 f.

[266] So auch *Di Fabio* Unabhängige Regulierungsbehörden (Fn. 153), 301; *Broemel* Marktprozesse (Fn. 244), 314 f., der fordert, die Robustheit unterschiedlicher Methoden bzw. Modelle zu bewerten und diese auf ihre Prämissen hin zu befragen. So auch *Münkler* Expertokratie (Fn. 89), 395 ff.

[267] Vgl. *Brohm* Dogmatik (Fn. 5), 269 f.; *Möllers* Gewaltengliederung (Fn. 42), 205 f.; *Saurer* Rechtsverordnung (Fn. 54), 397 ff.; *Peter Axer* Normsetzung der Exekutive in der Sozialversicherung, 2000, 401 f.; *Di Fabio* Unabhängige Regulierungsbehörden (Fn. 153), 301.

[268] *Johannes Schmidt* Die Beteiligung des Bundestags beim Erlaß von Rechtsverordnungen. Zur verfassungsrechtlichen Beurteilung parlamentarischer Mitwirkungsvorbehalte, 2002, 121 ff.

[269] Im Falle der Bundesnetzagentur kann aufgrund der unionsrechtlichen Maßgaben ohnehin keine Zustimmungspflicht statuiert werden. Stattdessen eine parlamentarische Kenntnisnahme einzufordern (so *Di Fabio* Unabhängige Regulierungsbehörden [Fn. 153], 301), geht letztlich nicht über bereits ergriffene Mechanismen der Repolitisierbarkeit hinaus.

tisiert zu werden vermögen.[270] Angesichts dessen führt es durchaus weiter, Kontrollgremien unabhängiger Behörden auch mit Politikern zu besetzen.[271] Ein demokratietheoretisches Problem entsteht nämlich letztlich vorrangig dann, wenn im Falle der Verlagerung von politischer Gestaltung an die Verwaltung die der Demokratie immanente Kontingenz verdrängt wird und Entscheidungen nicht mehr als politisch wahrgenommen werden.[272]

VI. Keine Gestaltung ohne Verwaltung: Ertüchtigungspotentiale des demokratischen Rechtsstaats

Anders als in jüngerer Zeit proklamiert, liegen die Ertüchtigungspotentiale des demokratischen Rechtsstaats demzufolge jedoch nicht in der Wiederentdeckung des „Politischen".[273] Ebenso wenig ist der Abbau föderaler und gewaltenteilungsbedingter Verschränkungen entscheidend. Und auch die Epistemisierung von Politik stellt nicht das Hauptproblem dar.[274] Sachliche Aspekte in politische Entscheidungen einzubeziehen, führt nämlich nicht zu einer generellen Präferenz der Verwaltung gegenüber der Politik, sondern ermöglicht demokratische, politische Gestaltung.[275]

Dennoch sind diese Vorstöße relevant, weil sie einen Anstoß dazu geben, den komplexen Austarierungsprozess zwischen Gesetzgeber und Verwaltung, den es zur politischen Gestaltung bedarf, zu hinterfragen. Hierdurch bleiben selbst strukturelle Entscheidungen der Vergangenheit repolitisierbar, was die Kompetenzverteilung zwischen Legislative und Exekutive absichert.[276]

---

270 Mit Blick auf das amerikanischer Verwaltungssystem darauf hinweisend, dass der politische Prozess mit der Konkretisierung von Gesetzen durch die Verwaltung erst beginne, *Scharpf* Kosten (Fn. 24), 59.

271 Kritisch demgegenüber hierzu *Meinel* Vertrauensfrage (Fn. 76), 191 ff.

272 Vgl. *Rancière* Unvernehmen (Fn. 117), 9 f., 39 ff. Dies in weiteren Schriften als Gesichtspunkt von Entpolitisierung und Entdemokratisierung rekonstruierend *Selk* Entpolitisierung (Fn. 180), 188 ff.

273 So hingegen *Philip Manow* Unter Beobachtung. Die Bestimmung der liberalen Demokratie und ihrer Freunde, 2024, 173 ff.

274 In diese Richtung indes *Alexander Bogner* Die Epistemisierung des Politischen. Wie die Macht des Wissens die Demokratie gefährdet, 2. Aufl. 2021, 15 ff., 110 ff.

275 So demgegenüber *Meinel* Ära (Fn. 21), 50.

276 Kritisch dazu, wenngleich die Möglichkeit eines Spannungsverhältnisses anerkennend, Entpolitisierung per se als undemokratisch zu begreifen, *Philipp Pettit* Depoliticizing Democracy, Ratio Juris 17 (2004), 52 (58 ff.), der herausarbeitet, dass Entpolitisierung nicht in prinzipiellem Widerspruch zu Demokratie steht. Demgegenüber das Politische und Demokratie gleichsetzend und daher Entpolitisierung als undemokratisch qualifizierend, *Nadia Urbinati* Unpolitical Democracy, Political Theory 38 (2019), 65 (69 ff.).

Die relevanten Ertüchtigungspotentiale des demokratischen Rechtsstaats liegen dennoch an anderer Stelle: Nämlich darin, Verwaltung, sofern sie gestalterisch tätig ist, einerseits sachlich stärker zu binden und andererseits ihre Gestaltungsanteile erkennbar zu machen, anstatt weiter über sie hinwegzugehen. Denn sie müssen unter Heranziehung von Einsichten der partizipativen, assoziativen sowie deliberativen Demokratietheorie demokratisch eingehegt werden. Insoweit gilt es, die verschiedenen rechtlichen Mechanismen neu zueinander in Beziehung zu setzen und ihr Zusammenspiel weiter zu optimieren.

Dass Funktionalitätsfragen seit jeher vor allem mit Blick auf die Verwaltung verhandelt werden,[277] hat demnach seinen Grund. Auch künftig ist insbesondere hier anzusetzen, um den demokratischen Rechtsstaat funktionstüchtig zu halten.

---

[277] Vgl. *Offe* Rationalitätskriterien (Fn. 3), 335 f.; *Mashaw* A. Constitution (Fn. 3), 314; *Werner Weber* Spannungen und Kräfte im westdeutschen Verfassungssystem, 1951, 18 f.

Leitsätze der Referentin über:

2. Verwaltung und politische Gestaltung

I. Verwaltung als Gelingensbedingung politischer Gestaltung

(1) Politische Gestaltung ist auf Verwaltung angewiesen. Ohne sie lässt sich die Wirtschafts- und Sozialordnung sowie die Umwelt nicht aktiv und zielgerichtet beeinflussen.

(2) Im demokratischen Rechtsstaat ist politischer Gestaltung ein Zielkonflikt immanent, der bewirkt, dass der Verwaltung eine ambivalente Rolle zukommt. Die vielfach übersteigerte Exekutivaversion respektive Exekutivaffinität verkennt dies.

(3) Die wiederholt geübte Kritik daran, dass Verwaltung an politischer Gestaltung mitwirkt, greift, obgleich sie relevante Problemfacetten identifiziert, zu kurz. Ohne einzubeziehen, inwieweit Verwaltung sowohl eine Gelingensbedingung als auch Bedrohung des demokratischen Rechtsstaats darstellt, vermag das Verhältnis von politischer Gestaltung und Verwaltung nicht überzeugend konzipiert zu werden.

II. Gestaltung als Aufgabe von Verwaltung?

(4) Verwaltung ist nicht lediglich ein Objekt bzw. Instrument politischer Steuerung des Gesetzgebers, sondern erweist sich ebenfalls als Subjekt politischer Gestaltung.

(5) Zwischen den verschiedenen Rechtssystemen variiert der eingenommene Blickwinkel auf Gestaltung durch Verwaltung wie auch das Gestaltungspotential der Verwaltung trotz gewisser Annäherungen erheblich.

1. Herausforderungen politischer Gestaltung

(6) Bedingt durch die Einsicht, dass Steuerung kontextsensibel und reflexiv erfolgen muss, sowie aufgrund zunehmender Entgrenzung und Vernetzung haben die Mitgestaltungsanteile der Verwaltung zugenommen.

(7) Die verfassungsrechtlich geforderte Verflechtung limitiert zwar die politische Gestaltungsfähigkeit der Legislative, ermöglicht sie hierdurch jedoch zugleich. Grund hierfür ist, dass es einer vertikalen Koordination bedarf, um Implementationsdefizite zu verhindern.

2. Ermöglichung legislativer Gestaltung qua Verwaltung

(8) Die Mitwirkung der Verwaltung an der Gestaltung durch die Legislative versetzt diese erst in die Lage, selbst politisch zu gestalten. Die Verwaltung dient sowohl der Interessenvermittlung als auch der Informations- und Wissensgenerierung.

(9) Die Aufgabe politischer Gestaltung allein der Legislative zu überantworten, überforderte diese in quantitativer, qualitativer und struktureller Hinsicht. Es bedarf einer stufenweisen Komplexitätsreduktion der zu treffenden Entscheidungen, um die Gestaltungsfähigkeit zu erhöhen.

(10) Hieraus ist indes nicht zu schlussfolgern, dass der Gesetzgeber generell nur in der Lage wäre, weit gefasste Zielvorgaben zu statuieren und im Übrigen dazu gezwungen, die eigentliche politische Gestaltung der Verwaltung zu überlassen.

3. Hintergründe der eigenständigen Gestaltungsfunktion der Verwaltung

(11) Der Verwaltung kommt ebenso eine unmittelbare, eigenständige Gestaltungsfunktion zu: Einerseits, weil ihr Gestaltungsaufgaben explizit übertragen werden. Andererseits rührt dies daraus her, dass ihr im Rahmen des Gesetzesvollzugs zwangsläufig Gestaltungsspielräume verbleiben.

(12) Der Topos der funktionsgerechten Organordnung, der die besonderen Potentiale der Verwaltung betont, mit Blick auf die Legislative indes dazu neigt, Defizite zu insinuieren, macht zwar auf relevante Faktoren aufmerksam, die eine Gestaltungsfunktion der Verwaltung bedingen. Hinsichtlich der Frage, wie die angesichts der erheblichen Gestaltungspotentiale der Verwaltung notwendigerweise auszubauende demokratische Legitimation herzustellen ist, führt diese Perspektive jedoch nicht weiter, zumal sie teils antidemokratische Assoziationen hervorruft.

III. Erosion der Dichotomie von Politik und Verwaltung?

(13) Die Distinktion von Politik und Verwaltung wird allgemein als Errungenschaft moderner Verfassungen betrachtet und als Bedingung von Demokratie angesehen. Deshalb wird ihre vermeintliche Erosion als Bedrohung gewertet.

(14) Eine wirkliche Dichotomie zwischen Politik und Verwaltung hat jedoch weder in empirischer Hinsicht je bestanden noch ist sie theoretisch je in dem Sinne vertreten worden, dass Verwaltung gänzlich unpolitisch zu sein habe. Vielmehr wurde der Politikbegriff in diesem Kontext immer in spezifischer Weise gebraucht: Nämlich im Sinne von parteipolitisch.

(15) Aufgrund von Bedeutungsverschiebungen der Begriffe Verwaltung und Politik wurde der Topos über die Zeit ausgeweitet, was Zweifel an seiner Überzeugungskraft hat aufkommen lassen.

(16) Insoweit bedarf es einer Reformulierung der Distinktion von Politik und Verwaltung. Eine Nivellierung geht hiermit indes nicht einher. Vielmehr wird deutlich, dass zwei Varianten der Distinktion bestehen, die sich strukturell ergänzen.

1. Fachliche Diskurs- statt gegenständliche Entwicklungsgeschichte

(17) Die Transformationsgeschichte vom Policeystaat über den liberalen Rechtsstaat mit rechtlich gebändigter Verwaltung hin zum interventionistischen, sozialen Wohlfahrtsstaat sowie regulierenden und kooperierenden Staat mit politischer Verwaltung markiert zwar paradigmenbildende Entwicklungsschritte des Verwaltungsrechts. Mit der tatsächlichen Funktionsweise der Verwaltung ist sie jedoch nicht kongruent. Vielmehr handelt es sich um eine fachliche Diskursgeschichte.

(18) In deren Rahmen haben sich die für die stärker politisch agierende Verwaltung genutzten Figuren nicht durchzusetzen vermocht. Weil die Modelle politischer, demokratischer Verwaltung – insbesondere das Rätesystem sowie verschiedene Formen der funktionalen Selbstverwaltung – entweder als nicht hinreichend funktionsfähig oder als demokratietheoretisch problematisch erachtet wurden, fokussierte sich die Rechtswissenschaft hauptsächlich auf die Begründung der demokratischen Legitimität der hierarchischen und als unpolitisch deklarierten Verwaltung. In der Folge wurde sie zum Idealbild demokratischer Verwaltung stilisiert.

2. Variationen in der Grundkonzeption von Verwaltung

(19) Eigentlich existieren indes seit etwa der ersten Hälfte des 19. Jahrhunderts zwei divergente, miteinander konkurrierende Konzeptionen von Verwaltung: Die rechtlich gebundene, hierarchisch strukturierte und professionalisierte Verwaltung, die als unpolitisch wahrgenommen wird, und verschiedene, sich der eigenständigen Gestaltung durch Verwaltung stärker öffnende Formen der Selbstverwaltung.

(20) Dass gerade die hierarchische, autokratisch organisierte Verwaltung als Funktionsbedingung von Demokratie angesehen wird, begründet

sich vornehmlich aus historischen Praktikabilitätsgesichtspunkten sowie dadurch, dass sie einerseits Politikwechsel und andererseits effiziente demokratische Gestaltung ermöglicht. Daher erweist sie sich weder als bloß im monarchischen Konstitutionalismus benötigte Denkfigur, noch als für die Demokratie funktionell ungeeignet.

(21) Die einzig demokratisch legitime Form von Verwaltung stellt sie jedoch nicht dar. Dies gilt schon deshalb, weil die Konstruktion davon abhängt, dass sich die rechtliche und personelle Steuerung der Verwaltung nicht als bloße rechtliche Fiktion erweist.

(22) Die zunehmenden Gestaltungspotentiale der Verwaltung machen deutlich, dass eine solche Art der rechtlichen Konstruktion der Verwaltung nicht genügt, um die demokratieprinzipielle Problematik in den Griff zu bekommen. Vielmehr erweist es sich als notwendig, sich darauf zurückzubesinnen, dass Verwaltung in Abhängigkeit von ihren Gestaltungspotentialen rechtlich divergent zu konstruieren ist.

3. Funktionale Ergänzung statt Dichotomie: Eine Reformulierung des Verhältnisses von Politik und Verwaltung

(23) Dass zwischen Politik und Demokratie ein funktionales Ergänzungsverhältnis besteht, lässt sich verarbeiten, indem zwischen zwei Varianten der Distinktion von Politik und Verwaltung differenziert wird: Während die erste Variante verschiedene Arten bzw. Grade der Politizität kennzeichnet und den Rahmen möglicher Aufgabenverschiebungen zwischen Legislative und Exekutive vorgibt, zeichnet die zweite Variante vor, aus welchen Gründen sich Verschiebungen rechtfertigen lassen und welche Mechanismen es hierfür heranzuziehen gilt.

(24) Verwaltung kann aufgrund ihres breiten Aufgabenspektrums nicht stringent einem Leitprinzip folgend konzipiert werden. Um demokratische politische Gestaltung zu ermöglichen, muss die Gestalt der Verwaltung vielmehr – zumal sie weitgehend von den politischen Zielsetzungen abhängt, die innerhalb des heterogenen Aufgabenspektrums der Verwaltung changieren – variabel gehalten werden.

(25) Obzwar sich das instrumentelle Verständnis der Verwaltung insofern als unangemessene Reduktion erweist, führte der Versuch, sie hauptsächlich qua Organisations- und Verfahrensvorgaben zu demokratisieren bzw. vornehmlich mittels Ressourcenzuweisungen bzw. -entzug zu steuern, ebenfalls zu Friktionen.

(26) Der Komplementarität der Funktionslogiken von Politik und Verwaltung muss stärker Rechnung getragen werden. Insofern bedarf es einer Modifikation des hergebrachten Verwaltungs- und Demokratieverständnisses. Hiermit geht indes keine Abkehr vom ausdifferenzierten

rechtlichen Legitimationsmodell einher. Stattdessen gilt es dieses fortzuentwickeln.

(27) Wenngleich die Rede von der Kompensation reduzierter materieller Vorgaben durch Organisation und Verfahren nicht ganz treffend ist, verdeutlicht sie doch die notwendige Komplementarität der verschiedenen rechtlichen Mechanismen.

IV. Politik ohne Gestaltung – Gestaltung ohne Politik?

(28) Wie Politik und Verwaltung zueinander in Beziehung zu setzen sind, hängt weitgehend davon ab, wie sich Gestaltung, Politik und Wissen im demokratischen Rechtsstaat zueinander verhalten.

1. Gestaltungsperspektive und Politikverständnis

(29) Dem Recht ein Politikverständnis zugrunde zu legen, welches die Gestaltungsperspektive de facto ausblendet, führt nicht weiter. Ferner trägt ein rein agonales Politikverständnis den verfassungsrechtlichen Vorgaben nicht hinreichend Rechnung. Vielmehr wird hierdurch zum einen ein prinzipieller Vorrang von Politik gegenüber rechtsstaatlichen sowie grundrechtlichen Maßgaben insinuiert. Zum anderen erscheinen vor diesem Hintergrund Kompromisse und Kooperation prinzipiell als defizitär.

(30) Politik geht jedenfalls im hoheitlichen Bereich daher nicht im Konflikt auf, sondern hiervon lediglich aus. Andernfalls würde das Verständnis von Politik stark simplifiziert, was zur Folge hätte, dass das parlamentarische Entscheidungsspektrum in problematischer Weise reduziert würde.

(31) Die Befürchtung, die zu beobachtende „Bürokratisierung" von Politik sowie „Politisierung" von Verwaltung bedrohe die Demokratie, erweist sich angesichts dessen in vielerlei Hinsicht nicht als stichhaltig.

2. Politizität und Sachlichkeit von Gestaltung

(32) Gestaltung ist zwar prinzipiell politisch, sie muss jedoch auch sachlich und wissensbasiert erfolgen. Aus diesem Grund wird die Verwaltung in die politische Gestaltung eingebunden.

(33) Sofern Verwaltung gestaltet, hat der Grad der Politizität im Vergleich zur Gestaltung durch die Legislative jedoch zwingend zu differieren. Gestaltung durch Verwaltung muss einer anderen Rationalität folgen. Sie hat stärker informations- und wissensbasiert denn willensgetragen zu sein.

3. Diffusion der Gestalter als Folge demokratischer Gestaltung oder Demokratieproblem?

(34) Die Diffusion der Gestalter ruft, obgleich Konsequenz demokratischer Gestaltung, Demokratieprobleme hervor, da hierdurch demokratische Verantwortungszuweisungen wie auch die Konstruktion demokratischer Legitimation erschwert werden.

(35) Rechtlich gilt es, eine „Niemandsherrschaft der Bürokratie" zu verhindern, ohne dabei aus dem Blick zu verlieren, weshalb der „leere Ort der Macht" teils als Charakteristikum von Demokratie angesehen wird. Mit Blick hierauf gilt es Einsichten der Organisationstheorie im Rahmen der Strukturierung der Verwaltung zu berücksichtigen.

V. Typologie rechtlicher Verarbeitungsmechanismen von Gestaltung durch Verwaltung

(36) Rechtlich müssen die Vorteile, welche die Beteiligung der Verwaltung an politischer Gestaltung mit sich bringt, gestärkt, zugleich jedoch dafür Sorge getragen werden, dass ihre Gestaltungspotentiale beschränkt bleiben, Legitimationsstrukturen sowie demokratische Verantwortungszuweisungen nicht leerlaufen und Herrschaft nicht unsichtbar wird, sondern kritisierbar bleibt.

(37) Zu diesem Zweck bedarf es einer Typologie rechtlicher Mechanismen, die deren divergente Funktionsmechanismen verdeutlicht. Diese müssen nämlich in Abhängigkeit davon, ob eher eine aktive Gestaltung durch die Legislative oder die Exekutive zu erreichen gesucht wird, in unterschiedlicher Weise miteinander kombiniert werden.

1. Einbindungsmodi und Gestaltung der Verwaltung

(38) Mit Blick auf die zu nutzenden rechtlichen Verarbeitungsinstrumente erweisen sich sowohl die Art der Einbindung der Verwaltung in die politische Gestaltung – mittelbar oder unmittelbar – als auch die politisch präferierte Gestaltungsform und Struktur der Umwelt als maßgeblich. Hierauf hat der Gesetzgeber die rechtlichen Mechanismen, die er im Rahmen seiner Gestaltung der Verwaltung heranzieht, abzustimmen.

(39) Wenngleich dem Gesetzgeber ein weiter Gestaltungsspielraum zukommt, hat er sowohl die sachliche Adäquanz des Designs zu berücksichtigen als auch zu gewährleisten, dass demokratische Legitimationsmechanismen nicht unterlaufen werden. Ihm kommt insofern eine demokratische Legitimationsverantwortung zu.

2. Verrechtlichung und Versachlichung administrativer Gestaltung

(40) Mittels Verrechtlichung und Versachlichung kann der Grad eigenständiger politischer Gestaltung seitens der Verwaltung gering gehalten werden. Neben den hergebrachten Mechanismen eignet sich hierzu vor allem ein Ausbau der administrativen Selbstbindung wie auch verwaltungsinterner Formen der Gewaltenteilung.

(41) Hierneben erweist sich, sofern sich die Gestaltungsräume der Verwaltung als weitgehend erweisen, deren Versachlichung als zielführend. Zu diesem Zweck lassen sich gesonderte, plural besetzte Kontrollgremien einrichten, die den Umgang mit sowie die Bindung an den wissenschaftlichen Stand der Erkenntnis kontrollieren könnten.

(42) Des Weiteren hilft eine Vernetzung von Verwaltungsbehörden sowie die Statuierung von Informations- und Abstimmungspflichten zwischen ihnen sicherzustellen, dass Gestaltung durch Verwaltung nicht vorrangig politisch erfolgt.

3. Dezentralisierung, Politisierung und Demokratisierung politisch gestaltender Verwaltung

(43) Gewünschte wie zwangsläufig verbleibende Gestaltungspotentiale der Verwaltung sind qua Dezentralisierung einzuhegen, um einer Machtkonzentration vorzubeugen sowie sie qua verschiedener Formen der Selbstverwaltung zu demokratisieren. Hierzu gilt es Organisations- und Verfahrensarrangements zu nutzen, welche den Einsichten der partizipativen, assoziativen und deliberativen Demokratietheorie Rechnung tragen. Insbesondere ist zu gewährleisten, dass widerstreitende Interessen und Blickwinkel erkennbar werden, um Responsivität herzustellen und politische Konflikte sichtbar zu machen.

(44) Statt eines Vorbehalts parlamentarischer Zustimmung zu exekutiven Gestaltungsakten erweisen sich hauptsächlich Transparenz und Repolitisierbarkeit als maßgeblich.

VI. Keine Gestaltung ohne Verwaltung: Ertüchtigungspotentiale des demokratischen Rechtsstaats

(45) Die Ertüchtigungspotentiale des demokratischen Rechtsstaats liegen – anders als teils proklamiert – nicht in der Wiederentdeckung des „Politischen“ oder dem Rückgängigmachen der Epistemisierung von Politik.

(46) Vielmehr erweist sich die Weiterentwicklung bestehender dogmatischer Bausteine sowie eine Optimierung ihrer Kombination als weiterführend. Nicht grundlos werden Funktionalitätsfragen seit jeher vor allem mit Blick auf die Verwaltung und deren Konzeption verhandelt.

3. Aussprache und Schlussworte

Benjamin Schindler: Wir beginnen mit drei ersten Fragen, nämlich zum Thema: Was ist eigentlich genau unter Verwaltung zu verstehen?

[Worterteilungen sind im Folgenden nicht wiedergegeben.]

Oliver Lepsius: Herzlichen Dank unseren Vortragenden für zwei Referate, die ein hohes Abstraktionsniveau angestrebt haben und uns in die Höhen staatsrechtlicher Analyse und Begriffsbildung haben abheben lassen. Das verdient unsere Anerkennung. Aber ich beginne anders, und zwar untheoretisch mit einer bottom up-Frage zur Verwaltung. Für mich ist die Verwaltung erst einmal die untere Verwaltungsbehörde, und die ist typischerweise eine Kommunalbehörde, allzumal in Nordrhein-Westfalen, wo die Verwaltung in Gestalt, ich habe es eben nachgeschaut, von 22 kreisfreien Städten und 31 Landkreisen organisiert ist, und dabei haben die Kreise, in anderen Ländern ist das anders, eine hohe Autonomie. Wir dürfen also auch diesbezüglich von Kommunalbehörden sprechen. Wenn die Verwaltung kommunal organisiert ist, dann stellen sich viele Fragen anders. Hierarchie endet am eigenen Rechtsträger. Da ist kein Durchgriff. Es bleibt die Aufsicht. Nun denn, theoretisch findet sie statt; praktisch wohl nicht. In Nordrhein-Westfalen jedenfalls fehlt es einfach schon an den personellen Ressourcen. Schauen Sie sich an, wie die Referate in den Bezirksregierungen ausgestattet sind. Das sagt viel über die Praxis der Kommunalaufsicht. Das heißt, das Kettenmodell im Sinne der Aufsicht, der Personalhierarchie, hat hier nur einen sehr geringen Erklärungswert. Wie ist es mit der Gesetzesbindung? Die Verwaltung auf kommunaler Ebene besteht ganz überwiegend nicht aus Juristen, sondern aus Personal, das nicht Jura studiert hat, sondern auf der Verwaltungsfachhochschule war. In der Praxis wird die Subsumtion von Gesetzen zu Prüfbögen umformuliert, in denen Kästchen angekreuzt werden, die dann indizieren, dass Ermessen ausgeübt wurde. Ermessen wird ausgeübt durch das Ankreuzen eines Kästchens im Prüfbogen. Das akzeptieren Verwaltungsgerichte. Ich würde mal sagen, es ist eine sehr hohe Eigenverantwortung und auch Gestaltung, die der Verwaltung auf kommunaler Ebene zukommt. Mit anderen Worten, die Gesetzesbindung tritt zurück hinter der Gestaltungsfähig- und -willigkeit der lokalen Gebietskörperschaft. Und das wird dadurch verstärkt, dass die lokale Gebietskörperschaft auch die Anstellungskörperschaft ist. Also das Fortkommen des Personals abhängig ist von der Erfüllung der Wünsche in der lokalen Gebietskörperschaft. Eine Gerichtskontrolle findet statt, soweit es eine Klagebefugnis gibt. Das ist aber natürlich, Schutznormtheorie hin oder her, nur eingeschränkt der Fall, so dass im Grunde genommen die Rechtsdeterminierung ersetzt werden kann durch eine Gerichtsdeterminierung und die Gerichtsdeterminierung ist wegen der Klagebefugnis gering. Ja, was ist das jetzt für eine Verwaltung? Finden wir die gut oder finden wir die schlecht? Es handelt sich jedenfalls um ein Normalmuster der Verwaltung. Ich würde sagen, es handelt sich um eine Verwaltung, die der konkreten Erfüllung lokaler Gestaltungsinteressen verpflichtet ist. Und ich erinnere daran, es gibt auf der kommunalen Ebene ja auch keine Gewaltenteilung im engeren Sinne, die eine Rechtskontrolle substituieren könnte. Da greift alles zusammen. Aber ist das noch ein Idealbild, das Muster einer über die Selbstverwaltung demokratisch legitimierten, gestaltenden Verwaltung oder ist das im Sinne des Rechtsstaats vielleicht das Gegenbild der Verwaltung? Diese Verwaltung kam mir in beiden Referaten zu kurz und ich wäre dankbar, wenn ich dazu noch einen Aufschluss kriegen würde, wie sich das in der jeweiligen Modellbildung darstellt und in sie einfügt.

Veith Mehde: Das Thema ist ja schon deswegen sehr interessant, weil es drei Begriffe enthält – nämlich „Verwaltung", „politische" und „Gestaltung" –, die sich so gar nicht im Grundgesetz finden. Natürlich gibt es dort die Verwaltung und auch „politische" Fragen, aber die Begrifflichkeiten sind doch etwas different. Die Politik, wie sie von diesem Thema angesprochen wird, ist verfassungsrechtlich wahrscheinlich am ehesten „Regierung". Für „Verwaltung" gibt es verschiedene Anknüpfungspunkte, aber dann haben wir ganz unterschiedliche Themengebiete, in denen diese Begrifflichkeiten zum Ausdruck kommen. Wir haben da den Rechtsstaat als Anknüpfungspunkt. Da findet sich die vollziehende Gewalt, dazu gehören Politik und Verwaltung gleichermaßen. Wenn man das „Politische" mit „Regierung" gleichsetzt, dann haben wir das Staatsorganisationsrechtliche. Da findet sich die Regierung, aber eben die Bundesregierung, als Bundesorgan. Da ist nicht von Ländern die Rede. Und dann gibt es den wahrscheinlich interessantesten Anknüpfungspunkt – weil er ein Verwaltungsbild transportiert: die Art. 83 ff., genauer gesagt Art. 83, 84 und 87. In diesen Normen steht sehr viel über Verwaltung und auch zu einem Verwaltungsbild. Da gibt es dann oberste Bundesbehörden und Bundesoberbehörden, da gibt es die Länder. Eigentlich sind die Länder diejenigen, die die Gesetze ausführen, nach Artikel 83 nicht die Landesregierung, nicht die Landesverwaltung, sondern die Länder. Das heißt, die Aufgabe wird ganz pauschal den Ländern übertragen. In den weiteren Ausführungen in Art. 84 finden sich dann oberste Landesbehörden und nachgeordnete Behörden. Mit Blick auf den Bund finden wir dann noch Mittel- und Unterbehörden. Wir finden auch Körperschaften und Anstalten. Das heißt also, da wird ein bestimmtes Verwaltungsbild transportiert. Und dieses Verwaltungsbild ist eines, das eben eine vollziehende Gewalt näher ausgestaltet und gleichzeitig das Ganze unter eine Folie legt, nämlich die Folie der föderalen Aufgabenverteilung. Die Tatsache, dass da von den obersten Landesbehörden die Rede ist, hat nicht damit zu tun, dass man unbedingt eine oberste Landesbehörde für diese Aufgabe benötigt, sondern man soll sich seitens des Bundes nur an diese wenden, nicht aber an nachgeordnete Behörden.

Und dann noch etwas sehr Interessantes und da kann ich an den Kollegen Lepsius anknüpfen: Artikel 28 nennt die Kommunen, die institutionelle Garantie der kommunalen Selbstverwaltung. Deren Rolle im übertragenen Wirkungskreis nennt das Grundgesetz nicht. Die von den Kommunen wahrgenommenen staatlichen Aufgaben spielen im Grundgesetz überhaupt gar keine Rolle. Das heißt, es gibt im Grundgesetz durchaus ein Verwaltungsbild, das aber quasi nur en passant, akzidentiell gewissermaßen, transportiert wird. Dazu gehört übrigens auch, dass die Ministerialorganisation als solche ja gar kein Thema ist: Auch da wieder nur dieser föderale Gesichtspunkt. Und insofern muss man sagen, wir haben auf der einen Seite ein Verwaltungsbild. Es ist aber sehr viel hineininterpretiert worden vom Gesetzgeber, aber auch gerade – Stichwort „Legitimationsketten", Stichwort „Ministerialprinzip" – vom Bundesverfassungsgericht aufgrund ganz unterschiedlicher Herangehensweisen. Und da kann man sagen, dass die Unterscheidung sehr stark eingezogen ist zwischen Politik und der Verwaltung, begrifflich am ehesten zum Ausdruck gebracht mit „obersten Bundesbehörden" und „Bundesoberbehörden". Die Bundesoberbehörden, die der Verwaltung angehören, – die obersten Bundesbehörden, die eher der Regierung und damit der Politik zuzurechnen sind. Und alles andere ist doch eigentlich Interpretation und damit letztlich entweder Verfassungsauslegung oder Politik. Vielen Dank.

Matthias Knauff: Ich kann anknüpfen an Herrn Lepsius mit meinem ersten Punkt und möchte noch einmal die Differenzierungen hervorheben. Die kommunale Selbstverwaltung ist das Musterbeispiel schlechthin. Aber selbst wenn wir auf die Bundesverwaltung schauen, macht es natürlich einen großen Unterschied, ob wir über ein Ministerium sprechen oder zum Beispiel über die unabhängige Bundesnetzagentur. Beide funktionieren anders und müssen dies auch. Das müsste meiner Meinung nach abgebildet werden, genauso wie der Umstand, dass wir es mit einer Vielzahl von sehr unterschiedlichen Verwaltungsaufgaben zu tun haben, denen auch teilweise unvermeidlich eine politische Gestaltungsfunktion innewohnt. Denken Sie etwa an Planungsaufgaben. Auch das ist Politik, wenngleich häufig in einem etwas kleineren Rahmen. Wenn wir dann an die Verwaltung als Organisation denken, egal auf welcher Ebene, vielleicht aber gerade auf den unteren Ebenen, müssen wir erkennen, dass es auch dort Interessen gibt, einerseits der Institutionen selbst, andererseits aber auch der Personen, die in diesen Verwaltungen tätig werden. Letzteres wird ganz besonders bei kommunalen Wahlbeamten deutlich, die meist wiedergewählt werden wollen. Diese denken primär politisch und nicht unbedingt rechtlich. Außerdem möchte ich noch – das ist eher in Richtung Vorstand gerichtet, denn ich nehme an, dass die Ausrichtung der Themen vorbesprochen war – noch auf eine weitere Dimension des Themas hinweisen, nämlich die Auswirkungen der politischen Gestaltung auf die Verwaltung. Wir sehen immer mehr komplexe und sich häufig ändernde gesetzliche Vorgaben und eine Vielzahl von Aufgaben, die mit zunehmend kompliziertem Zuschnitt an Vollzugsbehörden zugewiesen werden. Nach meiner Erfahrung wirkt sich dies häufig im Ergebnis als Überforderung der Verwaltung aus. Vielen Dank.

Martin Kment: Vielen Dank für die beiden sehr interessanten Vorträge. In diesen wurden Verwaltungen und politische Akteure beschrieben, die aktiv handeln. Auch wurde skizziert, wie sich die beiden Gruppen in dieser aktiven Phase zueinander bewegen und auch voneinander abgrenzen lassen. Es wurde folglich unterstellt, dass sich die politischen Akteure von sich aus beteiligen, also mitwirken möchten. Wie aber gestaltet sich die Rechtslage, wenn die politische Seite im Zusammenspiel der Kräfte nicht teilnehmen will, also ihre Entscheidungsverantwortung nicht wahrnimmt? Derartige Fälle können selbst dann auftreten, wenn die politischen Entscheidungsträger angehalten sind, aktiv zu werden, gleichwohl aber ihrer Verantwortung nicht nachkommen. Ein Paradebeispiel für politische Passivität findet sich im umweltrechtlichen Bereich: So hat das Bundesverfassungsgericht in seinem Rotmilan-Beschluss aus dem Jahr 2018 auf ein im Umweltrecht durchaus nicht selten anzutreffendes fachwissenschaftliches „Erkenntnisvakuum" hingewiesen, das weder Verwaltung noch Gerichte selbst auszufüllen vermögen. Hieraus leitete das Bundesverfassungsgericht ab, dass der Gesetzgeber der Rechtsanwendung im Nebel fachlicher Ungewissheit nicht tatenlos zusehen dürfe, weil er sich so seiner inhaltlichen Entscheidungsverantwortung entziehe und eine einheitliche Rechtsanwendung nicht gewährleistet sei. Dessen ungeachtet verweigert sich die Politik weiterhin einer Normgebung – und auch ein Umweltbundesamt, welches Hilfestellungen geben könnte, vermag keine substanziellen Fortschritte zu erzielen. Die Normierungsdefizite führen dazu, dass die Verwaltung zu Entscheidungen gezwungen ist, ohne auf sicherer Rechts- und Tatsachengrundlage zu stehen. In einer Vielzahl von Einzelfällen sind die Grundlagen auch naturwissenschaftlich umstritten, und dennoch wird den Entscheidungsträgern abverlangt einzuschätzen, ob und wie z.B. Fledermäuse oder bedrohte Vogelarten beeinträchtigt sind. Was vielleicht als ein unbedeutendes Randthema der Rechtswissenschaft erscheint, gewinnt spürbar an Bedeutung, wenn man sich vor Augen führt, dass von diesen Fragen die Ansiedlung einer Vielzahl von Windenergieanlagen abhängt und so die Energiewende ins Stocken geraten kann. Von der misslichen Lage sind selbst die Spruchkörper betroffen. Gerichte stoßen an die faktischen Grenzen der judikativen Kontrolle und können ihrer Verantwortung nicht mehr gerecht werden. Deshalb meine Frage: Darf ich Ihren Untersuchungsraum, liebe Vortragende, etwas erweitern? Wenn aus „Verwaltung und politische Gestaltung" nun „Verwaltung und unterlassene oder verweigerte politische Gestaltung" wird, wie fügt sich dies in Ihre Konzeption ein? Und, vielleicht zum Abschluss, sehen Sie einen Weg, die Politik, wenn nicht zu zwingen, dann doch zumindest daran zu erinnern, ihrer Aufgabe gerecht zu werden?

Michael Fehling: Ich möchte das Bild noch etwas bunter machen und dafür drei Punkte ansprechen. Ich beginne mit dem Begriff politische Gestaltung. Dabei hatte ich den Eindruck, dass Sie, lieber Herr Meinel, einen engeren Begriff zugrunde gelegt haben, der sehr stark Richtung Parteipolitik ging, zumal Sie auch die Regierungsfunktion besonders in den Vordergrund gerückt haben. Dagegen haben Sie, liebe Frau Münkler, anscheinend einen sehr weiten Begriff gewählt, der mir schon ein wenig die Konturen zu verlieren schien in Richtung jeglichen Ermessens und sonstiger Gestaltungsspielräume der Verwaltung. Zwischendurch haben Sie aber auch – und diesen Ansatz finde ich sehr fruchtbar – die Unterscheidung von policy und politics deutlich gemacht. Letztendlich bedeutet Policymaking: Die Exekutive darf in gewissem Umfang eigenständig Prioritäten setzen. Diese Befugnis steckt nicht in allen administrativen Entscheidungsspielräumen, aber in vielen. Wenn man einige Beispiele betrachtet, dürfte es sehr viel mehr solche Spielräume geben, als man vielleicht zunächst denkt. Eine Aufgabe wäre, solche Spielräume und deren Ausfüllung auch nach außen hin deutlicher zu machen.

Insoweit wurden in der Diskussion schon die kommunale Ebene genannt und auch die Planung. Da kennen wir vom Bundesverwaltungsgericht den Satz: Planung ohne Gestaltungsfreiheit ist ein Widerspruch in sich. Und dabei geht es ja häufig um politische Prioritäten. Denken wir nur an die Diskussion um die kommunale Wärmeplanung. Dabei wird man sehr viele Prioritäten setzen können und müssen, auch wenn das nicht immer parteipolitisch zu verstehen ist. Gleichzeitig zeigt schon dieses Beispiel, dass sich politische Gestaltung regelmäßig mit Sachverstand mischt. Auch bei Ihnen klang ja schon die Überlegung an, dass es politische Gestaltung oder sachverständige Problemlösung in Reinform nicht oder fast nicht gibt, sondern dass regelmäßig beides mit unterschiedlichen Anteilen zusammenkommt. Ein ganz wichtiger weiterer Bereich des Policymaking durch die Exekutive scheint mir die finanzielle Förderung, Subventionierung, zu sein, weil da häufig keine gesetzlichen Verteilungsgrundlagen existieren. Gerade wenn es um etwas Neues geht, wie jetzt beim Wasserstoff-Hochlauf, wo noch kaum gesetzliche Regelungen vorhanden sind, dann lässt sich mit Förderentscheidungen in weitem Umfang Energiewendepolitik machen. Allerdings schränkt das Beihilfenrecht die Gestaltungsmöglichkeiten ein Stück weit ein.

Damit komme ich zur europäischen Ebene. Wenn ich Sie, Frau Münkler, richtig verstanden habe, halten Sie das Unionsrecht für offener gegenüber politischer Gestaltung durch die Verwaltung. Mir erscheint dies ambivalenter. Beispielsweise betreibt die Bundesnetzagentur bei der Netzentgeltregulierung einerseits politische Gestaltung, aber der EuGH begründet deren Spielraum zugleich sehr expertokratisch nach dem Motto: In den EU-Richtlinien sind doch die politischen Entscheidungen bereits gefällt und jetzt geht es eigentlich nur noch darum, diese Vorgaben mit ökonomischem und technischem Sachverstand zu konkretisieren. An diesem Beispiel sieht man, wie diese Aspekte zusammenspielen, aber auch, wo man analytisch die Grenzen vielleicht deutlicher machen sollte. Ein weiteres Beispiel für diese Verschränkungen sind die Europäischen Agenturen. Insoweit kennen wir noch die alte Meroni-Doktrin, wonach die Agenturen zur Wahrung des institutionellen Gleichgewichts keine eigenständige politische Gestaltung betreiben durften. Diese Doktrin ist aber mittlerweile bekanntlich ein Stück weit aufgebrochen. Auch hier, finde ich, ist der Übergang zwischen expertokratischer Verwaltungstätigkeit und politischer Gestaltung durchaus fließend.

Ich würde sogar sagen, dass auch zwischen Verwaltung und Gesetzgebung insoweit nur ein gradueller Unterschied besteht. Denken wir etwa an die Klimaschutzgesetzgebung. Dazu wurde in der Diskussion bereits der Slogan „Follow the Science" erwähnt. Auch dabei mischen sich die Forderungen nach politischer Gestaltung und nach Respektierung des Sachverstands. Es bleiben nach meinem Eindruck eben eher graduelle Abstufungen. Vielen Dank.

Uwe Volkmann: Ich habe beiden Referaten gern zugehört, sie haben sich sehr schön ergänzt. Florian Meinel hat die Fragestellung des Vorstands souverän ignoriert bzw. umgekehrt, indem er nicht nach der Rolle von Verwaltung für politische Gestaltung gefragt hat, sondern nachgewiesen hat, dass politische Gestaltung heute durch Verwaltung ersetzt worden ist. Laura Münkler hat die Fragestellung demgegenüber ernst genommen und dabei auch schon ein paar interessante Gegenargumente zu Florian Meinels Ideen gefunden. Ich wollte mich auf Deinen Beitrag konzentrieren, Florian. Es war insgesamt eine faszinierende Erzählung, ich habe ihr gern zugehört. Ich habe nur ein Problem mit ihr: Ich glaube sie nicht so richtig und will das vielleicht an drei Beispielen begründen. Zunächst einmal gibt es Politikbereiche, die das, was Du beschrieben hast, nicht belegen. Ein solcher Politikbereich scheint mir etwa die Außenpolitik. Hier kann ich nicht erkennen, dass wir es nur mit dem Verwalten von Lagen zu tun haben, sondern da werden Richtlinien vorgegeben und Schwerpunkte gesetzt. Ein zweiter Punkt betrifft die Begriffe des Politischen und des Regierens, bei denen ich meine, dass sie bei dir doch sehr stark idealisiert sind und von einem starken Moment der Entscheidung, der souveränen Dezision, gekennzeichnet sind, das ich so in der geschichtlichen Realität eigentlich selten gespiegelt gesehen habe. Das beginnt zunächst bei der Bestimmung des Politischen. Das Politische bezeichnet, sagst Du, letztlich nur einen bestimmten Intensitätsgrad von Konflikten. Der Autor dieser Bestimmung ist ja bekannt. Das Problem ist, dass ich ihm auch nie so richtig geglaubt habe, weil er alle anderen Möglichkeiten der Bestimmung des Politischen ignoriert, unter anderem solche, wie sie Laura Münkler in ihrer These 29 präsentiert hat. Das gleiche gilt dann mit Blick auf das Regieren. Auch das ist bei dir sehr stark von der Vorstellung eines machtvollen Setzens von Zwecken geprägt, die völlig autonom sind, frei von Sachzwängen, und dann nur von der Verwaltung exekutiert werden müssen. Auch Beispiele für ein solches Regieren kann ich eigentlich selten erkennen und würde gern wissen wollen, was eines wäre. Das Regieren mit den Notverordnungen in den letzten Jahren der Weimarer Republik, das weitgehend unter Ausschaltung des Parlaments erfolgte? Die zunehmende Anmaßung von Exekutivbefugnissen durch amerikanische Präsidenten an Senat und Repräsentantenhaus vorbei?

Hinsichtlich meines dritten Punktes würde ich zunächst Laura Münkler ein bisschen widersprechen: Wir können ja in der Tat beobachten, dass Politik oder politische Gestaltung vielfach durch das ersetzt worden ist, was einer der möglichen Kronzeugen des heutigen Vortrags, Ernst Forsthoff, einmal beschrieben hat als „die technische Realisation“. Politik ist dadurch in einen bloßen Modus der Problemlösung überführt und insofern in ihrem Kern unpolitisch geworden. Hier würde ich aber zunächst mal einen Blick auf die Ursachen werfen wollen, wäre das wirklich das Verfassungsrecht? Ein Verfassungsrecht, das einem „administrativen Konstitutionalismus“ folgt und das ganze Grundgesetz nur noch als „abstrahiertes Verwaltungsrecht“ erscheinen lässt? Dafür mag es Belege geben, Du hast viele davon geliefert. Die Neutralitätsrechtsprechung des Gerichts etwa wäre ein solcher Beleg, weil sie dazu führt, so hat es kürzlich mal jemand gesagt, dass über das Politische nun nicht mehr politisch gesprochen werden kann. Es gibt aber meines Erachtens auch Gegenargumente. Zunächst dürfen wir Politik nicht auf die Regierung begrenzen. Oder wir dürfen auch das Regieren nicht auf die Tätigkeit der Regierung selbst begrenzen, sondern wir müssen es in seinem Zusammenhang sehen mit dem parlamentarischen Regierungssystem, also mit der Gesetzgebung. Auch diese ist ja heute überwiegend gekennzeichnet durch ein bloßes muddling through: Es geht vielfach nicht um politische Gestaltung, um das machtvolle Setzen von Zielen und dann die Durchsetzung dieser Ziele, sondern letztlich immer um die praktische Bewältigung irgendwelcher Lagen. Wir haben also auch hier den Modus einer technischen Realisation. Aber ich glaube, dass die Gründe dafür gar nicht in der Verfassung liegen, sondern in den Gegebenheiten der bundesdeutschen Konkordanz- oder Konsensdemokratie, in der durch die Einbindung aller Beteiligten notwendig nur mit Kompromissen regiert werden kann. Wir leben heute im Zeitalter der Koalitionen, und durch den Bundesrat haben wir im Grunde schon immer in einer informellen Großen Koalition gelebt. Gerade das dämpft Regieren und politische Entscheidungen dann aber auf das Erzielen und Abarbeiten von Kompromissen herab.

Benjamin Schindler: Herzlichen Dank! Michael Fehling hat bereits das Thema „europäische Perspektive" angesprochen. Und dazu möchte ich jetzt zwei weitere Redner bitten.

Franz Mayer: Vielen Dank. Zwei Anmerkungen und eine Nachfrage. Die erste Anmerkung richtet sich auf das, was eben angedeutet worden ist. Es gibt in Brüssel einen hochrelevanten Bereich, in dem Verwaltung in hohem Maße politisch gestaltend tätig wird, der nicht zur Sprache kam. Damit meine ich nicht die Kommission, jedenfalls nicht nur die Kommission, sondern die vielen Tausend Ratsarbeitsgruppen, in denen nationale Ministerialverwaltung die maßgeblichen Politikentscheidungen trifft. Und wenn das dann im Ausschuss der Ständigen Vertreter – in der Botschafterrunde, die den Ministerrat vorbereitet – auf die sogenannte Liste der A-Punkte kommt, dann schaut im Rat kein politisch Verantwortlicher im Sinne eines gewählten Akteurs mehr darüber. Ich kann das jetzt in der Kürze der Zeit nicht in ein größeres Modell einordnen, aber ich denke, man sollte diese Dimension vielleicht doch hier in Erinnerung rufen.

Die zweite Anmerkung betrifft eine Aussage zum Personalverfassungsrecht von Dir, Florian. Du hast gesagt, es gibt in Deutschland keine Kabinette wie in Frankreich. Man könnte hier ergänzen: wie in Brüssel. In der Europäischen Kommission sind Kabinette und wer wie in diese Kommissionskabinette berufen werden darf, mittlerweile ja hochgradig verregelt. Für Deutschland würde ich doch die vorsichtige Nachfrage stellen, ob das wirklich noch durchgehend gilt, dass es keine Kabinette gibt. Ich habe hier einen – völlig anekdotischen – Eindruck, eine Beobachtung, die ich gemacht habe, zumindest für ein Ministerium, in dem die Leitungsebene mittlerweile so aufgeblasen ist, auch mit einer Vielzahl von Stellen, dass dort inhaltliche Arbeit geleistet wird und auf die eigentliche Fachebene im Ministerium nur noch punktuell zugegriffen wird. Das ist das aktuelle Bundesjustizministerium. Das weist natürlich auch die Besonderheit auf, dass dort nicht durchgehend Berufsbeamte sind, sondern es wird vielfach mit abgeordneten Richterinnen und Richtern, Staatsanwältinnen und Staatsanwälten gearbeitet. Aber möglicherweise ist da doch etwas in Bewegung. Dazu passt vielleicht auch eine andere Beobachtung: das sogenannte Vizekanzleramt, das sich zunehmend zu etablieren scheint. In Koalitionsregierungen gibt es immer einen Vizekanzler oder eine Vizekanzlerin. Das entsprechende Ressort kriegt dann typischerweise einen Staatssekretär zusätzlich, mit einem Unterbau. Auch das passt nicht ganz zu der Beschreibung, dass wir keine Kabinette haben. Vielleicht sind das ja auch nur informelle Praktiken, ich wollte das aber noch mal in Erinnerung rufen.

Jetzt die konkrete Frage. Nochmal mein ausdrücklicher Dank, Florian. Ich habe wirklich viel gelernt bei Deinem Vortrag und will trotzdem sicherstellen, dass ich richtig verstanden habe, was genau Du uns sagen wolltest, und würde daher um ein konkretes Beispiel bitten: ein Politikfeld, bei dem es einen Unterschied machen würde. Was wäre anders in einer Welt, die schon dem entspricht, was Du uns beschrieben hast. Ein konkretes Beispiel oder ein konkretes Politikfeld. Vielen Dank.

Bernhard Wegener: Auch ich möchte eine europarechtliche Frage stellen und zunächst mal anknüpfen an das, was Florian Meinel gesagt hat, nämlich dass wir im deutschen Kontext jedenfalls nicht dieses US-amerikanische Agentur- oder Agency-Modell kennen. Wir kennen das aber auf europäischer Ebene, und da haben wir eben doch mittlerweile Agenturen, die eine große politische Relevanz und auch eine gewisse politische Eigenständigkeit erreicht haben. Am deutlichsten wird das vielleicht an einer politisch sehr umstrittenen Agentur wie Frontex, deren Head of Agency gehen muss, weil er politisch umstritten ist. Das macht die politische Dimension dieses Agenturwesens, denke ich, deutlich. Einen anderen Aspekt hat Laura Münkler dankenswerterweise angesprochen, nämlich den Einfluss der europäischen Rechtsetzung auf die nationale Behördenstruktur. Laura, Du hast das beschrieben mit dem Stichwort der Unabhängigkeit etwa der Bundesnetzagentur, die ja europarechtlich erzwungen ist. Und da wird üblicherweise, und das hast Du uns auch gesagt, davon gesprochen, dass das ein demokratietheoretisches Problem sei, weil diese Behörden unabhängig gestellt werden von dem Regierungseinfluss und damit herausgenommen werden aus der klassischen demokratischen Legitimationskette. Und sie werden, und das hast Du ganz zu Recht noch extra betont, auch unabhängig gestellt gegenüber dem nationalen Gesetzgeber. Ich glaube aber, dass dieses demokratietheoretische Problem, das Du angesprochen hast, vielleicht gar nicht das Alleinige an dieser Entwicklung ist. Mindestens ebenso wichtig scheint mir zu sein, dass diese Behörden nicht nur aus dem nationalen demokratischen, sondern auch aus dem hierarchischen Kontext insoweit herausgenommen werden, als dass sie in einen neuen hineingestellt werden, nämlich in die Hierarchie der Unionsorgane, konkret der EU-Kommission.

Wenn die Bundesnetzagentur europarechtlich national unabhängig gestellt wird, dann heißt das ja nicht, dass sie als solche völlig unabhängig agiert. Sie agiert dann vielmehr nach den Maßgaben des Unionsrechts. Und diese Maßgaben des Unionsrechts werden zum Teil sehr kleinteilig in Verwaltungsvorgaben der EU-Kommission ausbuchstabiert. Da gibt es regelmäßige Treffen zwischen Bundesnetzagentur und EU-Kommission, wo dann der Bundesnetzagentur und ihren Partnerbehörden in den anderen Mitgliedstaaten von Kommissionsseite gesagt wird, was man von ihnen erwartet. Ich glaube daher, dass es sich hier auch um eine politische Machtverschiebung handelt, weg von der nationalen Ebene hin zur europäischen Ebene, die man positiv oder negativ beurteilen mag, die aber vor allen Dingen eine Überwindung der alten Kompetenzidee darstellt, nach der Unionsrecht von nationalen Behörden unter der Ägide nationaler Regierungsverantwortung vollzogen wird. Dieses Modell gibt es immer noch, und zwar in sehr vielen Feldern. Aber es gibt eben Bereiche, in denen diese „unabhängig“ gestellten Behörden in Wahrheit europäische Behörden im nationalen Gewand sind. Und dazu wäre mir noch eine Stellungnahme lieb. Vielen Dank.

Benjamin Schindler: Wir kommen nun zum Verhältnis Verfassungsrecht und Verwaltungsrecht, nämlich ob dies ein Verhältnis von Abstraktion oder Konkretisierung ist.

Christoph Engel: Herr Meinel ist nicht nur ein vorzüglicher Jurist, sondern er ist auch ein brillanter Rhetoriker. Genau deshalb sollten wir vorsichtig sein. Ich habe Ihren Vortrag gehört als ein großes argumentum ad absurdum. Verfassungsrecht als abstrahiertes Verwaltungsrecht: Das kann ja nicht richtig sein. Radikal ökonomischer Staat muss auch falsch sein. Meritokratisch hat einen ganz schlechten Ruf. Und zum Schluss habe ich mich natürlich persönlich betroffen gefühlt, als Sie gesagt haben: ein ordoliberaler Begriff von Herrschaft. Ich gestehe, ich bin der Schüler eines Ordoliberalen.

Ich glaube, wir sollten uns mehr Gedanken über die normative Gegenposition zu dem machen, was Sie vorgetragen haben. Das ist die regulative Idee rationaler Problemlösung. Es geht um Rechtfertigbarkeit. Man kann auch sagen, es geht um den Siegeszug des Zwecks im Verfassungsrecht. Oder wenn Sie die politikwissenschaftliche Kategorie für dasselbe wollen: Es geht um Output-Legitimation. Das, was ich bei Ihnen herausgehört habe, ist ein Lobgesang auf Input-Legitimation. Die Politikwissenschaftler würden sagen: Wir brauchen immer beides. Wenn wir nämlich rein auf Input-Legitimation abstellen, dann ist am Ende das Ergebnis: Sie dürfen es, denn sie haben die Macht. In dem Staat möchte ich nicht leben.

Alexander Somek: Ich habe beiden Vortragenden meine Erwartung an ihre Vorträge mitgeteilt, dass jetzt ein Feuerwerk an Ideen kommt. Ich bin nicht enttäuscht worden und noch ganz geblendet. Allerdings bin auch ich durch die Bemerkung, Verfassungsrecht sei abstrahiertes Verwaltungsrecht, in meiner Identität berührt worden als Österreicher. Denn ich habe Verfassungsrecht in den 80er Jahren in Österreich studiert, und dort wurde es unter dem Vorzeichen studiert, es sei die Erzeugungsbedingung für Verwaltungsrecht, auf die man einfach nicht verzichten könne in einem Rechtsstaat. Es müsse halt sein. Man hat sich die parlamentarischen Prozeduren angesehen, die Verwaltungsorganisation, so wie sie in Grundlinien in der Verfassung vorgesehen ist, und schließlich die Grundrechte als einen ärgerlichen Anhang, der ziemlich irrational ist und der Verwaltung nur im Wege steht. Nichts von dem hast Du gesagt. Dennoch war Deine Bemerkung sehr, sehr lehrreich. Verfassungsrecht ist abstrahiertes Verwaltungsrecht, bezogen auf den Verhältnismäßigkeitsgrundsatz. Und Du hast mich damit an eine kritische Perspektive erinnert, die in den 70er Jahren von einem amerikanischen Verfassungsrechtler formuliert worden ist namens Hans Linde. Er hat in einem Aufsatz genau die Kritik formuliert, die auch Du angedeutet hast.

Du hast Dich jetzt zwar nicht zu dieser Kritik bekannt, Du hast sie aber angedeutet. Sie lautet: Warum soll ein Prozess, der politisch organisiert ist, wo verschiedenste Gruppen teilnehmen, daran gebunden sein, wie die rationale Problemlösung eines singulären Akteurs oder eines einheitlichen Akteurs zu funktionieren? De facto funktioniert es doch anders. Und doch möchte ich Dich nun an etwas erinnern: Vielleicht liegt es daran, dass unsere Verfassungen sich dem Liberalismus verschrieben haben. Und unter liberalem Vorzeichen greift der Staat in unsere Freiheit ein. Und das lassen wir uns nur gefallen, wenn es rational zugeht. Also wenn wenigstens ein Geeignetheitstest und darüber hinaus ein vollständiger Verhältnismäßigkeitstest durchgeführt wird. Also ist die Verwandtschaft der Maßstäbe, die wir im Verwaltungsrecht entwickeln mit denen des Verfassungsrechts, also für die Vollziehung und für die Gesetzgebung, keinem Zufall geschuldet, sondern sie ist einfach Ausdruck der liberalen Grundlagen unserer modernen Verfassungen. Du hast das hier so präsentiert. als ob das ein deutscher Sonderweg wäre. Ich glaube, es ist kein deutscher Sonderweg. Danke.

Karl-Heinz Ladeur: Ich möchte eine Anmerkung zu dem wirklich anregenden Vortrag von Herrn Meinel machen. Sie haben durch begriffliche Präzisierungen zugleich auch eine interessante Retrospektive auf die Entwicklung des Verhältnisses von Verwaltung und Verfassung und Verwaltung und Politik geworfen, die ich sehr interessant fand. Sie haben am Schluss einen Begriff erwähnt, zu dem Sie nicht viel gesagt haben, der mir aber sehr wichtig erscheint für die Entwicklung einer Perspektive für die Zukunft. Da haben Sie so nebenbei von einer Hintergrundannahme gesprochen, die für das Funktionieren der Verwaltung erforderlich ist. Das scheint mir ganz wichtig zu sein. Daran kann man, glaube ich, heute anknüpfen, um auch die aktuellen Probleme der Verwaltung – mein Referenzbeispiel wäre die planende Verwaltung – genauer zu beschreiben. Hintergrundannahme ist meiner Ansicht als eine epistemische Annahme zu verstehen, sozusagen eine Voraussetzung, die sich aus praktischen Erfahrungen ergibt, die, das ist mit dem Begriff „Hintergrund" verbunden, nur sehr begrenzt begrifflich expliziert werden können. Und diese Hintergrundannahme besteht zum Beispiel für die planende Verwaltung in einer „produktivistischen Konvention" darüber, dass bestimmte Projekte, die wirtschaftlich relevant sind, positiv bewertet sind und dass andere Belange dahinter zurücktreten, wenn auch nicht verschwinden. Und diese, das lässt sich ganz schön im Vergleich zeigen, Hintergrundannahmen bestehen in weiten Teilen der Verwaltung zum Beispiel weder in Deutschland noch in den USA in der alten Form. In den USA verbindet sich das mit einer Entscheidung des Supreme Court aus den 80er Jahren, dem Chevron-Urteil, in dem der Supreme Court den unabhängigen Agencies, vor allem der Umweltagentur, einen breiten Spielraum eingeräumt hat, und vor dem Hintergrund, dass Republikaner und Demokraten darüber eine Übereinstimmung hatten. Das ist inzwischen entfallen, und das wird dazu führen, weil es ja immer komplizierte Mehrheitsverhältnisse im Kongress gibt, dass Umweltschutz in Zukunft nicht mehr angemessen reguliert werden kann oder nur in sehr engen Grenzen.

In Deutschland kann man das genauso beobachten. Nur da haben wir nicht diese Polarisierung zwischen den Parteien wie in den USA, sondern wir haben sozusagen einen Verlust des Selbstvertrauens des Staates in seine eigene Rationalität zu beobachten. Und vor dem Hintergrund der Verrechtlichung führt dieser Wegfall oder die Abschwächung der epistemischen Hintergrundannahme für das planende Verwaltungsrecht dazu, dass planerische Abwägungen ohne eine Hintergrundannahme in Deutschland immer unberechenbarer werden. Als Kompensation wird immer mehr an Belangen gesetzlich spezifiziert; durch Gesetz werden immer mehr Kriterien und d.h. immer mehr Anforderungen in das planerische Entscheiden eingefügt. Und das vor dem Hintergrund, dass unter den Belangen, die eingestellt werden, ein ganz wichtiger Belang gar keine Rolle spielt: Das ist die Zeit. Es ist ja nun inzwischen ein Gemeinplatz geworden, dass die Entwicklung in Deutschland eigentlich, begrifflich ist es schon paradox, eher einer Selbstblockade gleichkommt, vom Stillstand bestimmt ist. Nach meiner Ansicht ist das sehr stark davon bestimmt, dass diese Hintergrundannahme, ohne die Gesetzgebung so wenig wie die Verwaltung funktionieren kann, nicht mehr in dem früheren Maße besteht. Das führt dazu, dass immer mehr eingesetzt wird in den Abwägungsvorgang. (Und jetzt, es ist wenig Zeit. Also auch ich muss den Belang Zeit natürlich berücksichtigen.) Ein Gegenmodell dazu wäre der Rekurs auf ein institutionelles Denken nach dem französischen Beispiel, also eine Relativierung der Dominanz der rechtlichen Dimension. Das institutionelle Denken, was sich vor allem in Frankreich entwickelt hat, ist in Deutschland durch Carl Schmitt desavouiert. In mancher Hinsicht ja auch zu Recht. Aber dahinter steht immer die Vorstellung, dass die *Materialität der Dinge*, das Zusammenwirken der Dinge, eine eigene Kreativität hat, auf die Verwaltung sich nicht nur punktuell allein durch Entscheidung, sondern durch ein prozesshaftes Denken einlassen muss, das an etwas anknüpfen kann und muss, was sich bewährt hat und sich mit anderen praktischen Prozessen verbinden kann – das lässt auch die Möglichkeit der Nachsteuerung zu. Es kann und muss nicht alles immer wieder von vorn anfangen.

Hinnerk Wißmann: Vielen Dank. Florian Meinel hat uns das Angebot einer neuen Meistererzählung gemacht. Und ich würde in der Tat sagen: Die Historisierung einer bestimmten Sicht auf das Verwaltungsrecht, die damit verbunden ist, tut uns gut. Das war rhetorisch brillant und mit sozusagen erwartbarer intellektueller Schärfe vorgetragen. Die Pointe ist im Leitsatz neun enthalten, der im Vortrag zur Sicherheit zweimal vorkam: „Verfassungsrecht ist abstrahiertes Verwaltungsrecht“. Ich will mich noch einmal vergewissern, ob ich den Punkt richtig verstanden habe: Die Formel ist pejorativ gemeint. Und die neue Zielrichtung ist eine neue Entfesselung der Politik, um nicht zu sagen: des Leviathans. Für mich ergeben sich zunächst zwei Einwände: Unterschätzt das nicht doch erstens die Rationalisierungsleistung, die wir gerade durch die Wechselbezüglichkeit der verschiedenen Akteure erreichen – dass Gubernative, Legislative,

Behörden, aber auch Gerichte und Bürger alle je das Eigene eintragen in Politikgestaltung, die dann verwaltungsrechtliche Formen annimmt? Und der zweite Einwand: Wie könnte denn eine solche entfesselte Politik operationalisiert werden? Welche Vorstellung von Verwaltung ist damit verbunden, dass die Politik freier als bisher entscheiden kann? Unterschätzt die Sehnsucht nach Entscheidung nicht doch die Komplexität der notwendigen Übersetzungsleistungen?

Eine kurze Schlussfrage zielt auf einen Begriff, der in beiden Referaten nur kurz gestreift wurde und der vielleicht auch hilfreich wäre, das Amt. Das Amt, das eben nicht als Beruf von der kommunalen Ebene bis zu Präsidenten von Bundesoberbehörden zu verstehen ist, sondern auch eine Vorstellung von Gemeinwohlkonkretisierung beinhaltet. Und könnte man nicht von dort aus den Begriff der Gestaltung als notwendiges Proprium der Gemeinwohlkonkretisierung entwickeln? Dann wäre eher die Grenze zu beschreiben, ab wo eine genuin politische Gestaltung des Verwaltungshandelns jeweils zusätzlich notwendig ist. Gestaltung ohne Verwaltung gibt es nicht.

Andreas Funke: Ich fand es sehr hilfreich für meine eigene Meinungsbildung, zwei idealtypische Modelle des verwaltenden Staates in vielen Kontrasten gegenüberstehen zu sehen. Ich fand die analytische Schärfe bestechend, mit der Florian Meinel Politik und Verwaltung voneinander abgesondert hat, muss aber dennoch sagen, dass ich das alternative Modell einer vielschichtigen Verschränkung von Politik und Verwaltung von Laura Münkler überzeugender finde. Die Frage ist: warum eigentlich? Geht es letztlich um eine begriffliche Frage? Das ist die Rückfrage, die ich an beide Referenten stellen möchte: Auf welcher Ebene bewegen sich die Untersuchungen? Sind sie vorrangig begrifflicher Art? Dann kommt es auf den Begriff der Politik an, der schon angesprochen wurde: Politik als Konfliktlösung, Konfliktbearbeitung, mit unterschiedlichen Intensitätsgraden von Konflikten. Oder geht es eher um einen verständigungsorientierten Begriff von Politik, in dem Probleme überhaupt erst als gemeinsame wahrgenommen werden, um sie dann einer gemeinsamen Lösung zuzuführen? Oder geht es nicht doch auch um eine verfassungsrechtliche Frage? Insofern hat mich erstaunt, dass, obwohl natürlich beide Vorträge immer wieder auf verschiedene Art und Weise den Rekurs auf das Verfassungsrecht gesucht haben, das Verfassungsrecht eigentümlich blass blieb.

Das gilt insbesondere für das Rechtsstaatsprinzip, vielleicht auch für das Sozialstaatsprinzip. Im 19. Jahrhundert wurde ja die Frage nach dem Verhältnis von Politik und Verwaltung auch unter der Ägide der Rechtsstaatsidee diskutiert. Viele der Diskussionen des 19. Jahrhunderts um die Rolle der Verwaltung und des Rechtsstaats hatten die Frage der Abgrenzung von

Politik und Verwaltung zum Gegenstand. Erstaunlicherweise haben beide Referenten daran nicht deutlich angeknüpft, Laura Münkler zum Ende ihres Vortrages ein bisschen mehr. Das gilt auch für das Sozialstaatsprinzip, das dann insbesondere unter dem deutschen Grundgesetz ab 1949 in der Verknüpfung mit dem Rechtsstaatsprinzip überhaupt erst einmal entdeckt wurde. Die Vereinigung hat in den frühen 50er Jahren den Begriff des sozialen Rechtsstaats diskutiert, und ich fühlte mich heute ein klein wenig an diese Diskussion erinnert, auch mit den Kontrasten und den Unterschieden der Positionen, die damals vertreten wurden. Also deshalb meine Frage: Welche Rolle spielt das Verfassungsrecht für die begrifflichen Analysen, die wir heute gehört haben? Und muss man nicht Prinzipien wie das des Rechtsstaats und vielleicht auch das Sozialstaatsprinzip noch deutlicher und prägnanter in die Diskussion einbeziehen? Danke!

Benjamin Schindler: Ganz herzlichen Dank an die Diskutanten. Wir kommen nun zu den Schlussworten der beiden Berichterstatter.

Laura Münkler: Ambiguene Begriffe wecken ambiguene Erwartungen. Dies gilt vorliegend gleich in dreierlei Hinsicht: Wenn wir über Verwaltung und politische Gestaltung nachdenken, mag dies die Assoziation der Kommunalverwaltung hervorrufen oder man mag vornehmlich an die europäische Verwaltung denken beziehungsweise an die Sozialverwaltung. Sofern man stärker rechtsvergleichend ausgerichtet ist und auf die Diskussion um den Administrative State in den USA schielt, kommen einem wiederum andere Assoziationen. Da die Begriffe Verwaltung, Gestaltung und Politik allesamt offen sind und wir aus diesem Grund gerade Verwaltung häufig nur negativ definieren, eröffnet dies ein breites Portfolio an möglichen Fragen wie auch Antworten. Und auch Gestaltung kann man – so wie es Florian Meinel getan hat – entweder vollständig in Politik aufgehen lassen oder man bezieht – was die eher meinerseits eingenommene Perspektive ist – Politik auf aktive Gestaltung. Dies hat dann zur Folge, dass mit dem Stichwort „politische Gestaltung“ eine Wirkungsperspektive auf Politik eingenommen werden muss – im Sinne der Gestaltung von Umwelt, Sozialordnung und Gesellschaft durch Politik. Dies bringt einen recht divergenten Zugriff auf das vorgegebene Thema mit sich, wie hier deutlich geworden ist.

Was womöglich in meinen Erwägungen eher implizit blieb, ist, dass jedenfalls mein Bezugspunkt nicht allein das deutsche Rechtssystem gewesen ist. Stattdessen habe ich angesichts der skizzierten Disparität von Verwaltung und der in unterschiedlichen Ländern bestehenden divergenten Probleme versucht, theoretisch zu erfassen, wie sich Verwaltung und Politik generell funktional zueinander verhalten müssen, wenn politisch gestaltet werden soll. Das hat dazu geführt, dass weniger im Spezifischen die Kommunalverwaltung und auch nicht jegliche Details der europäischen Ebene respektive der Regulierung oder Deregulierung in den Fokus genommen, sondern stattdessen Mechanismen und deren Hintergründe abstrakt untersucht wurden. Meines Erachtens hat sich hierbei allerdings gezeigt, dass sich bestimmte rechtliche Mechanismen – unabhängig von ihrer Verortung in den einzelnen Systemen – in ihren spezifischen Logiken in sämtlichen der verschiedenen Verwaltungsbereiche niederschlagen, sich also wiederholen. Sie weisen allesamt vergleichbare Muster auf. Dies festzustellen halte ich für weiterführend, um das generell notwendige Verhältnis von Verwaltung und Politik im Rahmen demokratischer Gestaltung begreiflich zu machen.

Wir sind nun im Rahmen der Diskussion über die Vorträge darauf hingewiesen worden, es gäbe ein verfassungsrechtliches Bild, das sich in unterschiedlichen Normen des Grundgesetzes niederschlage und stärker berücksichtigt werden müsse. Tut es das wirklich? Wenn man einen Blick in das Grundgesetz wirft – oder auch in andere Verfassungen –, ist meines Erachtens zum einen festzustellen, dass das, was wir an Regelungen mit Blick auf die Verwaltung vorfinden, nicht sonderlich tiefgehend ist. Und zum anderen tragen diese Regelungen nach meinem Dafürhalten ein divergentes Bild von Verwaltung in sich. Denn die Kommunalverwaltung wird doch verfassungsrechtlich im Grundgesetz anders strukturiert als die hierarchisch organisierte Verwaltung. Und wiederum nochmal anders wird die Verwaltung im Bereich der Sozialverwaltung organisiert, wie sich im Grundgesetz zumindest angedeutet findet. Erweiterte man die Perspektive rechtsvergleichend, ergäbe sich nochmal ein deutlich vielschichtigeres Bild. Die eine „wahre" Organisationsvariante der Verwaltung existiert somit nicht.

Warum ist das so? Meines Erachtens liegt das nicht etwa daran, wie in der Diskussion um den Administrative State teils vorgebracht wird, dass Verwaltung minimalistisch zu sein habe und ihr keine sonderlich bedeutsame Rolle zuzuschreiben sei. Hintergrund ist vielmehr – so zumindest meine Perspektive –, dass der Gesetzgeber die Verwaltung zu gestalten hat. Deshalb wird ihm ein breites Portfolio an Möglichkeiten eröffnet, wie er die Verwaltung organisieren und ausrichten kann, damit er selbst im Wege ihrer Gestaltung in bestimmter Art und Weise zu wirken vermag. Das bedeutet, dass die von mir eingenommene Perspektive einerseits an einem disparaten Bild von Verwaltung ausgerichtet ist, und andererseits einem Verständnis, das Politik und Gestaltung in einen engen Verbindungszusammenhang mit Demokratie bringt.

Ich halte die von mir gewählte Perspektive überdies auch demokratieprinzipiell für notwendig. Denn Demokratie funktioniert nicht nur durch Wahlen und sonstige Abstimmungsmodi, sondern ist eben auch darauf angewiesen, dass demokratisch getroffene Entscheidungen umgesetzt werden können und Wirkung zu entfalten vermögen. Nur auf diese Weise ist Demokratie überhaupt erst möglich. Sonst können wir zwar alles Mögliche entscheiden, es folgte hieraus aber nichts. Dass überhaupt politisch gestaltet zu werden vermag, ist meines Erachtens ein genuiner Aspekt von Demokratie. Hierfür bedarf es jedoch der Verwaltung. Deswegen habe ich Politik, Gestaltung und Verwaltung in dieser Form sowie Art und Weise miteinander verknüpft. Politische Gestaltung als Bestandteil von Demokratie ist auf Verwaltung angewiesen. Daher muss die Verwaltung so gedacht und konstruiert werden, dass sowohl Politik im engeren Sinne als auch politische Gestaltung im weiteren Sinne ermöglicht werden.

Wenn man sich vor diesem Hintergrund damit auseinandersetzt, was eigentlich Gestaltung in der Koppelung mit Politik bedeutet, dann kommt das hier benannte Problem aufs Tableau, ob wir in jeder Form der Entscheidung, also der Möglichkeit, aus Alternativen zu wählen, bereits eine Form der Gestaltung erblicken oder wir ein Mehr hierfür fordern, weil sonst plötzlich quasi alles politische Gestaltung ist. In vergleichbarer Weise ließe sich dies mit Blick auf den Begriff „Politik" diskutieren.

Dies ist hier in den Vorträgen auf sehr unterschiedlicher Art und Weise angegangen worden. Während auf der einen Seite – von Florian Meinel – alles im Lichte „des Politischen" betrachtet wurde, ist andererseits von mir auf unterschiedliche Formen des Politischen eingegangen und deren Verhältnis zu Gestaltung beleuchtet worden. Ich bin somit ebenfalls der Überzeugung, dass mit Blick auf die Frage, was Gestaltung ausmacht, graduelle Unterscheidungen Not tun. Dies kann aber meines Erachtens nicht im Rahmen einer Vorfestlegung der Begriffe „Politik" oder „Gestaltung" erfolgen. Das, was die Verwaltung innerhalb ihrer Spielräume entscheiden kann, ist überdies sehr unterschiedlich gelagert. Dogmatisch verarbeiten wir dies in der Differenzierung zwischen Beurteilungsspielräumen, Ermessen, Regulierungsermessen und planerischer Abwägung – aber auch innerhalb dieser bestehen erhebliche Unterschiede hinsichtlich des Gestaltungsvermögens. Das hat zwei Gründe: Zum einen ist die Gestaltungsmacht letztlich mit der Frage nach der Legitimation hierzu verkoppelt, die jedoch im Kommunalrecht anders beantwortet werden kann als etwa im Regulierungsrecht. Zum anderen hat Gestaltung natürlich auch etwas damit zu tun, dass wir die Aufgabenverteilung in gewisser Hinsicht mit Erwägungen zu der benötigten Expertise begründen und der Verwaltung die Aufgabe zuweisen, die Wissensgrundlagen einzubringen. Meines Erachtens hat gerade die Veränderung der Einsicht darin, was Expertise bzw. Wissen ist, was sie ausmacht, also was ihr zugrunde liegt und inwiefern sie politisch ist, dafür gesorgt, dass sich unsere Wahrnehmung dessen, was Verwaltung ist, inwieweit sie politisch agiert und was ihre Funktion darstellt, verändert hat.

Wenn man diese drei Begriffe – Politik, Gestaltung und Verwaltung – demnach sehr unterschiedlich verstehen und zueinander in Beziehung setzen kann, dann greife ich mit Blick hierauf die beiden Nachfragen auf, die darauf zielen, zu wissen, wie wir eigentlich mit der Einhegung des Problems, dass die Verwaltung politisch ist, sie aber anders politisch sein muss als die Gubernative und Legislative, umgehen? Mir ging es im Ausgangspunkt zunächst einmal darum klarzumachen, welche zwei unterschiedlichen Aufgaben Politik und Verwaltung für Gestaltung in einem institutionellen und funktionellen Sinne zukommen. Und hierin werden meines Erachtens dann auch die Mechanismen deutlich, die wir einsetzen müssen, um Politik und Verwaltung zueinander in Beziehung zu setzen – und zwar übergreifend, also unabhängig davon, ob sich die Überlegungen auf das deutsche System, spezifisch dessen Europäisierung, oder andere Rechtssysteme beziehen. Aus diesem Grund fügt sich die nachgefragte Problematik, die ich hier nur kurz angetippt habe, und die mit Blick auf unabhängige Behörden und die Loslösung von dem deutschen Gesetzgeber besteht, letztendlich in das Korsett der unterschiedlichen Faktoren der Bewältigung ein, das ich hier skizziert habe. Denn meines Erachtens besteht generell zwar eine Möglichkeit darin zu versuchen, Verwaltung stark rechtlich einzuhegen, wie dies eine Vielzahl unionsrechtlicher Vorgaben, die die Bundesnetzagentur adressieren, tun. In diesem Kontext entsteht jedoch das Problem, dass die Verwaltung an der rechtlichen Einhegung beteiligt ist, nämlich im Vorhinein, weil sie in die Politikformulierung einbezogen wird – sie betreibt diese recht weitläufig. Ich halte die rechtliche Einhegung der Verwaltung deshalb nur für einen Teil der Lösung. Sie sollte meines Erachtens ergänzt werden um eine sachliche Einhegung, das heißt durch Vorgaben zur Qualität des einzubeziehenden Wissens, auf das sich die Verwaltung im Rahmen ihrer Entscheidungsfindung stützen muss. Hier gilt es, die Qualitätsforderungen zu steigern wie auch die Kontrolle deren Einhaltung auszubauen. Deshalb, meine ich, liegt es nahe, nicht nur die rechtlichen, sondern auch die übrigen sachlichen Bindungen zu effektuieren und deren Kontrolle stärker institutionell auszudifferenzieren. Der andere, zweite Weg, der in unterschiedlicher Art und Weise mit der ersten Variante kombinierbar ist – in Abhängigkeit davon, wie stark die Politizität der Verwaltung ausgeprägt ist bzw. sein soll – liegt meines Erachtens darin, das Politische der Verwaltungsentscheidungen stärker sichtbar zu machen, folglich Verwaltung nicht weiter hinter vermeintlichen Sachgesetzlichkeiten zu verstecken. Dass es hierzu kommt, ist allerdings Folge unserer Logik der Konstruktion von Verwaltung. Sofern wir Verwaltung kritisieren, wenn sie politisch agiert, und sie prinzipiell immer als gebunden konstruieren, dann muss sich die Verwaltung zwangsläufig hinter die rechtlichen und sachlichen Vorgaben zurückziehen und die politischen Entscheidungsmomente verdecken. Wenn wir Verwaltung aber anders konstruierten und zwischen Graden der Bindung nicht nur weiter differenzieren, sondern auch das Politische sichtbar machten, wäre dies nicht mehr gleichermaßen nötig. Divergente Entscheidungen würden diskutierbar und repolitisierbar.

Zweiter Aspekt: Wie gehen wir eigentlich damit um, wenn Politik – also die Legislative – Gestaltung verweigert, sie an die Verwaltung abschiebt, ihrer Entscheidungsverantwortung nicht nachkommt?

Das kann meines Erachtens ebenfalls nur durch das Vorhergesagte verhindert werden, nicht aber dadurch, dass letztendlich die Verwaltung jegliche Gestaltung übernimmt, damit überhaupt eine Gestaltung erfolgt. Vielmehr gilt es auch insoweit, die politisch-gestalterischen Anteile der Verwaltung sichtbar zu machen. Hierdurch werden Gestaltungsentscheidungen der Verwaltung nämlich kritisierbar, was wiederum eine Repolitisierung ermöglicht, wodurch der Gesetzgeber in seine Verantwortung zurückgedrängt zu werden vermag.

Letzter Punkt: Warum sind in den Vorträgen so unterschiedliche Perspektiven auf diese Fragestellungen eingenommen worden, gerade mit Blick auf den Begriff Verwaltung? Meines Erachtens kann man Verwaltungen zwar sehr unterschiedlich verstehen. Ich persönlich unterscheide aber generell zwischen den Begriffen der Exekutive und der Verwaltung sowie der Regierung als Teilen der Exekutive. Deswegen habe ich den Fokus stärker auf den unter der Regierung liegenden Teil der Verwaltung gelegt. Diese ist anders demokratisch legitimiert und muss aus diesem Grund auch mit Blick auf den Politikbegriff und die Gestaltungfunktion anders gedacht werden als die Regierung. Meines Erachtens so, wie ich dies hier skizziert habe. Vielen Dank!

Florian Meinel: Vielen herzlichen Dank für die vielfältigen und zum weiteren Nachdenken anregenden Fragen. Zunächst möchte ich mich unbedingt gegen die Unterstellung verwahren, ich hätte die Fragestellung des Vorstands ignoriert. Ich habe sie nur rechtsdogmatisch reformuliert, um sie eben auch rechtsdogmatisch abhandeln zu können. Herr Mehde hat ja schon darauf hingewiesen, dass es sich bei Verwaltung und politischer Gestaltung nicht unmittelbar um Rechtsbegriffe handelt, wohl aber bei Ermessen und Regierung. Ich möchte zunächst die Grundthese noch einmal rekapitulieren, die ganz einfach war: Es kann doch so nicht weitergehen! Es kann doch so nicht weitergehen, dass wir als Fach in unseren Grundbegriffen ein begrifflich-systematisches Modell, das unter politisch, sozial, institutionell und ökonomisch hochspeziellen Bedingungen nach dem Grundgesetz in den 1950er, 1960er und 1970er Jahren dogmatisiert wurde, weiterhin einfach als sozusagen notwendigen Inhalt des Rechtsstaatsprinzips oder wie auch immer normativ aufgehängt ausweisen. Das ist mir einfach wissenschaftlich zu unbefriedigend. Worum es mir deswegen in erster Linie geht, ist Kritik. Es geht mir um eine Kritik der Grundbegriffe in ihren verschwiegenen Implikationen über das Verhältnis von Politik und Verwaltung. Die Frage ist dann – Uwe Volkmann hat sie gestellt und Hinnerk Wißmann hat da auch insistiert: Was schwebt mir stattdessen vor? Die Vorstellung, ich hätte statt der Rechtsbindung der Verwaltung eine Entfesselung des Politischen im Sinn, liegt mir nun völlig fern. Das klingt ja nach Entfesselung von Gewalt oder von Hinwegsetzen über Regeln oder nach einer Apologie des Unmittelbaren. Nichts davon ist gemeint. Ich glaube allerdings, dass das deutsche Verfassungsrecht ein Fall ist, demgegenüber und gegenüber der Selbstläufigkeit des Administrativen man immer auf der Notwendigkeit, der Möglichkeit und der Zulässigkeit freier politischer Verständigung in einer Bürgergesellschaft insistieren muss.

Die Problembeschreibung, die mir vorschwebt, ist übrigens auch nicht meine. Es ist, das können Sie bis in die politische Semantik hinein verfolgen, eine, die das Regierungssystem selbst erzeugt. Denken Sie nur zum Beispiel an die Energiewende. Was haben wir noch für Wenden? Wir haben alle möglichen Wenden oder sollen sie haben: Energiewende, Zeitenwende, „Migrationswende“. Die politische Sprache selbst erzeugt oder suggeriert in einem dezentralisierten Verwaltungssystem ohne starke Möglichkeiten der Durchsetzung von Policypräferenzen etwas, was es institutionell gar nicht gibt, nämlich eine zentral orchestrierte politische Entscheidung. Wenn die Bundesregierung auf den Feldern, wo sie eine zentralere Steuerungsmacht hat, Wenden dieser Art ausrufen würde, eine Autobahnwende oder eine Einkommensteuerwende etwa, würde sie sich ja vollständig lächerlich machen. Insofern ist es gar nicht meine Problembeschreibung, sondern sie ist da draußen. Franz Mayer hat gefragt, was eigentlich anders wäre in der Welt, wenn man der Kritik Rechnung trägt. An dieser Stelle betritt meine Antwort notwendigerweise das Feld politischer Präferenzen, die man nur offenlegen kann. Aber ein Beispiel möchte ich doch herausgreifen, es scheint mir das offensichtlichste zu sein. Ich bin nicht der Meinung, dass es eine sinnvolle Situation ist, dass die Opposition gegen eines der zentralen Transformationsprojekte unserer Zeit, nämlich gegen die ökologische Erneuerung unserer Volkswirtschaft, auf der lokalen Ebene von der Verwaltungsgerichtsbarkeit angeführt wird. Und es scheint mir auch – Stichwort Rationalität, Herr Engel und Alexander Somek haben in diese Richtung gefragt – nicht besonders rational zu sein, weil es nach allem, was wir wissen, doch so zu sein scheint, dass die „rationalen“ Gründe für die Entschleunigung dieser Transformation so rational nicht sind.

Ein weiterer Punkt: Oliver Lepsius. Ich komme nicht aus Nordrhein-Westfalen. Ich kann deswegen zur Sozialromantik des Kommunalen empirisch nicht Stellung nehmen. Ich glaube aber, und das berührt einen Punkt, den auch Michael Fehling angesprochen hat, dass das, was ich die implizite Grenze des Regierens auf der Ebene der Selbstverwaltung genannt habe, auf der kommunalen Ebene weniger die Rechtsanwendung durch geschulte Kommunalbeamte betrifft als vielmehr die Planung. In der Planung begegnen wir aber nicht etwas anderem, sondern wir begegnen, wenn wir uns einfach mal die Rechtsnormen angucken, wieder demselben Modell, nämlich einer bundesgesetzlich angeordneten Pflicht zur Berücksichtigung aller Status-Quo-Interessen völlig ohne Rücksicht auf politische Legitimation. § 1 Abs. 6 BauGB oder § 75 VwVfG, da steht es auch drin. Das heißt, wir haben eine Situation, in der ein vollkommen wirtschaftsfreundlicher Kommunalgemeinderat auch mit der größten politischen Legitimation nicht sagen könnte, die Naherholung der ortsansässigen Bevölkerung ist uns wurscht, wir machen voll auf Industrieansiedlung oder umgekehrt: Ein kritischer Kommunalrat könnte auch nicht sagen: jetzt mal keine Rücksicht mehr auf die Unternehmen, denen ist es schon lange zu gut gegangen. Das geht gar nicht. Die Pflicht zur Berücksichtigung aller gegenläufigen Status-Quo-Interessen ist immer vorab schon da. In der Rechtsetzung gilt ähnliches: § 47 der Gemeinsamen Geschäftsordnung der Bundesministerien sagt, alle Gesetzesvorhaben der Bundesregierung sind vorab mit organisierten Interessen abzustimmen.

Letzter Punkt. Die internationale und europäische Dimension. Den Einwand von Uwe Volkmann, dass die Außenpolitik doch ganz anders sei, halte ich für unbegründet. Das ist eine Erkenntnis, die ich vor allem den Arbeiten von Sigrid Boysen verdanke, dass nämlich gerade die Bundesrepublik, gerade dieser radikal ökonomische Staat, eben auch immer eine Imagination einer internationalen Ordnung hervorgebracht hat, die sie „wertebasierte" oder „regelbasierte" – also bürokratische – Außenpolitik nennt und deren zentraler Inhalt in Wirklichkeit freihandels- und industriepolitische Interessen sind. – Schließlich Europa. Die Agenturen sind unter dem Gesichtspunkt von Politik und Verwaltung eine Versicherung, so hat es Johannes Reich in seiner noch nicht veröffentlichten Habilitationsschrift genannt. Letztlich Versicherungen gegen Policy Change. Es sind Institutionen, die Politikwechsel in einem bestimmten Fall folgenlos stellen. Als solche spielen sie im europäischen Agenturmodell aber gerade faktisch keine Rolle. Im europäischen Agenturmodell sind sie indirekte Institutionen der Vollzugskoordinierung. Sie ermöglichen eine Implementation, wo Vollzug ansonsten dezentral wäre. Die Story von Politik und Verwaltung auf der europäischen Ebene ist, glaube ich, eine andere, aber das ist jetzt ein spontaner Gedanke. Sie handelt von einer wechselseitigen Stabilisierung der europäischen Osmose von Politik und Verwaltung und der ihres größten Mitgliedstaats. Ganz einfach deswegen, weil natürlich dieses administrative Modell von Politik typischerweise mittige, ausgleichende, administrativ-technokratische Lösungen präferiert und damit letztlich die Lösungen, die jene Mitte-Koalitionen in den europäischen Politikprozess einbringen, die unter den Bedingungen der Verhältniswahl am wahrscheinlichsten sind, Franz Mayer hat es angesprochen. Weil wir gleichzeitig in Europa lange Zeit eine strukturelle sozialdemokratisch-konservative Supermajority im Parlament hatten mit deswegen tendenziell großkoalitionären Policy-Outcomes, ist das gleichzeitig etwas, das auf der nationalstaatlichen Ebene diese Art von administrativer Politik prämiert. Aber das ist jetzt einfach ins Blaue hineingesprochen, darüber müsste ich mal nachdenken. Danke.

Benjamin Schindler: Ich möchte schließen mit einem ganz herzlichen Dank an die beiden Referenten und auch an die Diskussionsteilnehmer für einen äußerst anregenden Nachmittag. Damit kommen wir zum Schluss des heutigen wissenschaftlichen Programms.

Dritter Beratungsgegenstand:

Leistungsfähigkeit des Verhältnismäßigkeitsprinzips

1. Referat von *Mattias Wendel*, Leipzig*

Inhalt

	Seite
I. Maßhalten	278
II. Der Verhältnismäßigkeitsgrundsatz als Grundsatz vermittelnden Ausgleichs	280
1. Annäherung	280
a) Bedeutung, Verbreitung, Variabilität	280
b) Offene Fragen, Defizite, Überforderungen: Ein Grundsatz in der Krise?	285
2. Grundsatz vermittelnden Ausgleichs	290
a) Ausgleich	290
b) Vermittlungsleistung	294
III. Dimensionen	296
1. Ebenenimmanente Dimensionen	297
a) Strukturierte Vermittlung von Einzelfall und Allgemeingültigkeit	297
b) Mehrseitiger Ausgleich von Rechtsgütern	299
2. Ebenen- und zeitübergreifende Dimensionen	301
a) Ebenenübergreifende Konkordanzräume	301
b) Intertemporaler Ausgleich	304
IV. Gewalten	306
1. Horizontale Gewaltenbalance	306

* Für Austausch, Anregungen und Rückhalt danke ich herzlich *Tilmann Altwicker*, *Monica Claes*, *Johannes Eichenhofer*, *Claudio Franzius*, *Aurore Gaillet*, *Thomas Hochmann*, *Hannes Krämer*, *Franz Mayer*, *Nikolaus Marsch*, *Heiko Sauer*, *Angelika Siehr*, *Daniel Thym*, *Alexander Tischbirek* und *Thomas Wischmeyer*. Meinem Lehrstuhlteam, allen voran *Martina Schmidt* und meinen wissenschaftlichen Mitarbeiterinnen und Mitarbeitern, *Lea Dirksen*, *Anna-Katharina Hübers*, *Anton Hussing*, *Noah Seyller* und *Thomas Stöckl* danke ich für intensive Unterstützung bei Recherche und Sichtung des schier unerschöpflichen Materials, das sich auch in den folgenden Nachweisen nur unvollständig widerspiegeln kann.

a) Handlungsperspektive: Gewaltenspezifizität als Herausforderung 306
b) Kontrollperspektive: Kontrolldichte und Spielräume .. 309
2. Föderative Gewaltenbalance 313
a) Föderative Spielräume 313
b) Föderative Kompetenzabgrenzung? 315
V. Modifikationen und Alternativen 317
1. Antworten auf judikativ-legislative Irritationen? 317
a) (Schein-)Alternative: Reduktion der Angemessenheitsprüfung 317
b) Verarbeitung legislativer Kompromisse: prozedurale Vermittlungssicherung 319
2. Umgang mit Krisen 320
a) Reaktion auf Ungewissheit, Dynamik, Handlungsdruck 321
b) Wesensgehaltsschutz und Verkernung? 323
VI. Fazit und Ausblick 326

I. Maßhalten

Wie leistungsfähig ist der Grundsatz der Verhältnismäßigkeit? Die Dimension dieser Fragestellung scheint jedes Maß zu sprengen. Wie leistungsfähig muss ein Berichterstatter sein, um hierauf zu antworten? Sollte man besser eine künstliche Intelligenz befragen? Wir wollen hoffen, dass KI-generierte Referate auch künftig bleiben, was sie heute sind: eine Dystopie. Aber vielleicht deutet sich hier, im menschlichen Bemühen um eine Antwort, bereits eine Leistung des Verhältnismäßigkeitsgrundsatzes an, verweist er uns doch auf die Tugend des Maßhaltens.[1]

Der Versuch, die Leistungsfähigkeit des Verhältnismäßigkeitsprinzips rechtsnormativ zu beurteilen, gleicht selbst einer Zweck-Mittel-Relation:

[1] Zur Tugend des Maßhaltens im Sinne einer gleichermaßen Übermaß und Untermaß vermeidenden Mitte s. bereits *Aristoteles* Nikomachische Ethik (hrsg. v. *Günther Bien*, Übers. *Eugen Rolfes*), 4. Aufl. 1985, II. Buch, 1106b-20 ff. u. 1107a-1 ff. Insbesondere zur „Proportionalität" als Element distributiver Gerechtigkeit vgl. ebd., V. Buch, 1131b-10 ff. („Denn das Proportionale ist die Mitte, und das Gerechte ist das Proportionale") u. 1133b („Man muss aber bei der Herstellung des Ausgleichs die verschiedenen Glieder des Verhältnisses nach dem Schema der Proportionalität einsetzen"). Zur Ideengeschichte *Eric Engle* The History of the General Principle of Proportionality: An Overview, Dartmouth Law Journal 10 (2012), 1 (3 ff.). Zur Rückführung des Proportionalitätsgedankens auf *Aristoteles* näher *Ralf Poscher* Das Grundgesetz als Verfassung des verhältnismäßigen Ausgleichs, in: Matthias Herdegen/Johannes Masing/Ralf Poscher/Klaus Ferdinand Gärditz (Hrsg.) Handbuch des Verfassungsrechts, 2021, § 3 Rn. 1, 18 ff. m.w.N.

Das Prinzip[2] ist in ein Verhältnis zu den mit ihm verfolgten Zielen zu setzen. Diese Relationierung erweist sich als voraussetzungsvoll, zumal im Spannungsfeld von Verfassungsrecht und Politik. Sie sollte reflektieren, dass „der“ Verhältnismäßigkeitsgrundsatz in seinen Konturen und Kontexten ebenso variieren kann wie die an ihn gestellten Erwartungen. Das lädt dazu ein, über den Bezugsrahmen einer einzelnen Rechtsordnung hinauszublicken. Die folgenden Überlegungen nehmen diese Einladung an. Neben dem deutschen Verfassungsrecht schöpfen sie vergleichend aus dem Erfahrungsschatz weiterer Verfassungsordnungen,[3] dem Unionsverfassungsrecht[4] und auch der EMRK.

Die zentrale Annahme dieses Referats lautet, dass der Verhältnismäßigkeitsgrundsatz im Kern auf Ausgleich und Vermittlung abzielt. Genauer: Er

[2] Die Bezeichnung des Grundsatzes der Verhältnismäßigkeit als „Prinzip“ geht unmittelbar auf die Themenstellung durch den Vorstand zurück und impliziert keine konzeptionelle Adaption der Prinzipientheorie durch den Verfasser, der eine eingehende Auseinandersetzung mit dieser für die Zwecke des vorliegenden Beitrags für entbehrlich hält, vgl. näher Fn. 43 u. 44. Im Folgenden wird, neutraler, vom Grundsatz der Verhältnismäßigkeit gesprochen.

[3] Die Auswahl an Referenzordnungen muss in diesem Rahmen zwangsläufig begrenzt bleiben. In die Untersuchung eingeflossen sind Primär- und Sekundärquellen aus (bzw. zu) den Verfassungsordnungen Belgiens, Frankreichs, Israels, Kanadas, Österreichs, Südafrikas, der Schweiz, Tschechiens und der USA.

[4] Zur Verfassungsdimension des Unionsrechts (ehemals Gemeinschaftsrechts) vgl. aus der EuGH-Rechtsprechung nur EuGH, 23.4.1986, Rs. 294/83, Les Verts; EuGH, 14.12.1991, Gutachten 1/91, EWR, Rn. 21; EuGH, 3.9.2008, Rs. C-402/05 P u.a., Kadi, Rn. 285, 290, 316; EuGH, 18.12.2014, Gutachten 2/13, EMRK-Beitritt II; EuGH, 6.3.2018, Rs. C-284/16, Achmea, Rn. 33; EuGH, 21.12.2021, verb. Rs. C-357/19 u.a., Euro Box Promotion u.a., Rn. 247; EuGH, 16.2.2022, Rs. C-156/21, Ungarn/Parlament und Rat (Konditionalitätsmechanismus), Rn. 232 f. sowie EuGH, 16.2.2022, Rs. C-157/21, Polen/Parlament und Rat (Konditionalitätsmechanismus), Rn. 264 f.; EuGH, 22.2.2022, Rs. C-430/21, RS, Rn. 47 ff. Vgl. aus der Literatur bereits früh *Eric Stein* Lawyers, Judges, and the Making of a Transnational Constitution, AJIL 75 (1981), 1 ff.; *G. Federico Mancini* The Making of a Constitution for Europe, CMLRev. 26 (1989), 595 ff.; *Koen Lenaerts* Constitutionalism and the Many Faces of Federalism, AJCompL 38 (1990), 205 ff.; *Joseph H. H. Weiler* The Transformation of Europe, YLJ 100 (1991), 2403 ff.; *ders.* The Constitution of Europe, 1999, 221 ff.; *Ingolf Pernice* Europäisches und nationales Verfassungsrecht, VVDStRL 60 (2001), 148 (163 ff.); *Anne Peters* Elemente einer Theorie der Verfassung Europas, 2001, 37 ff. u. 93 ff. Für Gesamteinordnungen aus jüngerer Zeit vgl. *Franz C. Mayer* Verfassung im Nationalstaat – Von der Gesamtordnung zur europäischen Teilordnung?, VVDStRL 75 (2016), 7 (19 ff.); *Robert Schütze* European Constitutional Law, 3. Aufl. 2021; *Leonard Besselink/Nicola Lupo/Mattias Wendel* (Hrsg.) Research Handbook on EU Constitutional Law, i.E.; *Jürgen Bast/Armin von Bogdandy* (Hrsg.) Unionsverfassungsrecht, 2025. Kritisch dagegen *Dieter Grimm* Braucht Europa eine Verfassung?, JZ 1995, 581 ff.; *Dietrich Murswiek* Maastricht und der pouvoir constituant, Der Staat 32 (1993), 161 (168 ff.). Für die Diversität der einzelnen unionsverfassungsrechtlichen Narrative vgl. *Matej Avbelj* Questioning EU Constitutionalisms, GLJ 9 (2008), 1 ff.

ist ein Grundsatz *vermittelnden Ausgleichs*. In dieser begrifflichen Verbindung begegnen sich Ergebnis und Prozess, Begrenzung und Spielraum (II.). Hiervon ausgehend wird der Frage nachgegangen, inwieweit der Grundsatz der Verhältnismäßigkeit das Versprechen vermittelnden Ausgleichs auch normativ einzulösen vermag, in diesem Sinne also als leistungsfähig gelten kann. Dazu sind zunächst die verschiedenen Ausgleichsdimensionen zu vermessen. Der Verhältnismäßigkeitsgrundsatz muss hier auch über seine klassischen Dimensionen hinausgedacht werden (III.). Daran anknüpfend wird die Mechanik der horizontalen und föderativen Gewaltenbalance in den Blick genommen, geht es bei der Frage nach der Verhältnismäßigkeit doch auch immer um Machtfragen (IV.). Darauf aufbauend sind schließlich Modifikationen und Alternativen auszuloten (V.). Der übergreifende Befund lautet, dass sich der Grundsatz der Verhältnismäßigkeit trotz aller bestehenden Defizite als leistungsfähiges Instrument vermittelnden Ausgleichs erweist (VI.).

II. Der Verhältnismäßigkeitsgrundsatz als Grundsatz vermittelnden Ausgleichs

1. Annäherung

Bei einer ersten Annäherung zeigt sich der Grundsatz der Verhältnismäßigkeit als ebenso global erfolgreich wie umstritten.

a) Bedeutung, Verbreitung, Variabilität

Ausgehend von seinen Ursprüngen im Polizeirecht,[5] aber auch im Zivilrecht,[6] sowie unter dem Eindruck seiner Entfaltung durch das

---

[5] Insbesondere der Rechtsprechung des preußischen Oberverwaltungsgerichts, namentlich dem „Kreuzbergurteil" v. 14.6.1882 (Rep. II B. 23/82 PrOVGE 9, 353 ff.), auf Grundlage von § 10 II 17 des preuß. ALR von 1794. Die maßgeblich auf *Karl Gottlieb Svarez* zurückgehende Norm lautete: „Die nöthigen Anstalten zur Erhaltung der öffentlichen Ruhe, Sicherheit, und Ordnung, und zur Abwendung der dem Publico, oder einzelnen Mitgliedern desselben, bevorstehenden Gefahr zu treffen, ist das Amt der Polizey." Eingehend zur Entwicklung *Barbara Remmert* Verfassungs- und verwaltungsrechtsgeschichtliche Grundlagen des Übermaßverbotes, 1995, 140 ff.; *Franz Wieacker* Geschichtliche Wurzeln des Prinzips der verhältnismäßigen Rechtsanwendung, in: Marcus Lutter/Walter Stimpel/Herbert Wiedemann (Hrsg.) FS Robert Fischer, 1979, 867 ff.; *Klaus Stern* Zur Entstehung und Ableitung des Übermaßverbots, in: Peter Badura/Rupert Scholz (Hrsg.) FS Peter Lerche, 1993, 165 ff.; *Lothar Hirschberg* Der Grundsatz der Verhältnismäßigkeit, 1981, 2 ff.

[6] Erhellend *Alexander Tischbirek* Die Verhältnismäßigkeitsprüfung, 2017, 7 ff. sowie *ders.* Fächerdichotomie und Verhältnismäßigkeit, JZ 2018, 421 ff., den Nachweis erbringend, dass der Verhältnismäßigkeitsgedanke auch traditionell (u.a. als Vorläufer von

Bundesverfassungsgericht[7] wurde der Grundsatz weltweit rezipiert.[8] Heute ist er auf jedem Kontinent vertreten und in zahlreichen Rechtsordnungen auf nationaler,[9] unionaler[10] und internationaler Ebene aner-

§§ 228, 904 BGB) im Zivilrecht beheimatet war, von wo aus er wiederum, zusammen mit der verwaltungsrechtlichen Erbe, ins Verfassungsrecht migrierte und in einem ersten Schritt von der Rechtsprechung des Bayerischen Verfassungsgerichtshofs aufgenommen wurde (BayVerfGH, 27.11.1948, VerfGH n.F. 1 81/91 und BayVerfGH, 17.8.1949, VerfGH n.F. 72/81 f.). Auf den Bayerischen Verfassungsgerichtshof beruft sich sodann das BVerfG ausdrücklich in BVerfGE 7, 377 (412) – Apothekenurteil. Zum Einfluss der Rechtsprechung des Bayerischen Verfassungsgerichtshofs s. illustrativ auch *Ingo Kraft* Der Grundsatz der Verhältnismäßigkeit im deutschen Rechtsverständnis, BayVBl. 2007, 577 (578).

[7] Bahnbrechend BVerfGE 7, 377 – Apothekenurteil. Zu vorausgehenden ersten Ansätzen vgl. *Tischbirek* Verhältnismäßigkeitsprüfung (Fn. 6), 27 ff.

[8] Eingehende Nachzeichnung der weltweiten Ausstrahlung bei *Aharon Barak* Proportionality – Constitutional Rights and their Limitations, 2012, 181 ff. Nuancierung der dort skizzierten Rezeptionspfade bei *Poscher* Verhältnismäßiger Ausgleich (Fn. 1), Rn. 20, insbesondere unter Betonung der dem bundesverfassungsgerichtlichen Apothekenurteil zeitlich vorausliegenden Ansätze in der Schweiz, namentlich bei *Fritz Fleiner* Schweizerisches Bundesstaatsrecht, 1923, 321. Für einen Überblick über die Rezeptionslinien vgl. auch *Stylianos-Ioannis G. Koutnatzis* Verfassungsvergleichende Überlegungen zur Rezeption des Grundsatzes der Verhältnismäßigkeit in Übersee, VRÜ 2011, 32 ff.

[9] S. in rechtsvergleichender Perspektive *Barak* Proportionality (Fn. 8); *Moshe Cohen-Eliya/Iddo Parat* Proportionality and Constitutional Culture, 2013; *Alec Stone Sweet/Jud Mathews* Proportionality Balancing & Constitutional Governance, 2019, 59 ff.; *Afroditi Marketou* Local Meanings of Proportionality, 2021; *Niels Petersen* Verhältnismäßigkeit als Rationalitätskontrolle, 2015, 221 ff., 247 ff.; *Johannes Saurer* Die Globalisierung des Verhältnismäßigkeitsgrundsatzes, Der Staat 51 (2012), 3 ff.; *Mordechai Kremnitzer/Talya Steiner/Andrej Lang* (Hrsg.) Proportionality in Action – Comparative and Empirical Perspectives on the Judicial Practice, 2020; *Michel Fromont* Le principe de proportionnalité, AJDA 1995, 156 ff.; *Jacques Ziller* Le principe de proportionnalité, AJDA 1996, 185 ff.; *Po Jen Yap* (Hrsg.) Proportionality in Asia, 2020; *Benedikt Pirker* Proportionality Analysis and Models of Judicial Review, 2013; *Stylianos-Ioannis G. Koutnatzis* Rezeption (Fn. 8), 32 ff., jeweils m.w.N.

[10] Dabei ist der Grundsatz neben Art. 5 Abs. 4 EUV (Kompetenzausübungsschranke) und Art. 52 Abs. 1 GRCh (grundrechtliche Schranken-Schranke) bereits lange als allgemeiner Rechtsgrundsatz anerkannt, grundlegend EuGH, 29.11.1956, Rs. 8/55, Slg. 1955/56, 297 (311), Fédération Charbonnière de Belgique; EuGH, 17.12.1970, Rs. 11/70, Internationale Handelsgesellschaft, Rn. 4 ff.; EuGH, 11.7.1989, Rs. C-265/87, Schräder, Rn. 15; EuGH, 8.7.2010, Rs. C-343/09, Afton Chemical, Rn. 43 ff. Vgl. aus der Literatur insbesondere *Nicholas Emiliou* The Principle of Proportionality in European Law, 1996, 115 ff.; *Tor-Inge Harbo* The Function of Proportionality Analysis in European Law, 2015; *Gráinne de Búrca* The Principle of Proportionality and its Application in EC Law, YEL 13 (1993), 105 ff.; *Uwe Kischel* Die Kontrolle der Verhältnismäßigkeit durch den Europäischen Gerichtshof, EuR 2000, 380 ff.; *Eckhard Pache* Der Grundsatz der Verhältnismäßigkeit in der Rechtsprechung der Gerichte der Europäischen Gemeinschaften, NVwZ 1999, 1033 ff.; *Verica Trstenjak/Erwin Beysen* Das Prinzip der Verhältnismäßigkeit in der Unionsrechtsordnung, EuR 2012, 265 ff.; *Thomas von Danwitz* Thoughts on Proportionality and Cohe-

kannt, einschließlich des hier nicht im Fokus stehenden humanitären Völkerrechts.[11]

Längst wird er als verfassungsrechtliches Globalphänomen diskutiert.[12] Für manche ist er einer der bedeutendsten globalen Verfassungsrechtssätze

---

rence in the Jurisprudence in the Court of Justice, in: Pascal Cardonnel/Allan Rosas/Nils Wahl (Hrsg.) Constitutionalising the EU Judicial System: Essays in Honour of Pernilla Lindh, 2012, 367 ff.; *Oliver Koch* Der Grundsatz der Verhältnismäßigkeit in der Rechtsprechung des Gerichtshofs der Europäischen Gemeinschaften, 2003; *Bernhard Oreschnik* Verhältnismäßigkeit und Kontrolldichte, 2019; *Hans Kutscher* Zum Grundsatz der Verhältnismäßigkeit im Recht der Europäischen Gemeinschaften, in: ders. u.a. (Hrsg.) Der Grundsatz der Verhältnismäßigkeit in europäischen Rechtsordnungen, 1985, 89 ff.

[11] Zur Verhältnismäßigkeit im Völkerrecht des bewaffneten Konflikts vgl. die Referate von *Heike Krieger*, *Andreas Müller* und *Alexander Proelß* im Gesprächskreis Internationales Öffentliches Recht auf der Staatsrechtslehrertagung 2024 in Luzern. Eingehend zur Thematik *Georg Nolte* Thin or Thick? The Principle of Proportionality and International Humanitarian Law, Law & Ethics of Human Rights 6 (2012), 245 (250 ff.), mit der Unterscheidung zwischen einer „dünnen" und einer „dicken" Konzeption, verbunden mit dem Plädoyer für eine dynamischere Auslegung des Grundsatzes angesichts neuer Realitäten, gleichwohl aber warnend vor der Gefahr einer „two class proportionality analysis". Für *Michael Schmitt* Essays on Law and War at the Fault Lines, 2012, 190 ist der Verhältnismäßigkeitsgrundsatz des humanitären Völkerrechts „the most difficult of law of international armed conflict norms to apply", wobei er als zentrales Problem zahlreiche Unklarheiten und rechtspraktische Abweichungen der Verhältnismäßigkeitsprüfung identifiziert. Neben der divergierenden Staatenpraxis und unterschiedlichen Ansätzen in der Literatur in Bezug auf die Abwägungselemente bzw. -maßstäbe scheint es nicht zuletzt an einer konsistenten gerichtlichen Ausformung des Verhältnismäßigkeitsgrundsatzes zu mangeln, vgl. u.a. *Yoram Dinstein* The Conduct of Hostilities under the Law of International Armed Conflict, 3. Aufl. 2016, 149 ff.; *Tassilo Singer* Dehumanisierung der Kriegsführung, 2019, 361 ff.; *Amichai Cohen/David Zlotogorski* Proportionality in International Humanitarian Law: Consequences, Precautions, and Procedures, 2021, 73 ff., 119 ff. Kritisch zur Rechtsprechung zu den sog. „targeted killings" *Kristen Eichensehr* On Target? The Israeli Surpreme Court and the Expansion of Targeted Killings, YLJ 116 (2007), 1873 (1879 ff.); *Richard Murphy/Alfasheen Radsan* Due Process and Targeted Killings of Terrorists, Cardozo Law Review 31 (2009), 405 (419 f.). S. überdies *Kimberly Trapp* Great Resources Mean Great Responsibility. A Framework of Analysis for Assessing Compliance with API Obligations in the Information Age, in: Dan Saxon (Hrsg.) International Humanitarian Law and the Changing Technology of War, 2013, 151 (157 ff.); *Sophie Scheidt* Verhältnismäßigkeit im Humanitären Völkerrecht: Gewissensentscheidungen aus dem Blickwinkel des militärisch operativen Planungsprozesses, Security and Peace 38 (2020), 43 (44 ff.), neben den vielfältigen Gefahren von neuen Technologien für die Kriegsführung wie Cyber Operations oder AWS auch mögliche Vorteile für die Verhältnismäßigkeitsprüfung, insbesondere hinsichtlich der verbesserten Datenverfügbarkeit, aufzeigend.

[12] Vgl. *David M. Beatty* The Ultimate Rule of Law, 2004, 159 ff.; *Kai Möller* The Global Model of Constitutional Rights, 2012, 178 ff.; *Jacco Bomhoff* Balancing of Constitutional Rights, 2013, 190 ff.; *Vicki C. Jackson/Mark Tushnet* (Hrsg.) Proportionality – New Frontiers, New Challenges, 2017; *Matthias Klatt/Moritz Meister* The Constitutional Structure of Proportionality, 2012; *Mattias Kumm* The Idea of Socratic Contestation and the

unserer Zeit,[13] für andere, wie den kanadischen Verfassungsrechtler *David Beatty*, gar die „ultimate rule of law“.[14] Wieder andere sehen ihn als Teil einer „tiefen Struktur verfassungsrechtlicher Grammatik“[15] oder immerhin als „rudimentäres juristisches Esperanto“.[16] In der Schweiz ist er in seiner Ausgeklügeltheit mit *Rubik*s „Zauberwürfel“ verglichen worden.[17] Er wurde aber auch schon als „Markenzeichen“ deutschen öffentlichen Rechts,[18] und, vor dieser Vereinigung, skeptischer als großer „Gleich- und Weichmacher“ apostrophiert.[19] Das Unionsrecht durchzieht er mit den Worten von *Koen Lenaerts* als „Matrixgrundsatz“.[20] Und im Recht der EMRK bildet er verknüpft mit der *Margin of Appreciation* ein Herzstück der Spruchpraxis.[21] Neben der Judikatur von BVerfG, EuGH und EGMR hat

Right to Justification: The Point of Rights-Based Proportionality Review, Law and Ethics of Human Rights 4 (2010), 142 ff.; sowie die in Fn. 9 genannten Beiträge. Vgl. jüngst auch *Michaela Hailbronner* Leistungsfähigkeit des Verhältnismäßigkeitsgrundsatzes, DVBl 2024, 1064 (1065 ff.).

[13] *Talya Steiner/Andrej Lang/Mordechai Kremnitzer* Comparative and Empirical Insights into Judicial Practice, in: Kremnitzer/Steiner/Lang (Fn. 9), 542: „one of the most important global constitutional principles of our time”.

[14] Begriffsprägend *Beatty* Ultimate Rule (Fn. 12).

[15] *Bernhard Schlink* Proportionality in Constitutional Law: Why everywhere but here?, Duke Journal of Comparative & International Law 22 (2012), 291 (302): „It is part of a deep structure of constitutional grammar that forms the basis of all different constitutional languages and cultures. It comes to the surface sooner or later – everywhere and even here“.

[16] *Thomas Hochmann* Un succès d'exportation: la conception allemande du contrôle de proportionnalité, AJDA 2021, 805 (809): „s'il existe un rudiment d'espéranto juridique, il réside peut-être dans le succès mondial du contrôle de proportionnalité“.

[17] *Markus Müller* Verhältnismäßigkeit – Gedanken zu einem Zauberwürfel, 2. Aufl. 2023, 157, zudem von einem „Leitprinzip jeder freiheitlichen Rechts- und Gesellschaftsordnung“ sprechend.

[18] *Rainer Wahl* Der Grundsatz der Verhältnismäßigkeit: Ausgangslage und Gegenwartsproblematik, in: Dirk Heckmann/Ralf P. Schenke/Gernot Sydow (Hrsg.) FS Thomas Würtenberger, 2013, 823 (823).

[19] *Fritz Ossenbühl* Diskussionsbeitrag, VVDStRL 39 (1981), 189: „der große Gleich- und Weichmacher der Verfassungsmaßstäbe“.

[20] *Koen Lenaerts* Proportionality as a Matrix Principle Promoting the Effectiveness of EU Law and the Legitimacy of EU Action, in: ECB (Hrsg.) Continuity and change – how the challenges of today prepare the ground for tomorrow, 2022, 27 ff. Vgl. auch *Trstenjak/Beysen* Verhältnismäßigkeit (Fn. 10), 265, die von „Querschnittsprinzip“ sprechen.

[21] S. *Jonas Christoffersen* Fair balance: Proportionality, Subsidiarity and Primarity in the European Convention on Human Rights, 2009; *Andrew Legg* The Margin of Appreciation in International Human Rights Law: Deference and Proportionality, 2012; *Sébastien van Drooghenbroeck* La proportionnalité dans le droit de la Convention européenne des Droits de l'Homme, 2001; *Alastair Mowbry* A Study of the Principle of Fair Balance in the Jurisprudence of the European Court of Human Rights, Human Rights Law Review 10 (2010), 289 ff.; *Björnstjern Baade* Der Europäische Gerichtshof für Menschenrechte als

insbesondere die Spruchpraxis des kanadischen *Supreme Court*[22] zur weltweiten Proliferation beigetragen, u.a. nach Israel, Südafrika, Irland, Neuseeland und Hongkong.[23]

Aber kann man überhaupt sinnvoll im Singular von „dem“ Grundsatz der Verhältnismäßigkeit sprechen?[24] Die verzweigte und stets adaptive Rezeption findet ihre Entsprechung in einer bemerkenswerten Formenvielfalt.[25] Der Grundsatz variiert selbst ordnungsintern, je nachdem in welchem Rechtsverhältnis er zum Tragen kommt, welche Teile der öffentlichen Gewalt er zu mäßigen bestimmt ist oder welches Rechtsgebiet in Rede steht.[26] Der deutsche Exportschlager[27] präsentiert sich sogar zu Hause nicht durchweg als Marke mit den vier Streifen. Die Sequenz[28] von legitimem Ziel, Geeignetheit, Erforderlichkeit und Angemessen-

---

Diskurswächter, 2017; *Julian Rivers* Proportionality and Variable Intensity of Review, CLJ 65 (2006), 174 ff.; *Stavros Tsakyrakis* Proportionality: An Assault on Human Rights?, ICON 7 (2009), 468 ff.; *Talya Steiner/Liat Netzer/Raanan Sulitzeanu-Kenan* Necessity or balancing: The protection of rights under different proportionality tests, ICON 20 (2022), 642 ff.; *Marc-André Eissen* The Principle of Proportionality in the Case-Law of the European Court of Human Rights, in: Ronald St. J. Macdonald/Franz Matscher/Herbert Petzold (Hrsg.) The European System for the Protection of Human Rights, 1993, 125 ff.

22 Grundlegend ist bis heute die *Oakes*-Entscheidung des kanadischen *Supreme Court*, 28.2.1986, R. v. Oakes, [1986] 1 SCR 103 [Oakes]. Zum Grundsatz der Verhältnismäßigkeit im kanadischen Recht vgl. *Lorian Hardcastle* Proportionality by the Canadian Supreme Court, in: Kremnitzer/Steiner/Lang (Fn. 9), 134 ff.; *Bruce Chapman* Preference, Pluralism, and Proportionality, The University of Toronto Law Journal 60 (2010), 177 ff.; *Sujit Choudhry* So What Is the Real Legacy of Oakes?, Supreme Court Law Review 34 (2006) 501 ff. sowie in vergleichender Perspektive *David Kenny* Proportionality and the Inevitability of the Local: A Comparative Localist Analysis of Canada and Ireland, AJCompL 66 (2018), 537 ff.; *Dieter Grimm* Proportionality in Canadian and German Constitutional Jurisprudence, UTLJ 57 (2007), 383 ff.; *Saurer* Globalisierung (Fn. 9), 14 ff.; *Petersen* Rationalitätskontrolle (Fn. 9), 247 ff.

23 *Stone Sweet/Mathews* Proportionality (Fn. 9), 72, 74 f.; *Barak* Proportionality (Fn. 8), 182; *Saurer* Globalisierung (Fn. 9), 16, jeweils m.w.N.

24 Ähnlich in rechtsvergleichender Perspektive auch *Saurer* Globalisierung (Fn. 9), 13.

25 Eingehend für Frankreich, das Vereinigte Königreich und Griechenland *Marketou* Local Meanings (Fn. 9). Für Kanada und Irland s. *Kenny* Proportionality (Fn. 22), 537 ff.

26 Treffend daher *Lothar Michael* Das Verhältnismäßigkeitsprizip als Schlüssel(bund)-konzept, in: Matthias Jestaedt/Oliver Lepsius (Hrsg.) Verhältnismäßigkeit – Zur Tragfähigkeit eines verfassungsrechtlichen Schlüsselkonzeptes, 2015, 42 (58).

27 *Claus Dieter Classen* Das Prinzip der Verhältnismäßigkeit im Spiegel europäischer Rechtsentwicklungen, in: Michael Sachs/Helmut Siekmann (Hrsg.) FS Klaus Stern, 2012, 651: „bedeutsame[r] Exportartikel“.

28 Üblicherweise konditional strukturiert, s. aber BVerfGE 153, 182 (282 Rn. 263) – Suizidhilfe. Hier lässt das BVerfG die an sich zwingend vorgeschaltet zu entscheidende Frage der Erforderlichkeit unter dem Hinweis offen, dass die fragliche Regelung jedenfalls unverhältnismäßig sei (eingehende Prüfung sodann ebd., Rn. 264 ff.).

heit[29] ist allenfalls ein Grundraster. Der Grundsatz ist heterogen,[30] seine Binnendogmatik verzweigt.[31] Weitet man den Blick rechtsvergleichend und europarechtlich,[32] so ergibt sich ein noch wesentlich bunteres, damit auch unübersichtlicheres Bild.[33]

b) Offene Fragen, Defizite, Überforderungen: Ein Grundsatz in der Krise?

So verbreitet wie der Grundsatz selbst ist die an ihm geübte Kritik.[34] Offene Fragen,[35] Defizite und Überforderungen scheinen eher zu- als ab-

---

[29] Schulbuchmäßig, mit jeweiliger Definition und Kontrolldichtebestimmung, BVerfGE 159, 223 (297 ff. Rn. 167, 169 f., 185 f., 203 f., 216 f.) – Bundesnotbremse I (Ausgangs- und Kontaktbeschränkungen). Eingehend zur Struktur der Verhältnismäßigkeitsprüfung *Hirschberg* Verhältnismäßigkeit (Fn. 5); *Laura Clérico* Die Struktur der Verhältnismäßigkeit, 2001, 26 ff. Für eine Erweiterung auf insgesamt sechs Stufen vgl. *Josef F. Lindner* Thesen zur Weiterentwicklung des Verhältnismäßigkeitsgrundsatzes, NJW 2024, 564 (565 ff.).

[30] Vgl. *Philipp Reimer* Verhältnismäßigkeit im Verfassungsrecht, ein heterogenes Konzept, in: Jestaedt/Lepsius (Fn. 26), 60 (63 ff.). Die Binnendogmatik braucht hier nicht weiter expliziert werden, vgl. im Einzelnen *Helmuth Schulze-Fielitz* in: Horst Dreier (Hrsg.) GG II, 3. Aufl. 2015, Art. 20 Rn. 179 ff.; *Karl-Peter Sommermann* in: Peter M. Huber/Andreas Voßkuhle (Hrsg.) GG II, 8. Aufl. 2024, Art. 20 Rn. 312 ff.; *Hans D. Jarass* in: ders./Bodo Pieroth (Hrsg.) GG, 18. Aufl. 2024, Art. 20 Rn. 112 ff.

[31] Vgl. für die – im Einzelnen sehr unterschiedlichen – Ausprägungen des Übermaßverbots, Untermaßverbots, und Gleichmaßgebots *Lothar Michael* Drei Argumentationsstrukturen des Grundsatzes der Verhältnismäßigkeit, JuS 2001, 148 ff.

[32] Vgl. sowohl in europarechtlicher als auch rechtsvergleichender Perspektive *Angelika Nußberger* Verhältnismäßigkeit als Strukturprinzip, NVwZ-Beilage 2013, 36 ff.

[33] Illustrativ ist etwa der Abgleich der zuweilen erheblich variierenden Kontrolldichten oder die mitunter sehr verschiedene Bedeutung der Angemessenheitsprüfung, vgl. für das Unionsrecht etwa *de Búrca* (Fn. 10), 110 ff. u. *Classen* Verhältnismäßigkeit (Fn. 27), 655 f. sowie in verfassungsvergleichender Perspektive *Steiner/Lang/Kremnitzer* Insights (Fn. 13), 578 ff.

[34] Eingehende Auseinandersetzung mit der Kritik *Barak* Proportionality (Fn. 8), 481 ff.; Instruktive Aufschlüsselung von Schwächen bzw. Grenzen bei *András Jakab* Sechs Alternativen zur Verhältnismäßigkeitsprüfung in der Grundrechtsdogmatik, EuGRZ 2024, 204 (207 ff.); *Oliver Lepsius* Die Chancen und Grenzen des Grundsatzes der Verhältnismäßigkeit, in: Jestaedt/Lepsius (Fn. 26), 1 (27 ff.). Vgl. in globaler Perspektive zudem *Francisco J. Urbina* A Critique of Proportionality and Balancing, 2017 m.w.N.

[35] Diese beginnen bereits bei den normtheoretischen (dazu *Andreas von Arnauld* Die normtheoretische Begründung des Verhältnismäßigkeitsgrundsatzes, JZ 2000, 276 ff., den Verhältnismäßigkeitsgrundsatz als Regulativ „dynamischer Regel-Ausnahme-Systeme" begreifend) sowie den rechtsnormativen Grundlagen. In Deutschland ist die verfassungsrechtliche Verankerung des Grundsatzes der Verhältnismäßigkeit seit Langem Gegenstand der Diskussion. Häufig erfolgt eine Ableitung aus dem Rechtsstaatsprinzip, vgl. BVerfGE 23, 127 (133) – Zeugen Jehovas; BVerfGE 17, 306 (313 f.) – Mitfahrzentrale; BVerfGE 20, 162 (198) – Spiegel; BVerfGE 108, 129 (136) – Auslieferung nach Indien; *Eberhard Grabitz* Der Grundsatz der Verhältnismäßigkeit in der Rechtsprechung des

genommen zu haben.[36] Dabei wird seit Langem vor einem (qualitativen) Übermaß an Verhältnismäßigkeitskontrolle durch die Judikative gewarnt,[37] klassischerweise bezogen auf die Angemessenheitsprüfung.[38] Die ihr inhärente Güterabwägung wurde namentlich von *Bernhard Schlink* als kaum rationalisierbarer, im Kern dezisionistischer Vorgang dekonstruiert; angesichts der Inkommensurabilität der verarbeiteten Werte laufe er letztlich auf eine Auswahlentscheidung anhand subjektiver Präferenzen hinaus.[39] Richterlicher Dezisionismus[40] oder

---

Bundesverfassungsgerichts, AöR 98 (1973), 568 (584); *Paul Kirchhof* Gleichmaß und Übermaß, in: FS Lerche (Fn. 5), 133 (141). Teilweise wird der Grundsatz dagegen in den Grundrechtsbestimmungen selbst verortet, vgl. *Detlef Merten* Zur verfassungsrechtlichen Herleitung des Verhältnismäßigkeitsprinzips, in: Johannes Hengstschläger u.a. (Hrsg.) FS Herbert Schambeck, 1994, 349 (372 ff.), im Ansatz auch BVerfGE 17, 108 (117) – Hirnkammerluftfüllung (aus „Achtung vor dem Grundrecht").

[36] Vgl. für das deutsche Verfassungsrecht auch den Befund bei *Michael* Schlüssel(bund)-konzept (Fn. 26), 43. S. in globaler Perspektive wiederum die Beiträge in Jackson/Tushnet Proportionality (Fn. 12).

[37] Vgl. *Fritz Ossenbühl* Maßhalten mit dem Übermaßverbot, in: FS Lerche (Fn. 5), 151 (156 ff.).

[38] Diese Ansätze können wiederum im Schwerpunkt von Erwägungen rechtstheoretischer, methodischer oder auf Aspekte der Gewaltenteilung bezogener Art geleitet sein oder sich aus einer Kombination dieser Erwägungen speisen.

[39] *Bernhard Schlink* Abwägung im Verfassungsrecht, 1976, 152 f. sowie *ders.* Der Grundsatz der Verhältnismäßigkeit, in: Horst Dreier/Peter Badura (Hrsg.) FS 50 Jahre Bundesverfassungsgericht II, 2001, 445 (462): „Die politische Rationalität des letztlich subjektiven und dezisionistischen Bewertens und Abwägens ist von einer politischen Legitimation getragen, über die das Bundesverfassungsgericht nicht verfügt." Für Kritik s. zudem, mit jeweils anderer Schwerpunktsetzung *Jürgen Habermas* Faktizität und Geltung, 1998, 316 f. („vollzieht sich die Abwägung entweder willkürlich oder unreflektiert nach eingewöhnten Standards"); *Karl-Heinz Ladeur* Kritik der Abwägung in der Grundrechtsdogmatik, 2004; *Walter Leisner* Der Abwägungsstaat – Verhältnismäßigkeit als Gerechtigkeit?, 1997, 170 ff., der von judikativer „Machttechnik" spricht. Vgl. aus der US-amerikanischen Diskussion *T. Alexander Aleinikoff* Constitutional Law in the Age of Balancing, YLJ 1987, 943 (972 ff.) m.w.N. Eingehend zur Problematik der Inkommensurabilität *Francisco J. Urbina* Incommensurability and Balancing, OJLS 35 (2015), 575 (586 ff.); *Poscher* Verhältnismäßiger Ausgleich (Fn. 1), Rn. 69 ff. und *Ruth Chang* (Hrsg.) Incommensurability, Incompatibility and Practical Reason, 1997. Das Inkommensurabilitätsproblem über die „Nash Bargaining Solution" lösen wollend *Paul-Erik N. Veel* Incommensurability, Proportionality, and Rational Legal Decision-Making, Law & Ethics of Human Rights 4 (2010), 177 (195 ff.).

[40] S. *Ernst-Wolfgang Böckenförde* Grundrechtstheorie und Grundrechtsinterpretation, NJW 1974, 1529 (1534): „Verhüllungsformel für richterlichen bzw. interpretatorischen Dezisionismus". Zuvor bereits *Carl Schmitt* Die Tyrannei der Werte (1967), 4. Aufl. 2020, 10 ff., 54 f.; *Ernst Forsthoff* Zur heutigen Situation einer Verfassungslehre (1968), in: Hans

Aktivismus[41] seien die Folge.[42] Rechtstheoretisch verbindet sich die Abwägungskritik heute regelmäßig, obgleich nicht zwingend,[43] mit Kritik an der Prinzipientheorie *Robert Alexys*.[44] Vor einem „Zuviel" an Verhältnismäßigkeit warnen aber auch Stimmen, die in seiner Anwendung eine substanzielle Schwächung der Grundrechte erkennen wollen.[45] Diese Diskussion

---

Barion (Hrsg.) Epirrhosis – Festgabe für Carl Schmitt, 2. Aufl. 2002, 185 ff. Zum Ganzen *Shu-Perng Hwang* Materialisierung durch Entmaterialisierung – Zur Kritik der Schmitt-Schule am wertorientierten Grundrechtsverständnis unter dem GG, Der Staat 52 (2013), 219 ff.

41 Der Begriff des *Judicial Activism* prägt insbesondere die US-amerikanische Diskussion. Ursprünglich bezeichnete er eine bestimmte Denkrichtung innerhalb des *US Supreme Court* und wurde als konzeptioneller Gegensatz zum Begriff des *Judicial Self-Restraint* eingeführt. Grundlegend *Arthur M. Schlesinger* The Supreme Court: 1947, 1947, 201 ff.; *ders.* A Life in the 20th Century: Innocent Beginnings, 1917–1950, 2000, 421 ff. Zur Ideengeschichte *Craig Green* An Intellectual History of Judicial Activism, Emory Law Journal 58 (2009), 1195 ff.

42 Das Postulat vom abwägungsbasierten richterlichen Aktivismus jedenfalls auf empirischer Basis widerlegend *Petersen* Rationalitätskontrolle (Fn. 9), 161 ff., 246, 266 ff., 270 ff. Näher dazu unter V.1.a).

43 So steht etwa *András Jakab* mit – nachvollziehbarer – Skepsis gegenüber der mit der Prinzipientheorie potenziell einhergehenden „Übertheoretisierung" gleichwohl dem Abwägungsmodell an sich aufgeschlossen gegenüber, vgl. *dens.* European Constitutional Language, 2016, 317 ff. sowie *dens.* Alternativen (Fn. 34), 205.

44 Diese maßgeblich begründend *Robert Alexy* Theorie der Grundrechte (1985), 1994, 71 ff. und speziell zum Grundsatz der Verhältnismäßigkeit 100 ff. Ihm folgend etwa *Matthias Klatt/Moritz Meister* Verhältnismäßigkeit als universelles Verfassungsprinzip, Der Staat 51 (2012), 159 ff. sowie die Autoren in: Matthias Klatt (Hrsg.) Prinzipientheorie und Theorie der Abwägung, 2013. Vgl. multiperspektivisch auch die Beiträge in: Jan-R. Sieckmann (Hrsg.) Die Prinzipientheorie der Grundrechte, 2007. Kritisch *Philipp Reimer* „... und machet zu Jüngern alle Völker"? Von „universellen Verfassungsprinzipien" und der Weltmission der Prinzipientheorie der Grundrechte, Der Staat 52 (2013), 27 ff.; *Jan Henrik Klement* Vom Nutzen einer Theorie, die alles erklärt: Robert Alexys Prinzipientheorie aus der Sicht der Grundrechtsdogmatik, JZ 2008, 756 (759 ff.); *Ladeur* Kritik (Fn. 39), 12 ff.; *Massimo La Torre* Nine Critiques to Alexy's Theory of Fundamental Rights, in: Agustín José Menéndez/Erik Oddvar Eriksen (Hrsg.) Arguing Fundamental Rights, 2006, 53 ff.

45 In ihrer Zuspitzung illustrativ ist die von *Stavros Tsakyrakis* losgetretene Diskussion: *ders.* Proportionality (Fn. 21), 468 ff., US-amerikanisches Recht und EMRK zueinander in Bezug setzend und die Anwendung des Verhältnismäßigkeitsgrundsatzes als Schwächung der Grundrechte qualifizierend. Dazu replizierend *Madhav Khosla* Proportionality: An assault on human rights?: A reply, ICON 8 (2010), 298 ff. sowie dazu wiederum duplizierend *Stavros Tsakyrakis* Proportionality: An assault on human rights?: A rejoinder to Madhav Khosla, ICON 8 (2010), 307 ff. Zur Diskussion dann nochmals *Matthias Klatt/Moritz Meister* Proportionality – a benefit to human rights? Remarks on the I-CON controversy, ICON 10 (2012), 687 ff. Insgesamt erscheint die These einer Schwächung des Schutzes jedenfalls für Europa wenig überzeugend, vgl. näher unter III.1.b) und V.1.a).

wird insbesondere unter dem Eindruck des eher proportionalitätsskeptischen[46] US-amerikanischen Verfassungsrechts geführt.[47]

Aber auch unter umgekehrten Vorzeichen gerät der Grundsatz unter Beschuss. Dann geht es nicht um ein Über-, sondern ein Untermaß der Verhältnismäßigkeitsprüfung. Diese verfehle infolge struktureller Defizite oder fehlgeleiteter Spruchpraxis ihren Kernauftrag der Zähmung öffentlicher Gewalt. So erklärte das BVerfG das *Weiß*-Urteil des EuGH für *ultra vires*, weil der Gerichtshof darin eine methodisch unvertretbare, weil leerlaufende Verhältnismäßigkeitsprüfung vorgenommen habe.[48] Auch die rechtliche Verarbeitung der Corona-Pandemie sieht sich ähnlichen Vorwürfen eines Leistungsausfalles ausgesetzt.[49] Sektoral werden Leerläufe zudem im

---

[46] Eingehend zu den Faktoren für den zurückhaltenden Umgang mit dem Verhältnismäßigkeitsprinzip im US-amerikanischen Verfassungsrecht *Vicki C. Jackson* Constitutional Law in an Age of Proportionality, YLJ 124 (2015), 3092 (3121 ff., 3153 ff.). Speziell in Bezug auf die Grundrechtsbindung des Gesetzgebers ist der konzeptionelle Ausgangspunkt des US-amerikanischen Verfassungsrechts ein anderer als der des deutschen Verfassungsrechts: Dient der Grundsatz der Verhältnismäßigkeit unter dem GG dazu, die Grundrechtsbindung des Gesetzgebers im Angesicht der Gesetzesvorbehalte herzustellen bzw. zu sichern, richtet sich im US-amerikanischen Verfassungsrecht gerade das grundlegende Erste Amendment, welches insbesondere Religionsfreiheit, Meinungsfreiheit und Versammlungsfreiheit gewährt, schon seinem Wortlaut nach direkt an den amerikanischen Bundesgesetzgeber („Congress shall make no law…"), weshalb die Einziehung einer Verhältnismäßigkeitsprüfung die Grundrechtsbindung des Gesetzgebers nicht sichern, sondern im Gegenteil relativieren würde, vgl. *Poscher* Verhältnismäßiger Ausgleich (Fn. 1), Rn. 35.

[47] Zentraler Referenzpunkt der US-amerikanischen Diskussion ist *Dworkins* Qualifikation von (Grund-)Rechten als Trümpfen, vgl. *Ronald Dworkin* Taking Rights Seriously, 1977, xi („Individual rights are political trumps held by the individuals"). Dass außerhalb der USA den Grund- bzw. Individualrechten im Rahmen der Verhältnismäßigkeitsprüfung häufig keine (kategorische) „special force as trumps" zuerkannt wird, sieht *Beatty* Ultimate Rule (Fn. 12), 171 entgegen der amerikanischen Mehrheitsmeinung aber gerade als objektivitäts- und integritätsfördernd an: „When rights are factored into an analysis organized around the principle of proportionality, they have no special force as trumps. … Because proportionality refuses to accord either rights or numbers any special status, it can claim an objectivity and integrity no other model of judicial review can match. It avoids the subjectivity and indeterminacy that plagues interpretation and cost/benefit calculations alike.".

[48] BVerfGE 154, 17 (96, 99 ff. Rn. 119, 123 ff.) – PSPP; zur Kritik *Mattias Wendel* Paradoxes of Ultra-Vires Review – A Critical Review of the PSPP Decision and Its Initial Reception, German Law Journal 21 (2020), 979 (985 ff.) m.w.N. Zu Art. 5 Abs. 4 EUV s. näher unter IV.2.b).

[49] Zur Problematik *Judith Froese* Das Verhältnismäßigkeitsprinzip in der Krise, DÖV 2022, 389 ff. Kritisch *Oliver Lepsius* Ausnahme als Rechtsform in der Krise, DVBl 2023, 701 (708 ff.); *Helen Keller* Selbstbestimmung und Fremdbestimmung in der liberalen Demokratie, VVDStRL 82 (2023), 67 (103) mit der rechtsvergleichend abgestützten

Strafrecht,[50] im Steuerrecht[51] oder auch für Vorsorgemaßnahmen[52] diagnostiziert.[53] Und auch die Erschließung neuer Anwendungsfelder jenseits individueller Freiheitssicherung wird kritisch begleitet.[54]

Dieses Krisengemälde kontrastiert eigentümlich mit der faktischen Allgegenwärtigkeit des Verhältnismäßigkeitsgrundsatzes. Lässt diese zwar keine normativen Rückschlüsse auf seine Leistungsfähigkeit zu, so scheint sie immerhin Praxistauglichkeit und ein Mindestmaß an Akzeptabilität zu indizieren.[55] Auch korreliert die Breite der Kritik mit der globalen Verbreitung des Grundsatzes. Die alltägliche Massenanwendung rund um den Erd-

---

Aussage, die (Verfassungs-)Gerichte „wag[t]en sich nicht zum Kern der Verhältnismäßigkeitsprüfung vor", wobei die reduzierte Kontrolldichte „zu Lasten der Selbstbestimmung" ginge. Eine „Pseudo-Verhältnismäßigkeitsprüfung, die auf nachvollziehbare Gewichtungen ganz verzichtet" kritisierend, dabei aber zugleich das an sich bestehende Potenzial der „Regulierungskraft" des Verhältnismäßigkeitsgrundsatzes betonend *Dietrich Murswiek* Die Corona-Waage – Kriterien für die Prüfung der Verhältnismäßigkeit von Corona-Maßnahmen, NVwZ Extra 5/2021, 1 (15). Rechtsdogmatisch fokussiert die Kritik heute auch auf die Geeignetheits- und Erforderlichkeitsprüfung, die bislang weniger im Zentrum der Auseinandersetzung standen, deren Handhabung aber insbesondere auch mit Blick auf die (zu niedrige) Kontrolldichte kritisiert wird.

[50] *Klaus Tiedemann* Verfassungsrecht und Strafrecht, 1991, 52; *Ivo Appel* Verfassung und Strafe, 1997, 173 ff., 181 ff.; *Johannes Kaspar* Verhältnismäßigkeit und Grundrechtsschutz im Präventionsstrafrecht, 2015, 47; *Hans Kudlich* Die Relevanz der Rechtsgutstheorie im modernen Verfassungsstaat, ZStW 127 (2015), 635 (646 ff.).

[51] Vgl. *Dieter Birk* Das Leistungsfähigkeitsprinzip als Maßstab der Steuernormen, 1983, 189; *Rainer Wernsmann* Verhaltenslenkung in einem rationalen Steuersystem, 2005, 384 ff. Nuancierter *Marc Desens/Cedric Kawa* Verfassungsrechtliche Anforderungen einer Berücksichtigung des Umwelt- und Klimaschutzes im Steuerrecht aus nationaler und europäischer Perspektive, in: Eva Greil/Frank Hechtner (Hrsg.) ifst-Schrift 547 (2022), 123 (174).

[52] Dazu bereits *Christoph Enders* Sozialstaatlichkeit im Spannungsfeld von Eigenverantwortung und Fürsorge, VVDStRL 64 (2005), 7 (40 ff.).

[53] Die Liste ließe sich fortsetzen, vgl. *Lepsius* Chancen und Grenzen (Fn. 34), 27 ff.

[54] Für Gleichheitsrechte (Gleichmaßgebot) s. *Gesine Voesch* Gleichheit und Verhältnismäßigkeit, 2023, passim; *Christoph Brüning* Gleichheitsrechtliche Verhältnismäßigkeit, JZ 2001, 669 ff.; *Ferdinand Wollenschläger* in Peter M. Huber/Andreas Voßkuhle (Hrsg.) GG I, 8. Aufl. 2024, Art. 3 Rn. 108 ff. Kritisch zur Übertragung des Verhältnismäßigkeitsgrundsatzes auf Schutzpflichtenkonstellationen (Untermaßverbot), s. *Matthias Meyer* Untermaß, Übermaß und Wesensgehaltsgarantie, 2004, 152 ff.; *Lars Peter Störring* Das Untermaßverbot in der Diskussion. Untersuchung einer umstrittenen Rechtsfigur, 2009. Zum Themenkomplex Verhältnismäßigkeit und Staatsorganisationsrecht vgl. *Andreas Heusch* Der Grundsatz der Verhältnismäßigkeit im Staatsorganisationsrecht, 2003; *Michael Sachs* in: ders. (Hrsg.) GG, 9. Aufl. 2021, Art. 20 Rn. 146 f.; *Tobias Linke* Schutz des freien Mandats durch das Übermaßverbot?, NVwZ 2021, 1265 (1269 ff.).

[55] Vgl. auch *Jakab* Alternativen (Fn. 34), 205 f.

ball muss zwangsläufig[56] Defizite offenlegen.[57] Dass sich die Kritik dem Verhältnismäßigkeitsgrundsatz von diametral entgegengesetzten Extremen her nähert, der Grundsatz also keine Seite im Sinne einer „reinen Lehre“ zufriedenzustellen vermag, muss nicht gegen, sondern kann am Ende sogar für seine Leistungsfähigkeit sprechen.

2. *Grundsatz vermittelnden Ausgleichs*

Doch was ist die Zielvorgabe, in deren Ansehung die Leistungsfähigkeit des Grundsatzes der Verhältnismäßigkeit beurteilt werden sollte? Die zentrale Annahme dieses Referats lautet, dass der Verhältnismäßigkeitsgrundsatz im Kern auf einen vermittelnden Ausgleich abzielt.

a) Ausgleich

Das Kernanliegen des Ausgleichs wird nicht durch die zahlreichen weiteren Erwartungen infrage gestellt, die an den Grundsatz der Verhältnismäßigkeit gerichtet werden.[58] Diese erfüllen im Hinblick auf das übergeordnete Ziel des Ausgleichs unterstützende, dienende und flankierende Funktionen. Ob Rationalität,[59] Mäßigung,[60] Situativität,[61] Flexibilität,[62]

---

[56] Jedenfalls in ausdifferenzierten freiheitlichen Gesellschaften, vgl. etwa *Armin Nassehi* Der soziologische Diskurs der Moderne, 2006, 396 ff.; *ders.* Unbehagen: Theorie der überforderten Gesellschaft, 2021, 174 ff.

[57] Es ist Aufgabe kritisch-konstruktiver Rechtswissenschaft, diese Defizite offen zu legen und Verbesserungspotenziale auszuloten.

[58] Eingehend in Auseinandersetzung mit verschiedenen Strängen der Kritik *Kai Möller* Proportionality: Challenging the Critics, ICON 10 (2012), 709 ff. Für eine instruktive Aufschlüsselung von Chancen und Stärken s. zudem *Lepsius* Chancen und Grenzen (Fn. 34), 19 ff. und *Jakab* Alternativen (Fn. 34), 205 ff.

[59] *Petersen* Rationalitätskontrolle (Fn. 9), 271 ff. unter Betonung, dass ein klassisches Motiv für den Einsatz des Verhältnismäßigkeitsprinzips die Korrektur systematischer Fehler des politischen Prozesses, insbesondere durch Herausfiltern sachfremder bzw. unlauterer Motive ist. Vgl. auch *Philipp Dann* Verfassungsgerichtliche Kontrolle gesetzgeberischer Rationalität, Der Staat 49 (2010), 630.

[60] Insbesondere in Gestalt der klassisch polizeirechtlichen Ausprägung des Verhältnismäßigkeitsgrundsatzes als Erforderlichkeitskriterium, vgl. prägnant *Kraft* Verhältnismäßigkeit (Fn. 6), 578, 580 („älteste Schicht dieses Prinzips“) sowie die Nachweise zur historischen Entwicklung in Fn. 5.

[61] *Poscher* Verhältnismäßiger Ausgleich (Fn. 1), Rn. 7.

[62] Vgl. im speziellen Kontext der Corona-Pandemie *Froese* Krise (Fn. 49), 389 („zentrales Instrument der Flexibilisierung“, „Flexibilisierungsleistung“), wobei einzuwenden wäre, dass der Grundsatz zwar als Instrument höchst flexibel einsetzbar ist, nicht aber selbst dem *Ziel* einer Flexibili*sierung* der an ihm zu messenden öffentlichen Gewalt dient. Diese wird hinsichtlich Legislative und Exekutive vielmehr durch die Einräumung legisla-

analytische Klarheit,[63] Praktikabilität,[64] Effizienz[65] oder sprachliche Neutralität:[66] All diese Aspekte sind für sich allein und auch zusammen genommen von großer Bedeutung, dienen aber letztlich zugleich dem Ausgleich als Hauptziel des Verhältnismäßigkeitsgrundsatzes.

Die Idee des Ausgleichs ist bereits vielfach mit dem Grundsatz der Verhältnismäßigkeit in Verbindung gebracht worden. *Peter Lerche* sprach 1961 begriffsprägend vom „Gedanken des nach beiden Seiten hin schonendsten Ausgleichs".[67] In besonderem Maße durchformt der Ausgleichsgedanke die Güterabwägung als Teil der Angemessenheitsprüfung.[68] *Peter Häberle* hat hierzu 1962 treffend formuliert, die Güterabwägung führe einen „Ausgleich zwischen den kollidierenden Rechtsgütern" herbei.[69] In ihr verwirk-

---

tiver bzw. exekutiver Spielräume operationalisiert, die in der Verhältnismäßigkeitsprüfung ihren dogmatischen Standort, nicht aber ihre Begründung finden.

[63] Vgl. *Petersen* Rationalitätskontrolle (Fn. 9), 278: „Es ist daher die Transparenz der Struktur des Verhältnismäßigkeitsprinzips, die disziplinierende Wirkung entfaltet.".

[64] *Möller* Critics (Fn. 58), 727. Die Praktikabilität lässt sich jedenfalls für die Judikative empirisch aus der weiten Verbreitung ableiten.

[65] Für das Unionsrecht *Aurelien Portuese* Principle of Proportionality as Principle of Economic Efficiency, ELJ 19 (2013), 612 (613 ff.). Für das deutsche Recht *Torben Ellerbrok* Rationaität und Effizienz in: Wolfgang Kahl/Markus Ludwigs (Hrsg.) Handbuch des Verwaltungsrechts III, 2022, § 76 Rn. 29, 69 („Effizienzverpflichtung").

[66] Vgl. *Jakab* Alternativen (Fn. 34), 206.

[67] *Peter Lerche* Übermaß und Verfassungsrecht (1961), 2. Aufl. 1999, 153: „Die Grundsätze des Übermaßverbotes fixieren mithin die Schlichtungsmöglichkeiten auf eine begrenzte Zahl; sie dienen dem Gedanken des nach beiden Seiten hin schonendsten Ausgleichs, ohne doch einen selbständigen Abwägungsraum des Gesetzgebers schwinden zu lassen." *Lerche* ordnet das Übermaßverbot strukturell der „dirigierenden Verfassung" zu und untergliedert es begrifflich in die Grundsätze der Erforderlichkeit (162 ff.) und Verhältnismäßigkeit i.e.S. (223 ff.). *Lerche* selbst hat den von ihm geprägten Begriff des „schonendsten Ausgleichs" später als missverständlich bezeichnet, vgl. *dens.* Die Verfassung als Quelle von Optimierungsgeboten?, in: Joachim Burmeister (Hrsg.) FS Klaus Stern, 1997, 197 (198, dort Fn. 10).

[68] Vgl. BVerfGE 159, 223 (318 Rn. 216) – Bundesnotbremse I (Ausgangs- und Kontaktbeschränkungen) m.w.N., speziell in Bezug auf den Gesetzgeber: „Die Angemessenheit und damit die Verhältnismäßigkeit im engeren Sinne erfordern, dass der mit der Maßnahme verfolgte Zweck und die zu erwartende Zweckerreichung nicht außer Verhältnis zu der Schwere des Eingriffs stehen. […] Es ist Aufgabe des Gesetzgebers, in einer Abwägung Reichweite und Gewicht des Eingriffs in Grundrechte einerseits der Bedeutung der Regelung für die Erreichung legitimer Ziele andererseits gegenüberzustellen [...]. Um dem Übermaßverbot zu genügen, müssen hierbei die Interessen des Gemeinwohls umso gewichtiger sein, je empfindlicher die Einzelnen in ihrer Freiheit beeinträchtigt werden […]. Umgekehrt wird gesetzgeberisches Handeln umso dringlicher, je größer die Nachteile und Gefahren sind, die aus gänzlich freier Grundrechtsausübung erwachsen können […].".

[69] *Peter Häberle* Die Wesensgehaltgarantie des Art. 19 Abs. 2 Grundgesetz (1962), 3. Aufl. 1983, 38.

liche sich „die Balance, in der die verfassungsrechtlichen Güter zueinander stehen".[70] Speziell in Bezug auf kollidierende Verfassungsrechtsgüter hat *Richard Bäumlin*[71] den Begriff der „praktischen Konkordanz" eingeführt, dem sodann von *Konrad Hesse* zum Durchbruch verholfen wurde.[72] Auch im jüngeren Schrifttum wird wieder vermehrt – und überzeugend – der Akzent auf den Gedanken des Ausgleichs gelegt, namentlich von *Ralf Poscher*.[73]

Der Ausgleichsgedanke ist aber keineswegs der Angemessenheit vorbehalten. Vielmehr erstreckt er sich auf den Verhältnismäßigkeitsgrundsatz insgesamt. So maß bereits *Lerche* gerade der Erforderlichkeit eine „ausgleichsfördernde Funktion" zu.[74] Diese realisiert sich als Gebot, das mildeste, eben *schonendste*[75] unter gleich wirksamen[76] Mitteln zu wählen.[77]

---

[70] *Häberle* Wesensgehaltgarantie (Fn. 69), 38.

[71] *Richard Bäumlin* Staat, Recht und Geschichte, 1961, 30 sowie später *ders.* Das Grundrecht der Gewissensfreiheit, VVDStRL 28 (1970), 3 (18, 22). Dazu *Andreas Kley* Geschichte des öffentlichen Rechts der Schweiz, 2. Aufl. 2015, 214 f. sowie *Marcus Schladebach* Praktische Konkordanz als verfassungsrechtliches Kollisionsprinzip – Eine Verteidigung, Der Staat 53 (2014), 263 (267 f.). Auch *Bäumlin* war, wie *Hesse*, ein Schüler *Smends*.

[72] *Konrad Hesse* Grundzüge des Verfassungsrechts der Bundesrepublik Deutschland, 20. Aufl. 1995, Rn. 72.

[73] *Poscher* Verhältnismäßiger Ausgleich (Fn. 1), Rn. 1. Vgl. zudem *Müller* Zauberwürfel (Fn. 17), 21 f. („Messziel ‚Harmonie'").

[74] *Lerche* Übermaßverbot (Fn. 67), 164 unter direktem Bezug auf die Erforderlichkeit. Neben der an erster Stelle genannten „ausgleichsfördernden Funktion" identifiziert *Lerche* noch die weiteren Funktionen der Verfahrensprägung (ebd., 184 ff.), der Maßnahmenrechtfertigung (ebd., 205 ff.) sowie der Autonomieförderung (ebd., 214 ff.). Hinsichtlich der Rolle der Güterabwägung im Rahmen der Verhältnismäßigkeit (i.e.S.) bleibt *Lerche* indes zurückhaltend. Er verortet sie „fast durchwegs im Hintergrund" (ebd., 223), wobei hierfür die Skepsis gegenüber einem „subjektiven Eindrücken weithin preisgegebene[n]" Bewertens ebenso eine Rolle spielen wie Erwägungen der Gewaltenteilung (ebd., 224). Damit knüpft *Lerche* zumindest im Grundton an die Kritik *Forsthoffs* (Fn. 40) an, die er aber als „wohl an einem Zerrbild der Güterabwägung orientier[t]" einordnet (ebd., 224, Fn. 258).

[75] Entsprechend trägt auch die Erforderlichkeitsprüfung jedenfalls hinsichtlich des (rechtsnormativen) Vergleichs der Belastungsintensität Züge einer Abwägung, die sich umso mehr verstärkt, je vielfältiger die verfolgten Zwecke und je mehrpoliger die einschlägigen Rechtsverhältnisse sind, vgl. prägnant *Tischbirek* Verhältnismäßigkeitsprüfung (Fn. 6), 189 f.

[76] Dabei ist nach BVerfGE 125, 260 (360 Rn. 298) – Vorratsdatenspeicherung ein milderes Mittel gleicher Eignung eine „weniger eingreifende Regelung, die ebenso effektiv und für die öffentliche Hand kostengünstig ist […]. Mildere Mittel sind nicht solche, die eine Kostenlast lediglich verschieben". Vgl. erhellend zur Frage der Finanzwirksamkeit *Thomas Wischmeyer* Die Kosten der Freiheit, 2015, 57 ff. sowie *E. Malte N. Reifegerste/Lucas Pentschew/Simon Kempny* Finanzbewusste Verhältnismäßigkeitsdogmatiken, 2020, passim.

[77] Nach der ständigen Rechtsprechung des BVerfG fehlt es an der Erforderlichkeit, wenn „ein gleich wirksames, aber für den Grundrechtsträger weniger und Dritte und die Allge-

Intrinsisch damit verknüpft ist das Geeignetheitserfordernis:[78] Ein ungeeignetes Mittel kann schon nicht erforderlich sein.[79] Vor allem aber fungiert die Ungeeignetheit als Marker: Sie indiziert, dass an Stelle der behaupteten legitimen Zwecke möglicherweise andere – illegitime – Motive verfolgt werden.[80] Auf der Grundlage illegitimer Motive aber darf ein Prozess des Ausgleichs nicht eingeleitet, darf ein Grundrechtseingriff nicht gerechtfertigt werden.[81]

Ein derlei stufenübergreifender, den Verhältnismäßigkeitsgrundsatz als Ganzes umspannender Gedanke des Ausgleichs ist in besonderem Maße rechtsvergleichend und europarechtlich anschlussfähig. Die regelmäßig zentrale Bedeutung der Angemessenheitsprüfung in der Rechtsprechung des BVerfG[82] verstellt leicht den Blick dafür, dass andernorts gerade Geeignetheit (*suitability* oder *rational connection*) und Erforderlichkeit (*necessity*) im Vordergrund stehen.[83] So bildet die Erforderlichkeitsprüfung das zentrale Element der Verhältnismäßigkeitsjudikatur des kanadischen *Supreme Court*,[84] der hier auch Abwägungselemente hineinzieht.[85] Der EuGH

meinheit nicht stärker belastendes Mittel zur Erreichung des Ziels zur Verfügung steht", vgl. BVerfGE 148, 40 (57 Rn. 47) – Lebensmittelpranger m.w.N.

[78] Im deutschen Verfassungsverständnis gleichzusetzen mit Zweckförderlichkeit, vgl. *pars pro toto* BVerfGE 126 112 (144 Rn. 103) – Privater Rettungsdienst: „Für die Eignung reicht es aus, wenn durch die gesetzliche Regelung der gewünschte Erfolg gefördert werden kann. Es genügt bereits die Möglichkeit einer Zweckerreichung". Das Kriterium der Geeignetheit ist in anderen Rechtsordnungen mitunter voraussetzungsvoller (strenger), sodass häufiger die Ungeeignetheit festgestellt wird, s. vergleichend etwa *Steiner/Lang/Kremnitzer* Insights (Fn. 13), 568 ff.

[79] Zutreffend *Reimer* Konzept (Fn. 30), 66: „Wenn die Maßnahme für den Zweck schon ungeeignet ist, dann ist die immer mildere Null-Variante [Maßnahmenverzicht, Anm. MW] auch stets gleich (un)wirksam, sodass die Maßnahme für den Zweck auch nicht erforderlich sein kann.".

[80] Die Aussonderung, das „smoking out", illegitimer Motive als ein zentrale Zielstellung des Verhältnismäßigkeitsgrundsatzes identifizierend *Petersen* Rationalitätskontrolle (Fn. 9), 271, 273.

[81] Anders gesagt, um überhaupt vermittelbar zu sein, muss das Interesse nicht nur legitim, sondern auch durch die fragliche Maßnahme (möglicherweise) gefördert werden.

[82] Diese gerade auch in vergleichender Perspektive konstatierend auch *Andrej Lang* Proportionality Analysis by the German Federal Constitutional Court, in: Kremnitzer/Steiner/Lang (Fn. 9), 22 (103): „the epicentre of proportionality practice in Germany".

[83] Vgl. terminologisch im Einzelnen *Barak* Proportionality (Fn. 8), 303 ff. u. 317 ff. m.w.N.

[84] Vgl. in der Gesamtschau *Choudhry* Legacy (Fn. 22), 502 ff.; *Hardcastle* Canada (Fn. 22), 177 ff.

[85] Treffend *Saurer* Globalisierung (Fn. 9), 16: „Hier wird eine im Vergleich zum Bundesverfassungsgericht andersartige Handhabung der Prüfungsstufe des milderen Mittels erkennbar. Die wenig konturierte Prüfung der gleichen Wirksamkeit ermöglicht das Vorzie-

prüft Geeignetheit und Erforderlichkeit häufig vergleichsweise streng[86] und effektuiert bereits hier den Gedanken des Ausgleichs.[87] Seine jüngere Grundrechtsprechung bildet aber zunehmend auch eine Angemessenheitsprüfung aus.[88] Die EMRK durchzieht der Ausgleichsgedanke schon lange strukturell;[89] er spiegelt sich auch terminologisch direkt in der Rechtsprechung des EGMR wider.[90]

b) *Vermittlungsleistung*

Der Verhältnismäßigkeitsgrundsatz zielt auf einen *vermittelnden* Ausgleich[91] und damit eine spezifische Vermittlungsleistung ab. Damit lässt er sich in ein Deutungsschema einordnen, das *Andreas Voßkuhle*

---

hen von Elementen des schonenden Ausgleichs, die nach deutschem Verständnis erst nachfolgend auf der Stufe der Verhältnismäßigkeit im engeren Sinne zu prüfen wären".

[86] Vor allem bei den Grundfreiheiten. Ähnliche Gesamteinordnung bei *Classen* Verhältnismäßigkeit (Fn. 27), 657 ff.

[87] Im Bereich der Geeignetheit wird die Prüfung in einer ganzen Reihe von Entscheidungen gekoppelt mit der Vorgabe, dass das legitime Ziel „tatsächlich in kohärenter und systematischer Weise verfolgt" werden muss, was letztlich Ausgleichselemente in die Geeignetheitsprüfung zieht, vgl. EuGH, 6.11.2003, Rs. C-243/01, Gambelli u.a., Rn. 70 ff.; EuGH, 12.06.2014, Rs. C-156/13, Digibet, Rn. 26 ff. etc. Die Erforderlichkeitsprüfung geht regelmäßig über die Frage nach einem milderen Mittel gleicher (bzw. ähnlicher) Wirkung hinaus und enthält abwägende Elemente, vgl. EuGH, 30.11.1995, Rs. C-55/94, Gebhard, Rn. 37; EuGH, 11.5.1999, Rs. C-255/97, Pfeiffer, Rn. 19; EuGH, 18.11.2008, Rs. C-158/07, Förster, Rn. 49 ff., 52.

[88] Dann ist explizit die Rede von der „Abwägung der betroffenen Belange" (EuGH, 28.11.2023, Rs. C-148/22, Commune d'Ans, Rn. 40 im Zuge der Vorstrukturierung der von den nationalen Gerichten durchzuführenden Verhältnismäßigkeitsprüfung) oder der Herstellung eines „angemessenen Gleichgewichts" EuGH, 17.12.2020, Rs. C-336/19, Centraal Israëlitisch Consistorie van België u. a., Rn. 80 in Bezug auf die Herstellung eines Einklangs zwischen widerstreitenden Grundrechtspositionen durch den flämischen Normgeber. S. für klar strukturierte Verhältnismäßigkeitsprüfungen (einschließlich einer eigenständigen Prüfung der Verhältnismäßigkeit im engeren Sinne) zudem die Nachweise in Fn. 118.

[89] *Nußberger* Strukturprinzip (Fn. 32), 40.

[90] Klassischerweise im Topos „proportionate", vgl. EGMR, 7.12.1976, Nr. 5493/72, Handyside vs. Vereinigtes Königreich, Rn. 49 sowie nachfolgend EGMR, 26.4.1979, Nr. 6538/74, The Sunday Times vs. Vereinigtes Königreich I, Rn. 62, 67 oder „fair balance", vgl. EGMR, 18.12.1984, Nr. 7151/75, Sporrong und Lönnroth vs. Schweden, Rn. 69 sowie aus der Literatur näher *Alastair Mowbry* A Study of the Principle of Fair Balance in the Jurisprudence of the European Court of Human Rights, Human Rights Law Review 10 (2010), 289 ff.; *Christoffersen* Fair Balance (Fn. 21), 31.

[91] In der wiss. Diskussion zum Verhältnismäßigkeitsgrundsatz ist eine spezifische Verwendung bzw. ein konzeptioneller Eigenwert des Begriffs des vermittelnden Ausgleichs bislang, soweit ersichtlich, nicht nachzuweisen. Vgl. aber im Kontext der Kennzeichnung von Kompromiss und Relativismus als Merkmale der Demokratie *Hans Kelsen* Allgemeine Staatslehre, 1925 (Nachdr. 1993), 370: „Je stärker aber die [insbes. durch Grundrechte und

für das Grundgesetz treffend als „Verfassung der Mitte" bezeichnet hat.[92] Ordnungsprägendes Merkmal ist der Fokus auf Moderation und Relationierung,[93] eben *Ver-Mittlung*. Die Vermittlungsleistung besteht jedoch gerade nicht in einem arithmetischen Mittel oder einer entdifferenzierenden „Vermassung".[94] Sie wird vielmehr im Rahmen eines dynamischen Prozesses erzielt, der widerstreitende Interessen unter Wahrung von Spielräumen, insbesondere auch politischen Gestaltungsspielräumen, miteinander in Ausgleich bringt.[95] Der Verhältnismäßigkeitsgrundsatz ist ein vermittelndes Regulativ an einem Ort dynamischer Begegnung. Eine Politik des „Alles oder Nichts" schließt er ebenso aus[96] wie eine „illiberale Demokratie".[97] In diesem, Differenzen ebenso wie Spielräume *anerkennenden* Sinne ließe sich auch von einer *integrierenden* Wirkung sprechen:[98] als Einordnung in die Einheit oder Ganzheit der

---

das Proportionalitätsprinzip zu schützende, Anm. MW] Minorität, desto mehr wird die Politik der Demokratie eine Politik des Kompromisses, wie auch für die relativistische Weltanschauung nichts charakteristischer ist als die Tendenz zum vermittelnden Ausgleich zwischen zwei gegensätzlichen Standpunkten".

92 *Andreas Voßkuhle* Die Verfassung der Mitte, 2016 (mit *Thomas Wischmeyer* in der ersten Fn. als Mitautor ausgewiesen), in der ideengeschichtlichen Rückführung ebenfalls unter Bezug auf die Nikomachische Ethik, 24 f. Speziell zum Verhältnismäßigkeitsgrundsatz als Instrument der Vermittlung ebd., 45 ff.

93 *Voßkuhle* Mitte (Fn. 92), 21: „Das Argument der Mitte (…) benennt die Notwendigkeit einer Relationierung und Mäßigung der jeweiligen Positionen. Die Mitte spannt so einen normativen Raum auf, in dem Gegensätze miteinander bestehen können".

94 *Voßkuhle* Mitte (Fn. 92), 20 f.

95 Vgl. sinngemäß *Voßkuhle* Mitte (Fn. 92), 21, 46 f.

96 Vgl. *Voßkuhle* Mitte (Fn. 92), 47: „Verzicht auf eine Politik der harten Gegensätze, der großen Lösungen und der radikalen Entscheidungen".

97 So das politische Leitbild des ungarischen Premierministers *Victor Orbán.* Zum Rechtsstaats- und Demokratieregress in Ungarn *László Sólyom* The Rise and Decline of Constitutional Culture in Hungary, in: Armin von Bogdyndy/Pál Sonnevend (Hrsg.) Constitutional Crisis in the European Constitutional Area, 2015, 5 ff.; *András Jakab* How to Return from a Hybrid Regime into a Constitutional Democracy? Hypothetical Constitutional Scenarios for Hungary and a Few Potential Lessons for Poland, in: Michal Bobek/Adam Bodnar/Armin von Bogdandy/Pál Sonnevend (Hrsg.) Transition 2.0, 2023, 145 (147 ff.); *Veronica Anghel/Erik Jones* What Went Wrong In Hungary, Journal of Democracy 35 (2024), 52 ff.

98 Bereits *Lerche* Übermaßverbot (Fn. 67), 94 behandelte in Auseinandersetzung mit der Integrationslehre *Smend*s die „integrierende Kraft" des Übermaßverbotes als Teil der „dirigierenden Verfassung". Bezogen auf Art. 118 WRV (Meinungsfreiheit) hatte *Smend* die Grundlagen des später in BVerfGE 7, 198 (210 ff.) – Lüth der Sache nach aufgegriffenen Abwägungsansatzes entwickelt und in direkten Zusammenhang mit dem Gedanken der Integration gestellt, vgl. *Rudolf Smend* Das Recht der freien Meinungsäußerung, VVDStRL 4 (1928), 44 (51 ff.). Allgemein zum „integrierende[n] Sachgehalt der Verfassungen"

Verfassung.[99] Es geht also um die Gleichzeitigkeit von Mit- und Widereinander.[100]

Der Begriff der Vermittlung verweist nicht nur semantisch auf das Prozesshafte. Vermitteln erfordert Ermitteln. Die öffentliche Gewalt muss die faktischen Wirkungen ihrer Maßnahmen evaluieren, Handlungsalternativen erörtern und sicherstellen, dass der verfolgte Zweck und die Zweckerreichung nicht außer Verhältnis zur Beeinträchtigungsintensität der widerstreitenden Rechtsgüter stehen. Das erfordert ein responsives[101] Einbeziehen der jeweils anderen Seite(n),[102] ein fortlaufendes Hinterfragen[103] sowie ggf. ein Nachkalibrieren.

III. Dimensionen

Als Grundsatz vermittelnden Ausgleichs entfaltet sich der Verhältnismäßigkeitsgrundsatz in verschiedenen Dimensionen. Er ist ein multidimensionaler Grundsatz.

---

ders. Verfassung und Verfassungsrecht, 1928, 158 ff. Ob man dagegen dem Bundesverfassungsgericht eine gesellschaftliche Integrationsfunktion zuweisen kann bzw. sollte (auch mit Blick auf eine Verhältnismäßigkeitsprüfung der Gesetzgebung) bleibt zweifelhaft, vgl. *Christoph Möllers* Legalität, Legitimität und Legitimation des Bundesverfassungsgerichts in: Matthias Jestaedt/Oliver Lepsius/Christoph Möllers/Christoph Schönberger (Hrsg.) Das entgrenzte Gericht, 2011, 299 ff.

[99] Durch die Herstellung eines Ausgleichs können die widerstreitenden Rechtsgüter in den Worten mit *Häberle* Wesensgehaltgarantie (Fn. 69), 38 „in das Ganze der Verfassung eingeordnet werden, für das sie gleichermaßen notwendig sind". Zur Einheit der Verfassung vgl. *Hesse* Grundzüge (Fn. 72), Rn. 71. Von „Zusammenordnung" spricht *Herbert Krüger* Der Wesensgehalt der Grundrechte, DÖV 1955, 597 (599).

[100] Vgl. *Andreas von Arnauld* Zur Rhetorik der Verhältnismäßigkeit, in: Jestaedt/Lepsius (Fn. 26) 276 (279: „Mit- und Gegeneinander") unter Bezugnahme auf *Theodor Viehweg* Topik und Jurisprudenz, 5. Aufl. 1975, 115 („ein im Miteinander und Gegeneinander gemeinsam betriebenes Verfahren"). Vgl. auch *Armin Nassehi* Die Theorie funktionaler Differenzierung im Horizont ihrer Kritik, Zeitschrift für Soziologie 33 (2004), 98 (103); *ders.* Theorie der überforderten Gesellschaft, 2021, 174, der von der „Ungleichzeitigkeit des Unterschiedlichen" ausgehend gerade „die Unvermitteltheit des Unterschiedlichen" als Problem identifiziert.

[101] Zum Begriff der Responsivität im Kontext von Mehrebenensystemen vgl. *Lars Viellechner* Responsiver Rechtspluralismus, Der Staat 51 (2012), 559 ff.; *Mayer* Verfassung (Fn. 4) 41 ff.

[102] *von Arnauld* Rhetorik (Fn. 100), 292.

[103] *Voßkuhle* Mitte (Fn. 92), 46.

1. Ebenenimmanente Dimensionen

a) Strukturierte Vermittlung von Einzelfall und Allgemeingültigkeit

Ebenenimmanent, d.h. innerhalb einer Rechtsordnung, fungiert er als Scharnier zwischen Einzelfall und Allgemeingültigkeit – am sichtbarsten, aber nicht allein in der Eingriffsverwaltung.[104] Hier finden Einzelfallgerechtigkeit und die Allgemeinheit des Gesetzes zusammen,[105] hier gelingt mit *Oliver Lepsius* eine „Versöhnung von Kasuistik und Dogmatik".[106] Und hier erfolgt eine Öffnung hin zum rezent Situativen.[107] Zudem erfordert gerade die konkrete Zweck-Mittel-Relationierung im Rahmen der Geeignet- und Erforderlichkeitsprüfung auch eine interdisziplinäre Öffnung.[108]

---

[104] Und dort wiederum namentlich in der Funktion als Ermessensgrenze, vgl. statt aller *Hartmut Maurer/Christian Waldhoff* Allgemeines Verwaltungsrecht, 21. Aufl. 2024, § 7 Rn. 23; *Manfred Aschke* in: Johann Bader/Michael Ronellenfitsch (Hrsg.) BeckOK VwVfG, 64. Ed. 1.1.2023, § 40 Rn. 55 f. sowie aus der Rechtsprechung BVerwG, NJW-RR 2007, 492 (Rn. 9): „Nach der angeführten Vorschrift liegt die Erteilung (…) im Ermessen der Behörde. Sie steht wie alles Verwaltungshandeln im Bereich der Eingriffsverwaltung unter dem Vorbehalt der Erforderlichkeit und Verhältnismäßigkeit". Vgl. zur Spezialproblematik der Anwendung des Verhältnismäßigkeitsgrundsatzes auf die gebundene Verwaltung *Tristan Barczak* Der gebundene Verwaltungsakt unter Verhältnismäßigkeitsvorbehalt, VerwArch. 105 (2014), 142 ff.; *Veith Mehde* Die Prüfung der Verhältnismäßigkeit bei gebundenen Entscheidungen, DÖV 2014, 541 ff.; *Liesa Plappert* Der Verhältnismäßigkeitsgrundsatz bei gebundenen Verwaltungsentscheidungen, 2020; *Benedikt Vogt* Die verhältnismäßige Anwendung „gebundener" Normen, 2019; *Kolja Naumann* Die Prüfung der Verhältnismäßigkeit im Rahmen gebundener Entscheidungen, DÖV 2011, 96; *Torben Westerhoff* Die Prüfung der Verhältnismäßigkeit im Rahmen gebundener Entscheidungen, 2015. Die Anwendbarkeit des Verhältnismäßigkeitsgrundsatzes ablehnend, soweit eine Norm des Grundgesetzes eine abschließende Regelung getroffen hat, BVerfGE 144, 20 (231 Rn. 600) – NPD-Parteiverbot: „Der Rückgriff auf den Grundsatz der Verhältnismäßigkeit kommt nur in Betracht, soweit das handelnde Staatsorgan überhaupt über Handlungs- und Entscheidungsspielräume verfügt. Ist hingegen eine zu treffende Maßnahme rechtlich bindend vorgegeben und fehlt es sowohl hinsichtlich des ‚Ob' als auch hinsichtlich des ‚Wie' an alternativen Entscheidungsmöglichkeiten, ist die Anwendung des Verhältnismäßigkeitsgrundsatzes ausgeschlossen." Anders für das Parteiverbotsverfahren *Foroud Shirvani* Parteiverbot und Verhältnismäßigkeitsgrundsatz, JZ 2014, 1074 (1080). Im Sinne einer verfassungskonformen Auslegung jedenfalls BVerfGE 149, 160 (202 f. Rn. 118) – Vereinsverbote; BVerwG, NVwZ-RR 2024, 591 (595) – Bandidos; BVerwG, NVwZ-RR 2024, 320 (325) – Ansaar International; BVerwG, BeckRS 2024, 20294 (Rn. 24 ff.) – Compact.

[105] *Matthias Jestaedt* Verhältnismäßigkeit als Verhaltensmaß, in: ders./Lepsius (Fn. 26) 294.

[106] *Lepsius* Chancen und Grenzen (Fn. 34), 24: „Versöhnung von Kasuistik mit Dogmatik".

[107] *Poscher* Verhältnismäßiger Ausgleich (Fn. 1), Rn. 7 ff.

[108] Es ist zu Recht hervorgehoben worden, dass der Grundsatz der Verhältnismäßigkeit nicht nur ein anschlussfähiger, sondern ein „anschlusspflichtiger Begriff" ist, vgl. *Müller*

Die Vermittlungsleistung wird durch die formale[109] Struktur des Verhältnismäßigkeitsgrundsatzes befördert, die einen Rationalitätsgewinn bewirken kann.[110] Sie sorgt grundsätzlich für ein klares *und* flexibles, daher praktikables Arbeitsprogramm.[111] Die Strukturierung in mehrere analytisch getrennte Prüfungs- und Begründungsstufen schafft Transparenz – auch argumentative Transparenz für die Nachrationalisierung einer Entscheidung.[112] Das heißt im Umkehrschluss nicht zwingend, dass Transparenz nur mit einer mehrstufigen Strukturierung zu erreichen wäre. Der Kontext ist wichtig, bei Gerichten v.a. ihre institutionelle Stellung und rechtskulturelle Einbettung einschließlich des eingeübten Begründungsstils.[113] Und doch sehen sich Gesamtansätze, die die Teilelemente mehr oder minder verschmelzen, nicht ganz zu Unrecht der Kritik ausgesetzt, die Entscheidungsfindung jedenfalls argumentativ zu verunklaren.[114] Beispielhaft sei auf die eher holistischen Ansätze des südafrikanischen Verfassungsgerichts[115] oder des EGMR[116] verwiesen. Beim EuGH ist mittlerweile eine Tendenz[117] zu einer stärker strukturierten Verhältnismäßigkeitsprüfung erkennbar.[118]

Zauberwürfel (Fn. 17), 44. Vgl. auch *Lepsius* Chancen und Grenzen (Fn. 34), 40, der von „interdisziplinäre[m] Brückenbegriff" spricht.

109 Im Unterschied zur *formellen*, vgl. bereits *Lerche* Übermaßverbot (Fn. 67), 224.

110 *Saurer* Globalisierung (Fn. 9), 30: „formorientiertes, letztlich der Rechtssicherheit verpflichtetes Rationalitäts-Versprechen".

111 Vgl. dezidiert in Bezug auf die Legislative *Barak* Proportionality (Fn. 8), 462. Zur Handlungsperspektive näher unten IV.1.a).

112 Vgl. *Jakab* Alternativen (Fn. 34), 205 f.; *Barak* Proportionality (Fn. 8), 460 ff.

113 Rechtsvergleichend für *Conseil constitutionnel* und BVerfG s. *Ruth K. Weber* Der Begründungsstil von Conseil constitutionnel und Bundesverfassungsgericht, 2019.

114 Vgl. *Barak* Proportionality (Fn. 8), 460 ff.; *Grimm* Proportionality (Fn. 22), 397. Anders dagegen *Steiner/Lang/Kremnitzer* Insights (Fn. 13), 600 f.

115 Vgl. zur „Global Proportionality Analysis" des südafrikanischen Verfassungsgerichts *Richard Stacey* Proportionality Analysis by the South African Constitutional Court, in: Kremnitzer/Steiner/Lang (Fn. 9), 193 (215 ff.) m.w.N. sowie *Stone Sweet/Mathews* Proportionality (Fn. 9), 79 („overall assessment").

116 Von einem „holistischen Ansatz" spricht *Nußberger* Strukturprinzip (Fn. 32), 41. Zur um die Abwägung herum zentrierten Struktur der Prüfung vgl. auch *Christoph Grabenwarter/Katharina Pabel* Europäische Menschenrechtskonvention, 7. Aufl. 2021, § 18 Rn. 15. Kritisch etwa *Janneke Gerards* How to improve the necessity test of the European Court of Human Rights, ICON 11 (2013), 466 (467 f.), die für eine Stärkung der klassischen Prüfungsschritte "Geeignetheit" und insb. "Erforderlichkeit" plädiert, da diese zu mehr Transparenz und Klarheit in den Entscheidungen des EGMR beitragen könnte.

117 Eine weniger stringente Struktur wies früher regelmäßig auch die Prüfung des EuGH auf, vgl. aus der früheren Rechtsprechung etwa EuGH, 17.12.1970, Rs. 11/70, Internationale Handelsgesellschaft, Rn. 15; EuGH, 5.7.1977, verb. Rs. 119/76 u. 120/76, Ölmühle, Rn. 7. Vgl. jüngst aber auch noch EuGH (Plenum), 30.4.2024, Rs. C-470/21, La Quadrature du Net II, Rn. 70 u. 86 ff., 95 ff. 116 ff., 125 ff., 130 ff., 152 f., jeweils partikulare Einzelanforderungen aus dem Grundsatz der Verhältnismäßigkeit ableitend.

b) *Mehrseitiger Ausgleich von Rechtsgütern*

Der Grundsatz der Verhältnismäßigkeit zielt auf einen vermittelnden Ausgleich von Rechtsgütern ab, der sich nach mehreren Seiten hin entfalten kann. Die Abwägung als wichtige Komponente erlaubt die Relationierung unterschiedlicher Rechtsgüter unter Berücksichtigung ihres jeweiligen normativen Gewichts und ihrer konkreten Betroffenheit. Ein vermittelnder Ausgleich wird zwischen Individual- und Kollektivrechtsgütern,[119] aber auch zwischen Rechtsgütern derselben Kategorie hergestellt, etwa von kollidierenden Grundrechten.[120] Er entfaltet sich nicht allein gegenüber der öffentlichen Gewalt, sondern grundsätzlich auch (mittelbar) in Rechtsverhältnissen zwischen Privaten[121]

---

[118] Für vergleichsweise klar strukturierte Verhältnismäßigkeitsprüfungen im Grundrechtsbereich vgl. etwa EuGH, 22.1.2013, Rs. C-283/11, Sky Österreich, Rn. 50 ff.; EuGH, 17.10.2013, Rs. C-101/12, Schaible, Rn. 29 ff.; EuGH, 28.11.2023, Rs. C-148/22, Commune d'Ans, Rn. 36–41 (Vorstrukturierung der von den nationalen Gerichten durchzuführenden Verhältnismäßigkeitsprüfung). Vgl. aus der EuG-Rechtsprechung zudem EuG, 27.7.2022, T-125/22, Russia Today France/Rat, Rn. 168 ff. Jenseits des Grundrechtsbereichs s. EuGH, 8.7.2010, Rs. C-343/09, Afton Chemical, Rn. 43 ff.; EuGH, 9.6.2016, Rs. C-78/16 u.a., Giovanni Pesce u.a., Rn. 48 ff. sowie EuGH, 5.12.2023, Rs. C-128/22, Nordic Info BV, Rn. 77, 81 ff. (abermals Vorstrukturierung der von den nationalen Gerichten durchzuführenden Verhältnismäßigkeitsprüfung).

[119] Vgl. zu dem insoweit vielfach identifizierten Inkommensurabilitätsproblem *Urbina* Incommensurability (Fn. 39), 586 ff.; *Poscher* Verhältnismäßiger Ausgleich (Fn. 1), Rn. 69 ff.; *Chang* (Hrsg.) Incommensurability (Fn. 39) und *Veel* Incommensurability (Fn. 39) 195 ff., jeweils m.w.N. sowie im Kontext der EMRK *George Letsas* A theory of interpretation of the European Convention on Human Rights, 2007, 104. In verfassungsrechtlicher Perspektive zu Recht die Frage der Abwägungs*kompetenz* – d.h. die Frage, wer rechtlich dazu ermächtigt ist, Abwägungs-, d.h. Wertungsentscheidungen zu treffen – betonend *von Arnauld* Rhetorik (Fn. 100), 279.

[120] Eingehend zur Grundrechtskollision im Mehrebenensystem *Heiko Sauer* Grundrechtskollisionsrecht für das europäische Mehrebenensystem: Konkurrenzbestimmung – Kollisionsvermeidung – Kohärenzsicherung, in: Nele Matz-Lück/Mathias Hong (Hrsg.) Grundrechte und Grundfreiheiten im Mehrebenensystem, 2012, 1 ff. Mittlerweile klassisch das Wechselspiel von BVerfGE 101, 361 – Caroline von Monaco II; EGMR, 24.6.2005, Nr. 59320/00, von Hannover vs. Deutschland I; BVerfGE 120, 180 – Caroline von Monaco III und EGMR 7.2.2012, Nr. 40660/08 u.a., von Hannover vs. Deutschland II. Zur Problematik *Mathias Hong* Caroline von Hannover und die Folgen – Meinungsfreiheit im Mehrebenensystem zwischen Konflikt und Kohärenz, in: Nele Matz-Lück/Mathias Hong (Hrsg.) Grundrechte und Grundfreiheiten im Mehrebenensystem, 2012, 251 ff.; *Gertrude Lübbe-Wolff* Der Grundrechtsschutz nach der Europäischen Menschenrechtskonvention bei konfligierenden Individualrechten, in: Martin Hochhuth (Hrsg.) FS Dietrich Murswiek, 2010, 193 ff.

[121] Vgl. eingehend *Tischbirek* Verhältnismäßigkeitsprüfung (Fn. 6), 137 ff. m.w.N. Vgl. aus dem Unionsrecht etwa EuGH, 6.6.2000, Rs. C-281/98, Angonese; EuGH, 15.7.2021, verb. Rs. C-804/18 u. C-341/19, WABE u. Müller, Rn. 84.

und in multipolaren Rechtsbeziehungen.[122] *Markus Müller* hat das im Kontext des Schweizer Verfassungsrechts treffend als „Multidirektionalität" bezeichnet.[123]

Die vornehmste Funktion des Verhältnismäßigkeitsgrundsatzes liegt in der Gewährleistung effektiven Grundrechtsschutzes. Das gilt für zahlreiche Rechtsordnungen. Eine zentrale Leistung ist es, die Grundrechtsbindung des Gesetzgebers zu effektuieren, grundrechtlichen Ausgleich damit in Breite und Tiefe in den Gesetzgebungsprozess hineinzutragen. Für Deutschland ist die insoweit bahnbrechende Rolle des Apothekenurteils[124] vielfach beschrieben worden[125] – übrigens ein Urteil, das gerade auf der Basis einer vergleichenden Würdigung des Schweizer Apothekensystems zum Verdikt der Verfassungswidrigkeit gelangte.[126] Insbesondere in Rechtsordnungen, die Gesetzesvorbehalte bzw. *(general) limitation clauses*[127] vorsehen, führt der Grundsatz der Verhältnismäßigkeit grundsätzlich zu einer Stärkung des Grundrechtsschutzes. Kasuistisches Unterholz und tendenziell enge, weil sonst miteinander inkompatible Schutzbereichsabgrenzungen

[122] Zur Frage der unmittelbaren bzw. mittelbaren Drittwirkung vgl. *Andreas Kulick* Horizontalwirkung im Vergleich, 2020.

[123] *Müller* Zauberwürfel (Fn. 17), 64.

[124] BVerfGE 7, 377 – Apothekenurteil.

[125] *Fabian Michl* Das Sondervotum zum Apothekenurteil, JöR 68 (2020), 323 (326 ff.); *Christian Bumke* Die Entwicklung der Grundrechtsdogmatik in der deutschen Staatsrechtslehre unter dem Grundgesetz, AöR 144 (2019), 1 ff.; *Poscher* Verhältnismäßiger Ausgleich (Fn. 1), Rn. 30 ff.

[126] Den historischen Entstehungshintergrund dieser Argumentation erhellend *Michl* Sondervotum (Fn. 125), 356, 364.

[127] Also (übergreifende) Schrankenregelungen, vgl. für die EU Art. 52 Abs. 1 GRCh; für Kanada Art. 1 der kanadischen Charter of Rights and Freedoms („The Canadian Charter of Rights and Freedoms guarantees the rights and freedoms set out in it subject only to such reasonable limits prescribed by law as can be demonstrably justified in a free and democratic society."); für Israel Art. 8 des vom Obersten Gerichtshof als quasi-verfassungsrechtlich qualifizierten Grundgesetzes über Menschenwürde und Freiheit („There shall be no violation of rights under this Basic Law, except by a law befitting the values of the State of Israel, enacted for a proper purpose, and to an extent no greater than is required."); für Südafrika Art. 36 Abs. 1 der südafrikanischen Verfassung („The rights in the Bill of Rights may be limited only in terms of law of general application to the extent that the limitation is reasonable and justifiable in an open and democratic society based on human dignity, equality and freedom, taking into account all relevant factors, including a) the nature of the right; b) the importance of the purpose of the limitation; c) the nature and extent of the limitation; d) the relation between the limitation and its purpose; and e) less restrictive means to achieve the purpose."). Anders dagegen das US-amerikanische Verfassungsrecht, vgl. Fn. 46 u. Fn. 47.

werden so grundsätzlich[128] vermieden.[129] Blickt man auf die hochgradig ausdifferenzierte Verhältnismäßigkeitsjudikatur des BVerfG,[130] ist freilich zuzugestehen, dass auch sie Kasuistik produziert – sogar in erheblichem Umfang und zuweilen zu Lasten der Rechtssicherheit.[131] Das zeigt aber zugleich, dass die Verhältnismäßigkeitsprüfung nicht zu einer grundrechtlichen Entdifferenzierung führen muss. Grundrechtlichen Besonderheiten kann differenzierend Rechnung getragen werden.[132] Es geht um vermittelnden Ausgleich unterschiedlicher Rechtsgüter unter Berücksichtigung ihrer positivrechtlichen Spezifika.

2. *Ebenen- und zeitübergreifende Dimensionen*

Als Grundsatz vermittelnden Ausgleichs muss der Grundsatz der Verhältnismäßigkeit über seine klassischen Dimensionen hinausgedacht werden. Er entfaltet sich namentlich auch ebenen- und zeitübergreifend.

a) Ebenenübergreifende Konkordanzräume

Eine bislang eher wenig beachtete, aber immer wichtiger werdende Dimension ist ebenenübergreifender Natur. Der Grundsatz der Verhältnismäßigkeit eröffnet ebenenübergreifende Konkordanzräume.[133] Er fungiert als wichtige Schnittstelle im europäischen „Verfassungsverbund".[134] Das

---

[128] Anders bei stärker regelhaft ausgeformten Grundrechten, wie etwa dem Auslieferungsverbot, s. dazu *Mathias Hong* Abwägungsfeste Rechte, 2019, 174 ff.

[129] Ähnlich *Jakab* Alternativen (Fn. 34), 206, 211. Plädoyer für eine präzisere Schutzbereichsbestimmung in Bezug auf Deutschland dagegen bei *Benjamin Rusteberg* Der grundrechtliche Gewährleistungsgehalt, 2009, 111 ff.

[130] Dazu bereits die Nachweise in Fn. 30.

[131] Vorhersehbarkeit lässt sich hier, so überhaupt, wohl nicht ohne analogiebasiertes Denken in Präzedenzfällen herstellen, vgl. *Jakab* Alternativen (Fn. 34), 208 f.

[132] Gerade im Bereich der Angemessenheit, vgl. *Poscher* Verhältnismäßiger Ausgleich (Fn. 1), Rn. 77 ff. S. auch die je nach Grundrecht differenzierten eingriffslegitimierenden Zwecke in der EMRK.

[133] Zum Begriff des ebenenübergreifenden Konkordanzraums s. im Kontext administrativer Entscheidungsspielräume bereits *Mattias Wendel* Verwaltungsermessen als Mehrebenenproblem, 2019, 205 f., 219.

[134] Grundlegend für die Rekonstruktion des Verhältnisses von nationalem und unionalem Verfassungsrecht als „Verfassungsverbund" *Ingolf Pernice* Bestandssicherungen der Verfassungen: Verfassungsrechtliche Mechanismen zur Wahrung der Verfassungsordnung, in: Roland Bieber/Pierre Widmer (Hrsg.) L'espace constitutionnel européen, 1995, 225 (233 ff.); *ders.* Europäisches und nationales Verfassungsrecht, VVDStRL 60 (2001), 148 ff.; *ders.* Der Europäische Verfassungsverbund, 2020; kritisch zu den theoretischen Prämissen *Matthias Jestaedt* Der europäische Verfassungsverbund – Verfassungstheoretischer Charme und rechtstheoretische Insuffizienz einer Unschärferelation, in: Rüdiger Krause/Winfried Veelken/Klaus Vieweg (Hrsg.) Recht der Wirtschaft und der Arbeit in

trifft vor allem[135] auf das pluralistische System des Grundrechtsschutzes zu.[136] Mittlerweile übt eine ganze Reihe von Verfassungsgerichten die Grundrechtskontrolle nicht mehr nur am Maßstab der nationalen Grundrechte, sondern auch der Unionsgrundrechte und der EMRK aus.[137] Diese Bündelung[138] erhöht die Notwendigkeit einer ebenenübergreifenden Koordinierung gerade auch der *materiellen* Standards.[139] Der Grundsatz der Verhältnismäßigkeit hilft bei der Koordinierung grundrechtlicher Schutzpluralität. Als formorientiertes, aber flexibles Instrument erlaubt er die Verarbeitung je unterschiedlich akzentuierter oder gewichteter Schutzgüter. Das gilt vor allem dort, wo die Grundrechte der verschiedenen Ebenen parallel zur Anwendung gelangen können.[140] Ein solcher Vermittlungsprozess

---

Europa. Gedächtnisschrift für Wolfgang Blomeyer, 2004, 662 ff. sowie *Martin Loughlin* In Defence of Staatslehre, Der Staat 48 (2009), 1 (19 ff.). Der vorliegend zugrunde gelegte Verbundbegriff wurde bereits andernorts näher expliziert, *Wendel* Verwaltungsermessen (Fn. 133), 71 ff. und fußt im Kern auf einer verfassungspluralistischen Prämisse. Näher zum Verfassungspluralismus *Neil Walker* The Idea of Constitutional Pluralism, Modern Law Review 65 (2002), 317 (337); *Peters* Theorie (Fn. 4), 268 ff.; *Klemen Jaklic* Constitutional Pluralism in the EU, 2014, 11 ff.; *Mayer* Verfassung (Fn. 4), 38 ff. m.w.N.; *Claudio Franzius* Verfassungspluralismus – Was bedeutet das konkret?, RW 2016, 62 ff.

[135] Es gilt aber auch etwa für den Bereich der Grundfreiheiten, vgl. dazu *Ulrich Haltern* in: Matthias Pechstein/Carsten Nowak/Ulrich Häde (Hrsg.) Frankfurter Kommentar EUV/GRC/AEUV II, 2. Aufl. 2023, Art. 36 AEUV Rn. 2, 92 ff.; *Ulrich Becker* in: Jürgen Schwarze/Ulrich Becker/Armin Hatje/Johann Schoo (Hrsg.) EU-Kommentar, 4. Aufl. 2019, Art. 26 AEUV Rn. 64. In der Kontrollperspektive erlaubt die Verhältnismäßigkeitsprüfung dem EuGH hier die – durch das Unionsrecht anerkannten und insoweit rechtsnormativ internalisierten – Interessen der Mitgliedstaaten mit denen der Union (vertikal) bzw. der anderen Mitgliedstaaten (horizontal) in Ausgleich zu bringen.

[136] Dazu eingehend *Mattias Wendel* Das pluralistische System des Grundrechtsschutzes, in: Jürgen Bast/Armin von Bogdandy (Hrsg.) Unionsverfassungsrecht, 2025, 607. Zum Verhältnis von Einheit und Vielfalt im europäischen Grundrechtsschutz vgl. eingehend *Thomas Kleinlein* Grundrechtsföderalismus 2020, 246 ff., 277 f., 335 ff. und 434 ff.; *Andrea Edenharter* Grundrechtsschutz in föderalen Mehrebenensystemen, 2018, 837 ff.; *Sauer* Grundrechtskollisionsrecht (Fn. 120), 12 ff.; *Johannes Masing* Einheit und Vielfalt des europäischen Grundrechtsschutzes, JZ 2015, 477 ff.; *Daniel Thym* Vereinigt die Grundrechte!, JZ 2015, 53 ff.; *Thorsten Kingreen* Die Grundrechte des Grundgesetzes im europäischen Grundrechtsföderalismus, JZ 2013, 801 ff.; *Claudio Franzius* Strategien der Grundrechtsoptimierung in Europa, EuGRZ 2015, 139 ff.

[137] Näher zum Ganzen *Mattias Wendel* Europäischer Grundrechtsschutz und nationale Spielräume: Grundlagen und Grundzüge eines Spielraumtests im europäischen Grundrechtspluralismus, EuR 2022, 327 (334 ff.).

[138] Sie stärkt die Verfassungsgerichte auch institutionell gegenüber den Fachgerichten.

[139] Und nicht nur des vielbeschriebenen institutionellen Verhältnisses der Gerichte.

[140] D.h. insbesondere dort, wo EU-Fachrecht keine vollharmonisierenden Vorgaben trifft, sondern Spielräume eröffnet. Zur Bedeutung der Differenzierung zwischen vollharmonisierendem und spielraumeröffnendem EU-Fachrecht vgl. in europarechtlicher und verfassungsvergleichender Hinsicht *Wendel* Spielräume (Fn. 137), 329 ff. Wo das Unionsrecht

wird nicht immer reibungsfrei gelingen, aber doch meist ausgewogene, pragmatische Lösungen erzielen.[141]

Beispiele gibt es zahlreich. So verarbeitet der *belgische Verfassungsgerichtshof* in der Verhältnismäßigkeitsprüfung Grundrechtsmaßstäbe aller drei Ebenen und speist diesen Prozess regelmäßig durch einen direkten Dialog mit dem EuGH.[142] Aufschlussreich ist auch, wie das BVerfG in *Recht auf Vergessen I* EMRK- und unionsrechtliche Wertungen in die Abwägungskontrolle einbezogen hat.[143] Den Faktor Zeit zu berücksichtigen sei ein Schritt, der sich „im Austausch der europäischen Grundrechtsentwicklung" vollziehe.[144] Auch sonst hat das BVerfG keinen Hehl daraus gemacht, dass die Verhältnismäßigkeitsprüfung ein zentraler dogmatischer Standort ist, um konventionsrechtliche Wertungen „möglichst schonend" in das grundgesetzliche Gefüge einzupassen.[145] Ebenso erschließen die

---

zwingende Vorgaben trifft, dürfen wegen des ansonsten infrage gestellten Vorrangs grundsätzlich keine nationalen Grundrechte zur Anwendung kommen.

[141] Vgl. in Bezug auf GG und EMRK BVerfGE 148, 296 (382 ff. Rn. 179 ff.) – Beamtenstreikverbot.

[142] Die Entscheidung zum flämischen Schächtverbot operationalisiert den Verhältnismäßigkeitsgrundsatz besonders klar als ebenenübergreifenden Konkordanzraum, belg. VerfGH, 30.9.2021, Nr. 117/2021, Flämisches Schächtverbot, B.22.4. ff. Vorausgegangen war ein Vorabentscheidungsersuchen an den EuGH (Belg. VerfGH, 4.4.2019, Nr. 53/2019), das zu EuGH, Urteil v. 17.12.2020, Rs. C-336/19, Centraal Israëlitisch Consistorie van België u.a. führte.

[143] Im Zuge der verfassungsrechtlichen Nachprüfung der fachgerichtlich vorgenommenen Abwägung stellte das BVerfG eine unzureichende Gewichtung der zeitspezifischen Wandlung der von der Informationsverbreitung ausgehenden Beeinträchtigungen fest und gab der Verfassungsbeschwerde statt, vgl. BVerfGE 152, 152 (211 ff. Rn. 145 ff.) – Recht auf Vergessen I. Für die Einbeziehung von konventions- und unionsrechtlichen Wertungen vgl. ebd., Rn. 100, 106, 111, 113, 130. Zu den ebenenübergreifenden grundrechtlichen Verflechtungen zuvor bereits eingehend *Nikolaus Marsch* Das europäische Datenschutzgrundrecht, 2018, 279 ff.

[144] BVerfGE 152, 152 (198 Rn. 106) – Recht auf Vergessen I.

[145] BVerfGE 128, 326 (371 f. Rn. 94) – Nachträgliche Sicherungsverwahrung II: „In der Perspektive des Grundgesetzes kommt insbesondere das Verhältnismäßigkeitsprinzip als verfassungsimmanenter Grundsatz in Betracht, um Wertungen des [EGMR] zu berücksichtigen: ‚Heranziehung als Auslegungshilfe' kann vor diesem Hintergrund bedeuten, die vom [EGMR] in seiner Abwägung berücksichtigten Aspekte auch in die verfassungsrechtliche Verhältnismäßigkeitsprüfung einzubeziehen". Vgl. daran anknüpfend BVerfGE 137, 273 (321 Rn. 128) – Katholischer Chefarzt sowie BVerfGE 148, 296 (356, 382 ff. Rn. 135, 179 ff., 190) – Beamtenstreikverbot unter Verarbeitung ebenenübergreifender Differenzen. S. aus der vorausgehenden Rechtsprechung ferner BVerfG, NVwZ 2004, 852 (853) – Ausweisung und BVerfGE 111, 307 (324 Rn. 49) – Görgülü. Vgl. überdies – im unmittelbaren Anschluss zur Verhältnismäßigkeitsprüfung am Maßstab des GG und unter Verweis auf die Margin of Appreciation – BVerfGE 153, 182 (298 Rn. 305) – Suizidhilfe sowie BVerfG, NVwZ 2020, 1424 (1427 f. Rn. 45 f.).

Unionsgerichte ebenenübergreifende Konkordanzräume, auch über die EMRK hinaus. So hat das EuG in der bahnbrechenden Entscheidung *Russia Today France* die Verhältnismäßigkeitsprüfung nicht nur klarstmöglich strukturiert,[146] sondern in ihr auch die Wertung des völkerrechtlichen Verbots von Kriegspropaganda verarbeitet.[147] All dies zeigt: Der pluralistische Grund- und Menschenrechtsschutz setzt ebenenübergreifende Vermittlungsleistungen voraus, die der Verhältnismäßigkeitsgrundsatz bereitstellt.[148]

b) *Intertemporaler Ausgleich*

Der Grundsatz der Verhältnismäßigkeit vermittelt aber auch zeitübergreifend. Durch die Herstellung zeitübergreifender Relationen ermöglicht er einen intertemporalen Ausgleich. So hat das BVerfG in seinem Klima-Beschluss unter engen Voraussetzungen[149] eine intertemporale Freiheitssicherung anerkannt und diese mittels einer „verhältnismäßigen Verteilung von Freiheitschancen über die Generationen"[150] abzusichern versucht.[151]

---

[146] EuG, 27.7.2022, T-125/22, Russia Today France/Rat, Rn. 168 ff., getrennt nach Beweiswürdigung (Rn. 170 ff.), Geeignetheit (Rn. 192 ff.), Erforderlichkeit (Rn. 196 ff.) und Interessenabwägung (Rn. 201 ff.). Für weitere Nachweise einer klaren Strukturierung der Verhältnismäßigkeitsprüfung durch die Unionsgerichtsbarkeit Fn. 118.

[147] EuG, 27.7.2022, T-125/22, Russia Today France/Rat, Rn. 209 unter Bezug auf Art. 20 Abs. 1 IPbpR.

[148] Häufig muss diese Flexibilität schon der handelnden Verwaltung gewährt werden, was zu Lasten legislativer Steuerung gehen kann. Ein Beispiel ist die Reform des deutschen Ausweisungsrechts (dazu näher *Wendel* Verwaltungsermessen [Fn. 133], 212 ff. m.w.N.). Gerade um die flexible Einbeziehung der EGMR-Rechtsprechung zu ermöglichen, wurde 2016 ein Modell tatbestandlicher Einzelfallabwägung eingeführt (§ 53 Abs. 1 AufenthG. Vgl. die Gesetzesbegründung, BT-Drs. 18/4097, 23, 49.). Die gesetzliche Steuerung verlagerte sich seither auf die vertypte Vorgewichtung von Bleibe- und Ausweisungsinteressen (§§ 54, 55 AufenthG). Diese sind in einen ergebnisoffenen Abwägungsvorgang einzustellen, der nach dem ausdrücklichen Willen des Gesetzgebers (BT-Drs. 18/4097, 1, 23, 49) gerichtlich umfassend nachprüfbar ist, vgl. BVerwG, NVwZ 2017, 1883 (1885 Rn. 23).

[149] BVerfGE 157, 30 (130 ff. Rn. 183 ff.) – Klimaschutz. Es bedarf insbesondere einer eingriffsähnlichen Vorwirkung, die sich aus dem, einem System kommunizierender Röhren gleichenden, Konnex zwischen jetziger Freiheitsgewährung und künftig umso drastischerer (aber unter den dann herrschenden Umständen als gerechtfertigt antizipierter) Freiheitsverkürzung ergibt.

[150] BVerfGE 157, 30 (130 f. Rn. 183) – Klimaschutz.

[151] Konkret leitet das BVerfG (BVerfGE 157, 30 [130 f. Rn. 192]) aus dem Verhältnismäßigkeitsgrundsatz ab, „dass nicht einer Generation zugestanden werden darf, unter vergleichsweise milder Reduktionslast große Teile des CO_2-Budgets zu verbrauchen, wenn damit zugleich den nachfolgenden Generationen eine […] radikale Reduktionslast überlassen und deren Leben schwerwiegenden Freiheitseinbußen ausgesetzt würde. Zwar können selbst gravierende Freiheitseinbußen künftig zum Schutz des Klimas verhältnismäßig und gerechtfertigt sein; gerade aus dieser künftigen Rechtfertigbarkeit droht ja die Gefahr, erhebliche Freiheitseinbußen hinnehmen zu müssen.".

Die geführten Diskussionen zur dogmatischen Tragfähigkeit des Beschlusses[152] bedürfen hier ebenso wenig der Vertiefung wie Fragen seiner Verallgemeinerungsfähigkeit[153] oder Anschlussfähigkeit.[154] Relevant ist allein, dass der Verhältnismäßigkeitsgrundsatz einen dogmatischen Ort dafür bereitstellen kann, an dem zeitübergreifende Interessenkollisionen einem vermittelnden Ausgleich zugeführt werden.

Jenseits der intertemporalen Freiheitssicherung im engeren Sinne erlaubt bzw. erzwingt der Verhältnismäßigkeitsgrundsatz aber auch Differenzierungen anhand des Faktors Zeit. Das kann in sehr unterschiedlichen Konstellationen erfolgen, etwa, wie in *Recht auf Vergessen I,* hinsichtlich der Gewichtung des Faktors Zeit,[155] oder, wie in der Corona-Pandemie, durch

---

[152] Eingehend *Claudio Franzius* Der Klima-Beschluss des BVerfG – eine verfassungsrechtliche Einordnung, KlimR 2022, 102 ff.; *Christian Calliess* Das „Klimaurteil" des Bundesverfassungsgerichts: Versubjektivierung des Art. 20a GG?, ZUR 2021, 355 ff.; *Kurt Faßbender* Der Klima-Beschluss des BVerfG – Inhalte, Folgen und offene Fragen, NJW 2021, 2085 (2088); *Sabine Schlacke* Klimaschutzrecht – ein Grundrecht auf intertemporale Freiheitssicherung, NVwZ 2021, 912 ff.; *Anna Leisner-Egensperger* Das Verfassungsgebot der intertemporalen Freiheitssicherung als Gewährleistung von Gleichheit in der Zeit, ZÖR 2022, 671 ff. Vgl. speziell im Sinne einer Übermaß- und Untermaßverbot kombinierenden Prüfung *Christian Calliess* Umweltpolitik im Grundgesetz: Staatsziel des Art. 20 a GG und Grundrechte nach dem Klimabeschluss des BVerfG, JuS 2023, 1 (8). Vgl. umfassend schon *ders.* Rechtsstaat und Umweltstaat – Zugleich ein Beitrag zur Grundrechtsdogmatik im Rahmen mehrpoliger Verfassung, 2001, 566 ff.

[153] Dazu *Gregor Kirchhof* Intertemporale Freiheitssicherung, 2022 in Bezug auf den Bereich der Sozialversicherungen (ebd., 43 ff.) und Staatsverschuldung (ebd., 55 ff.). Zur Staatsverschuldung BVerfG, NJW 2023, 3775 (3781 Rn. 140) – Schuldenbremse sowie *Christian Waldhoff* Finanzverfassungsrecht: Zweites Nachtragshaushaltsgesetz 2021, JuS 2024, 285 (286); zum Sozialstaat *Anna von Oettingen/Kristina Isabel Schmidt* Intertemporale Freiheitssicherung im Sozialstaat, DÖV 2022, 477 ff. Zum Begriff der Nachhaltigkeit und dem Verhältnismäßigkeitsgrundsatz *Martin Kment* Die Neujustierung des Nachhaltigkeitsprinzips im Verwaltungsrecht, 2019, 3 (dort Fn. 14).

[154] So scheint der EGMR in seinem vielbeachteten „Klimaseniorinnen"-Urteil (EGMR, 9.4.2024, Nr. 53600/20, Verein Klimaseniorinnen Schweiz and Others vs. Switzerland) insbesondere deshalb einen konzeptionell unterscheidbaren Ansatz zu verfolgen, weil er die Schutzpflichtendimension des Art. 8 EMRK zum zentralen Angelpunkt seines Ansatzes macht (Rn. 538 ff.) und von dort ausgehend unter Zugrundelegung einer differenzierten Kontrolldichte konkrete Handlungspflichten (Rn. 550) sowie flankierende prozedurale Sicherungen (Rn. 554) von den Vertragsstaaten verlangt. Die Vermeidung einer unverhältnismäßigen Belastung künftiger Generationen („to avoid disproportionate burden on future generations") fungiert dabei v.a. als Begründungselement für das Erfordernis sofortigen Handelns und die Setzung adäquater Reduktionszwischenziele (Rn. 549). Rechtsvergleichend lohnend erscheint auch die Entscheidung des südkoreanischen Verfassungsgerichts v. 29.8.2024 <https://www.ccourt.go.kr/dext5editordata/2024/08/20240829_164950989_18656.pdf> (Stand 21.11.2024).

[155] BVerfGE 152, 152 (194 ff., 201 ff., 211 ff. Rn. 97 ff., 114 ff., 145 ff.) – Recht auf Vergessen I bzgl. der Abwägung von allgemeinem Persönlichkeitsrecht und Meinungs-

eine an den Erkenntniszuwachs im Zeitverlauf gekoppelte Kontrolldichte.[156] Der Faktor Zeit kann sich auch niederschlagen in Befristungen[157] oder Beobachtungs- und Nachbesserungspflichten.[158]

IV. Gewalten

Bei der Frage nach der Verhältnismäßigkeit geht es immer auch um Machtfragen – und damit um die Mechanik der horizontalen und föderativen Gewaltenbalance.[159] Das damit aufgerufene Verhältnis von Verfassungsrecht und Politik reicht weit über den Grundsatz der Verhältnismäßigkeit hinaus, findet in ihm aber einen spezifischen Ausdruck.

1. Horizontale Gewaltenbalance

a) Handlungsperspektive: Gewaltenspezifizität als Herausforderung

Mit Blick auf die horizontale Gewaltenbalance[160] ist zunächst einem Missverständnis vorzubeugen: Die Leistungsfähigkeit des Verhältnismäßigkeitsgrundsatzes ist nicht gleichzusetzen mit seiner gerichtlichen Kontrol-

---

bzw. Pressefreiheit. Zur Berücksichtigung des Faktors Zeit in der Verwaltung s. *Jan Henrik Klement* Zeithorizonte von Verwaltung – Krisenmanagement, langfristige Planung und Systemkohärenz, VVDStRL 83 (2024), 193 ff.

[156] Die Erhöhung der Kontrolldichte im Zeitverlauf kann dann zur Verfassungswidrigkeit ursprünglich verfassungskonformer Maßnahmen führen. Dies nachgeprüft, aber i.E. auf Verfassungskonformität erkannt hat BVerfGE 161, 299 (397 ff. Rn. 234 ff.) – Impfnachweis COVID-19. Zu einem etwaigen „Hineinwachsen in die Verfassungswidrigkeit" s. nunmehr den Vorlagebeschluss des VG Osnabrück, BeckRS 2024, 22552, Rn. 95 ff. Vgl. aus der Literatur *Jens Kersten/Stephan Rixen* Der Verfassungsstaat in der Corona-Krise, 3. Aufl. 2022, 158 f., die treffend von einer „temporalisierten Verhältnismäßigkeit" sprechen.

[157] Etwa wenn individualisierte amtliche Informationen über lebensmittelrechtliche Rechtsverstöße mit zunehmender Dauer außer Verhältnis zu den mit ihrer Veröffentlichung erreichbaren Zwecken gerät, BVerfGE 148, 40 (61 Rn. 57 f.) – Lebensmittelpranger. S. für den Bereich der COVID-19-Pandemie zudem die gesetzlich festgeschriebene Befristungsvorgabe bzgl. Rechtsverordnungen in § 28 a Abs. 5 IfSG.

[158] BVerfGE 111, 333 (360 Rn. 173) – Brandenburgisches Hochschulgesetz m.w.N.

[159] Zum Begriffsgehalt der „Gewalt" vgl. *Christoph Möllers* Gewaltengliederung, 2005, 82 ff. m.w.N.

[160] Der Begriff der Gewaltenbalance bringt nicht nur das dynamische Wechselspiel zum Ausdruck, sondern sucht begrifflich Anschluss an Konzepte, die terminologisch stärker an die Idee des Gleichgewichts anknüpfen, wie etwa der unionsrechtliche Begriff des institutionellen Gleichgewichts.

lierbarkeit. Verfassungsrechtlich[161] wie unionsrechtlich[162] und auch in vergleichender Perspektive[163] ist konsentiert, dass der Grundsatz die gesamte öffentliche Gewalt bindet. Die besondere Herausforderung besteht jedoch darin, den Grundsatz aus der dominierenden judikativen Kontrollperspektive zu lösen und ihn in legislativer und exekutiver Handlungsperspektive zu entfalten. Die Einnahme der Handlungsperspektive ist hier ähnlich erhellend wie im Hinblick auf administrative Entscheidungsspielräume.[164] Beide Phänomene sind nicht nur vom Negativen her zu begreifen, d.h. nicht auf eine Restfigur dessen zu reduzieren, was die gerichtliche Kontrolle unberührt belassen hat.[165] Der Blick muss weg von der retrospektiven Kontrolle und hin zur prospektiven Handlung gelenkt werden. *Matthias Jestaedt* hat diese Wirkrichtung der Verhältnismäßigkeit treffend als „Verhaltensmaß" bezeichnet.[166]

Die Entwicklung einer gewaltenspezifischen, d.h. genuin an den legitimatorischen und institutionellen Eigenheiten Erster und Zweiter Gewalt ausgerichteten Konzeption der Verhältnismäßigkeit ist jedoch auch bis heute noch weitestgehend unterblieben. Das gilt insbesondere mit Blick auf den Gesetzgeber, der mit Blick auf die Themenstellung im Folgenden

---

[161] Ständige Rechtsprechung, vgl. nur BVerfGE 23, 127 (133 Rn. 19) – Zeugen Jehovas sowie aus jüngerer Zeit BVerwG, BeckRS 2021, 6304 (Rn. 14).

[162] D.h. sowohl die Organe und Einrichtungen der EU als auch, im Anwendungsbereich des Unionsrechts, die Mitgliedstaaten, vgl. *Lenaerts* Matrix Principle (Fn. 20). Exemplarisch aus der Rechtsprechung zum einen (Bindung der EU selbst), EuGH, 16.7.2020, Rs. C-311/18, Schrems II, Rn. 174 ff. sowie zum anderen (Bindung der Mitgliedstaaten) EuGH, 17.12.2020, Rs. C-336/19, Centraal Israëlitisch Consistorie van België, Rn. 58 ff. Vgl. *Barak* Proportionality (Fn. 8), 379; *Müller* Zauberwürfel (Fn. 17), 55 ff.

[163] Vgl. *Barak* Proportionality (Fn. 8), 379; *Müller* Zauberwürfel (Fn. 17), 55 ff.

[164] Vgl. zur administrativen Handlungsperspektive *Eberhard Schmidt-Aßmann* Das allgemeine Verwaltungsrecht als Ordnungsidee, 2. Aufl. 2004, Kap. 4 Rn. 47; *Wolfgang Hoffmann-Riem/Arne Pilniok* Eigenständigkeit der Verwaltung, in: Andreas Voßkuhle/Martin Eifert/Christoph Möllers (Hrsg.) Grundlagen des Verwaltungsrechts I, 3. Aufl. 2022, § 12 Rn. 15. Auch für die Schweiz eine „Überbetonung der gerichtlichen Kontrollperspektive" diagnostizierend *Benjamin Schindler* Verwaltungsermessen: Gestaltungskompetenzen der öffentlichen Verwaltung in der Schweiz, 2010, 214 ff. Spezifisch zur Handlungsperspektive im Kontext der Ausfüllung administrativer Entscheidungsspielräume im Mehrebenensystem *Wendel* Verwaltungsermessen (Fn. 133), 263.

[165] Vgl. zu administrativen Entscheidungsspielräumen *Schmidt-Aßmann* Ordnungsidee (Fn. 164), Kap. 4 Rn. 47 sowie zum Grundsatz der Verhältnismäßigkeit *Jestaedt* Verhaltensmaß (Fn. 105), 295 f. Dabei geht es gerade um die Ausfüllung der der Legislative von Verfassung und der Exekutive von Verfassung bzw. Gesetzes wegen zustehenden Einschätzungs-, Gestaltungs- und Prognosespielräumen.

[166] *Jestaedt* Verhaltensmaß (Fn. 105).

im Fokus steht.[167] Gerade die Eigenrationalitäten und Zwänge legislativer Rechtsetzung scheinen sich weder mit Blick auf parteipolitische Konkurrenz noch auf die allfällige Notwendigkeit politischer Kompromisse im Verhältnismäßigkeitsgrundsatz in seiner bisherigen Gestalt abbilden zu lassen.[168]

Hier wäre noch Leistungspotenzial zu heben.[169] Es ginge dann freilich um mehr als lediglich die Antizipation späterer gerichtlicher Kontrolle.[170] Ein Ansatz könnte darin bestehen, bereits im Gesetzgebungsprozess die angestrebten Ziele klarer zu definieren und abzuschichten[171] sowie politische Handlungsalternativen einander transparent gegenüberzustellen und vergleichend zu bewerten. Gesetzentwürfe auf Bundesebene beschränken sich bei der Frage nach „Alternativen" häufig, wer kennt es nicht, auf ein lakonisches „Keine".[172] Dagegen beinhalten Impact-Assessments auf EU-Ebene[173] eine vergleichsweise präzise Aufschlüsselung über- und untergeordneter Zielstellungen, vor allem aber detaillierte Vergleichsanalysen mehrerer politischer Handlungsoptionen und deren erwartbarer Wirkungen.[174]

---

[167] Vgl. bereits *Lepsius* Chancen und Grenzen (Fn. 34), 11 ff.; *Jestaedt* Verhaltensmaß (Fn. 105), 302. S. aber im Kontext der Corona-Pandemie eine parlamentarische „Feinprogrammierung der Abwägungshierarchien auch im Zeitablauf" gegenüber der (verordnungsgebenden) Exekutive einfordernd *Stephan Rixen* Verwaltungsrecht der vulnerablen Gesellschaft, VVDStRL 80 (2021), 37 (59).

[168] *Jestaedt* Verhaltensmaß (Fn. 105), 300 f.

[169] Dabei läge es eigentlich nahe, den Grundsatz der Verhältnismäßigkeit als Grundsatz vermittelnden Ausgleichs auch in der Handlungsperspektive zu entfalten. Hier wäre dann auch nach etwaigen demokratietheoretischen Fundierungen zu fragen, vgl. etwa *Kelsen* Staatslehre (Fn. 91), 370; *Stephen Gardbaum* A Democratic Defense of Constitutional Balancing, Law & Ethis of Human Rights 4 (2010), 78 (89 ff., allerdings auch wieder mit starkem Akzent auf der gerichtlichen Kontrolle); *Barak* Proportionality (Fn. 8), 220 f.

[170] Zu dieser empirisch aufschlussreich *Sebastian Seedorf* Der Grundsatz der Verhältnismäßigkeit bei der Gesetzgebung, in: Jestaedt/Lepsius (Fn. 26) 129 (152 ff.).

[171] In diesem Sinne auch *Lindner* Weiterentwicklung (Fn. 29), 566.

[172] Vgl. exemplarisch den Gesetzentwurf der Bundesregierung zum sog. Vierten Bürokratieentlastungsgesetz, BT-Drs. 20/11306, 2, 47.

[173] Näher zum Ganzen *Hannes Krämer/Mattias Wendel* Die Kommission – Vorprägende Konkretisierung des Unionsinteresses, in: Jürgen Bast/Armin von Bogdandy (Hrsg.) Unionsverfassungsrecht, 2025, 1037 ff. Die Impact Assessments (Folgenabschätzungen) werden von der Europäischen Kommission auf Grundlage der interinstitutionellen Vereinbarung (EP, Rat, KOM) v. 13.4.2016, ABl. 2016 L 123 (Punkte 12–18) durchgeführt. Innerhalb der Kommission werden die Folgenabschätzungen einer Qualitätssicherung durch den „Ausschuss für Regulierungskontrolle" unterzogen.

[174] Insbesondere im Hinblick auf Effektivität, Effizienz und Kohärenz, vgl. exemplarisch das Impact Assessment v. 27.4.2022 SWD (2022) 651 final, 21 ff. in Bezug auf die Novelle der Daueraufenthaltsrichtlinie.

Ein solches Innenverfahren kann Rationalität sichern und den zu erzielenden Ausgleich optimieren – auch jenseits gerichtlicher Kontrolle.[175]

b) Kontrollperspektive: Kontrolldichte und Spielräume

Im Gegensatz zur Handlungsperspektive herrscht in der Kontrollperspektive kein Mangel an rechtsdogmatischer Feindifferenzierung.[176] Das gilt v.a. für die verfassungsgerichtliche Kontrolle des Gesetzgebers, der auch im Folgenden im Fokus steht.[177] Hier zeigt sich die *countermajoritarian difficulty*[178] wie in einem Brennglas. Vermittelnder Ausgleich kann jedenfalls nicht heißen, dass die Judikative grundsätzlich befugt wäre, die oft kompromisshaften Entscheidungen des demokratisch legitimierten Gesetzgebers durch ihre eigenen Vorstellungen eines „guten" Ausgleichs zu ersetzen.

Die notwendige Balance zwischen Erster und Dritter Gewalt versuchen die Gerichte in der Kontrollperspektive durch das Regulativ variabler Kontrolldichte herzustellen.[179] So erkennt das BVerfG dem Gesetzgeber eine ganze Reihe von Spielräumen zu.[180] Sie können sich auf Wertungs- und Gestaltungselemente ebenso beziehen wie auf Einschätzungen und Prognosen faktischer Wirkungszusammenhänge.[181] Auch sind sie mit jeder der

---

[175] Der Unionsgesetzgeber – in aller Regel EP und Rat – muss sich bei Erlass des Gesetzgebungsaktes nicht zwingend auf den Inhalt der Impact Assessments stützen, weshalb etwaige darin enthaltene Mängel nicht zur Rechtswidrigkeit des Gesetzgebungsaktes führen, vgl. EuGH, 13.3.2019, Rs. C-128/17, Polen/Parlament und Rat, Rn. 30–45 sowie EuGH, 3.12.2019, Rs. C-482/17, Tschechische Republik/Parlament und Rat, Rn. 76–93. Allerdings kann die Folgenabschätzung namentlich bei Zugrundelegung eines prozeduralen Ansatzes die Bejahung der Verhältnismäßigkeit stützen, vgl. EuGH, 8.6.2010, Rs. C-58/08, Vodafone u.a., Rn. 55 ff.

[176] Jedenfalls unter dem Grundgesetz hat sich die Binnendogmatik hier so stark verästelt, dass der Begriff Dogmatik schon fast inadäquat erscheint.

[177] Dazu für das GG eingehend *Seedorf* Gesetzgebung (Fn. 170), 139 ff.

[178] Klassisch in Bezug auf das US-amerikanische Verfassungsrecht *Alexander M. Bickel* The Least Dangerous Branch: The Supreme Court at the Bar of Politics, 2. Aufl. 1986, 16.

[179] S. in vergleichender Perspektive nur *Benedikt Pirker* Proportionality Analysis and Models of Judicial Review, 2013.

[180] Vgl. aus der jüngeren Rechtsprechung insbesondere BVerfGE 153, 182 (272 Rn. 237) – Suizidhilfe; BVerfGE 159, 223 (298 ff. Rn. 171 ff.) – Bundesnotbremse I (Ausgangs- und Kontaktbeschränkungen); BVerfG, NJW 2022, 1672 (1672 Rn. 23 ff.) – Gastronomiebeschränkungen; BVerfGE 161, 299 (360 ff. Rn. 152 ff.) – Impfnachweis COVID-19, jeweils m.w.N.

[181] Vgl. *Robert Alexy* Verfassungsrecht und einfaches Recht, VVDStRL 61 (2002), 7 (15 ff.), der kategorial unterscheidet zwischen „strukturellen Spielräumen", die dort begännen, wo die Normativität der Verfassung ende, und „epistemischen Spielräumen", die aus begrenzten Erkenntnisfähigkeiten resultierten. Eingehend zudem *Matthias Klatt/Johannes*

vier Prüfungsstufen koppelbar.[182] In Deutschland kann die Kontrolldichte letztlich in jedem Einzelfall[183] auf jeder Prüfungsstufe graduell fließend reguliert werden.[184] Dies generiert Flexibilität in der Kontrollperspektive, führt aber zu Defiziten bei Vorhersehbarkeit und Rechtssicherheit in der Handlungsperspektive.[185]

Hinzu tritt das kompetenzrechtliche Problem, anhand welcher Maßstäbe die Spielräume konkret zu vermessen sind. Begegnet sich der Verhältnismäßigkeitsgrundsatz hier gewissermaßen selbst? Ist *er* der Maßstab zweiter Ordnung für die Machtverteilung zwischen Erster und Dritter Gewalt bei der Verhältnismäßigkeitsprüfung? Das BVerfG und ähnlich auch EuGH[186] und EGMR[187] stützen sich bei der Kalibrierung der Kontrolldichte auf die Bedeutung der betroffenen Rechtsgüter, die Eigenarten des fraglichen Sachbereichs sowie die epistemischen Möglichkeiten des Gesetzgebers.[188]

Schmidt Spielräume im öffentlichen Recht, 2010, 15 ff., 41 ff. sowie *Guilherme Augusto Azevedo Palu* Grundrechte, Spielräume und Kompetenzen, 2019, 203 ff., 238 ff., 416 ff.

182 Anschaulich BVerfGE 159, 223 (298 ff. Rn. 171, 185, 204, 217) – Bundesnotbremse I (Ausgangs- und Kontaktbeschränkungen), auch unter rechtsvergleichenden Bezügen auf die Entscheidungen anderer Verfassungsgerichte.

183 Gleichermaßen klar wie offen: BVerfGE 159, 223 (305 Rn. 185) – Bundesnotbremse I (Ausgangs- und Kontaktbeschränkungen): „Dieser Spielraum reicht nicht stets gleich weit." In vergleichender Perspektive treffend *Hochmann* Succès d'exportation (Fn. 16), der von einem „elastischen Korsett" (*corset élastique*) spricht.

184 In Grobkategorien lassen sich dabei mit dem jedenfalls in Bezug auf Prognosespielräume kategorieprägenden Urteil zur Mitbestimmung (BVerfGE 50, 290 [232 f.] – Mitbestimmung) folgende Abstufungen unterscheiden (vgl. aus jüngerer Zeit zudem etwa BVerfGE 159, 223 [298 f. Rn. 171] – Bundesnotbremse I sowie BVerfGE 153, 182 [272 Rn. 237] – Suizidhilfe m.w.N.): Erstens *Evidenzkontrolle* (Bsp. BVerfGE 36, 1 [17] – Grundlagenvertrag; BVerfGE 37, 1 [20] – Stabilisierungsfonds; BVerfGE 40, 196 [223] – Güterkraftverkehrsgesetz); zweitens *Vertretbarkeitskontrolle* (Bsp. BVerfGE 25, 1 [12 f., 17] – Mühlengesetz; BVerfGE 30, 250 [263] – Absicherungsgesetz; BVerfGE 39, 210 [225 f.] – Mühlenstrukturgesetz) und drittens *intensivierte Inhaltskontrolle* (Bsp. BVerfGE 7, 377 [415] – Apothekenurteil; BVerfGE 11, 30 [45] – Kassenärzte; BVerfGE 17, 269 [276 ff.] – Arzneimittelgesetz; BVerfGE 39, 1 [46, 51 ff.] – Schwangerschaftsabbruch I; BVerfGE 45, 187 [238] – Lebenslange Freiheitsstrafe). Näher zum Ganzen *Christian Bickenbach* Die Einschätzungsprärogative des Gesetzgebers, 2014, 20 ff. und konkret in Bezug auf das Verhältnis des Mitbestimmungsurteils zur vorausgehenden Rechtsprechung ebd., 135.

185 Vgl. *Seedorf* Gesetzgebung (Fn. 170), 140 ff.

186 EuGH, 8.4.2014, Rs. C-293/12 u.a., Digital Rights Ireland u.a., Rn. 47 (betroffener Bereich, Wesen des beeinträchtigen Unionsgrundrechts, Art und Schwere des Eingriffs, Eingriffszweck). Zu sachbereichs- bzw. kontextabhängigen Differenzierungen im Unionsrecht bereits *de Búrca* (Fn. 10), 110 ff.

187 Vgl. EGMR, 4.12.2007, Nr. 44362/04, Dickson vs. Vereinigtes Königreich, Rn. 77 ff. Dazu *Nußberger* Strukturprinzip (Fn. 32), 41.

188 BVerfGE 153, 182 (268 Rn. 224) – Suizidhilfe; BVerfGE 161, 299 (360 f. Rn. 152) – Impfnachweis COVID-19, jeweils m.w.N.

Diese Maßstäbe lassen sich nicht aus dem Verhältnismäßigkeitsgrundsatz selbst ableiten. Sie folgen aus dem materiellen Recht, dem Organisations- und Verfahrensrecht und ggf. aus funktionellen oder rechtskulturellen Erwägungen.[189] Die Spielraum- und Kontrolldichtefrage ist eine kompetenzrechtliche Frage der Zuteilung von Entscheidungsrechten. Sie ist *keine* verhältnismäßigkeits*spezifische* Frage, findet im Verhältnismäßigkeitsgrundsatz aber einen rechtsdogmatisch spezifischen Ort.

Für die Spielraumfrage kommt es in besonderem Maße auf den institutionellen Kontext[190] und den rechtskulturellen Rahmen an.[191] So lässt sich der Verhältnismäßigkeitsgrundsatz trotz aller Unterschiede im Detail in höchst verschiedene Gewaltengefüge einpassen. In dieser Kompatibilität liegt ein weiterer Grund für seinen weltweiten Erfolg.[192] Die rechtsvergleichende Vielfalt kann hier nur angedeutet werden. Illustrativ ist etwa Frankreich. Der *Conseil constitutionnel*[193] hat zwar mittlerweile eine mehrstufige Struktur der verfassungsrechtlichen Verhältnismäßigkeitsprüfung adaptiert.[194] Und auch die obersten Fachgerichte, also *Conseil d'Etat* und *Cour de Cassation* prüfen die Verhältnismäßigkeit – hier v.a. am Maßstab und unter Einfluss der EMRK.[195] Die Kontrolldichte gegenüber dem

---

[189] Im Falle des EGMR werden diese Maßstäbe dann aber selbst in gewisser Weise gegeneinander abgewogen, vgl. EGMR, 4.12.2007, Nr. 44362/04, Dickson vs. Vereinigtes Königreich, Rn. 77 ff., wo (in der Überschrift) von einem „Balancing the conflicting interests and the margin of appreciation" die Rede ist.

[190] Die institutionelle Perspektive betonend auch *Hailbronner* Leistungsfähigkeit (Fn. 12), 1067 ff.

[191] Wie auch für das Verständnis des Verhältnismäßigkeitsgrundsatzes in verschiedenen Rechtsordnungen generell, vgl. *Marketou* Local Meanings (Fn. 9), 18 ff.

[192] In Kontrollperspektive kann – und soll – er nur in dem der Judikative in diesem Gefüge jeweils zugewiesenen Umfang auf einen vermittelnden Ausgleich hinwirken.

[193] Zum Grundsatz der Verhältnismäßigkeit in der Rechtsprechung des *Conseil constitutionnel* eingehend *Valérie Goesel-Le Bihan* Le contrôle de proportionnalité exercé par le Conseil constitutionnel, CCC 22/2007, 208; *dies.* Le contrôle de proportionnalité exercé par le Conseil constitutionnel, technique de protection des libertés publiques?, Jus Politicum 7 (2012), 456 ff.; *Jean-Baptiste Duclercq* Les mutations du contrôle de proportionnalité dans la jurisprudence du Conseil constitutionnel, 2015.

[194] Französischer *Conseil constitutionnel*, 21.2.2008, Nr. 2008-562 DC, Sicherungsverwahrung, Rn. 13 ff. („que les atteintes portées à l'exercice de ces libertés doivent être adaptées, nécessaires et proportionnées à l'objectif de prévention poursuivi"); *Conseil constitutionnel*, 10.6.2009, Nr. 2009-580 DC, Künstlerisches Schaffen im Internet, Rn. 15.

[195] Dazu *Jean-Marc Sauvé* Le principe de proportionnalité, protecteur des libertés?, Les Cahiers Portalis 5 (2018), 9 (15 ff.). Die Rechtsprechung von *Conseil d'Etat* und *Cour de Cassation* spielt eine zentrale Rolle, da beide die Vereinbarkeit von Gesetzen mit der in Frankreich im übergesetzlichen Rang stehenden EMRK überprüfen und somit den EMRK-rechtlichen Ansatz in einer Vielzahl von Fällen implementieren, vgl. näher *Catherine Haguenau-Moizard* Frankreich, in: Armin von Bogdandy/Pedro Cruz Villalón/Peter M.

Gesetzgeber fällt aber in der Sache[196] trotz aller Nuancen und Unterschiede im Detail in der Sache meist vergleichsweise gering aus.[197] Ähnlich ist der Befund für die Kontrolle des Unionsgesetzgebers durch den EuGH. Zwar gibt es vereinzelt engmaschige Kontrollen.[198] In der Breite dominieren jedoch Techniken des *judicial self-restraint*,[199] sei es mit Blick auf politische Gestaltungsspielräume,[200] Prognosen[201] oder komplexe Sachfragen.[202] Auch der EuGH verweist hinsichtlich der Spielraumweite auf das Organisations-,[203] bzw. materielle Recht,[204] ergänzt um funktionelle Überlegun-

---

Huber (Hrsg.) IPE II, 2008, § 15 Rn. 43 ff.; *Xavier Dupré de Boulois* Le juge, la loi et la Convention européenne des droits de l'homme, RDLF 2015, Nr. 08. Speziell zum Phänomen der „konkreten Verhältnismäßigkeitskontrolle“ durch *Conseil d'Etat* und *Cour de Cassation* (auch und gerade am Maßstab der EMRK) s. nunmehr *Isabelle Neise* Implikationen der konkreten Verhältnismäßigkeitsprüfung, 2025 i.E.

[196] Und nicht nur in der – nach französischer Rechtstradition ohnehin viel knapper ausfallenden – Begründung.

[197] Vgl., eine klassische Formulierung aufnehmend, französischer *Conseil constitutionnel*, 16.6.2017, Nr. 2017-638 QPC – M. Gérard S., Rn. 7 („le Conseil constitutionnel n'a pas un pouvoir général d'appréciation et de décision de même nature que celui du Parlement. Il ne saurait rechercher si les objectifs que s'est assignés le législateur auraient pu être atteints par d'autres voies, dès lors que les modalités retenues par la loi ne sont pas manifestement inappropriées à l'objectif visé.“); *Conseil constitutionnel*, 19.2.2016, Nr. 2016-536 QPC, Ligue des droits de l'homme, Rn. 12 („conciliation … manifestement déséquilibrée“). S. in vergleichender Perspektive auch *Thomas Hochmann* Droits fondamentaux, in: Aurore Gaillet u.a. (Hrsg.) Droits constitutionnels français et allemand – Perspective comparée, Rn. 737; *Claus Dieter Classen* Französisches Grundrechtsverständnis: kaum Dogmatik, objektiv-rechtliche Traditionen, subjektiv-rechtliche Perspektiven, JöR 68 (2020), 213 (239).

[198] Gerade im Grundrechtsbereich, vgl. EuGH, 8.4.2014, Rs. C-293/12 u.a., Digital Rights Ireland, Rn. 47; EuGH, 16.7.2020, Rs. C-311/18, Schrems II, Rn. 174 ff.

[199] So auch *Lenaerts* Matrix Principle (Fn. 20), 31 ff.; *de Búrca* (Fn. 10), 125 ff. u. *Classen* Verhältnismäßigkeit (Fn. 27), 655 f.

[200] EuGH, 8.7.2010, Rs. C-343/09, Afton Chemical, Rn. 46; EuGH, 10.12.2002, Rs. C-491/01, British American Tobacco, Rn. 123; EuGH, 17.12.2005, Rs. C-157/14, Neptune Distribution, Rn. 76.

[201] EuGH, 7.9.2006, Rs. C-310/04, Spanien/Rat, Rn. 120.

[202] EuGH, 13.3.2019, Rs. C-128/17, Polen/Parlament und Rat, Rn. 95; EuGH, 22.5.2014, Rs. C-356/12, Glatzel, Rn. 52 ff.

[203] Vgl. EuGH, 13.3.2019, Rs. C-128/17, Polen/Parlament und Rat, Rn. 95 m.w.N, wonach der Unionsrichter seine eigene Beurteilung nicht „an die Stelle derjenigen des Gesetzgebers setzen [dürfe], dem allein der Vertrag diese Aufgabe anvertraut“ habe.

[204] Gerade im Bereich administrativer Entscheidungsspielräume verortet der EuGH die Frage von Spielraumbegründung und -weite mittlerweile zunehmend im unionalen Fachrecht und misst der darin manifestierten Verteilungsentscheidung des Unionsgesetzgeber maßgebliche Bedeutung bei, vgl. EuGH, 19.12.2013, Rs. C-84/12, Koushkaki, Rn. 61 unter Bezug auf die „Absicht des Unionsgesetzgeber“. Näher *Wendel* Verwaltungsermessen (Fn. 133), 252.

gen. Häufig wird die reduzierte Kontrolldichte durch einen prozeduralen Ansatz flankiert – den sog. *process-oriented review*.[205] Prozeduralisierungsansätze finden sich auch in der Judikatur des EGMR[206] oder des BVerfG.[207]

2. *Föderative Gewaltenbalance*

Kompetenzfragen stellen sich schließlich auch in föderativer Perspektive, also in Bezug auf die Verteilung von Entscheidungsrechten zwischen den Ebenen.

a) *Föderative Spielräume*

Föderative Spielräume und Verhältnismäßigkeitsprüfung sind wohl nirgendwo so stark ineinander verwoben wie in der EMRK-rechtlichen Figur[208] der *Margin of Appreciation*.[209] Diese ist Ausfluss der konventi-

---

[205] Dazu im Einzelnen *Koen Lenaerts* The European Court of Justice and Process-Oriented Review, YEL 31 (2012), 3 ff. sowie *ders.* Matrix Principle (Fn. 20), 31 ff. Nachgeprüft wird dementsprechend, ob in hinreichendem Umfang Informationen erhoben und verarbeitet sowie insbesondere Interessen in den Entscheidungsprozess einbezogen wurden, vgl. etwa EuGH, 8.12.2020, Rs. C-620/18, Ungarn/Parlament und Rat, Rn. 116; EuGH, 2.12.2004, Rs. C-41/02, Kommission/Niederlande, Rn. 51 ff. sowie der Sache nach EuGH, 8.6.2010, Rs. C-58/08, Vodafone, Rn. 51–71.

[206] Eingehend *Robert Spano* The Future of the European Court of Human Rights – Subsidiarity, Process-Based Review and the Rule of Law, Human Rights Law Review 18 (2018), 473 ff.; *Oddný Mjöll Arnardóttir* The 'procedural turn' under the European Convention on Human Rights and presumptions of Convention compliance, ICON 15 (2017), 9 ff.; *Janneke Gerards/Eva Brems* (Hrsg.) Procedural Review in European Fundamental Rights Cases, 2017, insbesondere mit den Beiträgen von *Janneke Gerards* (ebd., 127 ff.) und *Angelika Nußberger* (ebd., 161 ff.). Vgl. aus der Rechtsprechung z.B. EGMR, 22.4.2013, Nr. 48876/08, Animal Defenders International vs. Vereinigtes Königreich, Rn. 108; EGMR, 22.3.2012, Nr. 30078/06, Markin vs. Russland, Rn. 57. Vgl. zudem eingehend *Jochen Rauber* Zukunftsorientierung und Prozeduralisierung im öffentlichen Recht, AöR 143 (2018), 67 (108 f.).

[207] Vgl. speziell in Bezug auf die Prüfungsstufe der Angemessenheit *Johannes Buchheim* Angemessenheit als prozedurales Kriterium?, in: Jestaedt/Lepsius (Fn. 26), 77 ff. m.w.N. Aus jüngerer Zeit etwa BVerfGE 161, 299 (368 ff. Rn. 166 ff.) – Impfnachweis COVID-19; BVerfG, NJW 2023, 3775 (3782 Rn. 179 ff.) – Schuldenbremse. Vgl. dazu auch *Indra Spiecker gen. Döhmann* Staatliche Entscheidungen unter Unsicherheit, 2025, i.E.

[208] Zu Recht skeptisch gegenüber dem häufig verwendeten Begriff „doctrine" *Angelika Nußberger* The European Court of Human Rights, 2020, 73.

[209] Zu dieser Verbindung eingehend *Yutaka Arai-Takahashi* The Margin of Appreciation Doctrine and the Principle of Proportionality in the Jurisprudence of the ECHR, 2002, 14. Vgl. näher zur *Margin of Appreciation* die Nachweise in Fn. 21. Die Figur der *Margin of Appreciation* bezieht sich klassischerweise auf die Beurteilung, ob die Beeinträchtigung eines (rechtfertigungs- und abwägungsfähigen) Menschenrechts als „in einer demokrati-

onsrechtlichen Subsidiarität.[210] Die Konvention soll menschenrechtliche Mindeststandards sichern, nicht aber Feinjustierungen in den gesellschaftlich mitunter recht verschiedenen Konventionsstaaten vornehmen. Die *Margin of Appreciation* entspringt einer Maxime föderativer Schonung,[211] verschmilzt dabei aber häufig mit der funktionalen Frage nach dem Spielraum des (sachnäheren) nationalen Gerichts.[212] Als Regulativ der Kontrolldichte[213] ist auch sie stufenlos skalierbar. Die vom EGMR entwickelten Skalierungskriterien sind u.a. die Eingriffsintensität, die Bedeutung der verfolgten Ziele und betroffenen Belange, die Art des Grundrechtsvorbehalts, ein gemeineuropäischer Konsens, die Politizität oder Komplexität der betroffenen Materie, die Klarheit der Faktenlage sowie nationale bzw. regionale Besonderheiten.[214] Das führt zu schwer vorhersehbaren[215] Kontrollin-

---

schen Gesellschaft notwendig" anzusehen ist, wie dies insbesondere die materiellen Gesetzesvorbehalte der Art. 8 Abs. 2, Art. 9 Abs. 2, Art. 10 Abs. 2 und Art. 11 Abs. 2 EMRK verlangen. Sie kommt aber auch im Rahmen der Prüfung der Verletzung zahlreicher anderer Menschenrechte zur Anwendung, vgl., abgeschichtet nach den einzelnen Prüfungsstufen, *Christoffersen* Fair Balance (Fn. 21), 111 ff., 163 ff.; *Legg* Margin (Fn. 21), 192 ff.; *Eva Brems* The Margin of Appreciation Doctrine in the Case-Law of the European Court of Human Rights, ZaöRV 1996, 240 (247 ff.).

[210] Wegweisend EGMR, 7.12.1976, Nr. 5493/72, Handyside vs. Vereinigtes Königreich, Rn. 47–49. Aus der Literatur näher *Christoffersen* Fair Balance (Fn. 21), 227 ff. Mittlerweile ist der Grundsatz der Subsidiarität auch positiviert: Das am 1.8.2021 in Kraft getretene Zusatzprotokoll Nr. 15 ergänzte die Präambel um folgenden Zusatz: „in Bekräftigung dessen, dass es nach dem Grundsatz der Subsidiarität in erster Linie Aufgabe der Hohen Vertragsparteien ist, die Achtung der in dieser Konvention und den Protokollen dazu bestimmten Rechte und Freiheiten zu gewährleisten, und dass sie dabei über einen Ermessensspielraum [EN *margin of appreciation*, FR *marge d'appréciation*] verfügen, welcher der Kontrolle des durch diese Konvention errichteten Europäischen Gerichtshofs für Menschenrechte untersteht.".

[211] Vgl. bereits *Wendel* Verwaltungsermessen (Fn. 133), 60.

[212] Dazu *Nußberger* Strukturprinzip (Fn. 32), 4: „Verhältnismäßigkeitsprüfung zweiten Grades" bzw. „Urteil der Vierten Instanz". S. aus der Rechtsprechung EGMR, 7.2.2012, Nr. 39954/08, Axel Springer AG vs. Deutschland, Rn. 86.

[213] *Grabenwarter/Pabel* Menschenrechtskonvention (Fn. 116), § 18 Rn. 20.

[214] Vgl. etwa EGMR, 14.12.2023, Nr. 59433/18 u.a., Humpert u.a. vs. Deutschland, Rn. 142; EGMR, 4.12.2009, Nr. 44362/04, Dickson vs. Vereinigtes Königreich, Rn. 56; EGMR, 3.12.2008, Nr. 30562/04 u.a., S. u. Marper vs. Vereinigtes Königreich, Rn. 102; EGMR, 27.5.2004, Nr. 66746/01, Connors vs. Vereinigtes Königreich, Rn. 82. Näher zu den Kriterien *Gerards* Pluralism (Fn. 216), 107 ff. *Ignacio de la Rasilla del Moral* The Increasingly Marginal Appreciation of the Margin-of-Appreciation Doctrine, GLJ 7 (2006), 611 (615 ff.).

[215] Vgl. exemplarisch für die Kritik *Stylianos-Ioannis G. Koutnatzis/A. Katarina Weilert* Fragen der menschlichen Reproduktion vor dem EGMR – Zugleich eine kritische Würdigung der Lehre vom staatlichen Beurteilungsspielraum (Margin of Appreciation), AVR 51 (2013), 72 ff.

tensitäten.[216] Föderative Spannungslagen drohen dabei umso mehr, je stärker der EGMR einen auf nationaler Ebene bereits hergestellten Ausgleich widerstreitender Rechtsgüter ersetzt und nicht nur rahmenhaft prüft.[217] Das hat auch der EuGH erkannt und in seiner jüngeren Grundrechtsprechung vermehrt nur den Rahmen für den auf nationaler Ebene zu treffenden Ausgleich gezogen.[218]

b) *Föderative Kompetenzabgrenzung?*

Auch als organisationsrechtliches Prinzip ist der Verhältnismäßigkeitsgrundsatz im Gespräch.[219] Auf innerstaatlicher Ebene konnte er sich dabei überwiegend[220] nicht durchsetzen.[221] Indes sind in Bezug auf das Unionsrecht neue Erwartungen – und Enttäuschungen – zum Ausdruck gebracht worden, namentlich, dass der Verhältnismäßigkeitsgrundsatz als Instrument föderativer Kompetenzabgrenzung dienen solle.[222] Es darf jedoch daran

---

[216] Vgl. *Janneke Gerards* Pluralism, Deference and the Margin of Appreciation Doctrine, ELJ 17 (2011), 80 ff.

[217] Das gilt insbesondere für multipolare Grundrechtsverhältnisse, vgl. dazu *Lübbe-Wolff* Grundrechtsschutz (Fn. 120) sowie die „Caroline“-Saga (oben Fn. 120).

[218] Wobei dieser Rahmen wiederum durch den Unionsgesetzgeber vorgezeichnet sein kann, vgl. EuGH, 17.12.2020, Rs. C-336/19, Centraal Israëlitisch Consistorie van België u. a., Rn. 67 ff.; EuGH, 28.11.2023, Rs. C-148/22, Commune d'Ans, Rn. 34 ff.

[219] *Heusch* Verhältnismäßigkeit im Staatsorganisationsrecht (Fn. 54); *Matthias Klatt* Die praktische Konkordanz von Kompetenzen, 2014.

[220] Etwas anderes gilt etwa für den Schutz des freien Mandats gemäß Art. 38 Abs. 1 S. 2 GG, vgl. zuletzt BVerfGE 154, 354 (368 ff. Rn. 45 ff.) – Betreten von Abgeordnetenräumen u. BVerfGE 160, 368 (385 f. Rn. 52 ff.) – Wahl eines Vizepräsidenten des Bundestages (Vorschlagsrecht). Zustimmend *Hans D. Jarass* in: ders./Bodo Pieroth (Hrsg.) GG, 17. Aufl. 2022, Art. 38 Rn. 48 f.; *Martin Morlok* in: Horst Dreier (Hrsg.) GG II, 3. Aufl. 2015, Art. 38 Rn. 164; krit. dazu *Linke* Freies Mandat (Fn. 54), 1265 (1269 ff.). Auch Eingriffe in die Selbstverwaltungsautonomie der Gemeinden werden am Verhältnismäßigkeitsgrundsatz gemessen, vgl. umfassend *Christian Ernst* in: Ingo von Münch/Philip Kunig (Hrsg.) GG I, 7. Aufl. 2021, Art. 28 Rn. 167 m.w.N.

[221] Vgl. zusammenfassend BVerfGE 144, 20 (230 f. Rn. 599) – NPD-Verbot sowie im Einzelnen BVerfGE 79, 311 (341) – Staatsverschuldung; BVerfGE 81, 310 (338) – Kalkar II; BVerfGE 84, 25 (31) – Schacht Konrad. Vgl. aus der Literatur *Helmuth Schulze-Fielitz* in: Horst Dreier (Hrsg.) GG II, 3. Aufl. 2015, Art. 20 [Rechtsstaat] Rn. 188 sowie *Bernd Grzeczick* in: Günter Dürig/Roman Herzog/Rupert Scholz (Hrsg.) GG, 97. Lfg. 2022, Art. 20 [VII. Rechtsstaat] Rn. 111. Die in Art. 72 Abs. 2 GG vorgegebene Erforderlichkeitsprüfung entspricht ihrer Struktur nach nicht dem Verhältnismäßigkeitsgrundsatz, vgl. *Detlef Merten* Herleitung (Fn. 35), 349 (371). Sie kann aber im weiteren Sinne auch als Mechanismus des Ausgleichs verstanden werden, ähnelt dann aber eher dem vom Verhältnismäßigkeitsgrundsatz zu unterscheidenden Subsidiaritätsprinzip, vgl. *Poscher* Verhältnismäßiger Ausgleich (Fn. 1), Rn. 115.

[222] So aber BVerfGE 154, 17 (96, 99 ff. Rn. 119, 123 ff.) – PSPP. Dazu kritisch *Wendel* Paradoxes (Fn. 48) auch m.w.N. zu befürwortenden Stimmen. Differenziert *Martin Nettes-*

erinnert werden: Der einschlägige Art. 5 Abs. 4 EUV setzt als Kompetenz*ausübungs*schranke eine bestehende Unionskompetenz voraus, dient also gerade nicht der Kompetenz*abgrenzung*.[223] Er betrifft nicht die Existenz einer Unionskompetenz, sondern die Rechtmäßigkeit ihrer konkreten Ausübung. Die Gegenauffassung führt in die Irre. Sie stellt den Grundsatz begrenzter Einzelermächtigung unter einen allgemeinen Verhältnismäßigkeitsvorbehalt, sie führt zur unhaltbaren Konsequenz, dass unverhältnismäßiges Handeln der Union stets die Zuständigkeit der Mitgliedstaaten begründete,[224] und sie widerspricht der Sperrwirkung (ausschließlicher) Unionskompetenzen.[225]

Dass der Verhältnismäßigkeitsgrundsatz nach Art. 5 Abs. 4 EUV nicht zur Abgrenzung von Kompetenzen taugt, spricht ihm aber nicht seine föderative Bedeutung ab.[226] Sie besteht in einem autonomiewahrenden Schutz vor einer übermäßigen Lastentragung der Mitgliedstaaten,[227] insbesondere

---

heim Das PSPP-Urteil des BVerfG – ein Angriff auf die EU?, NJW 2020, 1631 (1633): „Es ist diese Zurücknahme richterlichen Kontrollwillens, den das *BVerfG* moniert, nicht die methodische Vertretbarkeit des Vorgehens." Affirmativ *Matthias Ruffert* Für eine starke Rechtsgemeinschaft, NJW Editorial v. 13.5.2020: „Die Anforderungen des BVerfG können der Grundstein sein für eine juristisch resilientere Wahrnehmung ihres [das der EZB, Anm. MW] Mandats. Alles in allem also eher ein Gewinn für die Rechtsgemeinschaft." Zur Frage föderativer Kompetenzabgrenzung mittels Verhältnismäßigkeit unter das Grundgesetz vgl. *Rupert Stettner* Grundfragen einer Kompetenzlehre, 1983, 397 ff.

[223] Nahezu einhellige und richtige Meinung, vgl. EuGH, 16.6.2015, Rs. C-62/14, Gauweiler u.a., Rn. 66 ff.; EuGH, 11.12.2018, Rs. C-493/17, Weiß, Rn. 71 ff. S. aus der Literatur nur *Lenaerts* Matrix Principle (Fn. 20), 28 ff.; *Ingolf Pernice* Machtspruch aus Karlsruhe, EuZW 2020, 508 (511 ff.); *Franz C. Mayer* The Ultra Vires Ruling: Deconstructing the German Federal Constitutional Court's PSPP decision of 5 May 2020, EuConst 16 (2020), 733 (753 f.); *Niels Petersen/Konstantin Chatziathanasiou* Balancing Competences?, EuCost 17 (2021), 314 (320, 333); *Jürgen Bast* in: Eberhard Grabitz/Meinhard Hilf/Martin Nettesheim (Hrsg.) Das Recht der Europäischen Union, 80. EL 2023, Art. 5 EUV Rn. 66 ff.; *Christian Calliess* in: ders./Matthias Ruffert (Hrsg.) EUV/AEUV, 6. Aufl. 2022, Art. 5 EUV Rn. 44; *Eckhard Pache* in Matthias Pechstein/Carsten Nowak/Ulrich Häde (Hrsg.) Frankfurter Kommentar EUV/GRC/AEUV, 2. Aufl. 2023, Art. 5 EUV Rn. 137.

[224] Also auch wenn die EU beispielsweise statt einer Richtlinie eine Verordnung erlassen hätte. Vgl. dazu *Franziska Rösch* Zur Rechtsformenwahl des europäischen Gesetzgebers im Lichte des Verhältnismäßigkeitsprinzips, 2013.

[225] Kurzum, sie liefe Wortlaut, Systematik und Telos des Art. 5 EUV zuwider, näher *Wendel* Paradoxes (Fn. 48), 985 ff. m.w.N.

[226] Eingehend *Luc von Danwitz* Föderale Verhältnismäßigkeit, 2024, 257 ff.; *Johannes Saurer* Der kompetenzrechtliche Verhältnismäßigkeitsgrundsatz im Recht der Europäischen Union, JZ 2014, 281 (284 ff.); *Michael Goldhammer* Kritik und Rekonstruktion kompetenzbezogener Verhältnismäßigkeit im Unionsorganisationsrecht, in: Björnstjern Baade u.a. (Hrsg.) Verhältnismäßigkeit im Völkerrecht, 2016, 125 ff.

[227] Überzeugend *von Danwitz* Verhältnismäßigkeit (Fn. 226), 257 ff. und zusammenfassend 283: „allgemeiner Belastungsschutz für die Mitgliedstaaten".

vor unverhältnismäßigen finanziellen oder administrativen Mehrbelastungen.[228] Über die gerichtliche Kontrolldichte[229] kann man freilich unterschiedlicher Auffassung sein.[230] Hier werden rechtskulturell differierende Erwartungen an den EuGH herangetragen.[231] Diese Meinungsverschiedenheiten sollten aber nicht in dem dafür ungeeigneten Forum eines *ultra-vires*-Verfahrens ausgetragen werden.[232]

V. Modifikationen und Alternativen

Schließlich seien in gebotener Kürze Modifikationen und Alternativen ausgelotet.[233]

1. Antworten auf judikativ-legislative Irritationen?

Ein erstes Feld betrifft mögliche Antworten auf judikativ-legislative Irritationen.

a) (Schein-)Alternative: Reduktion der Angemessenheitsprüfung

Die mittlerweile seit Jahrzehnten erhobene Kritik an der judikativen Abwägung übersetzt sich rechtsdogmatisch als Plädoyer für die Reduktion der Angemessenheitsprüfung.[234] Wer damit die Hoffnung verbindet, richter-

---

228 Vgl. insbesondere Art. 5 (a.E.) von Protokoll Nr. 2 über die Anwendung der Grundsätze der Subsidiarität und der Verhältnismäßigkeit.

229 Der Gerichtshof legte in EuGH, 16.6.2015, Rs. C-62/14, Gauweiler u.a., Rn. 68 und EuGH, 11.12.2018, Rs. C-493/17, Weiß, Rn. 73 jeweils einen reduzierten, prozeduralen Maßstab zugrunde und bewegte sich damit jedenfalls nicht abseits seiner vorausgehenden Rechtsprechung, vgl. *Petersen/Chatziathanasiou* Balancing (Fn. 223), 329 ff.

230 S. bereits *Wendel* Paradoxes (Fn. 48), 988 ff. auch in Auseinandersetzung mit den Gegenstimmen.

231 Wie gesehen, entspricht die vergleichsweise hohe Kontrolldichte in Deutschland nicht dem europäischen Durchschnitt, vgl. IV.1.b).

232 Zur letztlich politischen Lösung *Mattias Wendel* Constructive Misunderstandings – How the PSPP Conflict Was Eventually Settled and How it Reflects Constitutional Pluralism, in: Matej Avbelj (Hrsg.) The Future of EU Constitutionalism, 2023, 53 ff.

233 Eine umfassende Auswertung alternativer Ansätze muss weiteren Forschungsarbeiten vorbehalten bleiben. Vgl. zur Evaluation von sechs bereits existierenden Alternativen auch *Jakab* Alternativen (Fn. 34), 210 ff.

234 Vgl. etwa *Schlink* Abwägung (Fn. 39), 192 ff. unter Betonung von „Geeignetheit und Notwendigkeit" sowie der „Wahrung einer Mindestposition" sowie *ders.* Verhältnismäßigkeit (Fn. 39), 445 (461 f.). Vgl. aus jüngerer Zeit, allerdings eher im Sinne der auch vorliegend vertretenen (V.1.b), V.2.a)) Differenzierung der Kontrolldichte, *Hailbronner* Leistungsfähigkeit (Fn. 12), 1070. S. für die EMRK die *Balancing*-Kritik bei *Başak Çalı*

lichen Dezisionismus eindämmen zu können, wird jedoch in Rechnung zu stellen haben, dass dann Abwägungsentscheidungen vermehrt und implizit in die Prüfung der Geeignetheit und Erforderlichkeit[235] verlagert werden würden.[236] Dieses Phänomen lässt sich heute schon in Ländern des *Common Law* beobachten, etwa in Kanada.[237] Man würde der Abwägung also letztlich nicht entgehen.[238] Aufgrund seiner transparenten Argumentationsstruktur ist der Verhältnismäßigkeitsgrundsatz aktivistischen Übergriffen in die Politik zudem eher abträglich, wie *Niels Petersen* in einer vergleichenden Studie empirisch gezeigt hat.[239] Das deckt sich mit dem Befund, dass die zunehmende Ausbildung einer Angemessenheitsprüfung durch den EuGH[240] keinen Zuwachs an richterlichem Aktivismus befördert zu haben scheint.[241] Eine Zurückdrängung von Abwägungselementen ist auch speziell im Grundrechtsbereich gerade nicht angezeigt: Sie würde die Auflösung von Grundrechtskollisionen erschweren, die Schutzbereiche deshalb potenziell verengen und somit insgesamt eher zu einer Schutzabsenkung führen.[242] Der Versuch, den Abwägungsvorgang etwa durch Reduktion der Angemessenheitsprüfung zurückzudrängen, erweist sich letztlich als wenig hilfreiche (Schein-)Alternative.

Balancing Human Rights? Methodological Problems with Weights, Scales and Proportions, Human Rights Quarterly 29 (2007), 251 ff.

[235] Für das jeder Erforderlichkeitsprüfung inhärente Abwägungsmoment *Tischbirek* Verhältnismäßigkeitsprüfung (Fn. 6), 189 f.

[236] Dann allerdings erfolgt die Abwägungsentscheidung argumentativ weniger transparent, *Grimm* Proportionality (Fn. 22), 383 (396 f.).

[237] Dort stehen beide Stufen schon aus Gründen der stärker präjudiziengeprägten Methode mehr im Vordergrund, vgl. *Hardcastle* Canada (Fn. 22), 172 ff., 177 ff.; *Saurer* Globalisierung (Fn. 9), 16; *Petersen* Rationalitätskontrolle (Fn. 9), 267.

[238] Vgl. *von Arnauld* Rhetorik (Fn. 100), 281: „Ohne Abwägung also geht es nicht." Selbst für das amerikanische Verfassungsrecht ist herausgearbeitet worden, dass Abwägungen implizit und damit intransparent erfolgen, vgl. *Jackson* Proportionality (Fn. 46), 3140 f. („*sub silentio*").

[239] *Petersen* Rationalitätskontrolle (Fn. 9), 161 ff., 246, 266 ff., 270 ff. mit dem Fazit (ebd., 278): „Es ist daher die Transparenz der Struktur des Verhältnismäßigkeitsprinzips, die disziplinierende Wirkung entfaltet." Zudem falle der gerichtlich angemahnte Korrekturbedarf tatsächlich häufig eher begrenzt aus.

[240] Vgl. die Nachweise oben Fn. 118.

[241] Vielmehr sind sie gerade auch an geringere Kontrolldichtearrangements (EuGH, 8.7.2010, Rs. C-343/09, Afton Chemical, Rn. 43 ff.; EuGH, 9.6.2016, Rs. C-78/16 u.a., Giovanni Pesce u.a., Rn. 48 ff.) oder föderative Spielräume (vgl. EuGH, 17.12.2020, Rs. C-336/19, Centraal Israëlitisch Consistorie van België u. a., Rn. 67 ff.; EuGH, 28.11.2023, Rs. C-148/22, Commune d'Ans, Rn. 34 ff.) gekoppelt. Zu Aktivität und Aktivismus des EuGH vgl. *Mark Dawson/Bruno de Witte/Elise Muir* (Hrsg.) Revisiting Judicial Politics in the EU, 2024.

[242] Vgl. bereits III.1.b) sowie überzeugend *Jakab* Alternativen (Fn. 34), 210.

b) Verarbeitung legislativer Kompromisse: prozedurale Vermittlungssicherung

Eine zweite Herausforderung folgt aus einem für die parlamentarische Demokratie eigentlich prägenden Phänomen: dem Kompromiss.[243] Der legislative Kompromiss bringt den Grundsatz der Verhältnismäßigkeit an seine Leistungsgrenzen.[244] Es gleicht einem Paradox: Der Grundsatz vermittelnden Ausgleichs scheint nicht in der Lage, einen *legislativ* bewirkten Ausgleich rechtsdogmatisch befriedigend zu verarbeiten. Die Verknüpfung unterschiedlicher Sachfragen zu einem „Paket", die Vielfalt der Zwecke, die Mehrpoligkeit gegenläufiger Interessen: All das verkompliziert die Herstellung von Relationierungen.[245] Was im politischen Gesamtkontext noch als kluger Kompromiss anmutet, erhält in der Welt der rechtlichen Einzelbetrachtung schnell den Stempel des Kompromittierten.[246] Dieses Paradox besteht aber bei Lichte besehen v.a. in der judikativen Kontrollperspektive.

Aus der Handlungsperspektive betrachtet wurde mit dem legislativen Kompromiss ja erfolgreich ein vermittelnder Ausgleich hergestellt. Das spricht grundsätzlich dafür, die gerichtliche Kontrolldichte aus Gründen der Gewaltenbalance zurückzunehmen[247] – und es auch mit Konzeptbefolgungspflichten nicht zu übertreiben.[248] Allerdings kommt hier wiederum das Element des *prozesshaft Vermittelnden* ins Spiel.[249] Einen *vermittelnden* Ausgleich, wie er richtigerweise zu fordern ist,[250] kann es auch in Hand-

---

243 *Kelsen* Staatslehre (Fn. 91), 370.

244 *Lepsius* Chancen und Grenzen (Fn. 34), 36.

245 *Müller* Zauberwürfel (Fn. 17), 40 ff.

246 *Jestaedt* Verhaltensmaß (Fn. 105), 301 f.: „Ein politisch abgewogener Kompromiss erscheint solcherart leicht als rechtlich kompromittierte Abwägung.".

247 Ähnlich *Lepsius* Chancen und Grenzen (Fn. 34), 37, 39 („institutionelle Rücksichtnahme" bzw. „Zurückhaltung").

248 Vgl. zutreffend die abweichende Meinung des Richters *Bryde* zu BVerfGE 121, 317 (380 f. Rn. 175) – Rauchverbot in Gaststätten: „Das Bundesverfassungsgericht darf keine Folgerichtigkeit und Systemreinheit einfordern, die kein demokratischer Gesetzgeber leisten kann." Ähnlich auch die abweichende Meinung des Richters *Masing* zu BVerfGE 121, 317 (388 Rn. 194) – Rauchverbot in Gaststätten: „Indem der Senat einerseits ein auf Ausgleich bedachtes Nichtraucherschutzkonzept entkräftet, andererseits aber auf eine kompromisslose Maximallösung verweist, verstellt er dem Gesetzgeber Mittellösungen, wie sie einer freiheitlichen Ordnung gemäß sind." Zu diesem Problemkreis *Mehrdad Payandeh* Das Gebot der Folgerichtigkeit: Rationalitätsgewinn oder Irrweg der Grundrechtsdogmatik?, AöR 136 (2011), 578 ff.; *Christian Bumke* Die Pflicht zur konsistenten Gesetzgebung: Am Beispiel des Ausschlusses der privaten Vermittlung staatlicher Lotterien und ihrer bundesverfassungsgerichtlichen Kontrolle, Der Staat 49 (2010), 77 ff. Zum Kohärenzgebot im Unionsrecht *Maximilian Philipp* Systemgerechtigkeit bei den Marktfreiheiten der Europäischen Union, 2016, 68 ff.

249 Dazu bereits II.2.b).

250 Dazu II.2.a).

lungsperspektive verfassungskonform nur geben, wenn bei der politischen Kompromissfindung in hinreichendem Maße Informationen *er*mittelt, relevante Belange einbezogen, Minderheitenrechte berücksichtigt, Alternativen ausgelotet und Interessen gegeneinander gewogen wurden.

Das wiederum sind *vermittlungssichernde* Prozesse deren Einhaltung auch im gerichtlichen Nachgang eingefordert werden kann, wenn auch nicht unbegrenzt.[251] Das Paradox lässt sich also auch in der Kontrollperspektive bis zu einem gewissen Grad durch einen Ansatz prozeduraler Vermittlungssicherung auflösen, d.h. einen Ansatz, der den zum Ausgleich führenden Prozess der Vermittlung prozedural absichert.[252] Das Gericht fordert vom Gesetzgeber also letztlich ein, dass er der ihm zugewiesenen Funktion gerecht wird. Ein solcher Ansatz ist rechtsvergleichend[253] ebenso wie europarechtlich[254] anschlussfähig.

Als Faustformel ließe sich sagen: Je kompromisshafter, multipolarer und in seinen Zielstellungen facettenreicher der zu beurteilende Legislativakt ist, desto mehr ist richterliche Zurückhaltung angezeigt und desto mehr treten rahmenhafte Elemente der prozeduralen Vermittlungssicherung in den Vordergrund.[255] Je mehr dagegen eine Politik der harten Gegensätze[256] verfolgt wird, desto höher fällt die Kontrolldichte aus und desto mehr neigt die Verhältnismäßigkeitsprüfung dem klassischen Muster zu.

2. *Umgang mit Krisen*

Das Bild einer Politik der harten Gegensätze ruft bereits das zweite Cluster an Herausforderungen auf den Plan: den Umgang mit Krisen.[257] Über die Leistungsbilanz des Verhältnismäßigkeitsgrundsatzes in der

---

[251] Vgl. zu den Grenzen einer verminderten Kontrolldichte im Hinblick auf politische Kompromisse sowie einen prozeduralen Ansatz auch *Hailbronner* Leistungsfähigkeit (Fn. 12), 1069.

[252] Vgl. speziell im Kontext der Angemessenheit *Buchheim* Angemessenheit (Fn. 207), 90: „Erfordert Angemessenheit wechselseitiges Ins-Verhältnis-Setzen, muss, wer Angemessenheit überprüfen will, prüfen, ob wechselseitig ins Verhältnis gesetzt wurde. Wechselseitig ins Verhältnis setzen kann nur, wer beide Seiten und ihre gegenseitige Beeinflussung erfasst hat.“

[253] Vgl. *Petersen* Rationalitätskontrolle (Fn. 9), 271 ff., sowie für das BVerfG *Buchheim* Angemessenheit (Fn. 207), 77 ff., bezogen auf die Angemessenheit.

[254] Für das Unionsrecht vgl. bereits Fn. 205; für die EMRK Fn. 206.

[255] Oder Teile davon.

[256] Vgl. zum „Verzicht auf eine Politik der harten Gegensätze, der großen Lösungen und der radikalen Entscheidungen“ *Voßkuhle* Mitte (Fn. 92), 47.

[257] Vgl. allgemein *Anna-Bettina Kaiser* Ausnahmeverfassungsrecht, 2020, 68 ff.; *Annika Klafki* Kontingenz des Rechts in der Krise, JöR 69 (2021), 583 ff.; *Kersten/Rixen* Verfassungsstaat (Fn. 156), 65 ff.; *Lepsius* Ausnahme (Fn. 49), 701 ff.

Corona-Pandemie ist in den vergangenen Jahren viel diskutiert worden,[258] auch in dieser Vereinigung[259] und auch in rechtsvergleichender Perspektive.[260] Es besteht weder Anlass noch Raum, diese Diskussion *en détail* nachzuzeichnen. Lediglich zwei zentrale Herausforderungen seien hervorgehoben.

a) Reaktion auf Ungewissheit, Dynamik, Handlungsdruck

Die erste Herausforderung betrifft den Umgang mit drei typischen Krisenmarkern,[261] namentlich Ungewissheit, Dynamik und Handlungsdruck.[262] Diese Troika des Unheils führte aus judikativer Kontrollperspektive zu einer weitreichenden Anerkennung legislativer und exekutiver Spielräume. In Frankreich fügte sich das mehr oder weniger bruchlos in die bisherige Linie richterlicher Zurückhaltung ein.[263] Aber auch das BVerfG erkannte dem Gesetzgeber diesmal weitreichende Spielräume

---

[258] Vgl. nur *Kersten/Rixen* Verfassungsstaat (Fn. 156); *Thorsten Kingreen* Das Studium des Verfassungsrechts in der Pandemie, JURA 2020, 1019; *Markus Kotzur* in: ders./Jörn-Axel Kämmerer (Hrsg.) GG I, 7. Aufl. 2021, Art. 20 GG Rn. 175; *Volker Boehme-Neßler* Ausgangssperren zur Pandemiebekämpfung? Verfassungsrechtliche Anmerkungen zur Verhältnismäßigkeit in Zeiten von Corona, NVwZ-Extra Online-Aufsatz 10b/2021; *Murswiek* Corona-Waage (Fn. 50); *Froese* Krise (Fn. 49); *Tim Niklas Dapprich* Die Pflicht zur Präzisierung eines legitimen Zwecks – Die Dogmatik des Verhältnismäßigkeitsgrundsatzes am Beispiel der Corona-Politik, COVuR 2021, 717; *Andreas W. Hofmann/Stefan Neuhöfer* Das „Corona"-Virus und die allgemeine Impfpflicht: Eine neue Herausforderung für das Verfassungsrecht, NVwZ 2022, 19; *Ingo Heberlein* COVID-19 – Stresstest für das Prinzip der Verhältnismäßigkeit, Gesundheit und Pflege 2020, 97; *Sebastian Lucenti* Keine „Lex-Covid-19" für Corona-Maßnahmen – Teil I, NVwZ-Extra Online-Aufsatz 2/2023.

[259] S. namentlich die Erträge in VVDStRL 80 (2021) mit Referaten von *Anna Katharina Mangold* (7 ff., dort speziell zur Verhältnismäßigkeit auf S. 20 f., 23 ff.), *Stephan Rixen* (37 ff., dort speziell zur Verhältnismäßigkeit auf S. 59 f.), *Matthias Mahlmann* (69 ff.) und *Andreas Th. Müller* (105 ff.).

[260] Dazu *Paula Rhein-Fischer/Angelika Nußberger* Die Rückkehr des Politischen in der Krise: Pandemiemaßnahmen im Spiegel europäischer Verfassungsrechtsprechung, EuGRZ 49 (2022), 184 ff.; *Keller* Selbstbestimmung (Fn. 49), 72 ff.; *Ladislav Vyhnánek u.a.* The Dynamics of Proportionality: Constitutional Courts and the Review of COVID-19 Regulations, GLJ 25 (2024), 1 ff.

[261] Zum Begriff der Krise eingehend *Markus Ludwigs* Zeithorizonte von Verwaltung – Krisenmanagement, langfristige Planung und Systemkohärenz, VVDStRL 83 (2024), 131 (138 ff.) m.w.N.

[262] Dazu auch *Müller* Zauberwürfel (Fn. 17), 122 ff.; *Froese* Krise (Fn. 49), 392 f.

[263] Vgl. etwa *Conseil constitutionnel*, 13.11.2020, Nr. 2020-808 DC, Gesundheitsausnahmezustand, Rn. 6 f.; *Conseil constitutionnel*, 21.12.2020, Nr. 2020-811 DC, Pandemiebedingte Anpassung des Wahlzeitraums, Rn. 4; *Conseil constitutionnel*, 5.8.2021, Nr. 2021-824 DC, Bewältigung von Gesundheitskrisen, Rn. 29. Zur geringen Kontrolldichte vgl. bereits oben IV.1.b).

zu,[264] mitunter sogar gleichzeitig auf allen vier Prüfungsstufen.[265] Im Kern zutreffend stellte das Gericht heraus, dass es primär dem demokratisch legitimierten Gesetzgeber zukomme, „Konflikte zwischen hoch- und höchstrangigen Interessen trotz ungewisser Lage zu entscheiden".[266] Die ausgeprägte richterliche Zurückhaltung entsprach im Großen und Ganzen[267] einem europaweiten Trend,[268] wie Entscheidungen aus Österreich,[269] der Schweiz[270] und Tschechien[271] sowie auch des EGMR[272] und des EuGH[273] zeigen. Man mag diese Judikate im Einzelnen kritisieren wegen der darin verfolgten Gesamtschutzkonzepte,[274] zu abstrakt geratener Relationierungen[275] oder der Erstreckung legislativer Spielräume auf die Angemessenheit.[276] Und natürlich gibt es rechtsdogmatisch immer Optimierungspotenzial.[277]

Aus epistemischen und vor allem aus Gründen der Gewaltenbalance ist es jedoch im Grundsatz überzeugend, die vom Verhältnismäßigkeits-

---

264 BVerfGE 159, 223 (298 f., 305 f., 306, 314 f. Rn. 171, 185, 187, 204) – Bundesnotbremse I; BVerfGE 159, 355 (406 f., 409 Rn. 114, 123) – Bundesnotbremse II; BVerfG, NJW 2022, 1672 (1672 Rn. 23 ff.) – Gastronomiebeschränkungen; BVerfGE 161, 299 (360 f., 367 ff., 378, 385 Rn. 152, 166 ff., 187, 204) – Impfnachweis COVID-19.

265 BVerfGE 161, 299 (360 f., 367 ff., 378, 385 Rn. 152, 166 ff., 187, 204) – Impfnachweis COVID-19.

266 BVerfGE 159, 223 (298 f. Rn. 171) – Bundesnotbremse I (Ausgangs- und Kontaktbeschränkungen); BVerfGE 161, 299 (360 f. Rn. 152) – Impfnachweis COVID-19, jeweils in Bezug auf die Spielraumbegründung.

267 Zu Abweichungen im Detail *Rhein-Fischer/Nußberger* Pandemiemaßnahmen (Fn. 260), 190 ff., etwa mit Blick auf die Bezugspunkte der Spielräume.

268 Das BVerfG hat den Bezug zu diesem Trend mitunter selbst hergestellt, vgl. BVerfGE 159, 223 (298 f., 314 f., 319 Rn. 171, 204, 217) – Bundesnotbremse I.

269 Österreichischer VfGH, 10.3.2021, V 583/2020 u.a., Rn. 28 f.

270 Schweizerisches Bundesgericht, 8.7.2021, 2C_941/2020, 3.2.6. f.

271 Tschechisches VerfG, 9.2.2021, Pl. ÚS 106/20, Rn. 76.

272 Den Vertragsstaaten insoweit eine weite *Margin of Appreciation* zuerkennend EGMR, 8.4.2021, Nr. 47621/13 u.a., Vavřička u.a. vs. Tschechische Republik, Rn. 273–280.

273 In Bezug auf die Freizügigkeit EuGH, 5.12.2023, Rs. C-128/22, Nordic Info BV, Rn. 78 f., 81, 90 unter Zuerkennung eines mitgliedstaatlichen Beurteilungsspielraumes.

274 *Rhein-Fischer/Nußberger* Pandemiemaßnahmen (Fn. 260), 193 f. mit Blick auf das Gesamtschutzkonzept des BVerfG.

275 Ebenfalls in Bezug auf das BVerfG eine konkretere Relationierung anmahnend etwa *Lindner* Weiterentwicklung (Rn. 29), 566 ff.; *Murswiek* Corona-Waage (Rn. 49), 3 ff.

276 *Lepsius* Ausnahme (Fn. 49), 708 f.; *Keller* Selbstbestimmung (Fn. 49), 103; *Lindner* Weiterentwicklung (Rn. 29), 567.

277 Für Vorschläge vgl. insbesondere *Lindner* Weiterentwicklung (Rn. 29) sowie jüngst auch *Anna Leisner-Egensperger* Die Leistungsfähigkeit des Verhältnismäßigkeitsprinzips, NVwZ 2024, 1455 ff.

grundsatz geforderten Einschätzungen und Bewertungen im Angesicht von Ungewissheit, Dynamik und Handlungsdruck zunächst verstärkt in die Hände der handelnden Legislative und Exekutive zu legen. Dabei ist der Grundsatz der Verhältnismäßigkeit in der zeitlichen Dimension begrenzend zu entfalten. Das schließt neben Befristungen, Beobachtungs- und Nachbesserungspflichten[278] insbesondere[279] eine adäquate Anpassung der Kontrolldichte ein: Sie ist dynamisch *in der Zeit* zu variieren und v.a. an den wachsenden Erkenntniszuwachs zu koppeln.[280] *Jens Kersten* und *Stephan Rixen* sprechen hier treffend von einer „temporalisierten Verhältnismäßigkeit".[281] Das BVerfG[282] und auch das Schweizer Bundesgericht[283] haben sie operationalisiert. Auch in dieser Hinsicht erweist sich der Verhältnismäßigkeitsgrundsatz trotz aller Schwierigkeiten als leistungsfähig.

b) *Wesensgehaltsschutz und Verkernung?*

Die zweite Herausforderung betrifft den Grundrechtsschutz. In den USA entbrannte eine intensive Debatte darüber, ob nicht zur Eindämmung des *Trump*'schen Populismus mehr Verhältnismäßigkeit gewagt werden solle.[284] Die Gegenstimmen verwiesen indes auf die Vorzüge kategorischer Ansätze. Diese eigneten sich besser dafür, rote Linien zu ziehen.[285] In Europa findet dies seine Entsprechung in der Diskussion um den grundrechtlichen Wesensgehalt. Bereits vor der Pandemie wurde diagnostiziert, dass der Verhältnismäßigkeitsgrundsatz in bestimmten Krisensituationen an

---

[278] Vgl. bereits III.2.b). Die Einhegung erfolgt zudem durch kontinuierliche Beobachtung, Prüfung und Nachbesserung, die letztlich Ausdruck einer offenen Fehlerkultur ist. Zur Fehlerkultur auch *Müller* Zauberwürfel (Fn. 17), 129, der von einem „failing forward" spricht.

[279] Daneben wird eine Belastungsgleichheit in der Zeit diskutiert, etwa durch gleichmäßig verteilte, intervallartige Schließungen (z.B. vier Wochen Gastronomie, vier Wochen Einzelhandel etc.). Zum Ganzen, skeptisch, *Froese* Krise (Fn. 49), 399 m.w.N.

[280] Vgl. bereits III.2.b).

[281] *Kersten/Rixen* Verfassungsstaat (Fn. 156), 159. Vgl. im Sinne einer steigenden gerichtlichen Kontrolldichte im Zeitverlauf bei wachsender Erkenntnis *Ludwigs* Zeithorizonte (Fn. 261), 155.

[282] Vgl. namentlich BVerfGE 159, 223 (298 Rn. 171 ff.) – Bundesnotbremse I; BVerfGE 161, 299 (397 ff. Rn. 234 ff.) – Impfnachweis COVID-19.

[283] Schweizerisches Bundesgericht, 8.7.2021, 2C_941/2020, 3.2.6. f.

[284] *Jamal Greene* Foreword: Rights as Trumps?, Harvard Law Review 132 (2018), 1 ff.

[285] Vgl. für die US-amerikanische Diskussion das Plädoyer gegen die Übernahme des „European-based proportionality doctrine" von *Moshe Cohen-Eliya/Iddo Porat* Proportionality in the Age of Populism, AJCompL 69 (2021), 449 (466 ff.) in Erwiderung zu *Greene* Foreword (Fn. 284).

seine Leistungsgrenzen gerate und daher auf Sicherungsmechanismen wie die Wesensgehaltsgarantie zurückzugreifen sei.[286] Unter dem Eindruck der Pandemie sprach sich insbesondere *Anna Katharina Mangold* dann für eine Aktivierung des Wesensgehaltsschutzes aus,[287] verstanden als abwägungsfestes[288] Schutzkonzept.[289] In den Pandemiejudikaten hat der Wesensgehalt keine zentrale Rolle gespielt.

Ein Blick auf die europäische Rechtsprechung zeigt jedoch konkrete Wirkungskontexte auf. Die Wesensgehaltsgarantie hat hier Konjunktur.[290] In der EuGH-Rechtsprechung hat sich der Wesensgehaltsschutz gerade auch als *Werte*schutz etabliert, konkret in Bezug auf den Schutz richterlicher Unabhängigkeit.[291] Diese Judikatur betrifft die Selbstbehauptung

---

[286] *Kaiser* Ausnahmeverfassungsrecht (Fn. 257), 237: „An den Grenzen des Rechts führt das Verhältnismäßigkeitsprinzip, wiewohl Ausprägung des Rechtsstaatsprinzips, nicht mehr zu einer Aussonderung eindeutig rechtsstaatswidriger Mittel, eben weil die Zwecke zu bedeutend sind und sich in der Abwägung stets durchsetzen werden. Wenn aber ein Prinzip, das eine zentrale Konkretisierung des Rechtsstaatsprinzips darstellt, nicht mehr in der Lage ist, klar rechtsstaatswidrige Maßnahmen (etwa Folter) auszusondern, versagt es".

[287] Vgl. für „relationale Freiheiten" *Anna Katharina Mangold* Relationale Freiheit – Grundrechte in der Pandemie, VVDStRL 80 (2021), 7 (26 f.).

[288] Die Konzeption der Wesensgehaltsgarantie als eines absoluten Schutzstandards ist keineswegs konsentiert, vgl. nur *Anna Leisner-Egensperger* in: Detlef Merten/Hans-Jürgen Papier (Hrsg.) HGR III, 2009, § 70 Rn. 25 ff.; *Nils Schaks* in: Klaus Stern/Helge Sodan/Markus Möstl (Hrsg.) Das Staatsrecht der Bundesrepublik Deutschland im europäischen Staatenverbund, 2. Aufl. 2022, § 88 Rn. 20 ff.

[289] Insbesondere mit Blick auf die allgemeine Handlungsfreiheit zu Recht skeptisch *Froese* Krise (Fn. 49), 394.

[290] Näher und m.w.N. *Mattias Wendel* Europäischer Grundrechtschutz in Zeiten der Krise, Antrittsvorlesung Universität Leipzig, 21.3.2023, Veröffentlichung i.V. Allgemein zur Wesensgehaltsrechtsprechung *Maja Brkan* The Concept of Essence of Fundamental Rights in the EU Legal Order: Peeling the Onion to its Core, EuConst 14 (2018), 332; *Romain Tinière* Le contenu essentiel des droits fondamentaux dans la jurisprudence de la Cour de justice de l'Union européenne, CDE 2020, 417; *Orlando Scarcello* Preserving the 'Essence' of Fundamental Rights under Article 52 (1) of the Charter: A Sisyphean Task?, EuConst 16 (2022), 1 sowie die Aufsätze von *Mark Dawson/Orla Lynskey/Elise Muir*, *Koen Lenaerts*, *Takis Tridimas/Giulia Gentile*, *Elise Muir*, *Martin Husovec*, *Maja Brkan*, *Kathleen Gutman*, *Sébastien van Drooghenbroeck/Cecilia Rizcallah* und *Pierre Thielbörger* in GLJ 20 (2019), Heft 6.

[291] Dabei erfolgt der Schutz im Verbund mit anderen Normen, namentlich Art. 19 Abs. 1 UAbs. 2 EUV, vgl. grdl. EuGH, 27.2.2018, Rs. C-64/16, Associação Sindical dos Juízes Portugueses, Rn. 41 ff. Zum Ganzen *Franz C. Mayer* Judikativer Werteschutz in der Europäischen Union: Grundlagen und Chancen, EuR 2024, 219 ff.; *Martin Nettesheim* Die föderale Homogenitätsklausel des Art. 2 EUV, EuR 2024, 269 ff. Zur Operationalisierung der Werte aus Art. 2 EUV monografisch eingehend *Luke Dimitios Spieker* EU Values Before the Court of Justice, 2023.

der Union als Rechtsgemeinschaft[292] im Angesicht rechtsstaatlicher und demokratischer Erosion.[293] Es geht vertikal um die Sicherung justizieller Unabhängigkeit als Gelingensbedingung der europäischen Rechtsgemeinschaft[294] und horizontal um Grenzen gegenseitigen Vertrauens im Angesicht systemischer Rechtsstaatsmängel.[295] Gerade weil der EuGH die unionale Wesensgehaltsgarantie[296] als absoluten, d.h. abwägungsfesten Schutz versteht,[297] besteht umgekehrt auch die Gefahr von Verabsolutierungen und prätorischen Verkernungen. Bei der Operationalisierung abwägungsfester Garantien ist äußerste Zurückhaltung zu üben.[298] Das gilt gerade auch im Mehrebenensystem. Bislang hat der EuGH entsprechend zurückhaltend judiziert.

---

[292] Zur fortbestehenden Relevanz des von *Hallstein* geprägten Begriffs der Rechtsgemeinschaft (*Walter Hallstein*, Der unvollendete Bundesstaat, 1969, S. 154 f.) überzeugend *Franz C. Mayer* Die Europäische Union als Rechtsgemeinschaft, NJW 2017, 3631 ff.

[293] *Mattias Wendel* Mutual Trust, Essence and Federalism – Between Consolidating and Fragmenting the Area of Freedom, Security and Justice after LM, EuConst 15 (2019), 17 (32 ff.); *Mark Dawson/Orla Lynskey/Elise Muir* What is the Added Value of the Concept of the "Essence" of EU Fundamental Rights?, GLJ 20 (2019), 763 (777); *Armin von Bogdandy/Luke Dimitios Spieker* Reverse Solange 2.0: Die Durchsetzung europäischer Werte und die unions- und strafrechtliche Verantwortung nationaler Richter, EuR 2020, 301 (324).

[294] Zum Ganzen EuGH, 24.6.2019, Rs. C-619/18, Kommission/Polen (Unabhängigkeit des Obersten Gerichts), Rn. 58; EuGH, 5.11.2019, Rs. C-192/18, Kommission/Polen (Unabhängigkeit der ordentlichen Gerichte), Rn. 106; EuGH, 19.11.2019, verb. Rs. C-585/18 u.a., A.K. (Unabhängigkeit der Disziplinarkammer des Obersten Gerichts), Rn. 120; EuGH, 26.3.2020, verb. Rs. C-542/18 RX-II u. C-543/18 RX-II, Réexamen Sipson/Rat u. HG/Kommission, Rn. 71; EuGH, 2.3.2021, Rs. C-824/18, A.B. u.a., Rn. 116; EuGH, 20.4.2021, Rs. C-896/19, Repubblika, Rn. 51; EuGH, 29.3.2022, C-132/20, Getin Noble Bank, Rn. 94; EuGH, 15.7.2021, Rs. C-791/19, Kommission/Polen (Disziplinarordnung für Richter), Rn. 58; EuGH, 16.11.2021, verb. Rs. C-748/19 u.a., Prokuratura Rejonowa w Mińsku Mazowieckim, Rn. 66; EuGH, 21.12.2021, verb. Rs. C-357/19 u.a., Euro Box Promotion u.a., Rn. 222; EuGH, 7.11.2022, verb. Rs. C-859/19 u.a., FX u.a. (Wirkung der Urteile eines Verfassungsgerichts III), Rn. 112; EuGH, 7.9.2023, Rs. C-216/21, Asociația „Forumul Judecătorilor din România", Rn. 62; EuGH, 11.7.2024, verb. Rs. C-554/21 u.a., Hann-Invest, Rn. 49.

[295] EuGH, 25.7.2018, Rs. C-216/18 PPU, LM, Rn. 43 ff. Dazu *Mattias Wendel* Rechtsstaatlichkeitsaufsicht und gegenseitiges Vertrauen – Anmerkung zum Urteil des EuGH, 25.7.2018, Rs. C-216/18 PPU (Minister for Justice and Equality gegen LM), EuR 2019, 111. Vgl. in der Folge ferner EuGH, 17.12.2020, verb. Rs. C-354/20 PPU u. C-412/20 PPU, Openbaar Ministerie (Unabhängigkeit der ausstellenden Justizbehörde), Rn. 52; EuGH, 22.2.2022, verb. Rs. C-562/21 PPU u. C-563/21 PPU, X und Y, Rn. 45.

[296] Ausdrücklich verankert in Art. 52 Abs. 1 S. 1 GRCh.

[297] So *Koen Lenaerts* Limits on Limitations: The Essence of Fundamental Rights in the EU, GLJ 20 (2019), 779 (788); *Brkan* Essence (Fn. 290), 337.

[298] Vgl. bereits *Wendel* Essence (Fn. 293), 32 ff.

Es zeigt sich also auch hier: Dem Rückgriff auf die Wesensgehaltsgarantie wohnt als Reaktion auf die Krise selbst etwas Krisenhaftes inne. Bereits *Peter Häberle* sprach der aus seiner Sicht nur deklaratorischen Wesensgehaltsgarantie des Grundgesetzes eine Sicherungsfunktion gerade für den Krisenfall zu: Sie sei aktuell deklaratorisch, aber latent konstitutiv.[299]

VI. Fazit und Ausblick

Das Fazit verweist im vorliegenden Kontext mehr auf die Aufgabe als auf das Ergebnis. Der Grundsatz der Verhältnismäßigkeit erweist sich trotz aller bestehenden Defizite in der Gesamtschau als leistungsfähiges Instrument vermittelnden Ausgleichs. Er bietet eine spezifische Kombination aus Formorientierung und Variabilität und ist entsprechend global verbreitet. Er ist auch ein multidimensionaler Grundsatz, der über Rechtsebenen und Zeit hinausgreift und auch zur interdisziplinären Begegnung einlädt. Er ist ein Grundsatz, der unterschiedliche Akteure in unterschiedlicher Weise adressiert. Seine vornehmste Aufgabe liegt in der Sicherung eines effektiven Grundrechtsschutzes – auch gegenüber dem Gesetzgeber. Im Spannungsfeld der horizontalen und vertikalen Gewaltenbalance weist er der Spielraumfrage, die eine Frage der Entscheidungs*kompetenz* ist, einen rechtsdogmatisch spezifischen Ort zu.

Bekanntlich lautet ein alter Aphorismus: „In Gefahr und grosser Noth Bringt der Mittel-Weg den Tod.“[300] Freilich wird er erst in der Umkehrung richtig: *Auch in Gefahr und Not bleibt der Mittelweg Gebot*. Diesem Mittelweg ist der Grundsatz der Verhältnismäßigkeit verschrieben. Es ist ein oft mühevoller Weg. Der Grundsatz kennt mannigfaltige Ausprägungen und muss stets in Kontext, Sachmaterie und Institutionengefüge eingepasst werden. Es gibt hier keine Universallösung, keine Großtheorie, nur die aufwändige Differenzierung, die kleinteilige Adaption und die immer fortwährende Korrektur. Den Grundsatz der Verhältnismäßigkeit fortzuschreiben und weiterzuentwickeln ist eine Daueraufgabe. Nehmen wir uns ihr weiterhin gemeinsam an.

---

[299] *Häberle* Wesensgehaltgarantie (Fn. 69), 235, konkret unter Bezug auf eine „erneute Pervertierung des Instituts des Gesetzesvorbehaltes“ bzw. eine „Missachtung der verfassungs- bzw. grundrechtsimmanenten Prinzipien“.

[300] Der Aphorismus geht auf den Barockdichter *Friedrich von Logau* zurück. Cineastisch verarbeitet wurde er von *Alexander Kluge* und *Edgar Reitz* im Jahr 1974 unter dem Titel „In Gefahr und größter Not bringt der Mittelweg den Tod“. Auf ihn Bezug nehmend auch *Müller* Zauberwürfel (Fn. 17), 141 und *Voßkuhle* Mitte (Fn. 92), 8.

Leitsätze des Referenten über:

1. Leistungsfähigkeit des Verhältnismäßigkeitsprinzips

I. Maßhalten

II. Der Verhältnismäßigkeitsgrundsatz als Grundsatz vermittelnden Ausgleichs

1. Annäherung

a) Bedeutung, Verbreitung, Variabilität

(1) Der Grundsatz der Verhältnismäßigkeit erweist sich als ebenso global erfolgreich wie umstritten.

(2) Die verzweigte und stets adaptive Rezeption findet ihre Entsprechung in einer bemerkenswerten Formenvielfalt.

b) Offene Fragen, Defizite, Überforderungen: Ein Grundsatz in der Krise?

(3) So verbreitet wie der Grundsatz selbst ist die an ihm geübte Kritik. Offene Fragen, Defizite und Überforderungen scheinen eher zu- als abgenommen zu haben.

(4) Dass sich die Kritik dem Verhältnismäßigkeitsgrundsatz von diametral entgegengesetzten Extremen her nähert, der Grundsatz also keine Seite im Sinne einer „reinen Lehre" zufriedenzustellen vermag, muss nicht gegen, sondern kann am Ende sogar für seine Leistungsfähigkeit sprechen.

2. Grundsatz vermittelnden Ausgleichs

(5) Die zentrale Annahme des Referats lautet, dass der Verhältnismäßigkeitsgrundsatz im Kern auf einen vermittelnden Ausgleich abzielt.

a) Ausgleich

(6) Das Kernanliegen des Ausgleichs wird nicht durch die zahlreichen weiteren Erwartungen infrage gestellt, die an den Grundsatz der Verhält-

nismäßigkeit gerichtet werden. Diese erfüllen unterstützende, dienende und flankierende Funktionen.

(7) Der Ausgleichsgedanke erstreckt sich auf den Verhältnismäßigkeitsgrundsatz insgesamt.

b) Vermittlungsleistung

(8) Der Verhältnismäßigkeitsgrundsatz zielt auf einen vermittelnden Ausgleich ab.

(9) Die spezifische Vermittlungsleistung wird im Rahmen eines dynamischen Prozesses erzielt, der widerstreitende Interessen unter Wahrung von Spielräumen miteinander in Ausgleich bringt. Der Verhältnismäßigkeitsgrundsatz ist ein vermittelndes Regulativ an einem Ort dynamischer Begegnung.

III. Dimensionen

(10) Der Verhältnismäßigkeitsgrundsatz ist ein multidimensionaler Grundsatz.

1. Ebenenimmanente Dimensionen

a) Strukturierte Vermittlung von Einzelfall und Allgemeingültigkeit

(11) Innerhalb einer Rechtsordnung fungiert der Verhältnismäßigkeitsgrundsatz als Scharnier zwischen Einzelfall und Allgemeingültigkeit.

(12) Die Vermittlungsleistung wird durch die formale Struktur befördert, die einen Rationalitätsgewinn bewirken kann.

b) Mehrseitiger Ausgleich von Rechtsgütern

(13) Der Grundsatz der Verhältnismäßigkeit zielt auf einen vermittelnden Ausgleich von Rechtsgütern ab, der sich nach mehreren Seiten hin entfalten kann.

(14) Seine vornehmste Funktion liegt in der Gewährleistung effektiven Grundrechtsschutzes.

(15) Eine zentrale Leistung ist es, die Grundrechtsbindung des Gesetzgebers zu effektuieren, grundrechtlichen Ausgleich damit in Breite und Tiefe in den Gesetzgebungsprozess hineinzutragen.

2. *Ebenen- und zeitübergreifende Dimensionen*

(16) Als Grundsatz vermittelnden Ausgleichs muss der Grundsatz der Verhältnismäßigkeit über seine klassischen Dimensionen hinausgedacht werden.

a) *Ebenenübergreifende Konkordanzräume*

(17) Der Grundsatz der Verhältnismäßigkeit eröffnet ebenenübergreifende Konkordanzräume.

(18) Der Verhältnismäßigkeitsgrundsatz hilft bei der Koordinierung grundrechtlicher Schutzpluralität.

b) *Intertemporaler Ausgleich*

(19) Durch die Herstellung zeitübergreifender Relationen ermöglicht der Grundsatz der Verhältnismäßigkeit einen intertemporalen Ausgleich.

(20) Jenseits der intertemporalen Freiheitssicherung im engeren Sinne erlaubt bzw. erzwingt der Verhältnismäßigkeitsgrundsatz auch Differenzierungen anhand des Faktors Zeit.

IV. *Gewalten*

(21) Bei der Frage nach der Verhältnismäßigkeit geht es immer auch um Machtfragen – und damit um die Mechanik der horizontalen und föderativen Gewaltenbalance. Das damit aufgerufene Verhältnis von Verfassungsrecht und Politik reicht weit über den Grundsatz der Verhältnismäßigkeit hinaus, findet in ihm aber einen spezifischen Ausdruck.

1. *Horizontale Gewaltenbalance*

a) *Handlungsperspektive: Gewaltenspezifizität als Herausforderung*

(22) Die Leistungsfähigkeit des Verhältnismäßigkeitsgrundsatzes ist nicht gleichzusetzen mit seiner gerichtlichen Kontrollierbarkeit.

(23) Die Entwicklung einer gewaltenspezifischen, d.h. genuin an den legitimatorischen und institutionellen Eigenheiten Erster und Zweiter Gewalt ausgerichteten Konzeption der Verhältnismäßigkeit ist auch bis heute noch weitestgehend unterblieben.

b) Kontrollperspektive: Kontrolldichte und Spielräume

(24) Die notwendige Balance zwischen Erster und Dritter Gewalt versuchen die Gerichte in der Kontrollperspektive durch das Regulativ variabler Kontrolldichte herzustellen. Dies generiert Flexibilität in der Kontrollperspektive, führt aber zu Defiziten bei Vorhersehbarkeit und Rechtssicherheit in der Handlungsperspektive.

(25) Die Spielraum- und Kontrolldichtefrage ist eine kompetenzrechtliche Frage der Zuteilung von Entscheidungsrechten. Sie ist keine verhältnismäßigkeitsspezifische Frage, findet im Verhältnismäßigkeitsgrundsatz aber einen rechtsdogmatisch spezifischen Ort.

2. Föderative Gewaltenbalance

a) Föderative Spielräume

(26) Föderative Spielräume und Verhältnismäßigkeitsprüfung sind wohl nirgendwo so stark ineinander verwoben wie in der EMRK-rechtlichen Figur der Margin of Appreciation.

(27) Föderative Spannungslagen drohen umso mehr, je stärker der EGMR einen auf nationaler Ebene bereits hergestellten Ausgleich ersetzt und nicht nur rahmenhaft prüft.

b) Föderative Kompetenzabgrenzung?

(28) Art. 5 Abs. 4 EUV setzt als Kompetenzausübungsschranke eine bestehende Unionskompetenz voraus, dient also gerade nicht der Kompetenzabgrenzung.

(29) Seine föderative Bedeutung besteht in einem autonomiewahrenden Schutz vor einer übermäßigen Lastentragung der Mitgliedstaaten.

V. Modifikationen und Alternativen

1. Antworten auf judikativ-legislative Irritationen?

a) (Schein-)Alternative: Reduktion der Angemessenheitsprüfung

(30) Der Versuch, den Abwägungsvorgang durch Reduktion der Angemessenheitsprüfung zurückzudrängen, erweist sich als wenig hilfreiche (Schein-)Alternative.

b) Verarbeitung legislativer Kompromisse: prozedurale Vermittlungssicherung

(31) Der Grundsatz vermittelnden Ausgleichs scheint nicht in der Lage, einen legislativ bewirkten Ausgleich rechtsdogmatisch befriedigend zu verarbeiten.

(32) Dieses Paradox besteht aber bei Lichte besehen v.a. in der judikativen Kontrollperspektive. Es lässt sich bis zu einem gewissen Grad durch einen Ansatz prozeduraler Vermittlungssicherung auflösen.

2. Umgang mit Krisen

a) Reaktion auf Ungewissheit, Dynamik, Handlungsdruck

(33) Es ist im Grundsatz überzeugend, die vom Verhältnismäßigkeitsgrundsatz geforderten Einschätzungen und Bewertungen im Angesicht von Ungewissheit, Dynamik und Handlungsdruck zunächst verstärkt in die Hände der handelnden Legislative und Exekutive zu legen.

(34) Dabei ist der Grundsatz der Verhältnismäßigkeit in der zeitlichen Dimension begrenzend zu entfalten.

b) Wesensgehaltsschutz und Verkernung?

(35) Bei der Operationalisierung abwägungsfester Garantien ist äußerste Zurückhaltung geboten.

(36) Dem Rückgriff auf die Wesensgehaltsgarantie wohnt als Reaktion auf die Krise selbst etwas Krisenhaftes inne.

VI. Fazit und Ausblick

(37) Der Grundsatz der Verhältnismäßigkeit erweist sich trotz aller bestehenden Defizite in der Gesamtschau als leistungsfähiges Instrument vermittelnden Ausgleichs.

Dritter Beratungsgegenstand:

Leistungsfähigkeit des Verhältnismäßigkeitsprinzips

2. Referat von *Tilmann Altwicker*, Zürich*

Inhalt

Seite

I. Begriff und Methode: Was ist und was leistet eine rechtswissenschaftliche Performanzanalyse? ... 334
1. Leistungsfähigkeit von Rechtsprinzipien ... 334
2. Methodische Vorüberlegungen ... 339
3. Gedanken zu einer Theorie der Realwirkungen von Rechtsprinzipien ... 345
4. Fazit ... 348

II. Wirksamkeit: Wie lässt sich die Wirksamkeit des Verhältnismäßigkeitsprinzips empirisch erfassen? ... 348
1. Rationalisierung der Rechtsentscheidung ... 350
2. Rationalisierung der Rechtsargumentation ... 354
3. Rationalisierung der Rechtsetzung ... 355
4. Fazit ... 357

III. Operabilität: Wie lässt sich die Operabilität des Verhältnismäßigkeitsprinzips empirisch erfassen? ... 357
1. Handhabbarkeit ... 358
2. Erwartungstreue Anwendung ... 358
3. Flexibilität ... 360
4. Fazit ... 360

IV. Schluss: Was folgt aus einer Performanzanalyse des Verhältnismäßigkeitsprinzips? ... 361

---

* Der Verfasser dankt *Hans-Joachim Cremer*, *Damian Cueni*, *Hanjo Hamann*, *Yoan Hermstrüwer*, *Matthias Mahlmann*, *Matthias Oesch* und *Anne Peters* für wertvolle Kommentare zu einer früheren Fassung des Textes sowie den Teilnehmenden des Forschungslunches (19.9.2024) des Instituts für Völkerrecht der Universität Zürich für zahlreiche Anregungen zum Vortrag. Mattias Wendel danke ich für erhellende Diskussionen. Ein besonderer Dank gilt den Mitarbeitenden des Zürcher Lehrstuhls für exzellente Unterstützung bei der Abfassung (vor allem *Una Schamberger* und *Selina Scherrer*, *Camil Strebel*, *Laura Whittlestone*, *Maurus Wollensak*).

I. Begriff und Methode: Was ist und was leistet eine rechtswissenschaftliche Performanzanalyse?

1. *Leistungsfähigkeit von Rechtsprinzipien*

Lässt sich – vor dieser Vereinigung zumal – noch etwas Neues über das Verhältnismäßigkeitsprinzip sagen? Diese Frage stellt sich unweigerlich derjenige, dem es aufgegeben ist, über dieses Prinzip zu sprechen – einem Prinzip, welches von vielen heute als „universeller materieller Verfassungsgrundsatz" angesprochen wird.[1] Über den Siegeszug des Verhältnismäßigkeitsprinzips im deutschen, europäischen und internationalen Verfassungsrecht ist viel und sehr prominent von Mitgliedern dieser Vereinigung gesagt worden.[2] Macht eine erneute Befassung also überhaupt noch Sinn?

Der gelungene Schachzug des Vorstands unserer Vereinigung besteht darin, nach der *Leistungsfähigkeit* des Verhältnismäßigkeitsprinzips zu fragen. Damit ist in erster Linie eine Ausweitung der Forschungsperspektive verbunden. Der Begriff der Leistungsfähigkeit ist vielschichtig. Festzuhalten ist zunächst, dass dieser als rechtswissenschaftlicher Analysebegriff noch bis vor kurzem, soweit ersichtlich, kaum in Bezug auf Rechtsprinzipien verwendet wurde.[3] In einem rechtsnormativen Sinne bezieht sich die

---

[1] *Oliver Lepsius* Chancen und Grenzen des Grundsatzes der Verhältnismäßigkeit, in: Matthias Jestaedt/Oliver Lepsius (Hrsg.) Verhältnismäßigkeit, 2015, 1 (11).

[2] Klassisch: *Peter Lerche* Übermaß und Verfassungsrecht, 2. Aufl. 1999; *Peter Häberle* Die Wesensgehaltgarantie des Art. 19 II GG, 3. Aufl. 1983; *Bernhard Schlink* Abwägung im Verfassungsrecht, 1976; *Robert Alexy* Theorie der Grundrechte, 1994; aus neuerer Zeit (in Auswahl): *Andreas von Arnauld* Theorie und Methode des Grundrechtsschutzes in Europa – am Beispiel des Grundsatzes der Verhältnismäßigkeit, EuR -2008-, 41; *Johannes Saurer* Die Globalisierung des Verhältnismäßigkeitsgrundsatzes, Der Staat 51 (2012), 3; *Matthias Klatt/Moritz Meister* Verhältnismässigkeit als universelles Verfassungsprinzip, Der Staat 51 (2012), 159; *Niels Petersen* Verhältnismäßigkeit als Rationalitätskontrolle, 2015; *Anne Peters* Verhältnismäßigkeit als globales Verfassungsprinzip, in: Björnstjern Baade/Sebastian Ehricht/Matthäus Fink/Robert Frau/Mirka Möldner/Isabella Risini/Torsten Stirner (Hrsg.) Verhältnismäßigkeit im Völkerrecht, 2016, 1; *Alexander Tischbirek* Die Verhältnismäßigkeitsprüfung: Methodenmigration zwischen öffentlichem Recht und Privatrecht, 2020.

[3] Der Begriff der Leistungsfähigkeit taucht als Rechtsbegriff z.B. an folgenden Stellen auf: Im Sozialversicherungsrecht (vgl. § 145 SGB III, Minderung der Leistungsfähigkeit, verstanden als „Fähigkeit, berufliche Beschäftigungen in vollem Umfang auszuüben", dazu *Jürgen Brand* in: Jürgen Brand [Hrsg.] SGB III, 9. Aufl. 2021, § 145 Rn. 3); im Familienrecht (vgl. § 1603 BGB, Leistungsfähigkeit, verstanden als Fähigkeit, „den anerkennenswerten Bedarf des Gläubigers zu befriedigen", s. *Jens Langeheine* in: Dieter Schwab [Hrsg.] Münchener Kommentar zum BGB, Bd. 10, 9. Aufl. 2024, § 1603 Rn. 4) und im Steuerrecht (§ 3 AO, Steuern, steuerliche Nebenleistungen; dazu *Tibor Schober* in: Volker Pfirrmann/Torsten Rosenke/Klaus J. Wagner [Hrsg.] BeckOK AO, 29. Ed. 2024, § 3 Rn. 70–84). Als Grundlagenbegriff wird Leistungsfähigkeit oft auf das Recht „als Ganzes"

Leistungsfähigkeit eines Rechtsprinzips auf dessen Potential, bei korrekter Anwendung bestimmte Funktionen im Recht zu erfüllen sowie zur sachgerechten Lösung rechtlicher Probleme beizutragen.[4] Die unter dieser Optik rechtsanalytisch gewonnenen Befunde werden dann entweder zu einer Erfolgsstory, zu Diagnosen der Überdehnung oder gar des Versagens des Rechtsprinzips verdichtet.[5]

Mit diesem rechtsanalytischen Zugang zum Leistungsfähigkeitsbegriff wird dessen Potential allerdings noch nicht ausgeschöpft. Stärker als andere Analysekategorien weist der Leistungsfähigkeitsbegriff einen Bezug zur Empirie auf: Schon begrifflich betrifft Leistungsfähigkeit die tatsächliche Wirksamkeit und Handhabbarkeit.[6] Die Frage nach der Leistungsfähigkeit von Rechtsprinzipien zielt also auf eine Vermessung der Spannung zwischen Normativität und Empirie, zwischen Anspruch und Wirklichkeit. Diese Spannung kann man vorläufig als Frage der Bewährung des Rechtsprinzips in der Praxis ansprechen.

Mein Beitrag möchte methodische Vorüberlegungen zu einer rechtswissenschaftlichen Untersuchung anstellen, die die Bewährung des Verhältnismäßigkeitsprinzips in der Praxis zum Gegenstand macht. Eine solche Untersuchung kann man als Performanzanalyse (engl. *performance analysis*) bezeichnen.[7] Wegen des Bezugs auf Empirie *und* Normativität

---

oder das Rechtssystem bezogen: *Karl-Heinz Ladeur* „Prozedurale Rationalität“ – Steigerung der Legitimationsfähigkeit oder der Leistungsfähigkeit des Rechtssystems?, Zeitschrift für Rechtssoziologie 7 (1986), 265; *Matthias Ruffert* Zur Leistungsfähigkeit der Wirtschaftsverfassung, AöR 134 (2009), 197; *Alfons Bora* Reflexion des Rechts – Beiträge zur responsiven Rechtssoziologie: Soziologische Theorie des Rechts 2, 2023, 161 ff. (zu „Recht und Politik – Krisen der Politik und die Leistungsfähigkeit des Rechts“).

[4] Ähnlich *Anna Leisner-Egensperger* Die Leistungsfähigkeit des Verhältnismäßigkeitsprinzips, NVwZ 2024, 1455 (die „Leistungsfähigkeit eines Rechtsprinzips beschreibt sein Potential, bei sachgerechter Anwendung zur Lösung eines Problems beizutragen, das in der Gesellschaft dem Rechtssystem zugeordnet wird“); implizit auch *Michaela Hailbronner* Leistungsfähigkeit des Verhältnismäßigkeitsprinzips, DVBl 17 (2024), 1064.

[5] Vgl. zum Beispiel die Einschätzung bei *Leisner-Egensperger* Die Leistungsfähigkeit des Verhältnismäßigkeitsprinzips (Fn. 4), 1457 („Immerhin böte sich aktuell – mit der Möglichkeit, Eil- und Hauptsacheverfahren einer Gesamtwürdigung zu unterziehen – eine für die Wissenschaft wohl einmalige Chance, ein mit zeitlichem Abstand abgewogenes Urteil über die pandemiespezifische Leistung des Verhältnismäßigkeitsprinzips zu fällen“).

[6] Vgl. Digitales Wörterbuch der deutschen Sprache <https://www.dwds.de/wb/Leistungsf%C3%A4higkeit> (Stand 20.11.2024) („Beschaffenheit, die ermöglicht, dass die Funktionsweise oder der Betrieb (von etw.) effektiv ist und zu guten Ergebnissen führt; Vermögen, Fähigkeit, bestimmten (einer Sache innewohnenden) Aufgaben gerecht zu werden“).

[7] Eine rein rechtsnormative Performanzanalyse ist nach hier vertretenem Verständnis zwar möglich, bleibt aber unvollständig. Der Begriff der Performanzanalyse ist bislang in der Rechtswissenschaft ungebräuchlich. Er wird aber z.B. in der Informatik verwendet in

soll hier von empirisch-normativer Performanzanalyse die Rede sein. Der vorliegende Beitrag verfolgt dabei zwei Zwecke: Erstens, eine theoretische Ambition. Da nämlich bislang, soweit ersichtlich, keine Methodologie einer rechtswissenschaftlichen Performanzanalyse vorhanden ist, sollen hier erste Überlegungen dazu angestellt werden. Insbesondere soll die Arbeitsteilung zwischen dem rechtsnormativen und dem rechtsempirischen Zugang zur Performanzanalyse aufgezeigt werden. Da der Schwerpunkt des Beitrags auf der Methodologie liegt, werden keine eigenen empirischen Resultate vorgestellt. Vielmehr werden, zweitens, bestehende empirische Erkenntnisse zur Leistungsfähigkeit des Verhältnismäßigkeitsprinzips zusammengetragen und einer Einschätzung unterzogen. Im besten Fall gelingt es so, einen theoretischen Rahmen für weitere empirische Forschung aufzuzeigen. Klarzustellen ist vorab, dass das Verhältnismäßigkeitsprinzip hier im Sinne des deutschen Verfassungsrechts verstanden wird mit den vier kanonischen Prüfungsstufen des „legitimen Zwecks", der „Geeignetheit", der „Erforderlichkeit" und der „Angemessenheit".[8]

Was meint nun aber die Leistungsfähigkeit eines Rechtsprinzips? Näherungsweise wurde bereits von der „Bewährung" eines Rechtsprinzips in der Praxis gesprochen.[9] Die Idee der Bewährung in der Praxis lässt sich weiter ausdifferenzieren als Wirksamkeit und Operabilität des Rechtsprinzips. Die tatsächliche Wirksamkeit eines Rechtsprinzips, das Einen-Unterschied-Machen in den vielfältigen und komplexen Rechtsbeziehungen, ist offen-

---

Bezug auf die Bewertung und Optimierung von Computersystemen, Netzwerken und Software hinsichtlich ihrer Effizienz, Skalierbarkeit und ihrem Ressourcenverbrauch (vgl. *David Reichelt/Johannes Schmidt* Performanzanalyse von Softwaresystemversionen: Methode und erste Ergebnisse, Softwareengineering und Management 2015, 153). In den Wirtschaftswissenschaften bezieht sich der Begriff der Performanzanalyse auf die Bewertung von Unternehmen oder Organisationen hinsichtlich ihrer wirtschaftlichen Leistungsfähigkeit (vgl. *Roozbeh Kangari/Foad Farid/Hesham Elgarib* Financial Performance Analysis for Construction Industry, Journal of Construction Engineering and Management 118 [1992], 349).

[8] Zur Prüfungsstruktur vgl. *Ralf Poscher* Das GG als Verfassung des verhältnismäßigen Ausgleichs, in: Matthias Herdegen/Johannes Masing/Ralf Poscher/Klaus Ferdinand Gärditz (Hrsg.) Handbuch des Verfassungsrechts: Darstellung in transnationaler Perspektive, 2021, 149 (170–191). Selbstverständlich gibt es diverse Spielarten des Verhältnismäßigkeitsprinzips, dazu *Talya Steiner/Andrej Lang/Mordechai Kremnitzer* Introduction, in: Mordechai Kremnitzer/Talya Steiner/Andrej Lang (Hrsg.) Proportionality in Action: Comparative and Empirical Perspectives on the Judicial Practice, 2020, 1 (9).

[9] Die Bewährung eines Rechtsprinzips in der Praxis ist zu unterscheiden von dessen „Geltung", setzt diese aber voraus. Vgl. auch *Rainer Wahl* Die praktische Wirksamkeit von Verfassungen: Der Fall des Grundgesetzes, in: Michael Sachs/Helmut Siekmann/Hermann-Josef Blanke/Johannes Dietlein/Michael Nierhaus/Günter Püttner (Hrsg.), FS Klaus Stern, 2012, 233 (237).

kundig ein erstes, wichtiges Kriterium der Leistungsfähigkeit.[10] Im Rahmen der Wirksamkeit werden daher der Zusammenhang zwischen einer erwarteten und der tatsächlichen Leistung des Prinzips sowie die Wirkungen der Prinzipienanwendung untersucht.[11] Ein zweites Kriterium der Leistungsfähigkeit ist die Operabilität des Prinzips. Ein Rechtsprinzip, welches zwar wirksam, in der Praxis aber in der Handhabung zu komplex oder unflexibel ist[12] oder auch nicht erwartungstreu angewendet wird, würde man kaum als leistungsfähig betrachten.[13]

Das Verhältnismäßigkeitsprinzip bietet sich aus mehreren Gründen für eine solche Performanzanalyse an: Es handelt sich um ein hochrangiges, mit vielfältigen und komplexen Rationalisierungserwartungen verbundenes Verfassungsprinzip.[14] Es liegt daher nahe, „Anspruch" und „Wirklichkeit", erwartete und tatsächliche Leistungen dieses Verfassungsprinzips, ins Verhältnis zu setzen.[15] Zudem wird die Leistungsfähigkeit des Ver-

---

[10] Dazu gehört auch, dass es gerade die Anwendung des Rechtsprinzips sein muss, die den Unterschied macht und nicht etwa ein anderer, unbekannter Faktor (z.B. der sozioökonomische Status oder die religiöse Überzeugung einer Person). Dieses Problem ist in der Statistik bekannt als Scheinkorrelation. Dazu vgl. *Andreas Diekmann* Empirische Sozialforschung, 11. Aufl. 2023, 67 ff.

[11] Die zentrale Frage der Wirksamkeit ist daher, ob die Anwendung des Rechtsprinzips in der Praxis einen tatsächlichen (beobachtbaren) Unterschied macht. Vgl. *Pascale Cancik* Die Rezeption neuer Verfassungsregelungen: Ein Beitrag zur ‚Wirkung' der Oppositionsregelungen in den Landesverfassungen, Jahrbuch des Öffentlichen Rechts der Gegenwart 55 (2007), 151 (157) („Die Frage nach der Wirksamkeit eines Gesetzes bezeichnet in diesen Konzepten die ‚Messung' seiner Anwendung und Folgen an seinen intendierten Zielen").

[12] Komplexität allein mindert nicht zwangsläufig die Leistungsfähigkeit, insbesondere wenn die Rechtsmaterie oder der Sachverhalt selbst komplex sind und entsprechend differenzierte Lösungsinstrumente erfordern. Allerdings darf das Prinzip nicht so komplex sein, dass es in der Praxis zu erheblichen Anwendungsproblemen oder inkonsistenter Handhabung führt. Operabilität bedeutet also, dass ein Prinzip trotz notwendiger Komplexität rechtssicher und konsistent angewendet werden kann. Ich danke *Hanjo Hamann* für diese Präzisierung.

[13] Vgl. auch *Maximilian Roth* Die vorläufige Anordnung in der Verkehrswegplanung – eine rechtstatsächliche Vergewisserung, VerwArch. 113 (2022), 410 (440). Die rechtliche Einschlägigkeit des Rechtsprinzips sowie die juristische Richtigkeit der Prinzipienanwendung sind hingegen nicht Teil einer Performanzanalyse, da diese nur einzelfallbezogen festgestellt werden können und Rechtsfragen darstellen.

[14] So auch *Leisner-Egensperger* Die Leistungsfähigkeit des Verhältnismäßigkeitsprinzips (Fn. 4), 1455. Zu den erwarteten Leistungen s. im Einzelnen unter II.

[15] Zu bedenken ist auch, dass einzelne Elemente der Verhältnismäßigkeitsprüfung, insbesondere die Elemente der Geeignetheit und der Erforderlichkeit, selbst einen empirischen Bezug aufweisen. M.a.W. handelt es sich beim Verhältnismäßigkeitsprinzip selbst um eine empirienahe dogmatische Konstruktion, die – wie das Recht allgemein – den Anspruch erhebt, einen praktischen Unterschied in der „Rechtswirklichkeit" zu machen, d.h. praktisch wirksam zu sein. Zum Anspruch des Rechts, einen Unterschied in der „Rechtswirk-

hältnismäßigkeitsprinzips (implizit) auch von Seiten der dogmatischen Rechtswissenschaft seit längerem kontrovers diskutiert:[16] Betreffend die Wirksamkeit hat die Literatur erstens kritisiert, dass die Anwendung des Verhältnismäßigkeitsprinzips oft unvorhersehbar sei.[17] Auch die Problematik, dass subjektive Präferenzen der Rechtsanwendenden die Wirksamkeit des Verhältnismäßigkeitsprinzips beeinträchtigen können, wurde bereits früh gesehen.[18] Der Hintergrund dieser Kritik ist die oft genannte Inkommensurabilitätsthese.[19] Sodann wird insbesondere die übermäßige Ausdehnung des Verhältnismäßigkeitsprinzips auf Bereiche jenseits des Schutzes grundrechtlicher Freiheit mit Kritik bedacht.[20] Diese Kritik betrifft sowohl Aspekte der Prinzipienwirksamkeit, nämlich den Verlust an Anwendungs-

lichkeit" zu machen, s. *Robert Alexy* Begriff und Geltung des Rechts, 1994, 139 ff. (darin: soziologischer Geltungsbegriff); vgl. auch *Thomas Raiser* Grundlagen der Rechtssoziologie, 6. Aufl. 2013, 239 ff.

[16] Für einen guten Überblick über die Kritik am Verhältnismäßigkeitsprinzip vgl. *Poscher* Handbuch (Fn. 8), 167–170; *Francisco J. Urbina* A Critique of Proportionality and Balancing, 2017, 1.

[17] *Anne Peters* A plea for proportionality: A reply to Yun-chien Chang and Xin Dai, ICON 19 (2021), 1135 (1144).

[18] *Fritz Ossenbühl* Diskussionsbeitrag, in: Veröffentlichung der Vereinigung deutscher Staatsrechtslehrer 39 (1981), 189 f.; s.a. *Peters* A plea for proportionality (Fn. 17) 1137; *Niels Petersen* Proportionality and Judicial Activism: Fundamental Rights Adjudication in Canada, Germany and South Africa, 2017, 40 ff. Aus der rechtsempirischen Literatur vgl. *Andrew J. Wistrich/ Jeffrey J. Rachlinski* Implicit Bias in Judicial Decision Making: How It Affects Judgment and What Judges Can Do About It, in: Sarah E. Redfield (Hrsg.) Enhancing Justice: Reducing Bias, 2017, 87. Die Auffassung der Freirechtsschule, die die Notwendigkeit richterlicher Freiheit in der Rechtsfindung (insbes. bei Unvollständigkeit oder Unklarheit des Gesetzes) betont, steht dazu nicht im Widerspruch. Die Freirechtsschule fordert nicht die Berücksichtigung subjektiver Präferenzen der Gerichtspersonen, sondern die Berücksichtigung der tatsächlichen sozialen Gegebenheiten in Form des „lebenden Rechts". Daher ist die richterliche Freiheit, das „lebende Recht" anzuwenden, welches in den sozialen Ordnungen der Gesellschaft verankert ist, erforderlich (vgl. *Eugen Ehrlich* Grundlegung der Soziologie des Rechts, 4. Aufl. 1989, 154 ff.).

[19] Für die Abwägung an sich unvergleichbarer Güter, Interessen oder Werte stehe kein verfassungsrechtlicher Abwägungsmaßstab zur Verfügung. Daher sei die Verhältnismäßigkeitsprüfung (v.a. auf der Ebene der Angemessenheit) in diesen Fällen notwendig getragen von subjektiven Präferenzen der Rechtsanwendenden. Zur Inkommensurabilitätsthese s. *Stavros Tsakyrakis* Proportionality: An assault on human rights?, ICON 7 (2009), 468 (474 f.); *Klatt/Meister* Verhältnismässigkeit als universelles Verfassungsprinzip (Fn. 2), 174 ff.; *Cristóbal Caviedes/Francisco J. Urbina* Cost-benefit analysis in rights adjudication—An assessment in light of the proportionality debate: A reply to Yun-chien Chang and Xin Dai, ICON 19 (2021), 1146 (1149).

[20] So wird das Prinzip als eine Universalformel kritisiert, die mit beinahe „magischer" Flexibilität in unterschiedlichsten Kontexten angewandt wird (vgl. *Matthias Jestaedt/Oliver Lepsius*, Vorwort, in: Dies. (Hrsg.) Verhältnismäßigkeit, 2015, VII; *Markus Müller* Verhältnismässigkeit: Gedanken zu einem Zauberwürfel, 2. Aufl. 2023, 1; für das schweizerische

konsistenz und Kohärenz, als auch Aspekte der Operabilität: Zwar kann – empirisch betrachtet – die Ausdehnung der Anwendbarkeit und Reichweite des Prinzips dessen Leistungsfähigkeit erhöhen; zugleich leiden aber möglicherweise auch die Handhabbarkeit und die erwartungstreue Anwendung.

Der Beitrag ist wie folgt strukturiert: In diesem ersten, theoretischen Teil werden Konturen und Probleme einer empirisch-normativen Performanzanalyse skizziert. Im zweiten Teil werden die bestehenden empirischen Erkenntnisse zur Wirksamkeit des Verhältnismäßigkeitsprinzips systematisiert und diskutiert. Im dritten Teil wird die Operabilität dieses Prinzips zum Gegenstand gemacht. Der abschließende vierte Teil reflektiert einige Implikationen der Performanzanalyse.

2. *Methodische Vorüberlegungen*

Wie und unter welchen Bedingungen lassen sich Aussagen über die Leistungsfähigkeit eines Rechtsprinzips treffen? Hierfür sind einige methodische Vorüberlegungen notwendig. Die dogmatisch arbeitende Rechtswissenschaft verfügt selbst über keine geeigneten Methoden, um die empirische Dimension der Leistungsfähigkeit von Rechtsprinzipien zu untersuchen. Hier kann die empirische Rechtsforschung (engl. *Empirical Legal Studies*) einspringen, die ihre methodischen Ansätze aus der Statistik, der Ökonometrie und aus der empirischen Sozialforschung bezieht.[21] In der empirischen Sozialforschung unterscheidet man zwischen qualitativen Methoden (wie z.B. Interview, Diskursanalyse) und quantitativen Methoden (wie z.B. Beobachtungsstudien, Experimente).[22]

Eine Performanzanalyse hat, erstens, nicht eine subjektive Selektion rechtlicher Einzelphänomene (wie z.B. Urteilstexte) zum Gegenstand, sondern eine nach wissenschaftlichen Kriterien zusammengestellte Stichprobe. Sie zielt, zweitens, auf die Erfassung empirischer Häufigkeiten und Zusammenhänge in der Rechtspraxis. Damit verbunden ist, dass für eine

---

Verfassungsrecht schon früh *Ulrich Zimmerli* Der Grundsatz der Verhältnismässigkeit im öffentlichen Recht: Versuch einer Standortbestimmung, ZSR 97 (1978) Bd. II, 1)..

[21] Für einen Überblick s. *Lee Epstein/Andrew D. Martin* An Introduction to Empirical Legal Research, 2014. Es besteht keine Einigkeit darüber, ob empirische Rechtsforschung nur quantitative oder auch qualitative Forschungsmethoden umfasst (dazu s. *Peter Cane/Herbert M. Kritzer* Introduction, in: Peter Cane/Herbert M. Kritzer [Hrsg.] The Oxford Handbook of Empirical Legal Research, 2010, 1 [3 f.]).

[22] Vgl. *Nina Baur/Jörg Blasius* Methoden der empirischen Sozialforschung: Ein Überblick, in Nina Baur/Jörg Blasius (Hrsg.) Handbuch Methoden der empirischen Sozialforschung, 2022, 1. Heute wird oft betont, dass sich beide Zugänge bei der Untersuchung von Erfahrungstatsachen sinnvoll ergänzen, vgl. ebd., 2. Auch eine rechtswissenschaftliche Performanzanalyse sollte sich, wie unter II. näher ausgeführt wird, beider Ansätze bedienen (sog. Mixed Methods Ansatz).

solche Analyse eine Beobachterperspektive eingenommen werden muss, deren Erkenntnisziel nicht primär Anwendungs-, sondern Orientierungswissen ist.[23] Eine Performanzanalyse geht, drittens, davon aus, dass die Leistungsfähigkeit Graduierungen im Sinne eines „mehr oder weniger" leistungsfähig zulässt. Viertens untersucht eine Performanzanalyse nicht abstrakt die Leistungsfähigkeit des Prinzips, sondern dessen Leistungsfähigkeit in der Anwendung durch die Rechtsakteure; sie wählt also von vornherein eine praxisbezogene, akteurszentrierte Optik.

Die rechtswissenschaftliche Performanzanalyse kann sich im Kern an den aus der empirischen Rechts- und Sozialforschung bekannten Untersuchungsphasen orientieren.[24] So steht am Anfang jeder empirischen Untersuchung die Formulierung und Präzisierung der Forschungsfrage, d.h. das ungelöste Problem oder die unerklärte Beobachtung.[25] Vorliegend geht es um die vom Vorstand gestellte Frage, wie leistungsfähig das Verhältnismäßigkeitsprinzip ist. Dabei handelt es sich um eine evaluative Forschungsfrage.[26] Im Folgenden wird diese primär im verfassungsrechtlichen Kontext beleuchtet.[27] Eine wichtige Anforderung an die Forschungsfrage

---

[23] Klassisch *H.L.A. Hart* The Concept of Law, 3. Aufl. 2012, 89 ff. Damit ist allerdings nicht ausgeschlossen, dass das Orientierungswissen über die Leistungsfähigkeit eines Rechtsprinzips Implikationen für die Anwendung des Rechtsprinzips hat.

[24] Zu den Forschungsphasen vgl. *Hanjo Hamann* Evidenzbasierte Jurisprudenz. Methoden empirischer Forschung und ihr Erkenntniswert für das Recht am Beispiel des Gesellschaftsrechts, 2014, 55 ff.; *Frans Leeuw/Hans Schmeets* Empirical Legal Research. A Guidance Book for Lawyers, Legislators and Regulators, 2017, 11.

[25] Vgl. *Leeuw/Schmeets* Empirical Legal Research (Fn. 24), 41 ff.

[26] In der empirischen Rechtsforschung (und der Sozialwissenschaft allgemein) werden folgende Typen von Forschungsfragen unterschieden: Beschreibende Forschungsfragen (betreffend Zustand oder Eigenschaften von Phänomenen), kausale oder erklärende Forschungsfragen (betreffend Ursache-/Wirkungs-Beziehungen), evaluative Forschungsfragen (betreffend Wirksamkeit oder Wert von Phänomenen) und explorative Forschungsfragen (betreffend wenig erforschter bzw. verstandener Phänomene). Dazu, leicht abweichend, *Leeuw/Schmeets* Empirical Legal Research (Fn. 24), 48.

[27] Größtenteils außer Acht bleiben daher die außerverfassungsrechtlichen Verwendungsweisen des Verhältnismäßigkeitsprinzips, etwa im Bereich des humanitären Völkerrechts (dazu näher *Amichai Cohen/David Zlotogorski* Proportionality in International Humanitarian Law: Consequences, Precautions and Procedures, 2021, 29 ff.). Diese Beschränkung ist geboten aus Gründen der Vergleichbarkeit, aber auch aus Gründen der Validität, d.h. dem Ausmaß, in dem ein Test, Messinstrument oder eine Methode tatsächlich das misst, was sie zu messen beabsichtigt. Zum Begriff der Validität allgemein s. *Epstein/Martin* An Introduction to Empirical Legal Research (Fn. 21), 47. Würde man die Anwendungskontexte vermischen, wäre vor allem die externe Validität, d.h. die Generalisierbarkeit der Ergebnisse für vergleichbare Situationen (s. ebd.), eingeschränkt, da die vermischten Daten nicht mehr charakteristisch für eine Situation sind. Die Vermischung der Anwendungskontexte könnte darüber hinaus auch problematisch für die Inhaltsvalidität sein. Inhaltsvalidität besteht, wenn die Auswahl von Items (d.h. den Komponenten eines Messinstruments, z.B.

ist zu berücksichtigen: Diese muss „empiriebezogen" sein, d.h. es müssen Daten erhoben werden können, mit denen sich die Frage beantworten lässt.[28] Hierbei sind die Grenzen empirischer Messbarkeit zu bedenken.

---

einer Frage in einem Fragebogen) in besonderem Maße die zu messende Eigenschaft (hier: Leistungsfähigkeit) abbildet, s. *Diekmann* Empirische Sozialforschung (Fn. 10), 258. Messungen der Wirksamkeit und der Operabilität des Verhältnismäßigkeitsprinzips wären möglicherweise unvollständig bzw. verzerrt, wenn man Daten aus unterschiedlichen Anwendungskontexten vermengen würde. Auch die Konstruktvalidität, d.h. die Rückbeziehung auf eine einheitliche Theorie (s. ebd.), wäre problematisch: Die erwarteten Leistungen des Verhältnismäßigkeitsprinzips sind, je nach Anwendungskontext, verschieden. Der Begriff der Leistungsfähigkeit ist daher kontextsensitiv zu verstehen.

[28] Im Kontext des Rechts ist diese Frage alles andere als trivial. Vielmehr führt diese Bedingung zum Grundproblem der empirischen Rechtsforschung – wie sich zeigen wird, einem Thema mit Variationen: Was lässt sich am Recht messen? Über diese Theoriefrage ist viel Relevantes geschrieben worden, v.a. auch von Mitgliedern dieser Vereinigung. Vgl. die Debatte zwischen Niels Petersen (*Niels Petersen* Braucht die Rechtswissenschaft eine empirische Wende?, Der Staat 49 [2010], 435) und Ino Augsberg (*Ino Augsberg* Von einem neuerdings erhobenen empiristischen Ton in der Rechtswissenschaft, Der Staat 51 [2012], 117); s. dazu neuerdings die Beiträge in *Hanjo Hamann/Emanuel V. Towfigh* (Hrsg.) Online-Symposium „Empirische Wende", RECHTS|EMPIRIE, 20.11.2020 <https://doi.org/10.25527/re.2020.06> (Stand 20.11.24). Im Wesentlichen geht es um folgende Einwände: Der erste Einwand betrifft das *Objektivismusproblem*. Er besteht dahin, dass es bereits an einem passenden „Objekt" der empirischen Rechtsforschung fehle, da es keine einheitliche und damit messbare Rechtswirklichkeit gebe. Da Recht vielmehr ein geistiges Konstrukt sei, gebe es keine unabhängigen Rechtsdaten, die man zum Gegenstand einer empirischen Analyse machen könne (s. *Jean D'Aspremont/Larissa van den Herik* The Digitalization of the Assembly Line of Knowledge About Law: A Reinvention of the Confrontational Nature of Legal Scholarship?, ACIL Research Paper 2013-20 [2013], 1 [2]). Etwas weniger weitgehend ist der verwandte Einwand, dass – solange es der empirischen Rechtsforschung an einem adäquaten Wirklichkeitsbegriff mangele – die Forschung in diesem Bereich zumindest schwerwiegenden Bedenken ausgesetzt sei (s. *Ino Augsberg* Rechtswirklichkeiten, in denen wir leben. New Legal Realism und die Notwendigkeit einer juristischen Epistemologie, Rechtstheorie 46 [2015], 71). Dem Objektivismuseinwand ist darin Recht zu geben, dass das Verhältnis zwischen Recht und Empirie komplex und vielschichtig ist. Weder gibt es einen singulären Bezug des Rechts zur Empirie noch auch einen solchen von der Empirie zum Recht. Allerdings wird von der empirischen Rechtsforschung anerkannt, dass auf beinahe allen Stufen des Untersuchungsgangs eine (oft wertungsbezogene) Wahl der Forscherin bzw. des Forschers zu erfolgen hat; insoweit ist auch empirische Erkenntnis „subjektiv" (vgl. *Hamann* Evidenzbasierte Jurisprudenz [Fn. 24], 107–10). Der zweite Einwand betrifft das *Reduktionismusproblem*. Es wird argumentiert, dass empirische Methoden im Recht zweifelhaft seien, weil ihre Anwendung die Komplexität des Rechts über Gebühr vereinfache, insbes. den Normativcharakter des Rechts verfehle. In diesem Sinne kann z.B. *Andreas Funke* Grenzen der rechtstheoretischen Aufklärung der Staatsrechtslehre, Der Staat 57 (2018), 267 (278–9) verstanden werden („Ebenso wenig wie psychoanalytisch herausgearbeitete Erkenntnisse sind rechtliche Aussagen *als rechtliche* empirischer Bestätigung oder Widerlegung zugänglich. Natürlich hängt die juristische Tätigkeit in vielerlei Hinsicht von Fakten ab: Wenn etwa das anzuwendende Gesetz gar nicht oder

Erstens stellt die Leistungsfähigkeit – anders als etwa die elektrische Leitfähigkeit – keine empirisch messbare Größe dar.[29] Im Kontext des Rechts bleibt die Leistungsfähigkeit ein Wertungsbegriff, der aber – wie zu zeigen sein wird – zumindest teilweise auf eine empirische Datenlage gestützt werden kann. Zweitens sind dem Unterfangen, empirische Informationen über die Wirksamkeit und die Operabilität eines Rechtsprinzips zu erlangen, praktische Grenzen gesetzt. Diese Grenzen liegen zum einen in der Datenverfügbarkeit.[30] Zum anderen besteht das – wesentlich bedeutsa-

---

fehlerhaft erlassen wurde, ist dies ein Umstand, der rechtlich relevant ist. Die Konkretisierung des Rechts bezieht den Sachverhalt ein. Aber für die Richtigkeit der Interpretation des Gesetzes spielen solche Tatsachen keine Rolle.“). Korrekt daran ist, dass die Richtigkeit einer rechtlichen Interpretation sich nur durch (weitere) rechtliche Argumente, nicht aber durch empirische Feststellungen erweisen lässt (vgl. auch ebd., 297). Auf grundsätzlicher Ebene ist dem Reduktionismuseinwand aber zu entgegnen, dass jede wissenschaftliche Methode Komplexität reduzieren muss, um zu Ergebnissen zu gelangen. So blendet die dogmatische Methode beispielsweise aus, ob und wie Rechtsnormen einen tatsächlichen Unterschied in den Entscheidungen von Rechtsakteuren machen und geht implizit (und im Einzelfall vielleicht irrigerweise) von der Wirksamkeit des Rechts aus. Schließlich ist empirische Forschung zum Normativcharakter des Rechts durchaus denkbar und auch vorhanden (s. *Konstantin Chatziathanasiou* Interdisziplinäre Rechtswissenschaft: Zwischen Ausdifferenzierung und Integration, in: Hanjo Hamann/Emanuel V. Towfigh [Hrsg.] Online-Symposium „Empirische Wende“, RECHTS|EMPIRIE, 25.11.2020 <https://doi.org/10.25527/re.2020.09> [Stand 20.11.24]; Verw. auf *Leonard Hoeft* The Force of Norms? The Internal Point of View in Light of Experimental Economics, Ratio Juris 32 [2019], 339). Insgesamt ist der Rechtswissenschaft nur dann geholfen, wenn sowohl die Sollens- als auch die Seinsdimension des Rechts methodisch zum Gegenstand gemacht werden. Rechtswissenschaft muss insofern immer zugleich Seins- und Normwissenschaft sein (*Philippe Mastronardi* Juristisches Denken: Eine Einführung, 2. Aufl. 2003, Rn. 287, 333). Vgl. auch *Konrad Hesse* Die normative Kraft der Verfassung, 1958, 6–9. Dazu *Rainer Wahl* Die normative Kraft der Verfassung: Die Antrittsvorlesung Konrad Hesses in ihrem historischen Kontext, Der Staat 58 (2019), 195 (205) („ein wirksamkeitsorientiertes und – im Weiteren auch – akzeptanzbezogenes Denken“). Die skizzierte theoretische Debatte ist hier nicht zu entscheiden. Sie ist vielmehr als Aufruf zu Transparenz hinsichtlich der zu treffenden Auswahl im Rahmen der Forschungsfrage und des Forschungsdesigns sowie den Möglichkeiten und Grenzen empirischer Rechtsforschung allgemein zu verstehen. Zu den Grenzen gehört auch die Anerkennung einer Pluralität der Erkenntnismethoden, mit denen man sich dem „Rechtsstoff“ nähern kann; es kommt dann auf die gewinnbringende, aber zugleich schonende Integration der aus den verschiedenen Perspektiven gewonnenen Erkenntnisse an.

[29] Für dieses Beispiel danke ich *Hanjo Hamann*.

[30] Aktuell sind folgende Datensätze zur Rechtsprechung des BVerfG open access verfügbar: *Seán Fobbe* Corpus der Entscheidungen des Bundesverfassungsgerichts (CE-BVerfG), [Dataset] Zenodo, 2024 <https://zenodo.org/records/12705674> (Stand 20.11.2024); *Luisa Wendel/Christoph Möllers* Korpus der Entscheidungen des Bundesverfassungsgerichts, [Dataset] Zenodo 2023 <https://zenodo.org/records/10369205> (Stand 20.11.2024).

mere – Problem in der Eigenkomplexität der Rechtssprache und der Vielfalt ihrer Erscheinungsweisen, die einer eindeutigen Klassifizierung bisweilen entgegenstehen.

Auf der Basis der Forschungsfrage sowie einer unten noch näher auszuführenden Theorie sind sodann Hypothesen (d.h. empirisch testbare Annahmen über die Rechtspraxis) zu entwickeln. Folgende Hypothesen über die Leistungsfähigkeit des Verhältnismäßigkeitsprinzips können beispielhaft genannt werden.[31] Erstens: „Der Aspekt des legitimen Ziels stellt keine wesentliche Hürde bei der Prüfung der Verfassungskonformität einer Maßnahme dar."[32] Zweitens: „Gesetzgeberische Maßnahmen der Gliedstaaten scheitern häufiger am Verhältnismäßigkeitsprinzip als solche des Bundes."[33] Drittens: „Die Wahrscheinlichkeit des Scheiterns einer Maßnahme am Verhältnismäßigkeitsprinzip steigt mit der Bedeutsamkeit des legitimen Ziels."[34]

---

[31] Als weitere Hypothesen kommen in Frage: „Die Wahrscheinlichkeit, dass eine Maßnahme für unverhältnismäßig erklärt wird, steigt, je mehr Prüfungsschritte (z.B. Geeignetheit, Erforderlichkeit) übersprungen werden", „Das Ergebnis der Anwendung des Verhältnismäßigkeitsprinzips ist nicht vorhersehbar", „Das Verhältnismäßigkeitsprinzip wird inkonsistent angewendet" (vgl. dazu die Kritik einiger Critical Legal Scholars, dass die Abstraktheit des Verhältnismäßigkeitsgrundsatzes zu einer uneinheitlichen Anwendung der Rechte führe: *Sujit Choudhry* So What is the Real Legacy of Oakes? Two Decades of Proportionality Analysis Under the Canadian Charter's Section 1, Supreme Court Law Review 35 [2006], 501). Vgl. auch *Mattias Kumm/Alec D. Walen* Human Dignity and Proportionality: Deontic Pluralism in Balancing, in: Grant Huscroft/Bradley W. Miller/Grégoire Webber (Hrsg.) Proportionality and the Rule of Law: Rights, Justification, Reasoning, 2014, 67; *Elena Kantorowicz-Reznichenko/Jarosław Kantorowicz/Keren Weinshall* Ideological Bias in Constitutional Judgments: Experimental Analysis and Potential Solutions, JELS 19 (2022), 716 (717).

[32] Diese Hypothese betrifft die Wirksamkeit: Wenn ein zentrales Kriterium (hier: Legitimität des Ziels) regelmäßig außer Acht gelassen wird, geht von diesem Kriterium keine hinreichend einschränkende bzw. verhaltensanleitende Wirkung aus. Vgl. zu dieser Hypothese *Andrej Lang* Der Verhältnismäßigkeitsgrundsatz in der Rechtsprechung des Bundesverfassungsgerichts, Eine rechtsempirische Untersuchung mit rechtsvergleichenden Perspektiven, AöR 145 (2020), 75 (82).

[33] Diese Hypothese betrifft ebenfalls die Wirksamkeit: Sollte sich herausstellen, dass Maßnahmen der Gliedstaaten häufiger am Verhältnismäßigkeitsprinzip scheitern, könnte das bedeuten, dass das Prinzip auf dieser Ebene strenger angewendet wird. Dies könnte auf Inkonsistenzen in der Prinzipienanwendung hinweisen, vgl. *Lang* Verhältnismäßigkeitsgrundsatz (Fn. 32), 86.

[34] Auch diese Hypothese bezieht sich auf die Wirksamkeit: Behauptet wird, dass das Prinzip in seiner praktischen Anwendung eine differenzierte Leistungsfähigkeit aufweist, indem seine einschränkende Wirkung abhängig von der Zielbedeutsamkeit gemacht wird. Vgl. in Bezug auf das humanitäre Völkerrecht *Raanan Sulitzeanu-Kenan/Mordechai Kremnitzer/Sharon Alon* Facts, Preferences, and Doctrine: An Empirical Analysis of Proportionality Judgment, Law & Society Review 50 (2016), 348 (353).

Im Anschluss an die Hypothesenformulierung müssen sodann Fragen des Forschungsdesigns geklärt werden. Hier geht es zum einen darum, wie das Erhebungsinstrument zu konstruieren ist.[35] Dazu sind die in den Fragestellungen und Hypothesen verwendeten Begriffe zu operationalisieren, d.h. in messbare (und skalierbare) Größen zu übersetzen.[36] Dies führt zu der wichtigen Frage, welches taugliche Variablen sind, mit denen sich die Leistungsfähigkeit des Verhältnismäßigkeitsprinzips erfassen lässt. Da es an der direkten Messbarkeit der Leistungsfähigkeit fehlt, ist diese durch sog. Stellvertretervariablen *(proxies)* zu repräsentieren.[37] In der Regel erfassen Stellvertretervariablen aber nur einen Teilaspekt der nicht direkt messbaren Größe; auch bezüglich der Leistungsfähigkeit ist daher bloß eine Annäherung, nicht aber eine perfekte Erfassung zu erwarten. Als eine Stellvertretervariable kommt beispielsweise die Erfolgshäufigkeit von Berufungen oder Revisionen im Zusammenhang mit dem Verhältnismäßigkeitsprinzip in Frage. Informationen über die Erfolgshäufigkeit liefern einen direkten Hinweis auf die Wirksamkeit des Verhältnismäßigkeitsprinzips, da sie zeigen, inwieweit das Prinzip in der Praxis als Mittel zur Korrektur von Entscheidungen eingesetzt wird.[38] Dennoch geht die Leistungsfähigkeit keineswegs in der Erfolgshäufigkeit von Rechtsmitteln, die sich auf das Verhältnismäßigkeitsprinzip stützen, auf.

Hier spielt auch die Wahl der Untersuchungsform – z.B. experimentelles vs. nicht-experimentelles Design – eine Rolle.[39] Diese ist abhängig von

---

[35] Unter einem Erhebungsinstrument werden Mittel oder Verfahren verstanden, mit denen sich Daten systematisch sammeln lassen (z.B. Fragebogen, Experiment, Beobachtung, Interview). Vgl. *Diekmann* Empirische Sozialforschung (Fn. 10), 194.

[36] *Diekmann* Empirische Sozialforschung (Fn. 10), 193.

[37] Zum Konzept der Stellvertretervariable s. *Thomas Schäfer* Methodenlehre und Statistik: Einführung in Datenerhebung, deskriptive Statistik und Inferenzstatistik, 2016, 22.

[38] Zudem könnte die Länge der Verhältnismäßigkeitsargumentation als Indikator für die Operabilität (insbes. hinsichtlich der Komplexität) herangezogen werden, indem sie darauf hindeutet, ob das Prinzip leicht oder nur mit erheblichem Aufwand anwendbar ist; diese Hypothese ist allerdings z.B. durch Richter*innen-Interviews zu validieren. Für eine empirische Untersuchung der Länge von Verhältnismäßigkeitsargumentation vgl. *Bent Stohlmann/Kilian Lüders/Alexander Tischbirek/Luisa Wendel/Leonard Hoeft/Sophie Reule* Konsolidierung statt Siegeszug: Eine quantitative Untersuchung der Verwendung des Grundsatzes der Verhältnismäßigkeit in der Rechtsprechung des Bundesverfassungsgerichts, Der Staat 63 (2024), 217 (239). Weitere Stellvertretervariablen können die Anzahl der dem Verhältnismäßigkeitsprinzip gewidmeten wissenschaftlichen Publikationen oder die Häufigkeit der Anrufung des Prinzips in Rechtsschriften sein.

[39] Vgl. *Diekmann* Empirische Sozialforschung (Fn. 10), 337 ff. Ein experimentelles Forschungsdesign zeichnet sich durch drei Charakteristika aus: Erstens werden die Untersuchungsobjekte (z.B. Patienten, Gerichte, Schulklassen) in mindestens zwei experimentelle Gruppen, die Versuchsgruppe (engl. „treatment group") und die Kontrollgruppe (engl. „control group"), eingeteilt, s. *Leeuw/Schmeets* Empirical Legal Research (Fn. 24), 103–106; *Robert M. Lawless/Thomas Ulen/Jennifer K. Robbennolt* Empirical Methods in Law,

der Forschungsfrage und der betrachteten Untersuchungseinheit.[40] Bei den Untersuchungseinheiten geht es, metaphorisch gesprochen, um den „Ort", an welchem die Wirkungen des Rechtsprinzips zu beobachten sind. Im vorliegenden Zusammenhang kommen als Untersuchungseinheiten z.B. Entscheidungen von Rechtsakteuren unter dem Verhältnismäßigkeitsprinzip, Urteilstexte, Begründungen von Verwaltungsakten, Verwaltungsvorschriften, Gesetze und deren Begründungen oder auch Plenarprotokolle in Frage.[41] Der empirische Untersuchungsgang schließt mit der Datenerhebung, -auswertung sowie der Berichterstattung ab.[42]

3. *Gedanken zu einer Theorie der Realwirkungen von Rechtsprinzipien*

Bereits bei der Formulierung der empirisch beantwortbaren Forschungsfrage, spätestens aber bei den Folgeschritten des Untersuchungsgangs zeigt sich die Notwendigkeit von Theorie.[43] Gute Empirie ist nicht ohne Theo-

---

2. Aufl. 2016, 79–93. Zweitens erfolgt die Zuweisung der Untersuchungsobjekte zu den experimentellen Gruppen randomisiert. Drittens wird eine unabhängige Variable manipuliert, s. *Diekmann* Empirische Sozialforschung (Fn. 10), 337. In faktoriellen Designs können auch mehrere unabhängige Variablen manipuliert werden, s. *Lawless/Ulen/Robbennolt* Empirical Methods in Law, ebd., 85–87. Um ein Beispiel zu nennen: Man könnte sich für die Auswirkungen der Videoüberwachung auf die Kriminalität in Parkhäusern interessieren, vgl. *Eric L. Piza/Brandon C. Welsh/David P. Farrington/Amanda L. Thomas* CCTV Surveillance for Crime Prevention, Criminology & Public Policy 18 (2019), 135. Um dies zu messen, könnte man 10 Parkanlagen in zwei Gruppen einteilen; in der Versuchsgruppe wird ein Videoüberwachungssystem installiert, in der Kontrollgruppe nicht. Die Zuweisung in die jeweilige Gruppe erfolgt randomisiert, d.h. für jede Anlage besteht die gleiche Wahrscheinlichkeit, in einer der beiden Gruppen zu landen.

[40] Die möglichen Untersuchungseinheiten (oder Gegenstände) empirischer Rechtsforschung werden diskutiert von *Ino Augsberg* Verwaltung und Empirie, in: Wolfang Kahl/ Markus Ludwigs (Hrsg.) HVwR, Bd. I, 2021, § 27 Rn. 39 ff.

[41] Bezüglich der Untersuchungseinheit „Entscheidungen" bieten sich experimentelle Forschungsdesigns an, in denen die Wirkung der Manipulation einer unabhängigen Variable auf das Entscheidungsverhalten von Rechtsakteuren gemessen wird. Für die Untersuchungseinheit „Urteilstexte" bieten sich Beobachtungsstudien an. Vgl. auch *Cancik* Oppositionsregelungen (Fn. 11), 158 („Die Analyse von Urteilen als ein wesentlicher Ausschnitt des durch Gesetze zu steuernden Verhaltens des Akteurs Justiz kann also durchaus Gegenstand oder Material der Wirkungsforschung sein. Befolgung, Anwendung oder Gebrauch von Normen sind zwar selbst nicht zwingend mit ‚Wirkungen' der Norm gleichzusetzen, vielmehr bilden sie häufig die Mittel zur Erreichung des weiteren, eigentlichen Zwecks. Aber selbstverständlich können die Anwendungen, als deren Repräsentation man Gerichtsentscheidungen ansehen kann, quantitativ wie qualitativ mit Blick auf die Frage nach der Wirksamkeit oder nach Wirkungen der (nicht) angewandten Norm befragt werden").

[42] *Diekmann* Empirische Sozialforschung (Fn. 10), 193.

[43] S. dazu *Leeuw/Schmeets* Empirical Legal Research (Fn. 24), 11 f., 54 ff. In der Sozialforschung wird unter einer Theorie ein „System logisch widerspruchsfreier Aussagen

rie zu haben. Was eine sinnvolle Forschungsfrage ist, welche Hypothesen getestet und welche Rechtsdaten zur Beantwortung herangezogen werden, kann nur auf Basis einer Theorie über die Realwirkungen von Rechtsprinzipien beantwortet werden. Auch macht die Empirie keinen Vorschlag zu ihrem Verständnis. Theorie wird daher gebraucht, wenn es darum geht, aus empirischen Informationen anschlussfähiges Wissen über rechtlich relevante Zusammenhänge und Gründe herzustellen.[44] Die Durchführung einer Performanzanalyse setzt also eine Theorie der Realwirkungen von Rechtsprinzipien voraus. Dieser Beitrag kann keine vollständige Theorie der Realwirkungen von Rechtsprinzipien anbieten, sondern allenfalls Denkanstöße zu einer solchen offenlegen und am Beispiel des Verhältnismäßigkeitsprinzips ausführen. Eine solche Theorie muss erklären können, welche verhaltensbezogenen, sozialen, institutionellen oder rechtsdatenbezogenen Wirkungen von der Anwendung des Verhältnismäßigkeitsprinzips zu erwarten, wie diese zu erklären und zu gewichten sind.[45]

Eine Theorie der Realwirkungen von Rechtsprinzipien könnte zunächst Anleihen in der Rechtssoziologie machen.[46] Schließlich ist die Frage nach der Wirkung von Recht allgemein eine der Fundamentalfragen dieser Disziplin.[47] Jenseits dessen hat es auch immer wieder andere Ansätze gegeben, die Wirkungsorientierung in der Rechtswissenschaft zu stärken.[48] So macht

(Sätze, Hypothesen) über den jeweiligen Untersuchungsgegenstand mit den zugehörigen Definitionen der verwendeten Begriffe" verstanden, s. *Helmut Kromrey/Jochen Roose/Jörg Strübing* Empirische Sozialforschung, 2016, 47; *Leeuw/Schmeets* Empirical Legal Research (Fn. 24), 54 (eine Vermutung, „die eine vernünftige Antwort auf ein Forschungsproblem" gibt).

44 Zum Dreischritt „Daten", „Informationen", „Wissen" vgl. *Tilmann Altwicker* International Legal Scholarship and the Challenge of Digitalization, Chinese Journal of International Law 18 (2019), 217 (221).

45 Hieran wird zugleich deutlich, dass eine Performanzanalyse des Verhältnismäßigkeitsprinzips Erkenntnisse in all den genannten Dimensionen in die rechtswissenschaftliche Diskussion einspeisen kann. Insbes. kann eine Performanzanalyse wesentlich dazu beitragen, die in jüngerer Zeit in der Literatur geforderte institutionelle Perspektive auf die Verhältnismäßigkeit zu stärken (zu dieser Forderung s. z.B. *Hailbronner* Leistungsfähigkeit des Verhältnismäßigkeitsprinzips [Fn. 4], 1067 ff.).

46 Als theoriegenerierende Wissenssysteme bieten sich zudem die Gebiete Behavioral Law & Economics, Rechtspsychologie und Rechtstheorie bzw. -philosophie an.

47 Aus neuerer Zeit vgl. *Lawrence M. Friedman* Impact: How Law Affects Behavior, 2016. Vgl. auch *Thomas Raiser* Rechtssoziologie (Fn. 15), 247 ff.; *Susanne Baer* Rechtssoziologie: Eine Einführung in die interdisziplinäre Rechtsforschung, 5. Aufl. 2022, 269 ff.

48 Vgl. *Hoffmann-Riem* Wirkungsorientierte Rechtswissenschaft, Zeitschrift für Rechtssoziologie 2018, 20. Aus der früheren Literatur: *Hagen Hof/Gertrude Lübbe-Wolff* (Hrsg.) Wirkungsforschung zum Recht I, 1999. Für das Zivilrecht vgl. *Alexander Hellgardt* Regulierung und Privatrecht. Staatliche Verhaltenssteuerung mittels Privatrecht und ihre Bedeutung für Rechtswissenschaft, Gesetzgebung und Rechtsanwendung, 2016. Vgl. allgemein

man sich heute auch Gedanken über die Effektivität verschiedener Regelungsansätze und -designs.[49] Im Bereich des Öffentlichen Rechts wird dies insbesondere von der Neuen Verwaltungsrechtswissenschaft gefordert.[50] Auch diese möchte die Wirkungen verwaltungsrechtlicher Normen erfassen und betont die Notwendigkeit stärkerer Interdisziplinarität.[51]

Wiewohl die Performanzanalyse eines Rechtsprinzips Aspekte der genannten wirkungsbezogenen Forschungsansätze aufgreifen kann, ist zu bedenken, dass sich die Performanzanalyse nicht für die Wirkung von Recht allgemein, sondern nur für die Wirkung *eines* bestimmten Rechtsprinzips interessiert. Dieser Fokus auf ein bestimmtes Rechtsprinzip spricht dafür zu überlegen, inwiefern die Rechtsdogmatik an der Konstruktion einer Theorie der Realwirkungen von Rechtsprinzipien zu beteiligen ist. Klar ist, dass zumindest für die Formulierung der erwarteten Leistungen auf Rechtsdogmatik zurückgegriffen werden muss. Die Rechtsdogmatik selbst liefert keine Theorie über die Rechtsanwendung; Rechtsdogmatik befasst sich vielmehr mit der systematisierenden Aufarbeitung des geltenden Rechts und der Konstruktion von Methoden und Begriffen, die die Rechtsanwendung vorbereiten.[52] Anders als eine (empirisch testbare) Theo-

---

Lepsius Sozialwissenschaften im Verfassungsrecht. Amerika als Vorbild?, JZ 2005, 1 (12 f.).

[49] Vgl. *Armin Steinbach* Gesetzgebung und Empirie, Der Staat 54 (2015), 267.

[50] Grundlegende Werke zur Neuen Verwaltungsrechtswissenschaft: *Gunnar Folke Schuppert* Verwaltungsrechtswissenschaft als Steuerungswissenschaft. Zur Steuerung des Verwaltungshandelns durch Verwaltungsrecht, in: Wolfgang Hoffmann-Riem/Eberhard Schmidt-Assmann/Gunnar Folke Schuppert (Hrsg.) Reform des Allgemeinen Verwaltungsrechts – Grundfragen, 1993, 65; *Andreas Voßkuhle* Die Reform des Verwaltungsrechts als Projekt der Wissenschaft, Die Verwaltung 32 (1999), 545; *Andreas Voßkuhle* Neue Verwaltungsrechtswissenschaft, in: Wolfgang Hoffmann-Riem/Eberhard Schmidt-Aßmann/Andreas Voßkuhle (Hrsg.), Grundlagen des Verwaltungsrechts, Bd. I, 2006, §1 Rn. 8; *Claudio Franzius* Funktionen des Verwaltungsrechts im Steuerungsparadigma der Neuen Verwaltungsrechtswissenschaft, Die Verwaltung 39 (2006), 335; *Gunnar Folke Schuppert* Verwaltungsrecht und Verwaltungswissenschaft im Wandel. Von Planung über Steuerung zu Governance?, AöR 113 (2008), 79.

[51] Statt vieler: *Christoph Möllers* Theorie, Praxis und Interdisziplinarität in der Verwaltungsrechtswissenschaft, Verwaltungsarchiv 93 (2002), 22.

[52] *Wolfgang Ernst* Dogmatik zwischen Wissenschaft und richterlicher Pragmatik, in: Christoph Engel/Wolfgang Schön (Hrsg.) Das Proprium der Rechtswissenschaft, 2007, 1 (4 f.); *Christian Waldhoff* Kritik und Lob der Dogmatik, in: Gregor Kirchhof/Stefan Magen/Karsten Schneider (Hrsg.) Was weiß Dogmatik?, 2012, 17 (27 f.); *Oliver Lepsius* Kritik der Dogmatik, in: Gregor Kirchhof/Stefan Magen/Karsten Schneider (Hrsg.) Was weiß Dogmatik?, 2012, 39 (40 f.); *Jens Kersten* Warum Dogmatik?, rescriptum Münchner Studentische Rechtszeitschrift 2012, 67 <http://www.rescriptum.org/Aufs%C3%A4tze/2012_1_067_Kersten.pdf> (Stand 20.11.2024); *Phillipp Lassahn/Thomas Steenbreker* Gedanken zur Rechtsdogmatik, Juristische Rundschau 11 (2015), 553; *Christian Waldhoff*

rie, die auf Erklärung zielt, geht es der Rechtsdogmatik um das bessere Verständnis des geltenden Rechts. Das heißt nun aber nicht, dass Rechtsdogmatik an dieser Stelle irrelevant wäre, im Gegenteil: Die Rechtsdogmatik stellt, wie gesehen, Behauptungen über die Leistungsfähigkeit des Verhältnismäßigkeitsprinzips auf. Daraus lassen sich Hypothesen zur Wirksamkeit und zur Operabilität des Verhältnismäßigkeitsprinzips entwickeln.[53] Dies könnte ein Baustein in einer künftigen Theorie der Realwirkungen des Verhältnismäßigkeitsprinzips sein. Noch in anderer Hinsicht ist die Rechtsdogmatik für eine Theorie der Realwirkungen von Rechtsprinzipien bedeutsam: Eine rechtsdogmatisch sensibilisierte Theorie erlaubt es, das relative Gewicht empirischer Beobachtungen (z.B. Häufigkeiten, Trends) richtig einzuschätzen. So kann es sein, dass der Anteil der Entscheidungen, in denen ein Rechtsprinzip wie das Verhältnismäßigkeitsprinzip bemüht wird, zwar quantitativ gering ist, dass es sich aber qualitativ um besonders einflussreiche Entscheidungen handelt (also z.B. um Entscheidungen mit großer politischer Tragweite).

4. Fazit

Ich gelange zu einem ersten Fazit: Die Performanzanalyse zielt darauf ab, Wirksamkeit und Operabilität von Rechtsprinzipien, soweit möglich, empirisch zu testen. Unter dem Wirksamkeitsaspekt wird der Zusammenhang zwischen erwarteter und tatsächlicher Leistung betrachtet. Die Operabilität betrifft die Handhabbarkeit, erwartungstreue Anwendung und Anwendungsflexibilität des Prinzips. Für eine empirisch-normative Performanzanalyse bedarf es der Arbeitsteilung zwischen empirischer Rechtsforschung und Rechtsdogmatik. Die Performanzanalyse setzt eine – im Wesentlichen noch zu entwickelnde – Theorie der Realwirkungen von Rechtsprinzipien voraus.

II. Wirksamkeit: Wie lässt sich die Wirksamkeit des Verhältnismäßigkeitsprinzips empirisch erfassen?

Der zweite Teil befasst sich mit der Frage nach der Wirksamkeit des Verhältnismäßigkeitsprinzips. Dafür müssen – das haben die Ausführungen oben ergeben – die von der Anwendung des Prinzips erwarteten Leistungen

---

Dogmatik, I. Juristisch, in: Staatslexikon, 8. Aufl. 2017, Online-Ausgabe Version 08.06.2022, <https://www.staatslexikon-online.de/Lexikon/Dogmatik> (Stand 20.11.2024).

[53] Dazu bereits oben I.2.

geklärt werden. Dieser Beitrag konzentriert sich auf eine zentrale Leistung des Verhältnismäßigkeitsprinzips, die – im Einklang mit der Literatur – in bestimmten, auf die Strukturierung von Abwägungen bezogenen Rationalisierungsleistungen erblickt wird.[54] Dabei wird von einem rechtswissenschaftlichen Rationalitätskonzept ausgegangen.[55] Idealtypisch lassen sich im Kontext des Rechts allgemein drei Arten der Rationalität unterschieden: Erstens kann die formale Rationalität untersucht werden. Diese bezieht sich auf die Kohärenz, Bestimmtheit und Konsistenz des Rechts.[56] Zweitens kann Rationalität materiell verstanden werden als inhaltliche Richtigkeit und Tiefgründigkeit des Rechts.[57] Drittens kann man sich auf die prozedurale Rationalität beziehen, die die Erzeugungsbedingungen von Recht betrifft.[58]

---

[54] Die Rationalisierungsleistung ist kein Spezifikum des Verhältnismäßigkeitsprinzips und auch nicht die einzige erwartbare Leistung. So gebietet etwa der Grundsatz der Leistung nach Treu und Glauben (§ 242 BGB) eine Interessabwägung unter den am Rechtsverhältnis Beteiligten (vgl. *Lorenz Kähler* in: BeckOGK, BGB, 1.5.2024, § 242 Rn. 1). Im Unterschied zu Abwägungen unter anderen Rechtsgrundsätzen besteht beim Verhältnismäßigkeitsprinzip die Besonderheit, dass es die Abwägung zugleich strukturiert. Ich danke *Anne Peters* für diesen Hinweis. Für Ausdeutungen des Zusammenhangs zwischen Rationalität und Verhältnismäßigkeit: *Jan Sieckmann* Rational Lawmaking, Proportionality and Balancing in: Klaus Meßerschmidt/A. Daniel Oliver-Lalana (Hrsg.) Rational Lawmaking under Review: Legisprudence According to the German Federal Constitutional Court, 2016, 349 (350–366); s. auch *Leisner-Egensperger* Die Leistungsfähigkeit des Verhältnismäßigkeitsprinzips (Fn. 4), 1455. Zum Zusammenhang zwischen Abwägungsentscheidungen und Rationalität s. *Thomas Riehm* Abwägungsentscheidungen in der praktischen Rechtsanwendung: Argumentation, Beweis, Wertung, 2006, 94 ff. In der juristischen Literatur wird das Verhältnismäßigkeitsprinzip nicht nur mit einer Rationalisierungsfunktion, sondern teilweise auch mit einer Ausgleichsfunktion in Verbindung gebracht, s. *Poscher* Handbuch (Fn. 8), 149 ff.

[55] Erforderlich ist, die Rationalitätskonzeption auf Rechtsprinzipien zu beziehen. Dabei können Anleihen in der Literatur gemacht werden, insbes. bei *Armin Steinbach* Rationale Gesetzgebung, 2017, 49 ff. (der ein rechtswissenschaftliches Rationalitätskonzept entwickelt aus dem Ziel, der Funktion und dem Grund von Recht und dabei von den Kategorien „Steuerung“, „Ordnung“ und „Recht als Hebel“ ausgeht). Zu bedenken ist allerdings, dass sich das dortige Verständnis rechtswissenschaftlicher Rationalität primär auf die Rechtsetzung bezieht, während es vorliegend um erwartete Leistungen eines Rechtsprinzips geht, welches im gesamten Staatshandeln zur Anwendung gelangt.

[56] Zur formalen Rationalität (bezogen auf Gesetzgebung) s. *Steinbach* Gesetzgebung (Fn. 55), 20 ff., 320.

[57] Zur materiellen Rationalität (bezogen auf Gesetzgebung) s. *Steinbach* Gesetzgebung (Fn. 55), 101 ff., 322.

[58] Vgl. *Steinbach* Gesetzgebung (Fn. 55), 321.

1. Rationalisierung der Rechtsentscheidung

Eine erste, vom Verhältnismäßigkeitsprinzip erwartete Leistung besteht in der Rationalisierung der Rechtsentscheidung. Das Verhältnismäßigkeitsprinzip soll die Entscheidung der Rechtsakteure steuern und – das folgt aus der Grundrechtsdogmatik – den rechtlichen Entscheidungsspielraum wirksam begrenzen. Diese erwartete Leistung teilt das Verhältnismäßigkeitsprinzip mit rechtlichen Regeln und Standards allgemein. Wir nehmen nämlich an, dass – Kraft seines Rechtscharakters – die Anwendung eines Rechtsprinzips einen Unterschied in der Entscheidung der Rechtsakteure macht.[59] Beispielsweise ist zu erwarten, dass sich die Polizei tatsächlich überlegt, ob es mildere Mittel als die Versammlungsauflösung gibt bei einer Demonstration, die nur vereinzelt durch unfriedliche Teilnehmer*innen gestört wird.[60] Positiv gewendet soll das Verhältnismäßigkeitsprinzip hier als *Debiasing*-Instrument dienen: Insofern seine Anwendung dazu führt, dass an sich bestehende Verzerrungen (wie z.B. ideologische und politische Präferenzen oder die soziale Herkunft der Entscheider) und bestimmte Heuristiken in der Entscheidung minimiert werden, kann man von einer Rationalisierung der rechtlichen Entscheidung sprechen.[61]

Die Rationalisierung der rechtlichen Entscheidung durch das Verhältnismäßigkeitsprinzip lässt sich empirisch gut untersuchen. Da es um den Nachweis von Kausalität geht, liegt ein experimentelles Forschungsdesign nahe. In einer der wenigen vorhandenen Studien untersuchten *Kantoro-*

---

[59] Vgl. *Pascal Langenbach* Grundrechte, in: Christoph Engel/Laurence O'Hara/Stefanie Egidy/Yoan Hermstrüwer/Leonard Hoeft/Pascal Langenbach (Hrsg.) Öffentliches Recht als Verhaltensordnung: Ein neues Paradigma, 2025, 95 (96 f.) (der zu Recht darauf hinweist, dass diese Annahme für das Verhältnismäßigkeitsprinzip noch einer weiteren empirischen Überprüfung bedarf).

[60] Vgl. BVerfGE 69, 315 (353).

[61] Zum Konzept des *Debiasing* vgl. *Christine Jolls/Cass R. Sunstein* Debiasing through Law, Journal of Legal Studies 35 (2006), 199. Für diesen Hinweis danke ich *Yoan Hermstrüwer*. Zu den verhaltensökonomischen Effekten einer strukturierten Verhältnismäßigkeitsprüfung s. *Langenbach* (Fn. 59), 122–128. Vgl. auch *Anne van Aaken* The Decision Architecture of Proportionality: Cognitive Biases and Heuristics, 2019, 19–20 <https://papers.ssrn.com/sol3/papers.cfm?abstract_id=3364553> (Stand 20.11.2024) (mit dem Vorschlag, experimentell zu testen, ob bei der Formulierung des legitimen Zwecks von Bedeutung ist, ob der Zweck als Gewinn oder als Verlust formuliert werde, ob der Zweck abstrakt oder personalisiert sei und wie sein abstraktes Gewicht dargestellt werde: „For the formulation of the proper purpose, three aspects might be relevant, first whether the purpose is framed as a gain or as a loss; second, whether the purpose is abstract or personalized and third, how its abstract weight is framed."). Vgl. *Emanuel V. Towfigh* Empirical Arguments in Public Law Doctrine: Should Empirical Legal Studies Make a "Doctrinal Turn"?, ICON 12 (2014), 670 (691); *Niels Petersen* Avoiding the Common-Wisdom Fallacy: The Role of Social Sciences in Constitutional Adjudication, ICON 11 (2013), 294.

wicz-Reznichenko u.a. die Anfälligkeit von Abwägungsentscheidungen für ideologische Verzerrungen.[62] Genauer betrifft die Studie die Abwägung der Versammlungsfreiheit mit der öffentlichen Sicherheit und Ordnung unter polnischem Recht.[63] Gefragt wurde, ob ideologische Präferenzen der Entscheider die Bewilligung einer Demonstration von einer liberalen Organisation von Abtreibungsbefürwortern bzw. einer konservativen Organisation von Abtreibungsgegnern beeinflussen. Dafür wurden zwei Kontrollgruppen gebildet sowie mehrere Versuchsgruppen, deren Entscheidung verschiedenen Verhaltensinterventionen unterworfen wurde. Beispielsweise mussten Versuchsgruppenmitglieder zunächst allgemeine Fragen zur Bedeutsamkeit des Versammlungsrechts beantworteten, bevor ihnen die Identität der jeweils antragstellenden Organisation offengelegt wurde und sie den Antrag bewerteten.[64] Diese Verhaltensintervention (sog. *Blinding*) konnte die ideologische Verzerrung jedoch nicht vollständig eliminieren.[65] Die Ergebnisse zeigen den Einfluss von ideologischen Präferenzen auf die Abwägungsentscheidung: Die Teilnehmenden neigten eher dazu, eine Demonstration zu genehmigen, wenn sie ideologisch mit der antragstellenden Organisation übereinstimmten.[66]

In einer weiteren Studie analysierten *Anne van Aaken* und *Roee Sarel*, inwiefern Verhältnismäßigkeitsentscheidungen durch sog. *Framing*-Effekte beeinflusst werden.[67] In einem Experiment erhielten die Befragten ein (fiktives) Szenario, in dem der Staat die Verwendung eines speziellen Sprays

---

[62] *Kantorowicz-Reznichenko/Kantorowicz/Weinshall* Ideological Bias in Constitutional Judgments (Fn. 31).

[63] S. Supplementary Documention zu *Kantorowicz-Reznichenko/Kantorowicz/Weinshall* Ideological Bias in Constitutional Judgments (Fn. 31), verfügbar unter <https://onlinelibrary.wiley.com/action/downloadSupplement?doi=10.1111%2Fjels.12323&file=jels12323-sup-0001-Supinfo.zip> (Stand 20.11.2024).

[64] *Kantorowicz-Reznichenko/Kantorowicz/Weinshall* Ideological Bias in Constitutional Judgments (Fn. 31), 729–30. Hierbei handelt es sich um ein sog. faktorielles Design.

[65] *Blinding* bezieht sich auf ein Vorgehen in der experimentellen Sozialforschung, bei der bestimmte Informationen für die Beteiligten an einer Studie zurückgehalten werden, um Bias (Verzerrung) zu vermeiden. Ziel ist es, sicherzustellen, dass die Ergebnisse nicht durch subjektive Einflüsse oder Voreingenommenheit der Teilnehmenden verfälscht werden, vgl. *Diekmann* Empirische Sozialforschung (Fn. 10), 338.

[66] *Kantorowicz-Reznichenko/Kantorowicz/Weinshall* Ideological Bias in Constitutional Judgments (Fn. 31), 746.

[67] *Anne van Aaken/Roee Sarel* Framing Effects in Proportionality Analysis: Experimental Evidence, 2022 <https://papers.ssrn.com/sol3/papers.cfm?abstract_id=4251219> (Stand 20.11.2024). Die Studie untersucht u.a. die Hypothese, dass Entscheidungsträger dazu neigen, eine Maßnahme eher als verhältnismäßig zu betrachten, wenn ihr Zweck darin besteht, einen Verlust zu verhindern, anstatt einen Gewinn zu erzielen, ceteris paribus. 317 Personen, darunter Nicht-Jurastudierende, Jurastudierende und Richter*innen, nahmen teil. Es zeigte sich ein Framing-Effekt bei Laien: Sie betrachteten eine Maßnahme eher als verhält-

in Gärten privater Haushalte vorschrieb. Die Experimentatoren variierten ein Gewinn-Frame („Schützt das Leben der Bienen und führt zu einer gesunden und nachhaltigen Umwelt") gegenüber einem Verlust-Frame („Verhindert den Tod der Bienen und vermeidet eine ungesunde und nicht nachhaltige Umwelt"). Sie zeigten, dass die Art und Weise, wie Alternativen dargestellt werden – ob diese positiv oder negativ konnotiert sind – die Entscheidungen beeinflusst. Besonders betroffen waren nicht-juristisch vorgebildete Personen, während Richter*innen nur dann von Framing-Effekten betroffen waren, wenn sie außerhalb ihres Fachgebiets entschieden.[68] Juristische Ausbildung mildert also die Framing-Effekte, eliminiert sie jedoch nicht vollständig.[69] Diese Ergebnisse werfen Fragen zur Leistungsfähigkeit des Verhältnismäßigkeitsprinzips auf, da dessen Anwendung anfällig für ideologische Präferenzen und Heuristiken ist, wie erste Studien nahelegen.

Die vorhandenen Studien lassen allerdings Folgendes offen: Erstens fehlt es bislang an einer systematischen Untersuchung, die die Erwartung einer spezifischen *Debiasing*-Wirkung des Verhältnismäßigkeitsprinzips überprüft. Bisherige Studien konzentrieren sich nämlich in der Regel auf die Abwägung auf Angemessenheitsstufe. Unklar bleibt dabei jedoch, ob und in welchem Maße die anderen Stufen des Verhältnismäßigkeitsprinzips (legitimer Zweck, Geeignetheit und Erforderlichkeit) eine *Debiasing*-Wirkung entfalten und den Einfluss extra-legaler Faktoren tatsächlich minimieren können.[70] Diese Frage könnte experimentell untersucht werden.[71] Eine

---

nismäßig, wenn der Zweck als Verlustvermeidung dargestellt wurde, während dieser Effekt bei juristisch ausgebildeten Personen nicht auftrat.

[68] *Van Aaken/Sarel* (Fn. 67), 40 ff.

[69] *Van Aaken/Sarel* (Fn. 67), 45.

[70] S. aber für eine Tendenz *Langenbach* (Fn. 59), 126 (die vorhandene empirische Evidenz deute an, dass mit der mehrstufigen Verhältnismäßigkeitsprüfung eher eine Ausweitung der gerichtlichen Kontrolle verbunden sei). Vgl. für weitere empirische Evidenz auch *Talya Steiner/Liat Netzer/Raanan Sulitzeanu-Kenan* Necessity or Balancing: The Protection of Rights Under Different Proportionality Tests – Experimental Evidence, ICON 20 (2022), 642; *Tomer Broude/Inbar Levy*, Outcome Bias and Expertise in Investigations under International Humanitarian Law, European Journal of International Law 30 (2019), 1303 (1306 ff.).

[71] Die Anforderungen an das Forschungsdesign, mit welchem die *Debiasing*-Wirkung gemessen werden kann, sind allerdings hoch, vgl. *Stefanie Egidy/Yoan Hermstrüwer/Leonard Hoeft/Pascal Langenbach/Laurence O'Hara* Behavioral Public Law, in: Engel et al. (Hrsg.) Verhaltensordnung, 11 (43) („Was in der Theorie erfolgsversprechend klingt, ist in der praktischen Anwendung alles andere als trivial. Unklar ist bereits, unter welchen Voraussetzungen die Wirkungen von *debiasing* in realen Entscheidungskontexten tatsächlich eintreten und welchen Einfluss der jeweilige Entscheidungskontext hat. Auch ist die Wirkung von *debiasing* schon in vielen Laborexperimenten vergleichsweise schwach. Angesichts der unsicheren Wirkung und Komplexität von *debiasing* erfordern die damit

mögliche Studie könnte nämlich gezielt voreingenommene Entscheidungen provozieren, indem die Teilnehmenden mit irrelevanten Informationen konfrontiert werden, wie etwa der politischen Ausrichtung einer antragstellenden Organisation.[72] In einer Kontrollgruppe würde das Verhältnismäßigkeitsprinzip entweder nicht angewendet oder nur als einfache Abwägung. In der Versuchsgruppe hingegen würde das Prinzip in seiner vollständigen Form zur Anwendung kommen. Ziel der Untersuchung wäre es, festzustellen, ob die Entscheidungen der beiden Gruppen signifikant voneinander abweichen. Zweitens sollten künftige Studien testen, ob verzerrte Entscheidungen auch dann auftreten, wenn das Verhältnismäßigkeitsprinzip formal korrekt angewendet wird, oder ob sie auf Fehler in der Anwendung zurückzuführen sind.[73] Drittens sind die existierenden Studien darin limitiert, dass diese noch zu selten unter „realen Bedingungen" durchgeführt werden. Insbesondere fehlt es an experimentellen Studien unter Einbeziehung von Richter*innen, vor allem aber solche unter Einbeziehung von Amtswalter*innen.[74]

---

verbundenen Interventionen ein vergleichsweise hohes Maß an Evaluation, Nachjustierung und aktiver Verwaltung").

[72] Für ein solches Vorgehen s. *John Zhuang Liu/Xueyao Li* Legal Techniques for Rationalizing Biased Judicial Decisions: Evidence from Experiments with Real Judges, JELS 16 (2019), 630.

[73] Für diesen Hinweis bin ich *Matthias Mahlmann* dankbar. Dafür müsste man die Vertrautheit der Studienteilnehmenden mit dem Verhältnismäßigkeitsprinzip vorab erfassen (wie z.B. bei *Daniel Statman/Raanan Sulitzeanu-Kenan/Micha Mandel/Michael Skerker/Stephen de Wijze* Unreliable Protection: An Experimental Study of Experts' *In Bello* Proportionality Decisions, European Journal of International Law 31 [2020], 429 [441]).

[74] Einer experimentellen Studie zur juristischen Argumentation zufolge unterscheidet sich das Verhalten von Jurastudierenden und Richter*innen sowohl statistisch als auch inhaltlich. *Holger Spamann/Lars Klöhn* Can Law Students Replace Judges in Experiments of Judicial Decision-Making? Journal of Law and Empirical Analysis 1 (2024), 1. Zur Forderung nach stärkerer „ökologischer Validität" experimenteller Forschung vgl. *Lukas Holste/Holger Spamann* Experimental Investigations of Judicial Decision-Making, 2023 <https://papers.ssrn.com/sol3/papers.cfm?abstract_id=4375745> (Stand 20.11.2024). Für Beispiele für experimentelle Studien unter Beiziehung von Amtswalter*innen s. *Jørgen Grønnegård Christensen/Niels Opstrup* Bureaucratic dilemmas: Civil servants between political responsiveness and normative constraints, Governance 31 (2017), 481; *Erin L. Borry/Leisha DeHart-Davis/Wesley Kaufmann/Cullen C. Merritt/Zachary Mohr/Lars Tummers* Formalization and consistency heighten organizational rule following: Experimental and survey evidence, Public Administration 96 (2018), 368.

2. *Rationalisierung der Rechtsargumentation*

Vom Verhältnismäßigkeitsprinzip wird zudem ein Beitrag zur Rationalisierung der rechtlichen Argumentation erwartet.[75] Das bekannte Schema der Verhältnismäßigkeitsprüfung – legitimes Ziel, Geeignetheit, Erforderlichkeit und Angemessenheit – trägt die Erwartung an die Rechtsakteure heran, ihre Rechtsargumentation an diesen Kriterien zu orientieren. So zwingt das Verhältnismäßigkeitsprinzip die Rechtsakteure dazu, bestimmte Wertentscheidungen oder Interessenabwägungen in strukturierter Weise offenzulegen.[76] Die Rationalisierungsleistung ist umso größer, je mehr die Verwendung des Verhältnismäßigkeitsprinzips dazu führt, dass implizite Argumente explizit gemacht werden.[77]

Hier ist nun aber eine Grenze der empirisch verfahrenden Performanzanalyse erreicht. Die materielle Rationalität von Rechtsargumentation im Sinne einer rechtsdogmatischen oder rechtsethischen Überzeugungskraft lässt sich empirisch nicht erfassen. Auch der Zugewinn an formaler Rationalität der Rechtsargumentation durch die Anwendung des Verhältnismä-

---

[75] Ähnlich wie hier *Matthias Klatt/Moritz Meister* The Constitutional Structure of Proportionality, 2012, 158 („We can see here how the clear structure of the proportionality test, followed properly, may enhance the rationality of the legal reasoning, since it ensures that all relevant premises are dealt with in due depth.“); vgl. *Robert Alexy* Constitutional Rights, Balancing, and Rationality, Ratio Juris 16 (2003), 131 (135); *Paul Craig* Proportionality, Rationality and Review, New Zealand Law Review (2010), 265 (272). Im Kontext der EU-Grundrechte s. *Martin Borowski* Limiting Clauses: On the Continental European Tradition of Special Limiting Clauses and the General Limiting Clause of Art 52 (2) Charter of Fundamental Rights of the European Union, Legisprudence 1 (2007), 197 (210) (the principle of proportionality „embodies fundamental standards of rationality“).

[76] Vgl. *Wolfgang Kahl* Vom weiten Schutzbereich zum engen Gewährleistungsgehalt, Der Staat 43 (2004), 167 (189–90) („Die dogmatische Strukturierung und Abschichtung des grundrechtlichen Argumentierens zwingen zum systematischen Abarbeiten von Begründungslasten für staatliche Maßnahmen, insbesondere zum Durchlaufen der Verhältnismäßigkeit im weiten Sinne mit ihren verschiedenen Stufen- und Sphärenmodellen. Dieser Vorgang des Abarbeitens verschiedener Stationen ermöglicht ein erhöhtes Maß an Disziplinierung und Kontrollierbarkeit des Subsumtionsprozesses, mithin mehr Rationalität und Transparenz“). Es kann hier nicht geklärt werden, ob die nachträgliche Begründung der Entscheidung – also die Rechtsargumentation – tatsächlich eine post-hoc-Rationalisierung ist, die mit dem ursprünglichen Entscheidungsprozess wenig zu tun hat. Die Ergebnisse weiterer empirischer (v.a. experimenteller oder qualitativer) Studien zu den Rationalisierungsleistungen könnten aber für die alte Problematik Herstellung/Darstellung einer rechtlichen Entscheidung (oder ex ante/ex post-Problematik) weiteren Aufschluss geben. Ich danke *Hanjo Hamann* und *Una Schamberger* für die Diskussion.

[77] Den Gedanken verdanke ich *Hans-Joachim Cremer*. Vgl. *Laurence O'Hara* Intuitionen in der staatlichen Normarbeit: Wertungsgründe im Recht des psychologisch aufgeklärten Staates zwischen utilitaristischer Rechtsstaatskritik und identitätspolitischem Misstrauen, Der Staat 61 (2022), 1 (24).

ßigkeitsprinzips ist empirisch nur näherungsweise überprüfbar. Zwar lässt sich die formale Rationalität in der Rechtsargumentation partiell experimentell erfassen: In Anlehnung an existierende Studien könnte man die Konsistenz zwischen Entscheidungsverhalten und Argumentation untersuchen.[78] Auch kann man mittels *qualitativ*-empirischer Methoden prüfen, ob Teilelemente des Verhältnismäßigkeitsprinzips, die textuell umfassender bearbeitet werden, von den Rechtsakteuren auch als argumentativkräftiger angesehen werden.[79] Allerdings verlangt eine Einschätzung zur Rationalisierung rechtlicher Argumentation durch die Anwendung des Verhältnismäßigkeitsprinzips am Ende eine juristische Bewertung aufgrund rechtsdogmatischer und rechtsethischer Kriterien.

3. *Rationalisierung der Rechtsetzung*

Schließlich werden vom Verhältnismäßigkeitsprinzip Rationalitätsgewinne in der Rechtsetzung erwartet. Ähnlich wie bei der Rechtsargumentation stellt die Frage der materiellen Rationalität von Rechtsetzung – wie erfolgreich nämlich das Verhältnismäßigkeitsprinzip als inhaltliche Begrenzung oder Direktive auf die Rechtsetzung einwirkt – keine empirische Forschungsfrage dar. Dieses Problem muss daher in einer empirisch-normativen Performanzanalyse ausgeklammert bleiben. Gleiches gilt für die formale Rationalität von Rechtsetzung. Wegen der Prozesshaftigkeit und der Beteiligung diverser Akteure an der Rechtsetzung besteht kaum Aussicht, dass sich der Zugewinn an Kohärenz, Bestimmtheit und Konsistenz aufgrund der Anwendung des Verhältnismäßigkeitsprinzips empirisch erfassen lässt.

---

[78] Vgl. *Holger Spamann/Lars Klöhn/Christophe Jamin/Vikramaditya Khanna/John Zhuang Liu/Pavan Mamidi/Alexander Morell/Ivan Reidel* Judges in the Lab: No Precedent Effects, No Common/Civil Law Differences, Journal of Legal Analysis 13 (2021), 110, die in ihrer Vignetten-Studie sowohl die Entscheidungen als auch die schriftlichen Begründungen der Teilnehmenden untersuchten, um die Konsistenz zwischen Entscheidungsverhalten und Argumentation zu analysieren. Ein ähnliches Design könnte verwendet werden, um zu testen, ob und wie die Anwendung des Verhältnismäßigkeitsprinzips den Entscheidungsprozess und die schriftliche Begründung beeinflusst. Siehe auch die Studie von *Liu/Li* Legal Techniques (Fn. 72), 630, die in ihrem Experiment gezielt eine Verzerrung induzierten und sowohl das Entscheidungsverhalten als auch die schriftlichen Rechtfertigungen analysierten.

[79] Es müssen allerdings Fälle ausgeschlossen werden, in denen diese Muster nicht ein Indikator für Argumentativkraft, sondern z.B. für größere Komplexität oder Unsicherheit in der Anwendung darstellen. Weiterhin muss ausgeschlossen werden, dass Häufigkeiten bloß einem praktischen Usus folgen oder abbilden, wovon die Entscheider glauben, dass es überzeugt. Ich danke *Una Schamberger* und *Yoan Hermstrüwer* für diesen Hinweis.

Eine empirisch-normative Performanzanalyse kann sich aber mit dem Zugewinn an prozeduraler Rationalität durch die Anwendung des Verhältnismäßigkeitsprinzips befassen. Man kann die erwartete Leistung des Verhältnismäßigkeitsprinzips in der Rechtsetzung beschreiben als Etablierung einer „Kultur der Rechtfertigung".[80] In empirischer Perspektive sind vor allem die damit verbundenen, beobachtbaren institutionellen Modifikationen interessant: Insofern das Verhältnismäßigkeitsprinzip tatsächlich mit der Institutionalisierung einer „Kultur der Rechtfertigung" verbunden ist, besteht zum einen die Notwendigkeit, Rechtsetzungsvorhaben stärker in den Kategorien der Verhältnismäßigkeit zu legitimieren.[81] Dies lässt sich empirisch gut erheben, etwa in Form von Bezugnahmen auf die Verhältnismäßigkeit in Gesetzgebungsvorhaben oder der Analyse von Plenarprotokollen auf Verhältnismäßigkeitssprache.[82] Zum anderen ist anzunehmen, dass sich eine „Kultur der Rechtfertigung" im institutionellen Zusammenwirken, der tatsächlichen Interaktion der beteiligten Organe, bei der Rechtsetzung niederschlägt.[83] Dieses Zusammenwirken lässt sich an Mustern im Verweisen auf Einschätzungen der anderen Organe und, vor allem, an der Zuerkennung von Entscheidungsspielräumen empirisch beobachten.

Niels Petersens Werk zur „Verhältnismäßigkeit als Rationalitätskontrolle" lässt sich als eine empirisch informierte Studie in diesem Zusammenhang anführen.[84] *Petersen* hat in Bezug auf die höchstrichterliche

---

[80] Der Begriff „Kultur der Rechtfertigung" wird in Bezug auf das Verhältnismäßigkeitsprinzip gebraucht von *David Dyzenhaus* Proportionality and Deference in a Culture of Justification, in: Grant Huscroft/Bradley W. Miller/Grégoire Webber (Hrsg.) Proportionality and the Rule of Law, 2014, 234 (hier allerdings bezogen auf Verwaltungsbehörden, nicht den Gesetzgeber).

[81] In Bezug auf das Schweizerische Verfassungsrecht vgl. *Felix Uhlmann/Jasmina Bukovac* Das Verhältnismässigkeitsprinzip aus dem Blickwinkel der Rechtsetzungslehre, in: ders. (Hrsg.) Verhältnismässigkeit als Grundsatz in der Rechtsetzung und Rechtsanwendung, 2019, 33 (53) (mit der Forderung, dass der „Gesetzgeber die Verhältnismässigkeit nicht als blosse Einschränkung seines Gestaltungsspielraums verstehen sollte. Er hat sich vielmehr bei allen Elementen der Verhältnismässigkeit – Eignung bzw. Tauglichkeit, Erforderlichkeit und Zumutbarkeit – zu überlegen, ob und wie er diese im Gesetzesrecht am besten umsetzt").

[82] Für eine korpuslinguistische Analyse von Plenarprotokollen s. *Colin Sippl/Manuel Burghardt/Christian Wolff/Bettina Mielke* Korpusbasierte Analyse österreichischer Parlamentsreden, in: Erich Schweighofer (Hrsg.) Netzwerke: Tagungsband des 19. Int. Rechtsinformatik Symposions IRIS 2016, 139.

[83] Vgl. *Steinbach* Gesetzgebung (Fn. 55), 42 (der in Bezug auf die Interaktion der beteiligten Akteure zur Erzielung von Kompromissen von „politischer Handlungsrationalität" spricht).

[84] *Petersen* Rationalitätskontrolle (Fn. 2). Vgl. auch *Ulrich Karpen* Efficacy, Effectiveness, Efficiency: From Judicial to Managerial Rationality, in: Klaus Meßerschmidt/A. Daniel

Rechtsprechung ein Konzept der „Rationalitätskontrolle“ entwickelt, deren Funktion im Wesentlichen darin besteht, „illegitime Motive“ aufzudecken und „Informationsdefizite“ zu beheben.[85] Diese Kontrolle dient jedoch nicht nur der gerichtlichen Überprüfung, sondern auch der prozeduralen Rationalisierung, indem sie die Entscheidungsspielräume der Akteure – insbesondere im Verhältnis Gesetzgeber und Verfassungsgericht – ordnet.[86]

4. *Fazit*

Damit gelange ich zu einem zweiten Fazit: Um die Wirksamkeit des Verhältnismäßigkeitsprinzips testen zu können, müssen die von dessen Anwendung erwarteten Leistungen bestimmt werden. Hier stehen Rationalisierungsleistungen im Vordergrund. Eine erste Rationalisierungsleistung bezieht sich auf die rechtliche Entscheidung. Ob das Verhältnismäßigkeitsprinzip tatsächlich als *Debiasing*-Instrument taugt, ist derzeit offen. Es gibt allerdings Hinweise darauf, dass die Abwägungsentscheidung durch extra-legale Faktoren beeinflusst wird. Rationalisierungsleistungen des Verhältnismäßigkeitsprinzips in Bezug auf die Rechtsargumentation – insbesondere dessen Beitrag zu formaler und materieller Rationalität – können empirisch nur in geringem Maße ausgeleuchtet werden. Erforderlich ist eine normative Bewertung. In Bezug auf die Rechtsetzung kann eine Performanzanalyse insbesondere nach dem Zugewinn an prozeduraler Rationalität fragen und mit der Anwendung des Verhältnismäßigkeitsprinzips zusammenhängende institutionelle Spielräume ausleuchten.

III. Operabilität: Wie lässt sich die Operabilität des Verhältnismäßigkeitsprinzips empirisch erfassen?

Aus der erwähnten Akteurszentriertheit der Forschungsperspektive ergibt sich die zweite Leistungsfähigkeitsdimension der Operabilität. Hier sollen drei Kriterien der Prinzipienoperabilität kurz skizziert werden: Die

---

Oliver-Lalana (Hrsg.) Rational Lawmaking under Review: Legisprudence According to the German Federal Constitutional Court, 2016, 295 (309 ff.) („Rationality by Control“).

[85] *Petersen* Rationalitätskontrolle (Fn. 2), 271.

[86] Die Entscheidungsspielräume sollten weiter (z.B. in Form von Beobachtungsstudien) analysiert werden. Dabei könnte man fragen nach der Abhängigkeit der Weite des gewährten Einschätzungsspielraums von fallspezifischen Faktoren (z.B. dem Streitgegenstand, dem betroffenen Grundrecht) sowie von prozeduralen Faktoren (z.B. dem Umfang der Vorbefassung mit den einzelnen Verhältnismäßigkeitskriterien seitens des Gesetzgebers). Dies würde mehr Licht ins bestehende Dunkel der Rationalisierung der Rechtsetzung durch das Verhältnismäßigkeitsprinzip bringen.

Handhabbarkeit, die erwartungstreue Anwendung sowie die Flexibilität des Verhältnismäßigkeitsprinzips.

1. Handhabbarkeit

Ein erster Aspekt der Operabilität des Verhältnismäßigkeitsprinzips bezieht sich auf dessen Handhabbarkeit, d.h. wie einfach das Prinzip angewendet werden kann. Ein Prinzip ist operabel, wenn es von den Rechtsakteuren – wie Polizist*innen, Richter*innen oder Verwaltungsbeamt*innen – problemlos verstanden und auf verschiedene Situationen übertragen werden kann. Empirisch könnte die Handhabbarkeit des Prinzips zum einen durch Beobachtungsstudien untersucht werden, die die Aufhebung von Entscheidungen zum Verhältnismäßigkeitsprinzip durch übergeordnete (Gerichts-) Instanzen zum Gegenstand machen. Man könnte sich beispielsweise fragen, wie oft und in welchen Fällen eine höhere Gerichtsinstanz ein untergerichtliches Urteil wegen Fehlern in der Angemessenheitsprüfung aufhebt. Ebenfalls kommen qualitativ-empirische Studien, wie z.B. Befragungen von Rechtsakteuren, zur Handhabbarkeit des Verhältnismäßigkeitsprinzips in Betracht.

2. Erwartungstreue Anwendung

Der zweite Aspekt der Operabilität bezieht sich auf die Frage, ob das Prinzip regelkonform und damit erwartungstreu oder „lehrbuchmäßig" angewendet wird. Empirisch lässt sich dies durch die Analyse von Gerichtsurteilen und Verwaltungsentscheidungen prüfen.[87] Als einer der ersten hat *Christoph Engel* die erwartungstreue Anwendung des Verhältnismäßigkeitsprinzips in Bezug auf gerichtliche Entscheidungsbegründungen untersucht – mit dem Fokus auf dem Prüfungspunkt des legitimen Ziels.[88]

---

[87] Zudem könnte untersucht werden, ob das Prinzip flexibel genug ist, um in unterschiedlichen rechtlichen Kontexten klare und kohärente Argumentation zu ermöglichen; dies dürfte wiederum eine Fragestellung für qualitativ-empirische Forschungsmethoden wie Interviews sein.

[88] *Christoph Engel* Das legitime Ziel in der Praxis des Bundesverfassungsgerichts, in: Matthias Jestaedt/Oliver Lepsius (Hrsg.) Verhältnismäßigkeit, 2015, 97. *Engel* analysierte 255 Fälle des Bundesverfassungsgerichts aus dem Jahr 2011. Ein Ergebnis dieser Studie ist, dass es einen signifikanten Zusammenhang mit dem Verfahrensausgang gibt: Bei erfolgreichen Anträgen ist es wahrscheinlicher, dass das Gericht sich auch mit der Legitimität des Ziels auseinandersetzt. Dieser Zusammenhang legt nahe, dass die Berücksichtigung des legitimen Ziels ein Indikator für die Erfolgschancen eines Antrags sein könnte. Allerdings erlaubt das Studiendesign keine kausale Aussage im strengen Sinne, wie sie bei experimentellen Studien mit zufälliger Zuweisung der Fälle möglich wäre. Ich danke *Hanjo Hamann* für die Diskussion.

Engels Ergebnisse legen nahe, dass die Operabilität eines Teilelements des Verhältnismäßigkeitsprinzips, wie das des legitimen Ziels, nicht statisch ist, sondern von Faktoren wie dem betroffenen Grundrecht und dem Verfahrensgegenstand beeinflusst wird.[89]

Im Anschluss daran hat sich *Andrej Lang* mit der erwartungstreuen Anwendung der einzelnen Teilelemente der Verhältnismäßigkeitsprüfung in der Rechtsprechung des Bundesverfassungsgerichts befasst.[90] *Lang* untersucht insbesondere, ob einzelne Prüfungsschritte übersprungen oder bloß kursorisch geprüft werden.[91] Er stellte fest, dass in 93 % aller Beobachtungen im Datensatz die endgültige Entscheidung über die Verhältnismäßigkeit auf der Ebene der Angemessenheit getroffen wird.[92] Andere Prüfungsstufen, v.a. die der Geeignetheit, werden entweder nur oberflächlich geprüft oder ganz weggelassen.[93] Dennoch geht *Lang* am Ende von einer Art „Arbeitsteilung" der Teilelemente der Verhältnismäßigkeitsprinzips aus; viele Erwägungen würden auf der Stufe der Angemessenheit in gewandelter Form wieder aufgegriffen, die bereits Gegenstand der Prüfung auf anderer Stufe gewesen seien.[94]

Jüngst haben *Bent Stohlmann* u.a. quantitativ untersucht, inwieweit das Bundesverfassungsgericht eine „lehrbuchmäßige" Prüfung des Verhältnismäßigkeitsprinzip vornimmt.[95] Sie diagnostizieren eine leicht abnehmende Betonung der Angemessenheitsprüfung in letzter Zeit und eine Zunahme an lehrbuchmäßigem Abhandeln der Prüfungsstufen.[96] Auffälligkeiten in der erwartungstreuen Anwendung sind auch nur dann ein Problem der Leistungsfähigkeit, wenn es sich um tatsächliche Inkonsistenzen oder Anwendungsfehler seitens der Rechtsakteure handelt. Die beobachteten Auffälligkeiten sind also dahingehend zu hinterfragen, ob sich hinter der Nicht-Problematisierung eines Teilaspekts der Verhältnismäßigkeit mög-

---

[89] *Engel* Ziel (Fn. 88), 109, 111.

[90] *Lang* Verhältnismäßigkeitsgrundsatz (Fn. 32), 75–132. Zu diesem Zweck stellt er einen Datensatz von 114 Senatsentscheidungen aus dem Zeitraum von 2000 bis 2017 auf, in denen das BVerfG eine Verhältnismäßigkeitsprüfung durchgeführt hat. Dabei unterscheidet *Lang* zwischen der „echten" Durchführung einer Verhältnismäßigkeitsprüfung und der bloßen Nennung von Verhältnismäßigkeitselementen.

[91] *Lang* Verhältnismäßigkeitsgrundsatz (Fn. 32), 80.

[92] *Lang* Verhältnismäßigkeitsgrundsatz (Fn. 32), 110.

[93] *Lang* Verhältnismäßigkeitsgrundsatz (Fn. 32), 100 (nur in drei von 58 Fällen, d.h. 5 %, sei das Mittel für ungeeignet befunden worden; die insoweit verwendete Stichprobe bezieht sich nur auf die Entscheidungen, in welchen das Gericht eine Maßnahme aufhob, d.h. 58 von 114 Fällen, nicht aber auf die 56 von 114 Fällen, in welchen Maßnahmen aufrechterhalten wurden.

[94] *Lang* Verhältnismäßigkeitsgrundsatz (Fn. 32), 110.

[95] *Stohlmann et al.* Konsolidierung (Fn. 38).

[96] *Stohlmann et al.* Konsolidierung (Fn. 38), 249.

licherweise eine durchaus wünschenswerte Internalisierung seitens der Rechtsakteure verbirgt, die eine explizite gerichtliche Befassung entbehrlich macht.[97]

3. *Flexibilität*

Der dritte Aspekt der Operabilität betrifft die Flexibilität in der Anwendung des Verhältnismäßigkeitsprinzips. Eine hohe Operabilität zeigt sich eben auch darin, dass das Prinzip flexibel auf unterschiedliche rechtliche Kontexte übertragen werden kann, und dennoch sachgerechte Entscheidungen ermöglicht. Die Flexibilität im Sinne einer zielorientierten Kontextanpassung des Verhältnismäßigkeitsprinzips lässt sich ermessen, indem man empirisch-explorativ die Verschiedenheit der Anwendungskontexte erhebt. Beispielsweise könnten Beobachtungsstudien durch systematische Analyse von Rechtsdaten ermitteln, in welchen Kontexten des Verwaltungs- und Verfassungsrechts das Prinzip zur Anwendung kommt (Freiheitsrechte, Gleichheitsrechte, Staatsorganisationsrecht). Interessant wäre vor allem auch die Analyse des Gebrauchs jenseits davon, nämlich im Straf- und Zivilrecht.[98] Ob die Anwendung des Prinzips in diesen Kontexten zu sachgerechten Entscheidungen führt, ist wiederum nur rechtsnormativ überprüfbar. Auch die Frage, wann die empirisch beobachtbare Flexibilität in eine Konturlosigkeit übergeht, erschließt sich nur in einer rechtsnormativen Betrachtung. Derartige Analysen stehen aber noch aus, sodass zur Flexibilität insoweit bislang keine evidenzbasierten Aussagen getroffen werden können.

4. *Fazit*

Als Fazit kann man festhalten, dass die Operabilität des Verhältnismäßigkeitsprinzips sich auf dessen Handhabung durch Rechtsakteure wie Richter*innen oder Verwaltungsbeamt*innen bezieht. Drei zentrale Kriterien spielen eine Rolle: Handhabbarkeit, erwartungstreue Anwendung und Flexibilität. Die Handhabbarkeit versucht, die Komplexität der Prinzipienanwendung zu erfassen. Hier kommen etwa Beobachtungsstudien zu systematischen Fehlern in der Verhältnismäßigkeitsprüfung durch untere Instanzen in Betracht, v.a. durch Analyse von Aufhebungsscheidungen. Auch

---

[97] Ich danke *Matthias Mahlmann* für diesen Hinweis.

[98] Z.B. mittels des Datensatzes von *Seán Fobbe* Corpus der Entscheidungen des Bundesgerichtshofs (CE-BGH), [Dataset] Zenodo, 2024 < https://zenodo.org/records/12814022> (Stand 20.11.2024).

Befragungen von Rechtsakteuren sind möglich. Der Aspekt der erwartungstreuen Anwendung bezieht sich auf die „lehrbuchmäßige“ Umsetzung des Prinzips. Existierende Studien legen nahe, dass eine erwartungstreue Anwendung des Verhältnismäßigkeitsprinzips oft nicht erfolgt; die Gründe sind allerdings noch nicht hinreichend untersucht. Flexibilität hingegen misst die Diversität der Anwendungskontexte; auch hier stehen Untersuchungen noch aus.

IV. Schluss: Was folgt aus einer Performanzanalyse des Verhältnismäßigkeitsprinzips?

Im vierten und letzten Teil sollen Implikationen der Performanzanalyse des Verhältnismäßigkeitsprinzips für Rechtspraxis und Rechtswissenschaft aufgezeigt werden. Die Leistungsfähigkeit des Verhältnismäßigkeitsprinzips muss ein Anliegen für beide sein; ein hinter den erwarteten Leistungen zurückbleibendes oder nicht hinreichend operables Recht ist zu vermeiden.

Der Mehrwert einer Performanzanalyse des Verhältnismäßigkeitsprinzips für die Rechtspraxis besteht darin, dass diese operative Schwächen der Prinzipienanwendung offenlegen kann und damit Probleme der Wirksamkeit und der Operabilität. Im Bereich der Wirksamkeit ist für die Rechtspraxis insbesondere relevant, ob und unter welchen Bedingungen einer Anwendung des Verhältnismäßigkeitsprinzips eine *Debiasing*-Wirkung zukommt. Durch ein erhöhtes Bewusstsein für extra-legale Verzerrungen ließe sich die Konsistenz und Effektivität des Prinzips verbessern. Dies setzt weitere empirische Studien, die auf realen Bedingungen basieren und die insbesondere Richter*innen und Verwaltungsbeamt*innen einbeziehen, voraus. Mehr Erkenntnisse zu Problemen im Bereich der Operabilität, insbesondere der Handhabbarkeit, können schließlich auch dazu beitragen, die Ausbildung künftiger Rechtsakteure zu verbessern.

Für die Rechtswissenschaft kann Folgendes abgeleitet werden: Zunächst gilt es, normative und empirische Annahmen zu einer Theorie der Realwirkungen von Rechtsprinzipien zu verdichten, auch und gerade für das Verhältnismäßigkeitsprinzip. Eine solche Theorie ist unabdingbar, um eine Performanzanalyse durchführen zu können. Auch der institutionelle Kontext und die Zumessung von Entscheidungsspielräumen bedürfen weiterer Analyse. Schließlich ist an die Unentbehrlichkeit der rechtsnormativen Erkenntnisleistung im Rahmen einer Performanzanalyse zu erinnern: Dies betrifft, erstens, die Einschätzung der formalen und materiellen Rationalität der Rechtsargumentation. Diese ist zweitens bei der Frage nach der Einordnung von Entscheidungsmustern, wie z.B. dem Überspringen oder

Nichtnennen gewisser Prüfungsschritte, erforderlich. Drittens verlangt die Frage nach dem Übergang der Anwendungsflexibilität in Konturlosigkeit eine rechtsnormative Betrachtung.

Erst dieses Zusammenspiel zwischen Empirie und Normativität ermöglicht eine Performanzanalyse. Auf diesem Weg lässt sich das alte Versprechen, Anspruch und Wirklichkeit des Rechts besser zu vermitteln, ein Stück weit einlösen.

Leitsätze des Referenten über:

2. Leistungsfähigkeit des Verhältnismäßigkeitsprinzips

I. Begriff und Methode: Was ist und was leistet eine rechtswissenschaftliche Performanzanalyse?

1. Leistungsfähigkeit von Rechtsprinzipien

(1) In einem rechtsnormativen Sinne bezieht sich die Leistungsfähigkeit eines Rechtsprinzips auf dessen Potential, bei korrekter Anwendung bestimmte Funktionen im Recht zu erfüllen sowie zur sachgerechten Lösung rechtlicher Probleme beizutragen. Darin erschöpft sich der Begriff aber nicht.

(2) Stärker als andere Analysekategorien weist der Leistungsfähigkeitsbegriff einen Bezug zur Empirie auf: Leistungsfähigkeit bezieht sich auf die tatsächliche Wirksamkeit und Operabilität. Die Frage nach der Leistungsfähigkeit von Rechtsprinzipien zielt somit auf eine Vermessung der Spannung zwischen Normativität und Empirie, zwischen Anspruch und Wirklichkeit (Bewährung).

(3) Die Frage nach der Leistungsfähigkeit eines Rechtsprinzips legt eine empirisch-normative Performanzanalyse nahe, bei welcher empirische Rechtsforschung und Rechtsdogmatik arbeitsteilig vorgehen.

(4) Die Leistungsfähigkeit ist ein Wertungsbegriff, der zwar auf empirische Grundlagen verweist, aber nicht direkt messbar ist. Die Leistungs-fähigkeit eines Rechtsprinzips zeigt sich in seiner Wirksamkeit und Operabilität in der Rechtspraxis. Wirksamkeit bedeutet, dass das Prinzip tatsächlich einen Unterschied in der Praxis macht und die erwarteten Leistungen (graduell) erbringt. Operabilität bezieht sich darauf, wie gut das Prinzip anwendbar ist, einschließlich der Handhabbarkeit, erwartungstreuen Anwendung und der Flexibilität in der Rechtsanwendung.

(5) Aufgrund seiner zentralen Rolle im Verfassungsrecht und der in der Rechtswissenschaft geführten kontroversen Diskussion über seine Leistungsfähigkeit eignet sich das Verhältnismäßigkeitsprinzip besonders für eine Performanzanalyse. Es handelt sich um ein hochrangiges Prinzip,

mit welchem sich vielfältige und komplexe Rationalisierungserwartungen verbinden.

(6) Die Rechtswissenschaft kritisiert im Wesentlichen Inkonsistenzen, Unvorhersehbarkeit und die Gefahr subjektiver Einflüsse bei der Anwendung des Verhältnismäßigkeitsprinzips. Es wird insbesondere argumentiert, dass die Abwägung unvergleichbarer Güter oft ohne klaren verfassungsrechtlichen Maßstab erfolgt, was Raum für subjektive Präferenzen schafft.

2. Methodische Vorüberlegungen

(7) Die dogmatische Rechtswissenschaft verfügt nicht über geeignete Methoden zur Überprüfung der empirischen Dimension der Leistungsfähigkeit von Rechtsprinzipien.

(8) Hier kann die empirische Rechtsforschung ansetzen. Sowohl mittels quantitativ-empirischer wie auch mittels qualitativ-empirischer Methoden können Daten erhoben und analysiert werden, die Aufschluss über die tatsächliche Wirkung und Operabilität des Prinzips geben. Dies ermöglicht eine evidenzbasierte Bewertung seiner Leistungsfähigkeit in der Rechtspraxis.

(9) Der empirische Untersuchungsgang, dem auch eine empirisch-normative Performanzanalyse folgt, beinhaltet die Formulierung einer empiriebezogenen Forschungsfrage, die Abstützung in einer Theorie der Realwirkungen von Rechtsprinzipien, eine auf dieser Basis erfolgenden Formulierung von Hypothesen, die Klärung des Forschungsdesigns, die Datenerhebung und -auswertung sowie die Berichterstattung.

3. Gedanken zu einer Theorie der Realwirkungen von Rechtsprinzipien

(10) Die Performanzanalyse setzt eine – im Wesentlichen erst noch zu entwickelnde – Theorie der Realwirkungen von Rechtsprinzipien voraus.

(11) Eine solche Theorie muss erklären können, welche verhaltensbezogenen, sozialen, institutionellen oder rechtsdatenbezogenen Wirkungen von der Anwendung des Verhältnismäßigkeitsprinzips zu erwarten, wie diese zu erklären und zu gewichten sind.

(12) Rechtsdogmatik ist insbesondere bei der Formulierung der erwarteten Leistungen, von empirisch testbaren Hypothesen und der Interpretation der empirischen Ergebnisse relevant.

II. Wirksamkeit: Wie lässt sich die Wirksamkeit des Verhältnismäßigkeitsprinzips empirisch erfassen?

(13) Eine zentrale Erwartung an das Verhältnismäßigkeitsprinzip besteht in bestimmten, auf die Strukturierung von Abwägungen bezogenen Rationalisierungsleistungen.

(14) Dabei wird von einem rechtswissenschaftlichen Rationalitätskonzept ausgegangen, welches idealtypisch zwischen der formalen, der materiellen und der prozeduralen Rationalität unterscheidet.

1. Rationalisierung der Rechtsentscheidung

(15) Eine erste Rationalisierungsleistung wird vom Verhältnismäßigkeitsprinzip in Bezug auf die rechtliche Entscheidung erwartet. Dies bezieht sich auf die Eingrenzung des Entscheidungsspielraums der Rechtsakteure und der Wirkung als Debiasing-Instrument, welches extra-legale Faktoren minimiert.

(16) Erste experimentelle Studien zeigen, dass extra-legale Faktoren Abwägungsentscheidungen beeinflussen können. Rechtsakteure tendieren dazu, Entscheidungen zu treffen, die mit ihren eigenen Überzeugungen übereinstimmen, selbst wenn sie das Verhältnismäßigkeitsprinzip formal anwenden. Infolgedessen ist die Fähigkeit des Prinzips, subjektive Verzerrungen zu neutralisieren (Debiasing-Wirkung), möglicherweise geringer als angenommen.

*(17) Bislang fehlt es aber an empirischen Studien, welche die Debiasing-Wirkung des Verhältnismäßigkeitsprinzips systematisch untersuchen. Künftige Studien sollten hierfür die Wirksamkeit des Verhältnismäßigkeitsprinzips in der individuellen Entscheidung von Richter*innen und Amtswalter*innen unter möglichst realen Bedingungen testen.*

2. Rationalisierung der Rechtsargumentation

(18) Eine zweite vom Verhältnismäßigkeitsprinzip erwartete Rationalisierungsleistung betrifft die Rationalisierung der (verschriftlichten) rechtlichen Argumentation (z.B. in Gerichtsurteilen, Verwaltungsakten, Gesetzesmaterialien). Die schematische Verhältnismäßigkeitsprüfung zwingt die Rechtsakteure dazu, bestimmte Wertentscheidungen oder Interessenabwägungen in strukturierter Weise offenzulegen. Die Rationalisierungsleistung ist umso größer, je mehr die Verwendung des Verhältnismäßigkeitsprinzips dazu führt, dass implizite Argumente explizit gemacht werden können.

(19) Die Rationalisierung rechtlicher Argumentation durch Verhältnismäßigkeitserwägungen lässt sich im Rahmen einer empirischen Per-

formanzanalyse nur in geringem Maße untersuchen; erforderlich ist eine einzelfallbezogene, normative Bewertung nach rechtsdogmatischen oder rechtsethischen Kriterien.

3. Rationalisierung der Rechtsetzung

(20) Als dritte Rationalisierungsleistung werden vom Verhältnismäßigkeitsprinzip Rationalitätsgewinne in der Rechtsetzung erwartet. Inwiefern die Anwendung des Verhältnismäßigkeitsprinzips in Rechtsetzungsprozessen einen Beitrag zu formaler und materieller Rationalität leistet, kann empirisch nicht weiter ausgeleuchtet werden, sondern erfordert eine normative Bewertung.

(21) Eine empirisch-normative Performanzanalyse kann sich aber mit dem Zugewinn an prozeduraler Rationalität durch die Anwendung des Verhältnismäßigkeitsprinzips befassen.

(22) Die prozedurale Rationalitätsleistung des Verhältnismäßigkeitsprinzips in der Rechtsetzung besteht in der Institutionalisierung einer „Kultur der Rechtfertigung". Diese lässt sich empirisch durch die Erhebung von Bezugnahmen auf Verhältnismäßigkeit (bzw. Verhältnismäßigkeitssprache) in Gesetzgebungsvorhaben sowie durch die Analyse institutioneller Entscheidungsspielräume untersuchen.

III. Operabilität: Wie lässt sich die Operabilität des Verhältnismäßigkeitsprinzips empirisch erfassen?

(23) Als zweite Dimension der Leistungsfähigkeit wird die Operabilität des Verhältnismäßigkeitsprinzips betrachtet, die sich weiter ausdifferenzieren lässt in die Kriterien der Handhabbarkeit, der erwartungstreuen Anwendung sowie der Flexibilität.

1. Handhabbarkeit

(24) Die Handhabbarkeit, d.h. wie einfach sich das Verhältnismäßigkeitsprinzip anwenden lässt, kann empirisch durch Beobachtungsstudien zur Aufhebung von Verhältnismäßigkeitsentscheidungen durch höhere Instanzen sowie durch Befragungen von Rechtsakteuren untersucht werden.

2. Erwartungstreue Anwendung

(25) Das Kriterium der erwartungstreuen Anwendung betrifft die „lehrbuchmäßige" Umsetzung des Prinzips. Vorhandene empirische Studien zei-

gen, dass eine erwartungstreue Anwendung des Verhältnismäßigkeitsprinzips oft nicht erfolgt: Einige Teilelemente wie die Angemessenheitsprüfung wurden in der Vergangenheit betont, während andere wie die Geeignetheitsprüfung oft vernachlässigt oder übersprungen wurden.

3. Flexibilität

(26) Das Flexibilitätskriterium bezieht sich darauf, wie flexibel das Prinzip auf unterschiedliche rechtliche Kontexte übertragen werden kann, und dennoch sachgerechte Entscheidungen ermöglicht. Die Flexibilität im Sinne einer zielorientierten Kontextanpassung des Verhältnismäßigkeitsprinzips lässt sich ermessen, indem man empirisch-explorativ die Verschiedenheit der Anwendungskontexte erhebt. Interessant wären insbesondere Erhebungen zu den Anwendungskontexten jenseits des Verfassungs- und Verwaltungsrechts.

(27) Ob die Anwendung des Prinzips in diesen Kontexten zu sachgerechten Entscheidungen führt, ist wiederum nur rechtsnormativ überprüfbar. Auch die Frage, wann die empirisch beobachtbare Flexibilität in eine Konturlosigkeit übergeht, erschließt sich nur in einer rechtsnormativen Betrachtung.

IV. Schluss: Was folgt aus einer Performanzanalyse des Verhältnismäßigkeitsprinzips?

(28) Die vorhandenen Untersuchungen deuten darauf hin, dass die Leistungsfähigkeit des Verhältnismäßigkeitsprinzips durch verschiedene Faktoren begrenzt ist. Ideologische Präferenzen und Inkonsistenzen in der Anwendung beeinträchtigen seine Wirksamkeit und Operabilität. Es gibt daher Hinweise, dass das Prinzip nicht immer das erwartete Maß an Steuerungskraft und Rationalisierung erreicht.

(29) Insbesondere Untersuchungen unter realen Bedingungen und mit Beteiligung von Richterinnen und Richtern sowie Verwaltungsbeamtinnen und -beamten könnten weiteren Aufschluss liefern. Nur durch weitere empirische Forschung kann die Leistungsfähigkeit des Prinzips evidenzbasiert eingeschätzt werden.

(30) Die Erkenntnisse einer empirisch-normativen Performanzanalyse können dazu beitragen, die Anwendung des Verhältnismäßigkeitsprinzips zu verbessern, insbesondere indem sie eine transparentere, problembewusstere Rechtsanwendung fördert.

(31) Eine empirisch-normative Performanzanalyse hilft, Anspruch und Wirklichkeit des Rechts besser zu vermitteln.

3. Aussprache und Schlussworte

[Worterteilungen sind im Folgenden nicht wiedergegeben.]

Ralf Poscher: Vielen Dank für die wunderbaren Referate. Ich habe eine Frage, die sich an beide Referenten richtet. Es geht um die Attribution der Leistungsfähigkeit. Herr Wendel, Sie hatten ganz richtig beschrieben, dass der Grundsatz der Verhältnismäßigkeit vor allen Dingen entwickelt worden ist, um die Bindungswirkung der Grundrechte auch gegenüber dem Gesetzgeber überhaupt erst zu ermöglichen angesichts der Weite der Gesetzesvorbehalte. Mein Eindruck ist nun, dass diese Aufgabe in der Rechtsprechung gerade des Bundesverfassungsgerichts in der Angemessenheit noch mal einzelgrundrechtsspezifisch aufgegriffen wird und unter dem Deckmantel der Angemessenheit – ganz unabhängig von irgendwelchen Rechtsgüterabwägungen – dogmatische Grundsätze für Einzelgrundrechte entwickelt werden, die die Bindungswirkung der Einzelgrundrechte verstärken sollen. So finden etwa beim Recht auf informationelle Selbstbestimmung die für dieses Grundrecht im Rahmen der Angemessenheit entwickelten Verfahrensgrundsätze ganz unabhängig davon Anwendung, welche Rechtsgüter konkret betroffen sind, was noch einmal zeigt, dass die Entwicklung und Anwendung dieser Verfahrungsgrundsätze nichts mit der Abwägung von Rechtsgütern zu tun hat. Und wenn das stimmt, dass die Verhältnismäßigkeit auch die Funktion hat, den Deckmantel dafür zu bieten, dass so etwas wie traditionelle dogmatische Rechtsfortbildung der Einzelgrundrechte vorgenommen wird, die sich im weitesten Sinne auch hermeneutisch verstehen lässt, besteht dann nicht die Gefahr der Fehlattribution von Leistungen zum Verhältnismäßigkeitsgrundsatz, wenn es doch gar nicht um Abwägung geht, weder in der Genese dieser Grundsätze noch in ihrer Anwendung?

Oliver Lepsius: Ich möchte erst einmal ganz herzlich danken für zwei wirklich großartige, elegante und glänzende Referate. Die knappe Zeit verbietet, dass ich das jetzt noch näher ausführe. Es ist gerade bei Herrn Wendel deutlich geworden, dass der Verhältnismäßigkeitsgrundsatz auch seine Grenzen hat. Eine der neueren Grenzen ist das, was wir als Einschätzungs- und Beurteilungsspielräume bezeichnen. Sie haben darauf ja auch Wert gelegt, Herr Wendel. Ich würde jetzt sagen, es handelt sich hierbei im

Grunde um ein Gegenprinzip. Wir haben eine materielle Ergebniskontrolle, das ist die Verhältnismäßigkeitsprüfung. Und dann haben wir ein staatsorganisationsrechtliches, kompetenzrechtlich geprägtes Gegenprinzip, mit dem die materielle Ergebniskontrolle wieder eingeschränkt werden kann. Das Problem für die Kontrolle lautet dann aber: wie gewonnen, so zerronnen. Wie Sie ja auch ausgeführt haben, droht ein substanzieller Verlust an Grundrechtsgewährleistung durch die Installation dieses Gegenprinzips. Jedenfalls kann es nicht richtig sein, dass es Einschätzungs- und Beurteilungsspielräume auf prinzipiell jeder Prüfungsstufe geben soll. Denn dann kann ich sie kumulieren, so dass in der Abfolge nichts mehr zu prüfen übrigbleibt. Wendet man einen Einschätzungs- und Beurteilungsspielraum auf einer Prüfungsstufe an, dann mag man hoffen, die materielle Ergebniskontrolle werde auf einer der anderen Stufen kompensiert. Wenn das aber auf allen Stufen geschieht, dann haben wir ein ernstes Problem. Wie begegnen wir jetzt diesem Problem? Ich finde, Herr Wendel, das kann man schon prinzipiell nicht akzeptieren. Diesem Problem müssen wir uns in der weiteren Forschung auch zuwenden. Eine Möglichkeit wäre, auf alternative Schranken-Schranken abzustellen. Die Schranken-Schranke der Verhältnismäßigkeit ist ja nur eine unter mehreren, und sie ist in ihrer Leistungsfähigkeit zu taxieren im Verhältnis zu den anderen. Wenn also die Verhältnismäßigkeit schwächelt, dann muss das kompensiert werden durch ein stärkeres Abstellen auf andere Schranken-Schranken. Da waren Sie aber sehr zurückhaltend bei der Wesensgehaltsgarantie. Das ist abstrakt auch meine Meinung. Aber was machen wir, wenn sozusagen die Entscheidungsspielräume überall durchschlagen? Dann brauchen wir etwas anderes. Was hätten Sie anzubieten? Arbeiten wir dann mit dem Bestimmtheitsgrundsatz? So machen wir das typischerweise bei den Sicherheitsgesetzen. Oder setzen wir dann auf Prozeduralisierung, also nicht auf die materielle Ergebniskontrolle, sondern eine prozessorientierte Verfahrenskontrolle? Wir müssen jedenfalls etwas für solche Ausfälle bereithalten. Die zweite Möglichkeit wäre, dass man sagt, bei der Verhältnismäßigkeit geht es nicht nur um Dogmatik, sondern es geht um juristische Denkgesetze. Wir praktizieren hier im Grunde eine Methodenlehre. Verhältnismäßigkeit ist ja nicht Verfassungsauslegung, sondern es geht um eine kognitive Dimension der Zuweisung von Recht und Politik, von Tatsachen und Normen. Sie hat eine epistemologische Grundlegung, und die muss beachtet werden. Sodann gibt es Grenzen in der Prüfungsdogmatik der Verhältnismäßigkeit, die wir als juristische Denkgesetze formulieren würden. Kurz einige Beispiele, wo eine Dogmatik gegen Denkgesetze verstoßen würde: Wenn wir bei der Verhältnismäßigkeit auf Möglichkeit abstellen statt auf Wahrscheinlichkeit, dann scheitert jede Rechtskontrolle. Es gibt keine Rechtskontrolle der Möglichkeit. Wir brauchen also Wahrscheinlichkeitsaussagen. Wenn wir für die Verhältnismäßigkeit Korrelationen genügen lassen, statt Kausalität einzufordern, dann scheitert jede Rechtskontrolle. Wir können Korrelationen juristisch nicht prüfen. Und wenn wir in einer Dauerdynamik den Zeitpunkt der Prognosefundierung verlieren, dann scheitert mangels Tatsachenbezugs auch jede Rechtskontrolle. Alles drei ist in der Pandemie passiert. Wir stellten auf Möglichkeit statt Wahrscheinlichkeit ab. Korrelation genügte statt Kausalität, addiert um eine Dauerdynamik ohne Prognosegrundierung. Der Effekt musste der Ausfall der Verhältnismäßigkeitsprüfung sein. Das kann man nicht dogmatisch schönreden, sondern das ist eine Trias der Krise, gegen die wir ein alternatives Schutzkonzept entwickeln müssen. Danke schön.

Dieter Grimm: Ich finde wie Herr Lepsius, dass wir auf einem viel behandelten Gebiet durch die beiden Referate einen beträchtlichen Erkenntnisgewinn erlangt haben. Mir liegt vor allem an einem Punkt, der sich auf die Kritik an der Verhältnismäßigkeit bezieht. Die Kritik richtet sich ja im Wesentlichen gegen die dritte Stufe der Prüfung. Mit Eignung und Erforderlichkeit können sich die Gegner der Verhältnismäßigkeit abfinden. Die dritte Stufe ist der Stein des Anstoßes. Man kommt aber um diese Stufe nicht herum. Das zeigt auch der Rechtsvergleich, den Herr Wendel ja mehrfach angestellt hat. In Kanada drückt man sich um die dritte Stufe der Prüfung aus Furcht, nicht mehr juristisch, sondern politisch zu entscheiden, verlagert aber die Erwägungen, die dort stattzufinden hätten, in die Stufe der Erforderlichkeit. Damit ist nichts gewonnen, sondern nur Präzision verloren. Der wichtigste Grund für die Notwendigkeit der dritten Stufe wird freilich oft übersehen. Er liegt für mich darin, dass das Grundrecht, um dessen Schutz es ja geht, überhaupt erst auf der letzten Stufe der Verhältnismäßigkeitsprüfung ins Spiel kommt. Die Stufe eins und zwei bleiben völlig gesetzesimmanent. Der Zweck des Gesetzes wird ins Verhältnis zum gesetzlichen Mittel gesetzt. Ohne die dritte Stufe fiele das betroffene Grundrecht daher gar nicht ins Gewicht. Die Leistungsfähigkeit des Verhältnismäßigkeitsprinzips wäre erheblich verkürzt. Diese Leistungsfähigkeit haben die beiden Referenten unterschiedlich eingeschätzt. Für Herrn Wendel lag sie in dem Ausgleich, für Herrn Altwicker in der Rationalität. Das ist jedoch kein Gegensatz. Der Wendelsche Ansatz bezieht sich auf das Ergebnis, der von Herrn Altwicker auf den Vorgang. Beide zusammen begründen die Leistungsfähigkeit, allerdings nur, wenn das Prinzip korrekt angewendet wird. Gegenstand der Abwägung sind nicht Großgüter, Sicherheit gegen Freiheit zum Beispiel. Sie mögen im Hintergrund stehen, bilden aber niemals den Fall, der entschieden werden muss. Die Grundrechte sind auch nicht als solche Gegenstand der Abwägung. Ist Meinungsfreiheit wichtiger als Eigentumsschutz? Es geht immer nur um Gewinn und Verlust für die betroffenen Grundrechte. Kaum je wird eine gesetzliche Beschränkung den Schutzbereich eines Grundrechtes in vollem Umfang erfassen, sondern immer nur bestimmte Aspekte und diese in einem bestimmten Grad. Das wird von manchen Kritikern übersehen. Wenn man den konkreten Gewinn und den konkreten Verlust für die kollidierenden Grundrechte so exakt wie irgend möglich bestimmt, erledigt sich auch viel von dem Einwand der Unvorhersehbarkeit des Ergebnisses. Eine letzte Bemerkung zu Herrn Altwickers Postulat, die Realwirkungen von Rechtsprinzipien zu ermitteln, was ich nur unterstützen kann. Wir wissen aber wohl beide, wie schwer es ist, das zu tun. Sie haben das im Referat auch durchblicken lassen. Die Rechtswissenschaft hat kein Instrumentarium dafür, sie muss es sich von den Nachbarwissenschaften borgen. Damit sind wir aber bei all den Schwierigkeiten, die mit Interdisziplinarität zusammenhängen. Einen Punkt möchte ich hervorheben. Man kommt wahrscheinlich nicht um Was-wäre-wenn-Fragen herum. Was wäre zu erwarten, wenn das Recht anders aussähe oder anders interpretiert würde? Auf diese Frage lässt sich meist für die unmittelbare Nahwirkung noch leidlich gut eine Antwort geben. Aber je weiter man sich davon entfernt, umso ungewisser wird es.

Rainer Schweizer: Vielen Dank. Ich möchte etwas zuerst zum Geltungsbereich des Verhältnismäßigkeitsprinzips sagen. In der Schweiz ist es gemäß der Bundesverfassung auch außerhalb des Schutzbereichs der Grundrechte nach Artikel 5 Abs. 2 anwendbar. Und da fragt es sich schon, ob das Verhältnismäßigkeitprinzip nicht auch gewisse Grenzen hat. Bei den besonderen Grundrechten, etwa beim Folterverbot oder Rassismusverbot, über Verhältnismäßigkeit zu reden, ist natürlich abwegig. Die Kerngehaltsgarantie bedeutet meines Erachtens gerade einen Ausschluss von Interessenabwägung und Verhältnismäßigkeitsprüfung. Aber es gibt auch institutionelle menschenrechtliche Garantien. Denken Sie etwa an die Unabhängigkeit der Gerichte. Ich kann mir nicht vorstellen, wie man da Erforderlichkeit resp. Notwendigkeit sinnvoll beurteilen will. Bedeutsam, und das ist der zweite Punkt, scheint mir ein Blick auf Artikel 18 EMRK. Das ist eine Anwendungsregel. Die nach dieser Konvention zulässigen Einschränkungen der garantierten Rechte dürfen „nur zu den vorgesehenen Zwecken" erfolgen. Also bei der Verhältnismäßigkeitsprüfung ist insbesondere die Festlegung des Zwecks, dessen Umfang und dessen zeitliche Dauer kritisch zu sehen. Und das Straßburger Gericht hat mehrere grundlegende Entscheidungen zu Artikel 18 getroffen, wo es immer wieder darum geht, dass eigentlich über die Zwecksetzung ein Rechtsmissbrauch erfolgt ist, ein rechtswidriger Grundrechtseingriff, etwa im entscheidenden Fall Kavala gegen Türkei, wo dieser immer noch festgehaltene Mäzen, obwohl er höchstinstanzlich vom Vorwurf der Anstiftung der Gezi-Park-Proteste freigesprochen wurde, wegen angeblicher Terrorismusgefahr im Gefängnis bleibt. Und da sagt der EGMR: Damit sind alle Vorwürfe nach Art. 18 ungültig (EGMR, Kavala v. Turkiye, 11.7.2022 (GC), 28749/18, §§ 142 ff.). Also wenn Artikel 18 verletzt ist, dann ist der ganze Vorwurf nicht mehr rechtsbeständig resp. nichtig. Danke.

Markus Kotzur: Die beiden glänzenden und sich wunderbar ergänzenden Referate haben uns die Verhältnismäßigkeit vom Ergebnis her vorgestellt als ein Verfahren, das Ausgleich und Balance mit der Idee der Rationalisierung verbindet. Ich glaube, das ist ein ganz zentraler Punkt. Das Verhältnismäßigkeitsprüfungsverfahren hilft uns, Vorverständnisse aufzudecken. Es ist aus meiner Sicht so etwas wie ein „Aufdeckungsverfahren". Es legt „biases" offen, es hilft uns zu sehen, was Gerichte, was Entscheidungsträgerinnen und Entscheidungsträger tun, wenn sie entscheiden. Und dadurch gelingt auch eine bessere Responsivität der Entscheidung, die getroffen worden ist, eine bessere Anschlussfähigkeit. Die Argumente, die bei der Verhältnismäßigkeitsprüfung aufgegriffen worden sind, können von *dissenting opinions* widerlegt werden. Sie können in späteren Verfahren modifiziert werden und sie haben ein durchaus großes Erklärungspotential. Ich habe nur eine Frage, die ich gerne noch hinzufügen möchte: Wenn Gerichte sich mit Verhältnismäßigkeitsprüfungen befassen, insbesondere Höchstgerichte, dann haben sie sehr differenziert aufbereitete Sachverhalte vor sich liegen, die ihrerseits von unendlich vielen vorausgehenden Abwägungsprozessen geprägt sind. Schon die Frage, ob überhaupt ein Verfahren beginnt, ist letztendlich wie fast jede menschliche Entscheidung eine Abwägungsentscheidung. Und meine Frage ist, ob wir für unsere Verhältnismäßigkeitsüberlegungen auch diese Vorgeschichten von Verfahren aufdecken und damit die Basis für das Rationalisierungspotential noch erweitern können. Ganz herzlichen Dank.

Alexander Somek: Ich habe eine ganz kurze Frage an Herrn Wendel. Sie sagen in These Nummer fünf, der Verhältnismäßigkeitsgrundsatz ziele im Kern auf einen vermittelnden Ausgleich ab. Aber ich habe ihn eigentlich, wenn man ihn als Kontrollmaßstab verwendet, immer so verstanden, dass er darauf abzielt, eine bedingte Vorrangrelation – ich glaube, das ist Alexys Terminologie – herzustellen zwischen zwei kollidierenden Prinzipien. In einem Fall darf das eine Prinzip Vorrang haben, das andere muss zurückweichen, und im nächsten Fall hat das andere, zunächst zurückweichende Prinzip, wiederum Vorrang. Es geht nicht darum, dass zwischen den Prinzipien ein Kompromiss gefunden wird. Der Eindruck des Kompromisses entsteht deswegen, weil wir über die Zeit unterschiedliche Vorrangrelationen haben und ein Prinzip nie die ganze Zeit gegen das andere gewinnt.

Und so entsteht ein Muster, das uns den Eindruck von Ausgleich verschafft. Aber das Muster ist extern in Relation zum Verhältnismäßigkeitsprinzip, es ist nicht dem Verhältnismäßigkeitsprinzip immanent. Es ist etwas, das sich durch die Anwendung des Prinzips über die Zeit hinweg ergibt. Und hinter dem Muster steht dann letztlich vielleicht die Vorstellung, wie eine institutionelle Ordnung funktionieren sollte. Häberle hat dies in seinem institutionellen Grundrechtsverständnis ausgearbeitet. Danke.

Joachim Lege: Vielen Dank. Herr Lepsius hat es schon gesagt, wir reden über Methodenlehre. Da kann ich vielleicht etwas beisteuern. Dabei will ich anknüpfen an das Hauptthema der Tagung – Verfassungsrecht und Politik – und mich dann auf den Gegensatz „Recht und Politik" konzentrieren. Dazu drei Schritte. Erstens: Aus Sicht der Methodenlehre ist der Verhältnismäßigkeitsgrundsatz ein Argument – und zwar ein sehr simples Argument. Deshalb kann man fragen: Was leistet dieses Argument? Ich nehme jetzt, für die Freunde der Systemtheorie, zwei Beobachterperspektiven ein. Was leistet dieses Argument aus Sicht der Politik, und was leistet es aus Sicht des Rechts?

Zweiter Schritt daher: Leistung aus Sicht des Rechts. In dieser Perspektive ist der Verhältnismäßigkeitsgrundsatz eine Bändigung politischer Macht – Herr Wendel hat das gerade ausgeführt. Aber vielleicht ist das ein juristisches Wunschdenken? Ein staatsrechtslehrerisches Wunschdenken? Denn was ist eigentlich die Politik? Nun, sie ist vor allem nicht blöd. Und systemtheoretisch gesprochen hat sie ihre eigene „Systemrationalität". Dabei fußt sie auf drei Kernbegriffen: Es geht um Macht, es geht um die Herstellung allgemeinverbindlicher Entscheidungen, und es geht, jedenfalls muss man das vorgeben, um das Gemeinwohl.

Was leistet nun, dritter Schritt, unter diesen drei Aspekten aus der Perspektive der Politik der Verhältnismäßigkeitsgrundsatz? Antwort: Der Verhältnismäßigkeitsgrundsatz ist eine universale Ermächtigungsgrundlage. Wenn man die Ziele hoch genug hängt, dann geht alles durch. Also formulieren wir möglichst hohe Ziele und prüfen dann „ganz rational" durch: Legitimes Ziel – ja. Welche Grundrechtseingriffe sind dafür geeignet, erforderlich und angemessen?

Man sieht: Das ist die dem Recht genau entgegengesetzte Perspektive. Sie lässt sich übrigens nachvollziehen in zwei Entscheidungen des Bundesverfassungsgerichts. Zunächst wird im Klimaschutzbeschluss – großartige Entscheidung – das Ziel so hoch gehängt, dass danach in anderen Entscheidungen die Detailfragen leicht durchgewinkt werden können. So zum Beispiel das Windenergieförderungsgesetz in Mecklenburg-Vorpommern, das den Betreibern von Windkraftanlagen allerdings eher Knüppel zwischen die Beine wirft, indem sie eine GmbH gründen müssen, deren

Anteile zum Teil an Bürger und Gemeinden verkauft werden müssen, um politische Akzeptanz herzustellen – was, nebenbei, zu einem großen Bürokratieaufbau führt. Wie auch immer: Man setze hohe Ziele, dann sind alle Grundrechtseingriffe „geeignet, erforderlich, angemessen". Vielen Dank.

Felix Lange: Ich interessiere mich für die historische Genese des Verhältnismäßigkeitsprinzips. Tilmann Altwicker sprach vom Siegeszug, und es gehört wahrscheinlich mit zum Selbstverständnis der Vereinigung, dass der internationale Erfolg des Apotheken-Urteils eine Errungenschaft auch der Vereinigung ist. Aber ich finde auch die Gegenerzählungen spannend, die ein wenig bei Mattias Wendel anklangen in Bezug auf Kanada. Vielleicht könnten Sie da noch ein bisschen zu ausführen. Und eine zweite Frage richtet sich auf eine Modifikation nach Sachbereichen. Es gab jüngst Entscheidungen vor Verwaltungsgerichten zu Waffenlieferungen nach Israel. Da hat das VG Frankfurt entschieden, dass die Rüstungskontrolle ein Kernbereich exekutiver Eigenverantwortung sei und man deswegen nur eine Willkürkontrolle machen könne. Das Verhältnismäßigkeitsprinzip wurde in diesem Sachbereich zur Seite gedrängt. Mich überzeugt das nicht, aber mich würde trotzdem interessieren, was Sie dazu sagen. Ist das Verhältnismäßigkeitsprinzip im Individualrechtsschutz immer geboten oder sollte man nach unterschiedlichen Sachbereichen differenzieren?

Martin Morlok: Über die Verhältnismäßigkeit wissen wir doch alles, oder? Umso bemerkenswerter ist, dass der Vorstand dieses wohletablierte Werkzeug aus unserem Instrumentenkasten hier zum Thema gemacht hat. Und das zu Recht. Beide Referenten haben doch Beachtliches aus diesem Thema gemacht. Ich darf kurz vergleichen. Herr Wendel hat zunächst eine klare These: Ausgleich von widerstreitenden Rechtspositionen. Sodann hat er einen breiten Überblick über Anwendungsfelder gegeben, zum Beispiel die rechtliche Mehrebenenstruktur. Er hat einige Kritikpunkte genannt, so die Unvorhersehbarkeit der Ergebnisse, und auch Problembereiche näher beschrieben, insbesondere Spielräume und Kontrolle, und dabei die Handlungsperspektive und die Kontrollperspektive zu Recht auseinandergezogen. Besonders gut fand ich die Ausführungen zum legislativen Kompromiss und was sich daraus ableiten lässt für die Kontrolle. Ganz anders Herr Altwicker. Er hat das Thema radikal eingeschränkt und gesagt: Ich nehme die Themenkomponente Leistungsfähigkeit ganz ernst und konzentriere mich darauf. Er hat dann ein bemerkenswertes Konzept einer Performanzanalyse vorgestellt, das wir nicht vergessen sollten. Er hat uns klar gemacht, dass „Leistungsfähigkeit" nicht einfach ein beliebiges Wort ist, sondern dass Leistungsfähigkeit auch spezifischer gefasst werden kann. Die beiden von ihm genannten Komponenten, Rationalisierung und Operationabilität, hat er nochmals weiter ausdifferenziert und schließlich ein Forschungsprogramm skizziert, ein Forschungsprogramm, das wir ernst nehmen sollten und dem wir nachgehen sollten, weil es in höchst wichtiger Weise normative und empirische Fragen miteinander verbindet. Was haben beide Referate gemeinsam? Nun, beide haben gesagt, das Verhältnismäßigkeitsprinzip diene der Rationalisierung. Beide haben allerdings auch bestimmte Punkte nicht näher angeguckt. Wie sollten sie auch bei begrenzter Zeit? Aber ich würde mich doch interessieren für einige umstrittene Fragen. Das eine ist, ob das Verhältnismäßigkeitsprinzip auch im Staatsorganisationsbereich gilt, Herr Wendel hat da kurz mal dran geklopft. Die zweite Frage ist, wie sieht es aus mit staatlichen Leistungen. Der Satz von Herrn Wendel, das Verhältnismäßigkeitsprinzip gelte nicht nur in der Eingriffsverwaltung, ist ein bisschen sparsam. Aber was mich am meisten interessiert, das ist eine nähere Betrachtung der einzelnen Komponenten. Herr Grimm hat ja das schon angesprochen, auch Herr Lepsius. Eine große Leistung des Verhältnismäßigkeitsprinzips liegt ja darin, dass wir unterschiedliche Prüfprogramme für die einzelnen Stufen haben. Vielleicht kann man dazu noch etwas mehr hören. Danke schön.

Christoph Engel: Der Vorstand hat eine Frage gestellt, die man mit einer Spekulation nicht beantworten kann. Leistungsfähigkeit ist eine Aussage über einen kausalen Effekt. Dass wir den Verhältnismäßigkeitsgrundsatz haben, hat einen Effekt, und dieser Effekt ist normativ auch erwünscht. Das ist ein großartiges wissenschaftliches Programm. Aber jeder, der je empirisch gearbeitet hat, weiß, dass es auch ein dorniges Programm ist. Das ist überhaupt kein Vorwurf an Sie, Herr Altwicker, Sie haben es wunderbar gemacht, aber Sie haben halt auch da geguckt, wo die Laterne leuchtet, nämlich da, wo man relativ einfach ein Laborexperiment machen kann. Das ist aber die Frage, die uns eigentlich am wenigsten interessiert: ob es Wirkungen des Verhältnismäßigkeitsprinzips auf die Entscheidungen derer gibt, die später mithilfe des Verhältnismäßigkeitsprinzips kontrolliert werden können. Sehr schön, dass wir da etwas finden. Ich hätte mir gewünscht, dass man noch etwas genauer fragt: Was meinen wir denn mit Verhältnismäßigkeit? Was ist die Nullhypothese? Gar keine Verhältnismäßigkeit oder einzelne Elemente? Einzelne Kombinationen davon? Da gibt es noch viele Möglichkeiten, weitere Experimente zu machen.

Etwas, was im Labor noch gehen würde, wären die Vorwirkungen der Kontrolle durch die Verfassungsgerichte auf Regelbildung. Dann bräuchte man ein experimentelles Design, in dem man die Teilnehmer Regeln bilden lässt. Im Treatment gibt man ihnen vor, dass die Regel später anhand des Verhältnismäßigkeitsgrundsatzes kontrolliert werden wird. Auch in diesem

Design müssten Sie wieder entscheiden, was die Nullhypothese wäre, gar nichts oder was auch immer.

Trotzdem sind wir immer noch nicht da, wo wir eigentlich hinwollen. Das wären die Vorwirkungen der Rechtsprechung des Bundesverfassungsgerichts auf Gesetzgebung und Exekutive. Dafür braucht man am Ende Realdaten, und um mit Realdaten etwas kausal aussagen zu können, braucht man einen exogenen Schock. Ich denke, hier sollten wir auf die Suche gehen. Eine Idee, die einem sofort kommt, ist das Kruzifixurteil. Es hat das Bundesverfassungsgericht verstört und dazu veranlasst, in seiner Bereitschaft zur Intervention deutlich zurückhaltender zu werden. Um das Kruzifixurteil herum könnte man nach Wirkungen auf die Entscheidungen der Behörden suchen.

Carsten Bäcker: Meine Frage richtet sich an Tilmann Altwicker. Und sie ist weniger provokant gemeint, als sie zunächst vielleicht klingen mag. Sie lautet: Wozu? Wozu sollen wir diese Performanzanalyse durchführen? Wenn es um reines Erkenntnisinteresse geht oder ein Forschungsprogramm für die Rechtssoziologie, ist das vielleicht nicht genug. Und ich glaube auch nicht, dass das Ihr Ziel ist, Herr Altwicker. Wenn es nämlich um reines Erkenntnisinteresse ginge, könnten wir auch mit gleicher Berechtigung Performanzanalysen des Paarungsverhaltens von Eichhörnchen durchführen, und wir könnten uns dann überlegen, wann ein Eichhörnchen besonders erfolgreich eine Paarung anstrebt. Das ist aber hier nicht der Fall, denn wir sind ja keine Eichhörnchen. Auch nicht im dritten Senat. Sondern wir sind Juristen, und wir können lernen aus den Ergebnissen so einer Analyse, die Sie präsentieren. Und meine Frage ist jetzt: Was lernen wir Juristen daraus? Vorausgesetzt, wir führen das Forschungsprogramm so durch. Es wäre vielleicht mit vielen Drittmitteln möglich. Was lernen wir daraus? Es gibt meines Erachtens drei mögliche Ergebnisse. Das erste ist edukativer Art. Wir könnten edukative Aspekte ableiten und bessere Juristen oder auch Polizisten ausbilden. Also etwa den Polizisten besser erklären, wie man diesen Verhältnismäßigkeitsgrundsatz anwendet. Das zweite wären systemische Aspekte. Wir könnten lernen, dass der Verhältnismäßigkeitsgrundsatz zurzeit so schlecht „performt", dass wir ihn lieber ganz rauslassen und zurückkehren zu einem reinen Regelmodell. Der Polizist bekommt eben Regeln an die Hand: Wenn das oder das der Fall ist, dann ist die Versammlung aufzulösen. Wenn nicht, dann nicht. Das dritte mögliche Ergebnis, und das ist, glaube ich, das, worauf Sie hinauswollen, es ist jedenfalls das, was mich am meisten interessieren würde, betrifft die strukturellen Aspekte. Was funktioniert gut, was funktioniert weniger gut? Was müssen wir ändern am Grundsatz der Verhältnismäßigkeit? Was müssen wir nachbessern? Müssen wir weitere Teilgrundsätze einführen? Müssen wir die Angemessenheitsprüfung generell ganz anders strukturieren? Und wenn das Ihr Ziel ist, Herr Altwicker, wenn Sie das anstreben mit der Performanzanalyse, dann würde mich ein Hinweis darauf interessieren, was Sie sich da vorstellen könnten, wo die Struktur verbesserungsfähig ist.

Claus Dieter Classen: Ich habe zwei Fragen, die jeweils beide Referate in den Blick nehmen. Die erste Frage zielt ab auf die Begründung insbesondere von Gesetzen, wenn es um die Kontrolle von deren Verhältnismäßigkeit geht. Herr Wendel hat das explizit angesprochen, nämlich die Frage der Rationalität und der Rechtfertigung von Entscheidungen, bei Herrn Altwicker gehen manche Überlegungen auch in diese Richtung, Wenn es um die Frage geht, ob irgendwelche Handlungsalternativen bereitstehen oder nicht, findet man in den Gesetzesbegründungen herzlich wenig. Herr Wendel hat das erwähnt. Und auch wenn es um die Frage der Güterabwägung geht, welche Ziele werden verfolgt, welche nicht? Herr Schweizer hat das für die EMRK kurz angesprochen: Welche Folgen nimmt man in den Blick? Am Ende lautet die Frage, welche Bedeutung angesichts der Offenheit der Verhältnismäßigkeit der Gesetzesbegründung, wenn sie denn vorhanden ist, zukommt? Kann hier über eine Prozeduralisierung die richterliche Kontrolle verbessert werden, bei der ja, glaube ich doch, gewisse Schwierigkeiten bestehen, auch wenn Herr Grimm das anders gesehen hat? Müsste man dann unter Umständen nicht zu einer Begründungspflicht kommen? Und wenn die Begründung nicht vernünftig ist, ist dann das Gesetz allein schon deswegen als verfassungswidrig anzusehen? Oder muss man nicht zumindest, wenn man nicht so weit geht, weil das ja bisher nicht Stand der Dinge ist, sagen, dass der Gesetzgeber das Gesetz ordentlich begründen muss, und der Richter kann dann nicht einfach andere Ziele ins Gesetz hineininterpretieren, weil sich dieses unter diesem Gesichtspunkt vielleicht doch als verhältnismäßig erweist? Muss man also der Gesetzesbegründung ein stärkeres Gewicht zumessen und damit den Gesetzgeber auch stärker in die Verantwortung nehmen, damit man dann die richterliche Kontrolle der Verhältnismäßigkeit entspannter sehen kann? Das wäre dann auch eine Antwort auf Herrn Lepsius.

Die zweite Frage: Herr Wendel hat auch das Thema Ergänzungen erwähnt. Herr Altwicker hat explizit die Frage nach Kohärenz angesprochen und damit ein Stichwort, das beim EuGH relativ häufig vorkommt, beim Bundesverfassungsgericht dagegen nur sehr indirekt, einmal vielleicht der Sache nach im Nichtraucherbeschluss. Die Grundfrage lautet, ob man, wenn eine Regelung so ein bisschen wie ein Schweizer Käse ist, mit vielen Löchern und damit sehr begrenzt effektiv, daraus Konsequenzen ziehen kann. Der EuGH macht es im Prinzip nur bei der Eignung. Das ist vielleicht nicht ganz richtig, weil natürlich auch eine lückenhafte Regelung ein wenig erreicht. Aber am Ende macht natürlich der Gesetzgeber, wenn er seine Regelungen lückenhaft ausgestaltet, deutlich, dass er seinem Anliegen nur begrenztes Gewicht zumisst. Das ist auch eine Frage, die vielleicht wesentlich leichter von einem Richter kontrollierbar ist als die klassische Güterabwägung. Ist das Gesetz nun in sich schlüssig oder nicht? Ist das Gesetz wirklich auf komplette Wirksamkeit hin angelegt oder hat es große Lücken? Anders als die Abwägung, die eben doch im Kern eine stärker der Politik zuzuweisende Aufgabe ist, ist die hier angesprochene Kontrolle gut von einem Richter zu leisten. Vielen Dank.

Anne Peters: Vielen Dank. Beiden Referenten möchte ich ganz herzlich gratulieren für brillante Referate. Herr Wendel, Sie haben wortmächtig neue Horizonte eröffnet. Tilmann Altwicker hat einen glasklaren Crashkurs in Rechtsempirie geliefert und danach ausdifferenziert geprüft, ob das Verhältnismäßigkeitsprinzip tatsächlich gewisse Rationalisierungsleistungen erbringt. Ich möchte auch dem Vorstand gratulieren, dass er den *empirical turn* der Rechtswissenschaften mit mehreren Dekaden Verspätung in unserer Vereinigung eingebracht hat. Das Panel hat aus meiner Sicht sehr glücklich beide Methoden (Rechtsdogmatik und Rechtsempirie) kombiniert. Das ist heutzutage nach meiner Erfahrung eine Mindestbedingung für Forschungsanträge mit Aussicht auf Erfolg. Andererseits sind die rein empirischen Fragen oft langweilig bzw. die Antwort erscheint oft *commonsensical,* man kann sie lediglich statistisch signifikant belegen. Tilmann Altwicker hat immer aufgezeigt, wo die empirische Forschung an ihre Grenzen stößt und Argumentation gefragt ist, um noch die Hermeneutik, also das Proprium unserer Wissenschaft, einzubringen. Ich fand das eine gelungene Kombination. Zwei kurze Fragen an Tilmann Altwicker: Sie haben uns Bausteine einer Theorie der Realwirkungen von Rechtsprinzipien angekündigt. Sie haben auf empirische Studien zum Verhältnismäßigkeitsprinzip verwiesen. Ich habe den Eindruck, dass es tatsächlich zu diesem Prinzip viel Empirie gibt, nicht aber zu anderen Prinzipien wie zum Beispiel Gleichheit vor dem Gesetz oder Demokratieprinzip. Woran liegt es, dass sich so viele Empiriker auf das Verhältnismäßigkeitsprinzip stürzen, nicht nur im nationalen Recht, sondern auch im internationalen Recht? Dann eine Frage an Herrn Wendel: Sie haben als These 14 aufgeführt, dass die Grundrechtsprüfung das vornehmste Anwendungsfeld des Verhältnismäßigkeitsprinzips ist. Ich würde Sie bitten, noch mal stärker zu unterscheiden zwischen der Grundrechtskonstellation auf der einen Seite und dem Einsatz des Verhältnismäßigkeitsprinzips in anderen Konstellationen. Denn nur in der Grundrechtssituation finden wir die strukturelle Asymmetrie vor, dass wir wegen der Vermutung für die Freiheit das Grundrecht und den Schutz vor Eingriffen als Rückfallposition haben; wir sind deshalb in der Prüfung strukturell asymmetrisch unterwegs. Das ist in anderen Konstellationen nicht so. Vielen Dank.

Franz Mayer: Von meiner Seite auch herzlichen Dank für zwei großartige Referate, die sich hervorragend ergänzt haben. Ich habe eine Nachfrage zur europäischen Dimension.

Mattias, Du hast gesagt, die vornehmste Funktion des Verhältnismäßigkeitsprinzips sei effektiver Grundrechtsschutz. Nun ist das im Kontext des Unionsrechts ja etwas anders verlaufen. Dort kommt das Verhältnismäßigkeitsprinzip eigentlich erstmals im Kontext der Grundfreiheiten zur Sprache. Da bezieht sich der Gerichtshof auf das, was heute in Artikel 30 Satz 2 AEUV steht. Dort ist von Grundrechten gar nicht die Rede. Sehr viel später kommt dann aber doch noch der Gesichtspunkt von Grundrechten, und zwar europäischen Grundrechten, als Schranken-Schranken für Grundfreiheiten, in den Blick. Da hätte ich gerne die schlichte Nachfrage gestellt, wie sich diese Aspekte zueinander verhalten.

Meine zweite Frage betrifft den Gesetzgeber. Die Frage, wie der Gesetzgeber mit dem Verhältnismäßigkeitsprinzip umgeht, finde ich sehr richtig. Es ist wichtig, dass wir das einmal thematisieren, dass in den Gesetzentwürfen auf Bundesebene bei „Alternativen" oft einfach nur „Keine" steht. Am Maßstab des PSPP-Urteils gemessen wäre das ja eigentlich schon krass rechtswidrig. Wenn ich Dich richtig verstanden habe, dann siehst Du beim europäischen Gesetzgeber hierzu ein besseres Modell. Vielleicht kannst Du das nochmal ausführen: Machen die das wirklich besser, oder ergibt sich hier nicht letztlich nur ein Nebenprodukt der Subsidiaritätsprüfung? Vielen Dank.

Matthias Ruffert: Ich möchte eine Rückfrage stellen zur föderalen Kompetenzabgrenzung aus dem Referat von Mattias Wendel. Es ist nicht so schwer, das Bundesverfassungsgericht und den Zweiten Senat für seine Verhältnismäßigkeitsprüfung im PSPP-Urteil zu kritisieren. Wahrscheinlich ist da über weite Strecken mehr Zitatwüste als Argumentation. Aber andererseits stellen sich auch Rückfragen deswegen, weil der EuGH selbst das Verhältnismäßigkeitsprinzip ins Spiel gebracht hat, nämlich durch seinen Generalanwalt in der vorherigen Rechtsprechung. Die Verhältnismäßigkeitsprüfung ist eigentlich gar nicht primär Ergebnis der Überlegungen des Bundesverfassungsgerichts. Daraus folgt meines Erachtens dreierlei. Erstens, die Breite des Themas. Wir hatten in der Diskussion schon Corona und Rüstungskontrolle, jetzt Wirtschafts- und Währungsunion. Das macht es schwer für den Referenten, auch bei der Beantwortung der Fragen. Zweitens wird daran erkennbar, dass wir über die Handhabbarkeit des Verhältnismäßigkeitsprinzips – das knüpft an das an, was Herr Morlok gesagt hat –, eben doch nicht so genau Bescheid wissen. Und drittens, das ist nun die Frage an den Referenten in der Hoffnung, dass Zeit für eine Antwort ist: Was soll man denn machen, wenn im konkreten Fall der EuGH, ob in PSPP oder in einem anderen Fall, wo wir anderer Auffassung zur Verhältnismäßigkeit wären, die Verhältnismäßigkeitskontrolle eines Unionsorgans verweigert, was er meines Erachtens in Weiss getan hat. Das muss man nicht so sehen, aber abstrakt ist der Fall ja denkbar. Wer kontrolliert denn dann die Verhältinsmäßigkeitsprüfung des EuGH? Vielen Dank.

Claudio Franzius: Ich habe auch eine Frage an Mattias Wendel. Hilfreich könnte doch ein Blick auf die Entstehungsgeschichte des Verhältnismäßigkeitsgrundsatzes sein. Der Grundsatz stammt aus dem Verwaltungsrecht, sagen wir aus dem Polizeirecht, und seinen Siegeszug zu einem fundamentalen Grundsatz im Verfassungsrecht trat er von hier aus an, vom Verwaltungsrecht. Ist das dann aber nicht ein Beispiel für das, was wir gestern präsentiert und kritisiert bekommen haben? Verfassungsrecht als abstrahiertes Verwaltungsrecht. Kann es richtig sein, dass wir die Verhältnismäßigkeit des Gesetzgebers so behandeln wie die Verhältnismäßigkeit des Polizeibeamten? Ich habe mich sehr gefreut über Deine Unterscheidung zwischen Handlungs- und Kontrollperspektive. Da müssen wir weitermachen und die Handlungsperspektive näher beleuchten, aber wir wissen noch nicht so richtig genau, was Verhältnismäßigkeit aus der Handlungsperspektive bedeutet, und ich bin mir nicht sicher, ob der Verzicht auf die herkömmliche Angemessenheitsprüfung insoweit nur eine „Scheinalternative" bietet. Ist es wirklich so, dass alles, worauf hier zugunsten des politischen Ausgleichs verzichtet wird, einfach nur in die Erforderlichkeit wandert? Wir reden nicht über einen Verzicht auf die dritte Stufe, gut. Reduktion nennst Du es, ich würde sagen Modifikation. Vielleicht macht es Sinn, dort anzuknüpfen, dass es eben darauf ankommt, ob der Ausgleich bereits politisch vorgenommen worden ist und die Kontrolle dann auf der dritten Stufe zurückgenommen werden muss. Ist das nur eine die Erforderlichkeit aufblähende Scheinalternative? Da würde mich interessieren, ob die Zurückhaltung nicht vielmehr ein Festhalten an unseren Überlieferungen ist, vielen Dank.

Jens-Peter Schneider: Jens-Peter Schneider von der Universität Freiburg im Breisgau, was ich im hiesigen Schweizer Kontext gerne klarstellen möchte. Ähnlich wie Claudio Franzius möchte ich eine Brücke zu den beiden gestrigen Vorträgen schlagen. Ich glaube, dass wir in diesem Vierklang gesehen haben, welch unterschiedliche Zugriffe man zu den benachbarten Themen nehmen kann und wie unterschiedlich produktiv diese Zugriffe sein können. Manche blieben eher narrativ, während andere analytisch weiterführend waren. Jedenfalls fand ich die beiden heutigen Referate sehr bemerkenswert und hilfreich. Vor allem mit ihren ganz unterschiedlichen Zugriffen, nämlich einerseits rechtsvergleichend und andererseits empirisch-interdisziplinär. Dankbar bin ich vor dem Hintergrund der gestrigen Debatte Herrn Wendel, dass er uns rechtsvergleichend fundiert vor Augen führte, dass auch verwaltungsrechtliche Institute der frühen Bundesrepublik wie der damals sich breit entfaltende Verhältnismäßigkeitsgrundsatz verwaltungspolitische Spielräume belassen. Im zweiten Referat motivierte uns Herr Altwicker sehr anregend zu einem *empirical turn*. Andere Wissenschaften sind uns da weit voraus. Natürlich beschränkt sich manche Erkenntnis am Anfang oft auf die Bestätigung des Common Sense. Empirische Methoden müssen schließlich erst einmal trainiert und kritisch reflektiert werden. Da ist es vielleicht sogar ein Vorteil, wenn Ergebnisse herauskommen, die man auch zuvor bereits vermutet hat. Das ist etwa in der Physik ähnlich. Das CERN erhielt Milliarden dafür, dass die dortigen Experimente empirisch bestätigen, was Higgs und andere theoretische Teilchenphysiker Jahre zuvor erwartet haben. Insofern vielen Dank an die beiden heutigen Referenten. Bemerkenswert fand ich auch die verschiedenen Dimensionen von Leistungsfähigkeit: bei Ihnen, Herr Altwicker, die Rationalität, bei Ihnen, Herr Wendel, Vermittlung. Gestaltende Leistungsfähigkeit der Verwaltung war gestern für Frau Münkler zentral. Wenn ich es recht verstanden habe, spielte für Sie, Frau Münkler, die Verwaltungsorganisation insoweit eine große Rolle. Dazu würde ich gerne noch Anregungen geben wollen für weitere empirische Forschungen. Sie, Herr Altwicker, haben sehr stark die Professionalisierung betont, nicht mehr so sehr in der Abschlussthese, aber in Ihren vorherigen Darlegungen. Ich glaube, ein zweites Element, das der Kollegialität, kann ähnlich bedeutsam sein, etwa bei der von Frau Münkler zu Recht ins Zentrum gerückten Verwaltungsorganisation, zum Beispiel von unabhängigen Behörden. Deshalb wirft es drängende Fragen auf, wenn sich Deutschland für die Beaufsichtigung digitaler Dienste für ein monokratisches Organ in einem hochkomplexen Bereich des multipolaren und multidimensionalen Interessenausgleichs entschieden hat. Das finde ich verwunderlich. Und ein letzter Punkt noch für die Rechtsvergleichung: Das Facebook Oversight Board ersetzt sozusagen privatautonom die amerikanische Free Speech-Dogmatik mit all ihren Rigiditäten durch einen völkerrechtlich inspirierten Verhältnismäßigkeitsgrundsatz. Das ist doch bemerkenswert.

Franz Reimer: Müssen wir dem Verhältnismäßigkeitsgrundsatz nicht auch kritischer zu Leibe rücken? Meine konkrete Frage zielt mit ähnlicher Stoßrichtung wie die von Herrn Somek auf den zentralen Begriff von Ihnen, lieber Herr Wendel: vermittelnder Ausgleich. In der Regel wird eben nicht ausgeglichen. Handelt es sich beim „vermittelnden Ausgleich" nicht in der Regel um einen Euphemismus? Und wenn wir auf Ihren Hinweis zurückkommen, dass es um Machtfragen geht, und das scheint mir sehr wichtig und richtig: Sie haben davon gesprochen, dass eine Einengung von Abwägungen zu einer grundrechtlichen Schutzabsenkung führt, wenn ich es richtig verstanden habe. Könnte man nicht aber auch umgekehrt sagen: Es führt dazu, dass der demokratisch gewählte Gesetzgeber wieder atmen kann?

Diana-Urania Galetta: Ich habe eine kurze Frage an Mattias Wendel. Kurz, aber nicht einfach. Sie haben behauptet, die Leistungsfähigkeit des Prinzips sei nicht mit den Problemen der gerichtlichen Kontrolle zu verwechseln. Ich habe mich mit dem Grundsatz der Verhältnismäßigkeit über viele Jahre beschäftigt, insbesondere aus der Perspektive der Rechtsvergleichung. Deswegen ist mir bewusst, dass die Frage der gerichtlichen Kontrolle des Verhältnismäßigkeitsprinzips eine der wichtigsten und kontroversesten Fragen ist, die wir überhaupt haben. Die akademische Literatur ist zumeist darauf fokussiert. Und das ist kein Zufall. Ich fragte mich deshalb, wenn es bei diesem Prinzip wesentlich darum geht, die Grundrechte besser zu bewahren und zu schützen (und obwohl es mir klar ist, dass es verschiedene Konstellationen gibt), wie man die Grundrechte vis-à-vis der Tätigkeit der Legislative und insbesondere (aus meiner Perspektive) vis-à-vis der öffentlichen Verwaltung schützen kann, wenn man die Leistungsfähigkeit des Verhältnismäßigkeitsprinzips von den Problemen seiner gerichtlichen Kontrolle trennt.

Veith Mehde: In den beiden Vorträgen ist in glänzender Weise herausgearbeitet worden, dass die Leistungsfähigkeit in einer Hinsicht ganz deutlich zu bejahen ist, nämlich was die Potenziale anbelangt. Herr Wendel, Sie haben deutlich gemacht: Man kann ebenenübergreifend argumentieren, man kann den Faktor Zeit einbinden, man kann Schutzpluralität abbilden. Das ist alles ein Ausweis von großer Leistungsfähigkeit. Ich glaube, die Kritik ist doch ganz wesentlich, dass die andere Seite der Medaille – wenn man so will: das Spiegelbild oder ein Kollateralschaden – die Rechtssicherheit ist. Man hat keine Sicherheit, was man tun kann, sobald die Verhältnismäßigkeitsüberlegungen ins Spiel kommen. Und da schließt meine Frage an: Ist das eigentlich zwingend? Gibt es nicht Möglichkeiten zu verhindern, dass dieses Potenzial auf der anderen Seite so massiv mit Rechtsunsicherheit einhergeht? Letztlich ist beides auf rechtsstaatliche Überlegungen zurückzuführen. Man nimmt sozusagen das eine aus dem Rechtsstaatsprinzip hergeleitete Prinzip und lässt ein anderes dadurch massiv beschädigt zurück. Und deswegen einige Ansätze, die dies – jedenfalls vielleicht – etwas besser machen: Zum Beispiel, wenn wir wenigstens Klarheit hätten über die Einschätzungsprärogative. Ob es sie geben muss oder nicht, kann man, glaube ich, unterschiedlich sehen. Aber wenn man wenigstens in dieser Hinsicht Sicherheit hätte. Ich glaube, ein Gutteil der Kritik an vielen Entscheidungen ist darauf zurückzuführen, dass man den Eindruck haben muss, die Einschätzungsprärogative sei manchmal sehr stark ausgeprägt. Manchmal ist sie demgegenüber wenig ausgeprägt. Historisch war das nicht so sehr das Problem im Polizeirecht, weil wir da von vornherein eine Definition der Gefahr haben, die die Einschätzungsprärogative schon impliziert. Die Einschätzungsprärogative des handelnden Polizeibeamten ist Teil der Definition, deswegen haben wir da kein Problem. Zweiter Punkt: Man könnte sich zum Beispiel darauf verständigen – in der verwaltungsgerichtlichen Rechtsprechung jedenfalls –, dass es bestimmte Dinge gibt, bei denen eben eine solche Verhältnismäßigkeitsprüfung nicht mehr stattzufinden hat. Stichwort zum Beispiel: gebundene Entscheidungen. Und einiges andere könnte man sicherlich noch überlegen, aber dafür fehlt jetzt die Zeit.

Hanno Kube: Auch ich möchte für zwei sehr anregende Beiträge danken, die inhaltlich und methodologisch komplementär zueinander stehen. Es sind Beiträge zu einem Thema, das ein Fenster zur empirischen Rechtswissenschaft öffnet. Meine Frage knüpft nun allerdings normativ-dogmatisch an. Sie bezieht sich auf die Anwendung und im Ergebnis auf die Leistungsfähigkeit des Verhältnismäßigkeitsprinzips beim vermittelnden Rechtsgüterausgleich in der klassischen Grundrechtsprüfung. In These 13 von Mattias Wendel heißt es: „Der Grundsatz der Verhältnismäßigkeit zielt auf einen vermittelnden Ausgleich von Rechtsgütern ab, der sich nach mehreren Seiten hin entfalten kann." Die Frage, die sich mir dazu stellt, ist ebenso bekannt wie zentral und aus meiner Sicht drängend. Es ist die Frage, welche Rechtsgüter in diesen Ausgleich einzubeziehen sind. Klassisch wird auf Seiten des Grundrechtsträgers das Rechtsgut berücksichtigt, das durch das betroffene Grundrecht geschützt wird. Auf der anderen Seite steht demgegenüber das volle Gewicht des Gesetzeszwecks oder der Gesetzeszwecke, die verfolgt werden. Ist diese Prüfungsstruktur aber ausreichend, ist sie angemessen? Wie sieht es aus, wenn auf Seiten des Grundrechtsträgers mehrere Grundrechte betroffen sind? Inwieweit müssten wir diese anderen Grundrechtseingriffe in einer gesamtheitlichen Verhältnismäßigkeitsprüfung mitberücksichtigen? Wie ist zu prüfen, wenn es sich um mehrere Eingriffe zulasten unterschiedlicher Personen handelt? Sollten auch diese Eingriffe in einer umfassenden Verhältnismäßigkeitsprüfung in Rechnung gestellt werden? Sollten dagegen in der Erforderlichkeitsprüfung mögliche alternative Eingriffe zulasten anderer Grundrechtsträger, die in der Sache milder sind als der gegenständliche Eingriff, erwogen werden?

Sollten derartige alternative Eingriffe auch dann erwogen werden, wenn es sich um Maßnahmen handeln würde, die von einem anderen Rechtsträger ergriffen werden müssten? Und schließlich: Ist bei alldem auch danach zu unterscheiden, ob die Grundrechte in einer Abwehrkonstellation oder in einer Drittwirkungskonstellation geprüft werden? All diese Fragen stehen meines Erachtens im Raum, sie sind bedeutsam und bedürfen einer umfassenderen Beantwortung. Vielen Dank.

Johann-Christian Pielow: Ich habe zwei Fragen zu Aspekten, die mich im Tagesgeschäft immer wieder beschäftigen, und freue ich mich, dass wir heute darüber diskutieren können – auch von meiner Seite mit hohem Lob für die gelungenen und aussagestarken Referate! Die erste Frage ist schon mehrfach angesprochen worden, Herr Wendel: Auch ich wäre Ihnen dankbar, wenn Sie sich dazu noch deutlicher bekennen würden. Gilt das Verhältnismäßigkeitsprinzip auch im organisationsrechtlichen Kontext? Ich denke insoweit an innerstaatliche Organisationsakte. Sie haben das Verhältnis zwischen EU und Mitgliedstaaten angesprochen und dazu die Verhältnismäßigkeit thematisiert. Mein Problem betrifft die Garantie der kommunalen Selbstverwaltung in Artikel 28 Abs. 2 GG. Sie kann bekanntlich vom Gesetzgeber näher ausgestaltet werden, unterliegt aber verfassungsgerichtlicher Kontrolle. Wie halten wir es dann etwa mit der Übertragung immer neuer Pflichtaufgaben durch die Länder, aber schon einmal auf gesetzliche Veranlassung des Bundes hin? Als Beispiel sei die gesetzliche Verpflichtung von Gemeinden zur aufwändigen Wärmeplanung genannt. Greift auch insoweit eine strenge Verhältnismäßigkeitsprüfung etwa auch mit Blick auf die Folgen für die kommunalen Haushalte? Oder genügt bei Aufgabenverlagerungen, wie vom Bundesverfassungsgericht im Rastede-Beschluss vor vielen Jahren (1988) gefordert, eine „Vertretbarkeitsprüfung", wohl im Sinne einer bloßen Evidenzkontrolle? Die Selbstverwaltungsgarantie ist jedenfalls kein Grundrecht und mir wäre an einer klaren Aussage – bitte nicht nur ein „es kommt darauf an" – zur Wirkung des Verhältnismäßigkeitsprinzips im beschriebenen Kontext gelegen.

Das zweite Problem scheint mir wortwörtlich noch „gewichtiger" zu sein und der Kommentar von Herrn Kube ging schon in diese Richtung – Stichwort Angemessenheitsprüfung: Geboten ist hier eine Güterabwägung, ganz wie im Bild der Justitia mit den Waagschalen in der Hand. Dazu ist erst einmal der „Wert" der abzuwägenden Verfassungsprinzipien oder sonstigen Gesetzeszwecke zu bemessen. Um es am Beispiel des energiewirtschaftlichen Zieldreiecks durchzuspielen: Die Energieversorgung soll zugleich möglichst sicher, zweitens preiswürdig und drittens umweltverträglich und damit auch klimafreundlich sein. Abzuwägen ist zwischen diesen Zielen schon bei der Energie- und Klimagesetzgebung, aber auch in Planungs- bzw. Genehmigungsverfahren, und man fragt sich dann: Haben wir es insofern mit gleichrangigen Prinzipien zu tun oder aber mit einer Wertehierarchie? Persönlich neige ich zu einem gewissen Vorrang für die Versorgungssicherheit. Der Klimabeschluss des Bundesverfassungsgerichts, Frau Britz, lässt uns dazu im Stich. Zwar soll danach der Stellenwert des Klimaschutzes tendenziell zunehmen (Stichwort: „Kipppunkte" des Klimawandels), aber das Gericht betont zugleich, dass der Klimaschutz mit anderen Verfassungsprinzipien abgewogen werden muss. Also welches Gewicht hat das, was wir in die Waagschale werfen? Wenn wir das nicht schon aus der Verfassung herleiten können, ist der Gesetzgeber gefragt. Und da komme auch ich zur Diskussion von gestern Nachmittag. Empfiehlt sich womöglich tatsächlich eine Art Zwischenebene, ein besonderes Gesetz, das Geltungsvorrang besitzt und das dann die Wertigkeit widerstreitender Abwägungsbelange – um am Beispiel zu bleiben: mehr Versorgungssicherheit, mehr Preiswürdigkeit oder mehr Klimaschutz? – präziser vorgibt? Dies könnte die Angemessenheitsprüfung erleichtern und dazu würde mich die Meinung der Referenten interessieren. Danke schön.

Andrea Edenharter: Vielen Dank für die beiden spannenden Referate. Ich hätte eine Nachfrage bzw. eine Anmerkung zu These 23 von Mattias Wendel. Mattias, Du hast gesagt, dass bei der Gesetzgebung der Verhältnismäßigkeitsgrundsatz noch unterbelichtet sei. Die Problematik wurde in der Diskussion auch schon von Claus Dieter Classen und anderen angesprochen. Du schlägst vor, dass bereits im Gesetzgebungsprozess und im Gesetz selbst Ziele definiert und auch Alternativen angegeben bzw. gegenübergestellt werden sollten, und verweist auf den europäischen Gesetzgeber. Ich frage mich aber, ob man den nationalen Gesetzgeber damit nicht überfordern würde. Denn wenn ich an die gestrige Diskussion denke, überlege ich, was eine Verpflichtung des Gesetzgebers etwa zur Vornahme einer detaillierten Alternativenprüfung für das Verhältnis von Politik und Verwaltung bedeuten würde. Welche Räume verblieben da noch für die Verwaltung, für den Vollzug von Gesetzen, für die Einzelfallgerechtigkeit, für die Ermessensausübung? Und wären wir bei diesem Ansatz, wenn wir ihn konsequent verfolgen, nicht beim Gegenteil von dem, was Martin Kment gestern angesprochen hatte, als er darauf verwies, dass es der Gesetzgeber jahrelang versäumt habe, Vorgaben für Signifikanzschwellen bei der Gefährdung von Fledermäusen zu machen? Also, ich meine, man sollte bei der Operationalisierung des Verhältnismäßigkeitsgrundsatzes im Rahmen der Gesetzgebung einen Mittelweg finden und an dieser Stelle eher differenziert vom „Zauberwürfel Verhältnismäßigkeitsprinzip" Gebrauch machen.

Robert Uerpmann-Wittzack: Herr Wendel, in Ihrem inspirierenden Vortrag haben Sie eine gewaltenspezifische Konzeption der Verhältnismäßigkeit gefordert und sind dann auf das Verhältnis von Legislative und Rechtsprechung eingegangen. Ich möchte nach der Verwaltung fragen. Felix Lange hatte schon die Rüstungskontrolle angesprochen. Ich möchte ein ganz banales Beispiel nehmen. Ich korrigiere gerade im Staatsexamen. In der verwaltungsrechtlichen Klausur hat ein Erster Bürgermeister ein Hausverbot erlassen und er begründet das mit Verhältnismäßigkeitserwägungen. Dann heißt es in der Begründung, er habe deshalb keine andere Wahl, als dieses umfassende Hausverbot auszusprechen. Ist das jetzt ein Ermessensausfall, weil er übersehen hat, dass er einen Spielraum hat? Oder, das scheint mir nach Ihren Ausführungen eher nahezuliegen, hat er vollkommen recht, weil er zwar aus gerichtlicher Perspektive einen Spielraum hat, innerhalb dieses Spielraums aber wiederum verhältnismäßig agieren muss? – Und genau das hat er aus seiner Sicht getan. Er hat aus seiner Sicht die einzige verhältnismäßige Entscheidung getroffen. Vielen Dank!

Martin Kment: Ich habe eine Abgrenzungsfrage, die sich primär an Mattias Wendel richtet: Sie haben die Erweiterung des Verhältnismäßigkeitsgrundsatzes um einen Zeithorizont vorgeschlagen. Mich würde interessieren, wie sich dieses Verständnis des Verhältnismäßigkeitsgrundsatzes vom Nachhaltigkeitsprinzip abgrenzt. Beim Nachhaltigkeitsprinzip geht es ja bekanntlich auch darum, Belange auszutarieren und möglichst gut in einen Ausgleich zu bringen. Glaubt man der überwiegenden Meinung, dann liegt die besondere Errungenschaft der Nachhaltigkeit darin, dass sie in den Prozess der „Versöhnung" der involvierten Belange einen Zeithorizont eingezogen hat und in die Zukunft blickt. Hieran schließt sich meine Frage an: Wenn die Verhältnismäßigkeit – wie vorgeschlagen – mit einem Zeithorizont vermählt wird, werden dann nicht beide Prinzipien, der Verhältnismäßigkeitsgrundsatz und das Prinzip der Nachhaltigkeit, zu sehr aneinander angeglichen? Wo läge jetzt der Unterschied zwischen beiden?

Zweitens würde ich gerne näher auf die Abgrenzung des Verhältnismäßigkeitsprinzips zu planerischen Abwägungen eingehen. Vorausgeschickt sei dabei die These, dass beide sehr nah beieinander liegen. Planerische Abwägung erinnert stark an eine Verhältnismäßigkeitsprüfung, nur wird sie in einen anderen Kontext mit einer multipolaren Konfliktsituation gestellt. Darauf reagiert das Planungsrecht u.a., indem eine größere Zahl an Belangen zu erheben ist, eine eigene Fehlerlehre entwickelt wurde sowie ein spezifischer Prüfungsmaßstab und eine reduzierte Prüfungstiefe der Gerichte anerkannt sind. Hieran schließt sich meine Frage an, die den Blick auf die Leistungsfähigkeit des Verhältnismäßigkeitsgrundsatzes wirft und zugleich eine Beschleunigung von Verwaltungsentscheidungen beleuchten will:

Könnte man das Verhältnismäßigkeitsprinzip stärker aktivieren, um durch dieses zwar nicht die planerische Abwägung zu ersetzen, gleichwohl aber an ihm die planerische Abwägung neu auszurichten? Die aktuellen Herausforderungen Deutschlands, die wir am ersten Tag der Tagung vernommen haben, begründen nämlich Zweifel, ob wir uns in Zukunft ein spezifisch deutsches Konzept der planerischen Abwägung werden leisten können, insbesondere wenn wir Beschleunigungspotenzial im Recht heben wollen. Bei dieser Überlegung spielt eine Rolle, dass die deutsche Planungsdogmatik ohnehin einem zunehmenden Integrationsdruck durch Unionsrecht ausgesetzt ist, wie sich exemplarisch am Recht der Luftreinhaltung ablesen lässt. Dort werden Luftreinhaltepläne für kurzfristig zu ergreifende Maßnahmen aufgestellt, wobei die Abwägungsmaßstäbe unter europäischem Einfluss letztlich zu einer Verhältnismäßigkeitsprüfung mutieren. Deshalb präzisiere ich meine Frage: Gibt es – in Anlehnung an die Verhältnismäßigkeitsprüfung – Einsparpotenziale bei der planerischen Abwägung? Die überkommene Abwägungsdogmatik ist sicherlich für die Rechtswissenschaft reizvoll, was Beharrungskräfte auslöst. Aber in der Praxis wird sie in dieser Tiefe nicht nachgezeichnet und wird – perspektivisch – auch gar nicht mehr nachgezeichnet werden können.

Simon Kempny: Zunächst eine kleine Kritik an Tilmann Altwickers „Stellvertretervariable", die ja mit „Erfolg von Rechtsmitteln" umschrieben werden konnte. Verweist das nicht vielmehr auf die Notwendigkeit, die Mattias Wendel hervorgehoben hat, nämlich zwischen der Verhaltensnormnutzung und der Kontrollnormnutzung des Verhältnismäßigkeitsprinzips zu unterscheiden? Wenn sehr viele Gerichtsentscheidungen der Eingangsinstanz aufgehoben werden mit der Begründung, das war so nicht richtig, da wurde der Verhältnismäßigkeitsgrundsatz missachtet, dann hat dieser sich in der Kontrollperspektive gerade als sehr leistungsfähig erwiesen, in der vorgängigen Handlungsperspektive aber versagt. Ich glaube, das müsste man nachschärfen. Und an Mattias Wendel die Frage: Müsste man nicht noch etwas mehr von dem Wasser in den Wein gießen, wenn es um die von Dir – im Vortrag völlig zu Recht – ausgeklammerte Ressourcen- und Finanzdimension der Verhältnismäßigkeit geht? Nehmen wir einmal an, eine Gesellschaft stellt fest: Bei bestimmten schweren Straftaten gibt es empirisch eine ganz hohe Rückfallgefahr. Bisher hat man das einfach so hingenommen, und jetzt beschließt man: Das machen wir künftig anders, wir sperren die Leute ein. Dann wird ein Täter eingesperrt, und der macht nun geltend, das sei doch unverhältnismäßig, man könne ihn doch rund um die Uhr bewachen. Und wir stellen uns vor, das wäre kriminalpolitisch gleich wirksam. Dann würde, glaube ich, die konventionelle Doktrin immer sagen: Das Einsperren ist trotzdem nichts, was auf der Erforderlichkeitsebene scheitert, weil das Alternativmittel ja personalaufwändiger, teurer für die Allgemeinheit ist. Man würde – und hier nehme ich Dieter Grimms Mahnung auf, die betroffenen Güter genau herauszuarbeiten – wohl intuitiv gegenüberstellen: die Freiheit des Betroffenen, des Einzusperrenden einerseits und den Schutz der potenziellen Opfer an Leib, Leben, sexueller Selbstbestimmung usw. andererseits. Stellen wir uns jetzt das Ganze im historischen Ablauf anders vor: Die Gesellschaft hätte gleich, vielleicht in Zeiten finanziellen Überflusses, entschieden, nicht Gefängnisstrafe, sondern die Rund-um-die-Uhr-Überwachung einzuführen. Und später dann, als das Geld knapp wird oder sich schlicht die politischen Präferenzen ändern, gewinnt eine Partei mit dem Wahlspruch: „Wir sparen Geld“ oder „Wir geben das Geld für etwas Sinnvolleres aus: Wir sperren die gefährlichen Leute ein“. Man ändert also das politische Programm. Dann kann man das Ganze intuitiv auch so bewerten, dass man sagt: Jetzt geht es um die Abwägung zwischen Geldsparen einerseits und Freiheit der Einzusperrenden andererseits. Dann käme man vielleicht zu einem ganz anderen Ergebnis hinsichtlich der Verhältnismäßigkeit. Nur wegen der historisch umgekehrten Abläufe? Das mutet kaum überzeugend an. Die Untersuchung des Verhältnismäßigkeitsgrundsatzes mit Blick auf die Ressourcen, gerade in solchen Umstellungslagen, scheint noch weitere Aufmerksamkeit der Dogmatik zu verdienen. Danke schön.

Tonio Klein: Ich möchte mich an Sie, Herr Wendel, wenden, Ihnen lebhaft zustimmen. Eine kleine Ausnahme noch am Schluss, aber zunächst meine Zustimmung wie folgt, vielleicht noch mit ein paar zusätzlichen Argumenten begründet. Aus deutscher Perspektive gibt es meines Erachtens nicht nur den Siegeszug des Grundsatzes der Verhältnismäßigkeit, sondern seit Jahrzehnten auch eine Hinwendung zu mehr Flexibilität und zur Abkehr von vermeintlich trennscharfen Systematisierungen oder auch Grenzen. Der kurzlebige Halbteilungsgrundsatz ist längst, jedenfalls aus praktischer Sicht, Rechtsgeschichte geworden. Die über Jahre sturmreif geschossene Drei-Stufen-Lehre bei der Berufsfreiheit ist, wie ich das Bundesverfassungsgericht verstehe, mittlerweile endgültig zu Grabe getragen worden. Sie selbst hatten beim Gleichheitsrecht von der sogenannten Stufenlosformel gesprochen. Da kann man das auch beobachten. Und ein weiterer Punkt wären diese drei Persönlichkeitssphären beim Allgemeinen Persönlichkeitsrecht, die immer durchlässiger werden. Das ist aus meiner Sicht eine richtige und eine gute Entwicklung. Und wir sollten, glaube ich, diese erhöhte Flexibilität und Anpassungsfähigkeit des Grundsatzes der Verhältnismäßigkeit als Vorteil sehen. Ja, mehr noch, wir sollten das Wissen um die Begrenztheit, also Begrenztheit in der Vorhersehbarkeit der Gesetzesanwendung, als Vorteil sehen, weil uns das zu einer besseren Anwendung führen kann. Aus meiner Sicht jenseits der politisch hoch umstrittenen Themen, die wir schon hatten, ein leuchtendes Beispiel des Bundesverfassungsgerichts ist eine vor ziemlich genau zwei Jahren ergangene Entscheidung, in der es um einen Tierarztvorbehalt in einem Gesetz ging, welches dann für verfassungswidrig erklärt wurde. Dort hat es geradezu mustergültig und schulmäßig – als Kompliment gemeint – erklärt, wie man ohne jegliche Reste der Stufentheorie eine sehr gut ausdifferenzierte und nicht nur auf den Angemessenheitsgrundsatz fokussierte Verhältnismäßigkeitsprüfung durchführen kann. Vielleicht etwas weniger bekannt ist eine Entscheidung des Staatsgerichtshofs Bremen, in der es um eine Bestimmung des Bremischen Hochschulgesetzes vor einigen Jahren ging, die zur Zwangsexmatrikulation und Unmöglichkeit der Re-Immatrikulation bei einem Fächerwechsel im Lehramtsstudium ging. Die sehr ausdifferenzierte Arbeit, auch mit den Grundsätzen der Geeignetheit und Erforderlichkeit, dürfte Ihnen gefallen.

Warnen möchte ich hingegen vor dem, was Sie prozedurale Vermittlungssicherung genannt haben. In einer angeblichen Sternstunde der parlamentarischen Demokratie war § 217 [jetzt a. F.] des Strafgesetzbuches entstanden. Ich bin allerdings sehr zufrieden mit der Begründung des Bundesverfassungsgerichts, weswegen wir diese Norm nicht mehr haben. Eine materielle Alternative wäre meines Erachtens auf der Ebene der Geeignetheit das Kohärenzgebot, wie es der Europäische Gerichtshof anwendet. Vielen Dank.

Christian Calliess: Vielen Dank. Ich habe mich etwas spät gemeldet. Ich danke für zwei reichhaltige Vorträge, würde mich aber mit meiner Frage nur an Herrn Wendel richten. Mit Blick auf den von Ihnen adressierten, aus meiner Sicht sehr wichtigen Punkt eines mehrseitigen Ausgleichs von Rechtsgütern stellt sich mir folgende Frage: Wenn die Grundrechte als Abwehrrechte einerseits und als Schutzpflichten andererseits ins Spiel kommen, stellt sich Frage nach der Rolle des Untermaßverbots in der Verhältnismäßigkeitsprüfung sowie seines Verhältnisses zum Übermaßverbot. Muss man nicht gerade in diesen Konstellationen von Abwehr und Schutz den Horizont öffnen und auf diese Weise eine Art große Verhältnismäßigkeitsprüfung, die ich als mehrpolige Verhältnismäßigkeitsprüfung bezeichnet habe, durchführen? Wenn wir nur die klassische bipolare Verhältnismäßigkeitsprüfung des Übermaßverbots durchführen, bleibt es bei jener vieldiskutierten Asymmetrie des Freiheitsschutzes dort, wo es um staatliche Schutzpflichten geht, der Maßstab der gesetzgeberischen Freiheitsverteilung bleibt einseitig. Das wäre noch meine kleine Nachfrage zu diesem Punkt. Dankeschön.

Benjamin Schindler: Ich danke Ihnen allen ganz herzlich, dass Sie sich so an die Redezeit gehalten haben, so dass noch alle zu Wort gekommen sind. Aber das Schlusswort haben jetzt die beiden Referenten. Sie haben die wenig beneidenswerte Aufgabe, in sieben Minuten auf die Fragen und Antworten eine angemessene Antwort zu finden.

Tilmann Altwicker: Zuerst einmal vielen Dank, liebe Kolleginnen und Kollegen, für Ihre Rückfragen und Ihre Kritik. Ich hätte gehofft, Sie hätten mir all dies schon vor der Abfassung zugerufen. Das war nicht möglich. Ich möchte meine kurzen, siebenminütigen Ausführungen auf eine These zuspitzen, die ich im Nachgang an eine Wortmeldung entwickeln konnte: Die Leistungsfähigkeit des Verhältnismäßigkeitsprinzips gibt es nicht. Das möchte ich auch ganz kurz nochmals darlegen. Ich würde jetzt nicht sagen, das Verhältnismäßigkeitsprinzip gibt es nicht. Aber auch das wäre nicht ganz falsch, wenn man die Betonung auf „das" legen würde.

Eine erste Fragengruppe beschäftigt sich mit dem Problem: Was leistet eigentlich Rechtsempirie in diesem Kontext? Und da greife ich gerade den ersten Beitrag wieder auf. Eine Leistung ist, dass man lernt, genauer hinzuschauen. Wir lernen in der Tat, wenn wir uns das Verhältnismäßigkeitsprinzip empirisch anschauen, etwas darüber, welche Güter abgewogen werden. Und wissen das dann auch sehr genau. Sind das tatsächlich „Großgüter" oder sind das nicht vielmehr, wie behauptet wurde, durchaus sehr spezifische Güter, die hier gegeneinander abgewogen werden? Die empirische Brille hilft, klarer zu denken. Man kann geradezu von einem *de-biasing* sprechen: Wir können Wunschdenken aufdecken. Insbesondere bekommen wir Aufschluss über die Vielfalt der Anwendungskontexte dieses schillernden Prinzips. Und ich glaube, da ist noch sehr vieles unbekannt. Ich denke da an die Verbindungen in das Strafrecht hinein, in das Zivilrecht hinein. Was leistet Empirie? Bestätigen wir eigentlich schon längst Bekanntes? Darüber ist aus verhaltenspsychologischer Perspektive viel nachgedacht worden. Dazu gäbe es auch einiges zu sagen. Mich motiviert in meiner Forschung eigentlich ein ganz alter Begriff, und das ist die certitudo, die Gewissheit. Ich glaube, dass empirische Forschung ganz maßgeblich zu einer anderen Form der Gewissheit, der certitudo, beitragen kann. Das deckt sich mit einem Wissenschaftsverständnis, das, glaube ich, anschlussfähig ist. Ino Augsberg hat das, finde ich, in einem Beitrag vor kurzem recht schön dargelegt. Eine Leistung der empirischen Rechtsforschung, die überhaupt nicht unterschätzt werden darf, ist die Falsifikation. Auch das ist ein Begriff aus der Wissenschaftstheorie, der aber in seiner ganzen Schönheit und Bedeutsamkeit für unsere Disziplin noch vielleicht ein wenig stärker in den Vordergrund gerückt werden sollte. Wann können wir denn wirklich falsifizieren? Und wäre nicht vielleicht mehr Falsifikation hier und da auch ganz heilsam? Holger Spamann hat sehr schön formuliert, dass es eigentlich sehr oft darum geht, vorhandene Theorien zu plausibilisieren oder oft eben auch auszuscheiden aus einem an sich möglichen Bereich. Aber schon das ist ja eine große Leistung, wenn man sagen kann, gewisse Theorien erweisen sich in Ansehung der Empirie als unplausibel. Ich finde, das ist eine durchaus wichtige Leistung, die es hervorzuheben gilt.

Die zweite Frage, die in Ihren Beiträgen aufschien, war: Was sind denn die Voraussetzungen für diese Art von Forschung? Können wir die denn überhaupt einlösen? Wir haben hier in der Tat immer noch – und das hatte ich angedeutet – ein Problem der Datenverfügbarkeit. Christoph Möllers hat sich dankenswerterweise mit seinem Lehrstuhl jahrelang damit beschäftigt, uns einen Datensatz zur Rechtsprechung des Bundesverfassungsgerichts zu liefern, der jetzt verfügbar ist und der ausgewertet werden sollte. Auch Seán Fobbe hat einen Datensatz verfügbar gemacht. In beiden Fällen handelt es sich um Datensätze, die von Juristinnen und Juristen mitgestaltet worden sind und die auch von Juristinnen und Juristen ausgewertet werden sollten. Eine Voraussetzung für gelingende rechtsempirische Forschung ist natürlich auch gerade die juristische Kompetenz. Man muss verstehen, über welche „Wirklichkeit" man da eigentlich spricht. Ganz besonders erfreulich ist, dass gerade junge Forschende sich diesem Weg immer mehr verschreiben. Ich denke da an einen Beitrag von Bent Stohlmann, Kilian Lüders und anderen in der letzten Ausgabe der Zeitschrift „Der Staat", der sich quantitativ mit dem Verhältnismäßigkeitsprinzip auseinandergesetzt hat.

Wozu Performanzanalyse? Dies ist die dritte Frage, die ich aufgreifen möchte. Was wollte ich hier eigentlich tun? Was lernen wir daraus? Wir können aus einer Beobachterperspektive Orientierungswissen gewinnen. Das ist natürlich leider nicht immer das, was, sagen wir, eigentlich zählt. Was funktioniert wirklich gut? Kann man diese Frage beantworten? Empirisch ganz schwierig, denn da handelt man sich sehr schnell Probleme im Bereich des Sein-Sollen-Fehlschlusses ein. In diese Falle will man nicht tappen. Was kann man verbessern? All dies sind letztlich Fragen, die juristisch, vielleicht auch hier und da politikwissenschaftlich geklärt werden müssen. Empirisch ist da meistens nicht viel zu holen. Aber zumindest kann man evidenzbasiert eine Grundlage für eine Diskussion schaffen. Und das ist ja auch nicht Nichts. Mein Forschungsprogramm hat hier aufgezeigt, dass es wichtig ist, an einer Arbeitsteilung zwischen Rechtsdogmatik und Empirie festzuhalten. Das erscheint mir essenziell. Insbesondere ist die Leistungsfähigkeit akteursspezifisch zu behandeln. Wenn ich sage, es gibt die Leistungsfähigkeit des Verhältnismäßigkeitsprinzips nicht, dann meine ich eben auch genau das. Es ist, und das kam hier auch zur Sprache, tatsächlich so, dass sich aufgedeckte Fehler im Bereich der Wirksamkeit als Verhaltensmaßstab durchaus – wenn sie gerichtlich aufgedeckt werden –

als Leistungen aus einer Kontrollperspektive ausweisen lassen. Das ist so, das ist aber eben dann kein Problem, wenn man die Leistungsfähigkeit des Verhältnismäßigkeitsprinzips akteursspezifisch betrachtet.

Ich komme zu meinem letzten Punkt: künftige Forschung. Mir erscheint wichtig, dass wir die institutionelle Dimension des Verhältnismäßigkeitsprinzips stärker ins Licht rücken. Das Zusammenspiel von materieller Regel und Entscheidungsspielraum ist ein ganz wichtiger Punkt. Den sieht man empirisch sehr gut. Wenn man sich eine Vielzahl von Entscheidungen anschaut, dann ist man eigentlich schockiert, wie oft das stattfindet. Dieses Einfangen des materiell gewonnenen Ergebnisses durch Entscheidungsspielraumerwägungen, das kommt viel häufiger vor, als man das vielleicht so vermuten würde. Das ist ein empirischer Befund und muss weiter untersucht werden.

Exogener Schock? Ja, natürlich wäre es schön, wir könnten die Analysen noch weiter ausgreifend auf ein höheres Niveau heben. Natürliche Experimente wären da hervorragend. Der Siegeszug des Verhältnismäßigkeitsprinzips, auch dies wäre empirisch zu untersuchen. Man müsste sich die Literatur anschauen auf die Verwendungsweisen dieses Begriffs, und das eben auch historisch. Auch da würde die Empirie einen Beitrag leisten können. Wir haben uns einmal ganz rudimentär die Verwendung des Verhältnismäßigkeitsbegriffs in den Verfassungsurkunden der Welt angeschaut: Dieser Begriff taucht in ca. 60 von ungefähr 190 erreichbaren Verfassungsurkunden in einem grundrechtlichen Kontext auf. Das ist natürlich auch nur ein Ansatzpunkt, den man immer weiter vertiefen muss, und betrifft, wie gesagt, nur den Text der Verfassungsurkunde.

Sehr schön fand ich die Idee von der Professionalisierung, und das ist auch weiter zu verfolgen. Die Studien zur Professionalisierung und deren Auswirkungen insbesondere im *de-biasing*-Bereich müssen aber weiter ausgeweitet werden. Ich hatte es ja gesagt, es gibt eben noch keine Evidenz, wie man sie gerne hätte. Ganz wichtig auch die Frage nach den Kollegialentscheidungen. Man kann sich Experimente vorstellen, die etwa Beratungsentscheidungen im Kollegialgremium einer Einzelentscheidung gegenüberstellen. Da sind sicher auch noch viele Erkenntnisse zu heben. Die Theorie der Realwirkung, das ist, glaube ich, ein Arbeitsauftrag an uns alle. Und damit möchte ich dann schließen: Die Leistungsfähigkeit des Verhältnismäßigkeitsprinzips gibt es eben noch nicht. Vielen Dank.

Mattias Wendel: Ich möchte mich auch sehr herzlich für die eingehende Auseinandersetzung und den Perspektivenreichtum der Diskussion bedanken. Auch mir wird es nicht möglich sein, auf alle Beiträge gleichermaßen einzugehen, spezifisch auch nicht auf dogmatische Feinkalibrierungen oder Zuordnungen. An unserer Aussprache fand ich drei Aspekte besonders interessant. Der erste besteht darin, dass sich ein Teil der Kontroversen verschiebt, dass wir heute andere Dinge diskutieren, als wir das vielleicht vor zehn oder zwanzig Jahren getan haben – also nicht in meinem Fall, aber im Falle vieler, die heute hier sind. Der zweite Punkt betrifft die Potenziale. Gerade mit Blick auf die ebenenübergreifende und intertemporale Dimension sowie das Organisationsrecht wurden spannende Aspekte in die Diskussion eingebracht. Und der dritte Punkt betrifft die Desiderate, also das, was man noch verbessern könnte.

Erster Punkt: Kontroversen. Hier sticht als erstes Feld die Grundrechtsdogmatik oder Grundrechtsrechtsprechung hervor: Es ist gesagt worden – auch schon vorher in schriftlichen Beiträgen –, dass es ein Re-Entry der Hermeneutik gebe, spezifisch in der Angemessenheitsprüfung. Und es wurde gefragt, ob das nicht ein Problem darstelle. Mir erscheint es weniger als Problem, sondern eher als logische Folge einer jahrzehntewährenden Verdichtung der Rechtsprechung und schlichtweg der Notwendigkeit, im Rahmen der Abwägung, die am Ende auch ein Vorgang der Rechtskonkretisierung ist, den Rückbezug zum materiellen Recht herzustellen. Es scheint mir weniger ein Problem, sondern eher eine Lösung zu sein, die Differenzierung, die im Grundrechtstext materiell-rechtlich angelegt ist, in die Angemessenheitsprüfung einfließen zu lassen. Ich würde also die Existenz des Phänomens bestätigen, es aber weniger als Problematik ansehen. Ein zweiter Aspekt, der die Grundrechtskontroverse betrifft, bezieht sich auf etwaige Gegenerzählungen im Rechtsvergleich. Das wäre der Rekurs auf abwägungsfeste Kerngarantien bzw. – wollte man weniger von Abwägungsfestigkeit sprechen – auf kategorische Ansätze. Ich glaube, dass hier weniger das kanadische, sondern eher das US-amerikanische Beispiel die bessere rechtsvergleichende Kontrastfolie bietet. Es ist interessant zu sehen, wo der Startpunkt der US-amerikanischen Diskussion liegt. Man kann ihn nämlich, vereinfacht gesagt, als Umkehrung zu dem Startpunkt sehen, den wir im deutschen Verfassungsrecht hatten. Ging es hier darum, die Grundrechtsbindung des Gesetzgebers angesichts des Gesetzesvorbehaltes überhaupt sicherzustellen, kommt man im amerikanischen Recht genau von der anderen Seite her, wo man nämlich gerade über das Erste Amendment – „Congress shall make no law…“ – direkt den Gesetzgeber adressiert und durch den Einzug der Verhältnismäßigkeitsprüfung eigentlich eine Relativierung erwirken würde. Ich meine, dass dieser Kontext – oder diese spezifische Brille – wichtig ist, um die US-amerikanische Verhältnismäßigkeitskritik einordnen zu können. Ich meine, wir können sie nicht ungefiltert übertragen auf die kontinentaleuropäische, wenn es diese überhaupt rechtsvergleichend als Kategorie geben kann. Dritter Aspekt der Grundrechtsdogmatik: Ich glaube, dass wir uns mitten in einem sehr spannenden Prozess der Ausdifferenzierung und Multipolarisierung befinden. Es ist in verschiedenen Beiträgen angesprochen worden, wie wir Abwägungen konstruieren sollten. Wenn man noch einen Schritt weiter geht und über die multipolaren Grundrechtsverhältnisse, die uns noch halbwegs öffentlich-rechtlich vermittelt sind, hinausgeht, wird man zu Dingen wie dem angesprochenen Oversight Board kommen. Das ist eigentlich eine privatrechtliche Organisation, die in einer wilden Gemengelage, so würde ich es vorsichtig nennen, Standards unterschiedlicher Ebenen verschraubt, aber am Ende versucht, Relationierungen über das Verhältnismäßigkeitsprinzip herzustellen. Ich glaube, hier besteht großer Kategorisierungs-, großer Begleitungsbedarf, gerade auch aus öffentlich-rechtlicher Perspektive.

Zweites Feld der Kontroversen: Verfassung als abstrahiertes Verwaltungsrecht. Ist es eine bürokratische, apolitische, demokratieferne Idee, den Grundsatz der Verhältnismäßigkeit so prominent zu machen, gerade auch gegenüber der Gesetzgebung? Ich glaube, es hängt – das hat die gestrige Diskussion auch gezeigt – ungemein stark von dem Begriff des Politischen ab, den man zugrunde legt. Und es hängt wahrscheinlich auch davon ab, wie man den Verhältnismäßigkeitsgrundsatz konkret ausgestaltet. Würde man ihn so ausgestalten, dass der politische Prozess festgelegt würde auf ein arithmetisches Mittel oder eine „Vermassung", dass der materielle Ausgleich vorab fixiert würde, dann wäre dies in der Tat ein fundamentales Problem. Deswegen, meine ich, ist es so wichtig, bei der Anwendung des Verhältnismäßigkeitsgrundsatzes spielraumsensibel zu sein, und mit Blick auf die hier der Kontrolle unterliegenden Gesetzgebung – also in Kontrollperspektive – andere Maßstäbe anzulegen, Stichwort Prozeduralisierung. Aber umgekehrt muss auch klar gesagt werden: Es gibt Grenzen. Es gibt etwa Grenzen mit Blick auf Minderheitenrechte. Es gibt Grenzen, auch im demokratischen Prozess, mit Blick auf die Einbeziehung betroffener Belange. Diese Einbeziehung muss der Prozess entsprechend sichern. Der Grundsatz der Verhältnismäßigkeit wäre eben kein Prinzip, das eine „illiberale" Demokratie – das Stichwort Liberalität ist ja gestern genannt worden – erlaubte. Und es ist auch kein Prinzip, hier kommen wir zum Punkt der Transparenz, das „verschwiegene Implikationen" bereithält, sondern den Prozess der Rechtskonkretisierung gerade transparent macht. Hier wird nichts verschwiegen, sondern im Gegenteil aufgedeckt. Das ist auch der Grund, warum wir überhaupt – kontrovers – darüber diskutieren können: weil es vor unseren Augen geschieht.

Zum zweiten Punkt, den Potenzialen: zunächst einmal zu den ebenenübergreifenden Potenzialen. Es ist gefragt worden nach der Entwicklung des Verhältnismäßigkeitsgrundsatzes im Europarecht. Interessant ist, dass die erste Entscheidung, die wir dazu sehen, im Bereich der Europäischen Gemeinschaft für Kohle und Stahl ergeht, knapp zwei Jahre vor dem Apothekenurteil. Bei der Entstehung des Apothekenurteils, das weiß man heute, weil man die Akten kennt, hatte man übrigens auch die Kompetenzen des Europäischen Gerichtshofs in Bezug auf die Kontrolle des Gesetzgebers im Blick. Die erste europarechtliche Entscheidung war aber eine eher verwaltungsrechtliche Konstellation. Den Siegeszug tritt der Verhältnismäßigkeitsgrundsatz, das ist ja genannt worden, dann letztendlich im Bereich der Grundfreiheiten an. Und das zeigt doch relativ gut, gerade weil es im Bereich der Grundfreiheiten erfolgt, dass es eines Prinzips bedurfte, das die Rechtsgüter mitgliedstaatlicher Provenienz letztendlich in eine Beziehung, einen Relationierungsprozess setzt zu dem Anliegen der damaligen Gemeinschaft, heute Union, den Binnenmarkt herzustellen. Da kann man auch viel über etwaige Differenzen zwischen Grundfreiheiten und Grundrechten sprechen. Diese werden sich heute aber eher abgeschliffen haben, weil wir grundfreiheitliche Fragen auch grundrechtlich rekonstruieren können, schon aufgrund von Art. 15 f. GRCh. Aber die frühe Entwicklung zeigt, so meine ich, bereits das ebenenübergreifende Potenzial sehr gut auf, auch den Grund, warum man bei der Rechtfertigungsprüfung, auch in Cassis de Dijon, eben nicht allein auf die Idee des Art. 36 S. 2 AEUV (ex-Art. 30 S. 2 EG) setzte. Man brauchte ein anderes, leistungsfähigeres Prinzip.

Zweiter Potenzialbereich: Organisationsrecht. Hier ist um „eine klare Antwort" und kein „Es kommt drauf an" gebeten worden. Das kann ich leider nicht geben. Es ist doch letztlich eine Frage der Gradualisierung. Man kann sich aber vielleicht vom Negativen her annähern. Für Kompetenzabgrenzungen taugt der Verhältnismäßigkeitsgrundsatz nicht, weil Kompetenzabgrenzungen der Idee nach anhand von Sachbereichen abgegrenzt werden. Wenn man die Skala aber immer weiter Richtung Kompetenzausübung geht, wird der Anwendungsbedarf steigen. Ein weiteres Stichwort: Art. 72 Abs. 2 GG würde ich, wenn ich ein funktionales Äquivalent suchen sollte, eher mit dem Subsidiaritätsprinzip in Verbindung bringen. Gibt es Alternativen, so ist gefragt worden, einen Verhältnismäßigkeitsprüfungsausfall auf der europäischen Ebene einzuhegen? Vielleicht ist hier eine Kontrastfrage oder eine Gegenfrage hilfreich. Was würden wir tun, wenn es einen – so unterstellten – Verhältnismäßigkeitsprüfungsausfall seitens des Bundesverfassungsgerichtes gäbe? Wir würden uns ärgern, wir würden ihn diskutieren, aber wir würden wahrscheinlich die Zuordnung der kompetenzrechtlichen Entscheidungsverteilung, die uns das Grundgesetz aufgegeben hat, respektieren. Und in dieser Hinsicht trifft das europäische Vertragswerk eine ganz klare, eindeutige Entscheidung darüber, wer über diese Fragen letztverbindlich entscheidet: der EuGH. Dass wir uns dann über seine Entscheidung streiten können, da glaube ich, sind wir alle uns einig. Aber diese Entscheidung als letztverbindliche Auslegung des Unionsrechts zu akzeptieren, das wäre meines Erachtens unionsrechtlich geboten.

Dritter und letzter Punkt, Desiderate: Ich glaube, es gibt eine ganze Reihe von Desideraten, die Diskussion hat das sehr gut gezeigt. Zwei möchte ich herausstellen. Erstes Desiderat: Spielraumdogmatik. Ich glaube, das ist eine der ganz großen Baustellen. Es ist gesprochen worden von einem Gegenprinzip: Spielraumeinräumung bzw. Spielraumkalibrierung als Gegenprinzip zum Verhältnismäßigkeitsprinzip. Die Frage wäre: Kann der Verhältnismäßigkeitsgrundsatz die Spielraumregulierung selbst steuern? In der EGMR-Rechtsprechung sehen wir, dass im Rahmen der Margin of Appreciation ein „Balancing" der Kriterien für die Kontrolldichte vorgenommen wird. Aber ob es sich dabei konzeptionell um Verhältnismäßigkeit handelt, da habe ich meine großen Zweifel. Ich glaube, wir brauchen eine belastbare und damit auch vorhersehbare Dogmatik, wie wir mit Spielräumen umgehen. Oder anders gesagt, jetzt vom Verwaltungsrecht her gedacht: Was uns fehlt, ist ein Äquivalent zur normativen Ermächtigungslehre – oder vielleicht besser: zur Lehre der normativen Ermächtigung –, die uns bei administrativen Entscheidungsspielräumen auf das materielle Recht verweist. Hier würde sie uns auf das Verfassungsrecht verweisen, und das ist vielleicht nicht in gleichem Maße ergiebig für die Frage der Reichweite der Spielräume. Ich glaube, da haben wir eine große Leerstelle und noch viel Bedarf, um weiterzudenken und Alternativen zu entwickeln.

Zweites Desiderat: Die Entfaltung der Handlungsperspektive. Es ist mehrfach gefragt worden, warum diese bislang so wenig thematisiert wurde, verstärkt durch den rechtsvergleichenden Befund, dass diese Perspektive nicht sehr häufig thematisiert wird. Der Befund trifft auch auf die deutschsprachige Rechtswissenschaft zu, mit namentlicher Ausnahme von Oliver Lepsius und Matthias Jestaedt, die ja schon vor einigen Jahren prominent – das muss an dieser Stelle betont werden – vorgedacht und die Lücke identifiziert haben, dass es die Handlungsperspektive zu entfalten gilt. Ich meine, wenn wir die Differenzierung des Verhältnismäßigkeitsgrundsatzes ernst nehmen und auch seine Erstreckung auf den Gesetzgeber ernst nehmen, dann müssen wir versuchen, den legitimatorischen und institutionellen Sonderbedingungen der Legislative Rechnung zu tragen. Und das heißt dann nicht, dass gewissermaßen kleinteilig Checkboxen abgehakt werden. Es könnte aber doch bedeuten, dass man die politischen Alternativen sichtbarer macht. Dass man das, was als Alternativprogramm zur Verfügung gestanden hätte, sichtbarer macht im Gesetzgebungsprozess und damit auch einen Anknüpfungspunkt schafft für eine prozedurale Kontrolle am Ende. Dass dies natürlich weite Spielräume verlangt, das ist klar. Und ich möchte den europäischen Gesetzgebungsprozess auch überhaupt nicht als der Weisheit letzter Schluss bezeichnen. Die angesprochenen Impact Assessments werden von der Europäischen Kommission erstellt und spielen hinterher – d.h. in einem etwaigen gerichtlichen Verfahren – nur eine bedingte Rolle. Der Unionsgesetzgeber muss sie sich nicht einmal vollends zu eigen machen. Aber sie zeigen eine Möglichkeit auf, wie in einem Innenverfahren Alternativen aufgezeigt und evaluiert werden können. Und ich meine schon, dass dies zu einem prozeduralen Mehrwert beitragen kann.

Abschließend möchte ich mich sehr, sehr herzlich beim Vorstand für die Gelegenheit bedanken, über dieses Thema nachdenken zu dürfen. Ich glaube, ich kann für Tilmann Altwicker und mich gleichermaßen sagen, dass es uns noch längere Zeit beschäftigen, vielleicht einen Berufsweg lang begleiten wird. Meinen sehr, sehr herzlichen Dank, dass Sie alle mit Ihrer Expertise zu einer fantastischen und eindrücklichen Aussprache beigetragen haben. Vielen Dank!

Benjamin Schindler: Auch von meiner Seite ganz herzlichen Dank allen Beteiligten für einen äußerst intensiven Austausch an diesem Vormittag.

Vierter Beratungsgegenstand:

Verantwortung der Staatsrechtslehre im Spannungsfeld von Recht und Politik

1. Referat von *Anna Gamper*, Innsbruck*

Inhalt

		Seite
I.	Prämissen	400
II.	Verantwortungsmodi der Staatsrechtslehre	405
	1. Konstitutionalisierte Verantwortung	405
	2. Intra- und extramurale Verantwortung	408
	3. Verantwortungsverhältnisse	409
III.	Verantwortung und Wissenschaftsfreiheit	410
	1. Politisierung der Wissenschaft	410
	2. Politiknähe und gute wissenschaftliche Praxis	412
	3. Sanktionen durch die Wissenschaftsgemeinschaft	416
	4. Grundrechtliche Schranken	418
	5. Negative Wissenschaftsfreiheit	421
	6. Politischer Aktivismus	423
IV.	Verantwortung und Politik	424
	1. Rationalitätsansprüche und Szientismus	424
	2. Verantwortung für Politikberatung	428
V.	Verantwortung und Verfassungsgerichtsbarkeit	430
	1. Staatsrechtslehrer als Verfassungsrichter	430
	2. Die Wissenschaftsgemeinschaft als Trialogpartner	433
VI.	Das Proprium der Verantwortung der Staatsrechtslehre	436

* Vielmals gedankt sei *Jonas Kaschka*, *Florian Klebelsberg*, *Miriam Klema* sowie *Julia Oberdanner* für ihre wertvolle Unterstützung bei der redaktionellen Bearbeitung des Fußnotenapparats.

I. Prämissen

Die Auseinandersetzung der Staatsrechtslehre mit sich selbst gehört zu den wiederkehrenden Themen ihres wissenschaftlichen Wirkens.[1] Die Anlässe dafür sind vielfältig: Sie reichen von Methodendiskursen über Änderungen im Hochschulsystem bis zur Entstaatlichung mancher ihrer Forschungsgegenstände. Auch die Frage nach ihrer Rolle im Spannungsfeld von Recht und Politik ist alles andere als neu, erfährt jedoch in jüngster Zeit eine Renaissance: Rezente Krisen erhöhten sowohl Bedarf als auch Kritik an wissenschaftlicher Politikberatung, wovon die Staatsrechtslehre nicht ausgespart blieb.[2] Gleichzeitig steigerte Digitalisierung deren öffent-

[1] Umfassend dazu *Helmuth Schulze-Fielitz* Staatsrechtslehre als Mikrokosmos, 2. Aufl. 2022, 432 ff.; *ders.* Staatsrechtslehre als Wissenschaft: Dimensionen einer nur scheinbar akademischen Fragestellung, in: ders. (Hrsg.) Staatsrechtslehre als Wissenschaft, 2007, 11 (11 ff.); vgl. auch *Ivo Appel* Das Verwaltungsrecht zwischen klassischem dogmatischen Verständnis und steuerungswissenschaftlichem Anspruch, VVDStRL 67 (2008), 228; *Christoph Engel* Herrschaftsausübung bei offener Wirklichkeitsdefinition – Das Proprium des Rechts aus Perspektive des öffentlichen Rechts, in: ders./Wolfgang Schön (Hrsg.) Das Proprium der Rechtswissenschaft, 2007, 205 (205 ff.); *Christoph Grabenwarter* Das Proprium der Rechtswissenschaft – Öffentliches Recht, in: Christoph Engel/Wolfgang Schön (Hrsg.) Das Proprium der Rechtswissenschaft, 2007, 293 (293 ff.); *Stefan Haack* L'État – qu'est-ce que c'est? Die Wissenschaft vom öffentlichen Recht und ihre Methoden nach sechzig Jahren Arbeit mit dem Grundgesetz, Der Staat 49 (2010), 107 (107 ff.); *Christian Hillgruber* Verfassungsrecht zwischen normativem Anspruch und politischer Wirklichkeit, VVDStRL 67 (2008), 8; *Matthias Jestaedt* „Öffentliches Recht" als wissenschaftliche Disziplin, in: Christoph Engel/Wolfgang Schön (Hrsg.) Das Proprium der Rechtswissenschaft, 2007, 241 (241 ff.); *Olivier Jouanjan* Fragmentierungen im Öffentlichen Recht: Diskursvergleich im Verfassungs- und Verwaltungsrecht, VVDStRL 77 (2018), 353; *Josef Franz Lindner* „Gewissheit" als Paradigma der Wissenschaft vom Öffentlichen Recht, JöR 57 (2009), 173 (173 ff.); *Franz Reimer* Fragmentierungen im Öffentlichen Recht: Diskursvergleich im Verfassungs- und Verwaltungsrecht, VVDStRL 77 (2018), 413 (415); *Bernhard Schlink* Die Entthronung der Staatsrechtswissenschaft durch die Verfassungsgerichtsbarkeit, Der Staat 28 (1989), 161 (161 ff.). Aus europäischer Sicht vgl. *Armin von Bogdandy/Pedro Cruz Villalón/Peter M. Huber* (Hrsg.) IPE II, 2008.

[2] Vgl. *Brun-Otto Bryde* Wissenschaftliche Verfassungsrechtspolitik?, in: *ders./Martin Nettesheim/Laura Münkler* Wissenschaftliche Verfassungsrechtspolitik?, 2023, 1 (5); *Laura Münkler* Wissenschaftliche Verfassungsrechtspolitik? Friktionen und Bedingungen der Möglichkeit, in: *Brun-Otto Bryde/Martin Nettesheim/Laura Münkler* Wissenschaftliche Verfassungsrechtspolitik?, 2023, 73 (76). Wenig Mitgestaltung der Staatsrechtslehre an öffentlichen Diskursen ortet noch vor der Pandemie *Klaus Ferdinand Gärditz* Die Staatsrechtslehre im Streit um ihren Gegenstand, Der Staat 57 (2018), 633 (641); vgl. jedoch zu ihrer Beteiligung selbst am Beginn der Pandemie *ders.* Hoflieferanten. Wie sich

liche Sichtbarkeit.[3] Nicht zuletzt scheint die an Universitäten generell zunehmende Bedeutung medienwirksamer und drittmittelstarker Auftragsforschung[4] einen gewissen Einfluss darauf auszuüben, ja es scheint darin sogar eine besondere Tugend zu liegen, dass Staatsrechtslehrer an Schnittstellen von Recht und Politik tätig werden.

Verantwortung der Staatsrechtslehre im Spannungsfeld von Recht und Politik geht freilich über ein Tätigwerden hinaus. Verantwortung ist Aufgabe,[5] sei sie rechtlicher oder moralischer Art. Versteht man unter ihrem Träger, der Staatsrechtslehre, nach dem wohl herrschenden Begriffsverständnis die Wissenschaft[6] vom öffentlichen Recht[7],[8] geht es zuvörderst

---

Politik der Wissenschaft bedient und selbst daran zerbricht, 2023, 39. Eine Dominanz anderer Wissenschaften, vor allem der Medizin, während der Pandemie konstatieren *ders.* Freie Wissenschaft als Gelingensbedingung der politischen Willensbildung in der Pandemie, JöR 69 (2021), 505 (531), *Laura Münkler* „Nothing else matters". Wem Gehör schenken in der „Corona-Krise"?, JöR 69 (2021), 535 (543), sowie *Andreas Voßkuhle* Rationale Rechtspolitik in der „Post-Truth-Era", JöR 71 (2023), 369 (378).

[3] Vgl. auch *Bryde* Verfassungsrechtspolitik (Fn. 2), 5, sowie *Münkler* Verfassungsrechtspolitik (Fn. 2), 90 f. Zur Rolle des Rechtswissenschaftlers als Medienstar *András Jakab* Seven Role Models of Legal Scholars, German Law Journal 2011, 757 (782).

[4] Dazu auch *Jan Komárek* Freedom and Power of European Constitutional Scholarship, European Constitutional Law Review 17 (2021), 422 (436 f.), sowie *Bryde* Verfassungsrechtspolitik (Fn. 2), 33. Zur „Medialisierung" der Staatsrechtslehre *Schulze-Fielitz* Staatsrechtslehre als Mikrokosmos (Fn. 1), 39 f., zur Bedeutung der Drittmitteleinwerbung ebd., 452, sowie *Anna Gamper* Institutionalisierte vs. ad-hoc-Politikberatung aus rechtlicher Perspektive, in: Christiane Spiel/Heinrich Schmidinger/Reinhard Heinisch (Hrsg.) Österreichischer Wissenschaftstag 2023 – Wissenschaft und Politik, 2023, 1 (4 ff.), abrufbar unter: <https://www.oefg.at/wp-content/uploads/2024/04/OeFG_Gamper.pdf> (Stand 11.11.2024). Zur Schwierigkeit, den „Erfolg" staatsrechtlicher Wissensproduktion zu messen, *Martin Nettesheim* Staatsrechtswissenschaft als soziale Praxis: Die Erzeugung und Verwaltung staatsrechtlichen Wissens, in: *Brun-Otto Bryde/Martin Nettesheim/Laura Münkler* Wissenschaftliche Verfassungsrechtspolitik?, 2023, 26 (30).

[5] Vgl. auch die Definition der „Verantwortung" bei *Ewald Wiederin* Sozialstaatlichkeit im Spannungsfeld von Eigenverantwortung und Fürsorge, VVDStRL 64 (2005), 53 (56): „Eine Person schuldet einer anderen Antwort, und zwar für einen bestimmten Bereich, der ihr anvertraut ist oder für den sie einstehen muss."

[6] Zur Frage der disziplinären Einheit der Rechtswissenschaft *Jestaedt* „Öffentliches Recht" (Fn. 1), 263 und 270 f.

[7] Zu dessen Definition *Jestaedt* „Öffentliches Recht" (Fn. 1), 243 ff.

[8] Vgl. *Schulze-Fielitz* Staatsrechtslehre als Mikrokosmos (Fn. 1), 4 und 251, *ders.* Staatsrechtslehre als Wissenschaft (Fn. 1), 12 (zu einer Staatsrechtslehre „im engen Sinn", deren Hauptgegenstand das Verfassungsrecht sei, ebd., 31, zu ihrem Bezug auf das „Staatsverfassungsrecht" auch *Walter Pauly* Wissenschaft vom Verfassungsrecht: Deutschland, in:

um individuelle Verantwortungen ihrer Protagonisten, der Wissenschaftler des öffentlichen Rechts, die im Spannungsfeld von Recht und Politik agieren. Sodann betrifft es aber auch die Verantwortung einer Wissenschaftsgemeinschaft als (institutionalisiertes oder nicht-institutionalisiertes)[9] Kollektiv. Verstanden werden kann Verantwortung der Staatsrechtslehre freilich auch im buchstäblichen Sinne universitärer Lehre, sofern das Spannungsfeld von Recht und Politik im akademischen Unterricht betreten wird.[10]

Dass es dieses Spannungsfeld überhaupt gibt, bedarf indes der Prämisse, dass Recht und Politik Verschiedenes darstellen.[11] Während für *Heinrich Triepel* die Vorstellung unpolitischer rechtlicher Entscheidungen „Selbstbetrug“[12] war, sollte „Politik“ in frühen Worten *Hans Kelsens*

Armin von Bogdandy/Pedro Cruz Villalón/Peter M. Huber [Hrsg.] IPE II, 2008, § 27 Rn. 14), sowie *Haack* L'État (Fn. 1), 107 ff.; anders etwa noch *Ernst-Wolfgang Böckenförde* Die Eigenart des Staatsrechts und der Staatsrechtswissenschaft, in: Norbert Achterberg/Werner Krawietz/Dieter Wyduckel (Hrsg.) FS Hans Ulrich Scupin, 1983, 317 (318 f.). Zu den unterschiedlichen Fachbezeichnungen auch *Armin von Bogdandy* Wissenschaft vom Verfassungsrecht: Vergleich, in: ders./Pedro Cruz Villalón/Peter M. Huber (Hrsg.) IPE II, 2008, § 39 Rn. 4 f.

[9] Zur Unterscheidung *Bodo Pieroth* Politikberatung durch den Verfassungsrechtswissenschaftler, JöR 71 (2023), 415 (420).

[10] Für die Einbeziehung der Rechtsetzungsperspektive in die universitäre Lehre etwa *Reimer* Fragmentierungen (Fn. 1), 456.

[11] Zur traditionellen Trennung von Recht und Politik durch die Staatsrechtslehre *Dieter Grimm* Die Verfassung und die Politik, 2001, 22 f., *Oliver Lepsius* Interdisziplinarität auf der Staatsrechtslehrertagung, in: Pascale Cancik/Andreas Kley/Helmuth Schulze-Fielitz/Christian Waldhoff/Ewald Wiederin (Hrsg.) Streitsache Staat, 2022, 753 (790), *Oliver Lepsius* Was kann die deutsche Staatsrechtslehre von der amerikanischen Rechtswissenschaft lernen?, in: Helmuth Schulze-Fielitz (Hrsg.) Staatsrechtslehre als Wissenschaft, 2007, 319 (334), *Andreas Voßkuhle* Die politischen Dimensionen der Staatsrechtslehre, in: Helmuth Schulze-Fielitz (Hrsg.) Staatsrechtslehre als Wissenschaft, 2007, 135 (136), sowie *Reimer* Fragmentierungen (Fn. 1), 455. Für *Carl Schmitt* Der Begriff des Politischen. Text von 1932 mit einem Vorwort und drei Corollarien, 1963, 20 f. findet sich zwar die negative Antithese von „Politik und Recht“, doch bestimme dies noch nicht das Spezifische des „Politischen“, dessen Begriff dem Begriff des Staates vorausgesetzt sei. Zur Differenzierung zwischen dem Begriff der „Politik“ und demjenigen des „Politischen“ *Bernhard Kempen* Verfassung und Politik, in: Otto Depenheuer/Christoph Grabenwarter (Hrsg.) Verfassungstheorie, 2010, § 27 Rn. 9 f., sowie *Detlef Merten* Verfassungsgerichtsbarkeit und Politik, in: Bernd-Christian Funk/Gerhart Holzinger/Hans Richard Klecatsky/Karl Korinek/Wolfgang Mantl/Peter Pernthaler (Hrsg.) FS Ludwig Adamovich, 2002, 463 (469 ff.), zum „äußerst konturschwachen“ Politikbegriff *Voßkuhle* ebd., 137. Zu „Bedeutungsfacetten des Politischen“ auch ausführlich *Josef Isensee* Verfassungsrecht als „politisches Recht“, in: ders./Paul Kirchhof (Hrsg.) HStR XII, 3. Aufl. 2014, 483 (487 ff.).

[12] So zur Vorstellung, bloß mit einer „intellektualistischen Methode der formalen Logik“ zu juristischen Ergebnissen zu gelangen, *Heinrich Triepel* Staatsrecht und Politik, 1927, 32.

„grundsätzlich vom Recht getrennt werden“,[13] um die Bindung politischen Handelns an das Gesetz zum Ausdruck zu bringen.[14] *Kelsen* selbst präzisierte später das Anliegen der Reinen Rechtslehre als eines nach Entpolitisierung der Rechtswissenschaft, nicht des Rechts.[15] Und auch wenn die österreichische Staatsrechtslehre nach *Alexander Somek* „immer unpolitisch sein wollte“[16], waren *Ewald Wiederin* zufolge „auch Österreicher nicht naiv genug, die Grenzlinie zwischen Recht und Politik für scharf […] zu halten“[17] – dies scheiterte schon an der Polymorphie des Politikbegriffs.[18] Zwar gehen Verfassungen aus dem Guss der Politik hervor,[19] und trägt das Antlitz aller Akte der Rechtsschöpfung[20] direkt oder indirekt politische Züge,[21] was gute demokratische Gründe hat; gleichzeitig sind diese

---

[13] *Hans Kelsen* Allgemeine Staatslehre, 1925, 80.

[14] Vgl. auch *Horst Dreier* Hans Kelsens Wissenschaftsprogramm, in: Helmuth Schulze-Fielitz (Hrsg.) Staatsrechtslehre als Wissenschaft, 2007, 81 (83).

[15] *Hans Kelsen* Was ist die Reine Rechtslehre?, in: Max Imboden/Werner Kägi/Julius G. Lautner/Hans Nef/Werner Niederer/Karl Oftinger (Hrsg.) FS Zaccaria Giacometti, 1953, 143 (152 f.).

[16] *Alexander Somek* Wissenschaft vom Verfassungsrecht: Österreich, in: Armin von Bogdandy/Pedro Cruz Villalón/Peter M. Huber (Hrsg.) IPE II, 2008, 637 (646). Zu einer (zumindest so nach außen tretenden) „Apolitizität der Diskurse“ in der deutschen Staatsrechtslehre *Reimer* Fragmentierungen (Fn. 1), 427 ff.

[17] *Ewald Wiederin* Denken vom Recht her. Über den *modus austriacus* in der Staatsrechtslehre, in: Helmuth Schulze-Fielitz (Hrsg.) Staatsrechtslehre als Wissenschaft, 2007, 293 (305). Vgl. auch *Oliver Lepsius* Dogmatiker als Experten: Warum Rechtswissenschaft und Politik wechselseitig so wenig miteinander anfangen können, VerfBlog, 30.3.2021, abrufbar unter: <https://verfassungsblog.de/dogmatiker-als-experten> (Stand 11.11.2024) Rn. 4, wonach Recht und Politik „gedanklich stets als getrennte Sphären erhalten“ bleiben.

[18] Dazu *Kempen* Verfassung (Fn. 11), 936 ff.

[19] Ähnlich *Grimm* Verfassung (Fn. 11), 20 f., *Hillgruber* Verfassungsrecht (Fn. 1), 8, sowie *Kempen* Verfassung (Fn. 11), 943. *Herbert Schambeck* Österreichs Verfassungsgerichtsbarkeit zwischen Recht und Politik, in: Heinz Schäffer/Klaus König/Kurt Ringhofer (Hrsg.) FS Erwin Melichar, 1983, 185 (186) zufolge „stehen Recht und Politik in einem bedingenden bedingten Zusammenhang, der dort zu Kollisionen führen kann, wo das Recht die Politik […] durch zu große Juridifizierung […] einschränkt oder die Politik den Ordnungsanspruch geltenden Rechts durch gesetzwidriges Verlangen negiert“.

[20] *Adolf Julius Merkl* Das doppelte Rechtsantlitz, JBl 1918, 425, 444, 463. Vgl. auch *Schulze-Fielitz* Staatsrechtslehre als Mikrokosmos (Fn. 1), 447, sowie *Matthias Jestaedt* Das mag in der Theorie richtig sein …, 2006, 22 ff. Vgl. auch *Peter Bußjäger* Der Unbegriff des Politischen, 1999, 9 ff., wonach das „Politische“ nicht nur der Gesetzgebung, sondern auch der Vollziehung in gewissem Ausmaß immanent ist.

[21] Von „zwei Seiten einer und derselben Medaille“ spricht *Ludwig Adamovich* Recht und Politik im Bereich der Grundrechte, in: Siegbert Morscher/Peter Pernthaler/Norbert Wimmer (Hrsg.) FS Hans R. Klecatsky, 1990, 1 (2), mit Bezugnahme auf *Kelsen.*

jedoch an die Verfassung gebunden, die Politik sowohl legitimiert als auch rechtsstaatlich[22] begrenzt[23].[24]

Ob man die Rückführung auf die Verfassung nun eher als Politisierung von Recht oder als Verrechtlichung von Politik[25] wahrnimmt,[26] scheint doch heute weitgehend Konsens darüber zu bestehen, dass das Staatsrecht, wenn auch vielleicht nicht das „politische Fach schlechthin",[27] so doch jedenfalls durch seinen Gegenstand nahe[28] an Politik ist. Selbst das Diktum von der „Schönheit und Eleganz"[29] der österreichischen Bundesverfassung

---

[22] Zu ihrer Funktion als rechtsstaatlicher Rahmen *Theo Öhlinger* Verfassung und Verfassungsrecht zwischen Politik und Recht, in: Tamara Ehs/Stefan Gschiegl/Karl Ucakar/Manfried Welan (Hrsg.) Politik und Recht, 2006, 51 (51); ähnlich *Grimm* Verfassung (Fn. 11), 21.

[23] *Lepsius* Staatsrechtslehre (Fn. 11), 334.

[24] Zu den Funktionen der Verfassung in Bezug auf und gegenüber der Politik auch *Kempen* Verfassung (Fn. 11), 947 ff. Selbst wenn eine Verfassung der Änderung unterzogen wird, gibt sie der Politik das Verfassungsänderungsverfahren vor; sieht eine Ewigkeitsklausel die Unabänderlichkeit bestimmter verfassungsrechtlicher Schutzgüter vor, entzieht sie der Politik hierzu endgültig die legale Änderungsmöglichkeit.

[25] Zur Aufgabe der Verfassung, den Mittelweg zwischen der Verrechtlichung und der Verpolitisierung zu suchen, *Isensee* Verfassungsrecht (Fn. 11), 515.

[26] Zu beiden Phänomenen *Grimm* Verfassung (Fn. 11), 16 ff.

[27] *Michael Stolleis* Staatsrechtslehre und Politik, in: Stefan Ruppert/Miloš Vec (Hrsg.) Michael Stolleis: Ausgewählte Aufsätze und Beiträge, 2011, 973 (977); vgl. auch *Böckenförde* Eigenart (Fn. 8), 319 („unmittelbar politikbezogenes und insofern politisches Recht", zur Abgrenzung von der Politikwissenschaft ebd., 323), *Werner Heun* Begriff, Eigenart, Methoden der Verfassungsrechtsdogmatik, in: Christian Starck (Hrsg.) Die Rolle der Verfassungsrechtswissenschaft im demokratischen Verfassungsstaat, 2004, 35 (36 f.), sowie *Martin Morlok* Reflexionsdefizite in der deutschen Staatsrechtslehre, in: Helmuth Schulze-Fielitz (Hrsg.) Staatsrechtslehre als Wissenschaft, 2007, 49 (60). Differenzierter *Schulze-Fielitz* Staatsrechtslehre als Mikrokosmos (Fn. 1), 21, sowie umfassend *Isensee* Verfassungsrecht (Fn. 11), 483 ff.

[28] Vgl. schon *Triepel* Staatsrecht (Fn. 12), 12: „Das Staatsrecht hat ja im Grunde gar keinen anderen Gegenstand als das Politische". Vgl. heute etwa *Kempen* Verfassung (Fn. 11), 932, *Komárek* Freedom (Fn. 4), 422 ff., *Merten* Verfassungsgerichtsbarkeit (Fn. 11), 472 f., *Pieroth* Politikberatung (Fn. 9), 416, *Schulze-Fielitz* Staatsrechtslehre als Mikrokosmos (Fn. 1), 21 ff., 265, 398 und 447, *ders.* Was macht die Qualität öffentlich-rechtlicher Forschung aus?, JöR 50 (2002), 1 (62), sowie *ders.* Staatsrechtslehre als Wissenschaft (Fn. 1), 27; differenziert *von Bogdandy* Wissenschaft (Fn. 8), § 39 Rn. 56, sowie *Mathias Honer* Recht der Politik: Perspektiven und Potenziale, Der Staat 62 (2023), 677 (677). *Schulze-Fielitz* Staatsrechtslehre als Mikrokosmos (Fn. 1), 6 zufolge ist die „rechtsdogmatische Entscheidungsanleitung […] nicht unpolitisch", sondern impliziert „durchaus rechtspolitische Gehalte". Zur Politiknähe im Rahmen der Staatsrechtslehrertagung *ders.* Die Wissenschaftskultur der Staatsrechtslehrer, 2022, 134.

[29] Vgl. das Pressestatement des österreichischen Bundespräsidenten vom 21.5.2019: „[...] Denn gerade in Zeiten wie diesen [...] zeigt sich die Eleganz, ja die Schönheit unserer österreichischen Bundesverfassung. [...]", abrufbar unter <https://www.bundespraesident.at/aktuelles/detail/gespraech-mit-bundeskanzler-sebastian-kurz> (Stand 11.11.2024); vgl.

stammt aus keiner verfassungsästhetischen Untersuchung, sondern entstand im Kontext einer akuten Regierungskrise. Die zu Recht eingeforderte Distanz[30] der Staatsrechtslehre zur Politik betrifft daher weniger ihren Bearbeitungsgegenstand[31] als vielmehr einen gewissen Abstand zu politischen Akteuren und persönlichen[32] politischen Vorstellungen.[33]

II. Verantwortungsmodi der Staatsrechtslehre

1. *Konstitutionalisierte Verantwortung*

Wenn die Einhegung von Politik durch Recht – auch – Verantwortung der Staatsrechtslehre sein soll, dann ist dies eine Verantwortung, die über die epistemischen Aufgaben der Wissenschaft – das Erkennen, Vermitteln und Fortentwickeln des Wissens – hinausgehen kann, aber nicht muss.[34] Schon der Vergleich von Verfassungen gibt beredtes Zeugnis von verschiedenen Verantwortungsmodi, die Staatsrechtslehrern zugeschrieben werden. Das häufigste Beispiel dafür ist ihre[35] formale Qualifikation, zum Mitglied

auch *Christoph Hofstätter* Die Regierungskrise 2019 oder Zur Eleganz und Schönheit der österreichischen Bundesverfassung, in: Gerhard Baumgartner (Hrsg.) Jahrbuch Öffentliches Recht 2020, 2020, 27; *Benjamin Kneihs* „Die Schönheit der Verfassung". Ein Essay, ZöR 75 (2020), 209.

[30] Vgl. *Peter Häberle* (Rechts-)Wissenschaften als Lebensform, JöR 52 (2004), 155 (158), *Schulze-Fielitz* Staatsrechtslehre als Mikrokosmos (Fn. 1), 398, *ders.* Qualität (Fn. 28), 62, sowie *Voßkuhle* Dimensionen (Fn. 11), 153 ff. Vgl. etwa differenziert *Stolleis* Staatsrechtslehre (Fn. 27), 984.

[31] Ähnlich *Voßkuhle* Dimensionen (Fn. 11), 139.

[32] Die von *Gärditz* Staatsrechtslehre (Fn. 2), 645 konstatierte „auffällige Politisierung der Staatsrechtslehre" ist daher weniger in Bezug auf die thematische als vielmehr die persönliche Nähe zu Politik problematisch.

[33] Allenfalls geht es auch um eine Distanz zu fremden Wissenschaften, die sich aus anderen Perspektiven mit Politik auseinandersetzen; dazu kritisch *Matthias Klatt* Integrative Rechtswissenschaft. Methodologische und wissenschaftstheoretische Implikationen der Doppelnatur des Rechts, Der Staat 54 (2015), 469 (493).

[34] *Reimer* Fragmentierungen (Fn. 1), 453 (zur Notwendigkeit einer „epistemischen Repolitisierung" ebd., 455). Zu einer Verantwortung der Dogmatik vom öffentlichen Recht für den Wissenschaftscharakter der Rechtswissenschaft *Jestaedt* „Öffentliches Recht" (Fn. 1), 281.

[35] Vgl. mit spezifischem Bezug zum Staatsrecht Art. 109B Abs. 2 Verfassung von Somalia (wonach Verfassungsrichter u.a. „hochqualifiziert in verfassungsrechtlichen Angelegenheiten" sein müssen), Art. 141 Abs. 1 lit. b Verfassung von Sambia (wonach Verfassungsrichter eine „Ausbildung oder Erfahrung im Bereich von Menschenrechten oder Verfassungsrecht" haben müssen) und Art. 199 Abs. 1 Verfassung von Bolivien (wonach Verfassungsrichter „eine Erfahrung im Verfassungsrecht, Verwaltungsrecht oder im Bereich der Menschenrechte" haben müssen); in allen drei Fällen wird allerdings keine Professur

eines Verfassungsgerichts bestellt zu werden.[36] Verfassungen sehen aber auch andere institutionalisierte Funktionen von (Staats-)Rechtslehrern im Spannungsfeld von Recht und Politik vor: Diese reichen von Mitgliedschaften in Wahlkommissionen,[37] Richterauswahlgremien[38] und Zweiten Kammern[39] bis hin zu islamischen Rechtsgelehrten vorbehaltenen Staatsämtern[40]. Epistokratien faszinieren spätestens seit Platon[41] und haben mit der österreichischen Expertenregierung 2019 ein eindrucksvolles Beispiel

---

auf diesen Forschungsgebieten gefordert (ähnlich Art. 145 Verfassung von Mali). Bemerkenswert ist Art. 100 Verfassung von Guinea, wonach ein Verfassungsrichter Angehöriger einer juridischen Fakultät sein und aus Öffentlichem Recht wenigstens ein Doktorat aufweisen sowie über 20 Jahre Berufserfahrung verfügen müsse. Gem. Art. 125 Abs. 4 Verfassung von Albanien können „Universitätsprofessoren oder Universitätslektoren", die eine reputierte Tätigkeit auf verfassungsrechtlichem, menschenrechtlichem oder einem anderen Rechtsgebiet aufweisen, zu Verfassungsrichtern bestellt werden.

[36] Vgl. zur allgemeineren Voraussetzung einer „rechtswissenschaftlichen" Tätigkeit etwa Art. 195 Verfassung von Algerien, Art. 115 Verfassung von Benin, Art. 153 Abs. 4 i.V.m. Art. 187 Verfassung der Dominikanischen Republik, Art. 433 Abs. 3 Verfassung von Ecuador, Art. 89 Verfassung von Gabun, Art. 100 Abs. 2 Verfassung von Griechenland, Art. 135 Abs. 2 Verfassung von Italien, Art. 61 Abs. 1 lit. c Verfassung von Jordanien, Art. 232 Z. 4 Verfassung von Kolumbien, Art. 122 Abs. 1 Verfassung von Kroatien, Art. 103 Abs. 3 Verfassung von Litauen, Art. 242 Abs. 3 Verfassung von Mosambik, Art. 121 Verfassung von Niger, Art. 147 Abs. 2 österreichisches B-VG, Art. 147 Z. 4 Verfassung von Peru, Art. 143 Verfassung von Rumänien, Art. 159 Abs. 2 Verfassung von Spanien, Art. 146 Abs. 5 Verfassung der Türkei, Art. 99 Verfassung von Zentralafrika; z.T. ergibt sich die Zulässigkeit eines solchen beruflichen Hintergrunds indirekt aus Ausnahmen von Unvereinbarkeitsbestimmungen (vgl. z.B. Art. 115 Verfassung von Madagaskar, Art. 173 Abs. 1 Verfassung von Serbien und Art. 148 Abs. 5 Verfassung der Ukraine). In etlichen weiteren Staaten ist die explizite Qualifikation von Staatsrechtslehrern, als Verfassungsrichter bestellt werden zu können, in einfachen Gesetzen geregelt.

[37] Vgl. etwa Art. 232 Z. 4 i.V.m. Art. 264 Verfassung von Kolumbien oder Art. 179 Z. 4 und 5 Verfassung von Peru. Zur Rolle von Rechtswissenschaftlern in der Wahlbeobachtung auch *Daniel P. Tokaji* Comparative election administration: a legal perspective on electoral institutions, in: James A. Gardner (Hrsg.) Comparative Election Law, 2022, 436 (454).

[38] Vgl. etwa Art. 147 Abs. 4 Verfassung von Albanien, Art. 121 Abs. 5 Verfassung von Kroatien, Art. 122 Abs. 1 Verfassung von Moldau, Zusatzart. 28 Abs. 1 Verfassung von Nordmazedonien, Art. 153 Verfassung von Serbien sowie Art. 131 Verfassung von Slowenien.

[39] Vgl. allgemein zu professoralen Mitgliedern etwa Art. 80 Abs. 4 und 5 Verfassung von Ruanda.

[40] Vgl. etwa Art. 91 und Art. 109 Z. 1 Verfassung des Irans; zu richterlichen Funktionen islamischer Rechtsgelehrter vgl. Art. 92 Abs. 2 Verfassung des Iraks sowie Art. 261 Abs. 3 lit. b ii und Art. 276 Abs. 3 lit. b ii Verfassung von Nigeria.

[41] Vgl. *Platon* Der Staat, 473c-d, wonach „entweder die Philosophen Könige werden in den Staaten, oder die, welche jetzt Könige und Herrscher heißen, echte und gründliche Philosophen werden"; *Platon* Protagoras, 343a lässt außerdem Sokrates die epistokratische Züge tragenden „Sieben Weisen" erwähnen. Vgl. zu *Francis Bacons* epistokratischer Utopie des *Salomon's House* in *New Atlantis Christofer Frey* Zur Diskussion um Wissen-

gefunden, wie auch weltweit viele Spitzenpolitiker und sogar Staatsoberhäupter aus der Staatsrechtslehre stammen.[42] Wieviel von der ἐπιστήμη dabei durch κρατία verdrängt werden kann, zeigt sich, wenn eine zur Präsidentin von Nordmazedonien gewählte Staatsrechtslehrerin bei ihrer Amtseinführung entgegen dem Wortlaut der Verfassung von „Mazedonien" spricht[43] oder ein Staatsrechtslehrer in seiner Funktion als tunesischer Präsident die Ausarbeitung einer semiautoritären Präsidialverfassung in Auftrag gibt[44].

Rar gesät sind dagegen verfassungsrechtliche Verweise auf die Staatsrechtslehre[45] als Doktrin, wie man sie als *responsa prudentium*[46] aus dem Römischen Recht, als *communi[s] [et] constan[s]*[47] *doctorum sententia* aus dem kanonischen Recht oder als „bewährte Lehre"[48] aus dem Schwei-

---

schaftsethik, Der Staat 28 (1989), 405, sowie *Hasso Hofmann* Politik durch Wissenschaft überholen – Der Atlantis-Traum der Aufklärer, Der Staat 49 (2010), 1 (4 ff.).

[42] Mit Beispielen *Voßkuhle* Dimensionen (Fn. 11), 144 ff. Zur „Beteiligung der Staatsrechtslehrer am politischen Leben" an historischen Beispielen schon *Triepel* Staatsrecht (Fn. 12), 14 ff.

[43] Vgl. dazu etwa *Nektaria Stamouli* North Macedonia president-elect sparks row with Greece at swearing-in, Politico 12.5.2024, abrufbar unter: <https://www.politico.eu/article/north-macedonia-president-elect-sparks-row-with-greece-swearing-in-ceremony/> (Stand 11.11.2024).

[44] Zur Reform näher *International Commission of Jurists* Codifying Autocracy: The Proposed Tunisian Constitution in Light of International Law and Standards, 2022; *Jinan Limam* The 2022 Constitutional Referendum in Tunisia: Reviving the Democratic Transition or a Severe Democratic Setback?, JCL-MENA 3 (2023), 8 ff.; *Nidhal Mekki* The project of the President's Constitution: Is it time to close the democratic parenthesis in Tunisia?, ConstitutionNet 25.7.2022, abrufbar unter: <https://constitutionnet.org/news/project-presidents-constitution-it-time-close-democratic-parenthesis-tunisia> (Stand 11.11.2024); *Zoe Petkanas* Kais Saied and the demise of democracy, The Journal of North African Studies 28 (2023), 733; *Francesco Tamburini* The Ghost of the Constitutional Review in Tunisia: Authoritarianism Transition to Democracy and Rule of Law, Journal of Asian and African Studies 57 (2022), 725.

[45] Lediglich auf die „allgemeinen Prinzipien der Lehre" in verfassungsrechtlichem Kontext verweist Art. 230 Abs. 2 Verfassung von Kolumbien. Gem. Art. 272 lit. g Verfassung von Guatemala kompiliert das Verfassungsgericht u.a. Doktrinen, die im Zusammenhang mit bestimmten Rechtsmitteln herangezogen wurden.

[46] *Gaius* Institutiones 1.7.

[47] Can. 19 CIC/1983.

[48] Art. 1 Abs. 3 Schweizerisches Zivilgesetzbuch vom 10. Dezember 1907 (näher dazu *Eugen Huber* Bewährte Lehre, in: Carl Hilty/Walther Burckhardt [Hrsg.] Politisches Jahrbuch der Schweizerischen Eidgenossenschaft, Bd. 25, 1911, 3 [3 ff.], rezipierend auch Art. 1 Abs. 3 Liechtensteinisches Sachenrecht vom 31. Dezember 1922), Art. 86 Abs. 4 Liechtensteinisches Gesetz vom 21. April 1922 über die allgemeine Landesverwaltungspflege (die Verwaltungsbehörden und ihre Hilfsorgane, das Verfahren in Verwaltungssachen, das Verwaltungszwangs- und Verwaltungsstrafverfahren) sowie Art. 1 Abs. 4 Liechtensteinisches Personen- und Gesellschaftsrecht vom 20. Januar 1926.

zerischen Zivilgesetzbuch und verschiedenen liechtensteinischen Gesetzen kennt.[49] Weniger geht es dabei jedoch um eine Aristokratisierung einzelner wissenschaftlicher Meinungen wie durch das IGH-Statut[50] als um die Kompilation der Lehre. Keine Verfassung erwähnt die Staatsrechtslehre jedoch als eine unmittelbare Rechtsquelle.

2. *Intra- und extramurale Verantwortung*

Die Vielfalt möglicher Verantwortungsmodi, die Staatsrechtslehre im Spannungsfeld von Recht und Politik wahrnehmen kann, geht indessen weit über deren ausdrückliche verfassungsrechtliche Verankerung hinaus.[51] Sie beschränkt sich nicht auf extramurale und institutionalisierte Formen, sondern schließt intramurale und ad hoc-basierte, informelle[52] und indirekte ein.[53] Staatsrechtslehrer nehmen mithin nicht bloß dann Verantwortung wahr, wenn sie außerhalb ihrer universitären Rolle,[54] gleichwohl qualifiziert durch diese, eine formale Funktion ausüben, die ihr staatsrechtliches Wissen für oder gegenüber Politik nutzbar macht.[55] Eine nicht notwendigerweise an ein Amt geknüpfte extramurale Rolle an der Schnittstelle von Recht und Politik nehmen Staatsrechtslehrer in der Politikberatung wahr, die in Form parlamentarischer Anhörungen,[56] von Gutachten oder Medieninterviews erfolgen kann; nicht zu vergessen ist die Expertise von Staats-

---

[49] Einige dieser Referenznormen finden sich schon bei *Jakab* Role Models (Fn. 3), 759.

[50] Vgl. Art. 38 Abs. 1 lit. d Statut des Internationalen Gerichtshofs („teachings of the most highly qualified publicists").

[51] Mit Beispielen auch schon *Schulze-Fielitz* Staatsrechtslehre als Mikrokosmos (Fn. 1), 8 f., sowie *Voßkuhle* Dimensionen (Fn. 11), 143 ff.

[52] Von „stillen Einflusspfade[n] der Staatsrechtslehre als Ideengeberin" spricht *Gärditz* Staatsrechtslehre (Fn. 2), 646.

[53] Zur Unterscheidung zwischen interner und externer Verantwortung von Wissenschaftlern *Martin Schulte* Grund und Grenzen der Wissenschaftsfreiheit, VVDStRL 65 (2006), 110 (136).

[54] Vgl. auch die Differenzierung zwischen sieben rechtswissenschaftlichen Rollenmustern *Jakab* Role Models (Fn. 3), 757 ff.

[55] Ähnlich für die Rechtswissenschaft schon *Huber* Lehre (Fn. 48), 8.

[56] Eingehend dazu *Gärditz* Hoflieferanten (Fn. 2), 158 ff., *Heribert Hirte* Was erwartet die Politik von Anhörungen?, JöR 71 (2023), 437 (437 ff.), *Janbernd Oebbecke* Drei Argumente gegen professoralen Frust nach parlamentarischen Anhörungen, JöR 71 (2023), 429, sowie *Pieroth* Politikberatung (Fn. 9), 424 ff. Zu parlamentarischen Anhörungen in der Schweiz *Odile Ammann* Wissenschaftsfreiheit als Pflicht zur Ergebnisoffenheit. (Rechts-)Wissenschaft und Politik, ein Dauerbrenner?, VerfBlog, 10.4.2021, abrufbar unter: <https://verfassungsblog.de/wissenschaftsfreiheit-als-pflicht-zur-ergebnisoffenheit/> (Stand 11.11.2024).

rechtslehrern im Rahmen von Verfassungskonventen,[57] internationalen Kommissionen[58] oder als *amici curiae*[59].[60] Vor allem aber treten Staatsrechtslehrer schon durch ihre ureigene wissenschaftliche Tätigkeit in mögliche Verantwortungsverhältnisse, die sich aus deren Verarbeitung durch Bürokratie, Parlamente und Gerichte ergeben.[61] Wissenschaftliche Primärverantwortung wird dadurch gewissermaßen in Sekundärverantwortung transformiert, ohne dass der Wissenschaftler auf diese Verarbeitung Einfluss haben könnte oder müsste.

3. *Verantwortungsverhältnisse*

Die Wesensdifferenz zwischen diesen Verantwortungsverhältnissen ergibt sich aus der Relationalität der Gewaltenteilung: An wessen Seite, welcher Staatsgewalt, welchen Staatsorgans, steht der wissenschaftliche Verantwortungsträger? Man wäre geneigt zu sagen, an niemandes Seite als der des Rechts. Und doch nehmen Staatsrechtslehrer als Politikberater oder Verfassungsrichter auch untereinander oft diametrale Standpunkte ein; dies mag einem politischen Vorverständnis geschuldet sein, kann aber auch ganz unvorgeblich an unterschiedlichen methodischen Prämissen liegen.[62]

---

[57] Zum Österreich-Konvent *Klaus Poier* Verschwommene Rollen – Expertenbeteiligung im „Symbolprojekt" Österreich-Konvent, in: Arthur Benz (Hrsg.) Politikberatung in Verfassungsreformen, 2012, 89, speziell zur österreichischen Bundesstaatsreformdiskussion *Peter Bußjäger* Der Einfluss von Experten in der österreichischen Bundesstaatsdiskussion, in: Arthur Benz (Hrsg.) Politikberatung in Verfassungsreformen, 2012, 65. Vgl. mit internationalen Beispielen auch *Zaid Al-Ali* Constitutional drafting and external influence, in: Tom Ginsburg/Rosalind Dixon (Hrsg.) Comparative Constitutional Law, 2011, 77.

[58] Ein Beispiel dafür liefert etwa die Zusammensetzung der *European Commission for Democracy through Law* („Venedig-Kommission") des Europarats (vgl. näher *Christoph Grabenwarter* Die Herausbildung europäischer Verfassungsstandards in der Venedig-Kommission, JöR 66 [2018], 21 [22 f.]).

[59] Zur Rolle von Staatsrechtslehrern als Prozessvertreter vor dem BVerfG *Schulze-Fielitz* Staatsrechtslehre als Mikrokosmos (Fn. 1), 481.

[60] Vgl. auch *Gärditz* Staatsrechtslehre (Fn. 2), 645. Zu verschiedenen Formen der verfassungsrechtlichen Expertise vgl. auch die Schwerpunktbeiträge im European Yearbook of Constitutional Law 3 (2021).

[61] Damit unterscheidet sich die Staatsrechtslehre nicht nur von anderen Wissenschaften, sondern zumindest nuancenhaft auch von anderen rechtswissenschaftlichen Disziplinen (zur speziellen Positionierung der wissenschaftlichen Verfassungsrechtspolitik auch *Münkler* Verfassungsrechtspolitik [Fn. 2], 79 f.). Schon für *Rudolf Laun* Der Staatsrechtslehrer und die Politik, AöR 43 (1922), 145 (189) wird dem Staatsrechtslehrer „in der Politik ein ungeheures Feld der fruchtbarsten Tätigkeit eröffnet"; die Politik solle sogar aufgesucht, nicht geflohen werden (ebd., 199).

[62] Zur Möglichkeit politisch orientierter Auswahl und Anwendung von Interpretationsmethoden *Schulze-Fielitz* Staatsrechtslehre als Mikrokosmos (Fn. 1), 265 f.

Unterschiedliche, ja mehrpolige Verantwortungsrelationen manifestieren sich aber auch im intramuralen Verantwortungsverhältnis: Geht es um die Eigenverantwortung des Staatsrechtslehrers in der akademischen Forschung und Lehre, in der universitären Selbstverwaltung, Wissenschaftsorganisation und Qualitätssicherung oder um die Metaverantwortung[63] einer kontrollierenden und disziplinierenden *community*?

Verantwortung der Staatsrechtslehre kann sohin von wissenschaftlichen Individuen oder Kollektiven wahrgenommen werden, mit Rechten und Pflichten einhergehen, Sanktionen unterworfen sein oder als Ausdruck reiner Wissenschaftsethik[64] begriffen werden. Sie ist mehr und anders als klassische verfassungsrechtliche Verantwortlichkeit, wie diejenige einer Regierung gegenüber einem Parlament. Ich möchte ihre Vielgestaltigkeit im Folgenden aus dreierlei Perspektive demonstrieren: einer grundrechtlichen, einer demokratiepolitischen und einer verfassungsgerichtlichen Perspektive.

III. Verantwortung und Wissenschaftsfreiheit

1. Politisierung der Wissenschaft

Die Wissenschaftsfreiheit erscheint dafür als nächstliegendes Grundrecht, ist doch ihr Verhältnis zur vielfach diskutierten Politisierung der Wissenschaft[65] ein Gegenwartsthema der Geistes-, Kultur- und Sozial-, zuletzt auch mancher Naturwissenschaften. Schon von *Max Weber* stammt die Forderung nach Abgrenzung der Berufe von Politik und Wissenschaft, gehören für ihn doch „der Prophet und der Demagoge nicht auf den Katheder eines Hörsaals", sondern vielmehr „auf die Gassen".[66] Auch *Jürgen Habermas* lehnte ein dezisionistisches Modell ab, lieferte aber auch eine Schwächenanalyse technokratischer Politik, der Abhängigkeit des Politikers vom

[63] *Schulze-Fielitz* Qualität (Fn. 28), 63 fordert dafür die „Gewährleistung von Rahmenbedingungen für die Möglichkeiten intersubjektiver Kritik, an der möglichst viele Wissenschaftler nach Maßgabe gemeinsamer Standards rational teilnehmen".

[64] Dazu etwa *Frey* Diskussion (Fn. 41), 405 ff.

[65] Vgl. beispielhaft jüngst *Christiane Spiel/Heinrich Schmidinger/Reinhard Heinisch* (Hrsg.) Österreichischer Wissenschaftstag 2023 – Wissenschaft und Politik, 2023, abrufbar unter: <https://www.oefg.at/publication/wissenschaft-und-politik/> (Stand 11.11.2024); für Deutschland etwa *Gärditz* Hoflieferanten (Fn. 2), 132 ff.; *ders.* Die politische Grammatik der Wissenschaftsfreiheit, APuZ 71/46 (2021), 10; für die Schweiz *Ammann* Wissenschaftsfreiheit (Fn. 56).

[66] *Max Weber* Wissenschaft als Beruf (1919), 11. Aufl. 2011, 25; für eine Rollentrennung auch *Stolleis* Staatsrechtslehre (Fn. 27), 991.

Fachmann, die ihn zu einem bloßen „Vollzugsorgan einer wissenschaftlichen Intelligenz“[67] mache, und plädierte letztlich für ein „pragmatische[s] Modell“[68].

In der Pandemie wiederum lastete man Politik zu einseitige[69] Einbindung sowie Instrumentalisierung[70] von Wissenschaft(en), der Wissenschaft hingegen „Hoflieferantentum“,[71] mangelnde wissenschaftliche Redlichkeit,[72] Diskursunfähigkeit[73] und Selbstüberschätzung[74] an. Diese vielschichtige Kritik[75] veranlasste u.a. zwei nationale Akademien der Wissenschaften, in den „Wiener Thesen“ Empfehlungen „zur wissenschaftsbasierten Beratung von Politik und Gesellschaft“ zu geben,[76] aber auch die Politik, sich des Themas „Wissenschaftskommunikation“ verstärkt anzunehmen.[77]

---

67 *Jürgen Habermas* Verwissenschaftlichte Politik und öffentliche Meinung, in: Richard Reich (Hrsg.) Humanität und politische Verantwortung, 1964, 54 (56).

68 *Habermas* Politik (Fn. 67), 59 ff.

69 Vgl. etwa *Alexander Bogner* (Pseudo-)Wissenschaft und Demokratie im Krisenzeitalter, APuZ 72/26–27 (2022), 14 (16).

70 Vgl. etwa *Gamper* ad-hoc-Politikberatung (Fn. 4), 11 ff. m.w.N. Allgemein zu dieser Gefahr *Gärditz* Grammatik (Fn. 65), 16, sowie *Schulze-Fielitz* Staatsrechtslehre als Mikrokosmos (Fn. 1), 265.

71 Umfassend *Gärditz* Hoflieferanten (Fn. 2).

72 *Gärditz* Grammatik (Fn. 65), 16.

73 Vgl. näherhin *Gärditz* Grammatik (Fn. 65), 16, sowie *Münkler* Gehör (Fn. 2), 545 ff.

74 Zur vielfach wahrgenommenen Überschreitung der eigenen Fachkompetenz in der Pandemie *Gärditz* Hoflieferanten (Fn. 2), 36 ff. und 189; letztlich unterliegt aber auch ein Verfassungsgericht, das extrajuristisches Fachwissen zur wesentlichen Grundlage der eigenen Entscheidung macht – mag dieses auch durch eine Verfahrenspartei übermittelt worden sein und bloß einer „Vertretbarkeitskontrolle“ durch das Gericht unterliegen –, diesem Risiko (vgl. dazu noch unten 425 ff.).

75 Vgl. zusammenfassend zur Krise der wissenschaftlichen Politikberatung *Voßkuhle* Rechtspolitik (Fn. 2), 377 f.; zur Rolle der Wissenschaften in der Pandemie *Gärditz* Wissenschaft (Fn. 2), 505 ff.

76 *Österreichische Akademie der Wissenschaften/Nationale Akademie der Wissenschaften Leopoldina* (Hrsg.) Wiener Thesen zur wissenschaftsbasierten Beratung von Politik und Gesellschaft, 2023, abrufbar unter: <https://www.leopoldina.org/fileadmin/redaktion/Publikationen/Nationale_Empfehlungen/2023_Wiener-Thesen.pdf> (Stand 11.11.2024).

77 Zur Wichtigkeit von Wissenschaftskommunikation wie auch klaren Wissenschaftskommunikationsstandards *Gärditz* Hoflieferanten (Fn. 2), 118. Vgl. jüngst auch die Beschlussempfehlung und den Bericht des Ausschusses für Bildung, Forschung und Technikfolgenabschätzung, BT-Drucks. 20/11723, abrufbar unter: <https://dserver.bundestag.de/btd/20/117/2011723.pdf> (Stand 11.11.2024), die Wissenschaftskommunikation systematisch und umfassend zu stärken. Vgl. als österreichisches Beispiel etwa § 2b Abs. 1 Z. 4 Forschungs- und Technologieförderungsgesetz – FTFG, BGBl. 1982/434 i.d.F. BGBl. I 2023/52, der als eine Aufgabe des Fonds zur Förderung der wissenschaftlichen Forschung „Information und Sensibilisierung der Öffentlichkeit für die Bedeutung der wissenschaftli-

Die Staatsrechtslehre ist weder von diesem um Rolle, Freiheit und Schranken der Wissenschaft kreisenden Diskurs ausgenommen, noch beschränkt er sich auf Fragen der wissenschaftlichen Politikberatung oder einer Rechtspolitikwissenschaft im engen Sinn.[78]

2. *Politiknähe und gute wissenschaftliche Praxis*

Aus Sicht der Wissenschaftsfreiheit ist zunächst maßgeblich, ob der Staatsrechtslehrer „Wissenschaft" durchführt und damit überhaupt ihr sachlicher Schutzbereich eröffnet ist. Das bloße Format, ob Beiträge als klassische Forschungsarbeiten publiziert oder in der akademischen Lehre vorgetragen, im Rahmen von Medienbeiträgen,[79] Blogs, bezahlter Auftragsforschung, in Gutachten[80] oder Anhörungen, auf Anfrage der Politik oder von sich aus geäußert werden, ist dafür nicht entscheidend,[81] auch wenn manches davon populärwissenschaftliche[82] Züge tragen mag. Im Wesentlichen weisen die Wissenschaftsbegriffe, wie sie durch Rechtsprechung und Lehre in Deutschland, Österreich und der Schweiz entfaltet wurden, eine gemeinsame Komponente dahingehend auf, dass Wissenschaft als eine

---

chen Forschung und der Entwicklung und Erschließung der Künste und ihrer Förderung, insbesondere durch neue Formen partizipativer Kommunikation (‚Wissenschaftskommunikation')" vorsieht.

[78] Vgl. auch den Begriff „wissenschaftliche Verfassungsrechtspolitik" bei *Brun-Otto Bryde/Martin Nettesheim/Laura Münkler* Wissenschaftliche Verfassungsrechtspolitik?, 2023, oder „Recht der Politik" als Rechtsgebiet bei *Honer* Recht (Fn. 28), 677 ff.; als „Verfassungsrechtspolitik" bezeichnet *Bryde* Verfassungsrechtspolitik (Fn. 2), 7 etwa auch die Einladung zum Staatsrechtslehrerreferat. Für eine „rechtswissenschaftliche Rechtspolitik", die, losgelöst von einer ad-hoc-Einzelfallberatung, in systemischer und akademischer Weise ausgewählte Referenzgebiete der Rechtspolitik untersucht, *Michael Holoubek* Rechtswissenschaftliche Rechtspolitik? Plädoyer für einen (weiteren) Gegenstand der Rechtswissenschaften, in: ders./Georg Lienbacher (Hrsg.) Rechtspolitik der Zukunft – Zukunft der Rechtspolitik, 1999, 9 (18 ff.). Zu Unterscheidungsvarianten der Zuordnung von Rechtsdogmatik und Rechtspolitik *Matthias Jestaedt* Verfassungsdogmatik, in: Uwe Kischel/Hanno Kube (Hrsg.) HStR I, 2023, § 6 Rn. 59 ff.

[79] Dazu näher *Voßkuhle* Dimensionen (Fn. 11), 151 f.

[80] Ob Gutachten als Wissenschaft zu behandeln sind (vgl. dazu auch *Bryde* Verfassungsrechtspolitik [Fn. 2], 18 f.), kann nicht pauschal bewertet werden, sondern hängt letztlich von der Bearbeitung im Einzelfall ab; vgl. die Klassifikation bei *Schulze-Fielitz* Staatsrechtslehre als Mikrokosmos (Fn. 1), 355 f.

[81] Ähnlich *Münkler* Verfassungsrechtspolitik (Fn. 2), 86 f.; differenziert aus wissenschaftstheoretischer Sicht auch *Nettesheim* Staatsrechtswissenschaft (Fn. 4), 62 f.

[82] Zu deren Einbeziehung in die Wissenschaftsfreiheit aus deutscher Sicht *Friedhelm Hufen* Wissenschaft zwischen Freiheit und Kontrolle. Zivilklauseln, Ethikkommissionen und Drittmittelkontrolle aus verfassungsrechtlicher Sicht, NVwZ 2017, 1265 (1265); zu populärwissenschaftlicher Staatsrechtslehre auch *Voßkuhle* Dimensionen (Fn. 11), 153.

Suche nach Erkenntnis verstanden wird,[83] die durch Ernsthaftigkeit, den Einsatz rationaler Methoden oder zumindest wissenschaftliche Eigengesetzlichkeiten[84] gekennzeichnet ist.[85] Dieser offene, mitunter[86] kritisierte Wissenschaftsbegriff schließt Wissenschaft, die sich mit politischen Themen befasst, keinesfalls aus. Verlangt sind hingegen Mindestansprüche an Wissenschaftlichkeit, die erfüllt sein müssen, um von einer dem Schutz der Wissenschaftsfreiheit unterstellten Wissenschaft zu sprechen.[87] Diese Mindestansprüche zu definieren, überlassen Gesetzgeber und Gerichte weitge-

---

[83] Vgl. etwa BVerfGE 35, 79 (113): „ernsthafter planmäßiger Versuch zur Ermittlung der Wahrheit" (dazu auch *Kerstin von der Decken* in: Hans Hofmann/Hans-Günter Henneke [Hrsg.] GG. Kommentar zum Grundgesetz, 15. Aufl. 2022, Art. 5 Rn. 48, *Frank Fechner* in: Klaus Stern/Florian Becker [Hrsg.] Grundrechte-Kommentar, 4. Aufl. 2024, Artikel 5 Rn. 274 und *Klaus Ferdinand Gärditz* in: Günter Dürig/Roman Herzog/Rupert Scholz [Hrsg.] Grundgesetz. Kommentar, 2024, Art. 5 Abs. 3 Rn. 55 [2019]); in Österreich sehr offen noch VfSlg 3191/1957 („Aufsuchen neuer Erkenntnisse oder die Festigung älterer Erkenntnisse auf einem bestimmten Wissensgebiet").

[84] Auf die „Anerkennung" von Forschungsregeln durch die breite Wissenschaft stellt das Schweizerische Bundesgericht (BGE 148 II 273, E.6.6; BGE 134 V 231, E.5.1, dazu *Rainer J. Schweizer* in: Bernhard Ehrenzeller/Patricia Egli/Peter Hettich/Peter Hongler/Benjamin Schindler/Stefan G. Schmid/Rainer J. Schweizer [Hrsg.] Die Schweizerische Bundesverfassung. St. Galler Kommentar, 4. Aufl. 2023, Art. 20 Rn. 11) ab.

[85] Für Deutschland näher *Gärditz* in: Dürig/Herzog/Scholz (Fn. 83), Art. 5 Abs. 3 Rn. 67 (mit Hinweis auf BVerfGE 111, 333 [354]); für Österreich *Anna Gamper* in: Arno Kahl/Lamiss Khakzadeh/Sebastian Schmid (Hrsg.) Kommentar zum Bundesverfassungsrecht. B-VG und Grundrechte, 2021, Art 17 StGG Rn. 5, *dies.* Wissenschaftsfreiheit: Entwicklung und Herausforderungen in Zeiten des Postfaktizismus, zfhr 17 (2018), 113 (121), *Stefan Hammer* in: Karl Korinek/Michael Holoubek/Christoph Bezemek/Claudia Fuchs/Andrea Martin/Ulrich E. Zellenberg (Hrsg.) Österreichisches Bundesverfassungsrecht. Kommentar, 2024, Art 17/1 StGG Rn. 22 f. (2016), *Thomas Kröll* in: Benjamin Kneihs/Georg Lienbacher (Hrsg.) Rill-Schäffer-Kommentar Bundesverfassungsrecht, 2023, Art 17 Abs 1, 5 StGG Rn. 22 ff. (2014); für die Schweiz etwa *Schweizer* in: Ehrenzeller/Egli/Hettich/Hongler/Schindler/Schmid/Schweizer (Fn. 84), Art. 20 Rn. 11 m.w.N.

[86] *Peter Häberle* Die Freiheit der Wissenschaften im Verfassungsstaat, AöR 110 (1985), 329 (355); *Matthias Ruffert* Grund und Grenzen der Wissenschaftsfreiheit, VVDStRL 65 (2006), 146 (157); *Schweizer* in: Ehrenzeller/Egli/Hettich/Hongler/Schindler/Schmid/Schweizer (Fn. 84), Art. 20 Rn. 5; *Andreas L. Paulus* in: Peter M. Huber/Andreas Voßkuhle (Hrsg.) GG I, 8. Aufl. 2024, Art. 5 Abs. 3 Rn. 475. Kritisch auch *Nettesheim* Staatsrechtswissenschaft (Fn. 4), 31 ff., der auf die im weitesten Sinn soziale Interaktion in der Wissenschaft (zu deren Bedeutung für die Staatsrechtslehre *Schulze-Fielitz* Staatsrechtslehre als Mikrokosmos [Fn. 1], 14 ff.) hinweist. Für die Eröffnung des Schutzbereichs der Wissenschaftsfreiheit kommt es jedoch nicht zwingend auf eine Validierung durch die Wissenschaftsgemeinde (weiter *Nettesheim* ebd., 66 ff.) im Sinne eines positiven Responses an, sofern nur überhaupt ein Wissenschaftlichkeitsanspruch erfüllt ist.

[87] Vgl. dazu die detaillierte Abgrenzung bei *Gärditz* in: Dürig/Herzog/Scholz (Fn. 83), Art. 5 Abs. 3 Rn. 59 ff.

hend der Wissenschaftsgemeinde[88] als kommunizierendem sozialen Kollektiv[89], nach dessen Eigengesetzen[90] Wissen produziert[91], verarbeitet und validiert[92] wird.[93]

Standardisierungen der guten wissenschaftlichen Praxis reichen von Empfehlungen verschiedener Agenturen, Fachgesellschaften und -zeitschriften bis zu verbindlichen rechtlichen Regelungen in universitären Satzungen, Richtlinien und Gesetzen.[94] Vollständige Homogenität weist dieses Mosaik freilich nicht auf. Dass die schiere Politiknähe einer behandelten Thematik ein Fall wissenschaftlichen Fehlverhaltens wäre, wird jedoch nirgendwo behauptet. Im Gegenteil: In Art. 46 der Leitsätze der guten wissenschaftlichen Praxis der VDStRL findet sich etwa der Hinweis, dass die Publikation eines für ein Staatsorgan oder eine Körperschaft erstatteten Gutachtens „durchaus geboten" sei –[95] eine Verpflichtung zur Transparenz, die mittlerweile als umgekehrte Pflicht der öffentlichen Verwaltung in der österreichischen Bundesverfassung[96] verankert wurde, die Politikberatung

[88] Zu deren Bedeutung für die Wissenschaftsfreiheit *Ruffert* Grund (Fn. 86), 154. Vgl. auch BVerfGE 90, 1 (12): „Über gute und schlechte Wissenschaft, Wahrheit oder Unwahrheit von Ergebnissen kann nur wissenschaftlich geurteilt werden."

[89] Vgl. auch *Schulze-Fielitz* Staatsrechtslehre als Mikrokosmos (Fn. 1), 452.

[90] So schon BVerfGE 111, 333 (354). Näher *Ruffert* Grund (Fn. 86), 160 f.; *Schulte* Grund (Fn. 53), 112; *Komárek* Freedom (Fn. 4), 437. Zur Eigengesetzlichkeit der Rechtswissenschaft *Jestaedt* Theorie (Fn. 20), 30 ff.

[91] *Michaela Hailbronner* We the Experts. Die geschlossene Gesellschaft der Verfassungsinterpreten, Der Staat 53 (2014), 425 (429 f.).

[92] *Nettesheim* Staatsrechtswissenschaft (Fn. 4), 65 ff. Vgl. auch *Peter Häberle* Die offene Gesellschaft der Verfassungsinterpreten: Ein Beitrag zur pluralistischen und „prozessualen" Verfassungsinterpretation, JZ 30 (1975), 297 (301).

[93] Vgl. auch *Gärditz* Grammatik (Fn. 65), 14: „Wissenschaftliche Aussagen lassen sich nur durch wissenschaftliche Argumente falsifizieren, nicht durch politische Macht."

[94] Vgl. schon *Gamper* Wissenschaftsfreiheit (Fn. 85), 124; *Magdalena Pöschl* Von der Forschungsethik zum Forschungsrecht: Wie viel Regulierung verträgt die Forschungsfreiheit?, in: Ulrich H. J. Körtner/Christian Kopetzki/Christiane Druml (Hrsg.) Ethik und Recht in der Humanforschung, 2010, 90 (99 ff.); *Schulte* Grund (Fn. 53), 137.

[95] *VDStRL* Leitsätze „Gute wissenschaftliche Praxis im öffentlichen Recht", 2012, abrufbar unter: <www.vdstrl.de/gute-wissenschaftliche-praxis/> (Stand 11.11.2024). Für ein Publizitätsgebot schon *Stolleis* Staatsrechtslehre (Fn. 27), 990, sowie *Voßkuhle* Dimensionen (Fn. 11), 154 ff.

[96] Vgl. Art. 20 Abs. 5 B-VG (vgl. – noch nicht in Kraft getreten – auch das Bundesgesetz, mit dem das Bundes-Verfassungsgesetz geändert und ein Informationsfreiheitsgesetz erlassen wird [BGBl. I 2024/5]; diese – Ausnahmen unterliegende – Verpflichtung richtet sich allerdings nicht an die Wissenschaftler, sondern an die „mit Aufgaben der Bundes-, Landes- und Gemeindeverwaltung betrauten Organe", die von ihnen beauftragten Gutachten samt deren Kosten zu veröffentlichen).

damit aber auch legitimiert. Der korrekte Hinweis auf die Beziehung zu einem Auftraggeber, wie von Art. 46 der Leitsätze weiters verlangt, vermöchte allerdings nicht zu verhindern, dass die daraus hervorgegangene Publikation einseitig und lückenhaft ausgeführt wäre, um den Wünschen eines politischen Auftraggebers zu entsprechen.[97] Umgekehrt könnte ein methodisch und inhaltlich *lege artis* verfasstes Gutachten in Ermangelung eines solchen Hinweises dennoch als schlechte wissenschaftliche Praxis zu qualifizieren sein.

Im Vergleich der unterschiedlichen Arten wissenschaftlichen Fehlverhaltens tun sich dabei einerseits Grauzonen auf, Nicht-Wissenschaft von „bloß" schlechter Wissenschaft zu trennen;[98] andererseits bleibt die Frage nach der materiellen Wahrheit wissenschaftlicher Erkenntnis zu Recht weitgehend ausgeklammert.[99] Problematisch ist daher § 2a Abs. 2 HS-QSG[100], wonach gute wissenschaftliche Praxis nicht nur die Einhaltung rechtlicher Regelungen und des aktuellen Erkenntnisstandes, sondern auch „ethischer Normen" beinhalte. Die Positivierung dieses diffusen Begriffs macht eine – wie immer zu identifizierende, wohl auch zeitgeistabhängige – Moral[101] zu einem rechtlichen Prüfmaßstab, dessen immanente Missbrauchsgefahr nicht zu unterschätzen ist. Konkreter scheint man hier in den deutschen Landes-Hochschulgesetzen zu werden, die nicht nur Ethikkommissionen und Zivilklauseln[102] verankern, sondern den Hoch-

---

[97] *Häberle* (Rechts-)Wissenschaften (Fn. 30), 158 zufolge verführt das Gutachten, „zumal in den Rechtswissenschaften", „zu unbewusster Korruption" (vgl. auch ebd., 161, wonach in der Schweiz das Schreiben von Gutachten zum *nobile officium* des Staatsrechtslehrers zähle; ähnlich *Giovanni Biaggini* Die Staatsrechtswissenschaft und ihr Gegenstand: Wechselseitige Bedingtheiten am Beispiel der Schweiz, in: Helmuth Schulze-Fielitz [Hrsg.] Staatsrechtslehre als Wissenschaft, 2007, 267 [268]).

[98] Vgl. dazu ausführlich *Gärditz* in: Dürig/Herzog/Scholz (Fn. 83), Art. 5 Abs. 3 Rn. 83 ff. und 88 f., sowie *Schulze-Fielitz* Staatsrechtslehre als Mikrokosmos (Fn. 1), 344 f.

[99] Zur bislang unklaren Klassifikation in unterschiedlichen Qualitätsstufen durch die Wissenschaftsgemeinde wahrgenommener Wissenschaft und zu deren Hintergründen *Nettesheim* Staatsrechtswissenschaft (Fn. 4), 48 f.; zur Schranke des Staates, wissenschaftliche Qualität zu beurteilen, *Gärditz* Hoflieferanten (Fn. 2), 138 ff.

[100] Hochschul-Qualitätssicherungsgesetz, BGBl. I 2011/74 i.d.F. BGBl. I 2024/50.

[101] Kritisch zu Tendenzen der Moralisierung und Politisierung von Wissenschaft *Ulrike Ackermann* Die Politisierung der Wissenschaft, in: Christiane Spiel/Heinrich Schmidinger/ Reinhard Heinisch (Hrsg.) Österreichischer Wissenschaftstag 2023 – Wissenschaft und Politik, 2023, 1, abrufbar unter: <https://www.oefg.at/wp-content/uploads/2024/04/OeFG_Ackermann.pdf> (Stand 11.11.2024).

[102] *Gärditz* in: Dürig/Herzog/Scholz (Fn. 83), Art. 5 Abs. 3 Rn. 110 ff.; *ders.* Hoflieferanten (Fn. 2), 17 f.

schulen etwa auch Nachhaltigkeit,[103] Gerechtigkeit[104] oder Maßnahmen gegen Desinformation[105] als Aufgaben zuweisen[106] – was immer dies für den einzelnen Forscher an der Schnittstelle von Recht und Politik bedeuten mag.

3. *Sanktionen durch die Wissenschaftsgemeinschaft*

Die Frage einer inhaltlich-methodischen Integritätsverantwortung[107], die sich der Staatsrechtslehre im Spannungsfeld von Recht und Politik stellt, ist jedoch keine, die sich allein über Regeln der guten wissenschaftlichen Praxis lösen ließe. Vielmehr geht es darum, ob an Arbeiten von Staatsrechtslehrern zu rechtspolitischen Fragen bestimmte Verantwortungsmaßstäbe anzulegen sind,[108] wie etwa, Politik nur zu informieren, nicht zu legitimieren,[109] oder, wissenschaftlichen

---

[103] Vgl. beispielhaft § 2 Abs. 5 Landeshochschulgesetz Baden-Württemberg, GBl. 2005, 1, zuletzt geändert durch Art. 8 des Gesetzes v. 7.2.2023, GBl. 26, 43; Art. 2 Abs. 7 Bayerisches Hochschulinnovationsgesetz (BayHIG), GVBl. 2022, 414, zuletzt geändert durch § 2 des Gesetzes v. 24.7.2023, GVBl. 455; § 4 Abs. 3 Berliner Hochschulgesetz, GVBl. 2011, 378, zuletzt geändert durch Art. 1 des Gesetzes v. 10.7.2024, GVBl. 461; § 3 Abs. 3 Brandenburgisches Hochschulgesetz, GVBl. 2024 I 12 1, zuletzt geändert durch Art. 2 des Gesetzes v. 21.6.2024, GVBl. I 30, 32; § 4 Abs. 6b Bremisches Hochschulgesetz, GBl. 2007, 339, zuletzt geändert durch Art. 3 des Gesetzes v. 28.3.2023, GBl. 305, 311; § 3 Abs. 4 Hessisches Hochschulgesetz, GVBl. 2021, 931, zuletzt geändert durch Art. 7 des Gesetzes v. 29.6.2023, GVBl. 456, 471; § 2 Abs. 7 Hochschulgesetz Rheinland-Pfalz, GVBl. 2020, 461, zuletzt geändert durch Gesetz v. 22.7.2021, GVBl. 453; § 5 Abs. 2 Z 11 Sächsisches Hochschulgesetz, SächsGVBl. 2023, 329, zuletzt geändert durch Art. 2 des Gesetzes v. 31.1.2024, SächsGVBl. 83; § 3 Abs. 8 Hochschulgesetz Sachsen-Anhalt, GVBl. LSA 2021, 368, 369; § 3 Abs. 8 Hochschulgesetz Schleswig-Holstein, GVOBl. 2016, 39, zuletzt geändert durch Art. 1 des Gesetzes v. 3.2.2022, GVOBl. 102; § 5 Abs. 1 Thüringer Hochschulgesetz (ThürHG), GVBl. 2018, 149, zuletzt geändert durch Art. 8 des Gesetzes v. 2.7.2024 , GVBl. 340.

[104] Vgl. beispielhaft § 5 Abs. 1 ThürHG.

[105] Vgl. beispielhaft Art. 2 Abs. 2 BayHIG.

[106] Deutlich knapper scheinen diesbezüglich die Hochschulgesetze in der Schweiz formuliert zu sein (vgl. jedoch für die Bundesebene etwa Art. 30 Abs. 1 lit. a Z. 6 Hochschulförderungs- und -koordinationsgesetz [AS 2014 4103 i.d.F. AS 2021 68]), während sich in Österreich beispielsweise die „nachhaltige Nutzung von Ressourcen" als ein leitender Grundsatz der Universitäten in § 2 Z. 14 Universitätsgesetz 2002 – UG, BGBl. I 2002/120 i.d.F. BGBl. I 2024/50 findet (zu freilich sehr allgemein formulierten gesellschaftsbasierten Zielen des universitären Wirkens schon *Gamper* ad-hoc-Politikberatung [Fn. 4], 3 f.).

[107] Zwischen einer internen und externen Verantwortung des Wissenschaftlers unterscheidet *Schulte* Grund (Fn. 53), 135 ff.

[108] Dazu auch *Voßkuhle* Dimensionen (Fn. 11), 147.

[109] Vgl. Empfehlung 2 der Wiener Thesen (*Österreichische Akademie der Wissenschaften/Nationale Akademie der Wissenschaften Leopoldina* [Hrsg.] Wiener Thesen [Fn. 76],

Dissens[110] offenzulegen. Dafür, derartige Maßstäbe zu formulieren und einzufordern, sie nicht nur dem *forum internum* des einzelnen Wissenschaftlers zu überlassen,[111] stehen der Staatsrechtslehre als Wissenschaftsgemeinde[112] im Rahmen von Promotions-, Habilitations-, Berufungs- und anderen Qualifikationsverfahren förmliche Instrumente der Qualitätssicherung zur Verfügung.[113] Hier kann etwa eine durch Politiknähe ausgelöste Einseitigkeit oder Lückenhaftigkeit in Forschungsarbeiten als gravierender inhaltlicher oder methodischer Mangel wahrgenommen werden und in „Sanktionen", wie die Versagung der Habilitation oder Professur, münden, was die antizipative Wahrnehmung von Eigenverantwortung[114] durch den einzelnen Wissenschaftler erhöhen wird. Wesentlich diffuser[115] und rechtlich weitgehend ungeregelt ist die Wahrnehmung von Verantwortung durch Peer-Reviews, die als „Sanktion" die Nichtannahme eines Beitrags zur Veröffentlichung haben können, oder durch sonstige Formen der akademischen Distanzierung,[116] die ihre Grundlage im Vorwurf wissenschaftlicher Qualitätsmängel haben.[117] Was zumindest der nicht-beamteten[118] Staatsrechtslehre, anders als klassischen „freien Berufen", bislang fehlt, sind förmliche Standesregeln, die Verletzungen von „Ehre und Ansehen" des Standes etwa dadurch, der Politik Auftragsgutachten bar jedes Wissenschaftlichkeitsanspruchs zu liefern,[119] berufsständischen Sanktionen unterziehen.[120]

---

1 f.). Vgl. auch *Paul Kirchhof* Der Beitrag der Rechtswissenschaft zur Rechtsfortbildung und Rechtserneuerung, JöR 71 (2023), 383 (393).

[110] Vgl. Empfehlung 1 der Wiener Thesen (*Österreichische Akademie der Wissenschaften/Nationale Akademie der Wissenschaften Leopoldina* [Hrsg.] Wiener Thesen [Fn. 76], 1).

[111] Ähnlich *Voßkuhle* Dimensionen (Fn. 11), 157.

[112] Vgl. auch *Nettesheim* Staatsrechtswissenschaft (Fn. 4), 36 ff., 42 f. und 57 ff., sowie *Voßkuhle* Dimensionen (Fn. 11), 157.

[113] Vgl. *Gärditz* in: Dürig/Herzog/Scholz (Fn. 83), Art. 5 Abs. 3 Rn. 154 ff., *Nettesheim* Staatsrechtswissenschaft (Fn. 4), 60 f., sowie *Schulze-Fielitz* Qualität (Fn. 28), 1 ff.

[114] Ähnlich *Voßkuhle* Dimensionen (Fn. 11), 157.

[115] Ähnlich *Ruffert* Grund (Fn. 86), 156.

[116] Vgl. auch *Nettesheim* Staatsrechtswissenschaft (Fn. 4), 63.

[117] Vgl. zu diesen Standards auch *Nettesheim* Staatsrechtswissenschaft (Fn. 4), 68 f., *Schulze-Fielitz* Qualität (Fn. 28), 3 ff., sowie *ders.* Staatsrechtslehre als Mikrokosmos (Fn. 1), 14 f. Allerdings sollte der Stellenwert von *peer reviews* (dazu schon kritisch *Gamper* Wissenschaftsfreiheit [Fn. 85], 125 f.) und „Nützlichkeitsbewertungen" auch nicht überschätzt werden.

[118] Zu beamtenrechtlichen Mäßigungsgeboten *Gärditz* Hoflieferanten (Fn. 2), 143 ff.

[119] Vgl. zu dieser Problematik schon *Nettesheim* Staatsrechtswissenschaft (Fn. 4), 58 f.

[120] Unbenommen ist dagegen dem hochschulischen Arbeitgeber, mit disziplinar- oder arbeitsrechtlichen Sanktionen zu reagieren.

4. *Grundrechtliche Schranken*

Überzogenen Erfordernissen der Wahrnehmung von Eigen- und Metaverantwortung setzt die Wissenschaftsfreiheit jedoch sowohl in Österreich als auch in Deutschland und der Schweiz deutliche Schranken: Mit jeweils etwas unterschiedlicher Konstruktion – dem Intentionalitätsverbot,[121] dem Verfassungsvorbehalt[122] oder der Kerngehaltssperre[123] – sind Eingriffe in die Wissenschaftsfreiheit nur unter ganz bestimmten Voraussetzungen überhaupt zulässig, müssen jedenfalls durch Gesetz vorgesehen werden sowie verhältnismäßig sein.[124] Der Gesetzgeber hat institutionelle Rahmenbedingungen zu schaffen, innerhalb derer sich Wissenschaft „frei" entfalten darf,[125] insbesondere Universitäten als, wie dies Art. 81c Abs. 1 B-VG[126] explizit normiert, Stätten freier wissenschaftlicher Forschung und Lehre.

Weder wäre damit vereinbar, orwellianische Wahrheitsbehörden einzurichten, die politisch genehme Wissenschaft approbieren, noch, formale Funktionen etwa in Habilitations- oder Berufungskommissionen auf Grund der Politiknähe oder -ferne von Kandidaten zu missbrauchen.[127]

---

[121] Vgl. etwa *Gamper* in: Kahl/Khakzadeh/Schmid (Fn. 85), Art 17 StGG Rn. 12; *dies.* Wissenschaftsfreiheit (Fn. 85), 118 f.; *Hammer* in: Korinek/Holoubek/Bezemek/Fuchs/Martin/Zellenberg (Fn. 85), Art 17/1 StGG Rn. 54 ff.; *Kröll* in: Kneihs/Lienbacher (Fn. 85), Art 17 Abs 1, 5 StGG Rn. 123.

[122] Zu den verfassungsimmanenten Schranken der vorbehaltlos gewährleisteten Wissenschaftsfreiheit in Deutschland *Gärditz* in: Dürig/Herzog/Scholz (Fn. 83), Art. 5 Abs. 3 Rn. 150 ff., sowie *ders.* Grammatik (Fn. 65) 15 ff.

[123] *Schweizer* in: Ehrenzeller/Egli/Hettich/Hongler/Schindler/Schmid/Schweizer (Fn. 84), Art. 20 Rn. 44.

[124] Vgl. zur Schrankenlehre im Überblick für Deutschland etwa *Gärditz* in: Dürig/Herzog/Scholz (Fn. 83), Art. 5 Abs. 3 Rn. 150 ff.; für Österreich *Gamper* in: Kahl/Khakzadeh/Schmid (Fn. 85), Art 17 StGG Rn. 12 f., *Hammer* in: Korinek/Holoubek/Bezemek/Fuchs/Martin/Zellenberg (Fn. 85), Art 17/1 StGG Rn. 53, sowie *Kröll* in: Kneihs/Lienbacher (Fn. 85), Art 17 Abs 1, 5 StGG Rn. 124; für die Schweiz *Schweizer* in: Ehrenzeller/Egli/Hettich/Hongler/Schindler/Schmid/Schweizer (Fn. 84), Art. 20 Rn. 32 ff.

[125] Vgl. auch *Gärditz* Hoflieferanten (Fn. 2), 23.

[126] *Walter Berka* in: Benjamin Kneihs/Georg Lienbacher (Hrsg.) Rill-Schäffer-Kommentar Bundesverfassungsrecht, 2023, Art 81c B-VG Rn. 84 ff.; *Christoph Hofstätter* in: Arno Kahl/Lamiss Khakzadeh/Sebastian Schmid (Hrsg.) Kommentar zum Bundesverfassungsrecht. B-VG und Grundrechte, 2021, Art 81c B-VG Rn. 5; *Gabriele Kucsko-Stadlmayer* in: Karl Korinek/Michael Holoubek/Christoph Bezemek/Claudia Fuchs/Andrea Martin/Ulrich E. Zellenberg (Hrsg.) Österreichisches Bundesverfassungsrecht. Kommentar, 2024, Art 81c B-VG Rn. 32 ff. (2011); *dies.* in: Bettina Perthold-Stoitzner (Hrsg.) Kommentar zum Universitätsgesetz 2002, 3.02. Aufl. 2023, Art 81c B-VG Rn. 2 f.

[127] Zur mittlerweile abgeschwächten Politisierung bei der Auswahl von Bewerbern für wissenschaftliche Positionen *Schulze-Fielitz* Staatsrechtslehre als Mikrokosmos (Fn. 1), 157.

Die gesetzlich mediatisierte Drittwirkung[128] oder zumindest Ausstrahlungswirkung[129] des Grundrechts schafft dabei den Rahmen des eigengesetzlichen Wissenschaftsbetriebs. Die Staatsrechtslehre als Wissenschaftsgemeinschaft trifft einerseits die Verantwortung, selbst keine politischen Maßstäbe bei der Beurteilung anzulegen und sie damit kraft wissenschaftlicher Machtausübung[130] auch politisch zu vermachten[131], andererseits aber auch, „politiknahe“ Wissenschaft nicht schlicht auf Grund des behandelten Themas als Schlecht- oder gar Nichtwissenschaft[132] zu geißeln;[133] vielmehr muss es auch hier auf eine *lege artis* vorgenommene Beurteilung der angewendeten Methoden sowie der angemessenen[134] Begründetheit[135]

---

[128] Vgl. für Österreich *Walter Berka* Die Quadratur des Kreises: Universitätsautonomie und Wissenschaftsfreiheit, zfhr 7 (2008), 37 (45); *Gamper* in: Kahl/Khakzadeh/Schmid (Fn. 85), Art 17 StGG Rn. 9; *Thomas Kröll* Kulturelle Rechte, in: Detlef Merten/Hans-Jürgen Papier/Gabriele Kucsko-Stadlmayer (Hrsg.) HGR VII/1, 2. Aufl. 2014, § 13 Rn. 23 f.; *ders.* in: Kneihs/Lienbacher (Fn. 85), Art 17 Abs 1, 5 StGG Rn. 88 und 94 ff.

[129] Vgl. begrifflich BVerfGE 35, 79 (131); *Hans Dieter Jarass* in: ders./Bodo Pieroth (Hrsg.), Grundgesetz für die Bundesrepublik Deutschland, 18. Aufl. 2024, Art. 5 Rn. 147.

[130] Vgl. schon *Laun* Staatsrechtslehrer (Fn. 61), 145: „Der Staatsrechtslehrer steht an einem Punkte, wo die Wissenschaft, nämlich die Philosophie, die Staatslehre und die Rechtswissenschaft, in die praktische Politik, das heißt in das Ringen der Menschen um die Macht, unmittelbar eingreift und von diesem Ringen unmittelbar beeinflußt wird. Denn auch Wissenschaft ist Macht, edelste, rein geistige Macht.“ Vgl. auch *Schulze-Fielitz* Staatsrechtslehre als Mikrokosmos (Fn. 1), 268 und 274 f., wonach es wissenschaftliche Nähe zu politischen Parteien gäbe und es zu politisch motivierter wissenschaftlicher Machtausübung käme, jedoch nicht in dominierendem Maße. Zu einem früher „traditionellen Gebot“, Staatsrechtslehrer sollten nicht Mitglieder einer politischen Partei sein, *Stolleis* Staatsrechtslehre (Fn. 27), 990 f.

[131] Dazu auch *Peter Häberle* Vermachtungsprozesse in nationalen Wissenschaftlergemeinschaften, insbesondere in der deutschen Staatsrechtslehre, in: Helmuth Schulze-Fielitz (Hrsg.) Staatsrechtslehre als Wissenschaft, 2007, 159 (167 ff.).

[132] Zur Abgrenzung näher *Gärditz* in: Dürig/Herzog/Scholz (Fn. 83), Art. 5 Abs. 3 Rn. 59 ff.

[133] Zu diesen Gefahren differenziert *Münkler* Verfassungsrechtspolitik (Fn. 2), 89 f.

[134] Was hierfür der jeweils angemessene Standard sein soll (dazu *Nettesheim* Staatsrechtswissenschaft [Fn. 4], 64 f.), entzieht sich m.E. der Pauschalierung und ist vielmehr kontextabhängig, so etwa hinsichtlich der Komplexität der zu untersuchenden Frage oder des Untersuchungsformats. Keinesfalls bedarf es dafür einer einhelligen Zustimmung durch die Wissenschaftsgemeinde, zumal wissenschaftliche Argumentation an sich nicht der Kategorie der absoluten „Wahrheit“ zugeordnet werden kann.

[135] Zur zentralen Bedeutung der juristischen Begründung als wissenschaftlicher Qualitätsstandard *Münkler* Verfassungsrechtspolitik (Fn. 2), 87 f., sowie *Nettesheim* Staatsrechtswissenschaft (Fn. 4), 50 und 62.

und Dokumentiertheit[136] ankommen, ob ein Wissenschaftlichkeitsstandard erreicht wird.[137]

Die grundsätzliche Anerkennung, ja Förderung[138] von Diversität und Pluralismus, bisweilen auch einer inhärenten Polarität wissenschaftlicher Meinungen, sind für Entfaltung und Erhalt der Wissenschaftsfreiheit gerade auch in der politisch exponierten Staatsrechtslehre existentiell.[139] Diese ist kein Monolith, sondern benötigt nach *Peter Häberle* vielmehr „Pluralität und Sensibilität gegenüber den ‚anderen'"[140]. So darf Staatsrechtslehre auch über die Gesamt- oder Totaländerung, ja selbst die Unabänderlichkeit einer Verfassung diskutieren, ohne dabei in das Dilemma eines Verfassungstreuebruchs[141] zu geraten, solange sie dies mit wissenschaftlichen Methoden und ohne umstürzlerische Absichten[142] tut.[143]

---

136 *Nettesheim* Staatsrechtswissenschaft (Fn. 4), 62; dabei geht es freilich weniger um den detaillierten Zitierstil als um die generelle Nachweislichkeit in Form von Belegen.

137 Ähnlich auch *Gärditz* Grammatik (Fn. 65), 14. Zwischen Thema und persönlicher Motivation einerseits und inhaltlicher Bearbeitung andererseits differenzierend auch *ders.* Hoflieferanten (Fn. 2), 140 ff. Zwischen formalen und materialen Qualitätskriterien differenziert *Schulze-Fielitz* Qualität (Fn. 28), 8 f.

138 In diese Richtung *Nettesheim* Staatsrechtswissenschaft (Fn. 4), 59.

139 Vgl. auch *Schulze-Fielitz* Staatsrechtslehre als Wissenschaft (Fn. 1), 31, sowie *ders.* Staatsrechtslehre als Mikrokosmos (Fn. 1), 268 f. Für einen ernsthaften wissenschaftlichen und damit auch mit Argumenten und Gegenargumenten geführten Diskurs als Voraussetzung gelungener wissenschaftlicher Verfassungsrechtspolitik auch *Münkler* Verfassungsrechtspolitik (Fn. 2), 92 ff. Zur Wissenschaftsfreiheit als politischem Grundrecht daher auch *Gärditz* Wissenschaft (Fn. 2), 532, *ders.* Grammatik (Fn. 65), 10 ff., sowie *ders.* Hoflieferanten (Fn. 2), 132 ff.

140 *Häberle* (Rechts-)Wissenschaften (Fn. 30), 158.

141 So explizit Art. 5 Abs. 3 S. 2 GG, wonach die Freiheit der Lehre nicht von der Treue zur Verfassung entbindet. Dass diese Treueklausel „weder Denkverbote noch die Untersagung kritischer oder pointierter Äußerungen" in der Lehre bezwecke, konstatiert *von der Decken* in: Hofmann/Henneke (Fn. 83), Art. 5 Rn. 54 (vgl. auch *Fechner* in: Stern/Becker [Fn. 83], Artikel 5 Rn. 313, sowie *Jarass* in: ders./Pieroth [Fn. 129], Art. 5 Rn. 150); zum Erfordernis der grundsätzlichen Treue zur freiheitlich-demokratischen Ordnung der Verfassung bei zulässiger sachlicher Kritik auch *Herbert Bethge* in: Michael Sachs (Hrsg.) Grundgesetz: GG, 9. Aufl. 2021, Art. 5 Rn. 225 ff., und *Paulus* in: Huber/Voßkuhle (Fn. 86), Art. 5 Abs. 3 Rn. 550; weiter *Gärditz* in: Dürig/Herzog/Scholz (Fn. 83), Art. 5 Abs. 3 Rn. 190 ff., wonach sich die Treuepflicht nur gegen den Missbrauch des Hörsaals zur verfassungsfeindlichen Agitation richte, was keine politische Treue zur verfassungsmäßigen Ordnung im Sinne des Art. 79 Abs. 3 GG fordere.

142 Vgl. auch *Hillgruber* Verfassungsrecht (Fn. 1), 49, wonach die Staatsrechtslehre nicht „auf den Verfassungsbruch […] spekulieren" darf.

143 Dabei ist die „Rechtserzeugungsdogmatik" freilich streng von „Rechtserkenntnisdogmatik" zu unterscheiden (*Hillgruber* Verfassungsrecht [Fn. 1], 49 f.).

5. *Negative Wissenschaftsfreiheit*

Eine ganz andere Bedrohung[144] der Wissenschaftsfreiheit rührt aus der mittlerweile enormen Tragweite von Auftragsforschung und „third mission“,[145] die im Bereich der Staatsrechtslehre fast zwangsläufig die Flanke zur Politik öffnen. Universitäre Planungsinstrumente erhöhen den Druck auch auf den einzelnen Wissenschaftler, Themen, unter Umständen aber selbst Methoden seiner Forschung so zu wählen, dass parametrisierten Vorgaben entsprochen werden kann – mit Rechtsgutachten, als medialer Influencer[146] oder überhaupt durch eine inhaltliche Fokussierung auf Rechtsfragen, die wohl von praktisch-politischer Relevanz, dabei aber häufig momenthaft und zeitgeistig sind.[147] So kann heute schon beinahe die Frage gestellt werden, ob Hochschullehrer überhaupt eine im engen Sinn apolitische Staatsrechtslehre betreiben dürfen – gemeint als eine Art von Wissenschaft, die sich auf Theoriefragen beschränkt, jeglichen Umgang mit „praktischer“ Politik vermeidet und zu rechtspolitischen Themen weder medial nach außen[148] tritt noch Drittmittel einwirbt.[149] Noch mögen die gesetzlichen Rahmenbedingungen an den Universitäten so beschaffen sein, dass diese Frage zumindest direkt zu verneinen ist; dass jedoch für jene, die ihre Wissenschaft lieber in einem Turm aus Elfenbein betreiben,

---

[144] Bereits 1985 bezeichnet *Häberle* Freiheit (Fn. 86), 332 Wissenschaftsfreiheit als einen „Mythos“. Kritisch auch *Ruffert* Grund (Fn. 86), 184.

[145] Vgl. dazu *Gamper* ad-hoc-Politikberatung (Fn. 4), 3 ff., *Komárek* Freedom (Fn. 4), 436 f., sowie *Sabine Maasen/Barbara Sutter* Wissenschaft und Gesellschaft, APuZ 72/26-27 (2022), 49 (52 ff.); zur *Third Mission* in den Rechtswissenschaften etwa *Konrad Lachmayer* Third Mission in der Lehre als didaktisches Konzept – Lernen durch Wissenstransfer in den Rechtswissenschaften, in: Jörn Griebel/Florian Gröblinghoff/Tomas Kuhn/Roland Schimmel (Hrsg.) Rechtsdidaktik. Erreichtes – Misslungenes – Zukünftiges, 2023, 201 (202 ff.).

[146] Kritisch *Bryde* Verfassungsrechtspolitik (Fn. 2), 5 und 19, *Gamper* ad-hoc-Politikberatung (Fn. 4), 11, sowie *Häberle* (Rechts-)Wissenschaften (Fn. 30), 159, der ein Widerstehen gegenüber einer „oft hysterischen Öffentlichkeit“ für geboten erachtet. Zu einer Steigerung der medialen Präsenz von Verfassungsrechtsexperten in Österreich *Somek* Wissenschaft (Fn. 16), § 33 Rn. 39.

[147] Vgl. dazu schon *Gamper* ad-hoc-Politikberatung (Fn. 4), 11.

[148] Das Ziel des „Wissenstransfers in die Gesellschaft“ findet sich im Hochschulrecht mittlerweile regelmäßig, vgl. dazu nur beispielhaft die österreichische Rechtslage: § 3 Z. 8 UG, § 13 Abs. 2 Z. 1 lit. g UG sowie § 2b Z. 13 und § 2i Forschungsorganisationsgesetz, BGBl. 1981/341 i.d.F. BGBl. I 2023/52 (dazu schon *Gamper* ad-hoc-Politikberatung [Fn. 4], 3 f.). Zur Verfassungsvermittlung aus deutscher Sicht *Fabian Michl* Verfassungsvermittlung, JöR 71 (2023), 87.

[149] Zu diesem möglichen Rollenmuster eines Rechtswissenschaftlers treffend *Jakab* Role Models (Fn. 3), 777 ff.; vgl. auch *Gamper* ad-hoc-Politikberatung (Fn. 4), 11.

zumindest Nachteile drohen, weil sie unter Umständen schlechter evaluiert, nicht entfristet oder erst gar nicht berufen werden, ist an vielen Universitäten keine Dystopie mehr.[150] So wie aber ein „negatives" Recht auf Meinungsäußerung anerkannt wird,[151] schützt eine „negative" Wissenschaftsfreiheit[152] auch jene, die in der politiknahen *third mission* nicht tätig sein oder sich zu bestimmten rechtspolitisch relevanten Forschungsthemen nicht einbringen,[153] ja nicht einmal Teil der „offenen Gesellschaft"[154] der Staatsrechtsblogger sein wollen.[155]

Eine zumindest wissenschaftsmoralische Verantwortung der Staatsrechtslehre könnte hier etwa dadurch wahrgenommen werden, im Rahmen der akademischen Selbstverwaltung[156] auf eine Universitätsrechtspolitik einzuwirken, die Wissenschaft, wie es der VfGH formulierte, als eine „‚freie[…]', also keinen inhaltlichen Einflüssen ausgesetzte[…] und keinen

---

[150] Zur Bedeutung dieser Faktoren für die Evaluierung von Wissenschaftlern auch *Gamper* Wissenschaftsfreiheit (Fn. 85), 119 ff., *dies.* ad-hoc-Politikberatung (Fn. 4), 5 ff. und 11, sowie *Komárek* Freedom (Fn. 4), 423 f., zur ökonomischen Steuerung von Wissenschaft *Schulte* Grund (Fn. 53), 126 ff.

[151] Eine „negative" Meinungsfreiheit wird in der Schweiz überwiegend anerkannt (*Jörg Paul Müller/Markus Schefer* Grundrechte in der Schweiz, 4. Aufl. 2008, 364; *David Rechtsteiner/Christoph Errass* in: Bernhard Ehrenzeller/Patricia Egli/Peter Hettich/Peter Hongler/Benjamin Schindler/Stefan G. Schmid/Rainer J. Schweizer [Hrsg.] Die Schweizerische Bundesverfassung. St. Galler Kommentar, 4. Aufl. 2023, Art. 16 Rn. 22), ebenso in Österreich (*Christoph Hofstätter* in: Arno Kahl/Lamiss Khakzadeh/Sebastian Schmid [Hrsg.] Kommentar zum Bundesverfassungsrecht. B-VG und Grundrechte, 2021, Art 10 EMRK Rn. 16 m.w.N.) und in Deutschland (*Bethge* in: Sachs [Fn. 141], Art. 5 Rn. 38a; *Fechner* in: Stern/Becker [Fn. 83], Artikel 5 Rn. 105 f.; *Paulus* in: Huber/Voßkuhle [Fn. 86], Art. 5 Rn. 68). Auch der EGMR (GK), 3.4.2012, Gillberg v. Sweden, No. 41723/06, Rn. 86 wollte ein von Art. 10 EMRK geschütztes „negatives" Recht auf freie Meinungsäußerung nicht „ausschließen".

[152] Vgl. dazu schon *Gamper* Wissenschaftsfreiheit (Fn. 85), 122 ff. Während die Wissenschaftsfreiheit nach ihrem positiven Verständnis davor schützt, Wissenschaft auf Grund inhaltlich oder methodisch orientierter Genehmigungs- oder Untersagungsvorbehalte nicht ausüben zu *dürfen*, bedeutet negative Wissenschaftsfreiheit, Wissenschaft nicht nach inhaltlichen oder methodischen Vorgaben ausüben zu *müssen*.

[153] Vgl. für Deutschland *Gärditz* in: Dürig/Herzog/Scholz (Fn. 83), Art. 5 Abs. 3 Rn. 185 f., dem zufolge gesellschaftspolitisch relevante Themen wie auch erwünschte Ergebnisse der Forschung durch eine Universität einzelnen Wissenschaftlern nicht vorgegeben werden dürfen; für Österreich *Gamper* ad-hoc-Politikberatung (Fn. 4), 6 f. und 11.

[154] Prägend *Häberle* Gesellschaft (Fn. 92), 297 ff.; vgl. auch *Bryde* Verfassungsrechtspolitik (Fn. 2), 17 f.

[155] Es geht also nicht darum, sich „mehr Elfenbeinturm" um jeden Preis herbeizusehnen (dazu skeptisch *Gärditz* Hoflieferanten [Fn. 2], 122 f.), sondern lediglich darum, sich auch reinen Theoriefragen widmen zu *dürfen*.

[156] Vgl. zur rechtsetzerischen Tätigkeit von Hochschullehrern in der akademischen Selbstverwaltung *Pieroth* Politikberatung (Fn. 9), 418, zur „besondere[n] Verantwortung" des Staatsrechtslehrers im „politische[n] Mikrokosmos der universitären Selbstverwaltung" *Voßkuhle* Dimensionen (Fn. 11), 142.

anderen als intrinsischen Anreizen unterliegende[...] wissenschaftliche[...] Forschung“[157] ermöglicht und fördert.

6. *Politischer Aktivismus*

Eine andere proaktive Verantwortungsrolle zwischen Recht und Politik nimmt die Staatsrechtslehre wahr, wenn kollektiv, d.h. zumindest durch einen Teil der Wissenschaftsgemeinde, auch vereinsmäßig[158] oder international[159], zu rechtspolitischen Fragen Stellung genommen wird. Das breite Spektrum dieser Manifestationen reicht von Petitionen zur Unterstützung verfolgter Höchstrichter[160] über öffentlichen Protest gegen verfassungsgerichtliche Urteile[161] bis zur gemeinsamen Formulierung einer Charta der europäischen Verfassungsprinzipien[162].[163] Überträgt man die im Son-

---

[157] VfSlg 19.775/2013; 20.395/2020. Zu einer ähnlichen Judikatur des BVerfG *Gärditz* Grammatik (Fn. 65), 11 f.

[158] Dazu zählen der gesamten Rechtswissenschaft offenstehende rechtspolitische Foren wie der Deutsche Juristentag (dazu *Mathias Habersack* Der Deutsche Juristentag (e.V.) – ein der Rechtswissenschaft verpflichteter Akteur der Rechtspolitik, JöR 71 [2023], 451), der Österreichische Juristentag oder der Schweizerische Juristenverein. Vgl. auch § 1 Abs. 3 der Satzung der VDStRL, abrufbar unter: <www.vdstrl.de/satzung/> (Stand 11.11.2024), wonach sich die Vereinigung die Aufgabe stellt, „in wichtigen Fällen zu Fragen des Öffentlichen Rechts durch Eingaben an Regierungen oder Volksvertretungen oder durch schriftliche Kundgebungen Stellung zu nehmen.“

[159] Die Staatsangehörigkeit spielt im Spannungsfeld von Recht und Politik insofern eine nicht unbedeutende Rolle, als politische Ämter, die durch Staatsrechtslehrer bekleidet werden könnten, zumeist eigenen Staatsangehörigen vorbehalten sind; dies gilt überwiegend (vgl. jedoch zur Bestellung ausländischer Verfassungsrichter, insbesondere in Kleinstaaten, *Anna Dziedzic* Foreign Judges in the Pacific, 2021; *dies./Simon N. M. Young* [Hrsg.] The Cambridge Handbook of Foreign Judges on Domestic Courts, 2023; *Anna Gamper* Die liechtensteinische Verfassung im globalen und europäischen Verfassungsvergleich, ZöR 76 [2021], 1167 [1185 f.]; *Sebastian Wolf/Peter Bussjäger/Patricia M. Schiess Rütimann* Law, small state theory and the case of Liechtenstein, Small States & Territories 1 [2018], 183 [190 f.]) auch für die Ausübung verfassungsrichterlicher Funktionen. Auch öffentlich-rechtliche Politikberatung wird überwiegend wohl eher durch „nationale“ Experten ausgeübt.

[160] Vgl. etwa *Wojciech Sadurski/Laurent Pech* Open Letter, VerfBlog, 7.8.2018, abrufbar unter: <https://verfassungsblog.de/open-letter> (Stand 11.11.2024). Zu einem ähnlichen Beispiel kritisch *Komárek* Freedom (Fn. 4), 439 ff.

[161] Beispielhaft zur Kritik am Urteil BVerfGE 154, 17 *Komárek* Freedom (Fn. 4), 441.

[162] *European Law Institute* Charter of Fundamental Constitutional Principles of a European Democracy, 20.2.2024, abrufbar unter: <https://www.europeanlawinstitute.eu/fileadmin/user_upload/p_eli/Publications/ELI_Charter_of_Fundamental_Constitutional_Principles_of_a_European_Democracy.pdf> (Stand 11.11.2024).

[163] Kritisch zu einer internationalen „Juristen-Expertokratie“ im Sinne des *global constitutionalism Gärditz* Staatsrechtslehre (Fn. 2), 640, mit Verweis auf *Verena Frick* Die Staatsrechtslehre im Streit um ihren Gegenstand, 2018, 154 ff.

dervotum zum EGMR-Urteil *Mustafa Erdoğan*[164] geäußerte Ansicht, dass bereits das Vorhandensein eines „akademischen Elements" – weniger der Veröffentlichung in einer Fachzeitschrift oder der objektiven Richtigkeit des veröffentlichten Inhalts als vielmehr des Bezugs zu Forschung und Fakten – einen spezifischen Schutz durch Art. 10 EMRK verlangen könnte, könnten solche Äußerungen nicht nur in den Schutzbereich der allgemeinen Kommunikationsfreiheit, sondern auch einer strenger geschützten Wissenschaftsfreiheit der daran teilhabenden Wissenschaftler fallen. Dagegen unterfiele reiner, zumal fachfremder Aktionismus, etwa eines sich aus Protest gegen staatliche Klimapolitik auf einer Straße festklebenden Staatsrechtslehrers, zwar dem Schutzbereich der allgemeinen Kommunikations- und Versammlungsfreiheit, nicht jedoch der Wissenschaftsfreiheit.[165] Ähnliches gilt für politisches Mikroblogging, mag der Verfasser auch ein Staatsrechtslehrer sein.[166]

IV. Verantwortung und Politik

1. Rationalitätsansprüche und Szientismus

Das Spannungsfeld zwischen Recht und Politik involviert jedoch naturgemäß nicht nur die rechtliche, sondern auch die politische Seite. Dass dabei die Politik, in *Immanuel Kants* Worten, „auch nicht einmal irren […] oder einer Sache unkundig sein könne",[167] würde sie „als mit

---

[164] Vgl. EGMR, 27.5.2014, Mustafa Erdoğan and Others v. Turkey, Nos. 346/04 and 39779/04, Sondervotum *Sajó*, *Vučinić* und *Kūris*, Rn. 6 ff., und dazu schon *Komárek* Freedom (Fn. 4), 432 f.

[165] Ähnlich *Gärditz* in: Dürig/Herzog/Scholz (Fn. 83), Art. 5 Abs. 3 Rn. 72, *ders.* Grammatik (Fn. 65), 12 f., *ders.* Wissenschaft (Fn. 2), 510 f., *ders.* Hoflieferanten (Fn. 2), 134 ff., sowie *Komárek* Freedom (Fn. 4), 434 ff.; zur Grenzziehung zwischen wissenschaftlicher Forschung und aktivem politischen Handeln *Jarass* in: ders./Pieroth (Fn. 129), Art. 5 Rn. 137. Zu den Pflichten von „constitutional scholars" als „constitutional actors" *Liora Lazarus* Constitutional Scholars as Constitutional Actors, Federal Law Review 48 (2020), 483 (492 ff.). Zur Trennung zwischen Wissenschaft und politischem Werturteil bei *Kelsen* vgl. *Dreier* Wissenschaftsprogramm (Fn. 14), 84.

[166] In diese Richtung *Komárek* Freedom (Fn. 4), 434. Ähnlich zur Medienpräsenz von Staatsrechtslehrern, die häufig eher Feuilleton als Wissenschaft sei, *Bryde* Verfassungsrechtspolitik (Fn. 2), 19, sowie *Gärditz* Hoflieferanten (Fn. 2), 115 ff. (ablehnend zu „politische[n] Glaubensbekenntnisse[n] mit Fußnoten" auch *ders.* Grammatik [Fn. 65], 14). Zur Abgrenzung von Wissenschaft und Verfassungsrechtspolitik auch *Münkler* Verfassungsrechtspolitik (Fn. 2), 85.

[167] *Immanuel Kant* Über den Gemeinspruch: Das mag in der Theorie richtig sein, taugt aber nicht für die Praxis, 1793 (5. Aufl. 1992 hrsg. von Julius Ebbinghaus), 57. Ähnlich auch *Voßkuhle* Rechtspolitik (Fn. 2), 370.

himmlischen Eingebungen begnadigt und über die Menschheit erhaben vorstellen".[168]

Gleichwohl ist demokratisch legitimierte[169] Politik grundsätzlich nicht gehalten, wissenschaftlichen Ansichten zu folgen,[170] obliegt ihr doch das „Entscheiden".[171] Indirekte Abhängigkeiten von Wissenschaft ergeben sich jedoch aus Rationalitätsanforderungen[172] an Rechtsetzung, die sich zuletzt in eine szientistische Richtung, in eine „Epistemisierung des Politischen"[173] verdichten, der – zum Schein oder tatsächlich – nicht nur die Politik, sondern mitunter auch Verfassungsgerichte huldigen.

Dass aus dem Gleichheitssatz,[174] z.T. auch aus den Schutzpflichten anderer Grundrechte[175] erfließende Sachlichkeitserfordernisse zu einem allge-

---

168 Daher sei, so *Kant* Gemeinspruch (Fn. 167), 57, die „Freiheit der Feder […] das einzige Palladium der Volksrechte."

169 Dabei wird Demokratie jedoch nicht bloß dadurch verwirklicht, dass die Evidenz unterschiedlicher Wissenschaften eingeholt wird (in diese Richtung *Münkler* Gehör [Fn. 2], 550), weil selbst eine Pluriepistokratie keine Demokratie darstellt.

170 Zur Entscheidungsverantwortung der Politik *Münkler* Gehör [Fn. 2], 549; vgl. auch *Oebbecke* Argumente (Fn. 56), 435.

171 Vgl. etwa *Laura Münkler* Demokratie und Expertise, APuZ 72/26-27 (2022), 7 (8), *Christian Starck* Die Rolle der Verfassungsrechtswissenschaft im demokratischen Verfassungsstaat, in: ders. (Hrsg.) Die Rolle der Verfassungsrechtswissenschaft im demokratischen Verfassungsstaat, 2004, 21 (31), sowie *Voßkuhle* Rechtspolitik (Fn. 2), 378. Zur Beachtung der demokratischen Legitimation des Gesetzgebers *Georg Lienbacher* Rationalitätsanforderungen an die parlamentarische Rechtsetzung im demokratischen Rechtsstaat, VVDStRL 71 (2012), 7 (43), zum Verhältnis zwischen Demokratie und Rechtsstaat *Bernd Grzeszick* Rationalitätsanforderungen an die parlamentarische Rechtsetzung im demokratischen Rechtsstaat, VVDStRL 71 (2012), 49 (63 ff.). Zur überschätzten Rolle von Wissenschaftlern in der Politik *Stolleis* Staatsrechtslehre (Fn. 27), 991 f. Zur „gemeinsame[n] Aufgabe" von Rechtspolitik und Rechtswissenschaft *Paul Nemitz* Kann Rechtspolitik von der Rechtswissenschaft lernen? Ein Standpunkt aus Brüssel, JöR 71 (2023), 463 (467).

172 Dazu *Grzeszick* Rationalitätsanforderungen (Fn. 171), 51 ff., sowie *Lienbacher* Rationalitätsanforderungen (Fn. 171), 8 ff. Vgl. auch *Gärditz* Grammatik (Fn. 65), 12, *Gamper* ad-hoc-Politikberatung (Fn. 4), 16 ff., *Münkler* Demokratie (Fn. 171), 7 ff., sowie *Voßkuhle* Rechtspolitik (Fn. 2), 369 ff. Rationalität ist freilich nicht nur Domäne der Wissenschaft, sondern auch der Prozeduralität der Demokratie eigen (*Gärditz* Wissenschaft [Fn. 2], 508 f.). *Max Weber* Politik als Beruf (1919), 11. Aufl. 2010, 52 zufolge gibt es „nur zwei Arten von Todsünden auf dem Gebiet der Politik: Unsachlichkeit und […] Verantwortungslosigkeit."

173 *Bogner* (Pseudo-)Wissenschaft (Fn. 69), 14 ff.

174 Zum Gleichheitssatz als Maßstab der Rationalität der Gesetzgebung schon *Theo Öhlinger* Verfassungsgerichtsbarkeit und parlamentarische Demokratie, in: Heinz Schäffer/Klaus König/Kurt Ringhofer (Hrsg.) FS Erwin Melichar, 1983, 125 (140 ff.).

175 Während der Pandemie erforderte beispielsweise Art. 2 EMRK, im Rahmen der positiven Schutzpflicht des Staates hinsichtlich des Schutzes menschlicher Gesundheit medizinische Expertise zu berücksichtigen.

meinen Erfordernis verwissenschaftlichter Politik und in der Folge verwissenschaftlichten Rechts führen würden, kann zwar nicht pauschal bejaht werden, steht dem doch die höchstgerichtliche Betonung eines weiten rechtspolitischen Gestaltungsspielraums des Gesetzgebers in vielen Rechtsmaterien entgegen. Fordern Verfassungsgerichte jedoch wissenschaftliche Forschung als Legitimationsgrundlage für bestimmte Rechtsakte ein und machen sie damit zur justiziablen Obliegenheit, mündet deren Nichteinholung oder Nichtbeachtung[176] durch die Politik in die Verfassungswidrigkeit.[177] So verlangte etwa der VfGH in der Pandemie einen von ausreichender medizinischer Grundlagenforschung gestützten[178] Verordnungsakt, um die jeweilige Maßnahmenverordnung nicht als verfassungswidrig zu erklären. Das BVerfG wiederum stützte sich wesentlich auf – dem Gesetzgeber vorliegende –[179] klimatologische Expertise, um den grundrechtlichen Schutz nachfolgender Generationen vor Auswirkungen des Klimawandels einzufordern;[180] auch der EGMR[181] verwies in seinem Klimaschutzurteil auf „scientific knowledge, which the Court cannot ignore“[182].[183] Die

---

[176] Sofern sich Verfassungsgerichte darauf beschränken, die Beachtung der durch die Politik eingeholten Expertise als Maßstab des politischen Handelns zu prüfen, prüfen sie nicht die objektive Richtigkeit dieser Expertise, sondern lediglich, ob der durch die Politik subjektiv gesetzte Rationalitätsmaßstab eingehalten wurde. Dieser Fall ist daher von dem Fall zu unterscheiden, dass die Politik keine oder zu wenig Expertise einholte, aber auch von dem Fall, dass die eingeholte Expertise fachlich falsch ist.

[177] Vgl. für Österreich *Gamper* ad-hoc-Politikberatung (Fn. 4), 16 ff. Insoweit bietet die Staatsrechtslehre ihr Wissen nicht nur als „Entscheidungshilfe“ (*Kirchhof* Beitrag [Fn. 109], 393), sondern auch als „Begründungshilfe“ an.

[178] Dieses Wissen stammte allerdings nicht nur von Wissenschaftlern im engen Sinn, sondern häufig von Experten der Fachpraxis, immer wieder mediatisiert durch institutionelle Auftraggeber (*Gamper* ad-hoc-Politikberatung [Fn. 4], 17 f.; ähnlich für die Prüfung von Pandemiemaßnahmen durch das deutsche BVerfG *Gärditz* Hoflieferanten [Fn. 2], 193); zur Unverzichtbarkeit wissenschaftlichen Wissens bei der Frage nach Eignung und Erforderlichkeit im Rahmen der Verhältnismäßigkeitsprüfung *ders.* Wissenschaft (Fn. 2), 527 f.

[179] *Gärditz* Hoflieferanten (Fn. 2), 185.

[180] BVerfGE 157, 30. Dabei räumte das BVerfG ein, dass es wissenschaftliche Ungewissheit über umweltrelevante Ursachenzusammenhänge geben könne, doch sei „[d]urch Art. 20a GG […] dem Gesetzgeber eine permanente Pflicht aufgegeben, das Umweltrecht den neuesten Entwicklungen und Erkenntnissen in der Wissenschaft anzupassen“ (BVerfGE 157, 30 [148 Rn. 212]).

[181] EGMR (GK), 9.4.2024, Verein KlimaSeniorinnen Schweiz and Others v. Switzerland, No. 53600/20. Vgl. auch ebd., Rn. 427: „One of the key features of climate-change cases is the necessity for the relevant court to engage with a body of complex scientific evidence“, oder Rn. 456: „The Court cannot ignore the pressing scientific evidence and the growing international consensus regarding the critical effects of climate change on the enjoyment of human rights.“

[182] EGMR (GK), 9.4.2024, Verein KlimaSeniorinnen Schweiz and Others v. Switzerland, No. 53600/20, Rn. 413.

Bedeutung solcher Expertise erscheint zwar in Krisenfällen erhöht, aber auch generell als nützliche Legitimationsstrategie für politische *wie* judizielle Entscheidungen; die damit einhergehende Verantwortungsentlastung – sei es der Politik oder der Verfassungsgerichte – ist jedoch im demokratischen Rechtsstaat nicht unbedenklich.[184] Auch Epistokratie ist letztlich Oligarchie.[185]

Dabei macht es freilich einen Unterschied, welche Wissenschaft das fachliche Substrat für einen Rechtsakt liefern soll. Entbehren die rechtswissenschaftlich ausgebildeten Mitglieder von Verfassungsgerichten nämlich extrajuristischer[186] Expertise, sind sie darauf angewiesen, diese entweder seitens der Verfahrensparteien, insbesondere des Normsetzers, oder – seltener – von Amts wegen zu erlangen; ob diese Expertise fachlich unrichtig oder einseitig ist, mag dabei mitunter unentdeckt bleiben oder sogar bewusst in Kauf genommen werden, indem man sich auf bloße Vertretbarkeits- und Plausibilitätskontrollen[187] oder eine „akzeptierte Autorität"[188] zurückzieht.[189]

---

[183] Das Sondervotum (EGMR [GK], 9.4.2024, Verein KlimaSeniorinnen Schweiz and Others v. Switzerland, No. 53600/20, Sondervotum *Eicke*, Rn. 11) kritisierte hingegen das „necessary (and detailed) engagement with scientific evidence" als „not currently part of the Court's working practices".

[184] *Gärditz* Wissenschaft (Fn. 2) 511; selbst eine reine Kontrolle, ob der Gesetzgeber „vertretbar" von Expertise ausgehen darf (*ders.* Hoflieferanten [Fn. 2], 179), setzt voraus, dass ein Verfassungsgericht die „Vertretbarkeit" einer unter Umständen fachfremden wissenschaftlichen Expertise zu beurteilen vermag. Im Zusammenhang mit der – unter Umständen auch extern vorgenommenen – rechtlichen Beratung des österreichischen Bundespräsidenten dahingehend, ob Gesetzesbeschlüsse von ihm zu beurkunden sind, hielt *Clemens Jabloner* Gedanken zur Wahl und zum Amt des Bundespräsidenten, in: Ludwig K. Adamovich/Bernd-Christian Funk/Kerstin Holzinger/Stefan Leo Frank (Hrsg.) FS Gerhart Holzinger, 2017, 445 (454), es für „bedenklich, wenn auf diese Weise demokratisch nicht legitimierte Personen ins Spiel kommen."

[185] Ähnlich *Gärditz* Hoflieferanten (Fn. 2), 207.

[186] Vgl. auch schon *Gamper* ad-hoc-Politikberatung (Fn. 4), 20 f. Zum Verhältnis von juridischem und extrajuridischem Wissen im Verwaltungsrecht *Gunnar Folke Schuppert* Notwendige Neujustierungen der Verwaltungsrechtswissenschaft, Die Verwaltung 56 (2023), 201 (216 ff.).

[187] Typisch etwa BVerfGE 157, 30 (155 Rn. 224: „nachvollziehbare[…] Annahmen und schlüssige[…] Rechenschritte[…]"). Vgl. für den VfGH mit Beispielen auch *Gamper* ad-hoc-Politikberatung (Fn. 4), 20 f.

[188] Typisch etwa BVerfGE 157, 30 (153 Rn. 220: „wissenschaftlich begründete Annahmen des IPCC[…], die in einem qualitätssichernden Verfahren gewonnen wurden", oder Rn. 221: „konkrete[s] Ergebnis eines qualitätssichernden Verfahrens", „umfängliche[…] Auswertung des Forschungsstands").

[189] Zum Verhältnis von Politik und Wissenschaft in der Pandemie *Gärditz* Wissenschaft (Fn. 2), 506 ff.

2. *Verantwortung für Politikberatung*

Greift Politik im Vorfeld der Rechtserzeugung hingegen auf die *Staatsrechtslehre* zurück, um beispielsweise die Verfassungskonformität eines geplanten Rechtsakts auszuloten, geht es um Wissen, das gerade in die professionelle Domäne der Verfassungsgerichte fällt.[190] Seitens der Politik dem Verfassungsgericht vorgelegte rechtswissenschaftliche Expertise wird dabei, gewissermaßen als „Konkurrenzwissen", wohl zwangsläufig kritischer – und jedenfalls fachkundiger –[191] geprüft als diejenige anderer Wissenschaften[192]. Der beratende Staatsrechtslehrer steht hier unter dem Druck, dass seine Expertise vor dem Verfassungsgericht standhält, um sich keine Blößen vor dem politischen Auftraggeber, aber auch der beobachtenden Wissenschaftsgemeinde zu geben. Selbst der wissenschaftlich seriösesten Beratung kann indes keine absolut sichere Prognose über eine allfällige Gerichtsentscheidung abverlangt werden. Wissenschaftsimmanente Unsicherheiten[193] müssen daher auch der Staatsrechtslehre zugestanden werden und dürfen keine Haftung für Entscheidungen der Politik auslösen.

Einen grundsätzlichen Zwang, in Rechtserzeugungsverfahren Vertreter der Staatsrechtslehre anzuhören oder gar zu berücksichtigen, gibt es für Politik nicht. Allerdings ermöglichen einzelne Gesetze immer wieder die

---

[190] Dieses Wissen dient weniger der fachlich-substanziellen Legitimierung von Regelungsinhalten als vielmehr der Klärung ihrer rechtlichen Voraussetzungen, Schranken und Rechtsfolgen. *Kirchhof* Beitrag (Fn. 109), 392 zufolge ist Thema der politikberatenden Rechtswissenschaft „die rationale Gestaltung der Rechtspolitik".

[191] In seltenen Fällen sehen Verfassungen als Qualifikationsvoraussetzung von Verfassungsrichtern nicht ausnahmslos eine juristische Ausbildung, sondern zumindest alternativ eine Ausbildung auf dem Gebiet der Politikwissenschaft (Art. 200 Abs. 4 Verfassung von Thailand, Art. 146 Verfassung der Türkei), der Wirtschaft (Art. 146 Verfassung der Türkei) oder der öffentlichen Verwaltung (Art. 200 Abs. 4 Verfassung von Thailand) vor.

[192] Für *Bryde* Verfassungsrechtspolitik (Fn. 2), 15 wäre mehr Interdisziplinarität bei der Kontrolle von Abwägungsentscheidungen „hilfreich"; für eine interdisziplinäre Öffnung der Rechtswissenschaft auch *Klatt* Rechtswissenschaft (Fn. 33), 492 f., *Lepsius* Dogmatiker (Fn. 17), Rn. 17, sowie *Hans-Heinrich Trute* Staatsrechtslehre als Sozialwissenschaft?, in: Helmuth Schulze-Fielitz (Hrsg.) Staatsrechtslehre als Wissenschaft, 2007, 115 (125 ff.). Für *Schulze-Fielitz* Staatsrechtslehre als Mikrokosmos (Fn. 1), 255 verlangt Interdisziplinarität zunächst das Bewusstsein der eigenen Disziplinarität; vorsichtig auch *Kempen* Verfassung (Fn. 11), § 27 Rn. 4 f., sowie *Mathias Reimann* Die Propria der Rechtswissenschaft, in: Christoph Engel/Wolfgang Schön (Hrsg.) Das Proprium der Rechtswissenschaft, 2007, 87 (96 f.). Für *Jestaedt* „Öffentliches Recht" (Fn. 1), 281 stellt sich eher die Frage, ob „andere Disziplinen für den Rechtswissenschaftler anschlussfähig" sind, für *Ewald Wiederin* Dogmatik im öffentlichen Recht: Thematische Grundlegung, in: Christoph Bezemek (Hrsg.) Dogmatik: Stand und Perspektiven, 2023, 213 (226) ist es jedenfalls mit dem „juristentypischen Universaldilettantismus" nicht getan.

[193] Für einen rationalen „Umgang mit Nichtwissen" *Voßkuhle* Rechtspolitik (Fn. 2), 379.

Mitgliedschaft von Staatsrechtslehrern in Beiräten oder Kommissionen,[194] wie auch staatsrechtswissenschaftliche Expertise in Begutachtungsverfahren oder parlamentarischen Ausschüssen zur Verfügung gestellt werden kann. Nur beschränkt verwirklicht findet sich dabei die Möglichkeit, im Rahmen institutionalisierter Politikberatung tätige Experten Hearings, Qualifikations- und Unvereinbarkeitserfordernissen zu unterziehen.[195] Beklagt wird daher die häufig parteipolitische Selektion von Experten,[196] deren Beratung der Politik als Feigenblatt so genannter unabhängiger Expertise dient,[197] um politisch Gewolltes als rechtlich Gesolltes darzustellen, aber auch die Gefahr synallagmatischer Verlockungen von Geld und Einfluss.[198] Gleichwohl kann Politik – ob Regierung oder Opposition – an unvoreingenommener Staatsrechtswissenschaft interessiert, ja auf diese angewiesen sein, wenn Spezialwissen erforderlich ist oder es wichtig erscheint, bei umstrittenen Rechtsfragen tatsächlich unabhängige Expertise außerhalb ihrer eigenen juristischen Fachdienste[199] zu suchen.[200]

Letztlich ist es der Politik überlassen, Rechtsnormen zu erzeugen, die einer verfassungsgerichtlichen Prüfung standhalten. Ob zu diesem Zweck überhaupt eine rechtswissenschaftliche Beratung stattfindet, mangelnde wissenschaftliche Qualität hingenommen oder einer qualitätsvollen Beratung bewusst nicht gefolgt wird, ändert nichts daran, dass die Verantwortung für Rechtswidrigkeiten von politischen Organen zu tragen ist und auch mittels parlamentarischer Kontrolle eingefordert werden kann. Beratender Wissenschaft ist diese Form der Verantwortung nicht auferlegt.

---

[194] Vgl. auch *Pieroth* Politikberatung (Fn. 9), 420 ff., sowie *Voßkuhle* Dimensionen (Fn. 11), 147 f. Vgl. mit Beispielen auch *Gamper* ad-hoc-Politikberatung (Fn. 4), 8.

[195] Dazu schon *Gamper* ad-hoc-Politikberatung (Fn. 4), 12 f., sowie *Silja Vöneky* Wissenschaftliche Politikberatung, in: Wilfried Hinsch/Daniel Eggers (Hrsg.) Öffentliche Vernunft? Die Wissenschaft in der Demokratie, 2019, 35 (44 f.).

[196] *Bryde* Verfassungsrechtspolitik (Fn. 2), 4 f. Zu anderen Einseitigkeiten der Zusammensetzung von Expertengremien während der Corona-Pandemie *Münkler* Gehör (Fn. 2), 542 f.

[197] Zur Problematik insbesondere *Gärditz* Hoflieferanten (Fn. 2), 98 ff. Vgl. auch schon *Gamper* ad-hoc-Politikberatung (Fn. 4), 12 f. Die Einholung von „affirmativen" Gutachten kann auch den Zweck verfolgen, dem Vorwurf wissentlichen Rechtsmissbrauchs zu entgehen.

[198] Zu den „Drogen" des Ehrgeizes, des Geldes und speziell der Macht, denen es trotz der Politiknähe der Staatsrechtslehre zu widerstehen gilt, *Schulze-Fielitz* Qualität (Fn. 28), 62.

[199] Vgl. auch *Bryde* Verfassungsrechtspolitik (Fn. 2), 4, *Gamper* ad-hoc-Politikberatung (Fn. 4), 8 f., sowie *Hailbronner* Experts (Fn. 91), 441.

[200] *Bryde* Verfassungsrechtspolitik (Fn. 2), 4 zufolge geht es bei staatsrechtlichen Gutachten „in den seltensten Fällen darum", dass „der Wissenschaftler etwas erforschen soll, was der Auftraggeber nicht weiß oder nicht mit der Hilfe der eigenen Mitarbeiterinnen herausfinden könnte"; ehe gehe es gelegentlich sogar darum, „den Gutachter zum Überdenken der eigenen Position zu veranlassen".

V. Verantwortung und Verfassungsgerichtsbarkeit

1. Staatsrechtslehrer als Verfassungsrichter

Staatsrechtslehrer können im Gefüge der Gewaltenteilung selbständige Funktionen übernehmen, die sie je nachdem stärker auf der Seite der Politik oder des Rechts ausweisen. Auch auf der Seite des Rechts angesiedelte Staatsämter[201] bringen für sie besondere Verantwortungen mit sich. Keine davon liegt wohl so sehr in der Spannung zwischen Recht und Politik wie diejenige, richterlicher „Hüter der Verfassung“[202] zu sein.[203]

Die Vereinbarkeit von Richteramt und dem Beruf als Staatsrechtslehrer, wie an vielen Verfassungsgerichten üblich,[204] ergibt sich vornehmlich aus gewissen Parallelen zwischen der wissenschaftlichen und richterlichen Unabhängigkeit,[205] aber auch aus dem symbiotischen Mehrwert von wissenschaftlichem und Praxiswissen. Neben Vorgaben zur Haupt- oder Nebenamtlichkeit der jeweiligen Tätigkeit, welche vor allem die zeitliche Vereinbarkeit betreffen,[206] zur Befangenheit und zur Unvereinbarkeit mit bestimmten politischen Ämtern, finden sich spezifische Regelungen zum richterlichen Staatsrechtslehrer selten: Ein Beispiel dafür sind Verhaltensleitlinien, die Zurückhaltung der Richter bei Formulierung von Kritik an Rechtsansichten, einschließlich derjenigen des eigenen Gerichts, verlangen.[207] In Wahrnehmung seiner richterlichen Verantwortung, unabhän-

[201] Dazu zählen zuvörderst Funktionen in Gerichten aller Art (zum Verhältnis zwischen BVerwG und Verwaltungsrechtswissenschaft *Schulze-Fielitz* Staatsrechtslehre als Mikrokosmos [Fn. 1], 501 ff., sowie ebd., 526 ff.), aber auch in sonstigen unabhängigen rechtsschutzfreundlichen Einrichtungen wie z.B. Ombudsstellen.

[202] Prägend *Hans Kelsen* Wer soll der Hüter der Verfassung sein?, 1931.

[203] Ähnlich *Schambeck* Verfassungsgerichtsbarkeit (Fn. 19), 192; vgl. zur Verfassungsgerichtsbarkeit an der Grenzlinie zwischen Politik und Recht auch *Tamara Ehs* Verfassungsgerichtsbarkeit. Eine Vermessung der Grenzlinie zwischen Politik und Recht, in: dies./Stefan Gschiegl/Karl Ucakar/Manfried Welan (Hrsg.) Politik und Recht. Spannungsfelder der Gesellschaft, 2012, 135.

[204] Dies betont für Deutschland – anders als für *common law*-Gerichte – *Bryde* Verfassungsrechtspolitik (Fn. 2), 3. Aus vergleichender Sicht *von Bogdandy* Wissenschaft (Fn. 8), § 39 Rn. 70, zu Staatsrechtslehrern als Richtern am BVerfG *Schulze-Fielitz* Staatsrechtslehre als Mikrokosmos (Fn. 1), 488 ff.

[205] Ähnlich *Voßkuhle* Dimensionen (Fn. 11), 146; vgl. auch *Gamper* ad-hoc-Politikberatung (Fn. 4), 12. Dabei geht es einerseits um äußere Unabhängigkeit im Sinne von Weisungsfreiheit, andererseits um innere Unabhängigkeit im Sinne von Unparteilichkeit, Neutralität und Objektivität.

[206] Zum Vorrang der verfassungsrichterlichen Tätigkeit am BVerfG *Dieter Hömig* in: Bruno Schmidt-Bleibtreu/Franz Klein/Herbert Bethge (Hrsg.) Bundesverfassungsgerichtsgesetz: Kommentar, 2023, § 3 BVerfGG Rn. 26 (2011); vgl. für den VfGH Art. 147 Abs. 2 B-VG.

[207] Vgl. etwa Punkte 6 und 8 der Verhaltensleitlinien für Richterinnen und Richter des Bundesverfassungsgerichts, abrufbar unter: <https://www.bundesverfassungsgericht.de/DE/

gig und unparteiisch zu urteilen, ist der Staatsrechtslehrer freilich schon auf Grund von Art. 6 Abs. 1 EMRK verpflichtet, politische Vorlieben außer Acht zu lassen. Diese strenge Verantwortung des Verfassungsrichters schlägt sich insofern auf die wissenschaftliche Tätigkeit nieder, als rechtspolitische Äußerungen bis hin zu politikberatenden Gutachten, die im Rahmen der Wissenschaft noch vertretbar wären, für den Verfassungsrichter eben nicht mehr zulässig sind.[208] Äußert etwa ein Richter in einer Publikation rechtspolitische[209] Kritik an einer Entscheidung seines eigenen Gerichts, wäre ihm dies aus wissenschaftlicher Sicht unbenommen – aus richterlicher Sicht, außerhalb von Sondervoten, wohl nicht.[210] Seine richterliche Tätigkeit legt dem Staatsrechtslehrer sohin eine gewisse Zurückhal-

---

DasBundesverfassungsgericht/RichterinnenRichter/Verhaltensleitlinien/verhaltensleitlinien_node.html> (Stand 10.2.2025): „6. Kritik an anderen Meinungen und rechtlichen Standpunkten äußern die Richterinnen und Richter des Bundesverfassungsgerichts mit der ihrem Amt angemessenen Zurückhaltung. Dies gilt insbesondere in Bezug auf Entscheidungen des eigenen Gerichts, aber auch gegenüber anderen nationalen, ausländischen oder internationalen Gerichten. […] 8. Die Wahrnehmung der nichtspruchrichterlichen Tätigkeit darf die Erledigung der spruchrichterlichen Tätigkeit nicht beeinträchtigen. Das gilt insbesondere für wissenschaftliche Veröffentlichungen, Vorträge, Reden sowie die sonstige Teilnahme an Veranstaltungen und die damit verbundenen Reisen.“ Vgl. für den StGH Art. 5 der Geschäftsordnung des Staatsgerichtshofes des Fürstentums Liechtenstein vom 4. Februar 2019 (LGBl. 2019/43 i.d.F. LGBl. 2020/238): „1) Die Richter verhalten sich innerhalb und ausserhalb ihres Amtes so, dass das Ansehen des Gerichts, die Würde des Amtes und das Vertrauen in ihre Unabhängigkeit, Unparteilichkeit, Neutralität und Integrität nicht beeinträchtigt werden. 2) Die Richter dürfen während ihrer Amtszeit Aufträge zur Erstattung von Gutachten zu Fragen des liechtensteinischen Verfassungsrechts nur mit dem Einverständnis des Senats annehmen.“ Sanktionsbewehrte Amtsverschwiegenheitsregeln (vgl. etwa für den VfGH § 10 Abs. 1 lit. c VfGG) sollen darüber hinaus sicherstellen, dass verschwiegenheitspflichtiges Amtswissen nicht unbefugt für Zwecke universitärer Forschung und Lehre weitergegeben wird.

[208] Dass umgekehrt eine Versuchung besteht, „der eigenen Lehrmeinung Verbindlichkeit zu geben“, wird von *Bryde* Verfassungsrechtspolitik (Fn. 2), 18 nicht ausgeschlossen.

[209] Eine hier nicht näher zu erörternde Frage berührt das durchaus komplexe Verhältnis zwischen richterlichen Staatsrechtslehrern und der übrigen Wissenschaftsgemeinschaft: Weder sollte verfassungsgerichtliche Judikatur dazu herangezogen werden, wissenschaftliche Händel auszutragen (vgl. dazu das Erk. VfSlg 2455/1952, in dem sich der VfGH angesichts einer von den Verfahrensparteien herangezogenen „in einer Fachzeitschrift erschienene[n] wissenschaftliche[n] Abhandlung“ zur Feststellung veranlasst sah, dass „seine Erkenntnisse nicht der Ort sind, wissenschaftliche Meinungsverschiedenheiten zu erörtern, zu ihnen Stellung zu nehmen und sie auszutragen“), noch, eigene wissenschaftliche Werke gleichsam authentisch zu interpretieren, noch sollte wissenschaftliche Kritik an Entscheidungen persönliche Züge annehmen.

[210] Ähnlich *Voßkuhle* Dimensionen (Fn. 11), 157. Dem BVerfG zufolge kann die Person eines Richters, der zugleich Hochschullehrer ist, „nicht in der Weise aufgespalten werden, daß seine Äußerungen ihm jeweils nur in der einen und nicht auch in der anderen Eigenschaft zuzurechnen wären“ (BVerfGE 20, 1 [6]; 20, 9 [15]).

tung in der Wissenschaft auf, seine wissenschaftliche Tätigkeit aber nicht dem Richter.[211]

Trotz eines hohen Grads an gebotener Zurückhaltung dürfen diese Schranken allerdings nicht überzogen werden: So sind, wenn man die rezente Entscheidung des EGMR[212] zu einem in sozialen Medien rechtspolitische Kritik übenden Richter für den Spezialfall des wissenschaftlichen Richters heranzieht, faktenbasierte und in einem sachlichen Stil gehaltene rechtspolitische Aussagen jedenfalls einer Abwägung mit dem öffentlichen Interesse an richterlicher Zurückhaltung zugänglich; auch im Rahmen einer wissenschaftlichen Vortragsreihe geäußerte verfassungsrechtliche Auslegungen eines Richters, die politische Implikationen haben, dürfen nach dem EGMR nicht zu unverhältnismäßigen Sanktionen führen.[213]

Die geforderte richterliche Zurückhaltung schließt zudem Fälle nicht aus, in denen etwa die Wahl einer bestimmten Auslegungsmethode[214] oder eine bestimmte Gewichtung der Kriterien der Verhältnismäßigkeit von Grundrechtseingriffen massive rechtspolitische Konsequenzen hat. Die nahezu unüberblickbare literarische Kontroverse über *political constitutionalism*[215] hat sich jedoch bislang wenig mit der speziellen Rolle wissenschaftlicher Verfassungsrichter auseinandergesetzt: Neigen beispielsweise für *scholar activism*[216] bekannte Staatsrechtslehrer als Richter auch zu *judicial activism*?[217] Oder setzt eine aus der Folgenabschätzung des

[211] Ähnlich die Differenzierung von *Schulze-Fielitz* Staatsrechtslehre als Mikrokosmos (Fn. 1), 170.

[212] EGMR, 20.2.2024, Danileț v. Romania, No. 16915/21.

[213] EGMR, 28.10.1999, Wille v. Liechtenstein, No. 28396/95, Rn. 67 ff.

[214] Dazu ernüchternd *Richard A. Posner* Constitutional Scholarship: What Next?, Constitutional Commentary 5 (1988), 17 (17): „What passes for ‚theory' in constitutional scholarship is a tired debate nominally among different schools of constitutional interpretation, but actually among just two groups, the free interpreters and the loose interpreters, both of which come in left-wing and right-wing versions."

[215] Vgl. zusammenfassend m.v.w.N. *Mark Tushnet/Bojan Bugarič* Power to the people: Constitutionalism in the Age of Populism, 2021, 9 ff., kritisch jüngst *Martin Loughlin* Against Constitutionalism, 2022. Vgl. zur deutschen Diskussion auch *Uwe Volkmann* Interpreten der Verfassung, in: Uwe Kischel/Hanno Kube (Hrsg.) HStR I, 2023, § 7 Rn. 24.

[216] Dazu auch *Münkler* Verfassungsrechtspolitik (Fn. 2), 76 f. m.w.N. in Fn. 11.

[217] Vgl. auch *Kirchhof* Beitrag (Fn. 109), 390: „Wenn der Richter morgens die Robe anzieht, gibt er an der Garderobe seine Freiheit ab"; er diene nur noch den Rechten der Prozessparteien, entledige sich aber nicht der Subjektivität seiner Persönlichkeit. Zur Differenzierung zwischen dem „handelnden" Höchstrichter und dem „denkenden" Wissenschaftler auch *Elisabeth Lovrek* Universität und Höchstgericht: Ein spannendes Verhältnis, ÖJZ 2023, 945 (945). Der Einfluss wissenschaftlicher Richter auf den Spruchkörper insgesamt dürfte von vielen Faktoren abhängen, die von der Zahl und Qualifikation der Verfassungsrichter über den verfassungsgerichtlichen Begründungsstil bis zum wissenschaftlichen Ansehen der Staatsrechtslehre schlechthin reichen.

Richteramts erfließende Verantwortungsethik wissenschaftlicher Gesinnungsethik Grenzen? Sofern Sondervoten unzulässig sind,[218] lässt sich darüber wohl nur mutmaßen. Eine natürliche Hürde dürfte jedenfalls in der kollegialen Zusammensetzung des Spruchkörpers und einer einhegenden Beratungskultur[219] gelegen sein. Als Sondervotum können abweichende Ansichten dennoch ganz legal nach außen gelangen – allerdings eben nicht im Wege der wissenschaftlichen Publikation.[220]

2. *Die Wissenschaftsgemeinschaft als Trialogpartner*

Zwischen Politik und Verfassungsgerichtsbarkeit kommt aber auch der Staatsrechtslehre als Wissenschaftsgemeinschaft eine doppelte[221] Verantwortung zu: Durch Politikberatung bereitet sie den fachlichen Boden für politische Gestaltung und entlastet im besten Fall dadurch Verfassungsgerichte, dass potentiell Rechtswidriges im Vorfeld einen kritischen wissenschaftlichen Filter nicht passiert. Ebenso schafft sie durch Rechtsdogmatik inhaltliche und methodische Fundamente verfassungsgerichtlicher Rechtsprechung, die auf Wissenschaft zurückgreift – nicht nur in Form wissenschaftlicher Zitate in Urteilen[222], sondern im strukturellen Sinne

---

[218] Innerhalb der Mitgliedstaaten des Europarats, die über spezialisierte Verfassungsgerichte verfügen, sind Sondervoten in Andorra, Belgien, Estland, Frankreich, Italien, Lettland, Liechtenstein, Luxemburg, Malta, Österreich, San Marino und der Türkei unzulässig.

[219] Dazu umfassend *Gertrude Lübbe-Wolff* Beratungskulturen. Wie Verfassungsgerichte arbeiten, und wovon es abhängt, ob sie integrieren oder polarisieren, 2022.

[220] Vgl. zu Sondervoten aus vergleichender Sicht *Anna Gamper* Das Argument der letzten Instanz, 2023, 36 ff.; *dies.* Einheitlichkeit und Abweichung: die Dialektik verfassungsgerichtlicher Argumentation, ZöR 79 (2024), 501 (510 ff.); *Katalin Kelemen* Dissenting Opinions in Constitutional Courts, German Law Journal 2013, 1345; *Lübbe-Wolff* Beratungskulturen (Fn. 219), 515 ff.; *Tamas Gyorfi/Eva Boda-Balogh* Judicial Individualism and Judicial Disagreement in Constitutional Reasoning, ICL Journal 14 (2020), 231 (233 ff.).

[221] Vgl. auch *Nettesheim* Staatsrechtswissenschaft (Fn. 4), 55, der mit Bezugnahme auf *Jestaedt* „Öffentliches Recht" (Fn. 1), 276 eine wissenschaftstheoretische Differenzierung zwischen Beschreibung und Analyse einerseits sowie der „Generierung neuen handlungspraktischen Wissens" andererseits (vgl. auch *Münkler* Verfassungsrechtspolitik [Fn. 2], 84) vornimmt.

[222] Zu deren Bedeutung *Nettesheim* Staatsrechtswissenschaft (Fn. 4), 52 f. Ausführlich zum wissenschaftlichen Zitierstil des BVerfG *Matthias Jestaedt* Autorität und Zitat. Anmerkungen zur Zitierpraxis des Bundesverfassungsgerichts, in: Steffen Detterbeck/Jochen Rozek/Christian von Coelln (Hrsg.) FS Herbert Bethge, 2009, 513 (518 ff.), *Schulze-Fielitz* Staatsrechtslehre als Mikrokosmos (Fn. 1), 492 ff., sowie *Volkmann* Interpreten (Fn. 215), § 7 Rn. 39, zum wissenschaftlichen Zitierstil des VfGH *Harald Eberhard* Der Begründungsstil des österreichischen Verfassungsgerichtshofs, ZöR 79 (2024), 471, sowie *Gamper* Argument (Fn. 220), 270 f., zu jenem des StGH *Peter Bußjäger* Eigenständige Verfassungsdogmatik am Alpenrhein? Der Einfluss österreichischer und schweizerischer Staatsrechtslehre am Beispiel

einer öffentlich-rechtlichen Denkschulung[223], die in der universitären Lehre beginnt und der sich kein noch so autarkes[224] Verfassungsgericht entziehen kann.[225] Hier erweist sich die Staatsrechtslehre sogar als sehr bedeutende Verantwortungsträgerin:[226] Je besser die rechtswissenschaftliche Ausbildung ist,[227] desto eher kann die fachliche Qualität der späteren juristischen Berufspraxis, von der Politik unterstellten Rechtsdiensten bis zu Gerichten, gewährleistet werden.

Im Nachfeld hingegen obliegt der Staatsrechtslehre die Aufgabe der kritisch-distanzierten Analystin – nicht bloß der Glossatorin[228] –[229] von Recht-

---

des Staatsgerichtshofes, in: Sebastian Wolf (Hrsg.) State size matters: Politik und Recht im Kontext von Kleinstaatlichkeit und Monarchie, 2016, 15 (27), sowie *Hilmar Hoch* Der Begründungsstil des liechtensteinischen Staatsgerichtshofs, ZöR 79 (2024), 489; aus vergleichender Sicht *von Bogdandy* Wissenschaft (Fn. 8), § 39 Rn. 69 (vgl. auch die einzelnen Länderberichte in diesem Werk), *András Jakab* Judicial Reasoning in Constitutional Courts: A European Perspective, German Law Journal 2013, 1215 (1251 f.), sowie mit einzelnen Länderberichten *ders./Arthur Dyèvre/Giulio Itzcovich* (Hrsg.) Comparative Constitutional Reasoning, 2017.

[223] Zu dessen „mehrere Richter- und Wissenschaftlergenerationen" überdauernder Wirkung *Uwe Volkmann* Rechts-Produktion oder: Wie die Theorie der Verfassung ihren Inhalt bestimmt, Der Staat 54 (2015), 35 (62), zur Befestigung der Ordnung, die „den Richter über das mühselige Verarbeiten der Regeln für den einzelnen Fall" hinaushebe, *Huber* Lehre (Fn. 48), 59.

[224] Dass das Verhältnis zwischen der deutschen Staatsrechtslehre und dem BVerfG nicht als Konkurrenz zur oder gar „Entthronung" der Staatsrechtslehre (*Schlink* Entthronung [Fn. 1], 161 ff.) wahrgenommen werden sollte, erläutert differenziert *Schulze-Fielitz* Staatsrechtslehre als Mikrokosmos (Fn. 1), 16 ff. und 266 ff., sowie *ders.* Staatsrechtslehre als Wissenschaft (Fn. 1), 28 ff.; mit Beispielen für jeweils gegenläufige Standpunkte zu diesem Verhältnis auch *Volkmann* Interpreten (Fn. 215), § 7 Rn. 40, zu einem mittlerweile symbiotischen Verhältnis *Jestaedt* Verfassungsdogmatik (Fn. 78), § 6 Rn. 47. Zu einer Erhöhung der Bedeutung der Staatsrechtslehre im Verhältnis zum BVerfG nicht zuletzt durch die europäische Integration *Pauly* Wissenschaft (Fn. 8), § 27 Rn. 16 f.

[225] Zur Verfassungsgerichtsbarkeit als einem „Umschlagplatz", auf dem Wissenschaft durch ihre Arbeit Einfluss gewinnen kann, *Starck* Rolle (Fn. 171), 31. Allgemein zur Hybridität der Rechtsdogmatik als Produkt von Rechtswissenschaft wie Rechtspraxis *Jestaedt* Verfassungsdogmatik (Fn. 78), § 6 Rn. 6 ff.

[226] Zur Bedeutung dieses Verantwortungsmodus auch *Stolleis* Staatsrechtslehre (Fn. 27), 989, sowie *Häberle* Gesellschaft (Fn. 92), 301.

[227] Für eine vertiefte Beschäftigung mit Judikatur in der universitären Juristenausbildung *Christoph Schönberger* Höchstrichterliche Rechtsfindung und Auslegung gerichtlicher Entscheidungen, VVDStRL 71 (2012), 296 (323 f.).

[228] Von „Postglossatoren" spricht *Häberle* Vermachtungsprozesse (Fn. 131), 171. Vgl. zu einer bloß im Sinne der Auslegung des Bundesverfassungsgerichts ausgeübten Kommentarfunktion der Staatsrechtslehre schon *Rudolf Smend* Das Bundesverfassungsgericht (1962), in: *ders.* Staatsrechtliche Abhandlungen und andere Aufsätze, 4. Aufl. 2010, 581 (582).

[229] In dieser speziellen Funktion der Staatsrechtslehre geht es weniger um „spekulative[…] Konstruktionen" (so *Martin Drath/Ernst Friesenhahn/Wilhelm Karl Geck/*

sprechung wie der ihr vorgelagerten Recht*setzung*. Das Modell des kritisch-konstruktiven Dialogs, wie es für den europäischen Gerichtsverbund oder auch für das Verhältnis von Gesetzgeber und Verfassungsgericht entwickelt wurde,[230] lässt sich dafür erweitern: In einem Trialog[231] mit Politik und Verfassungsgericht nimmt die Staatsrechtslehre eine mitunter verdeckte, indes nicht unwichtige Rolle wahr: proaktiv wie reaktiv, und, anders als Gerichte,[232] nicht auf den binären Gradmesser der Verfassungskonformität oder -widrigkeit beschränkt. Und auch wenn ihre Teilhabe keine unmittelbaren Rechtsfolgen auszulösen vermag, kann sie – in Abwandlung von *Mark Tushnets*[233] Kategorie des *weak-form review* – als „weiche" Normenkontrolle

---

Gerhard Leibholz/Gerd Roellecke/Christian Starck/Hans F. Zacher/Konrad Zweigert Vorwort, in: Christian Starck [Hrsg.] Bundesverfassungsgericht und Grundgesetz: Festgabe aus Anlaß des 25jährigen Bestehens des Bundesverfassungsgerichts, Bd. I, 1976, V [V], kritisch dazu *Bryde* Verfassungsrechtspolitik [Fn. 2], 9 f.) als um nüchterne Judikaturexegese. Zur Notwendigkeit begründeter Kritik durch „eigene bessere Auslegungsergebnisse" *Bryde* ebd., 22, zur Bedeutung der Rolle kritischer Wissenschaft gegenüber der Verfassungsgerichtsbarkeit *Schlink* Entthronung (Fn. 1), 168 ff., sowie *Volkmann* Interpreten (Fn. 215), § 7 Rn. 39.

[230] Vgl. nur beispielhaft für ersteres Modell *Anthony Arnull* Judicial Dialogue in the European Union, in: Julie Dickson/Pavlos Eleftheriadis (Hrsg.) Philosophical Foundations of European Union Law, 2012, 109, *Giovanni Biaggini* Einige Gedanken zum interjudikativen Dialog aus rechtswissenschaftlicher Sicht, EuGRZ 41 (2014), 29 (29 f.), *Christoph Grabenwarter* Der österreichische Verfassungsgerichtshof im Dialog mit dem Europäischen Gerichtshof für Menschenrechte, in: Riet Leysen/Koen Muylle/Jan Theunis/Willem Verrijdt (Hrsg.) Semper perseverans. Liber amicorum André Alen, 2020, 991, *Maya Hertig Randall* Der grundrechtliche Dialog der Gerichte in Europa, EuGRZ 41 (2014), 5, *Koen Lenaerts* Der Dialog nationaler Verwaltungsgerichte mit dem Gerichtshof der Europäischen Union, ZVG 7 (2020), 9, sowie *José Martín y Pérez de Nanclares* Verfassungsgerichtliche Kooperation im europäischen Rechtsraum, in: Armin von Bogdandy/Christoph Grabenwarter/Peter M. Huber (Hrsg.) IPE VII, 2021, § 119; für das zweitgenannte Modell *David S. Law/Mark Tushnet* The Politics of Judicial Dialogue, in: Mark Tushnet/Dimitry Kochenov (Hrsg.) Research Handbook on the Politics of Constitutional Law, 2023, 286, und *Alec Stone Sweet/Jud Mathews* Proportionality Balancing and Constitutional Governance: A Comparative and Global Approach, 2019, 127 ff.

[231] Von einem „(virtuellen) Gespräch mit den Staatsorganen" spricht *Nettesheim* Staatsrechtswissenschaft (Fn. 4), 53, von der Notwendigkeit, dass die Verfassungslehre nicht nur „Gesprächspartner" des Verfassungsgerichts, sondern auch „des Gesetzgebers" sein muss, *Häberle* Gesellschaft (Fn. 92), 305. Zur nach- wie vorausarbeitenden Rolle der Rechtsdogmatik gegenüber der Gesetzgebung *Starck* Rolle (Fn. 171), 26. Zu den Grenzen wissenschaftlicher Entscheidungskritik *Schulze-Fielitz* Staatsrechtslehre als Mikrokosmos (Fn. 1), 494 ff., zum Nebeneinander von Staatsrechtslehre und BVerfG *ders.* Staatsrechtslehre als Wissenschaft (Fn. 1), 30.

[232] Zur rechtspolitisch unbefriedigenden Beschränkung staatsrechtlicher Expertise auf die Warnung vor Verfassungswidrigkeit *Lepsius* Dogmatiker (Fn. 17), Rn. 5 f.

[233] Grundlegend *Mark Tushnet*, Weak Courts, Strong Rights: Judicial Review and Social Welfare Rights in Comparative Constitutional Law, 2008, 22.

erfolgreich sein:[234] Ihr tatsächlicher Einfluss hängt gleichwohl von vielen Faktoren ab, die von der Wissenschaftsnähe[235] des Verfassungsgerichts bis zur Frage reichen, ob die Staatsrechtslehre eine geschlossene Meinung vertritt oder nicht[236]. Dass, wie im Römischen Recht,[237] die übereinstimmende Meinung aller Gelehrten einem Gesetz gleicht und der Richter nur dann, wenn keine Übereinstimmung besteht, jener Meinung folgen darf, der er folgen will, lässt sich für die Staatsrechtslehre freilich nicht behaupten.

VI. Das Proprium der Verantwortung der Staatsrechtslehre

Auch wenn die Krisen[238] der letzten Jahre andere Wissenschaften punktuell noch stärker in den Fokus der Öffentlichkeit gerückt haben mögen,[239] hat die Staatsrechtslehre eine doch einzigartige, ja eherne Position im Spektrum der Wissenschaften[240], die keine Flauten kennt, auch wenn sie in manchen Zeiten[241] noch mehr gefordert scheint.[242] Sieht man vielleicht von der Theolo-

---

[234] Von einer „bescheiden[en], aber nicht unerheblich[en]" Rolle der Verfassungsrechtswissenschaft spricht in diesem Zusammenhang auch *Werner Heun* Die Fortbildung des Verfassungsrechts durch die Verfassungsrechtswissenschaft, in: Christian Starck (Hrsg.) Die Rolle der Verfassungsrechtswissenschaft im demokratischen Verfassungsstaat, 2004, 123 (129).

[235] Zum Beispiel des für seinen wissenschaftlichen Stil und hohen Anteil an aus der Wissenschaft stammenden Mitgliedern bekannten BVerfG vgl. etwa *Gärditz* Staatsrechtslehre (Fn. 2), 645 f., sowie *Hailbronner* Experts (Fn. 91), 430.

[236] Zum Umstand, dass es sich dabei um keine „Pathologie", sondern „eine der Disziplin angemessene Erscheinung" handelt, *Nettesheim* Staatsrechtswissenschaft (Fn. 4), 41; vgl. auch ebd., 54 f., sowie *Münkler* Verfassungsrechtspolitik (Fn. 2), 82 ff.

[237] *Gaius* Institutiones 1.7.

[238] Zur Bedeutung der freien Wissenschaft gerade auch in Krisensituationen *Gärditz* Wissenschaft (Fn. 2), 534.

[239] Vgl. zur Zeit(geist)abhängigkeit des Hervortretens bestimmter Wissenschaften vor anderen auch *Gärditz* Wissenschaft (Fn. 2), 530 f.

[240] Dies gilt nicht nur für die Stellung der Staatsrechtslehre im Spektrum anderer Wissenschaften als der Rechtswissenschaft, sondern auch innerhalb der rechtswissenschaftlichen Teildisziplinen, obgleich diese ebenso bestimmte Aufgaben in der Demokratie erfüllen (dazu *Oliver Lepsius* Rechtswissenschaft in der Demokratie, Der Staat 52 [2013], 157).

[241] Abgesehen von Staats- und Regierungskrisen im engen Sinn, in welchen der Expertise der Staatsrechtslehre eine besondere Tragweite zukommt, ist der Bedarf nach staatsrechtlichem Wissen in allen Krisen, die zur (zumindest Diskussion über die) Anwendung von Notstandsverfassungsrecht führen, evident.

[242] Zum Proprium des Öffentlichen Rechts gegenüber anderen rechtswissenschaftlichen Disziplinen *Grabenwarter* Proprium (Fn. 1), 296 ff.; vgl. auch schon *Böckenförde* Eigenart (Fn. 8), 317 ff., aus allgemeiner rechtswissenschaftlicher Sicht auch *Gertrude Lübbe-Wolff* Expropriation der Jurisprudenz?, in: Christoph Engel/Wolfgang Schön (Hrsg.) Das Proprium der Rechtswissenschaft, 2007, 282 (289 ff.). Als eine „der vornehmsten Wissenschaftsdisziplinen" bezeichnet die Staatsrechtslehre *Haack* L'État (Fn. 1), 129. Vgl. auch

gie ab, gibt es keine andere Wissenschaft[243], die sich nicht nur mit den Spielregeln für alle Arten menschlichen Tuns und Unterlassens, sondern selbst den Spielregeln der Spielregeln – den verfassungsrechtlichen Bedingungen der Normerzeugung und -vernichtung – beschäftigt und aus diesem Wissen eine praktische Autorität[244] gewinnt.[245] Staatsrechtslehre beobachtet das Spannungsfeld von Recht und Politik nicht nur, sie partizipiert selbst darin in mannigfachen Funktionen – als Beraterin, als Lehrerin, als Kritikerin, als Gestalterin, als Teil der „offenen Gesellschaft"[246] der Verfassungsinterpretinnen.[247] Die Mehrpoligkeit ihrer Funktionen und Multilateralität ihrer Beziehungen zu unterschiedlichen Staatsgewalten sind ihr Proprium.[248] Verantwortungsvolle Staatsrechtslehre muss jedoch gewiss „keine zur grausamen

---

EGMR, 27.5.2014, Mustafa Erdoğan and Others v. Turkey, Nos. 346/04 and 39779/04, Sondervotum *Sajó*, *Vučinić* und *Kūris*, Rn. 6: „There is no Chinese wall between science and a democratic society. [… Their] interrelationship is particularly strong in the context of social sciences and law, where scholarly discourse informs public discourse on public matters including those directly related to government and politics."

[243] Zum „Ringen um die Wissenschaftlichkeit" der Wissenschaft des Öffentlichen Rechts zwischen „theorieorientierte[r] Geisteswissenschaft und praxisorientierte[r] Gebrauchswissenschaft" *Jestaedt* „Öffentliches Recht" (Fn. 1), 242 f., zu ihrer Rolle als Steuerungswissenschaft ebd., 259 ff.

[244] Vgl. auch *Komárek* Freedom (Fn. 4), 426; seine Einschätzung von Staatsrechtslehre als „contributions *to* law, not *about* law" (ebd., 429, Hervorhebungen im Original) ist in Bezug auf ihre faktische Wirkung nicht unzutreffend, wenngleich den Auslegungen der Staatsrechtslehre selbst keine direkte Rechtssetzungsautorität gegeben ist (vgl. schon *Kelsen* Rechtslehre [Fn. 15], 151). Vgl. auch *Jakab* Role Models (Fn. 3), 759 f.

[245] Ähnlich *Böckenförde* Eigenart (Fn. 8), 319, *Schulze-Fielitz* Staatsrechtslehre als Mikrokosmos (Fn. 1), 21, *Voßkuhle* Dimensionen (Fn. 11), 140, sowie *Trute* Staatsrechtslehre (Fn. 192), 123, wonach sich die Staatsrechtslehre „in einem Spannungsverhältnis von wissenschaftlicher Orientierung und praktischer Relevanz" befinde. Zur Grenzenlosigkeit des Forschungsgegenstandes auch schon *Bryde* Verfassungsrechtspolitik (Fn. 2), 8. *Andreas Funke* Grenzen der rechtstheoretischen Aufklärung der Staatsrechtslehre, Der Staat 57 (2018), 267 (302) zufolge erwachsen die „Operationen der Rechtswissenschaft […] aus einem bereits bestehenden Verhältnis zum Recht heraus". Dass die Staatsrechtslehre „von Anfang an ihren Beitrag zur Pandemiebewältigung geleistet" habe, indem sie „als Wissenschaft" aufgetreten sei, konstatiert *Gärditz* Wissenschaft (Fn. 2), 533. Zu einem „*rechtsnormative*[n] Alleinstellungsmerkmal" der Staatsrechtslehre als „Gerechtigkeitswissenschaft" *Lindner* Gewissheit (Fn. 1), 205 (Hervorhebung im Original), zur Rechtstheorie als „Grenzpostendisziplin" *Jestaedt* Theorie (Fn. 20), 70 ff.

[246] *Häberle* Gesellschaft (Fn. 92), 297 ff.; vgl. auch *Schulze-Fielitz* Staatsrechtslehre als Mikrokosmos (Fn. 1), 6.

[247] Vgl. zu einigen dieser Rollen auch *Hillgruber* Verfassungsrecht (Fn. 1), 49, *Lazarus* Scholars (Fn. 165), 491 f., sowie *Nettesheim* Staatsrechtswissenschaft (Fn. 4), 53 ff. Zu ihrer beschränkten Rolle gegenüber dem „Volk der Bürger" *Häberle* Freiheit (Fn. 86), 362.

[248] Dazu etwa *Schulze-Fielitz* Staatsrechtslehre als Mikrokosmos (Fn. 1), 254 f., sowie umfassend *Christoph Engel*/*Wolfgang Schön* (Hrsg.) Das Proprium der Rechtswissenschaft, 2007.

Inquisition, keine zur permanenten Anklage eingesetzte Instanz" sein, wie dies *Kurt Eichenberger*[249] formulierte, und muss sich, nach dem Vorbild des von *Giovanni Biaggini*[250] beschriebenen „Schweizer Naturell[s]", auch nicht „als Lehrmeister der Welt […] sehen".

Die Primärverantwortung des Staatsrechtslehrers wie auch der Staatsrechtslehre als Wissenschaftsgemeinde rührt aus der Wissenschaftsfreiheit: Wer in den Genuss dieser Freiheit kommen will, muss Wissenschaft bieten. Was wiederum Wissenschaft ist, unterliegt Qualitätsvoraussetzungen, die zu definieren Verantwortung der Wissenschaftsgemeinde, die zu erfüllen Verantwortung des Wissenschaftlers ist. Definition und Erfüllung von Qualität bedürfen umgebender Freiheit, um dem Ziel unbeeinflusster Suche nach Erkenntnis möglichst nahe zu kommen. Von dieser Annahme strahlen letztlich alle anderen Verantwortungen aus, die Staatsrechtslehrer im Spannungsfeld von Recht und Politik innehaben mögen, von dort legitimiert sich ihre Wirkmacht.

In die Wissenschaft vom Staatsrecht fällt auch die epistemische Erfassung der Wissenschaftsfreiheit selbst. Schon durch ihren Forschungsgegenstand sollte sich Staatsrechtslehre auch ihrer Verantwortung für eine Wissenschaft bewusst sein, die Freiheit nicht als Willkür, nicht als Mittel zur Durchsetzung eigener Herrschaftsinteressen[251] und damit verbundener Ersetzung demokratisch legitimer Politik, sondern als Auftrag zu Unabhängigkeit[252] versteht – freilich, wie im Hippokratischen Eid, „nach bestem Vermögen und Urteil"[253].

---

[249] *Kurt Eichenberger* Zum Stand des Verfassungsrechts im Lichte der Reformbegehren und der Lage der Staatsrechtswissenschaft, Der Staat 25 (1986), 1 (14), der jedoch eine maß- und verantwortungsvoll wie auch engagiert wahrgenommene Rolle als Beobachterin und Kritikerin einfordert.

[250] *Biaggini* Staatsrechtswissenschaft (Fn. 97), 290.

[251] Zu dieser Gefahr auch *Gärditz* Wissenschaft (Fn. 2), 511, sowie *Sophie Schönberger* Mehr Wissenschaft wagen! Die uneingelösten Versprechen der Neuen Verwaltungsrechtswissenschaft, JöR 65 (2017), 511 (527); zu „constitutional scholarship as power" *Komárek* Freedom (Fn. 4), 426 ff.

[252] Vgl. auch *Lazarus* Scholars (Fn. 165), 495 f.

[253] Übersetzung von *Walter Müri* (Hrsg.) Der Arzt im Altertum, 5. Aufl. 1986, 9.

Leitsätze der Referentin über:

1. Verantwortung der Staatsrechtslehre im Spannungsfeld von Recht und Politik

I. Prämissen

(1) Staatsrechtslehre beschäftigt sich zunehmend mit sich selbst. Die Frage nach ihrer Rolle im Spannungsfeld von Recht und Politik ist dabei nicht neu.

(2) Verantwortung kann durch Staatsrechtslehrer individuell oder durch die Wissenschaftsgemeinschaft als soziales Kollektiv wahrgenommen werden.

(3) Recht und Politik können nicht exakt voneinander getrennt werden. Die eingeforderte Distanz der Staatsrechtslehre zur Politik betrifft weniger ihren Bearbeitungsgegenstand als vielmehr eine Distanz zu politischen Akteuren und persönlichen politischen Vorstellungen.

II. Verantwortungsmodi der Staatsrechtslehre

(4) Viele Verfassungen sehen extramurale Funktionen von Staatsrechtslehrern, v.a. als Verfassungsrichter, vor. Auch andere epistokratische Positionen von Staatsrechtslehrern sind nichts Ungewöhnliches.

(5) Intra- wie extramurale Verantwortung von Staatsrechtslehrern kann ad-hoc-basierte oder institutionalisierte Formen annehmen. Die Primärverantwortung für Wissenschaft schlägt in Sekundärverantwortung um, sobald Staatsrechtswissenschaft durch den Normsetzer oder Gerichte verarbeitet wird.

(6) Verantwortungsverhältnisse ergeben sich entlang der Gewaltenteilung sowie zwischen der Eigenverantwortung des Staatsrechtslehrers und der Metaverantwortung der Wissenschaftsgemeinschaft. Verantwortung kann mehrpolig sein, mit Rechten und Pflichten einhergehen und Sanktionen nach sich ziehen, unterscheidet sich aber von Verantwortlichkeit in einem klassischen staatsrechtlichen Sinn.

III. Verantwortung und Wissenschaftsfreiheit

(7) Politisierung der Wissenschaft ist – wie auch ihr Gegenstück, die Epistemisierung der Politik – ein Gegenwartsthema vieler Wissenschaften. Die Staatsrechtslehre ist von diesem Diskurs nicht ausgenommen.

(8) Verlangt sind Mindestansprüche an Wissenschaftlichkeit, die erfüllt sein müssen, um von einer dem Schutz der Wissenschaftsfreiheit unterstellten Wissenschaft zu sprechen. Diese Mindestansprüche zu definieren, überlassen Gesetzgeber und Gerichte weitgehend der Wissenschaftsgemeinschaft. Die Abgrenzung von Nicht- zu Schlechtwissenschaft verläuft diffus.

(9) Standards der guten wissenschaftlichen Praxis können Maßstäbe politischer Auftragsforschung, z.B. in Form von Transparenzverpflichtungen, formulieren. Die inhaltlich-methodische Integritätsverantwortung, die Staatsrechtslehre im Spannungsfeld von Recht und Politik trägt, lässt sich jedoch nicht allein über diese Standards regeln. Die positivrechtliche Vorgabe „ethischer Normen" schafft neue Unklarheiten.

(10) Der Wissenschaftsgemeinschaft stehen im Rahmen von Qualifikationsverfahren förmliche Instrumente der Qualitätssicherung zur Verfügung. Weitgehend ungeregelt sind andere Formen akademischer Distanzierung.

(11) Überzogenen Erfordernissen der Wahrnehmung von Eigen- und Metaverantwortung setzt die Wissenschaftsfreiheit, auch mediatisiert durch Gesetze, deutliche Schranken. Die Wissenschaftsgemeinschaft selbst sollte sich in politischer Beurteilung zurückhalten. Die Anerkennung von Pluralismus ist für die Ausübung von Wissenschaftsfreiheit gerade in der politisch exponierten Staatsrechtslehre existentiell.

(12) Der Druck hin zu drittmittelstarker Auftragsforschung und „third mission" verstärkt in der Staatsrechtslehre die Flanke zur Politik. Ein „negativ" verstandenes Recht auf Wissenschaftsfreiheit bewahrt Staatsrechtslehrer davor, an parametrisierten Hochschulen Forschung und Lehre auf einem im engen Sinn rechtspolitischen Ansatz leisten zu müssen.

(13) Eine wissenschaftsmoralische Verantwortung der Wissenschaftsgemeinschaft kann etwa im Rahmen der akademischen Selbstverwaltung, über Vereine und auch grenzüberschreitend wahrgenommen werden. Das Spektrum dieser Manifestationen ist breit, bedarf jedoch eines „akademischen Elements", um „Wissenschaft" zu sein. Rein politischer Aktivismus unterfällt nicht der spezifischen Wissenschaftsfreiheit, jedoch gegebenenfalls der (allgemeinen) Kommunikationsfreiheit oder der Versammlungsfreiheit.

IV. Verantwortung und Politik

(14) Grundsätzlich darf Politik auf Grund ihrer demokratischen Legitimation „entscheiden", ohne zuvor Wissenschaft konsultieren oder ihr folgen zu müssen. Indirekte Abhängigkeiten von Wissenschaft ergeben sich jedoch aus Rationalitätsanforderungen, die sich zuletzt in eine „Epistemisierung der Politik" verdichten. Die Nichteinholung oder -beachtung von Wissenschaft kann auf diese Weise in Verfassungswidrigkeiten münden. Der Hang zum Szientismus erscheint in Krisenfällen erhöht, aber auch generell als nützliche Legitimationsstrategie für politische wie judizielle Entscheidungen. Die damit einhergehende Verantwortungsentlastung der Politik ist im demokratischen Rechtsstaat jedoch nicht unbedenklich.

(15) Im Unterschied zu anderen Wissenschaften liefert Staatsrechtslehre via Politikberatung Konkurrenzwissen zum Wissen juristischer Fachdienste und selbst demjenigen von Verfassungsgerichten. Problemfelder der Politikberatung stellen die parteipolitische Selektion von Experten, synallagmatische Verlockungen und die Verwendung von Wissenschaft als Feigenblatt dar.

(16) Es ist Verantwortung der Politik, Rechtsnormen zu erzeugen, die einer verfassungsgerichtlichen Prüfung standhalten. Auch wissenschaftlich seriöser Beratung kann keine absolut sichere Prognose über eine allfällige Gerichtsentscheidung abverlangt werden.

V. Verantwortung und Verfassungsgerichtsbarkeit

(17) An vielen Verfassungsgerichten ist das Richteramt mit dem Beruf als Staatsrechtslehrer vereinbar. Dabei bestehen gewisse Parallelen zwischen der wissenschaftlichen und richterlichen Unabhängigkeit. Der richterliche Staatsrechtslehrer ist schon gem. Art. 6 Abs. 1 EMRK verpflichtet, politische Vorlieben außer Acht zu lassen. Seine richterliche Tätigkeit legt dem Staatsrechtslehrer auch eine Zurückhaltung in der Wissenschaft auf, selbst wenn rechtspolitische Äußerungen in letzterer noch akzeptabel wären. Trotz eines hohen Grads an gebotener richterlicher Zurückhaltung dürfen diese Schranken allerdings nicht überzogen werden.

(18) Die spezielle Rolle wissenschaftlicher Verfassungsrichter ist wenig untersucht. Sofern Sondervoten unzulässig sind, lässt sich etwa über Zusammenhänge zwischen academic und judicial activism nur mutmaßen. Eine natürliche Hürde für die Justizialisierung eigener wissenschaftlicher Positionen dürfte in der kollegialen Zusammensetzung des Spruchkörpers und einer einhegenden Beratungskultur gelegen sein.

(19) Der Staatsrechtslehre als Wissenschaftsgemeinschaft kommen im Vorfeld verfassungsgerichtlicher Entscheidungen strukturelle Aufgaben zu, die von der Entwicklung öffentlich-rechtlicher Dogmatik bis zur rechtswissenschaftlichen Ausbildung reichen. In deren Nachfeld wirkt sie als kritisch-distanzierte Analystin, nicht bloß als Glossatorin. Im Trialog mit Politik und Verfassungsgericht nimmt die Staatsrechtslehre daher eine nicht unwichtige Verantwortung wahr. Auch wenn ihre Teilhabe keine unmittelbaren Rechtsfolgen auslöst, vermag sie als „weak-form review" erfolgreich zu sein, dessen tatsächlicher Einfluss indes von vielen Faktoren abhängt.

VI. Das Proprium der Verantwortung der Staatsrechtslehre

(20) Im Spektrum der Wissenschaften hat die Staatsrechtslehre eine charakteristische, ja einzigartige Position inne. Sie beobachtet das Spannungsfeld von Recht und Politik nicht nur, sie partizipiert selbst darin in mannigfachen Funktionen und gewinnt aus ihrem Wissen praktische Autorität.

(21) Definition und Erfüllung von wissenschaftlicher Qualität bedürfen umgebender Freiheit, um dem Ziel unbeeinflusster Suche nach Erkenntnis möglichst nahe zu kommen. Von dieser Annahme strahlen letztlich alle anderen Verantwortungen der Staatsrechtslehre aus, von dort legitimiert sich ihre Wirkmacht.

(22) In die Wissenschaft vom Staatsrecht fällt auch die epistemische Erfassung der Wissenschaftsfreiheit. Schon durch ihren Forschungsgegenstand sollte sich Staatsrechtslehre ihrer Verantwortung für eine Wissenschaft bewusst sein, die Freiheit als Auftrag zu Unabhängigkeit „nach bestem Vermögen und Urteil" versteht.

Vierter Beratungsgegenstand:

Verantwortung der Staatsrechtslehre im Spannungsfeld von Recht und Politik

2. Referat von *Niels Petersen*, Münster*

Inhalt

		Seite
I.	Problembeschreibung	443
II.	Wissenschaft zwischen Wahrheitsfindung und Vorverständnis	448
III.	Wissenschaftliche Expertise und der politische Prozess	452
IV.	Fragen der wissenschaftlichen Verantwortung – drei Problemkreise	457
	1. Offene Interessenkonflikte	457
	2. Wissenschaftlicher Aktivismus	462
	3. Positive Verantwortung der Wissenschaft	466
V.	Fazit	469

I. Problembeschreibung

Unser demokratisches Gemeinwesen ist dieser Tage Gefahren ausgesetzt, die wir noch vor einigen Jahren für fast undenkbar gehalten haben. Das gilt insbesondere für den Aufstieg des Rechtspopulismus, der Demo-

* Herzlicher Dank gebührt *Konstantin Chatziathanasiou, James Fowkes, Michaela Hailbronner, Patrick Hilbert, Samuel Issacharoff, Oliver Lepsius, Nora Markard, Johannes Reich, Gernot Sydow, Emanuel Towfigh, Hinnerk Wißmann* und *Fabian Wittreck* für zahlreiche Diskussionen und Anregungen. Weiterhin danke ich *Olivia Bernhörster, Helena Kaim, Nele Meier* und *Konrad Schilling* für die Unterstützung bei der Literaturrecherche und das Korrekturlesen des finalen Textes. Da die Doppelung der männlichen und weiblichen Form im gesprochenen Vortrag zu umständlich wirkt, wechsele ich diese im Text zumeist ab. Wenn ich von Wissenschaftlerinnen oder Wissenschaftlern spreche, ist – soweit aus dem Kontext nicht anders ersichtlich – das andere Geschlecht ebenfalls mitgemeint.

kratie- und Rechtsstaat gefährdet.[1] Angesichts der besonderen Politiknähe unserer Disziplin[2] stellt uns diese Entwicklung vor die Frage, welche Verantwortung wir als Staatsrechtslehrer und Staatsrechtslehrerinnen im öffentlichen Diskurs und gegenüber dem politischen Prozess haben.[3]

Die Frage der Verantwortung stellt sich aber nicht nur bei systemischen Risiken wie der Gefährdung von Demokratie und Rechtsstaatlichkeit. Sie stellt sich vielmehr auch bei alltäglichen Fragen des Zusammenspiels zwischen Wissenschaft, Rechtspraxis und Politik. Ich möchte an dieser Stelle ein Beispiel aus der rechtsempirischen Forschung anführen, um das Problem anschaulich zu machen.[4] In den 1970er Jahren veröffentlichte der US-amerikanische Sozialwissenschaftler *Isaac Ehrlich* eine Reihe von einfluss-

[1] S. dazu *Steven Levitsky/Daniel Ziblatt* How Democracies Die, 2018; *Ivan Krastev/Stephen Holmes* The Light that Failed, 2019; *Samuel Issacharoff* Democracy Unmoored: Populism and the Corruption of Popular Sovereignty, 2023.

[2] S. *Michael Stolleis* Staatsrechtslehre und Politik, 1996, 6; *Andreas Voßkuhle* Die politischen Dimensionen der Staatsrechtslehre, in: Helmuth Schulze-Fielitz (Hrsg.) Staatsrechtslehre als Wissenschaft, 2007, 135; *Helmuth Schulze-Fielitz* Staatsrechtslehre als Mikrokosmos: Bausteine einer Soziologie und Theorie der Wissenschaft des öffentlichen Rechts, 2022, 21.

[3] Diese Frage ist in der deutschen Rechtswissenschaft lange Zeit nur am Rande reflektiert worden. Eine Ausnahme ist *Stolleis* Politik (Fn. 2). Kurze, allgemeine Überlegungen finden sich u.a. bei *Helmuth Schulze-Fielitz* Was macht die Qualität öffentlich-rechtlicher Forschung aus?, JöR 50 (2002), 1 (62 f.); *Dirk Ehlers* Verantwortung im öffentlichen Recht, Die Verwaltung 46 (2013), 467 (489 ff.). Zu Interessenkonflikten s. *Konrad Redeker* Von der Unsitte des Schreibens in eigener Sache, NJW 1983, 1034. Ansonsten beschäftigten sich Schriften, die die Verantwortung der Rechtswissenschaft zum Gegenstand hatten, oft mit situationsspezifischen Fragen, s. etwa *Uwe H. Schneider* Zur Verantwortung der Rechtswissenschaft, JZ 1987, 696; *Robert Deinhammer* Ist eine „Option für die Armen" in der Rechtswissenschaft möglich? Überlegungen zur sozialen Verantwortung der Juristen, ARSP 93 (2007), 551; *Ernst-Wolfgang Böckenförde* Vom Ethos der Juristen, 2. Aufl. 2011. Die Frage ist vor allem durch die COVID-19-Pandemie in den Blickpunkt unserer Disziplin geraten. Seitdem gibt es in der Verfassungsrechtswissenschaft eine intensivere Debatte zur politischen Verantwortung der Rechtswissenschaft. S. etwa *Brun-Otto Bryde* Wissenschaftliche Verfassungsrechtspolitik?, in: *ders./Martin Nettesheim/Laura Münkler* Wissenschaftliche Verfassungsrechtspolitik?, 2023, 1; *Martin Nettesheim* Staatsrechtswissenschaft als soziale Praxis: Die Erzeugung und Verwaltung staatlichen Wissens, in: *Bryde/Nettesheim/Münkler*, Verfassungsrechtspolitik, ebd., 25; *Laura Münkler* Wissenschaftliche Verfassungsrechtspolitik? Friktionen und Bedingungen, in: *Bryde/Nettesheim/Münkler*, Verfassungsrechtspolitik, ebd., 73. S. zudem das Symposium „Verfassungsrechtliche Expertise im politischen Raum" auf dem Verfassungsblog, <https://verfassungsblog.de/category/debates/verfassungsrechtliche-expertise-im-politischen-raum-erwartung-erfahrungen-verantwortung/> (Stand 18.11.2024).

[4] Das Beispiel findet sich auch bei *Niels Petersen/Konstantin Chatziathanasiou* On the seductions of quantification: A rejoinder, I.CON 19 (2021), 1854 (1854 f.) m.w.N.

reichen Studien zur Wirkung der Todesstrafe.[5] Seine Studien suggerierten, dass die Todesstrafe einen erheblichen Abschreckungseffekt habe.[6] Dies nahm der U.S. Supreme Court in einer Entscheidung aus dem Jahr 1976 zum Anlass, ein vier Jahre zuvor von ihm selbst verhängtes Moratorium zur Todesstrafe[7] wieder aufzuheben.[8] Viele nachfolgende Studien bestätigten die abschreckende Wirkung der Todesstrafe. Sie lieferten damit Argumente für die Politik, an dieser festzuhalten.[9] Aufgrund dieser Studienlage postulierten die US-Rechtswissenschaftler *Cass Sunstein* und *Adrian Vermeule* gar eine ethische Pflicht der Politik, die Todesstrafe beizubehalten oder wieder einzuführen.[10]

Im Jahr 2005 zeigte ein vielbeachteter Aufsatz der US-amerikanischen Rechtswissenschaftler *John Donohue* und *Justin Wolfers* allerdings, dass die empirische Forschung zur Todesstrafe problematisch war.[11] So waren die Ergebnisse der Studien von *Ehrlich* etwa Resultat eines Zeittrends im Datensatz, der zu einer Verzerrung der Analyseergebnisse führte.[12] Insgesamt gab es keine belastbare Evidenz für die Abschreckungswirkung der Todesstrafe[13] und damit auch keine ausreichende empirische Grundlage für rechtspolitische oder rechtsdogmatische Folgerungen.

Wenn die empirische Forschung zur Todesstrafe ein Einzelfall wäre, dann wäre sie noch kein Anlass, tiefer über die Verantwortung der Wissenschaft nachzudenken. Sie ist jedoch Ausdruck eines systemischen Pro-

---

5 *Isaac Ehrlich* The Deterrent Effect of Capital Punishment: A Question of Life and Death, American Economic Review 65 (1975), 397; *ders.* Capital Punishment and Deterrence: Some Further Thoughts and Additional Evidence, Journal of Political Economy 85 (1977), 741.

6 *Ehrlich* Deterrent Effect (Fn. 5); *ders.* Capital Punishment (Fn. 5).

7 Furman v. Georgia, 408 U.S. 238 (1972).

8 Gregg v. Georgia, 428 U.S. 153, 184 (1976).

9 *Hashem Dezhbakhsh/Paul H. Rubin/Joanna M. Shepherd* Does Capital Punishment Have a Deterrent Effect? New Evidence from Postmoratorium Panel Data, American Law & Economics Review 5 (2003), 344; *H. Naci Mocan/R. Kaj Gittings* Getting Off Death Row: Commuted Sentences and the Deterrent Effect of Capital Punishment, Journal of Law & Economics 46 (2003), 453; *Paul R. Zimmerman* State Executions, Deterrence, and the Incidence of Murder, Journal of Applied Economics 7 (2004), 163.

10 *Cass R. Sunstein/Adrian Vermeule* Is Capital Punishment Morally Required? Acts, Omissions, and Life-Life Tradeoffs, Stanford Law Review 58 (2005), 703.

11 *John J. Donohue/Justin Wolfers* Uses and Abuses of Empirical Evidence in the Death Penalty Debate, Stanford Law Review 58 (2005), 791.

12 *Donohue/Wolfers* Death Penalty (Fn. 11), 797; *Joshua D. Angrist/Jörn-Steffen Pischke* The Credibility Revolution in Empirical Economics: How Better Research Design is Taking the Con out of Econometrics, Journal of Economic Perspectives 24 (2010), 3 (7 f.).

13 *John J. Donohue/Justin Wolfers* Estimating the Impact of the Death Penalty on Murder, American Law & Economics Review 11 (2009), 249.

blems. Die experimentellen Sozialwissenschaften beschäftigt seit einigen Jahren die sog. Replikationskrise.[14] Auslöser der Krise war, dass wissenschaftliche Forschungsergebnisse in nachfolgenden Studien unter ähnlichen Bedingungen nicht repliziert werden konnten.[15] Diese fehlende Replikation stellt das Vertrauen in die ursprünglichen Forschungsergebnisse in Frage. Die Gründe für diese Replikationskrise sind vielfältig.[16] Letztlich sind sie jedoch weitgehend auf problematische Anreize im Wissenschaftssystem zurückzuführen.[17]

Nun könnten wir als Rechtswissenschaftler dies zunächst aus einer interessierten Beobachterperspektive verfolgen. Unmittelbar scheint uns das ja nicht zu betreffen. Die Anreizproblematik, die sich in den Sozialwissenschaften gezeigt hat, trifft uns jedoch auch. Dies gilt insbesondere für unseren Umgang mit Politik. Sie lässt sich nur nicht so leicht erkennen wie in der empirischen Forschung, da wir keine „harten“ Standards für Erkenntnisgewinn haben. Vielmehr betrachten wir Meinungsverschiedenheiten über Rechtsfragen oft als ein ehrliches Ringen um die richtige Interpretation. Das verdeckt, dass hinter Rechtsmeinungen oft bestimmte Anreize und Interessen stehen.

Ich möchte im Folgenden das Problem in drei Schritten analysieren. Zunächst möchte ich einen Schritt zurücktreten und mich mit dem Gegensatz zwischen „objektiver“ Wissenschaft und „subjektiver“ Politik beschäftigen. Es soll aufgezeigt werden, dass wissenschaftliche Studien immer auf sozialen Kontexten und Werten beruhen und daher – bei allem Bemühen – nie objektiv sein können.

In einem zweiten Schritt werden wir uns die Beeinflussung des politischen Prozesses durch wissenschaftliche Expertise näher ansehen. Dabei soll ein Spannungsverhältnis aufgezeigt werden. Zum einen ist der wissenschaftliche Input eine zentrale Voraussetzung für rationale Politik im modernen demokratischen Staat. Zum anderen bestehen in der Wissen-

---

[14] S. zur Replikationskrise bspw. *Andreas Glöckner/Susann Fiedler/Frank Renkewitz* Belastbare und effiziente Wissenschaft, Psychologische Rundschau 69 (2018), 22; *Konstantin Chatziathanasiou* Nudge, Hype, Replikationskrise: Zu unsicheren (Neben-)Wirkungen verhaltenswissenschaftler Steuerung, in: Michael W. Müller (Hrsg.) Mittelbare Verhaltenssteuerung – Konzept, Wirkung, Kritik, 2024, 169.

[15] *Open Science Collaboration* Estimating the reproducability of psychological science, Science 349 (2015), 943; *Colin Camerer u.a.* Evaluating replicability of laboratory experiments in economics, Science 351 (2016), 1433.

[16] Ein potentieller Grund ist wissenschaftliches Fehlverhalten, s. dazu *Christoph Engel* Scientific disintegrity as a public bad, Perspectives on Psychological Science 10 (2015), 361. Ein anderer ist der sog. publication bias, s. *Chatziathanasiou* Nudge (Fn. 14), 172 ff.

[17] *Lionel Page/Charles N. Noussair/Robert Slonim* The replication crisis, the rise of new research practices and what it means for experimental economics, Journal of the Economic Science Association 7 (2021), 210. S. auch *Engel* Disintegrity (Fn. 16).

schaft durch die Einbeziehung in den politischen Prozess problematische Anreize. Die Wissenschaft wird politisiert, was die wissenschaftliche Politikberatung vor besondere Herausforderungen stellt.

Im dritten Schritt sollen drei Problemkonstellation herausgearbeitet und diskutiert werden. Als erstes werden offene Interessenkonflikte von Wissenschaftlern in den Blick genommen. Das betrifft für die Rechtswissenschaft insbesondere die Anfertigung von wissenschaftlichen Gutachten. Die zweite Konstellation betrifft den sogenannten wissenschaftlichen Aktivismus (*scholactivism*): Inwieweit dürfen sich Wissenschaftlerinnen als Wissenschaftlerinnen im politischen Prozess engagieren? Drittens möchte ich schließlich eine mögliche aktive Handlungspflicht der Wissenschaft und einzelner Wissenschaftler diskutieren: Haben wir als Staatsrechtslehrerinnen und Staatsrechtslehrer in bestimmten Situationen eine ethische Verantwortung gegenüber Politik und Gesellschaft?

Für den Zweck dieses Vortrags werde ich die Staatsrechtslehre in ihrer wissenschaftlichen Dimension betrachten.[18] Dabei verstehe ich Wissenschaft als soziale Praxis, die auf die Findung von Wahrheit ausgerichtet ist.[19] Im Kontext der Lehre stellen sich ebenfalls interessante Fragen der gesellschaftlichen Verantwortung.[20] Diese sollen in diesem Vortrag aber weitgehend ausgeblendet bleiben. Weiterhin soll Rechtswissenschaft für die Zwecke dieses Vortrags als methodenoffene Wissenschaft verstanden werden, die sich über ihren Gegenstand und nicht über ihre Methode definiert.[21] Auch wenn die dogmatische Rechtswissenschaft im Zentrum meiner Überlegungen steht, werde ich auch rechtswissenschaftliche Perspektiven einbeziehen, die Recht als soziales Phänomen betrachten.

---

[18] Zur Diskussion um den Gegenstand der Wissenschaft vom Öffentlichen Recht s. bspw. die Beiträge in Christoph Engel/Wolfgang Schön (Hrsg.) Das Proprium der Rechtswissenschaft, 2007, und Andreas Funke/Jörn Lüdemann (Hrsg.) Öffentliches Recht und Wissenschaftstheorie, 2009. S. ferner *Hans Christian Röhl* Öffnung der öffentlich-rechtlichen Methode durch Internationalität und Interdisziplinarität: Erscheinungsformen, Chancen und Grenzen, VVDStRL 74 (2015), 7; *Andreas von Arnauld* Öffnung der öffentlich-rechtlichen Methode durch Internationalität und Interdisziplinarität: Erscheinungsformen, Chancen, Grenzen, VVDStRL 74 (2015), 39.

[19] *Nettesheim* Soziale Praxis (Fn. 3), 26.

[20] Zur Bedeutung der Lehre für die Aufgabenwahrnehmung von Wissenschaftlern s. nur *Jessica F. Green* Less Talk, More Walk: Why Climate Change Demands Activism in the Academy, Daedalus 149 (4) (2020), 151 (157 ff.), für den Bereich der Klimawissenschaften. Im Verfassungsrecht stellen sich – neben anderen – etwa Fragen nach der Bedeutung der „Treue zur Verfassung“ in Art. 5 Abs. 3 S. 2 GG oder zur Vermittlung des Unrechts von Nationalsozialismus und SED-Diktatur, die § 5a Abs. 2 S. 3 Hs. 2 DRiG verlangt. Zum Grundrecht der Lehrfreiheit s. allgemein *Ann-Katrin Kaufhold* Die Lehrfreiheit – ein verlorenes Grundrecht? Zu Eigenständigkeit und Gehalt der Gewährleistung freier Lehre in Art. 5 Abs. 3 GG, 2006.

[21] *Nettesheim* Soziale Praxis (Fn. 3), 38 f.

II. Wissenschaft zwischen Wahrheitsfindung und Vorverständnis

Bei oberflächlicher Betrachtung könnte man einen starken Gegensatz annehmen zwischen der „objektiven" Wissenschaft, die auf die Findung von Wahrheit ausgerichtet ist, und der „subjektiven" Politik, der es um die Verhandlung von Interessen geht. Objektivität steht dabei für die Unabhängigkeit der wissenschaftlichen Hypothesen, Ergebnisse und Methoden von den Perspektiven, Werturteilen und Voreingenommenheiten einzelner Forscher.[22] Allerdings bestehen schon seit langem Zweifel an der Objektivität der Wissenschaft.[23] So hat *Thomas Kuhn* in seinem Buch zur Struktur wissenschaftlicher Revolutionen beschrieben, dass wissenschaftliche Erkenntnisse kontextbasiert sind.[24] *Kuhn* argumentiert, dass wissenschaftliche Forschung durch das Paradigma geprägt werde, unter dessen Einfluss sie ausgeübt wird: Wir brauchen Modelle, um die Welt zu verstehen.[25] Diese Modelle determinieren aber gleichzeitig auch unser Verstehen.[26] Sie beeinflussen, welche Fragen wir erforschen, wie wir das Forschungsdesign einer Studie ausgestalten, was wir beobachten und wie wir das Beobachtete interpretieren.[27] Eine Wissenschaftlerin, die in einem anderen wissenschaftlichen Paradigma agiert, würde andere Fragen stellen und die erlangten Daten anders deuten. In der Wissenschaftssoziologie ist daher mittlerweile

---

[22] *Julian Reiss/Jan Sprenger* Scientific Objectivity, in: Edward N. Zalta (Hrsg.) The Stanford Encyclopedia of Philosophy (Winter 2020 Edition), <https://plato.stanford.edu/archives/win2020/entries/scientific-objectivity/> (Stand 18.11.2024).

[23] S. *Steven Shapin* The Scientific Life: A Moral History of a Late Modern Vocation, 2008; zusammenfassend *Laura Münkler* Expertokratie: Zwischen Herrschaft kraft Wissens und politischem Dezisionismus, 2020, 58 m.w.N.

[24] *Thomas S. Kuhn* The Structure of Scientific Revolutions, 2012 [1962].

[25] S. zur Notwendigkeit von Modellen zum Verständnis auch *Christoph Engel* Herrschaftsausübung bei offener Wirklichkeitsdefinition, in: ders./Wolfgang Schön (Hrsg.) Proprium (Fn. 18), 205 (230 f.).

[26] S. *Kuhn* (Fn. 24), 63 f., der auf ein psychologisches Experiment verweist, das zeigt, dass Menschen versuchen, neue Beobachtungen in bekannte Kategorien einordnen. S. auch *Ludwig Fleck* Entstehung und Entwicklung einer wissenschaftlichen Tatsache, 1980 [1935], der argumentiert, dass menschliches Wissen nicht ohne den Menschen betrachtet werden kann, der dieses Wissen besitzt.

[27] S. *Helen E. Longino* Science as Social Knowledge: Values and Objectivity in Scientific Inquiry, 1990, 12, die auf das Beispiel der männerdominierten Medizin, in der physiologische Besonderheiten von Frauen in der Forschung oft nicht berücksichtigt werden, verweist. Dies ist kein Spezifikum der Wissenschaft. Vielmehr ist es ein generelles Problem von Wahrnehmung, dass wir das Wahrgenommene interpretieren müssen. S. nur *Clifford Geertz*' berühmtes Beispiel des Unterschiedes zwischen einem Augenzucken und einem Augenzwinkern, die Betrachtern beide ähnlich erscheinen und je nach Betrachter unterschiedlich interpretiert werden können, s. *Clifford Geertz* Thick Description: Toward an Interpretive Theory of Culture, in: ders., The Interpretation of Cultures, 1973, 33 (39 ff.).

anerkannt, dass wissenschaftliche Studien auf sozialen Kontexten und Werten beruhen.[28] Wissenschaftliche Erkenntnis ist somit konstruiert.[29] Sie ist gleichzeitig immer vorläufig.[30] Neue Erkenntnisse können uns zeigen, dass bisherige Annahmen, auf denen unser Wissen beruhte, unzutreffend waren.[31]

Das bedeutet gleichzeitig aber nicht, dass wissenschaftliche Erkenntnis beliebig ist.[32] Vielmehr ist Wissenschaft ein sozialer Prozess.[33] Erkenntnisfortschritte entstehen dadurch, dass wissenschaftliche Studien von der wissenschaftlichen Gemeinschaft kontrolliert und diskutiert werden.[34] Wir beobachten also eine deliberative Annäherung an Wahrheit.[35] Auch wenn wir eine Aussage nicht endgültig als wahr begreifen können, erscheint es doch sinnvoll, Wahrheit als Leitideal zu betrachten.[36] So ist unser modernes Leben ohne Vertrauen auf wissenschaftliche Erkenntnisse nicht denkbar:[37] Sonst könnten wir uns nicht guten Gewissens einem Flugzeug anvertrauen oder einer Operation unterziehen.

Diese Erkenntnis der fehlenden Objektivität der Wissenschaft gilt auch für Normwissenschaften wie die Rechtswissenschaft. Wenn wir davon ausgehen, dass unsere Wahrnehmung der Wirklichkeit von unseren Perspektiven und Werturteilen geprägt wird, dann gilt das erst recht für unsere normativen Wertungen.[38] Daran ändert auch die Tatsache nichts, dass

---

[28] *Longino* Social Knowledge (Fn. 27), 5.

[29] *Sheila Jasanoff* Science and Public Reason, 2012, 163.

[30] *Karl Raimund Popper* The Logic of Scientific Discovery, 1992, 10 [1959; dt. Logik der Forschung, 1935].

[31] S. etwa *Kuhn* (Fn. 24), 99, zu *Einsteins* Relativitätstheorie.

[32] *Münkler* Expertokratie (Fn. 23), 187. S. auch *Karsten Schneider* Unsicherheit im Gesetz – Der Nexus zwischen Tatbestand und Rechtsfolge als Konstruktion der Wirklichkeit, in: Jörg Scharrer u.a. (Hrsg.) Risiko im Recht – Recht im Risiko, 2011, 177 (192 f.), der zeigt, dass extremer Relativismus selbstwidersprüchlich ist. Allerdings zieht diese Konsequenz der Beliebigkeit anscheinend *Paul Feyerabend* Erkenntnis für freie Menschen, 1980, 76 f., wenn er wissenschaftliche Erkenntnisse als Basis für politische Entscheidungen generell zurückweist.

[33] *Longino* Social Knowledge (Fn. 28), 12.

[34] Vgl. *Julia Schubert* Soziologie der Expertise, in: David Kaldewey (Hrsg.) Wissenschaftsforschung, 2023, 115 (127).

[35] S. auch *Popper* Logic (Fn. 30), 248. („bestbewährte Theorie").

[36] So *Karsten Schneider* Normativität und Risikoentscheidung, 2008, 91 (Wahrheit als „regulative Idee"). Ähnlich auch *Andreas Voßkuhle* Expertise und Verwaltung, in: Hans-Heinrich Trute u.a. (Hrsg.) Allgemeines Verwaltungsrecht – zur Tragfähigkeit eines Konzepts, 2008, 637 (648); *ders.* Rationale Rechtspolitik in der "Post-Truth-Era", JöR 71 (2023), 369 (373), der für einen „pragmatischen Rationalitätsbegriff" plädiert.

[37] *Voßkuhle* Post-Truth (Fn. 36), 377.

[38] S. *Schneider* Normativität (Fn. 36), 80 f.; *Münkler* Verfassungsrechtspolitik (Fn. 3), 82. S. auch *Dennis M. Davis/Karl E. Klare* Transformative Constitutionalism and the Com-

Rechtswissenschaftler sich in der Regel an Normtexten orientieren. Denn es ist unmöglich, eine konkrete Entscheidung vollständig durch abstrakte Normen zu determinieren.[39] Insofern gilt hier das Gleiche wie bei den empirischen Wissenschaften: Zum einen hängt unsere Interpretation von Texten immer von unserem Vorverständnis ab,[40] und zum anderen ist auch Norminterpretation immer nur vorläufig.[41]

Betrachten wir zwei Beispiele. Das erste Beispiel betrifft religiöse Symbole im öffentlichen Raum. Es geht spezifisch um die Frage, ob Frauen, die ein öffentliches Amt ausüben, ein Kopftuch tragen dürfen. Ein Kopftuchverbot wird regelmäßig mit dem Gebot staatlicher Neutralität gerechtfertigt.[42] Aus christlich-säkularer – oder genauer: protestantisch-säkularer – Perspektive mag die Gleichsetzung des Verzichts auf religiöse Symbole mit

mon and Customary Law, South African Journal on Human Rights 26 (2010), 403 (439), die argumentieren, dass die Operationalisierung von rechtlichen Konzepten immer verhandelt werden muss.

[39] *Immanuel Kant* Kritik der reinen Vernunft, 1983 [1781], A 130–147.

[40] Grundlegend *Hans-Georg Gadamer* Wahrheit und Methode. Grundzüge einer philosophischen Hermeneutik, 1960, 270 ff. Für die Rechtswissenschaft s. *Josef Esser* Vorverständnis und Methodenwahl in der Rechtsfindung, 1970, 136 ff.; *Dieter Grimm* Verfassungsgerichtsbarkeit im demokratischen System, JZ 1976, 697 (698); *Konrad Hesse* Grundzüge des Verfassungsrechts der Bundesrepublik Deutschland, 1995, Rn. 62 f.; *Karl E. Klare* Legal Culture and Transformative Constitutionalism, South African Journal on Human Rights 14 (1998), 146 (163); *Udo Steiner* Der Richter als Ersatzgesetzgeber: Richterliche Normenkontrolle – Erfahrungen und Erkenntnisse, in: Ulrich Karpen (Hrsg.) Der Richter als Ersatzgesetzgeber, 2002, 27 (37).

[41] Zur dynamischen Natur von Rechtsdogmatik s. *Christian Waldhoff* Kritik und Lob der Dogmatik: Rechtsdogmatik im Spannungsfeld von Gesetzesbindung und Funktionsorientierung, in: Gregor Kirchhof/Stefan Magen/Karsten Schneider (Hrsg.) Was weiß Dogmatik: Was leistet und wie steuert die Dogmatik des Öffentlichen Rechts?, 2012, 17 (28).

[42] BVerfGE 153, 1 – Kopftuch Referendarin. Zur Neutralität als Verfassungsgebot s. *Karl-Heinz Ladeur/Ino Augsberg* Der Mythos vom neutralen Staat, JZ 2007, 12; *Christoph Möllers* Religiöse Freiheit als Gefahr?, VVDStRL 68 (2009), 47 (53 ff.); *Markus Müller* Neutralität als Verfassungsgebot? Der Staat und religiöse oder weltanschauliche Überzeugungen, VVDStRL 81 (2022), 251; *Michael Droege* Neutralität als Verfassungsgebot? Die Exekutive und der politische Prozess, VVDStRL 81 (2022), 297. Kritisch zur Herleitung eines Kopftuchverbots aus dem Neutralitätsgebot bspw. *Hinnerk Wißmann* Justitia mit Kopftuch?, DRiZ 2016, 224 (226 f.); *Rike Sinder* Das Kopftuchverbot für Richterinnen: Ein Plädoyer für die Aufrechterhaltung der Allgemeinheit der Grundrechtsdogmatik, Der Staat 57 (2018), 459; *Mehrdad Payandeh* Das Kopftuch der Richterin aus verfassungsrechtlicher Perspektive, DöV 2018, 482 (485 ff.); *Anna Katharina Mangold* Für sichtbare demokratische Vielfalt in deutschen Gerichten!, djbZ 2018, 10 (11 f.); *Hinnerk Wißmann* Neutrale Justiz in der pluralistischen Gesellschaft, ZRP 52 (2019), 218; *Antje von Ungern-Sternberg* Die Richterin als Mensch – zugleich Anmerkung zum Kopftuch-III-Beschluss des Bundesverfassungsgerichts, RdJB 2020, 367 (374 ff.); *Janbernd Oebbecke* Religiöse Symbole im öffentlichen Raum, in: Dietrich Pirson u.a. (Hrsg.) Handbuch des Staatskirchenrechts der Bundesrepublik Deutschland, Band 1, 3. Aufl. 2020, 1647 Rn. 26 ff.

Neutralität konsequent sein. Allerdings privilegiert das Verbot von körperlichen Symbolen Religionen, die Glauben vor allem als seelische Angelegenheit betrachten.[43] Misst eine Religion der Körperlichkeit eine große Bedeutung zu, wirkt das Verbot nicht mehr neutral.[44] Ein Verbot jeglicher religiöser Symbole ist vielmehr lediglich Ausdruck einer spezifischen Perspektive.[45]

Das zweite Beispiel bezieht sich auf die Vorläufigkeit normativer Wertungen: Im Jahr 1957 urteilte das Bundesverfassungsgericht in einer heute berüchtigten Entscheidung, dass die Strafbarkeit von homosexuellem Geschlechtsverkehr unter Männern[46] keinen Verstoß gegen das allgemeine Persönlichkeitsrecht darstelle.[47] Heute erscheint uns dieses Urteil befremdlich und wird einhellig abgelehnt.[48] Versucht man jedoch, die Entscheidung in ihrem historischen Kontext zu verstehen, ändert sich das Bild:[49] Sicherlich hätte schon damals die nationalsozialistische Genese der Strafnorm zu denken geben können.[50] Dennoch hat die Entscheidung zum Zeitpunkt

---

[43] S. dazu *Rike Sinder* Körperlicher Glaube unter dem Grundgesetz, ZevKR 63 (2018), 170 (173 ff.). S. auch *Wißmann* Neutrale Justiz (Fn. 42), 219 („die formelle Gleichbehandlung aller Religionen und Weltanschauungen [führt] zu einer erheblichen *Asymmetrie*", Hervorhebung im Original).

[44] *Sinder* Körperlicher Glaube (Fn. 43), 174 ff.

[45] So *Joseph Weiler* in seinem Plädoyer zum *Lautsi*-Fall (EGMR (GK), 18.3.2011, Lautsi, No. 30814/06). Das Video des Plädoyers findet sich unter <https://www.youtube.com/watch?v=ioylyxM-gnM> (Stand 18.11.2024). Ähnlich auch *Ute Sacksofsky* Religiöse Freiheit als Gefahr?, VVDStRL 68 (2009), 7 (33 f.), die einen Neutralitätszwang als „Diskriminierung religiöser Lebensformen" ansieht.

[46] Damals: § 175 StGB.

[47] BVerfGE 6, 389 (432 ff.).

[48] In einer Umfrage der Zeitschrift für Öffentliches Recht (ZÖR) wurde die Entscheidung von vier Verfassungsrechtlern und Verfassungsrechtlerinnen gar als die schlechteste aller Entscheidungen des BVerfG angesehen, s. *Claus Dieter Classen* Handelsvertreter- und Homosexuellenbeschlüsse als beste bzw schlechteste Entscheidungen des BVerfG, ZÖR 77 (2022), 507; *Herbert Küpper* „Für die Homosexuellen ist das Dritte Reich noch nicht zu Ende": Fortgeltendes Homosexuellen-Strafrecht als Preis für Elfes und Lüth, ZÖR 77 (2022), 655; *Stephan Rixen* Der schwule Mann als Gefahr, ZÖR 77 (2022), 737; *Daniela Winkler* „Gleichgeschlechtliche Liebe" im Spiegel der bundesverfassungsrechtlichen Rechtsprechung, ZÖR 77 (2022), 841. In der Umfrage erhielt ansonsten nur das PSPP-Urteil (BVerfGE 154, 17) ebenfalls vier negative Voten, s. *András Jakab* Rundfrage zum 70. Jubiläum des Bundesverfassungsgerichts: Die gelungensten und die misslungensten Entscheidungen des BVerfG in seiner 70-jährigen Rechtsprechung, ZÖR 77 (2022), 467 (470 ff.).

[49] *Nadine Drönner* Das ‚Homosexuellen-Urteil' des Bundesverfassungsgerichts aus rechtshistorischer Perspektive, 2020, 255 f.

[50] S. nur *Richard Lange* Anmerkung zu BGH, Urt. v. 13.3.1951 – 1 StR 1/51, JZ 1951, 562 (562 f.), der daher eine einschränkende Auslegung vorschlägt, letztlich die Verfas-

ihres Erlasses nicht für Aufregung gesorgt, sondern ist vielmehr von den Kommentatoren weitgehend einhellig akzeptiert worden.[51]

Auch für die normative Rechtswissenschaft gilt allerdings dasselbe wie für die empirischen Wissenschaften: Die Tatsache, dass Interpretation von subjektiven Werturteilen abhängt, führt nicht zu Beliebigkeit.[52] Vielmehr ist Rechtswissenschaft ebenfalls ein sozialer Prozess:[53] Gerichte und Rechtswissenschaftlerinnen entwickeln Dogmatiken, die den Raum der akzeptablen juristischen Argumente beschränken.[54] Rechtsprechung und herrschende Meinung markieren Auslegungsvarianten, die sich im Diskurs durchgesetzt haben und daher gegenwärtig alternativen Auslegungsoptionen vorzuziehen sind, wenn es darum geht, das geltende Recht zu identifizieren.[55] Dieser Prozess ist jedoch dynamisch, und die heute herrschende Interpretation des Rechts kann morgen schon überholt sein.[56]

III. Wissenschaftliche Expertise und der politische Prozess

Die Wissenschaft hat vielfältige Wege, Einfluss auf die Politik zu nehmen.[57] Zunächst kann wissenschaftliche Expertise durch die Politik unmittelbar nachgefragt werden: Wissenschaftlerinnen können zu Anhörungen

---

sungsmäßigkeit der Norm insgesamt aber nicht bezweifelt, sondern in ihr eine Norm zum Schutz der Familie sieht.

51 S. *Drönner* Homosexuellen-Urteil (Fn. 49), 217. Aus der zeitgenössischen Literatur s. etwa *Andreas Hamann* Das Grundgesetz für die Bundesrepublik Deutschland, 2. Aufl. 1961, Art. 2, B.6 (S. 81); *Franz Klein* in: Bruno Schmidt-Bleibtreu/Franz Klein (Hrsg.) GG, 1967, Art. 2 Rn. 11. S. weiterhin *Lange* Anmerkung (Fn. 50). Selbst die späteren Kommentatoren, die sich kritisch zu der Fortgeltung der Entscheidung äußern, stützen diese Kritik überwiegend auf die Änderung des Gesetzeslage und argumentieren, dass die Entscheidung „heute" so wohl nicht mehr getroffen werden könnte, s. *Hildegard Niemöhlmann* in: Ingo von Münch (Hrsg.) GG, 1974, Art. 2 Rn. 36.

52 *Davis/Klare* Transformative Constitutionalism (Fn. 38), 441.

53 *Nettesheim* Soziale Praxis (Fn. 3), 26 ff. S. auch *Schulze-Fielitz* Qualität (Fn. 3), 63, der argumentiert, dass die politische Dimension des Verfassungsrechts durch den wissenschaftlichen Diskurs kontrolliert werden müsse.

54 S. *Waldhoff* Dogmatik (Fn. 41), 26 f.; *Gregor Kirchhof/Stefan Magen* Dogmatik: Rechtliche Notwendigkeit und Grundlage fächerübergreifenden Dialogs – eine systematische Übersicht, in: dies./Karsten Schneider (Hrsg.) Was weiß Dogmatik: Was leistet und wie steuert die Dogmatik des Öffentlichen Rechts?, 2012, 151 (153 f.). Zur Kritik der Dogmatik s. *Oliver Lepsius* Kritik der Dogmatik, in: Kirchhof/Magen/Schneider, Dogmatik, ebd., 39.

55 Vgl. *Nettesheim* Soziale Praxis (Fn. 3), 37, der argumentiert, dass die Maßstäbe für staatsrechtliches Wissen durch die „Community" bestimmt würden.

56 S. *Waldhoff* Dogmatik (Fn. 41), 28.

57 S. nur *Voßkuhle* Die politischen Dimensionen (Fn. 2), 143 ff.; *Andreas Kley* Geschichte des öffentlichen Rechts der Schweiz, 2. Aufl. 2015, 450.

durch parlamentarische Ausschüsse eingeladen werden.[58] Sie können weiterhin durch Exekutive oder Parlament beauftragt werden, ein Gutachten zu einer näher spezifizierten Fragestellung zu verfassen.[59] Schließlich können Wissenschaftlerinnen in wissenschaftliche Beiräte oder Sachverständigengremien berufen werden.[60]

Wissenschaft kann aber auch indirekt über den öffentlichen Diskurs versuchen, Einfluss auf die Politik zu nehmen. Traditionell geschieht dies über Beiträge in Printmedien oder Interviews im Hörfunk oder Fernsehen.[61] In den letzten Jahren haben auch andere Formate – etwa Blogbeiträge oder Äußerungen in sozialen Medien – eine zunehmende Bedeutung erlangt.[62] Teilweise erfolgt die Einflussnahme durch offene Briefe, mit denen sich Wissenschaftler an Öffentlichkeit und Politik wenden.[63] Darüber hinaus können Forschungsergebnisse aufgrund geschickter Wissenschaftskommunikation Gegenstand politischer Empfehlungen werden.[64] Schließlich gibt es Foren, die zum Ziel haben, Wissenschaft und Politik miteinander zu verknüpfen.[65]

Einem idealisierten Rollenverständnis zufolge ist die Tätigkeit von Wissenschaftlern in erster Linie auf die Findung von Wahrheit ausgerichtet.[66] Wissenschaftler nehmen dabei eine unparteiliche, beobachtende Rolle ein.[67]

---

[58] S. etwa § 70 GOBT. Zur Praxis der Anhörung s. etwa *Heribert Hirte* Was erwartet die Politik von Anhörungen?, JöR 71 (2023), 437; *Janbernd Oebbecke* Drei Argumente gegen professoralen Frust nach parlamentarischen Anhörungen, JöR 71 (2023), 429.

[59] In einigen Bundesländern sind Wissenschaftler sogar durch das Hochschulgesetz zur Erstellung solcher Gutachten verpflichtet. S. dazu noch unten, IV 1.

[60] S. dazu *Bodo Pieroth* Politikberatung durch den Verfassungsrechtswissenschaftler: Ein Erfahrungsbericht, JöR 71 (2023), 415 (420 ff.).

[61] Zur Auswahl von wissenschaftlichen Experten durch Medien s. *Andreas M. Scheu/Daniel Nölleke* Verfassungsrecht im Mediendiskurs, <https://verfassungsblog.de/verfassungsrecht-im-mediendiskurs> (Stand 18.11.2024).

[62] Diese beiden Formen der Einflussnahme verstärken sich dabei gegenseitig. Sichtbarkeit in den sozialen Medien steigert die Wahrscheinlichkeit, für traditionelle mediale Formate rekrutiert zu werden. Umgekehrt kann die mediale Sichtbarkeit sich auch positiv auf die Sichtbarkeit in sozialen Netzwerken auswirken.

[63] Dies ist vor allem – aber nicht nur – in der Schweiz in Form von Professorenstellungnahmen vor Volksabstimmungen ein zunehmendes Phänomen, s. dazu *Kley* Geschichte (Fn. 57), 239 ff.

[64] *Münkler* Verfassungsrechtspolitik (Fn. 3), 91 m.w.N.

[65] Ein Beispiel im rechtswissenschaftlichen Bereich ist etwa der Deutsche Juristentag. S. dazu *Mathias Habersack* Der Deutsche Juristentag (e.V.) – ein der Rechtswissenschaft verpflichteter Akteur der Rechtspolitik, JöR 71 (2023), 451.

[66] *Tarunabh Khaitan* On scholactivism in constitutional studies: Skeptical thoughts, ICON 20 (2022), 547 (548); *Nettesheim* Soziale Praxis (Fn. 3), 26.

[67] *Nico Stehr/Alexander Ruser* The Political Climate and Climate Politics – Expert Knowledge and Democracy, in: Gil Eyal/Thomas Medvetz (Hrsg.) The Oxford Handbook of Expertise and Democratic Politics, 2023, 134 (137).

Sie versuchen, Phänomene zu beschreiben und zu erklären. Sicherlich ist das Rollenverständnis des Wissenschaftlers als externem Beobachter kein exklusives.[68] Vielmehr verstehen sich viele Verfassungsrechtler auch als Teilnehmer im rechtspraktischen Diskurs.[69] Sie schreiben juristische Gutachten oder versuchen, die Rechtsprechung durch wissenschaftliche Aufsätze zu dogmatischen Fragen zu beeinflussen. Dennoch ist das zentrale Leitbild von Wissenschaft eines von Distanz.[70] Es sind gerade die Distanz zum Gegenstand und der Anspruch auf Wahrheitsfindung, die Grundlage des Vertrauens der Öffentlichkeit in die Wissenschaft sind[71] und deren besonderen grundrechtlichen Schutz rechtfertigen.[72]

Allerdings entspricht die Wissenschaft in der Realität nicht immer diesem Leitbild der unabhängigen Distanz. Vielmehr wird wissenschaftliche Tätigkeit in erheblichem Maße durch Anreize geformt.[73] Diese müssen nicht allein materieller Art sein. Es geht Wissenschaftlern oft um Reputationsgewinn oder bestimmte Karriereoptionen. Bei jungen Wissenschaftlerinnen ist das die Aussicht auf eine dauerhafte Stelle, bei etablierten Kolleginnen die Hoffnung auf einen Ruf an eine angesehenere Fakultät. Einige Verfassungsrechtswissenschaftler mögen das Ziel haben, einen „Ruf" nach Karlsruhe zu bekommen, manche Kollegen haben gar politische Ambitionen. Andere möchten in den Medien sichtbar sein oder sich die Anerkennung der Kolleginnen und Kollegen erarbeiten. Diese Anreize beeinflussen die Fragen, die wir erforschen, die Art, wie wir sie erforschen, und die Dissemination unserer Ergebnisse.

Gleichzeitig geht es auch der Politik im Zusammenspiel mit der Wissenschaft selten um objektive Wahrheitsfindung. Wenn wissenschaftliche Expertise durch das Parlament oder Ministerien nachgefragt wird, dann sollen in erster Linie bereits gefundene Ergebnisse bestätigt und gerechtfertigt werden.[74] Wird ein Experte durch die Opposition zu einer parlamentarischen Anhörung eingeladen, dient dies oft dazu, den Entscheidungsvorschlag der Parlamentsmehrheit in Zweifel zu ziehen.[75] Es erfolgt daher

---

[68] S. etwa *Adrienne Stone* A Defence of Scholarly Activism, Constitutional Court Review 13 (2023), 1 (3).

[69] *Nettesheim* Soziale Praxis (Fn. 3), 53.

[70] *Shapin* Scientific Life (Fn. 23), 19.

[71] S. *Liora Lazarus* Constitutional Scholars as Constitutional Actors, Federal Law Review 48 (2020), 483 (487).

[72] *Stone* Defence (Fn. 68), 3.

[73] S. *Engel* Disintegrity (Fn. 16); ähnlich auch *Khaitan* Scholactivism (Fn. 66), 551 ff.

[74] *Pieroth* Politikberatung (Fn. 60), 424; *Oebbecke* Anhörungen (Fn. 58), 431.

[75] *Hirte* Anhörungen (Fn. 58), 443.

regelmäßig eine selektive Auswahl der Expertinnen:[76] Wenn die Expertenanhörung in erster Linie ein politisches Instrument ist, dann liegt es nahe, Experten einzuladen, die eine Unterstützung der eigenen politischen Position vermuten lassen.

Doch selbst wenn eine Selektion nicht intendiert ist, läuft eine Anhörung Gefahr, lediglich einen Ausschnitt des wissenschaftlichen Diskurses darzustellen. Wir haben im vorherigen Abschnitt gesehen, dass die Annäherung an Wahrheit in der Wissenschaft über den wissenschaftlichen Diskurs erfolgt.[77] Zudem antworten wissenschaftliche Studien oft nicht unmittelbar auf politische Problemstellungen.[78] Vielmehr müssen die Studien interpretiert und auf das konkrete politische Problem übertragen werden. Die Interpretation unterschiedlicher Expertinnen kann sich jedoch voneinander unterscheiden. Ein gutes Beispiel ist die ökonomische Diskussion im Jahr 2023 zu der Frage, ob die post-COVID-Inflation eine vorübergehende Erscheinung darstellt oder ob diese sich bereits strukturell verfestigt hat.[79] Damit besteht jedoch die Gefahr, dass die Auswahl der Expertinnen einen erheblichen Einfluss auf das Ergebnis der Anhörung hat.[80]

---

[76] Dies ist übrigens keine Besonderheit des politischen Prozesses, sondern auch ein Problem bei der Anhörung von Experten in gerichtlichen Verfahren, s. dazu *Niels Petersen* The construction of judicial deference and the use of scientific evidence in constitutional jurisprudence, in: Rob van Gestel/Jurgen de Poorter/Edward Rubin (Hrsg.) Can Courts Manage the Twenty-first Century? Judicial Policy Making, Empirical Data and Scientific Evidence, 2025, i.E.

[77] S. oben, II.

[78] *Raffael Himmelsbach* Playing Second Fiddle: Expert Advice and Decision-Making in Switzerland, Diss. Lausanne 2014, 1, <https://serval.unil.ch/resource/serval:BIB_2D01E30E6F89.P001/REF> (Stand 18.11.2024); *Münkler* Expertokratie (Fn. 23), 96.

[79] S. dazu *The Economist* Has Team Transitory really won America's inflation debate?, The Economist, 10.1.2024, <https://www.economist.com/finance-and-economics/2024/01/10/has-team-transitory-really-won-americas-inflation-debate>; *Joseph E. Stiglitz* A Victory Lap for the Transitory Inflation Team, Project Syndicate, 13.11.2023, <https:/www.project-syndicate.org/commentary/transitory-us-inflation-reflected-supply-disruptions-and-sectoral-shifts-not-aggregate-demand-by-joseph-e-stiglitz-2023-11> (Stand beider 18.11.2024). Ähnliche Probleme stellten sich etwa nach der Finanzkrise von 2008/2009, bei der ökonomische Modelle auch keine Lösung für die Probleme, die durch die Finanzkrise aufgedeckt wurden, bereitstellten. S. dazu *Martin Hellwig* Finanzkrise und Reformbedarf, Preprints of the Max Planck Institute for Research on Collective Goods Bonn 2010/19, <https://www.coll.mpg.de/53621/2010_19online.pdf> (Stand 18.11.2024).

[80] Das gilt nicht nur für die Politik, sondern auch für Sachverständige in gerichtlichen Verfahren. So sind etwa das Homosexuellen-Urteil oder das PSPP-Urteil durch die Wahl der angehörten Experten beeinflusst worden, s. *Drönner* Homosexuellen-Urteil (Fn. 49), 183 (zum Homosexuellen-Urteil); *Petersen* Construction (Fn. 76) (zum PSPP-Urteil).

Diese Beobachtungen führen zu einem Spannungsverhältnis: Zum einen beruht rationale Politik auf wissenschaftlichen Erkenntnissen.[81] Die Problemlösungskapazität von Politik wäre bei gesellschaftlichen Problemen wie dem Klimawandel oder der Finanzkrise stark eingeschränkt, wenn sie nicht auf einschlägige Expertise zurückgriffe.[82] Zum anderen ist Expertise aber nie objektiv, sondern beruht auf der subjektiven Interpretation der angefragten Wissenschaftlerinnen. Zudem beeinflusst die Nähe der Rechtswissenschaft zum politischen Prozess deren Anreize und formt damit die Bedingungen, unter denen Wissenschaft praktiziert wird. Die Wissenschaft verliert ihre Distanz zum Gegenstand. Dadurch wird wissenschaftliche Expertise durch die Berührung mit dem politischen Prozess zwangsläufig politisiert.[83]

Das ist für die Wissenschaft problematisch, weil ihre Akzeptanz darauf beruht, dass sie als objektive Instanz der Wahrheitsfindung wahrgenommen wird.[84] Es ist gerade der Anschein der Objektivität, der Wissenschaft im politischen Prozess Autorität verleiht. Werden Wissenschaftler dagegen als politische Akteure wahrgenommen, untergräbt dies das gesellschaftliche Vertrauen.[85] Fehlendes gesellschaftliches Vertrauen wiederum schwächt die Möglichkeit wissenschaftlicher Einflussnahme sowie die politische Unterstützung der Wissenschaft.[86]

---

[81] *Himmelsbach* Expert Advice (Fn. 78), 5; *Münkler* Expertokratie (Fn. 23), 36; *Peter Weingart* Trust and Distrust of Scientific Experts and the Challenges of the Democratization of Science, in: Gil Eyal/Thomas Medvetz (Hrsg.) The Oxford Handbook of Expertise and Democratic Politics, 2023, 29 (34 f.). S. auch *Niels Petersen* Demokratie und Grundgesetz – Veränderungen des Demokratieprinzips in Art. 20 Abs. 2 GG angesichts der Herausforderungen moderner Staatlichkeit, JöR 58 (2010), 137 (163 ff.), der Expertise gar zur Legitimationsvoraussetzung politischer Entscheidungen macht.

[82] *Jasanoff* Public Reason (Fn. 29), 11; *Stehr/Ruser* Political Climate (Fn. 67), 127; *Weingart* Trust (Fn. 81), 34.

[83] *Münkler* Expertokratie (Fn. 23), 97.

[84] S. *Lazarus* Constitutional Scholars (Fn. 71), 487. S. auch oben, II.

[85] *Voßkuhle* Die politischen Dimensionen (Fn. 2), 153; *Sheila Jasanoff* Testing Time for Climate Science, Science 328 (2010), 695. S. auch *Wissenschaftsrat* Wissenschaftskommunikation: Positionspapier, 2021, 30. Zu der Bedeutung von gesellschaftlichem Vertrauen für die Wissenschaft s. generell *Weingart* Trust (Fn. 81).

[86] S. *Cecilie Glerup/Maya Horst* Mapping ‚social responsibility' in science, Journal of Responsible Innovation 1 (2014), 31 (37).

IV. Fragen der wissenschaftlichen Verantwortung – drei Problemkreise

Nachdem ich das grundsätzliche Spannungsverhältnis beleuchtet habe, möchte ich mich im letzten Teil meines Vortrags drei Problemfeldern im Zusammenhang mit der Verantwortung der Verfassungsrechtswissenschaft gegenüber der Politik zuwenden. Das erste Problemfeld betrifft Forschung im Kontext von offenen Interessenkonflikten. Diese treten insbesondere dann auf, wenn ein Wissenschaftler unmittelbare Anreize besitzt, ein bestimmtes Ergebnis zu vertreten. Das zweite Problemfeld betrifft die aktive Einflussnahme von Wissenschaftlerinnen auf den öffentlichen Diskurs und die Politik, die derzeit international unter dem Stichwort des wissenschaftlichen Aktivismus diskutiert wird. Das dritte Problemfeld betrifft schließlich die Frage, ob wir unter bestimmten Voraussetzungen sogar eine ethische Pflicht haben, aktiv auf den politischen Prozess und die öffentliche Meinungsbildung einzuwirken.

1. *Offene Interessenkonflikte*

Der erste Problemkreis betrifft offene Interessenkonflikte von Wissenschaftlern. Dies ist in erster Linie bei Forschung der Fall, die durch externe Gelder finanziert wird und bei der die Zuwendung mit einer – oft impliziten – Erwartung eines bestimmten Ergebnisses verbunden ist. Auch wenn die Erzielung dieses Ergebnisses zumeist nicht konditional für die Zuwendung oder das Honorar ist, so ist sich der Wissenschaftler der Erwartung in der Regel bewusst und steht der Forschungsfrage nicht mehr neutral gegenüber.

In der Verfassungsrechtswissenschaft ist dies vor allem bei wissenschaftlichen Gutachten der Fall, für die Wissenschaftlerinnen ein Honorar bekommen, um zu einer bestimmten Rechtsfrage gutachterlich Stellung zu nehmen.[87] Diese Gutachten können für die Auftraggeberin verschiedene Funktionen haben:[88] Teilweise geht es tatsächlich um die unabhängige Aufklärung einer Rechtsfrage. In vielen Fällen ist der Gutachtenauftrag jedoch interessengeleitet: Gutachten werden als Expertenstellungnahmen in einen gerichtlichen Prozess eingebracht, versuchen, die öffentliche Meinung zu

---

[87] S. auch die Kritik bei *Peter Häberle* Vermachtungsprozesse in nationalen Wissenschaftlergemeinschaften, insbesondere in der deutschen Staatsrechtslehre, in: Helmuth Schulze-Fielitz (Hrsg.) Staatsrechtslehre als Wissenschaft, 2007, 159 (172). Weniger kritisch dagegen *Schulze-Fielitz* Qualität (Fn. 3), 25 f., der Gutachten nicht an dem zugrundeliegenden Interessenkonflikt, sondern an der allgemeinen wissenschaftlichen Qualität messen möchte.

[88] *Schulze-Fielitz* Qualität (Fn. 3), 25.

beeinflussen, bereiten politische Entscheidungen vor oder dienen dazu, private oder politische Entscheidungsträger zu exkulpieren.[89]

So kann ein Gutachten zu einer migrationsrechtlichen oder sicherheitspolitischen Frage in erster Linie politische Ziele haben. Es kann darauf ausgerichtet sein, eine bestimmte politische Haltung – als rechtlich geboten oder zumindest erlaubt – zu unterstützen und dabei primär auf die öffentliche Meinungsbildung zielen. Es kann in anderen Bereichen auch den Entscheidungsträger exkulpieren. Wenn eine Entscheidung in einen rechtlichen Graubereich fällt, dann hilft das Gutachten der Entscheidungsträgerin, sich der Verantwortung zu entziehen. Schließlich zeigt das Gutachten, dass diese gutgläubig gehandelt hat. Ein bestimmtes Steuersparmodell mag sich im Nachhinein als rechtswidrig erweisen. Aber das konnte der Entscheidungsträger nicht wissen, weil ihm der renommierte Gutachter zuvor die Rechtmäßigkeit bestätigt hatte. Ein Politiker kann sich ebenfalls auf ein positives Gutachten berufen, um von seiner Verantwortung abzulenken, wenn sich seine Entscheidung im Nachhinein als verfassungs- oder unionsrechtswidrig erweist.

Sicherlich gibt es Einwände dagegen, dass Gutachten *per se* problematisch sind. So werden die meisten Gutachter behaupten, dass sie lediglich Gutachten schreiben, deren Ergebnis sie gut vertreten können. Das ist empirisch möglicherweise zutreffend,[90] führt normativ aber nicht dazu, dass solche Gutachten unproblematisch sind. Vielmehr werden Auftraggeber aufgrund des vermuteten Vorverständnisses bereits eine Auswahl treffen. Das Problem ist also nicht so sehr, dass die Gutachterin aufgrund der Erwartungen des Auftraggebers eine bestimmte Auffassung vertritt, die sie sonst nicht vertreten hätte, sondern dass das Gutachten nach außen den Anschein der Objektivität erweckt.

Wenn Gutachten dann auch noch als wissenschaftliche Aufsätze zweitverwertet werden, tritt ein weiteres Problem auf. In manchen Rechtsfragen ist das Geld auf der Seite einer bestimmten rechtlichen Interpretation. Wenn es etwa um Fragen des Glückspielrechts geht, dann ist es finanziell einträglicher, Positionen zu vertreten, die – etwa im Bereich der Sportwetten – den Begriff des Glücksspiels restriktiv interpretieren.[91] Dadurch kann jedoch ein problematischer Eindruck von der „herrschenden Meinung" entstehen.

---

[89] Dass auch interessengeleitete Gutachten nicht notwendigerweise immer im Sinne des Auftraggebers ausfallen müssen, zeigt eine Anekdote von *Kley* Geschichte (Fn. 57), 386 f.

[90] S. aber auch *Häberle* Vermachtungsprozesse (Fn. 87), 172, der berichtet, dass Kollegen in Gutachten durchaus anderes vertreten als in wissenschaftlichen Aufsätzen.

[91] Dass diese Position problematisch ist, zeigen *Andreas Glöckner/Emanuel Towfigh* Geschicktes Glücksspiel – Die Sportwette als Grenzfall des Glücksspielrechts, JZ 2010, 1027.

Vielmehr bestimmt die Tiefe der Taschen bestimmter Interessen die Menge der Aufsätze, die eine Position vertreten.[92]

Ein weiteres Problem ist Forschung, die durch private Drittmittel finanziert wird.[93] Dies ist in der Rechtswissenschaft selten. Aber in anderen Wissenschaften können solche Studien enorme Bedeutung haben. Dies gilt etwa für die Forschung zum Klimawandel, zum Tabakkonsum oder zu Lebensmittelstandards.[94] Hier dienen durch die Industrie finanzierte Studien oft nicht dazu, neue Erkenntnisse zu generieren. Sie zielen vielmehr darauf ab, Zweifel am wissenschaftlichen Konsens zu säen.[95]

---

[92] Dieses Argument verdanke ich einer Anregung meiner Kollegin *Nora Markard*.

[93] Daneben gibt es noch andere Konstellationen, in denen unmittelbare Interessenkonflikte auftreten. So berichtet *Tom Ginsburg* von einer Anekdote, der zufolge der US-Amerikaner *Peter Galbraith* im Jahr 2004 Berater der irakischen Kurden im Prozess um den Entwurf einer neuen Verfassung für den Irak wurde. *Galbraith* war ein starker Verfechter kurdischer Unabhängigkeit und riet der kurdischen Führung, diese zu verfolgen. Er brachte erfolgreich Normen in den Verfassungsgebungsprozess ein, die den Kurden erlaubten, über die Förderung von Öl in den kurdischen Gebieten selbständig zu kontrahieren. Erst einige Jahre später kam auf Recherche der New York Times hin heraus, dass *Galbraiths* private Beratungsfirma einen dreistelligen Millionenbetrag kassieren würde, wenn Kurdistan einen Ölförderungsvertrag mit einem norwegischen Petroleumunternehmen abschließen würde. S. dazu *Tom Ginsburg* Some Advice on Constitutional Advice, in: Jurgen de Poorter u.a. (Hrsg.) European Yearbook of Constitutional Law, 2021, 13 (23); *James Glantz/Walter Gibbs*, U.S. Adviser to Kurds Stands to Reap Oil Profits, New York Times, 11.11.2009, <https://www.nytimes.com/2009/11/12/world/middleeast/12galbraith.html> (Stand 18.11.2024). Interessenkonflikte können sich auch ergeben, wenn EU-Beamte akademisch tätig werden und dabei Positionen vertreten, die den Positionen der EU-Institutionen nahestehen, s. dazu *Päivi Leino-Sandberg* The Politics of Legal Expertise in EU Policy Making, 2021. Schließlich kann auch eine Parteimitgliedschaft zu Interessenkonflikten führen, da Parteimitglieder den Positionen der eigenen Partei wahrscheinlich mehr Beachtung schenken als neutrale Beobachter.

[94] S. etwa zum Klimawandel *James Hoggan/Richard Littlemore* Climate cover-up: The crusade to deny global warming, 2009; *Riley E. Dunlap/Aaron M. McCright* Climate change denial: sources, actors and strategies, in: Constance Lever-Tracy (Hrsg.) Routledge Handbook of Climate Change and Society, 2010, 240; *William Carroll u.a.* The corporate elite and the architecture of climate change denial: a network analysis of carbon capital's reach into civil society, Canadian Review of Sociology 55 (2018), 425; zur Tabakindustrie s. *Naomi Oreskes* What is the Social Responsibility of Climate Scientists?, Daedalus 149 (4) (2020), 33 (33 f.).

[95] Für einen Überblick s. *Tess Legg/Jenny Hatchard/Anna B. Gilmore* The Science for Profit Model – How and why corporations influence science and the use of science in policy and practice, PLoS ONE, 16 (6) (2021), <https://doi.org/10.1371/journal.pone.0253272> (Stand 18.11.2024); *Robert P. Crease* Mistrust of Experts by Populists and Politicians, in: Gil Eyal/Thomas Medvetz (Hrsg.) The Oxford Handbook of Expertise and Democratic Politics, 2023, 155. Für eine detailliertere Betrachtung s. *David Michaels* Doubt is their product: How industry's assault on science threatens your health, 2008; *Thomas O. McGarity/Wendy E. Wagner* Bending Science: How Special Interests Corrupt Pub-

Wie kann man diesem Problem beikommen? Die klassische Lösung sind Transparenzverpflichtungen. Wenn eine Wissenschaftlerin Geld für ihre Forschung bekommen hat, soll sie dies kenntlich machen.[96] Diese Lösung ist jedoch nur bedingt effektiv. Wenn jemand Anreize hat, Forschung in eine bestimmte Richtung zu betreiben, dann hat er regelmäßig auch Anreize, die Interessenkonflikte zu verbergen. Zudem helfen Transparenzpflichten nur bei bestimmten Empfängern. Wenn Parteigutachten in einen Gerichtsprozess eingebracht werden, kann man davon ausgehen, dass das Gericht sich der mangelnden Objektivität und Neutralität der Verfasserin bewusst ist.[97] Aber gilt das auch für die breite Öffentlichkeit, auf die einige Gutachten ja zielen? Wie sieht es mit Gutachten aus, die in erster Linie der Exkulpation des Auftraggebers dienen? Hier scheinen Transparenzpflichten nur wenig weiterzuhelfen.

Interessenkonflikten könnte teilweise entgegengewirkt werden, indem durch externe Interessen geleitete Forschung nicht als Forschung betrachtet wird. In der Rechtswissenschaft werden Gutachten oft in wissenschaftlichen Zeitschriften oder als Monographien veröffentlicht. Dies mag in einigen Fällen unproblematisch sein. Wenn ein Gericht ein rechtsvergleichendes Gutachten über die Rechtslage in einem anderen Staat anfordert, wird kein spezifisches Ergebnis erwartet. Daher bestehen an der Neutralität der Gutachterin keine Zweifel, selbst wenn für das Gutachten ein Honorar gezahlt wurde. In den meisten Fällen sollte Auftrags„forschung" jedoch als solche behandelt und nicht durch eine Veröffentlichung nachträglich legitimiert werden. Verleger und Herausgeber haben insoweit eine ethische Pflicht, Gutachten besonders intensiv zu kontrollieren. Dabei besteht eine starke Vermutung gegen die Veröffentlichung von Gutachten, selbst wenn der Interessenkonflikt transparent gemacht wurde.[98]

Teilweise ist für Hochschullehrer eine Verpflichtung zur Erstattung von Gutachten für den Dienstherrn explizit rechtlich vorgesehen.[99] Soweit das

---

lic Health Research, 2008; *Naomi Oreskes/Erik M. Conway* Merchants of doubt: How a handful of scientists obscured the truth on issues from tobacco smoke to global warming, 2011.

[96] S. etwa Vereinigung der Deutschen Staatsrechtslehrer, Leitsätze: Gute Wissenschaftliche Praxis im Öffentlichen Recht, Ls. 46 f., <https://www.vdstrl.de/gute-wissenschaftliche-praxis/> (Stand 18.11.2024). S. auch *Redeker* Unsitte (Fn. 3), 1035; *Voßkuhle* Die politischen Dimensionen (Fn. 2), 154.

[97] S. *Bryde* Verfassungsrechtspolitik (Fn. 3), 19.

[98] Zurückhaltender *Redeker* Unsitte (Fn. 3), 1035, der lediglich bei Gutachten, die Gegenstand eines Prozesses geworden sind, eine moralische Pflicht annimmt, diese nicht zu veröffentlichen.

[99] In Deutschland ist dies in der Regel im jeweiligen Landeshochschulgesetz geregelt. S. etwa § 59 Abs. 1 S. 4 Nr. 7 BayHIG; § 12 Abs. 6 HmbHG; § 16 Abs. 4 BremHG; § 46 Abs. 5 LHG BW; § 57 Abs. 4 LHG M-V; § 99 Abs. 4 Nr. 6 BerlHG; § 34 Abs. 2 S. 1 Nr. 6

Land auf Grundlage dieser Bestimmungen von Verfassungsrechtlern rechtliche Gutachten einholt, kann dies problematisch sein. Wir haben gesehen, dass Gutachten oft eine Exkulpationsfunktion haben, diese aber problematisch ist, wenn der Gutachter voreingenommen ist. Im Fall der gesetzlichen Gutachtenpflicht entfällt zwar in der Regel die Vergütung.[100] Auch haben Ministerinnen gegenüber Professoren regelmäßig kein unmittelbares Weisungsrecht.

Aber indirekt haben Wissenschafts- und Justizministerien einen nicht zu unterschätzenden Einfluss auf Wissenschaftler und Hochschulen. Sie können die nachträgliche Überprüfung von Drittmittelentscheidungen anregen, Überprüfungen durch den Rechnungshof oder Steuerbehörden anstoßen[101] und die rechtlichen Rahmenbedingungen der Forschung sowie das Budget der Hochschulen gestalten. Positiv können sie Karrieremöglichkeiten von Wissenschaftlern erweitern, etwa durch die Nominierung zu bestimmten Richterpositionen. Von kompletter Unabhängigkeit der Gutachterin von den Wünschen des Nachfragenden kann also nicht ausgegangen werden. Vor diesem Hintergrund wird man die entsprechenden landesrechtlichen Gutachtenverpflichtungen verfassungskonform auslegen müssen. Soweit ein rechtliches Gutachten zu einer Frage eingefordert wird, bei der die Landesregierung ein erkennbares Interesse an einem bestimmten Ergebnis hat, scheint dieses aufgrund der fehlenden faktischen Unabhängigkeit des Gutachters mit Art. 5 Abs. 3 GG nicht mehr vereinbar.

HSG LSA. In Österreich sind die Pflichten in einem Kollektivvertrag und in den konkreten Arbeitsverträgen der Professorinnen und Professoren geregelt, Kollektivvertrag für die ArbeitnehmerInnen der Universitäten v. 01.10.2009 i.d.F. v. 01.2.2024, abrufbar unter: <https://www.kollektivvertrag.at/kv/universitaeten-arb-ang/universitaeten-rahmen/2770151> (Stand 18.11.2024). Im Kollektivvertrag sind derzeit keine Gutachtenpflichten festgelegt. Zumindest theoretisch könnten diese aber individuell arbeitsvertraglich geregelt werden (für die Hinweise danke ich dem Kollegen *Christoph Bezemek*). In der Schweiz wurden Professoren an der Universität Bern in der Vergangenheit bei ihrer Ernennung zum Beamten im Ernennungsakt Pflichten zur Erbringung von „Dienstleistungen, namentlich für staatliche Behörden" auferlegt. Mittlerweile werden Professoren in der Schweiz nicht mehr verbeamtet und in den Arbeitsverträgen finden sich heute auch keine vergleichbaren Dienstleistungspflichten mehr (für Hinweise danke ich den Kollegen *Johannes Reich* und *Markus Kern*). Unproblematisch sind diese Gutachtenverpflichtungen, soweit es um Gutachten geht, die für die Aufrechterhaltung des wissenschaftlichen Betriebs notwendig sind. In einigen Landesgesetzes finden sich aber explizit weitergehende Gutachtenpflichten auf Anforderung eines Landesministeriums (s. etwa § 59 Abs. 1 S. 4 Nr. 7 BayHIG) oder für das Land generell (so etwa § 34 Abs. 2 S. 1 Nr. 6 HSG LSA).

[100] So explizit § 59 Abs. 1 S. 4 Nr. 7 BayHIG.

[101] Diesen Hinweis verdanke ich meinem Kollegen *Oliver Lepsius*.

2. *Wissenschaftlicher Aktivismus*

Ein weiteres Problem ist die Bewertung des wissenschaftlichen Aktivismus. Unter wissenschaftlichem Aktivismus verstehe ich jedes bewusste Einwirken von Wissenschaftlern auf die Öffentlichkeit und den politischen Prozess. Unter dem Label *scholactivism*[102] wird diese Frage international derzeit sehr kontrovers diskutiert.[103] In dieser Frage sehen wir uns dem bereits beschriebenen Spannungsverhältnis gegenüber:[104] Auf der einen Seite soll Wissenschaft nicht nur im Elfenbeinturm betrieben werden, sondern zumindest auch dazu dienen, unser Leben in der realen Welt zu verbessern. So ist es nur angemessen, dass Klimawissenschaftlerinnen die Öffentlichkeit auf die Gefahren des Klimawandels hinweisen.[105] Es ist *prima facie* zudem legitim, auf den politischen Prozess einzuwirken, damit dieser den Klimawandel ernst nimmt und Maßnahmen zu seiner Bekämpfung ergreift.[106] Ebenso ist es begrüßenswert, wenn Verfassungsrechtler – oft unter Inkaufnahme erheblicher persönlicher Risiken[107] – auf die Gefah-

---

[102] Der Terminus *scholactivism* wurde in die Debatte eingeführt von *Khaitan* Scholactivism (Fn. 66), der sich für diesen auf *Rebecca Farnum* Scholactivism – A growing movement of scholar-activists, University World News, 3.6.2016, <https://www.universityworldnews.com/post.php?story=20160530142606345> (Stand 18.11.2024), beruft.

[103] S. zu der Debatte *Lazarus* Constitutional Scholars (Fn. 71); *Vicki C. Jackson* Knowledge Institutions in Constitutional Democracies: Preliminary Reflections, Canadian Journal of Comparative and Contemporary Law 7 (2021), 156; *Jan Komárek* Freedom and Power of European Constitutional Scholarship, ECLR 17 (2021), 422; *Khaitan* Scholactivism (Fn. 66); *Stone* Defence (Fn. 68); *Cora Chan* Scholarship in Times of Constitutional Transformation: A View from Hong Kong, HRLJ 24 (2023), 1 (13 ff.); *Ittai Bar-Siman-Tov u.a.* Scholactivism in the Service of Counter-Populism: The Case of the Constitutional Overhaul in Israel, ICON 23 (2025), i.e.S. zudem die Debatte zu *scholactivism* auf dem Verfassungsblog, <https://verfassungsblog.de/category/debates/scholactivism-debates/> (Stand 18.11.2024).

[104] S.o., III.

[105] S. dazu den jüngsten IPCC-Report: *Hoesung Lee/José Romero* Climate Change 2023: Synthesis Report. Contribution of Working Groups I, II and III to the Sixth Assessment Report of the Intergovernmental Panel on Climate Change, 2023, <https://www.ipcc.ch/report/ar6/syr/downloads/report/IPCC_AR6_SYR_LongerReport.pdf> (Stand 18.11.2024).

[106] S. *Oreskes* Social Responsibility (Fn. 94); *Dennis F. Thompson* The Professional Ethics of Witnessing Professionals, Daedalus 149 (4) (2020), 67; *Green* Less Talk (Fn. 20); *Stehr/Ruser* Political Climate (Fn. 67). Problematisch ist es aber, wenn – nach dem Motto „Der Zweck heiligt die Mittel" – hier mit gefälschten Ergebnissen gearbeitet wird, um das Ergebnis noch dramatischer erscheinen zu lassen, s. *Jasanoff* Testing Time (Fn. 85).

[107] Persönliche Risiken gehen aber nicht nur verfassungsrechtliche Kritiker von autoritären Regimen ein, sondern teilweise auch Wissenschaftler in westlichen Staaten, wenn sie versuchen, unbequeme Sachverhalte ans Licht zu bringen. S. nur den Bericht der Klimawissenschaftlerin *Oreskes* Social Responsibility (Fn. 94), 36 f., die davon berichtet, Todesdrohungen erhalten zu haben und von Politikern unter Druck gesetzt worden zu sein. Zu

ren für die Demokratie und die institutionelle Ordnung hinweisen, die von bestimmten rechtlichen Reformen[108] oder allgemein von populistischen Regierungen ausgehen.[109]

Auf der anderen Seite führt wissenschaftlicher Aktivismus aber auch zu einer Reihe von Problemen. Soweit Wissenschaft mit Wahrheitsfindung beschäftigt ist, braucht sie Distanz zum beobachteten Gegenstand. Diese wird durch versuchte Einflussnahme jedoch gerade reduziert.[110] Der Versuch der Einflussnahme auf die Politik führt zu einer Verschiebung der Anreize.[111] Es besteht die Gefahr, dass wissenschaftliche Beiträge, die auf die öffentliche Meinungsbildung gerichtet sind, lediglich als Wissenschaft camouflierte Politik darstellen. Wer Forschung in einem politisch sensiblen Themenbereich betreiben möchte, muss sich daher in besonderem Maße seiner Vorverständnisse bewusst sein.[112]

Ein zweites Problem betrifft die Legitimation von Wissenschaft. Wissenschaftliche Erkenntnisse werden als solche nur akzeptiert, wenn und soweit sie als Ergebnisse eines objektiven Erkenntnisprozesses wahrgenommen

---

den persönlichen Risiken von Verfassungsrechtswissenschaftlerinnen in illiberalen Systemen s. *Chan* Constitutional Transformation (Fn. 103), 10 f.

[108] S. etwa *Chan* Constitutional Transformation (Fn. 103) (zu Hong Kong), und *Bar-Siman-Tov u.a.* Counter-Populism (Fn. 103) (zu Israel). S. allgemein auch *Rosalind Dixon/David E. Landau* Abusive Constitutional Borrowing: Legal globalization and the subversion of liberal democracy, 2021, 203 ff., zur Rolle von Verfassungsrechtswissenschaftlern, dabei den Missbrauch bei der Übernahme von anscheinend liberalen Verfassungsrechtskonzepten transparent zu machen.

[109] So etwa *Wojciech Sadurski* in Polen über soziale Medien und in zahlreichen wissenschaftlichen Beiträgen, s. insbesondere *Wojciech Sadurski* Poland's Constitutional Breakdown, 2019. *Sadurski* wurde von der PiS-Regierung für seine Tätigkeit sowohl strafrechtlich verfolgt als auch mit zivilrechtlichen Verleumdungsklagen belegt, s. dazu *Armin von Bogdandy/Luke Dimitrios Spieker* Countering the Judicial Silencing of Critics: Novel Ways to Enforce European Values, < https://verfassungsblog.de/countering-the-judicial-silencing-of-critics-novel-ways-to-enforce-european-values/>; *Gráinne de Búrca/John Morijn* Open Letter in Support of Wojciech Sadurski, <https://verfassungsblog.de/open-letter-in-support-of-professor-wojciech-sadurski> (Stand beider 18.11.2024). Kritisch zur politischen Tätigkeit *Sadurskis* und dessen Verteidigung durch Kollegen auf der ganzen Welt allerdings *Komárek* Freedom (Fn. 103), 424 f., und 439 f., der dies als unzulässige Machtausübung der Rechtswissenschaft ansieht.

[110] *Patrick Hilbert* Republikanismus und Rechtswissenschaft, in: *Armin von Bogdandy/Angelika Siehr/Patrick Hilbert* Renaissance des Republikanismus, 2024, 161 (171 f.). S. auch *Voßkuhle* Die politischen Dimensionen (Fn. 2), 153 („Ethos der Distanz"), und *Johannes Reich* Wirtschaftsverfassung zwischen Sogwirkung des Faktischen und ordnungspolitischer Verklärung, Zeitschrift für Schweizerisches Recht 140 (2021), 131 (152), der aus diesem Grund für mehr kritische Distanz der Schweizerischen Verfassungsrechtswissenschaft plädiert.

[111] S. *Khaitan* Scholactivism (Fn. 66), 551 ff.

[112] *Lazarus* Constitutional Scholars (Fn. 71), 494; *Khaitan* Scholactivism (Fn. 66), 555.

werden. Wenn Wissenschaftlerinnen sich politisch engagieren, unterminiert dies den Anschein der Objektivität und damit auch ihre Legitimität als unabhängige Expertinnen.[113] Dies gilt insbesondere, wenn sich Wissenschaftsorganisationen oder -institutionen zu tagespolitischen Debatten äußern, da diese Organisationen die Wissenschaft als System oder zumindest Ausschnitte derselben repräsentieren.[114] Die Krise der US-amerikanischen Spitzenuniversitäten ist hier ein gutes Anschauungsbeispiel.[115]

Angesichts dieses Spannungsverhältnisses liegt die Lösung des Problems nicht in den Extremen. Manchmal kann politische Aktivität von Wissenschaftlern sinnvoll oder notwendig sein. Gleichzeitig ist aber Zurückhaltung angebracht, da politischer Aktivismus zu problematischen Anreizen führt und das Vertrauen in die Wissenschaft unterminiert. Daher ist immer eine Abwägung der unterschiedlichen Gesichtspunkte vorzunehmen. Für diese lassen sich nachfolgende grobe Leitlinien formulieren:

1. Wir müssen zwischen dem Handeln von einzelnen Wissenschaftlern und von Wissenschaftsinstitutionen unterscheiden.[116] Wissenschaftsinstitutionen sollten in tagespolitischen Fragen Zurückhaltung üben.[117] Eine Ausnahme besteht lediglich in den Bereichen, die den Kernaufgabenbereich der Institution betreffen.[118] Dagegen kann bei einzelnen Wissenschaftlerinnen ein weniger strenger Maßstab angelegt werden, da sie zwar als Wissenschaftlerinnen an die Öffentlichkeit treten, aber erkennbar auch individuelle Meinungen vertreten.

---

113 Wenn Wissenschaftler als Experten auftreten, nehmen sie regelmäßig die Autorität der Objektivität der Wissenschaft in Anspruch, s. *Heather E. Douglas* Science, Policy, and the Value-Free Ideal, 2009, 82.

114 *Shapin* Scientific Life (Fn. 23), 166.

115 S. America's elite universities are bloated, complacent, and illiberal, The Economist, 04.3.2024, <https://www.economist.com/international/2024/03/04/americas-elite-universities-are-bloated-complacent-and-illiberal>; *Alan Blinder*, U.S. universities struggle to calm campuses torn by the Gaza war, New York Times, 23.4.2024, <https://www.nytimes.com/2024/04/23/world/middleeast/us-universities-struggle-to-calm-campuses-torn-by-the-gaza-war.html> (Stand beider 18.11.2024).

116 *Jasanoff* Testing Time (Fn. 85), 696.

117 Vgl. dazu *Helmuth Schulze-Fielitz* Die Wissenschaftskultur der Staatsrechtslehrer, 2022, 11 f., demzufolge dies das Rollenverständnis der VDStRL ist.

118 Dies ist etwa die Position der University of Chicago, die im *Kalven*-Report zum Ausdruck gebracht wird, der Maßstab für die Herangehensweise der Universität ist, s. Kalven Committee: Report on the University's Role in Political and Social Action, 11.11.1967, <https://provost.uchicago.edu/sites/default/files/documents/reports/KalvenRprt_0.pdf> (Stand 18.11.2024). Das betrifft etwa Fragen der Wissenschaftsorganisation für wissenschaftliche Vereinigungen. Für die VDStRL würde dies auch den Umgang mit Mitgliedern betreffen, die die Kernwerte der Verfassung nicht respektieren. S. dazu den entsprechenden Distanzierungsbeschluss der Mitgliederversammlung v. 9.10.2024.

2. Die Anhörung von Wissenschaftlern als Sachverständige in Parlamenten oder die Mitgliedschaft in wissenschaftlichen Beiräten ist regelmäßig unproblematisch.[119] Die Wissenschaftlerin tritt hier als neutrale Expertin auf und nimmt keine unmittelbare politische Rolle ein, auch wenn die Einladung von Sachverständigen oft aus strategischen Gründen erfolgt.[120] Allerdings ist Bescheidenheit angebracht: Ein wissenschaftlicher Experte sollte in seinen Ausführungen nicht lediglich die eigene Auffassung referieren, sondern die Pluralität des Diskussionsstandes reflektieren, soweit in der wissenschaftlichen *Community* nicht weitgehend Konsens besteht.

3. Soweit Rechtswissenschaftlerinnen aktiv auf die Politik Einfluss nehmen, scheint dies umso stärker legitimiert, je stärker grundlegende Fragen von Demokratie und Rechtsstaatlichkeit betroffen sind.[121] Je fundamentaler die Gefahr ist, vor der Wissenschaftler warnen, desto mehr treten gegenläufige Überlegungen wissenschaftlicher Neutralität in der Abwägung zurück.[122]

4. Bei der aktiven Einflussnahme auf Öffentlichkeit und Politik sind besondere Sorgfaltspflichten zu beachten.[123] Zunächst müssen wir uns unsere eigenen Vorverständnisse und Voreingenommenheiten bewusst machen.[124] Darüber hinaus sollten Wissenschaftler als Wissenschaftler lediglich zu Fragen Stellung nehmen, die auch tatsächlich ihre wissenschaftliche Expertise betreffen.[125] Dies gilt insbesondere in politisch kontroversen Fragen. Gleichzeitig bedeutet dies nicht, dass bei der wissenschaftlichen Politikberatung dieselben methodischen Standards angelegt werden müssen wie für wissenschaftliche Veröffentlichungen. Viele Fragen, die sich im politischen Raum stellen, sind nicht mit wissenschaftlicher Methodenstrenge zu beantworten.[126]

---

119 S. dazu *Pieroth* Politikberatung (Fn. 60); *Oebbecke* Anhörungen (Fn. 58); *Hirte* Anhörungen (Fn. 58).

120 S. *Hirte* Anhörungen (Fn. 58), 443.

121 Vgl. *Chan* Constitutional Transformation (Fn. 103), 15.

122 Ähnlich auch *Green* Less Talk (Fn. 20), 156 f.

123 Vgl. *Khaitan* Scholactivism (Fn. 66), 551 ff.; *Nettesheim* Soziale Praxis (Fn. 3), 59 ff.

124 S. *Lazarus* Constitutional Scholars (Fn. 71), 494 („academic self-awareness"); *Khaitan* Scholactivism (Fn. 66), 555.

125 *Thompson* Professional Ethics (Fn. 106), 68.

126 *Münkler* Expertokratie (Fn. 23), 96. In diesen Fällen können Wissenschaftlerinnen sich auch auf Triangulation stützen, indem sie die Erkenntnisse einer Vielzahl von Studien heranziehen, die das Problem in größerer Abstraktion oder Konkretheit und aus unterschiedlichen Standpunkten betrachten. S. etwa *Martin Hellwigs* Beiträge zu institutionellen Reformen der Finanzmarktaufsicht nach der Finanzkrise, *Hellwig* Finanzkrise (Fn. 79); *Anat Admati*/*Martin Hellwig*, The Bankers's New Clothes, 2013.

5. Schließlich müssen wir eine Pluralität der Perspektiven sicherstellen.[127] Wenn unser Wissen und unsere Wahrnehmung durch unsere Erfahrung geprägt wird,[128] dann bereichert eine möglichst plurale Zusammensetzung die Wissenschaftlergemeinschaft und steigert die Legitimität politischer Beratung. Dabei bezieht sich Pluralität auf verschiedene Faktoren – vom Geschlecht über soziale Herkunft und Migrationshintergrund bis hin zu unterschiedlichen politischen Wertvorstellungen.

3. *Positive Verantwortung der Wissenschaft*

Die letzte Problemebene betrifft die Frage, ob die Rechtswissenschaft eine positive Verantwortung zur Einwirkung auf öffentliche Meinung und politischen Prozess hat. Nachdem wir gerade festgestellt haben, dass das Einwirken auf den politischen Prozess unter bestimmten Bedingungen zulässig ist, soll jetzt die Frage erörtert werden, ob unter spezifischen Umständen sogar eine ethische Pflicht besteht: Muss die Staatsrechtslehre gegen den Aufstieg des Rechtspopulismus die Stimme erheben oder im öffentlichen Diskurs auf grundrechtliche Probleme der COVID-19-Maßnahmen[129] hinweisen?

Teilweise wird in der rechtswissenschaftlichen Literatur eine solche positive Handlungspflicht der Staatsrechtslehre eingefordert. Diese

---

[127] *Leonid Sirota* More is Better: Intellectual Diversity as a Response to Scholactivism, VerfBlog, 23.8.2022, <https://verfassungsblog.de/more-and-better/> (Stand 18.11.2024). Allgemein zu Pluralität in der Rechtwissenschaft vgl. *Michael Grünberger u.a.* Diversität in Rechtswissenschaft und Rechtspraxis, 2021.

[128] S. dazu Talent is scarce: Yet many countries spurn it, The Economist, 15.8.2024, <https://www.economist.com/briefing/2024/08/15/talent-is-scarce-yet-many-countries-spurn-it> (Stand 18.11.2024).

[129] Zur Frage der Grundrechtseinschränkung durch Maßnahmen gegen COVID-19 s. etwa *Hans Michael Heinig u.a.* Why Constitution Matters – Verfassungsrechtswissenschaft in Zeiten der Corona-Krise, JZ 2020, 861; *Christoph Gusy* Grundrechte unter Quarantäne?, Recht und Politik 56 (2020), 139; *Friedhelm Hase* Corona-Krise und Verfassungsdiskurs, JZ 2020, 697; *Anna Katharina Mangold* Relationale Freiheit: Grundrechte in der Pandemie, VVDStRL 80 (2021), 7; *Stephan Rixen* Einschränkungen von Grundrechten im Namen von Public Health: Grundrechte als Regulative verhältnismäßiger Pandemie-Bewältigung, in: Andreas Reis/Martina Schmidhuber/Andreas Frewer (Hrsg.) Pandemien und Ethik, 2021, 79; *Jens Kersten/Stephan Rixen* Der Verfassungsstaat in der Corona-Krise, 3. Aufl. 2022, 153 ff.; Klaus Günther/Uwe Volkmann (Hrsg.) Freiheit oder Leben? Das Abwägungsproblem der Zukunft, 2022; *Stefan Huster/Lara Wiese* Einschränkbarkeit der Grundrechte des Grundgesetzes in Ausnahme- und Krisenzeiten, in: Pierre Thielbörger/Sascha Rolf Lüders (Hrsg.) Die COVID-19-Pandemie als Herausforderung an das Völkerrecht, das Verfassungsrecht und das Verwaltungsrecht, 2023, 57. Aus der Rechtsprechung des BVerfG s. BVerfGE 159, 223 – Bundesnotbremse I; 159, 355 – Bundesnotbremse II (Schulschließungen); 160, 79 – Triage; 161, 299 – Impfnachweis (COVID-19).

betrifft sicherlich nicht jede tagespolitische Frage.[130] Diskutieren lässt sie sich aber für systemische Fragen oder – wie *Christoph Möllers* es einmal formulierte – wenn es „ums Ganze geht".[131] Haben wir Staatsrechtslehrer und Staatsrechtslehrerinnen also eine Pflicht, gegen den Rechtspopulismus die Stimme zu erheben, wenn dieser Rechtsstaatlichkeit und Demokratie untergräbt? Die Grenze ist sicherlich schwierig zu ziehen. Es ist ein Merkmal der zunehmenden Autokratisierung, die wir in vielen Ländern der Welt beobachten, dass diese graduell erfolgt. Es stehen keine Panzer vor dem Präsidentenpalast. Vielmehr werden die Grenzen in kleinen Schritten immer weiter verschoben, so dass jede Grenzverschiebung kaum merklich über die vorherige hinausgeht.[132] Es ist wie mit dem sprichwörtlichen Frosch, der nicht bemerkt, dass das Wasser um ihn herum immer wärmer wird, bis es zu spät ist.

So kann man etwa die Frage, wann eine Partei oder eine Politik gegen die freiheitlich demokratische Grundordnung verstößt, kontrovers diskutieren.[133] Man kann zudem legitimerweise der Auffassung sein, dass Par-

---

[130] Weiterhin führt nicht jeder Verfassungsverstoß zu einer Pflicht der Staatsrechtslehre, diesen herauszustellen. Über die Frage, wann eine Politik gegen die Verfassung verstößt, kann man trefflich streiten. Zudem verstoßen selbst die gemäßigten Parteien der Mitte recht häufig gegen die Verfassung. Ausweislich der offiziellen Statistik hat das Bundesverfassungsgericht seit seinem Bestehen über 500 Gesetze für verfassungswidrig erklärt, s. *Niels Petersen* Verhältnismäßigkeit als Rationalitätskontrolle: Eine rechtsempirische Studie verfassungsgerichtlicher Rechtsprechung zu den Freiheitsgrundrechten, 2015, 136, und *ders.* Gleichheitssatz und Einzelfallgerechtigkeit: Eine Rekonstruktion der gleichheitsrechtlichen Dogmatik durch einen Vergleich zur US-amerikanischen equal protection Doktrin, Der Staat 57 (2018), 347, der insgesamt 448 Entscheidungen identifiziert, in denen das BVerfG Gesetze auf Basis der Grundrechte für verfassungswidrig erklärt hat (Stand: Ende 2013). Hinzu kommen Gesetze, die aus staatsorganisationsrechtlichen Gründen für verfassungswidrig befunden wurden.

[131] *Christoph Möllers* Editorial: Die Staatsrechtswissenschaft bei Anbruch der Dämmerung, Der Staat 56 (2017), 485 (485).

[132] S. *Kim Lane Scheppele* Autocratic Legalism, University of Chicago Law Review 85 (2018), 545. Dabei werden oft auch verfassungsrechtliche Konzepte missbräuchlich verwendet, die liberalen Demokratien entlehnt sind, s. dazu *Dixon/Landau* Constitutional Borrowing (Fn. 108).

[133] S. dazu zuletzt BVerfGE 144, 20 – NPD; BVerfG, NJW 2024, 645 – NPD/Die Heimat. S. weiterhin bspw. *Foroud Shirvani* Parteiverbot und Verhältnismäßigkeitsgrundsatz, JZ 2014, 1074; *Martin Morlok* in: Horst Dreier (Hrsg.) GG II, 3. Aufl. 2015, Art. 21 Rn. 143 ff.; *Maximilian J. Alter* Die Eingriffsschwelle beim Verbot extremistischer Parteien und Vereine in Deutschland und England, 2016; *Robert Chr. v. Ooyen* Das Parteiverbotsverfahren vor dem Bundesverfassungsgericht, in: ders./Martin H.W. Möllers (Hrsg.) Handbuch Bundesverfassungsgericht im politischen System, 2015, 525; *Emanuel V. Towfigh/Jan Keesen* in: Wolfgang Kahl/Christian Waldhoff/Christian Walter (Hrsg.) Bonner Kommentar zum GG, 2024, Art. 21 Rn. 648 ff. (2020); *Anika Klafki* in: Jörn-Axel Kämmerer/Markus Kotzur (Hrsg.) von Münch/Kunig, GG I, 7. Aufl. 2021, Art. 21 Rn. 96 ff.; *Jörn*

teiverbot und Grundrechtsverwirkung nicht die angemessene Antwort auf dieses Problem sind.[134] Das zeigt schon die Diskussion um den Umgang mit der AfD[135] oder den im Raum stehenden Grundrechtsentzug von *Björn Höcke*.[136] Wie im vorherigen Abschnitt dargestellt, ist es sicherlich das gute Recht eines jeden Verfassungsrechtlers, im öffentlichen Diskurs Partei zu ergreifen und klare Positionen zu beziehen. Eine Pflicht zu einer bestimmten Position lässt sich jedoch schwer begründen, wenn die rechtlichen Standards oder die strategische Klugheit der Einsetzung rechtlicher Instrumente umstritten sind.

Zudem werden wir eine Pflicht zur Intervention im öffentlichen Diskurs nur dann annehmen können, wenn wahrscheinlich ist, dass diese Intervention tatsächlich das beabsichtigte Ziel erreicht. Wenn eine solche Intervention dagegen bloßes *virtue signalling* darstellt oder gar kontraproduktiv ist, erscheint eine Interventionspflicht problematisch. Die Effektivität einer Intervention von Hochschullehrern im öffentlichen Diskurs um den Rechtspopulismus ist alles andere als garantiert.[137] Ein Charakteristikum, das Populismus heute fast überall in der Welt auszeichnet, ist eine ausgeprägte Skepsis gegenüber Eliten im Allgemeinen und wissenschaftlichen

---

Ipsen/Thorsten Koch in: Michael Sachs (Hrsg.) GG, 9. Aufl. 2021, Art. 21 Rn. 146 ff.; *Rudolf Streinz* in: Peter M. Huber/Andreas Voßkuhle (Hrsg.) GG II, 8. Aufl. 2024, Art. 21 Rn. 211b ff.; *Hans H. Klein* in: Günter Dürig/Roman Herzog/Rupert Scholz (Hrsg.) GG, 2024, Art. 21 Rn. 485 ff (2024).

134 S. *Uwe Volkmann* Dilemmata des Parteiverbots, DÖV 2007, 577.

135 S. dazu *Albrecht von Lucke* Wagenknecht oder AfD-Verbot: Die letzte Chance?, Blätter für deutsche und internationale Politik 9/2023, 5; *Klaus Ferdinand Gärditz* Für ein Verbot der AfD – zum Schutz der Demokratie, Blätter für deutsche und internationale Politik 11/2023, 37; *Emanuel Towfigh/Svea Alberti* Hätte ein AfD-Parteiverbotsverfahren aus juristischer Perspektive Aussicht auf Erfolg?, DVBl. 2024, 601. S. zudem *Berkan Kaya* Parteiverbotsverfahren zum Schutz vor Rassismus, VerfBlog, 28.5.2024, <https://verfassungsblog.de/parteiverbotsverfahren-zum-schutz-vor-rassismus/>; *Uwe Volkmann* Einerseits und Andererseits: Warum es so schwer ist, die AfD zu verbieten, VerfBlog, 25.3.2024, <https://verfassungsblog.de/einerseits-und-andererseits/>; *Andreas Fischer-Lescano* AfD-Verbotsverfahren als demokratische Pflicht, VerfBlog, 18.1.2024, <https://verfassungsblog.de/afd-verbotsverfahren-als-demokratische-pflicht/> (Stand aller 18.11.2024).

136 S. dazu *Mathias Honer* Grund und Grenzen des Parteienprivilegs, NVwZ 2024, 705 (708 f.); *Luca Manns/Selma Hettich* Möglichkeiten und Grenzen des Vorgehens gegen extremistische Parlamentarier, DÖV 2023, 1044 (1047 f.); *Mathias Hong* Grundrechtsverwirkung und Parteiverbote gegen radikale AfD-Landesverbände (Teil I), VerfBlog, 06.2.2024, <https://verfassungsblog.de/grundrechtsverwirkung-und-parteiverbote-gegen-radikale-afd-landesverbande-i/>; *Christian von Coelln* Keine Grundrechtsverwirkung statt Parteiverbot, VerfBlog, 22.1.2024; <https://verfassungsblog.de/keine-grundrechtsverwirkung-statt-parteiverbot/> (Stand beider 18.11.2024).

137 *Kley* Geschichte (Fn. 57), 450.

Erkenntnissen im Besonderen.[138] Man sollte daher nicht davon ausgehen, dass die Intervention als Professorin in der öffentlichen Debatte zu einer verstärkten Abkehr vom Rechtspopulismus führt. Wenn die Intervention belehrend oder elitär wirkt, könnte vielmehr das Gegenteil der Fall sein.[139]

Insofern lässt sich eine positive Handlungspflicht zur Einwirkung auf den politischen Prozess nur schwer begründen. Dennoch haben wir Staatsrechtslehrer aber zumindest eine Unterlassungspflicht – die Pflicht, Rechtsstaat und Demokratie nicht zu untergraben. Dies ergibt sich aus dem Rollenverständnis von Staatsrechtslehrern in einem Staat, in dem Rechtsstaat und Demokratie zu den unveränderlichen Grundwerten der Verfassung zählen. Für die Lehre ist eine rechtliche Pflicht in Art. 5 Abs. 3 S. 2 GG sogar ausdrücklich normiert, sie gilt aber als ethische Pflicht auch für die Forschung. Insbesondere darf die Staatsrechtslehre den Feinden von Rechtsstaat und Demokratie keine pseudowissenschaftlichen Rechtfertigungen an die Hand geben oder deren Aktivitäten aktiv legitimieren. Die Fehler vieler Mitglieder der Weimarer Staatsrechtslehre, die die Entstehung des NS-Staates aktiv unterstützt haben, dürfen nicht wiederholt werden.[140] Eine darüberhinausgehende Handlungspflicht besteht dagegen nicht. Vielmehr wird jeder Verfassungsrechtler für sich entscheiden müssen, wann für ihn die Grenze überschritten ist und welche Maßnahmen er persönlich für angemessen hält.

V. Fazit

Wissenschaft wird in erheblichem Maße durch die Rahmenbedingungen geprägt, unter denen sie ausgeübt wird. Das gilt insbesondere für die wissenschaftlichen Paradigmen, innerhalb derer wir uns bewegen. Wissenschaftliche Forschung wird aber auch durch Anreize beeinflusst, die das Wissenschaftssystem setzt. Das stellt die Nähe von Wissenschaft zur Poli-

---

[138] S. *Eric Merkley/Dominik A. Stecula* Party Cues in the News: Democratic Elites, Republican Backlash, and the Dynamics of Climate Skepticism, British Journal of Political Science 51 (2021), 1439; *Christian Staerklé u.a.* Common Sense as a Political Weapon: Populism, Science Skepticism, and Global Crisis-Solving Motivations, Political Psychology 43 (2022), 913. S. allgemein zur Wissenschaftsskepsis in Demokratien *Junyang Jiang/Kinman Wan* Democracy and Mass Skepticism of Science, World Politics 75 (2023), 735.

[139] S. *Kley* Geschichte (Fn. 57), 450, der beschreibt, dass das Phänomen, dass Professoren in der Schweiz vor Volksabstimmungen vermehrt als Kollektiv öffentliche Aufrufe verfassen, diesen den Vorwurf einbringt, zu einer abgehobenen Elite zu gehören, und deren fachliche Autorität somit unterminiert.

[140] S. dazu *Oliver Lepsius* Die gegensatzaufhebende Begriffsbildung: Methodenentwicklungen in der Weimarer Republik und ihr Verhältnis zur Ideologisierung der Rechtswissenschaft im Nationalsozialismus, 1994.

tik vor besondere Herausforderungen. Es besteht die Gefahr, dass Wissenschaft ihre Distanz zum Gegenstand aufgibt und letztlich zu camouflierter Politik wird. Gleichzeitig soll dies kein Plädoyer für eine Wissenschaft im Elfenbeinturm sein, die sich um die politischen Wirkungen ihrer Erkenntnisse nicht kümmert. Vielmehr ist Wissenschaft auch deswegen wichtig, weil sie in der Realität wirkt und eine wichtige Grundlage für politische Entscheidungen sein kann. Wir sollten also nicht der Versuchung anheimfallen, einfache Lösungen zu finden. Vielmehr ist das Verhältnis der Wissenschaft zur Politik ein schwieriger Balanceakt, der der ständigen Austarierung bedarf. Dafür stehen wir als Staatsrechtslehrer und Staatsrechtslehrerinnen alle in der Verantwortung.

Leitsätze des Referenten über:

2. Verantwortung der Staatsrechtslehre im Spannungsfeld von Recht und Politik

I. Problembeschreibung

(1) Die Frage der Verantwortung der Staatsrechtslehre stellt sich nicht nur bei systemischen Risiken wie dem Aufstieg des Rechtspopulismus, sondern auch in alltäglichen Fragen des Zusammenspiels zwischen Rechtswissenschaft und Politik.

II. Wissenschaft zwischen Wahrheitsfindung und Vorverständnis

(2) Wissenschaftliche Studien beruhen auf sozialen Kontexten und Werten. Diese Kontexte beeinflussen die Forschungsfragen und Einsichten, die im Erkenntnisprozess generiert werden. Das gilt nicht nur für die empirischen Natur- und Sozialwissenschaften, sondern insbesondere auch für Normwissenschaften wie die Rechtswissenschaft.

III. Wissenschaftliche Expertise und der politische Prozess

(3) Einem idealisierten Rollenverständnis zufolge ist die Tätigkeit von Wissenschaftlern in erster Linie auf die Findung von Wahrheit ausgerichtet. Wissenschaftler nehmen dabei eine unparteiliche, beobachtende Rolle ein. Allerdings entspricht die Wissenschaft in der Realität nicht immer dem Leitbild der unabhängigen Distanz. Vielmehr wird wissenschaftliche Tätigkeit in erheblichem Maße durch Anreize geformt. Diese Anreize beeinflussen die Fragen, die wir erforschen, die Art, wie wir sie erforschen, und die Dissemination der Ergebnisse.

(4) Das führt zu einem Spannungsverhältnis: Einerseits beruht rationale Politik auf wissenschaftlichen Erkenntnissen. Andererseits beeinflusst die Nähe der Rechtswissenschaft zum politischen Prozess deren Anreize

und damit die Bedingungen, unter denen Wissenschaft praktiziert wird. Die Wissenschaft wird politisiert.

IV. Fragen der wissenschaftlichen Verantwortung – drei Problemkreise

(5) Bei der Frage der wissenschaftlichen Verantwortung lassen sich drei Problemkreise unterscheiden: offene Interessenkonflikte, der Umgang mit wissenschaftlichem Aktivismus (scholactivism) und die Frage, ob die Wissenschaft in bestimmten Fällen eine positive Handlungspflicht trifft.

(6) Offene Interessenkonflikte treten in der Rechtswissenschaft vor allem bei wissenschaftlichen Gutachten auf. Bei diesen wird vom Auftraggeber oft – implizit – ein bestimmtes Ergebnis erwartet. Das ist problematisch, weil gegenüber der Öffentlichkeit der Eindruck der Objektivität vermittelt wird. Gutachten sollten daher regelmäßig nicht als wissenschaftliche Forschung behandelt und als solche veröffentlicht werden.

(7) Beim wissenschaftlichen Aktivismus zeigt sich das dargestellte Spannungsverhältnis. Zum einen besteht ein Bedürfnis, Öffentlichkeit und Politik auf wissenschaftliche Erkenntnisse aufmerksam zu machen, zum anderen verliert die Wissenschaft dadurch ihre Unabhängigkeit. Daher lässt sich die ethische Zulässigkeit nicht eindeutig positiv oder negativ beantworten. Vielmehr ist immer eine Abwägung zu treffen.

(8) Eine ethische Handlungspflicht von Wissenschaftlerinnen kann allenfalls bei systemischen Risiken diskutiert werden. Aber auch hier lässt sich eine individualisierte Pflicht nicht begründen. Vielmehr besteht im Angesicht systemischer Risiken lediglich eine negative Pflicht, Rechtsstaat und Demokratie nicht aktiv zu untergraben.

3. Aussprache und Schlussworte

Anna-Bettina Kaiser: Ich eröffne die Aussprache des vierten Panels, es beginnt Herr Morlok.

[Worterteilungen sind im Folgenden nicht wiedergegeben.]

Martin Morlok: Lassen Sie mich mit einer kleinen Beobachtung beginnen. Wir haben hier im Thema die Formulierung „Spannungsfeld von Recht und Politik". Tatsächlich haben beide Referenten – und das zu Recht – ihr Thema aber umgestellt. Sie haben klugerweise das „Spannungsfeld von Wissenschaft und Politik" behandelt. Wie kommt es dazu? Nun, wir haben hier offensichtlich eine Dreipoligkeit: Wissenschaft und Politik und dazu kommt das Recht. Ein entscheidendes Steuerungsmittel der Politik ist das Recht. Wenn das funktionieren soll, muss es rechtmäßig sein. Also braucht man rechtliche Expertise. Die können eben auch wir Staatsrechtslehrer zur Verfügung stellen. Beide Referenten haben, ich wiederhole mich, völlig richtigerweise also die Spannung zwischen Wissenschaft und Politik behandelt. Was hält die Staatsrechtslehre als Wissenschaft zusammen im Gegensatz zum Politiksystem? Welches ist die Differenzierung zwischen Wissenschaft und Politik? Der Verantwortungsbegriff zielt auf die Einhaltung des wissenschaftlichen Ethos. Was meint nun Verantwortung? Ich glaube, Verantwortung ist richtigerweise zu begreifen als dreistelliger Begriff. Wer von Verantwortung reden will, muss klären: Wer hat Verantwortung? In Bezug auf was besteht Verantwortung und wem gegenüber? Wer, das ist klar, die Staatsrechtslehrer als Staatsrechtslehrer, nicht als Privatpersonen. In Bezug worauf? Nun ja, eben auf die wissenschaftlichen Standards. Das kam in beiden Referaten auch schön zum Ausdruck, dass man nicht Politik camoufliert, dass man nicht Wissenschaft macht oder als Wissenschaftler auftritt, aber tatsächlich Politik macht. Schließlich: Wem gegenüber gibt es eine Verantwortung? Zunächst einmal gegenüber der Wissenschaft, der Wissenschaftsgemeinde. Dass man eben treu steht zu den wissenschaftlichen Standards. Zum zweiten hat der Rechtswissenschaftler auch eine Verantwortung gegenüber seinen Adressaten in der Politik. Er soll nämlich nicht mit falscher Münze zahlen, sondern klarmachen, was redliche Wissenschaft ist, und sich daran halten. Drittens und letztens gibt es natürlich auch eine Verantwortung gegenüber der Öffentlichkeit. Dass der Professor im öffentlichen Recht sich politisch äußert, hat eine lange ehrenwerte Tradition, die tief ins vorletzte Jahrhundert hineinreicht: die Figur des „politischen Professors“. Insofern sollte man diese Grenzen nicht allzu streng ziehen. Man kann sagen, jetzt bin ich nicht mehr Wissenschaftler, aber ich habe ein politisches Anliegen, das ich auch mit meiner Expertise befördern kann. Dazu ein letztes: Wir sind ja manchmal, hoffentlich häufig, stark überzeugt von dem, was wir wissenschaftlich vortragen. Indes, das kann ja auf genauso starke Überzeugungen treffen, die umgekehrter Auffassung sind. Insofern kann das laute Verkünden von wissenschaftlichen Meinungen durchaus auch ganz stark in politische Kämpfe einwirken. Danke sehr.

Stefan Huster: Ich will auf der Grundlage der zwei schönen Referate, die wir gehört haben, und einiger Erfahrungen der letzten Jahre eine Frage stellen, die ein bisschen an Martin Morlok anknüpft: Wer trägt eigentlich die Verantwortung? Ich stimme den Beschreibungen in den Referaten weithin zu. Ich bin aber nicht sicher, ob ich die Lösung, wenn es denn überhaupt eine gibt, richtig verstanden habe. Herr Petersen hat ja sehr schön beschrieben das Problem der selektiven Auswahl. Die Politik verfolgt ein bestimmtes politisches Ziel und sucht sich dann einfach die Experten, die schon die richtige Meinung vertreten werden. Die Medien wollen eine bestimmte Geschichte machen mit einer bestimmten Tendenz; sie suchen sich dann einfach die Leute, von denen sie ahnen oder wissen, dass sie den entsprechenden Artikel schreiben werden. Und manchmal ist das ja ein bisschen verstörend, weil da auf einmal in der Presse Leute als Staatsrechtler durch die Gegend getragen werden, die völlig randständige Figuren sind, um das mal ganz zurückhaltend zu sagen. Auch bei den Gutachten scheint mir weniger das Problem zu sein, dass sich jemand einfach seine Meinung abkaufen lässt: Der kriegt viel Geld und gibt sein Renommee dafür her, dass er da jetzt eine bestimmte Meinung vertritt. Aber viel häufiger ist ja der Fall, den Sie völlig richtig beschrieben haben: Man sucht sich schon die passenden Gutachter, und mit innerer Überzeugung kann der Gutachter dann auch gut die These und die Rechtsauffassung vertreten, die dem Auftraggeber genehm ist. Und ich glaube nur, in dieser Struktur, wenn das die richtige Beschreibung ist, ist es nicht zielführend, die Verantwortung für ein angemessenes Verhalten dem Einzelnen zuzuschreiben. Das ist das Problem: Die individuelle Verantwortung hilft da nicht weiter. Und ich glaube, wenn man bei dem Thema weiterkommen will, müsste man stärker überlegen: Gibt es nicht eine institutionelle Verankerung, eine institutionelle Verantwortung, eine kollektive Verantwortung der Zunft, der wissenschaftlichen Community? Und müsste man nicht zum Beispiel darüber nachdenken, dass die Staatsrechtslehrervereinigung dann möglicherweise mal gefragt wird, wenn es zum Beispiel um die Besetzung bestimmter Themen geht? Müsste man da nicht eine aktivere Rolle einnehmen? Die Grundfrage ist, wer ist eigentlich der Verantwortungsträger, der Einzelne oder die Wissenschaftscommunity? Und dann wäre die nächste Frage, wenn es vielleicht die Wissenschaftscommunity ist, wie könnte man sich vorstellen, das in geeigneter Weise zu institutionalisieren? Danke.

Matthias Mahlmann: Ich habe zwei Fragen – eine an Frau Gamper und eine an Herrn Petersen. Frau Gamper, Sie hatten von der Epistemisierung der Politik gesprochen. Ich frage mich, um Ihren Begriff aufzugreifen, ob es nicht eher eine „De-epistemisierung" der Politik als Megatrend gibt, denn wenn Sie an die bekannten Phänomene der postfaktischen Politik denken, an dasjenige, was wir jetzt etwa im amerikanischen Wahlkampf und auch anderswo wahrnehmen, scheint mir der Trend eher ein umgekehrter zu sein. Und daran knüpft jetzt meine Frage an: Sie hatten das Klimaseniorinnenurteil des EGMR zitiert, in dem er ausgeführt habe, dass es wissenschaftliche Hinweise gäbe, die man nicht ignorieren dürfe: „There is scientific evidence we cannot ignore". Ihre Bemerkungen schienen kritisch zu sein. Die Frage ist nur: Hätte der Gerichtshof besser sagen sollen: „There is scientific evidence which we are free to ignore"? Und wenn das auch aus Ihrer Sicht nicht die Lösung ist, wie ich annehme, dann ergibt sich die Frage: Wie gehen wir konkret mit wissenschaftlichen Einsichten um? Dazu würde mich Ihre Einschätzung, vielleicht auch in der Differenziertheit, die nötig ist, sehr interessieren.

Die zweite Frage richtet sich an Niels Petersen. Meine Frage lautet zunächst einmal: Läuft Ihre Theorie auf eine Art prozedural gemäßigten, deliberativ eingehegten Relativismus hinaus? In der Wissenschaftstheorie ist wenig bestritten, dass wir keinen unmittelbaren Zugriff auf die innersten Wesenheiten der Welt erringen können. Aber mir scheint, dass auch in der modernen Wissenschaftstheorie, die über ihre eigenen Grenzen aufgeklärt ist, zumindest die Hoffnung besteht, dass man mit dem Mittel wissenschaftlicher Theorie einen Zipfel der Wirklichkeit erfasst, wie sie tatsächlich in bestimmten Aspekten strukturiert ist; also in Ihrem Beispiel das Flugzeug deswegen fliegt, weil eine aerodynamische Theorie etwas von der Wirklichkeit erfasst hat, wie sie tatsächlich ist, was der Grund dafür ist, dass Flugzeuge auch noch in 1000 Jahren aufgrund der gleichen Theorie fliegen werden. Offensichtlich gibt es eine riesige Kluft zwischen normativen Theorien und Naturwissenschaften. Aber ich frage mich, ob nicht auch normativen Theorien ein größerer Anspruch auf Richtigkeit eingeschrieben ist. Und das ist relevant für das Thema, das Sie angesprochen haben, die Krise der Demokratie, und zwar ganz konkret, weil sich die Frage ergibt: Gibt es eigentlich Gründe gegen normative Regressionen jenseits kontingenter, deliberativer Prozeduren? Gibt es irgendetwas, was den Widerstand gegen antidemokratische Kräfte noch rechtfertigt, wenn sich womöglich ein deliberativer Prozess aufgrund von Zeitgeist und anderen Entwicklungen geändert hat und uns vielleicht der kalte Wind einer postdemokratischen Ideologie ins Gesicht weht?

Andreas Funke: Man liest ja in jüngerer Zeit gelegentlich süffisante Bemerkungen darüber, dass die Staatsrechtslehre sich immer nur mit sich selbst beschäftigen würde. Ich finde es in vielerlei Hinsicht richtig, genau dies immer wieder zu tun. Insofern geht erst einmal mein Dank an den Vorstand, dieses Thema ausgewählt zu haben, weil ich es sehr wichtig finde. Danke an die beiden Referenten für die schönen Vorträge, die mir persönlich viele Anregungen, Ideen, Kriterien gegeben haben. Ich habe eine Frage, die vielleicht eine kleine Enttäuschung zum Ausdruck bringt, bei beiden Vorträgen, über die Themenauswahl. Es war viel von dem Verhältnis der Staatsrechtslehre zur Politik die Rede. Vielleicht hätte man das auch ein bisschen stärker darauf zuspitzen können, wie wir innerhalb der Staatsrechtslehre mit Politik umgehen, wie wir insbesondere mit aktivistischen Wissenschaftlern, also den entsprechenden wissenschaftlichen Äußerungen, umgehen. Also: Gibt es das überhaupt und wenn ja, welche Kriterien legt man an, wie nimmt man diese Dinge überhaupt wahr? Frau Gamper, Sie haben in Ihrer These elf Zurückhaltung in politischer Beurteilung angemahnt. Vielleicht ist dies aber, gerade auch was den Aktivismus innerhalb der Wissenschaft angeht, gar nicht so einfach, weil man sich in diesen Bereichen ja zwangsläufig politisch äußert. Ich denke an das Migrationsrecht, ein hochpolitisierter Bereich, der in der Staatsrechtslehre ziemlich klar nach bestimmten Lagern aufgeteilt ist. Im Umweltrecht, sicherlich auch im Arbeits- und Sozialrecht kann man ähnliche Lagerbildungen wahrnehmen.

Niels Petersen hat – wie ich finde, sehr schön – in den Thesen drei und vier das Spannungsverhältnis, das mit dem Verhältnis von Politik und Wissenschaft einhergeht, beschrieben, ist dann aber, sicherlich auch der Zeit geschuldet, am Ende vor allem auf den Aktivismus der Wissenschaft in Politik und Öffentlichkeit eingegangen, aber weniger auf den Aktivismus innerhalb der Wissenschaft. Ich hätte mir gewünscht, dass noch ein bisschen mehr darauf eingegangen wird. Was macht man damit? Wie geht man damit um, dass politisierte Äußerungen innerhalb der Wissenschaft auftreten? Man weiß eben, was bestimmte Leute zu bestimmten Themen schreiben. Es ist völlig klar, was am Ende dabei rauskommt. Es handelt sich aber um das Format der Wissenschaft. Wir nehmen vielleicht auch Argumente als interessant und wissenschaftlich wahr, aber am Ende bleiben Zweifel. Man fragt sich, wie soll man diese Beiträge einordnen? Es betrifft natürlich auch einen selbst. Wie äußert man sich in bestimmten Fragen, beispielsweise im Migrationsrecht? Wie wird das wahrgenommen? Wo publiziere ich überhaupt? Was schreibe ich, wie weit gehe ich da? Also da stellt sich eine ganze Reihe von Fragen, die vielleicht für die Zukunft wichtiger sind. Gleichwohl würde ich die Referenten bitten, aus ihrer Sicht etwas dazu zu sagen. Ich habe aus beiden Vorträgen mitgenommen, dass der Begriff der Verantwortung bedeutsam ist; er war ja auch mit dem Thema vorgegeben. Daneben wurde durch beide Referenten, ich meine vor allem durch Niels Petersen, die Frage gestellt, was überhaupt die Legitimation der Wissenschaft ausmacht. In diesem Zusammenhang würde ich die Frage stellen, worin besteht die Legitimation innerhalb wissenschaftlicher Äußerungen? Beziehungsweise: Was ist unsere Verantwortung uns selbst gegenüber, innerhalb der Community sozusagen, mit Blick insbesondere auf den Aktivismus? Danke schön.

Kai von Lewinski: Also, dass das Thema heute am Nachmittag des zweiten Tages verhandelt wird, ist natürlich schade; es hätte vor der Mitgliederversammlung vielleicht noch besser gepasst. Aber vielleicht war das ja vom Vorstand so gedacht…

Anknüpfend an Herrn Morlok, der ja schon bemerkt hat, dass das Thema von den beiden Referenten etwas modifiziert worden ist von „Recht und Politik" zu „Wissenschaft und Politik", hätte man es noch ein bisschen weiter erweitern können, nämlich in Richtung „Wissenschaft und Praxis". Dann wäre uns vielleicht aufgefallen, dass wir, so wie das Thema hier gestellt und behandelt worden ist, durchaus Nabelschau betreiben. Das ist – Stichwort Mitgliederversammlung – eine gute Sache und womöglich auch notwendig. Ich habe hier sehr die Perspektive wahrgenommen: Wie müssen sich die Staatsrechtslehrer, wenn sie über den Hörsaal hinausgreifen und hinauswirken, verhalten? Es ist die Rechtswissenschaft nicht nur eine Wissenschaft, sondern als Jurisprudenz ist sie eben auch eine Professionswissenschaft. Und wenn wir uns mit den ethischen Vorgaben, die wir als Staatsrechtslehrer haben, beschäftigen (das meinte ich mit Nabelschau), sollten wir uns auch bewusst sein, dass sich aus der Richterrolle, aus der Anwaltsrolle oder welche Rolle man auch einnimmt, ebenfalls mit der Staatsrechtslehrerrolle nicht ganz kongruente ethische Anforderungen oder dann auch berufsrechtliche Anforderungen ergeben. (Frau Gamper hatte auch auf das Standesrecht hingewiesen; es gibt für die Professoren allerdings kein Standesrecht.) Das münze ich jetzt in die Frage an die beiden Referenten: Ist man als Wissenschaftler immer und in jeder Rolle immer auch Wissenschaftler und damit gebunden an das, was hier jetzt ethisch oder rechtlich postuliert worden ist? Oder kann es neben und getrennt von der Tätigkeit als Wissenschaftler auch einen Zweitberuf als Prozessvertreter, als Richter oder eben einen anderen juristischen Beruf geben? Das ist, glaube ich, für die Frage der ethischen und sonstigen Maßstäbe, die wir hier feststellen, ganz entscheidend. Betrifft es mich als ganze Person und immer? Oder betrifft es mich nur, wenn ich die Rolle als Staatsrechtslehrer einnehme? Und kann ich diese Rolle unter Umständen wechseln, indem ich Prozessvertreter, Politikberater usw. bin?

Florian Meinel: Vielen Dank. Ich würde gerne auf einen Aspekt hinweisen, der mich sehr beschäftigt, nämlich die Frage der Verantwortung der Staatsrechtslehre für den wissenschaftlichen Nachwuchs. Das hat zunächst einmal mit dem Thema des Spannungsverhältnis von Recht und Politik nur indirekt zu tun, aber jedenfalls insofern, als die Wissenschaftsfreiheit ja etwas ist, was nicht einfach da ist, wenn man saturiert ein professorales Statusamt inne hat, sondern sie ist in ganz hohem Maße eine Freiheit, zu der man erzogen wird, zu der wir alle erzogen worden sind in einem Prozess, in dem man erlernt, was Niklas Luhmann mal den kognitiven Stil im Gegensatz zu einem normativen Stil genannt hat. Also erstmal lernen wollen, erstmal verstehen wollen, erstmal wissen wollen. Mich beschäftigt zunehmend die Frage, wie sich eigentlich unser Fach präsentiert gegenüber denen, die so an der Schwelle sind, in das Fach und in seine Arbeitsform und seine Publikationsform, seine Reputationsmechanismen hineinzuwachsen. Ich habe schon den Eindruck, dass wir ein Fach sind, das sehr stark als vermachtet wahrgenommen wird. Man orientiert sich zwischen Denkschulen, Lagern usw. Und ich glaube, dass wir auch eine Verantwortung haben, hier vom Anfang der Arbeit im Fach an auf die Durchsetzung eines freieren Stils wissenschaftlichen Austausches hinzuwirken. Das beginnt mit der Frage des Zugangs zur Promotion, der eben, das wissen wir alle, nach wie vor sozusagen sehr stark auf individuellen Loyalitäten beruht. Es geht dann weiter mit dem Zugang zu Zeitschriften, der Vermachtung des Publikationswesens, Stichwort Peer Review. Wie organisieren wir das? Und es endet natürlich auch bei der Frage, ob das eigentlich noch zeitgemäß ist, dass wir hier als Staatsrechtslehrervereinigung unter Ausschluss der Postdocs beraten, die ja doch in unserem Fach die innovativste, kreativste Forschung machen. Zusammengefasst glaube ich, und das würde die Brücke zurück zum Thema schlagen, dass sich das Verhältnis zur Politik in dem Maße entkrampft, wie wir auf dem mühsamen, vielleicht paradoxen Weg der Verwissenschaftlichung unserer Wissenschaft voranschreiten. Danke.

Viola Schmid: Alle wissen ja, dass ich aus einer anderen Welt komme – nämlich aus der „multidisziplinären" Welt einer von Wirtschaftswissenschaften geprägten Fakultät an einer Technischen Universität. Deswegen war ich am Mittwoch auch nicht da, weil ich aus Respekt vor dem heutigen Nachmittag mir grundsätzliche Fragen über die professorale Professionalisierung und die professionelle Professoralität von Staatsrechtslehrern gestellt habe. Anschließend an einen Vorredner besteht wohl kein „Standesrecht" unserer „Zunft".

Den Titel („Verantwortung der Staatsrechtslehre im Spannungsverhältnis zwischen Recht und Politik") – da richtet sich die Frage an Sie beide – erlaube ich mir wirtschaftswissenschaftlich zu umschreiben: Als eine akademische Wertschöpfungskette, und zwar der Werte, die die Staatsrechtslehre(r) mitbringen und die Sie, Herr Petersen und Frau Gamper, näher konturiert haben. Deswegen lassen Sie mich mit diesem theoretischen Konstrukt meine Realität ein bisschen vergleichen. Frau Gamper, These zehn: Sie gehen davon aus, dass die Qualifikationsverfahren effektiv sind und haben die schwierigste Entscheidung (rechtlich und menschlich) – nämlich die Versagung von Habilitationen – genannt. Aus meiner Praxis kann ich Ihnen sagen, dass es sehr selten vorkommt und schon die Mitwirkung an Habilitationsverfahren (bzw. das nicht frühzeitige Verlassen des Verfahrens durch Professoren) gar nicht so einfach zu bewerkstelligen ist. An Frau Gamper auch dann noch die theoretische Verständnisfrage von mir. Sie haben gesagt, Epistokratie sei eine Oligarchie? Das erscheint mir zu hinterfragen vor der Selbstdarstellung „unserer Zunft" (um Herrn Isensee zu zitieren, der mir das in Bremen „beigebracht" hat). Jetzt zu Ihnen, Herr Petersen. Der Realitätscheck! Also, ich fühle mich von Ihrem Ideal eines distanzierten, objektiven Wissenschaftlerwesens – das ist vielleicht die dea ex machina einer „Künstlichen Intelligenz" – überhaupt nicht beschrieben. Ich habe mit 16 Jahren entschieden, dass ich in keine politische Partei gehe, weil das mit meiner Suche nach dem Recht nicht vereinbar ist. Das ist sehr persönlich. Nichtsdestotrotz gibt Ihnen das mit, dass „meine Wissensgier" von Ihnen nicht widergespiegelt wird (insbesondere These sechs Satz 4). Und ich will Ihnen als ehemalige Anwältin und „Contrarian" gleich noch sagen, dass Sie selbstverständlich folgende Kritik mit Ihrer Bestimmung der Anreizsysteme erzeugen werden. Nämlich – wie sieht es mit den Anreizsystemen auch für „Missbilligungen" (und andere (öffentliche) Stellungnahmen von Staatsrechtslehrern) aus? Vielen Dank.

Anna-Bettina Kaiser: Es folgen jetzt einige Paare, die sich jeweils demselben Thema widmen. Zunächst hören wir Carsten Bäcker, der sich unter anderem mit den ethischem Handlungspflichten, die Niels Petersen angesprochen hat, beschäftigt, und Mathias Hong im Anschluss.

Carsten Bäcker: Drei Fragen, Nachfragen, Bitten um Präzisierung an Niels Petersen. Die erste bezieht sich auf das, was Du gesagt hast zu dem Problem der Objektivität. Ich würde Deine Skepsis vollkommen teilen. Objektiv richtig ist wahrscheinlich wenig von dem, was wir machen. Dann hast Du gesagt, es könnte vielleicht einen Anspruch auf Objektivität geben als Lösung. Das klingt nach einem Anspruch auf Richtigkeit. Zwischen dem Anspruch auf rechtliche Richtigkeit und rechtlicher Richtigkeit liegt ein weites Feld. Da gibt es viele Vertretbarkeiten. Aber vielleicht kann man doch sagen, dass wir, zumindest wenn wir Gutachten schreiben und Ähnliches mehr, diesen Anspruch, den wir nicht einlösen müssen, diesen Anspruch auf rechtliche Richtigkeit erheben. Und wenn wir ihn nicht erheben, dann machen wir es jedenfalls falsch. Jetzt ist meine Frage an Dich: Würdest Du sagen, dass nicht nur rechtliche Richtigkeit unmöglich zu erreichen ist, sondern auch der Anspruch auf rechtliche Richtigkeit unmöglich zu erheben ist, weil wir auch da immer notwendig irgendwelche politischen Präferenzen mittransportieren?

Die zweite Frage bezieht sich auf Deinen siebten Punkt. Da steht was von der ethischen Zulässigkeit, die man nicht eindeutig positiv oder negativ beantworten kann, und dann braucht man eine Abwägung, hast Du gesagt, um sich zu entscheiden, ob man etwas macht oder nicht. Meine Frage ist (das klang schon an bei Herrn Huster vorhin): Wer soll diese Abwägung treffen, und wer soll sie überprüfen? Von wem kommt die Abwägung? Ist das eine Handlungsfrage oder eine Kontrollfrage, oder beides? Du würdest wahrscheinlich sagen, man muss sich zunächst selber überlegen, ob man ein Gutachten schreiben will. Aber dann folgt ja ggf. die Frage, wer das kon-trolliert. Ist das die Zunft der Juristen oder wir als Vereinigung?

Der dritte Punkt betrifft die ethische Handlungspflicht, zu der ich aufgerufen worden bin. Die ethische Handlungspflicht. Da frage ich mich, ob es nicht schneidiger wäre und vielleicht auch einfacher – die Welt der Ethik ist ja fast noch schwieriger als die Welt des Rechts –, wenn wir eine verfassungsrechtliche Handlungspflicht annehmen könnten in diesen Ausnahmefällen, die Du beschrieben hast. Also: Gibt es eine verfassungsrechtliche Widerstandspflicht zugunsten der Bewahrung der freiheitlichen demokratischen Grundordnung? Vielleicht haben wir die Annahme einer solchen Pflicht ja vorgestern erlebt. Vielleicht auch nicht. Mich würde interessieren, wie Du das einschätzt.

Mathias Hong: Danke für die gelungenen Vorträge, die die Tagung thematisch so schön abgerundet haben. Die Tagung hat ja mit grundlegenden Fragen zur Verantwortung der Staatsrechtslehre bei der Verteidigung der Verfassung begonnen, im Gesprächskreis zum Volksbegriff und in der Mitgliederversammlung. Und das wurde dann fortgeführt in den Vorträgen von Andreas Paulus und Tristan Barczak. Niels Petersen, an ihn richtet sich meine Frage, hat in seiner These acht individualisierte ethische Handlungspflichten auch bei systemischen Risiken für die freiheitliche demokratische Grundordnung abgelehnt. Weil, wenn ich das richtig verstanden habe, die Freiheit der eigenen ethischen Beurteilung nicht beeinträchtigt werden darf. Dem würde ich auch grundsätzlich zustimmen, Handlungspflichten können nur nach Maßgabe der eigenen, nach bestem Wissen und Gewissen vorgenommenen Beurteilung entstehen. Meine Frage wäre aber, auch im Sinne einer Anregung für die Fußnoten, ob es nicht für Staatsrechtslehrer:innen im Vorfeld konkreter Handlungspflichten doch zumindest eine individuelle Befassungspflicht geben kann und muss. Für die Frage von Parteiverboten und Grundrechtsverwirkung wird das in der Wissenschaft auch schon vertreten; jedenfalls wenn man zur Wissenschaft in der „offenen Gesellschaft der Staatsrechtsblogger", von der Anna Gamper so schön gesprochen hat, auch Verfassungsblogposts zählt. Aus der Verfassungstreuepflicht, etwa von beamteten Staatsrechtslehrer:innen, folgt, denke ich, eine solche Befassungspflicht nicht nur als ethische, sondern sogar als rechtliche Pflicht. Das schließt dann an Carsten Bäcker an. Damit meine ich eine Pflicht, sich näher mit der Frage zu befassen, ob und welche auch rechtlichen Instrumente zur Verteidigung der Verfassungsordnung in Betracht kommen, und sich eine eigene, wohldurchdachte Meinung dazu zu bilden, ob deren Voraussetzungen erfüllt sind und ob solche Mittel dann eingesetzt werden sollten. Wie soll ich aktiv zur Verteidigung der Verfassung beitragen, auf die doch Beamte den Amtseid leisten, wenn ich keine eigene Meinung dazu habe, ob die rechtlich für die Verteidigung der Verfassung bereitstehenden Mittel auch eingesetzt werden sollten oder nicht. Für Wissenschaftler:innen kann damit, denke ich, keine Pflicht gemeint sein, diese Frage auch zum Gegenstand eigener Forschung zu machen; keine Angst, das wäre mit der Forschungsfreiheit, denke ich, unvereinbar. Aber in ihrer Rolle als Beamte ist von ihnen schon zu verlangen, dass sie sich diesen Fragen näher widmen. Das gilt nicht zuletzt für die Professor:innen des Öffentlichen Rechts. Nicht nur ist aufgrund ihrer Fachkompetenz gerade von ihnen zu verlangen, dass sie sich eine fundierte eigene Meinung zum Vorliegen der Voraussetzungen für Verbot und für Verwirkung bilden, sondern sie dürfen auch einer eigenen Meinungsbildung zu der weitaus schwierigeren und nicht rein juristisch zu beantwortenden Frage nicht ausweichen, ob der Einsatz dieser Instrumente zur Verteidigung der Demokratie sinnvoll und geboten ist. Vielen Dank!

Anna-Bettina Kaiser: Es schließen sich zwei Beiträge an, die sich mit der Rolle der Lehre auseinandersetzen.

Benjamin Kneihs: Vielen Dank für die schönen Referate. Ich mache es ganz kurz. Ich habe nur eine Frage, weil Sie beide leider die Lehre nur gestreift haben. Ich meine aber, wir wirken ganz unweigerlich in unseren Fächern auch politisch, wenn wir in den Hörsaal gehen und mit unseren Studierenden diskutieren. Und ich würde von Ihnen beiden gerne wissen, wie Sie das sehen.

Norman Weiß: Ich habe auch eine Frage zur Lehre und ähnlich wie Herr Morlok komme ich vom Titel des Beratungsgegenstandes – Verantwortung der Staatsrechtslehre im Spannungsfeld von Recht und Politik. Ich kann verstehen, dass man als Referent sagt, ich muss mich inhaltlich beschränken. Aber es ist dann doch schade, dass beide Referate sich insoweit beschränkt haben und die Lehre nur kurz erwähnt haben. Denn wie Herr Meinel es mit Blick auf den wissenschaftlichen Nachwuchs gesagt hat: Wir haben hier eine Verantwortung und sie erstreckt sich doch auch in dieses Feld. Und gerade dort ist sie, würde ich sagen, auch wirkmächtig. Woche für Woche stehen wir in solchen Räumen und reden zu Hunderten von Leuten, die später dann in der Praxis tätig sind, die das Verhältnismäßigkeitsprinzip anwenden sollen. Die Frage, die sich mir aufdrängt, bezieht sich auf § 5a Abs. 2 S. 2 Hs. 2 des Deutschen Richtergesetzes. Dieser fordert uns dazu auf, in den Grundlagenfächern etwas zum Nationalsozialismus und zum SED-Unrecht zu sagen. Das klingt so ähnlich wie bei Internationalisierung und Europäisierung und wird dann irgendwie mitbehandelt, denn wie soll es in das Zentrum des Fachunterrichts kommen?

Die Frage ist aber doch: Machen wir diese Sensibilisierung auch mit Blick auf aktuelle Fragen? Müssen wir es machen? Können wir es machen? Hat es dann vielleicht so ein staatsbürgerkundlichen Einschlag? Auch das kann sich ja einstellen. Ich glaube, das ist eine sehr schwierige Frage. Aber der können wir uns nicht wirklich entziehen, weil Verantwortung, glaube ich, in dem Bereich ganz wichtig ist. Danke schön.

Anna-Bettina Kaiser: Drei letzte Fragen widmen sich der sechsten These von Niels Petersen.

Marc André Wiegand: Vielen Dank. Ich habe mich zu der These Nummer sechs und der Praxis bei der Vergabe wissenschaftlicher Gutachten gemeldet, weil ich häufig in der Lage bin, auf Auftraggeberseite tätig zu sein und wissenschaftliche Gutachten zu vergeben. Und da muss ich sagen, diese Beschreibung hat meine Praxis oder die Erfahrungen, die ich da gemacht habe, nicht so ganz getroffen. Ich möchte deswegen eine Zusatzperspektive einbringen. Zunächst einmal, was die phänomenale Seite angeht, zum anderen, was die Funktion von wissenschaftlichen

Gutachten für Politik betrifft. Zum ersten Punkt, der die Vergabepraxis angeht: Also es ist ja nicht so, dass Gutachten – jedenfalls wenn wir über die Vergabe verfassungsrechtlicher Gutachten sprechen –, gezielt mit der Vorgabe eines bestimmten gewünschten Ergebnisses vergeben werden, sondern in der Regel ist es so – und das gilt, glaube ich, für alle Parteien und Fraktionen –, dass man eben eine bestimmte politische Fragestellung hat und dafür bei potentiellen Gutachtern anfragt. In dieser Situation wird kein Gutachter im ersten Schritt sagen: „Ja, in Ordnung, ich mache das für so und so viel Geld." Sondern der Satz, der immer prompt geäußert wird, ist: „Ich schaue mir das mal an." So, und dann meldet man sich noch mal nach einer Woche und gibt die Rückmeldung „ja, das könnte stimmen" oder „nein, das wird wohl nicht stimmen, das kann ich nicht vertreten". Aber die Idee, die Politik könnte bei der Wissenschaft sozusagen ein Ergebnis bestellen, ist, glaube ich, so nicht zutreffend. Zutreffend mag dies möglicherweise eher bei Kanzleien sein, weil die nicht in der Währung wissenschaftlicher Reputation rechnen, sondern Stunden zählen. Da kann ich mir dann noch überlegen, ob ich einen Partner beauftrage für 400 € die Stunde oder einen angestellten Anwalt für 300 € die Stunde. Das sind jetzt natürlich gegriffene Zahlen. Was ich damit sagen will: Ich glaube nicht, dass es irgendwelche Hochschullehrer dieser Vereinigung gibt, die sich von einer bestimmten gewünschten politischen Zielvorgabe steuern ließen, die sie dann einfach als Ergebnis liefern würden. Das andere ist aber die Funktion von wissenschaftlichen Gutachten für die Politik. Es ist ja so: Aus politischer Perspektive bringt es gar nicht viel, einfach irgendein Ergebnis zu bestellen und das mit einem Papier zu unterlegen. Vielmehr muss so ein Papier – das ja schon deswegen öffentlich wird, weil man es politisch verwerten will –, in der öffentlichen Diskussion auch bestehen können. Die Erfahrung ist ja zunächst mal: Gutachten produzieren Gegengutachten. Dadurch begibt sich die Politik in eine argumentativ-diskursive Logik, in der ein Gutachten nicht mehr nur politisch verteidigt werden kann, sondern wissenschaftlich valide sein muss. So ein Gutachten muss also „fliegen". Und dann ist es eben im Ergebnis so, dass das Gutachten für die Politik überhaupt erst nutzbringend ist, wenn es auch einen wissenschaftlichen Eigenwert hat. Aus meiner Sicht. Man gibt ja nicht einfach ein paar tausend Euro aus, um ein Gutachten zu bekommen, das man gleich hinterher wieder verheizen und durch den Kamin jagen kann. Das ist ja auch aus einer politischen Sicht gar nicht sinnvoll. Deswegen möchte ich der Apodiktik auch gerade der These Nummer sechs von Herrn Petersen eine andere Perspektive zur Seite stellen.

Tonio Klein: Anknüpfend an Sie, ich hatte es mir nur ein bisschen flapsiger vorgenommen, möchte ich einleiten mit einem vielzitierten notorischen Spruch: „Ich war jung und brauchte das Geld“. Das wird doch nicht ernsthaft jemand aus unserem Kreise oder aus dem Kreise der Staatsrechtslehrer, die Gutachten anfertigen, nötig haben und im Munde führen?

Ich möchte noch einmal, Herr Petersen, nachfragen nach der Handhabbarkeit der in These sechs geäußerten Forderungen. Da steht ja, Gutachten „sollten […] regelmäßig“ – im Grunde genommen meines Erachtens eine Tautologie – nicht als wissenschaftliche Forschung behandelt und als solche veröffentlicht werden. Wir haben aber doch ein extrem weites Feld hinsichtlich der Frage, inwieweit da ein bestimmtes Ergebnis intendiert ist und inwieweit Gutachten dessen ungeachtet einen wissenschaftlichen Anspruch haben. Vom „faktischen Impfzwang“ bis zum Gutachten des Kollegen Wollenschläger in der Frage „Ehe für alle“ ist es ein weites Feld. Das Wollenschläger-Gutachten ist ein Beispiel dafür, dass zum einen ein Ergebnis nicht intendiert war, und dass zum anderen – einmal unterstellt, es wäre intendiert gewesen – nicht das Gewünschte herausgekommen ist. Wie kann man denn dann entscheiden, dass beispielsweise so etwas veröffentlicht oder zweitveröffentlicht werden könnte, aber ein Gutachten zum so genannten faktischen Impfzwang nicht?

Das Herzblutargument, Sie hatten es selbst im Munde geführt, ist meines Erachtens ein sehr starkes Argument, was zu einem Gleichheitsproblem führt, auch jenseits der gutachtlichen Tätigkeit. Um ein Beispiel zu nennen: Möchte ich etwas über das Verhältnis des Staates zum Christentum im Besonderen oder zu Religionen im Allgemeinen wissen, kann ich mit an Sicherheit grenzender Wahrscheinlichkeit sagen, um zwei Namen pars pro toto zu nennen, dass beim Kollegen Hillgruber etwas anderes stehen wird als bei der Kollegin Sacksofsky. Das heißt, diese Passion ist ja da. So wie Sie das eben geschildert haben, überprüft man dann vielleicht etwa eine Woche, ob man das aus voller Überzeugung vertreten kann – Passion ist nicht Unwissenschaftlichkeit. Zudem gibt es viele nichtgutachtliche Veröffentlichungen, bei denen man möglicherweise bestreiten kann, ob sie als Ergebnis wissenschaftlicher Forschung zu handhaben sind – diese sind publiziert, die Gutachten sollen es nicht werden? Wie wollen Sie Ihren Vorschlag operabel machen und die Spreu vom Weizen trennen? Und lohnt sich da der Aufwand wirklich? Könnte das nicht zu neuen Ungerechtigkeiten führen? Herzlichen Dank!

Hinnerk Wißmann: Die deutsche Staatsrechtslehre ist nach einer verbreiteten Beobachtung und Kritik nicht divers genug. Und wenn man in den Saal schaut, wird man diesem Eindruck vielleicht nicht direkt widersprechen wollen. Was wir aber heute noch einmal gelernt haben, ist, dass

Staatsrechtslehre aus ganz verschiedenen Motiven heraus betrieben wird. Das gilt vom Erstsemester bis zum Lehrstuhl. Man kann es wegen der Wissenschaft tun. Man kann es wegen des Einflusses tun, wegen des intellektuellen Spaßes an der Anstrengung oder auch wegen des Geldes. Die Unterscheidungen und Differenzierungen, die ich durch beide Referate erfahren habe, helfen mir weiter für mich und für meine Sicht auf Kolleginnen und Kollegen. Ich möchte dann sagen, dass ich nach den beiden letzten Diskussionsbeiträgen Niels Petersen in Bezug auf These sechs zunächst umso mehr Recht geben würde. Jedenfalls insoweit, dass die Hinweise auf Voranfragen und Gegengutachten seine Beweisführung doch genau abschließen. Trotzdem ein relativer Widerspruch für die praktische Konsequenz: Ich würde gerade daran festhalten, dass alles dafür spricht, dass Gutachten möglichst als wissenschaftliche Veröffentlichung in den Markt kommen. Zum einen sichert das vorgängig eben doch eine gewisse Qualität, denn man muss auch noch ins Forum des Faches, trennt also nicht sonstigen Broterwerb von der Professionalität der Wissenschaft. Das führt zum zweiten in das Selbstverständnis des Fachs hinein: Gerade dieser Spagat zwischen Wirksamkeitschance und Distanzsicherung ist etwas, was viele von uns so fasziniert. Deswegen würde ich also ganz praktisch bleiben: Ist nicht eine Fußnotenlösung doch die bessere Option? Wer Gutachten wissenschaftlich veröffentlicht, ist verpflichtet offenzulegen, dass es eine bezahlte Basis vorweg gab.

Ich habe dann noch eine Anschlussfrage: Ist nicht eine mögliche weitere Aufgabe in diesem Spannungsfeld von Recht und Politik etwas, was man vielleicht beschreiben könnte als Verteidigung des konsistenten Rechts? Dafür hat Politik nun gerade gar keinen Sinn, weil das nach der Logik der Politik auch nicht entscheidend ist. Diese fehlende Anschlussfähigkeit führt aber zu den Gesetzen, die wir haben, zu diesen Anbaulösungen, wo das aktuelle Problem reingebaut wird in das, was schon da ist. Und wäre das nicht eine ganz naheliegende Verantwortungsdimension der Staatsrechtslehre, dass man sich nicht zu Inhalten ständig äußert, was richtig oder falsch wäre, sondern zu der Qualität der Gesetzgebung? Da könnten wir mit unserem Wissen, mit unserer historisch geschulten Rückbezüglichkeit und unserem Sinn für Modifikation Kriterien aufstellen. Ich könnte also so fragen: Lässt sich Qualität als Teil der politischen Verantwortung der Staatsrechtslehre formulieren? Vielen Dank!

Anna-Bettina Kaiser: Herzlichen Dank allen, die sich an der Diskussion beteiligt haben. Beide Referenten haben zehn Minuten für ein Schlusswort.

Niels Petersen: Zunächst vielen Dank für die anregenden Fragen und Anmerkungen. Zu Martin Morlok: Grundsätzlich habe ich mich ja nicht dagegen ausgesprochen, dass wir uns als Wissenschaftler politisch betätigen. Ich glaube, es ist nur wichtig, dass wir uns auch bewusst machen, in welcher Rolle wir gerade auftreten und dass wir auch in der Rolle als Jurist politische Vorverständnisse haben, die sich möglicherweise auf die Beratung auswirken. Zu Stefan Huster: Wer trägt die Verantwortung? Ich würde sagen, dass es erst einmal der Einzelne ist, der diese Verantwortung trägt und der sich bei einer Gutachtenanfrage oder, wenn er sich in einer politischen Anhörung äußern soll, seiner Vorverständnisse bewusst werden sollte. Ich glaube, damit wäre schon viel gewonnen, dass wir nicht glauben, dass unser Gutachten allein Ausfluss unserer objektiven Rechtsbeurteilung ist. Die wissenschaftliche Community hat dann anschließend eine Kontrollfunktion. Zu Matthias Mahlmann, zum Relativismus: Ich habe, glaube ich, deutlich gemacht, dass ich keinen extremen Relativismus vertrete. Aber Sie legen natürlich den Finger in die Wunde. Wie sieht es aus, wenn der deliberative Prozess dazu führt, dass die wissenschaftliche Community glaubt, der Autoritarismus sei die bessere Staatsform. Ich denke, wir müssen darauf vertrauen, dass wir als wissenschaftliche Community stark genug sind, nicht den Autoritarismus zu verteidigen. Und das Vertrauen habe ich zumindest in die wissenschaftliche Community noch. Zu Andreas Funke, Aktivismus innerhalb der Wissenschaft: Auch da würde ich wieder sagen, dass es wichtig ist, dass wir uns unserer Vorverständnisse bewusst werden. Und ich glaube, dass Pluralismus – also These sieben, Unterthese fünf – eine Möglichkeit sein kann, damit umzugehen. Ich denke nicht, dass wir sagen können, dass ein bestimmter Aufsatz aktivistisch ist. Nehmen wir das Migrationsrecht als Beispiel. Da gibt es konservative Positionen, und da gibt es liberale Positionen. Wenn man jetzt sagen würde, dass die konservative Position Aktivismus darstellt und die liberale nicht – oder umgekehrt, dann ist das natürlich immer schon Ausdruck unseres eigenen Vorverständnisses. Also sollten wir uns unser Vorverständnis bewusst machen und möglichst plurale Perspektiven zulassen. Zu Kai von Lewinski: Kann ich die Rolle auch wechseln? Ja, ich glaube, das ist möglich, dass wir die Rolle wechseln. Aber dann müssen wir es auch explizit machen. Zu Florian Meinel: Zugang zur Promotion und Zugang zu Zeitschriften, also die Ausnutzung von Machtpositionen, die wir innerhalb der Wissenschaft haben – das ist eine schwierige Frage. Gerade bei Zeitschriften ist die Machtposition in anderen Disziplinen noch ausgeprägter, wo die Publikation in bestimmten Top-five-Zeitschriften quasi über die Karriere eines Wissenschaftlers entscheidet. Das hat dort noch sehr viel stärkere Bedeutung als bei uns. Bei Promotionen könnte man überlegen, ob man nicht zu zentralen Annahmeverfahren kommt, dass man sich bei der Fakultät und nicht bei einzelnen Doktorvätern bewirbt. Ich wäre durchaus ein Freund von solchen Regelungen. Die Frage zu den Postdocs möchte ich gerne als Gelegenheit nutzen, meinem Habilitanden Konstantin Chatziathanasiou zu danken, der mir sehr geholfen hat, die Thesen zuzuspitzen in meinem Vortrag. So habe ich ihn zumindest indirekt an dieser Diskussion beteiligt. Zu Viola Schmid: Ich habe gesagt, ich entwerfe ein Leitbild. Ein Leitbild werden wir nie perfekt verwirklichen können. Ich sage auch nicht, dass wir immer zu 100% dem Leitbild entsprechen müssen. Wir sollten das aber im Hinterkopf behalten, wenn wir unsere Entscheidungen treffen. Zu Carsten Bäcker, zur Abwägung: Wer soll die Abwägung treffen? Wer kontrolliert sie? Die müssen wir erst einmal selbst treffen. Und auch dann erfolgt die Kontrolle durch die wissenschaftliche Community. Haben wir eine verfassungsrechtliche Handlungspflicht? Ich glaube, dass es in der Tat nicht so weit geht. Anspruch auf Richtigkeit: Natürlich gibt es inhaltliche Mindeststandards, die wir für Gutachten haben. Es gibt offensichtliche rechtliche Fehler, und die müssen wir natürlich vermeiden. Aber dann gibt es eine große Breite an Argumenten, die wir als vertretbare juristische Argumente durchaus akzeptieren können. Zu Mathias Hong, die Befassungspflicht: Mathias, ich möchte Dich fragen, ob Du das nur für Öffentlich-Rechtler annehmen würdest. Aber wie sieht das denn bei öffentlich-rechtlichen Kollegen aus, die beispielsweise Energierecht machen? Haben die auch eine Befassungspflicht für Parteiverbotsfragen? Wenn ich Verfassungsrecht mache, mich aber vielleicht nicht spezifisch mit Parteien beschäftige, habe ich dann auch eine Befassungspflicht für Fragen des Parteiverbots? Insofern halte ich auch eine Befassungspflicht für problematisch, weil wir sogar in der Wissenschaft des öffentlichen Rechts eine ziemlich starke Ausdifferenzierung haben. Zur Lehre: Welche Pflichten haben wir da? Wie gesagt, ich glaube, dass wir erst einmal eine Unterlassungspflicht haben, keine verfassungsfeindlichen Positionen zu vertreten. Und dann sollten wir auch versuchen, unseren Studierenden möglichst ein positives, demokratiefördерndes Staatsverständnis mit auf den Weg zu geben. Aber auch hier ist der Einschätzungsspielraum, den jeder einzelne Lehrende hat, relativ groß. Deswegen bin ich auch nicht so glücklich über Normen, die uns vorgeben, dass wir unbedingt den Nationalsozialismus oder das SED-Unrecht zum Gegenstand des Unterrichts machen sollen. Ich glaube, dass man auch auf andere Weise vor den Gefahren des Autoritarismus warnen kann.

Schließlich komme ich zu den drei Fragen zur Veröffentlichung von Gutachten. Ich habe gar nicht gesagt, dass jedes Gutachten immer den Interessen des Auftraggebers entspricht. Aber ich glaube, das vermutete Interesse des Auftraggebers ist zumindest im Hinterkopf. Und damit stehen wir der Frage nicht mehr neutral gegenüber. Zur Veröffentlichung: Ob das nicht die wissenschaftliche Redlichkeit fördert – gewissermaßen als Kontrollmechanismus? Ich glaube, dass eine Kontrolle auch anders erfolgen kann. Gerade wenn wir eine politisch sensible Position vertreten, dann hat die Gegenposition – das klang ja auch bei Herrn Wiegand an – die Intention, die Argumente zu entkräften. Ich glaube, dass so schon eine Kontrolle der Stärke der Argumentation erfolgt, nicht nur über die Veröffentlichung. Wir haben zudem noch ein zweites Problem, welches ich angesprochen habe – die Tiefe der Taschen, die die herrschende Meinung bestimmt. Denn man hat zwar möglicherweise in der ersten Fußnote stehen, dass der Beitrag durch Auftraggeber x y finanziert wurde. Aber im Kommentar wird es dann ohne diese erste Fußnote zitiert. Und dann sieht man dort eine lange Reihe mit Auffassungen, die eine bestimmte Position vertreten, ohne dass die Fußnote über die Finanzierung in irgendeiner Form auftaucht. Und das ist, denke ich, ein Problem. Ich glaube, damit habe ich meine Zeit schon ausgeschöpft. Ich bin, glaube ich, nicht auf alle Fragen erschöpfend eingegangen, aber hoffe, dass ich sie wenigstens einigermaßen beantworten konnte. Vielen Dank.

Anna Gamper: Vielen herzlichen Dank für diese sehr wertvollen Fragen. Ich darf vielleicht mit drei kurzen Vorbemerkungen starten: Mir scheint zunächst, die Diskussion belegt, dass wir viel stärker differenzieren müssen zwischen dem, was man als ethisch geboten erachtet, und dem, was eine rechtliche Vorgabe ist. Besonders schwierig scheint mir das dann zu sein – ich habe das österreichische Beispiel im Vortrag genannt –, wenn das positive Recht von „ethischen Normen" spricht – dann kennt man sich gar nicht mehr aus. Die Ethik von heute muss ja nicht die Ethik von gestern oder morgen sein. Darin liegt, meine ich, eine gewisse Gefahr, wenn man den Begriff sehr diffus hält. Weiters, glaube ich, muss man unterscheiden, ob es nun wirklich um eine rein politische Meinung geht oder doch eine, die Mindeststandards von Wissenschaftlichkeit erfüllt: Dass im Bereich unserer Wissenschaft zumindest noch eine Rechtsfrage zu lösen ist – und es nicht nur um eine platte Art eines „Offenbarungseides" oder eines „Glaubensbekenntnisses" geht, sich zur einen oder anderen politischen Richtung zu bekennen. Ich glaube, es braucht für unsere Wissenschaft ein Mindestmaß an Begründetheit, an juristischen Bezügen. Je nachdem ist es eben nur eine Meinungsabgabe im Sinne von allgemeiner Kommunikationsfreiheit oder Wissenschaft. Und schließlich meine dritte Vorbemerkung: Geht es um ein Dürfen oder ein Müssen? Die Frage ist ja im universitären Bereich nicht, ob man in der Third Mission tätig werden „darf". Die Frage ist eher bereits eine umgekehrte, wenn man dies nicht machen will – ob man dies verweigern darf oder man Probleme bekommt, weil, etwa in Österreich, eine Leistungsvereinbarung dadurch nicht erfüllt wird.

Jetzt zu den einzelnen Fragen: Eine Frage bezog sich darauf, ob die Community oder einzelne Wissenschaftler Verantwortungsträger sind.

Ich glaube, hier handelt es sich nicht um ein Entweder-oder, sondern ein Sowohl-als-auch. Natürlich ist die jeweilige Aufgabe, die dabei erfüllt wird, eine etwas unterschiedliche. Das Kollektiv der Wissenschaftsgemeinschaft hat eine stärker leitende, definierende Aufgabe. Es liegt dann am einzelnen Wissenschaftler, die Aufgabe in die eine oder andere Richtung zu erfüllen. Gleichzeitig ist die Person aber natürlich auch Teil der Wissenschaftsgemeinde und kann sich dort vielleicht in begrenztem Maße einbringen. Zur Frage der Epistemisierung oder Deepistemisierung des Politischen durch Wissenschaft. Ja, das ist sicherlich eine sehr berechtigte Frage. Ich glaube, es spielt sich manches gleichzeitig ab, je nachdem, welchen Staat in welcher Periode man betrachtet, beispielsweise in der Pandemiezeit oder in einer anderen Krise. Ich würde zum Beispiel behaupten – und es Politikern auch zugestehen –, dass Politik gerade am Beginn der Pandemie selbst überrascht und beunruhigt war, nicht recht wusste, was man tun soll, und dann auch gerne der Wissenschaft zugehört hat. Ob das dann in der weiteren Folge auch tatsächlich immer eine ehrliche Anhörung der Wissenschaft war, die so gern nach außen getragen wurde, ist die Frage. Vielfach wurde schon aufgearbeitet, dass zum Teil Wissenschaften sehr selektiv ausgewählt wurden, Wissenschaft auch missbraucht wurde. Ich habe darauf auch schon im Vortrag hingewiesen.

Zum EGMR-Urteil im Fall „KlimaSeniorinnen“: Ich habe die Mehrheitsmeinung des EGMR mit der Ansicht zitiert, es gebe „scientific knowledge which the Court cannot ignore“. Es ist interessant, dass nach dem Sondervotum von Richter Eicke, das ich hier zitieren darf, das „necessary and detailed engagement with scientific evidence […] not currently part of the Court's working practices“ sei. Das lasse ich jetzt einmal so dahingestellt. Ich darf vielleicht aber auch den bekannten deutschen Klimaschutzbeschluss sowie die österreichische Pandemiejudikatur zitieren: An mehreren Stellen dieser Judikatur finden sich Hinweise darauf, dass es doch da und dort, im einen Fall klimatologische Fragen, im anderen Fall Pandemiefragen betreffend, noch wissenschaftliche Unsicherheit gebe. Während manches wissenschaftlich vollkommen geklärt war, schien anderes noch unsicher; dennoch nahm man die Unsicherheit in Kauf, um dann doch in die Richtung zu entscheiden, die im deutschen Fall eben nachfolgende Generationen von Grundrechtsträgern besser schützt; und sich im österreichischen Fall dafür zu entscheiden, besser sicher zu gehen, strenger zu sein und den Lockdown für ungeimpfte Personen insgesamt als rechtskonform zu erklären. Mir scheint hier die grundlegende Problematik zu sein, dass Mitglieder von Verfassungsgerichten – und vorher noch die Politik, die diese Maßnahmen setzen soll –, mit Fragen konfrontiert sind, die eben nicht ihre ureigene professionelle Domäne, sondern Fachfragen betreffen, Fachwissenschaften betreffen, die auch Mitglieder von Verfassungsgerichten nicht notwendigerweise mitbringen. Sie sind darauf angewiesen, fremdes wissenschaftliches Wissen zu verarbeiten.

Was gibt es in dieser Situation für Möglichkeiten? Eine vielleicht nicht übermäßig überzeugende Antwort darauf findet sich in den Verfassungen der Türkei und Thailands, wo etwa die Bestimmung verankert ist, dass ein Teil der Mitglieder von Verfassungsgerichten Ausbildung aus anderen Wissenschaften als der Rechtswissenschaft mitbringen muss, wie beispielsweise aus der Wirtschaftswissenschaft oder Politikwissenschaft. Nicht, dass dieses zusätzliche Wissen nichts brächte, aber man kann nicht verlangen, dass Mitglieder eines Verfassungsgerichts aus allen denkbaren Wissenschaften stammen müssen.

Außerdem stellt sich die Frage, inwiefern Verfassungsgerichte stärker darauf achten sollten, selbstständig Expertise einzuholen. Mir fiel das etwa in der Pandemiejudikatur des Verfassungsgerichtshofs auf, der sich im Wesentlichen durch die Politik selbst eingeholte Expertise vorlegen ließ, also nicht selbst von sich aus Expertise in Auftrag gab, wofür auch wieder gute Gründe sprachen – die Zeitfrage ist beim Entscheiden natürlich wichtig. Dann geht es um die Problematik, dass er eine Prognoseentscheidung retrospektiv beurteilte – zum Moment seiner Entscheidung Expertise einzuholen, passt damit vielleicht auch nicht ganz zusammen, wäre aber dennoch ein interessanter Lösungsansatz.

Zur Frage des Aktivismus in der Wissenschaft: Kann man als Wissenschaftler generell unpolitisch sein? In der Staatsrechtslehre ist dies schon lange eine Frage. Insgesamt habe ich den Eindruck, dass man die Frage des *scholar activism* in der österreichischen – und ich behaupte, auch in der schweizerischen – Staatsrechtslehre, soweit ich das mitverfolge, weniger leidenschaftlich oder an sich wenig diskutiert – anders vielleicht als in der deutschen. Grundsätzlich gilt für mich auch hier, was ich vorher gesagt habe: Ich glaube, zunächst einmal ist die Frage, ob es nur noch darum geht, eine rein politische Aussage zu machen, oder diese doch immer noch getragen von einer Rechtsfrage ist. Diese ganz primäre Unterscheidung muss man treffen. Dann aber ist es wohl auch ein bisschen eine Frage der Tonalität. Mir fällt das immer sehr stark in angloamerikanischen Journals auf, wo man häufig nur das Abstract lesen muss, um sofort zu wissen, wie ideologisch gedacht wird. Dies merkt man auch in der Sprache, beispielsweise wenn – auch im Englischen – von „leider" oder „gottseidank" die Rede ist. Das ist eine Moralisierung, eine Ideologisierung, auch eine Emotionalisierung, die dann in Rechtsfragen hineingetragen wird, auf die man verzichten kann oder nicht. Ich würde primär dafür plädieren, dass auch *scholar activists* eine Sprache sine ira et studio verwenden, die immer an der Sache ausgerichtet ist, auch wenn eine politische Botschaft damit verbunden sein darf.

Zur Frage der Zweitberufe: Ich habe versucht, im Vortrag am Beispiel des Verfassungsrichters darauf hinzuweisen, dass hier natürlich schon Regelungen, zum Teil auch soft law-Regelungen, vorhanden sind, das Amt des Verfassungsrichters mit dem wissenschaftlichen Beruf zu vereinbaren. Und es geht eigentlich immer in die Richtung des Vorrangs des Richteramts, was auch gut verständlich ist. Ich kann von einem soft law-Kodex des liechtensteinischen Staatsgerichtshofs berichten, der auch solche Fragen regelt. Am Bundesverfassungsgericht gibt es Verhaltensleitlinien, die solche Aspekte beinhalten, meines Wissens normiert auch das Bundesverfassungsgerichtsgesetz den Vorrang des Richteramts. Für den Verfassungsgerichtshof kenne ich selbst – ich blicke jedoch zu Georg Lienbacher – keinen solchen Kodex, jedenfalls nicht publiziert auf der Homepage. Zur Frage, wenn jemand Rechtsanwalt ist und nur nebenbei wissenschaftlich arbeitet: Wenn das, was dann wissenschaftlich geliefert wird, wissenschaftlichen Ansprüchen nicht genügt, weil es zu politiklastig ist, kann das natürlich „Ächtungssanktionen“ durch die Wissenschaftsgemeinschaft nach sich ziehen, was diese Person aber beruflich nicht weiter belangen mag.

Zu „Epistokratie ist Oligarchie“: Ich habe im Vorfeld des Vortrags nachgedacht, ob ich das so formulieren darf. Jetzt könnte ich mich natürlich mit dem antiken Kreislaufmodell der „guten“ und „schlechten“ Staats- und Regierungsformen, wo es ja auch eine „gute“ und „schlechte“ Oligarchie gibt, herausreden: nämlich die Aristokratie im damaligen Sinne, die Herrschaft der „Aristoi“, der „Besten“, in einer „guten“ Oligarchie. Vielleicht könnte man dann sagen, die Epistokratie sei immerhin eine „gute“ Form der Oligarchie. So weit würde ich nicht unbedingt gehen. Aber letztlich ist das eine Diskussion, die über 2000 Jahre alt ist. Da sind wir bei Platon: Sollen die Philosophenkönige an der Spitze stehen? Der „Zauber Platons“ wurde ja aber auch schon sehr prominent kritisiert. Ich denke, in einer gewaltenteilenden Verfassung, wo die Staatsgewalt nicht nur bei einem einzigen Staatsorgan liegt, schadet es nicht, wenn Staatsorgane auch gut wissenschaftlich beraten sind. Aber eine platonische Vorstellung, nach der eben wirklich ausschließlich Epistokraten als Herrscher an der Spitze stehen, wäre wohl nicht so wünschenswert.

Ich danke vielmals für beide Fragen zum „Hörsaal“, vor allem auch Benjamin Kneihs für seine kurze, fundierte Frage: Ja, der Hörsaal ist ganz wichtig. Ich habe versucht, im Vortrag darauf hinzuweisen, dass die Staatsrechtslehre diesbezüglich eine ganz besonders bedeutende Verantwortungsträgerin ist. Es geht um die Zukunft unserer neuen juristischen Generationen – überall in der Welt. Es ist keine Frage, dass dies eine überaus wichtige Verantwortung ist. Und ich darf vielleicht ganz persönlich schließen: Ich ertappe mich selbst dabei, in den letzten zwei, drei Semestern immer am Beginn der Lehrveranstaltungen darauf hinzuweisen, es den jungen Leuten mitzugeben, dass das Argumentieren, das sachliche Begründen, das Zuhören und das Abwägen ganz wichtige juristische Fähigkeiten sind. Mir scheint dies in einer zunehmend polarisierten Gesellschaft eine besondere Verantwortung zu sein. Vielen Dank.

Anna-Bettina Kaiser: Ich möchte mich noch einmal sehr herzlich bei Ihnen allen bedanken, vor allem natürlich bei unseren beiden Referenten, Frau Gamper und Herrn Petersen, und schließe hiermit die Aussprache des vierten Beratungsgegenstands.

Verzeichnis der Rednerinnen und Redner

Altwicker, Tilmann 391
Bäcker, Carsten 121, 377, 480
Barczak, Tristan 136
Bußjäger, Peter 126
Calliess, Christian 130, 390
Classen, Claus Dieter 378
Edenharter, Andrea 386
Engel, Christoph 264, 376
Fehling, Michael 259
Franzius, Claudio 381
Funke, Andreas 426
Galetta, Diana Urania 383
Gamper, Anna 488
Grimm, Dieter 115, 371
Hillgruber, Christian 125
Holterhus, Till Patrik 119
Hong, Mathias 128, 480
Huster, Stefan 474
Kempny, Simon 133, 388
Kirchhof, Gregor 127
Kischel, Uwe 129
Klein, Tonio 389, 484
Klement, Jan Henrik 118
Kment, Martin 258, 383
Knauff, Matthias 257
Kneihs, Benjamin 482
Kotzur, Markus 119, 373
Kreuter-Kirchhof, Charlotte 129
Kube, Hanno 384
Ladeur, Karl-Heinz 266
Lange, Felix 375
Lege, Joachim 124, 374
Lepsius, Oliver 256, 379
Lewinski, Kai von 477
Mahlmann, Matthias 475
Mayer, Franz 262, 380
Mehde, Veith 256, 383
Meinel, Florian 273, 478
Möllers, Christoph 122
Morlok, Martin 375, 473
Münkler, Laura 269
Nußberger, Angelika 116
Paulus, Andreas 139
Peters, Anne 379
Petersen, Niels 485
Pielow, Johann-Christian 385
Poscher, Ralf 379
Reimer, Franz 116, 382
Ruffert, Matthias 380
Sauer, Heiko 132
Schmid, Viola 135, 479
Schneider, Jens-Peter 381
Schweizer, Rainer 372
Somek, Alexander 265, 373
Thym, Daniel 117
Uerpmann-Wittzack, Robert 387
Viellechner, Lars 123
Volkmann, Uwe 260
Wegener, Bernhard 263
Weiß, Norman 482
Wendel, Mattias 393
Wiegand, Marc André 132, 482
Wißmann, Hinnerk 120, 267, 484

Verzeichnis der Mitglieder der Vereinigung der Deutschen Staatsrechtslehrer e.V.

(Stand 31. Dezember 2024; ständige Aktualisierung unter www.staatsrechtslehrer.de)

Vorstand

Vorsitzender
Prof. Dr. Martin Nettesheim
Lehrstuhl für Staats- und Verwaltungsrecht, Europarecht und Völkerrecht
Juristische Fakultät
Eberhard Karls Universität Tübingen
Geschwister-Scholl-Platz
72074 Tübingen
Tel.: +49 (0)7071 29 78101
Fax.: +49 (0)7071 29 5847
E-Mail: vdstrl@uni-tuebingen.de

Stellvertreter
Prof. Dr. Anna-Bettina Kaiser, LL.M. (Cambridge)
Lehrstuhl für Öffentliches Recht und Grundlagen des Rechts
Juristische Fakultät
Humboldt-Universität zu Berlin
Unter den Linden 6
10099 Berlin
Tel.: +49 (0)30 2093 3579
Tel. Sekr.: +49 (0)30 2093 3682
E-Mail: kaiserab@hu-berlin.de

Prof. Dr. iur. Benjamin Schindler, MJur (Oxon)
Lehrstuhl für öffentliches Recht
Universität St. Gallen (HSG)
Tigerbergstrasse 21
CH-9000 St. Gallen
Tel.: +41 71 224 2163
E-Mail: benjamin.schindler@unisg.ch

Mitglieder

Achenbach, Dr. Jelena von, LL.M.(NYU), Professorin,
Universität Erfurt,
Staatswissenschaftliche Fakultät,
Professur für Öffentliches Recht und Grundlagen des Rechts,
Nordhäuser Str. 63, 99089 Erfurt,
E-Mail: jelena.vonachenbach@uni-erfurt.de

Albers, Dr. iur., Dipl. soz. Marion, Professorin,
Sulzer Str. 21a, 86159 Augsburg;
Universität Hamburg,
Fakultät für Rechtswissenschaften,
Lehrstuhl für Öffentliches Recht, Informations- und Kommunikationsrecht, Rechtstheorie,
Rothenbaumchaussee 33,
20148 Hamburg,
(040) 42838 5752,
Fax (040) 42838 2635,
E-Mail: marion.albers@jura.uni-hamburg.de

Alexy, Dr. Dr. h.c. mult. Robert, o. Professor,
Klausbrooker Weg 122, 24106 Kiel,
(0431) 5497 42;
Universität Kiel, 24098 Kiel,
(0431) 880 3543,
Fax (0431) 880 3745,
E-Mail: alexy@law.uni-kiel.de

Alleweldt, Dr. Ralf, LL.M., Professor,
Alt-Reinickendorf 19 A, 13407 Berlin,
(030) 9143 6466;
Hochschule der Polizei des Landes Brandenburg,
Bernauer Str. 146,
16515 Oranienburg,
(03301) 850 2554,
E-Mail: ralf.alleweldt@hpolbb.de

Altwicker, Dr. Tilmann, LL.M., Professor,
Universität Zürich,
Lehrstuhl für Legal Data Science und Öffentliches Recht,
Center for Legal Data Science,
Pestalozzistrasse 24, CH-8032 Zürich,
(0041) 44 634 51 13,
E-Mail: lst.altwicker@ius.uzh.ch

Anderheiden, Dr. Michael, Professor,
Eichelgasse 18, 76227 Karlsruhe,
(0721) 470 0817;
Fakultät für Rechts- und Staatswissenschaften
Andrássy Universität Budapest,
Pollack Tér 3, 1088 Budapest / Ungarn,
(0036) 1 8158 120;
In Deutschland erreichbar unter:
Ruprecht-Karls-Universität Heidelberg,
Juristisches Seminar,
Friedrich-Ebert-Anlage 6–10,
69117 Heidelberg,
(06221) 5474 97,
E-Mail: anderheidenm@jurs.uni-heidelberg.de

Appel, Dr. Ivo, Professor,
Universität Hamburg,
Fakultät für Rechtswissenschaft
Professur für Öffentliches Recht, Umweltrecht und Rechtsphilosophie,
Forschungsstelle Umweltrecht,
Rothenbaumchaussee 33, 20148 Hamburg,
(040) 42838 3977, Fax (040) 42838 6280,
E-Mail: ivo.appel@jura.uni-hamburg.de

Arnauld, Dr. Andreas von, Professor,
Walther-Schücking-Institut für Internationales Recht / Walther Schücking Institute for International Law,
Christian-Albrechts-Universität zu Kiel,
Westring 400, 24118 Kiel,
(0431) 880 1733,

Fax (0049) 431 880 1619,
E-Mail: arnauld@wsi.uni-kiel.de

Arnim, Dr. Hans Herbert von, o. Professor,
Im Oberkämmerer 26, 67346 Speyer,
(06232) 981 23;
Deutsche Universität für Verwaltungswissenschaften Speyer,
67324 Speyer,
(06232) 654 343,
E-Mail: vonarnim@uni-speyer.de

Augsberg, Dr. Dr. Ino, Professor;
Christian-Albrechts-Universität zu Kiel,
Lehrstuhl für Rechtsphilosophie und Öffentliches Recht,
Leibnizstr. 6, 24118 Kiel,
(0431) 880 5494, Fax (0431) 880 3745,
E-Mail: augsberg@law.uni-kiel.de

Augsberg, Dr. Steffen, Professor,
Justus-Liebig-Universität Gießen,
Professur für Öffentliches Recht,
Hein-Heckroth-Str. 5,
35390 Gießen,
(0641) 99 21090/91,
Fax (0641) 99 21099,
E-Mail: Steffen.Augsberg@recht.uni-giessen.de

Aulehner, Dr. Josef, apl. Professor,
Hans-Böckler-Str. 8, 80995 München,
(089) 123 8402, Fax (089) 1274 9688;
Ludwig-Maximilians-Universität München,
Ref. I A 3 – Rechtsabteilung,
Geschwister-Scholl-Platz 1,
80539 München,
(089) 2180 3730, Fax (089) 2180 2985,
E-Mail: Aulehner@lmu.de

Aust, Dr. Helmut Philipp, Professor,
Freie Universität Berlin,
Fachbereich Rechtswissenschaft,
Professur für Öffentliches Recht und die Internationalisierung der Rechtsordnung,
Van't-Hoff-Str. 8, 14195 Berlin,
(030) 838 61731,
E-Mail: helmut.aust@fu-berlin.de

Axer, Dr. Peter, Professor,
Ruprecht-Karls-Universität Heidelberg,
Lehrstuhl für Sozialrecht in Verbindung mit dem Öffentlichen Recht,
Friedrich-Ebert-Anlage 6–10,
69117 Heidelberg,
(06221) 54 7768, Fax (06221) 54 7769,
E-Mail: axer@jurs.uni-heidelberg.de

Baade, Dr. Björnstjern, Privatdozent,
Freie Universität Berlin,
Fachbereich Rechtswissenschaft,
Van't-Hoff-Str. 8, 14195 Berlin,
(030) 838 50892,
E-Mail: b.baade@fu-berlin.de

Bäcker, Dr. Carsten, Univ.-Professor,
Universität Bayreuth,
Lehrstuhl für Öffentliches Recht IV,
Gebäude RW, 95440 Bayreuth,
(0921) 55 6260, Fax (0921) 55 6262
E-Mail: carsten.baecker@uni-bayreuth.de

Bäcker, Dr. Matthias, LL.M., Professor,
Johannes Gutenberg-Universität Mainz,
Lehrstuhl für Öffentliches Recht und Informationsrecht, insb. Datenschutzrecht
Jakob-Welder-Weg 9,
55128 Mainz
(6131) 39 25759, Fax (6131) 39 28172,
E-Mail: mabaecke@uni-mainz.de

Baer, Dr. Susanne, LL.M., Professorin,
Richterin des Bundesverfassungsgerichts a.D.,
Humboldt-Universität zu Berlin,
Juristische Fakultät,
Unter den Linden 6, 10099 Berlin,
(030) 2093 3467, Fax (030) 2093 3431,
E-Mail: sekretariat.baer@hu-berlin.de

Barczak, Dr. Tristan, LL.M., Professor,
Universität Passau,

Lehrstuhl für Öffentliches Recht, Sicherheitsrecht und das Recht der neuen Technologien, Dr.-Hans-Kapfinger-Str. 14c, 94032 Passau,
(0049) 851 509 2290,
E-Mail: tristan.barczak@uni-passau.de

Barfuß, Dr. iur. Dr. rer. pol. Walter, o. Univ.-Professor, Tuchlauben 11/31, A-1010 Wien; Präsident des Österreichischen Normungsinstituts, Generaldirektor für Wettbewerb a.D. (Bundeswettbewerbsbehörde),
Heinestr. 38,
A-1020 Wien,
(0043) 1/213 00/612,
Fax (0043) 1/213 00/609,
E-Mail: walter.barfuss@as-institute.at

Bartlsperger, Dr. Richard, o. Professor,
Schleifweg 55,
91080 Uttenreuth,
(09131) 599 16, Fax (09131) 5333 04,
E-Mail: Bartlsperger.richard@t-online.de

Bast, Dr. Jürgen, Professor,
Justus-Liebig-Universität Gießen,
Professur für Öffentliches Recht und Europarecht,
Licher Str. 64, 35394 Gießen,
(0641) 99 21061, Fax (0641) 99 21069,
E-Mail: jurgen.bast@recht.uni-giessen.de

Battis, Dr. Dr. h.c. Ulrich, Professor,
GSK Stockmann, Mohrenstr. 42,
10117 Berlin,
(0049) 30 203907 7753
E-Mail: ulrichbattis@googlemail.com

Bauer, Dr. Hartmut, Professor,
Am Hegereiter 13, 01156 Cossebaude,
(0351) 452 1603;
Universität Potsdam,
Lehrstuhl für Europäisches und Deutsches Verfassungsrecht, Verwaltungsrecht, Sozialrecht und Öffentliches Wirtschaftsrecht,
August-Bebel-Str. 89, 14482 Potsdam,
(0331) 977 3264,
Fax (0331) 977 3310,
E-Mail: hbauer@rz.uni-potsdam.de

Baumeister, Dr. Peter, Professor,
Duale Hochschule Baden-Württemberg Stuttgart, Fakultät Sozialwesen,
Rotebühlstr. 131, 70197 Stuttgart,
(0711) 18494642,
E-Mail: peter.baumeister@dhbw-stuttgart.de

Baumgartner, Dr. Gerhard,
Univ.-Professor,
Institut für Rechtswissenschaften,
Alpen-Adria-Universität Klagenfurt,
Universitätsstr. 65–67,
A-9020 Klagenfurt am Wörthersee,
(0043) 463 2700 3311,
Fax (0043) 463 2700 993311,
E-Mail: Gerhard.Baumgartner@aau.at

Bausback, Dr. Winfried, Univ.-Professor a. D., MdL, Staatsminister a.D.,
Knodestr. 3, 63741 Aschaffenburg
(06021) 5828540,
Fax (06021) 5828544,
E-Mail: info@winfried-bausback.de

Beaucamp, Dr. Guy, Professor,
HAW Hamburg, Department Public Management, Fakultät Wirtschaft und Soziales,
Berliner Tor 5, 20099 Hamburg,
(040) 42875 7713,
E-Mail: AnkeBeauc@aol.com

Becker, Dr. Florian, LL.M.(Cambridge), Professor,
Universität Kiel,
Olshausenstr. 75, Gebäude II, 24118 Kiel,
(0431) 880 5378 oder -1504,
Fax (0431) 880 5374,
E-Mail: lehrstuhl.becker@law.uni-kiel.de

Becker, Dr. Joachim, apl. Professor,
Kreuznacher Str. 6, 14197 Berlin,
(030) 822 4012;
Humboldt-Universität zu Berlin,
Juristische Fakultät,
Unter den Linden 6, 10099 Berlin,
(030) 2093 3383,
E-Mail: Joachim.Becker@hu-berlin.de

Becker, Dr. Jürgen, o. Professor,
Kellerstr. 7, 81667 München,
E-Mail: ksjbecker@gmail.com

Becker, Dr. Ulrich, LL.M. (EHI),
Professor,
Pfarrsiedlungsstr. 9,
93161 Sinzing,
(09404) 3478,
Max-Planck-Institut für ausländisches
und internationales Sozialrecht,
Amalienstr. 33, 80799 München,
(089) 386 02 511,
Fax (089) 386 02 590,
E-Mail: Becker@mpisoc.mpg.de

Beham, Dr. Dr. Markus P., LL.M.
(Columbia), Privatdozent,
Universität Passau,
Innstr. 41, 94032 Passau,
(0049) 0851 509 2344,
E-Mail: markus.beham@uni-passau.de

Belser, Dr. Eva Maria, Professorin,
Universität Freiburg, Rechtswissen-
schaftliche Fakultät, Lehrstuhl
für Staats- und Verwaltungsrecht,
Av. Beauregard 1, CH-1700 Freiburg,
(0041) 26 300 81 30,
E-Mail: evamaria.belser@unifr.ch

Berg, Dr. Wilfried, o. Professor,
Waldsteinring 25, 95448 Bayreuth,
(0921) 990 0814;
Universität Bayreuth,
95440 Bayreuth,
(0921) 5528 76,
Fax (0921) 5584 2875 oder 55 2985,
E-Mail: wilfried@cwberg.de

Berger, Dr. Ariane, Privatdozentin,
Freie Universität Berlin,
Fachbereich Rechtswissenschaft,
Boltzmannstr. 3, 14195 Berlin,
(030) 838 55924,
E-Mail: ariane.berger@fu-berlin.de

Bernstorff, Dr. Jochen von, Professor,
Eberhard-Karls-Universität Tübingen,
Juristische Fakultät, Lehrstuhl für
Staatsrecht, Völkerrecht und
Verfassungslehre,
Geschwister-Scholl-Platz, 72074 Tübingen,
E-Mail: vonbernstorff@jura.
uni-tuebingen.de

Bertel, Dr. Maria, Professorin,
Universität Graz, Institut für Öffentliches
Recht und Politikwissenschaft,
Universitätsstr. 15, Bauteil C/III,
A-8010 Graz,
(0043) 316 380 7418,
E-Mail: maria.bertel@uni-graz.at

Bethge, Dr. Herbert, o. Professor,
Am Seidenhof 8, 94034 Passau,
(0851) 416 97,
Fax (0851) 490 1897,
E-Mail: H.I.Bethge@t-online.de

Beusch, Dr. Michael, Professor,
Bundesrichter,
Schweizerisches Bundesgericht,
Av. Du Tribunal Fédéral 29,
CH-1000 Lausanne 14
(0041) 21 3189358
E-Mail: michael.beusch@bger.ch

Beyerbach, Dr. Hannes, Privatdozent,
Universität Greifswald,
Lehrstuhl für Öffentliches Recht mit
Schwerpunkt Verwaltungs- und
Gesundheitsrecht,

Ernst-Lohmeyer-Platz 1, 17489 Greifswald
(0049) 3834 420 2149
E-Mail: hannes.beyerbach@
uni-greifswald.de

Bezemek, Dr. Christoph, BA, LL.M. (Yale),
Professor,
Universität Graz
Institut für Öffentliches Recht
und Politikwissenschaft
Universitätsstr. 15, 3D
A-8010 Graz
E-Mail: christoph.bezemek@uni-graz.at

Biaggini, Dr. Giovanni, o. Professor,
Universität Zürich, Lehrstuhl für Staats-,
Verwaltungs- und Europarecht,
Rechtswissenschaftliches Institut,
Freiestr. 15,
CH-8032 Zürich,
(0041) 44634 3011 oder -3668,
Fax (0041) 44634 4389,
E-Mail: giovanni.biaggini@ius.uzh.ch

Bickenbach, Dr. Christian,
Univ.-Professor,
Lehrstuhl für Öffentliches Recht, insb.
Infrastrukturrecht und Verwaltungsrecht,
Universität Potsdam,
Juristische Fakultät,
August-Bebel-Str. 89, 14482 Potsdam,
E-Mail: christian.bickenbach@uni-
potsdam.de

Bieber, Dr. Uwe Roland, o. Professor,
Mainzer Str. 135, 53179 Bonn,
(0228) 3571 89; Université de Lausanne,
E-Mail: Roland.Bieber@unil.ch

Binder, Dr. Bruno, Univ.-Professor,
Wischerstr. 30, A-4040 Linz,
(0043) 732 7177 72 0,
Fax (0043) 732 7177 72 4;
Universität Linz,
Altenbergerstr. 69, A-4020 Linz,
(0043) 7322 4680,
Fax (0043) 7322 468 10,
E-Mail: vwrecht@jku.at

Bisaz, Dr. iur. & lic. phil. Corsin,
Privatdozent,
Schweizerisches Bundesgericht,
Av. du Tribunal fédéral 29,
CH-1000 Lausanne 14,
(0041) 21 318 91 11;
E-Mail: corsin.bisaz@uzh.ch

Blankenagel, Dr. Alexander, Professor,
Türksteinstr. 10, 14167 Berlin,
(030) 854 9582;
Humboldt-Universität zu Berlin,
Juristische Fakultät,
Unter den Linden 6,
10099 Berlin,
(030) 2093 3381,
Fax (0 30) 2093 3345,
E-Mail: blankenagel@hu-berlin.de

Bock, Dr. Wolfgang, Professor,
Richter am Landgericht
Frankfurt am Main a.D.,
Schalkwiesenweg 44,
60488 Frankfurt am Main,
Privat: (069) 7657 17;
(0163) 636 2552

Böhm, Dr. Monika, Professorin,
Philipps-Universität Marburg,
Fachbereich Rechtswissenschaft,
Universitätsstr. 6, 35037 Marburg,
(06421) 28 23132 oder - 23808,
E-Mail: monika.boehm@jura.
uni-marburg.de

Bogdandy, Dr. Dr. h.c. mult. Armin von,
M.A., Professor, Direktor am Max-Planck-
Institut für ausländisches öffentliches Recht
und Völkerrecht,
Im Neuenheimer Feld 535,
69120 Heidelberg,
(06221) 4826 02,
E-Mail: sekreavb@mpil.de

Bogs, Dr. Harald, o. Professor,
Franz-Eisele-Allee 2, App. 14,
82340 Feldafing

Bohne, Dr. Eberhard, M.A., Professor,
Gartenstr. 5, 61476 Kronberg,
Deutsche Universität für
Verwaltungswissenschaften Speyer,
Freiherr-vom-Stein-Str. 2,
67346 Speyer,
E-Mail: bohne@uni-speyer.de

Borowski, Dr. Martin, Professor,
Universität Heidelberg,
Institut für Staatsrecht,
Verfassungslehre und Rechtsphilosophie,
Friedrich-Ebert-Anlage 6–10,
69117 Heidelberg,
(06221) 54 7462,
E-Mail: borowski@jurs.uni-heidelberg.de

Bothe, Dr. Michael, Univ.-Professor,
Theodor-Heuss-Str. 6, 64625 Bensheim,
(06251) 4345,
E-Mail: bothe-bensheim@t-online.de

Boysen, Dr. Sigrid, Univ.-Professorin,
Helmut-Schmidt-Universität/
Universität der Bundeswehr Hamburg,
Professur für Öffentliches Recht,
Völker- und Europarecht,
Holstenhofweg 85, 22043 Hamburg,
(040) 6541 2771,
Fax (040) 6541 2087,
E-Mail: boysen@hsu-hh.de

Braun Binder, Dr. Nadja,
Professorin für Öffentliches Recht,
Juristische Fakultät der Universität Basel,
Peter Merian-Weg 8, Postfach,
CH-4002 Basel, (0041) 61 207 24 43,
E-Mail: nadja.braunbinder@unibas.ch

Breitenmoser, Dr. Stephan, Professor,
Ordinarius für Europarecht,
Juristische Fakultät der Universität Basel,
Peter Merian-Weg 8, Postfach,
CH-4002 Basel,
(0041) 61267 2551,
Fax (0041) 61267 2579,
E-Mail: stephan.breitenmoser@unibas.ch

Brenner, Dr. Michael, Professor,
Universität Jena,
Lehrstuhl für Deutsches und Europäisches
Verfassungs- und Verwaltungsrecht,
Carl-Zeiss-Str. 3, 07743 Jena,
(03641) 9422 40 oder -41,
Fax (03641) 9422 42,
E-Mail: prof.brenner@t-online.de

Breuer, Dr. Marten, Professor,
Universität Konstanz, Lehrstuhl für
Öffentliches Recht mit internationaler
Ausrichtung,
Universitätsstr. 10, 78464 Konstanz,
(07531) 88 2416,
Fax (07531) 88 3041,
E-Mail: Lehrstuhl.Breuer@uni-konstanz.de

Breuer, Dr. Rüdiger, Professor,
Buschstr. 56, 53113 Bonn,
(0228) 2179 72, Fax (0228) 2248 32;
Köhler & Klett Rechtsanwälte,
Köln,
(0221) 4207 291,
Fax (0221) 4207 255,
E-Mail: breuer.ruediger@arcor.de

Brinktrine, Dr. Ralf, Univ.-Professor,
Margaretenstr. 31,
97276 Margetshöchheim,
(0931) 3044 5884;
Lehrstuhl für Öffentliches Recht,
deutsches und europäisches Umweltrecht
und Rechtsvergleichung,
Juristische Fakultät,
Universität Würzburg,
Domerschulstr. 16, 97070 Würzburg,
(0931) 318 2331,
E-Mail: Ralf.Brinktrine@jura.
uni-wuerzburg.de

Britz, Dr. Gabriele, Professorin,
Richterin des Bundesverfassungsgerichts a.D., Goethe-Universität Frankfurt am Main,
Professur für Öffentliches Recht, insbesondere Verfassungsrecht,
Theodor-W.-Adorno-Platz 4,
60323 Frankfurt am Main,
(069) 798-34275,
E-Mail: sekretariat.britz@jur.uni-frankfurt.de

Broemel, Dr. Roland, Professor,
Goethe-Universität Frankfurt am Main,
Fachbereich Rechtswissenschaft,
Theodor-W.-Adorno-Platz 3
60629 Frankfurt am Main,
(069) 798 34024,
E-Mail: broemel@jur.uni-frankfurt.de

Bröhmer, Dr. Jürgen, Professor,
4 Hinton Cove, WA 6170 Wellard,
(0061) 8 9419 5965;
Dean and Professor of Law,
School of Law, Murdoch University,
Murdoch, AU-WA 6150, Australien,
(0061) 89360 6050,
E-Mail: j.brohmer@murdoch.edu.au

Brosius-Gersdorf, Dr. Frauke, LL.M., Professorin,
Universität Potsdam, Juristische Fakultät
Lehrstuhl für Öffentliches Recht insb. Verfassungsrecht,
August-Bebel-Str. 89
14482 Potsdam,
(0331) 977 3264,
E-Mail: brosius-gersdorf@uni-potsdam.de

Brühl-Moser, Dr. Denise, Titularprofessorin,
Juristische Fakultät der Universität Basel,
EDA Kurier (Manila),
Eichenweg 5, CH-3003 Bern,
(0041) 998 93182 3685,
E-Mail: d.bruehl-moser@unibas.ch

Brüning, Dr. Christoph, Professor,
Christian-Albrechts-Universität zu Kiel,
Lehrstuhl für Öffentliches Recht und Verwaltungswissenschaft
Leibnizstr. 2, 24118 Kiel,
(0431) 880 15 05,
Fax (0431) 880 4582,
E-Mail: cbruening@law.uni-kiel.de

Bryde, Dr. Brun-Otto, o. Professor,
Richter des Bundesverfassungsgerichts a. D., Universität Gießen,
Hein-Heckroth-Str. 5, 35390 Gießen,
(0641) 992 1060/61,
Fax (0641) 992 1069,
E-Mail: Brun.O.Bryde@recht.uni-giessen.de

Buckler, Dr. Julius, Privatdozent,
Akad. Rat a.Z.
Lehrstuhl für Öffentliches Recht, Völker- und Europarecht,
Universität Bayreuth,
95440 Bayreuth,
E-Mail: julius.buckler@uni-bayreuth.de

Bull, Dr. Hans Peter, o. Professor,
Falckweg 16, 22605 Hamburg,
(040) 880 5652,
E-Mail: HP-Bull@t-online.de

Bultmann, Dr. Peter Friedrich, apl. Professor,
Am Pankepark 51, 10115 Berlin,
(030) 4405 6443;
Humboldt-Universität zu Berlin,
Unter den Linden 6, 10099 Berlin,
E-Mail: piet.bultmann@rz.hu-berlin.de

Bumke, Dr. Christian, Professor,
Apostel-Paulus-Str. 19, 10825 Berlin,
(030) 782 6787;
Bucerius Law School, Jungiusstr. 6,
20355 Hamburg,
(040) 30706 237, Fax (040) 30706 259,
E-Mail: christian.bumke@law-school.de

Bungenberg, Dr. Marc, LL.M. (Lausanne), Professor,
Pirmasenser Str. 3, 30559 Hannover,
Tel. +49 (0) 151 1062 8307
Universität des Saarlandes, Europa-Institut
Rechtswissenschaftliche Fakultät
Lehrstuhl für Öffentliches Recht,
Völkerrecht, Europarecht und
Internationales Wirtschaftsrecht
Campus B2.1, D-66123 Saarbrücken
Tel. +49 (0)681 302 6661 (6660)
E-Mail: bungenberg@europainstitut.de

Buoso, Dr. Elena, Professorin
Dipartimento di diritto publico, internazionale e comunitario,
Università degli Studi di Padova,
Via VII Febbraio 2, 35122 Padova,
(0039) 4982 733 68,
E-Mail: elena.buoso@unipd.it

Burchardt, Dr. Dana, Privatdozentin,
E-Mail: dana.burchardt@kfg-intlaw.de

Burgi, Dr. Martin, Professor,
Institut für Politik und Öffentliches Recht
der LMU München,
Lehrstuhl für Öffentliches Recht,
Wirtschaftsverwaltungsrecht,
Umwelt- und Sozialrecht,
Prof.-Huber-Platz 2,
80539 München,
(089) 2180 6295,
Fax (089) 2180 3199,
E-Mail: martin.burgi@jura.
uni-muenchen.de

Burkert, Dr. Herbert, Professor,
Uferstr. 31, 50996 Köln-Rodenkirchen,
(02213) 9 7700, Fax (02213) 9 7711;
MCM-HSG, Universität St. Gallen,
Müller-Friedberg-Str. 8,
CH-9000 St. Gallen,
(0041) 71 222 4875,
Fax (0041) 71 222 4875,
E-Mail: herbert.burkert@unisg.ch

Burri, Dr. Thomas, LL.M., Professor,
Assistenzprofessor für Völkerrecht
und Europarecht
Bodanstr. 3, CH-9000 St. Gallen,
(0041) 71 224 30 92,
E-Mail: Thomas.Burri@unisg.ch

Bußjäger, Dr. Peter, Univ.-Professor,
Institut für Öffentliches Recht,
Staats- und Verwaltungslehre,
Innrain 52d, A-6020 Innsbruck,
E-Mail: peter.bussjaeger@uibk.ac.at

Butzer, Dr. iur. Hermann, Professor,
Moltkestr. 4, 30989 Gehrden,
(05108) 8782 323;
Leibniz-Universität Hannover,
Lehrstuhl für Öffentliches Recht,
insb. Recht der staatlichen
Transfersysteme,
Königsworther Platz 1,
30167 Hannover,
(0511) 7 6281 69,
Fax (0511) 762 8203,
E-Mail: butzer@jura.uni-hannover.de

Calliess, Dr. Christian, LL.M. Eur.,
M.A.E.S. (Brügge), Professor,
(0175) 205 75 22;
Freie Universität Berlin, Lehrstuhl für
Öffentliches Recht und Europarecht,
Van't-Hoff-Str. 8, 14195 Berlin,
(030) 8385 1456,
Fax (030) 8385 3012,
E-Mail: europarecht@fu-berlin.de

Cancik, Dr. Pascale, Professorin,
Universität Osnabrück,
Institut für Staats-, Verwaltungs- und
Wirtschaftsrecht,
Fachbereich Rechtswissenschaft,
Martinistr. 12,
49078 Osnabrück,
(0541) 969 6044 oder -6099,
Fax (0541) 969 6082,
E-Mail: pcancik@uni-osnabrueck.de

Capitant, Dr. Dr. h.c., David, Professor,
44, rue des Ecoles,
F-75005 Paris,
(0033) 615 102 596,
E-Mail: dcapitant@gmail.com

Caspar, Dr. Johannes, Professor,
Universität Hamburg,
Fachbereich Rechtswissenschaft,
Rothenbaumchaussee 33,
20148 Hamburg,
(040) 42838 3033,
Fax (040) 42383 2635,
E-Mail: johannes.caspar@uni-hamburg.de

Classen, Dr. Claus Dieter, Professor,
Universität Greifswald,
17487 Greifswald,
(03834) 420 21 21 oder 21 24,
Fax (03834) 420 2171,
E-Mail: Classen@uni-greifswald.de

Coelln, Dr. Christian von,
Univ.-Professor,
Lehrstuhl für Staats- und Verwaltungsrecht
sowie Wissenschaftsrecht und Medienrecht
Universität zu Köln,
Albert-Magnus-Platz,
50923 Köln,
(0221) 470 40 66,
E-Mail: cvcoelln@uni-koeln.de

Collin, Dr. Peter, Privatdozent,
Rykestr. 18, 10405 Berlin,
(030) 4005 6292;
MPI für europäische Rechtsgeschichte,
Hausener Weg 120,
60489 Frankfurt am Main,
(069) 789 78 1 61,
Fax (069) 789 78 1 69,
E-Mail: collin@rg.mpg.de

Cornils, Dr. Matthias, Professor,
Adelheidstr. 92, 65185 Wiesbaden,
(0611) 971 9997, (0178) 498 7311,
E-Mail: mcornils@arcor.de;
Johannes Gutenberg-Universität Mainz,
Fachbereich Rechts- und Wirtschafts-
wissenschaften,
Jakob-Welder-Weg 9, 55099 Mainz,
(06131) 39-220 69,
E-Mail: cornils@uni-mainz.de

Cossalter, Dr. Philippe, Professor,
Lehrstuhl für französisches öffentliches
Recht,
Rechtswissenschaftliche Fakultät,
Universität des Saarlandes,
Postfach 15 11 50,
66041 Saarbrücken,
(0681) 302 3446,
E-Mail: cossalter@mx.uni-saarland.de

Cremer, Dr. Hans-Joachim,
Universität Mannheim Schloss Westflügel,
68131 Mannheim,
E-Mail: hjcremer@uni-mannheim.de

Cremer, Dr. Wolfram, Professor,
Schellstr. 13, 44789 Bochum;
Ruhr-Universität Bochum, Lehrstuhl für
Öffentliches Recht und Europarecht,
GC 8/160, 44780 Bochum,
(0234) 32 22818,
Fax (0234) 32 14 81,
E-Mail: wolfram.cremer@rub.de

Cruz Villalón, Dr. Pedro, Professor,
Facultad de Derecho, Universidad
Autónoma de Madrid,
ES-28049 Madrid,
E-mail: p.cruz@uam.es

Czybulka, Dr. Detlef, Univ.-Professor,
Bergstr. 24–25, 18107 Elmenhorst,
(0381) 795 3944, Fax (0381) 795 3945;
Universität Rostock,
Lehrstuhl für Staats- und Verwaltungsrecht,
Umweltrecht und Öffentliches
Wirtschaftsrecht,
Universitätsplatz 1,
18051 Rostock,

(0381) 498 8250,
Fax (0381) 498 8252,
E-Mail: detlef.czybulka@uni-rostock.de

Damjanovic, Dr. Dragana,
LL.M. (Berkeley),
Univ.-Professorin,
Technische Universität Wien, Institut für Raumplanung,
Forschungsbereich Rechtswissenschaften,
Karlsgasse 13/1OG,
A-1040 Wien,
(0043) 1 58801 280100,
E-Mail: dragana.damjanovic@tuwien.ac.at

Dann, Dr. Philipp, LL.M., Professor,
Sybelstr. 37, 10629 Berlin;
Lehrstuhl für Öffentliches Recht und Rechtsvergleichung,
Humboldt-Universität zu Berlin
Unter den Linden 6, 10099 Berlin,
(030) 2093 9975,
E-Mail: philipp.dann@hu-berlin.de

Danwitz, Dr. Dr. h.c. Thomas von,
Professor,
Klinkenbergsweg 1, 53332 Bornheim,
(02227) 9091 04,
Fax (02227) 90 9105;
Richter am Gerichtshof der Europäischen Union,
L-2925 Luxemburg, (00352) 4303 2230,
Fax (00352) 4303 2071,
E-Mail: thomas.vondanwitz@curia.europa.eu

Davy, Dr. Benjamin, Univ.-Professor,
Graf-von-Galen-Str. 64, 33619 Bielefeld,
(0049) 521 9630 8545,
E-Mail: benjamin.davy@udo.edu

Davy, Dr. Ulrike, Univ.-Professorin,
Graf-von-Galen-Str. 64, 33619 Bielefeld,
(0231) 7799 94 oder 794 9979,
Lehrstuhl für öffentliches Recht, deutsches und internationales Sozialrecht und Rechtsvergleichung,
Universität Bielefeld,
Postfach 10 01 31, 33501 Bielefeld,
(0521) 106 4400 oder -6893,
Fax (0521) 106 8083,
E-Mail: ulrike.davy@uni-bielefeld.de

Decken, Dr. Kerstin von der, Professorin,
Ministerin für Justiz und Gesundheit des Landes Schleswig-Holstein
Lorentzendamm 35, 24103 Kiel
(0431) 988 0,
E-Mail: Poststelle@jumi.landsh.de

Dederer, Dr. Hans-Georg,
Univ.-Professor,
Juristische Fakultät, Universität Passau,
Innstr. 39, 94032 Passau,
(0851) 509 2340,
E-Mail: Hans-Georg.Dederer@uni-passau.de

Degenhart, Dr. Christoph,
Univ.-Professor,
Stormstr. 3, 90491 Nürnberg,
(0911) 59 2462, Fax (0911) 59 2462;
Juristenfakultät, Universität Leipzig,
Burgstr. 27, 04109 Leipzig,
(0341) 97 35191,
Fax (0341) 97 35199,
E-Mail: degen@rz.uni-leipzig.de

Delbanco, Dr. Heike, Privatdozentin,
Freier Damm 25 c, 28757 Bremen,
(0421) 243 6381, Fax (0421) 330 4940;
Ärztekammer Bremen,
Schwachhauser Heerstr. 30,
28209 Bremen,
(0421) 3404 200,
Fax (0421) 3404 209

De Lucia, Dr. Luca, Professor,
Università degli Studi di Salerno,
Via Giovanni Paolo II, 132,
84084 Fisciano (SA);
E-Mail: ldelucia@unisa.it

Depenheuer, Dr. Otto, Professor,
Joachimstr. 4, 53113 Bonn,
(0228) 9289 4363, Fax (0228) 9289 4364;
Universität zu Köln,
Seminar für Staatsphilosophie
und Rechtspolitik,
Albertus-Magnus-Platz, 50923 Köln,
(0221) 470 2230,
Fax (0221) 470 5010,
E-Mail: Depenheuer@uni-koeln.de

Desens, Dr. Marc, Univ.-Professor,
Ferdinand-Lassalle-Str. 2, 04109 Leipzig,
(0341) 3558 7365;
Juristenfakultät,
Universität Leipzig, Lehrstuhl für
Öffentliches Recht, insb. Steuerrecht
und Öffentliches Wirtschaftsrecht,
Burgstr. 21, 04109 Leipzig,
(0341) 9735 270, Fax (0341) 9735 279
E-Mail: marc.desens@uni-leipzig.de

Determann, Dr. Lothar, apl. Professor,
2 Embarcadero Center,
#11fl, c/o Baker/ McKenzie,
San Francisco, CA 94119, USA;
Freie Universität Berlin,
Fachbereich Rechtswissenschaft
Van't-Hoff-Str. 8, 14195 Berlin,
E-Mail: lothar.determann@bakernet.com

Detterbeck, Dr. Steffen, o. Professor,
Stettiner Str. 60, 35274 Kirchhain,
(06422) 4531;
E-Mail: detterbeck@jura.uni-marburg.de

Dietlein, Dr. Johannes, Professor,
Heinrich-Heine-Universität,
Lehrstuhl für Öffentliches Recht und
Verwaltungslehre,
Zentrum für Informationsrecht,
Universitätsstr. 1,
40225 Düsseldorf,
(0211) 81 1 1420,
Fax (0211) 81 1 1455,
E-Mail: dietlein@uni-duesseldorf.de

Dietz, Dr. Andreas, apl. Professor,
Vorsitzender Richter,
Bayerisches Verwaltungsgericht Augsburg,
Kornhausgasse 4, 86152 Augsburg,
(0821) 327 04 (Zentrale),
E-Mail: andreas.dietz@vg-a.bayern.de

Di Fabio, Dr. Dr. Udo, Professor,
Richter des Bundesverfassungs-
gerichts a. D.;
Institut für Öffentliches Recht,
Abt. Staatsrecht,
Rheinische-Friedrich Wilhelms-Universität,
Adenauerallee 44, 53113 Bonn,
(0228) 7355 73,
Fax (0228) 7379 35,
E-Mail: difabio@uni-bonn.de

Diggelmann, Dr. Oliver, Professor,
Lehrstuhl für Völkerrecht, Europarecht,
Öffentliches Recht und Staatsphilosophie,
Universität Zürich,
Rämistr. 74/36, CH-8001 Zürich,
(0041) 44 634 2054 oder -2033,
Fax (0041) 44 634 5399,
E-Mail: Ist.diggelmann@ius.uzh.ch

Dittmann, Dr. Armin, o. Professor,
Karl-Brennenstuhl-Str. 11,
72074 Tübingen,
(07071) 824 56,
E-Mail: aa.dittmann@gmx.de

Dörr, Dr. Dieter, Univ.-Professor,
Am Stadtwald 6, 66123 Saarbrücken,
(0681) 372700;
Seniorforschungsprofessur,
Johannes-Gutenberg-Universität Mainz,
Fachbereich 03, Jakob-Welder-Weg 4,
55128 Mainz,
E-Mail: ddoerr@uni-mainz.de

Dörr, Dr. Oliver, LL.M. (London),
Professor,
Universität Osnabrück, Fachbereich
Rechtswissenschaft,

European Legal Studies Institute,
49069 Osnabrück,
(0541) 969 6050 oder -6051,
Fax (0541) 969 6049,
E-Mail: odoerr@uos.de

Dreier, Dr. Horst, o. Professor,
Bismarckstr. 13,
21465 Reinbek,
(040) 722 5834,
E-Mail: dreier@mail.uni-wuerzburg.de

Droege, Dr. Michael, Univ.-Professor,
Lehrstuhl für Öffentliches Recht: Verwaltungsrecht, Religionsverfassungsrecht und Kirchenrecht,
Eberhard Karls Universität Tübingen,
Geschwister-Scholl-Platz, 72074 Tübingen,
(07071) 29 78125,
E-Mail: michael.droege@uni-tuebingen.de

Drüen, Dr. Klaus-Dieter, Professor,
Ludwig-Maximilians-Universität München,
Lehrstuhl für Deutsches, Europäisches und Internationales Steuerrecht und Öffentliches Recht,
Prof.-Huber-Platz 2, 80539 München,
(089) 2180 27 18; Fax (089) 2180 17 843,
E-Mail: klaus-dieter.drueen@jura.uni-muenchen.de

Durner, Dr. jur., Dr. phil. Wolfgang, LL.M. (London), Professor,
Viktoriaplatz 1,
53173 Bonn-Bad Godesberg;
Rheinische Friedrich-Wilhelms-Universität Bonn, Rechts- und Staatswissenschaftliche Fakultät,
Adenauerallee 44, 53113 Bonn,
(0228) 73 9151, Fax (0228) 73 5582,
E-Mail: durner@uni-bonn.de

Dürrschmidt, Dr. Daniel, LL.M. (Univ. Sydney), Privatdozent,
Ludwig-Maximilians-Universität München,
Lehrstuhl für Deutsches, Europäisches und Internationales Steuerrecht und Öffentliches Recht,
Prof.-Huber-Platz 2, 80539 München,
(0049) 89 2180 1694,
E-Mail: daniel.duerrschmidt@jura.uni-muenchen.de

Eberhard, Dr. Harald,
Univ.-Professor,
Universität Wien,
Institut für Staats- und Verwaltungsrecht,
Schottenbastei 10–16, A-1010 Wien,
(0043) 4277 35462,
E-Mail: harald.eberhard@univie.ac.at

Eberle, Dr. Carl-Eugen, Professor,
Kapellenstr. 68a, 65193 Wiesbaden,
(06 11) 5204 68,
E-Mail: eberle.ce@t-online.de

Ebsen, Dr. Ingwer, Professor,
Alfred-Mumbächer-Str. 19, 55128 Mainz,
(06131) 3310 20;
FB Rechtswissenschaft,
Universität Frankfurt, Postfach 11 19 32,
60629 Frankfurt am Main,
(069) 7982 2703,
E-Mail: Ebsen@jur.uni-frankfurt.de

Eckhoff, Dr. Rolf, Professor,
Bornwiesweg 37,
65388 Schlangenbad-Georgenborn,
(06129) 4893 70,
Fax (06129) 4893 72;
E-Mail: rolf.eckhoff@t-online.de

Edenharter, Dr. Andrea,
Univ.-Professorin,
Lehrstuhl für Verwaltungsrecht,
insb. Wirtschaftsverwaltungsrecht
sowie Allgemeine Staatslehre
FernUniversität in Hagen
Universitätsstr. 11, 58097 Hagen,
(02331) 987 2341 oder -2419,
E-Mail: Andrea.Edenharter@fernuni-hagen.de

Egidy, Dr. Stefanie, LL.M. (Yale),
Professorin,
Lehrstuhl für Öffentliches Recht,
Ökonomische Analyse des Rechts
und Öffentliches Wirtschaftsrecht,
Universität Mannheim,
Schloss Ehrenhof West, 68131 Mannheim,
E-Mail: stefanie.egidy@uni-mannheim.de

Egli, Dr. Patricia, LL.M. (Yale),
Professorin,
Universität St. Gallen,
Meienbergstr. 65, CH-8645 Jona,
(0041) 79768 9465,
E-Mail: patricia.egli@unisg.ch

Ehlers, Dr. Dirk, Professor,
Am Mühlenbach 14, 48308 Senden,
(02597) 8415;
Zentrum für öffentliches Wirtschaftsrecht,
Westfälische Wilhelms-Universität
Münster,
Universitätsstr. 14–16, 48143 Münster,
(0251) 83 21906,
Fax (0251) 83 28315,
E-Mail: ehlersd@uni-muenster.de

Ehrenzeller, Dr. Bernhard, o. Professor,
Kirchlistr. 36a, CH-9010 St. Gallen,
Institut für Rechtswissenschaft und
Rechtspraxis (IRP-HSG),
Bodanstr. 4,
CH-9000 St. Gallen,
(0041) 71 224 2440 oder -46,
Fax (0041) 71 224 2441,
E-Mail: Bernhard.Ehrenzeller@unisg.ch

Eichenhofer, Dr. Johannes , Professor,
Professur für Öffentliches Recht, insb.
Recht der Digitalisierung der Verwaltung,
Universität Leipzig, Juristenfakultät,
Burgstr. 21 / Raum 5.23/5.24,
04109 Leipzig,
(0049) 341 97 35 121,
E-Mail: johannes.eichenhofer@uni-leipzig.de

Eifert, Dr. Martin, LL.M. (Berkeley),
Richter des Bundesverfassungsgerichts,
Professor,
Humboldt-Universität zu Berlin,
Lehrstuhl für Öffentliches Recht,
insb. Verwaltungsrecht,
Postanschrift: Unter den Linden 6,
10099 Berlin,
Sitz: Kommode, Bebelplatz 2, Raum 323
E-Mail: martin.eifert@hu-berlin.de

Eisenberger, Dr. Iris, Univ.-Professorin,
Professur für Innovation und Öffentliches
Recht, Universität Wien,
Juridicum, Stiege I und II, 2. Stock,
Schottenbastei 10–16, A-1010 Wien,
(0043)1 4277 34241,
E-Mail: iris.eisenberger@univie.ac.at

Eisenmenger, Dr. Sven, Professor,
Hochschule in der Akademie der Polizei
Hamburg/University of Applied
Sciences, Forschungsstelle Europäisches
und Deutsches Sicherheitsrecht (FEDS),
Professur für Öffentliches Recht,
Carl-Cohn-Str. 39, Block III,
Raum EG 6, 22297 Hamburg,
(040) 4286 24433,
E-Mail: sven.eisenmenger@poladium.de

Ekardt, Dr. Dr. Felix, LL.M., M.A.,
Professor,
Forschungsstelle Nachhaltigkeit und
Klimapolitik,
Könneritzstr. 41, 04229 Leipzig,
Tel. + Fax (0341) 49277866,
E-Mail: felix.ekardt@uni-rostock.de

Elicker, Dr. Michael, Professor,
Dunzweiler Str. 6, 66564 Ottweiler,
(06858) 6998 53,
Fax (06858) 6998 53;
Universität des Saarlandes,
Lehrstuhl für Staats- und Verwaltungsrecht, Wirtschafts-, Finanz- u. Steuerrecht,
Rechtswissenschaftliche Fakultät,

Im Stadtwald,
66123 Saarbrücken,
(0681) 302 2104,
Fax (0681) 302 4779,
E-Mail: m.elicker@gmx.de

Emmerich-Fritsche, Dr. Angelika,
apl. Professorin,
Hornschuchpromenade 17,
90762 Fürth,
(0911) 7066 60,
E-Mail: info@emmerich-fritsche.de

Enders, Dr. Christoph,
Univ.-Professor,
Universität Leipzig, Juristenfakultät,
Lehrstuhl für Öffentliches Recht,
Staats- und Verfassungslehre,
Burgstr. 21,
04109 Leipzig,
(0341) 9735 350,
Fax (0341) 97 35359,
E-Mail: chenders@rz.uni-leipzig.de

Engel, Dr. Christoph, Professor,
Max-Planck-Institut zur Erforschung
von Gemeinschaftsgütern,
Kurt-Schumacher-Str. 10,
53113 Bonn,
(0228) 914 1610,
Fax (0228) 914 16 11,
E-Mail: engel@coll.mpg.de

Engels, Dr. Andreas, Privatdozent,
Peter-von-Fliesteden-Str. 23, 50933 Köln,
E-Mail: a.engels@gmx.de;
Universität zu Köln, Institut für Staatsrecht,
Albertus Magnus Platz,
50923 Köln,
(0221) 470-4359,
Fax (0221)470-5075,
E-Mail: andreas.engels@uni-koeln.de

Englisch, Dr. Joachim, Professor,
Nettelbeckstr. 11,
40477 Düsseldorf,
(0211) 4165 8735,
E-Mail: jo.e@gmx.de;
Westfälische Wilhelms-Universität
Münster, Lehrstuhl für Öffentliches Recht
und Steuerrecht,
Universitätsstr. 14–16,
48143 Münster,
(0251) 83 2 2795,
Fax (0251) 83 2 8386,
E-Mail: jengl_01@uni-muenster.de

Ennöckl, Dr. Daniel, LL.M.,
Univ.-Professor,
Universität für Bodenkultur Wien,
Institut für Rechtswissenschaften,
Feistmantelstr. 4,
1180 Wien,
(0043) 1 47654 73611,
E-Mail: daniel.ennoeckl@boku.ac.at

Ennuschat, Dr. Jörg, Professor,
Ruhr-Universität Bochum,
Lehrstuhl für Öffentliches Recht,
insbes. Verwaltungsrecht
Universitätsstr. 150,
44801 Bochum,
(0234) 3225275,
Fax (0234) 3214282,
E-Mail: Joerg.Ennuschat@rub.de

Epiney, Dr. Astrid, Professorin,
Avenue du Moléson 18,
CH-1700 Fribourg,
(0041) 26 323 4224;
Universität Fribourg i.Ue./CH,
Lehrstuhl für Europa-,
Völker- und Öffentliches Recht,
Av. de Beauregard 11,
CH-1700 Fribourg,
(0041) 26 300 8090,
Fax (0041) 26 300 9776,
E-Mail: Astrid.Epiney@unifr.ch

Epping, Dr. Volker, Professor,
Neddernwanne 38, 30989 Gehrden,
(05108) 9126 97;

Leibniz Universität Hannover,
Präsidialamt,
Welfengarten 1, 30167 Hannover,
(0511) 762 2201,
Fax (0511) 762 82 52,
E-Mail: epping@jura.uni-hannover.de

Erbel, Dr. Günter, Professor,
Bornheimer Str. 106, 53111 Bonn

Erbguth, Dr. Wilfried, Professor,
Friedrich-Franz-Str. 38, 18119 Rostock,
(0381) 548 6709,
E-Mail: wilfried.erbguth@uni-rostock.de

Erichsen, Dr. Hans-Uwe, o. Professor,
Falkenhorst 17, 48155 Münster,
(0251) 313 12;
Kommunalwissenschaftliches Institut,
Universität Münster,
Universitätsstr. 14–16, 48143 Münster,
(0251) 8327 41,
E-Mail: erichse@uni-muenster.de

Ernst, Dr. Christian, Univ.-Professor,
Helmut-Schmidt-Universität/
Universität der Bundeswehr,
Fakultät für Wirtschafts- und
Sozialwissenschaften,
Holstenhofweg 85,
22043 Hamburg,
(0049) 040 6541 3949,
E-Mail: christian.ernst@hsu-hh.de

Errass, Dr. Christoph, Professor,
Bundesverwaltungsrichter
Titularprofessor für öffentliches Recht an
der Universität St. Gallen, Schweizerisches
Bundesverwaltungsgericht,
Kreuzackerstr. 12,
CH-9000 St. Gallen,
(0041) 58 465 26 26,
E-Mail: christoph.errass@unisg.ch

Faber, Dr. Angela, apl. Professorin,
Landesrätin des Landschaftsverbands
Rheinland a.D.
Am Beller Weg 65, 50259 Pulheim
(02234) 64370
Mail: mail@angelafaber.de

Farahat, Dr. Anuscheh, LL.M. (Berkeley),
Professorin
Universität Wien,
Institut für Staats- und Verwaltungsrecht,
Juridicum, Stiege I und II, 6. Stock,
Schottenbastei 10–16, A-1010 Wien,
(0043) 1 4277 35432,
E-Mail: anuscheh.farahat@univie.ac.at

Fassbender, Dr. Bardo, LL.M. (Yale),
o. Professor,
Universität St. Gallen,
Lehrstuhl für Völkerrecht, Europarecht
und Öffentliches Recht,
Tigerbergstr. 21, CH-9000 St. Gallen,
(0041) 71 224 2836,
Fax (0041) 71 224 2162,
E-Mail: bardo.fassbender@unisg.ch

Faßbender, Dr. Kurt, Professor,
Universität Leipzig, Juristenfakultät,
Lehrstuhl für Öffentliches Recht,
insb. Umwelt- und Planungsrecht,
Burgstraße 21, 04109 Leipzig

Fastenrath, Dr. Ulrich, Professor,
Liliensteinstr. 4,
01277 Dresden,
(0351) 25 40 536,
E-Mail: Ulrich.Fastenrath@tu-dresden.de

Fechner, Dr. Frank, Professor,
TU Ilmenau, Institut für
Rechtswissenschaft,
Postfach 100 565, 98684 Ilmenau,
(03677) 69 4022,
E-Mail: Frank.Fechner@tu-ilmenau.de

Fehling, Dr. Michael, LL.M. (Berkeley),
Professor,
Bucerius Law School, Hochschule für

Rechtswissenschaft,
Jungiusstr. 6, 20355 Hamburg,
Postfach 30 10 30,
(040) 307 06 231, Fax (040) 307 06 235,
E-Mail: michael.fehling@law-school.de

Feichtner, Dr. Isabel, Professorin,
LL.M. (Cardozo)
Julius-Maximilians-Universität Würzburg,
Juristische Fakultät,
Professur für Öffentliches Recht
und Wirtschaftsvölkerrecht,
Domerschulstr. 16,
97070 Würzburg,
(0931) 318 6622,
E-Mail: feichtner@jura.uni-wuerzburg.de

Feik, Dr. Rudolf, ao. Univ.-Professor,
Hans-Sperl-Str. 7, A-5020 Salzburg,
(0043) 6 76 73 04 33 74;
Universität Salzburg,
Fachbereich Öffentliches Recht,
Kapitelgasse 5–7,
A-5020 Salzburg,
(0043) 662 8044 36 03,
Fax (0043) 662 8044 3629,
E-Mail: rudolf.feik@sbg.ac.at

Felix, Dr. Dagmar, Professorin,
Universität Hamburg, Öffentliches Recht
und Sozialrecht,
Fakultät für Rechtswissenschaft,
Rothenbaumchaussee 33,
20148 Hamburg,
(040) 428 38 2665,
Fax (040) 42838 2930,
E-Mail: dagmar.felix@jura.uni-hamburg.de

Fetzer, Dr. Thomas, LL.M., Professor,
Lehrstuhl für öffentliches Recht und
Steuerrecht,
Fakultät für Rechtswissenschaft und
Volkswirtschaftslehre,
Abt. Rechtswissenschaft
Universität Mannheim,
68131 Mannheim,
(0621) 1811 438,
E-Mail: lsfetzer@mail.uni-mannheim.de

Fink, Dr. Udo, Univ.-Professor,
Johannes-Gutenberg-Universität Mainz,
Fachbereich Rechts- und
Wirtschaftswissenschaften,
55099 Mainz,
(06131) 392 2384,
E-Mail: pfink@uni-mainz.de

Finke, Dr. Jasper, PD, LL.M. (Columbia),
Referent im Bundesministerium
der Justiz und für Verbraucherschutz,
E-Mail: finke-ja@bmjv.bund.de

Fisahn, Dr. Andreas, Professor,
Grüner Weg 83, 32130 Enger;
Universität Bielefeld, Fakultät für
Rechtswissenschaft,
Postfach 10 01 31,
33501 Bielefeld,
(0521) 106 4384,
E-Mail: andreas.fisahn@uni-bielefeld.de

Fischer, Dr. Kristian, apl. Professor,
Deidesheimer Str. 52,
68309 Mannheim,
(0621) 73 8245;
Lehrstuhl für Öffentliches Recht und
Steuerrecht,
Universität Mannheim,
Schloss Westflügel,
68131 Mannheim,
(0621) 181 1435,
Fax (0621) 181 1437,
E-Mail: kfischer@jura.uni-mannheim.de

Fischer-Lescano, Dr. Andreas, LL.M.
(EUI, Florenz), Professor,
Professor im Fachgebiet „Just Transitions“,
Kassel Institute for Sustainability
Fachbereich Humanwissenschaften,
Arnold Bode-Str. 10,
34127 Kassel,
E-Mail: fischer-lescano@uni-kassel.de

Fister, Dr. Mathis Univ.-Professor,
Johannes Kepler Universität Linz,
Institut für Verwaltungsrecht und Verwaltungslehre,
Altenberger Str. 69, Juridicum, 4. Stock,
Trakt B, J 400 B, A-4040 Linz,
(0043) 732 2468 1860,
E-Mail: mathis.fister@jku.at

Folz, Dr. Hans-Peter, Univ.-Professor,
Klosterwiesgasse 31, A-8010 Graz;
Institut für Europarecht/Department of European Law,
Karl-Franzens-Universität Graz,
RESOWI-Zentrum,
Universitätsstr. 15/C 1,
A-8010 Graz,
(0043) 316 380 3625,
Fax (0043) 316 380 9470,
E-Mail: hans-peter.folz@uni-graz.at

Fontana, Dr. Sina, MLE., Professorin,
Universität Augsburg
Lehrstuhl für Öffentliches Recht und Krisenresilienz,
Universitätsstr. 24, 86159 Augsburg,
E-Mail: sina.fontana@jura.uni-augsburg.de

Fowkes, Dr. James, LL.M. (Yale), Professor,
Westfälische Wilhelms-Universität Münster,
Institut für internationales und vergleichendes öffentliches Recht Abt. IV,
Rechtswissenschaftliche Fakultät,
Universitätsstr. 14–16, 48143 Münster,
(0049) 251 832 2733,
E-Mail: fowkes@uni-muenster.de

Fraenkel-Haeberle, Dr. Cristina, apl. Professorin,
Am Rabensteinerweg 2, 67346 Speyer,
Mobil (0162) 3185295;
Programmbereichskoordinatorin,
Deutsches Forschungsinstitut für öffentliche Verwaltung Speyer,
Freiherr-vom-Stein-Str. 2, 67346 Speyer,
(06232) 654 384, Fax (06232) 654 290,
E-Mail: fraenkel-haeberle@foev-speyer.de

Frank, Dr. Dr. h.c. Götz, Professor,
Cäcilienplatz 4, 26122 Oldenburg,
(04 41) 7 56 89;
Carl von Ossietzky Universität Oldenburg,
Juristisches Seminar,
Öffentliches Wirtschaftsrecht,
26111 Oldenburg,
Paketanschrift: Ammerländer Heerstr. 114–118, 26129 Oldenburg,
(0441) 798 4143, Fax (0441) 798 4151,
E-Mail: Goetz.Frank@uni-oldenburg.de

Frankenberg, Dr. Dr. Günter, Professor,
Institut für Öffentliches Recht,
Goethe-Universität Frankfurt,
Rechtswissenschaft,
Theodor-W.-Adorno-Platz 4,
60629 Frankfurt am Main,
(069) 7983 4 270 oder -269,
E-Mail: Frankenberg@jur.uni-frankfurt.de

Franzius, Dr. Claudio, Professor,
Röbbek 10, 22607 Hamburg,
(040) 46776382;
Universität Bremen,
Fachbereich Rechtswissenschaft,
Universitätsallee GW 1, 28359 Bremen,
(0421) 218 66100,
E-Mail: franzius@uni-bremen.de

Frau, Dr. Robert, Professor,
Professur für Öffentliches Recht, insb. Energie- und Umweltrecht,
Technische Universität Bergakademie Freiberg,
Schloßplatz 1,
09599 Freiberg,
E-Mail: robert.frau@rewi.tu-freiberg.de

Fremuth, Dr. Michael Lysander, Univ.-Professor,
Wissenschaftlicher Direktor des Ludwig

Boltzmann Instituts für Menschenrechte,
Universität Wien, Institut für Staats- und
Verwaltungsrecht,
Freyung 6, 1. Hof, Stiege: II,
1010 Wien,
(0043) 1 4277 27420,
Fax (0043) 1 4277 27429,
E-Mail: michael-lysander.fremuth@
univie.ac.at

Frenzel, Dr. Eike M., Privatdozent,
Institut für Öffentliches Recht,
Rechtswissenschaftliche Fakultät,
Albert-Ludwigs-Universität Freiburg,
Postfach, 79085 Freiburg i. B.,
(0761) 203 2252,
Fax (0761) 203 2293,
E-Mail: eike.frenzel@jura.uni-freiburg.de

Froese, Dr. Judith, Professorin,
Universität Konstanz, Lehrstuhl für
Öffentliches Recht mit Nebengebieten,
Fach 110, 78457 Konstanz,
(0049) 7531 88 3004,
E-Mail: judith.froese@uni-konstanz.de

Fromage, Dr. Diane, Professorin,
Universität Salzburg,
Edmundsburg, Mönchsberg 2,
A-5020 Salzburg,
(0043) 662 8044 7608,
E-Mail: diane.fromage@plus.ac.at

Fromont, Dr. Dr. h.c. mult. Michel,
Professor,
12, Boulevard de Port Royal,
F-75005 Paris,
(0033) 1 45 35 73 71,
E-Mail: Fromont.michel@wanadoo.fr

Frowein, Dres. h.c. Jochen Abr.,
o. Professor,
Blumenthalstr. 53, 69120 Heidelberg,
(06221) 4746 82, Fax (06221) 4139 71;
Max-Planck-Institut für ausländisches
öffentliches Recht und Völkerrecht,
Im Neuenheimer Feld 535,
69120 Heidelberg,
(06221) 482 258, Fax (06221) 482 603,
E-Mail: frowein@mpil.de

Führ, Dr. Martin, Professor,
Hochschule Darmstadt,
Sonderforschungsgruppe
Institutionenanalyse, Haardtring 100,
Gebäude A12/Raum 310,
64295 Darmstadt,
(0049) 6151 16 38734

Funk, Dr. Bernd-Christian,
em. o. Professor,
Franz-Graßler-Gasse 23, A-1230 Wien,
E-Mail: bernd-christian.funk@univie.ac.at
(Universität Wien)
bernd-christian.funk@hotmail.com (privat)

Funke, Dr. Andreas, Professor,
Kochstr. 21, 91054 Erlangen,
(09131) 829 0597;
Friedrich-Alexander-Universität
Erlangen-Nürnberg,
Lehrstuhl für Öffentliches Recht und
Rechtsphilosophie,
E-Mail: andreas.funke@fau.de

Gächter, Dr. Thomas, Professor,
Universität Zürich,
Lehrstuhl für Staats-, Verwaltungs- und
Sozialversicherungsrecht,
Rechtswissenschaftliches Institut
Treichlerstr. 10, CH-8032 Zürich,
(0041) 446 3430 62,
E-Mail: Ist.gaechter@ius.uzh.ch

Gärditz, Dr. Klaus Ferdinand,
Professor,
Kastanienweg 48, 53177 Bonn;
Rheinische Friedrich-Wilhelms-Universität
Bonn, Institut für Öffentliches Recht,
Adenauerallee 24–42, 53113 Bonn,
(0228) 73 9176,
E-Mail: gaerditz@jura.uni-bonn.de

Gaillet, Dr. Aurore, Professorin
Université Toulouse 1 Capitole,
2 rue du Doyen Gabriel Marty,
31042 Toulouse, Cedex 9
Frankreich
E-Mail: aurore.gaillet@ut-capitole.fr

Galetta, Dr. Diana-Urania, LL.M.,
Professorin,
Università degli Studi di Milano,
Facoltà di Giurisprudenza
Dipartimento di diritto pubblico italiano e sovranazionale,
Via Festa del Perdono 7,
I-20122 Milano,
(0039) 02 503 12590,
Fax (0039) 02 503 12546,
E-Mail: diana.galetta@unimi.it

Gall von, Dr. Caroline,
Privatdozentin, J.-Professorin,
Universität zu Köln, Institut für osteuropäisches Recht und Rechtsvergleichung,
Klosterstr. 79 d, 50931 Köln,
(0221) 470 5575,
E-Mail: CvGall@uni-koeln.de

Gamper, Dr. Anna, Univ.-Professorin,
Universität Innsbruck, Institut für Öffentliches Recht, Staats- und Verwaltungslehre,
Innrain 52d, A-6020 Innsbruck,
(0043) 512 507 84024,
Fax (0043) 512 507 84099,
E-Mail: Anna.Gamper@uibk.ac.at

Gassner, Dr. Ulrich M., Mag.rer.publ.,
M.Jur. (Oxon), Professor,
Scharnitzer Weg 9, 86163 Augsburg,
(0821) 632 50,
E-Mail: ugassner@web.de;
Universität Augsburg,
Universitätsstr. 2, 86135 Augsburg,
(0821) 598 45 46, Fax (0821) 598 45 47,
E-Mail: Ulrich.Gassner@jura.uni-augsburg.de

Geis, Dr. Max-Emanuel, o. Professor,
Valentin-Rathgeber-Str. 1, 96049 Bamberg,
(0951) 5193 305 oder -306,
Fax (0951) 5193 308;
Friedrich-Alexander-Universität Erlangen,
Institut für Staats- und Verwaltungsrecht,
Schillerstr. 1, 91054 Erlangen,
(09131) 852 2818, Fax (09131) 852 6382,
E-Mail: max-emanuel.geis@jura.uni-erlangen.de

Gellermann, Dr. Martin, apl. Professor,
Schlesierstr. 14, 49492 Westerkappeln,
(05404) 2047, Fax (05404) 9194 75,
Universität Osnabrück,
Fachbereich Rechtswissenschaften,
49069 Osnabrück, (05404) 9196 95,
E-Mail: M.Gellermann@t-online.de

Germann, Dr. Michael, Professor,
Martin-Luther-Universität
Halle-Wittenberg,
Lehrstuhl für Öffentliches Recht,
Staatskirchenrecht und Kirchenrecht,
Universitätsplatz 5, 06108 Halle,
(0345) 55 232 20, Fax (0345) 55 276 74,
E-Mail: Germann@jura.uni-halle.de

Germelmann, Dr. Claas Friedrich,
LL.M. (Cantab.), Univ.-Professor,
Leibniz Universität Hannover,
Juristische Fakultät,
Lehrstuhl für Öffentliches Recht,
insb. Europarecht,
Königsworther Platz 1, 30167 Hannover,
(0511) 762 8186, Fax (0511) 762 8173,
E-Mail: LS.Germelmann@jura.uni-hannover.de

Gersdorf, Dr. Hubertus, Professor,
Universität Leipzig, Juristenfakultät
Lehrstuhl für Staats- und Verwaltungs- sowie Medienrecht,
Burgstr. 21,
04109 Leipzig,
(0341) 97 35 191, Fax (0341) 97 35 199,

E-Mail: hubertus.gersdorf@
uni-leipzig.de

Giegerich, Dr. Thomas, LL.M. (Virginia),
Univ.-Professor,
Europa-Institut der Universität des
Saarlandes,
Campus Geb. B 2.1, 66123 Saarbrücken,
(0681) 302 3280 (od. -3695 Sekr.),
Fax (0681) 302 4879
E-Mail: giegerich@europainstitut.de

Gillich, Dr. Ines, LL.M. (UCLA),
Privatdozentin,
Universität zu Köln,
Rechtswissenschaftliche Fakultät,
Albertus-Magnus-Platz, 50923 Köln,
E-Mail: ines-gillich@gmx.de

Glaser, Dr. Andreas, Professor,
Lehrstuhl für Staats-, Verwaltungs- und
Europarecht unter besonderer
Berücksichtigung von Demokratiefragen,
Universität Zürich,
Rechtswissenschaftliches Institut,
Rämistr. 74/14, CH-8001 Zürich,
E-Mail: Ist.glaser@ius.uzh.ch

Görisch, Dr. Christoph, Professor,
Hessische Hochschule für Öffentliches
Management und Sicherheit, Fachbereich
Verwaltung, Campus Wiesbaden,
Schönbergstr. 100, 65199 Wiesbaden,
E-Mail: christoph.goerisch@
hfpv-hessen.de

Goerlich, Dr. Dr. h.c. Helmut, Professor,
Universität Leipzig, Institut für Staats- und
Verwaltungsrecht,
Burgstr. 27, 04109 Leipzig,
(0341) 97 351 71,
Fax (0341) 97 351 79,
E-Mail: helmut.goerlich@poesteo.de

Götz, Dr. Volkmar, o. Professor,
Geismarlandstr. 17a, 37083 Göttingen,
(0551) 43119,
E-Mail: europa@uni-goettingen.de

Goldhammer, Dr. Michael, LL.M.
(Michigan), Professor,
Gluckstr. 37, 60318 Frankfurt a.M;
EBS Universität für Wirtschaft und Recht,
Lehrstuhl für Öffentliches Recht II,
Gustav-Stresemann-Ring 3,
65189 Wiesbaden,
E-Mail: michael.goldhammer@ebs.edu

Gornig, Dr. Dr. h.c. mult. Gilbert,
Professor,
Pfarracker 4, 35043 Marburg-Bauerbach,
(06421) 1635 66, Fax (06421) 1637 66,
E-Mail: Gornig@voelkerrecht.com

Grabenwarter, Dr. Dr. h.c. Christoph,
Univ.-Professor,
Institut für Europarecht und Internationales
Recht, Wirtschaftsuniversität Wien,
Welthandelsplatz 1 / Gebäude D3,
A-1020 Wien,
(0043) 1313 36 4423,
Fax (0043) 1313 36 9205,
Präsident des Verfassungsgerichtshofs,
Verfassungsgerichtshof, Freyung 8,
A-1010 Wien,
(0043) 1531 22 1394,
E-Mail: sekretariat.grabenwarter@wu.ac.at

Gramlich, Dr. Ludwig, Professor,
Justus-Liebig-Str. 38 A, 64839 Münster;
Fakultät für Wirtschaftswissenschaften,
TU Chemnitz-Zwickau,
Postfach 9 64, 09009 Chemnitz,
(0371) 531 4164, -65,
Fax (0371) 531 3961,
E-Mail: l.gramlich@wirtschaft.
tu-chemnitz.de

Graser, Dr. Alexander, Professor,
Brennereistr. 66, 85662 Hohenbrunn,
(08102) 7788 55;
Universität Regensburg, Fakultät für

Rechtswissenschaft, Lehrstuhl
für Öffentliches Recht und Politik,
Universitätsstr. 31, 93053 Regensburg,
(0941) 943 5760,
Fax (0941) 943 5771,
E-Mail: Alexander.Graser@jura.
uni-regensburg.de

Grawert, Dr. Dr. h.c. Rolf,
o. Professor (em.), Professor. h.c.,
Aloysiusstr. 28, 44795 Bochum,
(0234) 4736 92;
Ruhr-Universität Bochum,
Juristische Fakultät,
Universitätsstr. 150, GC 8/59,
44721 Bochum,
E-Mail: Rolf.Grawert@rub.de

Grewe, Dr. Dr. h.c. Constance,
Univ.-Professorin,
55 Bd de la Vilette, BAL 132,
F-75015 Paris;
E-Mail: grewe04@gmail.com

Griebel, Dr. Jörn, Professor,
Universität Siegen, Fakultät III,
Kohlbettstr. 15, 57072 Siegen,
(0271) 740 3219,
Fax (0271) 740 13219,
E-Mail: griebel@recht.uni-siegen.de

Grigoleit, Dr. Klaus Joachim,
Univ.-Professor,
Eisenacher Str. 65, 10823 Berlin;
TU Dortmund, Fakultät Raumplanung,
Fachgebiet Raumplanungs- und
Umweltrecht,
August-Schmidt-Str. 10,
44227 Dortmund,
(0231) 755 32 17, Fax (0231) 755 34 24,
E-Mail: klaus.grigoleit@tu-dortmund.de

Griller, Dr. Stefan, Univ.-Professor,
Hungerbergstr. 11–13, A-1190 Wien,
(0043) 132 24 05;
Paris Lodron Universität Salzburg,
Europarecht,
Mönchsberg 2, A- 5020 Salzburg,
(0043) 662 8044 7608,
E-Mail: stefan.griller@sbg.ac.at

Grimm, Dr. Dr. h.c. mult. Dieter,
LL.M. (Harvard), o. Professor (em.),
Humboldt-Universität zu Berlin,
Juristische Fakultät,
Unter den Linden 6, 10099 Berlin,
Wissenschaftskolleg zu Berlin,
Wallotstr. 19, 14193 Berlin,
(030) 89001 134,
E-Mail: grimm@wiko-berlin.de

Gröpl, Dr. Christoph, Univ.-Professor,
Rechtswissenschaftliche Fakultät,
Universität des Saarlandes,
Campus B4.1,
66123 Saarbrücken,
(0681) 302 3200,
E-Mail: lehrstuhl@groepl.uni-saarland.de

Gröschner, Dr. Rolf, o. Professor,
Stormstr. 39, 90491 Nürnberg,
(0911) 591 408,
E-Mail: rolf.groeschner@t-online.de

Groh, Dr. Kathrin,
Universitätsprofessorin,
Arcisstraße 61,
80801 München;
Fakultät für Staats- und Sozial-
wissenschaften,
Institut für öffentliches Recht,
Universität der Bundeswehr München,
Werner-Heisenberg-Weg 39,
85577 Neubiberg,
(089) 6004 3864,
E-Mail: kathrin.groh@unibw.de

Gromitsaris, Dr. iur habil Athanasios,
Privatdozent,
Athanasios Chemin du Vierayms 1160,
F-59270 Méteren (Frankreich),
E-Mail: gromitsaris@hotmail.com

Grosche, Dr. Nils, Univ.-Professor,
Agrippinenstr. 3, 53115 Bonn,
E-Mail: nils.grosche@uni-bayreuth.de

Groß, Dr. Thomas, Professor,
Universität Osnabrück,
European Legal Studies Institute,
Süsterstr. 28,
49069 Osnabrück,
(0541) 969 4500,
E-Mail: thgross@uos.de,
www.gross.jura.uos.de

Grote, Dr. Rainer, LL.M. (Edinburgh),
Privatdozent,
Im Sand 3A, 69115 Heidelberg,
(06221) 1643 46,
Fax (06221) 9147 35;
Max-Planck-Institut für ausländisches
öffentliches Recht und Völkerrecht,
Im Neuenheimer Feld 535,
69120 Heidelberg,
(06221) 4822 44,
Fax (06221) 4822 88,
E-Mail: rgrote@mpil.de

Grupp, Dr. Klaus, Universitätsprofessor,
Mecklenburgring 31, 66121 Saarbrücken,
E-Mail: klaus.grupp@gmx.net

Grzeszick, Dr. Bernd, LL.M. (Cambridge),
Professor,
An der Elisabethkirche 1, 53113 Bonn
(0228) 9268869;
Universität Heidelberg,
Institut für Öffentliches Recht,
Verfassungslehre und Rechtsphilosophie,
Friedrich-Ebert-Anlage 6–10,
69117 Heidelberg,
(06221) 547432,
E-Mail: Grzeszick@web.de

Guckelberger, Dr. Annette, Professorin,
Lehrstuhl für Öffentliches Recht, Rechtswissenschaftliche Fakultät, Universität des
Saarlandes,
Postfach 15 11 50,
66041 Saarbrücken,
(0681) 302 5 7401,
E-Mail: a.guckelberger@mx.
uni-saarland.de

Gundel, Dr. Jörg, Professor,
Lehrstuhl für Öffentliches Recht,
Völker- und Europarecht,
Universität Bayreuth,
95440 Bayreuth,
(0921) 55 6250,
E-Mail: joerg.gundel@uni-bayreuth.de

Gurlit, Dr. Elke, Univ.-Professorin,
Rüdesheimer Str. 18, 65197 Wiesbaden,
(0611) 137 5125 oder (0179) 592 2215;
Fachbereich Rechts- und
Wirtschaftswissenschaft,
Johannes Gutenberg-Universität Mainz,
Jakob-Welder-Weg 9, 55099 Mainz,
(06131) 392 31 14,
Fax (06131) 392 4059,
E-Mail: gurlit@uni-mainz.de

Gusy, Dr. Christoph, Professor,
Universität Bielefeld,
Fakultät für Rechtswissenschaft,
Universitätsstr. 25, 33615 Bielefeld,
(0521) 10643 97,
Fax (0521) 106 8061,
E-Mail: christoph.gusy@uni-bielefeld.de

Haack, Dr. Stefan, Professor,
Europa-Universität Viadrina,
Juristische Fakultät,
Lehrstuhl für Öffentliches Recht,
insb. Staatsrecht,
Große Scharrnstr. 59,
15230 Frankfurt (Oder)
(0335) 5534 2265
E-Mail: haack@europa-uni.de

Häberle, Dr. Dr. h.c. mult. Peter,
o. Professor,
Forschungsstelle für Europäisches

Verfassungsrecht, Universität Bayreuth,
Universitätsstr. 30, Postfach,
95440 Bayreuth,
(0921) 5570 88, Fax (0921) 5570 99,
E-Mail: Peter.Haeberle@uni-bayreuth.de

Häde, Dr. Ulrich, Univ.-Professor,
Europa-Universität Viadrina, Lehrstuhl für
Öffentliches Recht, insb. Verwaltungsrecht,
Finanzrecht und Währungsrecht,
Postfach 17 86, 15207 Frankfurt/Oder,
Hausanschrift: Große Scharrnstr. 59,
15230 Frankfurt (Oder),
(0335) 5534 2670, Fax (0335) 5534 2525,
E-Mail: haede@europa-uni.de

Haedrich, Dr. Martina, Professorin,
Im Ritzetal 20, 07749 Jena,
(03641) 4485 25,
E-Mail: m.haedrich@recht.uni-jena.de

Hänni, Dr. Julia, Bundesrichterin,
Professorin,
Av. du Tribunal-Fédéral 29,
CH-1000 Lausanne 14,
+41 021 318 91 11
E-Mail: julia.haenni@bger.ch

Hänni, Dr. Peter, o. Professor,
Stadtgraben 6, CH-3280 Murten,
(0041) 26 670 5815;
Universität Freiburg,
Rechtswissenschaftliche Fakultät,
Lehrstuhl für Staats- und Verwaltungsrecht,
Universität Freiburg,
Av. Beauregard 1, CH-1700 Freiburg,
(0041) 26 300 81 47,
E-Mail: Peter.Haenni@unifr.ch

Härtel, Dr. Ines, Professorin,
Richterin des Bundesverfassungsgerichts,
Schlossbezirk 3, 76131 Karlsruhe;
Europa-Universität Viadrina
Frankfurt (Oder), Juristische Fakultät,
Lehrstuhl für Öffentliches Recht,
Verwaltungs-, Europa-, Umwelt-,
Agrar- und Ernährungswirtschaftsrecht,
Große Scharrnstr. 59,
15230 Frankfurt (Oder),
(0335) 55 34 2227/2222, Fax -2418,
E-Mail: ihaertel@europa-uni.de

Hafner, Dr. Felix, Professor,
Hirzbrunnenschanze 67, CH-4058 Basel,
(0041) 61 691 4064;
Universität Basel, Lehrstuhl für
Öffentliches Recht,
Peter Merian-Weg 8, Postfach,
CH-4002 Basel,
(0041) 612 6725 64,
Fax (0041) 612 6707 95,
E-Mail: Felix.Hafner@unibas.ch

Hailbronner, Dr. Kay, o. Professor,
Toggenbühl, CH-8269 Fruthwilen,
(0041) 71 6 6419 46,
Fax (0041) 71 6 6416 26;
Universität Konstanz,
Universitätsstr. 10, 78457 Konstanz,
(07531) 88 2247,
E-Mail: Kay.Hailbronner@uni-konstanz.de

Hailbronner, Dr. Michaela, LL.M.,
Professorin,
Universität Münster,
Rechtswissenschaftliche Fakultät,
Lehrstuhl für deutsches und internationales
öffentliches Recht und Rechtsvergleichung,
Domplatz 6, 48143 Münster,
(0049) 2518 321 351,
E-Mail: hailbronner@uni-muenster.de

Hain, Dr. Karl-E., Professor,
Herrenstr. 10, 57627 Hachenburg,
(02662) 9420 64;
Universität zu Köln,
Institut für Medienrecht und
Kommunikationsrecht, Lehrstuhl für
Öffentliches Recht und Medienrecht,
Aachener Str. 197–199, 50931 Köln,
(0221) 285 56 112, Fax (0221) 285 56 122,
E-Mail: haink@uni-koeln.de

Haller, Dr. Walter, o. Professor,
Burgstr. 264, CH-8706 Meilen,
(0041) 449 2310 14,
E-Mail: w-haller@bluewin.ch

Haltern, Dr. Ulrich, LL.M. (Yale),
Univ.-Professor,
Ludwig-Maximilians-Universität München,
Institut für Politik und Öffentliches Recht,
Lehrstuhl für Öffentliches Recht,
Europarecht und Rechtsphilosophie,
Munich Center for Law and the
Humanities,
Prof.-Huber-Platz 2, 80539 München,
(089) 2180 3335, Fax (089) 2180 2440,
E-Mail: europarecht@jura.
uni-muenchen.de

Hammer, Dr. Felix, apl. Professor,
Gelber Kreidebusen 33/5, 72108 Rottenburg,
(0 74 72) 44 01 55,
E-Mail: Felix.F.Hammer@gmx.de

Hammer, Dr. Stefan, ao. Univ.-Professor,
Anton Frank-Gasse 17, A-1180 Wien,
(0043) 1470 5976;
Universität Wien, Institut für Staats- und
Verwaltungsrecht,
Schottenbastei 10–16, A-1010 Wien,
(0043) 14277 354 65,
Fax (0043) 142 77 354 69,
E-Mail: stefan.hammer@univie.ac.at

Hanschel, Dr. Dirk, Univ.-Professor,
Viktor-Scheffel-Str. 7, 06114 Halle (Saale)
(0151) 17753370;
Lehrstuhl für Deutsches, Europäisches
und Internationales Öffentliches Recht,
Martin-Luther-Universität
Halle-Wittenberg
Universitätsplatz 3–5, 06108 Halle (Saale),
(0345) 55 23170, Fax (0345) 55 27269,
E-Mail: dirk.hanschel@jura.uni-halle.de

Hanschmann, Dr. Felix, Professor,
Basaltstr. 15c, 60487 Frankfurt am Main;
Bucerius Law School, Hochschule für
Rechtswissenschaft gGmbH,
Dieter Pawlik Stiftungslehrstuhl Kritik
des Rechts – Grundlagen und Praxis
des demokratischen Rechtsstaates,
Jungiusstr. 6, 20355 Hamburg,
(0049) 40 3 07 06 152,
Fax (0049) 40 3 07 06 2935,
E-Mail: felix.hanschmann@law-school.de

Haratsch, Dr. Andreas, Univ.-Professor,
Lehrstuhl für Deutsches und Europäisches
Verfassungs- und Verwaltungsrecht sowie
Völkerrecht,
FernUniversität in Hagen,
Universitätsstr. 21, 58084 Hagen,
(02331) 987 2877 oder -4389,
Fax (02331) 987 324,
E-Mail: Andreas.Haratsch@
fernuni-hagen.de

Hartmann, Dr. Bernd J., LL.M.(Virginia),
Univ.-Professor,
Universität Regensburg,
Lehrstuhl für Öffentliches Recht,
insb. Verwaltungsrecht
Universitätsstr. 31, 93053 Regensburg,
(0941) 943 2657,
E-Mail: lehrstuhl.hartmann@jura.
uni-regensburg.de

Hase, Dr. Friedhelm, Professor,
Bandelstr. 10 b, 28359 Bremen,
(0421) 2427 8440;
Universität Bremen,
Fachbereich 6, Rechtswissenschaft,
Universitätsallee,
28359 Bremen,
(0421) 218 66 010,
Fax (0421) 218 66 052,
E-Mail: fhase@uni-bremen.de

Hatje, Dr. Armin, Professor,
Universität Hamburg,
Fakultät für Rechtswissenschaft,
Abteilung Europarecht,

Rothenbaumchaussee 33,
20148 Hamburg,
(040) 428 38 3046,
Fax (040) 428 38 4367,
E-Mail: armin.hatje@jura.uni-hamburg.de

Hauer, Dr. Andreas, Univ.-Professor,
Rechtswissenschaftliche Fakultät,
Universität Linz
Altenberger Str. 69, A-4040 Linz,
(0043) 732 2468 1860,
E-Mail: andreas.hauer@jku.at

Hebeler, Dr. Timo, Professor,
Universität Trier, Professur für
Öffentliches Recht,
54286 Trier,
(0651) 2012 588,
E-Mail: hebeler@uni-trier.de

Heckel, Dr. iur. Dr. theol. h.c. Martin, o.
Univ.-Professor,
Lieschingstr. 3, 72076 Tübingen,
(07071) 614 27

Heckmann, Dr. Dirk,
Univ.-Professor, stv. Mitglied des
Bayerischen Verfassungsgerichtshofs,
Schärdinger Str. 11E, 94032 Passau;
Technische Universität München,
Lehrstuhl für Recht und Sicherheit
der Digitalisierung,
Richard-Wagner-Str. 1,
80333 München,
(089) 907793 301,
E-Mail: dirk.heckmann@tum.de

Heinig, Dr. Hans Michael, Professor,
Institut für Öffentliches Recht
Goßlerstr. 11, 37073 Göttingen

Heintschel von Heinegg, Dr. Wolff,
Professor,
Europa-Universität Viadrina,
Frankfurt (Oder), Lehrstuhl für Öffentliches
Recht, insb. Völkerrecht, Europarecht und
ausländisches Verfassungsrecht,
August-Bebel-Str. 12,
15234 Frankfurt (Oder),
(0335) 5534 2916,
Fax (0335) 5534 72914,
E-Mail: heinegg@europa-uni.de

Heintzen, Dr. Markus, Professor,
Freie Universität Berlin,
Fachbereich Rechtswissenschaft,
Van't-Hoff-Str. 8,
14195 Berlin,
(030) 838 524 79,
E-Mail: Heintzen@zedat.fu-berlin.de

Heißl, Dr. Gregor, Privatdozent, E.MA,
Universität Innsbruck, Innrain 52 d,
10. Stock, Zi.-Nr. 41008,
A-6020 Innsbruck,
(0043) 512 507 84033,
Fax (0043) 512 507 84099,
E-Mail: gregor.heissl@uibk.ac.at

Heitsch, Dr. Christian, apl. Professor,
72 Queens Road, Caversham, Reading,
Berks., RG4 8DL, U.K.,
(0044) 1189 4749 13;
Lecturer in Law, Brunel Law School,
Brunel University West London,
Kingston Lane, Uxbridge,
Middlesex UB8 3PH, United Kingdom,
(0044) 1895 2676 50,
E-Mail: christian.heitsch@brunel.ac.uk

Hellermann, Dr. Johannes,
Univ.-Professor,
Hardenbergstr. 12a,
33615 Bielefeld,
(0521) 1600 38;
Universität Bielefeld,
Fakultät für Rechtswissenschaft,
Universitätsstr. 25, 33615 Bielefeld,
(0521) 106 4422,
Fax (0521) 106 6048,
E-Mail: Johannes.Hellermann@
uni-bielefeld.de

Hendler, Dr. Reinhard,
Univ.-Professor,
Laurentius-Zeller-Str. 12, 54294 Trier,
(0651) 937 2944;
Universität Trier,
Fachbereich Rechtswissenschaft,
Universitätsring 15, 54286 Trier,
(0651) 201 2556 oder 2558,
Fax (0651) 201 3903,
E-Mail: Hendler@uni-trier.de

Hengstschläger, Dr. Johannes,
o. Univ.-Professor,
Steinfeldgasse 7, A-1190 Wien,
(0043) 132 817 27;
Johannes-Kepler-Universität,
Altenbergerstr. 69,
A-4040 Linz,
(0043) 732 2468 4 01,
Fax (0043) 732 246 43,
E-Mail: johannes.hengstschlaeger@jku.at

Hense, Dr. Ansgar, Professor,
Institut für Staatskirchenrecht der Diözesen Deutschlands,
Adenauerallee 19, 53111 Bonn,
(0228) 103 306,
E-Mail: a.hense@dbk.de

Herbst, Dr. Tobias, Professor,
Marc-Chagall-Str. 94,
40477 Düsseldorf,
(0211) 26143906;
Privatdozent an der Humboldt-Universität zu Berlin,
E-Mail: tobias.herbst@hu-berlin.de

Herdegen, Dr. Matthias, Professor,
Friedrich-Wilhelm-Str. 35, 53113 Bonn;
Rechts- und Staatswissenschaftliche Fakultät, Universität Bonn,
Adenauerallee 44,
53113 Bonn,
(0228) 7355 70/-80,
Fax (0228) 7379 01,
E-Mail: Herdegen@uni-bonn.de

Hermes, Dr. Georg, Professor,
Goethe-Universität Frankfurt am Main,
Fachbereich Rechtswissenschaft,
Campus Westend,
Theodor-W.-Adorno-Platz 4 (RuW),
60629 Frankfurt am Main,
(069) 798 342 75,
E-Mail: g.hermes@jur.uni-frankfurt.de

Hermstrüver, Dr. Dr. Yoan, Professor,
Universität Zürich,
Rechtswissenschaftliche Fakultät,
Lehrstuhl für Legal Tech,
Law and Economics und Öffentliches Recht,
Rämistr. 74/79, CH-8001 Zürich
E-Mail: yoan.hermstruewer@ius.uzh.ch

Herrmann, Dr. Christoph, LL.M.,
Professor,
Universität Passau,
Lehrstuhl für Staats- und Verwaltungsrecht,
Europarecht,
Europäisches und Internationales Wirtschaftsrecht,
Innstr. 41, 94032 Passau,
(0851) 509 2330, Fax (0851) 509 2332,
E-Mail: christoph.herrmann@uni-passau.de

Herrmann, Dr. Günter, Professor,
Intendant i.R.
Wankweg 13, 87642 Buching/Allgäu,
(08368) 1696,
Fax (08368) 1297,
E-Mail: herrmann.medienrecht@t-online.de

Heselhaus, Dr. Sebastian, Professor, M.A.,
Obmatt 29, CH-6043 Adligenswil,
(00 41) 41 370 25 00;
Universität Luzern, Rechtswissenschaftliche Fakultät, Lehrstuhl für Europarecht,
Völkerrecht, Öffentliches Recht und Rechtsvergleichung,
Frohburgstr. 3, Postfach 4466,
CH-6002 Luzern
(0041) 41 229 53 84,

Fax (00 41) 41 229 53 97,
E-Mail: sebastian.heselhaus@unilu.ch

Hestermeyer, Dr. Holger P., LL.M. (UC Berkeley), Professor,
Diplomatische Akademie Wien,
Favoritenstr. 15a, A-1050 Wien,
E-Mail: holger.hestermeyer@da-vienna.ac.at

Hettich, Dr. Peter, o. Professor,
Institut für Law & Economics,
Varnbüelstr. 19, CH-9000 St. Gallen,
(0041) 71 2242940,
Fax (0041) 71 224 2670,
E-Mail: peter.hettich@unisg.ch

Hey, Dr. Johanna, Professorin,
Wiethasestr. 73, 50933 Köln,
(0221) 491 1738,
Fax (0221) 491 1734;
Universität zu Köln,
Institut für Steuerrecht,
Albertus-Magnus-Platz, 50923 Köln,
(0221) 470 2271, Fax (0221) 470 5027,
E-Mail: johanna.hey@uni-koeln.de

Heyen, Dr. iur. Lic. phil. Erk Volkmar, Univ.-Professor,
Arndtstr. 22, 17489 Greifswald,
(03834) 5027 16;
Ernst Moritz Arndt-Universität,
Domstr. 20, 17489 Greifswald,
E-Mail: lsheyen@uni-greifswald.de

Hidien, Dr. Jürgen W., Professor,
Goebenstr. 33, 48151 Münster,
E-Mail: info@hidien.de

Hilbert, Dr. Patrick, Professor,
Westfälische Wilhelms-Universität Münster, Institut für Umwelt- und Planungsrecht, Universitätsstr. 14–16,
48143 Münster,
(0049) 251 83 29793,
E-Mail: patrick.hilbert@uni-muenster.de

Hilf, Dr. Meinhard, Univ.-Professor,
Bahnsenallee 71,
21465 Reinbek bei Hamburg,
(040) 7810 7510,
Fax (040) 7810 7512,
Bucerius Law School, Jungiusstr. 6,
20355 Hamburg,
(040) 307 06 158,
Fax (040) 307 06 2 46,
E-Mail: meinhard.hilf@law-school.de

Hill, Dr. Hermann, Professor,
Kilianstr. 5, 67373 Dudenhofen;
Deutsche Universität für Verwaltungswissenschaften Speyer,
Postfach 14 09, 67324 Speyer,
(06232) 654 328,
E-Mail: hill@uni-speyer.de

Hillgruber, Dr. Christian, Professor,
Zingsheimstr. 25, 53359 Rheinbach;
Institut für Öffentliches Recht,
Adenauerallee 24–42, 53113 Bonn,
(0228) 7379 25, Fax (0228) 7348 69,
E-Mail: lshillgruber@jura.uni-bonn.de

Hindelang, Dr. Steffen, LL.M., Professor,
Fachbereich Rechtswissenschaft,
Süddänische Universität,
Campusvej 55, DK-5230 Odense,
(0045) 65 50 17 74,
E-Mail: shin@sam.sdu.dk

Hobe, Dr. Dr. h.c. Stephan, LL.M., Univ.-Professor,
Institut für Luftrecht, Weltraumrecht und Cyberrecht und Jean-Monnet Lehrstuhl für Völkerrecht, Europarecht, europäisches und internationales Wirtschaftsrecht,
Albertus-Magnus-Platz, 50923 Köln

Hochhuth, Dr. Martin, Professor,
Hochschule für Polizei und öffentliche Verwaltung NRW,
Dennewartstr. 25–27, 52068 Aachen,

(0241) 568072020,
E-Mail: martin.hochhuth@hspv.nrw.de

Höfling, Dr. Wolfram, M.A., Professor,
Bruchweg 2, 52441 Linnich,
(02462) 3616;
Universität zu Köln, Institut für Staatsrecht,
Albertus-Magnus-Platz, 50923 Köln,
(0221) 470 3395,
Fax (0221) 470 5075,
E-Mail: wolfram.hoefling@t-online.de

Hölscheidt, Dr. Sven, apl. Professor,
Herbartstraße 28, 14057 Berlin,
(030) 89 06 09 78
E-Mail: svenhoe@posteo.de

Hösch, Dr. Ulrich, apl. Professor,
Rechtsanwalt,
Kirchenstr. 72, 81675 München;
GvW Graf von Westphalen Rechtsanwälte
Steuerberater Partnerschaft mbH,
Sophienstr. 26,
80333 München,
(089) 689 077 331,
Fax (089) 689 077 100,
E-Mail: u.hoesch@gvw.com

Hoffmann-Riem, Dr. Wolfgang,
Univ.-Professor (em.),
Auguststr. 15, 22085 Hamburg,
(040) 642 258 48,
E-Mail: whoffmann-riem@gmx.de

Hofstätter, Dr. Christoph, Assoz. Professor,
Karl-Franzens-Universität Graz,
Institut für Öffentliches Recht und
Politikwissenschaft,
Universitätsstr. 15/C3,
A-8010 Graz,
(0043) 316 380 6715,
E-Mail: christoph.hofstaetter@uni-graz.at

Hofmann, Dr. Claudia Maria, Professorin,
Lehrstuhl für Öffentliches Recht und
Europäisches Sozialrecht mit Schwerpunkt
in der interdisziplinären Sozialrechts-
forschung, Juristische Fakultät,
Europa-Universität Viadrina,
Große Scharrnstr. 59,
15230 Frankfurt (Oder),
(0049) 335 5534 2545,
E-Mail: chofmann@europa-uni.de

Hofmann, Dr. Ekkehard, Professor,
Koselstr. 51, 60318 Frankfurt am Main,
(069) 174 989 27,
Lehrstuhl für öffentliches Recht,
insb. Umweltrecht,
Direktor des Instituts für Umwelt- und
Technikrecht (IUTR),
Fachbereich Rechtswissenschaft,
Universität Trier, 54286 Trier,
(0651) 201 2556,
E-Mail: hofmann@uni-trier.de

Hofmann, Dr. Dr. Rainer,
Univ.-Professor,
Fachbereich Rechtswissenschaft,
Goethe-Universität Frankfurt am Main,
Theodor-W.-Adorno-Platz 4,
60629 Frankfurt am Main,
(0049) 69 798 34293,
E-Mail: R.Hofmann@jur.uni-frankfurt.de

Hohenlohe, Dr. Diana zu, LL.M. (Sydney),
Machstr. 3/1/19, A-1020 Wien;
Sigmund Freud Privatuniversität,
Fakultät für Rechtswissenschaften,
Freudplatz 1, A-1020 Wien,
E-Mail: dzhohenlohe@gmx.de

Hohmann, Dr. Harald, Privatdozent,
Furthwiese 10, 63654 Büdingen,
(06049) 9529 12,
Fax (06049) 9529 13;
Hohmann & Partner Rechtsanwälte,
Schloßgasse 2, 63654 Büdingen,
(06042) 9567 0,
Fax (06042) 9567 67,
E-Mail: harald.hohmann@
hohmann-partner.com

Holoubek, Dr. Michael,
Univ.-Professor,
Institut für Österreichisches
und Europäisches Öffentliches Recht,
Wirtschaftsuniversität Wien,
Welthandelsplatz 1,
A-1020 Wien,
Gebäude D3, 2. OG,
(0043) 1313 36 4660,
Fax (0043) 1313 36 713,
E-Mail: michael.holoubek@wu.ac.at

Holterhus, Dr. Till Patrik MLE., LL.M.
(Yale), Professor,
Fakultät Staatswissenschaften,
Leuphana Universität Lüneburg,
Universitätsallee 1, 21335 Lüneburg,
(0049) 4131 677 2310,
E-Mail: till.holterhus@leuphana.de

Holznagel, Dr. Bernd, LL.M.,
Professor, WWU Münster,
Juristische Fakultät, ITM, Abt. II,
Leonardo-Campus 9, 48149 Münster,
(0251) 83 3 8641,
Fax (0251) 83 3 8644,
E-Mail: holznagel@uni-muenster.de

Holzner, Thomas Dr. jur. Dipl. sc. pol.
Univ., apl. Professor,
Universität Augsburg, Juristische Fakultät,
Universitätsstr. 24, 86159 Augsburg,
(08131) 513 1002,
E-Mail: thomas.holzner@polizei.bayern.de

Hong, Dr. Mathias, Professor,
Hochschule Kehl,
Kinzigallee 1, 77694 Kehl,
(07851) 894 187,
E-Mail: hong@hs-kehl.de

Horn, Dr. Dr. h.c. Hans-Detlef, Professor,
Philipps-Universität Marburg,
Fachbereich Rechtswissenschaften,
Institut für Öffentliches Recht,
Universitätsstr. 6,
35032 Marburg,
(06421) 282 3810 od. 282 3126,
Fax (06421) 282 3839,
E-Mail: hans-detlef.horn@jura.
uni-marburg.de

Hornung, Dr. Gerrit, LL.M., Professor,
Fachgebiet Öffentliches Recht,
IT-Recht und Umweltrecht,
Universität Kassel, FB 07,
Henschelstraße 4, 34127 Kassel,
(0561) 804 7923,
E-Mail: gerrit.hornung@uni-kassel.de

Huber, Dr. Peter M., o. Professor,
Richter des Bundesverfassungsgerichts a.D.,
Universität München,
Lehrstuhl für Öffentliches Recht und
Staatsphilosophie,
Prof.-Huber-Platz 2, 80539 München,
(089) 2180 3576, Fax (089) 2180 5063,
E-Mail: peter.m.huber@jura.uni-
muenchen.de

Hufeld, Dr. Ulrich, Univ.-Professor,
Helmut-Schmidt-Universität/Universität
der Bundeswehr Hamburg,
Fakultät für Wirtschafts- und
Sozialwissenschaften,
Professur für Öffentliches Recht
und Steuerrecht,
Holstenhofweg 85, 22043 Hamburg,
(040) 6541 28 59,
Fax (040) 65412087,
E-Mail: Hufeld@hsu-hh.de

Hufen, Dr. Friedhelm, o. Professor,
für Öffentliches Recht - Staats- und
Veraltungsrecht an der Johannes Gutenberg
Universität Mainz,
Mitglied des Verfassungsgerichtshofs
Rheinland-Pfalz a.D.,
Backhaushohl 62,
55128 Mainz,
(06131) 34444,
E-Mail: hufen.friedhelm@t-online.de

Hummel, Dr. David, apl. Professor,
Prager Str. 352, 04289 Leipzig;
Universität Leipzig, Juristenfakultät,
Lehrstuhl für Öffentliches Recht,
insb. Steuerrecht
und Öffentliches Wirtschaftsrecht,
Burgstr. 21, 04109 Leipzig,
(0341) 9735 273,
Fax (0341) 9735 279,
E-Mail: dhummel@uni-leipzig.de

Hummel, Dr. Lars, LL.M., Professor,
Lehrstuhl für Öffentliches Recht,
Finanz- und Steuerrecht
International Tax Institute (IIFS)
Universität Hamburg
Sedanstr. 19, 20146 Hamburg,
(040) 42838 5956,
Fax (040) 42838 3393,
E-Mail: lars.hummel@uni-hamburg.de

Huster, Dr. Stefan, Professor,
Ruhr-Universität Bochum,
Lehrstuhl für Öffentliches Recht,
Sozial- und Gesundheitsrecht und
Rechtsphilosophie,
Universitätsstr. 150, 44780 Bochum,
Gebäude GD 2/111,
(0234) 3222 239,
Fax (0234) 3214 271,
E-Mail: stefan.huster@rub.de

Hwang, Dr. Shu-Perng, LL.M. (Columbia),
Professorin,
Universität Bonn,
Institut für Öffentliches Recht,
Adenauerallee 24–42,
53113 Bonn,
Tel. (0049) 0228 73 9232,
Fax (0049) 0228 73 7953,
E-Mail: hwang@uni-bonn.de

Ibler, Dr. Martin, Professor,
Lindauer Str. 3, 78464 Konstanz;
Universität Konstanz,
Fachbereich Rechtswissenschaften,
Postfach D 106, Universitätsstr. 10,
78457 Konstanz,
(07531) 88 24 80/-2 28,
E-Mail: Martin.Ibler@uni-konstanz.de

Iliopoulos-Strangas, Dr. Julia, Professorin,
Universität Athen – Juristische Fakultät,
Dolianis 38, 15124 Athen-Maroussi,
(0030) 210 38 26 083 und 210 38 23 344,
Mobil (0030) 6944 59 52 00,
E-Mail: juliostr@law.uoa.gr

Ingold, Dr. Albert,
Univ.-Professor,
Johannes Gutenberg-Universität Mainz
Fachbereich 03, Rechts- und
Wirtschaftswissenschaften
Lehrstuhl für Öffentliches Recht,
insb. Kommunikationsrecht und Recht
der Neuen Medien
Jakob Welder-Weg 9, 55099 Mainz,
(06131) 39 33035189,
E-Mail: aingold@uni-mainz.de

Ipsen, Dr. Jörn, o. Professor,
Präsident des Niedersächsischen
Staatsgerichtshofs a. D.,
Luisenstr. 41, 49565 Bramsche,
(05461) 44 96, Fax (05461) 6 34 62;
Institut für Kommunalrecht und
Verwaltungswissenschaften,
Universität Osnabrück, 49069 Osnabrück,
(0541) 969 6169 oder -6158,
Fax (0541) 9 69 6170,
E-Mail: instkr@uos.de

Isensee, Dr. Dres. h.c. Josef, o. Professor,
Meckenheimer Allee 150, 53115 Bonn,
(0228) 6934 69,
E-Mail: isensee-bonn@t-online.de

Ismer, Dr. Roland, Professor,
Werderstr. 11, 86159 Augsburg;
Lehrstuhl für Steuerrecht
und Öffentliches Recht,
Friedrich-Alexander-Universität

Erlangen-Nürnberg,
Lange Gasse 20, 90403 Nürnberg,
(0911) 5302 353, Fax (0911) 5302 165,
E-Mail: Roland.Ismer@wiso.
uni-erlangen.de

Jaag, Dr. Tobias, o. Professor,
Bahnhofstr. 22, Postfach 125,
CH-8024 Zürich,
(0041) 442 1363 63,
Fax (0041) 442 1363 99,
E-Mail: jaag@umbricht.ch

Jachmann-Michel, Dr. Monika,
Univ.-Professorin,
Vors. Richterin am Bundesfinanzhof,
Honorarprofessorin LMU München,
Bundesfinanzhof München,
Ismaninger Str. 109, 81675 München,
(089) 9231 352, Fax (08821) 9668462,
E-Mail: monika.jachmann@bfh.bund.de

Jaeckel, Dr. Liv, Professorin,
Schildstiege 8, 48161 Münster,
(02534) 388 10 41,
Bildungs- und Wissenschaftszentrum
der Bundesfinanzverwaltung (BWZ)
Associate Professor HHL Leipzig
Graduate School of Management,
E-Mail: liv.jaeckel@bzw.bund.de

Jahndorf, Dr. Christian, Professor,
Brunnenweg 18, 48153 Münster,
(0251) 761 9683;
Westfälische Wilhelms-Universität,
Institut für Steuerrecht,
Universitätsstr. 14–16, 48143 Münster,
(0251) 832 2795, Fax (0251) 832 8386,
E-Mail: christian.jahndorf@
schumacher-partner.de

Jakab, Dr. András,
Professor für Verfassungs- und
Verwaltungsrecht,
Universität Salzburg,
Fachbereich für Öffentliches Recht,
Völker- und Europarecht,
Kapitelgasse 5–7, A-5020 Salzburg,
(0043) 662 8044 3605,
E-Mail: andras jakab@sbg.ac.at

Janko, Dr. Andreas, Univ.-Professor,
Institut für Staatsrecht und Politische
Wissenschaften,
Johannes Kepler Universität Linz,
Altenberger Str. 69,
A-4040 Linz/Auhof,
(0043) 732 2468 3399,
E-Mail: andreas.janko@jku.at
oder Elisabeth.Kamptner@jku.at

Janz, Dr. Norbert, apl. Professor,
Koch-Gotha-Str. 10, 18055 Rostock,
(0381) 877 29 313;
Landesrechnungshof Brandenburg,
Graf-von-Schwerin-Straße 1,
14469 Potsdam,
(0331) 866-85 35,
Fax (0331) 866-85 18,
E-Mail: norbert.janz@lrh.brandenburg.de

Jarass, Dr. Hans D., LL.M. (Harvard),
o. Professor,
ZIR Forschungsinstitut an der
Universität Münster,
Wilmergasse 12–13, 48143 Münster,
(0251) 8329 780,
E-Mail: jarass@uni-muenster.de

Jestaedt, Dr. Matthias, Professor,
Albert-Ludwigs-Universität,
Rechtswissenschaftliche Fakultät,
79085 Freiburg i. B.,
(0761) 2039 7800,
Fax (0761) 2039 7802,
E-Mail: matthias.jestaedt@jura.
uni-freiburg.de

Jochum, Dr. Georg, Professor,
Oberhofstr. 92,
88045 Friedrichshafen,
(01 0) 238 6758;

Zeppelin University, Lehrstuhl für Europa- recht & Internationales Recht der Regulierung,
Maybachplatz 5,
88045 Friedrichshafen,
(07541) 6009 1481,
Fax (07541) 6009 1499,
E-Mail: Georg.Jochum@zeppelin-university.de

Jochum, Dr. jur. Heike, Mag. rer. publ., Professorin, Rechtsanwältin,
Buchsweilerstr. 77, 66953 Pirmasens;
Hemmelrath Partnerschaftsgesellschaft mbB,
Maximilianstr. 35a,
80539 München,
(0049) 170 309 55 52;
E-Mail: Heike.Jochum@gmx.net

Jouanjan, Dr. Olivier, Professor,
32, rue de Vieux Marché aux Poissons,
F-97000 Strasbourg,
(0033) 661 33 2559;
Université Panthéon-Assas,
Centre de droit public comparé,
12 place du Panthéon,
F-75005 Paris,
(0033) 388 14 3034;
Albert-Ludwigs-Universität,
Rechtswissenschaftliche Fakultät,
Institut für öffentliches Recht (Abt. 2),
Platz der Alten Synagoge,
79085 Freiburg i. B.,
E-Mail: olivier.jouanjan@u-paris2.fr

Kadelbach, Dr. Stefan, LL.M., Professor,
Goethe-Universität,
Institut für Öffentliches Recht,
Lehrstuhl für Öffentliches Recht, Europarecht und Völkerrecht,
Theodor-W.-Adorno-Platz 4,
60629 Frankfurt am Main,
(069) 798 34295,
Fax (069) 798 34516,
E-Mail: s.kadelbach@jur.uni-frankfurt.de

Kägi-Diener, Dr. iur. Regula, Prof.,
Rechtsanwältin,
Seetalstr. 57A, CH-5706 Boniswil,
(0041) 44 508 18 99,
Mobil (0041) 79 576 85 16
E-Mail: kaegi-diener.rechtsanwaeltin@bluewin.ch

Kämmerer, Dr. Jörn Axel, Professor,
Am Kaiserkai 53, 20457 Hamburg,
(040) 48 0922 23;
Bucerius Law School,
Hochschule für Rechtswissenschaft,
Jungiusstr. 6, 20335 Hamburg,
(040) 307 06 190, Fax (040) 3070 6 195,
E-Mail: axel.kaemmerer@law-school.de

Kahl, Dr. Dr. h.c. Arno,
Univ.-Professor,
Universität Innsbruck,
Institut für Öffentliches Recht, Staats- und Verwaltungslehre,
Innrain 52d, A-6020 Innsbruck,
(0043) 512/507 84004,
E-Mail: arno.kahl@uibk.ac.at

Kahl, Dr. Dr. h.c. Wolfgang, M.A.,
o. Professor, Universität Heidelberg,
Institut für deutsches und europäisches Verwaltungsrecht,
Friedrich-Ebert-Anlage 6–10,
69117 Heidelberg,
(06221) 5474 28,
Fax (06221) 5477 43,
E-Mail: kahl@jurs.uni-heidelberg.de

Kaiser, Dr. Anna-Bettina,
LL.M. (Cambridge), o. Professorin,
Humboldt-Universität zu Berlin,
Juristische Fakultät,
Lehrstuhl für Öffentliches Recht und Grundlagen des Rechts,
Unter den Linden 6, 10099 Berlin,
(030) 2093 3579,
Fax (030) 2093 3430,
E-Mail: kaiserab@hu-berlin.de

Kaltenborn, Dr. Markus, Professor,
Ruhr-Universität Bochum,
Juristische Fakultät
44780 Bochum,
(0234) 32 2 5252 oder -252 63,
E-Mail: markus.kaltenborn@ruhr-uni-bochum.de

Kanalan, Dr. Ibrahim, Privatdozent,
Friedrich-Alexander-Universität
Erlangen-Nürnberg,
Fachbereich Rechtswissenschaft,
Institut für Deutsches, Europäisches
und Internationales Recht,
Schillerstr. 1, 91054 Erlangen,
(0049) 178 13 44 376,
E-Mail: Ibrahim.Kanalan@fau.de

Kau, Dr. Marcel, LL.M., Privatdozent,
Blarerstr. 8, 78462 Konstanz;
Universität Konstanz,
Fachbereich Rechtswissenschaft D 110,
Universitätsstr. 10,
78457 Konstanz,
(07531) 8836 34,
Fax (07531) 8831 46,
E-Mail: Marcel.Kau@uni-konstanz.de

Kaufhold, Dr. Ann-Katrin,
Univ.-Professorin,
Ludwig-Maximilians-Universität München,
Institut für Politik und Öffentliches Recht,
Lehrstuhl für Staats- und Verwaltungsrecht
Prof.-Huber-Platz 2, 80539 München,
(089) 21892777,
E-Mail: ann-katrin.kaufhold@jura.uni-muenchen.de

Kaufmann, Dr. Christine, Professorin,
Lehrstuhl für Staats- und Verwaltungsrecht,
Völker- und Europarecht,
Universität Zürich,
Rämistr. 74/5, CH-8001 Zürich,
(0041) 446 34 48 65,
Fax (0041) 446 3443 78,
E-Mail: Ist.kaufmann@ius.uzh.ch

Kaufmann, Dr. Marcel, apl. Professor,
Rechtsanwalt,
Senefelderstr. 7, 10437 Berlin;
Freshfields Bruckhaus Deringer,
Environment, Planning and
Regulatory (EPR),
Potsdamer Platz 1, 10785 Berlin,
(030) 202 83 857,
(030) 202 83 600,
Fax (030) 202 83 766,
E-Mail: marcel.kaufmann@freshfields.com

Keller, Dr. Helen, Professorin,
Eigenstr. 16, CH-8008 Zürich,
(0041) 444 22 2320;
Universität Zürich, Rechtswissenschaftliches Seminar,
Rämistr. 74/13, CH-8001 Zürich,
(0041) 446 34 3689,
Fax (0041) 446 34 4339,
E-Mail: Ist.keller@ius.uzh.ch

Kemmler, Dr. Iris, L.MM. (LSE),
Privatdozentin,
Sonnenbühl 22, 70597 Stuttgart,
(0711) 2844447,
Eberhard Karls Universität Tübingen
Lehrstuhl für Öffentliches Recht,
Finanz- und Steuerrecht
Prof. Dr. Ferdinand Kirchhof
Geschwister-Scholl Platz,
72074 Tübingen,
(07071) 29 74058,
Fax (07071) 23 4358,
E-Mail: Iris.kemmler@gmx.de

Kempen, Dr. Bernhard, o. Professor,
Rheinblick 1, 53424 Remagen/Oberwinter,
(02228) 9132 91,
Fax (022 28) 9132 93;
Institut für Völkerrecht und ausländisches
öffentliches Recht, Universität zu Köln,
Gottfried-Keller-Str. 2, 50931 Köln,
(0221) 470 2364,
Fax (0221) 470 4992,
E-Mail: Bernhard.Kempen@uni-koeln.de

Kempny, Dr. Simon, LL.M. (UWE Bristol), Univ.-Professor,
Lehrstuhl für Öffentliches Recht
und Steuerrecht,
Fakultät für Rechtswissenschaft,
Universität Bielefeld
Universitätsstr. 25, 33615 Bielefeld,
(0521) 106 67690,
E-Mail: simon.kempny@uni-bielefeld.de

Kerkemeyer, Dr. Andreas, Professor,
Technische Universität Darmstadt,
Fachbereich Rechts- und
Wirtschafts-wissenschaften,
Hochschulstraße 1,
64289 Darmstadt,
(06151) 162 79 26,
E-Mail: andreas.kerkemeyer@
tu-darmstadt.de

Kern, Dr. Markus, Professor,
Universität Bern Institut
für öffentliches Recht,
Schanzeneckstr. 1, Postfach 3444,
CH-3001 Bern,
0041 (0)31 684 83 77,
E-Mail: markus.kern@oefre.unibe.ch

Kersten, Dr. Jens, Univ.-Professor,
Juristische Fakultät
Ludwig-Maximilians-Universität München,
Prof.-Huber-Platz 2,
80539 München,
(089) 2180 2113,
E-Mail: jens.kersten@jura.
uni-muenchen.de

Khakzadeh-Leiler, Dr. Lamiss,
ao. Univ.-Professorin,
Universität Innsbruck,
Institut für Öffentliches Recht,
Staats- und Verwaltungslehre,
Innrain 52 d,
A-6020 Innsbruck,
(0043) 507 84032,
E-Mail: lamiss.khakzadeh@uibk.ac.at

Khan, Dr. Daniel-Erasmus, Professor,
Institut für Öffentliches Recht und
Völkerrecht
Universität der Bundeswehr München,
Werner-Heisenberg-Weg 39,
85579 Neubiberg,
(089) 6004 4690 oder -4262 oder -2048,
Fax (089) 6004 4691,
E-Mail: Khan@unibw.de

Kielmansegg, Dr. Sebastian Graf von,
Professor,
Lehrstuhl für Öffentliches Recht
und Medizinrecht,
Christian-Albrechts-Universität zu Kiel,
Olshausenstr. 75, 24118 Kiel,
(0431) 880 1668,
Fax (0431) 880 1894,
E-Mail: skielmansegg@law.uni-kiel.de

Kießling, Dr. Andrea, Professorin,
Goethe-Universität Frankfurt am Main,
Professur für Öffentliches Recht
mit Schwerpunkt Sozialrecht,
Eschersheimer Landstr. 121,
IKB-Gebäude, Raum 3810,
60322 Frankfurt am Main,
E-Mail: kiessling@jur.uni-frankfurt.de

Kilian, Dr. Michael, Professor,
Hohenkogl 62, A-8181 St. Ruprecht/Raab;
Juristische Fakultät,
Universität Halle-Wittenberg,
Universitätsplatz 3–5, Juridicum,
06099 Halle (Saale),
(0345) 55 231 70,
Fax (0345) 55 2 7269,
E-Mail: michael.kilian@jura.uni-halle.de

Kingreen, Dr. Thorsten, Professor,
Agnes-Miegel-Weg 10, 93055 Regensburg,
(0941) 70402 41;
Lehrstuhl für Öffentliches Recht,
Sozialrecht und Gesundheitsrecht,
Universität Regensburg, Universitätsstr. 31,
93053 Regensburg,

(0941) 943 2607 od. 26 8,
Fax (0941) 943 3634,
E-Mail: king@jura.uni-regensburg.de

Kirchhof, Dr. Ferdinand, o. Professor,
Walther-Rathenau-Str. 28,
72766 Reutlingen,
(07121) 490281,
E-Mail: ferdinand.kirchhof@t-online.de

Kirchhof, Dr. Gregor,
LL.M., Univ.-Professor,
Universität Augsburg,
Lehrstuhl für Öffentliches Recht,
Finanzrecht und Steuerrecht,
Universitätsstr. 24,
86159 Augsburg,
(0821) 598 4541,
E-Mail: sekretariat.kirchhof@jura.
uni-augsburg.de

Kirchhof, Dr. Dres. h.c. Paul, Professor,
Am Pferchelhang 33/1, 69118 Heidelberg,
(06221) 8014 47;
Universität Heidelberg,
Schillerstr. 4–8,
69115 Heidelberg,
(06221) 54 19356,
E-Mail: paul.kirchhof@paul-kirchhof.de

Kirchmair, MMag. Dr. Lando,
Vertretungsprofessor,
Universität der Bundeswehr München,
Institut für Öffentliches Recht und
Völkerrecht/Institut für Kulturwissen-
schaften, Fakultät für Staats- und
Sozialwissenschaften,
Werner-Heisenberg-Weg 39,
85579 Neubiberg,
(0049) 89 6004 2812,
E-Mail: lando.kirchmair@unibw.de

Kirste, Dr. Stephan, Professor,
Universität Salzburg, Rechts- und
Sozialphilosophie, FB Sozial- und
Wirtschaftswissenschaften an der
Rechtswissenschaftlichen Fakultät,
Churfürststr. 1,
A-5010 Salzburg,
(0043 662) 8044 3551,
Mobil (0043) 664 8289 223,
Fax (0043) 662 8044 74 3551,
E-Mail: stephan.kirste@sbg.ac.at

Kischel, Dr. Uwe, LL.M. (Yale),
Attorney-at-law (New York), o. Professor,
Dorfstr. 34, 17121 Düvier,
(0399 98) 315 46;
Ernst-Moritz-Arndt-Universität Greifswald,
Domstr. 20a,
17489 Greifswald,
(03834) 420 2180,
Fax (03834) 420 2182,
E-Mail: kischel@uni-greifswald.de

Klafki, Dr. Anika, Juniorprofessorin,
Friedrich-Schiller-Universität Jena,
Rechtswissenschaftliche Fakultät,
Juniorprofessur für Öffentliches Recht,
Carl-Zeiß-Str. 3,
07743 Jena,
E-Mail: anika.klafki@uni-jena.de

Klatt, Dr. Matthias, Professor,
Rothenbaumchaussee 33,
20148 Hamburg,
(040) 42838 2380,
Fax 040 42838 8296;
Universitätsprofessur für Rechts-
philosophie, Rechtssoziologie und
Rechtspolitik, Rechtswissenschaftliche
Fakultät, Karl-Franzens-Universität Graz,
Universitätsstr. 15 / C2, A-8010 Graz,
E-Mail: matthias.klatt@uni-graz.at

Klaushofer, Dr. Reinhard,
Univ.-Professor,
Universität Salzburg,
Kapitelgasse 5–7, A-5020 Salzburg,
(0043) 662 8044 3634,
Fax (0043) 662 8044 303,
E-Mail: reinhard.klaushofer@sbg.ac.at

Klein, Dr. iur. Eckart, Univ.-Professor,
Heideweg 45, 14482 Potsdam,
(0331) 7058 47,
E-Mail: klein@uni-potsdam.de

Klein, Dr. Hans Hugo,
Univ.-Professor (em.), Richter
des Bundesverfassungsgerichts a.D.,
Heilbrunnstr. 4, 76327 Pfinztal,
(07240) 7300,
E-Mail: hanshklein@web.de

Klein, Dr. Tonio, Professor,
Kommunale Hochschule für Verwaltung
in Niedersachsen,
Wielandstr. 8, 30169 Hannover,
(0511) 1609 2448,
E-Mail: tonio.klein@nsi-hsvn.de

Kleinlein, Dr. Thomas, Professor,
Christian-Albrechts-Universität zu Kiel,
Walther-Schücking-Institut für
Internationales Recht,
Westring 400, 24118 Kiel,
E-Mail: tkleinlein@wsi.uni-kiel.de

Klement, Dr. Jan Henrik,
Univ.-Professor, Direktor am Institut
für Öffentliches Recht,
Albert-Ludwigs-Universität,
Rechtswissenschaftliche Fakultät,
79085 Freiburg i. B.,
(0761) 203 97572,
E-Mail: jan.henrik.klement@jura.
uni-freiburg.de

Kley, Dr. Dr. h.c. Andreas, Professor,
Rechtswissenschaftliches Institut,
Rämistr. 74/34, CH-8001 Zürich,
(0041) 44 634 5020,
E-Mail: andreas.kley@ius.uzh.ch

Kloepfer, Dr. Michael, o. Professor,
Taubertstr. 19, 14193 Berlin,
(030) 825 2490, Fax (030) 825 2690
E-Mail: Michael.Kloepfer@hu-berlin.de

Kluckert, Dr. Sebastian, Univ.-Professor,
Bergische Universität Wuppertal,
Professur für Öffentliches Recht,
Gaußstr. 20, 42119 Wuppertal,
(0202) 439 5280,
Fax (0202) 439 5289,
E-Mail: kluckert@uni-wuppertal.de

Kluth, Dr. Winfried, Professor,
Eilenburger Str. 12, 06116 Halle (Saale);
Martin-Luther-Universität
Halle-Wittenberg, Juristische und
Wirtschaftswissenschaftliche Fakultät,
Lehrstuhl für Öffentliches Recht,
Universitätsplatz 10a,
06099 Halle (Saale),
(0345) 552 3223,
Fax (0345) 552 7293,
E-Mail: winfried.kluth@jura.uni-halle.de

Kment, Dr. Martin, LL.M. (Cambridge),
Professor,
Donaustr. 16, 81679 München;
Lehrstuhl für Öffentliches Recht und
Europarecht, Umweltrecht und
Planungsrecht,
Universität Augsburg,
Universitätsstr. 24, 86159 Augsburg,
(0821) 598 4535,
Fax (0821) 598 4537,
E-Mail: martin.kment@jura.
uni-augsburg.de

Knauff, Dr. Matthias, LL.M. Eur.,
Professor,
von-Salza-Str. 10,
97980 Bad Mergentheim,
(07931) 481 0097, (0163) 729 8371;
Friedrich-Schiller-Universität Jena
Rechtswissenschaftliche Fakultät,
Lehrstuhl für Öffentliches Recht,
insbes. Öffentliches Wirtschaftsrecht,
Carl-Zeiß-Str. 3, 07743 Jena,
(03641) 942 221,
Fax (03641) 942 222,
E-Mail: matthias.knauff@uni-jena.de

Kneihs, Dr. Benjamin, Univ. Professor,
Niederland 73, A-5091 Unken;
Universität Salzburg,
Fachbereich öffentliches Recht,
Kapitelgasse 5–7, A-5020 Salzburg,
(0043) 662 8044 3611,
Fax (0043) 662 8044 303,
E-Mail: benjamin.kneihs@plus.ac.at

Knemeyer, Dr. Franz-Ludwig, o. Professor,
Unterdürrbacher Str. 353, 97080 Würzburg,
(0931) 961 18;
Universität Würzburg,
Domerschulerstr.16, 97070 Würzburg,
(0931) 31 8 2899, Fax (0931) 31 23 17,
E-Mail: knemeyer@jura.uni-wuerzburg.de

Koch, Dr. Hans-Joachim, Professor,
Wendlohstr. 80, 22459 Hamburg,
(040) 551 8804, Fax (040) 551 8804;
Universität Hamburg, Fakultät für
Rechtswissenschaft,
Edmund-Siemers-Allee 1,
20146 Hamburg,
(040) 42838 3977 oder -5443,
Fax (040) 42838 6280,
E-Mail: hans-joachim.koch@jura.
uni-hamburg.de

Koch, Dr. Thorsten, Privatdozent,
Emanuel-Geibel-Str. 4,
49143 Bissendorf-Schledehausen,
(05402) 7774;
Institut für Kommunalrecht Universität
Osnabrück,
Martinistr. 12, 49069 Osnabrück,
(0541) 969 6169, Fax (0541) 969 6164,
E-Mail: tkoch@uos.de

Köck, Dr. Wolfgang, Professor,
UFZ-Umweltforschungszentrum
Leipzig-Halle GmbH,
Permoserstr. 15, 04318 Leipzig;
Universität Leipzig,
Lehrstuhl für Umweltrecht,
Postfach 10 09 20, 04009 Leipzig,
(0341) 235 3140, Fax (0341) 235 2825,
E-Mail: Wolfgang.Koeck@ufz.de

König, Dr. Doris, Professorin,
Bundesverfassungsgericht,
Schlossbezirk 3, 76131 Karlsruhe,
(0721) 9101 338, Fax (0721) 9101 720,
E-Mail: doris.koenig@law-school.de

König, Dr. Dr. Klaus, Univ.-Professor,
Albrecht-Dürer-Str. 20, 67346 Speyer,
(06232) 29 02 16;
Deutsche Universität für
Verwaltungswissenschaften Speyer,
Postfach 14 09, 67324 Speyer,
(06232) 654 369 oder -350 oder -355,
Fax (06232) 654 306,
E-Mail: k.koenig@uni-speyer.de

Kokott, Dr. Juliane, LL.M. (Am. Un.),
S.J.D. (Harvard),
Univ.-Professorin, Generalanwältin,
(06221) 4516 17;
Gerichtshof der Europäischen Union,
Rue du Fort Niedergrünewald,
L-2925 Luxemburg,
(00352) 4303 2221,
E-Mail: juliane.kokott@curia.europa.eu

Kolonovits, Dr. Dieter, Mag., M.C.J.,
ao. Univ.-Professor,
Berggasse 17/41, A-1090 Wien,
(0043) 699 1920 2895;
Präsident, Verwaltungsgericht Wien,
Muthgasse 62, A-1190 Wien,
(0043) 4000 38501,
Fax (0043) 4000 99 38501,
E-Mail: dieter.kolonovits@vgw.wien.gv.at

Kopetzki, DDr. Christian,
Univ.-Professor,
Institut für Staats- und Verwaltungsrecht,
Medizinrecht, Universität Wien,
Schottenbastei 10–16, A-1010 Wien,
(0043) 1427 73 5411,
E-Mail: christian.kopetzki@univie.ac.at

Korioth, Dr. Stefan, Professor,
Institut für Politik und Öffentliches Recht
der Universität München,
Professor-Huber-Platz 2/III,
80539 München,
(089) 2180 2737,
Fax (089) 2180 3990,
E-Mail: Korioth@jura.uni-muenchen.de

Korte, Dr. Stefan, Professor,
Technische Universität Chemnitz,
Lehrstuhl für Öffentliches Recht insb.
Öffentliches Wirtschaftsrecht,
Fachbereich Wirtschaftswissenschaften,
Thüringer Weg 7, 09126 Chemnitz,
(0371) 53126460,
Fax (0371) 53126469,
E-Mail: stefan.korte@wirtschaft.
tu-chemnitz.de

Kotulla, Dr. Michael, M.A., Professor,
Universität Bielefeld,
Fakultät für Rechtswissenschaft,
Postfach 10 01 31,
33501 Bielefeld,
(0521) 106 2500,
Fax (0521) 106 8091,
E-Mail: Michael.Kotulla@uni-bielefeld.de

Kotzur, Dr. Markus, LL.M. (Duke Univ.),
o. Professor,
Am Sandtorkai 64 b, 20457 Hamburg,
(040) 4191 9344;
Universität Hamburg, Institut
für Internationale Angelegenheiten,
Fakultät für Rechtswissenschaft,
Rothenbaumchaussee 33,
20148 Hamburg,
(040) 42828 4601,
Fax (040) 42838 6262,
E-Mail: markus.kotzur@jura.
uni-hamburg.de

Kradolfer, Dr. Matthias, Privatdozent,
Bundesrichter,
c/o Schweizerisches Bundesgericht,
Avenue du Tribunal Fédéral 29,
CH-1005 Lausanne,
E-Mail: matthias.kradolfer@ius.uzh.ch

Krajewski, Dr. Markus, Professor,
Friedrich-Alexander-Universität
Erlangen-Nürnberg,
Fachbereich Rechtswissenschaft,
Schillerstr. 1, 91054 Erlangen,
(09131) 85 222 60,
Fax (09131) 85 269 50,
E-Mail: markus.krajewski@fau.de

Krämer-Hoppe, Dr. Rike, Professor,
Professur für Öffentliches Recht und
transregionale Normentwicklung
Department für Interdisziplinäre und
Multiskalare Area Studies
Universität Regensburg,
93040 Regensburg,
E-Mail: rike.kraemer-hoppe@jura.uni-
regensburg.de

Krausnick, Dr. Daniel, apl. Professor,
Rumfordstr. 25,
80469 München,
(0160) 92967079;
Bayrisches Staatsministerium für
Wissenschaft und Kunst,
Jungfernturmstr. 1, 80333 München,
(089) 21862394,
E-Mail: daniel.krausnick@web.de,
daniel.krausnick@stmwk.bayern.de

Krebs, Dr. Walter, Professor,
Herderallee 13, 44791 Bochum,
(0234) 511288,
E-Mail: krebs.bo@t-online.de

Kremer, Dr. Carsten, M.A.,
M.Jur. (Oxford), Professor,
Universität Rostock, Juristische Fakultät,
Lehrstuhl für Öffentliches Recht und
Neuere Rechts- und
Verfassungsgeschichte
Ulmenstr. 69, 18057 Rostock,

(0381) 498 8171,
E-Mail: carsten.kremer@uni-rostock.de

Kreßel, Dr. Eckhard, Professor,
Lenzhalde 42,
73760 Ostfildern,
E-Mail: ekressel@aol.com;
Juristische Fakultät der Universität Würzburg,
Domerschulstr. 16,
97070 Würzburg,
E-Mail: eckhard.kressel@jura.uni-wuerzburg.de

Kreuter-Kirchhof, Dr. Charlotte, Professor
Kirchgasse 61, 53347 Alfter,
(02222) 9936 22, Fax (02222) 9936 21;
Lehrstuhl für Deutsches und Ausländisches Öffentliches Recht, Völkerrecht und Europarecht
Heinrich-Heine-Universität Düsseldorf,
Universitätsstr. 1, 40225 Düsseldorf,
(0211) 81 114 35, Fax (0211) 81 114 56,
E-Mail: kreuter-kirchhof@hhu.de

Krieger, Dr. Heike, Professorin,
Freie Universität Berlin,
Fachbereich Rechtswissenschaft,
Van't-Hoff-Str. 8, 14195 Berlin,
(030) 8385 1453,
E-Mail: hkrieger@zedat.fu-berlin.de

Kröger, Dr. Klaus,
Univ.-Professor,
Hölderlinweg 14, 35396 Gießen,
(0641) 522 40; (0641) 9923 130,
Fax (0641) 9923 059

Kröll, Dr. Thomas,
Assoziierter Professor,
Pyrkergasse 37/5, A-1190 Wien;
Institut für Österreichisches und Europäisches
Öffentliches Recht,
Wirtschaftsuniversität Wien,
Welthandelsplatz 1/D3, A-1020 Wien,
(0043) 1313365441,
Fax (0043) 131336905441,
E-Mail: thomas.kroell@wu.ac.at

Krönke, Dr. Christoph,
Univ.-Professor,
Lehrstuhl für Öffentliches Recht, Wirtschaftsverwaltungsrecht, Nachhaltigkeits- und Technologierecht,
Universität Bayreuth,
Universitätsstr. 30, 95447 Bayreuth,
(0049) 921 55 6011,
Fax: (0049) 921 55 6012,
E-Mail: christoph.kroenke@uni-bayreuth.de

Krüper, Dr. Julian, Professor,
Professur für Öffentliches Recht, Verfassungstheorie und interdisziplinäre Rechtsforschung, Juristische Fakultät der Ruhr-Universität Bochum,
Universitätsstr. 150, 44780 Bochum,
(0234) 32 29942, Fax (0234) 32 14282
E-Mail: julian.krueper@rub.de

Krugmann, Dr. Michael,
Privatdozent,
Stellaustieg 3, 22143 Hamburg,
(040) 677 8860, Fax (040) 677 8860,
E-Mail: dr@michaelkrugmann.de

Krumm, Dr. Marcel, Univ.-Professor,
Rechtswissenschaftliche Fakultät
Westfälische Wilhelms-Universität Münster,
Universitätstr. 14, 48143 Münster,
(0251) 83 22795,
E-Mail: marcel.krumm@wwu.de

Kube, Dr. Hanno, LL.M. (Cornell),
Univ.-Professor,
Institut für Finanz- und Steuerrecht,
Lehrstuhl für Öffentliches Recht unter besonderer Berücksichtigung des Finanz- und Steuerrechts,
Ruprecht-Karls-Universität Heidelberg,

Friedrich-Ebert-Anlage 6–10,
69117 Heidelberg,
(06221) 547792,
E-Mail: kube@uni-heidelberg.de

Kuch, Dr. David, Universitätsprofessor,
Universität Konstanz,
Lehrstuhl für Öffentliches Recht mit
Schwerpunkt Verwaltungsrecht,
Fachbereich Rechtswissenschaften,
Universitätsstraße 10, 78464 Konstanz,
(07531) 88 3654,
E-Mail: office.kuch@uni-konstanz.de

Kucsko-Stadlmayer, Dr. Gabriele,
Univ.-Professorin,
Rooseveltplatz 4–5, A-1090 Wien,
(0043) 14 08 38 59;
Universität Wien, Institut für Staats- und
Verwaltungsrecht,
Schottenbastei 10–16, A-1010 Wien,
(0043) 1427 7354 18,
Fax (0043) 142 7793 54,
E-Mail: gabriele.kucsko-stadlmayer@
univie.ac.at

Kühler, Dr. Anne, Universitätsprofessorin,
Universität Wien,
Institut für Rechtsphilosophie,
Schenkenstraße 8–10,
A-1010 Wien,
(0043) 1427 7358 40,
Fax (0043) 1427 793 58,
E-Mail: anne.kuehler@univie.ac.at

Kühling, Dr. Jürgen, LL.M. (Brüssel),
Univ.-Professor,
Kellerweg 12 b, 93053 Regensburg,
(0941) 705 6079;
Universität Regensburg, Lehrstuhl für
Öffentliches Recht und Immobilienrecht,
Universitätsstr. 31, 93053 Regensburg,
(0941) 943 6060,
Fax (0941) 943 6062,
E-Mail: juergen.kuehling@jura.
uni-regensburg.de

Kühne, Dr. Jörg-Detlef, Professor,
Münchhausenstr. 2, 30625 Hannover,
(0511) 55 65 63;
Universität Hannover,
Königsworther Platz 1, 30167 Hannover,
(0511) 7 62 8148, Fax (0511) 7 62 8228,
E-Mail: Kuehne@oera.uni-hannover.de

Küpper, Dr. Herbert, Professor,
Herrnstr. 15, 80539 München;
Institut für Ostrecht,
Landshuter Str. 4, 93047 Regensburg,
(0941) 943 5450, Fax (0941) 943 5465,
Andrássy Universität Budapest,
Pollack Mihály tér 3,
H-1088 Budapest, Ungarn,
E-Mail: Herbert.Kuepper@ostrecht.de

Kugelmann, Dr. Dieter, Professor,
Der Landesbeauftragte für den Datenschutz
und die Informationsfreiheit
Rheinland-Pfalz,
Postfach 30 40, 55020 Mainz,
(06131) 2 08 24 49,
Fax (06131) 2 08 24 97,
E-Mail: poststelle@datenschutz.rlp.de

Kulick, Dr. Andreas, Universitätsprofessor,
Johannes Gutenberg-Universität Mainz,
Lehrstuhl für Völkerrecht und Öffentliches
Recht,
Jakob-Welder-Weg 9, 55128 Mainz,
E-Mail: ankulick@uni-mainz.de

Kunig, Dr. Dr. h.c. (Univ. Athen) Dr. h.c.
(Univ. Istanbul) Philip, Professor,
Freie Universität Berlin,
Institut für Staatslehre,
Boltzmannstr. 3, 14195 Berlin,
(030) 838 530 10,
Fax (030) 838 530 11,
E-Mail: Kunig@zedat.fu-berlin.de

Lachmayer, Dr. Konrad, Univ.-Professor,
Fakultät für Rechtswissenschaft,
Sigmund Freud Privatuniversität Wien,

Freudplatz 3, A-1020 Wien,
(0043) 1 90 500 70 1685,
E-Mail: konrad.lachmayer@jus.sfu.ac.at

Ladeur, Dr. Karl-Heinz, Professor,
Universität Hamburg,
Fakultät für Rechtswissenschaft,
Schlüterstr. 28,
20146 Hamburg,
(040) 428 38 5752,
Fax (040) 428 38 2635,
E-Mail: karl-heinz.ladeur@jura.
uni-hamburg.de

Lampert, Dr. Steffen, Professor,
Rolandstr. 7a, 49078 Osnabrück;
Institut für Finanz- und Steuerrecht,
Am Natruper Holz 60a, 49090 Osnabrück,
(0541) 969 6168, Fax (0541) 969 6161,
E-Mail: slampert@uos.de

Lang, Dr. Heinrich, Professor,
Dipl.-Sozialpädagoge,
Steinstr. 13, 17489 Greifswald;
Ernst-Moritz-Arndt Universität Greifswald,
Lehrstuhl für Öffentliches Recht,
Sozial- und Gesundheitsrecht,
Domstr. 20, 17489 Greifswald,
(03834) 420 2174,
Fax (03834) 420 2113,
E-Mail: heinrich.lang@uni-greifswald.de

Lange, Dr. Felix, LL.M. (NYU), M.A.,
Professor, Institut für Völkerrecht und
ausländisches öffentliches Recht,
Universität zu Köln,
Sibille-Hartmann-Str. 2–8, 50969 Köln,
E-Mail: felix.lange@uni-koeln.de

Lange, Dr. Pia, LL.M. (UCT), Professorin,
Universität Bremen,
Fachbereich Rechtswissenschaft,
Universitätsallee,
GW 1, 28359 Bremen,
(0421) 218 66083,
E-Mail: pialange@uni-bremen.de

Langenfeld, Dr. Christine, Professorin,
Menckestr. 30, 04155 Leipzig,
(0341) 5611 4940,
Fax (0341) 5611 4941,
E-Mail: Dr.Langenfeld@t-online.de;
Juristisches Seminar der
Georg-August-Universität,
Platz der Göttinger Sieben 6,
37073 Göttingen,
(0551) 39 21150,
Fax (0551) 39 21151,
E-Mail: enomiko@gwdg.de

Laskowski, Dr. Silke Ruth, Professorin,
Gertigstr. 13, 22303 Hamburg,
(040) 366615,
Fax (040) 366615,
Mobil (0179) 2315663;
Universität Kassel,
Institut für Wirtschaftsrecht,
FG Öffentliches Recht, Völker- und
Europarecht, Schwerpunkt Umweltrecht,
Diagonale 12, 34127 Kassel,
(0561) 804 3222,
Fax (0561) 804 2827,
E-Mail: Laskowski@uni-kassel.de

Laurer, Dr. Hans René,
a.o. Univ.-Professor,
Scheffergasse 27a, A-2340 Mödling,
(0043) 263 62 0402

Le Divellec, Dr. Armel, Professor,
Université Paris-Panthéon-Assas,
12 place du Panthéon,
75005 Paris Frankreich,
E-Mail: armel.le-divellec@u-paris2.fr

Lee, Dr. iur. Chien-Liang, Professor,
Institutum Iurisprudentiae,
Academia Sinica,
128 Academia Sinica Rd., Sec. 2,
Nankang, Taipei 11529, Taiwan,
(0086) 2 26525412 oder (0086) 2 87320212
Fax (0086) 2 87320272
E-Mail: chenny@sinica.edu.tw

Leeb, Dr. David, Univ.-Professor,
Institut für Staatsrecht und Politische Wissenschaften, Johannes Kepler Universität Linz,
Altenberger Str. 69, A-4040 Linz/Auhof,
(0732) 2468 7420, Fax (0732) 2468 7405,
E-Mail: david.leeb@jku.at

Lege, Dr. Joachim, o. Professor,
Fischstr. 19, 17489 Greifswald,
(03834) 7739 41,
Rechts- und Staatswissenschaftliche Fakultät,
Lehrstuhl für Öffentliches Recht, Verfassungsgeschichte, Rechts- und Staatsphilosophie,
Ernst-Moritz-Arndt-Universität,
Domstr. 20, 17489 Greifswald,
(03834) 420 2150,
Fax (03834) 420 2156,
E-Mail: lege@uni-greifswald.de

Lehner, Dr. Moris, Univ.-Professor,
Kaiserplatz 7, 80803 München,
(089) 3402 0646;
Ludwig-Maximilians-Universität,
Lehrstuhl für Öffentliches Recht, insb. öffentliches Wirtschaftsrecht und Steuerrecht,
Ludwigstr. 28 (Rgb.), 80539 München,
(089) 2180 2718, Fax (089) 3335 66,
E-Mail: Moris.Lehner@jura.uni-muenchen.de

Lehner, Dr. Roman, Privatdozent,
Georg-August-Universität Göttingen,
Institut für Öffentliches Recht,
Abteilung für Staatsrecht,
Platz der Göttinger Sieben 5,
37073 Göttingen,
(0551) 39 21153,
E-Mail: roman.lehner@jura.uni-goettingen.de

Leisner, Dr. Walter Georg, apl. Professor,
Halserspitzstr. 13, 81673 München,
(089) 9894 24;
Freie Universität Berlin,
Fachbereich Rechtswissenschaft,
Van't Hoff Str. 8, 14195 Berlin,
E-Mail: leisner@leisner-legal.de

Leisner-Egensperger, Dr. Anna, Univ.-Professorin,
Lehrstuhl für Öffentliches Recht und Steuerrecht,
Friedrich-Schiller-Universität Jena,
Carl-Zeiss-Str. 3,
07743 Jena,
(0173) 392 41 45,
E-Mail: A.Leisner@uni-jena.de

Leitl-Staudinger, Dr. Barbara, Univ.-Professorin,
Hohe Str. 135, A-4040 Linz;
Institut für Fernunterricht in den Rechtswissenschaften,
Johannes Kepler Universität Linz,
Petrinumstr. 12,
A-4040 Linz,
(0043) 732 2468 1900,
Fax (0043) 732 2468 1910,
E-Mail: barbara.leitl-staudinger@jku.at

Lennartz, Dr. Jannis, Privatdozent,
Humboldt-Universität zu Berlin,
Juristische Fakultät,
Unter den Linden 6, 10099 Berlin,
(0049) 030 2093 91564,
E-Mail: jannis.lennartz@hu-berlin.de

Lenze, Dr. Anne, Privatdozentin,
Sandstr. 19, 64625 Bensheim,
(06251) 5808 52;
Fachhochschule Darmstadt,
Adelungstr. 51, 64283 Darmstadt,
(06151) 1689 65, Fax (06151) 1689 90,
E-Mail: anne.lenze@t-online.de

Lepsius, Dr. Oliver, LL.M. (Chicago), Professor,
Veghestr. 20, 48149 Münster,

(0251) 83 23610,
E-Mail: oliver.lepsius@uni-muenster.de

Lewinski, Dr. Kai von, Professor,
Lehrstuhl für Öffentliches Recht,
Medien- und Informationsrecht,
Universität Passau,
Innstr. 40 (Nikolakloster), 94032 Passau,
(0851) 509 2221, Fax (0851) 509 2222,
E-Mail: kai.lewinski@uni-passau.de

Lienbacher, Dr. Georg,
Univ.-Professor,
Obere Donaustr. 43/2/44, A-1020 Wien;
Institut für Österreichisches und
Europäisches Öffentliches Recht,
Wirtschaftsuniversität Wien,
Welthandelsplatz 1/D3,
A-1020 Wien,
(0043) 1313 36 5402,
Fax (0043) 1313 36 9222,
E-Mail: Georg.Lienbacher@wu.ac.at;
Mitglied des Verfassungsgerichtshofs,
Verfassungsgerichtshof,
Freyung 8, A-1010 Wien,
(0043) 1531 22 1037,
E-Mail: g.lienbacher@vfgh.gv.at

Lindner, Dr. Josef Franz, Professor,
Großhaderner Str. 14 b,
81375 München,
(089) 7032 45,
Fax (089) 7400 9385;
Lehrstuhl für Öffentliches Recht,
Medizinrecht und Rechtsphilosophie,
Universität Augsburg,
Universitätsstr. 24, 86159 Augsburg,
(0821) 598 4970,
Fax (0821) 598 14 4970,
E-Mail: josef.lindner@jura.uni-augsburg.de

Link, Dr. jur. Dres. theol. h.c. Christoph,
o. Professor (em.),
Spardorfer Str. 47, 91054 Erlangen,
(09131) 209335,
E-Mail: linkerta@t-online.de

Linke, Dr. Tobias, Professor,
Hochschule des Bundes für öffentliche
Verwaltung (HS Bund),
Willly-Brandt-Str. 1, 50321 Brühl,
E-Mail: Tobias.linke@hsbund.de

Löwer, Dr. Wolfgang, Professor,
Hobsweg 15, 53125 Bonn,
(0228) 2506 92, Fax (0228) 2504 14;
Universität Bonn,
Adenauerallee 24–42, 53113 Bonn,
(0228) 7392 78/7392 80,
Fax (0228) 7339 57,
E-Mail: wolfgang.loewer@t-online.de

Lohse, Dr. Eva Julia,
Professorin,
Universität Bayreuth, Rechts- und Wirtschaftswissenschaftliche Fakultät,
Lehrstuhl für Öffentliches Recht III,
Universitätsstraße 30, B9, Zimmer 39,
95447 Bayreuth,
Telefon: (0921) 55-4330,
E-Mail: eva.lohse@uni-bayreuth.de

Lorenz, Dr. Dieter, o. Professor,
Bohlstr. 21, 78465 Konstanz,
(07533) 6822;
Universität Konstanz,
Postfach 55 60 D 100, Universitätsstr. 10,
78434 Konstanz, (07531) 8825 30,
E-Mail: Dieter.Lorenz@uni-konstanz.de

Lorz, Dr. Ralph Alexander,
Hessischer Kultusminister, apl. Professor,
LL.M. (Harvard), Attorney-at-Law
(New York),
Rheingaustr. 161, 65203 Wiesbaden
(0170) 412 1866;
Hessisches Kultusministerium
Luisenplatz 10, 65185 Wiesbaden,
(0611) 368 2000,
E-Mail: al.lorz@uni-duesseldorf.de

Luchterhandt, Dr. Otto, Professor,
Im Wendischen Dorfe 28, 21335 Lüneburg,

(04131) 2329 65,
Fax (04131) 2329 65;
Universität Hamburg,
Schlüterstr. 28 (Rechtshaus),
20146 Hamburg,
(040) 42838 4562,
E-Mail: ottolucht@arcor.de

Lübbe-Wolff, Dr. Gertrude,
Professorin, (0521) 8826 59;
Universität Bielefeld,
Fakultät Rechtswissenschaft,
Universitätsstr. 25, Postfach 100131,
33615 Bielefeld,
(0521) 106 4386,
Fax (0521) 106 8085,
E-Mail: Gertrude.Luebbe-Wolff@
uni-bielefeld.de

Ludwigs, Dr. Markus,
Univ.-Professor,
Lehrstuhl für Öffentliches Recht und
Europarecht, Universität Würzburg,
Domerschulstraße 16, 97070 Würzburg,
(0931) 31-89979,
E-Mail: markus.ludwigs@uni-
wuerzburg.de

Lüdemann, Dr. Jörn, Professor,
Universität Rostock,
Lehrstuhl für Öffentliches Recht,
Wirtschafts- und Medienrecht,
Rechtstheorie und Rechtsökonomik,
Ulmenstr. 69, 18057 Rostock,
E-Mail: joern.luedemann@uni-rostock.de

Lühmann, Dr. Hans, Privatdozent,
Pannebäcker Str. 7a, 40593 Düsseldorf,
(0211) 239 9534

Lukan, Dr. Matthias, Universitätsprofessor,
Institut für Öffentliches Recht und Politik-
wissenschaft, Universität Graz,
Universitätsstraße 15/C3, 8010 Graz,
(0699) 1222 5709
E-Mail: matthias.lukan@uni-graz.at

Mächler, Dr. iur. August, Professor,
Schindellegistr. 15, CH-8808 Pfäffikon,
(0041) 554 1043 20;
Sicherheitsdepartement des Kt. Schwyz,
Postfach 1200, CH- 6431 Schwyz,
(0041) 418 1920 02,
Fax (0041) 418 1920 19,
E-Mail: august-maechler@swissonline.ch

März, Dr. Wolfgang, Professor, Lehrstuhl
für Öffentliches Recht und
Verfassungsgeschichte,
Universität Rostock,
Ulmenstr. 69 (Haus 3), 18057 Rostock,
(0381) 498 8190, Fax (0381) 498 118 8190,
E-Mail: wolfgang.maerz@uni-rostock.de

Magen, Dr. Stefan, M.A., Professor,
Kallenweg 6, 53129 Bonn,
(0228) 9091 7679;
Ruhr-Universität Bochum, Lehrstuhl für
Öffentliches Recht, Rechtsphilosophie und
Rechtsökonomik,
Universitätsstr. 150, 44780 Bochum,
(0234) 32 22809,
Fax (0234) 32 14327,
E-Mail: magen@rub.de

Mager, Dr. Ute, Univ.-Professorin,
Universität Heidelberg, Juristische Fakultät,
Friedrich-Ebert-Anlage 6–10,
69117 Heidelberg,
(06221) 5477 37 oder (0171) 554 0078,
E-Mail: ute.mager@jurs.uni-heidelberg.de

Magiera, Dr. Siegfried,
Univ.-Professor,
Deutsche Universität für
Verwaltungswissenschaften Speyer,
Freiherr-vom-Stein-Str. 2,
67346 Speyer,
(06232) 84898,
E-Mail: s.magiera@uni-speyer.de

Mahlmann, Dr. Matthias, Professor,
Lehrstuhl für Philosophie

und Theorie des Rechts, Rechtssoziologie
und Internationales Öffentliches Recht,
Universität Zürich,
Treichlerstr. 10, CH-8032 Zürich,
(0041) 44634 1569,
Fax (0041) 44634 4391,
E-Mail: lst.mahlmann@ius.uzh.ch

Mangold, Dr. Anna Katharina, LL.M.
(Cambridge), Professorin,
Europa-Universität Flensburg,
Auf dem Campus 1b,
24943 Flensburg,
(0461) 805 2766,
Fax (0461) 805 952766,
E-Mail: anna-katharina.mangold@uni-flensburg.de

Mangoldt, Dr. Hans von, Professor,
Goetheweg 1, 72147 Nehren,
(07473) 7908;
Universität Tübingen, Juristische Fakultät,
Geschwister-Scholl-Platz, 72074 Tübingen,
(07071) 297 3302

Mann, Dr. Thomas, Professor,
Lehrstuhl für Öffentliches Recht, insb.
Verwaltungsrecht, Juristische Fakultät,
Georg-August-Universität Göttingen,
Platz der Göttinger Sieben 6,
37073 Göttingen,
(0551) 39 21160,
Fax (0551) 39 21161,
E-Mail: sekretariatmann@jura.uni-goettingen.de

Manssen, Dr. Gerrit, Univ.-Professor,
Konrad-Adenauer-Allee 15,
93051 Regensburg,
(0941) 928 45;
Juristische Fakultät,
Universität Regensburg,
93040 Regensburg,
(0941) 943 3255, Fax (0941) 943 3257,
E-Mail: Gerrit.Manssen@jura.uni-regensburg.de

Marauhn, Dr. Thilo, M.Phil., Professor,
An der Fels 20, 35435 Wettenberg,
(0641) 877 3275,
Fax (0641) 877 3275,
E-Mail: thilo.marauhn@recht.uni-giessen.de;
Professur für Öffentliches Recht,
Völkerrecht und Europarecht,
Justus-Liebig-Universität Gießen,
Licher Str. 76, 35394 Gießen,
(0641) 992 1150/51,
Fax (0641) 992 1159,
E-Mail: intlaw@recht.uni-giessen.de

Marko, Dr. Joseph, o. Professor,
Kasernstr. 35, A-8010 Graz,
(0043) 316 46 2238;
Institut für Öffentliches Recht und
Politikwissenschaft,
Universitätsstraße 15 Bauteil C/III,
A-8010 Graz,
(0043) 316 380 3374,
E-Mail: josef.marko@uni-graz.at

Markus, Dr. Till, LL.M.
(Rotterdam), Privatdozent,
Universität Bremen, Fachbereich
Rechtswissenschaft,
Universitätsallee GW 1,
28359 Bremen,
(0421) 218 66103,
E-Mail: tmarkus@uni-bremen.de

Marsch, Dr. Nikolaus, D.I.A.P. (ENA);
Univ.-Professor, Universität des Saarlandes, Lehrstuhl für Deutsches und
Europäisches Öffentliches Recht und
Rechtsvergleichung, Campus,
Gebäude B4 1, Raum 2.80.2,
66123 Saarbrücken,
(0681) 302 2104 oder -3104,
E-Mail: nikolaus.marsch@uni-saarland.de

Marti, Dr. Arnold, Titularprofessor
der Universität Zürich,
Fernsichtstr. 5,

CH-8200 Schaffhausen,
(0041) 52 624 1810,
E-Mail: a.g.marti@swissonline.ch

Martínez, Dr. José, Univ.-Professor,
Universität Göttingen,
Juristische Fakultät, Platz der Göttinger Sieben 5,
37073 Göttingen,
(0551) 39 27415, Fax (0551) 39 26080,
E-Mail: jmartin@gwdg.de

Martini, Dr. Mario, Professor,
Lehrstuhl für Verwaltungswissenschaft,
Deutsche Universität für Verwaltungswissenschaften Speyer,
Freiherr-vom-Stein-Str. 2,
67346 Speyer,
(06232) 654 338,
Fax (06232) 654 404,
E-Mail: martini@uni-speyer.de

Marxsen, Dr. Christian, LL.M. (NYU),
Professor,
Lehrstuhl für Öffentliches Recht und Völkerrecht,
Juristische Fakultät,
Humboldt-Universität zu Berlin,
Unter den Linden 9, 10099 Berlin,
(0049) 30 2093 91570,
Fax (0049) 30 2093 91571,
E-Mail: international.law@hu-berlin.de

Masing, Dr. Dr. h.c. Johannes, Professor,
Richter des Bundesverfassungsgerichts a.D., Albert-Ludwigs-Universität Freiburg, Institut für Öffentliches Recht V,
Werthmannstr. 4, 79085 Freiburg i. B.,
(0761) 203 2252, Fax (0761) 203 2293,
E-Mail: johannes.masing@jura.uni-freiburg.de

Mathis, Dr. iur. Klaus, Professor,
MA in Economics,
Ordinarius für Öffentliches Recht, Recht der nachhaltigen Wirtschaft und Rechtsphilosophie Universität Luzern,
Rechtswissenschaftliche Fakultät,
Frohburgstr. 3,
CH-6002 Luzern,
(0041) 229 53 80, Fax (0041) 229 53 97,
E-Mail: klaus.mathis@unilu.ch

Matsubara, Dr. Mitsuhiro, Professor,
Faculty of Law, Chuo-University,
1-4-1 Otsuka Bunkyo-ward, Tokyo,
Japan, PLZ: 112-8631,
(0081) 03 59 78 42 32,
Fax: (0081) 03 59 78 42 28,
E-Mail: dreier@tamacc.chuo-u.ac.jp

Matz-Lück, Dr., Nele, Professorin, LL.M.,
Walther-Schücking-Institut für Internationales Recht an der Christian-Albrechts-Universität zu Kiel,
Westring 400, 24118 Kiel,
(0431) 880 2083, Fax (0431) 880 1619,
E-Mail: nmatz@wsi.uni-kiel.de

Mayer, Dr. Franz, LL.M. (Yale),
Univ.-Professor,
Universität Bielefeld, Lehrstuhl für Öffentliches Recht, Europarecht, Völkerrecht, Rechtsvergleichung und Rechtspolitik,
Postfach 10 01 31, 33501 Bielefeld,
(0521) 106 4412, Fax (0521) 106 89016,
E-Mail: franz.mayer@uni-bielefeld.de

Mayer-Tasch, Dr. Peter Cornelius,
Professor,
Am Seeberg 13, 86938 Schondorf,
(08192) 8668;
Geschwister-Scholl-Institut für Politische Wissenschaft der LMU München,
Oettingenstr. 67, 80538 München,
(089) 288 0399 0, Fax (089) 288 0399 22,
E-Mail: mayer-tasch@hfp.mhn.de

Mayrhofer, Dr. Michael, Univ.-Professor,
Schnopfhagenstr. 4/1,
A-4190 Bad Leonfelden;

Johannes Kepler Universität Linz,
Institut für Verwaltungsrecht und
Verwaltungslehre,
Altenbergerstr. 69, A-4040 Linz,
(0732) 2468 1868,
Fax (0732) 2468 1870,
E-Mail: michael.mayrhofer@jku.at

Mehde, Dr. Veith, Mag. rer. publ.,
Professor,
Lehrstuhl für Öffentliches Recht,
insb. Verwaltungsrecht,
Leibniz Universität Hannover,
Königsworter Platz 1, 30167 Hannover,
(0511) 762 8206, -8207,
Fax (0511) 762 19106,
E-Mail: mehde@jura.uni-hannover.de

Meinel, Dr. Florian, Univ.-Professor,
Georg-August-Universität Göttingen,
Juristische Fakultät, Institut für
Grundlagen des Rechts,
Abteilung Staatstheorie,
Vergleichendes Staatsrecht und
Politische Wissenschaft,
Nikolausberger Weg 17,
37073 Göttingen,
E-Mail: florian.meinel@jura.
uni-goettingen.de

Merli, Dr. Franz, Univ.-Professor,
Universität Wien, Institut für Staats- und
Verwaltungsrecht
Schottenbastei 10–16, A-1010 Wien,
(0043) 1 4277 35421,
E-Mail: franz.merli@univie.ac.at

Merten, Dr. Dr. Detlef, o. Professor,
Von-Dalberg-Str. 8, 67487 St. Martin,
(06323) 1875;
Deutsche Universität für Verwaltungs-
wissenschaften Speyer,
Freiherr-vom-Stein-Str. 2–6,
67346 Speyer,
(06232) 654 349 oder -330,
E-Mail: merten@uni-speyer.de

Meyer, Dr. Stephan, Professor,
Technische Hochschule Wildau,
Hochschulring 1, 15745 Wildau,
E-Mail: smeyer@th-wildau.de

Meyn, Dr. Karl-Ulrich, Professor,
Leyer Str. 36, 49076 Osnabrück,
(0541) 1 64 82;
Universität Jena, Schillerhaus,
Schillergässchen 2, 07745 Jena,
(03641) 9311 85,
Fax (03641) 9311 87,
E-Mail: karl-ulrich.meyn@t-online.de

Michael, Dr. Lothar, Professor,
Professur für Öffentliches Recht,
Universitätsstr. 1,
40225 Düsseldorf,
(0211) 811 1412,
E-Mail: Lothar.Michael@
uni-duesseldorf.de

Moeckli, Dr. Daniel, Professor,
Universität Zürich,
Institut für Völkerrecht und ausländisches
Verfassungsrecht
Rämistr. 74/50, CH-8001 Zürich,
(0041) 44 634 36 94,
E-Mail: daniel.moeckli@uzh.ch

Möllers, Dr. Christoph, LL.M., Professor,
Humboldt-Universität zu Berlin, Lehrstuhl
für Öffentliches Recht, insb.
Verfassungsrecht und Rechtsphilosophie,
Unter den Linden 6, 10099 Berlin,
(030) 2093 35 85,
Fax (030) 2093 3552,
E-Mail: sekretariat.moellers.rewi@lists.
hu-berlin.de

Möstl, Dr. Markus, Professor,
Birkenstraße 77, 95447 Bayreuth,
Rechts- und Wirtschaftswissenschaftliche
Fakultät, Lehrstuhl Öffentliches Recht II,
Universitätsstr. 30,
95440 Bayreuth,

(0921) 55 6210,
Fax (0921) 55 6212,
E-Mail: markus.moestl@uni-bayreuth.de

Morgenthaler, Dr. Gerd, Professor,
Universität Siegen, Fakultät III,
Kohlbettstr. 15, 57072 Siegen,
(0271) 740 2402,
E-Mail: morgenthaler@recht.wiwi.uni-siegen.de

Morlok, Dr. Martin, Professor,
Poßbergweg 51, 40629 Düsseldorf,
(0211) 2868 68;
Heinrich-Heine-Universität,
Juristische Fakultät,
Universitätsstr. 1, Gebäude 24.91,
40225 Düsseldorf,
(0211) 81 10794,
E-Mail: martin.morlok@hhu.de

Morscher, Dr. Siegbert,
Univ.-Professor (em.),
Rechtswissenschaftliche Fakultät,
Universität Innsbruck
Innrain 52d, A-6020 Innsbruck,
E-Mail: siegbert.morscher@uibk.ac.at

Muckel, Dr. Dr. h.c.Stefan, Univ.-Professor,
Oberer Grifflenberg 152,
42119 Wuppertal,
(0202) 6957303,
Universität zu Köln,
Institut für Religionsrecht,
50923 Köln,
(0221) 470 3777 oder 470 2679,
E-Mail: institut-religionsrecht@uni-koeln.de

Mückl, Dr. Dr. Stefan, Professor,
Kanonistische Fakultät
Pontificia Universita della Santa Croce
Via dei Farnesi 83,
I-00186 Rom,
(0039) 06 68164 670,
E-Mail: mueckl@pusc.it

Müller, Dr. Andreas Th., LL.M. (Yale),
Univ.-Professor,
Professur für Europarecht, Völkerrecht und Menschenrecht, Universität Basel,
Juristische Fakultät,
Peter Merian-Weg 8, Postfach,
CH-4002 Basel,
(0041) 61 207 67 50,
E-Mail: andr.mueller@unibas.ch

Müller, Dr. Bernhard, Privatdozent,
Lisseeweg 36/2, A-1210 Wien,
(0043) 676 934 9343;
Dorda Brugger Jordis
Rechtsanwälte GmbH,
Dr.-Karl-Lueger-Ring 10,
A-1010 Wien,
(0043) 1533 4795 57,
Fax (0043) 1533 4795 5057,
E-Mail: bernhard.mueller@dbj.at

Müller, Dr. Dr. h.c. Georg,
o. Professor (em.),
Sugenreben 29 C,
CH-5018 Erlinsbach,
(0041) 62 844 3873,
E-Mail: georg-mueller@sunrise.ch

Müller, Dr. Dr. h.c. Jörg Paul,
o. Professor (em.),
Universität Bern, Kappelenring 42a,
CH-3032 Hinterkappelen bei Bern,
(0041) 319 01 0570,
E-Mail: jpmueller@bluewin.ch

Müller, Dr. Markus, Professor,
Institut für öffentliches Recht,
Universität Bern,
Schanzeneckstr. 1, CH-3001 Bern,
(0041) 31 631 4594,
E-Mail: markus.mueller@oefre.unibe.ch

Müller, Dr. Michael W., Universitätsprofessor, M.A., LL.M. (Cambridge),
Lehrstuhl für Öffentliches Recht und Europäisches Wirtschaftsrecht,

Universität Mannheim,
Abteilung Rechtswissenschaft,
Schloss Westflügel, 68161 Mannheim
(+49) 621 181-1352
E-Mail: m.mueller@uni-mannheim.de

Müller, Dr. Thomas,
Univ.-Professor, LL.M.,
Universität Innsbruck, Institut für Öffentliches Recht, Staats- und Verwaltungslehre,
Innrain 52d, 10. Stock, Zimmer 41006,
A-6020 Innsbruck,
(0043) 0 512/507/84060,
E-Mail: t.mueller@uibk.ac.at

Müller-Franken, Dr. Sebastian, Professor,
Westermühlstr. 28, 80469 München,
(089) 2023 9828
Professur für Öffentliches Recht,
Philipps-Universität Marburg,
Universitätsstr. 6, 35032 Marburg/Lahn,
(06421) 282 3122, Fax (06421) 282 3840,
E-Mail: mueller-franken@jura.
uni-marburg.de

Müller-Terpitz, Dr. Ralf, Professor,
Lehrstuhl für Öffentliches Recht, Recht der Wirtschaftsregulierung und Medien,
Fakultät für Rechtswissenschaft und Volkswirtschaftslehre der Universität Mannheim,
Schloss Westflügel, 68131 Mannheim,
(0621) 181 1857, Fax (0621) 181 1860,
E-Mail: mueller-terpitz@uni-mannheim.de

Münch, Dr. Dr. h.c. Ingo von, Professor,
Hammerichstr. 2 A, 22605 Hamburg,
(040) 880 99 506, Fax (040) 8234 49

Münkler, Dr. Laura, Professorin,
Lehrstuhl für Öffentliches Recht und Rechtsphilosophie (Schlegel-Professur),
Universität Bonn, Rechts- und Staatswissenschaftliche Fakultät,
Postanschrift: Adenauerallee 24–42,
Hausanschrift: Lennestr. 37/EG,
53113 Bonn,
E-Mail: muenkler@jura.uni-bonn.de

Munsonius, Dr. Carsten Hendrik,
Privatdozent,
Kirchenrechtliches Institut der EKD,
Goßlerstr. 11, 37073 Göttingen,
(0551) 39-345 81
E-Mail: hendrik.munsonius@
jura.uni-goettingen.de

Murswiek, Dr. Dietrich, o. Professor,
Institut für Öffentliches Recht, Universität Freiburg, 79085 Freiburg i. B.,
(0761) 203 2241,
E-Mail: murswiek@uni-freiburg.de

Mußgnug, Dr. Reinhard, o. Professor,
Keplerstr. 40, 69120 Heidelberg,
(06221) 4362 22,
Universität Heidelberg,
E-Mail: Reinhard.Mussgnug@urz.
uni-heidelberg.de

Mutius, Dr. Albert von, o. Professor,
Hof „Frankenthaler Moor“,
Poseritz-Ausbau Nr. 8,
18574 Poseritz auf Rügen,
(038307) 40599, Fax (038307) 4 03 49,
Mobil (0176) 2182 0581,
E-Mail: avm.law@gmx.de

Muzak, Dr. Gerhard, Univ.-Professor,
Theodor-Körner-Gasse 20/8, A-1210 Wien;
Universität Wien, Institut für Staats- und Verwaltungsrecht,
Schottenbastei 10–16, A-1010 Wien,
(0043) 1 42 77 35423,
E-Mail: gerhard.muzak@univie.ac.at

Nettesheim, Dr. Martin, Univ.-Professor,
Lehrstuhl für Staats- und Verwaltungsrecht, Europarecht und Völkerrecht,
Juristische Fakultät,
Eberhard Karls Universität Tübingen,
Geschwister-Scholl-Platz, 72074 Tübingen,

(07071) 2978101,
Fax (07071) 2958 47,
E-Mail: Nettesheim@uni-tuebingen.de

Neumann, Dr. Volker, Professor,
Neckarstaden 10, 69117 Heidelberg,
(06221) 1612 66,
E-Mail: volker.neumann@hu-berlin.de

Niedobitek, Dr. Matthias, Univ.-Professor,
Professur für Europäische Integration mit dem Schwerpunkt Europäische Verwaltung,
Technische Universität Chemnitz,
Thüringer Weg 9, 09126 Chemnitz,
(0371) 531 349 12,
E-Mail: matthias.niedobitek@phil.tu-chemnitz.de

Nierhaus, Dr. Michael, Professor,
Am Moosberg 1c, 50997 Köln,
(02236) 636 29,
Fax (02236) 9637 95,
E-Mail: michael@nierhaus.org

Nolte, Dr. Georg, Professor,
Institut für Völker- und Europarecht,
Humboldt-Universität zu Berlin,
Unter den Linden 6, 10099 Berlin,
(030) 2093 3349,
Fax (030) 2093 3384,
E-Mail: georg.nolte@hu-berlin.de

Nolte, Dr. Jakob, Privatdozent,
Rue des Pavillons 15, CH-1205 Genf,
(0041) 22 3203 427;
Humboldt-Universität zu Berlin,
Juristische Fakultät,
Unter den Linden 6, 10099 Berlin,
(030) 2093 3459, Fax (030) 2093 3345,
E-Mail: jakob.nolte@hu-berlin.de

Nolte, Dr. Martin, Professor,
Judenpfad 9, 50996 Köln,
(02236) 895 2984,
(0151) 5444 0606 (Mobil);
Deutsche Sporthochschule Köln,
Professur für Sportrecht,
Am Sportpark Müngersdorf 6, 50933 Köln,
(0221) 4982 6088,
Fax (0221) 4982 8145,
E-Mail: M.Nolte@dshs-koeln.de

Nowak, Dr. Carsten, Univ.-Professor,
Jevenstedter Str. 69g, 22547 Hamburg,
(040) 880 0317;
Lehrstuhl für Öffentliches Recht, insb. Europarecht,
Europa-Universität Viadrina Frankfurt (Oder),
Große Scharrnstr. 59,
15230 Frankfurt (Oder),
(0335) 5534 2710, -2711,
Fax (0335) 5534 7 2711,
E-Mail: cnowak@europa-uni.de

Nowrot, Dr. Karsten, LL.M. (Indiana),
Univ.-Professor,
Universität Hamburg,
Von-Melle-Park 9, 20146 Hamburg,
(040) 42838 3207,
E-Mail: Karsten.Nowrot@uni-hamburg.de

Nußberger, Dr. Angelika, Professorin,
Akademie für europäischen Menschenrechtsschutz,
Kerpener Str. 30,
50937 Köln,
(0049) 221 470 5575,
E-Mail: angelika.nussberger@uni-koeln.de

Oebbecke, Dr. Janbernd,
Univ.-Professor,
Huberstr. 13a, 48151 Münster,
(0251) 230 5170,
E-Mail: oebbecke@uni-muenster.de

Oesch, Dr. Matthias, Professor,
Universität Zürich, Rechtswissenschaftliches Institut, Lehrstuhl für Öffentliches Recht, Europarecht und Wirtschaftsvölkerrecht,
Rämistr. 74/18, CH-8001 Zürich,

(0041) 44 634 5952,
E-Mail: matthias.oesch@rwi.uzh.ch

Oeter, Dr. Stefan, Professor,
Wulfsdorfer Weg 122, 22359 Hamburg,
(040) 6095 1957;
Universität Hamburg, Institut für
Internationale Angelegenheiten,
Rothenbaumchaussee 33,
20148 Hamburg,
(040) 42838 4565,
Fax (040) 42838 6262,
E-Mail: S-Oeter@jura.uni-hamburg.de

Ogorek, Dr. Markus, LL.M. (Berkeley),
Univ.-Professor,
Universität zu Köln, Institut für Öffentliches Recht und Verwaltungslehre,
Bernhard-Feilchenfeld-Str. 9,
50969 Köln,
(0221) 470 76545,
E-Mail: markus.ogorek@uni-koeln.de

Ohler, Dr. Christoph, LL.M., Professor,
Rechtswissenschaftliche Fakultät,
Friedrich-Schiller-Universität Jena,
Carl-Zeiß-Str. 3, 07743 Jena,
(03641) 9422 60, Fax (03641) 9422 62,
E-Mail: christoph.ohler@recht.uni-jena.de

Ossenbühl, Dr. Fritz, Professor,
Im Wingert 12,
53340 Meckenheim,
(02225) 174 82;
Universität Bonn, 53113 Bonn,
(0228) 7355 72 oder -73

Osterloh, Dr. Lerke, Professorin,
Richterin des
Bundesverfassungsgerichts a. D.,
Dünkelbergsteig 6, 14195 Berlin,
(030) 8200 7552, Fax (030) 8200 7550;
Institut für Öffentliches Recht,
Universität Frankfurt,
Postfach 11 19 32,
60054 Frankfurt am Main,
(069) 79 82 -2711 oder -2 8611,
Fax (069) 79 82 2562,
E-Mail: osterloh@jur.uni-frankfurt.de

Pabel, Dr. Katharina,
Univ.-Professorin,
Wirtschaftsuniversität Wien, Institut für
Europarecht und Internationales Recht,
Gebäude D3, 3. OG,
Welthandelsplatz 1, A-1020 Wien,
(0043) 1 31336 5719,
E-Mail: katharina.pabel@wu.ac.at

Pabst, Dr. Heinz-Joachim, Privatdozent,
Universität zu Köln,
Prüfungsamt der Rechtswissenschaftlichen
Fakultät,
Albertus-Magnus-Platz, 50923 Köln
(0221) 470-5799, Fax (0221) 470-6722
E-Mail: hpabst@uni-koeln.de

Pache, Dr. Eckhard, Professor,
Hauptstr. 82, 97218 Gerbrunn;
Julius-Maximilians-Universität Würzburg,
Domerschulstr. 16,
97070 Würzburg,
(0931) 31 823 09,
Fax (0931) 31 2319,
E-Mail: pache@jura.uni-wuerzburg.de

Palm, Dr. Ulrich, Professor,
Universität Hohenheim, Lehrstuhl für
Öffentliches Recht, Finanz- und
Steuerrecht,
Schloss Osthof-Nord, 70559 Stuttgart,
(0711) 459 22791, Fax (0711) 459 23482,
E-Mail: palm@uni-hohenheim.de

Papier, Dr. Dres. h.c. Hans-Jürgen,
o. Professor (em.),
Präsident des
Bundesverfassungsgerichts a. D.,
Mitterfeld 5a, 82327 Tutzing;
Institut für Politik und Öffentliches Recht,
Universität München,
Prof.-Huber-Platz 2, 80539 München,

(089) 2180 3339,
E-Mail: hans-juergen@prof-papier.de

Paulus, Dr. Andreas, Professor,
Hermann-Föge-Weg 17, 37073 Göttingen;
Institut für Völkerrecht und Europarecht,
Platz der Göttinger Sieben 5,
37073 Göttingen,
(0551) 3947 51, Fax (0551) 3947 67,
E-Mail: apaulus@jura.uni-goettingen.de

Pauly, Dr. Walter, o. Professor,
Lehrstuhl für Öffentliches Recht,
Rechts- und Verfassungsgeschichte,
Rechtsphilosophie,
Universität Jena,
Carl-Zeiss-Str. 3, 07743 Jena,
(03641) 9422 -30 oder -31,
Fax (03641) 9422 32,
E-Mail: W.Pauly@recht.uni-jena.de

Payandeh, Dr. Mehrdad, LL.M. (Yale),
Professor,
Weidenallee 54, 20357 Hamburg;
Bucerius Law School,
Jungiusstr. 6, 20355 Hamburg,
(040) 3 07 06 201, Fax (040) 3 07 06 235,
E-Mail: mehrdad.payandeh@law-school.de

Pechstein, Dr. Matthias, Univ.-Professor,
Lindenallee 40, 14050 Berlin,
(030) 301 9417,
Fax (030) 301 9417;
Jean-Monnet-Institut für Öffentliches Recht
und Europarecht, Europa-Universität
Viadrina Frankfurt (Oder),
Große Scharrnstr. 59,
15230 Frankfurt (Oder),
(0335) 5534 2761,
Fax (0335) 5534 2769,
E-Mail: sekretariat-pechstein@europa-uni.de

Pernice, Dr. jur. Dres. h.c. Ingolf,
Univ.-Professor a.D.,
Laehrstr. 17a, 14165 Berlin,
(030) 847 23 615,
E-Mail: pernice@hu-berlin.de

Pernice-Warnke, Dr. Silvia, LL.M.,
Professorin
Professur für Öffentliches Recht,
insbesondere Verwaltungsrecht,
Philipps-Universität Marburg,
Universitätsstraße 6, 35043 Marburg,
E-Mail: silvia.pernice-warnke@uni-marburg.de

Perthold-Stoitzner, Dr. Bettina,
Univ.-Professorin,
Institut für Staats- und Verwaltungsrecht,
Rechtswissenschaftliche Fakultät der
Universität Wien,
Schottenbastei 10–16,
A-1010 Wien,
(0043) 1 4277 35425,
E-Mail: bettina.perthold@univie.ac.at

Pestalozza, Dr. Christian Graf von,
Univ.-Professor (em.),
Freie Universität Berlin, Institut für
Staatslehre, Staats-und Verwaltungsrecht,
Dienstanschrift: Van't-Hoff-Str. 8,
14195 Berlin (Dahlem),
Postanschrift:
Bayernallee 12, 14052 Berlin (Westend),
(030) 3046 329 oder -8385 3014,
Fax (030) 3081 3104,
E-Mail: c.pestalozza@fu-berlin.de

Peters, Dr. Dr. h.c. Anne, LL.M.,
Professorin, Direktorin am
Max-Planck-Institut für ausländisches
öffentliches Recht und Völkerrecht,
Im Neuenheimer Feld 535,
69120 Heidelberg,
(06221) 482 307, Fax (06221) 482 288,
E-Mail: apeters-office@mpil.de

Peters, Dr. Birgit, LL.M., Professorin,
Professur für Öffentliches Recht,
insb. Völkerrecht und Europarecht

Fachbereich V – Rechtswissenschaften,
Raum C-247, Universitätsring 15,
54296 Trier
(0049) 651 201 2586,
E-Mail: petersb@uni-trier.de

Petersen, Dr. Niels, Professor
Lehrstuhl für Öffentliches Recht,
Völker- und Europarecht sowie
empirische Rechtsforschung,
Westfälische Wilhelms-Universität
Münster,
Universitätsstr. 14–16, 48143 Münster,
(0251) 83 21862,
E-Mail: niels.petersen@uni-muenster.de

Peuker, Dr. Enrico, Professor,
Lehrstuhl für Recht der Digitalisierung und
des Datenschutzes,
Juristische Fakultät,
Julius-Maximilians-Universität Würzburg,
Domerschulstr. 16, 97070 Würzburg,
(0049) 931 31 87903,
E-Mail: enrico.peuker@uni-wuerzburg.de

Pielow, Dr. Johann-Christian, Professor,
Hugo-Schultz-Str. 43, 44789 Bochum,
(0234) 746 33;
Ruhr-Universität Bochum,
Fakultät für Wirtschaftswissenschaft –
Recht der Wirtschaft,
Universitätsstr. 150, 44780 Bochum,
(0234) 3225 7234,
Fax (0234) 321 4074,
E-Mail: christian.pielow@ruhr-uni-bochum.de

Pieper, Dr. Stefan Ulrich, apl. Professor,
Bundespräsidialamt,
Spreeweg 1, 10557 Berlin,
(030) 2000 21 20, Fax (030) 2000 1 99,
E-Mail: stefan.pieper@bpra.bund.de

Pieroth, Dr. Bodo, Univ.-Professor,
Gluckweg 19, 48147 Münster,
(0251) 2332 91,
Universität Münster,
Universitätsstr. 14–16, 48143 Münster,
(0251) 8321 900,
E-Mail: pieroth@uni-muenster.de

Pietzcker, Dr. Jost, Professor,
Hausdorffstr. 95, 53129 Bonn,
(0228) 2339 54;
E-Mail: Pietzcker@jura.uni-bonn.de

Pilniok, Dr. Arne, Professor,
Universität Bielefeld,
Fakultät für Rechtswissenschaft,
Universitätsstraße 25, 33615 Bielefeld,
(0521) 106 4396,
E-Mail: arne.pilniok@uni-bielefeld.de

Pirker, Dr. Benedikt, Privatdozent,
Institut für Europarecht,
Universität Freiburg,
Avenue de Beauregard 11,
CH-1700 Fribourg,
(0041) 26 300 8362,
Fax (0041) 26 300 9776,
E-Mail: benedikt.pirker@unifr.ch

Pirker, DDr. Jürgen, Assoz. Professor,
Universität Graz, Institut für Öffentliches
Recht und Politikwissenschaft,
Universitätsstr. 15/D3,
A-8010 Graz,
(0043) 316/380 7412,
E-Mail: juergen.pirker@uni-graz.at

Pitschas, Dr. Dr. h.c. mult. Rainer,
o. Univ.-Professor,
Hermann-Jürgens-Str. 8,
76829 Landau-Godramstein,
(06341) 9693 81, Fax (06341) 9693 82,
E-Mail: r.pitschas.landau@t-online.de;
Deutsche Universität für Verwaltungswissenschaften Speyer,
Postfach 1409, 67324 Speyer,
(06232) 654 345,
Fax (06232) 654 305,
E-Mail: rpitschas@uni-speyer.de

Pöschl, Dr. Magdalena, Univ.-Professorin,
Institut für Staats-und Verwaltungsrecht,
Schottenbastei 10–16,
A-1010 Wien,
(0043) 1 4277 354 71,
E-Mail: magdalena.poeschl@univie.ac.at

Poier, Dr. Klaus, Univ.-Professor,
Karl-Franzens-Universität Graz,
Institut für Öffentliches Recht und
Politikwissenschaft,
Universitätsstr. 15/C3, A-8010 Graz,
(0043) 316 380 3380 oder -3365,
E-Mail: klaus.poier@uni-graz.at

Polzin, Dr. Monika, LL.M. (NYU),
Professorin,
Wirtschaftsuniversität Wien, Institut für
Europarecht und Internationales Recht,
Welthandelsplatz 1/D3,
A-1020 Wien,
(0043) 1 31336 6470,
E-Mail: monika.polzin@wu.ac.at

Poscher, Dr. Ralf, Univ.-Professor,
Zasiusstr. 6, 79102 Freiburg,
(0761) 612 4191;
Max-Planck-Institut zur Erforschung von
Kriminalität, Sicherheit und Recht,
Direktor der Abteilung Öffentliches Recht,
Günterstalstr. 73, 79100 Freiburg i. B.,
(0761) 7081 500,
E-Mail: public-law@csl.mpg.de

Potacs, Dr. Michael, Professor,
Hammerschmidtgasse 5/3/2, A-1190 Wien,
(0043) 1324 6623;
Universität Wien,
Institut für Staats- und Verwaltungsrecht,
Abteilung Öffentliches Wirtschaftsrecht,
Schottenbastei 10–16, A-1010 Wien,
(00 43) 1 4277 35452,
E-Mail: michael.potacs@univie.ac.at

Preuß, Dr. Ulrich K., Professor,
Friedbergstr. 47, 14057 Berlin,
(030) 3081 9433;
Hertie School of Governance,
Schlossplatz 1, 10178 Berlin,
(030) 212 3123 10,
Fax (030) 212 3129 99,
E-Mail: ukpreuss@hertie-school.org

Proelß, Dr. Alexander, Professor,
Lehrstuhl für Internationales Seerecht
und Umweltrecht,
Völkerrecht und Öffentliches Recht
Fakultät für Rechtswissenschaft,
Universität Hamburg,
Rothenbaumchaussee 33,
20148 Hamburg,
(040) 42838 4545 oder -8828,
Fax (040) 42838 8855,
E-Mail: alexander.proelss@uni-hamburg.de

Pünder, Dr. Hermann, LL.M (Iowa),
Univ.-Professor,
Hagedornstraße 25,
20149 Hamburg,
(040) 4146 6934,
Bucerius Law School,
Lehrstuhl für Öffentliches Recht
(einschließlich Europarecht),
Verwaltungswissenschaft
und Rechtsvergleichung,
Postfach 30 10 30,
20304 Hamburg,
(040) 30706 260,
Fax (0 40) 30706 235,
E-Mail: hermann.puender@law-school.de

Pürgy, Dr. Erich, Hofrat Privatdozent,
Verwaltungsgerichtshof
Judenplatz 11,
A-1010 Wien,
(0043) 1 53111 101231 und
(0043) 650 9264314,
E-Mail: erich.puergy@vwgh.gv.at

Püttner, Dr. Dr. h.c. Günter, o. Professor,
Schwerdstr. 3, 67346 Speyer,
(06232) 71997

Puhl, Dr. Thomas, o. Professor,
In der Aue 26a, 69118 Heidelberg,
(06221) 8036 64,
Fax (06221) 8036 69;
Universität Mannheim, Fakultät für
Rechtswissenschaft,
Schloss – Westflügel (W 226),
68131 Mannheim,
(0621) 181 1354 oder -1355,
Fax (0 21) 181 1361,
E-Mail: puhl@staffmail.uni-mannheim.de

Puttler, Dr. Adelheid, LL.M.
(University of Chicago), diplomée de
l'E.N.A., Univ.-Professorin,
Lehrstuhl für Öffentliches Recht, insb.
Europarecht, Völkerrecht und
Internationales Wirtschaftsrecht,
Ruhr-Universität Bochum,
44780 Bochum,
(0234) 322 2820,
Fax (0234) 321 4139,
E-Mail: LS-Puttler@Ruhr-Uni-Bochum.de

Rademacher, Dr. Timo, MJur, Professor,
Leibniz-Universität Hannover, Juristische
Fakultät,
Lehrstuhl für Öffentliches Recht und
das Recht der neuen Technologien,
Geibelstraße 37, 30173 Hannover,
E-Mail: timo.rademacher@jura.
uni-hannover.de

Ramsauer, Dr. Ulrich, Professor,
VRiOVG a.D., Rechtsanwalt,
ehem. Universität Hamburg,
priv. Wiesenstr. 5, 20255 Hamburg,
dienstl. Görg Rechtsanwälte mbB,
Hamburg,
Alter Wall 22, 20457 Hamburg,
(040) 500 360 480,
E-Mail: URamsauer@goerg.de

Raschauer, Dr. Nicolas, Professor,
EHL Lausanne,
Route de Cojonnex 18,
CH-1000 Lausanne 25,
(0041) 21 785 11 11,
E-Mail: nicolas.raschauer@gmail.com

Rasenack, Dr. Christian A.L.,
LL.M., Professor,
Taunusstr. 8, 12309 Berlin,
(030) 745 2543;
TU Berlin, Fakultät VIII, Institut für
Volkswirtschaftslehre und Wirtschaftsrecht,
Str. des 17. Juni 135, 10623 Berlin,
(030) 3142 5874,
Fax (030) 745 2543,
E-Mail: kriskross_querbeet@web.de

Rauber, Dr. Jochen, Universitätsprofessor,
Leibniz Universität Hannover, Juristische
Fakultät,
Lehrstuhl für Öffentliches Recht mit
einem internationalen Schwerpunkt,
Königsworther Platz 1, 30167 Hannover,
E-Mail: jochen.rauber@jura
uni-hannover.de

Reich, Dr. Johannes, LL.M. (Yale),
Professor,
Universität Zürich, Rechtswissenschaftli-
che Fakultät, Institut für Völkerrecht und
ausländisches Verfassungsrecht, Lehrstuhl
für Öffentliches Recht, Umweltrecht und
Energierecht,
Rämisstr. 74/8, CH-8001 Zürich,
(0041) 44 634 2795,
E-Mail: johannes.reich@ius.uzh.ch

Reiling, Dr. Katharina, Professorin,
Universität Bremen,
Fachbereich Rechtswissenschaft,
Forum am Domshof, 28195 Bremen,
(0049) 421 218 66209,
Fax (0049) 421 218 9866200,
E-Mail: katharina.reiling@uni-bremen.de

Reimer, Dr. Ekkehart, Professor,
Institut für Finanz- und Steuerrecht,
Lehrstuhl für Öffentliches Recht,

Europäisches und Internationales
Steuerrecht,
Friedrich-Ebert-Anlage 6–10,
69117 Heidelberg,
(06221) 5474 66, Fax (06221) 5477 91,
E-Mail: Reimer@uni-heidelberg.de

Reimer, Dr. Franz, Professor,
Am Kirschenberg 4, 35394 Gießen;
Justus-Liebig-Universität Gießen,
Fachbereich 1 (Rechtswissenschaft),
Hein-Heckroth-Str. 5, 35390 Gießen,
E-Mail: franz.reimer@recht.uni-giessen.de

Reimer, Dr. Philipp, Univ.-Professor,
Universität Konstanz, Lehrstuhl für
Öffentliches Recht, insb.
Verwaltungsrecht und Rechtstheorie,
Fach 111, Universitätsstr. 10,
78457 Konstanz
(0 75 31) 88 36 54,
E-Mail: philipp.reimer@uni-konstanz.de

Reinhardt, Dr. Michael, LL.M. (Cantab.),
Professor,
Universität Trier, 54286 Trier

Reiter, Dr. Catherine, Privatdozentin,
Fahrgasse 9, 9443 Widnau (SG), Schweiz,
(0041) 79 778 00 11,
E-Mail: creiter@bluewin.ch

Remmert, Dr. Barbara,
Univ.-Professorin,
Eberhard Karls Universität Tübingen,
Lehrstuhl für Öffentliches Recht,
Geschwister-Scholl-Platz, 72074 Tübingen,
E-Mail: remmert@jura.uni-tuebingen.de

Rensmann, Dr. Thilo, LL.M.
(University of Virginia),
Univ.-Professor,
Universität Augsburg, Juristische Fakultät,
Lehrstuhl für Öffentliches Recht,
Völkerrecht und Europarecht,
Universitätsstr. 24, 86159 Augsburg
(0821) 598 4571,
Fax (0821) 598 4572,
E-Mail: Sekretariat.Rensmann@jura.
uni-augsburg.de

Ress, Dr. iur. Dr. rer. pol. Dr. iur. h.c. mult.
Georg, Univ.-Professor (em.),
Europa-Institut Universität des Saarlandes,
66041 Saarbrücken,
Richter am EGMR a.D.,
Max-Braun-Str. 3, 66123 Saarbrücken,
(0174) 2558255,
E-Mail: ress@mx.uni-saarland.de

Rhinow, Dr. René, o. Professor (em.),
Ordinarius für öffentliches Recht
an der Universität Basel,
Leisenbergstr. 26, CH-4410 Liestal,
(0041) 61911 9935,
E-Mail: rene.rhinow@gmail.com

Richter, Dr. Dagmar, apl. Professorin
Lehrbeauftragte an der Universität des
Saarlandes, Europa-Institut, Campus B2.1,
66123 Saarbrücken,
(0681) 302 3695,
E-Mail: dr-drichter@t-online.de

Riedel, Dr. Eibe H.,
Univ.-Professor (em.),
Haagwiesenweg 19, 67434 Neustadt,
(06321) 848 19,
Lehrstuhl für Deutsches und
Ausländisches Öffentliches Recht,
Völkerrecht und Europarecht,
Universität Mannheim,
Schloss/Westflügel,
68131 Mannheim,
(0621) 181-1417 oder 1418 oder 1420-22,
Fax (0621) 181-1419,
E-Mail: eiberiedel@gmail.com

Rinken, Dr. Alfred, Univ.-Professor,
Treseburger Str. 37, 28205 Bremen,
(0421) 4407 62,
E-Mail: rinken@uni-bremen.de

Rixen, Dr. Stephan, Univ.-Professor,
Universität zu Köln, Institut für
Staatsrecht,
Albertus-Magnus-Platz, 50923 Köln,
(0221) 470 5727, (0221) 470 5075,
E-Mail: institut-staatsrecht@uni-koeln.de

Robbers, Dr. Gerhard,
Univ.-Professor,
Dagobertstr. 17, 54292 Trier,
(0651) 53710;
Universität Trier, Postfach 38 25,
54286 Trier,
(0651) 201 2542,
Fax (0651) 201 3905,
E-Mail: Robbers@uni-trier.de

Rodi, Dr. Michael, M.A.,
Univ.-Professor,
Richardstr. 82, 12043 Berlin;
Universität Greifswald, Lehrstuhl für
Öffentliches Recht, Finanz- und Steuerrecht,
17487 Greifswald,
(03834) 420 21 00,
E-Mail: michael.rodi@uni-greifswald.de

Röben, Dr. Volker, LL.M., Professor,
Durham Law School
Durham University Palatine Centre,
Stockton Road Durham DH1 3LE.
Großbritannien,
E-Mail: volker.roeben@durham.ac.uk

Röger, Dr. Ralf, Professor,
Fachhochschule des Bundes für öffentliche
Verwaltung, Fachbereich Bundespolizei,
Ratzeburger Landstr. 4,
23562 Lübeck,
(0451) 49055 7204,
Fax (0451) 203 1709,
E-Mail: roeger@roeger.info

Röhl, Dr. Hans Christian, Professor,
Mainaustr. 207a, 78464 Konstanz,
(07531) 807 1446;
Universität Konstanz, Lehrstuhl für Staats-
und Verwaltungsrecht, Europarecht und
Rechtsvergleichung, Fach D 115,
Universitätsstr. 10, 78457 Konstanz,
(07531) 88 2313, Fax (07531) 88 2563,
E-Mail: hans.christian.roehl@
uni-konstanz.de

Ronellenfitsch, Dr. Michael, o. Professor,
Augusta-Anlage 15, 68165 Mannheim;
Universität Tübingen, Juristische Fakultät,
Geschwister-Scholl-Platz, 72074 Tübingen,
(07071) 972 109, Fax (07071) 297 4905,
E-Mail: m.ronellenfitsch@
datenschutz.hessen.de

Rossen-Stadtfeld, Dr. Helge, Professor,
Marklandstr. 17, 81549 München,
(089) 7442 7929;
Universität der Bundeswehr München,
Fakultät für Wirtschafts- und
Organisationswissenschaften,
Werner-Heisenberg-Weg 39,
85577 Neubiberg,
(089) 6004 4604, Fax (089) 6004 3700,
E-Mail: helge.rossen-stadtfeld@unibw.de

Rossi, Dr. Matthias, Professor,
Universität Augsburg, Juristische Fakultät,
Lehrstuhl für Staats- und Verwaltungsrecht,
Europarecht sowie Gesetzgebungslehre,
Universitätsstr. 2, 86135 Augsburg,
(0821) 598 4545 oder -4546,
Fax (0821) 598 4547,
E-Mail: matthias.rossi@jura.
uni-augsburg.de

Roth, Dr. Wolfgang, LL.M. (Michigan),
apl. Professor,
RAe Redeker Sellner Dahs,
Willy-Brandt-Allee 11, 53113 Bonn,
(0228) 726 25 0,
E-Mail: roth@redeker.de

Roth-Isigkeit, Dr. David, Professor,
Lehrstuhl für Öffentliches Recht, insb.
Recht der Digitalisierung,

Deutsche Universität für
Verwaltungswissenschaften,
Freiherr-vom-Stein-Straße 2,
D-67346 Speyer,
(0049) 6232 654-325,
E-Mail: roth-isigkeit@uni-speyer.de

Rozsnyai, Dr. Krisztina, Professorin,
Eötvös-Loránd-Universität (ELTE)
Budapest,
Egyetem tér 1–3, 1053 Budapest, Ungarn,
E-Mail: rozsnyaik@ajk.elte.hu

Ruch, Dr. Alexander, o. Professor (em.),
ETH Zürich,
Gartenstr. 85, CH-4052 Basel,
(0041) 61 272 3622,
E-Mail: ruch@recht.gess.ethz.ch

Rüfner, Dr. Wolfgang, Professor,
Hagebuttenstr. 26,
53340 Meckenheim,
(02225) 7107,
E-Mail: Ruefner@t-online.de;
zugehörig Universität zu Köln

Rühl, Dr. Ulli F. H., Professor,
Crüsemannallee 69, 28213 Bremen,
(0421) 346 7484;
Universität Bremen, FB 6: Rechtswissenschaft, Universitätsallee, GW 1,
Postfach 33 04 40,
28334 Bremen,
(0421) 218 4606, Sekr. -2127,
E-Mail: uruehl@uni-bremen.de

Rütsche, Dr. Bernhard, Professor,
Jubiläumsstr. 87, CH-3005 Bern,
(0041) 313 1115 84,
E-Mail: bernhard.ruetsche@bluewin.ch;
Universität Luzern,
Rechtswissenschaftliche Fakultät,
Öffentliches Recht und Rechtsphilosophie,
Frohburgstrasse 3, 6002 Luzern,
(0041) 41 229 53 69,
E-Mail: bernhard.ruetsche@unilu.ch

Ruffert, Dr. Matthias, Professor,
Naumannstraße 12, 07743 Jena,
(03641) 6283880;
Humboldt-Universität zu Berlin,
Juristische Fakultät, Lehrstuhl für
Öffentliches Recht und Europarecht,
Unter den Linden 6, 10099 Berlin,
(030) 2093 3773,
Fax (030) 2093 3449,
E-Mail: matthias.ruffert@hu-berlin.de

Ruland, Dr. Franz, Professor,
Geschäftsführer des Verbandes Deutscher
Rentenversicherungsträger a.D.,
Honorarprofessor an der Johann Wolfgang
Goethe-Universität Frankfurt,
Strasslacher Str. 1B, 81479 München,
(089) 7277 9792,
E-Mail: Ruland.Franz@t-online.de

Ruppert, Dr. Stefan, Privatdozent,
Jean-Sauer-Weg 1, 61440 Oberursel;
MPI für europäische Rechtsgeschichte,
Hausener Weg 120,
60489 Frankfurt am Main,
E-Mail: ruppert@rg.mpg.de;
Mobil (0170) 855 4477,
E-Mail: s.ruppert@outlook.de

Rusteberg, Dr. Benjamin, Privatdozent,
Institut für Staatswissenschaft und
Rechtsphilosophie,
Albert-Ludwigs-Universität Freiburg,
79085 Freiburg i. B.,
(0761) 203 9757 3,
E-Mail: benjamin.rusteberg@jura.uni-freiburg.de

Ruthig, Dr. Josef, Univ.-Professor,
Dreiweidenstr. 6, 65195 Wiesbaden;
Johannes-Gutenberg-Universität Mainz,
Fachbereich Rechts- und Wirtschaftswissenschaften, Lehrstuhl für Öffentliches Recht, Europarecht und Rechtsvergleichung,
55099 Mainz,

(06131) 3920 964, Fax (06131) 3924 059,
E-Mail: Ruthig@uni-mainz.de

Rux, Dr. Johannes, apl. Professor,
Neckarstr. 52, 76199 Karlsruhe,
Nomos Verlagsgesellschaft mbH &
Co. KG,
Programmleitung Wissenschaft –
Juristisches Lektorat,
Waldseestr. 3–5,
76530 Baden-Baden,
E-Mail: rux@nomos.de

Sacksofsky, Dr. Dr. h.c. Ute, M.P.A.
(Harvard), Professorin,
Goethe-Universität, Fachbereich
Rechtswissenschaft,
Institut für öffentliches Recht,
Theodor-W.-Adorno-Platz 4,
60629 Frankfurt am Main

Sarcevic, Dr. Edin, apl. Professor,
Mozartstr. 9, 04107 Leipzig,
(0179) 60 20 517;
Juristenfakultät Leipzig,
Postfach 100 920,
(0341) 973 5210,
Fax (0341) 973 5218,
E-Mail: edin@rz.uni-leipzig.de

Sauer, Dr. Heiko, Professor,
Lehrstuhl für deutsches und europäisches
Verfassungs- und Verwaltungsrecht,
Rheinische Friedrich-Wilhelms-Universität
Bonn,
Adenauerallee 24–42, 53113 Bonn,
(0228) 73 62411,
E-Mail: sauer@jura.uni-bonn.de

Saurer, Dr. Johannes, LL.M. (Yale),
Professor,
Eberhard Karls Universität Tübingen
Lehrstuhl für Öffentliches Recht,
Geschwister-Scholl-Platz,
72074 Tübingen,
E-Mail: johannes.saurer@uni-tuebingen.de

Saxer, Dr. Urs, LL.M. (Columbia),
Professor,
Höhenstr. 51, CH-8700 Küsnacht,
(0041) 79447 60 63,
E-Mail: urs.saxer@uzh.ch bzw.
Saxer@steinlex.ch

Schachtschneider, Dr. Karl Albrecht,
o. Professor,
E-Mail: Kaschachtschneider@web.de

Schaefer, Dr. Jan Philipp, Privatdozent,
Brenntenhau 22, 70565 Stuttgart,
(0711) 2238 520;
Ludwig-Maximilians-Universität München,
Juristische Fakultät, Lehrstuhl für
Öffent- liches Recht und Staatsphilosophie,
Prof.-Huber-Platz 2, 80539 München,
(089) 2180 2746,
Fax (089) 2180 5063,
E-Mail: schaefer@jura.uni-muenchen.de

Schaks, Dr. Nils, Professor,
Universität Basel, Juristische Fakultät,
Zentrum für Life Sciences-Recht (ZLSR)
Peter Merian-Weg 8, Postfach,
4002 CH-Basel,
(0041) 61 207 69 60
E-Mail: nils.schaks@unibas.ch

Schefer, Dr. Markus, Professor,
Gartenstadt 18,
CH-4142 Münchenstein/BL,
(0041) 614 1136 28;
Universität Basel, Juristische Fakultät,
Lehrstuhl für Staats- und Verwaltungsrecht,
Peter Merian-Weg 8, Postfach,
CH-4002 Basel,
(0041) 612 6725 13,
E-Mail: markus.schefer@unibas.ch

Schefold, Dr. Dian, Univ.-Professor,
Mathildenstr. 93, 28203 Bremen,
(0421) 725 76;
FB Rechtswissenschaft der Universität
Bremen, Universitätsallee, GW 1,

Postfach 33 04 40, 28334 Bremen,
(0421) 218-6 6007,
Fax (0421) 218-6 6030,
E-Mail: schefold@uni-bremen.de

Schenke, Dr. Ralf P., o. Professor,
Spessartstr. 41, 97082 Würzburg,
(0931) 3017 1131;
Julius-Maximilians-Universität Würzburg,
Lehrstuhl für Öffentliches Recht,
Deutsches, Europäisches und
Internationales Steuerrecht,
Domerschulstr. 16,
97070 Würzburg,
(0931) 31 823 60, Fax (0931) 31 8 6070,
E-Mail: schenke@jura.uni-wuerzburg.de

Schenke, Dr. Wolf-Rüdiger, o. Professor,
Beim Hochwald 30, 68305 Mannheim,
(0621) 7442 00;
Universität Mannheim, 68131 Mannheim,
(0621) 181 1410,
E-Mail: Schenke@jura.uni-mannheim.de

Scherer, Dr. Joachim, LL.M.,
apl. Professor,
Privatweg 9, 64342 Seeheim-Jugenheim,
(06257) 9037 39;
RAe Baker & McKenzie,
Bethmannstr. 50–54,
60311 Frankfurt am Main,
(069) 2990 8189,
Fax (069) 2990 8108,
E-Mail: Joachim.Scherer@Bakernet.com

Scherzberg, Dr. Arno, Professor

Scheuing, Dr. Dieter H., o. Professor,
Finkenstr. 17, 97204 Höchberg,
(0931) 483 31,
Fax (0931) 4081 98;
Universität Würzburg, 97070 Würzburg,
E-Mail: Scheuing@jura.uni-wuerzburg.de

Schibli, Dr. Beatrix, Privatdozentin,
Schibli & Partner,
Bahnhofsstrasse 57, 5001 Aarau,
(0041) 56 203 7070,
E-Mail: beatrix.schibli@schibli-partner.ch

Schiffbauer, Dr. Björn, Professor,
Universität Rostock,
Professur für Öffentliches Recht,
Europäisches und Internationales Recht,
Ulmenstr. 69, 18057 Rostock,
Tel.: (0049) 381 498 8012,
E-Mail: bjoern.schiffbauer@uni-rostock.de

Schiedermair, Dr. Stephanie,
Univ.-Professorin,
Lehrstuhl für Europarecht, Völkerrecht
und Öffentliches Recht
Burgstr. 21,
04109 Leipzig,
E-Mail: stephanie.schiedermair@
uni-leipzig.de

Schiess Rütimann, Dr. iur. Patricia M.,
Professorin,
M.P.A. Wissenschaftsmanagement,
Titularprofessorin an der Universität
Zürich, Liechtenstein-Institut,
St. Luziweg 2, LI – 9487 Bendern,
(00423) 373 30 22,
Fax (00423) 373 54 22,
E-Mail: patricia.schiess@liechtenstein-
institut.li

Schilling, Dr. Theodor, apl. Professor,
329, Chemin de Fontcaudette,
F-84220 Gordes;
Humboldt-Universität zu Berlin,
10117 Berlin,
(0049) 01578 1948 717,
Fax (0039) 032122133212,
E-Mail: theodor.schilling@gmail.com

Schindler, Dr. Benjamin, MJur (Oxford),
o. Professor,
Ober Bendlehn 32, CH-9042 Speicher;
Universität St. Gallen, Law School,
Tigerbergstr. 21,

CH-9000 St. Gallen,
(0041) 71 22421 63,
Fax (0041) 71 22421 62,
E-Mail: benjamin.schindler@unisg.ch

Schlacke, Dr. Sabine, Professorin,
Universität Greifswald,
Lehrstuhl für Öffentliches Recht,
insb. Verwaltungs- und Umweltrecht,
Ernst-Lohmeyer-Platz 1,
17489 Greifswald,
(0049) 3834 420 2100,
E-Mail: sabine.schlacke@uni-greifswald.de

Schladebach, Dr. Marcus, LL.M.,
Univ.-Professor,
Zähringerstr. 8, 10707 Berlin
E-Mail: schlade@gmx.de;
Universität Potsdam, Juristische Fakultät,
Professor für Öffentliches Recht,
Medienrecht,
Luft- und Weltraumrecht,
August-Bebel-Str. 89,
14482 Potsdam,
(0331) 977 3476,
E-Mail: marcus.schladebach@uni-potsdam.de

Schliesky, Dr. Utz, apl. Professor,
Direktor des Schleswig-Holsteinischen
Landtages,
Goosdiek 22, 24229 Dänischenhagen;
Schleswig-Holsteinischer Landtag,
Düsternbrooker Weg 70, 24105 Kiel
(0431) 988 1010;
Lorenz-von-Stein-Institut für
Verwaltungs- wissenschaften an der
Christian-Albrechts-Universität zu Kiel,
Olshausenstr. 75,
24098 Kiel,
E-Mail: Utz.Schliesky@landtag.ltsh.de

Schlink, Dr. Bernhard, Professor,
Viktoria-Luise-Platz 4, 10777 Berlin;
Institut für Öffentliches Recht und
Völkerrecht,
Humboldt-Universität zu Berlin,
Unter den Linden 6, 10099 Berlin,
(030) 2093 3454 oder -3472,
Fax (030) 2093 3452,
E-Mail: Schlink@hu-berlin.de

Schmahl, Dr. Stefanie, LL.M., Professorin,
Lehrstuhl für deutsches und ausländisches
öffentliches Recht, Völkerrecht und
Europarecht, Universität Würzburg,
Domerschulstr. 16,
97070 Würzburg,
(0931) 31 8 2324,
Fax (0931) 31 2792,
E-Mail: schmahl@jura.uni-wuerzburg.de

Schmalenbach, Dr. Kirsten, Professorin,
Markus Sittikus-Str. 19/20,
A-5020 Salzburg;
Fachbereich Öffentliches Recht/
Völkerrecht,
Paris-Lodron-Universität Salzburg,
Churfürststr. 1, A-5020 Salzburg,
(0043) 662 8044 3651,
Fax (0043) 662 8044 135,
E-Mail: kirsten.schmalenbach@sbg.ac.at

Schmid, Dr. Gerhard, Professor,
Reservoirstr. 178,
CH-4059 Basel,
(0041) 613 31 8425

Schmid, Dr. Sebastian, LL.M. (UCL),
Univ.-Professor,
Fachbereich Öffentliches Recht,
Völker- und Europarecht,
Universität Salzburg,
Kapitelgasse 5–7,
A-5020 Salzburg,
Fax (0043) 662 8044 303,
E-Mail: sebastian.schmid@sbg.ac.at

Schmid, Dr. Viola, LL.M.,
Univ.-Professorin,
Kirchenweg 3, 91126 Schwabach,
(09122) 773 82, Fax (09122) 623 45;

Institut für Öffentliches Recht,
Technische Universität Darmstadt,
Hochschulstr. 1, 64289 Darmstadt,
(06151) 1664 64, Fax (06151) 1639 84,
E-Mail: schmid@jus.tu-darmstadt.de

Schmidt, Dr. Reiner, o. Professor,
Bachwiesenstr. 5, 86459 Gessertshausen,
(08238) 4111, Fax (08238) 609 01,
E-Mail: Rein.Schmidt@t-online.de;
Lehrstuhl für Öffentliches Recht,
Wirtschaftsverwaltungsrecht und Umweltrecht, Universität Augsburg,
Universitätsstr. 24, 86159 Augsburg,
(0821) 598-4526

Schmidt, Dr. Thorsten Ingo,
Univ.-Professor,
Dahlemer Weg 102b, 14167 Berlin,
(0163) 135 5487,
Lehrstuhl für Öffentliches Recht,
insb. Staatsrecht, Verwaltungs- und Kommunalrecht, Universität Potsdam,
August-Bebel-Str. 89, 14482 Potsdam,
(0331) 977 3284

Schmidt, Dr. Walter, Univ.-Professor,
Brüder-Knauß-Str. 86, 64285 Darmstadt,
(06151) 64710

Schmidt am Busch, Dr. Birgit, LL.M. (Iowa),
Juristische Fakultät LMU,
Ludwigstr. 28, Rgb., 80539 München,
(089) 2180 2082,
E-Mail: Schmidt-am-Busch@jura.uni-muenchen.de

Schmidt-Aßmann, Dr. Dr. h.c. mult. Eberhard, o. Professor,
Höhenstr. 30, 69118 Heidelberg,
(06221) 8008 03,
E-Mail: schmidt-assmann@uni-hd.de

Schmidt-Jortzig, Dr. Edzard, o. Professor,
Moltkestr. 88, 24105 Kiel,
(0431) 895 0195, Fax (0431) 8034 71,
E-Mail: esjot@web.de;
Christian-Albrechts-Universität zu Kiel,
Leibnizstr. 6, 24118 Kiel,
(0431) 880 3545,
E-Mail: eschmidt-jortzig@law.uni-kiel.de

Schmidt-Preuß, Dr. Matthias,
o. Professor,
E.-T.-A.-Hoffmann-Str. 12, 53113 Bonn,
(0228) 6780 91;
Universität Bonn, Rechts- und Staatswissenschaftliche Fakultät,
Adenauerallee 24–42,
53113 Bonn,
(0228) 7365 02,
Fax (0228) 7365 07,
E-Mail: schmidt-preuss@jura.uni-bonn.de

Schmidt-Radefeldt, Dr. Roman,
Privatdozent,
Kirchstr. 8, 10557 Berlin,
E-Mail: romansr69@yahoo.de;
Deutscher Bundestag, Wissenschaftliche Dienste,
Fachbereich WD 2 – Auswärtiges,
Verteidigung, Völkerrecht,
Menschenrechte und humanitäre Hilfe,
Platz der Republik 1, 11011 Berlin,
(030) 227 38622,
Fax (030) 227 36526,
E-Mail: Roman.Schmidt-Radefeldt@bundestag.de

Schmitt Glaeser, Dr. Alexander,
LL.M. (Yale), Privatdozent,
Kunigundenstr. 34, 80505 München,
(089) 3854 7931,
E-Mail: a.schmitt-glaeser@aya.yale.edu;
Bayrisches Staatsministerium für
Wissenschaft und Kunst Referat R1 –
Hochschulrecht. Hochschulpersonalrecht,
Koordinierung hochschulart übergreifender Themen
Salvatorstr. 2, 80333 München,
(089) 2186 2379,

E-Mail: alexander.schmitt-glaeser@stmwk.bayern.de

Schmitt-Kammler, Dr. Arnulf,
Univ.-Professor,
Katzenberg 6, 96049 Bamberg;
Universität zu Köln,
Rechtswissenschaftliche Fakultät,
Albertus-Magnus-Platz, 50923 Köln,
(0221) 470-4066 oder -4067,
E-Mail: schmitt-kammler@gmx.de

Schmitz, Dr. Thomas, Professor,
Faculty of Law, Universitas Gadjah Mada,
Jalan Sosio Yustisia No. 1,
Bulaksumur, Kab. Sleman,
D.I. Yogyakarta 55281, Indonesien,
E-Mail: tschmit1@gwdg.de,
www.iuspublicum-thomas-schmitz.uni-goettingen.de
www.thomas-schmitz-yogyakarta.id

Schneider, Dr. Christian F., Privatdozent,
Franz-Keim-Gasse 44/13,
A-2345 Brunn am Gebirge;
bpv Hügel Rechtsanwälte OG,
Ares-Tower, Donau-City-Str. 11,
A-1220 Wien,
(0043)1 260 50 204,
E-Mail: christian.schneider@bpv-huegel.com

Schneider, Dr. Jens-Peter, Professor,
Lorettostr. 36, 79100 Freiburg,
(0761) 290 86 300;
Albert-Ludwigs-Universität Freiburg,
Rechtswissenschaftliche Fakultät,
79085 Freiburg i. B.,
(0761) 203 97731,
Fax (0761) 203 97542,
E-Mail: jp.schneider@jura.uni-freiburg.de

Schneider, Dr. Karsten,
Univ.-Professor,
Professur für Öffentliches Recht,
internationales Recht, Rechtstheorie,
Rechts- und Wirtschaftswissenschaften,
Johannes Gutenberg-Universität Mainz,
Jakob-Welder-Weg 9, 55128 Mainz,
(0049) 6131 39 27880,
Fax (0049) 6131 39 28172,
E-Mail: lsschneider@uni-mainz.de

Schoch, Dr. Friedrich, o. Professor,
Kastelbergstr. 19, 79189 Bad Krozingen,
(07633) 9481 04, Fax (07633) 9481 05,
E-Mail: friedrich.schoch@jura.uni-freiburg.de

Schöbener, Dr. Burkhard, Professor,
Am Glösberg 27, 97342 Obernbreit,
(09332) 5000 04;
Professur für Öffentliches Recht,
Völkerrecht und Europarecht,
Universität zu Köln,
Gottfried-Keller-Str. 2,
50931 Köln,
(0221) 470 3834 oder -3875,
E-Mail: burkhard.schoebener@uni-koeln.de

Schönberger, Dr. Christoph, Professor,
Universität zu Köln, Seminar für
Staatsphilosophie und Rechtspolitik,
Albertus-Magnus-Platz 1, 50923 Köln,
(0221) 470 1384,
E-Mail: christoph.schoenberger@uni-koeln.de

Schönberger, Dr. Sophie, Professorin,
Heinrich-Heine-Universität Düsseldorf,
Lehrstuhl für Öffentliches Recht,
Universitätsstr. 1, 40225 Düsseldorf,
(0211) 8111465,
E-Mail: sophie.schoenberger@uni-duesseldorf.de

Schöndorf-Haubold, Dr. Bettina,
Professorin,
Justus-Liebig-Universität Gießen,
Professur für Öffentliches Recht,
Hein-Heckroth-Str. 5, 35390 Gießen,

E-Mail: bettina.schoendorf-haubold@recht.uni-giessen.de

Scholz, Dr. Rupert, o. Professor,
Koenigsallee 71a, 14193 Berlin
Telefon und Fax: 030-825 89 67
E-Mail: rupertscholz5@gmail.com

Scholz, Dr. Sebastian, Ass.-Prof., Priv.-Doz.,
Universität Graz,
216 Institut für Öffentliches Recht und Politikwissenschaft,
8010 Graz, Universitätsstraße 15
Bauteil C/III
+43 (0)316 380 - 6692
E-Mail: sebastian.scholz@uni-graz.at

Schorkopf, Dr. Frank, Professor,
Ehrengard-Schramm-Weg 5,
37085 Göttingen;
Georg-August-Universität Göttingen,
Juristische Fakultät,
Platz der Göttinger Sieben 5,
37073 Göttingen,
(0049) 0551 39 24761,
E-Mail: fschork@gwdg.de

Schott, Dr. Markus, Privatdozent,
Rütistr. 38, CH-8032 Zürich,
(0041) 44363 1444;
Bär & Karrer AG, Brandschenkestr. 90,
CH-8027 Zürich,
(0041) 58261 5000, Fax (0041) 58263 5477,
E-Mail: markus.schott@baerkarrer.ch

Schröder, Dr. Meinhard, o. Professor,
Zum Wingert 2,
54318 Mertesdorf,
(0651) 57887;
Universität Trier, 54286 Trier,
(0651) 201 2586,
E-Mail: schroedm@uni-trier.de

Schröder, Dr. Meinhard, Professor,
Universität Passau, Lehrstuhl für Öffentliches Recht, Europarecht und Informationstechnologierecht,
Innstr. 39 – Juridicum, 94032 Passau,
(0851) 509 2380, Fax (0851) 509 2382,
E-Mail: meinhard.schroeder@uni-passau.de

Schröder, Dr. Ulrich Jan, Professor,
Mergelberg 109, 48161 Münster;
(0251) 20 89 832;
Hochschule für Polizei und öffentliche Verwaltung Nordrhein-Westfalen,
Albert-Hahn-Str. 45, 47269 Duisburg,
E-Mail: ulrichjan.schroeder@hspv.nrw.de

Schroeder, Dr. Werner, LL.M., Professor,
Universität Innsbruck, Institut für Völkerrecht, Europarecht und Internationale Beziehungen,
Innrain 52, A-6020 Innsbruck,
(0043) 512 507 8320,
Fax (0043) 512 507 2651,
E-Mail: Werner.Schroeder@uibk.ac.at

Schubert, Dr. Mathias, Privatdozent,
Schleswig-Holsteinischer Landtag,
Düsternbrooker Weg 70,
24105 Kiel,
(0431) 988 1109,
E-Mail: schubert.mathias@gmx.net

Schuler-Harms, Dr. Margarete, Professorin,
Heidkoppel 19, 22145 Hamburg,
(040) 678 6061, Fax (040) 678 8373;
Helmut-Schmidt-Universität,
Universität der Bundeswehr, Institut für Öffentliches Recht,
Holstenhofweg 85,
22043 Hamburg,
(040) 6541 2782, Fax (040) 6541 2087,
E-Mail: Schuler-Harms@hsu-hh.de

Schulev-Steindl, Dr. MMag. Eva, LL.M. (London), Univ.-Professorin,
RESOWI-Zentrum,

Universitätstr. 15/D3,
A-8010 Graz, (0043)316 3806707,
E-Mail: eva.schulev-steindl@uni-graz.at

Schulte, Dr. Martin, Professor,
Funkenburgstr. 21, 04105 Leipzig,
(0341) 24822182;
Lehrstuhl für Öffentliches Recht, Umwelt- und Technikrecht, Juristische Fakultät,
TU Dresden,
von-Gerber-Bau, Bergstr. 53,
01069 Dresden,
(0351) 4633 7362, Fax (0351) 4633 7220,
E-Mail: martin.schulte@tu-dresden.de

Schulz, Dr. Wolfgang, Professor,
Bismarckstr. 4, 20259 Hamburg,
(040) 4040 75;
Hans-Bredow-Institut für
Medienforschung,
Heimhuder Str. 21, 20148 Hamburg,
(040) 4502 1711 oder -34,
Fax (040) 4502 1777,
E-Mail: w.schulz@hans-bredow-institut.de

Schulze-Fielitz, Dr. Helmuth, Professor,
Klara-Löwe-Str. 5,
97082 Würzburg,
(0931) 784 1025,
E-Mail: Schulze-Fielitz@t-online.de

Schuppert, Dr. Gunnar Folke, Professor,
Kaiserdamm 28, 14057 Berlin,
(030) 3061 2168;
Wissenschaftszentrum Berlin für
Sozialforschung,
Forschungsprofessur Neue Formen
von Governance,
Reichpietschufer 50, 10785 Berlin,
(030) 25491 546 oder -246,
Fax (030) 25491 542,
E-Mail: schuppert@wzb.eu

Schwartmann, Dr. Rolf, Professor,
Brucknerstr. 18,
50931 Köln,
(0221) 400 9094;
Fachhochschule Köln, Fakultät für
Wirtschaftswissenschaften,
Claudiusstr. 1, 50678 Köln,
(0221) 8275 3446, Fax (0221) 8275 734 46,
E-Mail: rolf.schwartmann@fh-koeln.de

Schwarz, Dr. Kyrill-A., Professor,
Universität Würzburg, Juristische Fakultät,
Professor für Öffentliches Recht,
Domerschulstr. 16, 97070 Würzburg,
(0931) 318 2335,
E-Mail: kyrill-alexander.schwarz@
uni-wuerzburg.de

Schwarzer, Mag., Dr. Stephan,
Universitätsdozent,
Rodlergasse 7/10, A-1190 Wien,
(0043) 1 369 1746;
Bundeswirtschaftskammer,
Wiedner Hauptstr. 63, A-1045 Wien,
(0043) 1 50105 4195,
E-Mail: stephan.schwarzer@wko.at

Schweitzer, Dr. Michael, Professor,
Joseph-Haydn-Str. 6A, 94032 Passau,
(0851) 345 33;
Universität Passau, 94032 Passau,
(0851) 509 2395 oder -2396

Schweizer, Dr. Rainer J., o. Professor,
Kirchgasse 9, CH-9220 Bischofszell,
(0041) 71 223 5624;
Universität St. Gallen,
Tigerbergstr. 21, CH-9000 St. Gallen,
Forschungsgemeinschaft für
Rechtswissenschaften,
(0041) 71 224 2161,
Fax (00 41) 71 224 2162,
E-Mail: Rainer.Schweizer@unisg.ch

Schwerdtfeger, Dr. Angela, Professorin,
Georg-August-Universität Göttingen,
Juristische Fakultät, Lehrstuhl
für Öffentliches Recht, insb.
Verwaltungsrecht,

Platz der Göttinger Sieben 5,
37073 Göttingen,
(0551) 39 21150, Fax (0551) 39 21151,
E-Mail: angela.schwerdtfeger@jura.
uni-goettingen.de

Schwerdtfeger, Dr. Gunther,
Univ.-Professor,
Hülsebrinkstr. 23, 30974 Wennigsen/Deister,
(05103) 1311;
Juristische Fakultät, Universität Hannover,
Königsworther Platz 1, 30167 Hannover,
(0511) 762-8 69

Seckelmann, Dr., Margrit, M.A.,
Univ.-Professorin,
Universitätsprofessur für das Recht der
digitalen Gesellschaft,
Leibniz-Universität Hannover,
Juristische Fakultät,
Königsworther Platz 1, 30167 Hannover,
E-Mail: margrit.seckelmann@iri.
uni-hannover.de

Seer, Dr. Roman, Univ.-Professor,
Ruhr-Universität Bochum,
Lehrstuhl für Steuerrecht,
Gebäude GCE.Z/389,
Universitätsstr. 150, 44801 Bochum,
(0234) 322 8269, Fax (0234) 321 4614,
E-Mail: steuerrecht@rub.de

Seewald, Dr. Otfried, o. Professor,
Schärdingerstr. 21 A, 94032 Passau,
(0851) 3 51 45, Fax (0851) 3 51 45,
E-Mail: otfried_seewald@gmx.de;
Universität Passau,
Innstr. 40, Postfach 25 40, 94030 Passau,
(0851) 509 23 40 oder -41,
Fax (0851) 509 2342,
E-Mail: otfried.seewald@uni-passau.de

Seferovic, Dr. Goran, Privatdozent,
Zürcher Hochschule für Angewandte
Wissenschaften,
School of Management and Law,
Zentrum für Öffentliches Wirtschaftsrecht,
Gertrudstr. 15, CH-8400 Winterthur,
(0041) 58 934 62 29,
E-Mail: goran.seferovic@zhaw.ch

Seibert-Fohr, Dr. Anja, Professorin,
Institut für Staatsrecht, Verfassungslehre
und Rechtsphilosophie,
Friedrich-Ebert-Platz 2, 69117 Heidelberg,
(06221) 54 7469, Fax (06221) 54 161 7469,
E-Mail: sekretariat.seibert-fohr@jurs.
uni-heidelberg.de

Seiler, Dr. Christian, Professor,
Schwabstr. 36, 72074 Tübingen,
(07071) 549 7780;
Universität Tübingen, Lehrstuhl für
Staats- und Verwaltungsrecht, Finanz- und
Steuerrecht,
Geschwister-Scholl-Platz, 72074 Tübingen,
(07071) 297 2943,
E-Mail: christian.seiler@jura.
uni-tuebingen.de

Seitz, Dr. Claudia, M.A. (King's College
London), Professorin,
Professur für Öffentliches Recht,
Europarecht, Völkerrecht und
Life Sciences Recht,
Rechtswissenschaftliche Fakultät,
Private Universität im Fürstentum
Liechtenstein (UFL),
Dorfstrasse 24, Fl-9495 Triesen,
(00423) 392 4010
E-Mail: claudia.seitz@ufl.li

Shirvani, Dr. Foroud, Professor,
Rheinische Friedrich-Wilhelms-
Universität Bonn,
Gottfried-Meulenbergh-Stiftungsprofessur,
Adenauerallee 24–42, 53113 Bonn,
(0228) 7362 416,
E-Mail: shirvani@jura.uni-bonn.de

Siekmann, Dr. Helmut, Professor,
Johann Wolfgang Goethe-Universität,

Professur für Geld-, Währungs- und Notenbankrecht,
IMFS im House of Finance,
Grüneburgplatz 1,
60323 Frankfurt am Main,
(069) 798 34014,
E-Mail: geld-und-waehrung@imfs-frankfurt.de

Sieckmann, Dr. Jan-Reinard, Professor,
Fachbereich Rechtswissenschaft,
Friedrich-Alexander-Universität
Erlangen Nürnberg,
Schillerstr. 1, 91054 Erlangen,
(09131) 85240 97,
E-Mail: jan.sieckmann@fau.de

Siegel, Dr. Thorsten, Professor,
Dr. Semmelweis-Str. 25,
67433 Neustadt/Weinstraße;
(06321) 4828 51;
Freie Universität Berlin, Fachbereich
Rechtswissenschaft, Professur für
Öffentliches Recht, insb. Verwaltungsrecht,
Boltzmannstr. 3, 14195 Berlin,
(030) 838 55921, Fax (030) 838 455921,
E-Mail: thorsten.siegel@fu-berlin.de,
Sekr.: sekretariat.siegel@rewiss.fu-berlin.de

Siehr, Dr. Angelika, LL.M. (Yale),
Professorin,
Universität Bielefeld, Fakultät für
Rechtswissenschaft,
Postfach 100131, 33501 Bielefeld,
(0521) 106 4430 oder -6899,
E-Mail: angelika.siehr@uni-bielefeld.de

Simon, Dr. Sven, Univ.-Professor,
Philipps-Universität Marburg
Lehrstuhl für Völkerrecht und Europarecht
mit öffentlichem Recht
Universitätsstr. 6, 35032 Marburg
(06421) 28 231 31 oder -27,
Fax (06421) 28 238 53,
E-Mail: sven.simon@uni-marburg.de

Skouris, Dr. Dr. h.c.mult. Vassilios,
Professor,
Agias Sofias 4,
GR-54622 Thessaloniki/Griechenland,
Tel. 0030 2310 832622, 0030 6977 201010,
E-Mail: skourisoffice@gmail.com

Smeddinck, Dr. Ulrich, Apl. Professor,
Juristischer Bereich,
Universität Halle-Wittenberg,
Universitätsplatz 10a,
06108 Halle/Saale,
E-Mail: Ulrich.Smeddinck@jura.uni-halle.de

Sodan, Dr. Helge, Univ.-Professor,
Fachbereich Rechtswissenschaft,
Lehrstuhl für Staats- und Verwaltungsrecht,
Öffentliches Wirtschaftsrecht, Sozialrecht,
Freie Universität Berlin,
Van't-Hoff-Str. 8, 14195 Berlin,
(030) 838 53972 oder -73973,
Fax (030) 838 54444;
Präsident des Verfassungsgerichtshofes
des Landes Berlin a.D.,
Elßholzstr. 30–33, 10781 Berlin,
(030) 9015 2650, Fax (030) 9015 2666,
E-Mail: sodan@zedat.fu-berlin.de

Somek, Dr. Alexander, Professor,
Mahlerstr. 13/4, A-1010 Wien;
Universität Wien,
Institut für Rechtsphilosophie,
Schenkenstr. 8–10, A-1010 Wien,
(0043) 1 4277 35830,
E-Mail: alexander.somek@univie.ac.at

Sommermann, Dr. Dr. h.c. Karl-Peter,
Univ.-Professor,
Lehrstuhl für Öffentliches Recht,
Staatslehre und Rechtsvergleichung,
Deutsche Universität für Verwaltungswissenschaften Speyer,
Postfach 14 09, 67346 Speyer,
(06232) 654 344, Fax (06232) 654 414,
E-Mail: Sommermann@uni-speyer.de

Sonnevend, Dr. Pál, Professor,
Eötvös-Loránd-Universität (ELTE)
Budapest,
Egyetem tér 1–3, Room E. 214,
1053 Budapest,
(0036) 411 6532,
E-Mail: sonnevend@ajk.elte.hu

Spannowsky, Dr. Willy,
Univ.-Professor,
Auf dem Kleehügel 17,
67706 Krickenbach,
(06307) 9939 63, Fax (06307) 9939 49;
Lehrstuhl für Öffentliches Recht,
Postfach 3049,
67653 Kaiserslautern,
(0631) 205 3975, Fax (0631) 205 3977,
E-Mail: oerecht@rhrk.uni-kl.de

Spiecker genannt Döhmann, Dr. Indra,
LL.M. (Georgetown Univ.),
Univ.-Professorin,
Lehrstuhl für das Recht der Digitalisierung,
Institut für Digitalisierung,
Universität zu Köln,
Albertus Magnus Platz, 50923 Köln,
Besucheradresse:
Sibille-Hartmann-Strasse 2–8, 4. Stock,
E-Mail: i.spiecker@uni-koeln.de

Spilker, Dr. Bettina,
Univ.-Professorin,
Universität Wien, Rechtswissenschaftliche
Fakultät, Institut für Finanzrecht,
Schenkenstr. 8–10, A-1010 Wien,
(0043) 1 4277 36015,
E-Mail: bettina.spilker@univie.ac.at

Spitzlei, Dr. Thomas, Universitätsprofessor,
Lehrstuhl für Öffentliches Recht,
Sozialrecht und Dienstrecht,
Universität Bayreuth
Universitätsstr. 30, 95447 Bayreuth
+49 (0)921 55-6030
Fax: +49 (0)921 55-6032
E-Mail: thomas.spitzlei@uni-bayreuth.de

Spranger, Dr. Dr. Tade Matthias,
apl. Professor,
Centre for the Law of Life Sciences Institut
für Öffentliches Recht, Universität Bonn,
Adenauerallee 24–42, 53113 Bonn,
(0228) 73 9276,
E-Mail: spranger@jura.uni-bonn.de

Stahn, Dr. Carsten, LL.M. (NYU), LL.M.
(Köln-Paris), Professor,
Grotius Centre for International
Legal Studies, Leiden Law School,
Turfmarkt 99,
NL-2511 DV The Hague,
(0031) 70 8009572,
E-Mail: c.stahn@law.leidenuniv.nl

Starck, Dr. Christian, o. Professor (em.),
Georg-August-Universität Göttingen,
Schlegelweg 10,
37075 Göttingen,
(0551) 55454,
E-Mail: cstarck@gwdg.de

Starski, Dr. Paulina, LL.B.,
Universitätsprofessorin,
Lehrstuhl für Deutsches und Ausländisches
Öffentliches Recht, Europa- und
Völkerrecht, Albert-Ludwigs-Universität
Freiburg, Institut für Öffentliches Recht,
Abt. 1: Europa- und Völkerrecht,
Werthmannstr. 4
79098 Freiburg i. B.
(0049) 761 203-2251
E-Mail: paulina.starski@
jura.uni-freiburg.de

Steiger, Dr. Dominik, Univ.-Professor
für Völkerrecht, Europarecht und
Öffentliches Recht,
TU Dresden
Philosophische Fakultät
01062 Dresden
(0351) 463 37417,
Fax (0351) 463 37213,
E-Mail: dominik.steiger@tu-dresden.de

Stein, Dr. Katrin, Professorin,
Reinhold-Tiling-Weg 61,
49088 Osnabrück,
(0541) 911 8451;
Hessische Hochschule für öffentliches Management und Sicherheit,
Schönbergstr. 100, 65199 Wiesbaden,
(06108) 603 516,
E-Mail: katrin.stein@hfpv-hessen.de

Steinbach, Dr. Dr. Armin, LL.M.,
Professor, Ministerialrat a.D.,
École des hautes études commerciales (HEC) Paris,
1, rue de la Libération,
F-78351 Jouy en Josas Cedex,
E-Mail: steinbacha@hec.fr

Steinberg, Dr. Rudolf,
Univ.-Professor, Universitätspräsident a.D.,
Wingertstr. 2 A, 65719 Hofheim,
E-Mail: Rudolf.Steinberg@t-online.de

Steiner, Dr. Udo, o. Professor, Richter des Bundesverfassungsgerichts a. D.,
Am Katzenbühl 5, 93055 Regensburg,
(0941) 7009 13, Fax (0941) 7606 19,
E-Mail udo.steiner@web.de;
Universität Regensburg,
93040 Regensburg,
(0941) 943-4284,
E-Mail: udo.steiner@jura.uni-regensburg.de

Stelkens, Dr. Ulrich, Univ.-Professor,
Webergasse 3a, 67346 Speyer;
Deutsche Universität für Verwaltungswissenschaften Speyer,
Freiherr-vom-Stein-Str. 2,
67346 Speyer,
(06232) 654 365, Fax (06232) 654 245,
E-Mail: stelkens@uni-speyer.de

Stettner, Dr. Rupert, Professor,
Alpenstr. 11 a, 85221 Dachau,
(08131) 2789 96,
Fax (08131) 2789 98;
Institut für Staatswissenschaften,
Universität der Bundeswehr München,
Werner-Heisenberg-Weg 39,
85579 Neubiberg,
(089) 6004 3864 oder -3702 oder -2043,
Fax (089) 6004 2841,
E-Mail: rs@themistokles.net

Stober, Dr. Dr. h.c. mult. Rolf,
Univ.-Professor,
Prins-Claus-Str. 50, 48159 Münster,
(0251) 16241 62, Fax (0251) 16241 63;
Fakultät für Wirtschafts- und Sozialwissenschaften, Universität Hamburg,
Department Wirtschaftswissenschaften,
Institut für Recht der Wirtschaft,
Max-Brauer-Allee 60, 22765 Hamburg,
(040) 42838 4621,
Fax (040) 42838 6458,
E-Mail: rolf-stober@gmx.de

Stöckli, Dr. Andreas, Professor,
Rechtsanwalt, Universität Freiburg (Schweiz), Lehrstuhl für Staats- und Verwaltungsrecht II, Av. Beauregard 1,
CH-1700 Freiburg,
(0041) 079 702 04 89,
E-Mail: andreas.stoeckli@unifr.ch

Stöger, Dr. Karl, MJur,
Univ.-Professor,
Institut für Staats- und Verwaltungsrecht,
Lehrstuhl für Medizinrecht,
Universität Wien,
Schottenbastei 10–16, A-1010 Wien,
E-Mail: karl.stoeger@univie.ac.at

Stoll, Dr. Peter-Tobias, Professor,
E-Mail: ptstoll@web.de;
Institut für Völkerrecht, Abteilung für Internationales Wirtschaftsrecht,
Universität Göttingen,
Platz der Göttinger Sieben 5,
37073 Göttingen, (0551) 39 24661,
E-Mail: pt.stoll@jur.uni-goettingen.de

Stolzlechner, Dr. Harald,
o. Univ.-Professor,
Gneiser Str. 57, A-5020 Salzburg,
(0043) 662 82 3935;
Universität Salzburg,
(0043) 662 80 4436 01,
E-Mail: Harald.Stolzlechner@sbg.ac.at

Storr, Dr. Stefan, Univ.-Professor,
Institut für Öffentliches Recht und
Politikwissenschaft Universität Graz
Universitätstr. 15,
A-8010 Graz, (0043) 316 380 3382
E-Mail: stefan.storr@uni-graz.at

Straßburger, Dr. Benjamin, Professor,
Universität Mannheim, Lehrstuhl für
Öffentliches Recht, Finanz- und
Steuerrecht sowie Verfassungstheorie,
Schloss Westflügel, 68131 Mannheim,
(0049) 621 181 1354,
Fax (0049) 621 181 1361,
E-Mail: strassburger@uni-mannheim.de

Streinz, Dr. Rudolf, o. Professor,
Waldsteinring 26, 95448 Bayreuth,
(0921) 94730,
E-Mail: rudolf.streinz@gmx.de;
Ludwig-Maximilians-Universität München,
Lehrstuhl für Öffentliches Recht und
Europarecht,
Prof.-Huber-Platz 2,
80539 München,
(089) 2180 3335,
Fax (089) 2180 2440,
E-Mail: streinz.pers@jura.uni-muenchen.de

Stumpf, Dr. Dr. Christoph, Professor,
Curacon Rechtsanwaltsgesellschaft mbH,
Mattentwiete 1,
20457 Hamburg,
E-Mail: christoph.stumpf@
curacon-recht.de

Suerbaum, Dr. Joachim, o. Professor,
In der Uhlenflucht 3, 44795 Bochum,
(0234) 4726 26,
E-Mail: Joachim.Suerbaum@t-online.de;
Universität Würzburg,
Domerschulstr. 16,
97070 Würzburg,
(0931) 31 82897 oder -31 82899,
E-Mail: Suerbaum@jura.uni-wuerzburg.de

Suzuki, Dr. Hidemi, Professor,
Koishikawa 3-25-11-502, Bunkyo-ku,
Tokio 112-0002, Japan,
Keio University, Institute for Journalism,
Media & Communication Studies,
Mita 2-15-45, Minato-ku,
Tokio 108-8345, Japan,
(0081) 3 5427 1211,
Fax (0081) 3 5427 1211,
E-Mail: hidemis@mediacom.keio.ac.jp

Sydow, Dr. Gernot, M.A., Professor,
Auf der Burg 17, 48301 Nottuln
(02502) 2269723;
Westfälische Wilhelms-Universität
Münster,
Rechtswissenschaftliche Fakultät,
Universitätsstr. 14–16,
48143 Münster,
(0251) 83 21750,
E-Mail: Gernot.Sydow@uni-muenster.de

Tappe, Dr. Henning, Univ.-Professor,
Universität Trier, Fachbereich V –
Rechtswissenschaft,
Universitätsring 15, 54296 Trier,
(0651) 201 2576 oder -2577,
Fax (0651) 201 3816,
E-Mail: tappe@uni-trier.de

Thiel, Dr. iur. Dr. rer. publ. Markus,
Univ.-Professor,
Frangenheimstraße 27,
50931 Köln,
(0221) 40 87 83;
Deutsche Hochschule der Polizei,
Fachgebiet III.4 – Öffentliches Recht
mit Schwerpunkt Polizeirecht

Zum Roten Berge 18–24,
48165 Münster,
(02501) 806 531,
E-Mail: Markus.Thiel@dhpol.de

Thielbörger, Dr. Pierre M.PP. (Harvard),
Univ.-Professor,
Ruhr-Universität Bochum,
Juristische Fakultät, Lehrstuhl
für Öffentliches Recht und Völkerrecht,
insb. Friedenssicherungsrecht und
Humanitäres Völkerrecht,
Massenbergstr. 9 B, 44787 Bochum,
(0049) 234 32 27934,
E-Mail: pierre.thielboerger@rub.de

Thiele, Dr. Alexander, Professor,
BSP Business and Law School,
Professur für Staatstheorie und
Öffentliches Recht, insb.
Staats- und Europarecht,
Calandrellistr. 1–9, 12247 Berlin,
(0160) 8962057,
E-Mail: alexander.thiele@businessschool-berlin.de

Thiemann, Dr. Christian, Professor,
Johannes-Gutenberg-Universität
Fachbereich 3 – Rechts- und Wirtschaftswissenschaften, Lehrstuhl für Öffentliches
Recht, Europarecht, Finanz- und Steuerrecht
Jakob-Welder-Weg 9,
55128 Mainz,
(06131) 39 220622725,
E-Mail: Thiemann@uni-mainz.de

Thienel, Dr. Rudolf, Univ.-Professor,
Präsident des Verwaltungsgerichtshofes,
Judenplatz 11,
A-1010 Wien,
(0043) 1 531 11 2 45,
Fax (0043) 1 531 11 140,
E-Mail: rudolf.thienel@univie.ac.at

Thürer, Dr. Dr. h.c. Daniel,
LL.M. (Cambridge), o. Professor,
Abeggweg 20, CH-8057 Zürich,
(0041) 44 362 65 -47 oder -46,
Fax (0041) 44 362 6546,
E-Mail: thuerer@swissonline.ch;
Stiffler & Partner Rechtsanwälte,
Dufourstrasse 101, CH-8008 Zürich,
E-Mail: daniel.thuerer@stplaw.ch

Thurnherr, Dr. Daniela, LL.M. (Yale),
Professorin,
Juristische Fakultät der Universität Basel,
Peter Merian-Weg 8, Postfach,
CH-4002 Basel,
(0041) 61 267 2566,
E-Mail: daniela.thurnherr@unibas.ch

Thym, Dr. Daniel, LL.M. (London),
Professor,
FB Rechtswissenschaft Universität
Konstanz, Fach 116,
78457 Konstanz,
(07531) 88 2307,
E-Mail: daniel.thym@uni-konstanz.de

Tietje, Dr. Christian, Professor,
Heinrich-Heine-Str. 8, 06114 Halle (Saale),
(0345) 548 3912 oder
(0345) 524 8312,
Mobil (0175) 37 36134,
Fax (0345) 517 4048;
Martin-Luther-Universität
Halle-Wittenberg,
Juristische Fakultät, Juridicum,
Universitätsplatz 5, 06108 Halle (Saale),
(0345) 552 3180,
Fax (0345) 552 7201,
E-Mail: tietje@jura.uni-halle.de

Tomuschat, Dr. Dr. hc. mult. Christian,
Professor,
Odilostraße 25a, 13467 Berlin,
(030) 4054 1486,
Fax (030) 4054 1488;
Humboldt-Universität zu Berlin,
Institut für Völker- und Europarecht,
Unter den Linden 6, 10099 Berlin,

(030) 2093-3335 oder -3305 oder -3322,
Fax (030) 2093-3365,
E-Mail: Chris.Tomuschat@gmx.de

Towfigh, Dr. Emanuel V., Professor,
(069) 247471757,
Fax (069) 247471759,
Lehrstuhl für Öffentliches Recht,
Empirische Rechtsforschung und
Rechtsökonomik,
Gustav-Stresemann-Ring 3,
65189 Wiesbaden,
(0611) 7102 2253,
Fax (0611) 7102 10 2253,
E-Mail: emanuel@towfigh.net

Traulsen, Dr. Christian,
Richter am Sozialgericht,
Sozialgericht Stuttgart,
Theodor-Heuss-Str. 2,
70174 Stuttgart,
(0711) 89230 0,
E-Mail: traulsen@t-online.de

Trute, Dr. Hans-Heinrich,
Univ.-Professor,
Gryphiusstr. 7, 22299 Hamburg,
(040) 280027679;
Universität Hamburg, Fakultät für
Rechtswissenschaft,
Schlüterstr. 28, 20146 Hamburg,
(040) 42838 5721 oder -5625,
Fax (040) 42838 2700,
E-Mail: Hans-Heinrich.Trute@jura.
uni-hamburg.de

Tschentscher, Dr. Axel, LL.M., Professor,
Lehrstuhl für Staatsrecht,
Rechtsphilosophie und Verfassungs-
geschichte, Universität Bern,
Institut für öffentliches Recht,
Schanzeneckstr. 1,
CH-3001 Bern,
(0041) 31 631 8899 oder -3236,
Fax (0041) 31 631 3883,
E-Mail: axel.tschentscher@oefre.unibe.ch

Uebersax, Dr. Peter, Professor,
Titularprofessor für öffentliches Recht
und öffentliches Prozessrecht,
Chemin des Grands-Champs 19,
CH-1033 Cheseaux,
(0041) 217 312941;
Schweizerisches Bundesgericht,
Av. du Tribunal-fédéral 29,
CH-1000 Lausanne 14,
(0041) 213 18 9111,
E-Mail: peter.uebersax@unibas.ch

Uerpmann-Wittzack, Dr. Robert,
Univ.-Professor,
Fakultät für Rechtswissenschaft,
Universität Regensburg,
93040 Regensburg,
(0941) 943 2660,
E-Mail: Robert.Uerpmann-Wittzack@ur.de

Uhle, Dr. Arnd, Professor,
Lehrstuhl für Öffentliches Recht,
insb. für Staatsrecht,
Allgemeine Staatslehre und
Verfassungstheorie,
Institut für Recht und Politik,
Juristenfakultät, Universität Leipzig,
Burgstr. 21, 04109 Leipzig,
(0341) 9735250, Fax (0341) 9735259,
E-Mail: arnd.uhle@uni-leipzig.de

Uhlmann, Dr. Felix, LL.M., Professor,
Bruderholzallee, CH-4059 Basel;
Universität Zürich,
Rämistr. 74 / 33, CH-8001 Zürich,
(0041) 446 34 4224,
Fax (0041) 446 34 4368,
E-Mail: felix.uhlmann@ius.uzh.ch

Ullrich, Dr. Norbert, Professor,
Wilhelm-Stefen-Str. 91, 47807 Krefeld

Unger, Dr. Sebastian, Professor,
Lehrstuhl für Öffentliches Recht,
Wirtschafts- und Steuerrecht,
Ruhr-Universität Bochum,

Universitätsstr. 150, 44801 Bochum,
(0234) 32 22781,
Fax (0234) 32 14887,
E-Mail: sebastian.unger@rub.de

Ungern-Sternberg, Dr. Antje von,
M.A., Univ.-Professor,
Lehrstuhl für deutsches und ausländisches öffentliches Recht,
Staatskirchenrecht und Völkerrecht,
Universität Trier,
FB V – Rechtswissenschaft, 54286 Trier
(0651) 201 2542,
Fax (0651) 201 3905,
E-Mail: vonungern@uni-trier.de

Unruh, Dr. Peter, apl. Professor,
Hakensoll 8a, 24226 Heikendorf;
Landeskirchenamt der Evangelisch-Lutherischen Kirche in Norddeutschland,
Dänische Str. 21–35, 24103 Kiel,
E-Mail: peter.unruh@lka.nordkirche.de

Vallender, Dr. Klaus A., Professor,
Unterbach 4, CH-9043 Trogen,
(0041) 71 9427 69;
Law School St. Gallen, IFF,
Varnbüelstr. 19. 4, CH-9000 St. Gallen,
(0041) 71 224 2519,
Fax (0041) 71 229 2941,
E-Mail: klaus.vallender@unisg.ch

Valta, Dr. Matthias, Professor,
Balinger Str. 67, 70567 Stuttgart,
(0711) 78789924;
Heinrich-Heine-Universität Düsseldorf,
Universitätsstr. 1, 40225 Düsseldorf,
Gebäude 24.81, Etage/Raum U1.50,
(0211) 81 15868,
Fax (0211) 81 15870,
E-Mail: LS.Valta@hhu.de

Vašek, Dr. Markus, Professor,
Johannes Kepler Universität Linz,
Institut für Verwaltungsrecht und Verwaltungslehre,
Altenbergerstr. 69, A-4040 Linz,
(0043) 732 2468 1860
E-Mail: markus.vasek@jku.at

Vedder, Dr. Christoph, Professor,
Sollner Str. 33, 81479 München,
(089) 7910 03 83, Fax (089) 7910 0384,
E-Mail: christoph.vedder@jura.uni-augsburg.de

Vesting, Dr. Dr. h.c. Thomas,
Univ.-Professor,
Konradstr. 2, 80801 München,
(089) 3887 9545, Fax (089) 3887 9547;
Lehrstuhl für Öffentliches Recht,
Recht und Theorie der Medien,
Johann Wolfgang Goethe-Universität,
Grüneburgplatz 1, RuW 04,
60629 Frankfurt am Main,
(069) 798 34 274,
Fax (069) 798 763 34273,
E-Mail: T.Vesting@jur.uni-frankfurt.de

Viellechner, Dr. Lars, LL.M. (Yale),
Professor,
Universität Bremen,
Fachbereich Rechtswissenschaft,
Forum am Domshof – Domshof 26,
28195 Bremen,
(0049) 421 218 66154,
E-Mail: lars.viellechner@uni-bremen.de

Vitzthum, Dr. Dr. h.c. Wolfgang Graf,
o. Professor,
Im Rotbad 19, 72076 Tübingen,
(07071) 638 44, Fax (07071) 9684 89;
Universität Tübingen, Juristische Fakultät,
Geschwister-Scholl-Platz, 72074 Tübingen,
(07071) 297 5266, Fax (07071) 297 5039,
E-Mail: wolfgang-graf.vitzthum@uni-tuebingen.de

Vöneky, Dr. Silja, Professorin,
Am Schmelzofen 20, 79183 Waldkirch,
(07681) 4925 239;
Albert-Ludwigs-Universität Freiburg,

Institut für Öffentliches Recht, Abt. II
Völkerrecht und Rechtsvergleichung,
Postfach,
79085 Freiburg i. B.,
(0761) 203 2207,
Fax (0761) 203 9193,
E-Mail: voelkerrecht@jura.uni-freiburg.de

Vogel, Dr. Stefan, Titularprofessor,
Zentralstr. 12, CH-8604 Volketswil,
(0041) 43355 5229,
E-Mail: stefan_vogel@bluewin.ch

Vokinger, Dr. iur. et Dr. med. Kerstin
Noelle, LL.M,
Professorin für Recht und Medizin,
Lehrstuhl für Regulierung in Recht,
Medizin und Technologie
Universität Zürich
Rämistr. 74, CH-8001 Zürich,
(0041) 44 634 51 80,
E-Mail: kerstin.noelle.vokinger@rwi.
uzh.ch

Volkmann, Dr. Uwe, Professor,
Holunderweg 59, 60433 Frankfurt,
(069) 518673;
Goethe-Universität Frankfurt am Main,
Fachbereich Rechtswissenschaft,
Theodor-W.-Adorno-Platz 4,
60629 Frankfurt am Main,
(069) 798 34270,
E-Mail: volkmann@jura.uni-frankfurt.de

Völzmann, Dr. Berit, Professorin,
Goethe-Universität Frankfurt a.M.,
Professur für Öffentliches Recht und
Rechtsvergleichung,
Campus Westend, RuW 08,
60629 Frankfurt am Main,
E-Mail: voelzmann@jur.uni-frankfurt.de

Vosgerau, Dr. Ulrich, Privatdozent,
Bachemer Str. 225, 50935 Köln,
(0221) 4064 058,
E-Mail: ulrich_vosgerau@web.de

Voßkuhle, Dr. Dr. h.c. mult. Andreas,
Professor, Präsident
des Bundesverfassungsgerichts a.D.,
Albert-Ludwigs-Universität Freiburg,
Institut für Staatswissenschaft und
Rechtsphilosophie,
Postfach, 79085 Freiburg i. B.,
(0761) 203 2209,
Fax (0761) 203 9193,
E-Mail: staatswissenschaft@jura.
uni-freiburg.de

Waechter, Dr. Kay, Professor,
Ceciliengärten 12, 12159 Berlin;
FB Rechtswissenschaft,
Universität Hannover,
Königsworther Platz 1, 30167 Hannover,
(0511) 762 8227,
E-Mail: waechter@jura.uni-hannover.de

Wagner, Dr. Eva Ellen, Professorin,
Universität Augsburg,
Juristische Fakultät,
Universitätsstraße 24,
86159 Augsburg
(+49) 821 598-4590
E-Mail: eva.wagner@jura.uni-augsburg.de

Wahl, Dr. Rainer, o. Professor,
Hagenmattenstr. 6,
79117 Freiburg,
(0761) 6 59 60;
Universität Freiburg,
Institut für Öffentliches Recht V,
Postfach, 79085 Freiburg,
(0761) 203 8961,
Fax (0761) 203 2293,
E-Mail: rainer.wahl@jura.uni-freiburg.de

Waldhoff, Dr. Christian, Professor,
Humboldt-Universität zu Berlin,
Juristische Fakultät Lehrstuhl für
Öffentliches Recht und Finanzrecht,
Unter den Linden 6, 10099 Berlin,
(030) 2093 3537,
E-Mail: christian.waldhoff@hu-berlin.de

Waldmann, Dr. Bernhard, Professor, RA,
Alfons-Aebystrasse 29,
CH-3186 Düdingen,
(0041) 26493 5705;
Lehrstuhl für Staats- und
Verwaltungsrecht, Rechtswissen-
schaftliche Fakultät, Universität Freiburg,
Av. Beauregard 1,
CH-1700 Freiburg,
(0041) 26 300 8147,
E-Mail: bernhard.waldmann@unifr.ch

Wall, Dr. Heinrich de, Professor,
Schronfeld 108, 91054 Erlangen,
(09131) 97 1545;
Hans-Liermann-Institut für Kirchenrecht
der Friedrich-Alexander-Universität
Erlangen-Nürnberg,
Hindenburgstr. 34, 91054 Erlangen,
(09131) 85 222 42, Fax (09131) 85 240 64,
E-Mail: hli@fau.de

Wallerath, Dr. Maximilian,
Univ.-Professor,
Gudenauer Weg 86, 53127 Bonn,
(0228) 2832 02,
Rechts- und Staatswissenschaftliche
Fakultät der Universität Greifswald,
E-Mail: max.wallerath@web.de

Wallrabenstein, Dr. Astrid, Professorin,
Goethe-Universität Frankfurt am Main,
Fachbereich Rechtswissenschaften,
Professur für Öffentliches Recht mit
einem Schwerpunkt im Sozialrecht,
Theodor-W.-Adorno-Platz 4,
60629 Frankfurt am Main,
(069) 798 34 287, Fax (069) 798 34 514,
E-Mail: professur-wallrabenstein@jura.
uni-frankfurt.de

Walter, Dr. Christian, Professor,
Ludwig-Maximilians-Universität München,
Institut für Internationales Recht,
Lehrstuhl für Öffentliches Recht und
Völkerrecht,
Prof.-Huber-Platz 2, 80539 München,
(089) 2180 2798, Fax (089) 2180 3841

Wapler, Dr. Friederike, Professorin,
Lehrstuhl für Rechtsphilosophie und
Öffentliches Recht,
Johannes Gutenberg-Universität Mainz,
Fachbereich Rechts- und
Wirtschaftswissenschaften
Jakob-Welder-Weg 9, 55128 Mainz,
(06131) 39 25759 oder -39 28172,
E-Mail: lswapler@uni-mainz.de

Weber, Dr. Albrecht, Professor,
Weidenweg 20, 49143 Bissendorf,
(05402) 3907;
Universität Osnabrück, 49069 Osnabrück,
(0541) 9 69 61 38,
E-Mail: aweber@uos.de

Weber, Dr. Ruth, Privatdozentin,
Humboldt-Universität zu Berlin,
Juristische Fakultät,
Unter den Linden 6, 10099 Berlin,
(030) 2093-91472
E-Mail: ruth.weber@hu-berlin.de

Weber, Dr. Teresa, Univ.-Professorin,
Sigmund Freud PrivatUniversität, Fakultät
für Rechtswissenschaften,
Lassallestraße 3, A-1020 Wien,
(0043) 1 4700 104 30
E-Mail: teresa.weber@jus.sfu.ac.at

Weber-Dürler, Dr. Beatrice, o. Professorin,
Ackermannstr. 24, CH-8044 Zürich,
(0041) 44262 0420,
E-Mail: beatrice.weber-duerler@rwi.uzh.ch

Wegener, Dr. Bernhard W., Professor,
Friedrich-Alexander-Universität,
Lehrstuhl für Öffentliches Recht und
Europarecht,
Schillerstr. 1, 91054 Erlangen,
(09131) 85 29285, Fax (09131) 85 26439,
E-Mail: europarecht@fau.de

Wehr, Dr. Matthias, Professor,
Alter Kirchweg 24, 28717 Bremen,
(0421) 690 800 25;
Hochschule für Öffentliche Verwaltung
Bremen (HfÖV),
Doventorscontrescarpe 172 C,
28195 Bremen,
(0421) 361 19 617,
E-Mail: matthias.wehr@hfoev.bremen.de

Weilert, Dr. A. Katarina, LL.M. (UCL),
Privatdozentin,
Forschungsstätte der Evangelischen
Studiengemeinschaft e.V. (FEST),
Institut für interdisziplinäre Forschung,
Schmeilweg 5, 69118 Heidelberg,
(06221) 912223,
E-Mail: katarina.weilert@
fest-heidelberg.de

Weiß, Dr. Norman, Professor,
Martin-Luther-Str. 56, 10779 Berlin;
MenschenRechtsZentrum der
Universität Potsdam,
August-Bebel-Str. 89, 14482 Potsdam,
(0331) 977 3450, Fax (0331) 977 3451,
E-Mail: weiss@uni-potsdam.de

Weiß, Dr. Wolfgang, Univ.-Professor,
Deutsche Universität für Verwaltungs-
wissenschaften Speyer, Lehrstuhl für
Öffentliches Recht, Völker- und
Europarecht,
Freiherr-vom-Stein-Str. 2, 67346 Speyer,
(06232) 654 331, Fax (06232) 654 123,
E-Mail: weiss@uni-speyer.de

Welti, Dr. Felix, Professor,
Universität Kassel,
FB 01 Humanwissenschaften,
Institut für Sozialwesen,
Arnold-Bode-Str. 10, 34109 Kassel,
E-Mail: welti@uni-kassel.de

Wendel, Dr. Mattias, Univ.-Professor,
Maitr. en droit (Paris 1),
Universität Leipzig, Öffentliches Recht,
Europa- und Völkerrecht, Migrationsrecht
und Rechtsvergleichung,
Institutsgebäude, Burgstr. 21, Raum 1.30,
04109 Leipzig,
(0049) 341 97 35111,
E-Mail: mattias.wendel@uni-leipzig.de

Wendt, Dr. Rudolf, o. Professor,
Schulstr. 45, 66386 St. Ingbert-Hassel,
(06894) 532 87, Fax (068 94) 532 50;
Lehrstuhl für Staats- und Verwaltungsrecht,
Wirtschafts-, Finanz- und Steuerrecht,
Rechtswissenschaftliche Fakultät,
Universität des Saarlandes,
Postfach 15 11 50,
66041 Saarbrücken,
(0681) 362 2104 oder -3104,
Fax (0681) 302 4779,
E-Mail: r.wendt@mx.uni-saarland.de

Wernsmann, Dr. Rainer, Professor,
Johann-Bergler-Str. 8, 94032 Passau;
Universität Passau, Lehrstuhl für
Staats- und Verwaltungsrecht,
insb. Finanz- und Steuerrecht,
Innstr. 40, 94032 Passau,
(0851) 509 2351,
Fax (0851) 509 2352,
E-Mail: wernsmann@uni-passau.de

Weschpfennig, Dr. Armin von, Professor,
Professur für Öffentliches Recht,
Helmut-Schmidt-Universität/Universität
der Bundeswehr Hamburg Fakultät für
Wirtschafts- und Sozialwissenschaften,
Holstenhofweg 85,
22043 Hamburg,
(040) (040) 6541 3949,
E-Mail: vonweschpfennig@hsu-hh.de

Wessely, Dr. Wolfgang, Privatdozent,
Universität Wien, Institut für Staats-
und Verwaltungsrecht,
Schottenbastei 10–16, A-1010 Wien,
(0043) 1 9005 11216,

Fax (0043) 1 9005 11210,
E-Mail: wolfgang.wessely@univie.ac.at

Wiater, Dr. iur. habil Dr. phil. Patricia,
Juniorprofessorin,
Tenure-Track-Professur für Öffentliches Recht insb. Grund- und Menschenrechtsschutz,
Friedrich-Alexander-Universität Erlangen-Nürnberg,
Schillerstr. 1, 91054 Erlangen,
E-Mail: patricia.wiater@fau.de

Wiederin, Dr. Ewald,
Univ.-Professor,
Universität Wien, Institut für Staats- und Verwaltungsrecht,
Schottenbastei 10–16, A-1010 Wien,
(0043) 1 4277 35482,
E-Mail: ewald.wiederin@univie.ac.at

Wiegand, Dr. Marc André, Privatdozent,
CDU/CSU-Fraktion im Deutschen Bundestag, Justiziariat,
Platz der Republik 1, 11011 Berlin,
(030) 227 53053,
E-Mail: marcandre.wiegand@cducsu.de

Wieland, Dr. Joachim, LL.M.,
Univ.-Professor,
Gregor-Mendel-Str. 13, 53115 Bonn,
(0228) 923 993 34, Fax (0228) 329 48 98;
Lehrstuhl für öffentliches Recht, Finanz- und Steuerrecht,
Deutsche Universität für Verwaltungswissenschaften Speyer,
Postfach 1409, 67324 Speyer,
(06232) 654 355,
Fax (06232) 654 127,
E-Mail: wieland@uni-speyer.de

Wieser, DDr. Bernd, Univ.-Professor,
Wittenbauerstr. 76, A-8010 Graz;
Institut für Öffentliches Recht und Politikwissenschaft,
Karl-Franzens-Universität Graz,
Universitätsstr. 15/C3, A-8010 Graz,
(0043) 316 380 3381 oder -3367,
Fax (0043) 316 380 9450,
E-Mail: bernd.wieser@uni-graz.at

Will, Dr. iur. Dr. phil. Martin,
M.A., LL.M. (Cambr.), Professor,
EBS Universität für Wirtschaft und Recht,
Lehrstuhl für Staatsrecht, Verwaltungsrecht, Europarecht, Recht der neuen Technologien und Rechtsgeschichte,
Gustav-Stresemann-Ring 3,
65189 Wiesbaden,
(0611) 7102 2232,
Fax (0611) 7102 10 2232,
E-Mail: martin.will@ebs.edu

Will, Dr. Rosemarie, Professorin,
Humboldt-Universität zu Berlin,
Juristische Fakultät,
Unter den Linden 6, 10099 Berlin,
(030) 2093 33 00 3682,
Fax (030) 2093 3453,
E-Mail: Rosemarie.Will@hu-berlin.de

Wimmer, MMag. Dr. Andreas,
Assoziierter Professor,
Leopold-Franzens-Universität Innsbruck,
Institut für Öffentliches Recht, Staats- und Verwaltungslehre,
Innrain 52, A-6020 Innsbruck,
(0043) 512 507 84005,
E-Mail: andreas.wimmer@uibk.ac.at

Wimmer, Dr. Norbert,
o. Univ.-Professor,
Heiliggeiststr. 16, A-6020 Innsbruck,
(0043) 512 58 6144,
E-Mail: norbert.wimmer@uibk.ac.at

Windoffer, Dr. Alexander, Professor,
Universität Potsdam,
Professur für Öffentliches Recht, insb. Besonderes Verwaltungsrecht und Verwaltungswissenschaften,
August-Bebel-Str. 89, 14482 Potsdam,

(0331) 977 3513,
E-Mail: Alexander.Windoffer@
uni-potsdam.de

Windthorst, Dr. Kay, Professor,
Prinzregentenstr. 75, 81675 München,
(01 62) 9 02 00 76;
Professur für Öffentliches Recht,
Universität Bayreuth, Rechts- und
Wirtschaftswissenschaftliche Fakultät,
Universitätsstr. 30, Gebäude B 9,
95447 Bayreuth,
(0921) 55 3519, Fax (0921) 55 4331,
E-Mail: kwindt@t-online.de

Winkler, Dr. Daniela, Professorin,
Professur für Verwaltungsrecht,
Universität Stuttgart, Institut für
Volkswirtschaftslehre und Recht,
Abteilung für Rechtswissenschaft,
Keplerstr. 17, 70174 Stuttgart,
E-Mail: daniela.winkler@ivr.
uni-stuttgart.de

Winkler, Dr. Markus, apl. Professor,
Johannes Gutenberg-Universität Mainz,
E-Mail: m.winkler@uni-mainz.de;
Hessisches Kultusministerium,
Luisenplatz 10, 65185 Wiesbaden,
(0611) 368 2517,
E-Mail: Markus.Winkler@kultus.hessen.de

Winkler, Dr. Roland, a.o. Univ.-Professor,
Borromäumstr. 10/2, A-5020 Salzburg,
(0043) 662 64 1260 oder
(0043) 6769 0701 71;
Fachbereich Öffentliches Recht,
Universität Salzburg,
Kapitelgasse 5–7, A-5020 Salzburg,
(0043) 66280 44 3624,
Fax (0043) 66280 4436 29,
E-Mail: roland.winkler@sbg.ac.at

Winter, Dr. Dr. h.c. Gerd, Professor,
Fachbereich 6: Rechtswissenschaft,
Universität Bremen,
Postfach 33 04 40, 28334 Bremen,
(0421) 218 2840, Fax (0421) 218 3494,
E-Mail: gwinter@uni-bremen.de

Winterhoff, Dr. Christian, Professor,
GvW Graf von Westphalen
Poststr. 9 – Alte Post, 20354 Hamburg,
(040) 359 22264,
Fax (040) 359 22 224,
E-Mail: c.winterhoff@gvw.com

Winzeler, Dr. Christoph, LL. M. (Harv.),
Titularprofessor,
St.-Jakobs-Str. 96, CH-4052 Basel,
E-Mail: capriccio77@bluewin.ch;
Universität Fribourg, Institut für
Religionsrecht,
Miséricorde, Büro 4119,
CH-1700 Fribourg,
(0041) 263 0080 23,
Fax (0041) 263 0096 66

Wischmeyer, Dr. Thomas,
Univ.-Professor,
Universität Bielefeld, Fakultät für
Rechtswissenschaft,
Lehrstuhl für Öffentliches Recht und
Recht der Digitalisierung,
Universitätsstr. 25, 33615 Bielefeld,
(0521) 106 67651,
E-Mail: thomas.wischmeyer@
uni-bielefeld.de

Wißmann, Dr. Hinnerk, Professor,
Kommunalwissenschaftliches
Institut (KWI),
Universitätsstr. 14–16, 48143 Münster,
(0251) 83 26311,
E-Mail: kwi@uni-muenster.de

Wittinger, Dr. Michaela, Professorin,
Schauinslandstr. 1, 76199 Karlsruhe,
(0721) 5916 81,
E-Mail: MichaelaWittinger@web.de;
FH des Bundes für öffentliche Verwaltung,
FB Bundeswehrverwaltung, Professur für

Öffentliches Recht (insb. Staats- und Europarecht),
Seckenheimer Landstr. 10,
68163 Mannheim,
(0621) 4295 4479,
Fax (0621) 4295 42222

Wittmann, Dr. Heinz,
a.o. Univ.-Professor,
Steinböckengasse 4/14, A-1140 Wien,
(0043) 1914 3175;
Verlag Medien und Recht GmbH,
Danhausergasse 6,
A-1040 Wien,
(0043) 1505 2766,
Fax (0043) 1505 2766 15,
E-Mail: h.wittmann@medien-recht.com

Wittreck, Dr. Fabian, Professor,
Cheruskerring 51, 48147 Münster,
Westfälische Wilhelms-Universität Münster,
Professur für Öffentliches Recht,
Universitätsstr. 14–16, 48143 Münster,
(0251) 832 1199, Fax (0251) 832 2403,
E-Mail: fwitt_01@uni-muenster.de

Wolf, Dr. Joachim, Professor,
Von-Velsen-Str. 17, 44625 Herne,
(02323) 4596 25;
Juristische Fakultät,
Ruhr-Universität Bochum,
Umweltrecht, Verwaltungsrecht und Verwaltungslehre,
Gebäude GC, Universitätsstr. 150,
44789 Bochum,
(0234) 322 5252, Fax (0234) 321 4421,
E-Mail: LS.Wolf@jura.ruhr-uni-bochum.de

Wolff, Dr. Daniel, Juniorprofessor,
LL.M. (Yale),
Universität Augsburg,
Juristische Fakultät,
Universitätsstraße 24, 86159 Augsburg,
+49 (0)821 598 - 4663
E-Mail: daniel.wolff@jura.uni-augsburg.de

Wolff, Dr. Heinrich Amadeus, Professor,
Richter des Bundesverfassungsgerichts,
Bundesverfassungsgericht,
Schlossbezirk 3, 76131 Karlsruhe;
Rudolf-Ditzen-Weg 12, 13156 Berlin,
(030) 48097948, Mobil (0163) 9012445,
Fax (03222) 6859576,
HeinrichWolff@t-online.de;
Universität Bayreuth, Rechts- und Wirtschaftswissenschaftliche Fakultät,
Lehrstuhl für Öffentliches Recht,
Recht der Umwelt, Technik und Information I,
Universitätsstr. 30, 95447 Bayreuth,
Gebäude RW I, Raum 1.0.01.106,
(0921) 556030 oder -6031,
Fax (0921) 556032,
E-Mail: Heinrich.wolff@uni-bayreuth.de

Wolff, Dr. Johanna, LL.M. eur. (KCL),
Professorin,
Professur für Öffentliches Recht,
Universität Osnabrück,
Fachbereich Rechtswissenschaft,
Martinstr. 12, 49078 Osnabrück,
(0049) 541 969 6099,
E-Mail: johanna.wolff@uni-osnabrueck.de

Wolfrum, Dr. Dr. h.c. Rüdiger, o. Professor,
Mühltalstr. 129 b, 69121 Heidelberg,
(06221) 4752 36;
Max-Planck-Institut für ausländisches öffentliches Recht und Völkerrecht,
Im Neuenheimer Feld 535,
69120 Heidelberg,
(06221) 482 1,
E-Mail: wolfrum@mpil.de

Wollenschläger, Dr. Ferdinand, Professor,
Max-Planck-Str. 8, 81675 München,
(089) 470279 73;
Universität Augsburg, Juristische Fakultät,
Lehrstuhl für Öffentliches Recht,
Europarecht und Öffentliches Wirtschaftsrecht,
Universitätsstr. 24, 86135 Augsburg,

(0821) 598 4551, Fax (0821) 598 4552,
E-Mail: ferdinand.wollenschlaeger@jura.uni-augsburg.de

Würtenberger, Dr. Thomas, o. Professor,
Beethovenstr. 9, 79100 Freiburg i. B.,
(0761) 7 8623,
Universität Freiburg, 79085 Freiburg,
(0761) 203-2246 oder -2249,
E-Mail: Thomas.Wuertenberger@jura.uni-freiburg.de

Wutscher, Dr. Claudia, Assoz. Professorin,
Wirtschaftsuniversität Wien,
Institut für Österreichisches und
Europäisches Recht,
Welthandelsplatz 1, Gebäude D3
1020 Wien, Österreich
E-Mail: claudia.wutscher@wu.ac.at

Wyss, Dr. iur. Martin, Professor,
Sandrainstrasse 58, CH-3007 Bern,
(0041) 31 372 06 12,
Mobil: (0041) 79 285 80 05,
E-Mail: mpwyss@bluewin.de;
Stellvertretender Chef Fachbereich II
für Rechtsetzung, Bundesamt für Justiz,
Bundesrain 20, CH-3003 Bern,
(0041) 58 462 75 75,
Fax (0041) 58 462 78 37,
E-Mail: martin.wyss@bj.admin.ch

Zeh, Dr. Wolfgang, Professor,
Ministerialdirektor a.D.,
Marktstr. 10, 72359 Dotternhausen,
E-Mail: zehparl@t-online.de

Zezschwitz, Dr. Friedrich von,
Univ.-Professor, (em.),
Petersweiher 47, 35394 Gießen,
(0641) 45152;
Universität Gießen, 35390 Gießen,
(0641) 702 5020,
E-Mail: f_v_z@web.de

Ziegler, Dr. Andreas R., LL.M.,
Professor,
Gründenstr. 66, CH-8247 Flurlingen;
Universität Lausanne,
Juristische Fakultät, BFSH 1,
CH-1015 Lausanne,
E-Mail: andreas.ziegler@unil.ch

Ziekow, Dr. Jan, Univ.-Professor,
Gartenstr. 3, 67361 Freisbach,
(06344) 5902, Fax (06344) 59 02;
Deutsche Universität für
Verwaltungswissenschaften Speyer,
Postfach 14 09, 67324 Speyer,
(06232) 654 0,
E-Mail: ziekow@uni-speyer.de

Ziller, Dr. Jacques, Professor,
Università degli Studi di Pavia,
Dipartimento di Economia,
Statistica e Diritto,
Via Strada Nuova 65, I-27100 Pavia,
(0039) 382 98 4437,
Fax (0039) 382 98 4435,
E-Mail: jacques.ziller@unipv.it

Zimmermann, Dr. Andreas,
LL.M (Harvard), Professor,
Universität Potsdam,
Lehrstuhl für Öffentliches Recht, insb.
Staatsrecht, Europa- und Völkerrecht
sowie Europäisches Wirtschaftsrecht
und Wirtschaftsvölkerrecht,
August-Bebel-Str. 89,
14482 Potsdam,
(0331) 977 3516, Fax (0331) 977 3224,
E-Mail: andreas.zimmermann@uni-potsdam.de

Satzung

(Nach den Beschlüssen vom 21. Oktober 1949, 19. Oktober 1951, 14. Oktober 1954, 10. Oktober 1956, 13. Oktober 1960, 5. Oktober 1962, 1. Oktober 1971, 6. Oktober 1976, 3. Oktober 1979, 6. Oktober 1999, 4. Oktober 2006, 3. Oktober 2007 und 29. September 2010)

§ 1

Die Vereinigung der Deutschen Staatsrechtslehrer stellt sich die Aufgabe:

1. wissenschaftliche und Gesetzgebungsfragen aus dem Gebiet des Öffentlichen Rechts durch Aussprache in Versammlungen der Mitglieder zu klären;
2. auf die ausreichende Berücksichtigung des Öffentlichen Rechts im Hochschulunterricht und bei staatlichen und akademischen Prüfungen hinzuwirken;
3. in wichtigen Fällen zu Fragen des Öffentlichen Rechts durch Eingaben an Regierungen oder Volksvertretungen oder durch schriftliche Kundgebungen Stellung zu nehmen.

§ 2

(1) [1]Der Verein führt den Namen „Vereinigung der Deutschen Staatsrechtslehrer". [2]Er soll in das Vereinsregister eingetragen werden; nach der Eintragung führt er den Zusatz „e. V.".

(2) Der Verein hat seinen Sitz in Heidelberg.

(3) Das Geschäftsjahr des Vereins ist das Kalenderjahr.

§ 3

(1) Mitglied der Vereinigung kann werden, wer auf dem Gebiet des Staatsrechts und mindestens eines weiteren öffentlich-rechtlichen Fachs

a. seine Befähigung zu Forschung und Lehre durch hervorragende wissenschaftliche Leistung nachgewiesen hat[1] und

---

[1] Mit der oben abgedruckten, am 1.10.1971 in Regensburg beschlossenen Fassung des § 3 hat die Mitgliederversammlung den folgenden erläuternden Zusatz angenommen: „Eine hervorragende wissenschaftliche Leistung im Sinne dieser Vorschrift ist eine den bisher üblichen Anforderungen an die Habilitation entsprechende Leistung."

b. an einer deutschen oder deutschsprachigen Universität[2] einschließlich der Deutschen Universität für Verwaltungswissenschaften Speyer als Forscher und Lehrer tätig ist oder gewesen ist.

(2) [1]Das Aufnahmeverfahren wird durch schriftlichen Vorschlag von drei Mitgliedern der Vereinigung eingeleitet. [2]Ist der Vorstand einstimmig der Auffassung, dass die Voraussetzungen für den Erwerb der Mitgliedschaft erfüllt sind, so verständigt er in einem Rundschreiben die Mitglieder von seiner Absicht, dem Vorgeschlagenen die Mitgliedschaft anzutragen. [3]Erheben mindestens fünf Mitglieder binnen Monatsfrist gegen die Absicht des Vorstandes Einspruch oder beantragen sie mündliche Erörterung, so beschließt die Mitgliederversammlung über die Aufnahme. [4]Die Mitgliederversammlung beschließt ferner, wenn sich im Vorstand Zweifel erheben, ob die Voraussetzungen der Mitgliedschaft erfüllt sind. [5]Von jeder Neuaufnahme außerhalb einer Mitgliederversammlung sind die Mitglieder zu unterrichten.

§ 4

[1]Abweichend von § 3 kann Mitglied der Vereinigung werden, wer, ohne die Voraussetzungen des § 3 Abs. 1 lit. b) zu erfüllen,

a. eine Professur inne hat, die einer Professur an einer juristischen Fakultät einer deutschen oder deutschsprachigen Universität entspricht,
b. seine Befähigung zu Forschung und Lehre durch hervorragende wissenschaftliche Veröffentlichungen auch in deutscher Sprache zum Öffentlichen Recht Deutschlands, Österreichs oder der Schweiz nachgewiesen und
c. seine Verbundenheit mit der Vereinigung durch mehrmalige Teilnahme als Gast an den Jahrestagungen bekundet hat.

[2]Das Aufnahmeverfahren wird durch schriftlich begründeten Vorschlag von mindestens zehn Mitgliedern der Vereinigung eingeleitet. [3]Für das weitere Verfahren findet § 3 Abs. 2 Sätze 2 bis 5 entsprechende Anwendung.

---

[2] In Berlin hat die Mitgliederversammlung am 3.10.1979 die folgende zusätzliche Erläuterung aufgenommen: „Universität im Sinne dieser Vorschrift ist eine wissenschaftliche Hochschule, die das Habilitationsrecht in den Fächern des Öffentlichen Rechts und die Promotionsbefugnis zum Doctor iuris besitzt und an der Juristen durch einen Lehrkörper herkömmlicher Besetzung ausgebildet werden."

In Berlin hat die Mitgliederversammlung am 29.09.2010 die folgende weitere Erläuterung aufgenommen: „Gleichgestellt sind wissenschaftliche Hochschulen, die das Habilitationsrecht in den Fächern des Öffentlichen Rechts und die Promotionsbefugnis zum Dr. iuris besitzen, wenn an ihnen Staatsrecht und ein weiteres öffentlich-rechtliches Fach von mindestens drei der Vereinigung angehörenden Mitgliedern gelehrt wird."

§ 5

(1) [1]Eine Mitgliederversammlung soll regelmäßig einmal in jedem Jahr an einem vom Vorstand zu bestimmenden Ort stattfinden. [2]In dringenden Fällen können außerordentliche Versammlungen einberufen werden. [3]Die Mitgliederversammlung wird vom Vorstand unter Einhaltung einer Frist von vier Wochen schriftlich oder in elektronischer Form unter Angabe der Tagesordnung einberufen. [4]Auf jeder ordentlichen Mitgliederversammlung muss mindestens ein wissenschaftlicher Vortrag mit anschließender Aussprache gehalten werden.

(2) Eine außerordentliche Mitgliederversammlung wird außer in den nach Absatz 1 Satz 2 vorgesehenen Fällen auch dann einberufen, wenn dies von einem Zehntel der Mitglieder beim Vorstand schriftlich unter Angabe des Zwecks und der Gründe beantragt wird.

(3) [1]Verlauf und Beschlüsse der Mitgliederversammlung werden protokolliert. [2]Der Protokollführer wird vom Versammlungsleiter bestimmt. [3]Das Protokoll ist vom Versammlungsleiter und vom Protokollführer zu unterzeichnen. [4]Es wird mit dem nächsten nach der Mitgliederversammlung erfolgenden Rundschreiben den Mitgliedern übermittelt.

(4) Für Satzungsänderungen, die Änderung des Vereinszwecks und für die Auflösung des Vereins gelten die gesetzlichen Mehrheitserfordernisse (§§ 33, 41 BGB).

§ 6[3]

(1) [1]Der Vorstand der Vereinigung besteht aus einem Vorsitzenden und zwei Stellvertretern. [2]Die Vorstandsmitglieder teilen die Geschäfte untereinander nach eigenem Ermessen. [3]Der Vorstand wird von der Mitgliederversammlung auf zwei Jahre gewählt; er bleibt jedoch bis zur Bestellung eines neuen Vorstandes im Amt. [4]Zur Vorbereitung der Jahrestagung ergänzt sich der Vorstand um ein Mitglied, das kein Stimmrecht hat. [5]Auch ist Selbstergänzung zulässig, wenn ein Mitglied des Vorstandes in der Zeit zwischen zwei Mitgliederversammlungen ausscheidet. [6]Auf der nächsten Mitgliederversammlung findet eine Nachwahl für den Rest der Amtszeit des Ausgeschiedenen statt.

(2) [1]Der Verein wird gerichtlich und außergerichtlich durch ein Mitglied des Vorstandes, in der Regel durch den Vorsitzenden, vertreten. [2]Innerhalb seines ihm nach Absatz 1 Satz 2 zugewiesenen Aufgabenbereichs ist das jeweilige Vorstandsmitglied alleinvertretungsberechtigt; insbesondere ist in allen finanziellen Angelegenheiten dasjenige Vorstandsmitglied allein-

[3] § 6 Abs. 1 in der Fassung des Beschlusses der Mitgliederversammlung in Heidelberg vom 6.10.1999; in Kraft getreten am 1.10.2001.

vertretungsberechtigt, dem der Vorstand nach Absatz 1 Satz 2 die Funktion des Schatzmeisters übertragen hat. [3]Das nach Absatz 1 Satz 4 kooptierte Mitglied des Vorstandes ist in allen Angelegenheiten alleinvertretungsberechtigt, die die Vorbereitung und Durchführung der Jahrestagung betreffen. [4]Ist in den Fällen des Satzes 2 oder 3 das vertretungsberechtigte Vorstandsmitglied verhindert, übernimmt der Vorsitzende die Vertretung, im Falle seiner Verhinderung ist eines der gewählten Vorstandsmitglieder alleinvertretungsberechtigt.

§ 7

Zur Vorbereitung ihrer Beratungen kann die Mitgliederversammlung, in eiligen Fällen auch der Vorstand, besondere Ausschüsse bestellen.

§ 8

[1]Über Eingaben in den Fällen des § 1 Ziffer 2 und 3 und über öffentliche Kundgebungen kann nach Vorbereitung durch den Vorstand oder einen Ausschuss im Wege schriftlicher Abstimmung der Mitglieder beschlossen werden. [2]Ein solcher Beschluss bedarf der Zustimmung von zwei Dritteln der Mitgliederzahl; die Namen der Zustimmenden müssen unter das Schriftstück gesetzt werden.

§ 9

[1]Der Mitgliedsbeitrag wird von der Mitgliederversammlung festgesetzt. [2]Der Vorstand kann den Beitrag aus Billigkeitsgründen erlassen.

§ 10

(1) Die Mitgliedschaft endet durch Tod, Austritt aus dem Verein, Streichung von der Mitgliederliste oder Ausschluss aus dem Verein.

(2) [1]Der Austritt erfolgt durch schriftliche Erklärung gegenüber einem Mitglied des Vorstandes. [2]Für die Erklärung ist eine Frist nicht einzuhalten. [3]Der Austritt wird zum Schluss des Kalenderjahres vollzogen.

(3) [1]Ein Mitglied kann durch Beschluss des Vorstandes von der Mitgliederliste gestrichen werden, wenn es trotz zweimaliger schriftlicher Mahnung mit der Beitragszahlung in Rückstand ist. [2]Die Streichung wird erst beschlossen, wenn nach der Absendung der zweiten Mahnung zwei Monate verstrichen sind, in dieser Mahnung die Streichung angedroht wurde und die Beitragsschulden nicht beglichen sind. [3]Die Streichung ist dem Mitglied mitzuteilen.

(4) [1]Ein Mitglied kann durch Beschluss des Vorstandes aus dem Verein ausgeschlossen werden, wenn es in grober Weise gegen die Vereinsin-

teressen verstoßen hat. [2]Vor der Beschlussfassung ist dem Mitglied unter Einräumung einer angemessenen Frist Gelegenheit zur Stellungnahme zu geben. [3]Der Beschluss über den Ausschluss ist schriftlich zu begründen und dem Mitglied zuzusenden. [4]Gegen den Beschluss des Vorstandes kann das Mitglied innerhalb eines Monats nach Zugang der Entscheidung des Vorstandes die Mitgliederversammlung anrufen. [5]Die Anrufung der Mitgliederversammlung hat bis zu deren abschließender Entscheidung aufschiebende Wirkung.

§ 11

(1) Im Falle der Auflösung des Vereins sind die Mitglieder des Vorstandes gemeinsam vertretungsberechtigte Liquidatoren, falls die Mitgliederversammlung nichts anderes beschließt.

(2) Das nach Beendigung der Liquidation vorhandene Vermögen fällt an die Deutsche Forschungsgemeinschaft, die es unmittelbar und ausschließlich für Zwecke des Fachkollegiums Rechtswissenschaft zu verwenden hat.